JUS PUBLICUM

Beiträge zum Öffentlichen Recht

Band 299

Roland Broemel

Interaktionszentrierte Grundrechtstheorie

Mohr Siebeck

Roland Broemel, geboren 1980; Studium der Rechtswissenschaften in Bayreuth, Bordeaux und Hamburg; 2010 Promotion; 2017 Habilitation; seit 2018 Professor für Öffentliches Recht, Wirtschafts- und Währungsrecht, Finanzmarktregulierung und Rechtstheorie an der Goethe-Universität Frankfurt am Main.
orcid.org/0000-0002-5863-0203

Gedruckt mit Unterstützung der Johanna und Fritz Buch Gedächtnis-Stiftung.

ISBN 978-3-16-155884-9 / eISBN 978-3-16-155885-6
DOI 10.1628/978-3-16-155885-6

ISSN 0941-0503 / eISSN 2568-8480 (Jus Publicum)

Die Deutsche Nationalbibliothek verzeichnet diese Publikation in der Deutschen Nationalbibliographie; detaillierte bibliographische Daten sind im Internet über *http://dnb.dnb.de* abrufbar.

Das Buch wurde von Martin Fischer in Tübingen aus der Stempel Garamond gesetzt, von Gulde Druck in Tübingen auf alterungsbeständiges Werkdruckpapier gedruckt und von der Buchbinderei Spinner in Ottersweier gebunden.

Printed in Germany.

Vorwort

Der Untersuchung liegt die Beobachtung zu Grunde, dass Interaktionen für die Verwirklichung von Grundrechten, insbesondere die Persönlichkeitsentfaltung, wesentlich sind, aber in der Grundrechtsdogmatik nicht systematisch, sondern nur situativ verarbeitet werden. Beides hängt, so die Annahme, mit den kognitiven Grundlagen zusammen. Die Interaktionszusammenhänge stellen den Rahmen für die Verbreitung von Informationen und ihre reflektierte individuelle Interpretation bereit. Sie strukturieren die Handlungsoptionen. Zugleich macht die Vielzahl von Modalitäten und Faktoren der Interaktionszusammenhänge die Beschreibung der Rahmenbedingungen für die Verwirklichung grundrechtlicher Schutzgüter komplex. Angesichts dieser Komplexität ist es naheliegend, eine grundrechtliche Dogmatik zunächst auf die Handlungen des Individuums zu konzentrieren, diese gegen hoheitliche Eingriffe zu schützen und das Interaktionspotential als einen praktisch bedeutsamen Reflex außerhalb des grundrechtlichen Schutzbereichs anzusiedeln. Der abwehrrechtliche Schutz einer Freiheit zu einem isoliert beschriebenen Verhalten gewährleistet typischerweise das Interaktionspotential mittelbar, ohne dass nähere Beschreibungen der Interaktionszusammenhänge, ihrer Funktionsweise, ihrer Voraussetzungen und ihrer Relevanz für das grundrechtliche Schutzgut erforderlich wären. Der abwehrrechtliche Schutz kommt mit wenigen Vorannahmen aus. Er ist dadurch klarer in der Konzeption und weniger anfällig für die Gefahr, Freiheitspositionen durch die positive Beschreibung der Funktionsbedingungen von vorneherein aufzuheben. Der Zugang kann allerdings Faktoren, die sich auf den Interaktionszusammenhang beziehen, nicht produktiv einbeziehen, weil sie in dem Konzept eigentlich nicht vorgesehen sind. Dort, wo solche Faktoren wegen ihrer besonderen Relevanz für die Grundrechtsausübung aufgegriffen werden, entstehen Risse in der Dogmatik und Inkohärenzen in der gerichtlichen Entscheidungspraxis. Es fehlt an einem übergreifenden Zugang, um systematisch rationale Kriterien entwickeln zu können. Anliegen der Untersuchung ist es, einen möglichen Zugang zur Verarbeitung von Interaktionszusammenhängen auf mittlerer Abstraktionshöhe zu entfalten.

Das Manuskript ist im Wintersemester 2017/2018 von der Fakultät für Rechtswissenschaft der Universität Hamburg als Habilitationsschrift angenommen worden. Die Anlage der Untersuchung und meine Zugänge zur Forschung gehen maßgeblich auf das Umfeld, in dem sie entstanden sind, zurück – eine Form von Interaktionszusammenhängen. Für vieles, aber vor allem dafür bin ich Herrn Prof. Dr. Hans-Heinrich Trute sehr dankbar.

Herrn Prof. Dr. Armin Hatje möchte ich für die laufende Begleitung im Entstehungsprozess der Arbeit danken. Die Johanna und Fritz Buch Gedächtnis-Stiftung hat die Veröffentlichung mit einem Druckkostenzuschuss gefördert. Schließlich gilt mein Dank Frau Daniela Taudt, Frau Julia Caroline Scherpe-Blessing und Frau Ilse König für die Aufnahme in die Reihe und die umsichtige Unterstützung während des Veröffentlichungsprozesses.

Frankfurt, im April 2021 Roland Broemel

Inhaltsübersicht

Dritter Teil
Binnenmarkt und europäische Grundrechte

Inhaltsverzeichnis

Zweiter Teil
Nationale Grundrechte

Dritter Teil
Binnenmarkt und europäische Grundrechte

Einführung

Grundrechtsausübung – so eine geläufige Formulierung in der Grundrechtsliteratur – spielt sich wesentlich im Sozialen ab. Einige Grundrechte wie der Schutz von Ehe und Familie oder die Kommunikationsgrundrechte einschließlich der Versammlungsfreiheit sind von vorneherein auf sozialen Kontakt angelegt.[1] Aber auch bei anderen Freiheitsrechten wie der Religionsfreiheit oder der Forschung geht die Literatur von einer zentralen Bedeutung sozialer Interaktion für die Grundrechtsausübung aus.[2] Die verfassungsgerichtliche Rechtsprechung

---

[1] Beispielhaft zum Schutz der Familie etwa BVerfG, Beschl. v. 24.6.2014, 1 BvR 2926/13, BVerfGE 136, 382, Rn. 22: „Art. 6 Abs. 1 GG schützt die Familie zunächst als tatsächliche Lebens- und Erziehungsgemeinschaft der Kinder und ihrer Eltern. Im Zusammenleben der Eltern mit ihren heranwachsenden Kindern entfaltet die familiäre Gemeinschaft besondere Bedeutung, weil die leibliche und seelische Entwicklung der prinzipiell schutzbedürftigen Kinder in der Familie und der elterlichen Erziehung eine wesentliche Grundlage findet (...). Der Schutz des Familiengrundrechts reicht indessen über den Zweck hinaus, einen besonderen personellen Raum kindlicher Entfaltungsmöglichkeiten zu sichern. Er zielt generell auf den Schutz spezifisch familiärer Bindungen (...), wie sie auch zwischen erwachsenen Familienmitgliedern (...) und auch – wenngleich regelmäßig weniger ausgeprägt – über mehrere Generationen hinweg zwischen den Mitgliedern einer Großfamilie bestehen können. Familiäre Bindungen sind im Selbstverständnis des Individuums regelmäßig von hoher Bedeutung und haben im Lebensalltag der Familienmitglieder häufig besondere praktische Relevanz. Sie zeichnen sich durch schicksalhafte Gegebenheit aus und können von besonderer Nähe und Zuneigung, von Verantwortungsbewusstsein und Beistandsbereitschaft geprägt sein (...). Nicht zuletzt wegen dieses eigenen Stellenwerts, der familiären Bindungen bei der Entfaltung der Persönlichkeit regelmäßig zukommt, hat das durch Art. 2 Abs. 1 GG verbürgte Gebot der Achtung der Entfaltungsfreiheit im privaten Lebensbereich durch die Verfassungsgarantie der Familie (Art. 6 Abs. 1 GG) eine besondere Verstärkung erfahren (...), die das Familienleben schützt und dem Individuum damit Chancen eröffnet, ein seinen familiären Bindungen gemäßes Leben zu führen."; zum Schutz der Ehe BVerfG, Beschl. v. 7.5.2013, 2 BvR 909/06 u.a., BVerfGE 133, 377 – *Lebenspartnerschaft Ehegattensplitting*, Rn. 82 f.; zur Versammlungsfreiheit etwa BVerfG, Urt. v. 22.2.2011, 1 BvR 699/06, BVerfGE 128, 226 – *Fraport,* Rn. 63; Beschl. v. 24.10.2001, 1 BvR 1190/90 u. a., BVerfGE 104, 92 – *Blockadeaktion*, Rn. 40: Versammlungsfreiheit als „Ausdruck gemeinschaftlicher, auf Kommunikation angelegter Entfaltung" mit Bedeutung für den Prozess öffentlicher Meinungsbildung in der freiheitlichen demokratischen Ordnung; zur Pressefreiheit BVerfG, Urt. v. 15.12.1999, 1 BVR 653/96, BVerfGE 101, 361 – *Caroline von Monaco II*, Rn. 95; zur Rundfunkfreiheit vgl. nur BVerfG, Beschl. v. 26.10.2005, 1 BvR 396/98, BVerfGE 114, 371 – *Kabelgroschen*, Rn. 61.

[2] Jeweils exemplarisch *Magen*, Körperschaftsstatus und Religionsfreiheit, S. 224: Grundrechtsausübung faktisch vielfach nur in Gemeinschaft mit anderen möglich oder sinnvoll, und *Geis*, WissR 37 (2004), 2 (13): Forschung ist kein ausschließlich individualzentrierter gedanklicher Vorgang, sondern lebt vom wissenschaftlichen Diskurs innerhalb der scientific community;

stellt in unterschiedlichen Zusammenhängen die Sozialität in einem „Menschenbild des Grundgesetzes" heraus, das die „Gemeinschaftsbezogenheit und Gemeinschaftsgebundenheit der Person" vor allem im Kontext der Rechtfertigung von Grundrechtseingriffen an die Stelle eines „isolierten souveränen Individuums" setzt.[3] Sozialität ist im Grundrechtsschutz in gewisser Weise ein Allgemeinplatz.[4]

übergreifend *Vesting*, Der Sozialstaat als Subjektivierungspraxis, S. 108 (114, Fn. 29): „Es geht also darum, zu akzeptieren, dass liberale Grundrechte in ihrer strukturellen Individualbezogenheit nicht Ausdruck grenzenloser Wünsche des Einzelnen sind, sondern immer schon in eine überindividuelle institutionelle Infrastruktur eingebunden sein müssen. Auch die subjektiven Rechte des Grundgesetzes müssen als ‚soziale Rechte' gelesen werden: Niemand kann allein eine Meinung äußern, niemand kann allein etwas sein Eigentum nennen, niemand kann allein frei sein. Meinungen, Eigentum und Freiheit verweisen als Rechtspositionen immer schon auf einen gemeinsamen öffentlichen Raum, in dem diese Namen/Signifikationen erst einen geteilten Sinn erfahren".

[3] Grundlegend BVerfG, Urt. v. 20.7.1954, 1 BvR 459/52 u.a., BVerfGE 4, 7 – *Investitionshilfe*, Rn. 29: „Das Menschenbild des Grundgesetzes ist nicht das eines isolierten souveränen Individuums; das Grundgesetz hat vielmehr die Spannung Individuum – Gemeinschaft im Sinne der Gemeinschaftsbezogenheit und Gemeinschaftsgebundenheit der Person entschieden, ohne dabei deren Eigenwert anzutasten. Das ergibt sich insbesondere aus einer Gesamtsicht der Art. 1, 2, 12, 14, 15, 19 und 20 GG. Dies heißt aber: der Einzelne muss sich diejenigen Schranken seiner Handlungsfreiheit gefallen lassen, die der Gesetzgeber zur Pflege und Förderung des sozialen Zusammenlebens in den Grenzen des bei dem gegebenen Sachverhalt allgemein Zumutbaren zieht, vorausgesetzt, dass dabei die Eigenständigkeit der Person gewahrt bleibt."; aus jüngerer Zeit vgl. nur BVerfG, Beschl. v. 8.11.2006, 2 BvR 578/02, 2 BvR 796/02, BVerfGE 117, 71 – *lebenslange Freiheitsstrafe*, Rn. 67: „Der Einzelne ist eine sich innerhalb der sozialen Gemeinschaft entfaltende Persönlichkeit. Der Gewährleistung des Art. 1 Abs. 1 GG liegt die Vorstellung vom Menschen als einem geistig-sittlichen Wesen zugrunde, das darauf angelegt ist, sich in Freiheit selbst zu bestimmen und sich zu entfalten (...). Die Spannung zwischen dem Individuum und der Gemeinschaft hat das Grundgesetz allerdings insofern im Sinne der Gemeinschaftsbezogenheit und Gemeinschaftsgebundenheit der Person entschieden, als der Einzelne Einschränkungen seiner Grundrechte zur Sicherung von Gemeinschaftsgütern hinnehmen muss (...)."; zu Grundrechtseinschränkungen ebenfalls BVerfG, Urt. v. 2.3.2010, 1 BvR 256/08 u.a., BVerfGE 125, 260 – *Vorratsdatenspeicherung*, Rn. 319; BVerfG, Beschl. v. 20.6.2012, 2 BvR 1048/11, BVerfGE 131, 268 – *vorbehaltene Sicherungsverwahrung*, Rn. 74; BVerfG, Urt. v. 27.7.2005, 1 BvR 668/04, BVerfGE 113, 348 – *Telekommunikationsüberwachung*, Rn. 138; BVerfG, Urt. v. 5.2.2004, 2 BvR 2029/01, BVerfGE 109, 133 – *Sicherungsverwahrung*, Rn. 69; BVerfG, Urt. v. 14.7.1999, 1 BvR 2226/94 u.a., BVerfGE 100, 313 – *Telekommunikationsüberwachung*, Rn. 221; zudem bei Entscheidungen über den Einsatz öffentlicher Mittel BVerfG, Beschl. v. 6.10.1987, 1 BvR 1086/82 u.a., BVerfGE 77, 84 – *Arbeitnehmerüberlassung im Baugewerbe*, Rn. 86: „Wenngleich Grundrechte nicht nur nach Maßgabe dessen bestehen, was an Verwaltungseinrichtungen vorhanden ist (...), kann der Einzelne im Blick auf seine Gemeinschaftsbezogenheit und Gemeinschaftsgebundenheit (...) doch nicht erwarten, dass zur Vermeidung grundrechtsbeschränkender Maßnahmen mit dem Ziel der Bewältigung sozialer Missstände die nur begrenzt verfügbaren öffentlichen Mittel über das vernünftigerweise von der Gesellschaft erwartbare Maß hinaus zum Ausbau der für die Bekämpfung dieser Missstände zuständigen Behörde verwendet werden".

[4] Ebenfalls exemplarisch *Poscher*, Grundrechte als Abwehrrechte, S. 117: „Viele Freiheitsgegenstände lassen sich anders als die ‚körperliche Unversehrtheit' nur in Sozialität denken, sind auf soziale Zusammenhänge angewiesen, ohne die sie nicht existieren".

Die unspezifische Allgemeinheit der Sozialität bildet gegenüber ihrer Relevanz für die Grundrechtsausübung einen Kontrast, der auf ein grundrechtstheoretisches und -dogmatisches Problem deutet. Auf der einen Seite steht die vielschichtige Relevanz sozialer Beziehungen für die Verwirklichung unterschiedlicher grundrechtlicher Schutzgüter im Grundsatz außer Frage. Auf der anderen Seite knüpfen Grundrechtstheorie und Grundrechtsdogmatik eher punktuell und unsystematisch an Interaktionsbeziehungen der Grundrechtsträger, an ihre Voraussetzungen und ihre Bedeutung für die Freiheitsrechte an.[5] Schon die unspezifische Art der Beschreibung sozialer Interaktion erschwert die Anschlussfähigkeit für rechtswissenschaftliche Konzepte.

Obwohl mehrere Arbeiten Kommunikationsbeziehungen grundrechtstheoretisch entfalten und dogmatische Implikationen aufzeigen,[6] berücksichtigen Rechtsprechung und Literatur in rechtsdogmatischen Konzeptionen den Interaktionsbezug selbst bei kommunikationsbezogenen Freiheitsrechten nur situativ, unterschiedlich reflektiert und als Sonderdogmatik auf einen bestimmten Lebensbereich beschränkt. Im Vordergrund steht stattdessen der abwehrrechtliche Schutz der Freiheit zu einem isoliert gedachten, beliebigen Verhalten.

Beispiele aus der Rechtsprechung veranschaulichen die Inkohärenzen einer Grundrechtsdogmatik, die auf der einen Seite Interaktionen als relevant für das jeweilige Schutzgut einordnet, zugleich aber grundrechtliche Freiheit als isolierte Verhaltensfreiheit abbildet. Die verfassungsgerichtliche Rechtsprechung zum Recht auf informationelle Selbstbestimmung stellt im Ausgangspunkt den Sozialbezug personenbezogener Daten und die Relevanz der Kommunikation für die Persönlichkeitsentfaltung heraus,[7] bildet diesen Interaktionszusammenhang jedoch dogmatisch nicht scharf ab, sondern bleibt zumindest semantisch einer eigentumsanalogen Konzeption des Schutzes personenbezogener Daten verhaf-

[5] *Hoffmann-Riem*, Die grundrechtliche Freiheit der arbeitsteiligen Berufsausübung, S. 385 (385): „Die Grundrechtstheorie droht in ein anachronistisches Abseits zu geraten, wenn sie sich weiterhin darauf beschränkt, Grundrechtsausübung (fast) nur als das Handeln von Einzelnen zu analysieren. Die Arbeitsteiligkeit auch der Grundrechtsausübung zwingt dazu, einen Nachholbedarf in der Theorie zu erkennen und zu versuchen, ihn zu befriedigen"; zu den konzeptionellen Schwächen der Grundrechtsdogmatik aus jüngerer Zeit *S. Schönberger*, Wandel des Verhältnisses von Staat und Gesellschaft, VVDStRL 79 (2000), S. 291 (309 ff.).

[6] Mit konzeptionellen Unterschieden vgl. nur insbesondere *Suhr*, Entfaltung der Menschen durch die Menschen; *Albers*, Informationelle Selbstbestimmung; *Britz*, Freie Entfaltung durch Selbstdarstellung, S. 16 ff., S. 37 ff.; *Hufen*, Die Freiheit der Kunst in staatlichen Institutionen; *Morlok*, Selbstverständnis als Rechtskriterium, S. 282 ff., S. 336 ff.; *Trute*, Die Forschung zwischen grundrechtliche Freiheit und staatlicher Institutionalisierung; sowie mit unterschiedlichen Akzenten die Beiträge in Vesting/Korioth/Augsberg (Hrsg.), Grundrechte als Phänomene kollektiver Ordnung, insbesondere *Ladeur*, Die transsubjektive Dimension der Grundrechte, S. 17 ff., und *I. Augsberg*, Autonomie als soziale Konstruktion, S. 39 ff.; *Vesting*, Der Sozialstaat als Subjektivierungspraxis, S. 107 (112 ff.).

[7] BVerfG, Urt. v. 15.12.1983, 1 BvR 209/83 u.a., BVerfGE 65, 1 – *Volkszählung*, Rn. 150: „eine sich innerhalb der sozialen Gemeinschaft entfaltende, auf Kommunikation angewiesene Persönlichkeit"; näher *Albers*, Informationelle Selbstbestimmung, sowie unten, § 2 A.; zur verfassungsgerichtlichen Rechtsprechung auch *Hornung*, Grundrechtsinnovationen, S. 359 f.

tet.[8] Die Verarbeitung der Interaktionen, die mit der Interpretation personenbezogener Daten untrennbar verbundenen sind und sowohl den Regelungsbedarf als auch die Regelbarkeit prägen, macht eine zentrale Herausforderung einer Dogmatik des Rechts auf informationelle Selbstbestimmung einschließlich des einfachgesetzlichen Datenschutzrechts aus. Sie wird allerdings in Rechtsprechung und Literatur kaum systematisch reflektiert.[9] Bei der Rundfunkfreiheit gehen die verfassungsrechtlichen Vorgaben an eine ausgestaltende „positive Rundfunkordnung" auf die Umstände der Kommunikationsbeziehungen im Rundfunk zurück,[10] stehen aber als Sonderdogmatik separiert neben der dogmatischen Konzeption anderer Freiheitsrechte. Durch eine kontinuierliche Ablösung von ihren Prämissen, den Umständen der Kommunikationsbeziehungen, hat diese Sonderdogmatik eine Tendenz zur Eigendynamik gewonnen, die eine rationale Ausgestaltung der positiven Rundfunkordnung angesichts der Auswirkungen der Digitalisierung, der strukturell veränderten Geschäftsmodelle, Inhaltsangebote und Rezeptionsgewohnheiten, erschwert. Bei der Wissenschaftsfreiheit gewährt die verfassungsgerichtliche Rechtsprechung mit dem Topos der Eigengesetzlichkeit der Wissenschaft einen Autonomiebereich, der Interaktionszusammenhänge der Forschenden faktisch umfasst, ohne näher auf ihre Funktion und Relevanz einzugehen. Die Folgen für die verfassungsrechtlichen Anforderungen an die institutionelle Ausgestaltung unterschiedlicher Forschungsorganisationen bleiben wenig konturiert. Forderungen nach einer „Resubjektivierung" der Dogmatik[11] reagieren auf eine objektiv-rechtlich verankerte Ausgestaltung, die als Aushöhlung des Freiheitsrechts wahrgenommen wird.[12]

Schließlich werden nicht zuletzt Grundrechte mit Marktbezug wie die Berufsfreiheit, das Eigentumsrecht, die Privatautonomie und die Koalitionsfreiheit als isolierte Verhaltensfreiheit konzipiert. Weil diese isolierte Verhaltensfreiheit

---

[8] Näher unten, Kapitel Informationelle Selbstbestimmung § 2 B.I.

[9] Siehe aber eingehend *Albers*, Informationelle Selbstbestimmung, S. 87 ff.; *dies.*, Umgang mit personenbezogenen Informationen und Daten, § 22 Rn. 14 ff., Rn. 22 f.; *dies.*, Die Komplexität verfassungsrechtlicher Vorgaben für das Wissen der Verwaltung, S. 50 (56 ff.).

[10] Näher unten, § 3 B.I.1.

[11] *Gärditz*, Hochschulorganisation und verwaltungsrechtliche Systembildung, S. 439 ff.; *Geis*, WissR 37 (2004), 2 (16 f.); *ders.*, Universitäten im Wettbewerb, VVDStRL 69 (2010), S. 364 (394); *von Coelln*, DVBl. 2009, 1090 (1093); *Kempen*, DVBl. 2005, 1082 (1089); siehe unten, § 4 B.II.2.c).

[12] Mit konzeptionellen Unterschieden *Gärditz*, Hochschulorganisation und verwaltungsrechtliche Systembildung, S. 325: „Wird die objektiv-rechtliche Grundrechtsdimension daher vornehmlich als Auftrag zur staatlichen Verwirklichung einer übergreifenden Ordnungsidee verstanden, präformiert – ja deformiert – dies zwangsläufig auch die individualrechtliche Dimension. (…) Individualgrundrechtliche Freiheitsverwirklichungschancen werden dann maßgeblich davon abhängen, was sich durch die objektiv-rechtliche Schablone des zu gestaltenden Ordnungsbereichs zwängen lässt."; *Ladeur*, DÖV 2007, 1 (2): Statuierung von Grundrechtsschranken wird zur Verwirklichung objektiv-rechtlicher Gewährleistungsgehalte nobilitiert; zum Verhältnis des Schutzes von Wissenschaftsorganisationen und der Forschenden *Geis*, WissR 37 (2004), 2 (17).

sich nicht als Bezugspunkt eignet, um die für die individuellen Schutzgüter bedeutsamen kollektiven Effekte der Interaktion auf Märkten schlüssig abzubilden, stößt die Dogmatik in Fällen mit Interaktionsbezug an Grenzen.[13] Die Rechtsprechung zieht regelmäßig wertende Kriterien zur Korrektur heran und bildet eine in Einzelfällen kaum vorhersehbare Kasuistik heraus, etwa bei den Kriterien objektiv berufsregelnder Tendenz zur Begründung eines Eingriffs in die Berufsfreiheit oder bei der Bewertung hoheitlicher Informationsdefizite über Marktaktivitäten. Ähnlich schwer fällt es, auf dem Boden einer isoliert betrachteten Verhaltensfreiheit die Aktivitäten von juristischen Personen, etwa in Konzernstrukturen, mit dem personalen Gehalt der Berufsfreiheit zu verbinden. Nicht zuletzt erfordern Märkte eine Reihe institutioneller Ausgestaltungen, die stabile Marktprozesse erst ermöglichen, aber gegen die Folie einer Freiheit zu beliebigem, isoliertem Verhalten als beschränkende, rechtfertigungsbedürftige Eingriffe wahrgenommen oder aus dem Schutzbereich von vorneherein ausgeklammert werden.

Diese Arbeit stellt ein Konzept vor, das Freiheitsrechte interaktionsbezogen entfaltet.

Ein erster Teil zur interaktionszentrierten Grundrechtstheorie geht zunächst der Bedeutung von Interaktionsbeziehungen für die Verwirklichung grundrechtlicher Schutzgüter nach. Er skizziert zunächst die Bedeutung von Interaktionsbeziehungen für den Grundrechtsschutz aus liberaler, abwehrrechtlicher Perspektive und geht auf die Entwicklung weiterer Schutzdimensionen sowie auf ihre Folgen für die Berücksichtigung von Interaktionen ein. Die Arbeit geht von der Beobachtung aus, dass ein Freiheitsverständnis, das auf die tatsächlichen Bedingungen der Freiheitsverwirklichung gerichtet ist, das zu verwirklichende Schutzgut sowie die Bedingungen, also die Zusammenhänge und Strukturen des jeweiligen Sachbereichs, beschreiben muss. Gegenüber einem abwehrrechtlichen Schutz formeller und isoliert betrachteter Freiheit sind weitergehende Schutzkonzepte in stärkerem Maß auf eine normative Verarbeitung außerrechtlicher Problembeschreibungen angewiesen. Diese normative Verarbeitung

[13] Zur hoheitlichen Informationstätigkeit etwa *Albers*, Die Komplexität verfassungsrechtlicher Vorgaben für das Wissen der Verwaltung, S. 50 (64): „Einige der spannendsten Aspekte informations- und wissensbezogener Grundrechtsinterpretationen ergeben sich, wenn man über die zweipoligen Verhältnisse hinaus Dreiecksbeziehungen oder mehrpolige Konstellationen in den Blick nimmt. Stärker als Handeln verweisen Informationen und Wissen auf die sozialen Systeme, in denen sie sich selbst erst bilden. Markantes Beispiel sind die Fälle, in denen die Verwaltung Dritten oder der Öffentlichkeit Wissen vermittelt, das sich nachteilig auf den Ruf einer Person, eines Unternehmens oder eines Produkts auswirkt. Diese Fälle kann man nur angemessen lösen, wenn man mitbeantwortet, inwieweit die Grundrechte die Grundrechtsträger eigentlich in sozialen Beziehungen, in sozialen Institutionen oder in sozialen Systemen schützen. Beispielsweise verstehen sich grundrechtliche Schutzpositionen eines Unternehmens gegen die staatliche Vermittlung von Informationen an andere Marktteilnehmer keineswegs von selbst. Da sich die Nachteile über den Markt vermitteln, ist immer auch eine Antwort darauf erforderlich, inwieweit Art. 12 GG die Rolle des Unternehmens im sozialen System ‚Markt' schützt".

außerrechtlicher Problembeschreibungen, von der im Übrigen auch der abwehrrechtliche Schutz nicht frei ist, bringt nicht unerhebliche Wertungsspielräume mit sich. Anliegen der interaktionszentrierten Perspektive ist es, zur Rationalisierung dieser Wertungen beizutragen, indem sie typische positive sowie negative Effekte von Interaktionszusammenhängen sowie deren Voraussetzungen analysiert und grundrechtsdogmatische Implikationen herausarbeitet. Eine solche Typisierung systematisiert, ohne bereichsspezifische Besonderheiten auszuschließen, und sensibilisiert für die Voraussetzungen und Effekte von Interaktionszusammenhängen. Als zentrale Wirkung von Interaktionszusammenhängen stellt der erste Teil die Generierung von Wissen heraus. Im Anschluss an ein konstruktivistisches Verständnis führt die interaktionszentrierte Perspektive die individuelle Entstehung sowie die kollektive Distribution von Wissen auf Interaktionszusammenhänge zurück. Dieser Zusammenhang zwischen Interaktionen und Wissen charakterisiert zugleich die Interaktionszusammenhänge. Nicht jede Form punktueller Interaktion weist die aus Sicht der interaktionszentrierten Grundrechtstheorie wesentlichen Eigenschaften wissensgenerierender Interaktionszusammenhänge auf. Daran anknüpfend schlüsselt der Teil den Zusammenhang zwischen Interaktionszusammenhängen und den grundrechtlichen Schutzgütern, insbesondere der selbstbestimmten Persönlichkeitsentfaltung, auf. Der Blick auf diesen Zusammenhang zwischen Interaktion und Persönlichkeitsentfaltung wird die Relevanz von Interaktionszusammenhängen für die Grundrechtsausübung in zwei Richtungen präzisieren: zum einen wird sich zeigen, dass Interaktionszusammenhänge für grundrechtliche Schutzgüter grundrechtsübergreifend relevant sind. Zum anderen legt der Teil die Ambivalenz der Interaktionen dar. Die interaktionsbedingte Dynamik der einzelnen Sachbereiche bringt – so die These – auf der einen Seite laufend neue Anschlussmöglichkeiten und Handlungsoptionen der Grundrechtsausübung hervor. Auf der anderen Seite kann diese Dynamik von Interaktionszusammenhängen die Rahmenbedingungen der Grundrechtsausübung Einzelner abwerten und sogar die Stabilität des Interaktionszusammenhangs gefährden. Die in Interaktionszusammenhängen dezentral getroffenen Auswahlentscheidungen stellen Voraussetzungen für die erfolgreiche Teilnahme an Interaktionszusammenhängen auf, die die Chancen der Grundrechtsausübung prägen. Aus diesen ambivalenten Wirkungen von Interaktionszusammenhängen für grundrechtliche Schutzgüter schließt die interaktionszentrierte Perspektive auf die Notwendigkeit einer Ausgestaltung der Sachbereiche aller Freiheitsrechte. Der verfassungsrechtliche Maßstab dieser Ausgestaltung orientiert sich an der Relevanz der Interaktionszusammenhänge für den Grundrechtsschutz.

Ein daran anschließender Teil lotet den Mehrwert der interaktionszentrierten Perspektive anhand der Konzeption exemplarisch ausgewählter nationaler Freiheitsrechte und ihrer Dogmatik aus. Das Recht auf informationelle Selbstbestimmung, die Rundfunkfreiheit und die Wissenschaftsfreiheit stehen beispielhaft für

Freiheitsrechte, in denen die verfassungsgerichtliche Rechtsprechung der Relevanz von Interaktionszusammenhängen Rechnung trägt, ohne sie übergreifend und systematisch zu entfalten. Daneben liegt ein Schwerpunkt des Teils auf dem grundrechtlichen Schutz der Teilnahme an Marktprozessen. Die Marktteilnahme bildet aus interaktionszentrierter Perspektive kein eigenständiges Grundrecht, etwa im Sinne einer Wettbewerbsfreiheit,[14] oder einen Ausschnitt eines bestimmten Freiheitsrechts, etwa der Berufsfreiheit.[15] Sie stellt vielmehr einen Modus der Ausübung von Freiheitsrechten dar, der prinzipiell für jedes Freiheitsrecht in Frage kommt, das sich auf Märkten ausüben lässt.[16] In diesem Modus ist die Ausübung der betroffenen Freiheitsrechte gegen hoheitliche Beeinträchtigungen des Interaktionszusammenhangs wegen seiner Relevanz für die grundrechtlichen Schutzgüter geschützt.[17] Die Marktteilnahme ist zudem Gegenstand der einfach-gesetzlichen Ausgestaltung, deren verfassungsrechtlicher Maßstab auf die Voraussetzungen und ihren Zusammenhang zum jeweiligen grundrechtlichen Schutzgut zurückgeht.

Ein abschließender Teil analysiert auf europäischer Ebene den Grundrechtsschutz in der Europäischen Union sowie nach der Europäischen Menschenrechtskonvention interaktionsbezogen und grenzt den Grundrechtsschutz gegenüber den unionsrechtlichen Regeln zur Gewährleistung des Binnenmarkts ab. Der Teil beschreibt die Entwicklung des Binnenmarkts zu einem grenzüberschreitenden Interaktionszusammenhang, der ein Substrat politischer Gestaltung bildet und die Union durch die komplexen Interdependenzen zugleich

[14] *Bäcker*, Wettbewerbsfreiheit als normgeprägtes Grundrecht.

[15] *Achatz*, Grundrechtliche Freiheit im Wettbewerb, S. 208–279.

[16] Insofern unterscheidet sich die Perspektive dieser Arbeit von Beschreibungen, die Wettbewerb ähnlich wie bei einer einmaligen Ausschreibung oder einem sportlichen Wettbewerb als punktuelle Konkurrenzsituation in einer einmaligen Auswahlentscheidung verstehen, etwa *Klement*, Wettbewerbsfreiheit, S. 61 ff.: Wettbewerb als Summe der Handlungen, mit denen zwei oder mehr Wettbewerbsteilnehmer einen Vorteil für sich zu erlangen suchen, den zumindest nicht alle von ihnen erlangen können; ähnlich *von Coelln*, DVBl. 2009, 1090 (1091); zu einer solchen Konkurrenzsituation aus wettbewerbstheoretischer Sicht *Hoppmann*, Konzertierte Aktion und der Rahmen der marktwirtschaftlichen Ordnung, S. 288: Wettlauf-Analogie irreführend, schon weil Ziel des Wettbewerbsprozesses nicht bekannt ist. Die Arbeit versteht Wettbewerb insoweit auch weiter und mit einer anderen Perspektive als die Beschreibung von Wettbewerb als Governance-Modus etwa *Benz*, Politischer Wettbewerb, S. 54, mit einem Überblick über unterschiedliche Arten von Wettbewerb (S. 55 ff.).

[17] Anders die Vielzahl rechtswissenschaftlicher Arbeiten, die Marktprozesse als rein tatsächliche Phänomene begreifen, vgl. etwa *Hecker*, Marktoptimierende Wirtschaftsaufsicht, S. 180 m. w. N.: „Unternehmensfreiheit, Marktfreiheit, Vertriebsfreiheit usf. stehen nicht für eigenständige grundrechtliche Gewährleistungen mit anderem oder gar weitergehendem Schutzgehalt als die oben aufgeführten Grundrechte der Berufsfreiheit, der Eigentumsgarantie oder der allgemeinen Handlungsfreiheit. Vielmehr werden mit ihnen Bestandteile der Gewährleistungen aus Art. 12, 14 oder 2 GG in rein deskriptiver Absicht herausgestrichen. Sie verdeutlichen grundrechtliche Schutzbereiche unter speziellen Aspekten, beschreiben typische Ausübungsformen grundrechtlicher Freiheiten und verharren so auf der tatsächlichen statt der normativen Ebene".

krisenanfällig für Änderungen der Umweltbedingungen macht. Die Grundrechte der Union entziehen sich demgegenüber trotz mancher struktureller Ähnlichkeit zu den Grundfreiheiten dieser Ausrichtung auf die Binnenmarktgestaltung. Sie entwickeln sich dadurch zu einem zunehmend bedeutsamen Widerlager politischer Gestaltung. Die interaktionszentrierte Perspektive zeigt einzelne Zusammenhänge einer sich abzeichnenden, übergreifenden Dogmatik im Grundrechtsschutz der Union auf und stellt sie dem Grundrechtsschutz nach der Europäischen Menschenrechtskonvention gegenüber, deren Interaktionsbezug in der Rechtsprechung des Europäischen Gerichtshofs für Menschenrechte zum Grundrechtsschutz marktbezogener Aktivitäten besonders deutlich zum Ausdruck kommt. Der Teil stellt heraus, wie die Rechtsprechung des Gerichtshofs die personale Entfaltung durch berufliche Aktivität wegen der persönlichkeitsrelevanten Effekte der Interaktion akzentuiert und die Zuordnung einzelner Verhaltensweisen zum Schutzbereich verschiedener Freiheitsrechte flexibilisiert. Methodisch weist die interaktionszentrierte Perspektive dadurch Ansätze zur Kompatibilisierung unterschiedlicher grundrechtsdogmatischer Konzeptionen im Mehrebenensystem auf.

Erster Teil

Theoretische Grundlegung

§ 1 Interaktionszentrierte Grundrechtstheorie

Personale Entfaltung setzt Interaktion voraus.[1] Während dieser Befund in seiner Allgemeinheit im Ausgangspunkt unumstritten ist, bleiben die Konsequenzen für die Grundrechtstheorie und Grundrechtsdogmatik vage. Zunächst bringen grundrechtstheoretische Verständnisse, die Voraussetzungen und Aspekte der Interaktion jenseits der Freiheit zu einem isoliert betrachteten Verhalten außerhalb des grundrechtlichen Schutzes ansiedeln, ein größeres Maß an Klarheit mit sich. Die Rahmenbedingungen und Effekte von Interaktionen werden durch diese Engführung, für die vor allem liberale Grundrechtsverständnisse stehen, zu einer impliziten Voraussetzung der Verwirklichung von Grundrechten, die außerhalb des Schutzes steht. Interaktionszusammenhänge entstehen in dieser Perspektive typischerweise automatisch durch die Grundrechtsausübung, sind aber kein Gegenstand des Grundrechtsschutzes. Liberale Grundrechtstheorien schaffen dadurch regelmäßig die Grundlage für eine effektive Grundrechtsverwirklichung, ohne nähere Annahmen über deren tatsächliche Rahmenbedingungen zu benötigen (A.).

Grundrechtstheoretische Ansätze, die über diese Abwehrdimension hinausgehend die tatsächlichen Bedingungen der Grundrechtsverwirklichung in den Blick nehmen und Leistungs- oder Schutzdimensionen der Grundrechte entwickeln, betonen demgegenüber den Beitrag hoheitlicher Maßnahmen zur Gewährleistung grundrechtlicher Schutzgüter. Diese Gegenüberstellung liberaler Ansätze eines negativen Grundrechtsschutzes auf der einen Seite und der auf die tatsächlichen Bedingungen der Grundrechtsverwirklichung gerichteten Ansätze auf der anderen Seite verdeckt den Blick auf die Relevanz der Interaktionszusammenhänge. Während die abwehrrechtliche Konzeption eine nähere Auseinandersetzung mit den Bedingungen der Grundrechtsverwirklichung nicht erfordert, geraten die einen materiellen Freiheitsbegriff zu Grunde legenden Ansätze in die Rolle von Ergänzungen des klassisch abwehrrechtlichen Schutzes,[2] ohne dabei die dem liberalen Konzept zu Grunde liegenden interaktionsbezogenen Prämissen aufzuarbeiten (B.).

---

[1] *Suhr*, Entfaltung der Menschen durch die Menschen.

[2] Grundlegend BVerfG, Urt. v. 15.1.1958, 1 BvR 400/51, BVerfGE 7, 198 – *Lüth*, Rn. 25: „Ohne Zweifel sind die Grundrechte in erster Linie dazu bestimmt, die Freiheitssphäre des einzelnen vor Eingriffen der öffentlichen Gewalt zu sichern; sie sind Abwehrrechte des Bürgers gegen den Staat. Das ergibt sich aus der geistesgeschichtlichen Entwicklung der Grundrechtsidee

Die interaktionszentrierte Perspektive ordnet demgegenüber Interaktionen wegen ihrer wissensgenerierenden Wirkung als grundrechtsübergreifendes Strukturmerkmal personaler Entfaltung ein. Die interaktionszentrierte Perspektive knüpft damit an ein konstruktivistisches Wissensverständnis an und schließt von der Relevanz der Interaktion für die Wissensentstehung auf ihre Relevanz für grundrechtliche Schutzgüter, insbesondere für die Persönlichkeitsentfaltung (C.).

Diese Relevanz von Interaktionen für grundrechtliche Schutzgüter wird sich bei einem näheren Blick als ambivalent erweisen. Interaktionsbasierte Dynamik erzeugt auf der einen Seite neue Handlungsoptionen, stellt aber auch Voraussetzungen einer erfolgreichen Teilnahme an Interaktionszusammenhängen auf und kann unter Umständen die Stabilität eines Interaktionszusammenhangs insgesamt gefährden. Anliegen der interaktionszentrierten Grundrechtstheorie ist es, diese typischen Effekte von Interaktionszusammenhängen für die Grundrechtsverwirklichung grundrechtsübergreifend zu beschreiben und dadurch einen Beitrag zur Rationalität der Grundrechtsdogmatik zu leisten. Die grundrechtsdogmatischen Implikationen der interaktionszentrierten Perspektive betreffen vor allem die rechtliche Ausgestaltung der einzelnen Sachbereiche. Die Erstreckung grundrechtlicher Freiheit auf den Interaktionszusammenhang macht dessen Ausgestaltung zum Bestandteil des grundrechtsdogmatischen Konzepts. Darüber hinaus wirkt sich die interaktionszentrierte Perspektive auf andere Aspekte der Grundrechtsdogmatik mit Interaktionsbezug aus, etwa auf die Begründung der Figur mittelbarer Grundrechtseingriffe, auf die Rückbindung des grundrechtlichen Schutzes juristischer Personen auf den personalen Gehalt der Freiheitsrechte sowie auf die Prämissen grundrechtlicher Bestands- und Entwicklungsgarantien (D.).

Zusammengefasst bietet die interaktionszentrierte Perspektive einen Ansatz, um die tatsächlichen Bedingungen der Grundrechtsverwirklichung normativ begründet zu beschreiben und rechtsdogmatisch zu verarbeiten.

A. Interaktionen im liberalen Grundrechtsverständnis

Liberale Verständnisse des Staatsrechts und der Grundrechte sind jeweils in bestimmten historischen Kontexten entstanden.[3] Diese Kontexte prägen die

---

wie aus den geschichtlichen Vorgängen, die zur Aufnahme von Grundrechten in die Verfassungen der einzelnen Staaten geführt haben. Diesen Sinn haben auch die Grundrechte des Grundgesetzes, das mit der Voranstellung des Grundrechtsabschnitts den Vorrang des Menschen und seiner Würde gegenüber der Macht des Staates betonen wollte. Dem entspricht es, dass der Gesetzgeber den besonderen Rechtsbehelf zur Wahrung dieser Rechte, die Verfassungsbeschwerde, nur gegen Akte der öffentlichen Gewalt gewährt hat".

[3] Gruppierender Überblick über die inhomogenen Vertreter des Vormärz bei *Stolleis*, Geschichte des öffentlichen Rechts in Deutschland II, S. 156ff.; übergreifender zur gesellschaftlichen Selbstbeschreibung in liberalen Theorien *Ladeur*, Negative Freiheitsrechte, S. 21ff.; zur

jeweilige Problemwahrnehmung und mit ihr die theoretische und dogmatische Konzeption, insbesondere des Grundrechtsschutzes.[4] Schon aus diesem Grund lassen sich liberale Grundrechtskonzeptionen historisch nicht auf das abwehrrechtliche Verständnis von Grundrechten reduzieren, sondern beinhalten je nach Kontext auch die vorgelagerte Herstellung bestimmter rechtlicher und gesellschaftlicher Strukturen, auf die eine abwehrrechtliche Konzeption aufbauen kann.[5] Dabei ist allerdings die Relevanz von Interaktionszusammenhängen für den grundrechtlichen Schutz jeweils implizit mitgedacht.[6]

Aus situationsübergreifenden Gemeinsamkeiten in den Lebensverhältnissen, in der ständischen Struktur und in der Problemwahrnehmung[7] entsteht eine Grundperspektive liberaler Theorie mit einer Ausrichtung des Grundrechtsschutzes auf Freiheit, verstanden als die Abwesenheit von Fremdbestimmung, und Gleichheit.[8] Diese Ausrichtung macht die Konzeption des

Kontextabhängigkeit und Entwicklung der Idee der Verfassung *Stolleis*, Verfassungsideale der Bürgerlichen Revolution, S. 17 (18 f.).

[4] *Grimm*, Rückkehr zum liberalen Grundrechtsverständnis, S. 221 (225 f.); *Stolleis*, Verfassungsideale der Bürgerlichen Revolution, S. 17 (31): Grundrechte als Reaktion auf Unzufriedenheit; ‚Verfassungsideal der Bürgerlichen Revolution' teilweise als Ausdruck der ökonomischen Lage.

[5] Zu dieser Kontextabhängigkeit der Grundrechtskonzeption, die erst mittelfristig auf eine abwehrrechtliche Grundrechtskonzeption hinausläuft, anhand eines Vergleichs der amerikanischen und der französischen Revolution *Grimm*, Rückkehr zum liberalen Grundrechtsverständnis, S. 221 (225 f.): „Die Grundrechte fungierten unter diesen Umständen [der französischen Revolution] vielmehr als die obersten Leitprinzipien der Sozialordnung, die der langwierigen und komplizierten Rechtsreform Halt und Dauer geben sollten. Sie wiesen den Staat also zunächst nicht in Schranken, sondern richteten sich mit einem Handlungsauftrag an ihn. Ihrer Bestimmung nach waren sie Zielvorgaben für den Gesetzgeber zur grundrechtskonformen Umgestaltung des einfachen Rechts. Das ist aber nichts anderes als die objektivrechtliche Grundrechtsfunktion. Erst nachdem die Umgestaltung der Sozialordnung im Sinne von Freiheit und Gleichheit abgeschlossen war, konnten sie sich auch in Frankreich, wie in Amerika von Anfang an, auf ihre negatorische Funktion zurückziehen."; *ders.*, Die Grundrechte im Entstehungszusammenhang der bürgerlichen Gesellschaft, S. 67 (99); *ders.*, Ursprung und Wandel der Verfassung, S. 11 (26 f.); zu den Folgen einer verkürzten Sichtweise auf die Abwehrdimension als vermeintlich klassischen Gehalt der Grundrechte auch *Trute*, Die Forschung zwischen grundrechtlicher Freiheit und staatlicher Institutionalisierung, S. 251 f.

[6] *Vesting*, Der Sozialstaat als Subjektivierungspraxis, S. 108 (114): „Die Besonderheit des bürgerlichen Individualismus, des autonomen Individuums, liegt also darin, zugleich individuell und sozial zu sein, eine Besonderheit, die insbesondere im deutschen staatszentrierten Grundrechtsmodell des Abwehrrechts leicht verloren gehen kann."; zu eng wäre es demgegenüber, mit dem kollektiven Moment nur die Beschränkungen individueller Freiheit zu verbinden, *Kersten*, Teilverfasste Wirtschaft, S. 135: „In der liberalen Ordnung entfaltet sich das Verhältnis von individueller und kollektiver Freiheit dialektisch: Jeder Bürger kann seine Freiheitsrechte in Anspruch nehmen, solange diese nicht durch ein Gesetz als Ausdruck kollektiver Freiheit beschränkt werden, wobei sich das Gesetz als Einschränkung individueller Freiheit verfassungsrechtlich rechtfertigen muss".

[7] *Stolleis*, Verfassungsideale der Bürgerlichen Revolution, S. 17 (20 ff.).

[8] *Grimm*, Bürgerlichkeit im Recht, S. 149 (150 f.); *ders.*, Die Grundrechte im Entstehungszusammenhang der bürgerlichen Gesellschaft, S. 67 (72).

Grundrechtsschutzes unabhängig von den jeweiligen Rahmenbedingungen der Grundrechtsausübung Einzelner und senkt die Anforderungen an die Wissensgrundlage bei der Konzeption des Grundrechtsschutzes. Die liberale Perspektive setzt wenig Wissen über die Rahmenbedingungen und Voraussetzungen der Grundrechtsausübung sowie die Zusammenhänge und Strukturen des jeweiligen Lebensbereichs voraus. Die besondere Leistungsfähigkeit der liberalen Perspektive findet ihren Grund nicht zuletzt darin, dass sie mit einem relativ geringen Informationsbedarf eine große Reichweite entwickelt. Sie bereitet die Grundlage für eine umfassende theoretische Perspektive, die gesellschaftliche Selbstkoordination übergreifend in den Mittelpunkt stellt.[9] Mit ihr einher gehen die zentrale Rolle der Privatrechtsordnung in der bürgerlichen Gesellschaft[10] sowie der Übergang von einer hoheitlichen zu einer gesellschaftlichen Bestimmung der Gemeinwohlziele.[11] Über die Interaktion in Freiheit und Gleichheit verbindet die liberale Perspektive Fragen der Ökonomie, der Aufgabe und Legitimation hoheitlicher Gewalt, der Gerechtigkeit und der individuellen Selbstbestimmung.[12]

I. Trennung von Staat und Gesellschaft

Die vielfach kritisierte[13] Trennung von Staat und Gesellschaft[14] lässt sich allerdings auch nach dem klassisch liberalen Verständnis nicht als umfassend verstehen. Selbst wenn die Freiheit in dieser Perspektive als natürlich oder dem Staat vorausliegend verstanden wird, zeigt schon die Relevanz der Privatrechtsordnung die Notwendigkeit staatlicher Ordnung an.[15] Der Sache nach bezeichnet die Trennung vielmehr eine bestimmte Form der Aufgabenteilung. Inhaltlich gestaltende Entscheidungen bringt die Gesellschaft dezentral über Interaktionen hervor, während die öffentliche Gewalt die Bedingungen dieser gesellschaftlichen Organisation bereitstellt, indem sie eine privatrechtliche Infrastruktur vorhält und im Übrigen Freiheit und Gleichheit gewährleistet. Das rechtsstaatliche Verteilungsprinzip, das die Ausübung gesellschaftlicher Freiheit als prinzipiell unbegrenzt und hoheitliche Gestaltung demgegenüber

---

[9] Zum Zusammenhang mit einem entsprechenden Leitbild der Ökonomie *Stolleis*, Verfassungsideale der Bürgerlichen Revolution, S. 17 (31); *Grimm*, Deutsche Verfassungsgeschichte, S. 27.

[10] *Grimm*, Bürgerlichkeit im Recht, S. 149 (161 f.); *ders.*, Die Grundrechte im Entstehungszusammenhang der bürgerlichen Gesellschaft, S. 67 (73, 93).

[11] *Grimm*, Bürgerlichkeit im Recht, S. 149 (159): Entmaterialisierung der Steuerungsprobleme: alle materialen Zwecksetzungen gingen in die Zuständigkeit der Gesellschaft über, die sie unbeeinflusst von staatlicher Anleitung vornehmen durfte.

[12] *Grimm*, Bürgerlichkeit im Recht, S. 149 (157 f.).

[13] Vgl. nur *Poscher*, Grundrechte als Abwehrrechte, S. 99 f., S. 122 f.

[14] Zum Funktionswandel des Staates *Grimm*, Bürgerlichkeit im Recht, 149 (153 f.).

[15] *Grimm*, Die Grundrechte im Entstehungszusammenhang der bürgerlichen Gesellschaft, S. 67 (93); *ders.*, Bürgerlichkeit im Recht, S. 149 (164).

als prinzipiell begrenzt begreift,[16] bezieht die sich daraus ergebenden Rechtfertigungslasten auf das Ziel der Gemeinwohlermittlung durch gesellschaftliche, interaktionsbasierte Selbstorganisation.[17]

II. Dezentrale Generierung von Wissen

Ein charakteristisches Merkmal liberaler Grundrechtsverständnisse liegt darin, dass sie eine dynamische, entwicklungsoffene, auf dezentralen, eigenverantwortlichen und selbstbestimmten Entscheidungen beruhende Gesellschaft von Grundrechtsträgern beschreiben, ohne die Funktionsweise der gesellschaftlichen Interaktion, ihre Voraussetzungen und Effekte, aufschlüsseln zu müssen. Liberale Theorien lassen Wissen durch Interaktionen dezentral in der Gesellschaft entstehen und innerhalb der Gesellschaft verbreiten, setzen aber über die Umstände und etwaige innergesellschaftliche Beeinträchtigungen der wissensgenerierenden Interaktionszusammenhänge kaum Wissen voraus. Positiv ausgestaltende Vorgaben wären in dieser Perspektive, auch wenn sie die Interaktionen insgesamt fördern, eine staatliche Ingerenz, ein Eingriff in die Verhaltensfreiheit, der dem Verdacht einer Anmaßung von Wissen (*von Hayek*) ausgesetzt ist.[18] Rechtliche Institutionen sollten sich demnach auf allgemeine Regeln beschränken, die Verfügungsrechte nachvollziehbar zuweisen und im Übrigen lediglich bestimmte unzulässige Verhaltensweisen, etwa die Anwendung von Gewalt und Zwang oder die Bildung von Kartellen, untersagen.[19] Ein solcher rechtlicher Rahmen ist darauf angelegt, den Grundrechtsträgern einen möglichst großen Optionenraum für selbstbestimmte Entscheidungen, auch und gerade in Interaktionen mit anderen, zu belassen.

III. Interaktionsbezug der negativen Freiheit

Die abwehrrechtlich geschützte Freiheit ist in dem liberalen Verständnis von vorneherein interaktionsbezogen gedacht. Auch wenn im Rahmen der klassisch liberalen Konzeption kein Anlass besteht, bei der Formulierung des grundrechtlichen Schutzes zwischen einem isolierten Verhalten Einzelner und sozialer Interaktion zu differenzieren, entspräche es nicht dem liberalen Verständnis, den abwehrrechtlichen Schutz der Freiheit auf ein isoliertes Verhalten des Grundrechtsträgers zu beschränken und die Entstehung von Interaktionszusammenhängen als positiven, gesellschaftlich erwünschten und vielleicht sogar beabsichtigten Reflex der Grundrechtsausübung einzuordnen, der vom Schutzbereich der

---

[16] *Schmitt*, Verfassungslehre, S. 126f., näher unten, Fn. 239.

[17] Zum Ganzen *Grimm*, Bürgerlichkeit im Recht, S. 149 (152f.).

[18] Zum Verständnis der Individual- und Privatautonomie im Liberalismus sowohl nach von Hayek als auch dem Ordoliberalismus *Vanberg*, Die Verfassung der Freiheit, S. 101 (107ff.).

[19] *Hoppmann*, „Neue Wettbewerbspolitik“: vom Wettbewerb zur staatlichen Mikro-Steuerung, S. 397 (412f.).

Freiheitsrechte allerdings nicht umfasst ist.[20] Vielmehr bilden die Interaktionszusammenhänge den Kern der liberalen Theorie, an dem die Konzeption des grundrechtlichen Schutzes ausgerichtet ist.[21]

B. Interaktion als Voraussetzung der Freiheitsausübung

I. Normative Annahme der Freiheitsverwirklichung in liberaler Theorie

Die normative Ausrichtung der klassisch liberalen Grundrechtstheorie auf Freiheit und Gleichheit begrenzt ihre Leistungsfähigkeit. Indem das liberale Grundrechtsverständnis diese normativen Vorgaben mit der Grundrechtsverwirklichung gleichsetzt, blendet es die tatsächlichen Bedingungen der Grundrechtsausübung aus. Das betrifft zum einen die Möglichkeiten zum effektiven Gebrauch formeller Freiheit, also die Verwirklichung der hinter den Freiheitsrechten stehenden Schutzgüter durch die Voraussetzungen der Teilnahme an grundrechtsrelevanten Interaktionszusammenhängen. Interaktionszusammenhänge schaffen eine notwendige, aber keine hinreichende Bedingung für personale Entfaltung. Zum anderen beziehen sich die tatsächlichen Voraussetzungen der Grundrechtsausübung auf Blockaden der Interaktionszusammenhänge, die strategisch von einzelnen Grundrechtsträgern ausgehen oder in ihren Wechselwirkungen die Stabilität des Zusammenhangs insgesamt gefährden können. Interaktionsbedingte Störungen des Interaktionszusammenhangs werden in klassisch liberaler Perspektive nicht verarbeitet.

1. Bedingung effektiven Freiheitsgebrauchs

Formelle Freiheit wird von den unterschiedlichen Grundrechtsträgern immer schon in verschiedener Weise ausgeübt.[22] Neben den Unterschieden, die sich aus jeweils individuellen Entscheidungen ergeben, sind Grundrechtsträger aus

---

[20] Zur Berufsfreiheit etwa *Lepsius*, Der Eigenwert der Verfassung im Wirtschaftsrecht, S. 149 (159); näher in unterschiedlichen Kontexten unten, § 4 B.II.2.c) und § 5 A.I. und D.II.5.b).

[21] *Ladeur*, Negative Freiheitsrechte und gesellschaftliche Selbstorganisation, S. 259: „Die ausschließlich negative Fixierung auf traditionelle Normenbestände und konventionalisierte Bindungen darf nicht aus ihrem Kontext herausgelöst und zu der ahistorischen Annahme hypostasiert werden, als sei dem liberalen Recht die Vorstellung eigen, die Gesellschaft bestünde aus Monade, die kontextfrei unter einem für alle gleichen Recht punktuelle (kontraktuelle) Bindungen eingehen und wieder lösen. Dies hieße den bloß ‚mittelbaren' Charakter des liberalen Rechts verkennen, dessen selbstverständlicher Hintergrund die Vorstellung bildet, dass gerade die bloß normative (nicht sozial-ontologische) Unterstellung freier und gleicher Subjekte die Bildung eines Netzwerkes dauerhafter, längerfristige Erwartungsbildung ermöglichender Kooperation in Gang setzt und damit Vertrauen als Grundlage für die Erprobung neuer Möglichkeiten schafft."; *Klement*, Wettbewerbsfreiheit, S. 103 ff., S. 302: Gebrauch der Freiheiten als Entdeckungsverfahren.

[22] Zu den unterschiedlichen Auswirkungen des bürgerlichen Sozialmodells auf die privi-

vielfältigen Gründen in unterschiedlichem Umfang in der Lage, von formeller Freiheit Gebrauch zu machen.[23]

Diese Divergenzen in den tatsächlichen Möglichkeiten des effektiven Gebrauchs formeller Freiheit lassen sich nicht allein auf Unterschiede in der Verteilung materieller oder sonstiger Ressourcen reduzieren. Unterschiede in der Verfügbarkeit von Ressourcen stellen oftmals einen situativen Hinderungsgrund für die Teilnahme an Interaktionszusammenhängen und zugleich deren Ergebnis dar. Hinter diesen Unterschieden liegen allerdings nicht selten strukturelle Ursachen, die sich mit Umverteilungen nicht bewältigen lassen. Vielmehr entstehen die besonderen Voraussetzungen für die Teilnahme an den grundrechtsrelevanten Interaktionszusammenhängen aus den Interaktionszusammenhängen selbst.[24] Die Teilnehmenden am Interaktionszusammenhang treffen Auswahlentscheidungen etwa bei der Rezeption bestimmter Inhalte, der Anknüpfung an bestimmte Forschungsergebnisse oder für bestimmte kommerziell angebotene Produkte und Dienstleistungen nach individuellen Präferenzen. Das Potential zur individuellen Teilnahme an den Interaktionszusammenhängen ergibt sich jeweils aus den Anforderungen, die die anderen Teilnehmenden in Abhängigkeit der übrigen vorhandenen Interaktionsangebote stellen. In Marktprozessen steht die sog. Wettbewerbsfähigkeit für die Fähigkeit, Produkte oder Dienstleistungen am Markt zu Konditionen, insbesondere zu einer Qualität und einem Preis, anzubieten, die aus Sicht der Nachfragenden hinreichend attraktiv sind, um von einem Teil der Nachfragenden ausgewählt zu werden und einen gewissen Marktanteil

---

legierten Stände, Bauern, die unterständischen Schichten und das Bürgertum *Grimm*, Bürgerlichkeit im Recht, S. 149 (154 f.).

[23] *Grimm*, Die Grundrechte im Entstehungszusammenhang der bürgerlichen Gesellschaft, S. 67 (99): „Die Grundrechte können ihre Funktion freilich nur erfüllen, wenn sie sich auch ohne ständige Textänderungen der gewandelten Staatstätigkeit und den neuartigen Freiheitsbedrohungen anpassen. Dabei kommt es allerdings gegenüber der bürgerlichen Anfangsphase zu einer Funktionsverlagerung. Damals sollten sie sich sichernd über einen bereits bestehenden Zustand von Freiheit legen, um diesen gegen staatliche Übergriffe abzusichern. Das gilt für die amerikanischen Rechteerklärungen von vorneherein und für die französischen, nachdem die Anleitungsfunktion durch die Vollendung der Rechtsreform konsumiert war. Dahinter stand freilich die Erwartung, dass der einmal erreichte Zustand der Freiheitlichkeit durch Abwehrgrundrechte endgültig zu sichern wäre. Diese Annahme hat sich als irrig erwiesen. Die freiheitliche Gesellschaft produziert vielmehr ständig Freiheitsgefahren, sei es in Gestalt der Akkumulation gesellschaftlicher Macht, sei es in Gestalt von Bedrohungen durch den wissenschaftlich-technischen Fortschritt. Die ursprünglich nur als vorübergehend betrachtete Anleitungsfunktion der Grundrechte wird dadurch zur Daueraufgabe."; *ders.*, Rückkehr zum liberalen Grundrechtsverständnis?, S. 221 (227): „Die Wiederentdeckung der objektivrechtlichen Grundrechtskomponente findet ihren Grund gerade im Versagen der liberalen Prämisse, dass gleiche rechtliche Freiheit ohne Zutun des Staates automatisch zu Wohlstand und Gerechtigkeit führe. Diese Annahme hat sich vielmehr als höchst voraussetzungsvoll erwiesen. Die Folge ist, dass sich über grundrechtliche Freiheit nicht mehr unter Absehung von ihren realen Voraussetzungen sprechen lässt".

[24] Näher unten, § 1 D.I.1.a).

zu erzielen.[25] In der Forschung hängen die Verarbeitung und Verbreitung von Forschungsergebnissen durch andere Forschende von der Attraktivität, insbesondere dem Neuigkeitswert und der Originalität der Forschungsergebnisse, ab mit der Folge, dass die jeweiligen Forschungsbedingungen die Rezeptionschancen beeinflussen.[26]

2. Blockaden in Interaktionen

Neben den Bedingungen für die individuelle Teilnahme an Interaktionszusammenhängen blendet die Trennung von Staat und Gesellschaft die Notwendigkeit aus, Interaktionszusammenhänge durch rechtliche Rahmung vor strategischen Blockaden oder die Stabilität gefährdenden Wechselwirkungen zu schützen. Aus wettbewerbstheoretischer Sicht liegt diese Notwendigkeit rechtlicher Rahmung auf der Hand. Die verschiedenen Ansätze des Ordoliberalismus betonen mit unterschiedlichen Akzenten die Notwendigkeit einer rechtlichen Ordnung wie auch ihren Zusammenhang zur individuellen Freiheit.[27] In der Neuen Institutionenökonomik bildet die Relevanz des rechtlichen Rahmens für die Eigenschaften von Wettbewerbsprozessen den zentralen Ausgangspunkt der Analyse.[28] Auf die Analyse und Kompensation von gesellschaftsinhärenten Störungen in der gesellschaftlichen Selbstkoordination, die die wissensgenerierende, entwicklungsoffene Wirkung beeinträchtigen oder die Verwirklichung grundrechtlicher Schutzgüter auf andere Weise in Frage stellen, sind klassisch liberale Konzepte des Grundrechtsschutzes nicht eingerichtet.[29]

II. Nicht-intendierte Effekte hoheitlicher Gewährleistung

1. Ausblendung der Interaktionen

Das in der verfassungsgerichtlichen Rechtsprechung in Reaktion auf diese Schwächen des formellen Freiheitsbegriffs entwickelte Verständnis der Grundrechte als Werteordnung[30] bereitete den Boden für eine Reihe von Grundrechts-

[25] Näher unten, § 5 A.II.7.

[26] Näher unten, § 4 C.I.1.

[27] Siehe unten, § 5 A.II.5.

[28] Etwa *Richter/Furubotn*, Neue Institutionenökonomik; näher unten, § 5 A.II.6.

[29] Vgl. demgegenüber die Fortentwicklung zu einem reflexiven, prozeduralisierten Recht, das rechtliche Institutionen auf die Verarbeitung von Ungewissheit durch kollektive Effekte gesellschaftlicher Interaktion (relationaler Beziehungen) einstellt, *Ladeur*, Der Staat gegen die Gesellschaft, S. 58 ff.: ‚relationale Rationalität' der Erzeugung und Erhaltung von ‚Sozialkapital', zur Prozeduralisierung a. a. O., S. 304 ff.; *Ladeur*, Negative Freiheitsrechte und gesellschaftliche Selbstorganisation, S. 87 ff.: Wiederanknüpfung an das institutionelle Denken des frühen Liberalismus; a. a. O., S. 203: „Diese [die Staatsfunktionen] sind primär als ‚Supervisionsaufgaben' auszugestalten, die in Meta-Regeln der Selbstorganisation der ‚Wissensgesellschaft' festzulegen wären und damit die Ethik der Regeln der liberalen Gesellschaft in einer sekundären Modellierung wieder aufnehmen."; näher S. 260 f., S. 273 ff.

[30] BVerfG, Urt. v. 15.1.1958, 1 BvR 400/51, BVerfGE 7, 198 – *Lüth*, Rn. 26: „Ebenso richtig

wirkungen, die über den abwehrrechtlichen Schutz negativer Freiheit hinausgehen, von grundrechtlichen Schutzpflichten[31], der mittelbaren Drittwirkung von Grundrechten[32] über originäre und derivative Leistungs- und Teilhaberechte[33]

---

ist aber, dass das Grundgesetz, das keine wertneutrale Ordnung sein will (...), in seinem Grundrechtsabschnitt auch eine objektive Wertordnung aufgerichtet hat und dass gerade hierin eine prinzipielle Verstärkung der Geltungskraft der Grundrechte zum Ausdruck kommt (...). Dieses Wertsystem, das seinen Mittelpunkt in der innerhalb der sozialen Gemeinschaft sich frei entfaltenden menschlichen Persönlichkeit und ihrer Würde findet, muss als verfassungsrechtliche Grundentscheidung für alle Bereiche des Rechts gelten; Gesetzgebung, Verwaltung und Rechtsprechung empfangen von ihm Richtlinien und Impulse. So beeinflusst es selbstverständlich auch das bürgerliche Recht; keine bürgerlich-rechtliche Vorschrift darf in Widerspruch zu ihm stehen, jede muss in seinem Geiste ausgelegt werden."; zur Verknüpfung von Werteordnung und Schutzpflicht BVerfG, Urt. v. 25.2.1975, 1 BvF 1/74 u.a., BVerfGE 39, 1 – *Schwangerschaftsabbruch I*, Rn. 152; zuletzt BVerfG, Nichtannahmebeschl. v. 9.12.2015, 2 BvR 1043/15, Rn. 6; BVerfG, Beschl. v. 8.6.2010, 1 BvR 2011/07, 1 BvR 2959/07, BVerfGE 126, 112 – *privater Rettungsdienst*, Rn. 95; zur Genese *Wrase*, Zwischen Norm und sozialer Wirklichkeit, S. 133 ff., sowie eingehend *Rensmann*, Wertordnung und Verfassung, S. 47 ff.

[31] Grundlegend BVerfG, Urt. v. 25.2.1975, 1 BvF 1/74 u.a., BVerfGE 39, 1 – *Schwangerschaftsabbruch I*, Rn. 151 ff., 153; BVerfG, Urt. v. 16.10.1977, 1 BvQ 5/77, BVerfGE 46, 160 – *Schleyer*, Rn. 13; BVerfG, Beschl. v. 8.8.1978, 2 BvL 8/77, BVerfGE 49, 89 – *Kalkar I*, Rn. 117; BVerfG, Beschl. v. 20.12.1979, 1 BvR 385/77, BVerfGE 53, 30 -*Mülheim-Kärlich*, Rn. 53; zuletzt BVerfG, Beschl. v. 8.6.2010, 1 BvR 2011/07, 1 BvR 2959/07, BVerfGE 126, 112 – *privater Rettungsdienst*, Rn. 95; BVerfG, Urt. v. 30.7.2008, 1 BvR 3262/07, u.a., BVerfGE 121, 317 – *Nichtraucherschutzgesetz*, Rn. 119; BVerfG, Beschl. v. 14.1.1981, 1 BvR 612/72, BVerfGE 56, 54 – *Fluglärm*, Rn. 52.

[32] Grundlegend BVerfG, Urt. v. 15.1.1958, 1 BvR 400/51, BVerfGE 7, 198 – *Lüth*, Rn. 24 ff.; BVerfG, Beschl. v. 26.2.1969, 1 BvR 619/63, BVerfGE 25, 256 – *Blinkfüer*, Rn. 18; BVerfG, Beschl. v. 11.5.1976, 1 BvR 671/70, BVerfGE 42, 143 – *Deutschland Magazin*, Rn. 10; aus der Folgerechtsprechung zusammenfassend BVerfG, Beschl. v. 23.4.1986, 2 BvR 487/80, BVerfGE 73, 261 – *Barabgeltung für Hausbrandkohle*, Rn. 25: „Eine Bindung des Richters an die Grundrechte kommt bei dieser streitentscheidenden Tätigkeit auf dem Gebiet des Privatrechts nach der Rechtsprechung des Bundesverfassungsgerichts nicht unmittelbar, wohl aber insoweit in Betracht, als das Grundgesetz in seinem Grundrechtsabschnitt zugleich Elemente objektiver Ordnung aufgerichtet hat, die als verfassungsrechtliche Grundentscheidung für alle Bereiche des Rechts Geltung haben, mithin auch das Privatrecht beeinflussen (...). Hier wirkt der Rechtsgehalt der Grundrechte über das Medium der das einzelne Rechtsgebiet unmittelbar beherrschenden Vorschriften, insbesondere der Generalklauseln und sonstigen auslegungsfähigen und ausfüllungsbedürftigen Begriffe, die im Sinne dieses Rechtsgehalts ausgelegt werden müssen, auf dieses Rechtsgebiet ein (...); – sog. Ausstrahlungs- oder mittelbare Drittwirkung der Grundrechte."; zuletzt BVerfG, Einst. Anord. v. 18.7.2015, 1 BvQ 25/15, NJW 2015, 2485, Rn. 6; BVerfG, Beschl. v. 22.10.2014, 2 BvR 661/12, BVerfGE 137, 273 – *kirchliches Arbeitsverhältnis*, Rn. 180; BVerfG, Urt. v. 22.2.2011, 1 BvR 699/06, BVerfGE 128, 226 – *Fraport*, Rn. 59; BVerfG, Beschl. v. 26.5.1993, 1 BvR 208/93, BVerfGE 89, 1 – *Eigenbedarfskündigung*, Rn. 35.

[33] Zu grundrechtsunmittelbaren Leistungs- und Teilhaberechte zuletzt BVerfG, Beschl. v. 23.7.2014, 1 BvL 10/12 u.a., BVerfGE 137, 34 – *Menschenwürdiges Existenzminimum*, Rn. 74; zur Pflicht der Förderung von Privatschulen aus Art. 7 Abs. 4 S. 1 GG BVerfG, Urt. v. 8.4.1987, 1 BvL 8/84, 1 BvL 16/84, BVerfGE 75, 40 – *Privatschulfinanzierung*, Rn. 78 ff.; zur rundfunkverfassungsrechtlichen Finanzierungsgarantie der öffentlich-rechtlichen Rundfunkanstalten siehe unten, Kapitel § 3 B.I.2.; zu Teilhaberechten und ihren Grenzen bei der nach Art. 12 Abs. 1 GG geschützten Wahl der Ausbildungsstätte BVerfG, Nichtannahmebeschl.

bis hin zu absichernden Anforderungen an Organisation und Verfahren.[34] Diese Ergänzungen des nach wie vor primär abwehrrechtlichen Schutzes[35] führen zu Gegenüberstellungen von Abwehrrecht und Leistungsrecht, von negativer und positiver oder realer Freiheit, von subjektiv-rechtlichen und objektiv-rechtlichem Gehalt, in der die Relevanz wissensgenerierender Interaktionszusammenhänge in den Hintergrund tritt. Der abwehrrechtliche Schutz bezieht sich, obwohl die Relevanz von Interaktionen ursprünglich durchaus mitgedacht war, von vorneherein nur auf eine isoliert betrachtete Verhaltensfreiheit. Diese individuellen Verhaltensspielräume führen typischerweise faktisch dazu, dass Interaktionszusammenhänge entstehen. Insofern erzielt dieser abwehrrechtliche Schutz der isolierten Verhaltensfreiheit in der überwiegenden Zahl der Fälle sachgerechte Ergebnisse. Dogmatisch wird die Interaktion allerdings außerhalb des Schutzbereichs angesiedelt; sie wird als bloßer Reflex des eigentlichen grundrechtlichen Schutzes verstanden.[36] Dieser abwehrrechtliche Schutz deckt im Grunde nur die unproblematischen Fälle ab, in denen stabile und dem grundrechtlichen Schutzgut förderliche Interaktionszusammenhänge in einem günstigen Kontext von allein entstehen. Reicht dieser abwehrrechtliche Schutz zur Verwirklichung grundrechtlicher Freiheit nicht aus, begründen die ergänzenden Grundrechtswirkungen eine hoheitliche Gewährleistungspflicht, die nur auf ein bestimmtes Ergebnis, aber nicht auf die dynamischen Effekte von Interaktionen zielt. Diese Gewährleistungsperspektive transportiert tendenziell eine Vorstellung, nach der die Verwirklichung grundrechtlicher Schutzgüter maßgeblich durch die öffentliche Hand bewirkt wird. Sie stellt bei Leistungs- und Teilhaberechten die Ressourcen[37] und bei Schutzpflichten die erforderlichen Vorkehrungen be-

---

v. 19.8.2015, 1 BvR 2388/11, NVwZ-RR 2016, 281, Rn. 19; zur organisationsrechtlichen Gewährleistung wissenschaftsadäquater Entscheidungen durch Teilhaberechte als Ausdruck der Wissenschaftsfreiheit BVerfG, Beschl. v. 24.6.2014, 1 BvR 3217/07, BVerfGE 136, 338 – *Hochschulorganisation Medizinische Hochschule Hannover*, Rn. 56: „Art. 5 Abs. 3 Satz 1 GG verpflichtet daher den Staat zu Schutz und Förderung wissenschaftlicher Betätigung und garantiert den in der Wissenschaft Tätigen zugleich eine Teilhabe am Wissenschaftsbetrieb (…); diese Mitwirkung ist kein Selbstzweck, sondern dient dem Schutz vor wissenschaftsinadäquaten Entscheidungen.“; BVerfG, Beschl. v. 26.10.2004, 1 BvR 911/00 u. a., BVerfGE 111, 333 – *Brandenburgisches Hochschulgesetz*, Rn. 136; BVerfG, Beschl. v. 1.3.1978, 1 BvR 333/75 u. a., BVerfGE 47, 327 – *Hessisches Universitätsgesetz*, Rn. 151; BVerfG, Nichtannahmebeschl. v. 22.12.2014, 1 BvR 1553/14, Rn. 13.

[34] Zum gerichtlichen Verfahren zuletzt BVerfG, Stattgebender Kammerbeschl. v. 19.12.2007, 1 BvR 2681/07, BVerfGK 13, 119, Rn. 21; *Kahl*, VerwArch 2004, 1 ff.; im Schulrecht *Barczak*, Der Übergang von der Grundschule in die Sekundarstufe als Grundrechtsproblem, S. 350 ff.

[35] BVerfG, Urt. v. 15.1.1958, 1 BvR 400/51, BVerfGE 7, 198 – *Lüth*, Rn. 25; näher oben, Fn. 2.

[36] Exemplarisch zur Wettbewerbsfreiheit *Lepsius*, Der Eigenwert der Verfassung im Wirtschaftsrecht, S. 149 (168 f.), näher unten, Kapitel § 5 A.I. und D.II.5.b).

[37] Zuletzt etwa BVerfG, Beschl. v. 23.7.2014, 1 BvL 10/12 u. a., BVerfGE 137, 34 – *Menschenwürdiges Existenzminimum*, Rn. 74: „Das Grundgesetz garantiert mit Art. 1 Abs. 1 in Verbindung mit Art. 20 Abs. 1 GG ein Grundrecht auf Gewährleistung eines menschenwürdigen Existenzminimums. Art. 1 Abs. 1 GG begründet diesen Anspruch; das Sozialstaatsgebot des

reit.[38] In Fällen der mittelbaren Drittwirkung von Grundrechten stellen Gerichte eine praktische Konkordanz her und beschränken die Rechtsposition Privater punktuell, um die Realisierungsbedingungen der Grundrechte Betroffener zu verbessern.[39]

2. *Wirklichkeitsbezug als methodische Schwäche der Grundrechtsdogmatik*

Die Leistungsfähigkeit einer über den abwehrrechtlichen Gehalt hinausgehenden Grundrechtsdogmatik hängt von der Fähigkeit der Methodik ab, außerrechtliche Problembeschreibungen normativ zu verarbeiten. Obwohl im Ausgangspunkt auf der Hand liegt, dass der Übergang von einem formellen, negativen Freiheitsverständnis zu einem positiven, realen Freiheitskonzept Beschreibungen dessen notwendig macht, was von dem Freiheitsrecht wovor geschützt werden soll, gehen methodische Zugriffe auf außerrechtliche Problembeschreibungen mit unterschiedlichem Reflexionsgrad inhaltlich weit auseinander. Rechtstheoretische Konzepte reichen bekanntlich von der Trennung zwischen Norm und Wirklichkeit[40] über die Ausrichtung an externen Werten und Maßstäben[41] bis hin zur Verarbeitung der als Normbereich bezeichneten Sachbereiche als essentiellem Teil von Normativität[42] oder zur Maßgeblichkeit einer sozialen Praxis für

---

Art. 20 Abs. 1 GG erteilt dem Gesetzgeber den Auftrag, ein menschenwürdiges Existenzminimum tatsächlich zu sichern. Das Grundrecht ist dem Grunde nach unverfügbar und muss durch einen Leistungsanspruch eingelöst werden, bedarf aber der Konkretisierung und stetigen Aktualisierung durch den Gesetzgeber, der die zu erbringenden Leistungen an dem jeweiligen Entwicklungsstand des Gemeinwesens und den bestehenden Lebensbedingungen im Hinblick auf die konkreten Bedarfe der Betroffenen auszurichten hat."; zu verfassungsunmittelbaren Leistungs- und Teilhaberechten in der verfassungsgerichtlichen Rechtsprechung siehe oben, Fn. 33.

[38] BVerfG, Urt. v. 25.2.1975, 1 BvF 1/74 u.a., BVerfGE 39, 1 – *Schwangerschaftsabbruch I*, Rn. 151 ff., 153: „Die Schutzpflicht des Staates ist umfassend. Sie verbietet nicht nur – selbstverständlich – unmittelbare staatliche Eingriffe in das sich entwickelnde Leben, sondern gebietet dem Staat auch, sich schützend und fördernd vor diese Leben zu stellen, das heißt vor allem, es auch vor rechtswidrigen Eingriffen von seiten anderer zu bewahren. An diesem Gebot haben sich die einzelnen Bereiche der Rechtsordnung, je nach ihrer besonderen Aufgabenstellung, auszurichten. Die Schutzverpflichtung des Staates muss um so ernster genommen werden, je höher der Rang des in Frage stehenden Rechtsgutes innerhalb der Wertordnung des Grundgesetzes anzusetzen ist."; *Pietzcker*, Drittwirkung – Schutzpflicht – Eingriff, S. 345 (356 ff.); näher oben, Fn. 31.

[39] Die Gegenpositionen zusammenfassend *Pietzcker*, Drittwirkung – Schutzpflicht – Eingriff, S. 345 (347 f.); zur Rechtsprechung oben, Fn. 32.

[40] Zu den Zielen der Reinen Rechtslehre *Kelsens Dreier*, Hans Kelsens Wissenschaftsprogramm, S. 81 (83 ff.); zur Rezeption von *Merkl* und *Kelsen* in der österreichischen Staatsrechtslehre *Wiederin*, Denken vom Recht her, S. 293 (300 ff.).

[41] Überblick aus neuer Zeit etwa bei *Volkmann*, Der Staat 54 (2015), 35 (39–58), grundlegend *Böckenförde*, NJW 1974, 1529 (1530–1536).

[42] *Müller*, Strukturierende Rechtslehre, S. 168 ff., S. 184 ff.; *ders.*, Normbereiche von Einzelgrundrechten in der Rechtsprechung des Bundesverfassungsgerichts, S. 9 ff.; *ders.*, Normstruktur und Normativität, S. 147 ff., S. 168 ff.; *Müller/Christensen*, Juristische Methodik, Bd. I, S. 235 ff.

den – dann auch von Nationalstaaten abstrahierenden – Verfassungsbegriff[43]. Die verfassungsgerichtliche Rechtsprechung legt mit der Wertordnung[44] und der nachfolgenden Ausdifferenzierung objektiv-rechtlicher Gehalte, im Grunde aber auch im Rahmen des abwehrrechtlichen Schutzes und auch bei den Gleichheitsrechten[45] situativ bestimmte Wirklichkeitsbeschreibungen zu Grunde.[46]

Diese Unterschiede in den methodischen Zugriffen wirken sich auf die Dogmatik und insbesondere auf die Übertragbarkeit dogmatischer Figuren und Konzepte aus. Eine weitgehende Trennung von Recht und Wirklichkeit ermöglicht es, wissenschaftliche Dogmatik als einen Prozess der umfassenden De- und Rekontextualisierung rechtlicher Phänomene zu verstehen.[47] Ein wirk-

---

[43] *Teubner*, Verfassungsfragmente, S. 33 ff.; *ders.*, ZaöRV 63 (2003), 1 (5 ff.); *ders.*, JZ 2015, 506 (509); *ders.*, ZfRS 32 (2011), 189 (191 ff.), sowie bereits *ders.*, RJ 15 (1996), 255 (257 f.): pluralistische konzipierte Rechtsquellenlehre zur angemessenen Interpretation globalen Rechts; auf Grundrechtswirkungen bezogen *ders.*, Der Staat 45 (2006), 161 (164 ff.); *Hensel/Teubner*, KJ 2014, 152 (156 ff.); zu den Verständnissen eines globalen Konstitutionalismus differenzierend *Vielleichner*, ZaöRV 75 (2015), 233 (237 ff.).

[44] Zur Entstehung dieses Verständnisses aus einer rekontextualisierten Kombination divergierender Ansätze siehe die Rekonstruktion des Beschlusses zur Haushaltsbesteuerung bei Eheleuten, BVerfG, Beschl. v. 17.1.1957, 1 BvL 4/54, BVerfGE 6, 55 – *Steuersplitting, Haushaltsbesteuerung*, bei *Wrase*, Methode der Grundrechtsinterpretation, III. 5., und *ders.*, Zwischen Norm und sozialer Wirklichkeit, S. 141 ff.

[45] Zur Entwicklung der verfassungsgerichtlichen Rechtsprechung nach Einführung der sog. Neuen Formel (vgl. nur BVerfG, Beschl. v. 12.10.2010, 1 BvL 14/09, BVerfGE 127, 263 – *Haftungsprivilegierung*, Rn. 45) zusammenfassend *Britz*, NJW 2014, 346 (351): „*Je* stärker die Ungleichbehandlung Minderheiten in die Gefahr bringt, diskriminiert zu werden, *je* stärker Freiheitsrechte betroffen sind und *je* weniger die Betroffenen die Umstände beeinflussen können, an welche die Ungleichbehandlung anknüpft, *desto* gewichtiger muss der die Ungleichbehandlung tragende Grund sein. In der jüngeren Rechtsprechung wird zudem vermehrt die Schrittfolge der Verhältnismäßigkeitsprüfung in die Gleichheitsprüfung übernommen, mit deren Hilfe sich der je-desto-Gedanke strukturiert abarbeiten lässt." (Herv. im Orig.).

[46] Zur Unverletzlichkeit der Wohnung etwa nur *Gornig*, in: von Mangoldt/Klein/Starck, GG, Art. 13 Rn. 13, 22 ff.; *von Lewinski*, Die Matrix des Datenschutzes, S. 30; zum Schutz der Ehe und Familie aus Art. 6 Abs. 1 GG vgl. BVerfG, Beschl. v. 24.6.2014, 1 BvR 2926/13, BVerfGE 136, 382 – *Großeltern als Vormund*, Rn. 22, sowie BVerfG, Beschl. v. 7.5.2013, 2 BvR 909/06 u. a., BVerfGE 133, 377 – *Lebenspartnerschaft Ehegattensplitting*, Rn. 82 f.; zur Versammlungsfreiheit vgl. nur BVerfG, Urt. v. 22.2.2011, 1 BvR 699/06, BVerfGE 128, 226 – *Fraport*, Rn. 63: Freiheit zur kollektiven Meinungskundgabe; BVerfG, Beschl. v. 24.10.2001, 1 BvR 1190/90 u. a., BVerfGE 104, 92 – *Blockadeaktion*, Rn. 40: Versammlungsfreiheit als „Ausdruck gemeinschaftlicher, auf Kommunikation angelegter Entfaltung" mit Bedeutung für den Prozess öffentlicher Meinungsbildung in der freiheitlichen demokratischen Ordnung; zum offenen Kunstbegriff BVerfG, Beschl. v. 17.7.1984, 1 BvR 816/82, BVerfGE 67, 213 – *Anachronistischer Zug*, Rn. 29 ff.: Lebensbereich „Kunst" ist durch die vom Wesen der Kunst geprägten, ihr allein eigenen Strukturmerkmale zu bestimmen; daran anknüpfend BVerfG, Beschl. v. 27.11.1990, 1 BvR 402/87, BVerfGE 83, 130 – *Josefine Mutzenbacher*, Rn. 30.

[47] *Jestaedt*, Wissenschaftliches Recht, S. 117 (125): „Unter analytischen Aspekten und zu vornehmlich heuristisch-darstellerischen Zwecken lassen sich drei Operationen identifizieren und isolieren, die bei den Transmutationsprozessen von Recht zu Wissenschaft und von Wissenschaft zu Recht in einem dichten Wechselbezüglichkeitsgeflecht stehen. Schlagwortartig sind dies der Reihe nach die abstrahierende Dekontextualisierung, die systematische Konsistenzialisierung

lichkeitsorientiertes methodisches Verständnis sensibilisiert hingegen für die Voraussetzungen und Grenzen einer solchen Rekontextualisierung. Damit einher gehen Unterschiede im Verständnis der Orientierungs- und Speicherfunktion von Dogmatik.[48] Während aus der einen Perspektive das dekontextualisierte Substrat gespeichert wird,[49] entstehen dogmatische Figuren aus der anderen Perspektive anhand von Referenzgebieten durch eine Kontrastierung und induktive, vergleichende Analyse gebietsspezifischer Regelungsmuster,[50] die die Strukturmerkmale des Gebiets jeweils mitverarbeiten. Die Orientierungs- und Speicherfunktion von Dogmatik umfasst den jeweiligen Kontext und die sich daraus ergebenden Regelungsbedarfe. Die Analyse anhand von Referenzgebieten dient aus dieser Perspektive auch dazu, die Notwendigkeit bereichsspezifischer Sonderlösungen und ihre Rückführbarkeit auf Besonderheiten in den Strukturen des jeweiligen Sachbereichs zu hinterfragen.[51] Ist danach ein Konzept für eine bestimmte Situation und mit Blick auf ihre Umstände entwickelt worden, setzt der Transfer auf andere Situationen eine Entsprechung der für das Konzept maßgeblichen Merkmale voraus. Eine positive Rundfunkordnung etwa, die verfassungsrechtlich im Hinblick auf vor allem ökonomisch bedingte Konzentrationstendenzen und eine Meinungsbildungsrelevanz des linearen Rundfunks begründet worden ist, ist nicht ohne weiteres auf die Produktion, Verbreitung und Rezeption von Telemedien übertragbar.[52]

3. *Interaktionsbeziehungen als Charakteristikum des Sachbereichs*

Durch ihre Ausrichtung auf Interaktionszusammenhänge typisiert die interaktionszentrierte Perspektive den methodischen Zugriff auf außerrechtliche Problembeschreibungen grundrechtsübergreifend. Sie unterstellt zunächst, dass Interaktionszusammenhänge in den jeweiligen Sachbereichen durch ihre dynamischen, wissensgenerierenden Effekte und die Einbindung der Grundrechtsträger eine von dem jeweiligen Kontext abhängige Relevanz für das grundrechtliche Schutzgut zukommt. Damit sensibilisiert die interaktionszentrierte Perspektive zugleich für die Kontextabhängigkeit der dogmatischen Konzeption eines Freiheitsrechts,[53] sowohl im Hinblick auf die Übertragbarkeit

sowie die deduktiv-applikative Konkretisierung"; ebenso *ders.*, JZ 2014, 1 (6 f.); *ders.*, Phänomen Bundesverfassungsgericht, S. 77 (132 f.).

[48] Zum Begriff *Schmidt-Aßmann*, Das allgemeine Verwaltungsrecht als Ordnungsidee, Kap. 1 Rn. 4.

[49] *Jestaedt*, Wissenschaftliches Recht, S. 117 (125): von Ort, Zeit und Raum gereinigtes, haltbar und wiederverwertbar gemachtes Recht durch Dekontextualisierung; *ders.*, Phänomen Bundesverfassungsgericht, S. 77 (132).

[50] *Schmidt-Aßmann*, Das allgemeine Verwaltungsrecht als Ordnungsidee, Kap. 1 Rn. 12; *ders.*, Verwaltungsrechtliche Dogmatik, S. 8 ff.

[51] *Schmidt-Aßmann*, Das allgemeine Verwaltungsrecht als Ordnungsidee, Kap. 6 Rn. 32.

[52] Siehe dazu unten, § 3 B.II.1.

[53] *Lepsius*, Die maßstabsetzende Gewalt, S. 159 (172): „Diese der Genese der Verfassungs-

auf andere Kontexte als auch auf die Auswirkungen von strukturellen Änderungen des Kontexts, etwa durch die marktgetriebene Verbreitung neuer Technologien.[54]

C. Interaktion als Strukturmerkmal personaler Entfaltung

Die zentrale Relevanz von Interaktionen für die unterschiedlichen Facetten personaler Entfaltung gründet sich auf die wissensgenerierenden Effekte von Interaktionszusammenhängen. Interaktionszusammenhänge tragen maßgeblich zur Entstehung individuellen Wissens, aber auch zur Verbreitung kollektiver Wissensgrundlagen bei.[55] Indem sie sowohl die situativen Handlungsoptionen als auch die individuelle Konstruktion von Identität prägen, bilden sie die Grundlage für eine selbstbestimmte Persönlichkeitsentfaltung.

I. Interaktionsabhängigkeit der Entstehung von Wissen

1. Interaktionsbezug konstruktivistischer Wissensverständnisse

Der Zusammenhang von Daten, Beobachtungen, Informationen und Wissen ist im Anschluss an konstruktivistische Perspektiven[56] für rechtswissenschaftliche Erkenntnisinteressen eingehend beschrieben.[57] Wissen ist danach als eine Struk-

---

auslegung zugrunde liegende Verbindung von Sachverhaltskontext und Norminterpretation wird vom Bundesverfassungsgericht dagegen bewusst gekappt. Möglicherweise hochgradig kontextbezogene Aussagen werden tendenziell von den Fakten abstrahiert, aus dem politischen Zusammenhang herausgerissen, neutralisiert und rechtlich objektiviert. Man sieht dies rein praktisch an dem Umstand, dass das Bundesverfassungsgericht in den Maßstäbeteilen zwar zahlreiche seiner früheren Entscheidungen zitiert, die in Bezug genommenen Entscheidungspassagen in der Regel aber wiederum aus den Maßstäbeteilen stammen. Dadurch gewinnt man den Eindruck eines zeitübergreifenden und sachverhaltsunabhängigen Verfassungsverständnisses. Man könnte auch von einer unhistorischen und unpolitischen, ahistorischen wie akontextuellen Verfassungsinterpretation sprechen."; diese Kontextabhängigkeit ist nicht auf die Konzeption von Grundrechten beschränkt, etwa zum Verfassungsgrundsatz der Bundestreue, der in der verfassungsgerichtlichen Rechtsprechung in Anlehnung an divergierende, zur Weimarer Reichsverfassung entwickelten Konzeptionen formuliert und in den Folgeentscheidungen der 50er und 60er Jahre kontextabhängig mit unterschiedlichen Konsequenzen herangezogen worden ist, *Oeter*, Integration und Subsidiarität im deutschen Bundesstaat, S. 213 ff.

[54] Zur Entwicklung des Rundfunkverfassungsrechts siehe unten, § 3 B.I.2.

[55] Grundlegend *Berger/Luckmann*, Die gesellschaftliche Konstruktion der Wirklichkeit; daran anknüpfend aus der Diskurs-Perspektive (Foucault) zu einer „diskursiven Konstruktion von Wirklichkeit" *Keller*, Kommunikative Konstruktion und diskursive Konstruktion, S. 69 (84 ff.); zur Anschlussfähigkeit des Konzepts von *Berger/Luckmann* für kommunikationstheoretische Ansätze siehe die weiteren Beiträge in Keller/Knoblauch/Reichertz (Hrsg.), Kommunikativer Konstruktivismus.

[56] Etwa *Willke*, Systemisches Wissensmanagement, S. 11 ff.; *Luhmann*, Soziale Systeme, S. 448; *ders.*, Die Wissenschaft der Gesellschaft, S. 122 ff.

[57] Im Zusammenhang mit dem Recht auf informationelle Selbstbestimmung *Albers*, Zur

tur zu verstehen,[58] die aus individuellen Beobachtungen und Interpretationen entstanden ist und ihrerseits die laufenden Beobachtungen und Interpretationen prägt. Indem dieses Verständnis die Entstehung von Informationen und Wissen vom individuellen Bewusstsein her beschreibt, bietet es für rechtswissenschaftliche und insbesondere für grundrechtsbezogene Fragestellungen eine produktive Grundlage.[59] Informationen entstehen danach durch die individuelle, von dem jeweiligen Horizont und der Perspektive abhängige Interpretation fixierter Daten oder sonstiger Beobachtungen.[60]

Diese Differenzierung zwischen Daten, interpretierten Informationen und Wissen ist in der rechtswissenschaftlichen Literatur vor allem herangezogen worden, um die Kontexte der jeweiligen Interpretation von Daten angemessen beschreiben und Regelungsstrukturen mit Informationsbezug differenziert analysieren zu können.[61] Die Perspektive erschließt auf diese Weise eine kognitive Dimension des Rechts,[62] eine Schicht der Rechtswissenschaft.[63] Darüber hinaus ist die Entstehung von Wissen aber auch untrennbar mit sozialer Interaktion verbunden.

Wissen ist der Erwartungshorizont, der die laufenden Beobachtungen prägt und dabei in dem jeweiligen Kontext aktualisiert, also durch die Interpretation der Beobachtung zur Situation in Beziehung gesetzt wird.[64] Wissen ist, jedenfalls in der konstruktivistischen Beschreibung, gewissermaßen schon von vorneherein

---

Neukonzeption des grundrechtlichen „Daten"schutzes, S. 113 (121 f.); *dies.*, Informationelle Selbstbestimmung, S. 87 ff.; *dies.*, Die Komplexität verfassungsrechtlicher Vorgaben für das Wissen der Verwaltung, S. 50 (52 ff.); *dies.*, Umgang mit personenbezogenen Informationen und Daten, § 22 Rn. 8 ff.; *Trute*, Verfassungsrechtliche Grundlagen, Kap. 2.5, Rn. 17 ff.; allgemein *Albers*, Rechtstheorie 33 (2002), 61 (67 ff.); *Trute*, Wissen – Einleitende Bemerkungen, S. 11 (14 ff.); *ders.*, Governance des Wissens, S. 115 (117 f.); *Vesting*, Die Bedeutung von Information und Kommunikation für die verwaltungsrechtliche Systembildung, § 20 Rn. 11 ff.; *ders.*, Die Medien des Rechts: Sprache, S. 14; *I. Augsberg*, Informationsverwaltungsrecht, S. 29 f.

[58] *Trute*, Wissen – Einleitende Bemerkungen, S. 11 (15), im Anschluss an *Luhmann*, Die Wissenschaft der Gesellschaft, S. 122.

[59] *Albers*, Informationelle Selbstbestimmung, S. 88.

[60] *Trute*, Verfassungsrechtliche Grundlagen, Rn. 18: Interpretation von Daten zu Informationen durch Einbindung in einen Kontext von beobachterabhängigen Relevanzen.

[61] *Vesting*, Die Bedeutung von Information und Kommunikation für die verwaltungsrechtliche Systembildung, § 20 Rn. 36 ff., Rn. 47 ff., Rn. 49: Verwaltungsentscheidungen als Resultat verwaltungsinterner Informationsverarbeitungsprozesse; *I. Augsberg*, Informationsverwaltungsrecht, S. 34 ff.: Informationsverwaltungsrecht als rechtliche Anleitung einer angemessenen Informationsverarbeitung der Administrative.

[62] Vgl. die Beiträge in Röhl (Hrsg.), Wissen – Zur kognitiven Dimension des Rechts.

[63] *Trute*, Wissen – Einleitende Bemerkungen, S. 11 (12): Schicht der Verwaltungsrechtswissenschaft, die die kognitiven Voraussetzungen für die Organisations- und Entscheidungsprobleme erfasst.

[64] *Trute*, Wissen – Einleitende Bemerkungen, S. 11 (15): Wissen als kognitive Erwartungshaltung, die einen der möglichen Kontexte und fortlaufenden Horizont für Interpretationsleistungen abgibt.

auf die Interaktion angelegt.[65] Es ist der Hintergrund, der Sinnzusammenhang für das Verständnis der Interaktion, der seinerseits von der Interaktion nicht unbeeinflusst bleibt.

Diese Beschreibung von Wissen erhellt zugleich, warum Wissen nicht verdinglicht gedacht werden darf und insbesondere nicht transferierbar ist, sondern jeweils nur individuell erworben werden kann.[66] Als Kondensat der Interpretation von Beobachtungen[67] setzt es jeweils individuelle Beobachtungen sowie Interpretationen voraus und bleibt dadurch subjektbezogen. Besonders deutlich wird diese Subjektbezogenheit bei implizitem Wissen, also Wissen, das von dem jeweiligen Wissensträger nicht explizit formuliert werden kann.[68] Es lässt sich von anderen nur durch ein Miterleben der jeweiligen Situation und Kontexte erwerben und dieser Erwerb setzt auch dann ein bestimmtes Vorwissen sowie eine Sensibilität voraus, die die entsprechenden Beobachtungen und Interpretationen ermöglichen.

Wissensbestände, die sich auf mehrere Personen oder zusammengefasste Einheiten beziehen, wie das Wissen einer bestimmten Organisation oder allgemein verfügbares Wissen, meinen vor diesem Hintergrund, dass Personen des betreffenden Kreises Informationen ähnlich interpretiert haben oder die zu Grunde liegenden Daten zumindest beobachten können und darum ähnlich interpretieren würden. Die Organisation der Datengrundlagen und vor allem der Interpretationskontexte bietet eine Möglichkeit, bestimmtes Wissen unabhängig von einzelnen Wissensträgern im Bestand zu sichern und verfügbar zu machen.

2. *Sprache und Textverständnis*

Dem Interaktionsbezug des Wissens entsprechend, stellt auch Sprache eine bestimmte Form von Wissen dar. Sie wird über Beobachtung und Interaktion durch die Interpretation von Zeichenfolgen und Lauten erworben und bildet den Hintergrund für die Deutung laufender Kommunikation.[69] Als gemeinsamer Hintergrund der Kommunikationspartner bildet sie bei allem Raum für Mehrdeutigkeit die Grundlage für das gemeinsame Verständnis einer bestimmten Interaktion. Die Verschriftlichung von Informationen schützt zum einen vor

---

[65] Zur ordnungsbildenden Wirkung des wissenschaftlichen Wissens einer Disziplin auf die Koordination der Forschenden *Gläser*, Wissenschaftliche Produktionsgemeinschaften, S. 69 f.; näher unten, Kapitel § 4 A.I. und II.

[66] *Trute*, Wissen – Einleitende Bemerkungen, S. 11 (16); *ders.*, Governance des Wissens, S. 115 (118); *ders.*, Wissensgesellschaft – Demokratie – Legitimation, S. 43 (45); *I. Augsberg*, Informationsverwaltungsrecht, S. 32.

[67] *Trute*, Wissen – Einleitende Bemerkungen, S. 11 (15).

[68] *Polanyi*, Implizites Wissen, S. 13 ff.; disziplinübergreifend *Scherzberg*, Zum Umgang mit implizitem Wissen, S. 240 ff.; zu den Einschränkungen bei der Weitergabe *Trute*, Wissen – Einleitende Bemerkungen, S. 11 (19); *I. Augsberg*, Informationsverwaltungsrecht, S. 28 f.

[69] *Trute*, Governance des Wissens, S. 115 (118); *ders.*, Wissensgesellschaft – Demokratie – Legitimation, S. 43 (45): Wissen als Hintergrundvoraussetzung und mitlaufende Struktur.

dem individuellen Vergessen, ermöglicht zum anderen aber auch eine Interpretation der Daten durch andere ohne persönlichen Kontakt. Schrift oder allgemein die Vertextung von Informationen erhöht die Reichweite der kommunikativen Interaktion. Zugleich zieht die Vertextung von Informationen und zu Daten in Textform die Notwendigkeit der Interpretation durch die Wahrnehmenden nach sich. Mit dieser Interpretation halten automatisch die individuellen Aspekte, der jeweilige Kontext, das (Vor-)Wissen, die Perspektive Einzug in die Entstehung der Information bei den Rezipientinnen und Rezipienten. Das gilt selbstverständlich auch für die Interpretation von Normtexten.[70] Abgesehen davon, dass dem Wortlaut eines Normtexts keine intrinsische, objektive oder vom Gesetzgeber fixierte Bedeutung zukommen kann, die sich bei der Rechtsanwendung ermitteln ließe,[71] also eine bereits getroffene Regelungsentscheidung lediglich nachvollziehen würde, werden auch übergreifende dogmatische oder rechtstheoretische Konzepte über vielschichtige Kommunikationszusammen-

---

[70] *Esser*, Vorverständnis und Methodenwahl in der Rechtsfindung, S. 77ff.; *Ladeur/Augsberg*, Rechtstheorie 36 (2005), 143 (144ff.); *I. Augsberg*, Rechtstheorie 40 (2009), 71 (75); *Busse*, Ist die Anwendung von Rechtstexten ein Fall von Kommunikation?, S. 23 (39f.); *Vogel*, Zwischen Willkür, Konvention und Automaten, S. 3 (7): „Normtext und Normkonzept stehen zueinander im gleichen Verhältnis wie andere Ausdrücke zu Bedeutungen, nämlich in einem konventionellen. Juristen müssen sich über die Bedeutung eines Normtexts einigen."; weitergehend zur Rechtstheorie als Medientheorie *Vesting*, Die Medien des Rechts. Sprache, S. 9ff., S. 27ff.; zu gerichtlichen Verfahren *Viesmann*, Medien der Rechtsprechung, S. 97ff.

[71] Eingehend zu unterschiedlichen Ansätzen auch sprachtheoretisch beeinflusster juristischer Methodik *Busse*, Juristische Semantik, S. 54ff., S. 101ff., S. 140ff., S. 189ff. sowie zusammenfassend S. 225f.: „Das Erstaunliche dabei ist, dass gegenüber dem fast all diese Ansätze einigenden Gedanken, dass nach dem Fragwürdig-Werden der klassischen juristischen Auslegungs-Kanones nunmehr die Sprache (bzw. die Zeichenbedeutung) jene Instanz ist, die allein noch objektive Gesetzesauslegung verbürgen kann, die erbitterten Kontroversen um ‚subjektive' oder ‚objektive' Textauslegung reine Oberflächenphänomene (fast wäre man geneigt zu sagen: Fassaden) bleiben. Denn beide Spielarten juristischer Methodenlehren sind sich letztlich darin einig, dass es die Möglichkeit einer ‚objektiven' Textauslegung gibt, die so etwas wie eine ‚wirkliche' Bedeutung (im Sinne der einen, feststehenden, identischen, abgeschlossenen und unveränderlichen Bedeutung) erschließen helfen kann. Nicht der Bezugspunkt dieser Ansätze, entweder ‚den Text' bzw. ‚die Wortbedeutung', oder ‚die Autorintentionen' bzw., ‚das vom Sprecher Gemeinte' bzw. ‚das vom Gesetzgeber Kommunizierte' zum Objekt der Auslegungsbemühungen zu machen, ist – wenigstens vom sprachwissenschaftlichen Standpunkt aus gesehen – das entscheidende Moment, sondern der beide vereinigende Objektivismus; der fest verwurzelte Glaube, es gebe tatsächlich die Möglichkeit einer empirisch gesicherten, objektiven, exakten, historisch wahren, kurzum ‚richtigen' Feststellung von Textbedeutungen. Dieses Vertrauen in die Verlässlichkeit unserer Sprache und in die Objektivierbarkeit von Interpretationsergebnissen (bzw. ‚Bedeutungsfeststellungen') hat für einen Linguisten etwas Rührendes."; daneben aus unterschiedlicher Perspektive *Depenheuer*, Der Wortlaut als Grenze, S. 39f., und *Christensen/Lerch*, Performanz, S. 55 (59ff.): Unifizierungswunsch der Juristen; anders aus jüngerer Zeit *Klatt*, Die Wortlautgrenze, S. 343 (349): semantische Normativität als Basis für eine analytische Rekonstruktion semantischer Grenzen; dagegen aus transkriptionstheoretischer Perspektive *Jäger*, Textsinn und Verfahrenssinn, S. 21 (32ff.): Verfahren der Rechtsanwendung als Prozess der Rekonzeptualisierung des Rechts unter den jeweiligen Aktualbedingungen seiner Anwendung (S. 33).

hänge verbreitet und wirksam.[72] Eine Vielzahl teils dezentraler, teils zentralisierter, aufeinander bezogener Entscheidungen des Gesetzgebers, der Gerichte unterschiedlicher Instanzen, der anderen Rechtsanwenderinnen und Rechtsanwendern sowie der Forschenden entscheidet über die Anschlussfähigkeit und Reichweite bestimmter dogmatischer oder theoretischer Angebote.[73] Normative Regeln wie das verfassungsrechtliche Gebot der Gesetzesbindung oder die institutionelle Ausgestaltung gerichtlicher Verfahren einschließlich des Instanzenzugs strukturieren diesen Kommunikationszusammenhang und sichern seine Funktionsfähigkeit ab, geben aber die inhaltliche Entwicklung nicht vor. Solche außerrechtlichen Beobachtungen der Funktionsweise des Rechtssystems können sich auf die normativen Kriterien der Rechtsanwendung nicht unmittelbar auswirken. Sie berühren allerdings die Überzeugungskraft rechtstheoretischer Positionen, die außerrechtliche Wissensbestände ausblenden und von einer rein normativen Anleitung rechtswissenschaftlicher Methoden ausgehen.[74] Ein überhöhter Selbststand des Rechts, der rechtswissenschaftliche Konzepte unabhängig von außerrechtlichen Beschreibungen begründen will, büßt dadurch an Potential zur problemadäquaten Gestaltung ein.

3. Interaktion als Grundlage der Wissensentstehung

a) Ausdifferenzierung und Dezentralität von Wissen

Aufgrund der Subjektbezogenheit ist schon das Wissen von zwei Personen nicht identisch. Nicht nur, dass ihre jeweilige Wissensstruktur nicht identisch ist; auch die Interpretation eines bestimmten Datums zu einer Information variiert regelmäßig wegen der Unterschiede im Wissen als dem Interpretationshintergrund, in den Erwartungshorizonten und den sonstigen Elementen des Interpretationskontexts wie insbesondere dem Standpunkt und der Perspektive, die schon die Beobachtung des Datums prägen.

Interaktionen können gemeinsame Perspektiven auf bestimmte Gegenstände und insoweit einen übergreifenden, gemeinsamen Wissensbestand herstellen, sie

---

[72] Zum Verfassungsrecht *Volkmann*, Grundzüge einer Verfassungslehre der Bundesrepublik Deutschland, S. 132 ff., S. 167 ff., S. 302 ff.; zur Verfassungstheorie *ders.*, Der Staat 54 (2015), 35 (62): „Das heute maßgebliche Gesamtverständnis der Verfassung hingegen setzt sich zusammen aus einer unübersehbaren Vielzahl solcher Interpretationsvorgänge, die einander nun wechselseitig ergänzen und stützen, es geht zurück auf ältere, ganz grundlegende Weichenstellungen, die ihrerseits eine eigene Pfadabhängigkeit begründet haben, es ist insgesamt als eine bestimmte Form des Rechtsdenkens tief in die Rechtspraxis eingelassen und hat so bereits mehrerer Richter- und Wissenschaftlergenerationen überdauern können."; *Wrase*, Zwischen Norm und sozialer Wirklichkeit, S. 243.

[73] Entsprechend folglich zur Ausdifferenzierung verschiedener, bereichsspezifischer Ausprägungen juristischer Fachsprache *Luttermann*, Linguistisch-pragmatische Zugänge zur Rechtssemantik: Was gesagt, was gemeint und was verstanden wird, S. 275 (277 f.).

[74] Vgl. oben, Fn. 47, und die Analyse etwa der Entstehung der verfassungsgerichtlichen Rechtsprechung zur Werteordnung, Fn. 44, oder des Grundsatzes der Bundestreue, Fn. 53.

gehen aber zugleich in den zukünftigen Erwartungshorizont ein und beeinflussen dadurch den Hintergrund zukünftiger Beobachtungen und Interaktionen. Interaktionszusammenhänge differenzieren dadurch gesellschaftliche Teilbereiche mit unterschiedlichen Eigenschaften ihrer Kommunikationszusammenhänge aus.

Die Ausdifferenzierung gesellschaftlicher Teilbereiche, die Spezialisierung innerhalb der Teilbereiche und der Zuwachs an insgesamt generiertem Wissen wirken sich zugleich auf die Verteilung des Wissens aus.[75] Der Anteil an allgemein geteiltem Erfahrungswissen, dessen Verfügbarkeit für jedermann unterstellt werden kann, wird kleiner.[76] Umgekehrt kann eine einzelne Person schon wegen der Standpunkt- und Horizontabhängigkeit der Interpretation und damit mittelbar des Wissens ganz abgesehen von Kapazitätsgrenzen kein umfassendes Wissen erwerben.[77] Wissen ist heterarchisch und dezentral organisiert mit der Folge, dass keine Stelle ein überlegenes oder gar ideales Wissen geltend machen könnte.[78] Diese auf Interaktion zurückgehende Dezentralität der Wissensentstehung und -verteilung bildet eine zentrale Annahme sowohl der wissenschaftstheoretischen Forderung nach Wissenschaftspluralismus[79] als auch der dynamischen Wettbewerbstheorien.[80]

b) Wissenserwerb durch Interaktion

Interaktionen relativieren diese Subjektbezogenheit und die mit ihr verbundenen Grenzen des Wissenserwerbs. Das gilt zunächst für die Perspektivabhängigkeit von Beobachtungen und den daraus resultierenden blinden Flecken.[81] Die Interaktion mit dem Beobachter von einem alternativen Standpunkt ermöglicht zwar nicht unmittelbar dessen Beobachtung und Interpretation, sensibilisiert aber für

---

[75] *Weingart*, Eine neue Rolle des Wissens, S. 35 (38 f.).

[76] *I. Augsberg*, Informationsverwaltungsrecht, S. 8: „Die moderne Gesellschaft ist gekennzeichnet dadurch, dass ihr ein quasi-ontologischer Rahmen, ein die soziale Ordnung garantierender gemeinsamer Bezugspunkt, fehlt. Was ihr damit an vorgegebenen Strukturen abgeht, muss sich über Entscheidungsvorgänge selbst produzieren. Diese Entscheidungen sind, weil sie ihrerseits auf keinen festen Grundlagen beruhen, stets kontingent. Sie werden deshalb – zu Recht – als riskant wahrgenommen".

[77] Zum Fehlen einer zentralen Beobachterposition als Charakteristikum der gegenwärtigen Wissens-, Informations- und Risikogesellschaft vgl. nur *I. Augsberg*, Informationsverwaltungsrecht, S. 8 f., m. w. N.

[78] *Ladeur*, Negative Freiheitsrechte und gesellschaftliche Selbstorganisation, S. 119 ff.; *ders.*, Der Staat gegen die Gesellschaft, S. 3 f.; *I. Augsberg*, Informationsverwaltungsrecht, S. 8; *von Hayek*, Die Anmaßung von Wissen.

[79] *Häberle*, AöR 110 (1985), 329 (356 f.); *Trute*, Die Forschung zwischen grundrechtliche Freiheit und staatlicher Institutionalisierung, S. 295 f., siehe unten, Kapitel § 4 A.II.

[80] Näher unten, § 5 A.II.

[81] Dazu und zu den Beobachtungen zweiter Ordnung *Luhmann*, Die Wissenschaft der Gesellschaft, S. 68 ff., S. 85 ff.; *ders.*, Das Recht der Gesellschaft, S. 176; aus rechtstheoretischer Perspektive *I. Augsberg*, Informationsverwaltungsrecht, S. 8; *Vesting*, Rechtstheorie, Rn. 11 f.; zu Konsequenzen für die Staatsrechtslehre zwischen Selbst- und Fremdbeschreibung *Trute*, Staatsrechtslehre als Sozialwissenschaft, S. 115 (118 ff.).

die eigenen Grenzen der Wahrnehmung und Interpretation. Externe Impulse irritieren und regen zur Erweiterung des individuellen Horizonts an. Das Potential der einzelnen Grundrechtsträger, die blinden Flecken des eigenen Standpunkts und die Schwächen in dem eigenen Verständnishorizont zu relativieren, hängt von den sozialen Kontakten zu Grundrechtsträgern mit alternativen Perspektiven und Horizonten ab. Kommunikation bildet das Angebot, sich auf der Grundlage der individuellen Wahrnehmung und Interpretation mit alternativen Zugriffen auseinanderzusetzen und dadurch die inhärenten Beschränkungen der eigenen Perspektive zu relativieren.[82] Institutionalisierte Kommunikationszusammenhänge stellen gemeinsame (Problem-)Perspektiven und in der Folge tendenziell parallele Wahrnehmungen und Interpretationen her. Sozialisation ist eine Form einer solchen persönlichen, interaktionsbasierten Kopplung an ein bestimmtes Umfeld, dessen Wahrnehmung und Sichtweise.

Interaktionen tragen wesentlich zur Distribution von Wissen bei, indem sie Beobachtungen teilen und weitergeben. Institutionen, die wie Märkte auf laufende gegenseitigen Beobachtung und Verhandlung angelegt sind,[83] verbreiten auf diese Weise mit den jeweiligen Interaktionen zusammenhängendes Wissen, etwa über Nachfragepräferenzen, Produktionstechnologien, Nebenwirkungen oder sonstige Merkmale.[84]

In der Forschung gewährleistet die kommunikative Interaktion neben der Wissensdistribution ein qualitatives Element. Die Kommunikation von Forschungsergebnissen versetzt Forschende nicht nur in die Lage, an den jeweiligen Stand der Wissenschaft anzuknüpfen und darüber hinausgehende Zusammenhänge herstellen zu können. Sie bietet auch einen Umgang mit unterschiedlichen Methoden und Herangehensweisen angesichts der Unmöglichkeit allgemeingültiger methodischer Kriterien. An die Stelle solcher inhaltlicher Kriterien treten

---

[82] Wissenschaftliche Wissensproduktion lässt sich deshalb als Prozess der verschleiften Kommunikation individueller Perspektiven und Wissensbestände verstehen, der durch die Kommunikation die Abhängigkeit von dem jeweiligen Horizont relativiert, *Trute*, Einleitende Bemerkungen, S. 11 (31): „Allerdings darf man sich den Prozess der Generierung von Wissen nicht zu einfach und vor allem nicht zu individualistisch vorstellen. Zwar mag man den Individuen eine schon normativ ausgebaute wichtige Rolle zuweisen, indies ist der Prozess der Wissensgenerierung erheblich komplexer. Man kann dies an der Generierung von Wissenschaftlichem Wissen nachvollziehen. Diese erfolgt in überlappenden Netzwerken von wissenschaftlichen Gemeinschaften, in denen bestimmte Wissens‚bestände', Methoden, Fragestellungen, spezifiziertes Nichtwissen, für Anschlussfragen fruchtbar gemacht werden, deren Ergebnisse wiederum in Kommunikationen zunächst mit allgemeinen Beständen verglichen, geprüft, verworfen und modifiziert werden und so an den Korpus der bisherigen Texte angepasst und in diesen eingepasst werden. So wird ein permanenter Prozess von Revision und Konformation, von Veränderung und Anpassung in Gang gehalten", im Anschluss an *Gläser*, Wissenschaftliche Produktionsgemeinschaften, S. 67ff.; zur Wissenschaft als Handlungs- und Kommunikationszusammenhang *Trute*, Die Forschung zwischen grundrechtlicher Freiheit und staatlicher Institutionalisierung, S. 64ff.; siehe unten, § 4 A.

[83] Zu Märkten siehe unten, § 5 A.I.

[84] Zu Märkten siehe unten, § 5 A.II.7.

in einen Interaktionszusammenhang eingebundene Selektionen.[85] Ähnlich wie bei der Wissensdistribution in Märkten geht von der Summe der verbundenen Selektionsentscheidungen ein emergenter, das Wissen qualifizierender Effekt aus. Wissenschaftliche Reputation, die die Aufmerksamkeit innerhalb der Kommunikationsprozesse idealerweise nach fachlich-inhaltlichen Kriterien[86] gewichten, stützt diesen emergenten Effekt ab. Disziplinen differenzieren sich ebenfalls mit ihren spezifischen Erkenntnisinteressen, methodischen Standards und Kommunikationsformen durch Selektivität in den Kommunikationsbeziehungen aus und erhöhen gerade dadurch innerhalb der einzelnen Disziplin die Wahrscheinlichkeit der Anschlussfähigkeit und produktiven Interpretation neuer Beiträge.[87] Interaktionen sind dadurch sowohl für die Bildung von Disziplinen als auch die Wissenschaftlichkeit von Wissen konstitutiv.

II. Persönlichkeitsentfaltung durch Interaktion

Durch diese wissensgenerierende Wirkung beeinflussen Interaktionen schließlich die Ausbildung und Entfaltung individueller Persönlichkeit.

1. Interaktionen als Basis der individuellen Handlungsoptionen

Die wissensgenerierende Wirkung von Interaktionen betrifft zunächst die Effekte des individuellen, handlungsrelevanten Wissens. Indem Interaktionen zur Erweiterung individueller Horizonte beitragen, erschließen sie dem Einzelnen situativ zusätzliche Handlungsoptionen und verbessern vor allem das individuelle Verständnis für Zusammenhänge und Hintergründe einer bestimmten Situation. Beinhaltet eine bestimmte Entscheidung über eine selbstbestimmte Handlung Aspekte der Persönlichkeitsentfaltung, erhöht ein differenziertes Verständnis der jeweiligen Situation bis zu einem gewissen Grad das Potential selbstbestimmter Persönlichkeitsentfaltung. Selbstbestimmtes Handeln setzt ein Mindestmaß an Wissen voraus und die Einschätzung der individuellen Informationsgrundlage wie auch Aktivitäten zu ihrer Verbreiterung sind Teil selbstbestimmten Handelns.

Über die Erweiterung des individuellen Verständnishorizonts hinaus beeinflusst die durch Interaktionen hervorgebrachte Dynamisierung, also die beständige Entstehung und Ausdifferenzierung neuen Wissens, die Rahmenbedingungen individueller Persönlichkeitsentfaltung. Die Dynamisierung des

---

[85] *Trute*, Die Forschung zwischen grundrechtlicher Freiheit und staatlicher Institutionalisierung, S. 115 ff.: Verweis auf institutionalisierten Kommunikationszusammenhang.

[86] Zur Funktion der Reputation und Störungen in den Reputationsbeziehungen *Weingart*, Reputation in der Wissenschaft, S. 151 (154 ff.).

[87] Zum kognitive und soziale Aspekte umfassenden Disziplinbegriff eingehend *Trute*, Die Forschung zwischen grundrechtlicher Freiheit und staatlicher Institutionalisierung, S. 89 f. m. w. N.

Wissens bringt auf der einen Seite laufend neue Handlungsoptionen hervor. Einzelne Grundrechtsträger können über eine Vielzahl an insbesondere digitalen Informationsangeboten an öffentlicher Kommunikation aktiv wie passiv teilnehmen, neben einem klassischen Berufsbild in der Erprobung befindliche Geschäftsmodelle zur Grundlage beruflicher Tätigkeiten machen[88] und die eigenen materiellen Ressourcen in neuartiger Weise, etwa zur Investition in innovative Finanzprodukte, einsetzen.[89] Soziale Interaktionen generieren neue Anschlussmöglichkeiten. In der Abstützung dieser neues Wissen generierenden Interaktionszusammenhänge liegt eine wesentliche Funktion rechtlicher Institutionen.[90] Neue Anschlussmöglichkeiten erhöhen das Potential für selbstbestimmte Entscheidungen und der Persönlichkeitsentfaltung.[91]

Die interaktionsbasierte Dynamisierung zieht allerdings als automatische Kehrseite auch Anschlusszwänge nach sich. Besonders deutlich treten diese Anschlusszwänge in Marktprozessen[92] und in der wissenschaftlichen Forschung hervor. In beiden Bereichen beruht die subjektübergreifende Wissensdistribution auf der Vielzahl aneinander gekoppelter Entscheidungen.[93] Zeichnet sich auf Märkten unter den Auswahlentscheidungen ein nachhaltiger Vorzug bestimmter vorgelagerter Entscheidungen, etwa einer bestimmten Produktionstechnologie, der Unternehmensreputation, des Produktdesigns oder sonstiger Merkmale des Angebots ab, entsteht für Wettbewerber durch die absehbar folgenden Auswahlentscheidungen mittelbar ein Anpassungsdruck.[94] Das

---

[88] Zur Ausdifferenzierung beruflicher Tätigkeiten und den Folgen für den Schutzbereich der Berufsfreiheit siehe unten, § 5 B.I.1. und 3.

[89] Zur Ausdifferenzierung eigentumsrechtlich geschützter Positionen siehe unten, § 5 B.II. und D.I.2.

[90] *Ladeur*, Postmoderne Rechtstheorie, S. 80 ff., S. 176 ff.; *Vesting*, Der Sozialstaat als Subjektivierungspraxis, S. 108 (112 f.): „Vor diesem subjekttheoretischen Hintergrund kann Freiheit als Freiheit inmitten von Institutionen beschrieben werden. Freiheit im modernen Sinn meint also keine historisch dekontextualisierte Subjektivität, weder die rechtspositivistisch verdünnte abstrakte ‚Willensfreiheit' (in der der Wille tun und lassen kann, was er will, solange er nur wollen will) noch die postmoderne grenzenlose Verwirklichung privater Phantasmen. Freiheit meint vielmehr ein Abweichungs- und Überschusspotential, das nicht unabhängig von Institutionen gedacht, aber auch nie vollständig in Institutionen stillgelegt werden kann. Freiheit existiert, als eine Art ‚Unruheherd' [*Waldenfels*], als beständige Möglichkeit, Positionen innerhalb existierender sozialer Beziehungs- und Kommunikationsnetzwerke zu verlassen, um Spielräume auszunutzen, Risiken einzugehen und Neues auszuprobieren. (...) Verfassungsrechtlich wird dieses Freiheitsverständnis nicht zuletzt durch den Grundsatz der Trennung von Staat und Gesellschaft garantiert. Dieser Grundsatz weist darauf hin, dass die Freiheit als Abweichungs- und Überschusspotential, als produktiver Unruheherd, in den zwischen den Individuen geknüpften horizontalen Beziehungs- und Kommunikationsnetzwerken (Markt, Öffentlichkeit, Arbeitswelt etc.) erhalten und geschützt werden muss." (Nachweise weggelassen).

[91] Zur Berufsfreiheit siehe unten, § 5 B.I.1.

[92] *Vanberg*, Das Paradoxon der Marktwirtschaft: Die Verfassung des Marktes und das Problem der „sozialen Sicherheit", S. 155 (157 ff.), näher unten § 5 B.I.3.

[93] Siehe unten, § 5 A.I. und D.II.5.b).

[94] Siehe unten, § 5 A.II.7.

Schlagwort der Wettbewerbsfähigkeit drückt die Kapazität im Umgang mit Auswahlentscheidungen aus. In ähnlicher Weise werden Forschungsbeiträge, die aus Sicht der anderen Forschenden für deren Forschung nicht anschlussfähig und attraktiv sind, nicht aufgegriffen. Geht dieser Mangel an Attraktivität auf bestimmte strukturelle Nachteile gegenüber den Forschungsaktivitäten anderer zurück, sind Forschende, die den Anschluss an die *scientific community* halten wollen, zur Anpassung oder anderweitigen Kompensation des Nachteils gezwungen.[95] Systematische Selektion in Interaktionen strukturiert Beiträge und Aktivitäten über Anschlusszwänge. Diese selektionsbedingten Anschlusszwänge beschränken sich nicht auf Marktprozesse, sondern die Merkmale eines neuen Angebots, die zu seiner Verbreitung geführt haben, erzeugen regelmäßig unter den Nutzenden eine entsprechende Erwartungshaltung. Der Vorteil etwa von E-Mails gegenüber Briefpost liegt neben den geringeren Kosten in der schnelleren Übermittlung. Mit diesem Vorteil geht mittelfristig die Erwartung einer zeitnahen Antwort, etwa innerhalb von Tagen, einher. Kurznachrichten sind durch die praktisch ständige Verfügbarkeit von Mobiltelefonen auf noch kürzere Antwortzeiten, etwa innerhalb von Stunden oder Minuten, angelegt. Wer E-Mails oder Kurznachrichtendienste nutzt, profitiert von der Geschwindigkeit, aber setzt sich auch dem Anschlusszwang kürzerer Antwortzeiten aus, wenn die durch das neue Medium typisierte Erwartungshaltung des Kommunikationspartners nicht enttäuscht und die sonst absehbaren Folgen für die anschließende Kommunikation riskiert werden sollen. Auf die neuen Angebote, etwa die Nutzung von E-Mails, zu verzichten, um diesen Anschlusszwängen zu entgehen, ist schließlich ab einem gewissen Grad gesellschaftlicher Verbreitung keine realistische Option.[96] Der Einfluss sozialer Interaktion auf die Rahmenbedingungen individueller Persönlichkeitsentfaltung geht bis zur Verbreitung sozialer Praktiken.[97]

Die Dynamisierung erhöht schließlich den Bedarf an individuellem Wissen für selbstbestimmte Entscheidungen. Spezialisierung und Ausdifferenzierung erschweren es dem Einzelnen, das Potential für neue Anschlussmöglichkeiten und -anschlusszwänge in bestimmten Bereichen sowie deren Relevanz für individuelle selbstbestimmte Lebensweisen einzuschätzen. Indem die Ausdifferenzierung einzelne Entwicklungspfade durch eine Vielzahl von Interaktionen vertieft, sind der einzelne Entwicklungspfad und die daran hängenden Entwicklungen Ausdruck einer Grundperspektive, die Einzelne über Interaktionen komplexitätsreduzierend und teilweise unbemerkt aufnehmen. Ein über Interaktion

---

[95] Siehe unten, § 4 C.I.1.

[96] Zu den ökonomischen, kulturellen und sozialstrukturellen Ursachen sozialer Beschleunigung *Rosa*, Beschleunigung, S. 256 ff.

[97] Zur Änderung der Rezeptionsbedingungen audiovisueller Medien durch neuartige Geschäftsmodelle siehe unten, § 3 B.III.4.; zur Generierung großer Mengen digitaler, personenbezogener Daten durch marktübergreifende Geschäftsmodelle im Internet siehe unten, § 2 B.IV.

vermitteltes Orientierungswissen und ein gewisser Grad an Reflexion befähigen den Einzelnen zum selbstbestimmten Umgang mit der Komplexität von Angeboten und deren Voraussetzungen.

2. *Persönlichkeitsbildung in Interaktionen*

Soziale Interaktion prägt schließlich nicht nur die Umstände, unter denen der Einzelne selbstbestimmte, der eigenen Persönlichkeit entsprechende Entscheidungen trifft, sondern beeinflusst auch die Bildung der Persönlichkeit maßgeblich.[98] Diese Relevanz sozialer Interaktion für die Persönlichkeitsentfaltung ist rechtstheoretisch schon in den 70er Jahren formuliert,[99] allerdings nicht systematisch im Hinblick auf die Bedingungen der Wissensgenerierung entfaltet worden. Interaktionspartner bleiben in dieser Konzeption ein für die individuelle Persönlichkeitsentfaltung erforderliches Medium, ohne dass die wissensgenerierende Wirkung der Interaktionszusammenhänge dabei konsequent in Rechnung gestellt wird.[100] Die zu dem damaligen Zeitpunkt vorhandenen systemtheoretischen Beschreibungen von Interaktionszusammenhängen und ihre funktionalen Ableitungen für die Grundrechtstheorie[101] greift die Konzeption *Suhrs* zwar auf,[102] schließt daraus aber nicht auf die Bedeutung

[98] *Prinz*, Selbst im Spiegel. Die soziale Konstruktion von Subjektivität, S. 113: „Wir brauchen Spiegel, um unser Handeln besser zu erkennen, zu verstehen und zu beurteilen. Das bedeutet nicht, dass wir ohne Spiegel nicht sinnvoll handeln könnten. Wir könnten als geschlossene Geister handeln, ohne durch irgendein Wissen, ein Verständnis oder eine Beurteilung darüber aufgeklärt zu werden, was unser Handeln für andere bedeutet. Spiegel – insbesondere soziale Spiegel – helfen uns dabei, unseren Geist zu öffnen. Durch die Spiegel der anderen gelangen wir dazu, uns selbst wie die anderen als Handelnde zu sehen und zu verstehen. In knappen Worten leisten Spiegel also Folgendes: dass das Selbst durch die anderen entstehen kann. Wie immer gibt es gute und schlechte Nachrichten. Die gute Nachricht ist, dass ein geistiges Selbst entsteht. Die schlechte Nachricht ist, dass es durch Interaktionen mit anderen entsteht, anstatt seinen Ursprung im jeweils einzelnen Geist zu haben".

[99] Insbesondere *Suhr*, Entfaltung der Menschen durch die Menschen.

[100] *Suhr*, Entfaltung der Menschen durch die Menschen, S. 85: „Für diesen dynamischen, expansiven Entfaltungsprozess sind die anderen Menschen jedenfalls das Mittel und die Voraussetzung. Denkt man sich die anderen Menschen weg, muss man auch gleich diese Art der Entfaltung wegdenken. Insoweit ist die Freiheit zur Entfaltung der Persönlichkeit eine Freiheit zur Entfaltung des einen durch den anderen."; S. 113 f.: „Auch wenn ich jemanden umbringe, ist er mein ‚Medium', durch das ich zum Totschläger oder Mörder werde. Zum Mörder kann ich nur werden und als solcher erscheinen, wenn ein Opfer da ist, durch das es geschieht. Mit dem ‚Durch-den-anderen', das die Entfaltung weitgehend charakterisiert, ist also zunächst etwas ganz Unnormatives gemeint: anthropologische *Empirie* und *Faktizität*. (...) Die Menschen sind füreinander das Mittel zum Menschen: *Homo homini ad hominem medium*." (Herv. im Orig.); S. 131 f.: „Der Mensch ist ein Wesen mit Fenstern, das im Wesentlichen daraus besteht, dass es ‚fensterlt' und dass bei ihm ‚gefensterlt' wird. Menschsein ist im Wesentlichen diese Durchdringung des Menschen durch den Menschen".

[101] *Luhmann*, Grundrechte als Institution, S. 23 f., S. 186 ff.

[102] Etwa *Suhr*, Entfaltung der Menschen durch die Menschen, S. 86, Fn. 25, und S. 118, Fn. 23.

der strukturellen, dynamischen und wissensgenerierenden Effekte von Interaktionszusammenhängen für die Persönlichkeitsentfaltung, sondern bleibt bei der Beobachtung der Notwendigkeit des Kontakts zu anderen Menschen als „Medien“ stehen.[103]

Diese Interaktionszusammenhänge stellen nicht nur die kognitive Grundlage selbstbestimmter Entscheidungen, sondern wirken unmittelbar auf die Persönlichkeitsbildung ein.[104] Aus kognitionswissenschaftlicher Perspektive wird die Entstehung von Subjektivität teilweise naturalistisch geschlossen oder konstruktivistisch Subjektivität offen verstanden,[105] geht in der konkreten Ausgestaltung des individuellen Geistes und der zu Grunde liegenden individuellen Konstruktion von Wirklichkeit aber jedenfalls auf Interaktion zurück.[106] Weitergehend

---

[103] Vgl. *Suhr*, Entfaltung der Menschen durch die Menschen, S. 88: „So empirisch notwendig wir für einen Handwerker sein Werkzeug, so empirisch notwendig sind für den Menschen, der sich entfalten will, die anderen Menschen. Das gilt für den Beobachter, der den Befund feststellt, wie für den Menschen selbst, der sich entfalten will und sich Gedanken macht über Mittel und Wege, über Strategien und operationale Techniken. In jedem Fall taucht alsbald der andere als Durchgangs- oder Umkehrstation der eigenen Entfaltung auf“.

[104] Wissenstheoretisch schon formuliert bei *Berger/Luckmann*, Die gesellschaftliche Konstruktion der Wirklichkeit, S. 32: „Es spricht sogar Einiges dafür, dass der Andere als Vis-à-vis für mich wirklicher ist, als ich es mir selbst bin. Natürlich kenne ich mich, ‚weiß‘ ich mich selbst, besser als ich ihn je kennen kann. Meine Vergangenheit steht so vollständig vor meiner Erinnerung, wie ich die seine nie rekonstruieren könnte, auch wenn er mir noch so viel erzählte. Aber mein Besserwissen von mir selbst erfordert eine Rückbeziehung. Es ist mir nicht unmittelbar präsent. Der Andere *ist* jedoch präsent als Vis-à-vis. ‚Was er ist‘, das nehme ich kontinuierlich wahr. Diese meine Wahrnehmung ist währende Gegenwart, präreflexiv. Dagegen liegt ‚was ich bin‘ *nicht* in dem Maße ‚auf der Hand‘. Will ich mich erfassen, so muss ich einhalten, der fließenden Spontaneität meiner Wahrnehmung Stillstand gebieten und mein Augenmerk absichtlich rückwärts, nämlich zu mir hin richten. Der typische Anlass für diese Kehrtwendung zu mir, die ‚Reflexion‘ auf mich selbst, ist die Stellung *des Anderen* mir gegenüber. Meine Einstellung auf mich selbst ist ein typischer ‚Spiegelreflex‘ auf Einstellungen des Anderen zu mir.“ (Herv. i. Orig.); darauf aufbauend aus Sicht des kommunikativen Konstruktivismus *Knoblauch*, Grundbegriffe und Aufgaben des kommunikativen Konstruktivismus, S. 25 (31 f.; 34 ff.); *Reichertz*, Grundzüge des Kommunikativen Konstruktivismus, S. 49 (54 ff.).

[105] Überblick über unterschiedliche Ansätze bei *Prinz*, Selbst im Spiegel. Die soziale Konstruktion von Subjektivität, S. 65 ff.

[106] *Prinz*, Selbst im Spiegel – Subjektivität zwischen Natur und Kultur, S. 109 (113); zur Abhängigkeit der individuellen Wirklichkeitskonstruktion von den Kommunikationserfahrungen des Einzelnen *Roth*, Das Gehirn und seine Wirklichkeit, S. 334 ff.: „Wie ich ausführlich beschrieben habe, ist das Gehirn von seiner Außenwelt und damit von allen anderen Gehirnen und ihren Trägern isoliert; es erfährt nur das, was die Sinnesorgane ihm in der Sprache der Neuronen mitteilen. Diese Sprache enthält keine primären Bedeutungen, sondern jedes individuelle Gehirn muss sich selber Bedeutungen konstruieren. Die Konsequenzen dieses Umstandes erleben wir in jedem Augenblick, wenn wir mit anderen Menschen *kommunizieren*. Wir stellen fest, dass viele Worte und Sätze nicht selbstverständlich für jeden Menschen dieselbe Bedeutung haben. (…) Das Schwierige am Verstehen ist, dass wir das Vorhandensein und das Ausmaß konsensueller Bereiche nicht unmittelbar erkennen. Das Wissen darüber, ob und inwieweit man sich versteht, muss ebenso durch Versuch und Irrtum in *selbstreferentieller* Weise ausgelotet werden wie die Bedeutung. Ich teste mit jedem Satz und jeder Geste, ob mein Partner mich verstanden hat oder nicht, und er tut dies genauso (gleichgültig, ob dies bewusst oder – wie

wird Subjektivität teilweise als mit einer mentalen Wissensstruktur vergleichbar begriffen und damit wie andere Wissensstrukturen auch auf soziale Interaktion zurückgeführt.[107] Durch Evolution hervorgebracht und von sozialer Interaktion unabhängig sind in dieser Perspektive lediglich die biologischen Mechanismen der Wahrnehmung,[108] während die über die Wahrnehmung bewirkte Selbstkonstruktion inhaltlich von den Interaktionen abhängt und in ihren Folgen für die Persönlichkeitsbildung des Einzelnen real ist.[109]

Unabhängig davon, wie es in die Bildung der individuellen Persönlichkeit eingeht, entsteht individuelles Wissen über sich selbst nicht anders als sonstiges individuelles Wissen auch, über die Interpretation von Beobachtungen und damit insbesondere über soziale Interaktion.

D. Interaktionszentrierter Grundrechtsschutz

Eine interaktionszentrierte Grundrechtstheorie stellt die Relevanz von Interaktionen für die Verwirklichung grundrechtlicher Schutzgüter in den Mittelpunkt der Grundrechtskonzeption. Die aus der Freiheitsausübung hervorgehenden Interaktionszusammenhänge bilden einen Mechanismus, der neues Wissen generiert und die Handlungsmöglichkeiten der Grundrechtsträger strukturiert. Interaktionszusammenhänge bringen neue Handlungsoptionen hervor, stellen durch die dezentralen Auswahlentscheidungen aber auch Anforderungen an eine effektive Teilnahme. Interaktionszusammenhänge prägen die tatsächlichen Bedingungen der Grundrechtsverwirklichung dadurch in ambivalenter Weise.

Ein grundsätzliches „Prä“ für die Freiheit gegenüber hoheitlicher Gestaltung, wie das rechtsstaatliche Verteilungsprinzip aus klassisch liberaler Perspektive mit der Gegenüberstellung einer prinzipiell unbegrenzten Freiheit und einer

---

meist – unbewusst geschieht). Die Selbstreferentialität dieses Prozesses besteht darin, dass *ich* als Kommunikationspartner derjenige bin, der darüber entscheiden muss, ob Kommunikation gelingt oder nicht, und dabei kann ich mich irren.“ (Herv. i. Orig.).

[107] *Prinz*, Selbst im Spiegel – Subjektivität zwischen Natur und Kultur, S. 109 (113): „Zum konstruktivistischen Typus rechne ich dagegen solche Positionen, die die Grundlagen des mentalen Selbst in einer Wissensstruktur sehen, die in kollektiven Lernprozessen erzeugt wird. Nach dieser Lesart ist das Selbst ein mentaler Inhalt wie viele andere auch – ein Inhalt, der erfahrungsabhängig entsteht und nicht durch einen vorgegebenen Bauplan festgelegt wird. Das mentale Selbst gehört somit nicht zur primären Grundausstattung des Geistes, sondern es wird sekundär und erfahrungsabhängig erzeugt. Damit wird das mentale Selbst zum Gegenstand entwicklungspsychologischer und auch psychohistorischer Re- bzw. Dekonstruktion“.

[108] *Prinz*, Selbst im Spiegel – Subjektivität zwischen Natur und Kultur, S. 109 (114): naturalistischer Konstruktivismus, und *ders.*, Selbst im Spiegel. Die soziale Konstruktion von Subjektivität, S. 125 ff.: Spiegelmechanismen.

[109] *Prinz*, Selbst im Spiegel – Subjektivität zwischen Natur und Kultur, S. 109 (120 f.).

prinzipiell begrenzten hoheitlichen Gestaltung nahelegt,[110] blendet die Freiheitsrelevanz von Interaktionszusammenhängen sowie die Voraussetzungen ihrer Stabilität und der individuellen Teilnahme aus. Weil umgekehrt hoheitliche Gestaltungen von Interaktionszusammenhängen den Mechanismus dezentraler Wissensgenerierung beeinflussen, richtet sich der Schutz grundrechtlicher Freiheit nicht an der Abwehr hoheitlicher Gestaltung, sondern der Optimierung des Handlungs- und Entwicklungspotentials aus.

Eine interaktionszentrierte Perspektive konturiert dadurch die Ausgestaltung von Freiheitsrechten. Der Interaktionsbezug von Freiheitsrechten mit personalem Gehalt macht die Sachbereiche der Freiheitsrechte ausgestaltungsbedürftig, ohne dass diese Ausgestaltung einem institutionellen Grundrechtsverständnis[111] entsprechend zu inhärenten, theoretisch begründeten Bindungen der Freiheit führen würde. Dogmatisch bietet die interaktionszentrierte Perspektive Präzisierungen in mehrpoligen Grundrechtssituationen. Sie leitet einen verfassungsrechtlichen Maßstab für die Ausgestaltung von Grundrechten an, löst die Figur mittelbarer Grundrechtseingriffe zu Gunsten eines unmittelbaren Schutzes des jeweiligen Interaktionspotentials ab, konturiert die konzeptionellen Prämissen grundrechtlicher Bestands- und Entwicklungsgarantien und macht die Anknüpfung an außerrechtliche Beschreibungen der Interaktionszusammenhänge normativen Begründungen und damit der Rationalisierung zugänglich.

I. Interaktionszusammenhang als Teil des Freiheitsrechts

Aus interaktionszentrierter Perspektive beschränkt sich grundrechtliche Freiheit nicht auf eine isoliert betrachtete Verhaltensfreiheit, sondern umfasst je nach den Strukturen des Sachbereichs die jeweils schutzbereichsrelevanten Interaktionszusammenhänge. Grundrechtsdogmatisch folgt aus diesem Freiheitsverständnis, dass hoheitliche Maßnahmen, die diese Interaktionszusammenhänge beeinträchtigen, als Eingriffe oder Ausgestaltungen rechtfertigungsbedürftig. Vor einem näheren Blick auf die rechtsdogmatischen Konsequenzen ist allerdings auf die Relevanz von Interaktionszusammenhängen für grundrechtliche Schutzgüter und auf die methodischen Implikationen der Grundrechtskonzeption einzugehen.

---

[110] Mit kritischer Einordnung *Poscher*, Grundrechte als Abwehrrecht, S. 123; vgl. auch zur Bedeutung „konstituierter Freiheiten" auf der Grundlage eines abwehrrechtlichen Verständnisses *Lübbe-Wolff*, Die Grundrechte als Abwehrrechte, S. 75 ff., sowie im Anschluss *Grimm*, Rückkehr zum liberalen Grundrechtsverständnis?, S. 221 (231 f.); zum Verteilungsprinzip siehe unten, Fn. 239.

[111] *Häberle*, Die Wesensgehaltsgarantie des Art. 19 Abs. 2 Grundgesetz; zum institutionellen Freiheitsverständnis näher unten, § 1 D.II.2.

1. Relevanz von Interaktionen für grundrechtliche Schutzgüter

Eine interaktionszentrierte Grundrechtstheorie verbindet die Ausrichtung der Freiheitsrechte auf die Verwirklichung der ihnen zu Grunde liegenden Schutzgüter mit den wissensgenerierenden, Handlungsoptionen strukturierenden Effekten von Interaktionen. Auf Dauer gestellte Interaktionszusammenhänge bringen soziale Praktiken hervor und setzen durch ihre dynamische, neue Anschlussmöglichkeiten hervorbringende Wirkung die Rahmenbedingungen für selbstbestimmte Entscheidungen in der Freiheitsausübung. Sie bilden einen Mechanismus, der aus den laufenden Verbindungen von Freiheitsausübung entsteht, strukturelle Grenzen individuellen Wissens relativiert und dadurch eine Dynamik entwickelt, die auf der einen Seite neue Anschlussmöglichkeiten schafft, auf der anderen Seite aber auch Voraussetzungen der Teilnahme aufstellt. Diese Zusammengehörigkeit neuer Anschlussmöglichkeiten und dezentral formulierter Voraussetzungen der Teilnahme drückt die Untrennbarkeit der dynamischen Folgen von Interaktionszusammenhängen aus und macht sie für die Verwirklichung grundrechtlicher Schutzgüter ambivalent. Diese Entwicklung der Handlungsoptionen trägt wesentlich zur personalen Entfaltung bei. Die einhergehenden Voraussetzungen können die Handlungsmöglichkeiten aber für Einzelne auch entwerten.

Diese Ambivalenz führt zur Notwendigkeit, bei der dogmatischen Konzeption von Freiheitsrechten an außerrechtliche Beschreibungen anzuknüpfen. Diese normative Anknüpfung stellt keine Besonderheit einer interaktionszentrierten Perspektive dar, sondern entspricht methodisch dem Zugriff einer Vielzahl unterschiedlicher, mehr oder weniger expliziter Ansätze in Literatur und Rechtsprechung.[112] Sie ist insbesondere theoretisch aufgearbeitet als ein Aspekt von Normativität, der in der Aufbereitung des Normbereichs und seiner Verbindung mit dem Normtext steht.[113] Indem die interaktionszentrierte Perspektive jedoch die wissensgenerierende Wirkung, die Voraussetzungen und ihre potentiellen Effekte typisiert und die dogmatischen Strukturen auf die Eigenschaften typischer Elemente einstellt, bereitet sie den normativen Umgang mit außerrechtlichen Beschreibungsangeboten vor. Die interaktionszentrierte Grundrechtstheorie schlägt eine Art allgemeinen Teil für den methodischen Umgang mit bestimmten, nur interdisziplinär bearbeitbaren Regelungsproblemen vor, die bislang in Literatur und Rechtsprechung jeweils nur punktuell und isoliert adressiert worden sind.

---

[112] Aus der Literatur vgl. nur *Trute*, Die Forschung zwischen grundrechtlicher Freiheit und staatlicher Institutionalisierung, S. 86 ff.; *Britz*, Freie Entfaltung durch Selbstdarstellung, S. 37 ff.; *Albers*, Informationelle Selbstbestimmung, S. 87 ff.; *Hornung*, Grundrechtsinnovationen, S. 118 ff.; Nachweise zur Rechtsprechung bei *Müller/Christensen*, Juristische Methodik, Bd. I, S. 58 ff.

[113] *Müller*, Strukturierende Rechtslehre, S. 147 ff.

Diese Effekte und Voraussetzungen sozialer Interaktionszusammenhänge sind aus systemtheoretischer Perspektive alles andere als neu.[114] In grundrechtstheoretischer Hinsicht neu ist allerdings der Ansatz, diese Voraussetzungen und Effekte auf die Verwirklichung der hinter den Freiheitsrechten stehenden Schutzgüter zu beziehen. Während systemtheoretisch fundierte Grundrechtsverständnisse die Freiheitsrechte auf den Schutz vor Entdifferenzierung, also die Erhaltung ausdifferenzierter Systeme und die Generierung von neuen Anschlussmöglichkeiten und Wissen beziehen,[115] machen Interaktionszusammenhänge aus der Sicht einer interaktionszentrierten Grundrechtstheorie keinen Selbstzweck, sondern lediglich einen wesentlichen Aspekt der Rahmenbedingungen individueller Persönlichkeitsentfaltung aus. Eine interaktionszentrierte Grundrechtstheorie bezieht die Effekte der Interaktionsbeziehungen und die Voraussetzungen ihrer Teilnahme auf die personale Entfaltung, die in jeweils unterschiedlicher Facette hinter den einzelnen Freiheitsrechten steht.

Dieser Blick auf die Relevanz von Interaktionszusammenhängen für die Verwirklichung grundrechtlicher Schutzgüter trägt zur Rationalität grundrechtlicher Maßstäbe bei. Die dezentral entwickelten Kriterien der Interaktion können die Teilnahmebedingungen für einzelne Grundrechtsträger in einer Weise beeinflussen, die eine Persönlichkeitsentfaltung durch die Freiheitsausübung bis hin zum vollständigen Ausschluss erschwert. Umgekehrt kann eine hoheitliche Regulierung, indem sie ein bestimmtes Ergebnis gewährleistet, die Generierung neuen Wissens und neuer Anschlussmöglichkeiten beeinträchtigen. Mit ihrer Ausrichtung auf die Entwicklung individueller Handlungsoptionen trennt die interaktionszentrierte Grundrechtstheorie grundrechtsdogmatische Fragen von der Entscheidung zwischen einer eher liberalen oder sozialen politischen Gestaltung bestimmter Bereiche.

a) Ambivalenz interaktionsbedingter Dynamik

Interaktionszusammenhänge sind in ihren Auswirkungen auf die Verwirklichung grundrechtlicher Schutzgüter ambivalent. Auf der einen Seite bringen Interaktionen der Grundrechtsträger neues Wissen und neue Anschlussmöglichkeiten hervor, ohne die personale Entfaltung nicht möglich wäre. Die in Rechtsprechung und Literatur allgemein zu Grunde gelegte Annahme, Grundrechtsausübung und personale Entfaltung spielten sich im Sozialen ab,[116] bringt diese Relevanz von Interaktionen – wenn auch in unspezifischer Weise – zum Ausdruck. Diese Relevanz folgt aus der wissensgenerierenden Funktion von Interaktionszusam-

---

[114] Siehe nur *Luhmann*, Soziale Systeme, S. 236ff., S. 242ff.

[115] *Luhmann*, Grundrechte als Institution, näher unten § 1 D.I.1.c)aa); *Ladeur*, Postmoderne Rechtstheorie, S. 88f.; zu den Konsequenzen für ein Verständnis des Rechts auf informationelle Selbstbestimmung, das auf eine vollständige Kontrolle der Kommunikationsprozesse durch den Grundrechtsträger zielt, *Albers*, Informationelle Selbstbestimmung, S. 365f.

[116] Siehe oben, Einleitung, Fn. 1.

menhängen, die sowohl den Kontext und die Handlungsoptionen der einzelnen Grundrechtsträger als auch ihre Selbstwahrnehmung prägen.[117]

Auf der anderen Seite unterliegt die Teilnahme an solchen Interaktionszusammenhängen jedoch Voraussetzungen, die sich vor allem aus den dezentralen Auswahlentscheidungen der anderen Teilnehmenden des Interaktionszusammenhangs ergeben.

Ein besonders gut sichtbares, wenn auch auf bestimmte Aspekte zuspitzendes Beispiel[118] für die aus Interaktionszusammenhängen entstehenden Voraussetzungen ihrer Teilnahme bilden Märkte.[119] Eine Teilnahme an Marktprozessen hat für einzelne Anbietende nur dann Aussicht auf Erfolg, wenn eine hinreichende Zahl potentieller Transaktionspartner nach jeweils individuellen Kriterien das entsprechende Angebot wählt. Wettbewerbsfähigkeit bezeichnet schlagwortartig die Fähigkeit, beim Anbieten der eigenen Leistung mit den Konditionen anderer Anbieter vergleichbarer Leistungen mithalten zu können und dadurch für die jeweilige Marktgegenseite hinreichend attraktiv zu sein. Dieser Vergleich mit den Leistungen anderer Anbieter bringt zugleich die Notwendigkeit für die Anbietenden zum Ausdruck, die Marktnebenseite zu beobachten und auf Entwicklungen der austauschbaren Angebote, etwa Produktverbesserungen, Rationalisierungen von Kosten oder sonstige, aus Sicht der Nachfragenden relevante Merkmale, zu reagieren. Marktprozesse produzieren, bewerten und verbreiten Wissen durch die Verknüpfung dezentraler Entscheidungen.

Interaktionen bilden einen Mechanismus, um Wissen und neue Handlungsoptionen aus individuellen, dezentralen Entscheidungen zu generieren, und stehen dadurch in einem engen Zusammenhang zu grundrechtlicher Freiheit; sie bringen allerdings nicht per se geeignete Bedingungen zur Ausübung individueller, grundrechtlicher Freiheit hervor. Dadurch, dass die einzelnen dezentralen Entscheidungen die individuelle Situation und Perspektive der Entscheidungsträger einbeziehen, setzt der Interaktionszusammenhang die Entscheidungen zueinander in Beziehung und versetzt Entscheidungsträger in die Lage auch mit Situationen, für die kein Erfahrungswissen verfügbar ist, produktiv und stabil umzugehen.[120] Kehrseite dieser Fähigkeit von Interaktionszusammenhängen, sich auf eine unsichere und sich dynamisch verändernde Umwelt einzustellen, sind jedoch Voraussetzungen für die Teilnahme am Interaktionszusammenhang,

---

[117] Siehe oben, § 1 C.

[118] Die Anschaulichkeit, mit der Marktprozesse die Ambivalenz von Interaktionszusammenhängen zum Ausdruck bringt, sollte allerdings nicht die Vielschichtigkeit dieser Ambivalenz, auch in anderen Freiheitsrechten, verdecken, etwa in der Forschung oder beim Recht auf informationelle Selbstbestimmung, siehe jeweils unten § 2 B sowie § 4 A.II. und C.I.2.

[119] Eingehend unten, § 5 A.I. und II.

[120] *Ladeur*, Negative Freiheitsrechte und gesellschaftliche Selbstorganisation, S. 202; *ders.*, Recht – Wissen – Kultur, S. 128f.: strukturbildende Dogmatik (zum Konzept impersonaler Grundrechte).

die in der Literatur auch als Anschlusszwänge beschrieben worden sind.[121] Diese Voraussetzungen stellen die Teilnehmenden vor die Wahl, entweder auf die Bedingungen der Anschlussfähigkeit, also der Attraktivität aus Sicht der anderen dezentral Entscheidenden, einzugehen oder auf die Teilnahme an dem Interaktionszusammenhang zu verzichten. Diese Teilnahmebedingungen können den Optionenraum für selbstbestimmte, persönlichkeitsentfaltende Entscheidungen gravierend beschränken. Die Notwendigkeit, den laufend an das verfügbare Angebot angepassten Auswahlkriterien der Marktgegenseite zu genügen, kann einzelne Grundrechtsträger von der Marktteilnahme vollständig ausschließen oder die Bedingungen der Marktteilnahme derart verschlechtern, dass personale Entfaltung kaum möglich ist, etwa weil die Konditionen für eine individuelle Teilnahme am Arbeitsmarkt weder für eine wirtschaftlich eigenständige Lebensgrundlage genügen noch der Ablauf der beruflichen Tätigkeit für eine individuelle Entfaltung Raum belässt.[122] Auch diese Folgen von Wettbewerb sind hinlänglich bekannt. Sie werden typischerweise mit politischen Forderungen nach einer sozialen oder „sozial gerechten“ Gestaltung der Marktbedingungen in Verbindung gebracht. Der aus grundrechtstheoretischer Sicht weiterführende Aspekt liegt in der Verbindung beider Seiten der Interaktionszusammenhänge und ihrer Relevanz für die grundrechtlichen Schutzgüter. Sowohl die Anschlussmöglichkeiten als auch die Voraussetzungen der Partizipation entstehen aus der individuellen Freiheitsausübung und sie prägen den Kontext, in dem individuelle Freiheitsausübung stattfindet.

Wer die sich aus den Interaktionszusammenhängen ergebenden Anforderungen als Folge grundrechtlich geschützten Verhaltens Dritter bei der Bewertung grundrechtlicher Schutzbedarfe unberücksichtigt lässt, blendet die Bedingungen tatsächlicher Grundrechtsverwirklichung aus. Wer umgekehrt den Schwerpunkt einseitig auf die Verbesserung der tatsächlichen Bedingungen der Grundrechtsverwirklichung legt, läuft Gefahr, die wissensgenerierende Funktion der Interaktionszusammenhänge wie auch ihre Fähigkeit zu beeinträchtigen, Änderungen der Umweltbedingungen zu verarbeiten.[123] Aus grundrechtlicher Perspektive sind hoheitliche Gestaltungen, die bestimmte Grundrechtsträger von der Notwendigkeit befreien, bestimmte Voraussetzungen der Teilnahme an Interak-

---

[121] *Ladeur*, Kritik der Abwägung in der Grundrechtsdogmatik, S. 41; *Ladeur*, Der Staat 46 (2007), 61 (67f.).

[122] Näher unten, § 5 B.I.3.

[123] *Ladeur*, Der Staat 46 (2007), 61 (67f.): „Die Expansion des Sozialstaats setzt die Wissens- und Beweisregeln außer Kraft, die in die Infrastruktur der liberalen Rechtsordnung eingeschrieben sind. In einer zukunftsoffenen Gesellschaft kann die Erhaltung oder Herbeiführung positiv bewerteter Zustände kein allgemeines Ziel sein. Der Sozialstaat tendiert immer mehr dazu, diese Grenze zu überschreiten und Sicherheit unmittelbar zu gewährleisten, ohne danach zu fragen, ob dies mit den Regeln einer liberalen Ordnung vereinbar ist, die notwendigerweise auf das Operieren mit und die paradoxe Anpassung an Ungewissheit angelegt sein muss“.

tionszusammenhängen zu erfüllen, durch eine Abwägung der individuellen Erleichterung mit der korrespondierenden Belastung nicht hinreichend abgebildet. Vielmehr sind die mittelbaren, nicht selten weitreichenden Konsequenzen für das Entwicklungspotential des Sachbereichs in Rechnung stellen.

Ein interaktionszentrierter Ansatz bietet im Umgang mit diesen potentiell nachteiligen Effekten für die Gewährleistung grundrechtlicher Schutzgüter einen differenzierteren Zugriff als die Unterscheidung einer liberalen oder sozialen Politik, die sich als politische Präferenz auf die Grundrechtsdogmatik einwirken kann.[124] Die Berücksichtigung der tatsächlichen Voraussetzungen für die Grundrechtsausübung meint in einem interaktionszentrierten Ansatz nicht die Umverteilung von Ressourcen oder die pauschale Verbesserung oder generelle Vereinfachung der Lebensbedingungen, sondern die laufende Überprüfung, inwieweit der dynamischen Entwicklung des jeweiligen Interaktionszusammenhangs und der Erhöhung seiner Komplexität und Leistungsfähigkeit auch unter Berücksichtigung zukünftiger Anschluss- und Entwicklungsmöglichkeiten noch eine qualitative Aufwertung des Optionenraumes gegenübersteht. Eine auf die Spitze getriebene Ausdifferenzierung der Arbeitsmärkte kann etwa Segmente entstehen lassen, in denen die berufliche Tätigkeit die wirtschaftlichen Voraussetzungen selbstbestimmter gesellschaftlicher Teilhabe kaum verschafft.[125] Ähnlich kann die Verknüpfung personenbezogener Daten mit korrelierten und in Clustern aufbereiteten Daten anderer Quellen einen hochgradig leistungsfähigen Versicherungsmarkt mit Versicherungsprodukten hervorbringen, die auf das individuelle Risikoprofil zugeschnitten sind. Diese ermöglichen dem Einzelnen zwar eine individuelle Risikoabdeckung und bei entsprechendem Risikoprofil eine kostengünstige Versicherung, beenden aber die Funktion von Versicherungen, individuell kaum tragbare Risiken zu verteilen. Je nach politischer Präferenz können die in den Beispielen angesprochenen arbeits- oder versicherungsrechtlichen Regelungen eher bestimmte Rahmenbedingungen gegen sich abzeichnende Entwicklungen absichern oder Raum für strukturelle Entwicklungen belassen. Eine interaktionszentrierte Perspektive beobachtet systematisch, wie aus der Selbstkoordination hervorgehende Entwicklung sich auf die Rahmenbedingungen individueller Grundrechtsausübung auswirkt. Indem sie die ambivalenten Effekte einer interaktionsbasierten Dynamik beschreibt, erhöht sie die Rationalität der grundrechtlichen Bewertung unterschiedlicher politischer Gestaltungsoptionen.

---

[124] Zu beidem *Ladeur*, Der Staat gegen die Gesellschaft, S. 139 ff., S. 170 ff., S. 213 ff., S. 256 ff.; *ders.*, Negative Freiheitsrechte, S. 282 ff.; zu sozialstaatlichen Regelungen *ders.*, Risiko Sozialstaat – Probleme der Gesetzgebung unter Komplexitätsbedingungen, S. 21 (32 ff.); *ders.*, Der Staat 46 (2007), 61 ff.

[125] Siehe unten, § 5 B.I.3.

b) Vertypte Verarbeitung außerrechtlicher Beschreibungen

Eine interaktionszentrierte Grundrechtstheorie setzt bei dem normativen Rückgriff auf außerrechtliche Beschreibungen des Normbereichs[126] einen Akzent auf Interaktionszusammenhänge. Unabhängig von dem jeweiligen Freiheitsrecht und dem korrespondierenden Normbereich sensibilisiert sie für die wissensgenerierende Funktion von Interaktionszusammenhängen, für die Voraussetzungen ihrer Stabilität und die Modalitäten der individuellen Beteiligung. Charakteristisch für diese interaktionszentrierte Perspektive ist, dass sie die Voraussetzungen und Effekte von Interaktionszusammenhängen auf einer grundrechtsübergreifenden Abstraktionshöhe beschreibt und dadurch den normativen Anknüpfungen an bereichsspezifische Beschreibungen Orientierung bietet. Mit dieser grundrechtsübergreifenden Typisierung legt die interaktionszentrierte Perspektive bei der Analyse der einzelnen Normbereiche eine entsprechende Relevanz von Interaktionsbeziehungen für die jeweiligen grundrechtlichen Schutzgüter nahe. Sie veranlasst, die jeweils verfügbaren außerrechtlichen Problembeschreibungen auf diese Relevanz zu befragen, und stellt schließlich dogmatische Bausteine bereit, die diese außerrechtlichen Problembeschreibungen angemessen aufnehmen können. Strukturell gesehen ist eine solche interaktionszentrierte Perspektive dogmatikbezogenen Konzepten wie dem Verständnis des allgemeinen Verwaltungsrechts als Ordnungsidee[127] insofern nicht unähnlich, als der grundrechtsübergreifenden Wahrnehmung der Interaktionszusammenhänge und ihrer rechtlichen Verarbeitung eine Speicherfunktion zukommt und für bereichsspezifische Abweichungen sensibilisiert und durch die Begründung der jeweiligen Relevanz von Interaktionszusammenhängen und ihrer rechtlichen Folgen die Rationalität der rechtlichen Konzeption erhöht.[128]

c) Persönlichkeitsbezug als freiheitsrechtliches Charakteristikum

Interaktionszusammenhänge charakterisieren eine Vielzahl von Regelungsstrukturen. Aus Perspektive einer interaktionszentrierten Grundrechtstheorie interessieren Interaktionszusammenhänge als zentrales Merkmal der Rahmenbedingungen für die personale Entfaltung. Grundrechtsschutz lässt sich aus interaktionszentrierter Perspektive zugespitzt auf eine vereinfachende Formel bringen, nach der Interaktionszusammenhänge wegen ihrer Relevanz für die personale Entfaltung geschützt werden. Dieser Zusammenhang stellt im Gegensatz

[126] Siehe oben, Fn. 113.

[127] *Schmidt-Aßmann*, Das allgemeine Verwaltungsrecht als Ordnungsidee; näher auch die Beiträge in Trute/Groß/Röhl/Möllers (Hrsg.), Allgemeines Verwaltungsrecht – zur Tragfähigkeit eines Konzepts.

[128] Ähnlichkeiten zur Perspektive des Systemdenkens im Verwaltungsrecht bei *Schmidt-Aßmann*, Das allgemeine Verwaltungsrecht als Ordnungsidee, Kap. 1 Rn. 4 und 7: Speicherwirkung des allgemeinen Verwaltungsrechts und Zuweisung von Argumentationslasten durch das System, die unbedachten Separatentwicklungen entgegenwirkt.

zu anderen kommunikationsbezogenen Grundrechtstheorien die personale Entfaltung in den Mittelpunkt. Die interaktionszentrierte Perspektive unterscheidet sich dadurch von systemtheoretischen Grundrechtsverständnissen, die zwar die wissensgenerierenden, strukturellen Effekte von Interaktionen akzentuieren, aber die Rahmenbedingungen personaler Entfaltung ausblenden (aa.). Darüber hinaus grenzt der Zusammenhang zwischen Interaktion und personaler Entfaltung Freiheitsrechte von anderen subjektiven Rechten ab, die Interaktionszusammenhänge aus anderen Gründen schützen. So hat die Rechtsprechung des Europäischen Gerichtshofs die Grundfreiheiten als subjektive Rechte etabliert, hinter denen der Schutz bestimmter, grenzüberschreitender Interaktionszusammenhänge steht. Dieser subjektiv-rechtliche Schutz dezentraler Interaktionen hat vielfältige Anschlussmöglichkeiten hervorgebracht, zielt allerdings im Gegensatz zu Grundrechten auf die Etablierung des Binnenmarkts, also dem Raum grenzüberschreitender Interaktionen, aber nicht auf die personale Entfaltung (bb.).

aa) Systemtheorie: Verselbstständigung der Strukturperspektive

Systemtheoretische Konzepte haben auf der Grundlage konstruktivistischer Prämissen die wissensgenerierende Funktion von Kommunikationszusammenhängen einschließlich der daran anknüpfenden Unterscheidung zwischen System und Umwelt grundlegend entfaltet.[129] Sie ordnen Interaktionen einen so hohen Stellenwert zu, dass sie teilweise die Kommunikation zum konstitutiven und strukturprägenden Merkmal von sozialen Systemen machen.[130] Kommunikationszusammenhänge bilden aus dieser Perspektive das Produkt vorangegangener Kommunikationen wie auch den Interpretationskontext folgender Kommunikationen. Die auf unterschiedlichen Modalitäten der Kommunikation beruhende Ausdifferenzierung der einzelnen Systeme baut Komplexität auf und erlaubt dadurch die Verarbeitung einer Vielzahl von Zuständen wie auch die laufende Einstellung auf ungewisse, sich im Fluss befindliche Umweltbedingungen. Diese Verarbeitung von Impulsen aus der Umwelt nach der je eigenen Operationslogik, also den systemspezifischen Modalitäten der Kommunikation, macht die Konfiguration der Schnittstellen des jeweiligen Systems zu seiner Umwelt zu einer zentralen Frage.[131] Ein systemtheoretisches Grundrechtsverständnis sieht deshalb den Schutz eines sozialen Systems vor einer Entdifferenzierung,

[129] *Luhmann*, Soziale Systeme, S. 236 ff., S. 242 ff.

[130] *Luhmann*, Soziale Systeme, S. 256 ff., S. 269 ff.

[131] *Luhmann*, Die Gesellschaft der Gesellschaft, S. 92 ff., mit dem Hinweis auf die damit verbundene Notwendigkeit der Selbstorganisation: eigene Strukturen können nur durch eigene Operationen aufgebaut und geändert werden; S. 100, im Anschluss an *Maturana*: „Strukturelle Kopplungen beschränken den Bereich möglicher Strukturen, mit denen ein System seine Autopoiesis durchführen kann. Sie setzen voraus, dass jedes autopoietische System als strukturdeterminiertes System operiert, also die eigenen Operationen nur durch eigene Strukturen

die durch Übergriffe der Impulse durch ein anderes, insbesondere durch das politische System erfolgen kann, als die Funktion der Grundrechte. Grundrechte dienen in dieser Perspektive der Stabilität ausdifferenzierter Systeme[132] und damit dem Erhalt der Leistungsfähigkeit einer sozialen Ordnung einschließlich des Potentials hoheitlicher Steuerung.[133]

Trotz dieser funktionalen Ausrichtung der Grundrechte auf den Bestand sozialer ausdifferenzierter Systeme wäre es allerdings ein Missverständnis davon auszugehen, dass ein solches systemtheoretisches Grundrechtsverständnis personale Entfaltung oder die Relevanz von Kommunikation für diese Entfaltung nicht berücksichtigen würde.[134] Vielmehr sichern Freiheit und Würde danach die Bedingungen selbstbestimmter Sozialisierung und Individualisierung im Kommunikationsprozess ab.[135] Jenseits dieser Fragen der Darstellung der individuellen Person in Kommunikationsprozessen und zurechenbaren Handelnssphären[136] wendet sich dieses systemtheoretische Verständnis bei anderen Freiheitsrechten gegen eine Verbindung ihrer Schutzgüter mit der Persönlichkeitsentfaltung der

---

determinieren kann. Strukturelle Kopplung schließt also aus, dass Umweltgegebenheiten nach Maßgabe eigener Strukturen spezifizieren können, was im System geschieht".

[132] *Luhmann*, Grundrechte als Institution, S. 23: „Grundrechte dienen als eine unter vielen funktional äquivalenten Institutionen der industriell-bürokratischen Sozialordnung dazu, das Kommunikationswesen so zu ordnen, dass es im großen und ganzen für eine Differenzierung offen bleibt. Die Garantie von Freiheiten ist nichts anderes als eine Garantie von Kommunikationschancen. Sie hat zwar nicht den erklärten Zweck, wohl aber die latente Funktion, eine gewisse Disponibilität und damit Motivierbarkeit von Kommunikationen sicherzustellen. (...) Sie verhindern die Ausrichtung aller Kommunikationen an den besonderen Handlungszwecken der Staatsbürokratie und ermöglichen gerade dadurch die Rationalisierung dieser Zwecke im Sinne einer funktional-spezifischen Leistung, die immer andere Leistungen, andere Systeme der Interessenverfolgung, andere Quellen der Macht und des Sozialprestiges in der Sozialordnung voraussetzen muss."; S. 71 f.: Funktion der Grundrechte bezieht sich auf die Erhaltung der die Gesamtordnung konstituierenden Differenzierung gegenüber den Gefährdungen, die aus den Systemtrennungen und den damit verbundenen wechselseitigen Abhängigkeiten entstehen. Weitergehend für ein multifunktionales, auch die Ebene der Individuen umfassendes Grundrechtsverständnis *Willke*, Stand und Kritik der neueren Grundrechtstheorie, S. 187 ff., S. 204 ff.

[133] *Luhmann*, Grundrechte als Institution, S. 43: „Grundrechte schützen nicht nur das Individuum vor dem Staat; sie strukturieren ineins damit die Umwelt der Staatsbürokratie in einer Weise, die den Bestand des Staates als Untersystem der Gesellschaft festigt und insgesamt eine wirksamere und einflussstärkere Kommunikationstätigkeit ermöglicht".

[134] *Luhmann*, Grundrechte als Institution, S. 25: Kommunikation als elementarer Prozess der Konstitution von Sinn in zwischenmenschlichem Kontakt, ohne welchen weder Persönlichkeiten noch Sozialsysteme denkbar sind; S. 61 f.: „Der Mensch gewinnt seine Individualität als Persönlichkeit nur im sozialen Verkehr, indem auf seine Selbstdarstellung, sei es durch Konsens, sei es durch Dissens, eingegangen wird".

[135] *Luhmann*, Grundrechte als Institution, S. 53 ff., S. 63.

[136] *Luhmann*, Grundrechte als Institution, S. 70: Institutionalisierung von Freiheit und Würde als Werte im Sinne einer uneingeschränkten Kontaktfähigkeit der Persönlichkeit; S. 75: Schutz einer konsistenten und überzeugenden Selbstdarstellung; S. 79: Recht auf freie Entfaltung der Persönlichkeit als das Recht des Menschen auf eine ihm zurechenbare Handelnssphäre, die er braucht, um sich als Persönlichkeit, als selbstbewusste individuelle Einheit darstellen zu können.

Grundrechtsträger.[137] Sie schneidet etwa den Eigentumsschutz auf die Kommunikationsrolle im Wirtschaftssystem zu[138] mit der Folge, dass der Geldwert, nicht die Erhaltung eines konkreten Bestands an Sachen oder Rechten den Kern des Freiheitsrechts ausmacht.[139] Eigentum wird reduziert auf „die in Geld oder geldwerten Rechten symbolisierten Kommunikationschancen nach den jeweiligen Marktbedingungen".[140] Vergleichbar akzentuiert diese Perspektive die Funktion der Berufsfreiheit trotz ihrer Relevanz für die Persönlichkeitsfindung dahin, „komplementäre Rollenerwartungen im Arbeitsleben" zu sichern.[141] Über diesen expliziten Vorschlag, die Funktion der Grundrechte an den Reproduktionsbedingungen sozialer Systeme auszurichten, hinaus stellen systemtheoretisch beeinflusste Grundrechtsverständnisse tendenziell die wissensgenerierende, neue Handlungsoptionen hervorbringende Funktion von Interaktionen in den Vordergrund. In hoheitlichen Maßnahmen zur Erleichterung der Situation für bestimmte Grundrechtsträger sehen sie – in der Sache oft nicht zu Unrecht – Beeinträchtigungen der wissensgenerierenden Selbstkoordination und betonen die Funktion solcher „Anschlusszwänge".[142] Dadurch tendieren diese Ansätze dazu, dem außerrechtlichen Befund, also dem Entwicklungspotential der Interaktionszusammenhänge, normativ einen Eigenwert zuzuschreiben. Ein systemtheoretisches Grundrechtsverständnis, das demgegenüber die strukturbildende Systemebene mit der personalen und institutionellen Ebene integrieren will,[143] relativiert diesen Eigenwert der wissensgenerierenden Strukturbildung zu einem gewissen Grad, stellt aber ebenfalls den Zusammenhang zwischen individueller Entfaltung und Interaktion nur unzureichend her.[144]

---

[137] *Luhmann*, Grundrechte als Institution, S. 122: „Der Gedanke, Persönlichkeitsinteressen mit wirtschaftlichen Verfügungsrechten zu verschmelzen, hatte als Triebfeder der kleinbetrieblichen frühkapitalistischen Entwicklung unabschätzbare Bedeutung. Der heutigen Wirtschaftsordnung ist er so wenig angemessen, dass er wohl nur aus Mangel an anderen Begründungen fortlebt".

[138] *Luhmann*, Grundrechte als Institution, S. 123.

[139] *Luhmann*, Grundrechte als Institution, S. 124 ff., S. 127.

[140] *Luhmann*, Grundrechte als Institution, S. 127.

[141] *Luhmann*, Grundrechte als Institution, S. 132.

[142] *Ladeur*, Kritik der Abwägung in der Grundrechtsdogmatik, S. 41; *Ladeur*, Der Staat 46 (2007), 61 (67 f.); vgl. oben, Fn. 121.

[143] *Willke*, Stand und Kritik der neueren Grundrechtstheorie, S. 206 ff.

[144] „Die Verstrickung des Individuums in überkomplexe soziale Prozesse, in übermächtige Institutionen und Subsysteme macht deutlich, dass die Grundrechte überhaupt nur als ‚soziale Grundrechte' eine Funktion für das Individuum haben können. Denn sie sind Antworten auf Problemstellungen, die immer weniger durch direkte Zugriffe des Staates auf den einzelnen und immer mehr durch die vielseitige Abhängigkeit des einzelnen von bestimmten Systemleistungen gekennzeichnet sind.", *Willke*, Stand und Kritik der neueren Grundrechtstheorie, S. 219 f. Entsprechend leiten sie grundrechtliche Teilhaberechte aus der Notwendigkeit für die Grundrechtsentfaltung ab, ohne einen Bezug zu den Interaktionszusammenhängen herzustellen, vgl. *Willke*, a. a. O.: „Diese Grundrechte [Recht auf Schulbildung, Recht auf freie Wahl der Ausbildungsstätte, Berufsfreiheit, Eigentumsgarantie] ‚sind' vielleicht in einem rechtstheoretischen Sinne

Aus Sicht einer interaktionszentrierten Grundrechtstheorie sind hingegen die ambivalenten Effekte der Interaktionszusammenhänge auf das normative Ziel der personalen Entfaltung zu beziehen. Damit sind keine das Ergebnis korrigierenden Eingriffe auf der Grundlage unstrukturierter Abwägungen kollidierender Verfassungsgüter[145] gemeint, die Interaktionsprozesse ersetzen und die Entfaltung grundrechtlicher Schutzgüter mittelfristig begrenzen. Vielmehr sind nach der interaktionszentrierten Perspektiv gestaltende Maßnahmen im Hinblick auf das interaktionsbedingte Entwicklungspotential als auch die Effekte für die personale Entfaltung zu begründen.

bb) Binnenmarkt: Interaktionszusammenhänge als Gestaltungssubstrat

Im Recht der Europäischen Union unterscheidet der personale Bezug von subjektiven Rechten die Grundrechte der Europäischen Union von der Gewährleistung des Binnenmarkts durch die Grundfreiheiten. Grundfreiheiten schützen ebenfalls die Teilnahme des Einzelnen an Interaktionszusammenhängen mit grenzüberschreitendem Bezug, doch trotz dieser an die Rechtsposition des Einzelnen knüpfenden Konzeption fehlt den Grundfreiheiten der personale, auf die Entfaltung individueller Persönlichkeit gerichtete Bezug. Grundfreiheiten vermitteln die individuelle Rechtsposition, um grenzüberschreitende Interaktionszusammenhänge herzustellen. Das vom Binnenmarkt ausgehende Entwicklungspotential geht weniger auf die Optimierung der unionsweiten Allokation von Ressourcen, sondern vor allem auf die Erhöhung von Anschluss- und Entwicklungsmöglichkeiten zurück, die der Binnenmarkt hervorbringt. Der Ausbau der Grundfreiheiten zu Beschränkungsverboten in der Rechtsprechung des Gerichtshofs schaffte insbesondere bei einem weniger ausgebauten Stand positiver, sekundärrechtlicher Harmonisierung die Voraussetzungen für die Entstehung mitgliedstaatsübergreifend anschlussfähiger Interaktionszusammenhänge.

Diese grenzüberschreitend anschlussfähige Struktur verknüpft Handlungen binnenmarktweit und eignet sich gerade dadurch als Anknüpfungspunkt für eine rechtliche Gestaltung. Interaktionszusammenhänge bringen nicht nur durch die dauerhafte Verschleifung dezentraler Entscheidungen Anschlussmöglichkeiten und Teilnahmevoraussetzungen hervor, sondern strukturieren zugleich die Rahmenbedingungen, unter denen die teilnehmenden Akteure durch normative Vorgaben effektiv zu erreichen sind. Durch ihre verklammernde Wirkung erhöhen Interaktionszusammenhänge in verschiedener Hinsicht das Potential rechtlicher Gestaltung. Sie strukturieren die Wahrnehmung der dezentralen Akteure auf bestimmte Regelungsfragen und ihren Umgang damit. Interaktionszusammen-

---

Freiheitsrechte, aber sie beinhalten die Zuteilung von Lebenschancen in einem vom Individuum weitgehend unabhängigen gesellschaftlichen Kontext".

[145] Dazu nur *Ladeur*, Kritik der Abwägung in der Grundrechtsdogmatik, S. 27 ff.

hänge vereinheitlichen dadurch tendenziell den Regelungskontext. Zugleich erleichtern sie die Erreichbarkeit der Teilnehmenden. Durch die Anknüpfung an die Rahmenbedingungen eingespielter Interaktion stehen der rechtlichen Ausgestaltung von Interaktionszusammenhängen zusätzliche Mechanismen der Implementation, insbesondere durch entsprechende Anreize der anderen Beteiligten, offen. Beispiele dieser Gestaltung von Interaktionszusammenhängen für unterschiedliche politische Zwecke betreffen etwa das Verbraucherschutzrecht, insbesondere mit der weichen Steuerung durch Informationspflichten, aber auch die Forschungsförderung oder die Industriepolitik.[146] Binnenmarktweite Interaktionszusammenhänge bringen dadurch ein Steuerungssubstrat hervor, das die Europäische Union zunehmend zur politischen Gestaltung nutzt.[147] Diese Entwicklung zur eingehenden Ausgestaltung des Binnenmarkts erhöht die begrenzende Funktion der Unionsgrundrechte und lässt ihren Unterschied zu den Grundfreiheiten deutlicher hervortreten.

2. Konkretisierung des Interaktionsbegriffs

Das Anliegen der Arbeit, die Relevanz von Sozialität für den Grundrechtsschutz theoretisch und dogmatisch aufzuarbeiten, führt auf die Fragen nach dem begrifflichen Verständnis dieser Interaktionen.

Schon die wissensgenerierende Wirkung von Interaktionszusammenhängen und der Bedeutung dieses Wissens,[148] aber auch die Voraussetzungen der Teilnahme an den Interaktionszusammenhängen[149] verdeutlichen, dass Interaktionen in diesem Sinn mehr meinen als irgendeine Situation des sozialen Austausches oder Miteinanders. Die strukturellen, neue Handlungsoptionen schaffenden Effekte entstehen erst aus einer unbestimmten Vielzahl aufeinander bezogener Entscheidungen unterschiedlicher Akteure. Diese Interaktionen bilden typischerweise Interaktionszusammenhänge, an die weitere Interaktionen mit gewissen Gestaltungsspielräumen, aber nicht voraussetzungslos anknüpfen. So bilden etwa begriffliche Verständnisse, die Wettbewerbsprozesse als eine punktuelle Konkurrenzsituation verstehen,[150] die strukturellen Effekte der Wettbewerbs- und Marktprozesse, die aus Sicht dieser Arbeit die eigentlichen Rahmenbedingungen der personalen Entfaltung ausmachen, nicht ab.

Die Anforderungen an das begriffliche Verständnis der Interaktionen ergeben sich aus ihren Effekten für die Verwirklichung grundrechtlicher Schutzgüter sowie aus deren Voraussetzungen. Zu diesen Voraussetzungen zählen die Rahmenbedingungen der Teilnahme an den Interaktionszusammenhängen, die

[146] Siehe unten, § 6 A.I.2.b).
[147] Näher unten, § 6 A.I.2., auch zur Gewährleistung der Kompetenzen der Mitgliedstaaten.
[148] Siehe oben, § 1 C.I.1.
[149] Siehe oben, § 1 D.I.1.a).
[150] *Klement*, Wettbewerbsfreiheit, S. 61 f., siehe unten § 5 A.I.

sich aus den Kriterien der jeweiligen Auswahlentscheidungen und ihren Umständen ergeben können. Diese Auswahlkriterien beziehen sich zunächst auf bestimmte Inhalte, etwa die Qualität eines bestimmten Produkts oder einer angebotenen Dienstleistung, die Anschlussfähigkeit einer innovativen These für die eigenen Forschung oder den Aufmerksamkeitswert einer bestimmten Information oder eines Statements für die eigene Einschätzung einer Situation oder einer Person. Diese Umstände, unter denen die Anknüpfung an bereits etablierte Interaktionszusammenhänge gelingt, prägen die Rahmenbedingungen der Grundrechtsausübung. Sie sind wegen dieser Bedeutung als Anschlusszwänge[151] beschrieben worden, obwohl sie formell keine irgendwie durchsetzbaren Ge- oder Verbote aufstellen, sondern lediglich die faktischen Voraussetzungen zur Partizipation an einem bestimmten Entwicklungspotential bilden.[152]

Auf diese Voraussetzungen für die Partizipation an Interaktionszusammenhängen wirken die Umstände der Interaktionen mittelbar und nachhaltig ein, etwa die Sprache, das Protokoll, die Standards oder sonstige Gepflogenheiten der Kommunikation.[153] Alles, was auf die eine oder andere Weise geeignet ist, Rezeptionschancen zu erhöhen, wird mit einer gewissen Wahrscheinlichkeit zu einem typischen Merkmal und unter Umständen zu einer faktischen Voraussetzung erfolgreicher Teilnahme.[154] Selbst dort, wo Interaktionen weniger kompetitiv und mehr auf die gegenseitige Aufnahme und Verarbeitung angelegt sind,[155] bilden sich soziale Praktiken auf der Grundlage typischerweise als stabil und produktiv eingeordneter Interaktionen. Solche sozialen Praktiken charakterisieren die Art der Interaktionen, etwa der Mediennutzung, einschließlich des Rückgriffs auf bestimmte Kommunikationskanäle. Soziale Praktiken formatieren dadurch die jeweiligen Interaktionszusammenhänge mit entsprechenden Folgen etwa für die Verbreitung bestimmter Geschäftsmodelle oder die Effektivität rechtlicher Mechanismen, etwa zum Schutz informationeller Selbstbestimmung oder der freien individuellen und öffentlichen Meinungsbildung.

Die für eine interaktionszentrierte Grundrechtstheorie relevanten Informationszusammenhänge sind dadurch vielschichtig und voraussetzungsvoll. Verallgemeinernd lässt sich festhalten, dass die Vielzahl aufeinander bezogener Interaktionen einschließlich ihrer jeweiligen Rahmenbedingungen gemeint sind, die über die dezentrale Generierung von Wissen, Handlungsoptionen und Anschlusszwängen ihrerseits laufend strukturelle Effekte hervorbringen. Weil eine interaktionszentrierte Grundrechtstheorie die Anknüpfung an außerrechtliche

---

[151] *Ladeur*, Negative Freiheitsrechte, S. 99f.; als Voraussetzung der Ordnungsfunktion des Rechts bereits in *Ladeur*, ARSP 69 (1983), 463 (474); im Anschluss an *Ladeur I. Augsberg/Gostomzyk/Viellechner*, Denken in Netzwerken, S. 39.

[152] Zu einer solchen „Macht der Sozialität“ *Stalder*, Kultur der Digitalität, S. 160f., im Anschluss an *Grewal*, Network Power.

[153] *Stalder*, Kultur der Digitalität, S. 160.

[154] Zu Wettbewerb in der Forschung siehe unten, § 4 C.II., zu Marktprozessen § 5 A.I. und II.

[155] Zu kulturellen Ordnungen etwa *Stalder*, Kultur der Digitalität, S. 129ff., S. 160f.

Problembeschreibungen als Teil normativer Entscheidungen versteht und grundrechtsübergreifend auf einer gewissen Abstraktionshöhe die typischen Effekte und Voraussetzungen von Interaktionen für die Verwirklichung grundrechtlicher Schutzgüter entfaltet, kann sie keine auf die einzelnen Realbereiche unmittelbare Begriffsbeschreibung des jeweiligen Interaktionszusammenhangs leisten. Ihr Anliegen ist vielmehr, für den methodischen Mehrwert einer konzeptionellen Verarbeitung außerrechtlicher Beschreibungen der Interaktionszusammenhänge und für ihre typischen Effekte sowie Voraussetzungen zu sensibilisieren.

3. Interaktionszusammenhänge als Charakteristikum des Normbereichs

a) Konstruktive Zuordnung von Norm- und Schutzbereichen

Die Kombination aus einem wirklichkeitsbezogenen Grundrechtsschutz und dem personalen Gehalt der Freiheitsrechte machen die Zuordnung bestimmter Normbereiche zum Schutzbereich eines bestimmten Freiheitsrechts zu einer begründungsbedürftigen, zu einem gewissen Grad flexiblen Konstruktionsleistung.

Infolge der wirklichkeitsbezogenen Grundrechtskonzeption ist eine außerrechtliche Beschreibung der Strukturen eines bestimmten Sachbereichs Teil der normativen Konzeption des Freiheitsrechts.[156] Die Auswahl und Verarbeitung der divergierenden Beschreibungsangebote[157] wie auch die damit einhergehende Bestimmung des jeweiligen Normbereichs bilden dadurch einen Teil der normativen Konstruktionsleistung.

aa) Überschneidungen zur allgemeinen Handlungsfreiheit

Diese Konstruktionen grundrechtlicher Schutzkonzepte weisen Überschneidungsbereiche auf, in denen Lebensbereiche und die mit ihnen verbundenen persönlichkeitsrelevanten Interaktionen sich den Schutzgütern verschiedener Freiheitsrechte zuordnen lassen. Auf der Hand liegen solche Überschneidungsbereiche bei subsidiären Freiheitsrechten wie der allgemeinen Handlungsfreiheit, deren umfassender Normbereich die Normbereiche sämtlicher spezieller

[156] *Müller*, Strukturierende Rechtslehre, S. 168 ff., sowie *ders.*, Normstruktur und Normativität, S. 168 ff.: Norm als sachbestimmtes Ordnungsmodell; *Grimm*, Grundrechte als soziale Wirklichkeit, S. 39 (43): „Rechtsnormen erschöpfen sich weder in ihrem Text noch in dem darin ausgedrückten Befehl. Die Norm wird vielmehr stets im Blick auf einen bestimmten Zustand der sozialen Wirklichkeit formuliert, den sie befestigen oder verändern soll. Dieser erscheint freilich regelmäßig nicht im Text der Norm. Der Text wird im Gegenteil abstrakt und generell, d. h. aber gerade ohne Bezug auf Anlass und Kontext formuliert. Dennoch bleibt der Wirklichkeitsausschnitt, auf den die Norm sich bezieht, dieser nicht äußerlich, sondern konstituiert ihren Sinn mit. Der Sinn kann daher nicht unter Absehung von der Wirklichkeit, die geregelt werden soll, ermittelt werden. Er ist wie der Normtext und das Normziel Normbestandteil".

[157] Zur damit verbundenen Abhängigkeit der Qualität von Grundrechtsdogmatik *Grimm*, Grundrechte und soziale Wirklichkeit, S. 39 (47): unmittelbarer Zusammenhang zwischen Stand der sozialwissenschaftlichen Grundrechtsforschung und Qualität der Grundrechtsdogmatik.

Freiheitsrechte umfasst. Diese Konturlosigkeit sowohl des Normbereichs als auch seiner Relevanz für die personale Entfaltung der Grundrechtsträger geht bekanntlich mit Einschränkungen bei den Anforderungen an die Rechtfertigung von Grundrechtseingriffen einher. Je spezifischer das Schutzgut des jeweiligen Freiheitsrechts einschließlich seines personalen Gehalts etabliert und die insoweit normativ relevanten Strukturen des Normbereichs herausgearbeitet sind, desto präziser lässt sich der grundrechtliche Schutz begründen, von den Kriterien eines Eingriffs über die Bewertung der Eingriffsintensität zur Abwägung mit konfligierenden Schutzgütern und der Auslotung unterschiedlicher Alternativen als Ausdruck praktischer Konkordanz. Ob steuerliche Belastungen als Eingriff in die Eigentumsfreiheit, die Berufsfreiheit oder in die allgemeine Handlungsfreiheit eingeordnet werden, wirkt sich auf Intensität und Struktur des grundrechtlichen Schutzes nur aus, soweit die Dogmatik der einzelnen Freiheitsrechte im Hinblick auf das Schutzgut besonders konturiert ist. Insofern lässt sich das Spannungsverhältnis zwischen in sachlicher Hinsicht umfassenden Schutzbereichen der Freiheitsrechte und der Intensität des grundrechtlichen Schutzes, einem Kristallisationskern methodischer Auseinandersetzungen,[158] aus interaktionszentrierter Perspektive relativieren. Entscheidend für die Tiefenschärfe des Schutzes ist nicht die Reichweite des Schutzbereichs, sondern die Kontur des – möglicherweise durchaus breitenwirksamen – Interaktionszusammenhangs und seiner Relevanz für das jeweilige Schutzgut.

bb) Schutzgüter und Lebensbereiche besonderer Freiheitsrechte

Bei Überschneidungen von Lebensbereichen besonderer Freiheitsrechte, etwa der Meinungs- und Berufsfreiheit,[159] bildet eine Analyse der jeweiligen Sachbereiche die Grundlage für eine Zuordnung des Lebensbereichs zu dem Schutzgut der verschiedenen Freiheitsrechte und die Reichweite ihres Anwendungsbereichs. Eine interaktionszentrierte Grundrechtstheorie akzentuiert bei dieser Analyse die Wirkung von Interaktionszusammenhängen, insbesondere durch Marktprozesse Interferenzen zwischen Sachbereichen herzustellen und unter Umständen strukturelle Änderungen auszulösen.

Beeinträchtigungen grundrechtlich geschützter Aktivitäten durch die hoheitliche Veröffentlichung personenbezogener Daten etwa lassen sich als Eingriff in das Recht auf informationelle Selbstbestimmung wie auch das der jeweiligen Tätigkeit entsprechende Freiheitsrecht einordnen.[160] Dadurch, dass die verfassungsgerichtliche Rechtsprechung mit einer gewissen Vereinfachung mit dem

---

[158] *Hoffmann-Riem*, Enge oder weite Gewährleistungsgehalte der Grundrechte?, S. 53 ff.; *ders.*, Der Staat 43 (2004), 203 ff.; *Kahl*, Der Staat 43 (2004), 167 ff.; *ders.*, AöR 131 (2006), 579 ff.; *Rusteberg*, Der grundrechtliche Gewährleistungsgehalt.

[159] Eingehend *Hatje*, Wirtschaftswerbung und Meinungsfreiheit.

[160] Näher unten, § 2 C.II.

Recht auf informationelle Selbstbestimmung vor jeder Form der Verarbeitung personenbezogener Daten schützt, ohne dabei stets eine darauf beruhende Beeinträchtigung personaler Entfaltung in Interaktionszusammenhängen zu prüfen, gerät die informationelle Selbstbestimmung zu einer Art Auffanggrundrecht für informationsbedingte Beeinträchtigungen bei beliebigen Tätigkeiten.[161] Die verfassungsrechtlichen Anforderungen an die Rechtfertigung, etwa die Notwendigkeit einer bereichsspezifischen gesetzlichen Regelung oder einschränkende Voraussetzungen wie die Zweckbindung und das Verbot der anlasslosen Datenerhebung, gehen auf einen generell angenommenen Zusammenhang zwischen der Nutzung des personenbezogenen Datums in einem Interaktionszusammenhang und den Auswirkungen auf das grundrechtliche Schutzgut zurück. Da der Schutzbereich aber unabhängig von dem Kontext jede Form der Verarbeitung personenbezogener Daten umfasst, greifen die Anforderungen der Rechtfertigung unabhängig davon, in welcher Hinsicht die informationsabhängige Änderung des Interaktionszusammenhangs die personale Entfaltung des Grundrechtsträgers beeinträchtigt. Veröffentlicht ein Träger hoheitlicher Gewalt personenbezogene Daten, die sich auf berufliche Aktivitäten des Grundrechtsträgers beziehen, etwa zu Gesundheitsgefahren der vertriebenen Produkte oder Hygienemängeln bei der Angebotsbereitstellung, wirken sich die Informationen auf den Absatz, das wirtschaftliche Potential, also die beruflichen Tätigkeiten aus. Beeinträchtigungen der Persönlichkeitsentfaltung des betroffenen Grundrechtsträgers beziehen sich ebenfalls auf die wirtschaftlichen und ideellen Aspekte der Persönlichkeitsentfaltung, denen die berufliche Tätigkeit zu Grunde liegt. Eine Veröffentlichung personenbezogener, die berufliche Tätigkeit betreffender Daten durch einen Hoheitsträger sind danach dem Normbereich der Berufsfreiheit zuzuordnen und an ihrem Maßstab zu messen.[162] Die fachgerichtliche Rechtsprechung greift gleichwohl überwiegend auf den Schutzbereich des Rechts auf informationeller Selbstbestimmung zurück und entwickelt es zu einer Art konturlosem Auffanggrundrecht für jede Art informationsbasierter Belastungen.[163]

cc) Flexibilität in der konstruktiven Zuordnung

Diese konstruktiven Zuordnungen einzelner Lebensbereiche zu dem Schutzbereich des einen oder anderen Freiheitsrechts können in verschiedenen Jurisdiktionen unterschiedlich ausfallen, ohne dass in der Sache Unterschiede in der Schutzintensität damit verbunden sein müssen. Aktivitäten, die im Recht der Europäische Union und den Verfassungen der Mitgliedstaaten überwiegend durch die Berufsfreiheit geschützt werden, werden von der Rechtsprechung des Europäischen Gerichtshofs für Menschenrechte teilweise dem personalen

---

[161] Näher unten, § 2 C.II.2.
[162] Siehe unten, § 2 C.II.2. und § 5 E.IV.3.
[163] Siehe unten, § 2 C.II.2.

Gehalt anderer Freiheitsrechte zugeordnet.[164] Diese Rechtsprechung ist weniger Ausdruck einer Strategie, Lücken im Gewährleistungskatalog der Europäischen Menschenrechtskonvention zu schließen, als Folge einer Ausrichtung der Grundrechtsschutzes auf Persönlichkeitsentfaltung in Interaktionszusammenhängen.[165] Unter den verschiedenen Gewährleistungen, die in der Rechtsprechung mittelbar zum Schutz unternehmerischer Aktivitäten herangezogen werden, hat die Rechtsprechung vor allem beim Recht auf Achtung des Privatlebens die Teilnahme am Berufsleben wegen der Persönlichkeitsrelevanz der damit einhergehenden Interaktionen als Facette des Freiheitsrechts entwickelt und in der Sache einen Schutz gegen Beeinträchtigungen des Berufszugangs entwickelt.[166]

b) „Grundrechtswandel" durch Interaktion

Durch ihre wissensgenerierende Dynamik können Interaktionszusammenhänge strukturelle Effekte in dem jeweiligen Lebensbereich einzelner Freiheitsrechte hervorbringen, die Anpassungen des grundrechtsdogmatischen Konzepts erforderlich machen, weil sie die Rahmenbedingungen der Verwirklichung des jeweiligen Freiheitsrechts dauerhaft ändern.

Insbesondere Marktprozesse können durch ihre Dynamik bislang voneinander unabhängige Märkte verbinden, neue Geschäftsmodelle etablieren und dadurch das Umfeld der von diesen Märkten betroffenen Freiheitsrechte umgestalten. Im Mediensektor können beispielsweise neuartige, vor allem datenbasierte Angebote, etwa sog. Werbeblocker oder des hybriden Fernsehens, die Finanzierungsbedingungen des privaten Rundfunks oder der Presse in Frage stellen.[167] Big Data-Anwendungen, die neuartige Gefährdungen der informationellen Selbstbestimmung mit sich bringen, sind wesentlich aus datengetriebenen Geschäftsmodellen und der ebenfalls auf Marktprozesse zurückgehenden Entwicklung der Rechen- und Speicherkapazität hervorgegangen.[168] Umgekehrt kann die interaktionsbedingte Dynamik die Rahmenbedingungen der Grundrechtsausübung auch bestehende Maßnahmen zur Gewährleistung grundrechtlicher Schutzgüter

---

[164] Aus der Literatur siehe nur *Wunderlich*, Das Grundrecht der Berufsfreiheit im Europäischen Gemeinschaftsrecht, S. 56 ff.; näher § 7 A.

[165] Näher unten, § 7 A.I. und II.

[166] EGMR, Urt. v. 27.7.2004, 55480/00 und 59330/00, ECLI:CE:ECHR:2004:0727JUD005548000 – *Sidabras und Džiautas*, Rn. 42 ff.; EGMR, Urt. v. 7.4.2005, 70665/01 und 74345/01, ECLI:CE:ECHR:2005:0407JUD007066501 – *Rainys und Gasparavičius*, Rn. 31 ff.; EGMR, Urt. v. 16.10.2008, Nr. 39627/05 und 39631/05, ECLI:CE:ECHR:2008:1016JUD003962705 – *Taliadorou und Stylianou*, Rn. 54 ff.; näher unten § 7 A.I.3.

[167] Zu Adblockern *Kuhlmann*, AfP 2016, 318 ff.; zu Werbeblockern im linearen Rundfunk bereits *Ladeur*, GRUR 2005, 559 (561 f.): rundfunkverfassungsrechtliche Notwendigkeit der Berücksichtigung kollektiver Effekte der Nutzung der ‚Fernsehfee'; zum hybriden Fernsehen *Ladeur/Gostomzyk*, CR 2014, 28 (31 f.): Notwendigkeit eines ‚Medienkollisionsrechts'; Akzent auf die Funktion der dezentralen Auswahlentscheidung auch für das Schutzgut der Rundfunkfreiheit demgegenüber bei *Broemel*, ZUM 2012, 866 (871).

[168] Näher unten, Kapitel § 2 B.IV.

entbehrlich oder weniger dringend machen. Im Rundfunkrecht wirft die Entwicklung der Übertragungswege wiederholt die Frage nach der Notwendigkeit einer umfassenden Ausgestaltung der Rundfunkfreiheit im Sinne einer „positiven Rundfunkordnung" auf.[169] Zuletzt stellt die marktgetriebene, kontinuierliche Zunahme der Nutzung audiovisueller Medien auf Abruf die Ausgestaltung einer Rundfunkordnung in Frage, deren grundrechtsdogmatisches Konzept auf Kriterien der Meinungsbildungsrelevanz zurückgreift, die im Ausgangspunkt linearen Rundfunk zu Grunde legen. Die Digitalisierung und das algorithmenbasierte Wissen um die Nutzungspräferenzen, das Marktpotential bestimmter Angebote sowie die Möglichkeiten der Verknüpfung mit kommerzieller Kommunikation prägen die Handlungsrationalität bei der Erstellung und Verbreitung medialer Inhalte.[170] Strukturelle Änderungen des Sachbereichs ziehen dadurch Reflexionsbedarf für die grundrechtsdogmatische Konzeption nach sich, der auch Bestands- und Entwicklungsgarantien umfasst, die ihrerseits ebenfalls von den Prämissen des grundrechtsdogmatischen Konzepts des jeweiligen Freiheitsrechts abhängen.[171]

Indem die interaktionszentrierte Perspektive den Zusammenhang zwischen Interaktionsbeziehungen und dem grundrechtlichen Schutzgut sowie die grundrechtsdogmatischen Implikationen akzentuiert, beschreibt sie zugleich die Konsequenzen von strukturellen Veränderungen der Sachbereiche für die Grundrechtsdogmatik. Diese Entwicklung von Sachbereich und Grundrechtsdogmatik lassen sich als eine Facette von „Verfassungswandel" verstehen. Die Entwicklung ist allerdings – unabhängig von der im Grundsätzlichen wie auch im Einzelnen ansetzenden Kritik[172] an diesem unterschiedlich verstandenen Phänomen[173] – aus interaktionszentrierter Perspektive Konsequenz des methodischen Zugriffs,[174] der Grundrechtsdogmatik unter Berücksichtigung der Strukturen des jeweiligen Sachbereichs entwickelt.[175] Aus interaktionszentrierter Perspektive ist die

[169] Zu den „neuen Technologien" zuletzt BVerfG, Urt. v. 25.3.2014, 1 BvF 1/11, 1 BvF 4/11, BVerfGE 136, 9 – *ZDF-Staatsvertrag*, Rn. 34; näher unten, § 3 B.III.3.

[170] *Broemel*, Plattformregulierung im Schnittfeld zwischen Rundfunk- und Kartellrecht, S. 151 ff.

[171] Zur Rundfunkfreiheit siehe unten, § 3 B.II.

[172] Zum Verhältnis von Bundesverfassungsgericht und Gesetzgeber mit unterschiedlichen Akzenten *Jestaedt*, Verfassungsgerichtspositivismus, S. 183 (192 ff.): Lehre vom ‚Verfassungswandel' als methodologisch induzierter Verfassungsgerichtspositivismus; *Walter*, AöR 125 (2000), 517 (540 ff.); Bestandsaufnahme zu den Problemschichten bei *Michael*, RW 2014, 426 (430 ff.).

[173] Überblick bei *Voßkuhle*, Der Staat 43 (2004), 450 (450 f.); allgemein verstanden als verfassungsrelevante Änderungen der tatsächlichen Verhältnisse im Laufe der Zeit in BVerfG, Urt. v. 3.5.2016, 2 BvE 4/14, BVerfGE 142, 25 – *Oppositionsfraktionsrecht*, Rn. 110.

[174] Den Verfassungswandel ausschließlich als methodisches Problem begreifend *Häberle*, ZfP 21 (1974), 111 (116 ff., 129 f.): Verabschiedung des selbständigen Begriffs „Verfassungswandel" bei offener Verfassungsinterpretation.

[175] Ähnlich und weitergehend *Becker/Kersten*, AöR 141 (2016), 1 (3): „Eine Rechtswissenschaft, die auch die Wirkungsbedingungen und Steuerungsfunktionen des Rechts einbeziehen

Möglichkeit eines „Grundrechtewandels" von vornherein in der Dynamik insbesondere von Marktprozessen und ihren Implikationen für die Gewährleistung grundrechtlicher Schutzgüter angelegt.

II. Ausgestaltung

Die Relevanz von Interaktionen bringt die Relevanz gesetzlicher Ausgestaltung mit sich. Weil Umfang, Intensität und Modalitäten der Interaktionsbeziehungen von dem rechtlichen Rahmen abhängen und weil jedes auf personale Entfaltung gerichtete Freiheitsrecht in seiner Verwirklichung von Interaktionsbeziehungen abhängt, bildet die gesetzliche Ausgestaltung der Normbereiche ein zentrales Element der dogmatischen Konzeption jedes auf Persönlichkeitsentfaltung gerichteten Freiheitsrechts. Diesen Stellenwert der Ausgestaltung teilt eine interaktionszentrierte Perspektive mit einem institutionellen Grundrechtsverständnis, geht allerdings von grundlegend verschiedenen Prämissen aus. Während eine institutionelle Grundrechtslehre eine Pflichtenbindung des Grundrechtsträgers theoretisch aus dem rechtlichen Freiheitsbegriff ableitet, Freiheit dadurch schon im Ansatz als gebunden begreift und die Ausgestaltung folglich ihrer Verwirklichung dient, markiert aus interaktionszentrierter Perspektive die außerrechtliche Beschreibung der Voraussetzungen und Effekte von Interaktionszusammenhängen den Ausgangspunkt für ein normatives Konzept, das die ambivalenten Wirkungen von Interaktionen für grundrechtliche Schutzgüter in Rechnung stellt. Grundrechtliche Freiheit ist in der interaktionszentrierten Perspektive nicht pflichtgebunden, sondern ihre Ausübung hängt von der Interdependenz mit der Freiheitsausübung anderer ab. Ausgestaltung zielt auf die rationale rechtliche Begleitung dieser Interdependenzen, die sowohl die Umstände der individuellen Grundrechtsausübung als auch das übergreifende, interaktionsbedingte Entwicklungspotential berücksichtigt. Durch diese Ausrichtung zeigt die interaktionszentrierte Perspektive zugleich einen Weg auf, verfassungsrechtliche Maßstäbe der Ausgestaltung zu konturieren.

---

will, muss die Verbindungslinien und Schnittpunkte zwischen Sein und Sollen berücksichtigen. (...) Diesem komplexeren Verständnis der Entwicklung des Grundgesetzes kann ein phänomenologisches Verständnis des Verfassungswandels Rechnung tragen. Dabei geht es nicht um die phänomenologischen Grundlagen von Recht, Geltung, Gerechtigkeit oder Staat. Vielmehr soll der verfassungstheoretische Blick für die sozialen und rechtlichen Schnittstellen, die zu einem Wandel unserer Verfassung führen, geschärft werden. Dieses phänomenologische Verständnis hält grundsätzlich daran fest, dass Verfassungswandel durch die Veränderung des Inhalts von Verfassungsrechtsnormen bei unverändertem Verfassungstext gekennzeichnet ist. Es begreift den Verfassungswandel aber nicht allein als ein Normtextproblem, das sich durch die Ermittlung der Möglichkeiten und Grenzen der Verfassungsinterpretation ‚lösen' ließe." Eine interaktionszentrierte Perspektive adressiert schließlich durch ihren Fokus auf die Relevanz von Interaktionszusammenhängen für den Grundrechtsschutz zugleich die Abgrenzung des „Verfassungswandels" von den „bloßen Änderungen im Bereich des Tatsächlichen", dazu siehe nur *Voßkuhle*, Der Staat 43 (2004), 450 (452).

Unterschiede in der Schärfe verfassungsrechtlicher Maßstäbe an die Rechtfertigung von Eingriffen und von Ausgestaltungen[176] gehen darauf zurück, dass Eingriffe von außen in eine isoliert gedachte Freiheit zu einem bestimmten Verhalten einfacher in ihrer Eingriffsintensität bewertet und mit dem jeweils verfolgten Zweck abgewogen werden können. Eine solcher vermeintlich natürlicher Maßstab fehlt bei Ausgestaltungen, die kein grundrechtsexternes Ziel verfolgen und sich auf die Bedingungen der Grundrechtsausübung zumal in mehrpoligen Grundrechtsverhältnissen vielschichtig auswirken. Die interaktionszentrierte Perspektive zieht hingegen das interaktionsbasierte Entwicklungspotential und die individuellen Optionen zur Partizipation wegen ihrer Relevanz für das grundrechtliche Schutzgut zum Maßstab der Ausgestaltung heran. Da diese Relevanz von Interaktionszusammenhängen für das grundrechtliche Schutzgut auch hinter dem grundrechtlichen Schutz vor Eingriffen steht, zeigt die interaktionszentrierte Perspektive auch Ansätze zur Veränderung der Eingriffsdogmatik dort auf, wo die Bewertungen der Belastungen einer isolierten Verhaltensfreiheit die Effekte von Interaktionszusammenhängen nicht angemessen abbilden können, etwa bei der Einordnung mittelbarer Grundrechtseingriffe in mehrpoligen Grundrechtsverhältnissen oder bei Maßnahmen, die die Stabilität der Interaktionsräume überhaupt erst gewährleisten. Für die Dogmatik der Eingriffe in ein Freiheitsrecht und ihrer Rechtfertigung wirkt sich diese Perspektiverweiterung nur in Randbereichen aus. In der weit überwiegenden Mehrzahl der Fälle schützt das klassisch als Freiheit zu einem isolierten Verhalten gedachte Grundrechtsverständnis zugleich die Voraussetzungen für anhaltende, aufeinander bezogene Interaktionen. Allerdings suggeriert das sog. rechtsstaatliche Verteilungsprinzip eine Wahrnehmung, nach der die isolierte Verhaltensfreiheit schon den größtmöglichen Freiheitsgewinn verkörpert. Die normativen Folgerungen eines „prä“, also eines grundsätzlichen Vorrangs der prinzipiell unbegrenzten Verhaltensfreiheit lassen Interaktionszusammenhänge als einen bloßen Reflex der Verhaltensfreiheit erscheinen, der zur Freiheitsverwirklichung nichts über die Verhaltensfreiheit Hinausgehendes beiträgt.[177] Tatsächlich machen erst die Interaktionszusammenhänge das Potential zur Freiheitsausübung aus, das die klassisch liberale Theorie gegen verzerrende hoheitliche Einflüsse abschirmt. Die Interaktionszusammenhänge sind jedoch nicht aus sich selbst heraus stabil mit der Folge, dass sich das freiheitliche Entwicklungspotential durch Selbstkoordination allein nicht optimieren und ein normatives „Prä“ einer Freiheit zu beliebigem Verhalten nicht begründen lässt. Mit der Akzentuierung des interaktionsbasierten Entwicklungspotentials

176 Zu den Schwierigkeiten der Begründung verfassungsrechtlicher Maßstäbe der Ausgestaltung von Grundrechten *Cornils*, Die Ausgestaltung der Grundrechte, S. 2 ff., S. 17 ff., S. 494 ff.; *Bumke*, Ausgestaltung von Grundrechten, S. 5 ff.

177 Zur Berufsfreiheit *Lepsius*, Der Eigenwert der Verfassung im Wirtschaftsrecht, S. 149 (159), vgl. oben, Rn. 20; näher unten, Kapitel § 5 A.I. und D.II.5.b).

bietet die interaktionszentrierte Perspektive nicht die Klarheit eines rechtsstaatlichen Verteilungsprinzips, zeigt aber auf, wie Freiheit einschließlich der Entwicklungsoffenheit unter Bedingungen der Komplexität grundrechtlich geschützt werden können.

1. *Ausgestaltung als grundrechtsübergreifende Kategorie*

Die einfachgesetzliche Ausgestaltung der Sachbereiche einzelner Freiheitsrechte verleiht Interaktionsbeziehungen einen rechtlichen Rahmen und prägt dadurch mittelbar Bedingungen der Verwirklichung grundrechtlicher Schutzgüter.

a) Relevanz der Interaktion als Hintergrund der Ausgestaltung

Diese Bedeutung der institutionellen Ausgestaltung ist in der verfassungsgerichtlichen Rechtsprechung zu einzelnen Grundrechten bereichsspezifisch herausgearbeitet, betrifft aber wegen der Abhängigkeit von Interaktionszusammenhängen von der institutionellen Ausgestaltung jedes Freiheitsrecht auf die eine oder andere Weise. Weil Interaktionszusammenhänge die Rahmenbedingungen der Verwirklichung grundrechtlicher Schutzgüter prägen und zugleich auf institutionelle Ausgestaltung angewiesen sind, ist die einfach-gesetzliche Ausgestaltung der Lebensbereiche aus interaktionszentrierter Perspektive Teil des grundrechtlichen Schutzkonzepts.

Bei der Rundfunkfreiheit würden bekanntlich bestimmte ökonomische Merkmale der Produktion und Verbreitung von Rundfunk ohne eine vielfaltsorientierte Ausgestaltung die kommunizierten Inhalte verengen und das Schutzgut der freien individuellen und öffentlichen Meinungsbildung gefährden.[178] Während die verfassungsgerichtliche Bezeichnung dieser Ausgestaltung als „positive Rundfunkordnung" suggeriert, dass es sich bei der Rundfunkfreiheit um einen Sonderfall mit einer Sonderdogmatik handelt,[179] betrifft der zur Notwendigkeit einer Ausgestaltung führende Ausgangspunkt sämtliche Freiheitsrechte mit einem personalen Gehalt. Weil deren Verwirklichung von den ambivalenten Effekten zusammenhängender und auf Dauer gestellter Interaktionen abhängt, darf ein angemessenes dogmatisches Konzept des Freiheitsrechts die einfachgesetzliche Ausgestaltung der Interaktionszusammenhänge nicht ausblenden, weder bei einem Bedarf nach einer eingehenden und intensiven Ausgestaltung wie der positiven Rundfunkordnung noch bei weniger weitreichenden Formen.

Bei Freiheitsrechten, deren Ausgestaltung allgemeiner Ansicht nach deshalb notwendig ist, weil der Schutz die Bereitstellung rechtlicher Regelungen notwendig voraussetzt, etwa dem Eigentumsrecht, der Privatautonomie, der

---

[178] Näher unten, § 3 B.I.1.

[179] Als „gewährleistungsspezifische Ausgestaltungspflicht" charakterisiert bei *Bumke*, Ausgestaltung von Grundrechten, S. 42.

Koalitionsfreiheit oder dem Schutz der Ehe,[180] steht hinter der Notwendigkeit rechtlicher Institutionen nicht, dass diese für den grundrechtlichen Schutz etwa begriffsnotwendig wären,[181] sondern vielmehr die Interaktionsbeziehungen, die durch die rechtlichen Institutionen ermöglicht werden. Privatautonomie, Koalitionsfreiheit, Ehe und selbst das Eigentum sind von vorneherein auf die selbstbestimmte Gestaltung von Interaktionsbeziehungen angelegt. Umgekehrt können auch bei Freiheitsrechten, die nicht als von vorneherein normativ verfasst gelten, bestimmte gesetzliche Regelungen, etwa Gesellschaftsformen, für die individuelle Grundrechtsausübung einen derartigen Stellenwert erhalten, dass der Gesetzgeber zur Bereitstellung verfassungsrechtlich gehalten ist.[182]

b) Theoretisches Vorverständnis der Ausgestaltung

Gegen einen solchen übergreifenden Anwendungsbereich der Ausgestaltungsdogmatik sprechen nicht die Befürchtungen der Konturlosigkeit oder die damit verbundene Schwierigkeit, verfassungsrechtliche Maßstäbe zu implementieren.[183] In der Tat zieht eine interaktionszentrierte Perspektive den Anwendungsbereich der Ausgestaltungsdogmatik ebenso weit wie die Relevanz von Interaktionsbeziehungen für grundrechtliche Schutzgüter. Teilt man diesen grundrechtstheoretischen Standpunkt, der sich von einem Verständnis der Grundrechte als isolierter Verhaltensfreiheit löst und an die Stelle die ambivalente Relevanz von Interaktionen für die Verwirklichung von Grundrechten setzt, schärft diese theoretische Perspektive die Ausgestaltungsdogmatik trotz ihrer Reichweite.[184]

---

[180] *Bumke*, Ausgestaltung von Grundrechten, S. 41 f.; *Cornils*, Die Ausgestaltung der Grundrechte, S. 167 ff., S. 249 ff., S. 338 ff.; *Gellermann*, Grundrechte in einfachgesetzlichem Gewande, S. 92 ff., S. 126 ff., S. 131 ff.

[181] Etwa *Bumke*, Ausgestaltung von Grundrechte, S. 41: Rechtsmacht gewährleistende Rechte; und S. 45: Anwendungsbereich der Ausgestaltungsdogmatik auf jene Fälle beschränken, in denen grundrechtliche Gewährleistungen entweder aufgrund ihres Schutzgegenstandes oder aufgrund einer grundrechtlich bedingten Einrichtungspflicht zwingend auf eine Ausgestaltung angewiesen sind.

[182] Näher, insbesondere zur Ausdifferenzierung von Gesellschaftsformen durch die Ausübung der Berufsfreiheit siehe unten, § 5 C.I.

[183] So *Bumke*, Ausgestaltung von Grundrechten, S. 44: „Gegen eine solche Erweiterung der Kategorie ausgestaltungsbedürftiger Grundrechte spricht die Konturlosigkeit kollektiver oder sozialer Freiheitsbetätigung: Je nach Blickwinkel ist beinahe jedes Verhalten Ausdruck sozialer Freiheitsbetätigung. Die Situation ähnelt der bei der Grundrechtskollision: So gut wie jede sozial erhebliche Gegebenheit lässt sich als Ausdruck einer Grundrechtskollision rekonstruieren. Wie dort ist die Zahl sozialer und damit ausgestaltungsbedürftiger Freiheitsbetätigungen letztlich unbegrenzt. Solange an der Vorstellung vom Rahmencharakter des Grundgesetzes festgehalten wird, lassen sich aber nicht für beliebige Situationen ausgestaltungsdirigierende Grundrechtsvorgaben entwickeln".

[184] Auf die Möglichkeit der theoretischen Weiterentwicklung, auch vor dem Hintergrund des institutionellen Grundrechtsverständnisses, weist *Bumke*, Ausgestaltung von Grundrechten, S. 10, zumindest hin: „Es ist bekannt, dass die negative Freiheit, d. h. die Freiheit, zu tun und zu lassen, was man will, die das Abwehrrecht schützt, ein dogmatisches Konstrukt ist und

Mit dem Interaktionspotential und der Beschreibung des Zusammenhangs zwischen grundrechtlichen Schutzgütern und Interaktionszusammenhängen bietet die interaktionszentrierte Perspektive einen Rahmen, gewährleistungsspezifische Bedarfe der Ausgestaltung einschließlich ihrer impliziten außerrechtlichen Beschreibungen des jeweiligen Sachbereichs rational begründet zu thematisieren. Weil die theoretische Perspektive einer isolierten Verhaltensfreiheit die Effekte der Interaktionen nicht abbildet, bietet sie auf dogmatischer Ebene keine weiterführenden Kriterien, weder für den Anwendungsbereich der Ausgestaltungsdogmatik noch für den Inhalt der Ausgestaltung. Vielmehr legt sie nahe, den Anwendungsbereich der Ausgestaltungsdogmatik auf die zwingend erforderlichen Bereiche zu begrenzen,[185] ohne dass sich bei den einzelnen Freiheitsrechten allgemein sagen ließe, wann Spezifika der jeweiligen Gewährleistungen verfassungsrechtliche Pflichten zur gesetzlichen Ausgestaltung nach sich ziehen. Solche gewährleistungsspezifischen Ausgestaltungspflichten werden dann zu einer Frage der Grundrechtsinterpretation,[186] die die Relevanz der Interaktion zwar berücksichtigen, aber nicht kohärent verarbeiten kann.[187] Diese Ausgestaltungsdogmatik bleibt dann eine Sonderdogmatik für bestimmte Bereiche, etwa für die Rundfunkfreiheit oder das Recht auf informationelle Selbstbestimmung, ohne dass eine übergreifende Perspektive den methodischen Zugriff auf die außerrechtlichen Problembeschreibungen fundiert, für Besonderheiten des jeweiligen Sachbereichs sensibilisiert sowie die Prämissen des grundrechtsdogmatischen Konzepts offenlegt und bei Änderungen der maßgeblichen Rahmenbedingungen für Anpassungen öffnet. Ein auf isolierte Verhaltensfreiheit beschränktes Grundrechtsverständnis leitet auf der Ebene der dogmatischen Ausgestaltung nur einen pragmatischen Zugang ein, der mit interaktionsbedingten Herausforderungen

die Grundrechte darauf zielen, reale Freiheit in all ihrer Beschränkung und Bedingtheit zu gewährleisten. (...) Aufgrund dieser Entwicklungen hat der Gegensatz von Eingriffs- und Ausgestaltungsdenken viel von seiner ursprünglichen Schärfe verloren. Da außerdem offen ist, in welcher Weise die Kategorie der Ausgestaltung über den erreichten Stand hinaus auf der Ebene der Grundrechtstheorie inhaltlich weiter profiliert werden kann, bedarf es keiner grundrechtstheoretischen Ausgestaltungslehre." sowie im Zusammenhang mit der Weiterentwicklung abwehrrechtlicher Schutzmodelle, *ders.* a.a.O., S. 32: „An diesem Punkt angekommen, wird deutlich, dass dem Ausgestaltungsphänomen nicht allein mittels dogmatischer Konstruktion beizukommen ist. Auf der Konstruktionsebene lässt sich nur die Unzulänglichkeit einer freiheitsfundierten Schutzgutkonzeption aufzeigen. Hingegen hängt die Überzeugungskraft einer rechtsfundierten Schutzgutkonzeption davon ab, welche verfassungs- und gesellschaftstheoretische Position man einnimmt".

[185] *Bumke*, Ausgestaltung von Grundrechten, S. 45.

[186] *Jarass*, Funktionen und Dimensionen der Grundrechte, § 38 Rn. 56f., der zudem auf die Notwendigkeit einer gesetzlichen Grundlage für die Gewährung von Leistungen hinweist; *Bumke*, Ausgestaltung von Grundrechten, S. 42.

[187] Zu den grundrechtsdogmatischen Implikationen der interaktionszentrierten Perspektive näher unten, § 1 D.III.

situativ so gut wie möglich umgeht, ohne allerdings den Zusammenhang grundsätzlich zu entschlüsseln.[188]

c) Gegenstand der Ausgestaltung

Gegenstand der Ausgestaltung sind alle Regelungen, die der Stabilisierung des Interaktionszusammenhangs oder der Gewährleistung der tatsächlichen Bedingungen individueller Grundrechtsverwirklichung dienen. Ausgestaltung im Sinne der interaktionszentrierten Perspektive bedeutet damit nicht, den Schutzbereich oder den Gewährleistungsgehalt der Freiheitsrechte abschließend einfach-gesetzlich zu definieren.[189] Vielmehr umfasst das Freiheitsrecht aus interaktionszentrierter Perspektive auch die sachbereichsrelevanten Interaktionszusammenhänge mit der Folge, dass deren einfach-gesetzliche Ausgestaltung Teil des grundrechtsdogmatischen Konzepts wird. Die Relevanz der Interaktionsbeziehungen für das grundrechtliche Schutzgut macht die einfach-gesetzliche Ausgestaltung zu einem grundrechtsdogmatischen Element jedes Freiheitsrecht. Diese Ausgestaltung definiert allerdings den Schutzgehalt nicht, sondern der Zusammenhang zwischen Interaktionsbeziehung und Schutzgut gibt den verfassungsrechtlichen Maßstab der Ausgestaltung vor. Die Ausgestaltung grundrechtlicher Sachbereiche trägt dadurch der Ambivalenz von Interaktionszusammenhängen für die Verwirklichung der grundrechtlichen Schutzgüter[190] Rechnung.

Beispiele für die Sicherung der Stabilität von Interaktionszusammenhängen bilden Regelungen zum Schutz vor Blockaden, etwa das Kartellrecht, bis hin zum Umgang mit systemischen Risiken in der Finanzmarktregulierung.[191] Aber auch Regelungen, die interaktionsbedingte, typischerweise auf Ausdifferenzierungsprozessen beruhende Verschlechterungen der individuellen Bedingungen zur Grundrechtsausübungen relativieren sollen, stellen ausgestaltende Regelungen dar.

Gegen ihre Einordnung als ausgestaltende Regelung spricht nicht die mit ihnen verbundene Belastung anderer Grundrechtsträger, die insbesondere bei

---

[188] *Bumke*, Ausgestaltung von Grundrechten, S. 56 f.: „Die gewährleistungsspezifischen Vorgaben und damit auch die ausgestaltungsdirigierenden Maßstäbe sollten demnach in mehreren aufeinander bezogenen Schritten entfaltet werden: Im ersten Schritt – auf der Ebene der Vorgaben selbst – sollte man sich mit zwei, vielleicht auch drei, jedenfalls mit möglichst wenigen gegenläufigen, abstrakten und zugleich weitausgreifenden, richtungsweisenden Prinzipien begnügen. Im zweiten Schritt wird man nach Regeln suchen, die es erlauben, die Prinzipien für typische Regelungskonstellationen zu gewichten und – Konstellation für Konstellation und Fall für Fall – Vorrangregeln und vielleicht sogar Unterprinzipien zu entwickeln. Orientieren wird man sich dabei stets an den situationsbezogenen Eigenheiten des Regelungsgegenstandes sowie sonstigen für das Verständnis der Regelungssituation erheblichen Gegebenheiten".

[189] In diesem Sinne aus der Literatur nur *Kaufhold*, Systemaufsicht, S. 240: Ausgestaltendes Recht kreiert, prägt und begrenzt den Freiheitsbereich.

[190] Siehe oben, § 1 D.I.1.a).

[191] *Kaufhold*, Die Verwaltung 46 (2013), 21 ff.; näher unten, § 5 D.II.2.b).

Maßnahmen der Systemstabilität eine nicht unerhebliche Intensität aufweisen kann. Die assoziative Verbindung intensiver Belastungen mit der grundrechtsdogmatischen Einordnung als Eingriff geht auf die impliziten Annahmen eines Verständnisses der Grundrechte als Freiheit zu einem isolierten und beliebigen Verhalten innerhalb des jeweils einschlägigen Sachbereichs zurück. Regelungen, die das Interaktionspotential absichern, zielen jedoch im Hinblick auf die damit für alle Beteiligten verbundenen neuen Anschlussmöglichkeiten auf die Optimierung des grundrechtlichen Schutzes. Damit ist weder gesagt, dass die mit solchen Ausgestaltungen des Lebensbereichs verbundenen Pflichten Teil der individuellen Freiheit wären, noch dass sie nicht rechtfertigungsbedürftig wären. Durch den Konnex zwischen Interaktionszusammenhang und Förderung des grundrechtlichen Schutzguts begründet die interaktionszentrierte Perspektive die grundrechtsdogmatische Relevanz einfach-gesetzlicher Ausgestaltungen mit den außerrechtlich beschriebenen Effekten der Interaktion und im Gegensatz zu einem institutionellen Grundrechtsverständnis nicht begriffstheoretisch. Zugleich bietet der Konnex eine Grundlage für verfassungsrechtliche Maßstäbe der Ausgestaltung, die in ihrer Schärfe und Kontrollintensität den Anforderungen an die Rechtfertigung von Eingriffen gleichstehen.

2. *Theoretische Prämissen des institutionellen Freiheitsverständnisses*

Mit dem institutionellen Verständnis der Grundrechte[192] teilt die interaktionszentrierte Perspektive die Annahme der Relevanz sozialer Interaktion für die Verwirklichung grundrechtlicher Schutzgüter und personaler Entfaltung[193] sowie der gesetzlichen Ausgestaltung.[194] Diese „soziale Funktion“ der Grundrechte leitet das institutionelle Grundrechtsverständnis jedoch nicht aus einer außerrechtlichen Beschreibung der Voraussetzungen und Effekte von Interaktionszusammenhängen, sondern im Anschluss an *Hauriou* aus dem Wesen des Rechts ab.[195] Diese Perspektive verbindet Interaktion nicht mit der Entwicklung

[192] Grundlegend *Häberle*, Die Wesensgehaltsgarantie des Art. 19 Abs. 2 Grundgesetz. Zugleich ein Beitrag zum institutionellen Verständnis der Grundrechte und zur Lehre vom Gesetzesvorbehalt.

[193] *Häberle*, Die Wesensgehaltsgarantie des Art. 19 Abs. 2 Grundgesetz, S. 12ff., auch zur entsprechenden wechselseitigen Bedingtheit der einzelnen Freiheitsverbürgungen, S. 95; S. 183.

[194] *Häberle*, Die Wesensgehaltsgarantie des Art. 19 Abs. 2 Grundgesetz, S. 50, S. 70, S. 180ff., S. 197ff.

[195] *Häberle*, Die Wesensgehaltsgarantie des Art. 19 Abs. 2 Grundgesetz, S. 8f.: „Mit *Hauriou* ist davon auszugehen, dass die soziale Funktion eines der drei Elemente ist, deren Synthese das Wesen des Rechts bildet. Haurious ‚Trilogie‘ lautet: L'interêt, le pouvoir et la fonction (sociale) (…). Wenn hier von einer sozialen Funktion der Grundrechte gesprochen wird, so bedeutet das zugleich eine Absage an eine einseitig individual-rechtliche Sicht der Freiheit und erst recht an ein liberales und individualistisches Grundrechtsverständnis. Auch für die Grundrechte gilt Haurious Erkenntnis, dass es keine Recht gibt, hinter dessen durch es befriedigtes Interesse nicht eine soziale Funktion steht. Die neuere Grundrechtsauslegung ist auf den Begriff der sozialen Funktion nicht vom Rechtsbegriff aus, sondern im Zusammenhang mit Art. 19 Abs. 2

individueller Handlungsmöglichkeiten und der Generierung neuen Wissens, sondern allgemein dem öffentlichen Interesse der Gemeinschaft.[196] Individueller Freiheit ist danach stets eine Bindung inhärent. Freiheit ist in Abgrenzung zur Willkür sittlich gebunden oder wertgebunden.[197] Mit ihr geht nach diesem Verständnis eine inhärente Verantwortung einher.[198] Sie hat eine „richtige Ordnung“[199] zur Voraussetzung; Freiheit und Ordnung bilden ein *„couple necessaire“*.[200] Diese über subjektive Rechte des Einzelnen hinausgehende „übergreifende Ordnung des Ganzen“ ist der auf ausgestaltende Normenkomplexe angewiesene Teil der Grundrechte.[201] Zusammengefasst sind Grundrechte in dieser Perspektive charakterisiert als „rechtlich geordnete und freiheitlich ausgestaltete Lebensbereiche“.[202]

Als Kehrseite lösen diese theoretisch-normative Verknüpfung von Freiheit und Bindung sowie die darauf beruhenden Begründung der Ausgestaltung die grundrechtlichen Schutzgüter von tatsächlichen Bedingungen ihrer Verwirklichung ab. Das institutionelle Grundrechtsverständnis legt zwar im Ausgangspunkt eine

---

GG gestoßen. Es bedarf indessen keines Rückgriffs auf die Wesensgehaltsgarantie, um dem Gesetzgeber zu untersagen, die soziale Funktion der Grundrechte in Frage zu stellen. Vielmehr folgt das Postulat der sozialen Funktion der Grundrechte aus dem Rechts- und Grundrechtsbegriff als solchem“.

[196] *Häberle*, Die Wesensgehaltsgarantie des Art. 19 Abs. 2 Grundgesetz, S. 21 ff.: Grundrechtsgewährleistung und Grundrechtsausübung durch eine Verschränkung von öffentlichen und Individualinteressen gekennzeichnet.

[197] *Häberle*, Die Wesensgehaltsgarantie des Art. 19 Abs. 2 Grundgesetz, S. 15, S. 25, S. 200; vgl. auch S. 195: Freiheit und Bindung kein Regel-Ausnahmeverhältnis; in diese Richtung auch *Suhr*, Entfaltung der Menschen durch die Menschen, S. 159: „Wie Wasser aus Sauerstoff *und* Wasserstoff, so besteht interaktive Freiheit aus Offenheit und Verantwortung.“ (Herv. im Orig.).

[198] *Häberle*, Die Wesensgehaltsgarantie des Art. 19 Abs. 2 Grundgesetz, S. 47: „Die grundrechtliche Freiheit ist keine Freiheit zur Beliebigkeit, sie ist eine Freiheit, deren ‚Korrelat‘ die Verantwortlichkeit bildet und die von dem Menschen als einem geistig-sittlichen Wesen ausgeht, das gegenüber der Gemeinschaft und dem Nächsten Verantwortung trägt. Die Grundrechte sind also nicht grundsätzlich unbegrenzt, wohl aber sind sie als Grundsätze, Regeln gesichert“.

[199] *Häberle*, Die Wesensgehaltsgarantie des Art. 19 Abs. 2 Grundgesetz, S. 200.

[200] Im Anschluss an *Hauriou Häberle*, Die Wesensgehaltsgarantie des Art. 19 Abs. 2 Grundgesetz, S. 31 und 200.

[201] *Häberle*, Die Wesensgehaltsgarantie des Art. 19 Abs. 2 Grundgesetz, S. 164: „Lebensbereiche wie Berufsfreiheit, Vereinsfreiheit, Eigentumsordnung und Familie lassen sich nicht dadurch ‚verfassen‘, dass den einzelnen ein entsprechendes subjektives öffentlichen Recht zugesprochen wird. Derartige Lebensbereiche können nicht in Relationen aufgelöst werden; die einzelnen subjektiven Rechte und damit die Individuen stünden sonst mehr oder weniger unvermittelt und isoliert nebeneinander; zu einer übergreifenden Ordnung des Ganzen käme es nicht. Die überindividuelle Ganzheit solcher Lebensbereiche, in denen der einzelnen mit seinem subjektiven öffentlichen Recht steht, bedarf einer Fülle von Normenkomplexen; diese werden weder ausnahmsweise erlassen, noch können sie in einen Gegensatz zur grundrechtlichen Freiheit in der Weise gebracht werden, dass man sie als ‚Eingriff‘ in Freiheit und Eigentum qualifiziert. Es handelt sich vielmehr um Normenkomplexe, die die betreffenden Lebensbereiche bzw. die grundrechtliche Freiheit ausgestalten“.

[202] *Häberle*, Die Wesensgehaltsgarantie des Art. 19 Abs. 2 Grundgesetz, S. 193.

essentielle Bedeutung des Sozialen zu Grunde[203] und betont die normativ begründete Notwendigkeit einer tatsächlichen Aktualisierung der Grundrechte.[204] Bei der Beschreibung, inwiefern Interaktionen für die Verwirklichung der jeweiligen grundrechtlichen Schutzgüter auf die eine oder andere Weise relevant sind, bleibt die institutionelle Perspektive jedoch vage. Auf Grund der theoretisch-begrifflichen Ableitung der sozialen Funktion und der damit einhergehenden Bindung, Verantwortung und ausgestalteter Ordnung ist eine nähere Analyse der Voraussetzungen und Effekte der Interaktion aus dieser Perspektive entbehrlich. Daraus folgt auf der einen Seite eine gewisse normative Geschlossenheit, in der Anknüpfungen an zwangsläufig divergierende außerrechtliche Problembeschreibungen entbehrlich sind. Auf der anderen Seite verschließt sich der theoretisch-begriffliche Zugang dem Mehrwert und der Ambivalenz, die Interaktionszusammenhänge und ihrer wissensgenerierende Dynamik für individuelle grundrechtliche Schutzgüter hervorbringen.[205] Entsprechend wird das institutionelle Grundrechtsverständnis aus liberaler Perspektive gelegentlich als begriffstheoretisch begründeter Versuch der Freiheitsverkürzung wahrgenommen.[206] Vor allem aber vergibt die theoretische Begründung der Pflichtenbindung das Potential an Rationalisierung der Grundrechtsdogmatik, das in der Verarbeitung von Interaktion und ihrer Relevanz für die grundrechtlichen Schutzgüter liegt. So hat das institutionelle Grundrechtsverständnis auf die Grenzen klassisch liberaler Grundrechtstheorien und dem daraus abgeleiteten Verständnis isolierter Verhaltensfreiheiten einschließlich des rechtsstaatlichen Verteilungsprinzips aufmerksam gemacht.[207] Zugleich hat dieser Zugang die auf die Kategorien von Eingriff und Schranken fixierte Dogmatik für die Relevanz von Ausgestaltungen

---

[203] Insbesondere in Abgrenzung zu dem Verständnis von Freiheitsrechten als einer isolierten Verhaltensfreiheit, *Häberle*, Die Wesensgehaltsgarantie des Art. 19 Abs. 2 Grundgesetz, S. 46, S. 145 ff.

[204] *Häberle*, Die Wesensgehaltsgarantie des Art. 19 Abs. 2 Grundgesetz, S. 45, S. 108.

[205] *Schlink*, EuGRZ 1984, 457 (463); *Poscher*, Grundrechte als Abwehrrechte, S. 54 f.: kollektive, soziale Realität statt individuelle Perspektive; *Cornils*, Die Ausgestaltung der Grundrechte, S. 504: kein klarer Begriff der positiven Gewährleistungsbindung des Gesetzes durch die Grundrechte. Entsprechend sind die Anwendungsbeispiele oftmals kaum ausgearbeitet und unterschiedlich plausibel, vgl. *Häberle*, Die Wesensgehaltsgarantie die Art. 19 Abs. 2 Grundgesetz, S. 118 f.: Gesetze gegen den Missbrauch wirtschaftlicher Machtstellung zur Erhaltung der Vertrags- und Wettbewerbsfreiheit einerseits, und die Begründung des formellen und materiellem Strafrechts „auch im Individualinteresse her" andererseits (S. 24 f.; S. 120): Legitimierung der Grundrechtsbegrenzungen im Interesse des bestraften Grundrechtsberechtigten (S. 25).

[206] Etwa zu den Gefahren einer immobilen und statischen Grundrechtsdeutung *Scholz*, Koalitionsfreiheit als Verfassungsproblem, S. 91 ff., S. 222 ff., und rückblickend relativierend *ders.*, AöR 110 (1985), 127 (129); ähnlich *Lerche*, DÖV 1965, 212 ff.; zusammenfassend *Bumke*, Ausgestaltung von Grundrechten, S. 10, und *Stern*, Idee und Elemente eines Systems der Grundrechte, § 185 Rn. 27 m. w. N.

[207] *Häberle*, Die Wesensgehaltsgarantie des Art. 19 Abs. 2 Grundgesetz, S. 152 f.

und den staatlichen Beitrag zum Schutz der Grundrechte sensibilisiert.[208] Für die Verarbeitung der grundrechtlichen Relevanz von Interaktionen hat der begrifflich-theoretische Zugang des institutionellen Grundrechtsverständnisses aber kaum weitergeführt.

3. *Interaktionspotential als Maßstab der Ausgestaltung*

Durch die Analyse des Relevanz von Interaktionszusammenhängen für die Verwirklichung grundrechtlicher Schutzgüter zeigt die interaktionszentrierte Perspektive demgegenüber Wege zur Konkretisierung verfassungsrechtlicher Maßstäbe der Ausgestaltung auf.

a) Verhältnismäßigkeit als Maßstab der Rechtfertigung von Eingriffen

Aus klassisch liberaler Perspektive folgt die Konturenschärfe der Anforderungen an die Rechtfertigung von Eingriffen in Freiheitsrechte aus deren Konzeption als isoliert geschützte Verhaltensfreiheiten. Weil das Freiheitsrecht ein bestimmtes, beliebiges Verhalten des Grundrechtsträgers in dem jeweils einschlägigen Sachbereich schützt, brauchen hoheitliche Eingriffe bei der Prüfung der Rechtfertigung nur noch in ihrer Intensität bewertet und mit dem verfolgten Zweck abgewogen zu werden. Für diese Bewertung und Abwägung steht das in der verfassungsgerichtlichen Rechtsprechung im Anschluss an das liberale abwehrrechtliche Verständnis entwickelte Verhältnismäßigkeitsprinzip, dessen rationalisierende Wirkung in der Literatur nicht selten betont wird.[209] Ein zentrales Anliegen der Abwägung und Verhältnismäßigkeitsprüfung ist es, Belastungen der Grundrechtsausübungen intersubjektiv und über unterschiedliche verfassungsrechtliche Schutzgüter hinweg vergleichbar zu machen. Daran anknüpfende Auseinandersetzungen um die rationale Umsetzbarkeit eines solchen Vergleichs[210] lenken tendenziell von der konzeptionellen Schwäche dieser Art von Verhältnismäßigkeitsprüfung ab.[211] Indem sie als Bezugspunkt eine uneingeschränkte, isolierte Verhaltensfreiheit als das erzielbare Optimum heranzieht, erfasst sie die Effekte von Interaktionen, insbesondere ihre wissensgenerierende Dynamik,

---

[208] *Häberle*, Die Wesensgehaltsgarantie des Art. 19 Abs. 2 Grundgesetz, S. 180ff.; zur Rezeption nur *Bumke*, Ausgestaltung von Grundrechten, S. 9f. m. w. N.

[209] *Grimm*, Rückkehr zum liberalen Grundrechtsverständnis?, S. 221 (221f.): Entdeckung des Verhältnismäßigkeitsprinzips und Entfaltung des objektivrechtlichen Gehalts der Grundrechte als folgenreichste Neuerungen in der Grundrechtsdogmatik der Nachkriegszeit; ähnlich *Schlink*, EuGRZ 1984, 457 (460f.); zu den Unterschieden des Verhältnismäßigkeitsprinzips in der verfassungsgerichtlichen Kontrolle gegenüber den zuvor im Polizeirecht entwickelten Grundsätzen *Bumke*, Der Grundsatz der Verhältnismäßigkeit, S. 117 (127ff.); als universelle Prinzip beschrieben bei *Klatt/Meister*, Der Staat 51 (2012), 159ff.

[210] Vgl. nur *Klatt/Meister*, Der Staat 51 (2012), 159ff., einerseits und *P. Reimer*, Der Staat 52 (2013), 27 (34ff.), mit zahlreichen weiteren Nachweisen andererseits.

[211] Siehe aber *Ladeur*, Kritik der Abwägung in der Grundrechtsdogmatik.

von vorneherein nicht. Statt die potentiellen neuen Handlungsmöglichkeiten sowie die ebenfalls interaktionsbedingten Teilnahmevoraussetzungen in Rechnung zu stellen, bleibt sie statisch auf die situative Verbesserung der individuellen Handlungsmöglichkeiten eines isoliert betrachteten Grundrechtsträgers zu einem bestimmten Zeitpunkt bezogen. Konsequenz aus interaktionszentrierter Perspektive ist nicht, die Verhältnismäßigkeitsprüfung abzulösen, sie jedoch um die Effekte und Voraussetzungen von Interaktionsbeziehungen zu erweitern. Statt allein der isolierten Verhaltensfreiheit sind dann das Interaktionspotential und die Einwirkung der Interaktion auf die Rahmenbedingungen der Grundrechtsverwirklichung Bezugspunkt der Prüfung.

b) Rechtfertigung von Ausgestaltungen

In gleicher Weise lässt sich aus der Relevanz von Interaktionszusammenhängen einschließlich ihrer Voraussetzungen und ihrer Effekte, ein Maßstab entwickeln, um die grundrechtlichen Anforderungen an die einfachgesetzliche Ausgestaltung der einzelnen Lebensbereiche zu konturieren. Interaktionszusammenhänge bringen die wissensgenerierende Dynamik hervor, die den beteiligten Grundrechtsträgern neue Handlungsoptionen erschließt, zugleich aber durch die dezentralen Auswahlentscheidungen die Beteiligung an wechselseitigen Interaktionen restringiert. Unter Umständen entwickeln sich Interaktionszusammenhänge durch die nicht-intendierten Effekte dezentraler Entscheidungen sogar in einer Weise, die eine weitere Teilnahme schlechthin ausschließt, etwa im Fall der Realisierung systemischer, durch Interaktionen hervorgebrachter Risiken auf Finanzmärkten.[212] Sowohl die aus den Interaktionszusammenhängen resultierenden Voraussetzungen und Restriktionen der individuellen Teilnahme als auch ihre Stabilitätsrisiken[213] bilden Gründe für gesetzliche Ausgestaltungen, die allerdings auch den Zusammenhang zwischen den einschränkenden und den Handlungsspielräume erweiternden Effekten dezentraler Auswahlentscheidungen in Rechnung zu stellen haben.

Indem die interaktionszentrierte Perspektive das Interaktionspotential und die interaktionsbedingten Implikationen für die Grundrechtsverwirklichung entfaltet, zeigt sie einen Weg auf, grundrechtliche Maßstäbe der einfach-gesetzlichen Ausgestaltung zu entwickeln. Der Interaktionsbezug nähert die verfassungsrechtlichen Anforderungen der Rechtfertigung von Eingriffen und von Ausgestaltungen an[214] und ergänzt politische Argumente für eine eher soziale oder eine eher liberale Gestaltung um eine instrumentelle Dimension. Indem die interaktionszentrierte Perspektive den Zusammenhang zwischen dezentralen,

[212] Siehe unten, § 5 D.II.2.b).

[213] Zur Ambivalenz interaktionsbedingter Dynamik für die Verwirklichung grundrechtlicher Schutzgüter siehe oben, § 1 D.I.1.a).

[214] Siehe oben, § 1 D.II.3.a) und b).

aufeinander bezogenen Entscheidungen in Interaktionszusammenhängen, ihrer wissensgenerierenden Dynamik, den neuen Anschlussmöglichkeiten, aber auch den Voraussetzungen individueller Partizipation aufschlüsselt, sensibilisiert sie für die Kehrseite jeder politisch begründeten, gesetzlichen Gestaltung und schafft dadurch eine Grundlage für verfassungsrechtliche Maßstäbe. Diese Maßstäbe lassen sich nicht im Sinne eines prinzipiellen Vorrangs einer entwicklungsoffenen oder einer situativ grundrechtsfördernden Gestaltung begreifen und geben insbesondere keine bestimmte Form der Ausgestaltung als verfassungsrechtlich geboten vor.[215] Vielmehr stellt die interaktionszentrierte Perspektive verfassungsrechtliche Anforderungen an den Umgang mit der ambivalenten Relevanz von Interaktionen bei der gesetzlichen Ausgestaltung. Diese Maßstäbe beziehen sich nicht auf ein bestimmtes Ergebnis, sondern belassen durch ihre inhaltliche Zurückhaltung eine Einschätzungs- und Gestaltungsprärogative des Gesetzgebers. Sie halten allerdings dazu an, die Auswirkungen und Voraussetzungen des Interaktionspotentials der jeweils betroffenen Grundrechtsträger zu beschreiben, die Effekte der institutionellen Gestaltung auf den Interaktionszusammenhang zu beobachten und bei gezielten Maßnahmen die Ursachen und die voraussichtlichen Folgen zu dem Interaktionszusammenhang in Beziehung zu setzen. Eine beabsichtigte Erleichterung der situativen Rahmenbedingungen bestimmter Grundrechtsträger, etwa bei der Ausgestaltung des individuellen und kollektiven Arbeitsrechts oder gesellschaftsrechtlich des Anteilseigentums,[216] setzt demnach eine Abschätzung der Konsequenzen für daran anknüpfende Entscheidungen auch der mittelbar Betroffenen und die Entwicklungsoffenheit voraus. Umgekehrt spricht eine Analyse der Ursachen und Folgen nicht-intendierter Effekte von Interaktionen, die die Systemstabilität gefährden[217] oder selbstbestimmte Entscheidungen bestimmter Grundrechtsträger strukturell beeinträchtigen,[218] für die Zulässigkeit auch von ausgestaltenden Maßnahmen, die andere Grundrechtsträger insbesondere wirtschaftlich nicht unerheblich belasten. Die durch solche Maßnahmen der Ausgestaltung beeinträchtigten Handlungs- und Erlöspotentiale gehen oftmals auf Geschäftsmodelle zurück, die den Ausgestaltungsbedarf erst hervorgebracht haben.

4. Spezifizierung der objektiven Dimension der Grundrechte

Diese interaktionsorientierte Ausgestaltung stellt zugleich einen Teil der objektiven Grundrechtsgehalte auf eine neue konzeptionelle Grundlage.

---

[215] Zu solchen Gefahren von Konstitutionalisierungsschüben *Bumke*, Ausgestaltung von Grundrechten, S. 43 f., sowie im Zusammenhang mit positiven Freiheitsvorstellungen S. 25 ff.

[216] Näher unten, § 5 B.I.3, D.I.2 und D.II.2.

[217] Zur Finanzmarktstabilisierung siehe unten § 5 D.II.1.b).

[218] Zum Recht auf informationelle Selbstbestimmung, insbesondere bei der algorithmenbasierten Auswertung großer Datenmengen, siehe unten, § 2 B.IV.

a) Objektive Grundrechtsgehalte als Lückenfüller des Abwehrrechts

Objektive Grundrechtsgehalte sind in der Grundrechtsdogmatik mit Unterschieden im Einzelnen überwiegend als Ergänzungen zum subjektiv-abwehrrechtlichen Schutz mit einer Reihe unterschiedlicher Ausprägungen formuliert worden.[219] Im Grundsatz lässt sich mit einiger Vereinfachung zusammenfassen, dass die objektive Dimension der Grundrechte die Rahmenbedingungen der Verwirklichung grundrechtlicher Schutzgüter gewährleisten soll, die sich mit dem subjektiv-abwehrrechtlichen Schutz nicht abbilden lässt, und dass diese Elemente des grundrechtlichen Schutzes im Grundsatz nicht individuell einklagbar sind. Die objektiv-rechtlichen Gehalte der Freiheitsrechte übernehmen den Schutzbedarf, der sich mit dem abwehrrechtlichen Schutz isolierter Verhaltensfreiheit nicht abdecken lässt. Insofern ist es kein Zufall, dass wichtige Fallgruppen der objektiven Dimension wie die mittelbare Drittwirkung oder grundrechtliche Schutzpflichten aus der Rechtsprechung hervorgegangen sind, die Grundrechte als objektive Wertordnung neben den subjektiv-abwehrrechtlichen Schutz gestellt hat.[220] Diese ergänzenden Fallgruppen deuten durch ihre Re-Subjektivierung[221] schon darauf hin, dass das Charakteristische der unterschiedlichen Ausprägungen objektiver Grundrechtsgehalte nicht in der Abwesenheit einer subjektiv-rechtlichen Komponente liegt.[222] Insbesondere die Schutzpflichten und die mittelbare Drittwirkung bezwecken den Schutz grundrechtlicher Positionen einzelner Grundrechtsträger und sind individuell durchsetzbar. Charakteristisch für diese Ausprägungen objektiv-rechtlicher Grundrechtsgehalte ist vielmehr, dass sie für die Verwirklichung des grundrechtlichen Schutzes als erforderlich angesehen werden, aber mit dem subjektiv-abwehrrechtlichen Schutz einer isolierten Verhaltensfreiheit nicht zu erreichen sind.

---

[219] Auch zur terminologisch irreführenden Gegenüberstellung von subjektiven und objektiven Normgehalten *Albers*, Informationelle Selbstbestimmung, S. 39: gewährleistungserweiternde Argumentationen, m. w. N. in Fn. 53; *Kahl*, Grundrechte, § 24 Rn. 9: Inhalte der Grundrechtsnormen, die über den abwehrrechtlichen Gehalt der Grundrechte hinausgehen, „Erweiterungsbedeutung" oder „Entfaltungsbedeutung" im Anschluss an *Hesse*, Grundzüge des Verfassungsrechts der Bundesrepublik Deutschland, Rn. 349 ff.

[220] BVerfG, Urt. v. 15.1.1958, 1 BvR 400/51, BVerfGE 7, 198 – *Lüth*, Rn. 25, siehe oben, Fn. 2; zur folgenden Entwicklung *Albers*, Informationelle Selbstbestimmung, S. 39 f.

[221] Zu einer „Re-Subjektivierung" *Dolderer*, Objektive Grundrechtsgehalte, S. 351 ff.; *Kahl*, Grundrechte, § 24 Rn. 10 f.; *Albers*, Informationelle Selbstbestimmung, S. 40, auch zu den Schwierigkeiten ihrer dogmatischen Begründung.

[222] *Albers*, Informationelle Selbstbestimmung, S. 40 f.: „Zweitens trägt der bloße Verweis auf die objektivrechtliche Komponente die inhaltliche Erweiterung von Grundrechten nicht. Eine veränderte Interpretation der Gewährleistungsinhalte kann man nur mit Hilfe einer dogmatisch und inhaltlich abgesicherten Konkretisierung der Grundrechtssätze begründen. Deshalb muss man in den ganz unterschiedlichen Einsatzfeldern, in denen man mit den objektivrechtlichen Aussagen argumentiert, entsprechend differenziert vorgehen. Die Unterscheidung von objektivem Gehalt und subjektiven Rechten ist eine wohl mit dem Norminhalt verbundene, aber *quer dazu liegende* und *nachgeschaltete* Frage." (Herv. i. Orig.).

b) Interaktionsbezug als Hintergrund objektiv-rechtlicher Gehalte

Indem die interaktionszentrierte Perspektive den Freiheitsschutz von vorneherein interaktionsbezogen konzipiert, bietet sie die Grundlage für eine schärfere Konturierung der Ausprägungen objektiv-rechtlicher Gehalte, die erst auf Grund des abwehrrechtlich nicht erfassten Interaktionsbezugs entstanden sind. Das betrifft insbesondere die Ausgestaltung der Interaktionszusammenhänge. Objektiv-rechtliche Gehalte, die auf eine Regelung der Interaktionsbeziehungen zielen, etwa indem sie zur Förderung selbstbestimmter Entscheidungen eine bestimmte Qualität des Kontexts gewährleisten,[223] bezieht die interaktionszentrierte Perspektive als Ausgestaltungen auf das Interaktionspotential und seine ambivalente Relevanz für das grundrechtliche Schutzgut. Die Ausgestaltung als grundrechtsübergreifende, auf den Interaktionsbezug grundrechtlicher Schutzgüter zurückgehende Kategorie deckt einen nicht unwesentlichen Teil der Fallgruppen objektiv-rechtlicher Gehalte ab und stellt dabei einen konzeptionellen Bezug zur individuellen Freiheitsausübung, ihren Voraussetzungen und ihren Effekten her.[224] Dogmatische Fragen zum Verhältnis zwischen objektiv-rechtlichen und subjektiv-rechtlichen Gehalten[225] einschließlich der Befürchtungen einer Entwertung der subjektiv-rechtlichen Gehalte durch eine objektiv-rechtliche Überprägung[226] richten sich aus interaktionszentrierter Perspektive nach dem Interaktionsbezug, der auch den Abwehrrechten zu Grunde liegt, und den damit verbundenen Implikationen für die Ausgestaltung. Die Ausrichtung des Freiheitsverständnisses und der Ausgestaltungsdogmatik auf Interaktionszusammenhänge strukturiert diese Facette objektiv-rechtlicher Grundrechtsgehalte.

Gleiches gilt für Einrichtungsgarantien, hinter denen die Gewährleistung einer bestimmten Qualität oder Stabilität des Interaktionszusammenhangs im Hinblick auf das jeweils betroffene grundrechtliche Schutzgut steht, etwa die Ehe[227]

---

[223] Zur Grundregulierung des Umgangs mit personenbezogenen Daten auf einer abstrakten Ebene *Albers*, Informationelle Selbstbestimmung, S. 460 ff.

[224] Vom Interaktionsbezug unabhängig dürften vor allem grundrechtliche Schutzpflichten vor externen Gefahren und prozedurale Anforderungen an Eingriffe zum Schutz der Rechtsgüter Dritter, etwa Richtervorbehalte, sein.

[225] Aus der Literatur nur *Starck*, in: von Mangoldt/Klein/ders., GG, Art. 1 Rn. 171 ff. m. w. N.

[226] Kritisch zur positiven Rundfunkordnung *Starck*, in: von Mangoldt/Klein/ders., GG, Art. 1 Rn. 171: „Entsubjektivierung der Grundrechte widerspricht den Grundrechtsnormen. Gemeinwohlgüter, die die objektiven Verfassungsprinzipien zum Ausdruck bringen, werden nicht durch einen organisationsrechtlichen Gesamtzugriff des Gesetzgebers, also nicht durch Verwandlung der Grundrechte, sondern durch Grundrechtsschranken geschützt, wie die das Grundgesetz ausdrücklich vorsieht."; zu ähnlichen Bedenken gegenüber dem institutionellen Grundrechtsverständnis *ders.*, a. a. O., Art. 1 Rn. 175 f.

[227] Zur Institutsgarantie für Ehe und Familie in Art. 6 Abs. 1 GG *Robbers*, in: von Mangoldt/Klein/Starck, GG, Art. 6 Rn. 8 ff.

oder das Institut der freien Presse.[228] Auch die Voraussetzungen und Reichweite dieser Einrichtungsgarantien hängen von ihrer Funktion in dem jeweiligen Interaktionszusammenhang ab.

c) Interaktionsbeziehungen als impersonaler Grundrechtsschutz?

Die kollektiven Effekte von Interaktionen und ihre Relevanz für den Grundrechtsschutz sind in Abgrenzung zu dem individual-abwehrrechtlichen Schutz einer isolierten Verhaltensfreiheit als impersonaler Grundrechtsschutz beschrieben worden.[229] Hinter dieser Charakterisierung als impersonal steht eine den einzelnen Grundrechtsträger übergreifende, Interaktionszusammenhänge einbeziehende Perspektive,[230] die im Ausgangspunkt an die impersonale, nicht auf einen individuellen Grundrechtsträger abstellende Fassung bestimmter Freiheitsrechte anknüpft.[231] Durch diese Betonung der kollektiven, wissensgenerierenden Effekte von Interaktionen und der Ausrichtung auf ihre Rahmenbedingungen[232]

---

[228] Aus der Rechtsprechung zur Institution einer freien Presse BVerfG, Beschl. v. 9.10.1991, 1 BvR 1555/88, BVerfGE 85, 1 – *Kritische Bayer-Aktionäre*, Rn. 40; zuletzt BVerfG, Stattgeb. Kammerbeschl. v. 13.7.2015, 1 BvR 1089/13, 1 BvR 1090/13, NJW 2015, 3430, Rn. 15ff. m.w.N.; BVerfG, Stattgeb. Kammerbeschl. v. 8.12.2011, 1 BvR 927/08, NJW 2012, 756, Rn. 15;

[229] Im Anschluss an *Ridder*, Die soziale Ordnung des Grundgesetzes, S. 90f., *Ladeur*, Die transsubjektive Dimension der Grundrechte, S. 17 (21): „Die Grundrechte sind auch ‚inpersonale Grundrechte', die die Selbstorganisation sozialer Regeln in der Gesellschaft schützen – auch dies selbstverständlich nicht schrankenlos. Die Generierung der Regeln der kollektiven Ordnung obliegt aber nicht primär dem Staat."; *ders.*, Der Staat 54 (2015), 97 (98) und eingehender *ders.*, Recht – Wissen – Kultur, S. 127ff.; zur Regulierung von Big Data-Anwendungen im Gesundheitsbereich *ders.*, Wissenserzeugung im Sozialrecht und der Aufstieg von Big Data, S. 89 (105): „Auch hier könnte sich die Fruchtbarkeit des auf *H. Ridder* zurückgehenden Ansatzes der Konstruktion von *‚impersonalen Grundrechten'* bewähren, die transsubjektive, eine Vielzahl von Individuen und Interessen betreffenden Bedingungen der Grundrechts*ausübung* durch ein System von sozialen Regeln absichern und nicht quasi-räumliche Handlungs*bereiche*." (Herv. i. Orig.); *ders.*; MedR 2016, 650 (652); zum Verständnis Ridders näher *Hofmann*, AöR 137 (2012), 459 (466ff.).

[230] *Ladeur*, Der Staat 54 (2015), 97 (98): „Der inpersonale Charakter öffentlicher Kommunikationsfreiheiten besteht vor allem darin, dass nicht von vorneherein bestimmte individuelle Rechtspositionen in Bezug genommen werden, sondern dynamische Erfordernisse der öffentlichen Meinungsbildung, die nicht mit dem quasi-räumlichen Bild eines geschützten Freiheitsbereichs des Individuums übereinstimmen."; *ders.*, Recht – Wissen – Kultur, S. 127.

[231] *Ridder*, Die soziale Ordnung des Grundgesetzes, 90f.: „An der ‚Pressefreiheit' als einem *inpersonalen* Grundrecht, einem Grundrecht also, dessen Wortlaut nicht auf einen persönlichen ‚Träger' hinweist, lässt sich, wie an den ähnlich prozesshaften Grundrechten der Freiheit von ‚Kunst' und ‚Wissenschaft', leichter als bei den personalen Grundrechten erkennen, was indes in Wahrheit allen Grundrechten der Gesamtverfassung gemeinsam ist, nämlich dass sie auf die konkrete Freiheit eines sozialen Feldes durch dessen Organisation abzielen".

[232] Vor allem *Ladeur*, Recht – Wissen – Kultur, S. 127f.: „Die Konstruktion der ‚impersonalen Grundrechte' sollte auch nicht auf die Medien begrenzt werden. Auch die neue Dominanz der Wissensprozesse in der ‚Netzwerkgesellschaft' legt es nahe, dem Wissen selbst partiell grundrechtlichen Schutz zu eröffnen, da dessen fluides relationales Moment in den personal verfassten Grundrechten allein nicht angemessen bewältigt werden kann. (…) Die Wiederbelebung und Erweiterung der Konzeption der impersonalen Grundrechte sollte nicht so systemwidrig

zeigen dieser Ansatz und ein interaktionszentriertes Grundrechtsverständnis einige Gemeinsamkeiten, auch wenn aus interaktionszentrierter Perspektive der Hintergrund des interaktionsbezogenen Freiheitsverständnisses gerade nicht impersonal ist. Vielmehr beruht die Ausrichtung auf Interaktion danach auf ihrer Relevanz für die Verwirklichung individueller grundrechtlicher Schutzgüter und insbesondere der personalen Entfaltung.[233]

5. Ausufernder Grundrechtsschutz und sinkendes Schutzniveau?

Eine solche auf Interaktion abstellende Konzeption mag sich vor dem Hintergrund der verfassungsrechtlichen wie auch der verwaltungsrechtlichen Dogmatik einigen Einwänden ausgesetzt sehen. So könnte die Abbildung potentieller Interaktionen eines Grundrechtsträgers im Schutzbereich den Schutz ins Uferlose ausdehnen und in der Folge Konzessionen bei den Anforderungen an die Rechtfertigung erforderlich machen, die den Grundrechtsschutz im Ergebnis entwerten.[234] Auch aus verwaltungsrechtlicher und entsprechend aus verwaltungsprozessrechtlicher Perspektive mag zunächst irritieren, subjektive Rechte eines Marktteilnehmers potentiell auf Vorgänge zu erstrecken, die ihn nicht unmittelbar betreffen und deren genaue Auswirkungen auf den Rechtsträger ungewiss sind.

Allerdings dehnt die Berücksichtigung sozialer Interaktion die Reichweite des Schutzes einzelner Grundrechtsträger nicht übermäßig aus, weil auch diese Konzeption die Beschränkung der Entwicklungsmöglichkeiten jeweils auf den einzelnen Grundrechtsträger und seine Einbindung in den Handlung- und Kommunikationszusammenhang bezieht. Ein Schutz des Einzelnen, der nicht bei dessen Handlungsmöglichkeiten endet, sondern auch die potentiellen Einflüsse der Interaktionspartner mit einbezieht, geht in der potentiellen Breitenwirkung nicht über die Breitenwirkung eines Schutzes vor mittelbaren Grundrechtseingriffen hinaus. Gegenüber den Unschärfen der Dogmatik mittelbarer Grundrechtseingriffe, etwa bei Marktaktivitäten,[235] weist das interaktionsbasierte Konzept den Vorteil auf, sowohl die Reichweite des Schutzes als auch die Intensität mittelbarer Eingriffe rational begründen zu können. Aus diesem

---

erscheinen, wenn man bedenkt, welche Ausdehnung die ‚objektivrechtliche Dimension' der Grundrechte in der Rechtsprechung des BVerfG (...) inzwischen erfahren hat, die die *staatliche* Ausgestaltung eines Grundrechtsbereichs ermöglichen und den Staat dabei nur an die Einhaltung eines vagen Gebots der ‚Angemessenheit' binden." (Herv. i. Orig.).

233 Siehe oben, C.

234 Zu den Folgen weiter Schutzbereiche und für eine Differenzierung zwischen Schutz- und Gewährleistungsbereich mit Unterschieden *Böckenförde*, Der Staat 42 (2003), 165 (174 ff.); *Hoffmann-Riem*, Enge oder weite Gewährleistungsgehalte der Grundrechte?, S. 53 (54 ff.); *Rusteberg*, Der grundrechtliche Gewährleistungsgehalt, S. 111 ff.; allgemein *Murswiek*, Der Staat 45 (2006), 473 (474 ff.); zur Entwicklung *Möllers*, NJW 2005, 1973.

235 Näher unten, § 5 E.I.2.

Grund passt die interaktionsbasierte Dogmatik auch strukturell zu den verwaltungsrechtlichen Grundsätzen der Begründung subjektiver Rechte und daran anknüpfenden verwaltungsprozessualen Beschränkung des Rechtsschutzes. Mit der Teilnahme an Interaktionszusammenhängen, beispielsweise an Märkten, setzt der Einzelne sich den Risiken wettbewerblicher Auswahlkriterien und Anpassungsanreizen aus und partizipiert an den Chancen neuer Anschlussmöglichkeiten. Beides beruht auf der Interaktion in der Ausübung von Freiheitsrechten, die dem Einzelnen ermöglicht, die individuelle Perspektive zu relativieren und anhand der Beobachtungen neues Wissen zu generieren. Diese von der Interaktion ausgehenden Entwicklungschancen machen einen essentiellen Teil des grundrechtlichen Schutzes aus.[236]

Ebenso senkt eine Schutzbereichsdogmatik, die Interaktionen der Grundrechtsberechtigten aufgreift, nicht das Schutzniveau. Der im Ausgangspunkt zutreffende Befund, eine Ausdehnung der Reichweite eines Grundrechts führe zu einer Absenkung der Anforderungen an die Rechtfertigung von Eingriffen, beruht auf der Prämisse, dass andernfalls der Gestaltungsspielraum des Gesetzgebers erheblich eingeschränkt würde. Angesichts der typischerweise mehrpoligen Kollisionen grundrechtlich geschützter Rechtsgüter wäre bei einer Ausdehnung der jeweiligen Schutzbereiche eine Absenkung der Anforderungen an die Rechtfertigung von Eingriffen auch bei einer erheblichen Einschränkung gesetzgeberischer Gestaltungsspielräume alternativlos. Dieses Spannungsfeld zwischen engen und weiten Schutzbereichen bezieht den Schutzbereich, die Eingriffsintensität sowie die Anforderungen an die Rechtfertigung, insbesondere die Verhältnismäßigkeit, jeweils auf ein isoliertes Verhalten der betroffenen Grundrechtsträger und mündet dadurch in eine statische Gegenüberstellung des weiten und des engen Schutzbereichs und ihrer Implikationen auf Rechtfertigungsebene. Weil prinzipiell jedes beruflich veranlasste Verhalten innerhalb des weit oder eng verstandenen Schutzbereichs als solches geschützt ist, muss jede Erweiterung des Schutzbereichs zu einer Absenkung der Anforderungen an die Rechtfertigung führen. Den Extrempunkt dieser Entwicklung bildet die allgemeine Handlungsfreiheit.[237]

Demgegenüber schließt eine interaktionsbasierte Dogmatik, die Grundrechtsausübung als Konnex aus Anpassungsanreizen, dezentral formulierten Auswahlkriterien und Anschlussmöglichkeiten versteht, gesetzgeberische Gestaltungen nicht flächendeckend aus, sondern erlegt ihnen nur besondere, an das Entwicklungspotential geknüpfte Bindungen auf. Während die Normierung bestimmter Zustände eine entwicklungsoffene Dynamik von vorneherein

---

[236] Zum eigentumsrechtlichen Schutz von Chancen siehe zudem unten, § 5 D.I.2.h).

[237] Eine Aufgabe des Gesetzesvorbehalts bei Einschränkungen der allgemeinen Handlungsfreiheit stellt deshalb *Hoffmann-Riem*, Enge oder weite Gewährleistungsgehalte der Grundrechte?, S. 53 (67 f.), in den Raum.

ausschließt,[238] können zum Schutz anderer Grundrechte oder Interessen vorgegebene Nebenbedingungen auf unterschiedliche Weise in die Interaktionsbeziehungen integriert werden und lassen dadurch Raum für Entwicklungen in unterschiedliche Richtungen. Solche Nebenbedingungen beeinflussen zwar ebenfalls das Transaktionspotential der Grundrechtsträger und können für einzelne Akteure mit nicht unerheblichen Nachteilen einhergehen. Ihre Entwicklungsoffenheit nimmt ihnen jedoch einen wesentlichen Teil ihrer Eingriffsintensität, da sie potentielle Anschlussmöglichkeiten für sämtliche Beteiligte offenhalten. Zudem stellen Beeinträchtigungen einzelner Grundrechtsträger, die von interaktionsbedingten Anpassungsanreizen ausgehen, als notwendige Wechselwirkung des Freiheitsgebrauchs von vorneherein keinen Eingriff dar. Die Umstellung von einer verhaltensbezogenen auf eine interaktionsbezogene Grundrechtsdogmatik macht den Grundrechtsschutz plastischer. Die Rechtfertigung von Eingriffen hängt nicht davon ab, was der Eingriff für die Verhaltensfreiheit eines isoliert gedachten Grundrechtsträgers betrifft, sondern wie der Eingriff die Interaktionsdynamik beeinflusst, in die der jeweilige Grundrechtsträger eingebunden ist. Bei der einfach-gesetzlichen Gestaltung dieser Dynamik bleiben dem Gesetzgeber relativ breite Gestaltungsspielräume, solange nicht bestimmte als erwünscht unterstellte Zustände vorgegeben werden. Bei der Ausgestaltung von Marktprozessen dürfte beispielsweise die wesentliche Einschränkung des gesetzgeberischen Spielraums gegenüber einer verhaltensbezogenen Dogmatik im Ergebnis darin liegen, dass der Gesetzgeber die Auswirkung einer marktordnenden Regelung auf die Entwicklungsoffenheit des betroffenen Marktes reflektieren muss, um den Gestaltungsspielraum ausschöpfen zu können. Dieser faktische Zwang begründet den Rationalitätsgewinn eines interaktionsbezogenen Schutzkonzepts. Indem es Einschränkungen der Interaktionsmöglichkeiten rechtfertigungsbedürftig macht, begünstigt es eine freiheitssichernde Entwicklungsoffenheit.

6. Implikationen für das rechtsstaatliche Verteilungsprinzip

Schließlich regt eine interaktionszentrierte Grundrechtstheorie eine Modifikation des aus liberaler Perspektive formulierten rechtsstaatlichen Verteilungsprinzips[239] an. Weil die diesem Prinzip zu Grunde liegende „Grundidee der

---

[238] Aus übergreifender Perspektive *Ladeur*, Negative Freiheitsrechte, S. 282 ff., 297 ff.; *ders.*, Der Staat gegen die Gesellschaft, S. 213 ff. zum Schulrecht, S. 256 ff. zur Sozial- und Wirtschaftspolitik.

[239] *Schmitt*, Verfassungslehre, S. 126 f.: „Aus der Grundidee der bürgerlichen Freiheit ergeben sich zwei Folgerungen, welche die beiden Prinzipien des rechtsstaatlichen Bestandteils jeder modernen Verfassung ausmachen. Erstens ein Verteilungsprinzip: die Freiheitssphäre des Einzelnen wird als etwas vor dem Staat Gegebenes vorausgesetzt, und zwar ist die Freiheit des Einzelnen prinzipiell unbegrenzt, während die Befugnis des Staates zu Eingriffen in diese Sphäre prinzipiell begrenzt ist. Zweitens ein Organisationsprinzip, welches der Durchführung

bürgerlichen Freiheit“ das Entwicklungspotential wechselseitiger Interaktionen immer schon beinhaltet,[240] aber Interaktionszusammenhänge nicht aus sich heraus stabil sind, sondern mit zunehmender, interaktionsbedingter Ausdifferenzierung zu Dysfunktionalitäten neigen, wäre es kontraproduktiv, eine „Sphäre der Freiheit“ sich selbst zu überlassen. Daraus folgt zunächst, dass grundrechtliche Freiheit nicht vorstaatlich gedacht werden kann.[241] Vor allem aber lässt sich die Gegenüberstellung einer prinzipiell unbegrenzten Freiheit und einer prinzipiell begrenzten Befugnis zu hoheitlichen Eingriffen mit den damit verbundenen Rechtfertigungslasten[242] in dieser Klarheit und Schlichtheit nicht aufrecht erhalten. Vielmehr hängt die dynamische, auf Selbstbestimmung ausgerichtete Wirkung der gesellschaftlichen Sphäre mit zunehmendem Grad der Ausdifferenzierung von einem institutionellen Rahmen ab.

Diese Notwendigkeit institutioneller Ausgestaltung macht das Anliegen des rechtsstaatlichen Verteilungsprinzips, Optionen individueller und gesellschaftlicher Selbstbestimmung zu schützen, komplizierter und vielschichtiger, aber nicht obsolet. Bezugspunkt des Verteilungsprinzips sind aus interaktionszentrierter Perspektive nicht Sphären zu einem beliebigen, aber isoliert gedachten Verhalten, sondern das Interaktionspotential sowie das individuelle Wissen einschließlich seines dezentralen Entstehungskontexts.

a) Schutz eines entwicklungsoffenen Interaktionspotentials

Obwohl die Ausgestaltung von Interaktionsbeziehungen eine klare Gegenüberstellung einer Sphäre gesellschaftlicher Freiheit und hoheitlicher Gestaltung ausschließt, lässt sich auch aus interaktionszentrierter Perspektive ein im Ausgangspunkt klares Ziel formulieren, um die dahinterstehenden Vorstellungen selbstbestimmter, verzerrungsfreier Entwicklungen zu erreichen. Ein rechtlicher Rahmen, der Interaktionszusammenhänge für Grundrechtsträger in dem jeweiligen Bereich anschlussfähig für Irritationen aus der Umwelt, Impulse von innen und außen und damit offen für laufend neue Entwicklungen hält,[243] optimiert

---

dieses Verteilungsprinzips dient: die (prinzipiell begrenzte) staatliche Macht wird geteilt und in einem System umschriebener Kompetenzen erfasst. Das Verteilungsprinzip – prinzipiell unbegrenzte Freiheit des Einzelnen, prinzipiell begrenzte Machtbefugnis des Staates – findet seinen Ausdruck in einer Reihe von sog. Grund- oder Freiheitsrechten; (…)“.

[240] Siehe oben, § 1 A.III.

[241] *Häberle*, Die Wesensgehaltsgarantie des Art. 19 Abs. 2 Grundgesetz, S. 145 ff., S. 150 ff.; *Bumke*, Ausgestaltung der Grundrechte, S. 10; *Trute*, Die Forschung zwischen grundrechtlicher Freiheit und staatlicher Institutionalisierung, S. 255.

[242] *Neumann*, Carl Schmitts Beitrag zur Grundrechtsdogmatik, S. 67 ff.; *ders.*, Carl Schmitt als Jurist, S. 133 f.; auch zu den Konsequenzen für die Verteilung von Rechtfertigungslasten; der Sache nach daran anknüpfend *Schlink*, EuGRZ 1984, 457 (467).

[243] *Ladeur*, Postmoderne Rechtstheorie, S. 88 f.: „Ein komplexes ‚Ziel‘ zweiter Ordnung könnte eher darin gesehen werden, nicht die bekannten Möglichkeiten auf den eingefahrenen Trajektorien maximal auszuschöpfen, sondern Flexibilität und Diversität für Wandel und damit für unterschiedliche Möglichkeiten zu erhalten. Für eine gesellschaftsbezogene Lesart würde

den Kontext einer dem liberalen Verständnis entsprechenden Freiheit auch unter den Bedingungen interaktionsbasierter Komplexität.[244] An die Stelle der Sphäre beliebiger Verhaltensfreiheit tritt das Interaktionspotential.

Diese Ausrichtung grundrechtlicher Freiheiten auf das Interaktionspotential macht die Umsetzung in der grundrechtsdogmatischen Konzeption vielschichtig und mehrdeutig. Die dynamische Wirkung von Interaktion setzt Zusammenhänge voraus, die den Anschluss an vorhergehende und nachfolgende, aufeinander bezogene Interaktionen ermöglichen.[245] Diese anschlusssichernden Zusammenhänge bedürfen insbesondere unter Bedingungen der Ungewissheit ihrerseits einer institutionellen Abstützung,[246] begründen zugleich aber notwendig Pfadabhängigkeiten, erschweren also die Entwicklung des Interaktionszusammenhangs in bestimmte andere Richtungen zumindest temporär. Diese nicht hintergehbare Notwendigkeit von Strukturen für die Entstehung neuen Wissens und von Handlungsoptionen bedeutet nicht, dass ein bestimmter gesellschaftlicher

---

dies bedeuten, dass die Erhaltung von Ungleichgewichtung und Wandlungsfähigkeit einen höheren Wert hat als Gleichgewicht und Ordnung. Das bedeutet weiter, dass Gesellschaften einen internen Mechanismus der Ausschöpfung und Entdeckung neuer Möglichkeiten benötigen, der auf der Zufuhr von chaotischem Verhalten basiert. (…) Das ist auch der Grund dafür, dass das Wissenschaftssystem und die Kunst, aber auch die öffentliche Meinung, von politischen und ökonomischen Entscheidungssystemen institutionell getrennt sind und Neues dort ermöglicht wird, wo es von Anwendungsfolgen zunächst entlastet wird und nach dem Passieren des Filters der eigenen Bewertungskriterien nach Übersetzungsmechanismen gesucht werden muss, die die Übernahme in andere Systeme ermöglicht."; *ders.*, ZfRSoz 2008, 109 (114 ff.); *ders.*, Der Staat gegen die Gesellschaft, S. 389.

[244] Eine solche Förderung gesellschaftlicher Interaktion beschränkt sich nicht auf die rechtliche Ausgestaltung der rechtlichen Beziehungen, sondern kann auch darüber hinausgehende Elemente zur Förderung des Interaktionspotentials, etwa die Bereitstellung einer Wissensinfrastruktur, beinhalten, *Ladeur*, Der Staat gegen die Gesellschaft, S. 389: „Die hier skizzierte Konzeption hängt auch nicht dem Glauben an die uneingeschränkte Vernunft des Marktes an; doch gerade unter den Bedingungen gesteigerter Komplexität, d. h. insbesondere wachsender Informationsprobleme, zunehmender Bedeutung des Aufbaus von langen Handlungsketten und ausgedehnten Beziehungsnetzwerken in einer ‚experimentellen Gesellschaft' kann die produktive Rolle des Staates in verschiedenen Varianten die Erleichterung der Anpassung an Ungewissheiten oder die Vermeidung von Selbstblockierungen durch Zufuhr neuen Wissens (insbesondere durch Grundlagenforschung) gewährleisten".

[245] Siehe oben, § 1 C.I.3.

[246] *Ladeur*, Postmoderne Rechtstheorie, S. 89: „Das Verhältnis von Ordnung und Chaos in gesellschaftlichen Systemen sollte vom beständigen Suchen nach Möglichkeiten jenseits des verfügbaren Wissens bestimmt sein, das über das Netzwerk und die Verkettungen von Anschlusszwängen und -möglichkeiten verstreut ist. Dieser Mechanismus muss in einer gesellschaftlichen kognitivistischen Perspektive aufgenommen und dadurch institutionalisiert werden, dass alternative Perspektiven, das Mitlaufenlassen von unterlegenen Vorschlägen, die Nachbesserung aufgrund neuer Informationen, zeitabhängig, auf Revision angelegte Entscheidungsverfahren etc. garantiert werden. Auf diese Weise lässt sich ein ‚Dialog' zwischen der etablierten Selbstbeschreibung eines Systems und den Fluktuationen und Störungen ermöglichen, die dadurch strategisch ausgeschlossen werden. Die ‚Cartesianer', die an der Erhaltung und Ausdifferenzierung von Routinen orientiert sind, bilden sozusagen das Rückgrat der Gesellschaft, während die ‚Stochasten' das Lernen ermöglichen".

Zustand normativ abzusichern wäre, weil er sich entwickelt hat.[247] Vielmehr folgt aus der Bedeutung von Strukturen, dass rechtliche Institutionen die Bildung nicht-rechtlicher Institutionen, verstanden als Typisierung in sozialen Prozessen,[248] begleiten und abstützen, um Entwicklung auch dann zu ermöglichen, wenn kein gesellschaftsweit verbreitetes Erfahrungswissen verfügbar ist.

b) Schutz individuellen Wissens

Die Relevanz von Interaktionen für die individuelle Freiheit zu selbstbestimmter Entfaltung sensibilisiert darüber hinaus für einen Aspekt, der unter den Prämissen des liberalen rechtsstaatlichen Verteilungsprinzips kaum eine Rolle spielte. Das individuelle Wissen der einzelnen Grundrechtsträger ist untrennbar mit den individuellen Interaktionszusammenhängen verbunden. Es wird geprägt durch die individuellen Interaktionen und ist zugleich seinerseits Faktor der individuellen Fähigkeit zur Interaktion. Das individuelle Wissen und die Rahmenbedingungen seiner Entstehung gehören dadurch zu den Kernelementen grundrechtlicher Gewährleistungen, deren Beeinträchtigung nur selten, aber dann grundlegend droht.

Der Bedarf nach grundrechtlichem Schutz des individuellen Wissens hängt sowohl mit den Bedingungen seiner Entstehung als auch den Auswirkungen in Interaktionen zusammen. Auf der Grundlage konstruktivistischer Prämissen lässt sich individuelles Wissen nicht trennen von der individuellen Perspektive, Einstellung und Wahrnehmung, die der Entstehung des individuellen Wissens zu Grunde liegen. Damit zusammen hängen die negativen Ausprägungen der einzelnen Freiheitsrechte, die den Grundrechtsträger vor Konfrontation mit abweichenden Perspektiven wie auch vor der Offenlegung etwa der eigenen Meinung oder religiösen Überzeugung schützen.[249] Dieser individuelle, in gewisser Hinsicht höchstpersönliche Aspekt der Entstehung individuellen Wissens wird ergänzt durch die andere Seite der Interaktion. Die Kommunikationsbe-

[247] In diese Richtung *Bumke*, Ausgestaltung von Grundrechten, S. 54: „Ungeachtet unseres sehr eingeschränkten Wissens über solche sozialen Gesetze bleibt jedoch zu klären, ob solche durch die gesellschaftlichen Gegebenheiten bedingten Tatsachen mehr als einen nützlichen Maßstab darstellen. Weil solche Gesetzesmäßigkeiten aber nicht wie Äpfel immer zu Boden fallen und sich stets die Frage stellt, ob die bestehende Ordnung auch die richtige ist, reicht ihre Dignität nicht aus, sie dem politisch-demokratischen Meinungsbildungs- und Entscheidungsprozess zu entziehen".

[248] *Berger/Luckmann*, Die gesellschaftliche Konstruktion der Wirklichkeit, S. 58: „Institutionalisierung findet statt, sobald habitualisierte Handlungen durch Typen von Handlungen reziprok typisiert werden. Jede Typisierung, die auf diese Weise vorgenommen wird, ist eine Institution. (...) Die Institution ihrerseits macht aus individuellen Akteuren und individuellen Akten Typen".

[249] Als übergreifender Konfrontationsschutz im Sinne einer negativen Informationsfreiheit *Cornils*, AfP 2013, 199 ff.; zur Religionsfreiheit BVerfG, Beschl. v. 16.5.1995, 1 BvR 1087/91, BVerfGE 93, 1 – *Kruzifix im Klassenzimmer*, Rn. 34 ff.; *Voßkuhle*, EuGRZ 2010, 537 ff.; zu den Konsequenzen für das Neutralitätsgebot *Ladeur/Augsberg*, JZ 2007, 12 ff.

ziehungen zu Anderen regen Änderungen der individuellen, höchstpersönlichen Perspektive an. Sie gehen durch ihre verschleiften Verknüpfungen, die den Erwartungshorizont und Interpretationskontext prägen, in soziale Praktiken über, die die individuelle Generierung neuen Wissens schon über die Wahrnehmung der Unterscheidungsmöglichkeiten prägen. Soziale Praktiken bilden in Interaktionen das Gegenstück zur individuellen, höchstpersönlichen Wahrnehmung. Von ihnen hängt die individuelle Wissensgenerierung einschließlich des damit verbundenen Einflusses auf die Wahrnehmung unhintergehbar ab und diese Abhängigkeit kann bei strukturellen Defekten der sozialen Praktiken für die Konstruktion individuellen Wissens einschließlich der damit verbundenen Sinnzuschreibung[250] zum grundrechtlichen Problem werden.

Konkrete Beispiele für den abstrakt beschriebenen Zusammenhang betreffen ganz unterschiedliche Bereiche. Ihre Gemeinsamkeit liegt jeweils darin, dass die aus dezentralen Entscheidungen hervorgegangenen Interaktionszusammenhänge durch ihre wissensgenerierenden Effekte die Grundrechtsausübung Einzelner strukturell und erheblich erschweren. Verursacht werden diese Rahmenbedingungen nicht durch hoheitliche Maßnahmen, sondern durch individuelle, jeweils aufeinander bezogene Grundrechtsausübung.[251] Effektiver Grundrechtsschutz erfordert dann eine einfach-gesetzliche Ausgestaltung, die das grundrechtsfördernde Entwicklungspotential, aber auch die individuellen Bedingungen der Grundrechtsausübung sowie die Stabilität des Interaktionszusammenhangs reflektiert.[252]

Auf Märkten hängt die dynamische Funktion von Wettbewerbsprozessen davon ab, dass Marktteilnehmende dezentral ihr individuelles, jeweils perspektivabhängiges Wissen einbringen können und potentielle Interaktionspartner in ihrer Wahrnehmung und bei ihren Auswahlentscheidungen hinreichend offen sind, diese Perspektive und die darauf beruhenden Angebote zu testen.[253] Wettbewerbsmodelle, die das dezentrale Wissen nicht verarbeiten, bilden die dynamische, wissensgenerierende Funktion von Wettbewerb nicht ab. Unternehmerische Praktiken, denen es auf die eine oder andere Weise, etwa durch eine marktbeherrschende Stellung oder durch Kooperationen, gelingt, über soziale Praktiken die Wahrnehmung der Marktteilnehmenden hinsichtlich bestimmter Aspekte zu prägen, schotten den Markt durch kognitive Marktzutrittsschranken strategisch ab. Aus einem strukturell vergleichbaren Grund sind in der

[250] Zur individuellen Wissensabhängigkeit der Deutung *Scherzberg*, Wissen, Nichtwissen und Ungewissheit im Recht, S. 113 (119); *Trute*, Einleitende Bemerkungen, S. 11 (14): Sinnzuschreibung immer subjekt- oder systemrelativ; zu dem damit verbundenen Wegfall einer zentralen, überlegenen Beobachterposition mit den Folgen *Ladeur*, Der Staat gegen die Gesellschaft, S. 3 f.; *I. Augsberg*, Informationsverwaltungsrecht, S. 8 m. w. N.

[251] Zur Ambivalenz der interaktionsbasierten Dynamik für die Rahmenbedingungen der Grundrechtsausübung siehe oben, § 1 D.I.1.a).

[252] Näher zur Ausgestaltung oben, § 1 D.II.1.

[253] Zur Funktion dezentralen Wissens näher unten, Kapitel § 5 A.II.7.

Forschung dezentrale Perspektiven einzelner Forschenden, gerade soweit sie vom Mainstream der jeweiligen Disziplin abweichen, notwendig für die Innovationskraft der Disziplin. Nicht zuletzt die Modalitäten der Finanzierung und die damit einhergehende Fremdverfügung machen den Minderheitenschutz zu einer Herausforderung der wissenschaftsadäquaten Bewertung von Forschungsleistungen und der daran anknüpfenden Mittelvergabe.[254] In beiden Fällen macht die Gewährleistung der Entwicklungsoffenheit des jeweiligen Interaktionszusammenhangs einen zentralen Aspekt des grundrechtlichen Schutzes durch einfach-gesetzliche Ausgestaltung aus.

Die Beispiele für den Bedarf an Schutz der individuellen Wahrnehmung und Wissensgenerierung in sozialen Praktiken beschränken sich allerdings nicht auf die Gewährleistung des Innovationspotentials. Aus Perspektive der *Gender Studies* prägen soziale Praktiken, die Eingang in die Grammatik einer Sprache gefunden haben,[255] die Wahrnehmung der Sprechenden[256] und können durch strukturelle Festlegungen diskriminieren.[257] Im Rundfunk beruht die verfas-

[254] Zum Ganzen *Trute*, Die Forschung zwischen grundrechtlicher Freiheit und staatlicher Institutionalisierung, S. 305.

[255] Überblick über linguistische Ansätze bei *Spieß*, Linguistische Genderforschung und Diskuslinguistik, S. 53 ff., und *Mills/Mullany*, Language, Gender and Feminism, S. 65 ff.

[256] *McConnell-Ginet*, Gender, Sexuality, and Meaning, S. 170 ff.: connections between a sexist society and the semantics of a language; „The production of meaning designates the processs through which speakers mean something by what they say (or writers by what they write) and through which hearers (or readers) interpret what is said (or written). The reproduction of meaning refers to our dependence, in producing meanings, on previous meanings or interpretations, to our dependence in particular on one another's experience with the linguistic forms being used. I argue that to understand the ways that meanings are produced and reproduced and the significance of sex and gender in these processes, we must consider the conditions of discourse. The key to explaining so-called sexist semantics and, ultimately, to reclaiming the ‚power of naming' (…) lies in analyzing the sexual politics of discourse." Zum theoretischen Hintergrund eines „social constructionist approach to gender" und den Implikationen für den individuellen Prozess der Identifikation *Cameron*, Theoretical Issues for the Study of Gender and Spoken Interaction, S. 1 (4 ff.).

[257] *Hornscheidt*, feministische w_orte, S. 72 ff., S. 137 ff.; aus interaktionszentrierter Perspektive zu weitgehend wäre es allerdings, die dezentrale Perspektive der am Interaktionszusammenhang Beteiligten als nicht maßgeblich einzuordnen, soweit diese die Einschätzung des Interaktionszusammenhangs nicht teilen; vgl. etwa zur Realisierbarkeit struktureller Diskriminierung durch die Betroffenen *Hornscheidt*, a. a. O., S. 142 f.: „eine wichtige dimension einer analyse struktureller diskriminierungen ist es zudem, nicht davon auszugehen, dass sie, die diskriminiert sind, sich über die diskriminierung bewusst sein müssen, sie realisieren und benennen können müssen. individualisierungen von diskriminierung als gesellschaftliche argumentationsform können auch dazu führen, dass personen sich ‚persönlich nicht diskriminiert' fühlen, dass sie sich persönlich herabgesetzt und erniedrigt fühlen würden, würden sie sich diskriminierungen als konstuierendes moment ihres seins ‚eingestehen'. dies wird beispielsweise in den immer wieder turnusmäßig stattfindenden öffentlichen verhandlungen zu quoten, momentan zu staatlich regulierten frauenquoten in wirtschaftsunternehmen, deutlich. einzelne frauisierte, die darauf angesprochen und dann in zeitungen zitiert werden, äußern, dass sie ja nicht diskriminiert seien, dass sie keine frauenquoten wollen würden und dass sie keine opfer seien, die solche unterstützung brauchen würden. diskriminierung wird hier also

sungsrechtliche Notwendigkeit einer „positiven Rundfunkordnung“ zur Sicherung der freien individuellen und öffentlichen Meinungsbildung bekanntlich auf der Kombination einer besonderen Meinungsbildungsrelevanz des linearen Rundfunks und ökonomisch begründeten Tendenzen zur inhaltlichen Verengung des Programms.[258] Diese Ausgestaltung der Rundfunkfreiheit gewährleistet unter anderem eine bestimmte Qualität der Bedingungen individueller Wissensgenerierung. Das allgemeine Persönlichkeitsrecht sichert wegen der Relevanz der individuellen Wissensgenerierung für die eigene Persönlichkeitsbildung ein bestimmtes Maß an Einfluss auf die individuellen Informationsgrundlagen, sowohl positiv durch ein Recht auf Auskunft über die eigene Abstammung[259] als auch negativ als ein Recht auf Nichtwissen hinsichtlich entwicklungsbeeinträchtigender Informationen[260] und Vorkehrungen zur Sicherung der individuellen Entscheidungsbefugnis über die Information.[261] Besondere Fragen des Schutzes der individuellen Wissenskonstruktion werfen schließlich algorithmenbasierte Big Data-Anwendungen auf, die durch die Korrelation großer Datenmengen aus unterschiedlichen Quellen Cluster mit bestimmten Eigenschaften bilden und über die Zuordnung unbekannter Personen zu einzelnen dieser Cluster anhand einzelner personenbezogener Merkmale Eigenschaften zuschreiben und Verhaltensweisen prognostizieren. Diese Art der algorithmenbasierten Zuschreibung von Eigenschaften, der eine andere, sich von dem verfügbaren Erfahrungswissen abhebende Art der Wissensgenerierung zu Grunde liegt und die insbesondere im kommerziellen Bereich in dem Begriff ist, über neuartige Geschäftsmodelle in soziale Praktiken einzugehen, begründet voraussichtlich den Bedarf einer neuen Facette des Schutzes personaler Selbstbestimmung.[262]

c) Rationalisierung von Wertungsfragen

Zusammengefasst setzt die interaktionszentrierte Grundrechtstheorie an die Stelle einer Vermutung prinzipiell unbegrenzter Freiheit eine Reihe von Wertungsfragen zum Entwicklungspotential der Interaktionszusammenhänge, von der

---

vorausgesetzt als ein persönliches versagen, als ein nicht-reichen zu einer norm (in diesem falle einer neoliberalen leistungsnorm) und einer unfähigkeit, ohne gesellschaftliche hilfe die gleichen öffentlichen positionen wie entnannt *weiße* ableisierte typisierte einnehmen zu können. in der übernahme einer ablehnung von quotierungen ist also bereits eine eigene diskriminierung ent_merkbar gemacht – so strak internalisiert, dass sie keine eigene realität ist und deshalb auch keine maßnahmen gegen sie notwendig sind.“ (Herv. i. Orig.).

[258] Aus der Rechtsprechung vgl. nur BVerfG, Urt. v. 11.9.2007, 1 BvR 2270/05 u. a., BVerfGE 119, 181 – *Rundfunkgebühren, KEF*, Rn. 123; näher unten, § 3 B.I.2.

[259] BGH, Urt. v. 28.1.2015, XII ZR 201/13, BGHZ 204, 54, Rn. 41 f.

[260] Zum Schutz des Nichtwissens *Trute*, Wissen – Einleitende Bemerkungen, S. 11 (20 f.); *Wehling*, Im Schatten des Wissens?, S. 323 ff.

[261] §§ 8 Abs. 1 S. 1 und 2, Abs. 2, 11 Abs. 4 GenDG.

[262] Zum Vergleich einiger Einschätzungen des Executive Chairmans von Google, *Eric Schmidt*, zur algorithmenbasierten, wissensbezogenen Macht mit christlichen Beschreibungen der Allgegenwart Gottes *Haberer*, Digitale Theologie, S. 119 f.

Beschreibung des Interaktionszusammenhangs über seine Voraussetzungen und die Relevanz für das grundrechtliche Schutzgut bis hin zu den Effekten hoheitlicher Vorgaben. Doch gerade die Offenlegung dieser Wertungen, die nicht zuletzt vom Zugriff auf unterschiedliche außerrechtliche Beschreibungsangebote abhängen, erhöht die Rationalität des grundrechtlichen Schutzes. Sie macht Wertungen begründungsbedürftig und plausibilisiert alternative Beschreibungsangebote, wo das rechtsstaatliche Verteilungsprinzip pauschal eine Freiheit zu einem beliebigen, aber isoliert gedachten Verhalten schützt, ohne die realen Folgen zu beobachten.

III. Weitere rechtsdogmatische Konsequenzen

Abgesehen von den verfassungsrechtlichen Maßstäben der Ausgestaltung[263] legt die interaktionszentrierte Grundrechtstheorie punktuelle Modifikationen der grundrechtlichen Dogmatik nahe.[264] In der weit überwiegenden Mehrzahl der Fallkonstellationen passt die in der verfassungsgerichtlichen Rechtsprechung entwickelte und von der Literatur begleitend aufgearbeitete Dogmatik zu einem Verständnis der Grundrechte als isolierte Verhaltensfreiheit ebenso wie zu einer interaktionszentrierten Grundrechtstheorie. Die interaktionszentrierte Perspektive regt hingegen überall dort an, die etablierte Dogmatik zu überdenken, wo sich Beeinträchtigungen der Grundrechtsausübung aus der Interaktion der Grundrechtsberechtigten ergeben und deshalb in Frage steht, inwieweit die Freiheitsrechte vor interaktionsvermittelten Nachteilen oder auch nur Veränderungen schützen. Grundrechtsübergreifend betrifft das insbesondere den Schutz vor mittelbaren Grundrechtseingriffen, den grundrechtlichen Schutz juristischer Personen und ihre Rückbindung an den personalen Gehalt des jeweiligen Freiheitsrechts sowie die Reichweite von Bestands- und Entwicklungsgarantien.

1. Mittelbare Grundrechtseingriffe

Eine naheliegende Implikation der interaktionszentrierten Perspektive betrifft die Dogmatik mittelbarer Grundrechtseingriffe. Aus der Sicht einer Freiheit zu einem isolierten Verhalten innerhalb des jeweiligen Sachbereichs schützt ein Freiheitsrecht im Ausgangspunkt nicht vor hoheitlichen Maßnahmen, die nicht unmittelbar den Grundrechtsträger betreffen, sondern den Kontext der Grundrechtsausübung nachteilig verändern und sich dadurch mittelbar auswirken. Das isoliert geschützte Verhalten ist dabei nach wie vor weiter möglich; ein Unternehmen kann beispielsweise seine Leistungen auch dann am Markt

---

[263] Siehe oben, § 1 D.II.3.b).

[264] Zum Verhältnis von Grundrechtstheorie und Dogmatik vgl. nur *Volkmann*, Der Staat 54 (2015), 35 (37 f.).

anbieten, wenn ein Hoheitsträger negative Informationen über diese Leistungen verbreitet.[265] Dass diese isolierte Verhaltensfreiheit allerdings faktisch entwertet werden kann, liegt an der Relevanz der Interaktion für das grundrechtliche Schutzgut. Da diese Relevanz die bestehende Dogmatik nicht anleitet, greift die verfassungsgerichtliche Rechtsprechung auf eine mehr oder weniger kohärente Kasuistik zur Bewertung mittelbarer Grundrechtseingriffe zurück,[266] in deren Zentrum als Kriterien wertender Zurechnung die Intensität und die Intention der mittelbaren Grundrechtsbeeinträchtigung stehen.[267] Die Unschärfe dieser Kriterien und Fallgruppen geht darauf zurück, dass die Kriterien die fehlende Unmittelbarkeit der hoheitlichen Maßnahme ersetzen sollen, ohne den jeweiligen Interaktionszusammenhang angemessen beschreiben zu können. Wenn die mittelbar von der öffentlichen Hand verursachte Beeinträchtigung hinreichend schwerwiegend und vorhersehbar war, lässt sie sich der öffentlichen Hand wie ein unmittelbar in die isolierte Verhaltensfreiheit eingreifendes Verbot zurechnen. Da aber Beeinträchtigungen der individuellen Handlungsmöglichkeiten in Interaktionen der Grundrechtsträger von vorneherein angelegt sind, im Fall der Teilnahme an Märkten etwa Anpassungszwänge bis hin zur Gefahr des Ausscheidens Teil des interaktionsbasierten Wettbewerbsprozesses sind, haftet diesen Zurechnungskriterien eine konzeptionelle Unsicherheit an.[268]

Aus interaktionszentrierter Perspektive stellt hingegen im Grundsatz jede hoheitliche Verkürzung des Interaktionspotentials je nach Zielsetzung eine Ausgestaltung oder einen Eingriff in das betroffene Freiheitsrecht dar. Auf die unmittelbare Adressierung an den betroffenen Grundrechtsträger, die übrigen Kriterien eines klassisch finalen Eingriffs oder wertende Zurechnungskriterien, die die fehlende Unmittelbarkeit kompensieren, kommt es aus dieser Perspektive nicht an. Vielmehr ist schon die Einwirkung auf die Auswahlentscheidungen der anderen, am jeweiligen Interaktionsprozess Beteiligten geeignet, die wissensgenerierenden, neue Anschlussmöglichkeiten hervorbringenden Effekte der Interaktion zu beeinträchtigen. Diese Wechselwirkungen der aufeinander bezogenen Entscheidungen sind Teil der grundrechtlichen Freiheitsausübung. Sie entstehen aus der jeweils individuellen Ausübung von Freiheitsrechten und ihre potentiellen Effekte charakterisieren die Rahmenbedingungen grundrechtlicher Schutzgüter. Weil Freiheitsrechte aus interaktionszentrierter Perspektive nicht eine isolierte Verhaltensfreiheit, sondern das für das jeweilige Freiheitsrecht charakteristische Interaktionspotential schützen, gibt es keinen Bedarf mehr für Kriterien und Fallgruppen mittelbarer Grundrechtseingriffe.

---

265 Näher zum Schutz vor hoheitlicher Informationstätigkeit siehe unten, § 5 E.IV.

266 Bestandsaufnahme der Rechtsprechung zu mittelbaren Eingriffen in die Wettbewerbsfreiheit als Ausprägung der Berufsfreiheit *Achatz*, Grundrechtliche Freiheit im Wettbewerb, S. 45 ff.

267 Zur Berufsfreiheit näher unten, § 5 E.I.3.

268 Näher unten, § 5 E.I.3., E.II.

2. *Schutz juristischer Personen*

Der grundrechtliche Schutz juristischer Personen steht in einem latenten Spannungsverhältnis zum personalen Gehalt der Freiheitsrechte, das sich in unterschiedlichen Ansätzen zur Konkretisierung der Anforderungen von Art. 19 Abs. 3 GG niederschlägt.[269] Insbesondere bei Marktaktivitäten von Kapitalgesellschaften, die unter Umständen noch in Konzernstrukturen eingebunden sind, entfernt sich der grundrechtliche Schutz von der Förderung der selbstbestimmten Entfaltung individueller Personen.[270] Allerdings gehen diese Spezialisierung der Aktivitäten und die entsprechende Ausdifferenzierung der Marktstrukturen auf die Interaktionen der Grundrechtsträger und damit ihre Grundrechtsausübung zurück. Bieten bestimmte Organisationsformen Vorteile für die Grundrechtsausübung, etwa die Bereitstellung von Angeboten am Markt oder die Erarbeitung von Forschungsleistungen, erweitert der Rückgriff auf diese Organisationsform die Handlungsoptionen bei der Grundrechtsausübung. Greifen Grundrechtsträger auf diese Organisationsform zurück, gehen von den Vorteilen Anpassungsanreize anderer, im Wettbewerb stehender Grundrechtsträger aus.[271] Als Folge ist in den betreffenden Bereichen eine Grundrechtsausübung, etwa Forschung oder die Bereitstellung bestimmter Leistungen am Markt, sinnvoll nur in den Organisationsformen möglich, die sich als vorteilhaft herausgestellt haben. Aber auch ohne diesen Wettbewerbsaspekt führt die Relevanz der institutionellen Ausgestaltung für Interaktionszusammenhänge und damit für die Grundrechtsausübung dazu, dass die Organisation in juristischen Personen den Grundrechtsschutz trotz der Entfernung vom personalen Gehalt nicht entfallen lässt. Diese Entfernung vom personalen Gehalt bildet – ebenso wie Anreize zur Sicherstellung der Anschlussfähigkeit[272] – die notwendige Kehrseite zur wissensgenerierenden, neue Handlungsoptionen hervorbringenden Wirkung von Interaktionszusammenhängen.[273] Eine interaktionszentrierte Perspektive bietet dadurch eine Grundlage für eine kohärent begründete, bereichsspezifische dogmatische Rückbindung des Schutzes juristischer Personen an den personalen Gehalt der jeweils betroffenen Grundrechte.

---

[269] Zur Anknüpfung an das personale Substrat der juristischen Person oder aber ihrer grundrechtstypischen Gefährdungslage und den Konsequenzen vgl. nur *Huber*, in: von Mangoldt/Klein/Starck, GG, Art. 19 Rn. 205 ff.

[270] *Lepsius*, Der Eigenwert der Verfassung im Wirtschaftsrecht, S. 149 (169); näher unten, § 5 C.I.3.

[271] Näher unten, Kapitel § 4 C.I.1., § 5 A.I.

[272] Siehe oben, § 1 D.I.1.a).

[273] Aus diesem Grund den Grundrechtsschutz systemtheoretisch mit einem „funktionalen Grundrechtsschutz" begründet bei *Willke*, Stand und Kritik der neueren Grundrechtstheorie, S. 205 f.

3. Prämissen von Bestands- und Entwicklungsgarantien

Die bereichsspezifische Dogmatik einzelner Freiheitsrechte reflektiert die Strukturen des jeweiligen Sachbereichs, aus interaktionszentrierter Perspektive nicht zuletzt die Voraussetzungen und Effekte von Interaktionszusammenhängen. Diese normative Verknüpfung von außerrechtlichen Beschreibungen des jeweiligen Sachbereichs und der dogmatischen Konzeption des Freiheitsrechts ruft ein latentes Spannungsverhältnis zu dogmatischen Garantien des Bestands bestimmter Institute oder Einrichtungen, etwa der rundfunkverfassungsrechtlichen Bestands- und Entwicklungsgarantie des öffentlich-rechtlichen Rundfunks[274] hervor. Einerseits ist es das Anliegen solcher Garantien, den Bestand der Einrichtung auch gerade gegen die Veränderung der Umstände abzusichern und die Funktionsfähigkeit oder Aufgabenerfüllung unter den veränderten Rahmenbedingungen zu gewährleisten. Der beispielhaft erwähnte öffentlich-rechtliche Rundfunk soll etwa seinen vielfaltssichernden Funktionsauftrag, ein Programm einer bestimmten Qualität flächendeckend zu verbreiten, auch dann erfüllen, wenn sich die Rezeptionsgewohnheiten einzelner Teile der Rezipientinnen und Rezipienten ändern, damit eine mediale Grundversorgung gewährleistet bleibt.[275] Andererseits kann die strukturelle Änderung des betreffenden Lebensbereichs durch ihre normativ verarbeitete, mittelbare Relevanz für das grundrechtsdogmatische Konzept dazu führen, dass die impliziten Prämissen dieses Konzepts in Frage gestellt sind. Eine bereichsspezifische Grundrechtsdogmatik einschließlich der in ihr enthaltenen Bestands- und Entwicklungsgarantien steht unter dem Vorbehalt der Änderung der Prämissen, die der Dogmatik zu Grunde liegen. Im Rundfunkbereich kann etwa die Änderung der Rezeptionsgewohnheiten die Relevanz des linearen Fernsehens relativieren mit der Folge, dass sich der Bedarf und die angemessene Konzeption einer vielfaltsorientierten medienrechtlichen Regulierung ändern.[276]

Aus interaktionszentrierter Perspektive sind solche strukturellen Änderungen der Sachbereiche bestimmter Freiheitsrechte keineswegs fernliegend, weil eine Reihe der Sachbereiche wesentlich durch Marktprozesse durchwirkt sind, etwa die Presse, der Rundfunk, die Kunst oder die informationelle Selbstbestimmung. Anbieter auf diesen Märkten sind laufend auf der Suche nach neuen Geschäftsmodellen und testen zu diesem Zweck innovative Technologien oder neuartige Kombinationen von Produkten und Angeboten. Naheliegende Beispiele solcher marktgetriebenen, strukturellen Entwicklungen, die sowohl für die

---

[274] BVerfG, Urt. v. 5.2.1991, 1 BvF 1/85, 1 BvF 1/88, BVerfGE 83, 238 – *6. Rundfunkurteil, WDR*, Rn. 409: „Die Bestands- und Entwicklungsgarantie bedeutet dabei nichts anderes als die Sicherung der Voraussetzungen, die die Grundversorgung der Bevölkerung möglich machen.“; näher unten, § 3 B.I.2.

[275] Zu den rechtlichen Rahmenbedingungen der öffentlich-rechtlichen Rundfunkanstalten, Inhalte online bereitzustellen, *Bosmann*, K&R 2014, 784 (787); näher unten, § 3 B.I.2.

[276] Näher unten, § 3 B.II.1.

einfach-gesetzliche Regulierung als auch die Grundrechtsdogmatik Reflexionsbedarf erzeugen, bilden die Konvergenz der Medien[277] sowie algorithmenbasierte Big Data-Anwendungen.[278] Sie gehen jeweils auf die Digitalisierung und die daran anknüpfenden Geschäftsmodelle unterschiedlicher Marktteilnehmerinnen und Marktteilnehmer zurück.

---

277 Näher unten, § 3 B.III.3.c).

278 *Trute*, Journ. of Law & Econ. Reg. 8 (2015), 62 (65 ff.); *ders.*, Journ. of Law & Econ. Reg. 9 (2016), 118 ff.; *Broemel/Trute*, Berliner Debatte Initial 37 (2016), 50 ff.

Zweiter Teil

Nationale Grundrechte

§ 2 Informationelle Selbstbestimmung

Der Schutz des Rechts auf informationelle Selbstbestimmung ist untrennbar mit sozialer Interaktion verknüpft.[1] Um das Recht auf informationelle Selbstbestimmung zu gewährleisten, vermitteln die datenschutzrechtlichen Instrumente einen bestimmten Einfluss auf personenbezogene Kommunikation.[2] Allgemein liegt die zentrale Herausforderung des Datenschutzrechts darin, die Relevanz bestimmter Daten oder Informationen in Abhängigkeit von dem jeweiligen Kontext zu bewerten. Zu diesem Zweck dienen die Differenzierung zwischen Informationen und Daten sowie die Berücksichtigung der wechselseitigen Einflüsse zwischen der Interpretation zu Informationen und dem vorhandenen Wissen[3] dazu, die Sensibilität einzelner Daten oder Informationen zu begründen und vor allem die Auswirkungen sozialer Interaktion beschreiben zu können. Insofern ist es kein Zufall, dass der Bedarf nach einer differenzierten Analyse zwischen der Interpretation von Daten zu Informationen, der Entstehung von Wissen und der Interaktion der Grundrechtsträger zunächst vor allem bei der Konzeption des Rechts auf informationelle Selbstbestimmung hervortrat.[4] Anschließend ist die Differenzierung für grundlegendere Konzeptionen herangezogen worden, die den Umgang mit personenbezogenen Informationen und Daten übergreifend als Strukturelement von Verwaltungsverfahren entwickeln[5]

[1] *Albers*, Umgang mit personenbezogenen Informationen und Daten, § 22 Rn. 56: „Der entscheidende Strukturunterschied zwischen den darauf [Schutz einer Person im Hinblick auf den Umgang mit personenbezogenen Informationen und Daten] gerichteten und den traditionellen grundrechtlichen Schutzpositionen besteht darin, dass jene nicht individualistisch, sondern nur als Positionen in der Sozialität zu begreifen sind: Schutzpositionen im Hinblick auf das (potenzielle) Wissen anderer über einen selbst setzten das Mitdenken der anderen bereits in der Grundstruktur des Schutzgegenstandes voraus."; *Bäcker*, Die Vertraulichkeit der Internetkommunikation, S. 99 (121): personenbezogene Informationen als soziale Phänomene.

[2] Übergreifend als Informationsrecht entfaltet bei *Trute*, Verfassungsrechtliche Grundlagen, Rn. 6: mehrdimensionales Konzept, das sein Gravitationszentrum in der kommunikativen Selbstbestimmung der Persönlichkeit hat und deren Leitbild nicht das Datengeheimnis, sondern die Wahrung von Selbstbestimmung in einer Datenverkehrsordnung ist.

[3] Näher oben, § 1 C.I.1.

[4] *Albers*, Rechtstheorie 33 (2002), 61 (78 ff.); *dies.*, Informationelle Selbstbestimmung, S. 87 ff.; *Trute*, Verfassungsrechtliche Grundlagen, Rn. 16 ff.

[5] *Albers*, Umgang mit personenbezogenen Informationen und Daten, § 22 Rn. 88 ff.; zu den grundrechtlichen Anforderungen bereits *dies.*, Informationelle Selbstbestimmung, S. 454 ff.

oder die kognitive Dimension des Rechts ähnlich einer Schicht rechtlicher Regelungen sichtbar machen.[6]

Die zentrale Relevanz von Interaktionszusammenhängen für die Konzeption des Rechts auf informationelle Selbstbestimmung wirkt sich sowohl auf die Bestimmung der Schutzbereiche des Rechts auf informationelle Selbstbestimmung und anderer, auf die Vertraulichkeit bestimmter Informationskanäle gerichteter Freiheitsrechte als auch auf die Konzeption des Schutzes aus. Ein eigentumsanaloges Verständnis des Rechts auf informationelle Selbstbestimmung oder der Rückgriff auf *worst case*-Szenarien der Profilbildung sowie der Rekontextualisierung von Daten vereinfachen die rechtliche Verarbeitung der Interaktionszusammenhänge, wirken sich allerdings ambivalent auf die Rationalität des Konzepts aus. Die algorithmenbasierte Generierung von Wissen durch Korrelationen anonymisierter und personenbezogener Daten erhöht die Komplexität der Interaktionszusammenhänge nochmals erheblich. Sie bringt die datenschutzrechtliche Regelungsstrategie, Verwendungszusammenhänge ex ante gesetzlich zu steuern, an Grenzen. Schließlich führt eine interaktionszentrierte Analyse zu der dogmatischen Einordnung von Einschüchterungseffekten, die sich aus der hoheitlichen Datenerhebung ergeben können. Während die verfassungs- und fachgerichtliche Rechtsprechung infolge des konturlosen Schutzbereichs dazu tendieren, das Recht auf informationelle Selbstbestimmung als Auffanggrundrecht zum Schutz gegen jede Form informationsvermittelter Beeinträchtigung heranzuziehen, beschreibt die interaktionszentrierte Perspektive solche Einwirkungen auf Interaktionszusammenhänge ebenso wie Fälle hoheitlicher Informationstätigkeit als Beeinträchtigung des Freiheitsrechts, dessen Schutzgut betroffen ist. Dieser Zusammenhang zwischen Interaktionszusammenhang und Schutzgut leitet dabei zugleich die Bestimmung der Eingriffsschwelle und gegebenenfalls der Anforderungen an die Rechtfertigung an.

A. Schutzgegenstand informationeller Selbstbestimmung

In Abkehr von der eigentumsanalogen, vor allem abwehrrechtlichen Konzeption des Rechts auf informationelle Selbstbestimmung in der Rechtsprechung[7] stehen Konzepte in der Literatur,[8] die neben der abwehrrechtlichen Konstruktion

---

[6] *Trute*, Wissen – Einleitende Bemerkungen, S. 11 (12) (zur Schicht) sowie die Beiträge in Röhl (Hrsg.), Wissen – Die kognitive Dimension des Rechts; *I. Augsberg*, Informationsverwaltungsrecht, S. 79 ff, S. 195 ff.

[7] Dazu und zur Kritik siehe unten, § 2 B.I.; zurückhaltend *Kühling*, DV 44 (2001), 525 (531): dogmatische Grundlinien der Rechtsprechung dem Grunde nach bewährt.

[8] Zusammenfassender Überblick über die Entwicklung der Rechtsprechung und Gegenvorschläge aus der Literatur *Britz*, Informationelle Selbstbestimmung zwischen rechtswissenschaftlicher Grundsatzkritik und Beharren des Bundesverfassungsgerichts, S. 561 (566 ff.).

einen objektiv-rechtlichen Schutz insbesondere über das Organisations- und Verfahrensrecht vorsehen und den datenbezogenen Schutz freiheitsrechtlicher Gewährleistungen um übergreifende rechtliche Strukturen des Umgangs mit personenbezogenen Informationen und Daten ergänzen.[9]

Hintergrund sowohl der konzeptionellen Kritik an der verfassungsgerichtlichen Rechtsprechung als auch des Bedarfs nach alternativen Konzepten ist die Relevanz sozialer Interaktion bei der Gewährleistung informationeller Selbstbestimmung. Das Schutzbedürfnis entsteht von vorneherein aus den Beeinträchtigungen, die sich aus personenbezogenen Daten in Interaktionsverhältnissen ergeben können.[10] Die Verarbeitung der Interaktion bildet dadurch den Schlüssel sowohl bei der Eingrenzung des Schutzgegenstands als auch bei der Bestimmung der Beeinträchtigung individueller Selbstbestimmung, der Zuordnung zu den einzelnen Freiheitsrechten und schließlich den Ansätzen zur Gewährleistung der Schutzgüter.

I. Interaktionsbezogene Eingrenzung des Schutzgegenstands

Das Recht auf informationelle Selbstbestimmung knüpft in seiner Entstehung an die bereits bestehende Rechtsprechung zum Schutz der Privatsphäre an, die im Hinblick auf Schutzlücken bei Fällen mit Öffentlichkeitsbezug und vor allem auf die Relevanz des jeweiligen Verwendungszusammenhangs für den Schutz der Selbstbestimmung des Einzelnen zum Recht auf informationelle Selbstbestimmung fortentwickelt worden ist.[11] Ausgangspunkt der Entwicklung der verfassungsgerichtlichen Rechtsprechung zur Formulierung eines Rechts auf informationelle Selbstbestimmung war die Bedeutung der Interaktionszusam-

---

[9] Grundlegend *Albers*, Informationelle Selbstbestimmung, S. 353 ff., S. 454 ff., S. 589 ff.; *dies.*, Umgang mit personenbezogenen Informationen und Daten, § 22 Rn. 69 ff., Rn. 88 ff.: „Indem die Norm hier [auf der grundlegend-vorgelagerten Ebene] gerade nicht als traditionelles Eingriffsabwehrrecht eingesetzt wird, gelangt man bei ihrer weiteren Konkretisierung weder zu einem Entscheidungsrecht des Einzelnen über den Umgang mit persönlichen Daten noch zu einer Verpflichtung des Staates, jeglichen Umgang mit personenbezogenen Informationen und Daten grundsätzlich zu unterlassen. Im Einklang mit den Freiheitsgefahren und Schutzerfordernissen zielen die grundrechtlichen Vorgaben vielmehr, ohne dass deswegen die Herleitung subjektiver Rechte ausgeschlossen wäre, als Regulierungsanforderungen an die Gesetzgebung und im Folgeschritt als Anforderungen an die Verwaltung darauf, dass der Umgang mit personenbezogenen Informationen und Daten nicht weitgehend ungebunden, unbegrenzt, undurchschaubar und an den Betroffenen vorbei verläuft. Ausgehend von den Schutzzielen und -inhalten ergeben sich mehrere Komponenten, die sich unterscheiden lassen, aber auch in bestimmtem Umfang aufeinander aufbauen."; *Bäcker*, Die Vertraulichkeit der Internetkommunikation, S. 99 (122 f.); zur Entwicklung auf der europäischen Ebene eingehend *Marsch*, Das europäische Datenschutzgrundrecht, S. 80 ff., 85 ff.

[10] *Albers*, Umgang mit personenbezogenen Informationen und Daten, § 22 Rn. 56, siehe oben, Fn. 1.

[11] *Trute*, Verfassungsrechtliche Grundlagen, Rn. 10 f.; *Nettesheim*, Grundrechtsschutz der Privatheit, S. 7 (18 f.).

menhänge für das Schutzgut der Selbstbestimmung, die sich allein mit einem Schutz der Privatsphäre nicht bewältigen ließ.[12]

Die Abkehr von diesem abwehrrechtlichen Schutz einer vorgefundenen Privatsphäre begründete die Notwendigkeit, einen Zusammenhang zwischen dem Schutzgegenstand des Rechts auf informationelle Selbstbestimmung und Interaktionsbeziehungen, die den Grundrechtsträger betreffen, herzustellen und auf dieser Grundlage herauszuarbeiten, welche Einflussmöglichkeiten für Betroffene möglich und zur Gewährleistung informationeller Selbstbestimmung angemessen sind. Interaktionen machen die Bestimmung des Schutzgegenstands dadurch schon im Ausgangspunkt anspruchsvoll.

Als Anknüpfungspunkt kommen im Grundsatz sowohl personenbezogene Daten als auch Informationen in Frage.[13] Während Informationen wegen ihrer Entstehung durch Interpretationen von Beobachtungen in sozialen Prozessen normativen, den Kontext steuernden Vorgaben nur begrenzt zugänglich sind,[14] lassen sich an Daten eher Verfügungsbefugnisse einräumen, die dann allerdings einen Schutz substanzieller Selbstbestimmung oder ökonomischer Partizipation nur mittelbar bewirken.[15] Der Mehrwert der Differenzierung zwischen Daten, Informationen und Wissen für die Konzeption des Rechts auf informationelle Selbstbestimmung liegt darin, dass sie die Entstehung von interaktionsbasiertem Wissen, das für die Gewährleistung des Schutzguts essenziell ist, aufschlüsselt und die Möglichkeiten sowie Grenzen rechtlicher Regelung dieser Wissensgenerierung analysiert.

Die mit dem Zusammenhang zwischen Interaktion und dem Schutzgut der informationellen Selbstbestimmung verbundenen Schwierigkeiten bei der Konzeption des Schutzbereichs betreffen zudem die Frage, welche Kriterien die Eingriffsschwelle bestimmen sollen[16] und wie der Schutz der informationellen

[12] *Trute*, Verfassungsrechtliche Grundlagen, Rn. 11, der auch auf die überschießende eigentumsanaloge Ausgestaltung hinweist, dazu siehe unten, § 2 B.I.

[13] *Trute*, Verfassungsrechtliche Grundlagen, Rn. 16; zur Differenzierung zwischen Informationen und Daten siehe oben, § 1 C.I.1.

[14] Sehr restriktiv nur auf Verfügungsbefugnisse bezogen *Britz*, Informationelle Selbstbestimmung zwischen rechtswissenschaftlicher Grundsatzkritik und Beharren des Bundesverfassungsgerichts, S. 561 (567).

[15] *Britz*, Informationelle Selbstbestimmung zwischen rechtswissenschaftlicher Grundsatzkritik und Beharren des Bundesverfassungsgerichts, S. 561 (568 ff.): instrumenteller Schutz durch verfahrensmäßige Sicherung gegen substanzielle Freiheitsbeeinträchtigungen; zur ökonomischen Partizipation *Kilian*, CR 2002, 921 (925 ff.); *Britz*, a. a. O., S. 561 (587): dann Teil des eigentumsrechtlichen Schutzes; tendenziell *Kühling*, DV 44 (2011), 525 (546): Verfügungsbefugnis der Bürger über die sie betreffenden Daten so weit wie möglich erhalten.

[16] Aus der jüngeren Rechtsprechung vgl. nur BVerfG, Beschl. v. 18.12.2018, 1 BvR 142/15, NVwZ 2019, 381 ff. – *Kfz-Kennzeichenerfassung II*, Rn. 43: „Maßgeblich ist, ob sich bei einer Gesamtbetrachtung mit Blick auf den durch den Überwachungs- und Verwendungszweck bestimmten Zusammenhang das behördliche Interesse an den betroffenen Daten bereits so verdichtet hat, dass ein Betroffensein in einer einen Grundrechtseingriff auslösenden Qualität zu bejahen ist (…)“, näher unten, Fn. 147.

Selbstbestimmung zu informationsbasierten Beeinträchtigungen anderer Freiheitsrechte abzugrenzen ist. Statt aus der jeweiligen Relevanz der Interaktionszusammenhänge für ein bestimmtes grundrechtliches Schutzgut differenzierte Schutzkonzept zu entwickeln, tendiert die Rechtsprechung zu einem weiten, aber konturlosen Verständnis, das personenbezogene Daten per se schützt. So legt die Rechtsprechung im Ausgangspunkt einen weiten Anwendungsbereich zu Grunde und schränkt diesen anlassbezogen mit Folgeerwägungen bei der Prüfung eines Eingriffs ein,[17] während Teile der Literatur den Schutzbereich im Hinblick auf die Relevanz der Daten für Interaktionen und die Verwirklichung der grundrechtlichen Schutzgüter von vorneherein enger konzipieren.[18]

Bei der Reichweite des Schutzes zieht das weite Verständnis der Rechtsprechung Überschneidungen zum Schutz anderer Freiheitsrechte nach sich. Weil personenbezogene Daten soziale Interaktionen des Grundrechtsträgers auf ganz unterschiedliche Weise beeinflussen können, sind die Formen potenzieller Beeinträchtigungen des Rechts auf informationelle Selbstbestimmung vielfältig. Sie reichen von mittelbaren Nachteilen, die der Grundrechtsträger durch auf personenbezogenen Daten beruhenden Entscheidungen Dritter erleidet, über Beeinträchtigungen der Persönlichkeitsentfaltung, die sich aus einem unsicheren, umfassenden oder unzutreffenden Wissen Dritter über die eigene Person ergeben, bis hin zu Einschüchterungseffekten[19] bei der Ausübung bestimmter Verhaltensweisen durch die damit verbundene Preisgabe von Daten.[20] Zu erheblichen Teilen deckt der Schutz personenbezogener Daten Modalitäten der Ausübung anderer Freiheitsrechte ab, die dadurch einen Bezug zum Recht auf informationelle Selbstbestimmung aufweisen, weil sie als Teil von Interaktionen des Grundrechtsträgers personenbezogene Daten betreffen. Der Schutz personenbezogener Daten wird dann als Art flankierender Schutz dieser Freiheitsrechte gegen Beeinträchtigungen in Interaktionen herangezogen. Dieser mittelbare Schutz der Freiheitsrechte gegen interaktionsbedingte Beeinträchtigungen betrifft zum einen die Fälle berechtigter Vertraulichkeitserwartungen, in denen eine vorbehaltlose Kommunikation und Entfaltung etwa in der Wohnung oder bei der Nutzung von Fernkommunikationsmitteln oder informationstechnischer Systeme auf die Vertraulichkeit der kommunizierten Inhalte angewiesen ist.[21]

---

[17] Überblick bei *Kühling*, DV 44 (2001), 525 (533 f.), und *Britz*, Informationelle Selbstbestimmung zwischen rechtswissenschaftlicher Grundsatzkritik und Beharren des Bundesverfassungsgerichts, S. 561 (575); siehe unten, § 2 C.II.2.

[18] Etwa *Britz*, Informationelle Selbstbestimmung zwischen rechtswissenschaftlicher Grundsatzkritik und Beharren des Bundesverfassungsgerichts, S. 561 (578): Fallgruppen besonderer Gefährdungslagen.

[19] Siehe unten, § 2 C.II.

[20] Systematisierung bei *Britz*, Informationelle Selbstbestimmung zwischen rechtswissenschaftlicher Grundsatzkritik und Beharren des Bundesverfassungsgerichts, S. 561 (574 ff.).

[21] *Albers*, Umgang mit personenbezogenen Informationen und Daten, § 22 Rn. 71; *Britz*, Informationelle Selbstbestimmung zwischen rechtswissenschaftlicher Grundsatzkritik und

Zum anderen erfasst er Einschüchterungseffekte, die von der Datenerhebung und ihren potentiellen Folgen auf die Ausübung anderer Freiheitsrechte ausgehen können.[22] In beiden Fällen stellt sich die Frage, ob dieser Schutz vor datenbasierten, über Interaktionen vermittelten Beeinträchtigungen zu dem Gewährleistungsgehalt des jeweils mittelbar betroffenen Freiheitsrechts oder des Rechts auf informationelle Selbstbestimmung zählt, und inwieweit sich die besonderen Vertraulichkeitsgewährleistungen in Art. 10 und 13 GG sowie das Recht auf Integrität und Vertraulichkeit informationstechnischer Systeme als besondere Formen oder spezielle Ausprägungen des Rechts auf informationelle Selbstbestimmung verstehen lassen.[23]

II. Typisierungen im Schutz von Interaktionen

1. Typisierte Interaktionszusammenhänge

Das Fernmeldegeheimnis, das Recht auf Unverletzlichkeit der Wohnung und mit Einschränkungen auch das Recht auf Vertraulichkeit und Integrität informationstechnischer Systeme[24] weisen insofern strukturelle Parallelen zum Recht auf informationelle Selbstbestimmung auf, als sie zur Gewährleistung der Persönlichkeitsentfaltung bestimmte Vertraulichkeitsbereiche und damit die vorbehaltlose Nutzung dieser Kommunikationskanäle und -räume schützen. Gegenüber dem Recht auf informationelle Selbstbestimmung ist der geschützte Bereich der Wohnung und des in Art. 10 GG geschützten Kommunikationssystems jedoch erheblich einfacher abzugrenzen und zu beschreiben.[25] Nicht nur, dass das Recht auf Unverletzlichkeit der Wohnung und das Fernmeldegeheimnis an einen vorgefundenen, formell abgrenz- und beschreibbaren Bereich anknüpfen;[26] ihnen liegen vor allem typisierte Interaktionszusammenhänge

---

Beharren des Bundesverfassungsgerichts, S. 561 (580); *Bäcker*, Die Vertraulichkeit der Internetkommunikation, S. 99 (103); dieser Gedanke wird auch zur Begründung des Rechts auf Vertraulichkeit und Integrität informationstechnischer Systeme herangezogen, etwa *Hoffmann-Riem*, JZ 2008, 1009 (1013): „Mit dem Gewinn an technischen Möglichkeiten des Informationsaustauschs korrespondiert ein struktureller Verlust an informationeller Autonomie".

[22] Näher unten, § 2 C.II.

[23] *Britz*, Informationelle Selbstbestimmung zwischen rechtswissenschaftlicher Grundsatzkritik und Beharren des Bundesverfassungsgerichts, S. 561 (580 f. und 593).

[24] Zu den Einschränkungen *Britz*, DÖV 2008, 411 (412 ff.); *Albers*, Umgang mit personenbezogenen Informationen und Daten, § 22 Rn. 68 b.

[25] *Ladeur*, DÖV 2009, 45 (49).

[26] *Albers*, Informationelle Selbstbestimmung, S. 370; *dies.*, DVBl. 2010, 1061 (1064); *Bäcker*, Die Vertraulichkeit der Internetkommunikation, S. 99 (103): „Ob im Einzelfall der Kommunikationsinhalt besonders schutzwürdig erscheint oder nicht, ist für den Grundrechtsschutz irrelevant. Insofern hat Art. 10 GG einen formalen Anknüpfungspunkt, aus dem sein Schutzbereich zu entwickeln ist"; zu den Konsequenzen einer Autorisierung eines Überwachungsvorgangs durch einen Kommunikationsteilnehmer *Bäcker*, a.a.O., S. 99 (106): mediengebundenes, kein personengebundenes Vertrauen.

zu Grunde, deren Relevanz für die personale Entfaltung sich vergleichsweise einfach einschätzen lässt. Dass für die Konzeption des Schutzes aus Art. 13 Abs. 1 GG nicht in erster Linie der vorgefundene, räumlich abgegrenzte Bereich entscheidend ist, legen schon die verfassungsrechtlichen Anforderungen an den sog. Kernbereichsschutz nahe.[27] Zwar knüpft der Schutz aus Art. 13 Abs. 1 GG an eine Sphäre erhöhter Vertraulichkeit an.[28] Jedoch liegt den Kriterien des Kernbereichsschutzes eine qualitative Bewertung der Interaktion im Hinblick auf das Schutzgut zu Grunde,[29] die eine laufende inhaltliche Auswertung, etwa der abgehörten Kommunikation, und eine darauf beruhende Einschränkung der hoheitlichen Maßnahmen erforderlich macht.[30]

Die in Art. 10 GG geschützten Kommunikationsmittel sind demgegenüber eher durch Konventionen[31] als technisch vertraulich,[32] bilden aber auch dadurch einen im Wesentlichen abgrenzbaren Bereich. Das Fernmeldegeheimnis aus Art. 10 GG schützt zwar die Kommunikation über räumliche Distanz als Teil der Privatsphäre[33] und damit im Hinblick auf das allgemeine Persönlichkeitsrecht. Die Anknüpfung an etablierte Kommunikationskanäle oder -räume vereinfacht einen Schutz der Persönlichkeitsentfaltung, ohne dass eine voraus-

---

[27] BVerfG, Urt. v. 3.3.2004, 1 BvR 2378/98, 1 BvR 1084/99, BVerfGE 109, 279 – *großer Lauschangriff*, Rn. 127.

[28] *Britz*, Informationelle Selbstbestimmung zwischen rechtswissenschaftlicher Grundsatzkritik und Beharren des Bundesverfassungsgerichts, S. 561 (589); *von Lewinski*, Die Matrix des Datenschutzes, S. 30; zu den Folgen für die Bestimmung des Schutzbereichs siehe oben, § 1 D.2.a)bb).

[29] BVerfG, Urt. v. 3.3.2004, 1 BvR 2378/98, 1 BvR 1084/99, BVerfGE 109, 279 – *großer Lauschangriff*, Rn. 127: „Ob ein Sachverhalt dem unantastbaren Kernbereich zuzuordnen ist, hängt davon ab, ob er nach seinem Inhalt höchstpersönlichen Charakters ist, also auch in welcher Art und Intensität er aus sich heraus die Sphäre anderer oder Belange der Gemeinschaft berührt (...). Maßgebend sind die Besonderheiten des jeweiligen Falles (...). Entscheidend ist, ob eine Situation gegeben ist, in der auf Grund von konkreten Hinweisen oder typischerweise und ohne gegenteilige tatsächliche Anhaltspunkte im Einzelfall der unantastbare Kernbereich privater Lebensgestaltung betroffen wird, etwa im Zuge der Beobachtung von Äußerungen innerster Gefühle oder von Ausdrucksformen der Sexualität."; aus der Literatur *Albers*, DVBl. 2010, 1061 (1065 f.); zu Einschränkungen des Rechts auf Vertraulichkeit und Integrität informationstechnischer Systeme *Hoffmann-Riem*, JZ 2008, 1009 (1020 f.); zu den Dimensionen des Privaten und ihrer Relevanz für Freiheit und Autonomie eingehend *Rössler*, Der Wert des Privaten, S. 144 ff.

[30] Kritisch zur Konzeption des Kernbereichs privater Lebensgestaltung als Grenze der Eingriffe in den Schutzbereich des Art. 13 GG *Möllers*, NJW 2005, 1973 (1976); *Nettesheim*, Grundrechtsschutz der Privatheit, S. 7 (20).

[31] Abgestützt durch Strafbewehrung, §§ 201 ff. StGB

[32] *Britz*, Informationelle Selbstbestimmung zwischen rechtswissenschaftlicher Grundsatzkritik und Beharren des Bundesverfassungsgerichts, S. 561 (589).

[33] BVerfG, Beschl. v. 25.03.1992, 1 BvR 1430/88, BVerfGE 85, 386 – *Fangschaltung*, Rn. 46; Einordnung als speziellem Grundrecht zum Schutz der freien Entfaltung der Persönlichkeit durch BVerfG, Beschl. v. 20.06.1984, 1 BvR 1494/78, BVerfGE 67, 157 – *Post- und Telefonkontrolle*, Rn. 42.

setzungsvolle Konzeption des Zusammenhangs zwischen Kommunikation und Persönlichkeitsentfaltung erforderlich wäre. Allerdings kann die Trennschärfe der formellen Abgrenzung ähnlich wie beim sog. Kernbereichsschutz in Art. 13 Abs. 1 GG durch missbräuchliche Nutzung des Kommunikationskanals oder einen fließenden Übergang des Kommunikationssystems von Individual- und Massenkommunikation beeinträchtigt sein.[34]

Gewisse Einschränkungen ergeben sich hier beim Schutz der Vertraulichkeit und Integrität informationstechnischer Systeme.[35] Informationstechnischen Systemen kommt zwar für die individuelle Lebensführung einschließlich der alltäglichen Kommunikation mit Dritten eine zentrale Rolle zu.[36] In ihnen bündeln sich Spuren von Kommunikationen und persönlichen Verhaltensweisen, insbesondere der individuellen Internetnutzung.[37] Jedoch sind sowohl das System als auch seine Nutzung nicht gleichermaßen abgegrenzt[38] mit der Folge, dass der Lebensbereich dem grundrechtlichen Schutz nicht in gleicher Weise Konturen verleiht wie die Nutzung von Telekommunikationsdiensten oder Wohnungen.[39] Ein kohärenter, mit dem Recht auf informationelle Selbstbestimmung verzahnter Schutz setzt dadurch eine sorgfältige dogmatische Konzeption einschließlich der Analyse des betroffenen Lebensbereichs und des Persönlichkeitsbezugs des formalen Schutzes[40] voraus.[41]

---

[34] BVerfG, Urt. v. 2.3.2010, 1 BvR 256/08, BVerfGE 125, 260 – *Vorratsdatenspeicherung*, Rn. 192.

[35] Zur Kritik aus der Literatur, die überwiegend eine Lösung über das Recht auf informationelle Selbstbestimmung als angemessener ansieht, *Britz*, DÖV 2008, 411 (413f.); *Eifert*, NVwZ 2008, 521 (521f.); *Lepsius*, Das Computer-Grundrecht, S. 21 (28ff.); *Hoeren*, MMR 2008, 365 (365f.); eingehend zu Unschärfen in der Abgrenzung zum Fernmeldegeheimnis und zum Recht auf informationelle Selbstbestimmung *Hauser*, Das IT-Grundrecht, S. 126ff., S. 178ff.

[36] BVerfG, Urt. v. 27.02.2008, 1 BvR 370/07, BVerfGE 120, 274 – *Online-Durchsuchung*, Rn. 203; *Hoffmann-Riem*, JZ 2008, 1009 (1010); *Bäcker*, Die Vertraulichkeit der Internetkommunikation, S. 99 (119).

[37] *Hoffmann-Riem*, JZ 2008, 1009 (1011f.): Festplatte als Spiegelbild der persönlichen Interessen und Neigungen, der ökonomischen Situation sowie der physischen und psychischen Befindlichkeit oder der Verhaltensweisen ihrer Nutzer; *Bäcker*, Die Vertraulichkeit der Internetkommunikation, S. 99 (119); *Kutscha*, NJW 2008, 1042 (1043).

[38] Zur Heterogenität informationstechnischer Systeme vor allem infolge ihrer „Virtualisierung" *von Lewinski*, Die Matrix des Datenschutzes, S. 33f.

[39] *Britz*, DÖV 2008, 410 (411); *Albers*, Der Umgang mit personenbezogenen Informationen und Daten, § 22 Rn. 68b; zum Konkretisierungsbedarf auch *Hoffmann-Riem*, JZ 2008, 1009 (1019).

[40] Zweifelnd insoweit *Eifert*, NVwW 2008, 521 (522); *Lepsius*, Das Computer-Grundrecht, S. 21 (32ff.); anders *Hoffmann-Riem*, JZ 2008, 1009 (1012); *Bäcker*, Die Vertraulichkeit der Internetkommunikation, S. 99 (125f.).

[41] Zum Verhältnis zu den anderen grundrechtlichen Gewährleistungen sowie zur Bestimmung des Gefahrbegriffs etwa *Britz*, DÖV 2008, 410 (413f.).

2. Sensibilität der Daten

Ein inhaltliches Kriterium zur Typisierung des Schutzes von Interaktionsbeziehungen stellt die Persönlichkeitsrelevanz des jeweiligen Datums dar.[42] Auch wenn die Interpretation von Daten zu Informationen kontextabhängig ist,[43] legen bestimmte Daten für das Schutzgut besonders folgenreiche Interpretationen und darauf basierende Entscheidungen nahe. Die Persönlichkeitsrelevanz bezeichnet die abstrakte Sensibilität eines Datums für die Persönlichkeitsentfaltung und trägt den jeweils naheliegenden Verknüpfungen mit anderen Informationen und ihre Distribution in andere Kontexte Rechnung. Art. 9 Abs. 1 und 2 der Datenschutzgrundverordnung[44] stellen etwa besondere Anforderungen an die Verarbeitung von personenbezogenen Daten, aus denen die rassische und ethnische Herkunft, politische Meinungen, religiöse oder weltanschauliche Überzeugungen oder die Gewerkschaftszugehörigkeit hervorgehen, sowie von genetischen Daten, von biometrischen Daten zur eindeutigen Identifizierung einer Person oder von Daten über Gesundheit, über das Sexualleben und über die sexuelle Ausrichtung. Dadurch preist das Kriterium der Persönlichkeitsrelevanz eines Datums in eine vermeintlich isoliert auf das Datum bezogene Prüfung eine typisierte Bewertung des Kontextes und der absehbaren Auswirkungen auf die sozialen Beziehungen des Grundrechtsträgers ein.[45]

III. Ansätze zur Gewährleistung der Schutzgüter

Schließlich variieren die unterschiedlichen konzeptionellen Ansätze zur Gewährleistung des Rechts auf informationelle Selbstbestimmung in ihrer Art, Interaktionen der Grundrechtsträger und ihren Kontext rechtlich zu steuern. Die Zuordnung von Verfügungsbefugnissen an personenbezogenen Daten gewährt einen gewissen Einfluss in der Entscheidung, ob bestimmte Daten den Interaktionsbeziehungen überhaupt zu Grunde gelegt werden,[46] bietet aber nur eingeschränkt Raum für die Steuerung späterer Berücksichtigung, etwa in anderen Kontexten. Eine Typisierung von Verwendungskontexten und daran anknüpfende übergreifende Grundsätze im Umgang mit personenbezogenen

---

[42] BVerfG, Urt. v. 11.3.2008, 1 BvR 2074/05, 1 BvR 1254/07, BVerfGE 120, 378, – *automatisierte Kennzeichenerfassung*, Rn. 77; BVerfG, Beschl. vom 4.4.2006, 1 BvR 518/02, BVerfGE 115, 320 – *Rasterfahndung*, Rn. 97; *Britz*, Informationelle Selbstbestimmung zwischen rechtswissenschaftlicher Grundsatzkritik und Beharren des Bundesverfassungsgerichts, S. 561 (572).

[43] Siehe oben, § 1 C.I.1. und 3.

[44] Ähnlich der Begriff der „besonderen Arten personenbezogener Daten" in § 3 Abs. 9 BDSG.

[45] *Trute*, Verfassungsrechtliche Grundlagen, Rn. 29; die Sensibilität dieser Daten geht dadurch über den Aspekt des Schamgefühls hinaus, dazu *von Lewinski*, Die Matrix des Datenschutzes, S. 21 ff.

[46] *Britz*, Informationelle Selbstbestimmung zwischen rechtswissenschaftlicher Grundsatzkritik und Beharren des Bundesverfassungsgerichts, S. 561 (568 f.): instrumenteller, verfahrensmäßiger Schutz.

Informationen und Daten[47] verfolgt das Ziel, die Interaktionsbeziehungen angemessener zu beschreiben. Aus diesem Grund beschränken diese Ansätze die Regelung des Umgangs personenbezogener Informationen und Daten nicht auf den Datenschutz, sondern beziehen die Informationszusammenhänge, in die die Verwaltung eingebunden ist, mit ein.[48]

B. Unangemessene Reduktion der Komplexität von Interaktion

Inkohärenzen in der Dogmatik des Rechts auf informationelle Selbstbestimmung nach der verfassungsgerichtlichen Rechtsprechung ergeben sich aus der Tendenz, die Komplexität von Interaktionsbeziehungen zu reduzieren, um sie rechtlich handhabbar zu machen. Diese Vereinfachungen sowohl bei der eigentumsähnlichen Konzeption von Verfügungsbefugnissen an personenbezogenen Daten als auch bei der Bewertung der Kontexte potentieller Dateninterpretation beeinträchtigen die Leistungsfähigkeit des Konzepts. Sie sind in der neueren Rechtsprechung auf unterschiedlichen Wegen relativiert oder kompensiert worden, ohne dass die Konzeption jedoch grundsätzlich aufgegeben worden wäre.[49]

I. Eigentumsähnliche Konzeption und unbegrenzte Datenerhebung

Die verfassungsgerichtliche Rechtsprechung bestimmt den Schutzbereich des Rechts auf informationelle Selbstbestimmung, indem sie aus den Folgen einer unbegrenzten Datenerhebung und Datenverarbeitung einen umfassenden, eigentumsähnlichen Schutz ableitet:[50] „Das Recht auf informationelle Selbstbestimmung trägt Gefährdungen und Verletzungen der Persönlichkeit Rechnung, die sich unter den Bedingungen moderner Datenverarbeitung aus informationsbezogenen Maßnahmen ergeben (…). Die freie Entfaltung der Persönlichkeit setzt den Schutz des Einzelnen gegen unbegrenzte Erhebung, Speicherung, Verwendung und Weitergabe seiner persönlichen Daten voraus. Dieser Schutz ist daher vom Grundrecht des Art. 2 Abs. 1 in Verbindung mit Art. 1 Abs. 1 GG

---

[47] Zur Differenzierung zwischen phasenübergreifenden und phasenspezifischen Elementen *Albers*, Der Umgang mit personenbezogenen Informationen und Daten, § 22 Rn. 121 ff.

[48] *Albers*, Der Umgang mit personenbezogenen Informationen und Daten, § 22 Rn. 169; *Vesting*, Die Bedeutung von Information und Kommunikation für die verwaltungsrechtliche Systembildung, § 20 Rn. 47 ff.; zu den einzelnen Medien und Kommunikationskanälen *Ladeur*, Die Kommunikationsinfrastruktur der Verwaltung, § 21.

[49] Zur Entwicklung der Rechtsprechung *Britz*, Informationelle Selbstbestimmung zwischen rechtswissenschaftlicher Grundsatzkritik und Beharren des Bundesverfassungsgerichts, S. 561 (575 ff.).

[50] Zu den in der Volkszählungs-Entscheidung zusammenfallenden Argumentationslinien *Trute*, Verfassungsrechtliche Grundlagen, Rn. 9; zum räumlich-formalen Verständnis von Privatheit in der frühen Rechtsprechung des BVerfG *Nettesheim*, Grundrechtsschutz der Privatheit, S. 7 (17 ff.).

umfasst. Das Grundrecht gewährleistet insoweit die Befugnis des Einzelnen, grundsätzlich selbst über die Preisgabe und Verwendung seiner persönlichen Daten zu bestimmen (...).“[51]

Dieses der ständigen Rechtsprechung zu Grunde gelegte Bedürfnis nach einem Schutz vor „unbegrenzter Erhebung, Speicherung, Verwendung und Weitergabe“ personenbezogener Daten[52] verdeutlicht die Schwierigkeit, Interaktion in der Konzeption grundrechtlicher Schutzbereiche zu verarbeiten.[53] Im Hinblick darauf, dass sich die Relevanz einer bestimmten Datenverarbeitung für das Schutzgut abstrakt nicht bestimmen lässt, legt die Rechtsprechung im Ausgangspunkt eine „unbegrenzte“ Nutzung der Daten zu Grunde, bezieht diese auf sämtliche in Betracht kommenden Phasen der Datenverarbeitung und schließt aus den Folgen einer solchen „maximalen“ Nutzung auf die Notwendigkeit einer umfassenden Kontrolle in jeder Phase. Dabei verortet das Merkmal der unbegrenzten Nutzung nicht nur Aspekte der Rechtfertigung von Eingriffen und Begrenzungen in den Schutzbereich,[54] sondern ist vor allem Ausdruck einer allgemeinen Strategie im Umgang mit unverarbeiteter, durch Interaktionen hervorgebrachter Komplexität. Ähnlich wie bei dem Risiko einer Profilbildung[55] unterstellt die Rechtsprechung das Szenario einer maximalen, eben unbegrenzten Datennutzung. Aus den Folgen einer solchen Nutzung für das grundrechtliche Schutzgut leitet die Rechtsprechung den sachlichen Schutzbereich ab, ohne auf Zusammenhänge zwischen den Kommunikationsbeziehungen, ihren Kontexten, den Daten und den Folgen für das Schutzgut näher eingehen zu müssen. Stattdessen konzipiert die Rechtsprechung den Schutzbereich dem Ansatz nach umfassend, indem sie eine Befugnis des Einzelnen vorsieht, grundsätzlich selbst sowohl über die Preisgabe als auch die Verwendung personenbezogener Daten zu bestimmen.

---

[51] BVerfG, Beschl. v. 24.1.2012, 1 BvR 1299/05, BVerfGE 130, 151 – *Bestandsdatenspeicherung, Zuordnung dynamischer IP-Adressen*, Rn. 122 m.w.N. zur st. Rspr.; grundlegend und ebenso bereits BVerfG, Urt. v. 15.12.1983, 1 BvR 209/83 u.a., BVerfGE 65, 1 – *Volkszählung*, Rn. 149; BVerfG, Urt. v. 13.6.2007, 1 BvR 1550/03, BVerfGE 118, 168 – *Kontenabfrage*, Rn. 86; BVerfG, Beschl. v. 12.4.2005, 2 BvR 1027/02, BVerfGE 113, 29 – *Beschlagnahme von Datenträgern*, Rn. 82.

[52] Aus der Rechtsprechung vgl. nur BVerfG, Urt. v. 24.11.2010, 1 BvF 2/05, BVerfGE 128, 1 – *Gentechnikgesetz*, Rn. 151; BVerfG, Nichtannahmebeschl. vom 12.8.2010, 2 BvR 1447/10, BVerfGK 17, 469, Rn. 9; BVerfG, Stattgebender Kammerbeschl. v. 14.12.2000, 2 BvR 1741/99 u.a., BVerfGE 103, 21 – *Gentechnischer Fingerabdruck I*, Rn. 51, jeweils m.w.N.

[53] *Hoffmann-Riem*, Datenschutz als Schutz eines diffusen Interesses in der Risikogesellschaft, S. 777 (780) und *ders.*, AöR 123 (1998), 513 (520): Verengung der Regelungsperspektive. Ähnlich lassen sich die Versuche in der Rechtsprechung des Bundesverfassungsgerichts im Vorfeld der Volkszählungs-Entscheidung erklären, den Schutz personenbezogener Daten in Anknüpfung an den Schutz der Privatsphäre zu entwickeln, näher *Benda*, Privatsphäre und „Persönlichkeitsprofil“, S. 23 (28f.), *Trute*, Verfassungsrechtliche Grundlagen, Rn. 10.

[54] *Ladeur*, DuD 2000, 12 (14); *Trute*, Verfassungsrechtliche Grundlagen, Rn. 20.

[55] Siehe unten, § 2 B.II.2.

Dabei folgt aus dem Ziel der Vermeidung einer unbegrenzten Nutzung personenbezogener Daten nicht zwingend die Notwendigkeit einer umfassenden Befugnis des Grundrechtsträgers, über die Erhebung und Verwendung zu entscheiden. Gleichwohl leitet die Rechtsprechung aus dem vereinfachenden Szenario einer maximalen Datennutzung eine Befugnis zur umfassenden Kontrolle über die Datenerhebung und Verwendung ab.

Zudem lassen sich personenbezogene Daten und Informationen als Teil von Interaktionsbeziehungen nicht als umfassende, eigentumsähnliche Befugnisse ausgestalten.[56] Informationen und Daten leiten sich teilweise aus Beobachtungen in sozialen Interaktionen ab, die sich einer solchen Monopolisierung entziehen.[57] Darüber hinaus entstehen auch personenbezogene Informationen durch die Interpretation unterschiedlicher Daten in einem bestimmten Kontext. „Wer im Bereich der Sozialsphäre tätig wird, hinterläßt notwendigerweise Spuren."[58] Die Verarbeitung dieser Informationen gänzlich zur Disposition desjenigen zu stellen, der sie verursacht hat, wäre dem wechselseitigen Kontakt der Sozialsphäre kaum angemessen.[59] Schon der insbesondere in der frühen Rechtsprechung ebenfalls herangezogene Strang des Privatsphärenschutzes verdeutlicht, dass ein Schutz vor ungefragtem Eindringen in die Privatsphäre und der Entscheidung über die Offenbarung und Darstellung der eigenen Person in der Öffentlichkeit dem Grundrechtsträger nicht die Möglichkeit bietet, über die Darstellung des freiwillig preisgegebenen Bildes der eigenen Person im Nachhinein beliebig zu entscheiden,[60] also die Fremddarstellung durch andere laufend in der Hand zu behalten.[61]

---

[56] Kritisch zu einem solchen eigentumsanalogen Verständnis *Albers*, Zur Neukonzeption des grundrechtlichen „Daten"schutzes, S. 113 (119f.); *Ladeur*, DuD 2000, 12 (13ff.); *Trute*, Verfassungsrechtliche Grundlagen, Rn. 9, insb. Fn. 40; Überblick zur Kritik bei *Britz*, Informationelle Selbstbestimmung zwischen rechtswissenschaftlicher Grundsatzkritik und Beharren des Bundesverfassungsgerichts, S. 561 (563); klarstellend BVerfG, Kammerbeschl. v. 23.10.2006, 1 BvR 2027/02, BVerfGK 9, 353 – *Schweigepflicht-Klausel*, Rn. 28: „Gerade im Verkehr zwischen Privaten lässt sich dem allgemeinen Persönlichkeitsrecht allerdings kein dingliches Herrschaftsrecht über bestimmte Informationen entnehmen. Der Einzelne ist vielmehr eine sich innerhalb der sozialen Gemeinschaft entfaltende, auf Kommunikation angewiesene Persönlichkeit (vgl. BVerfGE 65, 1 [43f.])".

[57] Im Anschluss an *Albers*, Rechtstheorie 33 (2002), 61 (81) und *Trute*, Verfassungsrechtliche Grundlagen, Rn. 19, plastisch *Britz*, Informationelle Selbstbestimmung zwischen rechtswissenschaftlicher Grundsatzkritik und Beharren des Bundesverfassungsgerichts, S. 561 (567): „Ist Information demnach ein antizipiertes oder real vollzogenes soziales Phänomen fremder Sinnkonstruktion über personenbezogene Daten, kann es ein Verfügungsrecht über Informationen, die an personenbezogene Daten anknüpfen, nicht geben. Ein Informationsbeherrschungsrecht gewährte Unmögliches, weil sich die subjektiven Beobachtungen und Sinnkonstruktionen anderer schlicht nicht beherrschen lassen".

[58] *Benda*, Privatsphäre und „Persönlichkeitsprofil", S. 23 (34).

[59] *Benda*, Privatsphäre und „Persönlichkeitsprofil", S. 23 (34f.).

[60] *Trute*, Verfassungsrechtliche Grundlagen, Rn. 12 m.w.N.

[61] Diesen Aspekt nimmt die Volkszählungs-Entscheidung durchaus auf, indem sie im Rahmen der Rechtfertigung den Einzelnen als eine „sich innerhalb der sozialen Gemeinschaft

II. Verarbeitung der Kontextrelevanz in *worst case*-Szenarien

Soweit die verfassungsgerichtliche Rechtsprechung die Relevanz des Kontexts für die Interpretation von Daten zu Informationen und die Folgen für das Schutzgut der informationellen Selbstbestimmung berücksichtigt, greift es zur Komplexitätsreduktion auf *worst case*-Szenarien[62] zurück.

1. Kein belangloses Datum

Bereits seit der Volkszählungs-Entscheidung stellt die verfassungsgerichtliche Rechtsprechung bekanntlich die Relevanz der Verknüpfungsmöglichkeiten von Daten und damit des Kontexts in der Verarbeitung personenbezogener Daten heraus.[63] Dabei legt die Formulierung, die auf die Unmöglichkeit eines per se belanglosen Datums abstellt,[64] eine Perspektive zu Grunde, die auf potentielle Maximal-Beeinträchtigungen und einen umfassenden Schutz ausgerichtet ist, anstatt Kriterien zur Bewertung der jeweiligen Kontexte zu ermitteln.

2. Gefahr der Profilbildung

In ähnlicher Weise zieht die Rechtsprechung theoretische Möglichkeiten der Profilbildung, um auch in Kombination mit den einhergehenden Einschüchte-

---

entfaltende, auf Kommunikation angewiesene Persönlichkeit" charakterisiert und personenbezogene Informationen als „Abbild sozialer Realität" beschreibt, das „nicht ausschließlich dem Betroffenen allein zugeordnet werden kann", BVerfG, Urt. v. 15.12.1983, 1 BvR 309/83, BVerfGE 65, 1 – *Volkszählung*, Rn. 150; *Ladeur*, DÖV 2009, 45 (47 und 49); diese in der Rechtfertigung angesiedelte Einschränkung präzisiert jedoch den Schutzbereich nicht, *Britz*, Informationelle Selbstbestimmung, S. 561 (566f.).

[62] Aus der Entwicklung des Datenschutzes betrachtet *Bull*, NJW 2006, 1617 (1618): „Zu Anfang der Datenschutzdiskussion war es richtig, auf die Entwicklungsmöglichkeiten aufmerksam zu machen und rechtspolitische Überlegungen auf den ‚*worst case*' abzustellen. Fast drei Jahrzehnte später wissen wir aber besser als damals, dass eben nicht jede Erfindung auch wirtschaftlich oder administrativ genutzt wird, sondern dass viele nicht umgesetzt werden – zum Beispiel aus finanziellen oder Kapazitätsgründen – und dass die Kontrolle durch die Datenschutzbeauftragten und die öffentliche Diskussion Wirkungen zeigt".

[63] „Die Verfassungsbeschwerden geben keinen Anlass zur erschöpfenden Erörterung des Rechts auf informationelle Selbstbestimmung. Zu entscheiden ist nur über die Tragweite dieses Rechts für Eingriffe, durch welche der Staat die Angabe personenbezogener Daten vom Bürger verlangt. Dabei kann nicht allein auf die Art der Angaben abgestellt werden. Entscheidend sind ihre Nutzbarkeit und Verwendungsmöglichkeit. Diese hängen einerseits von dem Zweck, dem die Erhebung dient, und andererseits von den der Informationstechnologie eigenen Verarbeitungsmöglichkeiten und Verknüpfungsmöglichkeiten ab. Dadurch kann ein für sich gesehen belangloses Datum einen neuen Stellenwert bekommen; insoweit gibt es unter den Bedingungen der automatischen Datenverarbeitung kein ‚belangloses' Datum mehr.", BVerfG, Urt. v. 15.12.1983, 1 BvR 209/83 u.a., BVerfGE 65, 1 – *Volkszählung*, Rn. 152, daran anschließend BVerfG, Beschl. vom 4.4.2006, 1 BvR 518/02, BVerfGE 115, 320 – *Rasterfahndung*, Rn. 104, und 1 BVerfG, Urt. v. 24.11.2010, 1 BvF 2/05, BVerfGE 128, – *Gentechnikgesetz*, Rn. 158.

[64] Siehe Fn. 63.

rungseffekten[65] die Eingriffsintensität bestimmter Maßnahmen zu begründen, ohne den Kontext der Datenverarbeitung näher aufschlüsseln zu müssen. Bereits aus der Möglichkeit der Bildung von Persönlichkeitsprofilen geht dann unzulässiges Maß potentieller Bedrohung hervor.[66] Bereits im Vorfeld der Volkszählungs-Entscheidung hat die Rechtsprechung des Bundesverfassungsgerichts eine tatsächliche Profilbildung als mit der Menschenwürde nicht vereinbar angesehen.[67] Die auf diese Weise gezogene Grenze zulässiger Maßnahmen der Informationserhebung ist vor allem im Bereich strafrechtlicher Ermittlungsmaßnahmen[68] von Bedeutung und ist dort angesichts der Ausrichtung der Maßnahmen auf eine mehr oder weniger umfassende und dauerhafte Beobachtung in der Bewertung des Kontexts durchaus einleuchtend. In anderen Kontexten, etwa der Zuteilung einer Steueridentifikationsnummer,[69] der Identitätsfeststellung mittels einer DNA-Analyse,[70] allgemein der Erhebung statistischer Daten oder Verbindungsdaten[71] sowie des Persönlichkeitsrechtsschutz im Internet sowie an

[65] Siehe dazu unten, § 2 C.

[66] Zuletzt BVerfG, Beschl. v. 7.12.2011, 2 BvR 2500/09, 2 BvR 1857/10, BVerfGE 130, 1 – *Al Quaida-Fall*, Rn. 106, m. w. N.: „Unzulässig ist eine Überwachung, wenn sie sich über einen längeren Zeitraum erstreckt und derart umfassend ist, dass nahezu lückenlos alle Bewegungen und Lebensäußerungen des Betroffenen registriert werden und zur Grundlage für ein Persönlichkeitsprofil werden können".; BVerfG, Urt. v. 15.12.1983, 1 BvR 309/83, BVerfGE 65, 1 – *Volkszählung*, Rn. 171; als Kriterium in der Verhältnismäßigkeitsprüfung BVerfG, Urt. v. 2.3.2010, 1 BvR 256/08, BVerfGE 125, 260 – *Vorratsdatenspeicherung*, Rn. 237; zur Unzulässigkeit von verdeckten Ermittlungsmaßnahmen, die zur Erstellung eines Persönlichkeitsprofils geeignet sind, auch BVerfG, Kammerbeschl. v. 11.5.2007, 2 BvR 543/06, BVerfGK 11, 164 – *Akustische Wohnraumüberwachung*, Rn. 59; BVerfG, Urt. v. 2.3.2006, 2 BvR 2099/04, BVerfGE 115, 166 – *Telekommunikationsüberwachung*, Rn. 93 und 102 sowie BVerfG, Kammerbeschl. v. 2.7.2009, 2 BvR 1691/07, BVerfGK 16, 1 – *Richtervorbehalt Observation*, Rn. 55: Richtervorbehalt als Maßnahme zur Verhinderung der unzulässigen Erstellung von Persönlichkeitsprofilen.

[67] BVerfG, Entsch. v. 16.07.1969, 1 BvL 19/63, BVerfGE 27, 1 – *Mikrozensus*, Rn. 20; zustimmend *Benda*, Privatsphäre und ‚Persönlichkeitsprofil', S. 23 (28).

[68] BVerfG, Beschl. v. 07.12.2011, 2 BvR 2500/09, 2 BvR 1857/10, BVerfGE 130, 1 – *Al Quaida-Fall*, Rn. 106; BVerfGE, Urt. v. 12.04.2005, 2 BvR 581/01, BVerfGE 112, 304 – *GPS-Observation*, Rn. 59, im Akzent anders insoweit der EGMR, der einen Eingriff in das Recht auf Achtung des Privatlebens aus Art. 8 Abs. 1 EMRK im Hinblick auf die Profilbildung annimmt und diesen insbesondere auf Grund der gegen Missbrauch getroffenen Vorkehrungen als gerechtfertigt ansieht, EGMR, Urt. v. 02.09.2010, 35623/05, ECLI:CE:ECHR:2010:0902JUD003562305 – *GPS Überwachung*, Rn. 49 ff., 64 ff.; BVerfG, Urt. v. 03.03.2004 – 1 BvR 2378/98, 1 BvR 1084/99, BVerfGE 109, 279 – *Großer Lauschangriff*, Rn. 154; BVerfG, Nichtannahmebeschl. v. 11.05. 2007, 2 BvR 543/06, BVerfGK 11, 164 – *Akustische Wohnraumüberwachung*, Rn. 59.

[69] Wegen der Möglichkeit einer Profilbildung an der Verfassungskonformität der Zuteilung einer Steueridentifikationsnummer erheblich zweifelnd FG Köln, Urt. v. 7.7.2010, 2 K 3265/08, Rn. 89 und *Polenz*, RDV 2010, 115 ff.

[70] BVerfG, stattgebender Kammerbeschl. v. 14.12.2000, 2 BvR 1741/99 u. a., BVerfGE 103, 21 – *Genetischer Fingerabdruck I*, Rn. 50: entscheidend ist, dass DNA Rückschlüsse auf persönlichkeitsrelevante Merkmale wie Erbanlagen, Charaktereigenschaften oder Krankheiten, also ein Persönlichkeitsprofil, nicht ermöglicht.

[71] Zur Unzulässigkeit der Erstellung von Persönlichkeitsprofilen aus statistischen Erhebungen aber bereits BVerfG, Urt. v. 15.12.1983, 1 BvR 209/83 u. a., BVerfGE 65, 1 – *Volkszählung*,

öffentlichen Plätzen[72] ist das Szenario der systematischen Erstellung von Persönlichkeitsprofilen hingegen nicht gleichermaßen plausibel.[73] Allein die theoretische Möglichkeit der Profilerstellung führt zwar zu einer potentiellen Bedrohung und dem damit verbundenen Einschüchterungseffekt, erlaubt aber eine nur schemenhafte, je nach Konstellation unterschiedlich plausible Abschätzung der Grundrechtsbeeinträchtigung. In die Abwägung kollidierender Verfassungsgüter mit der Profilbildung den größtmöglichen Eingriff einzustellen, bildet keine Grundlage für einen differenzierten und angemessenen Ausgleich der betroffenen Verfassungsgüter.[74] Vielmehr dienen jene Maßnahmen oftmals dem Aufbau einer – nicht gezielt gegen bestimmten Personen gerichteten – Wissensinfrastruktur der Behörden und reagieren damit auf veränderte Rahmenbedingungen der Wissensgenerierung, unter denen weder Unternehmen auf Märkten noch Behörden bei der Erfüllung öffentlicher Aufgaben in gleicher Weise wie früher auf stabiles Erfahrungswissen zurückgreifen können.[75] Ein veränderter, in den Anforderungen tendenziell noch erhöhter Informationsbedarf folgt zudem aus der Privatisierung staatlicher Aufgaben in unterschiedlichen Bereichen mit der Folge einer staatlichen Gewährleistungsverantwortung, deren Erfüllung schon

---

Rn. 171; sowie BVerfG, Urt. v. 2.3.2010, 1 BvR 256/08, BVerfGE 125, 260 – *Vorratsdatenspeicherung*, Rn. 227, 237, 256 und 259 zur Sensibilität von Verkehrsdaten im Hinblick auf die Möglichkeit, ein Persönlichkeits- und Bewegungsprofil zu erstellen.

[72] BVerfG, Stattgebender Kammerbeschl. v. 23.2.2007, 1 BvR 2368/06, BVerfGK 10, 330 – *Videoüberwachung*, Rn. 39; VG Stuttgart, Beschl. v. 20.2.2012, 5 K 89 /12, Rn. 10: Eingriff allerdings schon durch das Erlangen von Informationen mit Personenbezug, ebenso *Roggan*, NVwZ 2001, 134 (135ff.); zu den technischen Möglichkeiten, Videoüberwachungssysteme persönlichkeitsrechtsfreundlich zu konzipieren *Bier/Spiecker gen. Döhmann*, CR 2012, 610 (611ff.).

[73] Zum grundrechtlichen Schutz gegen die Erstellung von Persönlichkeitsprofilen bereits *Podlech*, DVR 1 (1972/1973), 149 (157); kritisch zur vorschnellen Annahme einer potentiellen Profilbildung *Ladeur*, DuD 2000, 12 (13): Mystifikation; *ders.*, DÖV 2009, 45 (52), ebenso *Trute*, Verfassungsrechtliche Grundlagen, Rn. 2 und 26: weder Möglichkeit noch Interesse eines Systems, einer Organisation oder gar eines anderen Individuums an einer vollständigen Beschreibung eines anderen; zur Rasterfahndung *ders.*, DV 42 (2009), 85 (99f.); zur kommerziellen Datenverwendung durch Private *Bull*, Informationelle Selbstbestimmung, S. 73; *Vesting*, Das Internet und die Notwendigkeit der Transformation des Datenschutzes, S. 155 (167ff.); *Kühling*, DV 44 (2011), 525 (540f.); auf den Zusammenhang zwischen Persönlichkeitsprofil und Persönlichkeitsrelevanz bestimmter sensibler Daten weist demgegenüber *Britz*, Informationelle Selbstbestimmung, S. 561 (572), hin.

[74] *Kühling*, DV 44 (2011), 525 (541); für den Eingriff in Abs. 1 GG durch die Vorratsdatenspeicherung abweichende Meinung des Richters *Schluckebier*, BVerfG, Urt. v. 2.3.2010, 1 BvR 256/08, BVerfGE 125, 260 – Vorratsdatenspeicherung, Rn. 343.

[75] *Ladeur*, Die Kommunikationsinfrastruktur der Verwaltung, § 21 Rn. 51ff.; *ders.*, DÖV 2009, 45 (46); zur Notwendigkeit der Weiterentwicklung schon infolge der technischer Innovationen der Kommunikationssysteme *Hoffmann-Riem*, AöR 123 (1998), 513 (517f.); zu Maßnahmen, die eher der Optimierung des Leistungsangebots dienen, *Kühling*, DV 44 (2011), 525 (559).

im Hinblick auf die Anforderungen an die Informationsgrundlage überaus voraussetzungsvoll sein kann.[76]

Die theoretische Möglichkeit einer Profilbildung als Grenze des zulässigen Umgangs mit personenbezogenen Daten zu formulieren,[77] trägt diesen Rahmenbedingungen nicht hinreichend Rechnung und zieht Umgehungsstrategien nach sich,[78] die ein rationales Schutzkonzept, das Risiken und Bedarfe zueinander in Beziehung setzt, eher behindern.

III. Begrenzung des Interaktionspotentials: Zweckbindung

Über den Grundsatz der Zweckbindung streben das verfassungsgerichtliche Konzept der informationellen Selbstbestimmung[79] wie auch das europäische Datenschutzrecht[80] eine Charakterisierung und Fixierung der Verwendungskontexte personenbezogener Daten an. Die Erhebung und Verarbeitung personenbezogener Daten ohne die Bindung an einen zu Grunde liegenden Zweck

[76] *Pitschas*, Notwendigkeit und Grenzen des Schutzes personenbezogener Informationen, M 12f.: kommunikative Vorsorgelast; *Trute*, JZ 1998, 822 (823); *Trute*, Verfassungsrechtliche Grundlagen, Rn. 5; Folge der Privatisierung kann freilich auch eine Schutzpflicht für den Schutz personenbezogener Daten in der nunmehr privatisierten Kommunikationsinfrastruktur sein, *Hoffmann-Riem*, Datenschutz als Schutz eines diffusen Interesses in der Risikogesellschaft, S. 777 (784); *ders.*, AöR 123 (1998), 513 (525). Gegen diese Anforderungen an die Informations- und Wissensgrundlage dürfte es nicht helfen, den Datenschutz seinerseits aus dem Bereich der Erfüllungsverantwortung in den Bereich der Gewährleistungsverantwortung verschieben zu wollen, *Hoffmann-Riem*, Datenschutz als Schutz eines diffusen Interesses in der Risikogesellschaft, S. 777 (787); *ders.*, AöR 123 (1998), 513 (535).

[77] So insbesondere bei strafrechtlichen Ermittlungsmaßnahmen BVerfG, Beschl. v. 7.12.2011, 2 BvR 2500/09, BVerfGE 130, 1 – *Al Quaida-Fall*, Rn. 106f., BVerfG, Kammerbeschl. v. 11.5. 2007, 2 BvR 543/06, BVerfGK 11, 164 – *Akustische Wohnraumüberwachung*, Rn. 59; BVerfG, Urt. v. 2.3.2006, 2 BvR 2099/04, BVerfGE 115, 166 – *Telekommunikationsüberwachung*, Rn. 93 und 102 sowie BVerfG, Kammerbeschl. v. 2.7.2009, 2 BvR 1691/07, BVerfGK 16, 1 – *Richtervorbehalt Observation*, Rn. 55.

[78] Zur Zusammenstellung von Profilen aus dezentral bei Behörden bereits vorhandenen Daten BVerfG, Urt. v. 24.4.2013, 1 BvR 1215/07, BVerfGE 133, 277 – *Antiterrordatei*, Rn. 169; daneben zur restriktiven Bestimmung eines Eingriffs, BVerwG, Urt. v. 22.10.2014, 6 C 7/13, NVwZ 2015, 906: „Ein Eingriff in das Grundrecht auf informationelle Selbstbestimmung liegt nicht vor, wenn bei Einsatz einer Einrichtung der automatisierten Erfassung von Kraftfahrzeugkennzeichen und deren Abgleich mit Fahndungsdatenbeständen zwar eine Übereinstimmung des tatsächlich erfassten Kennzeichens mit einem im Fahndungsbestand vorhandenen Kennzeichen angezeigt wird, ein visueller Abgleich durch den damit betrauten Polizeibeamten aber eine mangelnde Übereinstimmung ergibt und das erfasste Kennzeichen sofort gelöscht wird, ohne dass die Anonymität des Inhabers aufgehoben wird"; ähnlich bereits BVerfG, Urt. v. 11.3. 2008, 1 BvR 2074/05, 1 BvR 1254/07, BVerfGE 120, 378 – *automatisierte Kennzeichenerfassung*, Rn. 68.

[79] BVerfG, Urt. v. 24.4.2013, 1 BvR 1215/07, BVerfGE 133, 277 – *Antiterrordatei*, Rn. 113; BVerfG, Beschl. v. 24.1.2012, 1 BvR 1299/05, BVerfGE 130, 151 – *Bestandsdatenspeicherung, Zuordnung dynamischer IP-Adressen*, Rn. 169: „Anlass, Zweck und Umfang des jeweiligen Eingriffs sind dabei durch den Gesetzgeber bereichsspezifisch, präzise und normenklar festzulegen.", m. w. N.

[80] Art. 5 Abs. 1 lit. b) DSGVO.

ist danach im Grundsatz unzulässig,[81] ein Austausch des zu Grunde liegenden Zweckes kommt nur unter engen Voraussetzungen in Betracht.[82]

Der Grundsatz der Zweckbindung reagiert auf das besondere Interaktionspotential von Daten, die vielfältig interpretiert, mit anderen Daten korreliert, in andere Kontexte überführt und reinterpretiert werden können. Der Grundsatz der Zweckbindung begrenzt dieses Interaktionspotential, indem er die Informationsverarbeitung auf die im Wesentlichen bei der Erhebung ins Auge gefasste Verwendung beschränkt. Die wissensgenerierenden Effekte der Interaktion,[83] die auf der Koordination der dezentralen Interpretation von Beobachtung beruhen, werden rechtlich beschränkt, um die Wissensgenerierung planbar und damit rechtlich regulierbar zu machen.

Dadurch setzt der Zweckbindungsgrundsatz nicht nur unternehmerischen Strategien Privater, sondern auch solchen Wissensinfrastrukturen Grenzen, die Hoheitsträger zur Aufgabenerfüllung in Bereichen mit unzureichendem Erfahrungswissen etablieren.[84] Das Potential, vorhandene Daten mit Beobachtungen flexibel zu verknüpfen und neue Beobachtungen auf dieser Grundlage zu interpretieren, bietet Strategien im Umgang mit Ungewissheit und der Verarbeitung komplexer Lebensbereiche.[85] Maßnahmen wie etwa die Vorratsdatenspeicherung oder die Antiterrordatei sind zu einem gewissen Grad auf je unterschiedliche Weise darauf angelegt, Optionen für Verknüpfungsmöglichkeiten von Daten offen zu halten, die bei der Datenerhebung noch nicht feststanden und nur

---

[81] Zu Einschränkungen BVerfG, Urt. v. 24.4.2013, 1 BvR 1215/07, BVerfGE 133, 277 – *Antiterrordatei*, Rn. 120: „Soweit der Gesetzgeber die Erhebung personenbezogener Daten ausnahmsweise anlasslos vorsorglich oder zur bloßen Verhütung von Gefahren oder Straftaten erlaubt, ist dies besonders rechtfertigungsbedürftig und unterliegt gesteigerten verfassungsrechtlichen Anforderungen (…)“ im Anschluss an BVerfG, Urt. v. 2.3.2010, 1 BvR 256/08 u. a., BVerfGE 125, 260 – *Vorratsdatenspeicherung*, Rn. 206 ff., siehe unten, Fn. 86; zur Unverhältnismäßigkeit einer anlasslosen und flächendeckenden Kennzeichenerfassung BVerfG, Urt. v. 11.3. 2008, 1 BvR 2074/05, 1 BvR 1254/07, BVerfGE 120, 378 – *automatische Kennzeichenerfassung*, Rn. 172.

[82] BVerfG, Urt. v. 24.4.2013, 1 BvR 1215/07, BVerfGE 133, 277 – *Antiterrordatei*, Rn. 114: Zweckänderung durch Gesetzgeber zulässig, wenn „diese durch Gemeinwohlbelange gerechtfertigt sind, die die grundrechtlich geschützten Interessen überwiegen“; BVerfG, Beschl. v. 3.3. 2004, 1 BvF 3/92, BVerfGE 110, 33 – *Außenwirtschaftsgesetz, Zollkriminalität*, Rn. 152, m. w. N.

[83] Siehe oben § 1 C.I.3.

[84] *Ladeur*, DuD 2000, 12 (16 ff.); zur Zweckfestlegung *Trute*, Verfassungsrechtliche Grundlagen, Rn. 38 f.: „Verallgemeinernd wird man sagen können, dass die Zweckfestlegung in ihrer Wirkung als spezifisches Instrument des Schutzes des allgemeinen Persönlichkeitsrechts nicht der Dezentralität und Vorläufigkeit der Wissensbestände entgeht, die den gesetzlichen Determinationsgrad begrenzen und sachbereichsspezifisch andere Formen der gesetzlichen Steuerung erfordern, bzw. auf ein anderes Verhältnis von Gesetz und Verwaltung angelegt sein müssen.“; für ein Verbot bestimmter Formen der Zweckentfremdung statt einer pauschalen Zweckbindung daher *Bull*, ZRP 1998, 310 (314).

[85] Unter dem Aspekt der Bewältigung von Massenproblemen, aber auch zu statistischen Zwecken für die Daseinsvorsorge bereits *Benda*, Privatsphäre und „Persönlichkeitsprofil“, S. 23 (40 f.); allgemein *Bull*, ZRP 1998, 310 (312).

teilweise absehbar waren. Die verfassungsgerichtliche Rechtsprechung stellt die Bedarfe nach Wissensinfrastrukturen durch eine gewisse Flexibilität bei der Anwendung des Zweckbindungsgrundsatzes in Rechnung,[86] ohne allerdings den dahinterstehenden strukturellen Zusammenhang zwischen der Begrenzung des Interaktionspotentials und der Regelbarkeit der Datenverwendung konzeptionell zu lösen.

IV. Komplexitätssteigerung durch Algorithmen

Algorithmenbasierte Formen der Auswertung großer Datenmengen aus unterschiedlichen Quellen (Big Data) erhöhen die Komplexität von Formen der Datenverarbeitung und ihren Anwendungen nochmals erheblich. Sie sind dadurch mit einer Regelungsstrategie, die Verarbeitungsvorgänge und Verwendungskontexte bereits bei der Datenerhebung plant, kaum angemessen fassbar, zumal ein Großteil der aufbereiteten Datengrundlagen auf vollständig anonymisierten Daten beruhen kann und sich dem Anwendungsbereich datenschutzrechtlicher Regelungen dann entzieht.[87] Diese Formen der algorithmenbasierten Wissensgenerierung wirken sich auf den Bedarf nach Gewährleistung informationeller und personaler Selbstbestimmung aus. Neben Einschüchterungseffekte und Nutzerprofile tritt insbesondere die Gefahr zutreffender oder unzutreffender Zuschreibungen von Eigenschaften zu einer Person, die für Betroffene kaum mehr nachzuvollziehen oder zu widerlegen sind.

Strukturelle Änderungen in der Datenverarbeitung wie sie in ganz unterschiedlichen Sektoren und gesellschaftlichen Feldern mit dem Einsatz von Algorithmen verbunden sind, werfen zugleich ein Schlaglicht auf die Bedeutung von Interaktion für grundrechtliche Gewährleistungen. Das über Interaktionen generierte Wissen ist nicht nur für die Verwirklichung bestimmter grundrechtlicher Schutzgüter bedeutsam mit der Folge, dass die Dogmatik des betreffenden Freiheitsrechts die Voraussetzungen und Wirkungen bestimmter

[86] Zur Zweckbindung bei der Vorratsdatenspeicherung BVerfG, Urt. v. 2.3.2010, 1 BvR 256/08 u.a., BVerfGE 125, 260 – *Vorratsdatenspeicherung*, Rn. 213: „Trotz der außerordentlichen Streubreite und des mit ihr verbundenen Eingriffsgewichts ist dem Gesetzgeber die Einführung einer sechsmonatigen Speicherungspflicht, wie in § 113 a TKG vorgesehen, verfassungsrechtlich nicht schlechthin verboten. Allerdings entspricht es der ständigen Rechtsprechung des Bundesverfassungsgerichts, dass dem Staat eine Sammlung von personenbezogenen Daten auf Vorrat zu unbestimmten oder noch nicht bestimmbaren Zwecken verfassungsrechtlich strikt untersagt ist (...). Um eine solche von vornherein verbotene Form der Datensammlung handelt es sich bei einer vorsorglich anlasslosen Speicherung der Telekommunikationsverbindungsdaten nicht in jedem Fall. Erfolgt sie zu bestimmten Zwecken, kann eine solche Speicherung eingebunden in eine dem Eingriff adäquate gesetzliche Ausgestaltung (siehe unten V) vielmehr auch den Verhältnismäßigkeitsanforderungen im engeren Sinne genügen."; dazu *Roßnagel*, NJW 2010, 1238 (1240); zur Entwicklung des Datenschutzrechts im Zuge der Gesetzgebung zur Terrorismusbekämpfung *Kühling*, DV 44 (2011), 525 (528 f.); *Roggan/Bergemann*, NJW 2007, 876 (877 ff.).

[87] *Trute*, Journ Law & Econ Reg 8 (2015), 62 (68 f.); *Broemel/Trute*, Berliner Debatte Initial 27 (2016), 50 (52 ff.).

Interaktionszusammenhänge in Rechnung stellen muss. Vielmehr können Interaktionen, insbesondere Marktprozesse, darüber hinaus auf einer grundlegenderen Ebene Interaktionsmuster eines Normbereichs strukturell ändern und dadurch die Prämissen eines grundrechtsdogmatischen Konzepts in Frage stellen.

1. Wissensgenerierung über Korrelationen

Indem Algorithmen Korrelationen zwischen Daten unterschiedlicher Quellen herstellen, geben sie Hinweise etwaige Zusammenhänge zwischen diesen Merkmalen, ohne die Ursachen oder Hintergründe dieser Zusammenhänge erklären zu können.[88] Unterschiedliche Typen von Algorithmen lassen sich nach dem Grad ihrer Weiterentwicklung während der laufenden Anwendung sowie ihren Funktionsvoraussetzungen differenzieren[89] und generieren in ihren Anwendungen neues Wissen mit unterschiedlicher Reichweite.

Teilweise werden Algorithmen zur systematischen und zeitnahen Auswertung einer großen Menge zentral zusammengestellter Informationen herangezogen, etwa durch Markttransparenzstellen im Energiegroßhandel,[90] bei der Simulation adverser Szenarien zur Durchführung von Stresstests im Finanzsektor[91] oder zur Verbrechensbekämpfung beim *predictive policing*.[92] Algorithmen werten in diesen Fällen eine durchaus beachtliche Menge von Daten nach Relevanzkriterien aus, die im Wesentlichen auf der Grundlage des verfügbaren Erfahrungswissens ex ante bekannt sind. Der Mehrwert der algorithmenbasierten Datenauswertung liegt in diesen Fällen vor allem in der schnellen, übersichtlichen Auswertung der Datenmengen, die oftmals durch Informations- und Berichtspflichten privater Stellen[93] zunächst erzeugt werden. Je nach Anwendungszweck werden die algorithmenbasiert aufbereiteten Daten dann den Marktteilnehmern oder den zuständigen Behörden zur Verfügung gestellt, um deren Wissensgrundlage für zukünftige Entscheidungen zu verbessern. Die Markttransparenzstelle[94] leitet beispielsweise bei Anhaltspunkten für missbräuchliche Marktmanipulationen

---

[88] *O'Neil/Schutt*, Doing Data Science, S. 274ff.: correlation does not imply causation.

[89] Zu unterschiedlichen Typen von *„machine learning"* Algorithmen *O'Neil/Schutt*, Doing Data Science, S. 52ff.

[90] *Broemel*, Wissensgenerierung im Regulierungsverfahren, S. 139 (153ff.).

[91] Näher European Banking Authority (EBA), 2011 EU-Wide Stress Test Aggregate Report, 15.07.2011.

[92] Bestandsaufnahme bei *Gluba*, Kriminalistik 2014, 347ff.; *Perry/McInnis/Price/Smith/Hollywood*, Predictive Policing.

[93] Die Informationen zur Durchführung der Stresstests werden der Europäischen Bankenaufsichtsbehörde nach Art. 35 Abs. 1 VO 1093/2010 von den zuständigen Behörden der Mitgliedstaaten übermittelt, die nach Art. 78 VO 1093/2010 alle geeigneten Vorkehrungen zur wirksamen Anwendung gewährleisten; zu den Mitteilungspflichten an die Markttransparenzstelle vgl. § 47e GWB. Die *predictive policing*-Anwendungen ziehen neben öffentlich verfügbaren Daten vor allem die Meldungen der Polizeidienststellen heran.

[94] §§ 47aff. GWB.

den Vorgang an die zuständigen Behörden weiter.[95] Die Ergebnisse der Stresstests für Kreditinstitute werden sowohl an die nationalen Aufsichtsbehörden als auch an die Marktteilnehmenden weitergegeben und sollen schon dadurch Anreize zur Verbesserung der Liquidität betroffener Kreditinstitute setzen und systemische Risiken reduzieren.[96] Polizeibehörden können – wie allerdings auch Kriminelle – ihre Aktivitäten auf die sich abzeichnende Entwicklung einstellen.

Weitergehend können Algorithmen auch eingesetzt werden, um bisher unbekannte Zusammenhänge zu ermitteln und insbesondere bestimmte Eigenschaften oder Merkmale von Personen wie ihre Präferenz für Waren oder Dienstleistungen, ihre Bonität, ihre Krankheitsrisiken oder andere transaktionsrelevante Faktoren prognostizieren zu können. Zu diesem Zweck werden in einer ersten Stufe unterschiedliche Daten, zu denen typischerweise auch Daten zum Nutzerverhalten oder den jeweils relevanten Zielmerkmalen zählen, zu Clustern korreliert. Diese Clusterung auch anonymisierter Daten beschreibt die Zusammensetzung der Zielgruppe in unterschiedlichen Dimensionen. Sie bildet die Grundlage für eine Prognose eines bislang unbekannten Einzelfalls. Auf dieser zweiten Stufe genügen einige wenige Merkmale der bislang unbekannten Person, um sie einem oder einigen der Cluster zuzuordnen und ihr folglich die Eigenschaften dieser Cluster zuschreiben zu können. Solche Mechanismen zur Prognose dienen etwa der Optimierung von Suchmaschinen, die Sucheingaben anhand des bisherigen Nutzerverhaltens des betreffenden oder anderer Nutzer sowie sonstiger Umstände der Suchanfrage näher einordnen können.[97] Andere, ähnlich gelagerte Beispiele sind die Optimierung von Empfehlungen für Waren oder Dienstleistungen, die Ermittlung der Bonität potentieller Kundinnen und Kunden oder von Versicherungsrisiken.

Noch weitergehend können Algorithmen vor allem im Modus des sog. nichtüberwachten Lernens Zusammenhänge zwischen verschiedenen Datenmerkmalen auch ohne die Vorgabe bestimmter Zielmerkmale anhand der relativen Abstände korrelierter Datenpunkte sowie durch eine besonders gewichtete Berücksichtigung zuvor getroffener Zuordnungen ähnlich der Funktionsweise neuronaler Netze ermitteln. Diese Algorithmen bereiten mit anderen Worten Muster und Anhaltspunkte für Unregelmäßigkeiten auch in Bereichen auf, in denen nur wenig Vorwissen über die Zusammenhänge und Strukturen des jeweiligen Sachbereichs besteht. In einigen Bereichen wissenschaftlicher Forschung stehen solche Algorithmen für die methodische Umstellung von der empirischen Überprüfung zuvor aufgestellter Hypothesen zu ihrer algorithmengestützten Generierung.[98]

---

[95] *Broemel*, Wissensgenerierung im Regulierungsverfahren, S. 139 (159 ff.).

[96] European Banking Authority (EBA), 2011 EU-Wide Stress Test Aggregate Report, 15.07. 2011, S. 2: „(...) transparency of this exercise is designed to provide investors, analysts and other market participants with an informed view on the resilience of the EU banking sector".

[97] *Heinemann*, Google als kartellrechtliches Problem?, S. 33; *Geradin/Kuschewsky*, Competition Law and Personal Data: Preliminary Thoughts on a Complex Issue, S. 3.

[98] Zum Übergang von der Bioinformationstechnik zur Gentechnologie *Rheinberger*, Wie

2. *Folgen für grundrechtliche Gewährleistung*

Das Recht auf informationelle Selbstbestimmung ist durch diese Art der Datenverarbeitung anderen potenziellen Beeinträchtigungen ausgesetzt, als bei herkömmlichen Verarbeitungspfaden, bei denen die Erhebung regelmäßig schon im Hinblick auf einen bestimmten Verwendungskontext oder zur Vorbereitung einer mehr oder weniger genau umrissenen Entscheidung erfolgt.

Die datenschutzrechtlichen Instrumente, die auf eine Fixierung und Planung der Verwendungskontexte zielen wie insbesondere der Grundsatz der Zweckbindung und der Datensparsamkeit, passen kaum zur Funktionsweis der algorithmenbasierten Datenauswertung.[99] Daraus allein auf die datenschutzrechtliche Unzulässigkeit algorithmenbasierter Datenauswertung zu schließen, wäre auch zur Gewährleistung des verfassungsrechtlichen Schutzguts kaum angemessen.[100] Zum einen ist das datenschutzrechtliche Instrumentarium auf das von den Algorithmen ausgehende Potential für Beeinträchtigungen kaum eingestellt. Ein Großteil der Datengrundlagen lässt sich über anonymisierte Daten aufbereiten.[101] Einwilligungen der Betroffenen in die Datenerhebung und Datenverwendung sind bei zahlreichen Anwendungen vor allem im Internet alternativlos und zudem in ihren komplexen Auswirkungen nur schwer zu durchschauen. Aus Unternehmenssicht stellen Algorithmen je nach Branche und Geschäftsmodell einen zunehmend bedeutsamen Faktor der Wettbewerbsfähigkeit auch im grenzüberschreitenden Wettbewerb dar mit der Folge, dass der Einsatz von Algorithmen in absehbarer Zeit in vielen Bereichen gängige Praxis aller Anbieter sein wird. Zum anderen können Algorithmen auf verschiedene Art und Weise die Handlungsmöglichkeiten der von der Datenerhebung betroffenen Grundrechtsträger und damit ihren Raum für selbstbestimmte Entscheidungen erweitern, etwa durch die Versorgung herkömmlich nicht abgedeckter Marktnischen, die Entwicklung präventiver Technologien im Gesundheits- oder Sicherheitsbereich oder anderweitige Optimierung von Angeboten. Auch zur Gewährleistung individueller Selbstbestimmung sind die Mechanismen des Datenschutzrechts daher auf die Funktionsweise algorithmenbasierter Wissensgenerierung einzustellen.

---

werden aus Spuren Daten, und wie verhalten sich Daten zu Fakten?, S. 117 (123 f.): Übergang von der hypothesengeleiteten zur datengeleiteten Forschung; „Spuren werden nicht mehr im Lichte von Phänomenen generiert, sondern als Daten gepoolt, um gegebenenfalls noch unbekannten, neuen Fakten ans Licht zu verhelfen"; im Anschluss daran *Trute*, Journ Law & Econ Reg 8 (2015), 62 (64).

[99] Zum Verhältnis von Big Data-Anwendungen und datenschutzrechtlichen Grundsätzen *Boehme-Neßler*, UFITA 2015, 19 ff.; *Weichert*, DuD 2014, 831 ff.

[100] *Trute*, Journ Law & Econ Reg 8 (2015), 62 (67 ff.); *Ladeur*, Die Gesellschaft der Netzwerke und ihre Wissensordnung, S. 225 (232); *Broemel/Trute*, Berliner Debatte Initial 27 (2016), 50 (52 f.).

[101] Zu den Schwierigkeiten bei der Auslegung des Merkmals der „bestimmbaren natürlichen Person" in der Definition des Begriffs „personenbezogener Daten" nach § 3 Abs. 1 BDSG *Brisch/Pieper*, CR 2015, 724 ff.

Herausforderungen für die Gewährleistung individueller Selbstbestimmung werden vor allem in dem Schutz vor algorithmenbasierten Prognosen, den in ihnen enthaltenen Zuschreibungen von Eigenschaften und ihren Folgen liegen. Die datenschutzrechtlichen Regelungen für die Verwendung von Wahrscheinlichkeitswerten bei vertragsrelevanten Entscheidungen (*scoring*)[102] deckt mit ihren Anforderungen an die Ermittlung des Wahrscheinlichkeitswerts und an die Anwendung des Verfahrens lediglich punktuell einen spezifischen Anwendungsfall aus einer weitreichenden Bandbreite potentieller Geschäftsmodelle ab. Die Regelung legt dabei noch eine bestimmte, derzeit praktisch verbreitete Art von *scoring*-Verfahren zu Grunde, die allerdings nicht der Funktion anderer algorithmenbasierter Verfahren entsprechen muss.

Durch die Abstraktion der algorithmenbasiert verarbeiteten Daten zu geclusterten Datengrundlagen und die Verbindung einzelner personenbezogener Datenmerkmale mit diesen geclusterten, unter Umständen sehr aussagekräftigen Interpretationskontexten setzt eine Gewährleistung grundrechtlich geschützter Selbstbestimmung möglicherweise weniger eingehend bei der Erhebung personenbezogener Daten als bei den Folgen an. Der Regelungsbedarf dürfte sich nicht zuletzt auf die Teilhabe an Angeboten beziehen, die in einer Breitenwirkung algorithmenbasiert vorstrukturiert sind, dass ihnen eine nicht unerhebliche gesellschaftliche Bedeutung zukommt. Dieser Schutz vor zuschreibungsbedingter Exklusion lässt sich als Form des Diskriminierungsschutzes verstehen.[103] Jedenfalls verbreitern Algorithmen das Schutzbedürfnis von der Gewährleistung informationeller Selbstbestimmung auf eine umfassendere Gewährleistung personaler Selbstbestimmung.

3. Entwicklung und Verbreitung der Algorithmen über Interaktion

Diese Veränderung des Schutzbedürfnisses ist durch Änderungen in den Interaktionszusammenhängen der Grundrechtsträger eingetreten, die ihrerseits auf Interaktion und die Kombination der aus ihnen hervorgebrachten Möglichkeiten zurückgehen. Sowohl die Entwicklung der algorithmenbasierten Datenverarbeitung als auch ihre Einbindung in neuartige Geschäftsmodelle und schließlich ihre sektorenübergreifende Verbreitung erfolgen maßgeblich über Marktprozesse. Während die wesentlichen Grundlagen der Algorithmen zum überwachten wie auch zum nicht-überwachten Lernen bereits seit einigen Jahrzehnten bekannt sind,[104] bereitete die Erhöhung der Rechen- und Speicher-

---

[102] § 28 b BDSG, näher *Taeger*, K&R 2014, Beihefter 4/10, 4 ff.

[103] Im Zusammenhang mit statistischen Verfahren formuliert bei *Britz*, Einzelfallgerechtigkeit versus Generalisierung, S. 75 ff.; *dies.*; Informationelle Selbstbestimmung zwischen rechtswissenschaftlicher Grundsatzkritik und Beharren des Bundesverfassungsgerichts, S. 561 (579).

[104] Zur Mustererkennung im Modus des sog. überwachten Lernen einschließlich der Berücksichtigung von Wahrscheinlichkeitsfunktionen vgl. bereits *Tou/Gonzalez*, Pattern Recognition Principles, S. 39 ff., S. 75 ff., S. 110 ff.; zum Modus des nicht-überwachten, selbstorganisierten

kapazitäten zu niedrigen Kosten den Weg für komplexere, eine Vielzahl von Variablen verarbeitende Algorithmen.

Geschäftsmodelle, die den Einsatz von Algorithmen rentabel machen, treiben ihre Verbreitung, vor allem aber auch die Erhebung von Daten voran. Ein erheblicher Teil insbesondere der für die Clusterbildung wertvollen Nutzerdaten wird durch die Beobachtung der Nutzung kostenloser oder nicht-kostendeckender online-Angebote generiert, die von Unternehmen im Wesentlichen wegen der Daten, daneben vielleicht noch zu Werbezwecken, bereitgestellt werden. Das betrifft etwa die Angebote von Suchmaschinen, sozialen Netzwerken, E-Mail-Accounts, virtuellen Speicherplätzen, digitalen Kalendern oder von Plattformen zum Austausch von Telemedieninhalten. Digitale Märkte bilden weit überwiegend sog. zwei- oder mehrseitige Märkte,[105] bei denen die Generierung von Daten auf einem Markt erst in Verbindung mit ihrer Verwendung für Angebote auf anderen Märkten ein insgesamt rentables Geschäftsmodell ergibt. Personenbezogene Daten werden in diesen Geschäftsmodellen nur noch zu einem kleinen Teil zur Abwicklung eines Vertrags erhoben, sondern bilden vielmehr eine Art Gegenleistung.[106] Die Bedeutung der Daten, insbesondere zum Nutzungsverhalten, setzt zudem Anreize, auch Geräte der „*offline*-Welt" mit Sensoren und einer Internetanbindung auszustatten, um weitere digitale Daten zu generieren.[107]

Die Kommerzialisierung dieser Daten erfolgt nicht nur und in vielen Anwendungsfällen nicht einmal in erster Linie direkt über individualisierte Werbung. Vielmehr bilden die Daten eine Grundlage für handlungsrelevantes Wissen auf anderen Märkten, insbesondere bei Entscheidungen in Bezug auf neue, bisher unbekannte Nutzende. Die Daten zum Nutzerverhalten werden zu einem Interpretationskontext aufbereitet, durch den das Unternehmen auf einem anderen Markt besser informierte Entscheidungen, beispielsweise bei der Gestaltung des

---

Lernens *Kohonen*, IEEE 78 (1990), 1464 ff., sowie *Kohonen/Oja/Simula/Visa/Kangas*, IEEE 84 (1996), 1358 ff., die die Entwicklung der ersten „self-organizing maps"-Algorithmen auf den Beginn der 80er Jahre datieren; *Trute*, Journ Law & Econ Reg 8 (2015), 62 (66).

105 *Monopolkommission*, Wettbewerbspolitik: Herausforderung digitale Märkte, Sondergutachten 68, Tz. 33 ff.; *Monopolkommission*, Eine Wettbewerbsordnung für die Finanzmärkte, 20. Hauptgutachten 2012/2013, 20. Hauptgutachten, Tz. 14 ff.; *Haucap/Heimeshoff*, Int. Econ. Econ. Policy 2014, 49 (52 ff.); zur Internetsuche *Höppner/Grabenschröer*, NZKart 2015, 162 (163 ff.); allgemein und grundlegend zum Konzept mehrseitiger Märkte *Rochet/Tirole*, Journ. Eur. Econ. Ass. 2003, 990 ff.; *Evans*, Yale J. on Reg. 20 (2003), 325 ff.

106 *Vesting*, Das Internet und die Notwendigkeit der Transformation des Datenschutzes, S. 155 (168): „Vor allem die Verwandlung von Informationen in Wirtschaftsgüter, eine Bewegung, die durch die Möglichkeiten der Internetkommunikation weiter forciert wird, stellt das herkömmliche Leitbild des Datenschutzes auf eine harte Probe".

107 Vgl. nur zu vernetzten Kraftfahrzeugen *Hornung/Goeble*, CR 2015, 265 ff.; *Hornung*, DuD 2015, 359 ff.; *Roßnagel*, DuD 2015, 353 ff.; zur Entwicklung der jährlich generierten Datenvolumina *Trute*, Journ Law & Econ Reg 8 (2015), 62 (65).

eigenen Angebots, bei der Preissetzung, bei Produktempfehlungen und sonstiger kommerzieller Kommunikation oder bei der Kundenauswahl, trifft.

Bewährt sich dieser Einsatz von Algorithmen bei der Verbesserung der Entscheidungsgrundlage, wird er zu einem Wettbewerbsfaktor mit der Folge, dass andere Unternehmen auf dem selben oder anderen Märkten die Praxis übernehmen. Die gegenseitige Beobachtung auf Märkten[108] macht den Einsatz von Algorithmen zu einem Standard, auf den Unternehmen in entsprechenden Märkten kaum verzichten können. Die Kombination aus flächendeckenden Angeboten, die auf algorithmenbasierten Geschäftsmodelle beruhen, und ihre verbreitete Nutzung im Alltag und insbesondere in der Kommunikation unter Nutzenden macht Algorithmen von einer innovativen Technologie schließlich zu einer sozialen Praxis.[109] Diese aus unterschiedlichen Interaktionszusammenhängen hervorgegangene soziale Praxis zieht einen grundlegenden Anpassungsbedarf des verfassungsrechtlichen Konzepts informationeller Selbstbestimmung nach sich.

C. Einschüchterungseffekte

Die verfassungsgerichtliche Rechtsprechung hat bekanntlich früh unterschiedliche Aspekte von Einschüchterungseffekten, die mit der hoheitlichen Beobachtung der Grundrechtsausübung einhergehen können, zur Begründung von Grundrechtseingriffen herangezogen.[110] In der Sache bezieht diese Argumentation über Einschüchterungseffekte hoheitliche Beeinträchtigungen von Interaktionszusammenhängen auf eine isolierte Verhaltensfreiheit, die infolge der Einschüchterung nicht mehr beliebig ausgeübt werden kann. Weil die Analyse der jeweiligen Interaktionen einschließlich ihrer inhärenten Anforderungen und die Relevanz für das betroffene grundrechtliche Schutzgut dabei in den Hintergrund treten, etabliert sich der Einschüchterungseffekt in der Rechtsprechung als allgemeiner, grundrechtsübergreifend einheitlich handhabbarer Fall eines mittelbaren Grundrechtseingriffs. Das konturlose, bei jedem personenbezogenen Datum betroffene Recht auf informationelle Selbstbestimmung wird in der Folge zu einer Art Auffanggrundrecht für informationsvermittelte Nachteile, unabhängig von der Eingriffsintensität und auch bei einem Bezug zu anderen Freiheitsrechten, etwa bei berufsbezogenen Tätigkeiten. An die Stelle dieser

[108] Näher unten, § 5 A.I. und A.II.7.

[109] *Trute*, Journ Law & Econ Reg 8 (2015), 62 (62 f.).

[110] BVerfG, Urt. v. 15.12.1983, 1 BvR 309/83, BVerfGE 65, 1 – *Volkszählung*, Rn. 148; später etwa BVerfG, Urt. v. 24.1.2012, 1 BvR 1299/05, BVerfGE 130, 151 – *Bestandsdatenspeicherung*, Rn. 122; BVerfG, Urt. v. 13.6.2007, 1 BvR 1550/03, BVerfGE 118, 168 – *Kontenabfrage*, Rn. 86; BVerfG, Beschl. v. 12.4.2005, 2 BvR 1027/02, BVerfGE 113, 29 – *Beschlagnahme von Datenträgern*, Rn. 82; BVerfG, Urt. v. 27.02.2008, 1 BvR 370/07, BVerfGE 120, 274 – *Online-Durchsuchung*, Rn. 163; zum Einschüchterungseffekt als Kern einiger Datenschutzkonzeption in der Literatur *Britz*, Informationelle Selbstbestimmung, S. 561 (569).

strukturellen Schwäche der dogmatischen Begründung mittelbarer Grundrechtseingriffe in eine isoliert betrachtete Verhaltensfreiheit setzt die interaktionszentrierte Perspektive eine Analyse der Interaktionsbeziehungen, der Effekte ihrer hoheitlichen Beeinflussung und den Konsequenzen für das grundrechtliche Schutzgut.

I. Einschüchterung als mittelbarer Effekt der Datenerhebung

Die verfassungsgerichtliche Rechtsprechung stellt seit der Volkszählungsentscheidung zwei zusammenhängende Aspekte selbstbestimmter Entscheidungen heraus. Zum einen ordnet sie die Kenntnis des Grundrechtsträgers von dem Wissen des sozialen Umfelds über die eigene Person als wichtig ein.[111] Datenschutzrechtliche Auskunfts- und Informationsansprüche über den Umfang erhobener oder verarbeiteter Daten dienen aus diesem Grund nicht nur akzessorisch der Kontrolle oder der Durchsetzung weiterer Ansprüche, sondern fördern selbstbestimmte Entscheidungen unmittelbar.[112] Zum anderen kann die Erhebung personenbezogener Daten bei einem bestimmten Verhalten, auch im Hinblick auf etwaige negative Konsequenzen, den Grundrechtsträger einschüchtern[113] und dadurch von jenen Handlungen abhalten.[114] Solche Einschüchterungseffekte

[111] „Individuelle Selbstbestimmung setzt aber – auch unter den Bedingungen moderner Informationsverarbeitungstechnologien – voraus, dass dem Einzelnen Entscheidungsfreiheit über vorzunehmende oder zu unterlassende Handlungen einschließlich der Möglichkeit gegeben ist, sich auch entsprechend dieser Entscheidung tatsächlich zu verhalten. Wer nicht mit hinreichender Sicherheit überschauen kann, welche ihn betreffende Informationen in bestimmten Bereichen seiner sozialen Umwelt bekannt sind, und wer das Wissen möglicher Kommunikationspartner nicht einigermaßen abzuschätzen vermag, kann in seiner Freiheit wesentlich gehemmt werden, aus eigener Selbstbestimmung zu planen oder zu entscheiden", BVerfG, Urt. v. 15.12.1983, 1 BvR 309/83, BVerfGE 65, 1 – *Volkszählung*, Rn. 148.

[112] Zu den unionsrechtlichen Vorgaben der DSRL *Albers*, Umgang mit personenbezogenen Informationen und Daten, § 22 Rn. 50.

[113] Als Einschüchterungseffekt bezeichnet in BVerfG, Beschl. v. 12.4.2005, 2 BvR 1027/02, BVerfGE 113, 29 – *Beschlagnahme von Datenträgern*, Rn. 83; BVerfG, Urt. v. 2.3.2006, 2 BvR 2099/04, BVerfGE 115, 166 – *Telekommunikationsüberwachung*, Rn. 88; BVerfG, Urt. v. 11.3.2008, 1 BvR 2074/05, 1 BvR 1254/07, BVerfGE 120, 378 – *automatische Kennzeichenerfassung*, Rn. 78; BVerfG, Urt. v. 2.3.2010, 1 BvR 256/08 u.a., BVerfGE 125, 260 – *Vorratsdatenspeicherung*, Rn. 233; BVerfG, Beschl. v. 4.4.2006, 1 BvR 518/02, BVerfGE 115, 320 – *Rasterfahndung*, Rn. 117; für Videoaufzeichnungen von Versammlungen BVerfG, einstw. Anord. v. 17.2.2009, 1 BvR 2492/08, BVerfGE 122, 342 – *Bayerisches Versammlungsgesetz*, Rn. 131; weiter zur Berücksichtigung von Einschüchterungseffekten BVerfG, Beschl. v. 10.3.2008, 1 BvR 2388/03, BVerfGE 120, 351 – *Rasterfahndung, Steuergeheimnis*, Rn. 110; BVerfG, Nichtannahmebeschl. v. 12.8.2010, 2 BvR 1447/10, BVerfGK 17, 469 – *Videobeweis bei Verkehrsverstoß*, Rn. 14, und BVerfG, Nichtannahmebeschl. v. 5.7.2010, 2 BvR 759/10, NJW 2010, 2717, Rn. 14; aus der Literatur *Britz*, Informationelle Selbstbestimmung zwischen rechtswissenschaftlicher Grundsatzkritik und Beharren des Bundesverfassungsgerichts, S. 562 (569); *Simitis*, NJW 1984, 398 (400): Grundrechtsschutz auflösender Anpassungszwang; zurückhaltender demgegenüber *Bull*, NJW 2006, 1617 (1619).

[114] „Mit dem Recht auf informationelle Selbstbestimmung wären eine Gesellschaftsordnung und eine diese ermöglichende Rechtsordnung nicht vereinbar, in der Bürger nicht mehr wissen

können sich nach der Rechtsprechung durch die Datenerhebung zu einem sensiblen Anlass, etwa bei einer Versammlung,[115] aber auch aus der anlasslosen Erhebung mit Breitenwirkung ergeben.[116] In ähnlicher Weise berücksichtigt die verfassungsgerichtliche Rechtsprechung Einschüchterungseffekte im Rahmen der Meinungsfreiheit bei der Auslegung mehrdeutiger Äußerungen. Diese sind, wenn Sanktionen für Äußerungen aus der Vergangenheit in Rede stehen, zur Vermeidung von Einschüchterungseffekten meinungsfreundlich auszulegen.[117] Beide Aspekte, die Ungewissheit über das Wissen Dritter und die Möglichkeit negativer Konsequenzen in der Zukunft, sind im Ausgangspunkt voneinander unabhängig, werden in der Rechtsprechung jedoch teilweise einheitlich als Einschüchterungseffekt eingestuft.[118]

II. Einschüchterungseffekt als übergreifende Eingriffsmodalität

Der Rückgriff auf Einschüchterungseffekte bietet auf der einen Seite einen durchaus vielseitig anschlussfähigen und relativ einfachen Weg, Grundrechtseingriffe durch die Erhebung personenbezogener Daten zu begründen oder die Intensität eines Eingriffs zu bewerten. Maßnahmen der Kennzeichenerfassung, der Telekommunikationsüberwachung oder der Beschlagnahme von Datenträgern lassen sich genauso einordnen wie etwa Filmaufnahmen von Versammlungen.[119] Hinter

---

können, wer was wann und bei welcher Gelegenheit über sie weiß. Wer unsicher ist, ob abweichende Verhaltensweisen jederzeit notiert und als Information dauerhaft gespeichert, verwendet oder weitergegeben werden, wird versuchen, nicht durch solche Verhaltensweisen aufzufallen. Wer damit rechnet, dass etwa die Teilnahme an einer Versammlung oder einer Bürgerinitiative behördlich registriert wird und dass ihm dadurch Risiken entstehen können, wird möglicherweise auf eine Ausübung seiner entsprechenden Grundrechte (Art 8, 9 GG) verzichten", BVerfG, Urt. v. 15.12.1983, 1 BvR 309/83, BVerfGE 65, 1 – *Volkszählung*, Rn. 148.

[115] BVerfG, Urt. v. 15.12.1983, 1 BvR 309/83, BVerfGE 65, 1 – *Volkszählung*, Rn. 148; BVerfG, einstw. Anord. v. 17.2.2009, 1 BvR 2492/08, BVerfGE 122, 342 – *Bayerisches Versammlungsgesetz*, Rn. 131.

[116] „Werden Personen, die keinen Erhebungsanlass gegeben haben, in großer Zahl in den Wirkungsbereich einer Maßnahme einbezogen, können von ihr auch allgemeine Einschüchterungseffekte ausgehen, die zu Beeinträchtigungen bei der Ausübung von Grundrechten führen können (…). Die Unbefangenheit des Verhaltens wird insbesondere gefährdet, wenn die Streubreite von Ermittlungsmaßnahmen dazu beiträgt, dass Risiken des Missbrauchs und ein Gefühl des Überwachtwerdens entstehen (…). Das aber ist gerade bei der seriellen Erfassung von Informationen in großer Zahl der Fall.", BVerfG, Urt. v. 11.3.2008, 1 BvR 2074/05, 1 BvR 1254/07, BVerfGE 120, 378 – *automatisierte Kennzeichenerfassung*, Rn. 78.

[117] Zusammenfassend BVerfG, Stattgebender Kammerbeschl. v. 19.12.2007, 1 BvR 967/05, BVerfGK 13, 97 – *Gegendarstellungsanspruch*, Rn. 32, m. w. N. zur st. Rspr.; zur Differenzierung zwischen straf- sowie zivilrechtlichen Sanktionen und zukunftsbezogenen Unterlassungsansprüchen zivilrechtlichen BVerfG, Beschl. v. 25.10.2005, 1 BvR 1696/98, BVerfGE 114, 339 – *Stolpe*, Rn. 36.

[118] Etwa BVerfG, Urt. v. 2.3.2006, 2 BvR 2099/04, BVerfGE 115, 166 – *Telekommunikationsüberwachung*, Rn. 88; BVerfG, Beschl. v. 12.4.2005, 2 BvR 1027/02, BVerfGE 113, 29 – *Beschlagnahme von Datenträgern*, Rn. 83.

[119] Siehe oben, Fn. 113, auch zu weiteren Beispielen aus der Rechtsprechung.

dem besonderen Schutz des Fernmeldegeheimnisses, der Unverletzlichkeit der Wohnung[120] sowie der Integrität und Vertraulichkeit informationstechnischer Systeme[121] steht ebenfalls ähnlich wie bei Einschüchterungseffekten eine Vertraulichkeitserwartung, ohne die der Grundrechtsträger das jeweilige Medium oder die Einrichtung nicht mehr vorbehaltlos, sondern nur noch eingeschränkt nutzen würde.[122]

Kehrseite dieser Flexibilität ist der fehlende Bezug von Einschüchterungseffekten zu den Eigenschaften und Voraussetzungen des jeweiligen Schutzguts. Einschüchterungseffekte sind nicht auf den Schutzbereich eines Freiheitsrechts beschränkt oder für ein bestimmtes Schutzgut spezifisch. Vielmehr folgt umgekehrt aus den Voraussetzungen des jeweiligen Schutzguts der jeweilige Bedarf nach einem Schutz vor Einschüchterungseffekten, die zudem in der Rechtsprechung selten empirisch belegt sind.[123] Die Bestimmung dieses Bedarfs setzt eine Analyse des jeweiligen Lebensbereichs voraus. Inwieweit die hoheitliche Registrierung eines bestimmten Verhaltens das Schutzgut eines Freiheitsrechts beeinträchtigt, hängt von der Empfindlichkeit des betroffenen Interaktionszusammenhangs und der Relevanz für das Schutzgut ab. Der scheinbar flexible Rückgriff auf Einschüchterungseffekte suggeriert demgegenüber eine Austauschbarkeit der grundrechtlichen Schutzbereiche wie auch ein Spezialitätsverhältnis zwischen einzelnen Freiheitsrechten, insbesondere dem Fernmeldegeheimnis und der Unverletzlichkeit der Wohnung, und dem Recht auf informationelle Selbstbestimmung.[124] Dieses wird dann, ähnlich wie bei der hoheitlichen Informationstätigkeit, als Auffanggrundrecht gegen mittelbar beschränkende Effekte der Datenerhebung herangezogen.

---

[120] Zu beidem *Albers*, Umgang mit personenbezogenen Informationen und Daten, § 22 Rn. 71.

[121] BVerfG, Urt. v. 27.2.2008, 1 BvR 370/07, 1 BvR 595/07, BVerfGE 120, 274 – *Online-Durchsuchung*, Rn. 181 ff.; differenzierend zur normativen Bedeutung des informationstechnischen Systems und den Folgen für den Schutz durch das Recht auf informationelle Selbstbestimmung *Britz*, DÖV 2008, 411 (412 ff.); ähnlich, insbesondere zu den nachfolgenden Verarbeitungsphasen *Albers*, Umgang mit personenbezogenen Informationen und Daten, § 22 Rn. 68 b.

[122] Zum Fernmeldegeheimnis BVerfG, Urt. v. 12.3.2003, 1 BvR 330/96, 1 BvR 348/99, BVerfGE 107, 299 – *Handy-Überwachung*, Rn. 50: „Das Grundrecht will die Bedingungen einer freien Telekommunikation aufrechterhalten. Die Nutzung des Kommunikationsmediums soll in allem vertraulich möglich sein (...). Mit der grundrechtlichen Verbürgung der Unverletzlichkeit des Fernmeldegeheimnisses soll vermieden werden, dass der Meinungs- und Informationsaustausch mittels Telekommunikationsanlagen deswegen unterbleibt oder nach Form und Inhalt verändert verläuft, weil die Beteiligten damit rechnen müssen, dass staatliche Stellen sich in die Kommunikation einschalten und Kenntnisse über die Kommunikationsbeziehungen oder Kommunikationsinhalte gewinnen (...)".

[123] *Kühling*, DV 44 (2001), 525 (540): Tendenz zur Überbetonung.

[124] Kritisch dazu *Albers*, Umgang mit personenbezogenen Informationen und Daten, § 22 Rn. 70.

1. Einschüchterungseffekt nicht schutzbereichsspezifisch

Die mit dem Einschüchterungseffekt verbundene Beeinträchtigung bei der Ausübung eines Freiheitsrechts kann sich auf unterschiedliche Freiheitsrechte beziehen. Schon in der Volkszählungsentscheidung[125] bezog das Bundesverfassungsgericht die beeinträchtigende Wirkung einer Datenerhebung auf die Ausübung der Versammlungs- sowie Vereinigungs- und Koalitionsfreiheit. Obwohl das Bundesverfassungsgericht den Zusammenhang in der Entscheidung zur Begründung eines Eingriffs in das Recht auf informationelle Selbstbestimmung herangezogen hat,[126] spricht der Zusammenhang zwischen Einschüchterung und Behinderung bei der Freiheitsausübung dafür, dass es sich um eine Beeinträchtigung des jeweils betroffenen Freiheitsrechts handelt.[127] So ordnen die Verwaltungsgerichte etwa Videoaufnahmen von Versammlungen als Eingriff in die Versammlungsfreiheit,[128] teilweise neben der Annahme eines Eingriffs in das Recht auf informationelle Selbstbestimmung ein.[129] Dabei dienen gelegentliche Hinweise auf die Volkszählungsentscheidung des Bundesverfassungsgerichts[130] lediglich dazu, den Einschüchterungseffekt als Grundrechtseingriff einzuordnen, ohne diesen Eingriff allerdings auf das Recht auf informationelle Selbstbestimmung zu beziehen. Damit abstrahiert die fachgerichtliche Rechtsprechung den vom Bundesverfassungsgericht in der Volkszählungsentscheidung herangezogenen Begründungszusammenhang vom Schutzbereich des Rechts auf informationelle Selbstbestimmung. Der Einschüchterungseffekt wird zu einem vertypten Argument für einen mittelbaren Grundrechtseingriff.

---

[125] BVerfG, Urt. v. 15.12.1983, 1 BvR 309/83, BVerfGE 65, 1 – *Volkszählung*, Rn. 148; siehe oben, Fn. 114.

[126] Siehe oben, Fn. 114.

[127] *Albers*, Informationelle Selbstbestimmung, S. 357 ff., S. 425 ff.: Konkretisierung gegenstandsgerechter Rechtsbindungen und Rechtspositionen aus den thematisch spezifizierten Gewährleistungen; *Ladeur*, DuD 2000, 12 (17); *Trute*, Verfassungsrechtliche Grundlagen, Rn. 63 ff.; tendenziell auch *Placzek*, Allgemeines Persönlichkeitsrecht, S. 228: Entwicklung spezieller persönlichkeitsrechtlicher Schutzgüter, deren Definition dazu zwingt Rechenschaft über das Gewicht verschiedener ‚informationeller' Beeinträchtigungen abzulegen und grundrechtliche Rechtfertigungszwänge ebenso wie einfachgesetzliche Informationsverbote auf solche Verhaltensweisen zu beschränken, die das jeweilige Schutzgut gefährden; für Videoaufzeichnungen von Versammlungen *Roggan*, NVwZ 2010, 1402 (1403); bei einem Eingriff in das Recht auf informationelle Selbstbestimmung bleibt es jedoch bei Videoüberwachungen im öffentlichen Raum, BVerfG, Kammerbeschl. v. 23.2.2007, 1 BvR 2368/06, BVerfGK 10, 330, Rn. 37 f.

[128] VG Berlin, Urt. v. 26.4.2012, VG 1 K 818.09, Rn. 23 f.; VG Schwerin, Urt. v. 29.9.2011, 1 A 799/07, Rn. 40; wohl auch BVerfG, einstw. Anord. v. 17.2.2009, 1 BvR 2492/08, BVerfGE 122, 342 – *Bayerisches Versammlungsgesetz*, Rn. 129 ff.

[129] VG Münster, Urt. v. 21.8.2009, 1 K 1403/08, NWVBl 2009, 487, Rn. 13, VG Berlin, Urt. v. 5.7.2010, 1 K 905.09, NVwZ 2010, 1442, Rn. 15, sowie OVG NRW, Beschl. v. 23.11.2010, 5 A 2288/09, NWVBl 2011, 151, Rn. 2 f.

[130] Etwa in VG Münster, Urt. v. 21.8.2009, 1 K 1403/08, NWVBl 2009, 487, Rn. 14; OVG NRW, Beschl. v. 23.11.2010, 5 A 2288/09, NWVBl 2011, 151, Rn. 14.

2. *Informationelle Selbstbestimmung als Auffanggrundrecht?*

Dogmatisch lässt sich daraus die Konsequenz ziehen, dass das Recht auf informationelle Selbstbestimmung gegenüber der Beeinträchtigung der anderen Freiheitsrechte subsidiär ist.[131] Eine solche Subsidiarität erstreckt den Schutzbereich umfassend auf jede Form der Erhebung oder Verarbeitung personenbezogener Daten, macht den Schutzbereich dadurch jedoch konturenlos und erschwert es, einen Zusammenhang zwischen dem Schutzbereich und dem dahinterstehenden Schutzgut sowie schließlich der Interaktion herzustellen. In Grenzbereichen stellt schließlich auch die Rechtsprechung auf die Relevanz der Datenerhebung für das jeweilige Schutzgut ab.

a) Umfassender Schutzbereich bei Subsidiarität

Nach einem Verständnis der Subsidiarität ist das Recht auf informationelle Selbstbestimmung immer dann betroffen, wenn irgendeine Form der Erhebung oder Verarbeitung personenbezogener Daten ein Verhalten betrifft, das nicht in den Schutzbereich eines speziellen Freiheitsrechts fällt. Die Subsidiarität suggeriert damit, das Recht auf informationelle Selbstbestimmung stelle gleichsam die kommunikative Seite der allgemeinen Handlungsfreiheit dar – ein allgemeiner, subsidiärer Schutz aller personenbezogenen Daten vor jeder Form der Verwendung.[132] Ein solches Verständnis gewährleistet zumindest dem Schutzbereich nach einen umfassenden und lückenlosen Schutz vor jeder Form der Erhebung und Verarbeitung personenbezogener Daten,[133] unabhängig von der jeweiligen Relevanz ihrer Verwendung für soziale Beziehungen oder für die Persönlichkeitsentfaltung des Grundrechtsträgers.

---

[131] *Bäcker*, Staat 51 (2012), 91 (96): Recht auf informationelle Selbstbestimmung gewährleistet einen punktuellen und subsidiären Schutz gegen Informationshandlungen aller Art, welche die Entfaltungsfreiheit des Einzelnen gefährden.

[132] So in der Tat weite Teile der Literatur, vgl. *Albers*, Umgang mit personenbezogenen Informationen und Daten, § 22 Rn. 58 ff., 60; *Spindler*, Persönlichkeitsschutz im Internet, F 31; dagegen *Ladeur*, DÖV 2009, 45 (47, insb. Fn. 21), mit der Folgerung, den Datenschutz als prozedurale Komponente bei den jeweils betroffenen Freiheitsrechten anzusiedeln, *ders.*, DÖV 2009, 45 (54); zurückhaltend und differenzierend auch *Britz*, Informationelle Selbstbestimmung zwischen rechtswissenschaftlicher Grundsatzkritik und Beharren des Bundesverfassungsgerichts, S. 561 (574 f. und 582); *Bull*, ZRP 1998, 310 (313); *Hoffmann-Riem*, Datenschutz als Schutz eines diffusen Interesses in der Risikogesellschaft, S. 777 (783): Beschränkung der Schutzmaßnahmen auf den Umgang mit Gefahren einer bestimmten Intensität; *ders.*, AöR 123 (1998), 513 (528, 530 f.); im Hinblick auf den in der Verknüpfung liegenden Eingriff ausdrücklich offen gelassen in BVerfG, Beschl. v. 4.4.2006, 1 BvR 518/02, BVerfGE 115, 320 – *Rasterfahndung*, Rn. 73.

[133] Befürwortend aus diesem Grund *Kühling*, DV 44 (2001), 525 (532 ff.), der Frage nach der Reichweite des Schutzbereichs in den Kontext der allgemeinen grundrechtsdogmatischen Auseinandersetzung um enge oder weite Schutzbereiche stellt, dazu nur *Kahl*, Der Staat 43 (2004), 167 ff. und *Hoffmann-Riem*, Der Staat 43 (2004), 203 ff.

b) Datenerhebung durch soziale Kontakte

Allerdings benötigt auch eine solche Konzeption eine Grenze, ab der eine Erhebung oder Verwendung personenbezogener Daten einen Eingriff darstellen soll, weil andernfalls sozialer Kontakt zu Hoheitsträgern schlechthin unter den Vorbehalt dann pauschaler und konturloser[134] gesetzlicher Ermächtigungen stünde.[135] Die Beobachtung oder auch nur Wahrnehmung eines Grundrechtsträgers durch einen Polizeibeamten auf offener Straße bildete sonst als Erhebung personenbezogener Daten einen Grundrechtseingriff.[136] Die Rechtsprechung zieht diese Grenze, indem sie anhand wertender Kriterien Anforderungen an die Qualität des Eingriffs stellt.[137] Die dabei zur Eingrenzung herangezogenen Kriterien[138] der Bewertung der jeweils eingesetzten technischen Mittel[139] stellen

---

[134] *Ladeur*, DÖV 2009, 45 (51).

[135] *Bäcker*, Die Vertraulichkeit der Internetkommunikation, S. 99 (121): „Danach [der verfassungsrechtlichen Konzeption des Rechts auf informationelle Selbstbestimmung im Volkszählungs-Urteil und in weiten Teilen der Literatur] wird dieses Grundrecht als Freiheitsrecht am eigenen Datum begriffen, dessen Gehalt häufig so umschrieben wird, dass ein Grundrechtseingriff immer dann anzunehmen sein soll, wenn eine staatliche Stelle individualisierbare Informationen zur Kenntnis nimmt, speichert, verwendet oder weitergibt. Da jedoch fast jedes Verwaltungsverfahren auf bestimmte Betroffene bezogen werden kann und fast jeder Schritt eines solchen Verfahrens auch einen informationellen Gehalt hat, würde dieser Ansatz, wenn ihn irgendjemand konsequent verfolgte, geradewegs zum Totalvorbehalt des Gesetzes führen. Ein unspezifisches Super-Abwehrrecht gegen jeden staatlichen Umgang mit Informationen, das unterschiedslos persönlichkeitsgefährdenden und banale informationelle Vorgänge als Grundrechtseingriffe behandelt, kann auch die Verhältnismäßigkeitsprüfung kaum hinreichend anleiten."; zur Konsequenz eines Totalvorbehalts auch *Hoffmann-Riem*, Informationelle Selbstbestimmung als Grundrecht kommunikativer Entfaltung, S. 11 (18ff.); *Ladeur*, DuD 2000, 12 (13ff.); *Trute*, Verfassungsrechtliche Grundlagen, Rn. 11 und 23.

[136] *Ladeur*, DÖV 2009, 45 (51).

[137] Etwa VG Berlin, Urt. v. 26.4.2012, 1 K 818.09, ZD 2012, 444, Rn. 23; VG Berlin, Urt. v. 5.7.2010, 1 K 905.09, NVwZ 2010, 1442, Rn. 19; VGH BW, Urt. v. 21.7.2003, 1 S 377/02, NVwZ 2004, 498, Rn. 35.

[138] BVerfG, Urt. v. 11.03.2008 – 1 BvR 2074/05, BVerfGE 120, 378 – automatisierte Kennzeichenerfassung„ Rn. 65: „Maßgeblich ist, ob sich bei einer Gesamtbetrachtung mit Blick auf den durch den Überwachungs- und Verwendungszweck bestimmten Zusammenhang das behördliche Interesse an den betroffenen Daten bereits derart verdichtet hat, dass ein Betroffensein in einer einen Grundrechtseingriff auslösenden Qualität zu bejahen ist (vgl. BVerfGE 115, 320 [343])".

[139] OVG Hbg, Urt. v. 22.06.2010, 4 Bf 276/07, MMR 2011, 128, Rn. 55; VGH BW, Urt. v. 21.7.2003, 1 S 377/02, NVwZ 2004, 498, Rn. 35; VG Stuttgart, Beschl. v. 20.2.2012, 5 K 89/12, Rn. 10: Beobachtung mittels Bildübertragung nach dem sog. Kamera-Monitor-Prinzip stellt im Hinblick auf die technischen Möglichkeiten wie Zoomfunktion sowie Dreh- und Schwenktechniken einen Eingriff da, da sie gegenüber dem bloßen menschlichen Auge eine großflächigere und intensivere Beobachtung ermöglicht. Die Literatur stellt bei der Bewertung von Übersichtsaufnahmen teilweise auf die Möglichkeit der Identifizierung, auch durch nachträgliche Bearbeitung, *Götz*, NVwZ 1990, 112 (114), teilweise auf die Wirkung auf den Grundrechtsträger ab, *Roggan*, NVwZ 2001, 134 (135f.); *Klar*, Datenschutzrecht und die Visualisierung des öffentlichen Raums, S. 57f.: zielgerichtete Absicht der Datenerhebung als Voraussetzung für einen Eingriff, dauerhafte Fixierung der visuellen Beobachtung hingegen

maßgeblich auf die Relevanz der Beobachtung für die Persönlichkeitsentfaltung ab, indem sie die Maßnahme mit einer als zulässig unterstellten Beobachtung auf offener Straße ohne Einsatz technischer Mittel vergleichen.[140] Gleichzeitig erschwert die Korrektur eines unstrukturierten, weitreichenden Schutzbereichs auf der Eingriffsebene eine rationale, auf die Eigenheiten des Schutzguts abgestimmte Konzeption. Sind beispielsweise nicht Versammlungen, sondern Treppenhäuser von potentiellen einsatzbereiten Videokameras betroffen, ändern sich in der Rechtsprechung die Anforderungen an den Eingriff in das Recht auf informationelle Selbstbestimmung.[141] Auch die Erhebung personenbezogener Daten aus jedermann zugänglichen Quellen, etwa dem Internet, soll für sich noch keinen Eingriff darstellen.[142]

c) Automatisierte, aber folgenlose Datenerhebung

Auch bei bestimmten Formen der automatisierten Erhebung und Verarbeitung personenbezogener Daten soll es nach der bisherigen Rechtsprechung im Hinblick auf die kaum oder gar nicht spürbaren Folgen bereits an einem Eingriff fehlen.[143] So soll die Erfassung und der – erfolglose – Abgleich von Daten bei unterschiedlichen Überwachungsmaßnahmen nach der bisherigen Rechtsprechung keinen Eingriff darstellen, wenn die Daten „unmittelbar nach der Erfassung technisch wieder spurenlos, anonym und ohne die Möglichkeit, einen Personenbezug herzustellen, ausgesondert werden".[144] Die neueste Rechtsprechung hält hingegen zwar an dem Grundsatz fest, nach dem eine zufällige Erfassung

nicht erforderlich, da Erhebung über Kamera mit anderer Qualität und Quantität als Beobachtung vor Ort.

140 OLG Düsseldorf, Beschl. v. 7.3.2013 – I-20 W 143/12: Speicherung dynamischer IP-Adressen als Eingriff.

141 So soll etwa kein Eingriff in das Recht auf informationelle Selbstbestimmung bei ausgeschalteter Videokamera im Treppenhaus vorliegen, auch wenn Zustand der Kamera nicht erkennbar ist; entscheidend für den Eingriff ist demnach, ob eine Beobachtung tatsächlich durchgeführt ist, VG Oldenburg, Urt. v. 12.03.2013 – 1 A 3850/12, ZD 2013, 296, Rn. 24; anders im Hinblick auf den Einschüchterungseffekt bereits für potentiell einsetzbare Videokameras bei Versammlungen VG Berlin, Urt. v. 26.4.2012, 1 K 818.09, Rn. 26f.; *Roggan*, NVwZ 2001, 134 (136); dagegen *Nettesheim*, Grundrechtsschutz der Privatheit, S. 7 (35f.).

142 BVerfG, Beschl. v. 10.03.2008, 1 BvR 2388/033, BVerfGE 120, 351 – *Rasterfahndung, Steuergeheimnis*, Rn. 63f.; BVerfG, Urt. v. 27.02.2008, 1 BvR 370/07, BVerfGE 120, 274 – *Online-Durchsuchung*, Rn. 290; einen Eingriff stellt danach erst die Sammlung und systematische Erfassung der Daten dar.

143 BVerfG, Urt. v. 11.03.2008 – 1 BvR 2074/05, BVerfGE 120, 378 – *automatisierte Kennzeichenerfassung*, Rn. 68; anders nunmehr BVerfG, Beschl. v. 18.12.2018, 1 BvR 142/15, NVwZ 2019, 381ff. – *Kfz-Kennzeichenerfassung II*, Rn. 45.

144 BVerfG, Urt. v. 11.03.2008 – 1 BvR 2074/05, BVerfGE 120, 378 – *automatisierte Kennzeichenerfassung*, Rn. 68; BVerfG, Beschl. v. 4.4.2006 – 1 BvR 518/02, BVerfGE 115, 320 – *Rasterfahndung*, Rn. 75; BayVGH, Urt. v. 17.12.2012 – 10 BV 09.2641, DuD 2013, 465 – *automatisierte Kennzeichenerfassung*, Rn. 69; zu Art. 10 GG bereits BVerfG, Urt. v. 14.7.1999, 1 BvR 2226/94 u.a., BVerfGE 100, 313 – *Telekommunikationsüberwachung*, Rn. 189: „An einem Eingriff fehlt es nur, soweit Fernmeldevorgänge zwischen deutschen Anschlüssen

personenbezogener Daten im Rahmen von elektronischen Datenverarbeitungsprozessen die Schwelle zum Eingriff in das Recht auf informationelle Selbstbestimmung noch nicht überschreitet,[145] ordnet aber den automatisierten Abgleich großer Datenmengen wie beispielsweise bei der automatisierten Kontrolle der Kennzeichen von Kraftfahrzeugen ein hinreichend verdichtetes Interesse der Sicherheitsbehörden auch an den automatisiert gelöschten Daten an.[146]

Diese Extremfälle einer systematischen, aber für die meisten Betroffenen folgenlosen Erhebung und Verarbeitung personenbezogener Daten und die Schwierigkeiten bei der gebotenen Gesamtabwägung[147] veranschaulichen die Schwäche des umfassend angelegten Schutzkonzepts. Es ist nicht darauf eingestellt, die Sensibilität der Kommunikation personenbezogener Daten anhand ihrer Relevanz für das Schutzgut zu bestimmen. In evidenten Fällen lehnt die Rechtsprechung auf der Grundlage wertender Kriterien einen Eingriff ab. Aber insbesondere in den nicht evidenten Fällen würde eine reflektierte Beschreibung der Kommunikationsbeziehungen und ihrem Verhältnis zum Schutzgut die Rationalität des Schutzkonzepts erhöhen. Ein solches Konzept ist beispielsweise sensibel für die Notwendigkeit, das Schutzniveau in Fällen zu erhöhen, in denen die datenverarbeitenden Stelle durch umfangreiche Aufbereitung anonymisierter Daten bereits eingehende Kontexte für weitreichende Interpretationen einzelner Datenmerkmale geschaffen hat. Umgekehrt kann ein solches Konzept auch die Notwendigkeit der öffentlichen Gewalt, in dynamischen Bereichen Handlungswissen erst zu generieren, differenziert berücksichtigen.

3. Informationsbasierte mittelbare Grundrechtseingriffe

Aus interaktionszentrierter Perspektive lässt sich die hoheitliche Registrierung der individuellen Grundrechtsausübung strukturell ähnlich erfassen wie der in gewisser Weise umgekehrte Fall der hoheitlichen Informationstätigkeit. Jeweils geht es darum, dass die öffentliche Hand auf der Grundlage von Informationen Interaktionsbeziehungen bei der Grundrechtsausübung beeinflusst und dadurch unter Umständen in das Freiheitsrecht eingreift. In beiden Fällen ist die Weitergabe von Informationen oder ihre Möglichkeit geeignet, das Verhalten oder die

---

ungezielt und allein technikbedingt zunächst miterfasst, aber unmittelbar nach der Signalaufbereitung technisch wieder spurenlos ausgesondert werden".

[145] BVerfG, Beschl. v. 18.12.2018, 1 BvR 142/15, NVwZ 2019, 381 ff. – *Kfz-Kennzeichenerfassung II*, Rn. 48.

[146] BVerfG, Beschl. v. 18.12.2018, 1 BvR 142/15, NVwZ 2019, 381 ff. – *Kfz-Kennzeichenerfassung II*, Rn. 49, in Abkehr von BVerfG, Urt. v. 11.03.2008 – 1 BvR 2074/05, BVerfGE 120, 378 – *automatisierte Kennzeichenerfassung*, Rn. 68.

[147] BVerfG, Beschl. v. 18.12.2018, 1 BvR 142/15, NVwZ 2019, 381 ff. – *Kfz-Kennzeichenerfassung II*, Rn. 43: „Maßgeblich ist, ob sich bei einer Gesamtbetrachtung mit Blick auf den durch den Überwachungs- und Verwendungszweck bestimmten Zusammenhang das behördliche Interesse an den betroffenen Daten bereits derart verdichtet hat, dass ein Betroffensein in einer einen Grundrechtseingriff auslösenden Qualität zu bejahen ist (...)".

Einstellung des Umfelds der Grundrechtsträger zu ändern mit der Folge, dass diese ihre grundrechtlich geschützte Verhaltensfreiheit zwar für sich genommen unverändert ausüben können, der aus Sicht der Grundrechtsträger bezweckte Erfolg aber beeinträchtigt wird.

a) Austauschbarkeit der Schutzbereiche

Wie auch bei der Zuordnung der Einschüchterungseffekte bildet die Zuordnung hoheitlicher Informationstätigkeit zum Schutzbereich eines bestimmten Freiheitsrechts ebenfalls eine Wertungsfrage. Auch insoweit tendiert die Rechtsprechung dazu, das Recht auf informationelle Selbstbestimmung als Auffanggrundrecht zum Schutz vor informationsbasierten Nachteilen heranzuziehen. So wird die Veröffentlichung kompromittierender Informationen, etwa von Hygienemängeln, durch eine Behörde[148] auch bei einem Bezug zu beruflicher Tätigkeit weitgehend als Eingriff in das Recht auf informationelle Selbstbestimmung eingeordnet.[149] In der Sache umgeht die fachgerichtliche Rechtsprechung die in der Anwendung im Einzelfall schwierigen Kriterien der verfassungsgerichtlichen Rechtsprechung zu mittelbaren Grundrechtseingriffen in die Berufsfreiheit durch hoheitliche Informationstätigkeit[150].

b) Konturlosigkeit der Eingriffskriterien

Die Fallgruppen informationsbasierter Grundrechtsbeeinträchtigungen veranschaulichen eine strukturelle Schwäche des dogmatischen Begriffs mittelbarer Grundrechtseingriffe. Sie decken Sachverhalte ab, die sich mit dem Bezugspunkt einer isolierten Verhaltensfreiheit nicht angemessen abbilden lassen. Die Figur des mittelbaren Grundrechtseingriffs berücksichtigt die Folgen einer hoheit-

---

[148] Vgl. nur zur Veröffentlichung von Hygienemängeln OVG Lüneburg, Beschl. v. 14.6. 2013, 13 ME 18/13, NVwZ-RR 2013, 831, Rn. 5f.; OVG NRW, Beschl. v. 24.4.2013, 13 B 215/13, ZLR 2013, 493, Rn. 10; OVG NRW, Beschl. v. 24.4.2013, 13 B 192/13, NVwZ-RR 2013, 627, Rn. 8; Hess. VGH, Beschl. v. 23.4.2013, 8 B 28/13, Rn. 3ff., VGH Baden-Württemberg, Beschl. v. 28.1.2013, 9 S 2423/12, NVwZ 2013, 1022, Rn. 10; Bay. VGH, Beschl. v. 18.3.2013, 9 CE 13.80, Rn. 15; aus der Literatur *Möstl*, GewArch 2015, 1ff.; *Schoch*, NJW 2012, 2844ff.; *Ossenbühl*, NVwZ 2011, 1357ff.; *Martini/Kühl*, DÖV 2013, 573ff.; *Wollenschläger*, DÖV 2013, 7ff.; näher unten, § 5 E.IV.

[149] OVG Lüneburg, Beschl. v. 14.6.2013, 13 ME 18/13, NVwZ-RR 2013, 831, Rn. 5f.; OVG NRW, Beschl. v. 24.4.2013, 13 B 215/13, ZLR 2013, 493, Rn. 10; OVG NRW, Beschl. v. 24.4. 2013, 13 B 192/13, NVwZ-RR 2013, 627, Rn. 8; aus der Literatur etwa *Bäcker*, Staat 52 (2012), 92 (96): Recht auf informationelle Selbstbestimmung gewährleistet u. a. einen punktuellen und subsidiären Schutz gegen Informationshandlungen aller Art, welche die Entfaltungsfreiheit des Einzelnen gefährden.

[150] BVerfG, Beschl. v. 26.6.2002, 1 BvR 670/91, BVerfGE 105, 279 – *Osho-Bewegung*, Rn. 69f.; BVerfG, Beschl. v. 26.6.2002, 1 BvR 558/91, 1 BvR 1428/91, BVerfGE 105, 252 – *Glykolwarnung*, Rn. 42ff.; BVerfG, Beschl. v. 24.5.2005, 1 BvR 1072/01, BVerfGE 113, 63 – *Verfassungsschutzbericht „Junge Freiheit"*, Rn. 50f.; zu Grundrechtseingriffen durch hoheitliche Informationstätigkeit über Marktteilnehmende eingehend unten, § 5 E.IV.

lichen Beeinflussung von Interaktionsprozessen, indem der mittelbare Grundrechtseingriff sie über wertende Kriterien wie die Intention und die Intensität der Maßnahme auf die isolierte Verhaltensfreiheit bezieht.[151] Nach Maßgabe dieser Kriterien stellt der mittelbare Grundrechtseingriff zugleich die faktische Erschwerung des geschützten Verhaltens einer rechtlichen Verkürzung der Verhaltensfreiheit gleich, ohne zu berücksichtigen, dass faktische Erschwerungen auch Ausdruck der interaktionsbasierten Dynamik sein können.[152] Während die Rechtsprechung mit den Kriterien der Intensität und der Intention einen einheitlichen, grundrechtsübergreifenden Maßstab für die Schwelle zum mittelbaren Grundrechtseingriff suggeriert, wäre aus interaktionszentrierter Perspektive der abwehrrechtliche Schutz generell auf hoheitliche Beeinträchtigungen solcher Interaktionszusammenhänge zu erstrecken, die für die Verwirklichung des jeweils betroffenen Schutzguts relevant sind. Diesen Zusammenhang verdeckt eine allgemeine Dogmatik mittelbarer Grundrechtseingriffe eher, anstatt sie aufzuschlüsseln, die zu Grunde liegenden Annahmen über die Voraussetzungen des Schutzguts offenzulegen und ihre normativen Implikationen zu begründen.

D. Zwischenergebnis: Dogmatische Implikationen

Aus interaktionszentrierter Perspektive sind Gefährdungen des Rechts auf informationelle Selbstbestimmung, die sich aus der Verwendung personenbezogener Daten ergeben können, anhand einer Analyse der jeweiligen Interaktionszusammenhänge zu bewerten. Eine eigentumsanaloge Konzeption des Rechts an personenbezogenen Daten, die vor „unbegrenzter Erhebung, Speicherung, Verwendung und Weitergabe" personenbezogener Daten schützt und die Einzelnen die Befugnis vermittelt, „grundsätzlich selbst über die Preisgabe und Verwendung seiner persönlichen Daten zu bestimmen",[153] entspricht in dieser Reichweite nicht der in Interaktionsbeziehungen unvermeidbaren Beobachtung und Interpretation personenbezogener Daten. Sie wird im Ergebnis in der Rechtsprechung insbesondere durch die Berücksichtigung sozialer Interaktion im Rahmen der Rechtfertigung relativiert.[154] Aus interaktionszentrierter Perspektive würde jedoch eine Präzisierung des Schutzbereichs die Rationalität des grundrechtsdogmatischen Konzepts erhöhen. Gleiches gilt für *worst case*-Szenarien, die bei der Bestimmung des Schutzbereichs jede theoretisch mögliche Art der Verwendung personenbezogener Daten, von der Profilbildung bis hin zum systematischen Austausch der Verwendungskontexte, unterstellen.

---

[151] Aus der Literatur m. w. N. zur Rechtsprechung *Huber*, JZ 2003, 290 (293 f.); zu mittelbaren Grundrechtseingriffen bei Marktprozessen näher unten, § 5 E.I.3.
[152] Näher oben, § 1 D.I.1.a), und unten § 5 A.I., A.II.7., B.I.3.
[153] Zur Rechtsprechung siehe oben, § 2 B.I.
[154] Zur Rechtsprechung siehe oben, § 2 B.I., insb. Fn. 61.

Zwar ermöglicht diese Konzeption einen umfassenden Schutzbereich, ohne eine nähere Analyse der Verwendungszusammenhänge zu erfordern. Jedoch ist die Konzeption bei Maßnahmen wie der Vorratsdatenspeicherung, der Antiterrordatei oder dem automatischen Kennzeichenabgleich, die auf eine umfassende Datenerfassung oder eine zu einem gewissen Grad ungewisse Datenverwendung angelegt sind, nur eingeschränkt in der Lage, die Risiken und den legitimen Zweck der Maßnahmen in einem kohärenten, dogmatischen Konzept zu verarbeiten.[155] Algorithmisierte Formen der Datenanalyse, die systematisch auf eine Erschließung unbekannter Verwendungszusammenhänge angelegt sind, werden diese konzeptionelle Schwäche des Rechts auf informationelle Selbstbestimmung und des umsetzenden Datenschutzrechts noch stärker hervortreten lassen.[156] Schließlich wirkt sich die interaktionszentrierte Perspektive auf die dogmatische Einordnung sog. Einschüchterungseffekte aus. Einschüchterungseffekte, die von der hoheitlichen Beobachtung bestimmter Tätigkeiten ausgehen können, sind dem Schutzbereich des jeweils sachlich einschlägigen Freiheitsrechts, nicht dem Recht auf informationelle Selbstbestimmung zuzuordnen. Nach den Kriterien des jeweiligen Freiheitsrechts bestimmt sich auch, wo die Schwelle zum rechtfertigungsbedürftigen Grundrechtseingriff liegt.[157]

---

[155] Zu den fallgruppenartigen Einschränkungen der Rechtsprechung siehe oben, § 2 B.III.
[156] Siehe oben, § 2 B.IV.
[157] Siehe oben, § 2 C.II.

§ 3 Kommunikationsfreiheiten

Die freie individuelle und öffentliche Meinungsbildung, das in der verfassungsgerichtlichen Rechtsprechung den Kommunikationsgrundrechten aus Art. 5 Abs. 1 GG zu Grunde gelegte Schutzgut,[1] findet in Interaktionszusammenhängen statt. Diese Interaktionszusammenhänge machen die Bedeutung der Kommunikationsgrundrechte sowohl für die individuelle Persönlichkeitsentfaltung der Grundrechtsträger als auch für den demokratischen Prozess aus.[2] Die Dogmatik der Kommunikationsgrundrechte lässt sich deshalb nicht unabhängig von Interaktionen konzipieren.[3]

Die tatsächlichen Rahmenbedingungen der Kommunikation beeinflussen die verfassungsrechtliche Dogmatik der Rundfunk-, Meinungs- oder Pressefreiheit maßgeblich, vor allem bei der Ausgestaltung der Rundfunkfreiheit zu einer dienenden Freiheit durch die positive Rundfunkordnung. Wegen der

---

[1] Zur Rundfunkfreiheit BVerfG, Urt. v. 25.3.2014, 1 BvF 1/11, 1 BvF 4/11, BVerfGE 136, 9 – *ZDF-Aufsichtsgremien*, Rn. 34; BVerfG, Urt. v. 11.9.2007, 1 BvR 2270/05, BVerfGE 119, 181 u.a. – *Rundfunkgebühren, KEF*, Rn. 122; BVerfG, Beschl. v. 26.10.2005, 1 BvR 396/98, BVerfGE 114, 371 – *Kabelgroschen*, Rn. 63; BVerfG, Urt. v. 22.2.1994, 1 BvL 30/88, BVerfGE 90, 60 – *Kabelgroschen, 8. Rundfunkurteil*, Rn. 140; BVerwG, Beschl. v. 27.5.2013, 7 B 30.12, Rn. 10; für alle Garantien des Art. 5 Abs. 1 GG BVerfG, Urt. v. 16.6.1981, 1 BvL 89/78, BVerfGE 57, 295 – *FRAG*, Rn. 85 und BVerfG, Beschl. v. 24.3.1987, 1 BvR 147/86, BVerfGE 74, 297 und 1 BvR 478/86, BVerfGE 74, 297 – *LMG BW*, Rn. 73; für die Pressefreiheit BVerfG, Urt. v. 15.12.1999, 1 BVR 653/96, BVerfGE 101, 361 – *Caroline von Monaco II*, Rn. 95; BVerfG, Nichtannahmebeschl. v. 8.9.2014, 1 BvR 23/14, NJW 2014, 3711, Rn. 29; in der fachgerichtlichen Rechtsprechung zur Begründung presserechtlicher Auskunftsansprüche OVG Berlin-Brandenburg, Beschl. v. 28.10.2011, OVG 10 S 33.11, NJW 2012, 797, Rn. 26; VG Berlin, Beschl. v. 22.5.2012, 27 K 6.09, Rn. 33; *Ladeur/Gostomzyk*, JuS 2002, 1145 (1147); zur medienspezifischen Konzentrationskontrolle *Sprenger*, Optionen zur Regulierung des publizistischen Wettbewerbs, S. 76ff.

[2] „Freie Meinungsbildung als Voraussetzung sowohl der Persönlichkeitsentfaltung als auch der demokratischen Ordnung vollzieht sich in einem Prozess der Kommunikation, der ohne Medien, die Informationen und Meinungen verbreiten und selbst Meinungen äußern, nicht aufrechterhalten werden könnte.“, BVerfG, Beschl. v. 26.10.2005, 1 BvR 396/98, BVerfGE 114, 371 – *Kabelgroschen*, Rn. 63.

[3] *Hoffmann-Riem*, JZ 2008, 1009 (1010f.): „Kommunikationsfreiheit ist eine Freiheit, die im Zusammenwirken mit anderen genutzt wird. Insofern ist die individuelle Position nur aus der sozialen Beziehung heraus beschreibbar. Ein auf das ‚einsame' Individuum fokussiertes Denken der Grundrechtsdogmatik könnte die sozialen Dimensionen der Kommunikationsfreiheit und damit die darauf bezogenen Schutzerfordernisse nicht angemessen erfassen.“; *Trute*, VVDStRL 57 (1998), 249ff.; *ders.*, Verfassungsrechtliche Grundlagen, Rn. 22; *Suhr*, Die Entfaltung des Menschen durch den Menschen, S. 71ff., S. 78ff., S. 105ff.

Rahmenbedingungen der Kommunikation greift dieses Konzept bekanntlich in weiten Teilen auf eine marktunabhängige Handlungskoordination zurück. Dabei hängt die erfolgreiche Ausgestaltung einer alternativen Organisationsform von vielfältigen Rahmenbedingungen ab. Auf der einen Seite sind die Funktionsweise von Meinungsbildungsprozessen und ihr Zusammenhang zu den unterschiedlichen Medien im Einzelnen ungewiss. Auf der anderen Seite entfallen mit der Abkopplung des öffentlich-rechtlichen Rundfunks von Marktprozessen kontrollierende und begrenzende Effekte, die von den markttypischen Anschlusszwängen ausgehen. Schließlich führen Marktprozesse vor allem in technischer und ökonomischer Hinsicht zu einer laufenden Veränderung des Normbereichs. Marktprozesse bringen etwa neue Geschäftsmodelle hervor oder lassen verschiedene Medienangebote auf ursprünglich getrennten Übertragungswegen oder Endgeräten konvergieren. Die Koordination über Märkte verändert mit anderen Worten die Struktur des Normbereichs und gibt Anlass, das normative Konzept laufend zu reflektieren.

A. Meinungsbildung durch Kommunikation

Das dogmatische Konzept der Kommunikationsgrundrechte baut auf der Wechselwirkung des Verhaltens zwischen Grundrechtsträgern auf. Danach werden die Gewährleistungsgehalte des Art. 5 Abs. 1 GG durch Kommunikationsprozesse verwirklicht. Kommunikationsprozesse bilden folglich den Leitgesichtspunkt für die Reichweite des verfassungsrechtlichen und einfachrechtlichen Schutzes.

I. Kommunikationszusammenhang

Die freie Meinungsbildung als das Ziel aller Garantien des Art. 5 Abs. 1 GG[4] „vollzieht sich" nach der Formulierung der Rechtsprechung „in einem Prozess der Kommunikation".[5] Ohne die Funktionsweise dieser Kommunikationsprozesse

[4] Siehe nur BVerfG, Urt. v. 16.6.1981, 1 BvL 89/78, BVerfGE 57, 295 – *FRAG*, Rn. 85 sowie die Nachweise in Fn. 1.

[5] Zur Rundfunkfreiheit BVerfG, Beschl. v. 26.10.2005, 1 BvR 396/98, BVerfGE 114, 371 – *Kabelgroschen*, Rn. 61; BVerfG, Urt. v. 22.2.1994, 1 BvL 30/88, BVerfGE 90, 60 – *Kabelgroschen, 8. Rundfunkurteil*, Rn. 140; BVerfG, Urt. v. 5.2.1991, 1 BvF 1/85 und 1 BvF 1/88, BVerfGE 83, 238 – *WDR*, Rn. 401; BVerfG, Beschl. v. 24.3.1987, 1 BvR 147/86 und 1 BvR 478/86, BVerfGE 74, 297 – *LMG BW*, Rn. 73; BVerfG, Urt. v. 16.6.1981, 1 BvL 89/78, BVerfGE 57, 295 – *FRAG*, Rn. 85; ähnlich für die Pressefreiheit BVerfG, Urt. v. 15.12.1999, 1 BVR 653/96, BVerfGE 101, 361 – *Caroline von Monaco II*, Rn. 95: „Die Pressefreiheit dient der freien individuellen und öffentlichen Meinungsbildung (…). Diese kann nur unter den Bedingungen einer freien Berichterstattung gelingen, der bestimmte Gegenstände oder Darbietungsweisen weder vorgegeben noch entzogen sind. Insbesondere ist die Meinungsbildung nicht auf den politischen Bereich beschränkt. Zwar kommt ihr dort im Interesse einer funktionierenden Demokratie besondere Bedeutung zu. Doch ist die politische Meinungsbildung in einen umfassenden, vielfach

im Einzelnen zu entfalten, bezieht sich die Rechtsprechung in unterschiedlichen Zusammenhängen auf den Kommunikationsprozess. Bei der freien Meinungsbildung handelt es sich danach um eine Voraussetzung sowohl der individuellen Persönlichkeitsentfaltung als auch der demokratischen Ordnung,[6] ohne dass sich beide Aspekte streng voneinander trennen ließen.[7] Die Kommunikationsprozesse werden als „umfassend" und „vielfach verflochten" charakterisiert.[8] Sie stehen in Bezug sowohl zur Versammlungsfreiheit[9] als auch zum Mitwirkungsauftrag der Parteien.[10] Ohne die Kommunikationsprozesse, ihre Funktionsweise oder ihre Voraussetzungen im Einzelnen näher zu beschreiben, ordnet die Rechtsprechung jedenfalls jedem der Kommunikationsgrundrechte eine eigenständige Funktion bei der Gewährleistung der Kommunikationsprozesse zu. Die freie Meinungsbildung „setzt auf der einen Seite die Freiheit voraus, Meinungen zu äußern und zu verbreiten, auf der anderen Seite die Freiheit, geäußerte Meinungen zur Kenntnis zu nehmen, sich zu informieren".[11]

II. Interaktion als Kriterium der Schutzbereichsbestimmung

Diese Relevanz der Kommunikationsbeziehungen für das Schutzgut schlägt sich in der Bestimmung der Schutzbereiche nieder. Kommunikationsfreiheiten umfassen die Entscheidung über die Modalitäten der Kommunikation, weil in der Sache nicht ein isoliertes Verhalten, sondern die kommunikative Interaktion geschützt ist. Auch der Umgang mit mehrdeutigen Äußerungen geht auf den

---

verflochtenen Kommunikationsprozess eingebettet, der weder unter dem Gesichtspunkt der persönlichen Entfaltung noch dem der demokratischen Herrschaft in relevante und irrelevante Zonen aufgespalten werden kann (…)".

[6] BVerfG, Beschl. v. 26.10.2005, 1 BvR 396/98, BVerfGE 114, 371 – *Kabelgroschen*, Rn. 63; *Schulz*, Gewährleistung kommunikativer Chancengleichheit als Freiheitsverwirklichung, S. 47 ff.

[7] BVerfG, Urt. v. 15.12.1999, 1 BVR 653/96, BVerfGE 101, 361 – *Caroline von Monaco II*, Rn. 95. Für das Gewicht, das der Pressefreiheit in der Abwägung mit dem konfligierenden Schutz des allgemeinen Persönlichkeitsrechts Betroffener zukommt, ist der Bezug zur demokratischen Ordnung und politischen Prozessen allerdings im Anschluss an die Rechtsprechung des EGMR von Bedeutung, vgl. nur BGH, Urt. v. 30.10.2012, VI ZR 4/12, NJW 2013, 229 – *Gazprom-Manager*, Rn. 13, m. w. N.: „Für die Abwägung bedeutsam ist auch, ob die Berichterstattung allein der Befriedigung der Neugier des Publikums dient oder ob sie einen Beitrag zur Meinungsbildung in einer demokratischen Gesellschaft leistet und die Presse mithin ihre Funktion als ‚Wachhund der Öffentlichkeit' wahrnimmt."; zur Funktion von online-Archiven BGH, Urt. v. 13.11.2012, VI ZR 330/11, Rn. 18.

[8] BVerfG, Urt. v. 15.12.1999, 1 BVR 653/96, BVerfGE 101, 361 – *Caroline von Monaco II*, Rn. 95.

[9] Aus der Rechtsprechung zur Charakterisierung der Versammlungsfreiheit als „spezifisches Kommunikationsgrundrecht" und den Folgen für die Bestimmung des Schutzbereichs vgl. nur VG Aachen, Urt. v. 21.5.2015, 5 K 1344/13, Rn. 40, VG Magdeburg, Beschl. v. 20.8.2014, 1 B 915/14, Rn. 11, sowie VG Lüneburg, Urt. v. 30.7.2014, 5 A 87/13, Rn. 26, jeweils m. w. N.

[10] BVerfG, Urt. v. 12.3.2008, 2 BvF 4/03, BVerfGE 121, 30 – *Hessisches Privatrundfunkgesetz*, Rn. 109.

[11] BVerfG, Urt. v. 5.2.1991, 1 BvF 1/85 und 1 BvF 1/88, BVerfGE 83, 238 – *WDR*, Rn. 401.

Interaktionsbezug des Schutzguts zurück. Schließlich ist die auch aus anderen Zusammenhängen bekannte Auseinandersetzung zwischen einer offenen, den Grundrechtsträgern überlassenen oder einer hoheitlich definierten Grundrechtsinterpretation[12] Ausdruck eines zu stark auf die isolierte Verhaltensfreiheit fokussierten Verständnisses dieser Grundrechte. Ein an die Interaktionsbeziehungen knüpfender Schutz setzt eine Flexibilität der Grundrechtsträger voraus, die gleichwohl nicht zu einer Beliebigkeit führt, sondern den Schutz von der Einbindung in einen Kommunikationszusammenhang abhängig macht.[13] Die hoheitliche Festlegung grundrechtlicher Schutzgüter und ihrer korrespondierenden Gewährleistungsgehalte liegt in der interaktionsbezogenen Konzeption des Grundrechtsschutzes.

1. *Modalitäten der Kommunikation*

Da die unterschiedlichen Modalitäten der Kommunikation Teil des Kommunikationsprozesses, also ebenfalls Gegenstand der Kommunikation sind, fällt die Entscheidung über die Modalitäten dem jeweiligen Grundrechtsträger zu. Die damit gewährte Flexibilität lässt sich als eine Annäherung des Grundrechtsverständnisses, das die geschützten Freiheiten traditionell als isolierte Verhaltensfreiheiten begreift, als ein interaktionsbezogenes Konzept verstehen. Die Freiheit zur Wahl der Kommunikationsmöglichkeiten schafft die Voraussetzungen der Kommunikation, auf die das interaktionsbezogene Verständnis zielt.

Der Schutz der Meinungsfreiheit umfasst bekanntlich neben dem Inhalt auch die Wahl der Verbreitungsform,[14] genauso wie die Wahl des Ortes oder der Zeit einer Äußerung.[15] Der Äußernde darf also „auch diejenigen Umstände wählen, von denen er sich die größte Verbreitung oder die stärkste Wirkung seiner

[12] *Höfling*, Offene Grundrechtsinterpretation, S. 21 ff.; *Morlok*, Selbstverständnis als Rechtskriterium, S. 69 ff.; näher unten, § 3 A.II.4., und § 4 B.III.

[13] Die Versammlungsfreiheit umfasst nach der Rechtsprechung bekanntlich das Recht, selbst zu bestimmen, wann, wo und unter welchen Modalitäten eine Versammlung stattfinden soll, vgl. nur BVerfG, Urt. v. 22.2.2011, 1 BvR 699/06, BVerfGE 128, 226 – *Fraport*, Rn. 64; zur Abgrenzung bei zu einem Protestcamp gehörigen Zelten und baulichen Anlagen VG Aachen, Urt. v. 21.5.2015, 5 K 1344/13, Rn. 42 ff.; zur Kunstfreiheit zuletzt BVerfG, Nichtannahmebeschl. v. 6.5.2008, 2 BvR 337/08, NJW 2008, 2568, Rn. 14: Kunstfreiheitsgarantie darf nicht durch „wertende Einengung des Kunstbegriffs eingeschränkt" werden; „Begegnung mit dem Werk" als ebenfalls kunstspezifischer Vorgang; zur Wissenschaft *Trute*, Die Forschung zwischen grundrechtlicher Freiheit und staatlicher Institutionalisierung, S. 61 ff.; sowie zum Wissenschaftspluralismus *Häberle*, AöR 110 (1985), 329 (356 f.).

[14] BVerfG, Urt. v. 22.2.2011, 1 BvR 699/06, BVerfGE 128, 226 – *Fraport*, Rn. 97; BVerfG, Beschl. v. 10.10.1995, 1 BvR 1476/91, BVerfGE 93, 266 u. a. – *„Soldaten sind Mörder"*, Rn. 108; BVerfG, Beschl. v. 14.7.1987, 1 BvR 537/81, BVerfGE 76, 171 u. a. – *Standesrecht*, Rn. 55; im Fall der freien Rede unter anderem auch mit der Gefahr von Einschüchterungseffekten begründet, BVerfG, Beschl. v. 13.5.1980, 1 BvR 103/77, BVerfGE 54, 129 – *Kunstkritik*, Rn. 29 und BVerfG, Beschl. v. 20.4.1982, 1 BvR 426/80, BVerfGE 60, 234 – *Kredithai*, Rn. 15.

[15] BVerfG, Urt. v. 22.2.2011, 1 BvR 699/06, BVerfGE 128, 226 – *Fraport*, Rn. 97; BVerfG, Beschl. v. 10.10.1995, 1 BvR 1476/91, BVerfGE 93, 266 u. a. – *„Soldaten sind Mörder"*, Rn. 108.

Meinungskundgabe verspricht".[16] Wegen der Ausrichtung auf den Kommunikationsprozess fallen darüber hinaus auch Tätigkeiten in den Schutzbereich der Kommunikationsgrundrechte, etwa der Meinungsfreiheit, die sich auf die Förderung fremder Kommunikation, also etwa der Mitteilung einer fremden Meinung oder Tatsachenbehauptung beschränken.[17]

2. *Schutz mehrdeutiger Äußerungen*

Daneben lassen Äußerungen durch die Kontextabhängigkeit von Kommunikation sowie die Interpretation der Äußerungen auf der Grundlage eines jeweils individuellen Horizonts oftmals unterschiedliche Deutungen zu. Die Rechtsprechung berücksichtigt dieses Potential für nicht-intendierte Deutungen, indem bei der Sanktionierung abgeschlossener Sachverhalte[18] von unterschiedlichen, nach den Umständen des Einzelfalles in Betracht kommenden Deutungsmöglichkeiten jeweils die den Schutz der Meinungsfreiheit am wenigsten einschränkende Interpretation zu Grunde zu legen ist.[19] Dabei geht aus der Differenzierung zwischen einer ex post-Beurteilung bereits abgeschlossener Sachverhalte in Strafverfahren oder Schadensersatzprozessen und der Bewertung zukunftsbezogener Unterlassungsansprüchen[20] die funktionale Ausrichtung am Kommunikationsprozess hervor. Weil es dem Äußernden im Falle von zukunftsbezogenen Unterlassungsansprüchen zumutbar ist, sich zukünftig klarstellend zu äußern, rufen Bewertungen der Zulässigkeit zukünftiger Äußerungen nicht den gleichen verfassungsrechtlichen Schutzbedarf hervor.[21] Um die Meinungsfreiheit beeinträchtigende Einschüchterungseffekte zu vermeiden, berücksichtigt die Rechtsprechung das für Kommunikationsprozesse charakteristische Potential für Missverständnisse zu Gunsten des Äußernden.[22]

---

[16] BVerfG, Urt. v. 22.2.2011, 1 BvR 699/06, BVerfGE 128, 226 – *Fraport*, Rn. 97; BVerfG, Beschl. v. 10.10.1995, 1 BvR 1476/91, BVerfGE 93, 266 u. a. – *„Soldaten sind Mörder"*, Rn. 108.

[17] Zum Betrieb einer Bewertungsplattform für Ärzte BGH, Urt. v. 23.9.2014, VI ZR 358/13, BGHZ 202, 242 – *Ärztebewertung II*, Rn. 28, im Anschluss an *Schröder*, VerwArch 2010, 205 (214): Schutz eines Bewertungsportals als „unverzichtbare Mittlerperson" beim Austausch über Behandlungserfahrungen.

[18] Anders bei zukunftsbezogenen Unterlassungsansprüchen, BVerfG, Beschl. v. 25.10.2005, 1 BvR 1696/98, BVerfGE 114, 339 – *Stasi-Streit; Manfred Stolpe*, Rn. 34.

[19] BVerfG, Beschl. v. 10.10.1995, 1 BvR 1476/91, BVerfGE 93, 266 u.a. – *„Soldaten sind Mörder"*, Rn. 126.

[20] BVerfG, Beschl. v. 25.10.2005, 1 BvR 1696/98, BVerfGE 114, 339 – *Stasi-Streit; Manfred Stolpe*, Rn. 33 f.

[21] BVerfG, Beschl. v. 25.10.2005, 1 BvR 1696/98, BVerfGE 114, 339 – *Stasi-Streit; Manfred Stolpe*, Rn. 34.

[22] Ähnlich bei der Begründung des Schutzbereiches freier Rede, der nach der Rechtsprechung ebenfalls kritische und überspitzt formulierte Äußerungen umfasst, die im Einzelfall zur sachlichen Auseinandersetzung nur eingeschränkt etwas beitragen, aber beim freien Reden kaum vermeidbar sind, BVerfG, Beschl. v. 13.5.1980, 1 BvR 103/77, BVerfGE 54, 129 – *Kunstkritik*, Rn. 29: „Die Spontanität freier Rede, für deren Zulässigkeit die Vermutung spricht (...), ist Voraussetzung der Kraft und der Vielfalt der öffentlichen Diskussion, die ihrerseits

3. Phasen der Kommunikation

Strukturell entsprechend schützt die Rundfunkfreiheit neben der Auswahl, dem Inhalt und der Ausgestaltung des Programms als Kern der Programmautonomie ebenso die Phasen der Entstehung und Vorbereitung des Programms einschließlich der Verbreitung.[23] Geschützt sind nach der Rechtsprechung „alle Tätigkeiten und Verhaltensweisen, die zur Gewinnung und rundfunkspezifischen Verbreitung von Nachrichten und Meinungen im weitesten Sinne gehören".[24] Wegen ihrer Ausrichtung auf den Kommunikationsprozess schützen Rundfunk- und Pressefreiheit die Berichterstattung von der Beschaffung der Information bis zur Verbreitung der Nachricht oder der Meinung.[25]

Entsprechend umfasst der Schutz der Pressefreiheit[26] ähnlich wie die Kunstfreiheit[27] alle wesentlichen Beiträge zur Presseproduktion „von der Beschaffung der Information bis zur Verteilung der Nachrichten und der Meinung"[28]

Grundbedingung eines freiheitlichen Gemeinwesens ist. Soll diese Kraft und Vielfalt generell erhalten bleiben, dann müssen im Einzelfall Schärfen und Übersteigerungen des öffentlichen Meinungskampfes oder ein Gebrauch der Meinungsfreiheit in Kauf genommen werden, der zu sachgemäßer Meinungsbildung nichts beitragen kann (...). Die Befürchtung, wegen einer wertenden Äußerung einschneidenden gerichtlichen Sanktionen ausgesetzt zu werden, trägt die Gefahr in sich, jene Diskussion zu lähmen oder einzuengen und damit Wirkungen herbeizuführen, die der Funktion der Freiheit der Meinungsäußerung in der durch das Grundgesetz konstituierten Ordnung zuwiderlaufen (...)."; ebenso BVerfG, Beschl. v. 20.4.1982, 1 BvR 426/80, BVerfGE 60, 234 – *Kredithai*, Rn. 15.

[23] BVerfG, Beschl. v. 19.12.2007, 1 BvR 620/07, BVerfGE 119, 309 – *Fernsehberichterstattung; Sitzungspolizei*, Rn. 27; VG Düsseldorf, Urt. v. 14.3.2014, 1 K 3924/13, Rn. 76.

[24] BVerwG, Beschl. v. 27.5.2013, 7 B 30/12, Rn. 15; VG Düsseldorf, Urt. v. 14.3.2014, 1 K 3924/13, Rn. 76.

[25] BVerfG, Urt. v. 24.1.2001, 1 BvR 2623/95, BVerfGE 103, 44 u. a. – *Gerichtsfernsehen; n-tv*, Rn. 54; BVerfG, Beschl. v. 14.7.1994, 1 BvR 1595/92, BVerfGE 91, 125 u. a. – *Fernsehaufnahme im Gerichtssaal; Honecker*, Rn. 34 f.

[26] Eingehend *Ladeur*, Medienfreiheitsgrundrechte, Rn. 21 ff.

[27] BVerfG, Nichtannahmebeschl. v. 6.5.2008, 2 BvR 337/08, NJW 2008, 2568, Rn. 14: „Die Kunstfreiheitsgarantie, die nicht durch wertende Einengung des Kunstbegriffs eingeschränkt werden darf (...), betrifft in gleicher Weise den ‚Werkbereich' und den ‚Wirkbereich' des künstlerischen Schaffens. Beide Bereiche bilden eine unlösbare Einheit. Nicht nur die künstlerische Betätigung (Werkbereich), sondern darüber hinaus auch die Darbietung und Verbreitung des Kunstwerks sind sachnotwendig für die Begegnung mit dem Werk als eines ebenfalls kunstspezifischen Vorganges; dieser ‚Wirkbereich', in dem der Öffentlichkeit Zugang zu dem Kunstwerk verschafft wird, ist der Boden, auf dem die Freiheitsgarantie des Art. 5 Abs. 3 GG vor allem erwachsen ist (...)"; in der Sache ebenso BVerfG, Beschl. v. 13.6.2007, 1 BvR 1783/05, BVerfGE 119, 1 – *Esra*, Rn. 63. Zum damit verbundenen Schutz der Medien als Kommunikationsmittel der Kunst BVerfG, Nichtannahmebeschl. v. 27.7.2005, 1 BvR 2501/04, NJW 2006, 596 – *Künstlervertrag*, Rn. 23: „Die Ausstrahlungswirkung dieser Verfassungsbestimmung [der Kunstfreiheit] erstreckt sich daher auf die Medien (Kommunikationsmittel), da sie durch Vervielfältigung, Verbreitung und Veröffentlichung die zwischen Künstler und Publikum unentbehrliche Mittlerfunktion ausüben (...).", sowie bereits BVerfG, Urt. v. 5.3.1974, 1 BvR 712/68, BVerfGE 36, 321 – *Schallplattenumsatzsteuer*, Rn. 39.

[28] BVerfG, Nichtannahmebeschl. v. 12.4.2007, 1 BvR 78/02, NVwZ 2007, 1306 – *Straßenverkauf von Sonntagszeitungen*, Rn. 24.

einschließlich der „Voraussetzungen und Hilfstätigkeiten für die Herstellung und Aufrechterhaltung des auf Verwirklichung der Meinungsäußerungs- und Informationsfreiheit gerichteten Kommunikationsprozesses".[29]

4. *Offene oder hoheitlich definierte Grundrechtsinterpretation?*

Ähnlich wie andere Freiheitsrechte, deren Gewährleistungsgehalt ein Moment der Wissensgenerierung beinhaltet, begründet die Flexibilität des Schutzbereiches aus der Perspektive einer isolierten Verhaltensfreiheit ein gewisses Spannungsfeld zwischen der Autonomie der Grundrechtsträger in der Entscheidung über die Modalitäten der Grundrechtsausübung und der hoheitlichen Einräumung des Freiheitsrechts.[30] Dieses Spannungsverhältnis folgt aus der Beschränkung grundrechtlicher Freiheiten auf isolierte Verhaltensfreiheiten, die die wissensgenerierenden Effekte der Interaktion[31] nicht hinreichend abbildet. So ist der Gewährleistungsgehalt dieser Freiheitsrechte auf die eine oder andere Weise auf Wissensgenerierung und Entwicklungsoffenheit angelegt. Eine hoheitliche, von vorneherein feststehende Definition eines bestimmten grundrechtlichen Verhaltens wäre damit nicht vereinbar. Das grundrechtsdogmatische Spannungsverhältnis entsteht jedoch erst dadurch, dass der Schutzbereich durch ein Verhalten des einzelnen Grundrechtsträgers beschrieben werden soll, das für sich zur Verwirklichung des betreffenden Schutzguts nicht ausreicht. Vielmehr bringt erst der Kommunikationszusammenhang neues Wissen und die für das Schutzgut wesentliche Entwicklungsoffenheit hervor.[32]

---

[29] BVerfG, Nichtannahmebeschl. v. 12.4.2007, 1 BvR 78/02, NVwZ 2007, 1306 – *Straßenverkauf von Sonntagszeitungen*, Rn. 24, mit Hinweisen auf die Rechtsprechung zur Rundfunkfreiheit, BVerfG, Urt. v. 16.6.1981, 1 BvL 89/78, BVerfGE 57, 295 – *FRAG*, Rn. 85 ff., und zur Meinungsfreiheit BVerfG, Beschl. v. 24.3.1998, 1 BvR 131/96, BVerfGE 97, 391 – *Missbrauchsvorwurf*, Rn. 30.

[30] Vgl. nur *Höfling*, Offene Grundrechtsinterpretation, S. 104 ff.; eingehend zu verschiedenen Freiheitsrechten *Morlok*, Selbstverständnis als Rechtskriterium, S. 69 ff., insb. S. 87 ff.; zur Wissenschaftsfreiheit *Trute*, Die Forschung zwischen grundrechtlicher Freiheit und staatlicher Institutionalisierung, S. 62 f.; zum „Dilemma eines verfassungsrechtlichen Kunstbegriffs" *von Arnauld*, Freiheit der Kunst, § 167 Rn. 7 ff., m. w. N.; zur Persönlichkeitsentfaltung *Britz*, Freie Entfaltung durch Selbstdarstellung, S. 28 ff.; dagegen *Isensee*, Wer definiert die Freiheitsrechte?, S. 29 ff.; *Hillgruber*, Grundrechtlicher Schutzbereich, Grundrechtsausgestaltung und Grundrechtseingriff, § 200 Rn. 34; zusammenfassend *Rusteberg*, Der grundrechtliche Gewährleistungsgehalt, S. 139 ff.

[31] Siehe oben, § 1 C.I.3.

[32] Für die Wissenschaftsfreiheit *Trute*, Die Forschung zwischen grundrechtlicher Freiheit und staatlicher Institutionalisierung, S. 64 ff., näher unten § 4 A.I., B.I.3.; für die Kunstfreiheit *Ridder*, Freiheit der Kunst nach dem Grundgesetz, S. 20 f.: Künstler am Import von Kunst, an Information, an vergleichender Stilbeobachtung u.s.w. zu hindern, wäre grundgesetzwidrig, sowie S. 23: Notwendigkeit insbesondere bei der hoheitlichen Förderung zwischen Kunst und Nicht-Kunst unter Mitsprache der Kunst zu entscheiden; *Hufen*, Freiheit der Kunst in staatlichen Institutionen, S. 104 ff.; *Müller*, Freiheit der Kunst als Problem der Grundrechtsdogmatik, S. 70 ff., S. 97 ff.

Dieser konstitutive Charakter des Kommunikationszusammenhangs für die kollektive und dezentrale Erzeugung spezifischen Wissens und für das jeweilige Schutzgut löst das vor dem Hintergrund isolierter Verhaltensfreiheiten wahrgenommene Spannungsverhältnis auf. Spielräume der Grundrechtsträger und die Einbindung in einen Kommunikationszusammenhang zwischen Grundrechtsträgern oder zu Dritten sind für die Verwirklichung des jeweiligen Freiheitsrechts notwendig. Beides geht zurück auf strukturelle Grenzen der Wahrnehmung und Informationsverarbeitung jedes einzelnen Grundrechtsträgers, schließt aber die hoheitliche Einräumung der Freiheitsrechte und damit die Definition der jeweiligen Schutzbereiche nicht aus. Die Konsequenz ist vielmehr, dass eine angemessene Konzeption der Schutzbereiche der Relevanz der Kommunikationszusammenhänge für die Verwirklichung des Schutzguts angesichts der kognitiven Rahmenbedingungen hinreichend Rechnung tragen muss. Das vermeintliche Spannungsverhältnis zwischen offener, dem Grundrechtsträger überlassener Entscheidung über das jeweils geschützte Verhalten und hoheitlicher Definition des Schutzbereichs ist Ausdruck einer nicht hinreichend leistungsfähigen Grundrechtsdogmatik, die durch die Fokussierung auf isolierte Verhaltensfreiheiten das Potential von Interaktionen für die Verwirklichung des Schutzguts und zugleich die Eingrenzung des Schutzbereichs ausblendet. Die betreffenden Freiheitsrechte lassen sich nicht mehr sinnvoll als isolierte Verhaltensfreiheit verstehen, deren Schutzbereich unabhängig von der Interaktion mit anderen und den Wechselwirkungen dieser Interaktionen definiert werden könnte. Stattdessen die Anbindung an die Kommunikationsprozesse als Kriterium für die Reichweite des Schutzbereichs heranzuziehen,[33] nimmt den Schutzbereichen weder spezifische Kontur noch ihre Eignung zur Subsumtion.[34] Die Entscheidung des Grundrechtsträgers über die Modalitäten der Freiheitsausübung ist dadurch nicht beliebig, sondern funktional begrenzt. Die Einbindung in den Kommunikationszusammenhang begründet und begrenzt die Spielräume bei der Grundrechtsausübung.

Bei den Kommunikationsgrundrechten tritt diese Relevanz des Kommunikationszusammenhangs für die Konkretisierung des Schutzbereichs dadurch besonders deutlich hervor, dass der Kommunikationsakt unmittelbarer Gegenstand des jeweiligen Freiheitsrechts ist. Bei den anderen Freiheitsrechten ist zunächst die Funktion des Kommunikationszusammenhangs für die Verwirklichung des jeweiligen Schutzguts zu entfalten. Die Kommunikationsgrundrechte,

[33] Für die Wissenschaftsfreiheit *Trute*, Die Forschung zwischen grundrechtlicher Freiheit und staatlicher Institutionalisierung, S. 62: Konkretisierungsvorgänge knüpfen an die Handlungspraxis der Wissenschaft, nicht an die Handlungen und Selbstdefinitionen des Einzelnen an; für die Kunstfreiheit *Hufen*, Die Freiheit der Kunst in staatlichen Institutionen, S. 180ff., S. 236ff.: Eigengesetzlichkeit als Verbot von Einseitigkeit, als Gebot der strukturellen Absicherung intersubjektiver Kommunikation.

[34] So *Hillgruber*, Grundrechtlicher Schutzbereich, Grundrechtsausgestaltung und Grundrechtseingriff, § 200 Rn. 34.

die nach der Konzeption der Rechtsprechung auf die Gewährleistung einer freien individuellen und öffentlichen Meinungsbildung zielen, zeigen die Ausrichtung des Schutzbereichs auf den Kommunikationsprozess deutlich in ihrer einfachgesetzlichen Ausgestaltung. Das gilt insbesondere für die Ausgestaltung medienrechtlicher Privilegien, die auf unterschiedliche Weise der Absicherung des Kommunikationsprozesses dienen.

III. Absicherung durch medienrechtliche Privilegien

Auskunftsrechte oder andere Privilegien der Medien insbesondere im Datenschutzrecht[35] und Strafprozessrecht[36] sind an den Schutz des Kommunikationsprozesses gekoppelt.[37] Sie stützen die kontrollierende und meinungsbildende Funktion der Medien ab[38] und lassen sich, soweit es an hinreichenden einfachgesetzlichen Regelungen fehlt, teilweise unmittelbar aus der Verfassung ableiten.[39] Der Anwendungsbereich der Privilegien richtet sich nach der Wirkung auf den Kommunikationsprozess. Er umfasst die Vorbereitung, Herstellung und Verbreitung des jeweiligen Mediums,[40] schließt aber verwaltende oder kommerzielle Tätigkeiten ohne Bezug zum Kommunikationsprozess nicht ein.[41] Einschränkende Merkmale wie eine Bindung an journalistisch-redaktionelle oder literarische Zwecke,[42] an eine journalistisch-redaktionelle Gestaltung,[43] an redaktionell aufbereitete Informations- und Kommunikationsdienste[44] oder an die Förderung der öffentlichen Aufgabe der Presse[45] richten die Medienprivilegien an dem medienspezifischen Kommunikationsprozess aus. Allerdings darf die vermeintlich

---

[35] § 41 BDSG; § 57 Abs. 1 RStV; *Neunhoeffer*, Das Presseprivileg im Datenschutzrecht, S. 136 ff.

[36] §§ 53 Abs. 1 Nr. 5, 97 Abs. 5 S. 1 StPO; zu weiteren Privilegien im Urheber- und Wettbewerbsrecht sowie bei der Einsicht in Stasi-Unterlagen *Schulz/Korte*, KritV 2001, 113 (114).

[37] BVerfG, Urt. v. 5.8.1966, 1 BVR 586/62, BVerfGE 20, 162 u. a. – *Spiegel*, Rn. 39 f.: Bindungen der Privilegien an „Aufgabe der Presse"; *Caspar*, NVwZ 2010, 1451 (1454).

[38] Für die Presse BVerfG, Beschl. v. 10.5.1983, 1 BvR 385/82, BVerfGE 64, 108 – *Chiffreanzeige, Zeugnisverweigerungsrecht*, Rn. 24.

[39] Für das Zeugnisverweigerungsrecht der Presse BVerfG, Beschl. v. 10.5.1983, 1 BvR 385/82, BVerfGE 64, 108 – *Chiffreanzeige, Zeugnisverweigerungsrecht*, Rn. 24; zum Auskunftsanspruch der Presse BVerwG, Urt. v. 20.2.2013, 6 A 2/12, BVerwGE 146, 56, Rn. 27 ff.; jenseits eines „Minimalstandards" an Informationen noch verneint in BVerwG, Urt. v. 13.12.1984, 7 C 139/81, BVerwGE 70, 310, Rn. 23 f.; jedenfalls soweit Anwendbarkeit der landespresserechtlichen Auskunftsansprüche reicht, ist für einen verfassungsunmittelbaren Auskunftsanspruch kein Raum, VGH BW, Urt. v. 11.09.2013, 1 S 509/13, Rn. 69; VG Augsburg, Beschl. v. 29.1. 2014, Au 7 E 13.2018, Rn. 94.

[40] § 53 Abs. 1 S. 1 Nr. 5 StPO; § 41 Abs. 1 BDSG und § 57 Abs. 1 RStV knüpfen pauschal an die Datenverarbeitung von Unternehmen und Hilfsunternehmen der Presse an.

[41] § 53 Abs. 1 S. 3 StPO.

[42] § 41 Abs. 1 BDSG.

[43] § 55 Abs. 2 S. 1, Abs. 3 S. 1 RStV.

[44] § 53 Abs. 1 S. 3 StPO.

[45] § 4 Abs. 1 der Landespressegesetze.

strikte Abgrenzung der privilegierten Aktivitäten zu kommerziellen Tätigkeiten oder kommerzieller Kommunikation[46] nicht darüber hinwegtäuschen, dass die Presse sowie der private Rundfunk als Marktteilnehmende Marktentwicklungen und Anpassungszwängen unterliegen. Diese Marktentwicklungen können Geschäftsmodelle hervorbringen, die etablierte Produktionsprozesse oder Unternehmensorganisationen in Frage stellen. Damit einher geht die Notwendigkeit, die Ausgestaltung von Medienprivilegien, die wie etwa das Datenschutzprivileg der Presse auf bestimmte Produktionsprozesse und Unternehmensorganisationen ausgerichtet sind, zu überprüfen.[47] Ähnliches gilt, wenn im Internet infolge der erleichterten Recherche- und Verbreitungsmöglichkeiten neue inhaltlichen Angebote entstehen oder die Rezeptionsgewohnheiten sich ändern. Plattformen, die individuelle Bewertungen bestimmter Dienstleistungen, etwa von Ärzten[48] oder Lehrern,[49] oder unterschiedliche Informationen über öffentliche Ausschreibungen[50] systematisch zusammenstellen, nehmen die Auskunftsansprüche sowie die datenschutzrechtlichen und strafprozessualen[51] Privilegien in Anspruch, ohne in einer den Medien vergleichbaren Weise zum öffentlichen Meinungsbildungsprozess beizutragen.[52] Das Merkmal der journalistisch-re-

[46] Jedenfalls die unmittelbar kommerzielle Kommunikation trägt durch ihre Ausrichtung an wirtschaftlichen Eigeninteressen nicht in der erforderlichen Weise am meinungsbildenden Kommunikationsprozess bei OVG Berlin-Brandenburg, Beschl. v. 13.8.2014, 11 S 15.14, Rn. 24; VGH Baden-Württemberg, Beschl. v. 25.3.2014, 1 S 169/14, NJW 2014, 2667, Rn. 22; *Held*, in: Binder/Vesting, Beck'scher Kommentar zum Rundfunkrecht, § 54 RStV, Rn. 59. Die bundesweite Zulassung privater Rundfunkveranstalter schließt aus diesem Grund die Regionalisierung von Werbung nicht aus, BVerwG, Entsch. v. 17.12.2014, 6 C 32.13, NVwZ-RR 2015, 339.

[47] So können etwa externe Dienstleister Plattformen zur Vernetzung freier Mitarbeiter oder flexibler journalistischer Teams bereitstellen, die projektweise und unter Umständen sogar unternehmensübergreifend zusammenarbeiten. Unabhängig von solchen Plattformen zur Erstreckung des Datenschutzprivilegs auf untrennbar mit der journalistischen Leistung verbundenen Honorardaten freie Mitarbeiter *Caspar*, NVwZ 2010, 1451 (1454). Das Kriterium einer untrennbaren und unmittelbaren Verbindung mit der journalistisch-redaktionellen Arbeit (*Caspar*, NVwZ 2010, 1451 (1454 f.)) kann sich bei neuartigen Geschäftsmodellen als zu eng erweisen.

[48] BGH, Urt. v. 23.9.2014, VI ZR 358/13, BGHZ 202, 242 – *Ärztebewertung II*, Rn. 13.

[49] BGH, Urt. v. 23.6.2009, VI ZR 196/08, BGHZ 181, 328 – *Spickmich.de*, Rn. 20 ff.; *Greve/Schärdel*, MMR 2008, 644 (646 ff.); *Peifer/Kamp*, ZUM 2009, 185 (186 ff.).

[50] OVG Berlin-Brandenburg, Beschl. v. 13.8.2014, 11 S 15.14, Rn. 24 f.; VGH Baden-Württemberg, Beschl. v. 25.3.2014, 1 S 169/14, NJW 2014, 2667, Rn. 22 f.; VG Schwerin, Beschl. v. 25.3.2014, 6 B 31/14, Rn. 17 ff.

[51] Das Zeugnisverweigerungsrecht eines Online-Redakteurs eines Bewertungsportals für Kliniken in Bezug auf die Identität eines Nutzers, der anonym eine Bewertung abgegeben hat, verneint LG Duisburg, Beschl. v. 6.11.2012, 32 Qs 49/12, Rn. 9 ff.: kein Beitrag zum redaktionellen Teil des Informationsdienstes, weil mutmaßlich strafbare Bewertung des Nutzers ohne weitere redaktionelle Bearbeitung eingestellt worden ist; ebenso LG Augsburg, Beschl. v. 19.3. 2013, 1 Qs 151/13, Rn. 10 f.: keine Beschlagnahmefreiheit nach § 97 Abs. 5 S. 1 StPO und kein Zeugnisverweigerungsrecht nach § 53 Abs. 1 S. 1 Nr. 5 StPO bezüglich Nutzerbeiträgen in Online-Foren von Zeitungen und LG Oldenburg, Beschl. v. 22.9.2010, 3 Qs 263/10, Rn. 12 f.

[52] Zudem basieren viele der Geschäftsmodelle darauf, die medienspezifischen Sorgfaltspflichten nicht einhalten zu müssen und mangels Prüfung der inhaltlichen Beiträge Dritter

daktionellen Bearbeitung oder Gestaltung fungiert dann als Chiffre für digitale Kommunikationsangebote, deren Funktion derjenigen der etablierten Angebote in der gedruckten Welt entspricht.[53] Aus diesem Grund wäre es verfehlt, bei der Einordnung neuartiger Kommunikationsangebote ungeprüft eine den traditionellen Medien entsprechende, insbesondere organisatorische Ausgestaltung zu fordern.[54] Vielmehr ist auch bei der einfach-gesetzlichen Ausgestaltung die Reichweite der Medienprivilegien an ihrer Relevanz für den meinungsbildenden Kommunikationsprozess auszurichten.[55] Die Rechtsprechung greift zur Bestimmung dieser Relevanz auf inhaltsbezogene Kriterien wie die Vielfalt, Aktualität, Publizität und Periodizität der Beiträge sowie ihrer „erkennbar publizistischen Zielsetzung" zurück.[56]

B. Dogmatische Verarbeitung von Interaktionen im Rundfunk

Das grundrechtsdogmatische Konzept der Rundfunkfreiheit beruht auf normativen und außerjuridischen Prämissen zum Hintergrund des Schutzguts sowie zu den Strukturen des Normbereichs. Die Qualität des Konzepts und die auf seiner Grundlage erreichbare Verwirklichung des Schutzguts hängen nicht zuletzt davon ab, wie angemessen das normative Konzept die Strukturen des Normbereichs verarbeiten kann. Überformen Modellierungen wie die positive Rundfunkordnung die allgemeine Koordination über Märkte, beinhaltet das Konzept auch Annahmen zur Funktionsweise des alternativen Koordinationsmodells. Die

---

nicht oder nur eingeschränkt zu haften; zum Zusammenhang der Sorgfaltspflichten und der Privilegien bei Bewertungsportalen *Ernst*, CR 2013, 318 (323). Die Praxis zieht bei der Prüfung der Anwendbarkeit von Privilegien teilweise ergänzend heran, ob die auf journalistisch-redaktionelle Angebote anwendbaren Impressumspflichten erfüllt worden sind, VGH Baden-Württemberg, Beschl. v. 25.3.2014, 1 S 169/14, NJW 2014, 2667, Rn. 24.

[53] Etwa BGH, Urt. v. 23.6.2009, VI ZR 196/08, BGHZ 181, 328 – *Spickmich.de*, Rn. 21: Daten müssen einer „pressemäßige Veröffentlichung" dienen und meinungsbildende Wirkung für die Allgemeinheit prägender Bestandteil des Angebots sein. Zu weit wäre es hingegen, das Datenschutzprivileg auf jede einem Einzelnen zuzuordnende Äußerung in einem Kontext inhaltlicher Auseinandersetzung zu erstrecken, so *Plog*, CR 2007, 668 (669). Die Medienprivilegien schützen nicht jede Ausübung von Kommunikationsgrundrechten einschließlich der Meinungsfreiheit schlechthin, sondern die Bedingungen der spezifischen Arbeitsweise der Presse und des Rundfunks.

[54] Weitergehend die Dichotomie zwischen institutioneller Meinungsbildung und privater Kommunikation in Frage stellend *Spindler*, GRUR 2013, 996 (999); zum Einfluss redaktioneller Strukturen auf die publizistische Qualität im Rundfunk *Donges/Jarren*, Media Perspektiven 1997, 198ff.

[55] *Schulz/Korte*, KritV 2001, 113 (135ff.).

[56] OVG Berlin-Brandenburg, Beschl. v. 13.8.2014, 11 S 15.14, Rn. 24 m. w. N.; VG Schwerin, Beschl. v. 25.3.2014, 6 B 31/14, Rn. 17; *Lent*, ZUM 2013, 914 (915ff.); *Held*, in: Binder/Vesting, Beck'scher Kommentar zum Rundfunkrecht, § 54 RStV, Rn. 38ff.; zum Gegendarstellungsanspruch nach § 56 RStV OLG Bremen, Urt. v. 14.1.2011, 2 U 115/10, NJW 2011, 1611, Rn. 44.

Ausgestaltung positiver Ordnungen wird dadurch besonders voraussetzungsvoll. Diese grundrechtlichen Regime bestimmter Freiheitsrechte können mit anderen Regimen in Konflikt geraten, im Rundfunksektor insbesondere im Zuge der Digitalisierung, auf Grund der vielfältige Anbieter mit unterschiedlichen Rationalitäten Angebote bereitstellen. Dann kann es auf der einen Seite Aufgabe eines übergreifenden Kollisionsrechts sein, die Funktionsbedingungen eines Regimes, für den Rundfunk etwa dessen Finanzierungsbedingungen, vor Interferenzen zu schützen. In Regelungsregimen gedacht kann dann etwa das Lauterkeitsrecht, das Kartellrecht, das Datenschutzrecht, das Telemedienrecht oder das Urheberrecht auf rundfunkspezifische Aspekte einzustellen sein.[57] Die Normenhierarchie und die mittelbare Drittwirkung von Grundrechten bilden für verfassungsdogmatische Konzepte den rechtlichen Hebel zur Auflösung solcher Regime-Kollisionen.[58] Auf der anderen Seite können andere Regime Strukturen des Normbereichs verändern und dadurch Anpassungsbedarf auslösen. Verfassungsdogmatischen Konzepten kommt, anders als dem zu Grunde liegenden Schutzgut, kein Selbstzweck zu. Sie schützen vor allem nicht vor Änderungen ihrer eigenen Prämissen. Auch Bestands- und Entwicklungsgarantien setzen als Teil eines verfassungsdogmatischen Konzepts von vorneherein die ihnen zu Grunde gelegten Prämissen voraus. Stellen beispielsweise Marktentwicklungen auf der Grundlage einer Marktrationalität einzelne Teile der positiven Rundfunkordnung in Frage, kann einerseits eine medienrechtsspezifische Überlagerung der allgemeinen Marktordnung zum Schutz der Funktionsbedingungen, regelmäßig der Finanzierung, des Rundfunks geboten sein. Umgekehrt kann die Marktentwicklung aber auch die Notwendigkeit zur Gewährleistung einer positiven Rundfunkordnung infolge strukturell geänderter Bedingungen der Meinungsvielfalt verschieben. Für die Anwendung verfassungsdogmatischer Konzepte folgt daraus die Notwendigkeit, die Prämissen der Konzepte laufend zu reflektieren. Eine solche Reflexion setzt voraus, die normativen und empirischen Prämissen und ihrer Implikationen für das verfassungsdogmatische Konzept offenzulegen.

I. Rundfunkfreiheit als positiv ausgestaltete, dienende Freiheit

Die verfassungsrechtliche Dogmatik der Rundfunkfreiheit als einer vor allem objektiv-rechtlichen, dienenden und positiv auszugestaltenden Freiheit beruht auf der impliziten Prämisse, dass das Schutzgut der Rundfunkfreiheit, die freie individuelle und öffentliche Meinungsbildung, infolge bestimmter Besonderheiten

---

[57] *Ladeur*, GRUR 2005, 559 (561 ff.).

[58] Zur Einwirkung auf das Lauterkeitsrecht zum Schutz der Finanzierungsbedingungen des privaten Rundfunks vor Werbeblockern im linearen Fernsehen *Ladeur*, GRUR 2005, 559 (561 ff.); zum werberechtlichen Schutz medialer Aufmerksamkeit beim hybriden Fernsehen *Ladeur/Gostomzyk*, CR 2014, 28 (31 ff.); restriktiver *Broemel*, ZUM 2012, 866 (871).

sowohl des Rundfunks als auch der Rundfunk- und Werbemärkte auf der Grundlage allein subjektiver Abwehrrechte, also einer isolierten Verhaltensfreiheit der Rundfunkveranstalter, nicht zu verwirklichen wäre. Methodisch liegt der Dogmatik einerseits ein bestimmtes Verständnis der Kommunikation über Rundfunk und ihrer Relevanz für die Meinungsbildung und andererseits bestimmte Annahmen über die Anreizwirkungen von Märkten zu Grunde. Diese Interdependenzen, in die Rundfunkveranstalter auf unterschiedliche Weise eingebunden sind, und ihre Relevanz für das Schutzgut bilden den Ausgangspunkt für die Dogmatik des deutschen Rundfunkverfassungsrechts.[59]

1. Besonderer Regulierungsbedarf des Rundfunks

Die Rechtsprechung gründet den besonderen Regulierungsbedarf des Rundfunks zum einen auf die besondere Meinungsbildungsrelevanz des Rundfunks und zum anderen auf die verzerrenden Effekte, die von einer rein marktwirtschaftlich organisierten Rundfunkordnung ausgehen würden.

a) Meinungsbildungsrelevanz des linearen Rundfunks

Die Rechtsprechung des Bundesverfassungsgerichts drückt bekanntlich die Relevanz des Rundfunks für die freie individuelle und öffentliche Meinungsbildung in ständiger Rechtsprechung mit der Rolle des Rundfunks nicht nur als „Medium der öffentlichen Meinungsbildung", sondern auch als deren „eminentem Faktor" aus.[60] Diese sich auf alle Lebensbereiche erstreckende[61] Meinungsbildungsrelevanz knüpft in der Rechtsprechung zunächst an dem Inhalt der Kommunikation über Rundfunk an, nämlich die jeder Sendung durch die Auswahl und

---

[59] Internationaler Vergleich zur Ausgestaltung der Rundfunkfreiheit in anderen Staaten innerhalb und außerhalb der Europäischen Union bei *Grzeszick*, The „Serving" Freedom to Broadcast, S. 75 (90ff.); zum Ganzen und mit unterschiedlichen konzeptionellen Akzenten *Rossen*, Freie Meinungsbildung durch den Rundfunk; *Vesting*, Prozedurales Rundfunkrecht; *Schulz*, Gewährleistung kommunikativer Chancengleichheit als Freiheitsverwirklichung; Überblick über die Entwicklung der Rechtsprechung bei *Schmitt Glaeser*, AöR 112 (1987), 215ff.

[60] BVerfG, Urt. v. 28.2.1961, 2 BvG 1/60 und 2/60, BVerfGE 12, 205 – *Deutschland-Fernsehen*, Rn. 183; BVerfG, Urt. v. 16.6.1981, 1 BvL 89/78, BVerfGE 57, 295 – *FRAG*, Rn. 86; BVerfG, Urt. v. 4.11.1986, 1 BvF 1/84, BVerfGE 73, 118 – *Niedersächsisches Landesrundfunkgesetz*, Rn. 89; BVerfG, Beschl. v. 24.3.1987, 1 BvR 147/86 und 1 BvR 478/86, BVerfGE 74, 297 – *LMG BW*, Rn. 74.

[61] BVerfG, Urt. v. 28.2.1961, 2 BvG 1/60 und 2/60, BVerfGE 12, 205 – *Deutschland-Fernsehen*, Rn. 183: „(…) Diese Mitwirkung an der öffentlichen Meinungsbildung beschränkt sich keineswegs auf die Nachrichtensendungen, politischen Kommentare, Sendereihen über politische Probleme der Gegenwart, Vergangenheit oder Zukunft; Meinungsbildung geschieht ebenso in Hörspielen, musikalischen Darbietungen, Übertragungen kabarettistischer Programme bis hinein in die szenische Gestaltung einer Darbietung. (…)"; ebenso BVerfG, Urt. v. 27.7.1971, 2 BvF 1/68, BVerfGE 31, 314 u.a. – *Tätigkeit der Rundfunkanstalten, 2. Rundfunkurteil*, Rn. 29; BVerfG, Urt. v. 4.11.1986, 1 BvF 1/84, BVerfGE 73, 118 – *Niedersächsisches Landesrundfunkgesetz*, Rn. 89.

Gestaltung Inhalte innewohnende Tendenz.[62] Vor dem Hintergrund der historischen Erfahrung sowie der zu dieser Zeit verfügbaren Technik, die den einzelnen Rundfunksendern als einzigem Medium eine zeitnahe und noch dazu in qualitativ hochwertiger Form die Aufmerksamkeit der breiten Bevölkerung sichert, tritt die Gefahr tendenziöser Berichterstattung besonders in den Vordergrund.[63] Aber auch in der Zeit, in der vor allem digital über Kabel, Satellit, Terrestrik und das Internet eine Vielzahl von Programmen sowie zahlreiche nicht-lineare Telemedienangebote zur Verfügung stehen, betont die Rechtsprechung die besondere Meinungsbildungsrelevanz des linearen Rundfunks. Diese besondere Wirkung des Rundfunks verliert nach der Rechtsprechung nicht angesichts der zunehmenden Ausdifferenzierung der inhaltlichen Angebote und Verbreitungstechniken an Einfluss, sondern nimmt umgekehrt sogar an Bedeutung zu.[64] Sie charakterisiert den rundfunkbasierten, meinungsbildenden Kommunikationsprozess mit den Eigenschaften „Breitenwirkung", „Aktualität" und „Suggestivkraft".[65] Die Rechtsprechung des Bundesverfassungsgerichts etabliert die

[62] BVerfG, Urt. v. 28.2.1961, 2 BvG 1/60 und 2/60, BVerfGE 12, 205 – *Deutschland-Fernsehen*, Rn. 183: „(…) Jedes Rundfunkprogramm wird durch die Auswahl und Gestaltung der Sendungen eine gewisse Tendenz haben, insbesondere soweit es um die Entscheidung darüber geht, was nicht gesendet werden soll, was die Hörer nicht zu interessieren braucht, was ohne Schaden für die öffentliche Meinungsbildung vernachlässigt werden kann, und wie das Gesendete geformt und gesagt werden soll. (…)".

[63] BVerfG, Urt. v. 27.7.1971, 2 BvF 1/68, BVerfGE 31, 314 u.a. – *Tätigkeit der Rundfunkanstalten, 2. Rundfunkurteil*, Rn. 29: „Der Rundfunk ist, nicht zuletzt infolge der Entwicklung der Fernsehtechnik, zu einem der mächtigsten Kommunikationsmittel und Massenmedien geworden, das wegen seiner weitreichenden Wirkungen und Möglichkeiten sowie der Gefahr des Mißbrauchs zum Zweck einseitiger Einflußnahme auf die öffentliche Meinung nicht dem freien Spiel der Kräfte überlassen werden kann. (…)".

[64] BVerfG, Urt. v. 11.9.2007, 1 BvR 2270/05, BVerfGE 119, 181 u.a. – *Rundfunkgebühren; KEF*, Rn. 123: „(…) Diese Wirkungsmöglichkeiten gewinnen zusätzliches Gewicht dadurch, dass die neuen Technologien eine Vergrößerung und Ausdifferenzierung des Angebots und der Verbreitungsformen und -wege gebracht sowie neuartige programmbezogene Dienstleistungen ermöglicht haben."; ebenso BVerfG, Urt. v. 25.3.2014, 1 BvF 1/11, BVerfGE 136, 9 u.a. – *ZDF-Aufsichtsgremien*, Rn. 34.

[65] BVerfG, Urt. v. 22.2.1994, 1 BvL 30/88, BVerfGE 90, 60 – *Kabelgroschen, 8. Rundfunkurteil*, Rn. 140; BVerfG, Urt. v. 24.1.2001, 1 BvR 2623/95, BVerfGE 103, 44 u.a. – *Gerichtsfernsehen; n-tv*, Rn. 93; BVerfG, Beschl. v. 26.10.2005, 1 BvR 396/98, BVerfGE 114, 371 – *Bayerisches Teilnehmerentgelt*, Rn. 63; BVerfG, Urt. v. 11.9.2007, 1 BvR 2270/05, BVerfGE 119, 181 u.a. – *Rundfunkgebühren; KEF*, Rn. 123; zuletzt BVerfG, Urt. v. 25.3.2014, 1 BvF 1/11, BVerfGE 136, 9 u.a. – *ZDF-Aufsichtsgremien*, Rn. 34; VerfGH Rheinland-Pfalz, Urt. v. 13.5.2014, VGH B 35/12, NVwZ 2015, 64, Rn. 119; Nds. StaatsGH, Urt. v. 6.9.2005, 4/04, Rn. 49; StaatsGH BW, Urt. v. 24.1.2005, 2/04, Rn. 24; StaatsGH Bremen, Urt. v. 5.11.2004, St 3/04, Rn. 44; Thür. VerfGH, Urt. v. 19.6.1998, 10/96, NVwZ-RR 1999, 81, Rn. 74; BayVGH, Urt. v. 13.1.2014, 7 BV 13.13197, Rn. 35; BayVGH, Urt. v. 15.2.2012, 7 BV 11.285, Rn. 30; nähere Charakterisierung der Eigenschaften etwa in BVerfG, Urt. v. 11.9.2007, 1 BvR 2270/05, BVerfGE 119, 181 u.a. – *Rundfunkgebühren; KEF*, Rn. 123: „Seine Breitenwirkung zeigt sich in der Reichweite und der Möglichkeit der Beeinflussung großer Bevölkerungsteile. So prägen die audiovisuellen Massenmedien seit langem bei den meisten Bürgern große Zeiteinheiten des Tagesablaufs (…). Die Aktualität des Hör- und Fernsehfunks folgt daraus, dass Inhalte schnell,

Kriterien der Breitenwirkung, Aktualität und Suggestivkraft dadurch als Chiffren für die Meinungsbildungsrelevanz und den daraus resultierenden Regulierungsbedarf mit der Folge, dass die Praxis bei der Konkretisierung der einfachgesetzlichen Rundfunkordnung an unterschiedlicher Stelle auf diese Kriterien zurückgreift.[66] Das früher für den einfachgesetzlichen Rundfunkbegriff konstitutive Merkmal der Darbietung setzte eine bestimmte Schwelle der Breitenwirkung, Aktualität und Suggestivkraft voraus.[67] Im Rundfunkkonzentrationsrecht zieht die Kommission zur Ermittlung der Konzentration im Medienbereich (KEK) die Kriterien heran, um die Meinungsbildungsrelevanz von medienverwandten relevanten Märkten abzuschätzen und sogar mit Korrekturfaktoren gegenüber dem Rundfunk zu gewichten.[68] Noch weitergehend werden die Kriterien teilweise aus ihrem ursprünglichen Kontext gelöst, auf andere Kommunikationszusammenhänge übertragen und etwa zur Begründung der Regulierungsbedürftigkeit von Suchmaschinen herangezogen.[69]

b) Tendenzen zur Verengung auf reichweitenstarke Formate

Neben der besonderen Meinungsbildungsrelevanz gründete die Rechtsprechung des Bundesverfassungsgerichts die besondere Regulierungsbedürftigkeit des Rundfunks bekanntlich zunächst auf die Sondersituation des Rundfunks, die vor der Digitalisierung sowie der Verbreitung über Kabel und Satellit durch eine Frequenzknappheit wie auch einen erheblichen Bedarf an finanziellen Ressourcen gekennzeichnet war.[70] Nach dem Wegfall dieser Sondersituation

---

sogar zeitgleich, an die Rezipienten übertragen werden können. Die besondere Suggestivkraft des Mediums ergibt sich insbesondere aus der Möglichkeit, die Kommunikationsformen Text und Ton sowie beim Fernsehfunk zusätzlich bewegte Bilder miteinander zu kombinieren und der programmlichen Information dadurch insbesondere den Anschein hoher Authentizität zu verleihen (…).“

[66] Zum einfachrechtlichen Rundfunkbegriff *Castendyk/Böttcher*, MMR 2008, 13 (16f.).

[67] Eingehend, auch zur alternativen Konkretisierung anhand offener Typenmerkmale *Witt*, Internet-Aktivitäten öffentlich-rechtlicher Rundfunkanstalten, S. 54ff.; für online-Aktivitäten S. 78ff.; *Castendyk/Böttcher*, MMR 2008, 13 (16f.); zu *web tv*-Angeboten *Baier*, CR 2008, 769 (772ff.).

[68] *Kommission zur Ermittlung der Konzentration im Medienbereich (KEK)*, Beschl. v. 10.1. 2006, KEK 293–1 bis 5 – *ProSiebenSAT.1/Springer*, S. 81ff.; graduelle Anpassung in der Gewichtung der Faktoren bei *KEK*, Von der Fernsehzentrierung zur Medienfokussierung – Anforderungen an eine zeitgemäße Sicherung medialer Meinungsvielfalt, 5. Medienkonzentrationsbericht, 2015, S. 53ff.; aus der Literatur vgl. nur *Huber*, DV 40 (2007), 1 (4ff.); restriktiver zu den Voraussetzungen, medienrelevante verwandte Märkte bei der Anwendung des § 26 Abs. 2 S. 2 RStV zu berücksichtigen, demgegenüber BVerwG, Urt. v. 29.1.2014, 6 C 2/13, BVerwGE 149, 52 – *ProSiebenSAT.1/Springer*, Rn. 30ff.

[69] *Kreile/Thalhofer*, ZUM 2014, 629ff.

[70] BVerfG, Urt. v. 28.2.1961, 2 BvG 1/60 und 2/60, BVerfGE 12, 205 – *Deutschland-Fernsehen*, Rn. 184: „(…) Der Unterschied zwischen Presse und Rundfunk besteht aber darin, daß innerhalb des deutschen Pressewesens eine relativ große Zahl von selbständigen und nach ihrer Tendenz, politischen Färbung oder weltanschaulichen Grundhaltung miteinander konkurrierenden Presseerzeugnissen existiert, während im Bereich des Rundfunks sowohl aus

durch die Etablierung zusätzlicher, gegenüber der terrestrischen Verbreitung zudem kostengünstigere[71] Übertragungswege begründet die Rechtsprechung des Bundesverfassungsgerichts die besondere Regulierungsbedürftigkeit des Rundfunks mit den vielfaltsbeschränkenden Wirkungen, die von einer Koordination der Rundfunkordnung über Märkte ausgehen würden.[72] Zum einen hängen die Kosten der Programmerstellung und Programmverbreitung nicht von der Zahl der Rezipienten ab, so dass die Durchschnittskosten pro Rezipientin und Rezipient mit zunehmender Verbreitungsquote sinkt.[73] Zum anderen steigern höhere Einschaltquoten die Werbeerlöse.[74] Dieser gegenläufige Abhängigkeit der Durchschnittskosten und Erlöse von der Reichweite begünstigt die Produktion reichweitenstarker Sendungen,[75] insbesondere aus den Bereichen Unterhaltung

---

technischen Gründen als auch mit Rücksicht auf den außergewöhnlich großen finanziellen Aufwand für die Veranstaltung von Rundfunkdarbietungen die Zahl der Träger solcher Veranstaltungen verhältnismäßig klein bleiben muß. Diese Sondersituation im Bereich des Rundfunkwesens erfordert besondere Vorkehrungen zur Verwirklichung und Aufrechterhaltung der in Art. 5 GG gewährleisteten Freiheit des Rundfunks. (...)".

[71] *Kommission zur Ermittlung des Finanzbedarfs der Rundfunkanstalten (KEF)*, 18. KEF-Bericht, Dezember 2011, S. 68ff.: Verbreitungskosten beispielhaft der ARD im Jahr 2012: Terrestrik 231,1 Mio. Euro, Satellitenausstrahlung 45,9 Mio. Euro, Kabelverbreitung 45,3 Mio. Euro und Verbreitung auf IP-Netzen 28,8 Mio. Euro; in dem Zeitraum ab 2013 entfallen die Zahlungen von Kabeleinspeiseentgelten. Daneben nehmen die Kosten der Satellitenausstrahlung zu (im Jahr 2016: 60,6 Mio. Euro) und die übrigen Kosten bleiben in etwa unverändert, KEF, 19. KEF-Bericht, Februar 2014, S. 64. Die Verbreitungskosten des ZDF weisen in geringerer Höhe ähnliche Relationen auf, KEF, 19. KEF-Bericht, S. 66. Angesichts der vergleichsweise geringen Zahl der Rezipienten, die auf einen terrestrischen Empfang zurückgreifen, schneidet die Terrestrik bei den Übertragungskosten pro Rezipientin und Rezipient im Vergleich noch ungünstiger ab. Im Jahr 2011 lag der Anteil der terrestrischen Verbreitung bei rund 11 % gegenüber 44 % bei der Übertragung via Satellit, 50 % Kabel und 3 % DSL-TV, *die medienanstalten* (Hrsg.), Digitalisierungsbericht 2011. Offen, neutral, hybrid – die neue (Un)ordnung der Medien, S. 52. Im Jahr 2014 entfielen auf Satellit und Kabel jeweils etwa 44 % gegenüber der Terrestrik mit einem Anteil von etwa 10 %, die medienanstalten (Hrsg.), Digitalisierungsbericht 2014. Alles fließt! Neue Formen und alte Muster, S. 39.

[72] BVerfG, Urt. v. 11.9.2007, 1 BvR 2270/05, BVerfGE 119, 181 u.a. – *Rundfunkgebühren; KEF*, Rn. 124; BVerfG, Beschl. v. 26.10.2005, 1 BvR 396/98, BVerfGE 114, 371 – *Bayerisches Teilnehmerentgelt*, Rn. 66: „Regelmäßig reichen Marktprozesse, wie Erkenntnisse der Medienökonomie belegen (vgl. *Heinrich*, Medienökonomie, Bd. 2, 1999, S. 125ff., 430f., 488), allein nicht, um derartige Programmangebote auf Dauer entstehen zu lassen. Diese Einschätzung entspricht auch der vom Bundesverfassungsgericht wiederholt formulierten Einsicht über programmbegrenzende und vielfaltverengende Zwänge, die bei der Veranstaltung privatwirtschaftlich finanzierten Rundfunks zu beobachten sind (...)."; ähnlich bereits BVerfG, Urt. v. 4.11.1986, 1 BvF 1/84, BVerfGE 73, 118 – *Niedersächsisches Landesrundfunkgesetz*, Rn. 98.

[73] KEK, Von der Fernsehzentrierung zur Medienfokussierung – Anforderungen an eine zeitgemäße Sicherung medialer Meinungsvielfalt, 5. Konzentrationsbericht der KEK, S. 17.

[74] KEK, Von der Fernsehzentrierung zur Medienfokussierung – Anforderungen an eine zeitgemäße Sicherung medialer Meinungsvielfalt, 5. Konzentrationsbericht der KEK, S. 17.

[75] BVerfG, Urt. v. 11.9.2007, 1 BvR 2270/05, BVerfGE 119, 181 u.a. – *Rundfunkgebühren; KEF*, Rn. 124: „(...) Rundfunkprogramme haben, wie insbesondere in der medienökonomischen Literatur analysiert und erklärt wird, im Vergleich zu anderen Gütern besondere ökonomische Eigenschaften (siehe statt vieler *Heinrich*, Medienökonomie, Bd. 2, 1999, S. 24ff.; *Schulz/Held/*

und Sport. Daneben kann eine Unsicherheit über die Akzeptanz neuer Formate unter den Rezipientinnen und Rezipienten eine Fokussierung auf etablierte Formate[76] verstärken.

Zugleich begünstigen die ökonomischen Rahmenbedingungen eine diese Tendenz verstärkende Konzentration der Marktstruktur.[77] Die Kombination aus zunehmend ausdifferenzierten Geschäftsmodellen, fragmentierten Angeboten und Effizienzdruck begünstigt insbesondere crossmediale Konzentrationsprozesse,[78] insbesondere bei der Bereitstellung von online-Angeboten.[79]

2. *Ausgestaltende, positive Rundfunkordnung*

Die Rechtsprechung des Bundesverfassungsgerichts folgert aus der besonderen Regulierungsbedürftigkeit des Rundfunks bekanntlich die Notwendigkeit einer positiven Rundfunkordnung, die über die Abwehr hoheitlicher Einflüsse hinausgeht und materielle, organisatorische sowie prozedurale Regelungen umfasst.[80]

Kops, Perspektiven der Gewährleistung freier öffentlicher Kommunikation, 2002, S. 107 ff.). Diese sind mit dafür ursächlich, dass bei einer Steuerung des Verhaltens der Rundfunkveranstalter allein über den Markt das für die Funktionsweise einer Demokratie besonders wichtige Ziel der inhaltlichen Vielfalt gefährdet ist. Insbesondere die Werbefinanzierung stärkt den Trend zur Massenattraktivität und zur Standardisierung des Angebots (vgl. statt vieler Sjurts, Einfalt trotz Vielfalt in den Medienmärkten: eine ökonomische Erklärung, in: Friedrichsen/Seufert [Hrsg.], Effiziente Medienregulierung, 2004, S. 71, 77 ff.). Auch bestehen Risiken einseitiger publizistischer Betätigung und damit Einflussnahme. Der wirtschaftliche Wettbewerbsdruck und das publizistische Bemühen um die immer schwerer zu gewinnende Aufmerksamkeit der Zuschauer führen beispielsweise häufig zu wirklichkeitsverzerrenden Darstellungsweisen, etwa zu der Bevorzugung des Sensationellen und zu dem Bemühen, dem Berichtsgegenstand nur das Besondere, etwa Skandalöses, zu entnehmen (…). Auch dies bewirkt Vielfaltsdefizite"; aus der Literatur vgl. nur *Wissenschaftlicher Beirat beim Bundesministerium der Finanzen*, Öffentlich-rechtliche Medien – Aufgabe und Finanzierung, S. 23 f.

[76] BVerfG, Urt. v. 25.3.2014, 1 BvF 1/11, BVerfGE 136, 9 u.a. – *ZDF-Aufsichtsgremien*, Rn. 37: Standardformate von Sendungen für das Massenpublikum.

[77] Zu den Kosten- und Erlösstrukturen im Presse- sowie im Rundfunksektor *Beck*, Das Mediensystem Deutschlands, S. 114 ff. und S. 307 ff.

[78] *KEK*, Vierter Medienkonzentrationsbericht: Auf dem Weg zu einer medienübergreifenden Vielfaltssicherung, S. 49 ff.; zur Entwicklung crossmedialer Verflechtungen *KEK*, Von der Fernsehzentrierung zur Medienfokussierung – Anforderungen an eine zeitgemäße Sicherung medialer Meinungsvielfalt, Fünfter Medienkonzentrationsbericht, S. 163 ff.

[79] *KEK*, Vierter Medienkonzentrationsbericht: Auf dem Weg zu einer medienübergreifenden Vielfaltssicherung, S. 50 ff.; Beispiele bei *Vogel*, MediaPerspektiven 2008, 236 (237 ff.).

[80] BVerfG, Urt. v. 16.6.1981, 1 BvL 89/78, BVerfGE 57, 295 – *FRAG*, Rn. 88: „Freie individuelle und öffentliche Meinungsbildung durch den Rundfunk verlangt zunächst die Freiheit des Rundfunks von staatlicher Beherrschung und Einflussnahme. Insoweit hat die Rundfunkfreiheit, wie die klassischen Freiheitsrechte, abwehrende Bedeutung. Doch ist damit das, was zu gewährleisten ist, noch nicht sichergestellt. Denn bloße Staatsfreiheit bedeutet noch nicht, dass freie und umfassende Meinungsbildung durch den Rundfunk möglich wird; dieser Aufgabe lässt sich durch eine lediglich negatorische Gestaltung nicht gerecht werden. Es bedarf dazu vielmehr einer positiven Ordnung, welche sicherstellt, dass die Vielfalt der bestehenden Meinungen im Rundfunk in möglichster Breite und Vollständigkeit Ausdruck findet und dass auf diese Weise umfassende Information geboten wird. Um dies zu erreichen, sind materielle, organisatorische

Ziel der positiven Rundfunkordnung ist es sicherzustellen, dass „die Vielfalt der bestehenden Meinungen im Rundfunk in möglichster Breite und Vollständigkeit Ausdruck findet“.[81] Die auf dieses Ziel ausgerichtete Rundfunkfreiheit stellt insoweit primär eine dienende Freiheit dar.[82] Sie ist inhaltlich weitgehend gesetzlich ausgestaltet und vermittelt subjektive Abwehrrechte nur innerhalb dieser Ausgestaltung.[83] Um sicherzustellen, dass der Rundfunk weder dem Staat noch einer einzelnen gesellschaftlichen Gruppe ausgeliefert wird,[84] sieht die positive Rundfunkordnung in einem dualen Rundfunkmodell[85] unterschiedliche Aufgaben und Ausgestaltungen des privaten und des öffentlich-rechtlichen Rundfunks sowie für beide Säulen Regelungen zur Staatsferne[86] vor.

Aufgabe des binnenplural ausgestalteten öffentlich-rechtlichen Rundfunks ist es, die Grundversorgung, verstanden als die flächendeckende Verbreitung eines Programms bestimmter inhaltlicher Qualität,[87] sicherzustellen.[88] Die Ent-

---

und Verfahrensregelungen erforderlich, die an der Aufgabe der Rundfunkfreiheit orientiert und deshalb geeignet sind zu bewirken, was Art. 5 Abs. 1 GG gewährleisten will.“; BVerfG, Urt. v. 4.11.1986, 1 BvF 1/84, BVerfGE 73, 118 – *Niedersächsisches Landesrundfunkgesetz*, Rn. 90; BVerfG, Beschl. v. 24.3.1987, 1 BvR 147/86 und 1 BvR 478/86, BVerfGE 74, 297 – *LMG BW*, Rn. 75; BVerfG, Urt. v. 5.2.1991, 1 BvF 1/85, BVerfGE 83, 238 – *WDR*, Rn. 402; BVerfG, Urt. v. 22.2.1994, 1 BvL 30/88, BVerfGE 90, 60 – *Kabelgroschen, 8. Rundfunkurteil*, Rn. 142; BVerfG, Urt. v. 11.9.2007, 1 BvR 2270/05, BVerfGE 119, 181 u. a. – *Rundfunkgebühren, KEF*, Rn. 122; BVerfG, Urt. v. 25.3.2014, 1 BvF 1/11, BVerfGE 136, 9 u. a. – *ZDF-Aufsichtsgremien*, Rn. 34.

[81] BVerfG, Urt. v. 16.6.1981, 1 BvL 89/78, BVerfGE 57, 295 – *FRAG*, Rn. 88; BVerfG, Urt. v. 4.11.1986, 1 BvF 1/84, BVerfGE 73, 118 – *Niedersächsisches Landesrundfunkgesetz*, Rn. 90; BVerfG, Beschl. v. 24.3.1987, 1 BvR 147/86 und 1 BvR 478/86, BVerfGE, 74, 297 – *LMG BW*, Rn. 75.

[82] BVerfG, Beschl. v. 24.3.1987, 1 BvR 147/86 und 1 BvR 478/86, BVerfGE 74, 297 – *LMG BW*, Rn. 74: „Demgemäß ist Rundfunkfreiheit primär eine der Freiheit der Meinungsbildung in ihren subjektiv- und objektivrechtlichen Elementen dienende Freiheit: Sie bildet unter den Bedingungen der modernen Massenkommunikation eine notwendige Ergänzung und Verstärkung dieser Freiheit; sie dient der Aufgabe, freie und umfassende Meinungsbildung durch den Rundfunk zu gewährleisten (...).“; BVerfG, Beschl. v. 6.10.1992, 1 BvR 1586/89, BVerfGE 87, 181 u. a. – *Fernsehwerbung*, Rn. 70; aus der Literatur nur *Ladeur*, Medienfreiheitsgrundrechte, Rn. 68, *Schulz*, Gewährleistung kommunikativer Chancengleichheit als Freiheitsverwirklichung, S. 46 ff., zugleich auch zur Pressefreiheit.

[83] Zur Differenzierung zwischen Eingriffs- und Ausgestaltungsgesetzen *Ruck*, AöR 117 (1992), 543 ff.; *Ladeur/Gostomzyk*, JuS 2002, 1145 (1148 ff.); *Cornils*, Die Ausgestaltung der Grundrechte, S. 57 ff.; zu den Anforderungen an ausgestaltende Gesetze BVerfG, Beschl. v. 24.3. 1987, 1 BvR 147/86 und 1 BvR 478/86, BVerfGE 74, 297 – *LMG BW*, Rn. 98; BVerfG, Urt. v. 17.2.1998, 1 BvF 1/91, BVerfGE 97, 228 – *Kurzberichterstattung*, Rn. 142.

[84] BVerfG, Urt. v. 5.2.1991, 1 BvF 1/85 und 1 BvF 1/88, BVerfGE 83, 238 – *WDR*, Rn. 402.

[85] Zu den Gestaltungsspielräumen des Gesetzgebers bei der Wahl zwischen verschiedenen Modellen der Rundfunkordnung oder ihrer Kombination und der Ausgestaltung BVerfG, Urt. v. 22.2.1994, 1 BvL 30/88, BVerfGE 90, 60 – *Kabelgroschen, 8. Rundfunkurteil*, Rn. 158.

[86] Zum Grundsatz insbesondere in modernen Kommunikationsformen *Schulz*, AfP 2013, 464 ff.

[87] BVerfG, Urt. v. 4.11.1986, 1 BvF 1/84, BVerfGE 73, 118 – *Niedersächsisches Landesrundfunkgesetz*, Rn. 103 f.; BVerfG, Beschl. v. 24.3.1987, 1 BvR 147/86 und 1 BvR 478/86, BVerfGE 74, 297 – *LMG BW*, Rn. 81: „Wesentlich [für den Begriff der Grundversorgung] sind nach dem

scheidung über die dazu erforderlichen Inhalte trifft der öffentlich-rechtliche Rundfunk schon in Hinblick auf das Gebot der Staatsferne nach publizistischen Kriterien selbst.[89] Auch muss den öffentlich-rechtlichen Rundfunkanstalten die Nutzung neuer Übertragungswege offenstehen, wenn dies insbesondere infolge geänderter Rezeptionsgewohnheiten zur Gewährleistung einer flächendeckenden Verbreitung erforderlich ist.[90] Für den öffentlich-rechtlichen Rundfunk besteht insoweit eine Bestands- und Entwicklungsgarantie.[91] An diesen Funktionsauftrag knüpft das Gebot der funktionsgerechten Finanzierung des öffentlich-rechtlichen Rundfunks, die einer Abhängigkeit sowohl von Marktzwängen als auch von der Politik oder mittelbaren Programmbeschränkungen durch den Gesetzgeber entgegenwirkt.[92] Organisatorisch wird die Programmvielfalt des

---

Urteil vom 4. November 1986 vielmehr drei Elemente: eine Übertragungstechnik, bei der ein Empfang der Sendungen für alle sichergestellt ist, bis auf weiteres mithin die herkömmliche terrestrische Technik (BVerfGE 73, 118 (123)); weiterhin der inhaltliche Standard der Programme im Sinne eines Angebots, das nach seinen Gegenständen und der Art ihrer Darbietungen oder Behandlung dem dargelegten Auftrag des Rundfunks nicht nur zu einem Teil, sondern voll entspricht; schließlich die wirksame Sicherung gleichgewichtiger Vielfalt in der Darstellung der bestehenden Meinungsrichtungen durch organisatorische und verfahrensrechtliche Vorkehrungen".

[88] BVerfG, Urt. v. 4.11.1986, 1 BvF 1/84, BVerfGE 73, 118 – *Niedersächsisches Landesrundfunkgesetz*, Rn. 103; BVerfG, Urt. v. 5.2.1991, 1 BvF 1/85 und 1 BvF 1/88, BVerfGE 83, 238 – *WDR*, Rn. 404f.; BVerfG, Urt. v. 25.3.2014, 1 BvF 1/11, BVerfGE 136, 9 u. a. – *ZDF-Aufsichtsgremien*, Rn. 37.

[89] BVerfG, Beschl. v. 6.10.1992, 1 BvR 1586/89, BVerfGE 87, 181 u. a. – *Fernsehwerbung*, Rn. 79f.

[90] BVerfG, Urt. v. 25.3.2014, 1 BvF 1/11, BVerfGE 136, 9 u. a. – *ZDF-Aufsichtsgremien*, Rn. 37. Davon ist allerdings nicht die Freiheit umfasst, auf die Nutzung eines von einem erheblichen Anteil an Rezipientinnen und Rezipienten genutzten Übertragungswegs aus strategischen Gründen zu verzichten.

[91] BVerfG, Beschl. v. 24.3.1987, 1 BvR 147/86 und 1 BvR 478/86, BVerfGE 74, 297 – *LMG BW*, Rn. 141f.; BVerfG, Urt. v. 5.2.1991, 1 BvF 1/85 und 1 BvF 1/88, BVerfGE 83, 238 – *WDR*, Rn. 409f.; BVerfG, Urt. v. 22.2.1994, 1 BvL 30/88, BVerfGE 90, 60 – *Kabelgroschen, 8. Rundfunkurteil*, Rn. 150; BVerfG, Urt. v. 17.2.1998, 1 BvF 1/91, BVerfGE 97, 228 – *Kurzberichterstattung*, Rn. 146; aus der Literatur *Schulz*, Gewährleistung kommunikativer Chancengleichheit als Freiheitsverwirklichung, S. 58f.

[92] BVerfG, Beschl. v. 6.10.1992, 1 BvR 1586/89, BVerfGE 87, 181 u. a. – *Fernsehwerbung*, Rn. 71, 76, 87; BVerfG, Urt. v. 22.2.1994, 1 BvL 30/88, BVerfGE 90, 60 – *Kabelgroschen, 8. Rundfunkurteil*, Rn. 148, 153; zuletzt VerfGH Rheinland-Pfalz, Urt. v. 13.5.2014, VGH B 35/12, NVwZ 2015, 64, Rn. 97: „Vertraut der Gesetzgeber im Interesse der freien individuellen und öffentlichen Meinungsbildung die Rundfunkveranstaltung ganz oder zum Teil öffentlich-rechtlichen Rundfunkanstalten an, so folgt aus Art. 5 Abs. 1 Satz 2 GG seine Pflicht zu einer funktionsgerechten Finanzierung dieser Anstalten. Deren Funktion begründet jedoch nicht nur, sondern begrenzt zugleich zum Schutz der Abgabenpflichtigen die finanzielle Gewährleistungspflicht. Der Gesetzgeber ist daher nicht nur nicht verpflichtet, jede Programmentscheidung, welche die Rundfunkanstalten in Wahrnehmung ihrer Programmfreiheit treffen, finanziell zu honorieren; er ist vielmehr daran gehindert, soweit die daraus folgende Geldleistungspflicht der Abgabenschuldner das zur Funktionserfüllung des öffentlich-rechtlichen Rundfunks gebotene Maß überschreitet. Er muss, darf aber auch nur die Finanzierung der zur Wahrnehmung der spezifischen Funktion des öffentlich-rechtlichen Rundfunks erforderlichen Programme

öffentlich-rechtlichen Rundfunks durch plural zusammengesetzte Gremien abgesichert, die den jeweiligen Intendanten unterstützen und kontrollieren sowie grundlegende Entscheidungen selbst treffen.[93] Dieses binnenplurale Modell setzt zum einen eine gewisse Pluralität in der Zusammensetzung der Gremien[94] und zum anderen einen bestimmten Einfluss sowie eine Handlungsfähigkeit des Gremiums voraus. Die Mitgliedschaft in dem Gremium ist nicht auf die Vertretung der Interessen der repräsentierten Gruppe ausgerichtet,[95] sondern die Gremienmitglieder sind als Sachwalter des Interesses der Allgemeinheit gedacht.[96]

Der außenplural organisierte private Rundfunk unterliegt in der positiven Rundfunkordnung auch im Hinblick auf den vom Markt ausgehenden Konzen-

---

ermöglichen (...). Ungeachtet des Umstands, dass der Umfang der Finanzierungspflicht seitens der Verfassung nicht betragsmäßig, sondern nur verfahrenstechnisch durch Einbindung einer unabhängigen Institution bestimmbar ist, handelt es sich hierbei um keine politische oder um eine Ermessens-, sondern innerhalb der rundfunkverfassungsrechtlichen Grenzen um eine gebundene fachliche Entscheidung (...)“.

[93] Zur Einbindung der Intendanten in eine umfassende Aufsicht durch plural zusammengesetzte Gremien BVerfG, Urt. v. 25.3.2014, 1 BvF 1/11, BVerfGE 136, 9 u. a. – *ZDF-Aufsichtsgremien*, Rn. 38.

[94] BVerfG, Urt. v. 25.3.2014, 1 BvF 1/11, BVerfGE 136, 9 u.a. – *ZDF-Aufsichtsgremien*, Rn. 39: „Die Zusammensetzung der Kollegialorgane muss darauf ausgerichtet sein, Personen mit möglichst vielfältigen Perspektiven und Erfahrungshorizonten aus allen Bereichen des Gemeinwesens zusammenzuführen. Dabei hat der Gesetzgeber insbesondere darauf Bedacht zu nehmen, dass nicht vorrangig amtliche und sonstige Perspektiven und Sichtweisen, die für die staatlich-politische Willensbildung maßgeblich sind, abgebildet werden, sondern maßgeblich ein breites Band von Sichtweisen vielfältiger gesellschaftlicher Kräfte zum Tragen kommt (...). Er hat dafür zu sorgen, dass bei der Bestellung der Mitglieder dieser Gremien möglichst unterschiedliche Gruppen und dabei neben großen, das öffentliche Leben bestimmende Verbänden untereinander wechselnd auch kleinere Gruppierungen, die nicht ohne weiteres Medienzugang haben, Berücksichtigung finden und auch nicht kohärent organisierte Perspektiven abgebildet werden“.

[95] Dementsprechend gewährt die Rundfunkfreiheit den gesellschaftlich relevanten Gruppen kein subjektives Recht auf Berücksichtigung bei der Zusammensetzung der Rundfunk- und Fernsehräte, BVerfG, Nichtannahmebeschl. v. 13.2.1992, 1 BvR 1626/89, NJW 1992, 2879, Rn. 5; BVerfG, Kammerbeschl. v. 7.11.1995, 1 BvR 209/93, NVwZ 1996, 781, Rn. 14; allgemein BVerfG, Urt. v. 5.2.1991, 1 BvF 1/85 und 1 BvF 1/88, BVerfGE 83, 238 – *WDR*, Rn. 500.

[96] BVerfG, Urt. v. 5.2.1991, 1 BvF 1/85 und 1 BvF 1/88, BVerfGE 83, 238 – *WDR*, Rn. 501; BVerfG, Urt. v. 25.3.2014, 1 BvF 1/11, BVerfGE 136, 9 u.a. – *ZDF-Aufsichtsgremien*, Rn. 40: „Die Aufsichtsgremien sind vielmehr Sachwalter des Interesses der Allgemeinheit. Sie sollen die für die Programmgestaltung maßgeblichen Personen und Gremien darauf kontrollieren, dass alle bedeutsamen politischen, weltanschaulichen und gesellschaftlichen Kräfte, deren Vielfalt durch ein gruppenplural zusammengesetztes Gremium auch bei ausgewogener Besetzung nie vollständig oder repräsentativ abgebildet werden kann, im Gesamtprogramm angemessen zu Wort kommen können. Die Bestellung von Mitgliedern unter Anknüpfung an verschiedene gesellschaftliche Gruppen setzt diese nicht als Vertreter ihrer jeweiligen spezifischen Interessen ein, sondern dient nur als Mittel, Sachwalter der Allgemeinheit zu gewinnen, die unabhängig von den Staatsorganen sind, Erfahrungen aus den unterschiedlichen gesellschaftlichen Bereichen einbringen und dafür Sorge tragen, dass das Programm nicht einseitig einer Partei oder Gruppe, einer Interessengemeinschaft, einem Bekenntnis oder einer Weltanschauung dient und in der Berichterstattung die Auffassungen der betroffenen Personen, Gruppen oder Stellen angemessen und fair berücksichtigt werden (...)“.

trationsdruck[97] einer Regulierung des Zugangs[98] sowie besondere Maßnahmen, um die Entstehung vorherrschender Meinungsmacht zu verhindern.[99] An die Vielfalt seines Programms sind einerseits schon mit Blick auf die Finanzierungsbedingungen nicht die gleichen Anforderungen zu stellen wie an den öffentlich-rechtlichen Rundfunk.[100] Andererseits setzt die Gewährleistung eines Mindeststandards gleichgewichtiger Vielfalt, der auch im privaten Rundfunk alle Meinungsrichtungen berücksichtigt,[101] eine besondere Regulierung etwa bei der Vergabe knapper Übertragungskapazitäten voraus.[102]

3. *Gegenmodell: Rundfunk als reine Marktordnung?*

Die kontinuierliche Kritik in Teilen der Literatur an diesem Konzept setzt nicht zuletzt an den außerrechtlichen, den Interaktionszusammenhang betreffenden Prämissen des Konzepts, der ökonomischen Tendenz zur Vielfaltsverengung und der besonderen Meinungsbildungsrelevanz des Rundfunks, an. Die rechtswissenschaftliche Auseinandersetzung um den verfassungsrechtlichen Schutz der Rundfunkfreiheit bildet dadurch im Kern eine Auseinandersetzung um die Beschreibung von Interaktionszusammenhängen.[103]

Die ökonomischen Prämissen sind schon mit dem Aufbau der Kabelnetze[104] und stärker noch mit der Digitalisierung und Verbreitung von Rundfunkinhalten über das Internet in Frage gestellt worden. Durch die Erschließung weiterer Verbreitungswege, insbesondere von Kabel, Satellit und dem Internet, sowie der Digitalisierung ist die Zahl der potentiellen Rundfunkveranstalter kaum

[97] BVerfG, Urt. v. 25.3.2014, 1 BvF 1/11, BVerfGE 136, 9 u. a. – *ZDF-Aufsichtsgremien*, Rn. 36.

[98] BVerfG, Urt. v. 16.6.1981, 1 BvL 89/78, BVerfGE 57, 295 – *FRAG*, Rn. 103; BVerfG, Urt. v. 4.11.1986, 1 BvF 1/84, BVerfGE 73, 118 – *Niedersächsisches Landesrundfunkgesetz*, Rn. 92; BVerfG, Urt. v. 5.2.1991, 1 BvF 1/85 und 1 BvF 1/88, BVerfGE 83, 238 – *WDR*, Rn. 472.

[99] BVerfG, Urt. v. 4.11.1986, 1 BvF 1/84, BVerfGE 73, 118 – *Niedersächsisches Landesrundfunkgesetz*, Rn. 106.

[100] BVerfG, Urt. v. 4.11.1986, 1 BvF 1/84, BVerfGE 73, 118 – *Niedersächsisches Landesrundfunkgesetz*, Rn. 102, 105; BVerfG, Urt. v. 5.2.1991, 1 BvF 1/85 und 1 BvF 1/88, BVerfGE 83, 238 – *WDR*, Rn. 404; BVerfG, Beschl. v. 6.10.1992, 1 BvR 1586/89, BVerfGE 87, 181 u. a. – *Fernsehwerbung*, Rn. 74.

[101] BVerfG, Urt. v. 4.11.1986, 1 BvF 1/84, BVerfGE 73, 118 – *Niedersächsisches Landesrundfunkgesetz*, Rn. 106; BVerfG, Beschl. v. 24.3.1987, 1 BvR 147/86 und 1 BvR 478/86, BVerfGE 74, 297 – *LMG BW*, Rn. 78; BVerfG, Urt. v. 5.2.1991, 1 BvF 1/85 und 1 BvF 1/88, BVerfGE 83, 238 – *WDR*, Rn. 403.

[102] Als subjektives Recht der Bewerber formuliert BVerfG, Beschl. v. 20.2.1998, 1 BvR 661/94, BVerfGE 97, 298 – *extra radio*, Rn. 65; zur Verhinderung hoheitlicher Einflüsse auf die Programmgestaltung und Inhalte BVerfG, Urt. v. 5.2.1991, 1 BvF 1/85 und 1 BvF 1/88, BVerfGE 83, 238 – *WDR*, Rn. 472 f.; zunächst noch auf die Gleichbehandlung bezogen BVerfG, Urt. v. 16.6.1981, 1 BvL 89/78, BVerfGE 57, 295 – *FRAG*, Rn. 106.

[103] Zur Kritik und für eine pragmatische Aufwertung der Rechtsposition privater Rundfunkveranstalter *Bethge*, NVwZ 1997, 1 (2 ff.).

[104] Bereits zum Zeitpunkt der sich abzeichnenden Verbreitung des Kabelfernsehens *Bullinger*, AöR 108 (1983), 161 (191 f.).

beschränkt, zumal die Bereitstellung von Rundfunkinhalten inzwischen mit vergleichsweise geringen technischen und finanziellen Anforderungen verbunden ist.[105] Dieser Wegfall der sog. Sondersituation des Rundfunks stellt zugleich die Notwendigkeit einer professionellen, Informationen aufbereitenden Instanz wie dem öffentlich-rechtlichen Rundfunk in Frage, zumal dieser sich auch wegen der anteiligen Werbefinanzierung auch an dem Angebot privater Sender orientiert.[106] Auch wenn die Kosten- und Erlösfunktion eine Tendenz zur Verengung des Angebots auf reichweitenstarke Programme sowie zur Konzentration der Marktstruktur begünstigte,[107] näherten sich die Produktionsbedingungen des Rundfunks und der Presse durch die Digitalisierung einander an.[108]

Begünstigt durch die Pluralisierung potentieller Rundfunkangebote und vor allem die zunehmende Bereitstellung von Angeboten auf Abruf und eine entsprechende Veränderung der Rezeptionsgewohnheiten wird teilweise zudem die besondere Meinungsbildungsrelevanz der linearen Angebote in Frage gestellt.[109]

Der Sache nach zieht diese Ansicht markttypische Muster der Koordination und Verhaltenskontrolle heran. Die mit dem Charakter eines Massenmediums verbundene Fokussierung auf den Sendenden wird danach durch die Vielzahl aktueller und potentieller Sendender relativiert. Infolge der Auswahl unter zahlreichen Sendern hängen Reichweite und Meinungsmacht eines einzelnen Senders von den Entscheidungen der Rezipientinnen und Rezipienten ab. Diese

---

[105] *Wissenschaftlicher Beirat beim Bundesministerium der Finanzen*, Öffentlich-rechtliche Medien – Aufgabe und Finanzierung, S. 8f., 12.

[106] *Schoch*, Öffentlich-rechtliche Rahmenbedingungen einer Informationsordnung, S. 158 (193); bereits für den Videotext *Bullinger*, AöR 108 (1983), 161 (187): Grundlegende Strukturänderung durch diversifizierte, segmentierte und individualisierte elektronische Informationsangebote.

[107] Siehe oben, § 3 B.I.1.b).

[108] *Wissenschaftlicher Beirat beim Bundesministerium der Finanzen*, Öffentlich-rechtliche Medien – Aufgabe und Finanzierung, S. 12.

[109] *Möllers/Zwiffelhöffer*, MMR 2015, 161 (163); *Wissenschaftlicher Beirat beim Bundesministerium der Finanzen*, Öffentlich-rechtliche Medien – Aufgabe und Finanzierung, S. 29; anders BVerfG, Urt. v. 25.3.2014, 1 BvF 1/11, 1 BvF 4/11, BVerfGE 136, 9 – *ZDF-Staatsvertrag*, Rn. 34: „Die besondere staatliche Verantwortung für die Sicherung von Vielfalt in diesem Bereich hat ihren Grund in der herausgehobenen Bedeutung, die dem Rundfunk – und insbesondere dem Fernsehen – wegen seiner Breitenwirkung, Aktualität und Suggestivkraft zukommt, und sich insbesondere daraus ergibt, dass Inhalte schnell, sogar zeitgleich, übertragen und dabei Ton, Text und bewegte Bilder miteinander kombiniert werden können. Diese Wirkungsmöglichkeiten gewinnen zusätzliches Gewicht dadurch, dass die neuen Technologien eine Vergrößerung und Ausdifferenzierung des Angebots und der Verbreitungsformen und -wege gebracht sowie neuartige programmbezogene Dienstleistungen ermöglicht haben (BVerfGE 119, 181 [215]). Die Anforderungen an die gesetzliche Ausgestaltung der Rundfunkordnung zur Sicherung der Rundfunkfreiheit im Sinne des Art. 5 Abs. 1 Satz 2 GG sind somit durch die Entwicklung von Kommunikationstechnologie und Medienmärkten nicht überholt (vgl. BVerfGE 121, 30 [51]).“ sowie zuvor bereits BVerfG, Urt. v. 11.9.2007, 1 BvR 2270/05, BVerfGE 119, 181 u.a. – *Rundfunkgebühren KEF*, Rn. 123, und BVerfG, Urt. v. 12.3.2008, 2 BvF 4/03, BVerfGE 121, 30 – *Hessisches Privatrundfunkgesetz*, Rn. 91.

Marktentscheidung einschließlich der Konsequenzen für die nicht oder nur kaum nachgefragten Inhalte stellt danach einen Teil des Meinungsbildungsprozesses dar. Vielfaltssicherung bedeutet aus dieser Perspektive vor allem die in ihrer Funktion dem Kartellrecht entsprechende Sicherung gegen die Beherrschung Einzelner.[110] Ist der markttypische Auswahlmechanismus gewährleistet, werden Anbieter durch das Streben nach Alleinstellungsmerkmalen neuartige Sendungen sowie Formate ausprobieren und Vielfalt erzeugen.[111] Angesichts der vorhandenen Übertragungskapazitäten entstünde ein Markt ähnlich wie bei der Presse[112] auch für Nischenangebote mit nur geringer, aber vorhandener Nachfrage.[113] Umgekehrt sei die Privilegierung oder gar die regulatorische Beschränkung auf Vollprogramme unverhältnismäßig, wie auch für Spartenkanäle hinreichend Übertragungskapazitäten vorhanden seien.[114] Damit ist implizit die Annahme verbunden, dass die Bereitstellung von Inhalten, bei denen die Nachfrage auch für Spartenkanäle oder punktuelle Sendungen nicht reicht, nicht erforderlich sei. Mit diesem Rückgriff auf die Grundsätze der wettbewerblichen Koordination geht typischerweise ein Verständnis einher, nach dem rundfunkbezogene Kommunikation sich in ihrer Relevanz für das Schutzgut der freien individuellen und öffentlichen Meinungsbildung nicht oder jedenfalls nicht grundlegend von anderen Formen der Informationsübermittlung unterscheidet.[115]

II. Konnex zwischen Sachbereichsstruktur und Dogmatik

Die hinter der positiven Rundfunkordnung stehenden Annahmen zu den Strukturen des Sachbereichs, einer besonderen Meinungsbildungsrelevanz des linearen Rundfunks und ökonomisch bedingten Tendenzen zur Verengung der Inhalte, bilden einen Teil des verfassungsdogmatischen Konzepts. Weil die sachbereichsbezogenen Annahmen Teil eines verfassungsdogmatischen Konzepts sind und sich auf die Modalitäten der inhaltlichen Ausgestaltung auswirken, ging die Änderung des Begründungszusammenhangs in der Rechtsprechung des Bundesverfassungsgerichts nach dem Wegfall der sogenannten Sondersituation des Rundfunks[116] mit Änderungen des verfassungsrechtlichen Konzepts einher. Die Beibehaltung der bisherigen Dogmatik trotz des Wegfalls der Sondersituation

[110] *Bullinger*, AöR 108 (1983), 161 (192 f.).

[111] Vgl. *Hoppmann*, Meinungswettbewerb als Entdeckungsverfahren, S. 163 (173 ff.).

[112] Zur Funktionalität der Marktrationalität im Pressesektor *Ladeur*, Publizistik 2000, 448 (449).

[113] Differenzierend *Wissenschaftlicher Beirat beim Bundesministerium der Finanzen*, Öffentlich-rechtliche Medien – Aufgabe und Finanzierung, S. 23 f.

[114] Zu den Auswirkungen der Spartenprogramme auf die Erhaltung des „Grundstandards gleichgewichtiger Vielfalt" in den Vollprogrammen *Ladeur*, Die „objektiv-rechtliche Dimension der Rundfunkfreiheit", S. 67 (75).

[115] Aus der jüngeren Literatur vgl. nur *Wissenschaftlicher Beirat beim Bundesministerium der Finanzen*, Öffentlich-rechtliche Medien – Aufgabe und Finanzierung, S. 12 ff., S. 31 ff.

[116] Siehe oben, § 3 B.I.1.b).

Rundfunk stellt insofern eine implizite, aber folgenreiche Änderung des Konzepts dar, als der Begründungszusammenhang für die Ausgestaltung auf eine neue Grundlage gestellt wird. Diesem Begründungszusammenhang kommt bei der Bewertung neuer Geschäftsmodelle, Übertragungswege oder Angebotskombinationen eine maßgebliche Rolle zu. Eine interaktionszentrierte Perspektive schlüsselt den Zusammenhang zwischen den Interaktionsbeziehungen einschließlich ihrer Voraussetzungen und Effekte sowie dem grundrechtlichen Schutzgut auf. Sie erhöht dadurch die Rationalität grundrechtsdogmatischer Konzepte sowohl bei der gesetzlichen Ausgestaltung und der Ausübung der gesetzgeberischen Einschätzungsprärogative als auch bei der Entwicklung der verfassungsgerichtlichen Rechtsprechung.

1. Sachbereichsstruktur als Teil der Grundrechtsdogmatik

Weil Strukturen des Normbereichs den Hintergrund für die verfassungstheoretische Konzeption eines Gewährleistungsgehalts und die dogmatische Ausgestaltung des Schutzbereichs bilden, ziehen strukturelle Änderungen im Normbereich Änderungen des Konzepts nach sich, vor allem wenn die dogmatische Ausgestaltung ausdrücklich unverändert bleibt. Indem die verfassungsgerichtliche Rechtsprechung nach dem Wegfall der sog. Sondersituation des Rundfunks die unveränderte verfassungsrechtliche Notwendigkeit einer positiven Rundfunkordnung herausstellt und den Regulierungsbedarf mit den ökonomischen Besonderheiten des Rundfunks und den daraus resultierenden Verengungstendenzen begründet hat, hat es das verfassungstheoretische Konzept geändert. Trotz der in den Vordergrund gestellten Konstanz in der dogmatischen Ausgestaltung beeinflusst der jeweilige Begründungszusammenhang die Reichweite des Konzepts maßgeblich. Die zur Bestimmung der Meinungsbildungsrelevanz und damit zur Begründung des Regulierungsbedarfs herangezogenen Kriterien der Aktualität, Breitenwirkung und Suggestivkraft[117] charakterisieren Eigenschaften des linearen Rundfunks, die neben den ökonomischen Rahmenbedingungen nunmehr für die Funktion, Ausgestaltung und Leistungsfähigkeit des Konzepts eine zentrale Rolle einnehmen. Um die Rechtsposition und die Privilegien, etwa bei der Finanzierung oder der Programmverbreitung, des öffentlich-rechtlichen Rundfunks zu bestimmen, ist ein Rückgriff auf den Hintergrund der positiven Rundfunkordnung essenziell. So ergeben sich etwa Grenzen der Privilegierung, etwa bei der Finanzierung von umfassenden Sportübertragungsrechten[118] oder bei der Inanspruchnahme von Privilegien bei der Kabeleinspeisung oder der

---

[117] Siehe oben, Fn. 65.

[118] Zu beihilferechtlichen Grenzen von Ausgleichsleistungen für den Erwerb von Sportübertragungsrechten etwa *Europäische Kommission*, Mitteilung vom 24.4.2007, K(2007) 1761 endg., Tz. 292; zu Sportübertragungen als Teil des Grundversorgungsauftrags mit unterschiedlichen Akzenten *Beck*, Sportübertragungen im Rundfunk als Grundversorgung, S. 131 ff., und *Erkens*, Der öffentlich-rechtliche Rundfunk und exklusive Sportberichterstattung, S. 81 ff.

Entscheidung gegen bestimmte Übertragungswege, vor allem aus dem Begründungszusammenhang. Für die Rundfunkfreiheit gilt dieser Konnex zwischen der dogmatischen Ausgestaltung des Schutzbereichs und dem Begründungszusammenhang des theoretischen Konzepts durch ihren Charakter als dienende Freiheit[119] in besonderem Maße.

Eine Rechtsprechung, die vor allem die Stabilität der Dogmatik, auch angesichts struktureller Änderungen des Normbereichs, betont, tendiert dazu, die Implikationen des modifizierten Begründungszusammenhangs zu verdecken. Für den Umgang einer Rechtspraxis, die vor allem in einen durch die Rechtsprechung des Bundesverfassungsgerichts geprägten Bereich zur Rezeption des Ergebnisses dogmatischer Ausgestaltung neigt, fördert die Ausblendung des Begründungszusammenhangs Tendenzen zur Eigendynamik. Zwar ermöglicht sie eine gewisse Flexibilität der verfassungsgerichtlichen Rechtsprechung im Umgang mit der Dynamik des Normbereichs oder bei Veränderungen der ökonomischen, kommunikationswissenschaftlichen oder sonstigen sozialwissenschaftlichen Grundlagen. Die Abstrahierung der Dogmatik von den sozialwissenschaftlichen Begründungszusammenhängen eines Konzepts verleiht der dogmatischen Ausgestaltung eine gewisse Stabilität, die Vorhersehbarkeit und Erwartungssicherheit gewährleistet. Sie erschwert jedoch auch den rationalen Umgang mit Veränderungen im Normbereich, die die Prämissen des Konzepts in Frage stellen. So legt die Abstrahierung der Dogmatik von den Begründungszusammenhängen etwa nahe, dass die auf die Besonderheiten des linearen Rundfunks zugeschnittenen Privilegierungen des öffentlich-rechtlichen Rundfunks umstandslos auf den online-Bereich übertragen werden können, ohne dass die Prämissen der Privilegierung systematisch reflektiert werden.[120] Wenn die von den Strukturen der Normbereiche abhängenden Begründungszusammenhänge des verfassungstheoretischen Konzepts der positiven Rundfunkordnung ausgeblendet werden, gerät die dienende Freiheit zu einem Selbstzweck.

2. *Rationalitätskriterien der normativen Verarbeitung von Interaktion*

Die Einschätzung, welche Relevanz der rundfunkbasierten Kommunikation für das Schutzgut der freien individuellen und öffentlichen Meinungsbildung zukommt und inwiefern die Organisation des Rundfunks nach marktwirtschaftlichen Grundsätzen das Schutzgut verwirklicht, stellt eine zentrale Prämisse der rundfunkverfassungsrechtlichen Dogmatik wie auch der einfach-gesetzlichen Ausgestaltung dar. Diese Abhängigkeit bildet kein Alleinstellungsmerkmal der

---

[119] Siehe oben, Fn. 82.

[120] Näher siehe unten, Fn. 132; eingehend aber *Vesting*, Tagesschau-App und die Notwendigkeit der Schaffung eines „Intermedienkollisionsrechts", S. 21 ff.; zu Strategien des Gesetzgebers, reflexive Elemente in die Ausgestaltung des öffentlich-rechtlichen Rundfunks einzuführen (Selbstverpflichtung zur Programmbindung, Pflichten zur Selbstbeobachtung und -evaluation) *Ladeur*, DÖV 2005, 753 (754).

Rundfunkfreiheit. Auch die Dogmatik anderer Freiheitsrechte, etwa des Rechts auf informationelle Selbstbestimmung oder der Wissenschaftsfreiheit, leitet sich jeweils von einem bestimmten Verständnis der jeweiligen Kommunikationszusammenhänge und ihrer Relevanz für das Schutzgut ab.[121] Die verfassungsrechtliche Dogmatik umfasst aus diesem Grund unter anderem die Verarbeitung der „Eigengesetzlichkeiten"[122] des jeweiligen Lebensbereichs. Methodisch baut Normativität auf einem normativ angeleiteten Zugriff auf die Struktur und die Zusammenhänge des Lebensbereichs aus.[123] Bei der Rundfunkfreiheit werden Notwendigkeit und Auswirkungen des Verständnisses der Kommunikationsbeziehungen allerdings dadurch besonders deutlich, dass sie die Prämisse der positiven Rundfunkordnung bilden. Die seit Jahrzehnten anhaltende Auseinandersetzung um die Notwendigkeit und Angemessenheit ihrer Ausgestaltung als in erster Linie objektiv-rechtliche, dienende Freiheit[124] und die damit verbundene Intensität der Regulierung[125] thematisiert mehr oder weniger unmittelbar die kommunikationsbezogenen Prämissen.

Eine Reflexion der kommunikationsbezogenen Prämissen in der rechtswissenschaftlichen Analyse setzt angemessene Beschreibungen der Funktionsweise von Kommunikationsprozessen voraus. Die Einschätzungsprärogative des Gesetzgebers, hinter der insbesondere bei Ungewissheit zukünftiger Entwicklungen die demokratische Legitimation und die besondere Leistungsfähigkeit des Gesetzgebungsverfahrens[126] stehen, ist bei der gesetzlichen Ausgestaltung eines

[121] Siehe zur informationellen Selbstbestimmung oben, § 2 A. und B., sowie zur Wissenschaftsfreiheit unten, § 4 B.I., sowie allgemein oben § 1 B.II.2. und 3.

[122] Zur Wissenschaftsfreiheit vgl. nur aus der jüngeren Zeit BVerfG, Beschl. v. 24.6.2014, 1 BvR 3217/07 – *Hochschulorganisation Medizinische Hochschule Hannover*, Rn. 66 und 82 sowie BVerfG, Beschl. v. 20.7.2010, 1 BvR 748/06, BVerfGE 127, 87 – *Hamburgisches Hochschulgesetz*, Rn. 90, m. w. N.: auf wissenschaftlicher Eigengesetzlichkeit beruhende Prozesse, Verhaltensweisen und Entscheidungen bei der Suche nach Erkenntnissen, ihrer Deutung und Weitergabe als Kernbereich wissenschaftlicher Tätigkeit; zur Sachgesetzlichkeit der Kunst *Ridder*, Freiheit der Kunst nach dem Grundgesetz, S. 10; dazu zwischen Sach- und Eigengesetzlichkeit differenzierend *Steinhauer*, Das Grundrecht der Kunstfreiheit, S. 247 (267).

[123] *Müller*, Strukturierende Rechtslehre, S. 168 ff., S. 184 ff.; *Müller/Christensen*, Juristische Methodik, Bd. I, S. 235 ff.; *I. Augsberg*, Der Staat 51 (2012), 117 (121 f.); für die Kunstfreiheit *Müller*, Freiheit der Kunst als Problem der Grundrechtsdogmatik, S. 67 ff.; *Hufen*, Die Freiheit der Kunst in staatlichen Institutionen, S. 61 ff.; *Steinhauer*, Das Grundrecht der Kunstfreiheit, S. 247 (253); vgl. oben, § 1 B.II.2. und 3.

[124] Für eine originär subjektiv-rechtliche Rundfunkveranstalterfreiheit etwa *Wendt*, in: von Münch/Kunig, GG, Art. 5 Rn. 50, m. w. N.; *Bullinger*, ZUM 2007, 337 (343): pressenahe, individuelle private Rundfunkfreiheit; ähnlich *ders.*, JZ 2006, 1137 (1142); *Starck*, in: von Mangoldt/Klein/ders., GG, 6. Aufl., Art. 5 Rn. 117, aus jüngerer Zeit *Hain*, JZ 2008, 128 (129 f.).

[125] Zu den Konsequenzen für die Regulierungsintensität vgl. nur *Wendt*, in: von Münch/Kunig, GG, Art. 5 Rn. 50: „Rundfunkorganisationsrechtliche Anforderungen an private Veranstalter dürfen entsprechend dem Übermaßverbot nicht höher geschraubt werden als nötig, um eventuellen als Ergebnis des eröffneten ‚freien Spiels der Kräfte' eingetretenen Fehlentwicklungen korrigierend zu begegnen".

[126] Zur Leistungsfähigkeit und Rationalität des Gesetzgebungsverfahrens *Schulze-Fielitz*,

Normbereichs an die zu Grunde gelegten normbereichsbezogenen Prämissen geknüpft. Ihre Offenlegung gibt den Grenzen der Einschätzungsprärogative eine rational überprüfbare Kontur. Die verfassungsrechtlichen Anforderungen an die Ausübung der Einschätzungsprärogative, die Umstände des jeweiligen Lebensbereichs hinreichend genau zu erfassen und die anschließende Entwicklung laufend zu beobachten,[127] bringen den Gewinn an Rationalität zum Ausdruck, der von einer Auseinandersetzung mit dem Verständnis des Lebensbereichs und den Implikationen für die Regelungsstruktur ausgeht.[128]

Ähnliche methodische Anforderungen betreffen prinzipiell auch die Rechtsprechung des Bundesverfassungsgerichts. Indem die Rechtsprechung die grundrechtliche Dogmatik konzipiert und konkretisiert, gibt sie, besonders deutlich etwa im Rundfunkrecht, dem Gesetzgeber unter Umständen ein bestimmtes Verständnis des Lebensbereichs und der Implikationen für die Regelungsstruktur vor[129] und entzieht die Erörterung dieser Prämissen insoweit dem Gesetzgebungsverfahren. Dabei erfolgt die Auseinandersetzung mit den „Eigengesetzlichkeiten" des jeweiligen Lebensbereichs schon wegen der Funktionsgrenzen der Rechtsprechung[130] wie auch der notwendigen Anschlussfähigkeit für spätere Entscheidungssituationen eher knapp und auf einem relativ hohen Abstraktionsniveau.[131] Die Rechtsprechung führt zur Begründung des gewählten verfassungsrechtlichen Konzepts auf den Lebensbereich bezogene Gründe und Argumente

---

Theorie und Praxis parlamentarischer Gesetzgebung, S. 206ff., sowie die Beiträge in Kluth/Krings (Hrsg.), Gesetzgebung.

[127] Zur Umsetzung der Anforderungen an die laufende Beobachtung kritisch *Ladeur*, Die transsubjektive Dimension der Grundrechte, S. 17 (24): „Überlegungen des BVerfG über die Institutionalisierung einer Pflicht zur ‚Nachbesserung' von Gesetzen, die unter Bedingungen von Komplexität beschlossen worden sind, sind rudimentär geblieben. Charakteristisch ist die offenbar auch in einer liberalen Gesellschaft nicht weiter begründungsbedürftige Unterstellung, dass im Angesicht von Wissenslücken im Zweifel der Staat einen ‚Gestaltungsspielraum' für sich in Anspruch nehmen kann, der der gerichtlichen Kontrolle nur teilweise zugänglich ist."; eingehend *I. Augsberg/S. Augsberg*, VerwArch 2007, 290ff.

[128] Siehe oben, Fn. 123.

[129] Im Rundfunkrecht etwa die Sondersituation sowie die besondere Meinungsbildungsrelevanz des Rundfunks mit der daraus folgenden Notwendigkeit einer positiven Rundfunkordnung, siehe oben, § 3 B.I.

[130] *Lerche*, Stil und Methode der verfassungsgerichtlichen Entscheidungspraxis, S. 333 (335f.): keine Kompetenz der Gerichte, ins Abstrakte gewendete Fragen konkreter Art zu beantworten; *Lepsius*, Die maßstabsetzende Gewalt, S. 159 (164f.): nur Verdichtung kasuistischer Einzelfallentscheidungen.

[131] *Jestaedt*, Phänomen Bundesverfassungsgericht, S. 77 (132, 147f.): rechtliches Phänomen wird dekontextualisiert, also sowohl seines konkreten Fall- und damit Tatsachenbezugs als auch grundsätzlich seines konkreten positiv-rechtlichen Normbezugs entkleidet; übrig bleibt das Konzentrat der normativen Aussage, also ‚reines', von Ort, Zeit und Raum gereinigtes Recht (S. 132; dazu auch oben, § 1 B.II.2.); Maßstäbeteil präpariert die grundgesetzlichen Maßstäbe mehr oder minder ohne Fallbezug heraus; Dekontextualisierung und Systematisierung gelangen hier in voller Reinheit zur Entfaltung (147f.); zur Benennung und Charakterisierung des „Maßstäbeteils" *Lepsius*, Zur Bindungswirkung von Bundesverfassungsgerichtsentscheidungen, S. 103 (111f.); *ders.*, Die maßstabsetzende Gewalt, S. 159 (170f.).

an, ohne die angesprochenen Prämissen im Einzelnen zu entfalten.[132] Dadurch bleibt die Rechtsprechung in der Lage, Veränderungen in den Strukturen des Lebensbereichs in das Konzept aufzunehmen, ohne die Stabilität der Dogmatik zu gefährden. Die Rechtsprechung konnte etwa das Konzept der positiven Rundfunkordnung auch nach Wegfall der durch die Frequenzknappheit und den erheblichen Ressourcenbedarf gekennzeichneten Sondersituation Rundfunk auf die allgemeine Relevanz des Rundfunks für die öffentliche Meinungsbildung stützen.[133] Zugleich verleiht die Rechtsprechung den abstrakten Maßstäben aber auch ein gewisses, nicht immer produktives Beharrungsvermögen gegenüber den im Fallbezug zum Ausdruck kommenden Entwicklungen des Normbereichs.[134] So wäre etwa mit Blick auf die Zunahme der algorithmenbasierten Auswertung von Auswahlentscheidungen der Rezipientinnen und Rezipienten sowohl bei der Produktion als auch bei der Distribution audiovisueller Medien zu fragen, inwieweit senderzentrierte Vorstellungen der Rundfunkrezeption relativiert werden und welche Konsequenzen sich daraus für das Konzept der positiven Rundfunkordnung ergeben.[135]

[132] Etwa zur Frage, inwieweit die Kommunikationsstrukturen bei der Rezeption von Telemedien sowie ihren Implikationen für den Prozess freier individueller und öffentlicher Meinungsbildung denjenigen der Rezeption linearen Rundfunks entspricht, BVerfG, Urt. v. 11.9. 2007, 1 BvR 2270/05, BVerfGE 119, 181 u.a. – *Rundfunkgebühren, KEF*, Rn. 123: „Anlass der gesetzlichen Ausgestaltung der Rundfunkordnung ist die herausgehobene Bedeutung, die dem Rundfunk unter den Medien wegen seiner Breitenwirkung, Aktualität und Suggestivkraft zukommt (...). Die besondere Suggestivkraft des Mediums ergibt sich insbesondere aus der Möglichkeit, die Kommunikationsformen Text und Ton sowie beim Fernsehfunk zusätzlich bewegte Bilder miteinander zu kombinieren und der programmlichen Information dadurch insbesondere den Anschein hoher Authentizität zu verleihen (...). Diese Wirkungsmöglichkeiten gewinnen zusätzliches Gewicht dadurch, dass die neuen Technologien eine Vergrößerung und Ausdifferenzierung des Angebots und der Verbreitungsformen und -wege gebracht sowie neuartige programmbezogene Dienstleistungen ermöglicht haben."; sowie daran anknüpfend ebenso BVerfG, Urt. v. 12.3.2008, 2 BvF 4/03, BVerfGE 121, 30 – *Hessisches Privatrundfunkgesetz*, Rn. 91; BVerfG, Urt. v. 25.3.2014, 1 BvF 1/11, 1 BvF 4/11, BVerfGE 136, 9 – *ZDF-Staatsvertrag*, Rn. 34; dagegen auch unter Berücksichtigung des jeweils zu Grunde liegenden Modells von Öffentlichkeit *Ladeur*, ZUM 2010, 540f.; *ders.*, Medienfreiheitsgrundrechte, Rn. 71; *Vesting*, in: Binder/ders., Beck'scher Kommentar zum Rundfunkrecht, Einführung Rn. 16; *Hain*, JZ 2008, 128 (129f.); zur Einschätzung der Wirkungen hoheitlicher Informationstätigkeit auf Marktprozesse siehe unten, § 5 E.IV.

[133] Siehe oben, § 3 B.I.1.a).

[134] Auch zu den Implikationen für die grundsätzlich fallbezogenen Bindungswirkungen einzelner Entscheidungen *Lepsius*, Zur Bindungswirkung von Bundesverfassungsgerichtsentscheidungen, S. 103 (112); *ders.*, Die maßstabsetzende Gewalt, S. 159 (171f.): „Weil beide Teile getrennt werden, wirken subsumierende Aussagen auf die Fortentwicklung der Maßstäbe höchst selten ein. Das können sie schon wegen des Aufbaus nicht, weil die Präsentation des Maßstabs abstrakt erfolgt und seiner Subsumtion vorangestellt wird. (...) Diese der Genese der Verfassungsauslegung zugrunde liegende Verbindung von Sachverhaltskontext und Norminterpretation wird vom Bundesverfassungsgericht dagegen bewusst gekappt"; siehe bereits oben § 1 B.II.2.

[135] *Broemel*, Rezeptionsentscheidungen in der Rundfunkordnung, i.E.

Schließlich lässt eine abstrakte, eher offene Umschreibung der im Lebensbereich begründeten Prämissen dem Gesetzgeber sowie den Fachgerichten Raum zur Konkretisierung. Eine detaillierte verfassungsgerichtliche Rechtsprechung zur den Prämissen des Lebensbereichs läuft Gefahr, ein bestimmtes sozialwissenschaftliches Verständnis einschließlich des rechtsmethodischen Umgangs auf der Ebene des Verfassungsrechts zu fixieren.[136] Die Gefahr einer dysfunktionalen Konstitutionalisierung im Verhältnis des Bundesverfassungsgerichts zu den Fachgerichten und im Verhältnis des Verfassungsrechts zur Dogmatik des einfachen Rechts liegt insbesondere in der impliziten Vorgabe außerjuridischer Prämissen, die den jeweiligen Lebensbereich kennzeichnen. Im Rundfunkrecht betrifft das vor allem die als dienende Freiheit besonders akzentuierte objektivrechtliche Dimension der Rundfunkfreiheit,[137] die die Grundlage zur organisationsrechtlichen Ausgestaltung sowohl des öffentlich-rechtlichen als auch des privaten Rundfunks bildet.

III. Ausgestaltung zwischen Rundfunk und Markt als Daueraufgabe

Die normative Ausgestaltung einer positiven Rundfunkordnung, die Interaktionszusammenhänge des Rundfunks den Effekten einer ökonomischen Handlungslogik teilweise entzieht, bringt Interferenzen zwischen Rundfunk- und Marktordnung hervor. Diese Interferenzen ziehen auf unterschiedliche Weise laufenden Abstimmungsbedarf nach sich, zum einen um die Kompatibilität der unterschiedlichen Ordnungen in Schnittbereichen zu gewährleisten. Zum anderen veranschaulichen die Konvergenz der Medien[138] und vor allem die sich abzeichnenden inhaltlichen Effekte der Digitalisierung, wie die Marktdynamik die Prämissen der Rundfunkordnung in Frage stellen kann.

1. Interferenzen

Interferenzen zwischen Rundfunk- und Marktordnung betreffen nicht nur die Aktivitäten privater Rundfunkveranstalter, sondern auch den öffentlich-rechtlichen Rundfunk. Trotz seiner marktfernen Organisation und Finanzierung ist er in unterschiedlicher Hinsicht an Marktprozessen beteiligt. Werbeumsätze dürfen zwar nur einen untergeordneten Anteil an der Gesamtfinanzierung

---

[136] Zur verfassungsgerichtlichen Rechtsprechung etwa im Mietrecht *Oeter*, AöR 119 (1994), 529 ff.; zu den verfassungsrechtlichen Anforderungen an hoheitliche Informationstätigkeit am Markt, siehe unten, § 5 E.IV.

[137] Näher *Ladeur*, Medienfreiheitsgrundrechte, Rn. 68 ff.

[138] Zu unterschiedlichen Formen der Konvergenz *Schmidtmann*, Die verfassungsrechtliche Einordnung konvergenter Massenmedien, S. 139 ff.; *Kluth/Schulz*, Konvergenz und regulatorische Folgen, S. 25; *Gounalakis*, Konvergenz der Medien, S. C 3 ff. Damit einher geht die konvergierende Wirkung von Angeboten, die für Endkunden besonders attraktiv sind, und die technischen Möglichkeiten digitaler Rezeptionswege nutzen, *Korte*, AöR 139 (2014), 384 (386 f.), im Anschluss an *Ory*, AfP 2010, 20: „iPhone als die Konvergenz-Maschine schlechthin".

ausmachen, lösen jedoch gleichwohl markttypische Verhaltensanreize und damit verbundene Optimierungsstrategien aus. Die Media-Agentur der ARD hält etwa auf ihrer Homepage eingehende Hinweise zu den Einschaltquoten, den TV-Wirkungstools, den Zuschauertypen und Werbezielgruppen der ARD, den Wettbewerbsvorteilen der ARD als Werbeträgerin sowie den Leistungswerten der unterschiedlichen Programmgruppen und der einzelnen Sendungen der ARD bereit.[139] Bei der Produktion von Inhalten greifen die öffentlich-rechtlichen Rundfunkanstalten auf kommerziell arbeitende Tochterunternehmen zurück, die Leistungen auch für Dritte anbieten. Zudem erwerben sie Übertragungsrechte an Sportveranstaltungen wie an sonstigen Inhalten auf den jeweiligen Lizenzmärkten. Schließlich fragen die öffentlich-rechtlichen Rundfunkanstalten nicht zuletzt zur Verbreitung ihrer Programme Leistungen der Betreiber von Übertragungskapazitäten nach.[140]

Durch ihren Umfang legen diese kommerziellen Aktivitäten, insbesondere durch die Ausrichtung auf wenn auch im Umfang begrenzte Werbeeinnahmen, die Entstehung einer marktorientierten, zu einem gewissen Grad kompetitiven Handlungsrationalität nahe,[141] zumal die Kosten der öffentlich-rechtlichen Rundfunkanstalten in der öffentlichen und politischen Wahrnehmung unter einem gewissen Rechtfertigungsdruck stehen[142] und die internen Kontrollorgane auf eine Überwachung ökonomischer Aktivitäten solchen Ausmaßes nicht eingerichtet sind.[143] Zugleich fällt die disziplinierende Wirkung ökonomischer

---

[139] Zum Angebot der ARD-Werbung SALES & SERVICES GmbH, der Media-Agentur der ARD, vgl. etwa die Selbstdarstellung unter www.ard-werbung.de, insbesondere zu Einschaltquoten (http://www.ard-werbung.de/tv/tv-wissen-und-forschung/einschaltquoten/), den TV-Wirkungstools, (http://www.ard-werbung.de/tv/tv-wissen-und-forschung/tv-wirkungstools/), den Zuschauertypen und Werbezielgruppen (http://www.ard-werbung.de/tv/tv-wissen-und-forschung/zielgruppen-im-ersten/), den Wettbewerbsvorteilen der ARD als Werbeträgerin (http://www.ard-werbung.de/gutegruende/) sowie den Leistungswerten der unterschiedlichen Programmgruppen und Sendungen (http://www.ard-werbung.de/programmimersten/) [jeweils zuletzt abgerufen am 14.3.2016].

[140] Insbesondere Leistungen der Satellitenbetreiber; bei der Verbreitung über Kabel führen die medienrechtlichen Belegungspflichten dazu, dass die öffentlich-rechtlichen Rundfunkanstalten die Verbreitung der Inhalte als Aufgabe der verpflichteten Kabelnetzbetreiber wahrnehmen, zu den Einspeisekonditionen BGH, Urt. v. 16.6.2015, KZR 3/14, Rn. 66ff.; zum Verhältnis von Funktionsauftrag und Belegungspflicht *Ladeur*, ZUM 2012, 939ff.; *Hain/Steffen/Wierny*, MMR 2014, 24ff.; *dies.*, MMR 2013, 769ff. sowie *Dörr*, ZUM 2013, 81ff. einerseits und *Fink/Keber*, MMR 2013, Beilage 2/2013, 1ff., sowie *Trute/Broemel*, MMR Beilage 11/2012, 1ff., andererseits.

[141] Dazu bereits oben, Fn. 139.

[142] *Ladeur*, Medienfreiheitsgrundrechte, Rn. 114.

[143] Zusammenfassend *Ladeur*, Medienfreiheitsgrundrechte, Rn. 114: „Der öffentlich-rechtliche Rundfunk hat seinerseits mehr und mehr ein Eigeninteresse daran, in einem rundfunkpolitischen Wettbewerb mit den Privaten zu bestehen, weil sonst seine Existenz politisch gefährdet sein könnte. Zur Kontrolle dieser Tendenz ist ein aus Laien bestehendes Gremium, dessen Mitglieder als Gruppenvertreter entsandt werden, kaum geeignet (...). Dies wird umso deutlicher, wenn man das Budget von rund 7 Mrd. EUR pro Jahr dazu ins Verhältnis setzt.“;

Handlungszwänge weg.[144] Diese in ihrer Intensität schwer einschätzbare ökonomische Handlungsrationalität der öffentlich-rechtlichen Rundfunkanstalten[145] erhöht die Schwierigkeit einer Abstimmung zwischen Rundfunk- und Marktordnung bei der Ausgestaltung der positiven Rundfunkordnung.

Für die privaten Rundfunkveranstalter gingen die Veranstaltung von Rundfunk und die Refinanzierung von Märkten schon immer miteinander einher. Innerhalb der außenpluralen Säule des Zwei-Säulen-Modells bedeuten die Marktordnung und die mit ihr verbundenen Anschlusszwänge[146] keine Beeinträchtigung der Vielfalt, sondern eine den öffentlich-rechtlichen Rundfunk ergänzende Vielfaltsförderung durch Entwicklungsoffenheit.[147]

2. *Kompatibilisierung von Rundfunk- und Marktordnung*

Die Interferenzen machen eine Kompatibilisierung von Rundfunk- und Marktordnung erforderlich. Die unionsrechtlichen Vorgaben, insbesondere aus Art. 106 Abs. 2 AEUV und Art. 31 der Universaldienstrichtlinie,[148] tragen dazu weniger durch die inhaltlichen Anforderungen an eine Ausnahme von den Wettbewerbs-

---

der Sache nach ebenso *Wendt*, in: von Münch/Kunig, GG, Art. 5 Rn. 53; allgemeiner *Trute*, Öffentlich-rechtliche Rahmenbedingungen einer Informationsordnung, VVDStRL 57 (1997), S. 216 (236).

[144] *Wendt*, in: von Münch/Kunig, GG, Art. 5 Rn. 52: „Gegenkräfte gegen das verfassungsrechtliche Modell der programmlichen und organisatorischen Binnenpluralität der öffentlich-rechtlichen Rundfunkanstalten erwachsen auch aus der erheblichen, wenn auch z. T. bloß faktischen Unabhängigkeit der Intendanten und Programmredaktionen, der teilweisen Werbefinanzierung der Anstalten, der Expansion in die Sendegebiete anderer Rundfunkanstalten, die die Bereitschaft schwächt, im eigenen gesetzlichen Sendegebiet und auf dieses Gebiet bezogen das gesamte Meinungs- und Interessenspektrum darzustellen, sowie der aufgabengefährdenden Kooperation oder Konkurrenz mit privatwirtschaftlichen Rundfunkunternehmen".

[145] Zu einer eingehenden, auf Schilderungen der privaten Filmdienstleister beruhenden kartellrechtlichen Bewertung der Handlungsrationalität *Podszun*, Kartellrechtswidriges Verhalten der öffentlich-rechtlichen Fernsehkonzerne im Bereich technischer Dienstleistungen für Filme, S. 11 ff., S. 24 ff.; *Podszun/Leber*, K&R 2015, 777 (778 ff.).

[146] Dazu näher unten, § 5 A.I. und II.

[147] *Trute*, Öffentlich-rechtliche Rahmenbedingungen einer Informationsordnung, VVDStRL 57 (1997), S. 216 (234): „Hält man aber – zu Recht – daran fest, dass Meinungsvielfalt, umfassende Information und kulturelle Vielfalt wichtige Gewährleistungsziele sind, dann muss sich der Ordnungsrahmen auf die Schaffung und Erhaltung von Strukturen ausrichten, die Vielfalt begünstigen. Folgt man dem, dann lässt sich die duale Rundfunkordnung ihrerseits als strukturelle Vielfaltsicherung interpretieren, weil sie unterschiedliche Handlungsrationalitäten öffentlich-rechtlicher und privater Akteure ermöglicht. Interpretiert man sie nicht aus der Perspektive eines Vielfaltsgesamtzustandes, bei dem die öffentlich-rechtliche Säule die Defizite der Privaten kompensiert, sondern als eine Vielfalt *eröffnende* Struktur, dann sind angesichts der ungewissen zukünftigen Entwicklungsmöglichkeiten des Mediensektors die Innovationspotentiale beider Bereiche bewusst zu nutzen und zu entwickeln." (Herv. i. Orig.).

[148] Richtlinie 2002/22/EG v. 7.3.2002 über den Universaldienst und Nutzerrechte bei elektronischen Kommunikationsnetzen und -diensten (Universaldienstrichtlinie), ABl. EU Nr. 108 v. 24.4.2002, S. 51 ff., zuletzt geändert durch Richtlinie 2009/136/EG v. 25.11.2009, ABl. EU Nr. L 337 v. 18.12.2009, S. 11 ff.

regeln und der Marktregulierung[149] als vielmehr durch die vorgegebenen Modalitäten bei. Ausgestaltungen der Rundfunkordnung, die die Herstellung oder Verbreitung von Inhalten von der Marktordnung herausnehmen, sind gesetzlich festzulegen, im Hinblick auf ihre Erforderlichkeit zu begründen, in der konkreten Umsetzung transparent zu machen und von Marktaktivitäten der Rundfunkanstalten zu separieren.[150] Ohne den Umfang der Ausnahme vorwegzunehmen, entspricht dieses Regel-Ausnahme-Verhältnis der interaktionszentrierten Perspektive, nach der Privilegierungen des öffentlich-rechtlichen Rundfunks nicht per se gegen marktgetriebene Veränderungen des Mediensektors in Stellung gebracht werden dürfen. Vielmehr ist bei Veränderungen, etwa der Angebote oder des Rezeptionsverhaltens im online-Bereich, zu reflektieren, inwieweit der zum verfassungsdogmatischen Konzept gehörende Begründungszusammenhang[151] trägt. Die dogmatischen Konsequenzen dieses Konzepts gegen Änderungen seines Begründungszusammenhangs in Stellung bringen zu wollen,[152] birgt die Gefahr, Ursache und Wirkungen zu verwechseln und den Status quo auf der Grundlage einer verselbstständigten Dogmatik abzusichern. Angemessener wäre stattdessen zu überlegen, wie die Voraussetzungen und Effekte der Interaktionen in den konfligierenden Ordnungen im Sinne eines Kollisionsrechts aufeinander eingestellt und entwicklungsoffen gehalten werden können.[153]

---

[149] Insoweit räumt das Unionsrecht den Mitgliedstaaten einen relativ weiten Spielraum für nationale Maßnahmen zur Förderung der Vielfalt ein, zu Art. 31 Abs. 1 Universaldienstrichtlinie vgl. EuGH, Urt. v. 22.12.2008, C-336/07, NVwZ-RR 2009, 368, Rn. 56ff.

[150] Zu den Folgen für die rundfunk- und kartellrechtlichen Anforderungen an Marktaktivitäten der öffentlich-rechtlichen Rundfunkanstalten und ihrer Tochterunternehmen *Podszun*, Kartellrechtswidriges Verhalten der öffentlich-rechtlichen Fernsehkonzerne im Bereich technischer Dienstleistungen für Filme, S. 16ff.: Erfordernis der Marktkonformität, kein Konzernprivileg.

[151] Siehe oben, § 3 B.II.

[152] Beispielhaft die vom ZDF in Auftrag gegebene Analyse bei *Dörr/Holznagel/Picot*, Legitimation und Auftrag des öffentlich-rechtlichen Fernsehens in Zeiten der Cloud, S. 67, zur ökonomischen Rechtfertigung des Funktionsauftrags öffentlich-rechtlicher Rundfunkanstalten bei online-Angeboten: „Zur ökonomischen [!] Einordnung des ÖRR ist hervorzuheben, dass es für den Mediensektor, insbesondere auch für den ÖRR, eine elaborierte, durch Grundgesetz, Verfassungsrechtsprechung und Gesetze (inkl. Europarecht) ausgestaltete normative Grundlage gibt, die bei vernünftiger Überlegung, gerade was den verfassungsrechtlichen Auftrag zur Sicherung der Meinungsvielfalt in einer demokratischen Öffentlichkeit betrifft, nicht zur Disposition steht. Die entsprechenden inhaltlichen Grundlagen sind im Zusammenhang in Kapitel III. [„Funktionsauftrag des ÖRR"] ausführlich dargelegt worden. Insofern handelt es sich beim ÖRR um ein Lösungskonzept, welches die Bereitstellung und Pflege des öffentlichen Gutes der Meinungsvielfalt in einer demokratischen Öffentlichkeit, der kulturellen Information und des sozialen Zusammenhalts durch Verbreitung möglichst qualitätsvoller, umfassender, unabhängiger und objektiver Inhalte ermöglichen soll."; in der Sache ebenso *dies.*, ZUR 2016, 920 (937).

[153] *Ladeur/Gostomzyk*, CR 2014, 28ff.; *Vesting*, Tagesschau-App und die Notwendigkeit der Schaffung eines „Intermedienkollisionsrechts", S. 14ff.; zu Werbeblockern im linearen Fernsehen *Ladeur*, GRUR 2005, 559ff.

3. *Vielfaltsfördernde Effekte markttypischer Entwicklungsoffenheit*

a) Beitrag des Kartellrechts

Der interaktionszentrierte Blick gibt insbesondere Hinweise zu dem Verhältnis der medienrechtlichen Regulierung zum Kartellrecht.[154] Teilweise wird den kartellrechtlichen Vorgaben ein gewisses Störpotential gegenüber der rundfunkrechtlichen, vielfaltsbezogenen Regulierung zugeschrieben.[155] Damit zusammenhängend wird der Anwendungsbereich des Kartellrechts unterschiedlich eingeordnet, insbesondere wenn rundfunkrechtliche Verpflichtungen sich auch an Transaktionspartner der öffentlich-rechtlichen Rundfunkanstalten, insbesondere an Betreiber physischer Übertragungsplattformen, richten.[156] Eine interaktionsbezogene Perspektive schlüsselt sowohl die freie individuelle und öffentliche Meinungsbildung über den Rundfunk als auch die Dynamik von Marktprozessen[157] anhand der Interaktionszusammenhänge auf und gewährt dadurch einen Blick für Interferenzen und ihre Auswirkungen auf die jeweilige Ordnung.[158]

Soweit zum Rundfunk gehörende Leistungen über den Markt erbracht oder nachgefragt werden, sichern die kartellrechtlichen Verbote die Handlungsspielräume und Ausweichmöglichkeiten der Akteure. Dieser Rückgriff der positiven Rundfunkordnung auf die Marktordnung wäre mit einer bloßen Bedarfsdeckung der öffentlich-rechtlichen Rundfunkanstalten noch nicht hinreichend beschrieben. Zum einen birgt die Entwicklungsoffenheit von Märkten ein Potential der Zufuhr neuer Optionen und Impulse, das sich schon wegen der Reaktionen privater Rundfunkveranstalter und anderen Medienunternehmen auf

[154] Aus der Literatur vgl. nur *Kluth/Schulz*, Konvergenz und regulatorische Folgen, S. 31 ff., S. 93 ff.; *Assion*, ZUM 2015, 631 (638 ff.); *Hain* K&R 2015, 563 ff.

[155] *Kluth/Schulz*, Konvergenz und regulatorische Folgen, S. 31 ff.; tendenziell zum Verhältnis von öffentlich-rechtlichen Belegungsregime und kartellrechtlichem Missbrauchsverbot auch *Hain*, K&R 2015, 563 (565).

[156] Vgl. die unterschiedliche Einordnung der Rechtsprechung: OLG Düsseldorf, Urt. v. 21.5. 2014, VI-U (Kart) 16/13 – *Einspeisung von Programmsignalen I*, Rn. 61; OLG Düsseldorf, Urt. v. 30.4.2014, VI-U (Kart) 15/13 – *Einspeisung von Programmsignalen II*, Rn. 79 ff.; LG Köln, Urt. v. 12.11.2014, 90 O 86/12, Rn. 87 ff.; LG Mannheim, Urt. v. 19.4.2013, 7 O 228/12 Kart, Rn. 50, ebenso *Hain* K&R 2015, 563 (564 f.): keine marktbeherrschende Stellung der öffentlich-rechtlichen Rundfunkanstalten bei der Nachfrage nach Einspeiseleistungen von Programmsignale in Kabelnetze; weitergehend OLG München, Urt. v. 28.11.2013, U 2094/13 Kart – *Einspeiseentgelt*, Rn. 66: Beendigung des Marktes durch Verzicht der öffentlich-rechtlichen Rundfunkanstalten, Leistung nachzufragen; anders BGH, Urt. v. 16.6.2015, KZR 3/14, Rn. 45: marktbeherrschende Stellung der Rundfunkanstalten ergibt sich aus must carry-Verpflichtung der Kabelnetzbetreiber.

[157] Dazu unten, A.II.7.

[158] Zur Verzahnung von öffentlichem und privaten Recht als wechselseitige Auffangordnungen und darin zur Durchsetzung öffentlicher Interessen vgl. *Hoffmann-Riem*, Öffentliches Recht und Privatrecht als wechselseitige Auffangordnungen, S. 261 (294): Notwendigkeit einer Kompatibilität der Implementationskulturen; *Trute*, Verzahnung von öffentlichem und privaten Recht, S. 167 (215 ff.).

die Umsetzung der positiven Rundfunkordnung auswirkt. Zum anderen treten die öffentlich-rechtlichen Rundfunkanstalten zu einem erheblichen Teil auch als Anbieter auf, vor allem bei Vermarktung von Werbezeiten,[159] teilweise auch bei den produktionsbezogenen Dienstleistungen.[160] Die kartellrechtlichen Vorgaben und insbesondere das Verbot des Missbrauchs einer marktbeherrschenden Stellung dienen dabei in erster Linie dazu, die auf rundfunkrechtlichen Prämissen beruhende Sonderstellung öffentlich-rechtlicher Rundfunkanstalten mit den Funktionsbedingungen einer Marktordnung kompatibel zu machen. Andernfalls bewegen sich Akteure auf rundfunkbezogenen Märkten, die durch ihre marktunabhängige Finanzierung von den markttypischen Anschlusszwängen befreit sind, zugleich keiner anderen effektiven Form der Kontrolle unterliegen und die eigene Marktposition sowie die Marktposition der verbundenen Unternehmen mit Strategien ausbauen, wie sie für marktrational handelnde Marktbeherrscher typisch sind. Diese Strategien, wie etwa über Quersubventionen finanzierte Diskriminierungen auf den Märkten der Tochterunternehmen[161] oder wettbewerbsbeeinträchtigende Absprachen unter öffentlich-rechtlichen Rundfunkanstalten im Vorfeld der Verhandlungen mit potentiellen Vertragspartnern,[162] lassen sich mit dem Programmauftrag oder der Vielfaltsförderung kaum begründen.

Umgekehrt ist eine störende Wirkung kartellrechtlicher Vorgaben auf die Bedingungen von Vielfalt im Rundfunk, etwa auf den Funktionsauftrag des öffentlich-rechtlichen Rundfunks, nicht ausgeschlossen. Eine vermeintliche Notwendigkeit der Freistellung vom Kartellverbot oder der Fusionskontrolle[163] aber mit Erleichterungen zu begründen, die Kooperationen für die Aktivitäten der öffentlich-rechtlichen Rundfunkanstalten mit sich bringen können,[164] trägt der dynamischen, Entwicklungen offen haltenden und dadurch vielfaltsfördernden Funktion von Interaktionen auf Märkten nicht hinreichend Rechnung.

Schließlich kann die kartellrechtliche Regulierung im privaten Sektor einen nicht unerheblichen Beitrag zur Vielfaltssicherung leisten, indem sie vor den Folgen vielfaltsverengender Machtkonzentration schützt, die in der rundfunk-

---

[159] Siehe oben, Fn. 139.

[160] Beschreibung und kartellrechtliche Bewertung bei *Podszun/Leber*, K&R 2015, 777 (778 ff.).

[161] Zur Generierung überdurchschnittlicher Margen der Tochtergesellschaften über gebührenfinanzierte Aufträge, Gewinne sowie zu Kampfpreisstrategien *Podszun/Leber*, K&R 2015, 777 (778, 781 ff.).

[162] BGH, Urt. v. 16.6.2015, KZR 3/14, Rn. 53 ff.

[163] Vgl. BKartA, B6–81/11, Fallbericht v. 23.2.2015, danach wertete das BKartA die von ARD und ZDF gemeinsam geplante und entgeltliche Online-Vermarktung von Videos mit Preisabsprachen und bestimmten Exklusivitätsvereinbarungen als kartellrechtlich bedenklich (S. 2 des Fallberichts); näher, auch zu dem vergleichbaren Vorhaben der Rundfunkveranstalter Pro7Sat.1 und RTL (Amazonas) *Podszun/Leber*, KSzW 2015, 316 (321 f.), und *Kluth/Schulz*, Konvergenz und regulatorische Folgen, S. 33.

[164] In diese Richtung *Kluth/Schulz*, Konvergenz und regulatorische Folgen, S. 31 f. und 33: Im Sinne der Vielfaltsoptimierung gewünschte Kooperation kartellrechtlich problematisch.

rechtlichen Regulierung kaum berücksichtigt sind. Das betrifft vor allem die Rolle der marktmächtigen Media-Agenturen, die durch die Koordination der Vergabe von Werbezeiten nicht unerheblichen Einfluss auf die Gestaltung und Platzierung der Sendeformate und Programmgruppen nehmen.[165] Während die rundfunkverfassungsrechtliche Rechtsprechung die mit Werbeerlösen verbundenen Gefahren programmverengender Anreize nahezu ausschließlich aus Sicht der Rundfunkveranstalter in den Blick nimmt,[166] bleiben die Effekte dieser Ausrichtung der Sendeinhalte auf die Nachfrage weniger externer Agenturen nach profitablen Werbekontexten kaum berücksichtigt.

b) *News-Aggregatoren und Leistungsschutzrechte*

In dieser laufenden Abstimmung von Medien- und Marktordnung dürfen neuartigen Geschäftsmodelle[167], auch wenn sie die Finanzierungsbedingungen etablierter Angebote in Frage stellen, nicht per se als Bedrohung der Vielfalt wahrgenommen werden. *News*-Aggregatoren beispielsweise bieten durch die suchmaschinenbasierte Zusammenstellung von Nachrichtenschnipseln einschließlich der entsprechenden Links mehr oder weniger personalisierte Nachrichtenüberblicke an. Sie werfen mit diesem Geschäftsmodell die Frage nach der Schutzbedürftigkeit einer Presse auf, die mit wesentlich ungünstigeren Kostenstrukturen die zu Grunde liegenden Inhalte bereitstellt, deren Nachfrage und

[165] Zur Marktposition der Mediaagenturen *Martinek*, jM 2015, 6: angebliche Renditen der Mediaagenturen von 30–40 %; Einräumung freier Sendezeiten durch Sender als kundenbezogene oder agenturbezogene Freispots.

[166] Aus der Rechtsprechung BVerfG, Urt. v. 5.2.1991, 1 BvF 1/85, 1 BvF 1/88, BVerfGE 83, 238 – *WDR*, Rn. 443: „Aus der Sicht der Werbung treibenden Wirtschaft stellt sich das Rundfunkprogramm in erster Linie als Umfeld von Werbesendungen dar. Ob und in welchem Maß Rundfunkwerbung ihre Adressaten erreicht, hängt für die werbende Wirtschaft von der Attraktivität des Programmumfeldes ab. Diese bemisst sich nach der Einschaltquote. Ein von Werbeeinnahmen abhängiger Rundfunkveranstalter muss darauf Rücksicht nehmen und seine Programmplanung in starkem Maß an Einschaltquoten ausrichten. (...)"; zuletzt BVerfG, Urt. v. 11.9.2007, 1 BvR 2270/05, BVerfGE 119, 181 u. a. – *Rundfunkgebühren, KEF*, Rn. 134, m. w. N.: „Allerdings sind auch andere Finanzierungsquellen neben der Gebührenfinanzierung von Verfassungs wegen nicht ausgeschlossen (...). Das gilt grundsätzlich auch für Einnahmen aus Werbung oder Sponsoring. Doch dürfen sie wegen der mit ihnen verbundenen vielfaltverengenden Wirkung die Gebührenfinanzierung nicht in den Hintergrund drängen (...). Auch bedarf der fortwährenden Überprüfung, wie weit die mit der teilweisen Finanzierung über Werbung und Sponsoring verbundene Erwartung, sie könne die Unabhängigkeit des öffentlichrechtlichen Rundfunks gegenüber dem Staat stärken (...), die Nutzung dieser Finanzierungsarten angesichts der mit ihr verbundenen Risiken einer Rücksichtnahme auf die Interessen der Werbewirtschaft, einer zunehmenden Ausrichtung des Programms auf Massenattraktivität sowie einer Erosion der Identifizierbarkeit öffentlichrechtlicher Programme weiterhin rechtfertigen kann".

[167] Zusammenstellung unterschiedlicher sog. neuer Medien bei *Hamacher*, Der Rundfunkbegriff im Wandel des deutschen und europäischen Rechts, S. 279–343, zugleich mit Zweifel an der Abgrenzbarkeit von Individual- und Massenkommunikation für verfassungsrechtliche Zwecke, a. a. O., S. 395 ff.

Werbewert aber unter Umständen sinkt.[168] Vor der Einführung eines gesetzlichen Schutzes bestehender Geschäftsmodelle, hier etwa der Presse durch ein Leistungsschutzrecht für Presseverleger, wäre zu analysieren, inwieweit die Maßnahme geeignet ist, das etablierte Geschäftsmodell abzusichern und inwiefern dieser Schutz der Marktstruktur zur Vielfaltsförderung beiträgt.

Im Fall der Leistungsschutzrechte stellt die Abhängigkeit der Content-Verwertung im Internet von der Auffindbarkeit über Suchmaschinen und dem damit verbundenen Aufmerksamkeitstransfer (*traffic*) die Effektivität eines gesetzlich eingeräumten Leistungsschutzrechts in Frage.[169] Weil Leistungsschutzrechte und die darauf beruhenden Ausschluss- und Verfügungsbefugnisse den berechtigten Verlegern noch nicht die für die kommerzielle Verwertung der Inhalte erforderliche Aufmerksamkeit vermitteln, sondern lediglich vor der mehr oder weniger weitreichenden Verwertung durch Suchmaschinen schützen, kompensieren sie die eigentliche Schwachstelle des verlegerischen Geschäftsmodells nicht.[170] In den Verhandlungen mit Suchmaschinenbetreibern bleiben die Verleger nach wie vor auf die Kooperation mit Suchmaschinen angewiesen. Die Einführung eines zusätzlichen Leistungsschutzrechts verändert die Struktur der Wertschöpfungskette und damit auch die wirtschaftliche Situation der Verleger kaum.

Effektive Strategien der gesetzlichen Ausgestaltung einer vielfaltsgewährleistenden Medienordnung setzen auf der einen Seite eine präzise Analyse der jeweiligen Geschäftsmodelle und auf der anderen Seite eine differenzierte Einordnung ihrer Auswirkungen auf das Regelungsziel der Meinungsvielfalt voraus. Insbesondere im Hinblick auf die dynamische Entwicklung von Märkten sowie Technologien[171] und ihren Implikationen für die inhaltlichen Angebote und Rezeptionsgewohnheiten[172] spricht Manches dafür, dass ein wesentlicher Mehrwert der unternehmerisch bereitgestellten Inhalte neben ihrem Vielfaltsbeitrag vor allem in der auf ihnen beruhenden Entwicklungsoffenheit liegt. Aus Sicht der Rundfunkordnung ist die Funktion des privaten Rundfunks daher mit einer „Grundversorgung auf strukturell niedrigerem Niveau“ von vorneherein nur unzureichend beschrieben.[173] Der wesentliche Beitrag privater Rundfunkveranstalter oder weitergehend allgemeiner Medienunternehmen zur Förderung der freien individuellen und öffentlichen Meinungsbildung durch Angebotsvielfalt dürfte weniger in dem zusätzlichen Angebot weiterer Sendungen als vielmehr in der permanenten Entwicklung neuartiger Kombinationen und Angebote liegen.

---

[168] Zum Schutzbedarf differenzierend *Ohly*, WRP 2012, 41 (43 ff.); *Ladeur*, AfP 2012, 420 ff.

[169] *Peifer*, GRURPrax 2013, 149 ff.; *Paal*, GRUR Int 2015, 997 (1001).

[170] *Paal*, GRUR Int 2015, 997 (1001): Leistungsschutzrecht läuft leer.

[171] Zur Medienkonvergenz siehe oben, Fn. 138.

[172] Zum hybriden Fernsehen etwa *Ladeur/Gostomzyk*, CR 2014, 28 ff.; *Boos*, MMR 2012, 364 ff.; *Broemel*, ZUM 2012, 866 ff.

[173] Vgl. *Trute*, Öffentlich-rechtliche Rahmenbedingungen einer Informationsordnung, VVDStRL 57 (1997), S. 216 (236 f.): strukturelle Vielfaltssicherung durch Wettbewerb.

c) Konvergenz der Medien

Gleiches gilt für die schlagwortartig als Konvergenz der Medien beschriebene Veränderung der Medienangebote einschließlich ihrer technischen Grundlagen und damit verbunden der Nutzungsgewohnheiten. Auch aus der Perspektive einer vielfaltsorientierten Regulierung sind pauschale Strategien zur Absicherung etablierter Marktpositionen als ebenso vordergründig wie pauschale Forderungen nach der Gewährleistung eines *level playing field* durch Technologieneutralität. Vielmehr hängt der Anpassungsbedarf davon ab, inwieweit die markttypischen Entwicklungen der Angebote den Begründungszusammenhang der Rundfunkordnung strukturell ändern. Die technische Entwicklung, die den Empfang von Rundfunk auf unterschiedlichen Endgeräten, über verschiedene Übertragungswege, den gleichzeitigen Empfang unterschiedlicher Angebote über dasselbe Endgerät[174] oder die Kombination von Telekommunikations-, Rundfunk- und Telemedienangeboten zu einem einheitlichen Gesamtangebot ermöglicht, ist Ausdruck von Unternehmensstrategien, die bislang getrennte Märkte verbinden, neue Märkte entwickeln und dadurch Wertschöpfungsketten oder einzelne ihrer Stufen anders ausrichten.[175] So können Inhalte zum Zugpferd für neu eingeführte technologische Telekommunikationsangebote werden[176] oder den Bedarf für größere Kapazitäten erst wecken.[177] Diese Strategien können Synergieeffekte bei der Bereitstellung oder der Vermarktung der Inhalte, einschließlich daran anknüpfender kommerzieller Kommunikation, realisieren. Die mit dem Hinweis auf die Konvergenz der Medien begründete Forderung nach einer Ausdehnung der rundfunkrechtlichen Regulierung oder umgekehrt der Herstellung eines *„level playing field“*[178] ist nicht selten Ausdruck eines Bedürfnisses, bislang bestehende Geschäftsmodelle der Rundfunkveranstalter oder der Presse gegen Veränderungen zu schützen.[179] Statt dieses Reflexes zur Erhaltung des Status quo ist im Einzelfall zu analysieren, wie sich diese Veränderungen zur Gewährleistung einer freien individuellen und öffentlichen Meinungsbildung

---

[174] Siehe oben, Fn. 172.

[175] *KEK*, Von der Fernsehzentrierung zur Medienfokussierung – Anforderungen an eine zeitgemäße Sicherung medialer Meinungsvielfalt, Fünfter Konzentrationsbericht der KEK, S. 19 f.

[176] Zum Anstieg der Marktanteile solcher Bündelangebote *BNetzA*, Tätigkeitsbericht Telekommunikation 2014/2015, S. 46 f.

[177] Zur Entwicklung der Verkehrsmengen *BNetzA*, Tätigkeitsbericht Telekommunikation 2014/2015, S. 50 f.

[178] Etwa für das hybride Fernsehen aus Sicht des öffentlich-rechtlichen und des privaten Rundfunks *Weber*, ZUM 2011, 452 (453 ff.); *Schmid*, ZUM 2011, 457 (459); *M. Wagner*, ZUM 2011, 462 ff.; *Kogler*, K&R 2011, 621 ff.

[179] Zur umfassenden Reichweite des verfassungsrechtlichen Rundfunkauftrags aus Sicht des öffentlich-rechtlichen Rundfunks *Wiechmann*, ZUM 2014, 764 (767 ff.); aus urheberrechtlicher Perspektive *Dreier/Leistner*, GRUR 2013, 881 (887 f.).

verhalten, insbesondere welche Effekte Änderungen im Rezeptionsverhalten[180] in dem Interaktionszusammenhang hervorbringen.[181]

4. *Digitalisierung und algorithmenbasierte Angebote*

Diese Betonung der vielfaltsfördernden Effekte einer dynamischen, entwicklungsoffenen Marktordnung darf allerdings nicht den Blick dafür verstellen, dass Marktentwicklungen soziale Praktiken hervorbringen können, die einen qualitativ neuen, bislang kaum berücksichtigten Bedarf nach medienrechtlicher Vielfaltssicherung nach sich ziehen. Neben den unterschiedlichen Formen der Konvergenz bringt die Digitalisierung eine veränderte Rolle von Daten und der algorithmenbasierten Auswertung hervor.[182] Daten fallen zum einen infolge der Digitalisierung in erheblich größerem Umfang an. Insbesondere die Nutzung digitaler Angebote erzeugt laufend Daten zu den Modalitäten des individuellen Nutzungsverhaltens. Zugleich verändern ständig erhöhte Rechen- und Speicherkapazitäten sowie die Entwicklung von Algorithmen die Rahmenbedingungen der Auswertung. *Big Data*, die algorithmenbasierte Auswertung großer Datenmengen aus unterschiedlichen Quellen in kurzer Zeit,[183] stellt einen Effekt verschiedener, jeweils marktgetriebener Entwicklungen dar,[184] der seinerseits durch die Art, Wissen zu generieren, die Bedingungen einer Reihe von Märkten nicht unerheblich ändern wird. Die algorithmenbasierte Generierung von Wissen macht anhand der Clusterung von Daten Muster sichtbar und liefert dadurch Hinweise auf inhaltliche Zusammenhänge, die diese Korrelationen nicht erklären, sondern lediglich indizieren.[185] Korrelationen von Daten zu einem bestimmten Nutzungsverhalten, die auch anonymisiert sein können, mit einer Reihe von weiteren Daten unterschiedlicher Quellen zu den Rahmenbedingungen der Nutzung bilden Cluster mit jeweils bestimmten Eigenschaften. Diese geclusterte Datengrundlage kann in einem zweiten Schritt genutzt werden,

---

[180] *KEK*, Von der Fernsehzentrierung zur Medienfokussierung – Anforderungen an eine zeitgemäße Sicherung medialer Meinungsvielfalt, 5. Konzentrationsbericht der KEK, S. 48, weisen unter Hinweis auf verschiedene zu Grunde liegende Studien für die Jahre 2012 und 2013 eine durchschnittliche tägliche Nutzungsdauer von 242 Minuten für das Fernsehen und 191 Minuten für das Radio aus. Die durchschnittliche tägliche Nutzungsdauer des Internets liegt deutlich darunter (83 Minuten in 2012 und 108 Minuten in 2013), ist aber seit Beginn der Erhebung im Jahr 2000 jährlich konstant gestiegen.

[181] Zum Regulierungsbedarf des sog. hybriden Fernsehens *Broemel*, ZUM 2012, 866 ff.; zur Plattformregulierung *Broemel*, MMR 2013, 83 ff.

[182] Auch zu den Konsequenzen für die Abgrenzung von Kompetenzen *Ladeur*, Abgrenzung der Kompetenzen von Bund und Ländern im Bereich der Telekommunikation, des Internet und der Medien, S. 61 (65 ff.).

[183] *BKartA*, Marktmacht von Plattformen und Netzwerken, B-6113/15, S. 9, und im Anschluss an *Doug Laney* vom Beratungsunternehmen Gartner; Monopolkommission, Wettbewerbspolitik: Herausforderung digitaler Märkte, Sondergutachten 68, Tz. 67.

[184] Siehe oben, § 2 B.IV.

[185] *O'Neil/Schutt*, Doing Data Science, S. 274 ff.; vgl. oben, § 2 B.IV.1.

um unbekannte Personen anhand weniger Merkmale zu einem oder mehreren der Cluster zuzuordnen und ihr die Eigenschaften dieses Clusters, etwa bestimmte Produktpräferenzen, zuzuschreiben. Im Medienbereich werden Algorithmen etwa eingesetzt, um die Präferenzen bestimmter Nutzer für bestimmte Inhalte zu antizipieren[186] und weitergehend die Produktion der Inhalte auf die Kriterien der Algorithmen abzustimmen. Der Zugang zu Daten über das Nutzungsverhalten erweist sich für Medienunternehmen – wie auch in anderen Branchen – als erheblicher Faktor der Wettbewerbsfähigkeit bei der Herstellung zielgruppenadäquater Inhalte.

Für die rundfunkverfassungsrechtliche Dogmatik vermittelt das kurze Beispiel bereits einen Eindruck, wie algorithmenbasiertes Wissen die Handlungsrationalität der Inhalteanbieter ändern und die Prämissen der positiven Rundfunkordnung relativieren kann. Die inhaltsverengenden Effekte der Bereitstellung audiovisueller Inhalte über den Markt beruhen neben ökonomischen Besonderheiten der Kosten-Erlös-Funktion auf der Annahme, dass Inhalteanbieter sich zur Optimierung der Reichweite auf bewährte Sendeformate konzentrieren werden.[187] Weil Sendeformate, die sich in der Vergangenheit als erfolgreich erwiesen haben, kopiert werden, mündet auch eine Erhöhung der Anbieterzahl inhaltlich nur in ein *more of the same*. Die vielfaltsverengende Parallelität der Angebote beruht auch darauf, dass Anbieter die Nachfrage nach einem bestimmten Angebot nur unzureichend kennen und diese besser einschätzen können, je mehr Erfahrungswerte für diese Art von Programm vorliegen. Eine Produktionsstrategie, die sich von der Kopie bewährter Sendeformate löst und stattdessen algorithmenbasiert ermittelte Kriterien zu Grunde legt,[188] kann durch ihre qualitativ andere Wissensgrundlage aus dieser Logik des *more of the same* ausbrechen.[189] Der ökonomische Wettbewerbsvorteil, den das algorithmenbasierte Wissen über die Marktsituation bietet, erzeugt in diesem Fall vielfaltsfördernde Effekte.

Diese Verbesserung der Marktposition einzelner Unternehmen durch algorithmenbasiertes Wissen über den Markt kann allerdings auch eine Reihe von vielfaltsverengenden Effekten nach sich ziehen, deren Auswirkungen im

---

[186] Zu dem vom Plattformbetreiber *Netflix* ausgerichteten Wettbewerb, den Prognose-Algorithmus zu optimieren und den unterschiedlichen Ansätzen der eingesetzten Algorithmen *Feuerverger/He/Khatri*, Statistical Science 27 (2012), 202 ff., und *Villarroel/Taylor/Tucci*, Comput. Math. Organ. Theory 2013, 42 ff.

[187] Siehe oben, § 3 B.I.1.b).

[188] Nach der Selbstbeschreibung der Produktionsstrategie des online-Plattformbetreibers *Netflix* werden vor allem die an der Produktion beteiligten Köpfe ausgesucht, die dann mit vergleichsweise großen Budgets und inhaltlichen Spielräumen ausgestattet werden, vgl. *Carr*, Giving Viewers What They Want, The New York Times, 24.2.2013, B1, auch mit einer Zusammenfassung von Statements aus der Branche.

[189] Andere Ansätze, wie etwa die Einführung eines ausschließlichkeitsrechtlichen Schutzes an innovativen Sendeformaten, *Foag*, „More of the same“: Die Kopiermentalität im deutschen Fernsehen, S. 135 ff., ändern an der grundsätzlichen Handlungsrationalität, in der Vergangenheit erfolgreiche Formate nachzuahmen, hingegen nichts.

Einzelnen *ex ante* kaum absehbar sind.[190] Die Relevanz algorithmenbasierten Wissens über Marktsituationen für die Wettbewerbsfähigkeit wertet den Zugang zu Daten, insbesondere zu Daten über das Nutzungsverhalten, auf und Geschäftsmodelle entstehen, bei denen Unternehmen Inhalte oder Leistungen zu einem geringen Entgelt oder kostenlos anbieten, um im Gegenzug die Nutzungsdaten beobachten und zur Nutzung in anderen Kontexten auswerten können. Ökonomisch lassen sich digitale Märkte dadurch regelmäßig als mehrseitige Märkte charakterisieren;[191] ein Konzept, das bereits in der Offline-Welt zur Beschreibung der Wechselwirkung indirekter Netzwerkeffekte entwickelt worden ist[192] und infolge der Digitalisierung erheblich an Bedeutung gewonnen hat.[193] Für die Struktur der Märkte einschließlich der Produktion und Verbreitung audiovisueller Inhalte ergeben sich daraus strukturelle Änderungen, deren Konsequenzen etwa für das Kartellrecht oder die medienrechtliche Regulierung im Einzelnen bislang kaum absehbar sind. Im Kartellrecht fällt die Entgeltlichkeit als Voraussetzung einer Marktbeziehung weg[194] und es werden Kriterien zur typisierten Bewertung von Plattformen und ihrer Bewertung als ein übergreifender Markt oder eine Verbindung separierter Märkte entwickelt.[195] Zudem werden Faktoren der Marktmacht auf ihre Verallgemeinerbarkeit geprüft[196] und typische kontextbezogene Unternehmensstrategien und Wettbewerbsprobleme, etwa bei der Bepreisung einzelner Leistungen, identifiziert.[197] Die kartellrechtliche Praxis reagiert auf diese Veränderungen, indem sie die sich entwickelnden Geschäftsmodelle beobachtet, Fallgruppen aus punktuell getroffenen Bewertungen bildet und übergreifende Kriterien schrittweise systematisiert.[198] Bei der Missbrauchs-

---

[190] *Ladeur*, Abgrenzung der Kompetenzen von Bund und Ländern im Bereich der Telekommunikation, des Internet und der Medien, S. 61 (65 f.).

[191] Monopolkommission, Wettbewerbspolitik: Herausforderung digitale Märkte, Sondergutachten 68, Tz 34 ff.; BKartA, Marktmacht von Plattformen und Netzwerken, B-6113/15, S. 3 ff.

[192] *Rochet/Tirole*, Journ. Eur. Econ. Ass. 2003, 990 ff.; *Evans*, Yale J. on Reg. 20 (2003), 325 ff.

[193] Vgl. Monopolkommission, Wettbewerbspolitik: Herausforderung digitale Märkte, Sondergutachten 68, Tz. 33 ff.; *dies.*, 20. Hauptgutachten, Tz. 14 ff.; *Haucap/Heimeshoff*, Int. Econ. Econ. Policy 2014, 49 (52 ff.); *Devine*, North Car. Journ. Law & Techn. 10 (2008), 59 (78 ff.).

[194] § 18 Abs. 2 a GWB in der Fassung des Referentenentwurfs zur 9. GWB-Novelle (Stand 1.7.2016) sieht vor, dass der Annahme eines Marktes nicht entgegensteht, dass eine Leistung unentgeltlich erbracht wird; zu den zuvor in der Rechtsprechung bereits entwickelten Ausweichstrategien *Podszun/Franz*, NZKart 2015, 121 (125 ff.); näher unten § 6 A.III.1.d)bb).

[195] Vgl. nur *BKartA*, Marktmacht von Plattformen und Netzwerken, B-6113/15, S. 19 ff., S. 28 ff.

[196] *BKartA*, Marktmacht von Plattformen und Netzwerken, B-6113/15, S. 50 ff.

[197] Monopolkommission, Wettbewerbspolitik: Herausforderung digitale Märkte, Sondergutachten 68, Tz. 143 ff., Tz. 221 ff., Tz. 306 ff.

[198] Vgl. nur *BKartA*, Marktmacht von Plattformen und Netzwerken, B-6113/15, passim; und Monopolkommission, Wettbewerbspolitik: Herausforderung digitale Märkte, Sondergutachten 68, Tz. 111 ff., Tz. 175 ff., Tz. 208 ff. zu Online-Werbemärkten, Suchmaschinen und sozialen Netzwerken.

kontrolle fällt diese neues Wissen iterativ herausbildende Herangehensweise leichter als bei einer Fusionskontrolle, die Prognosen erfordert.

Im Mediensektor lässt sich algorithmenbasiertes Wissen unter anderem zur Orientierung bei der Inhalteproduktion, der Konzeption zielgruppenspezifischer Programme und nicht zuletzt der Optimierung zielgruppenspezifischer Werbung einsetzen. Möglicherweise intensiviert das algorithmenbasierte Wissen die Abstimmung zwischen Inhalteproduktion und Vermarktung der Werbezeiten nochmals deutlich. Wegen dieser potentiell strukturellen Einflüsse algorithmenbasierten Wissens auf die Produktion audiovisueller Inhalte entwickelt sich die Digitalisierung zu einem Querschnittsthema der medienrechtlichen Vielfaltsregulierung.[199] In der Medienkonzentrationskontrolle verleiht es den medienrelevanten verwandten Märkten eine neue, über herkömmliche Synergieeffekte deutlich hinausgehende Relevanz. In der Plattformregulierung wird es den Ansatz der technologieneutralen Regulierung zu einem Ende führen, da die algorithmenbasierten Programmeinflüsse mit infrastrukturbasierten *bottle-necks* nicht vergleichbar sind und entsprechend andere Regulierungsansätze, zunächst einmal zur systematischen Beobachtung und Reflexion,[200] erfordern.

IV. Zwischenergebnis: Grundrechtsdogmatische Implikationen

Mit der Ausgestaltung der Rundfunkfreiheit durch die positive Rundfunkordnung verbindet die verfassungsgerichtliche Rechtsprechung eine bestimmte Beschreibung der publizistischen und ökonomischen Kommunikationszusammenhänge im Rundfunk mit dem Schutzgut der Rundfunkfreiheit. Diese Beschreibung des Sachbereichs wird dadurch Teil des grundrechtsdogmatischen Konzepts.[201] Strukturelle Änderungen in den ökonomischen oder publizistischen Rahmenbedingungen des Rundfunks, wie sie insbesondere durch die Digitalisierung hervorgerufen werden können, erfordern deshalb eine Reflexion der sachbereichsbezogenen Prämissen des Konzepts. Das gilt auf der einen Seite für auf diesen Prämissen beruhende Bestands- und Entwicklungsgarantien des öffentlich-rechtlichen Rundfunks. Aus interaktionszentrierter Perspektive widerspräche es also dem Konzept der Rundfunkfreiheit, marktunabhängig finanzierte Aktivitäten des öffentlich-rechtlichen Rundfunks ohne weiteres auf nicht-lineare Angebote im online-Bereich auszudehnen, ohne die publizistischen und ökonomischen Eigenschaften dieser Kommunikationsräume zu berücksichtigen. Auf der anderen Seite können Marktprozesse insbesondere im Zuge der Digitalisierung neue Geschäftsmodelle hervorbringen, die systematische

---

199 *Broemel*, Plattformregulierung im Schnittfeld zwischen Rundfunk- und Kartellrecht, S. 151 (155 ff.); *Schütz*, MMR 2016, 145 f.

200 *Ladeur*, Abgrenzung der Kompetenzen von Bund und Ländern im Bereich der Telekommunikation, des Internet und der Medien, S. 61 (73 f.).

201 Siehe oben, § 3 B.II.2.

Verengungen des öffentlich-rechtlichen und privaten Angebots nach sich ziehen, aber im Konzept der positiven Rundfunkordnung nicht berücksichtigt sind. Hierzu zählen etwa die Finanzierungsbedingungen des privaten Rundfunks und der Presse angesichts automatisierter Angebote, die an deren Inhalte anknüpfen, Risiken der Vermachtung, aber auch strukturelle Effekte algorithmenbasierter Optimierung.[202]

[202] Siehe oben, § 3 B.III.

§ 4 Wissenschaftsfreiheit

Der Kommunikationsbezug wissenschaftlicher Forschung und die damit verbundene Relevanz der Kommunikationszusammenhänge für die Dogmatik der Wissenschaftsfreiheit sind eingehend aufbereitet:[1] Interaktionen bilden die Grundlage für die Entstehung und Validierung wissenschaftlichen Wissens, für die Ausdifferenzierung von Disziplinen mit spezifischen Kommunikationsgewohnheiten wie auch für methodische Offenheit (A.). Die verfassungsgerichtliche Rechtsprechung nimmt die Funktion der Interaktionszusammenhänge mit dem Schutz nicht näher spezifizierter Eigengesetzlichkeiten auf und leitet Anforderungen an die interne Ausgestaltung von Wissenschaftsorganisationen einschließlich der Beteiligungsrechte der Forschenden ab (B.).

Neben dieser Bedeutung von Interaktionen für das Schutzgut der Forschungsfreiheit macht eine interaktionszentrierte Perspektive strukturelle Gemeinsamkeiten und Unterschiede der Forschung zu Marktprozessen, einem in gewisser Weise recht ähnlichen Arrangement dezentraler Wissensgenerierung, sichtbar. Die Gemeinsamkeiten liegen in der neues Wissen generierenden und verteilenden Funktion der Interaktion. Die Analyse von Kommunikations- und Handlungszusammenhängen, auf denen die Forschung beruht,[2] erhellt, dass die dem Wettbewerb zugeschriebene Such- und Entdeckungsfunktion[3] kein Spezifikum von Märkten oder von Wettbewerb, sondern von Interaktionsbeziehungen darstellt. Wissensgenerierung bildet einen charakteristischen, emergenten Effekt von Interaktionen der Grundrechtsträger, der für wissensabhängige grundrechtliche Schutzgüter zentral ist und die Teilnahme an Märkten zu einem Modus der Ausübung marktbezogener Grundrechte macht.[4] Die Unterschiede der Interaktionsbeziehungen in Forschungs- und Marktprozessen wirken sich auf die Ausgestaltung des institutionellen Rahmens der Forschung vor allem bei der Einführung wettbewerbstypischer Elemente aus, von der Leistungsbewertung bis hin zur Vergabe von Ressourcen in wettbewerblichen Verfahren. Die Rationalität

---

[1] Siehe v.a. *Trute*, Die Forschung zwischen grundrechtlicher Freiheit und staatlicher Institutionalisierung; zum Kommunikationsbezug etwa *Gläser*, Wissenschaftliche Produktionsgemeinschaften; *Stichweh*, Wissenschaft, Universität, Professionen.

[2] *Trute*, Die Forschung zwischen grundrechtlicher Freiheit und staatlicher Institutionalisierung, S. 64 ff., näher unten § 4 A.I.

[3] Zum hayekschen Verständnis vom Wettbewerb als Such- und Entdeckungsverfahren siehe unten, § 5 A.II.7.

[4] Siehe unten, § 5 A.I.

sowohl der institutionellen Ausgestaltung wie auch des zu Grunde liegenden grundrechtsdogmatischen Konzepts hängen an der Verarbeitung der Interaktion, ihren Voraussetzungen und emergenten Effekten (C.).

A. Forschung als Interaktionszusammenhang

Kommunikations- und Handlungszusammenhänge sind für Forschung konstitutiv.[5] Sowohl die Entstehung einzelner Forschungsbeiträge als auch ihre Validierung und die methodischen Anforderungen an die Generierung wissenschaftlichen Wissens beruhen auf Kommunikationszusammenhängen. Nicht zuletzt bilden sich Disziplinen als relativ stabile, aber entwicklungsoffene Kommunikationszusammenhänge heraus.

I. Forschungsbeiträge

Wie die Wissensgenerierung allgemein[6] setzt die Entstehung wissenschaftlichen Wissens wechselseitige Interaktionen voraus. Forschende Tätigkeit lässt sich nicht isoliert begreifen.[7] Für wissenschaftliches Wissen ist ein solcher Kommunikationszusammenhang nicht nur zur Orientierung über den Stand wissenschaftlichen Wissens[8] und zur Distribution innerhalb der wissenschaftlichen Gemeinschaft,[9] im Rahmen der Ausbildung,[10] sondern auch zur Gewährleistung

---

[5] Eingehend *Trute*, Die Forschung zwischen grundrechtlicher Freiheit und staatlicher Institutionalisierung, S. 64ff. und passim; *Schmidt-Aßmann*, Die Wissenschaftsfreiheit nach Art. 5 Abs. 3 GG als Organisationsgrundrecht, S. 697 (698); *ders.*, Das allgemeine Verwaltungsrecht als Ordnungsidee, Kap. 3 Rn. 37f.: Wissenschaft, Forschung und Lehre als auf Kommunikation angelegte Erkenntnisprozesse; *Groß*, WissR 35 (2002), 313 (316); *Nettesheim*, DVBl. 2005, 1072 (1076).

[6] Siehe oben, § 1 C.I.3.

[7] *Trute*, Die Forschung zwischen grundrechtlicher Freiheit und staatlicher Institutionalisierung, S. 87: Wissenschaft nicht als Tätigkeit des individuellen Erkenntnissubjekts beschreibbar, sondern Ausübung in Handlungs- und Kommunikationszusammenhängen, die über gemeinsame Vorstellungen, Theorien, Forschungspraktiken, eben über das von *Kuhn* sogenannte Paradigma, integriert und auf Dauer gestellt werden.

[8] *Gläser*, Wissenschaftliche Produktionsgemeinschaften, S. 82.

[9] *Gläser*, Wissenschaftliche Produktionsgemeinschaften, S. 149f.: Integration von neuem Wissen als Aggregateffekt der dezentralen Entscheidungen.

[10] Zur Lehrfreiheit zuletzt BVerfG, Beschl. v. 17.2.2016, 1 BvL 8/10, BVerfGE 141, 143 – *Akkreditierung von Hochschulstudiengängen*, Rn. 49: „Die forschungsbasierte Lehre ist als Prozess der Vermittlung wissenschaftlicher Erkenntnisse vom Schutz des Art. 5 Abs. 3 Satz 1 GG umfasst (...). Das Grundrecht garantiert einen Freiraum, der wissenschaftlich Tätige vor jeder staatlichen Einwirkung auf Prozesse der Gewinnung und der Vermittlung wissenschaftlicher Erkenntnisse schützt (...). Geschützt ist insbesondere die Selbstbestimmung über Inhalt, Ablauf und methodischen Ansatz der Lehrveranstaltung (...) sowie das Recht auf die Äußerung von wissenschaftlichen Lehrmeinungen (...) und das Recht, sich im Rahmen des Studiums am wissenschaftlichen Gespräch aktiv zu beteiligen (...)“.

seiner Wissenschaftlichkeit erforderlich.[11] Dabei verläuft die Entwicklung wissenschaftstheoretischer Verständnisse und methodischer Zugriffe[12] – mit einigen Ähnlichkeiten zur Entwicklung der wettbewerbstheoretischen Verständnisse über Marktprozesse[13] – über das Verständnis der Entstehung von Wissen und der damit verbundenen Relevanz von Interaktionen. Auf die Annahme objektiver, von dem Individuum abstrahierter Erkenntnisse folgte die Einbindung in Diskurse zur Validierung oder zumindest zur potentiellen Falsifizierung der Erkenntnisse, die ihrerseits wegen ihrer methodischen Vorannahmen zu Gunsten eines methodischen Pluralismus überwunden wurde, bei dem die Akzeptanz innerhalb eines hinreichenden Teils der relevanten *scientific community* über die wissenschaftliche Haltbarkeit entscheidet. Damit scheidet nicht nur die Objektivität[14] als Kriterium wissenschaftlichen Wissens aus, sondern auch der Wahrheitsbegriff wird brüchig.[15] Stattdessen bestimmt der wissenschaftliche Handlungs- und Kommunikationszusammenhang sowohl was forschendes Handeln ist als auch welches Wissen als wissenschaftlich eingeordnet wird.[16] Einer solchen freien Wissenschaft hat die verfassungsgerichtliche Rechtsprechung bekanntlich früh einen gesellschaftlichen Eigenwert beigemessen.[17]

II. Ausdifferenzierung in Disziplinen über Interaktion

Diese Abhängigkeit der Forschung von der Einbindung in Kommunikationszusammenhänge führt auf die Relevanz ihrer Ausgestaltung und ihrer Eigenschaften.

---

[11] *Trute*, Die Forschung zwischen grundrechtlicher Freiheit und staatlicher Institutionalisierung, S. 115: wissenschaftliches Wissen als all das, was von der Wissenschaft als solches, sei es zustimmend oder ablehnend, diskutiert wird; Bestimmung des wissenschaftlichen Wissens über die wissenschaftlichen Kommunikationszusammenhänge selbst.

[12] Überblick über Wissenschaftstheorien bei *Dickert*, Naturwissenschaften und Forschungsfreiheit, S. 123ff.

[13] Dazu unten, § 5 A.II.

[14] Zur Entwicklung des Verständnisses von Objektivität *Weingart*, Die Stunde der Wahrheit?, S. 40ff.

[15] *Trute*, Die Forschung zwischen grundrechtlicher Freiheit und staatlicher Institutionalisierung, S. 113f.; *Weingart*, Die Stunde der Wahrheit?, S. 35f.

[16] *Trute*, Die Forschung zwischen grundrechtlicher Freiheit und staatlicher Institutionalisierung, S. 115, S. 122: „Dass die Wissenschaft und vor allem die Forschung nicht in das Beliebige fällt, liegt dann an der Einbettung der Forschungspraxis in die Normen, Kriterien und des Standards der *scientific community*, also in die wissenschaftlichen Kommunikations- und Handlungszusammenhänge."; *Stichweh*, Die Autopoiesis der Wissenschaft, S. 447 (464).

[17] „Diese in Art. 5 Abs. 3 GG enthaltene Wertentscheidung beruht auf der Schlüsselfunktion, die einer freien Wissenschaft sowohl für die Selbstverwirklichung des einzelnen als auch für die gesamtgesellschaftliche Entwicklung zukommt.", BVerfG, Beschl. v. 1.3.1978, 1 BvR 333/75, BVerfGE 47, 327 u.a. – *Hessisches Universitätsgesetz*, Rn. 151.

1. Wechselwirkung zwischen Interaktion und Zusammenhang

Die Eigenschaften des Kommunikationszusammenhangs, etwa der methodische Kanon oder die Erkenntnisinteressen, entscheiden über die Anschlussfähigkeit einzelner Beiträge. Zugleich wird der Kommunikationszusammenhang seinerseits durch die einzelnen Beiträge beeinflusst, die Interaktionspartner in ihren Erwartungen also bestätigt oder überrascht, Standpunkte ausgebaut oder relativiert. Über die Vielzahl an Interaktionen entwickeln Kommunikationszusammenhänge auf diese Weise Pfadabhängigkeiten. Kommunikationszusammenhänge differenzieren, wie insbesondere aus der Perspektive der Luhmannschen Systemtheorie eingehend beschrieben,[18] Disziplinen aus und begründen dadurch die moderne Wissenschaft.[19] Mit den Bedingungen und Wirkungen dieser Ausdifferenzierung zeigt die systemtheoretische Beschreibung auf, wie Interaktionszusammenhänge auf der einen Seite Komplexität aufbauen. Die Forschung in einer Vielfalt von Disziplinen, jeweils mit Spezialisierungen, bereitet die Grundlage für eine kontinuierliche Zunahme der laufenden Wissensproduktion.[20] Gleichzeitig weisen die Interaktionszusammenhänge einen Weg im Umgang mit der Komplexität, indem sie die Wissensproduktion strukturieren.[21] Interaktionsbasierte Ausdifferenzierung ist sowohl Ursache als auch Wirkung der Komplexität.

---

[18] *Luhmann*, Die Wissenschaft der Gesellschaft, S. 271 ff., zur Ausdifferenzierung in Disziplinen.

[19] *Stichweh*, Zur Entstehung des modernen Systems wissenschaftlicher Disziplinen, S. 39 ff., S. 394 ff.; *ders.*, Ausdifferenzierung der Wissenschaft, S. 174 ff.; *ders.* Die Autopoiesis der Wissenschaft, S. 447 (452 ff.); *ders.*, Wissenschaft, Universität, Professionen, S. 21 ff.; *Trute*, Die Forschung zwischen grundrechtlicher Freiheit und staatlicher Institutionalisierung, S. 88 ff.; zur Entstehung der neuer Disziplinen am Beispiel der Atmosphärenwissenschaft (*atmospheric science*) *Schützenmeister*, Disziplinarität und Interdisziplinarität in der atmosphärischen Chemie, S. 97 (98 f.).

[20] *Trute*, Die Forschung zwischen grundrechtlicher Freiheit und staatlicher Institutionalisierung, S. 88; *Ruffert*, Grund und Grenzen der Wissenschaftsfreiheit, VVDStRL 65 (2006), S. 146 (148 f.); *Weingart*, Die Stunde der Wahrheit?, S. 87 ff., S. 106 f.; *Weingart/Schwechheimer*, Institutionelle Verschiebungen der Wissensproduktion – Zum Wandel der Struktur wissenschaftlicher Disziplinen, S. 41 (43), sehen in der mit der Ausdifferenzierung einhergehenden Abstraktion sowie der Vielfalt neuer Gegenstände die Ursachen für die Wissensexplosion; zum damit zusammenhängenden Anstieg der Nachfrage nach wissenschaftlichem Wissen, etwa durch die Politik *Weingart*, Die Stunde der Wahrheit?, S. 129; *Trute*, Wissensgesellschaft – Demokratie – Legitimation, S. 43 (48 f.); *Nettesheim*, DVBl. 2005, 1072 (1073).

[21] *BVerfG*, Urt. v. 29.05.1973, 1 BvR 424/71, BVerfGE 35, 79 – *Gruppenuniversität*, Rn. 85: sprunghafte Expansion der Forschung und Vermehrung des wissenschaftlichen Stoffes erzwang Arbeitsteilung und Zusammenarbeit in Gruppen; auch *Trute*, Die Forschung zwischen grundrechtlicher Freiheit und staatlicher Institutionalisierung, S. 88 f.; *Weingart*, Die Stunde der Wahrheit?, S. 99: „Ausgangspunkt dieser Betrachtung [der Produktion und Rezeption von Wissen] ist der *Kommunikationsprozess* in der Wissenschaft. Auf der einen Seite ist es die *Produktion von Wissen* bzw. von *Erkenntnissen*, auf der anderen Seite die *Rezeption* dieses Wissens, also dessen Verarbeitung, Überprüfung, Kritik und damit seine Weiterentwicklung. Die Produktion von Wissen und die Rezeption bzw. Verarbeitung dieses Wissens sind aufeinander bezogen. Wissen, das nicht rezipiert wird, geht wieder verloren, und umgekehrt: Nut solchen Wissen, das rezipiert wird, bleibt erhalten und wird weiterentwickelt. Das *Verhältnis*

Das wissenschaftssoziologische Verständnis von dem Prozess der Entstehung ausdifferenzierter Disziplinen entwickelte sich, ähnlich wie der wissenschaftstheoretische Zugriff auf methodische Anforderungen,[22] in Abhängigkeit von der Relevanz, die dem Wissen und damit einhergehend der Interaktion zugeschrieben wurde.[23] Die Entstehung von Disziplinen auf soziale Normen zurückzuführen,[24] blendet die Wechselwirkung zwischen den einzelnen Kommunikationen und ihrem Kontext aus. Im Hinblick auf die Relevanz des Wissens für die Interpretation wahrgenommener Kommunikationen kommt dem Wissen eine kommunikationsleitende Wirkung zu, die Wissen und wissenschaftliche Kommunikation rekursiv verknüpft.[25]

2. *Mechanismen kommunikativer Selbstregulierung*

Neben dieser kognitiven Dimension wirkt sich die Dimension sozialer Institutionalisierung[26] mittelbar ebenfalls auf den Kommunikationskontext aus. Forschende tauschen laufend informell Informationen über abzeichnende Entwicklungen, Projekte oder über individuelle Eindrücke von Beiträgen Dritter aus. Dieser informelle Informationsaustausch macht einen wichtigen Bestandteil der Informationsgrundlage für individuelle Forschungsentscheidungen aus.[27]

Zugleich prägt die Einschätzung der Leistungsfähigkeit Dritter sowie ihrer bisherigen Beiträge die Wahrnehmung ihrer zukünftigen Beiträge. Reputationszuschreibungen regulieren die Aufmerksamkeit innerhalb des Kommunika-

---

von Wissensproduktion und Wissensrezeption ist also grundlegend für die Entwicklung der Wissenschaft." (Herv. im Orig.); *Stichweh*, Die Autopoiesis der Wissenschaft, S. 447 (464): Informationsüberlast als wahrnehmbares und plausibles Motiv für kommunikative Filter in der Wissenschaft.

[22] Siehe oben, § 4 A.I.

[23] Zur Entwicklung *Gläser*, Wissenschaftliche Produktionsgemeinschaften, S. 15 ff.

[24] *Merton*, Wissenschaft und demokratische Sozialstruktur, S. 45 (46 ff.): Wissenschaftsethos aus den vier institutionellen Imperativen als gefühlsmäßig abgestimmter Komplex von Werten und Normen, der für den Wissenschaftler als bindend betrachtet wird, abgeleitet aus moralischem Konsensus der Wissenschaftler; näher *Gläser*, Wissenschaftliche Produktionsgemeinschaften, S. 16 f.

[25] *Trute*, Die Forschung zwischen grundrechtlicher Freiheit und staatlicher Institutionalisierung, S. 83: Wissenschaftliches Wissen als Produkt, Speicher, Anknüpfungspunkt und Material des Kommunikations- und Handlungszusammenhangs; *Gläser*, Wissenschaftliche Produktionsgemeinschaften, S. 20, S. 61 f.: Wissen als funktionales Äquivalent zu Normen bei der Herausbildung von Disziplinen, S. 260: wissenschaftliche Gemeinschaften als kollektive Produzenten, deren soziale Ordnung durch den gemeinsamen Bezug aller Produzenten auf das existierende Wissen hergestellt wird.

[26] Zur kognitiven, sozialen und institutionellen Dimension des Disziplinbegriffs vgl. nur die zusammenfassende Darstellung bei *Trute*, Die Forschung zwischen grundrechtlicher Freiheit und staatlicher Institutionalisierung, S. 88 ff., und *Weingart/Schwechheimer*, Institutionelle Verschiebungen der Wissensproduktion – Zum Wandel der Struktur wissenschaftlicher Disziplinen, S. 41 (42).

[27] *Gläser*, Wissenschaftliche Produktionsgemeinschaften, S. 79 ff.: sozialer Mechanismus der Formulierung von Forschungsaufgaben.

tionszusammenhangs und erleichtern dadurch die zur Komplexitätsreduktion erforderlichen Auswahlentscheidungen.[28] Diese Reputation entsteht durch eine Vielzahl verknüpfter, dezentraler Kommunikationen und effektuiert die Integration von Forschungsbeiträgen aus reputierten Quellen.[29] Reputation lässt sich dadurch als Form der Selbstregulierung innerhalb des Kommunikationszusammenhangs verstehen.[30]

Daneben entsteht Reputation nicht nur über informelle Kommunikation, sondern lässt sich auch an für alle Beteiligten sichtbaren Zeichen wie etwa wissenschaftlichen Preisen, der Mitgliedschaft in ihrerseits reputierten Vereinigungen oder der Einwerbung von Drittmitteln festmachen. Diese Indikatoren verstärken die Orientierungsleistung der Reputation und erhöhen dadurch die Leistungsfähigkeit des Kommunikationskontexts, sofern der jeweils indizierten Reputation tatsächlich eine entsprechende Forschungsleistung zu Grunde liegt. Je weniger die Entscheidung über die Zuordnung der Indikatoren, etwa die Vergabe bestimmter Drittmittel, auf einer Evaluation der bisherigen Leistung oder des geplanten Projekts, und je mehr sie ihrerseits wieder Indikatoren, etwa die in der Vergangenheit eingeworbenen Drittmittel, berücksichtigt, desto höher ist die Wahrscheinlichkeit, dass indizierte Reputation und tatsächliche Forschungsleistung auseinanderfallen.[31]

In institutionalisierter Weise rahmen Publikationsorgane wie Fachjournale oder Schriftenreihen den Kontext der Kommunikation. Sind sie thematisch fokussiert, indizieren und fördern sie die disziplinäre Ausdifferenzierung entweder in eine Spezialisierung innerhalb einer Disziplin oder zu einer neuen Disziplin.[32] Einer beschränkenden Auswahl und der darauf beruhenden Reputation einer Zeitschrift oder Schriftenreihe kommt für die wissenschaftliche Kommunikation eine ähnliche Funktion wie die personengebundene Reputation zu, vor allem wenn die Kriterien der Auswahl innerhalb der betreffenden Kreise akzeptiert sind, etwa weil die Auswahlentscheidungen durch *peers*, also Mitglieder

[28] *Weingart*, Die Stunde der Wahrheit?, S. 105; *ders.*, Reputation in der Wissenschaft, S. 151 (152 f.); *Luhmann*, Die Selbststeuerung der Wissenschaft, S. 291 (297); *Schulze-Fielitz*, Leicht spekulative Notizen zur Reputationshierarchie in der deutschen Staatsrechtslehre, S. 187 (191).

[29] Unterschiedliche Erscheinungsformen von Reputationskriterien bei *Schulze-Fielitz*, Leicht spekulative Notizen zur Reputationshierarchie in der deutschen Staatsrechtslehre, S. 187 (191 ff.).

[30] Daneben kann Reputation auch die Aufmerksamkeit der Forschenden auf Forschungsfragen lenken, denen aus Sicht der Fachgemeinschaft besondere Bedeutung zukommt und deren Bearbeitung dadurch einen hohen Reputationsgewinn verspricht, *Lange/Gläser*, Governance der Wissenschaft, S. 773 (774 f.); zur hochgradigen Selektivität der Aufmerksamkeit in der wissenschaftlichen Kommunikation angesichts der steigenden Zahl von Publikationen *Weingart*, Die Stunde der Wahrheit?, S. 104 f.

[31] *Weingart*, Reputation in der Wissenschaft, S. 151 (154 f.).

[32] Zur Innen- und Ausdifferenzierung neuer Disziplinen, *Weingart/Schwechheimer*, Institutionelle Verschiebungen der Wissensproduktion – Zum Wandel der Struktur wissenschaftlicher Disziplinen, S. 41 (47); zur Bedeutung der Fachjournale a.a.O., S. 48, sowie *Stichweh*, Zur Entstehung des modernen Systems wissenschaftlicher Disziplinen, S. 427 ff.

der Kreise, getroffen worden sind. Bewertungen im *peer review* sichern dabei bei all ihren Gefahren unsachgerechter Einflüsse[33] nicht nur eine von externen Vorgaben unabhängige Qualitätssicherung,[34] sondern bewirken zugleich auch durch die Antizipation der Bewertungskriterien eine gewisse Harmonisierung der Wahrnehmung innerhalb des Kommunikationszusammenhangs.[35]

B. Interaktionen in der verfassungsgerichtlichen Konzeption

I. Wissenschaftliche Eigengesetzlichkeit

Der Bezug auf „wissenschaftliche Eigengesetzlichkeiten" in der Beschreibung des Schutzbereichs durch die verfassungsgerichtliche Rechtsprechung[36] umschreibt die Art und Weise sowie die Voraussetzungen der Entstehung wissenschaftlichen Wissens abstrakt und pauschal. Die damit zugleich zum Ausdruck gebrachte Notwendigkeit, der wissenschaftlichen Funktionslogik in gewissem Umfang ungestörte Räume zu belassen, veranschaulicht zugleich, wie die verfassungsgerichtliche Rechtsprechung die Strukturen des Sachbereichs und die sich daraus ergebenden Schutzbedürfnisse bei der rechtsdogmatischen Ausgestaltung aufnimmt. Diese Berücksichtigung der „Eigengesetzlichkeiten" führt ähnlich wie bei anderen interaktionsabhängigen Schutzbereichen[37] auch zu einem

---

[33] Zur Kritik vgl. die Nachweise bei *Weingart*, Die Stunde der Wahrheit?, S. 284, S. 288 ff. sowie die Nachweise zur Forschung über peer review-Verfahren bei *Gläser*, Wissenschaftliche Produktionsgemeinschaften, S. 95 ff.; Zweifel an der Offenheit der Gutachterinnen und Gutachter für alternative Standpunkte bei *Gärditz*, WissR 42 (2009), 353 (375).

[34] *Weingart*, Die Stunde der Wahrheit?, S. 285: „‚Peer review' sichert die Offenheit der Kommunikation bei gleichzeitiger Qualitätskontrolle. Das bedeutet: Sie schafft intern das Vertrauen der Wissenschaftler in die Verlässlichkeit ihrer Kommunikationen. Das wechselseitige Vertrauen der Wissenschaftler in die Wahrhaftigkeit der Behauptungen des anderen ist die Voraussetzung für die erfolgreiche Kommunikation. Sie ist damit der institutionelle Kern des wissenschaftlichen Kommunikationsprozesses."; *Neidhardt/Mayntz/Weingart/Wengenroth*, Wissensproduktion und Wissenstransfer, S. 19 (27): „Neues Wissen bedarf, bevor es als bestandsfähig gelten und in den Fortschritt der Wissenschaft eingeschrieben werden kann, methodischer Kontrollen eines Systems akademischer ‚peer reviews', in dem Replikationen seiner Erzeugung, Anwendungsproben, Begutachtungen, Rezensionen etc. eine Rolle spielen. Es ist nur eine geringe Menge der Wissensproduktion, die am Ende kodifizierbar erscheint. Und auch diese Menge gilt einer Wissenschaft, die sich als ‚organized skepticism' (Robert K. Merton) begreift, in großen Teilen als vorläufig und revidierbar, nämlich konditioniert von (teils unbekannten) Randbedingungen, die nicht stabil bleiben".

[35] *Gläser*, Wissenschaftliche Produktionsgemeinschaften, S. 100: *peer review* von Projekten als ein Prozess der Konstruktion von Wissen, in dem nach einer gemeinsamen Basis gesucht wird, auf der die Interpretationen von Antragstellern und Gutachtern gleichermaßen zulässig erscheinen.

[36] Siehe unten, Fn. 38.

[37] Die verfassungsgerichtliche Rechtsprechung zieht den Begriff auch bei der Beschreibung des Schutzbereichs der Kunstfreiheit heran, BVerfG, Entsch. v. 24.02.1971, 1 BvR 435/68, BverfGE 30, 173 – *Mephisto*, Rn. 52: „Sinn und Aufgabe des Grundrechts aus Art. 5 Abs. 3

Spannungsverhältnis zwischen individueller und hoheitlicher Bestimmung des Schutzbereichs, das über die Anbindung an die Kommunikation anderer Grundrechtsträger relativiert wird. Schließlich formuliert die verfassungsgerichtliche Rechtsprechung mit dem Wahrheitsbezug der Forschung inhaltliche Kriterien an die Wissenschaftlichkeit von Wissen, die wegen der Grenzen eines solchen Wahrheitsbegriffs ebenfalls über die Interaktion unter den Grundrechtsträgern umgesetzt werden.

1. *Wissenschaftliche Eigengesetzlichkeit als Chiffre*

Mit dem Hinweis auf die „wissenschaftliche Eigengesetzlichkeit“[38] charakterisiert die verfassungsgerichtliche Rechtsprechung die von der Wissenschaftsfreiheit geschützte Tätigkeit im Kern über die Interaktions- und Kommunikationszusammenhänge.[39] Dieser Verweis auf die Eigengesetzlichkeit ist als Chiffre für die Funktionsweise wissenschaftlicher Forschung[40] beschrieben worden, die bei der dogmatischen Ausgestaltung des Freiheitsrechts eine gewisse Distanz der Wissenschaft[41] zu rechtlichen Vorgaben nahegelegt.[42] Die verfassungs-

---

Satz 1 GG ist es vor allem, die auf der Eigengesetzlichkeit der Kunst beruhenden, von ästhetischen Rücksichten bestimmten Prozesse, Verhaltensweisen und Entscheidungen von jeglicher Ingerenz öffentlicher Gewalt freizuhalten.“; ebenso BVerfG, Entsch. v. 07.07.1971, 1 BvR 765/66, BVerfGE 31, 229 – *Schulbuchprivileg*, Rn. 25.

[38] Aus der neueren Zeit BVerfG, Beschl. v. 26.10.2004, 1 BvR 911/00, BVerfGE 111, 333 – *Brandenburgisches Hochschulgesetz*, Rn. 136, BVerfG, Beschl. v. 28.10.2008, 1 BvR 462/06, BVerfGE 122, 89 – *kirchliches Selbstbestimmungsrecht*, Rn. 40, BVerfG, Beschl. v. 20.7.2010, 1 BvR 748/06, BVerfGE 127, 87 – *Hamburgisches Hochschulgesetz*, Rn. 90: „Den Kernbereich wissenschaftlicher Betätigung stellen die auf wissenschaftlicher Eigengesetzlichkeit beruhenden Prozesse, Verhaltensweisen und Entscheidungen bei der Suche nach Erkenntnissen, ihrer Deutung und Weitergabe dar (…).“; grundlegend BVerfG, Urt. v. 29.5.1973, 1 BvR 424/71, 1 BvR 325/72, BVerfGE 35, 79 – *Gruppenuniversität*, Rn. 92; daran anknüpfend BVerfG, Urt. v. 8.2.1977, 1 BvR 79/70, BVerfGE 43, 242 u.a. – *Berufungsvereinbarung*, Rn. 75; BVerfG, Beschl. v. 1.3.1978, 1 BvR 333/75, BVerfGE 47, 327 u.a. – *Hessisches Universitätsgesetz*, Rn. 151; BVerfG, Kammerbeschl. v. 9.6.1992, 1 BvR 824/90, NJW 1993, 916, Rn. 7; BVerfG, Beschl. v. 11.1.1994, 1 BvR 434/87, BVerfGE 90, 1 – *Jugendgefährdende Schriften*, Rn. 46; BVerfG, Kammerbeschl. v. 3.5.1994, 1 BvR 737/94, NJW 1994, 1784, Rn. 6; BVerfG, Nichtannahmebeschl. v. 17.2.2000, 1 BvR 484/99, Rn. 3; BVerfG, Urt. v. 24.11.2010, 1 BvF 2/05, BVerfGE 128, 1 – *Gentechnikgesetz*, Rn. 143; BVerfG, Nichtannahmebeschl. v. 29.12.2012, 1 BvR 1849/12 u.a., Rn. 8.

[39] *Trute*, Die Forschung zwischen grundrechtlicher Freiheit und staatlicher Institutionalisierung, S. 54ff.

[40] *Trute*, Die Forschung zwischen grundrechtlicher Freiheit und staatlicher Institutionalisierung, S. 54: bereits von *Smend*, Das Recht der freien Meinungsäußerung, VVDStRL 4 (1928), S. 44 (61), herangezogene Chiffre für die wirklich oder vermeintlich nie ganz aufzuhellenden inneren Bewegungsgesetze der Wissenschaft.

[41] *Schmidt-Aßmann*, Das allgemeine Verwaltungsrecht als Ordnungsidee, Kap. 3 Rn. 37: besondere Geschlossenheit des Wissenschaftssystems; *I. Augsberg*, Wissenschaftsverfassungsrecht, S. 187 (187): tatsächlich gegebene wie normativ verbürgte Eigenständigkeit der Wissenschaft.

[42] *Trute*, Die Forschung zwischen grundrechtlicher Freiheit und staatlicher Institutionalisierung, S. 54f.: „Variiert über den Gedanken eines ‚autonomen‘, von ‚staatlicher Ingerenz freien‘,

gerichtliche Rechtsprechung geht damit implizit von der Notwendigkeit aus, den Strukturen des Normbereichs der Wissenschaftsfreiheit bei der Entwicklung des grundrechtsdogmatischen Konzepts Rechnung zu tragen.[43]

2. *Chiffre als Strategie im Umgang mit außerjuridischen Beschreibungen*

Diese abstrakte und pauschale Berücksichtigung der Funktionsweise wissenschaftlicher Forschung und ihrer Voraussetzungen über den Begriff der wissenschaftlichen Eigengesetzlichkeiten lässt sich als Strategie verstehen, außerjuridische Beschreibungen der Wissenschaft in die rechtliche Konzeption zu integrieren, ohne dabei den Inhalt der außerjuridischen Beschreibungen näher explizieren zu müssen. Während die übrigen Beschreibungsformeln der verfassungsgerichtlichen Rechtsprechung, die Wissenschaft als „grundsätzlich von Fremdbestimmung freier Bereich autonomer Verantwortung“[44] und wissenschaftliche Tätigkeit als „nach Inhalt und Form als ernsthafter planmäßiger Versuch zur Ermittlung der Wahrheit“[45] charakterisieren, den Kommunikations-

nur den ‚eigenen Kriterien der Entwicklung‘ folgenden Bereichs einer ‚Selbstregulierung des Geisteslebens‘ wird im Kern übereinstimmend beschrieben, dass es Bereiche gibt, die auf Grund ihrer eigenen Struktur, der Eigenart ihrer Abläufe und Kommunikationen, der fehlenden Planbarkeit und Nachvollziehbarkeit externer Steuerung entzogen sind: nicht notwendig faktisch, sondern normativ, soll nicht das diesem Bereich eigene Rationalitätsprinzip zerstört werden“.

[43] Im Anschluss an *Müller*, Strukturierende Rechtslehre, S. 226ff., *Trute*, Die Forschung zwischen grundrechtliche Freiheit und staatlicher Institutionalisierung, S. 57, vgl. auch *Bumke*, Universitäten im Wettbewerb, VVDStRL 69 (2010), S. 407 (415): „Da weder Wortlaut, Genese noch die Verfassungsgeschichte der Wissenschaftsfreiheit ein prägnantes Profil verleihen, stellt sich die Aufgabe, auf anderen, möglichst rationalen Wegen die spezifischen Gehalte zu ermitteln, die von der Wissenschaftsfreiheit gewährleistet werden. Sieht man von dem Weg eines konstruktiv-kritischen Verfassungsgerichtspositivismus ab, bietet sich die Analyse der Funktionsbedingungen und Gefahrenpotentiale des Freiheitsbereichs, deren Ergebnisse sich als teleologische Argumente in die Verfassungsinterpretation einbinden lassen.“ Diese Begründung eines bestimmten methodischen Zugriffs mit teleologischen Argumenten geht allerdings über die Auslegung von Normen hinaus.

[44] BVerfG, Beschl. v. 17.2.2016, 1 BvL 8/10, BVerfGE 141, 143 – *Akkreditierung von Studiengängen*, Rn. 58; BVerfG, Beschl. v. 24.6.2014, 1 BvR 3217/07, BVerfGE 136, 338 – *Hochschulorganisation Medizinische Hochschule Hannover*, Rn. 56; BVerfG, Beschl. v. 20.7.2010, 1 BvR 748/06, BVerfGE 127, 87 – *Hamburgisches Hochschulgesetz*, Rn. 90; BVerfG, Beschl. v. 26.10. 2004, 1 BvR 911/00, BVerfGE 111, 333 u.a. – *Brandenburgisches Hochschulgesetz*, Rn. 136; BVerfG, Beschl. v. 11.1.1994, 1 BvR 434/87, BVerfGE 90, 1 – *Jugendgefährdende Schriften*, Rn. 46; BVerfG, Beschl. v. 1.3.1978, 1 BvR 333/75, BVerfGE 47, 327 u.a. – *Hessisches Universitätsgesetz*, Rn. 151; BVerfG, Urt. v. 29.5.1973, 1 BvR 424/71 und 1 BvR 325/72, BVerfGE 35, 79 – *Gruppenuniversität*, Rn. 92.

[45] BVerfG, Urt. v. 29.5.1973, 1 BvR 424/71 und 1 BvR 325/72, BVerfGE 35, 79 – *Gruppenuniversität*, Rn. 92; BVerfG, Beschl. v. 1.3.1978, 1 BvR 333/75 u.a., BVerfGE 47, 327 – *Hessisches Universitätsgesetz*, Rn. 151; BVerfG, Beschl. v. 19.11.1985, 1 BvR 934/82, BVerfGE 71, 162 – *Autobiographie eines Chefarztes*, Rn. 43; BVerfG, Beschl. v. 11.1.1994, 1 BvR 434/87, BVerfGE 90, 1 – *Jugendgefährdende Schriften*, Rn. 47; BVerfG, Kammerbeschl. v. 9.6.1992, 1 BvR 824/90, NJW 1993, 916, Rn. 7; BVerfG, Nichtannahmebeschl. v. 8.8.2000, 1 BvR 653/97, NJW 2000, 3635, Rn. 4.

zusammenhang und seine Relevanz für das Schutzgut nicht abbilden,[46] ist der Begriff der Eigengesetzlichkeit auf die Interaktion unter den Forschenden angelegt. Der Begriff lässt die Feststellung wissenschaftlicher Eigengesetzlichkeiten für die dogmatische Konzeption der Wissenschaftsfreiheit ausreichen, um das Bedürfnis und den Ansatzpunkt des rechtlichen Schutzes abzuleiten.[47] Hinter der Zurückhaltung bei der Beschreibung der Eigengesetzlichkeiten steht nicht nur die Notwendigkeit verfassungsgerichtlicher Rechtsprechung, das dogmatische Konzept offen und anschlussfähig für zukünftige Fallgestaltungen zu halten,[48] sondern auch die Schwierigkeit, eine aussagekräftigere, für die rechtsdogmatische Konzeption geeignete Beschreibung heranzuziehen. Ebenso wie das inhaltliche Kriterium der Wahrheit wissenschaftlicher Aussagen[49] legt der Rückgriff auf eine nicht näher aufgeschlüsselte Chiffre zur Beschreibung wissenschaftlicher Prozesse nahe, dass die außerjuridischen Beschreibungsangebote des Sachbereichs noch keine Form angenommen haben, die aus rechtswissenschaftlicher Perspektive adaptierbar wäre. Die Frage, inwieweit soziologische, ökonomische oder sonstige außerrechtliche Beschreibungen sich auf normative Konzepte auswirken, hängt neben der Sensibilität des rechtlichen Konzepts[50] insbesondere von dem Stand des Beschreibungsangebots innerhalb der jeweiligen Disziplin ab. Bei Beschreibungsangeboten, die innerhalb ihrer Disziplin noch nicht als konsolidiert gelten, trifft eine Anknüpfung in der Rechtswissenschaft auf höhere Begründungslasten.[51] Schließlich können nicht hinreichend reflektierte Beschreibungen des Lebensbereichs das Potential zur Problembewältigung von verfassungsdogmatischen Konzepten, die auf ihren Prämissen beruhen, nachhaltig und mit strukturellen Effekten für einfachgesetzliche Regelungen und die fachgerichtliche Rechtsprechung beeinträchtigen.[52]

---

[46] *Nettesheim*, DVBl. 2005, 1072 (1076).

[47] *Trute*, Die Forschung zwischen grundrechtlicher Freiheit und staatlicher Institutionalisierung, S. 54: Topos der Eigengesetzlichkeit der Wissenschaft (und Kunst) als dogmatisches Passepartout für Schutzgrund und Rechtsfolge der Gewährleistung dieser Freiheit; zu den organisationsrechtlichen Implikationen *Bumke*, Universitäten im Wettbewerb, VVDStRL 69 (2010), S. 407 (439f.).

[48] Vgl. die aufeinander Bezug nehmenden Entscheidungen zu unterschiedlichen Konstellationen in Fn. 38.

[49] Dazu unten, Fn. 63.

[50] Die Sensibilität oder Anschlussfähigkeit rechtsdogmatischer Konzepte für außerjuridische Beschreibungen wirkt sich ambivalent auf den Einfluss dieser Beschreibungen aus. Während offene Konzepte von vorneherein vielfältigere Ansatzpunkte zur Integration bieten, kann bei geschlossenen Konzepten die Leistungsfähigkeit zur Bewältigung der betreffenden Regelungsprobleme so stark beeinträchtigt werden, dass die Geschlossenheit einen Konzeptwechsel nach sich zieht.

[51] Vgl. *Gärditz*, Hochschulorganisation und verwaltungsrechtliche Systembildung, S. 101, S. 121f.

[52] Zu den verfassungsrechtlichen Anforderungen an hoheitliche Informationstätigkeit siehe unten, § 5 E.IV.

Es wäre allerdings keine angemessene Konsequenz dieser Schwierigkeiten, auf die Rezeption außerjuridischer Beschreibungen des Lebensbereichs bei der Ausgestaltung rechtsdogmatischer Konzeptionen von vorneherein zu verzichten.[53] Dagegen spricht schon, dass die Konkretisierung normativer Regelungen und insbesondere von Freiheitsrechten auf außerrechtliche Annahmen zum Lebensbereich auf die eine oder andere Art angewiesen ist.[54] Auch methodische Verständnisse, die den Selbststand des Rechts betonen,[55] greifen implizit oder explizit auf außerrechtliche, im Zweifel vorgefundene oder historisch schon immer zu Grunde gelegte Beschreibungen von Zusammenhängen und Regelungsbedarfen zurück.[56] Dabei steigt die Rationalität rechtswissenschaftlicher Konzepte, wenn die ihnen zu Grunde liegenden Prämissen außerjuridischer Beschreibungen, ihre normative Relevanz und die Art und Weise ihrer dogmatischen Verarbeitung offen gelegt und dadurch einer argumentativen Auseinandersetzung zugänglich gemacht werden. Das rationalisierende Potential grundrechtlicher, der Verwirklichung grundrechtlicher Schutzgüter verpflichteter Dogmatik[57] liegt daher weniger darin, bestimmte überkommene Verhaltensweisen zu schützen und hoheitlich veranlasste Beeinträchtigungen mit Rechtfertigungslasten zu belegen,[58] sondern vor allem bereits den Grund und die Reichweite des Schutzes von seiner Relevanz für das grundrechtliche Schutzgut abzuleiten.

---

[53] In diese Richtung *Gärditz*, Hochschulorganisation und verwaltungsrechtliche Systembildung, S. 100ff., S. 286ff.: Selbststand grundrechtlicher Freiheitsverbürgungen; S. 326ff.: Bezugnahme auf soziale Faktizität als Gefährdung der Autonomie des Rechts.

[54] *Müller*, Strukturierende Rechtslehre, S. 168ff., S. 184ff.; *ders.*, Normbereiche von Einzelgrundrechten in der Rechtsprechung des Bundesverfassungsgerichts, S. 9ff.; mit einem daraus abgeleiteten spezifischen Verständnis des Begriffs der Konkretisierung; näher oben, § 1 B.II.2.

[55] *Gärditz*, Hochschulorganisation und verwaltungsrechtliche Systembildung, S. 100ff., S. 286ff.

[56] *Gärditz*, Hochschulorganisation und verwaltungsrechtliche Systembildung, S. 283: Grundrechtsteil der Verfassung als normativ geronnenes Gedächtnis, das bewährte Traditionen verfassungsrechtlicher Freiheitsverbürgung in sich aufgenommen hat; S. 296: überkommene Formen deutscher Hochschulorganisation, die traditionell dem Leitbild der Verselbstständigung in öffentlich-rechtlicher Verbandsstruktur im Interesse staatsferner (‚gesellschaftlicher') Grundrechtswahrnehmung folgt, mit differenzierenden Konsequenzen für die Freiheitsgewährleistung (S. 297f.).

[57] Insoweit unter Verweis auf systematische und teleologische Argumente der Auslegung auch *Gärditz*, Hochschulorganisation und verwaltungsrechtliche Systembildung, S. 318: „Materiell-rechtlich enthält indes bereits Art. 1 Abs. 1 S. 2 (i.V.m. Abs. 3 GG) einen teleologisch auf praktische Wirksamkeit angelegten Auftrag, den Grundrechtsschutz in der Gesamtrechtsordnung zu optimieren, der prozessual durch eine (fast) lückenlose Rechtsschutzgarantie (Art. 19 Abs. 4 GG) und vor allem einen spezifischen Verfassungsschutz auch gegenüber parlamentarischen Gesetzen (…) abgeschlossen wird. Die Herausschälung einer objektiv-rechtlichen Grundrechtsdimension ist daher im Zusammenhang mit dem umfassenden, auf Schutzeffektivität angelegten Kontrollauftrag einer institutionell ausgebauten Verfassungsgerichtsbarkeit zu verstehen und aus diesem prozeduralen Schutzauftrag, der gerade auch auf eine reale Verwirklichung der Verfassung angelegt ist, heraus institutionell zu legitimieren".

[58] *Gärditz*, Hochschulorganisation und verwaltungsrechtliche Systembildung, S. 284f.; zum

3. Interaktionsbezogene Schutzbereichsbestimmung

Das damit einhergehende Spannungsverhältnis zur Notwendigkeit, die Reichweite des sachlichen Schutzbereichs festzulegen, also Kriterien einer hoheitlichen und damit wissenschaftsexogen Definition zu bestimmen, die der Eigengesetzlichkeit Rechnung tragen,[59] lässt sich wie bei anderen interaktionsbezogenen Schutzbereichen auch[60] durch die Einbindung in einen Interaktionszusammenhang auflösen.[61] Die Einordnung und Verwertung eines Beitrags durch nachfolgende Beiträge anderer Grundrechtsträger gewährt eine Entwicklungsoffenheit nach wissenschaftlichen Kriterien, ohne die Reichweite des grundrechtlichen Schutzes in das Belieben eines einzelnen Grundrechtsträgers zu stellen.[62]

Das gilt insbesondere für das zur Kennzeichnung der Wissenschaftlichkeit in der Rechtsprechung herangezogene Kriterium der Wahrheit.[63] Auch wenn wissenschaftliche Aktivitäten nicht unbedingt „der Wahrheit entsprechendes" Wissen hervorbringen müssen, soll danach doch das Bemühen um Wahrheit für Wissenschaft kennzeichnend sein.[64]

Bei der Umsetzung dieses inhaltlichen Kriteriums berücksichtigen auch Ansätze, die die Unabhängigkeit rechtswissenschaftlicher Methodik von außerrechtlichen Beschreibungen betonen und daraus eine strikte methodische Trennung ableiten,[65] die erkenntnistheoretischen Grenzen des Wahrheitsbegriffs.[66] Soweit

---

rechtsstaatlichen Verteilungsprinzip und den Implikationen einer interaktionszentrierten Perspektive siehe oben, Kapitel § 1 D.II.6.

[59] Zur Gegenüberstellung von hoheitlicher Definition und Selbstverständnis der Grundrechtsträger vgl. nur *Isensee*, Wer definiert die Freiheitsrechte?, S. 29ff., einerseits und *Morlok*, Selbstverständnis als Rechtskriterium, S. 69ff., S. 92ff., sowie *Höfling*, Offene Grundrechtsinterpretation, S. 104ff., andererseits; vgl. bereits oben, § 3 A.II.1. und A.II.4.

[60] Zu den Kommunikationsfreiheiten siehe oben, § 3 A.II.4.

[61] *Trute*, Die Forschung zwischen grundrechtlicher Freiheit und staatlicher Institutionalisierung, S. 59ff.

[62] *Trute*, Die Forschung zwischen grundrechtlicher Freiheit und staatlicher Institutionalisierung, S. 62: „Aber diese Befürchtung [der individuellen Beliebigkeit bei der Inanspruchnahme der Wissenschaftsfreiheit] ist unbegründet, denn bei genauerem Zusehen sind es, zumindest im Bereich der Wissenschaft, Selbstdefinitions*prozesse*, eben Handlungs- und Gebrauchsweisen, nicht individuelle Ernennungen, die über die Zurechnung zur Wissenschaft entscheiden. Sowenig bekanntlich einer allein einer Regel folgen kann, sowenig entscheidet er allein über die Zurechnungen von Handlungen und Entscheidungen zum Wissenschaftssystem".

[63] Grundlegend BVerfG, Urt. v. 29.5.1973, 1 BvR 424/71 und 1 BvR 325/72, BVerfGE 35, 79 – *Gruppenuniversität*, Rn. 92, und BVerfG, Beschl. v. 1.3.1978, 1 BvR 333/75, BVerfGE 47, 327 u.a. – *Hessisches Universitätsgesetz*, Rn. 151.

[64] BVerfG, Nichtannahmebeschl. v. 17.2.2000, 1 BvR 484/99, Rn. 3: „Der grundgesetzliche Schutz umfasst auch Mindermeinungen sowie Forschungsansätze und -ergebnisse, die sich als irrig oder fehlerhaft erweisen. Voraussetzung ist aber, dass es sich dabei um Wissenschaft handelt; darunter fällt alles, was nach Inhalt und Form als ernsthafter Versuch zur Ermittlung von Wahrheit anzusehen ist (...)".

[65] Etwa *Gärditz*, Hochschulorganisation und verwaltungsrechtliche Systembildung, S. 100ff., S. 286ff.

[66] *Gärditz*, Hochschulorganisation und verwaltungsrechtliche Systembildung, S. 300: „Er-

Ergebnisse wissenschaftlicher Fragestellungen sich infolge der Pluralisierung der Methoden und Erkenntnisinteressen auch aus Sicht der Forschenden nicht mehr als wahr oder unwahr beschreiben lassen, würde ein ernst genommenes Wahrheitskriterium den Schutzbereich der Wissenschaftsfreiheit auf Bereiche beschränken, die einem disziplinären Wahrheitsbegriff verpflichtet sind. Das ist ersichtlich nicht die Absicht der sich als entwicklungsoffen verstehenden Rechtsprechung, die zwar an dem Wahrheitsbegriff festhält,[67] aber wissenschaftspluralen, nicht festgelegten Prozess meint.[68] Der Sache nach verweist die Rechtsprechung bei der Umsetzung dieses inhaltlichen Kriteriums auch mit Blick auf die Eigengesetzlichkeit der Wissenschaft auf die inhaltlichen und methodischen Kriterien der jeweils betroffenen Disziplin und zieht damit die sich aus dem Interaktionszusammenhang ergebenden Anforderungen heran.[69] Tätigkeiten oder Aspekte, die aus Sicht der jeweiligen Disziplin nicht zu dem Erkenntnisgewinn beitragen, fallen nicht unter den Schutz der Wissenschaftsfreiheit. Die „Wahrheitserkenntnis" wird zur Chiffre für den Erkenntnisgewinn nach den Kriterien der jeweiligen Disziplin.[70]

---

kennt man aus epistemologischen Gründen an, dass objektive Erkenntnis unmöglich ist, ist auch das Kriterium der Wahrheitssuche entweder schon ein prinzipieller Missgriff oder kann letztlich nicht mehr meinen als die Erkenntnisoffenheit und methodische Reduktion subjektiver Kontingenz."; *ders.*, WissR 42 (2009), 353 (362).

[67] BVerfG, Beschl. v. 11.1.1994, 1 BvR 434/87, BVerfGE 90, 1 – *Jugendgefährdende Schriften*, Rn. 47: prinzipielle Unvollständigkeit und Unabgeschlossenheit der Wissenschaft trotz des für sie konstitutiven Wahrheitsbezugs.

[68] „Damit wird zugleich zum Ausdruck gebracht, dass Art. 5 Abs. 3 GG nicht eine bestimmte Auffassung von der Wissenschaft oder eine bestimmte Wissenschaftstheorie schützen will. Seine Freiheitsgarantie erstreckt sich vielmehr auf jede wissenschaftliche Tätigkeit, d. h. auf alles, was nach Inhalt und Form als ernsthafter planmäßiger Versuch zur Ermittlung der Wahrheit anzusehen ist. Dies folgt unmittelbar aus der prinzipiellen Unabgeschlossenheit jeglichen wissenschaftlichen Bemühens.", BVerfG, Beschl. v. 1.3.1978, 1 BvR 333/75, BVerfGE 47, 327 u. a. – *Hessisches Universitätsgesetz*, Rn. 151, ebenso bereits BVerfG, Urt. v. 29.5.1973, 1 BvR 424/71 und 1 BvR 325/72, BVerfGE 35, 79 – *Gruppenuniversität*, Rn. 92: „Damit sich Forschung und Lehre ungehindert an dem Bemühen um Wahrheit als ‚etwas noch nicht ganz Gefundenes und nie ganz Aufzufindendes' (Wilhelm von Humboldt) ausrichten können, ist die Wissenschaft zu einem von staatlicher Fremdbestimmung freien Bereich persönlicher und autonomer Verantwortung des einzelnen Wissenschaftlers erklärt worden. Damit ist zugleich gesagt, dass Art. 5 Abs. 3 GG nicht eine bestimmte Auffassung von der Wissenschaft oder eine bestimmte Wissenschaftstheorie schützen will. Seine Freiheitsgarantie erstreckt sich vielmehr auf jede wissenschaftliche Tätigkeit, d. h. auf alles, was nach Inhalt und Form als ernsthafter planmäßiger Versuch zur Ermittlung der Wahrheit anzusehen ist. Dies folgt unmittelbar aus der prinzipiellen Unabgeschlossenheit jeglicher wissenschaftlichen Erkenntnis".

[69] Dazu *Trute*, Die Forschung zwischen grundrechtlicher Freiheit und staatlicher Institutionalisierung, S. 84.

[70] Etwa zu kritischen Äußerungen über einen bestimmten Amtsträger in einem juristischen Aufsatz, die für die rechtliche Argumentation ohne Funktion sind, BVerfG, Nichtannahmebeschl. v. 17.2.2000, 1 BvR 484/99, Rn. 5: „Der Grundrechtsschutz erstreckt sich nicht zwingend auf jeden einzelnen Bestandteil eines im Kern als wissenschaftlich einzuordnenden Werks. Die Grundrechtsgewährleistung des Art. 5 Abs. 3 GG erfasst nicht Äußerungen, die für sich genommen nicht auf Wahrheitserkenntnis gerichtet sind und die von den übrigen Teilen des

Entsprechendes gilt für die Konsequenzen, die die Rechtsprechung aus der Ausrichtung auf den Wahrheitsbegriff zielt. Danach setzt die Verpflichtung wissenschaftlicher Forschung auf die Wahrheit die Abwesenheit sachwidriger Einflüsse, also einen „von staatlicher Fremdbestimmung freien Bereich autonomer Verantwortung“ voraus.[71] Abgesehen davon, dass die Abwesenheit von Einflüssen auf die unterschiedlichen Aspekte der Forschungstätigkeit von der Wahl der Forschungsfrage über die Methodik zur Deutung der Ergebnisse bis hin zu ihrer Verbreitung nur auf der Grundlage bestimmter wissenschaftstheoretischer Verständnisse überhaupt möglich ist und dass die methodischen Kriterien der jeweiligen Disziplin über die Zulässigkeit solcher Einflüsse entscheiden, bewirkt der von der Rechtsprechung gewährte Bereich autonomer Verantwortung vor allem den Raum für Interaktion. Die Bedeutung des Bereichs autonomer Verantwortung für die Gewährleistung einer bestimmten Qualität des als wissenschaftlich angesehenen Wissens liegt nicht nur in dem Ausschluss exogener Einflüsse, deren Sachwidrigkeit ohnehin nur nach disziplinären Maßstäben beurteilt werden kann, sondern positiv darin, die Voraussetzung für eine wechselbezügliche Koordination unter den Grundrechtsträgern zu schaffen, die im Zusammenwirken methodische Maßstäbe erarbeitet.

II. Organisation

Wissenschaftliche Interaktionszusammenhänge sind bekanntlich infolge ihrer Professionalisierung in besonderem Maße auf die Einbindung in Organisationen sowie die Bereitstellung von Ressourcen angewiesen.[72] Die organisationsrechtliche Ausgestaltung prägt wissenschaftliche Forschung und ist ihrerseits beeinflusst durch die Bindungen und Zwecke des einrichtenden und finanzierenden Trägers. Die Wissenschaftsfreiheit veranschaulicht dadurch in besonderer Weise

wissenschaftlichen Werks getrennt werden können, ohne dass die wissenschaftliche Aussage als solche, also der versuchte Erkenntnisgewinn an Wahrheit, darunter erkennbar litte. (...)“.

[71] BVerfG, Beschl. v. 1.3.1978, 1 BvR 333/75, BVerfGE 47, 327 u. a. – *Hessisches Universitätsgesetz*, Rn. 151; BVerfG, Beschl. v. 11.1.1994, 1 BvR 434/87, BVerfGE 90, 1 – *Jugendgefährdende Schriften*, Rn. 46; BVerfG, Nichtannahmebeschl. v. 29.12.2012, 1 BvR 1849/12 u. a., Rn. 8, m. w. N.: „Damit sich die Wissenschaft ungehindert an dem für sie kennzeichnenden Bemühen um Wahrheit ausrichten kann, ist sie zu einem von staatlicher Fremdbestimmung freien Bereich autonomer Verantwortung erklärt worden (...)“; teilweise schützt die Rechtsprechung solche Freiheitsbereiche mit ähnlichen Formulierung ohne Bezug auf den Wahrheitsbegriff BVerfG, Beschl. v. 28.10.2008, 1 BvR 462/06, BVerfGE 122, 89 – *Kirchliches Selbstbestimmungsrecht*, Rn. 40: „Als Abwehrrecht schützt das Grundrecht die wissenschaftliche Betätigung gegen staatliche Eingriffe und gewährt dem einzelnen Wissenschaftler einen vorbehaltlos geschützten Freiraum (...)“.

[72] *Trute*, Die Forschung zwischen grundrechtlicher Freiheit und staatlicher Institutionalisierung, S. 175: „Die von der Freiheitsgarantie geschützte Tätigkeit ist immer schon in Berufsrollen ausgeübte Freiheit, die damit präformiert ist, gleichermaßen rechtliche wie faktisch. Wissenschaftsfreiheit wird damit wesentlich zur Freiheit des Zugangs zum Wissenschaftssystem und der Freiheit der Ausübung einer Berufsrolle, die ihrerseits durch denjenigen präformiert wird, der sie zur Verfügung stellt“.

die Implikationen einer unterschiedliche Ziele verfolgenden organisationsrechtlichen Ausgestaltung für einen spezifischen Interaktionszusammenhang und das betreffende grundrechtliche Schutzgut.[73]

1. Teilnahmevoraussetzungen wissenschaftlicher Interaktion

Die Abhängigkeit der Forschung von der Bereitstellung eines organisatorischen Rahmens, der Betriebsmittel und schließlich auch einer materiellen Absicherung der Forschenden ist Konsequenz einer auf Interaktionsprozesse zurückgehenden Professionalisierung.[74]

Parallel zur kontinuierlichen Ausdehnung des wissenschaftlichen Wissens[75] stellt die Ausdifferenzierung der wissenschaftlichen Kommunikationszusammenhänge derart spezifische Anforderungen an die laufende Rezeption des Forschungsstands und den Neuigkeitswert weiterer Beiträge, dass eine erfolgreiche, also rezipierte Teilhabe an dem Kommunikationszusammenhang im Wesentlichen nur für professionell Forschende möglich ist.[76] Die Interaktion unter den Forschenden verarbeitet und verbreitet nicht nur neues, dezentral generiertes Wissen,[77] sondern wirkt sich – ähnlich wie bei Marktprozessen[78] – auf die Anforderungen an die Teilnehmenden des Kommunikationsprozesses aus.[79] Die wissensgenerierende Wirkung des Interaktionsprozesses erfordert eine Vielzahl dezentraler Auswahlentscheidungen, hier der Forschenden bei der Frage, an welche Forschungsbeiträge sie im Rahmen ihrer eigenen Forschung anknüpfen. Dabei wählen Forschende vor allem weiterführende, innovative Beiträge anderer Forschenden. Forschende und ihre Beiträge stehen dadurch in einem Wettbewerbs-

---

[73] Eingehend *Trute*, Die Forschung zwischen grundrechtlicher Freiheit und staatlicher Institutionalisierung, S. 171 ff.

[74] Zum Ganzen *Trute*, Die Forschung zwischen grundrechtlicher Freiheit und staatlicher Institutionalisierung, S. 174 ff.; *Stichweh*, Wissenschaft, Universitäten, Professionen, S. 362 ff., sowie zur Professionalisierung der Hochschullehre a. a. O., S. 337 ff.

[75] Siehe oben, § 4 A.II.1.

[76] *Trute*, Die Forschung zwischen grundrechtlicher Freiheit und staatlicher Institutionalisierung, S. 175 f.

[77] Dazu oben, § 1 C.I.3.

[78] Zur Interaktion auf Märkten siehe unten, § 5 A.I. und II.; zu wettbewerblichen Elementen in der wissenschaftlichen Forschung siehe unten, § 4 C.II.

[79] Aus systemtheoretischer Perspektive ergibt sich zudem ein Anschlusszwang bereits daraus, dass eine Position ohne fortwährenden Anschluss im Kommunikationszusammenhang, also ohne Publikation, aufhört, zu existieren, *Stichweh*, Die Autopoiesis der Wissenschaft, S. 447 (466): „Vor allem die Verzeitlichung der Elementarereignisse, die Tatsache, dass es am tag nach Erscheinen einer Publikation schon wieder neue Zeitschriftenhefte gibt, macht es zwingend, unablässig zu publizieren. Nach dem Tag, an dem die lebensgeschichtlich letzte Publikation erscheint, ist die weitere Zugehörigkeit zur Wissenschaft nur noch passiv und anhängig von den Referenzen anderer (…). ‚Publish or perish' ist zuallererst eine Beschreibung der Zeitlichkeit moderner Wissenschaft und nur sekundär etwas, was mit Karriere oder Konkurrenz zu tun hat – zumal dieser Imperativ ein Problem formuliert, das durch den Erfolg in diesen beiden Dimensionen eher verschärft wird".

verhältnis hinsichtlich der Rezeption und ab einer gewissen Unübersichtlichkeit des Angebots an Beiträgen sogar hinsichtlich der Aufmerksamkeit. Folge dieses interaktionsbedingten Wettbewerbsverhältnisses ist eine Professionalisierung. Strategien im Forschungsverhalten, die sich positiv auf den Forschungsbeitrag auswirken und den einzelnen Forschenden dadurch einen Wettbewerbsvorteil verschaffen, wie etwa ein besonderer Zeiteinsatz oder der Einsatz bestimmter Forschungsmittel, werden von anderen Forschenden, die den Anschluss halten wollen, beobachtet und nach Möglichkeit übernommen. Forschende, die ihren Lebensunterhalt nicht mit forschungsfremden Tätigkeiten verdienen müssen und die für ihre Forschung erforderliche Infrastruktur zur Verfügung gestellt bekommen, können durch diese nicht nur besser forschen. Je mehr Forschende über derartige Voraussetzungen verfügen, desto schwieriger wird die Erarbeitung rezipierter Forschungsbeiträge ohne sie. Damit einher geht eine Professionalisierung schon in der Ausbildung und der wissenschaftlichen Qualifikation.[80] Die für wissenschaftliche Forschung erforderliche Freiheit der Forschenden darf nicht darüber hinwegtäuschen, dass der wissensgenerierende Interaktionsmechanismus notwendig mit dezentral formulierten Anforderungen verbunden ist. Der Forschungsfreiheit sind die inhaltlichen Anforderungen inhärent, die sich aus dem wissenschaftlichen Kommunikationszusammenhang ergeben. Diese Anforderungen beziehen sich unmittelbar auf die inhaltliche Qualität der Beiträge, ihren Innovationsgrad, ihre Originalität und ihre Methodik. Mittelbar beziehen sie sich dadurch auf qualitätsrelevante Einflussfaktoren wie hinreichende Zeit eine adäquate Infrastruktur, aber auch ein forschungsförderndes Umfeld.

2. *Organisationsrechtliche Ausgestaltung*

Die Einbindung in Forschungsorganisationen versetzt Forschende in die Lage, diesen Anschlusszwängen des jeweiligen wissenschaftlichen Kommunikationszusammenhangs Rechnung tragen zu können. Zugleich unterliegen die Einrichtung und der Betrieb der Organisation, je nach Typus, allerdings weiteren Bindungen oder Zwecken. Das damit einhergehende Spannungsfeld[81] charakterisiert die Vielschichtigkeit und Relevanz des Organisationsrechts für den grundrechtlichen Schutz der Forschungsfreiheit,[82] die vor allem anhand der Hochschulorganisation beschrieben worden ist.[83]

---

[80] *Trute*, Die Forschung zwischen grundrechtlicher Freiheit und staatlicher Institutionalisierung, S. 176.

[81] *Trute*, Die Forschung zwischen grundrechtlicher Freiheit und staatlicher Institutionalisierung, passim.

[82] *Trute*, Die Forschung zwischen grundrechtlicher Freiheit und staatlicher Institutionalisierung, S. 280ff., S. 328ff.; *Schmidt-Aßmann*, Die Wissenschaftsfreiheit nach Art. 5 Abs. 3 GG als Organisationsgrundrecht, S. 697 (698ff.); *Fehling*, DV 35 (2002), 399 (401ff.); *Groß*, WissR 35 (2002), 313 (325ff.).

[83] Zur Hochschulorganisation mit unterschiedlichen Akzenten *Gärditz*, Hochschulorgani-

a) *Trennung zwischen Forschung, Management und Administration*

Indem die Ausgestaltung der Organisation die Rahmenbedingungen für die Teilnahme an wissenschaftlichen Interaktionszusammenhängen maßgeblich beeinflusst, prägt sie die Forschungsprozesse, ohne sie unmittelbar zum Gegenstand zu haben.[84] Die damit einhergehende Notwendigkeit, die Organisation zu einem gewissen Grad an den disziplinspezifischen Bedürfnissen der Forschungsprozesse[85] auszurichten, schlägt sich auf unterschiedlichen Ebenen der Organisation in einer organisatorischen Aufgabenverteilung zwischen einer administrativen Trägerschicht und den Forschungseinheiten nieder.[86] Die verfassungsgerichtliche Rechtsprechung greift diese Differenzierung in gewisser Weise auf, indem sie die Intensität der Partizipation von Forschenden an die Nähe der jeweiligen Entscheidung zum Forschungsprozess knüpft.[87]

---

sation und verwaltungsrechtliche Systembildung, S. 439 ff.; *Krausnick*, Staat und Hochschule im Gewährleistungsstaat, S. 299 ff.; *Fraenkel-Haeberle*, Die Universität im Mehrebenensystem, S. 43 ff., S. 173 ff.; *Trute*, Die Forschung zwischen grundrechtlicher Freiheit und staatlicher Institutionalisierung, S. 328 ff.; *S. Sieweke*, Managementstrukturen und outputorientierte Finanzierung im Hochschulbereich, S. 119 ff., S. 210 ff.; *Miechielsen*, Hochschulorganisation und Wissenschaftsfreiheit, S. 117 ff.; *Sterzel/Pereis*, Freiheit der Wissenschaft und Hochschulmodernisierung, S. 164 ff.; darüber hinaus zu außeruniversitären Forschungseinrichtungen, projektbezogener Forschungsförderung und Forschungskooperationen *Trute*, Die Forschung zwischen grundrechtlicher Freiheit und staatlicher Institutionalisierung, S. 493 ff.; S. 587 ff., und S. 693 ff.; *Classen*, Wissenschaftsfreiheit außerhalb der Hochschule, S. 139 ff., S. 212 ff.; knappe Einordnung der Governace-Modelle außeruniversitärer Forschung bei *Groß/Arnold*, Regelungsstrukturen der außeruniversitären Forschung, S. 146 ff.; zum Bedarf nach wissensproduzierenden Einrichtungen innerhalb politischer und ökonomischer Institutionen *Neidhardt/Mayntz/Weingart/ Wengenroth*, Wissensproduktion und Wissenstransfer, S. 19.

[84] Zu den Folgen für die Wissenschaftsadäquanz *Schmidt-Aßmann*, Die Wissenschaftsfreiheit nach Art. 5 Abs. 3 GG als Organisationsgrundrecht, S. 697 (704 ff.).

[85] Zur disziplinären Ausdifferenzierung siehe oben, § 4 A.II.

[86] Zur Differenzierung eingehend *Trute*, Die Forschung zwischen grundrechtlicher Freiheit und staatlicher Institutionalisierung, S. 345 ff.

[87] BVerfG, Beschl. v. 26.10.2004, 1 BvR 911/00, BVerfGE 111, 333 u. a. – *Brandenburgisches Hochschulgesetz*, Rn. 137: „Die Teilhabe der Grundrechtsträger an der Organisation des Wissenschaftsbetriebs ist demnach kein Selbstzweck. Vielmehr dient sie dem Schutz vor wissenschaftsinadäquaten Entscheidungen und ist folglich nur im dafür erforderlichen Umfang grundrechtlich garantiert. Die Garantie ist für jeden Wissenschaftler auf solche hochschulorganisatorischen Entscheidungen beschränkt, die seine eigene Freiheit, zu forschen und zu lehren, gefährden können (...)"; BVerfG, Beschl. v. 24.6.2014, 1 BvR 3217/07, BVerfGE 136, 338 – *Hochschulorganisation Medizinische Hochschule Hannover*, Rn. 58 ff.: hinreichende Mitwirkung von Wissenschaftlerinnen und Wissenschaftlern an allen wissenschaftsrelevanten Entscheidungen; „Je höher Ausmaß und Gewicht der den Leitungspersonen zustehenden Befugnisse sind, desto eher muss die Möglichkeit gegeben sein, sich selbstbestimmt von diesen zu trennen (...). Je mehr, je grundlegender und je substantieller wissenschaftsrelevante personelle und sachliche Entscheidungsbefugnisse dem kollegialen Selbstverwaltungsorgan entzogen und einem Leitungsorgan zugewiesen werden, desto stärker muss im Gegenzug die Mitwirkung des Selbstverwaltungsorgans an der Bestellung und Abberufung dieses Leitungsorgans und an dessen Entscheidungen ausgestaltet sein. Der Gesetzgeber muss diesen Zusammenhang durchgängig berücksichtigen" (Rn. 60).

Aus dieser Trennung von Forschung und Administration folgt unter anderem, dass der Kommunikationszusammenhang der jeweiligen *scientific community* die organisationsrechtliche Ausgestaltung nicht in gleicher Weise strukturiert wie es bei anderen Interaktionszusammenhängen dezentraler Auswahlentscheidungen, insbesondere in Marktprozessen, der Fall ist. In Marktprozessen fällt die organisatorische Ausgestaltung der Marktteilnehmerinnen und Marktteilnehmer grundsätzlich in ihren eigenen Verantwortungsbereich und macht einen erheblichen Faktor individueller Wettbewerbsfähigkeit aus.[88] Die Auswahlentscheidungen der Marktteilnehmerinnen und Marktteilnehmer bewerten dadurch mittelbar auch die institutionelle Ausgestaltung der unterschiedlichen Anbieter und ihre Auswirkungen auf die Qualität der Angebote mit der Folge, dass Unternehmen Strategien der Unternehmensorganisation entwickeln, erproben und bei anderen Marktteilnehmerinnen und Marktteilnehmern beobachten.[89] Die Ausgestaltung der Unternehmensorganisation einschließlich der Entscheidung über Outsourcing, vertikale, horizontale oder diagonale Integration oder flexible Kooperationen, wird zu Parametern individueller Strategien im Marktprozess und ist entsprechend vom Schutzbereich der Berufsfreiheit erfasst.[90]

In der wissenschaftlichen Forschung gehen von den Auswahlentscheidungen anderer Forschenden keine vergleichbaren Anreize an die Forschungsorganisation zur Anpassung der institutionellen Ausgestaltung aus. Zum einen sind die Interessen und Perspektiven der einzelnen Forschenden und der Disziplinen innerhalb einer Forschungsorganisation je nach Typus heterogen. Forschende tendieren mit einigen Unterschieden in den Disziplinen dazu dazu, organisationsübergreifende Produktionsgemeinschaften[91] herauszubilden und den Einfluss der organisatorischen Ausgestaltung dadurch zu einem gewissen, von den jeweiligen Arbeitsbedingungen abhängigen Grad zu relativieren. Zum anderen sind die Forschungserfolge einzelner Forschenden für die über die organisatorische Ausgestaltung entscheidenden Stellen nur vermittelt und insoweit relevant, als sie deren Priorisierung, etwa auf drittmittelstarke Forschungsbereiche, entsprechen. Wo Forschungsorganisationen bei der Entwicklung von Forschungsprofilen und Schwerpunkten ihre Priorität stark auf die in der Vergangenheit erfolgreichen Forschungseinheiten legen, schlägt die Optimierung der Rahmenbedingungen für bestimmte Disziplinen oder Bereiche regelmäßig in eine Beeinträchtigung der Rahmenbedingungen anderer Bereiche um, die entweder in ihrer Disziplin weniger sichtbar oder deren Produktionsbedingungen weniger drittmittelaffin sind.[92]

---

88 Siehe unten, § 5 A.I. und A.II.3.–7.

89 Aus verhaltenswissenschaftlicher Perspektive *Staehle/Conrad/Sydow*, Management, S. 601 ff., S. 671 ff.

90 Siehe unten, § 5 C.I.3.

91 *Gläser*, Wissenschaftliche Produktionsgemeinschaften, S. 260 ff.

92 Zu den strukturellen Effekten wettbewerbsähnlicher Elemente, etwa von Ausschreibungen, der indikatorenbasierten leistungsorientierten Mittelvergabe oder dem Abschluss von Ziel- und Leistungsvereinbarungen auf unterschiedlichen Ebenen siehe unten, § 4 C.II.3.

Darüber hinaus beeinflusst der Markterfolg die finanzielle Lage der Unternehmen, etwaige Ausschüttungen an die Anteilseigner und regelmäßig die Vergütung der Unternehmensleitung und anderer leitender Angestellter. Die Auswahlentscheidungen der Nachfrager geben nicht nur Signale zur Attraktivität der Angebote und der Leistungsfähigkeit der Unternehmensstrategie, sondern generieren zugleich auch die Umsätze zur Finanzierung des Unternehmens, einschließlich der Ausschüttungen und Vergütungen. Die Rezeption wissenschaftlicher Beiträge in den Interaktionszusammenhängen der Forschung trägt demgegenüber je nach Organisations- und Forschungstyp nur einen mehr oder weniger geringen Teil zur Forschungsfinanzierung bei. Mit der externen Finanzierung gehen jeweils extern verfolgte Zwecke, Bindungen und Rückwirkungen auf die interne institutionelle Ausgestaltung einher,[93] die sich auf Forschungsgegenstände und Erkenntnisinteressen mittelbar auswirken. In staatlich finanzierten Forschungsorganisationen, insbesondere in Hochschulen, begründet neben der staatlichen Institutionalisierung[94] insbesondere die Verwendung öffentlicher Gelder Anforderungen an die Legitimation und an die externe Entscheidung über die Ressourcenallokation.[95] Gegenstand der Finanzierung ist zudem auch ein Lehr- und Bildungsauftrag der Hochschulen, über den der finanzierende Träger für Studierende die Bedingungen für die Wahl und den Zugang zu einem Beruf schafft.[96] Im Mehrebenensystem europäischer und nationaler Forschungsräume setzt die Europäische Union mit einer Kombination aus finanzieller Förderung und struktureller, vertraglicher Bedingungen den nationalen Förderorganisationen Anreize zur Anpassung an die institutionellen und prozeduralen Modalitäten.[97] In Forschungseinrichtungen der Industrie kann zudem das von den Finanzierungsbedingungen ausgehende Erkenntnisinteresse die Unabhängigkeit der Forschung so weit beeinträchtigen, dass sowohl die Anschlussfähigkeit im wissenschaftlichen Diskurs als auch die normative Qualifikation als wissenschaftliche Forschung in Frage stehen.

[93] *Trute/Pilniok*, Von der Ordinarien- über die Gremien- zur Managementuniversität?, S. 21 (22): externe Governance kauft man sich als Forscher wie auch als Institution ein.

[94] Eingehend *Trute*, Die Forschung zwischen grundrechtlicher Freiheit und staatlicher Institutionalisierung, S. 202 ff.

[95] *Trute*, Die Forschung zwischen grundrechtlicher Freiheit und staatlicher Institutionalisierung, S. 440 f., S. 630 f.; *Fehling*, DV 35 (2002), 399 (400); *Gärditz*, WissR 42 (2009), 353 (366).

[96] Zu den damit verbundenen Anforderungen an die Hochschulorganisation *Groß*, WissR 35 (2002), 313 (321); zur Berufsfreiheit der Studierenden als Rechtfertigungsgrund für die Veranlassung finanzwirksamer Evaluationen von Forschungs- und Lehrleistungen *Fehling*, DV 35 (2002), 399 (413).

[97] Eingehend *Pilniok*, Governance im europäischen Forschungsförderverbund, S. 200 ff., S. 304 ff.; ferner *Ruffert/Steinecke*, The Global Administrative Law of Science, S. 111: management by contract.

b) Partizipationsrechte und wissenschaftsadäquate Strukturen

Die verfassungsgerichtliche Rechtsprechung reagiert auf diese Trennung zwischen Forschung und Administration mit der Gewährung von subjektiven Rechten der Forschenden auf Beteiligung an administrativen Entscheidungen.[98] Ziel dieser abgeleiteten subjektiven Rechte ist es, die Wissenschaftsadäquanz der organisationsrechtlichen Ausgestaltung insgesamt zu gewährleisten.[99] Abgesehen von einer gewissen Unschärfe dieser in der verfassungsgerichtlichen Rechtsprechung vorgesehenen Gesamtwürdigung[100] zeigen schon der Hintergrund der Trennung von Forschung und Administration sowie die Funktion des Kommunikationszusammenhangs einer *scientific community*, dass allein die Beteiligung von Forschenden die Wissenschaftsadäquanz der Organisation oder der im Einzelfall getroffenen Entscheidung nicht gewährleistet. Ohne Zweifel ist die maßgebliche Beteiligung der Forschenden immer dann erforderlich, wenn die Bewertung einer wissenschaftlichen Leistung in Rede steht, etwa bei der Konzeption und Gewichtung von Leistungsindikatoren oder der Begutachten von Projekten oder der wissenschaftlichen Eignung von Personen.[101] Jenseits dieser wissenschaftsspezifischen inhaltlichen Fragen sind Notwendigkeit und Funktion einer maßgeblichen Beteiligung der Forschenden, etwa an strategischen Strukturentscheidungen, schwieriger zu begründen. Forschende können sicherlich besonders gut einschätzen, wie sich eine bestimmte Strukturentscheidung auf die Rahmenbedingungen ihrer Forschung auswirkt. Aus diesem Wissensvorsprung und der Fachkompetenz Beteiligungsrechte der einzelnen Forschenden

---

[98] „Den Kernbereich wissenschaftlicher Betätigung stellen die auf wissenschaftlicher Eigengesetzlichkeit beruhenden Prozesse, Verhaltensweisen und Entscheidungen bei der Suche nach Erkenntnissen, ihrer Deutung und Weitergabe dar (…). Zur Sicherung dieses Bereichs verpflichtet Art. 5 Abs. 3 Satz 1 GG den Staat zu Schutz und Förderung und gewährt den in der Wissenschaft Tätigen Teilhabe an öffentlichen Ressourcen und an der Organisation des Wissenschaftsbetriebs (…).“, BVerfG, Beschl. v. 20.7.2010, 1 BvR 748/06, BVerfGE 127, 87 – *Hamburgisches Hochschulgesetz*, Rn. 90; BVerfG, Beschl. v. 24.6.2014, 1 BvR 3217/07, BVerfGE 136, 338 – *Hochschulorganisation Medizinische Hochschule Hannover*, Rn. 56: „Wissenschaft ist ein grundsätzlich von Fremdbestimmung freier Bereich autonomer Verantwortung. Dem Freiheitsrecht liegt auch der Gedanke zu Grunde, dass eine von gesellschaftlichen Nützlichkeits- und politischen Zweckmäßigkeitsvorstellungen freie Wissenschaft die ihr zukommenden Aufgaben am besten erfüllen kann (…). Art. 5 Abs. 3 Satz 1 GG verpflichtet daher den Staat zu Schutz und Förderung wissenschaftlicher Betätigung und garantiert den in der Wissenschaft Tätigen zugleich eine Teilhabe am Wissenschaftsbetrieb (…); diese Mitwirkung ist kein Selbstzweck, sondern dient dem Schutz vor wissenschaftsinadäquaten Entscheidungen (…).“

[99] Aus der Rechtsprechung zuletzt BVerfG, Beschl. v. 24.6.2014, 1 BvR 3217/07, BVerfGE 136, 338 – *Hochschulorganisation Medizinische Hochschule Hannover*, Rn. 56.

[100] Näher, auch zur Entwicklung der Rechtsprechungen unten, Fn. 126.

[101] BVerfG, Beschl. v. 26.10.2004, 1 BvR 911/00, BVerfGE 111, 333 u. a. – *Brandenburgisches Hochschulgesetz*, Rn. 152; BVerfG, Urt. v. 14.2.2012, 2 BvL 4/10, BVerfGE 130, 263 – *W-Besoldung*, Rn. 161; *Trute/Pilniok*, Von der Ordinarien- über die Gremien- zur Managementuniversität?, S. 21 (30).

abzuleiten,[102] kann die Strategiefähigkeit einer Forschungsorganisation, also ihre Fähigkeit, Entwicklungen in der Politik, bei anderen Forschungsorganisationen, auf den Arbeitsmärkten oder den Bedarfen von Studierenden zu beobachten und angemessen zu reagieren, ebenfalls erheblich beeinträchtigen. Die Wissenschaftsfreiheit der einzelnen Forschenden pauschal gegen eine Professionalisierung der Fakultäts- und Universitätsleitung in Stellung zu bringen, reduziert das Entwicklungspotential von Interaktionszusammenhängen der Forschung, weil die selbstorganisierende Abstimmung der Forschenden mit heterogenen Interessen die Entwicklung übergreifender Perspektiven erschweren kann und im Zweifel zur Erhaltung des Status quo aller Beteiligten tendiert.

Diese Betonung individueller Beteiligungsrechte auf Grund individueller Fachkompetenz deutet ein individualzentriertes Bild der Produktion wissenschaftlichen Wissens[103] an, das in vielen Disziplinen schon nicht mehr den Bedingungen produktiver Forschung entspricht. Die forschungsorganisationsinternen individuellen Partizipationsrechte werden in diesen Fällen durch die dezentral formulierten Teilnahmevoraussetzungen der jeweiligen Disziplin relativiert.

c) Interaktionszusammenhang als Maßstab der Ausgestaltung

Hinter der Forderung einer nicht näher spezifizierten Beteiligung von Forschenden an administrativen Entscheidungsprozessen steht die Rahmung wissenschaftlicher Interaktionszusammenhänge. Die Analyse ihrer Voraussetzungen und Wirkungen bietet einen rationalen Anknüpfungspunkt, um die verfassungsrechtlichen Maßstäbe gesetzgeberischer Spielräume bei der Ausgestaltung[104]

---

[102] BVerfG, Beschl. v. 20.7.2010, 1 BvR 748/06, BVerfGE 127, 87 – *Hamburgisches Hochschulgesetz*, Rn. 94: „Die Sicherung der Wissenschaftsfreiheit durch organisatorische Regelungen verlangt aber, dass die Träger der Wissenschaftsfreiheit durch ihre Vertreter in Hochschulorganen Gefährdungen der Wissenschaftsfreiheit abwehren und ihre fachliche Kompetenz zur Verwirklichung der Wissenschaftsfreiheit in die Universität einbringen können. Der Gesetzgeber muss daher ein hinreichendes Niveau der Partizipation der Grundrechtsträger gewährleisten."; ähnlich BVerfG, Beschl. v. 24.6.2014, 1 BvR 3217/07, BVerfGE 136, 338 – *Hochschulorganisation Medizinische Hochschule Hannover*, Rn. 57.

[103] Vgl. zur Zusammensetzung der Hochschulorgane in der Gruppenuniversität BVerfG, Urt. v. 29.5.1973, 1 BvR 424/71, 1 BvR 325/72, BVerfGE 35, 79 – *Gruppenuniversität*, Rn. 124 f.

[104] BVerfG, Urt. v. 14.2.2012, 2 BvL 4/10, BVerfGE 130, 263 – *W-Besoldung*, Rn. 160: „Bei der verfassungsrechtlichen Prüfung der Vereinbarkeit von hochschulrechtlichen Organisationsnormen mit Art. 5 Abs. 3 Satz 1 GG ist darauf abzustellen, ob durch diese Normen die freie wissenschaftliche Betätigung und Aufgabenerfüllung strukturell gefährdet werden (...). Solange der Gesetzgeber ein hinreichendes Maß an organisatorischer Selbstbestimmung der Grundrechtsträger sicherstellt, ist er frei, den Wissenschaftsbetrieb nach seinem Ermessen zu regeln. Der Gesetzgeber darf dabei nicht nur neue Modelle und Steuerungstechniken entwickeln und erproben; vielmehr ist er sogar verpflichtet, bisherige Organisationsformen kritisch zu beobachten und zeitgemäß zu reformieren (...). Ihm stehen dabei gerade hinsichtlich der Eignung neuer Organisationsformen eine Einschätzungsprärogative und ein Prognosespielraum zu."; zuvor BVerfG, Beschl. v. 20.7.2010, 1 BvR 748/06, BVerfGE 127, 87 – *Hamburgisches*

zu konturieren.[105] Diese Maßstäbe lassen sich allerdings schon wegen ihrer übergreifenden, strukturellen Effekte nicht allein aus individuellen subjektiven Rechtspositionen, insbesondere nicht aus Abwehrrechten, ableiten.[106] Auch sind diese Ausgestaltungsentscheidungen je nach den wissenschaftlichen Produktionsbedingungen der jeweiligen Disziplin mit einer bloßen Verteilung begrenzter Ressourcen[107] noch nicht hinreichend beschrieben, auch wenn die Verwendung von Ressourcen bei vielen Entscheidungen, bei denen die Partizipation der Forschenden die Wissenschaftsadäquanz sicherstellen soll,[108] im Vordergrund steht. Entscheidungen der Rechtsprechung betreffen darüber hinaus aber

---

Hochschulgesetz, Rn. 93; BVerfG, Beschl. v. 26.10.2004, 1 BvR 911/00, BVerfGE 111, 333 u. a. – *Brandenburgisches Hochschulgesetz*, Rn. 140; der Sache nach ebenso bereits BVerfG, Urt. v. 29.5.1973, 1 BvR 424/71, 1 BvR 325/72, BVerfGE 35, 79 – *Gruppenuniversität*, Rn. 99: „Dem Gesetzgeber steht es zu, innerhalb der aufgezeigten Grenzen die Organisation der Hochschulen nach seinem Ermessen zu ordnen und sie den heutigen gesellschaftlichen und wissenschaftssoziologischen Gegebenheiten anzupassen".

105 Zur Ausgestaltung von Marktprozessen siehe unten § 5 D.II.4. und 5.; zur Rundfunkfreiheit siehe oben § 3 B.II. und III.

106 In diese Richtung *Gärditz*, Hochschulorganisation und verwaltungsrechtliche Systembildung, S. 439 ff.: individuelle Freiheitsentfaltung als Bezugspunkt der Hochschulorganisation, *Geis*, WissR 37 (2004), 2 (16 f.); *ders.*, Universitäten im Wettbewerb, VVDStRL 69 (2010), 364 (394): Charakter als Individualgrundrecht als Ausgangspunkt, und *von Coelln*, DVBl. 2009, 1090 (1093): Notwendigkeit einer „Resubjektivierung", die die spezifischen Bedürfnisse des originären Trägers der Wissenschaftsfreiheit in den Mittelpunkt des Auslegungsinteresses stellt; ähnlich *Kempen*, DVBl. 1082 (1089); demgegenüber *Bumke*, Universitäten im Wettbewerb, VVDStRL 69 (2010), S. 407 (440 f.) sowie mit Blick auf die Rundfunkfreiheit *Trute*, Die Forschung zwischen grundrechtlicher Freiheit und staatlicher Institutionalisierung, S. 287: „Die binnenorganisatorische Ausgestaltung und Zuordnung von Organen und Rollen, die Professionalisierung, die Neutralitätspostulate, sie sollen gleichermaßen die Aufgabenerreichung sichern helfen. Bezeichnend ist, dass sich diese instrumentelle Verwendung der Organisation nicht von individuellen, kollidierenden Freiheitsinteressen ableitet und von daher ihren Inhalt und ihre Grenzen erfährt, sondern aus einer nichtindividualisierbaren Strukturentscheidung zugunsten der freiheitlichen Verfassung eines bestimmten Sachbereichs".

107 Etwa *Gärditz*, Hochschulorganisation und verwaltungsrechtliche Systembildung, S. 346: „Individuelle Freiräume des einzelnen Forschers werden im Rahmen einer der Freiheit aller Mitglieder dienenden Organisation in hohem Maße durch die Notwendigkeit begrenzt, angesichts knapper Ressourcen auch den Interessen anderer Grundrechtsträger angemessen zur Geltung zu verhelfen. Daher besteht ein erhebliches Bedürfnis nach Koordinationsleistungen. Dies bringt wiederum neue, über die horizontalen Güterzuordnungsfragen im Nebeneinander hinausgreifende und auf die davon isoliert zu betrachtende vertikale Ebene zwischen Individuen und Organisation in ihrer Ausdifferenzierung bezogene Interessenkollisionen zur Entstehung, die ebenfalls durch formale Organisation und Verfahren zu bewältigen sind"; ähnliche Fokussierung auf Verteilungskonflikte bei der Bestimmung des Niveaus einer verfassungsrechtlich geforderten Mindestausstattung *Droege*, WissR 48 (2015), 105 (113 ff.).

108 BVerfG, Beschl. v. 17.2.2016, 1 BvL 8/10, BVerfGE 141, 143 – *Akkreditierung von Studiengängen*, Rn. 60; BVerfG, Urt. v. 12.5.2015, 1 BvR 1501/13, 1 BvR 1682/13, BVerfGE 139, 148 – *Brandenburgische Technische Universität Cottbus-Senftenberg*, Rn. 73; BVerfG, Beschl. v. 24.6.2014, 1 BvR 3217/07, BVerfGE 136, 338 – *Hochschulorganisation Medizinische Hochschule Hannover*, Rn. 61.

auch Fragen wie die Ausgestaltung und Evaluation der Lehrveranstaltung,[109] die Besetzung von Leitungspositionen, auch für eine Übergangszeit,[110] die Abstimmung mit einer bestmöglichen Krankenversorgung[111] oder die Bewertung von Leistungen.[112] Ähnliches gilt für den Umgang mit Spannungsverhältnissen zu konfligierenden Grundrechten, etwa der Religionsfreiheit,[113] und den für sie charakteristischen Interaktionszusammenhängen.

Diese Akzentuierung der Interaktion bildet keinen „objektiven Systemschutz", der individuelle Freiheitsentfaltung durch die Hintertür entwerten würde.[114] Die Anpassungsnotwendigkeiten, die aufeinander bezogenen Interaktionen der Grundrechtsträger bei der Teilnahme am Kommunikationszu-

---

[109] Allerdings auch zur Ausgestaltung der Lehrangebote, BVerfG, Beschl. v. 17.2.2016, 1 BvL 8/10, BVerfGE 141, 143 – *Akkreditierung von Studiengängen*, Rn. 60: „Der Gesetzgeber muss daher bei wertenden grundrechtsrelevanten Entscheidungen regeln, wer diese zu treffen hat und wie das Verfahren ausgestaltet ist (...). Er muss insofern auch für die Qualitätssicherung ein Gesamtgefüge schaffen, in dem Entscheidungsbefugnisse und Mitwirkungsrechte, Einflussnahme, Information und Kontrolle so ausgestaltet sind, dass Gefahren für die Freiheit der Lehre vermieden werden (...). Zur Vermeidung wissenschaftsinadäquater Steuerungspotentiale ist eine angemessene Beteiligung der Wissenschaft insbesondere an der Festlegung der Bewertungskriterien unabdingbar. Das gilt erst recht, wenn Bewertungskriterien hochschulextern festgesetzt werden, da damit ein erhöhtes Risiko der Vernachlässigung wissenschaftsadäquater Belange einhergeht, und wenn die Hochschulangehörigen auf die externe Bewertung angewiesen sind. Dabei ist sicherzustellen, dass berücksichtigt wird, dass die Kriterien in den verschiedenen Disziplinen unterschiedlich sein können und gegebenenfalls auch sein müssen (...). Desgleichen ist sicherzustellen, dass die Kriterien hinreichend offen sind, um – wie etwa durch Öffnungs- oder Experimentierklauseln – auch vielfältige Studienangebote in einem Fach und unterschiedliche didaktische und organisatorische Profile zu ermöglichen".

[110] BVerfG, Urt. v. 12.5.2015, 1 BvR 1501/13, 1 BvR 1682/13, BVerfGE 139, 148 – *Brandenburgische Technische Universität Cottbus-Senftenberg*, Rn. 73: „Die staatliche Einsetzung eines Leitungsorgans im Zuge einer Hochschulfusion genügt den Anforderungen des Grundgesetzes an eine wissenschaftsadäquate Organisation umso weniger, je länger diese Leitung zeitweise ganz ohne ein universitäres Selbstverwaltungsorgan tätig ist, ohne dass diese Phase zeitlich auf das Erforderliche begrenzt und Befugnisse auf Notkompetenzen für reversible Entscheidungen beschränkt wären".

[111] BVerfG, Beschl. v. 24.6.2014, 1 BvR 3217/07, BVerfGE 136, 338 – *Hochschulorganisation Medizinische Hochschule Hannover*, Rn. 61.

[112] Von denen dann allerdings die individuelle Besoldung abhängt, BVerfG, Urt. v. 14.2.2012, 2 BvL 4/10, BVerfGE 130, 263 – *W-Besoldung*, Rn. 159ff.

[113] Zu den Rahmenbedingungen der Einrichtung bekenntnisgebundener Studiengänge *Hentzschel*, DÖV 2019, 305 (306ff.).

[114] So *Gärditz*, WissR 42 (2009), 353 (364): „Die *scientific community* oder die Freiheitlichkeit des ‚Wissenschaftssystems' und seiner Selbststeuerungsmechanismen werden von Art. 5 Abs. 3 Satz 1 GG nicht geschützt. Die Wissenschaftsfreiheit dient der Freiheitsentfaltung des Einzelnen, nicht dem objektiven Systemschutz. Das Grundrecht verbietet es daher, wissenschaftskommunitäre Selbststeuerungsinteressen gegen individuelle Freiheitsentfaltung auszuspielen." (Herv. im Orig.); ähnlich *Nettesheim*, DVBl. 2005, 1072 (1077); ebenso *Geis*, Universitäten im Wettbewerb, VVDStRL 69 (2010), 364 (394, Fn. 142): wissenschaftssoziologische oder organisationstheoretische Ansätze zu einer Kollektivierung des Grundrechts sind abzulehnen, der allerdings die Eigengesetzlichkeit wissenschaftlicher Erkenntnisprozesse von dem Selbstverständnis des Wissenschaftlers und der Auffassung der *scientific community* abhängig macht, a.a.O., S. 395, und *von Coelln*, DVBl. 2009, 1090 (1093).

sammenhang hervorbringen, bilden die Kehrseite des emergenten, wissensgenerierenden Effekts.[115] Natürlich ist niemand zu wissenschaftlicher Forschung gezwungen. Aber die wissenschaftliche Erforschung neuen Wissens ist nur über die Interaktion in der *scientific community* zu haben. Die Wissenschaftsfreiheit zum Schutz vor diesen kommunikativen Anschlusszwängen normativ als „Freiheit zur Beliebigkeit“[116] zu beschreiben, trägt zur Verwirklichung des Schutzguts wenig bei, sondern zeigt vielmehr die Grenzen der Leistungsfähigkeit einer auf isolierte Verhaltensfreiheit ausgerichteten Grundrechtskonzeption. Kollektive Effekte der Grundrechtsausübung blendet sie von vorneherein aus und nimmt sie allenfalls als grundrechtsexternen Reflex der Grundrechtsausübung hin.[117] Damit ist eine auf isolierte Verhaltensfreiheit beschränkte Grundrechtskonzeption weder in der Lage, die tatsächlichen Voraussetzungen für die Verwirklichung des Schutzguts angemessen abzubilden, noch Kriterien für verfassungsrechtliche Anforderungen an die Ausgestaltung dieser Voraussetzungen zu entwickeln.

Demgegenüber plausibilisiert der wissenschaftliche Kommunikationszusammenhang als Maßstab der Ausgestaltung, wie administrative, trägerbezogene Schichten der Organisation die Forschenden gegenüber organisationsexternen Einflüssen zu einem Grad abschirmen,[118] zugleich aber auch, wie Forschungsaktivitäten ohne Beeinträchtigung ihrer Funktionsbedingungen exogen gesteuert oder mit Anforderungen an die demokratische Legitimation kompatibel gemacht werden können.[119] Verfassungsrechtliche Anforderungen an einzelne Fragen der Ausgestaltung lassen sich auf diese Weise aus der Relevanz für den Interaktionszusammenhang begründen,[120] etwa bei der Verfügung über Betriebsmittel der Forschung,[121] bei wissenschaftlichen Kooperations-, Entscheidungs- und

[115] Siehe oben, § 1 C.I.3., D. I.1.a); zu Marktprozessen siehe unten, § 5 B.I.3.

[116] *Gärditz*, WissR 42 (2009), 353 (363) im Anschluss an *Ossenbühl*, Grundsätze der Grundrechtsinterpretation, § 15 Rn. 51.

[117] Zur Berufsfreiheit *Lepsius*, Der Eigenwert der Verfassung im Wirtschaftsrecht, S. 149 (159); siehe bereits oben, Kapitel § 1 A.II., zur Marktteilnahme unten § 5 A.I. und D.II.5.b).

[118] *Trute*, Die Forschung zwischen grundrechtlicher Freiheit und staatlicher Institutionalisierung, S. 346.

[119] Dazu eingehend *Trute*, Die Forschung zwischen grundrechtlicher Freiheit und staatlicher Institutionalisierung, S. 202 ff.; *ders.*, Die demokratische Legitimation der Verwaltung, § 6 Rn. 15 ff., Rn. 42 ff. sowie zum New Public Management in Hochschulen Rn. 87.

[120] Diese Bezug zum Interaktionszusammenhang ist schärfer als die Entfaltung institutioneller Bindungen aus einer Universitätsidee, dazu *Bumke*, Universitäten im Wettbewerb, VVDStRL 69 (2010), S. 407 (414 f., 420, 431 ff.).

[121] Soweit es bei der Verteilungsentscheidung über die Betriebsmittel nicht um die Teilhabe am Kommunikationsprozess, also um die wissenschaftlichen Eigengesetzlichkeit, geht, steht hinter den verfassungsrechtlichen Anforderungen an die Ausgestaltung nur Neutralisierung des staatlichen Einflusses mit der Folge, dass auch andere Verteilungsmodi als eine Selbstverwaltung der betroffenen Forschenden zulässig ist, *Trute*, Die Forschung zwischen grundrechtlicher Freiheit und staatlicher Institutionalisierung, S. 300 ff.

Bewertungsverfahren,[122] zur Reichweite der Repräsentation[123] sowie den Bedürfnissen und den Modalitäten des Schutzes von Positionen wissenschaftlicher Minderheiten.[124]

Indem die Ausrichtung an den Interaktionszusammenhängen von vorneherein bereits die Ursachen für die Notwendigkeit einer institutionellen Ausgestaltung berücksichtigt, bietet sie eine Grundlage für konturenschärfere verfassungsrechtliche Maßstäbe als die in der verfassungsgerichtlichen Rechtsprechung herangezogenen strukturellen Gefahren wissenschaftsinadäquater Entscheidungen.[125]

---

[122] *Trute*, Die Forschung zwischen grundrechtlicher Freiheit und staatlicher Institutionalisierung, S. 302 f.; aus der Rechtsprechung BVerfG, Nichtannahmebeschl. v. 8.8.2000, 1 BvR 653/97, NJW 2000, 3635, Orientierungssatz 1 b.: „Im Hinblick auf die individuelle Wissenschaftsfreiheit eines Hochschullehrers hat die Auseinandersetzung einer Universität mit Forschungsergebnissen, denen der ernsthafte Versuch, die Grundsätze wissenschaftlichen Arbeitens zu beachten, nicht abgesprochen werden kann, allein mit Mitteln des wissenschaftlichen Diskurses zu erfolgen".

[123] *Trute*, Die Forschung zwischen grundrechtlicher Freiheit und staatlicher Institutionalisierung, S. 304 f.

[124] *Trute*, Die Forschung zwischen grundrechtlicher Freiheit und staatlicher Institutionalisierung, S. 305 ff.

[125] BVerfG, Beschl. v. 26.10.2004, 1 BvR 911/00 u. a., BVerfGE 111, 333 – *Brandenburgisches Hochschulgesetz*, Rn. 139: „Zur Klärung der Frage, ob eine Regelung Strukturen schafft, die sich gefährdend auswirken können, ist das hochschulorganisatorische Gesamtgefüge mit seinen unterschiedlichen Einfluss- und Kontrollmöglichkeiten in den Blick zu nehmen. Zu berücksichtigen ist dabei auch der Grad der Bedeutung der jeweils zu treffenden Entscheidung für die freie wissenschaftliche Betätigung und Aufgabenerfüllung. Da sich die meisten hochschulorganisatorischen Entscheidungen, auch wenn sie den Kernbereich wissenschaftlicher Betätigung nicht unmittelbar berühren, aufgrund der Angewiesenheit der wissenschaftlich Tätigen auf den öffentlich bereitgestellten und organisierten Wissenschaftsbetrieb mittelbar auf die wissenschaftliche Betätigung auswirken können (...), reicht eine nur hypothetische Gefährdung nicht aus."; BVerfG, Beschl. v. 20.7.2010, 1 BvR 748/06, BVerfGE 127, 87 – *Hamburgisches Hochschulgesetz*, Rn. 92; BVerfG, Beschl. v. 24.6.2014, 1 BvR 3217/07, BVerfGE 136, 338 – *Hochschulorganisation Medizinische Hochschule Hannover*, Rn. 57: „Der Gesetzgeber muss für die Organisation der Wissenschaftsfreiheit ein Gesamtgefüge schaffen, in dem Entscheidungsbefugnisse und Mitwirkungsrechte, Einflussnahme, Information und Kontrolle so beschaffen sind, dass Gefahren für die Freiheit von Lehre und Forschung vermieden werden (...). Organisationsnormen sind dann mit Art. 5 Abs. 3 Satz 1 GG nicht vereinbar, wenn durch sie ein Gesamtgefüge geschaffen wird, das die freie wissenschaftliche Betätigung und Aufgabenerfüllung strukturell gefährdet (...).", demgegenüber noch mit anderer, auf die Bereitstellung einer adäquaten Organisation ausgerichteten Perspektive BVerfG, Urt. v. 29.5.1973, 1 BvR 424/71, 1 BvR 325/72, BVerfGE 35, 79 – *Gruppenuniversität*, Rn. 97: „Im Bereich des mit öffentlichen Mitteln eingerichteten und unterhaltenen Wissenschaftsbetriebs, d. h. in einem Bereich der Leistungsverwaltung, hat der Staat durch geeignete organisatorische Maßnahmen dafür zu sorgen, dass das Grundrecht der freien wissenschaftlichen Betätigung soweit unangetastet bleibt, wie das unter Berücksichtigung der anderen legitimen Aufgaben der Wissenschaftseinrichtungen und der Grundrechte der verschiedenen Beteiligten möglich ist. Daraus ergibt sich einmal, dass auch im Bereich der Teilhabe am öffentlichen Wissenschaftsbetrieb jedenfalls der oben umschriebene Kernbereich wissenschaftlicher Betätigung grundsätzlich der Selbstbestimmung des einzelnen Grundrechtsträgers vorbehalten bleiben muss (...)."; kritische Einordnung bei *Geis*, Universitäten im Wettbewerb, VVDStRL 69 (2010), 364 (393 f.): nahezu unbegrenzter Gestaltungsspielraum in Organisationsfragen.

Der in der neueren Rechtsprechung eingeschlagene Weg, bestimmte Modalitäten der Ausgestaltung als wissenschaftsinadäquat auszugrenzen, statt umgekehrt Vorgaben an die Wissenschaftsadäquanz der Organisation zu machen, lässt dem Gesetzgeber größere Spielräume und senkt die Anforderungen an die grundrechtsdogmatische Konzeption, trägt aber zur Vorhersehbarkeit, Kohärenz und Rationalität des Konzepts, etwa der Anforderungen an die „Gesamtwürdigung",[126] nur eingeschränkt bei.[127]

III. Zwischenergebnis: Rechtsdogmatische Implikationen

Die verfassungsgerichtliche Rechtsprechung legt mit den Merkmalen der „wissenschaftlichen Eigengesetzlichkeiten"[128] sowie der „Wissenschaftsadäquanz" der organisationsrechtlichen Ausgestaltung und Entscheidungen[129] der Sache nach ein interaktionsorientiertes Verständnis der Wissenschaftsfreiheit zu Grunde, dessen Konzeption in den Konturen allerdings unscharf bleibt. Durch diese Unklarheiten veranlasste Forderungen nach einer Re-Subjektivierung der Dogmatik und einer Akzentuierung des abwehrrechtlichen Schutzes[130] tragen der Relevanz von Interaktionszusammenhängen für die Produktionsbedingungen der Forschung und der damit verbundenen Notwendigkeit ihrer Ausgestaltung nicht hinreichend Rechnung. Eine interaktionszentrierte Perspektive zieht demgegenüber eine Beschreibung der Kommunikations- und Handlungszusammenhänge in der Forschung und ihre Auswirkungen auf das Schutzgut der Wissenschaftsfreiheit heran, um einen verfassungsrechtlichen Maßstab der Ausgestaltung zu begründen. Dieser Maßstab vermittelt betroffenen Personen subjektiv-rechtliche

[126] BVerfG, Beschl. v. 20.7.2010, 1 BvR 748/06, BVerfGE 127, 87 – *Hamburgisches Hochschulgesetz*, Rn. 95: „Die Frage, ob das vom Gesetzgeber ausgestaltete hochschulorganisatorische Gesamtgefüge den in der Wissenschaft Tätigen in diesem Sinne ausreichend Einfluss- und Kontrollmöglichkeiten einräumt und damit die Wissenschaftsadäquanz von hochschulorganisatorischen Entscheidungen in der durch Art. 5 Abs. 3 Satz 1 GG gebotenen Weise sichert, hängt von einer Gesamtwürdigung ab. Auch wenn die einzelnen Kompetenzen von Leitungsorganen für sich genommen noch als verfassungsgemäß beurteilt werden können und der Einfluss der Hochschullehrer auf die Kreation der Leitungsorgane gesichert ist, kann das organisatorische Gesamtgefüge insgesamt verfassungswidrig sein. Dies ist insbesondere dann der Fall, wenn dem Leitungsorgan substantielle personelle und sachliche Entscheidungsbefugnisse im wissenschaftsrelevanten Bereich zugewiesen werden, dem mit Hochschullehrern besetzten Gremium im Verhältnis hierzu jedoch kaum Kompetenzen und auch keine maßgeblichen Mitwirkungs- und Kontrollrechte verbleiben. Der Gesetzgeber ist zwar nicht gehindert, dem Leitungsorgan umfangreiche Kompetenzen auch in Bereichen mit Wissenschaftsbezug einzuräumen (...). Je stärker jedoch der Gesetzgeber das Leitungsorgan mit Kompetenzen ausstattet, desto stärker muss er im Gegenzug die direkten oder indirekten Mitwirkungs-, Einfluss-, Informations- und Kontrollrechte der Kollegialorgane ausgestalten, damit Gefahren für die Freiheit von Lehre und Forschung vermieden werden".

[127] *Nettesheim*, DVBl. 2005, 1072 (1076); tendenziell auch *Kempen*, DVBl. 2005, 1082 (1089).

[128] Siehe oben, § 4 B.I.

[129] Siehe oben, § 4 B.II.2.b).

[130] Siehe oben, § 4 B.II.2.c), insb. Fn. 106.

Positionen und bezieht sich im Prinzip auf alle Fragen der Ausgestaltung, etwa bei der Bewertung wissenschaftlicher Leistungen einschließlich etwaiger Folgen für die Allokation von Ressourcen, der Besetzung von Positionen oder der strategischen Ausrichtung von Fakultäten und Fachbereichen, ihren Untereinheiten oder ganzer Universitäten.[131]

C. Forschung als Marktprozess?

Wissenschaftliche Forschung und Marktprozesse generieren jeweils neues Wissen über Interaktionen. Sie weisen darin eine strukturelle Parallele auf, die vor Machtkonzentration schützt, neue Handlungsoptionen zuführt, aber über die Auswahlkriterien der Forschenden auch Teilnahmevoraussetzungen hervorbringt. Diese Funktion der Interaktion bedeutet allerdings nicht, dass punktuelle Elemente des Wettbewerbs, die in die Institutionalisierung der Forschung eingeführt werden, automatisch die dynamischen Effekte von Interaktionen in der Forschung entstehen lassen.

I. Interaktionsbasierte Wissensgenerierung als marktanaloger Prozess

1. Wissensgenerierung in Interaktionszusammenhängen

In der Art, neues Wissen zu generieren und zu verbreiten, ähneln sich wissenschaftliche Forschung und Marktprozesse.[132] Beide beruhen auf dem dezentral generierten Wissen der Forschenden und der Marktteilnehmenden. Vor allem nimmt die Vielzahl der miteinander verbundenen Auswahlentscheidungen in beiden eine zentrale Funktion bei der Generierung neuen Wissens ein. Dezentral erstellte Beiträge und Angebote werden aus einer anderen Perspektive bewertet, gegebenenfalls ausgewählt und verarbeitet. Zugleich beobachten Forschende und Marktteilnehmende laufend das Verhalten anderer. Die Auswahlentscheidungen der anderen Teilnehmenden des Interaktionszusammenhangs indizieren die Qualität der ausgewählten Angebote[133] und verbreiten das in ihnen enthaltene Wissen. Die eigentliche Parallele zwischen Forschung und Marktprozessen bildet demnach der interaktionsbasierte Mechanismus, durch aufeinander bezogene Kommunikationen die kognitiven Grenzen individueller Interpretation von Beobachtungen zu Informationen[134] zu relativieren. Die Teilnahme an verschleiften Interaktionen ist der Modus individuellen Verhaltens, der kognitive Grenzen

---

[131] Siehe oben, § 4 B.II.2.c).

[132] Zu den unterschiedlichen wettbewerbstheoretischen Verständnissen von Marktprozessen näher unten, § 5 A.II.

[133] Zu dem damit verbundenen offenen, aber nicht beliebigen Umgang mit methodischer Vielfalt siehe oben, § 4 A.I.

[134] Siehe oben, § 1 C.I.1. und 3.

verschieben und dadurch neue Handlungsoptionen erschließen kann. In der Wissenschaftsfreiheit wie auch in an anderen interaktionsbezogenen Grundrechten ist deshalb nicht nur eine Freiheit zu einem isolierten Verhalten, sondern die für das jeweilige Schutzgut relevante Interaktion von dem grundrechtlichen Schutzbereich erfasst.[135]

Dieser Mechanismus der Wissensgenerierung über Interaktion und die strukturierenden Effekte der aufeinander bezogenen Interaktion sind in wesentlichen Aspekten systemtheoretisch entfaltet worden. Die aufeinander bezogene Kommunikation konstituiert anhand der ihnen zu Grunde liegenden Unterscheidung soziale Systeme und baut Komplexität auf, die infolge der kommunikationsbedingten Ausdifferenzierung verarbeitet werden kann. Ihre konstruktivistischen Prämissen und die zentrale Rolle von Kommunikation mit systemspezifischen Differenzierungen richten sie darauf aus, den wissensgenerierenden, emergenten Effekt der Interaktion in unterschiedlichen Bereichen systematisch herauszuarbeiten, um sogar die Entstehung und Erhaltung der sozialen Systeme aus der Kommunikation abzuleiten. Für das Wissenschaftssystem stellt sie dadurch die kognitive, wissensgenerierende Funktion der Kommunikation und ihre Bedeutung für die Forschung grundlegend heraus. Mit dieser Akzentuierung der systemkonstitutiven Kommunikation blendet sie allerdings andere Aspekte der Interaktion wie auch ihren Kontext zu stark aus, um aus rechtswissenschaftlicher Perspektive die Voraussetzungen und Zusammenhänge für die Verwirklichung des grundrechtlichen Schutzguts für ein grundrechtsdogmatisches Konzept angemessen zu beschreiben.[136]

2. *Effekte der interaktionsbasierten Wissensgenerierung*

Dieser interaktionsbasierte Mechanismus der Wissensgenerierung ist mit einer Reihe in der Forschung wie auch auf Märkten beobachtbarer Effekte verbunden.

a) Schutz vor Konzentration

Er schützt zunächst vor Machtkonzentration. Die Vielzahl der dezentralen Auswahlentscheidungen immunisiert die Koordination im Grundsatz gegen Abhängigkeiten und sachwidrige Einflüsse von einzelnen Stellen. In Marktprozessen beugen die alternativen Ausweichmöglichkeiten der Nachfragenden einer marktbeherrschenden Stellung einzelner Anbieter vor.[137] In der Forschung stellen sich

[135] Siehe oben, § 1 D.I.; zur Rundfunkfreiheit § 3 B.II.; zum Schutz der Marktteilnahme siehe unten, § 5 D.

[136] Für die Wissenschaftsfreiheit *Trute*, Die Forschung zwischen grundrechtlicher Freiheit und staatlicher Institutionalisierung, S. 80; allgemein zum Verhältnis eines systemtheoretisch fundierten Grundrechtsverständnisses und der Gewährleistung personaler Entfaltung oben § 1 D.I.1.c)aa).

[137] Aus der kartellrechtlichen Rechtsprechung vgl. nur BGH, Urt. v. 16.6.2015, KZR 3/14 –

infolge der externen Finanzierung Abhängigkeitsfragen nicht gleichermaßen. Machtkonzentration bezieht sich hier eher auf die Akzeptanz und Verbreitung inhaltlicher und methodischer Kriterien. Aber auch insoweit ist die Bewertung eines bestimmten Forschungsansatzes durch eine einflussreiche Stelle mit hoher Reputation Relativierungen durch die zahlreichen anderen dezentralen Bewertungen ausgesetzt, die den aufgegriffenen Ansatz in Folgebeiträgen weiterentwickeln. Ein funktionierender Interaktionsmechanismus bewirkt einen wissenschaftlichen Minderheitenschutz,[138] indem er inhaltlichen oder methodischen Außenseiterpositionen potentiell jederzeit den Anschluss sichert, wenn ihre Beiträge von anderen Forschenden für deren eigene Forschung als vorteilhaft erkannt und aufgegriffen werden. Der Interaktionsmechanismus hält dadurch Märkte wie auch die Forschung offen für die Zufuhr neuer, dezentral entwickelter Optionen.[139]

b) Strukturierung

Zugleich strukturiert der Interaktionsmechanismus das insgesamt vorhandene Angebot an Beiträgen und erhöht über die damit verbundene Spezialisierung den Grad an Komplexität, der in dem jeweiligen Bereich zu bewältigen ist. Dadurch, dass einzelne Teilbereiche spezifische Kriterien der Auswahlentscheidungen, in der Forschung etwa bestimmte Kommunikationsformen, Methoden und Erkenntnisinteressen, auf Märkten bestimmte Leistungsmerkmale oder Eigenschaften der Angebote, herausbilden, differenzieren sich spezialisierte Segmente heraus.[140] Wegen der wechselbezüglichen Beeinflussung von Wissen als der interpretationsleitenden Hintergrundstruktur[141] und den das Wissen prägenden Kommunikationen gibt das wissenschaftliche Wissen, das eine Disziplin charakterisiert, dem disziplinären Kommunikationszusammenhang zugleich seine Struktur.[142]

c) Dezentral formulierte Auswahlkriterien

Neben dieser Ausdifferenzierung gehen von den aufeinander bezogenen Auswahlentscheidungen für alle Teilnehmenden am Interaktionsprozess Anschlusszwänge aus. Auf Märkten macht die Attraktivität der Angebote eines

Einspeisung Breitbandkabelnetze, Rn. 44 zur Abgrenzung sachlicher Märkte zur Bestimmung der marktbeherrschenden Stellung; Rn. 45.

138 Zum Minderheitenschutz *Trute*, Die Forschung zwischen grundrechtlicher Freiheit und staatlicher Institutionalisierung, S. 305; aus der Rechtsprechung BVerfG, Beschl. v. 11.1.1994, 1 BvR 434/87, BVerfGE 90, 1 – *Jugendgefährdende Schriften*, Rn. 47.

139 Allgemein *Ladeur*, Der Eigenwert des Rechts, S. 31 (51 f.).

140 Zur Disziplinbildung siehe oben, § 4 A.II.

141 *Trute*, Governance des Wissens, S. 115 (118); *ders.*, Wissensgesellschaft – Demokratie – Legitimation, S. 43 (45); siehe oben, § 1 C.I.

142 *Gläser*, Wissenschaftliche Produktionsgemeinschaften, S. 61 f.; S. 260.

Unternehmens einschließlich ihrer Konditionen die Wettbewerbsfähigkeit aus. Alternative Herstellungsmethoden, Produkte oder sonstige Verhaltensweisen, die aus Sicht der Nachfragenden die Attraktivität erhöhen, vermitteln einen Druck zur Anpassung, insbesondere wenn Wettbewerber auf die vorteilhaften Verhaltensweisen zurückgreifen.[143] In der Forschung werden Forschende mit ihren Beiträgen innerhalb ihrer *scientific community* nur wahrgenommen, wenn sie in der Lage sind, an den jeweiligen Stand der Forschung anzuschließen und darüber hinausgehend neue Beiträge vorzulegen, deren Verwendung aus Sicht anderer Forschenden lohnt. Diese Voraussetzungen erfolgreicher Forschung induzieren mittelbar einen Anpassungsdruck bei den outputrelevanten Forschungsbedingungen.[144]

II. Wettbewerb in der Forschung

Trotz dieser Parallele in der Funktion von Interaktionszusammenhängen sowohl auf Märkten als auch in der Forschung lässt sich Forschung nur punktuell als Wettbewerb verstehen und nur sehr eingeschränkt wettbewerbsanalog organisieren.

1. Keine Transaktion

Der grundlegende Unterschied zwischen Forschung und Marktprozessen liegt in dem Gegenstand der Transaktion. Markttransaktionen stellen typischerweise Tauschbeziehungen dar, bei denen es jedem der Transaktionspartner um den Erhalt der jeweiligen Gegenleistung geht. Dabei steht der Transaktionsgegenstand im Grundsatz vollständig zur Disposition der Transaktionspartner und trägt zugleich zur Finanzierung ihrer jeweiligen Aktivitäten bei. Dieser Aspekt des Güteraustauschs und die mit ihm verbundenen Fragen der Allokation von Gütern oder Produktionsfaktoren standen in der preistheoretischen Modellierung von Märkten im Vordergrund.[145] Erst im Laufe der Zeit konturierten unterschiedliche Ansätze der Wettbewerbstheorie die wissensgenerierende Funktion der Austauschprozesse und damit die dynamische Funktion von Märkten, die sich auf die Entwicklung der Angebote und Geschäftsmodelle auswirkt. Wissensgenerierung erfolgt auf Märkten ähnlich wie in der Forschung über eine Vielzahl verbundener Auswahlentscheidungen und Beobachtungen. Sie stellt aus Sicht der Marktteilnehmerinnen und Marktteilnehmer jedoch nur eine Nebenbedingung, einen Faktor zur Optimierung des individuellen Transaktionspotentials dar.

---

[143] Näher siehe unten, § 5 A.II.7., C.I.2.
[144] Siehe oben, § 4 B.II.1.
[145] Siehe unten, § 5 A.II.1.

Demgegenüber fehlt es in der Forschung an einer entsprechenden unmittelbaren Austauschbeziehung, die die Beiträge der Forschenden motiviert.[146] Forschung finanziert sich eben grundsätzlich auch nicht selbst über die Ergebnisse der Forschungsaktivitäten. Dieser Unterschied schließt weder aus, dass Forschende oder Forschungsorganisation in bestimmter Hinsicht in einer Konkurrenzsituation zueinander stehen können,[147] noch dass die Organisation einer marktanalogen Anreizsituation punktuell marktähnliche Anreize zur Verhaltensoptimierung setzen kann.[148] Jedoch setzt eine rationale Instrumentalisierung wettbewerblicher Elemente in der Forschung voraus, die Aspekte des Güteraustausches, der punktuellen Auswahlentscheidungen und schließlich der Effekte einer Vielzahl aufeinander bezogener Auswahlentscheidungen voneinander zu trennen. Eine punktuelle Entscheidung über die Vergabe von Forschungsmitteln nach bestimmten Kriterien setzt marktähnliche Anreize, die Parameter eines beantragten Forschungsprojekts entsprechend abzustimmen oder die institutionellen Rahmenbedingungen der Forschung projektfördernd zu gestalten. Die punktuelle Vergabeentscheidung kann allerdings nicht den wissensgenerierenden Effekt von Marktprozessen simulieren, für den eine Vielzahl dezentraler Auswahlentscheidungen einschließlich der wechselseitigen Beobachtung der Teilnehmenden erforderlich wäre.

2. *Reputationswettbewerb*

Das Streben der Forschenden nach Reputation kann kompetitive Züge annehmen, die die Rezeption der Forschungsbeiträge und dadurch wissenschaftliche Kommunikationszusammenhänge beeinflussen.[149] Zuschreibungen von Reputation können Anreize zur Erarbeitung reputationsträchtiger Beiträge

[146] *Gläser*, Wissenschaftliche Produktionsgemeinschaften, S. 25: „Das Marktmodell von Wissenschaft weist aber noch eine tiefer liegende Schwäche auf: Der für den Markt konstitutive Begriff ‚Tausch' (…) kann nicht sinnvoll auf das angewendet werden, was Wissenschaftler mit ihren eigenen und den Ergebnissen ihrer Kollegen tun. (…) Deshalb ist das Marktmodell auch keine Antwort auf die Frage nach der sozialen Ordnung der kollektiven Wissensproduktion: In wissenschaftlichen Gemeinschaften entstehen keine ‚Marktpreise' im Sinne durchschnittlicher Reputationen oder Glaubwürdigkeiten, die für typische Problemlösungen vergeben werden. Konkurrenz ist zwar ein ubiquitäres Phänomen in wissenschaftlichen Gemeinschaften. Es handelt sich aber nicht um eine Konkurrenz um Tauschangelegenheiten wie im Falle des Marktes".

[147] Teilweise wird bereits eine solche Konkurrenzsituation als Wettbewerb eingeordnet, *von Coelln*, DVBl. 2009, 1090 (1091).

[148] Zum Ziel der Leistungs- und Effizienzsteigerung durch die Einführung wettbewerblicher Elemente *von Coelln*, DVBl. 2009, 1090; *Hendler*, Die Universität im Zeichen von Ökonomisierung und Internationalisierung, VVDStRL 65 (2006), S. 238 (244); kritisch *Hoffacker*, WissR 36 (2003), 92 (96 ff., 103): neoliberales Heilsversprechen.

[149] Zum Reputationserwerb als Mechanismus kommunikativer Selbstregulierung siehe oben, § 4 A.II.2.

setzen[150] oder die Aufmerksamkeit bei der Rezeption von Beiträgen strukturieren.[151] Ansätze, die Forschungsprozesse in der einen oder anderen Form als Wettbewerb um Reputation beschreiben, sei es als Konkurrenz um wissenschaftliche Autorität als eine Form sozialen Kapitals[152] oder um Glaubwürdigkeit,[153] sind jeweils der Schwierigkeit ausgesetzt, die Verwertung der erworbenen Reputation zu beschreiben.[154] Reputation fördert die Verbreitung wissenschaftlicher Beiträge und erhöht die Chancen einer positiven Bewertung bei der Begutachtung von Anträgen für Publikationen, Fördermittel oder bei Bewerbungen.[155] Reputation wird dadurch jedoch nicht selbst zum Gegenstand von Interaktionen, die marktähnlich modelliert werden und in ähnlicher Weise dezentrales Wissen generieren könnten.

---

[150] Für die Rechtswissenschaften und dort das öffentliche Recht etwa *Schulze-Fielitz*, Leicht spekulative Notizen zur Reputationshierarchie in der deutschen Staatsrechtslehre, S. 187 (188).

[151] Siehe oben, § 4 A.II.2.

[152] *Bourdieu*, Soc. Sci. Inf. 14 (1975) 6, (19 ff.), der den Wettbewerb um wissenschaftliche Autorität aus dem Fehlen einer Austauschbeziehung ableitet: „The struggle for scientific authority, a particular kind of social capital which gives power over the constructive mechanisms of the field, and can be reconverted into other forms of capital, owes its specificity to the fact that the producers tend to have no possible clients other than their competitors (and the greater the autonomy of the field, the more it is so). This means that in a highly autonomous scientific field, a particular producer cannot expect recognition of the value of his products (‚reputation', ‚prestige', ‚authority', ‚competence', etc.) from anyone except other producers, who, being his competitors too, are those least inclined to grant recognition without discussion and scrutiny.", a. a. O. (23).

[153] *Latour/Woolgar*, Laboratory Life, S. 194 ff.: quest for credibility.

[154] Zurückhaltend zur zunächst angenommenen Einsetzbarkeit wissenschaftlicher Autorität *Bourdieu*, Vom Gebrauch der Wissenschaft, S. 31 ff., insb. 34: „Und so lassen sich Wissenschaftler durch Ihre Stellung innerhalb dieser Struktur beschreiben, mithin durch die Struktur ihres wissenschaftlichen Kapitals, oder genauer noch, durch das verhältnismäßige Gewicht ihres ‚reinen' und ihres ‚institutionellen' Kapitals: am einen Ende die Inhaber eines starken spezifischen Kredits und schwachen politischen Gewichts, am anderen die Inhaber eines starken politischen Gewichts und eines schwachen wissenschaftlichen Kredits (namentlich die Wissenschaftsbürokraten). Während die Akkumulation eines starken wissenschaftlichen Kredits (unter Gleichen) erst auf lange Sicht und im allgemeinen erst spät (das heißt, wenn es zu spät ist) die Mitnahme ökonomischer und politischer Kredite (aus den Händen der administrativen und politischen Mächte) ermöglicht, geht die Umwandlung (spezifischen) politischen Kapitals in wissenschaftliche Macht leichter und schneller vonstatten."; *Latour/Woolgar* beschreiben die „Investition in Glaubwürdigkeit" (scientists as investors of credibility, *Latour/Woolgar*, Laboratory Life, S. 198) so, dass sich erworbenes Vertrauen in späteren Situationen auszahlt. Sie verfolgen demnach ein sehr weites Verständnis der Konvertierbarkeit von Vertrauen, *Latour/Woolgar*, Laboratory Life, S. 199 ff.; näher *Gläser*, Wissenschaftliche Produktionsgemeinschaften, S. 25: metaphorischer Gebrauch des ökonomischen Begriffs von Investition in Bezug auf Vertrauen.

[155] Siehe oben, § 4 A.II.2.

3. Institutionalisierung wettbewerblicher Elemente in der Forschung

Weil wissenschaftliche Beiträge nicht vergleichbar mit Märkten Gegenstand von Transaktionen sind, lassen sich wettbewerbliche Elemente in der Forschung nur begrenzt institutionalisieren. Wettbewerbliche Elemente wie etwa Ausschreibungen oder eine leistungsbezogene Vergabe von Mitteln[156] können für einzelne Akteure auf unterschiedlichen Ebenen marktähnliche Anreize zu einer strategischen Ausrichtung und zu einer Steigerung des Einsatzes setzen. Eine gewisse Signifikanz der Mittel vorausgesetzt können die wettbewerblichen Elemente durch Wiederholungen oder Verknüpfungen auch strukturelle Effekte unter den betroffenen Forschungsakteuren hervorbringen. Ohne die Interaktion mit einer Vielzahl von Transaktionspartnern bringen die wettbewerblichen Elemente jedoch keine mit Märkten vergleichbaren Mechanismen zur Wissensgenerierung hervor. Jede Form der Institutionalisierung wettbewerblicher Elemente in der Forschung setzt dadurch Annahmen über die bisherige Forschung und die zukünftige Entwicklung voraus. Die Qualität dieser Annahmen beeinflusst die Angemessenheit des Rahmens für die Forschung maßgeblich.

a) Leistungsanreize, individuelle Strategien und dezentrales Wissen

Wettbewerbliche Elemente wie insbesondere Ziel- und Leistungsvereinbarungen[157] sowie die Ausschreibung von Forschungsmitteln nach leistungsbezogenen Kriterien[158] setzen marktähnliche Anreize. Diese Anreize können die Leistungsfähigkeit des adressierten Akteurs steigern, indem sie den Adressaten zu einer Erhöhung des Einsatzes veranlassen und darüber hinaus vor allem eine strategische Ausrichtung der Akteure stimulieren. Akteure kennen typischerweise ihre eigene Situation, ihre individuellen Stärken und Schwächen sowie deren Ursachen am besten und können besser als externe Beobachter einschätzen, wie Forschungsprozesse sich effektiver gestalten lassen.[159] Marktähnliche Anreize zur Entwick-

---

[156] *Gläser/Lange/Laudel/Schimank*, Evaluationsbasierte Forschungsfinanzierung und ihre Folgen, S. 145 ff.; zum Umsetzungsstand wettbewerblicher Steuerungsinstrumente an deutschen Universitäten *Bogumil/Burgi/Heinze/Gerber/Gräf/Jochheim/Schickentanz*, Zwischen Selbstverwaltungs- und Managementmodell, S. 49 (53 ff.).

[157] Überblick über unterschiedliche Arten der Zielvereinbarungen bei *Kracht*, Das neue Steuerungsmodell im Hochschulbereich, S. 138 ff.; *Krausnick*, Staat und Hochschule im Gewährleistungsstaat, S. 463 ff.; *Smeddinck*, DÖV 2007, 269 (273 f.); *Mager*, Die Universität im Zeichen von Ökonomisierung und Internationalisierung, VVDStRL 65 (2006), S. 274 (288 ff.).

[158] Zur Praxis der Forschungsevaluation im Rahmen der leistungsorientierten Mittelvergabe an rechts- und wirtschaftswissenschaftlichen Fakultäten *J. Sieweke/Muck/Süß/Haucap*, zfbf 2014, 274 ff.

[159] Entsprechend führt die Einführung wettbewerblicher Elemente bei australischen Universitäten zur Einrichtung von *profit centres*, die Chancen identifizieren, kritische Massen generieren und Strategien zur Drittmitteleinwerbung entwickeln sollen, *Gläser/Lange/Laudel/Schimank*, Evaluationsbasierte Forschungsfinanzierung und ihre Folgen, S. 145 (150 f.); *Gläser/Lange/Laudel*, WissR 42 (2009), 329 (337 f.).

lung individueller Strategien bewirken eine Aktivierung dezentralen, externer Steuerung nur schwer zugänglichen Wissens.[160] Diese Anreizsituation ist nicht unähnlich zur Situation von Marktteilnehmenden, die ebenfalls ihre Marktsituation umfassend einschätzen und individuelle Marktstrategien ableiten.[161]

b) Wechselwirkungen unterschiedlicher Ebenen

In einem gewissen Kontrast zur Koordination auf Märkten erschweren Wechselwirkungen zwischen den Ebenen der Länder, der Universitäten, der Fakultäten oder Fachbereiche und schließlich der einzelnen Forschenden oder Forschungseinheiten die externe Steuerung über Anreize. Während auf Märkten der Zusammenschluss einzelner Marktteilnehmerinnen und Marktteilnehmer zu größeren Einheiten wie auch die Art und Weise ihrer Kooperation, also etwa die Reichweite und ihr Grad der Formalisierung, Teil der individuellen Marktstrategie sind und Marktprozesse dadurch ausdifferenzierte Marktstrukturen hervorbringen,[162] können wettbewerbsähnliche Anreize sich in der Forschung an Akteure auf unterschiedlichen Ebenen, die zum großen Teil nicht selbst forschen und mit verschiedenen Perspektiven jeweils unterschiedliche Interessen verfolgen, verbreiten. Im Gegensatz zu Marktprozessen ist die Koordination dieser Ebenen nicht Teil des Wettbewerbsprozesses. Von dem Forschungsprozess geht also im Unterschied zu Märkten kein vergleichbarer Anpassungsdruck zur Optimierung der Konzern- oder Kooperationsstruktur aus. Vielmehr können umgekehrt wettbewerbliche Elemente auf einer höheren Ebene eine Strategie anreizen, die sich auf nachgelagerten Ebenen als dysfunktional erweist. So können etwa Universitäten ein Interesse daran haben, extern gesetzte Anreize durch eine korrespondierende Ausgestaltung der universitätsinternen Mittelallokation weiterzugeben[163] oder bestimmte, zur Gesamtstrategie wenig beitragende Forschungsbereiche von

---

[160] Sie setzen dabei allerdings auch einen Spielraum der adressierten Akteure zur Entwicklung und Umsetzung dieser Strategien voraus, *Trute/Pilniok*, Von der Ordinarien- über die Gremien- zur Managementuniversität?, S. 21 (24); *Hendler*, Die Universität im Zeichen von Ökonomisierung und Internationalisierung, VVDStRL 65 (2006), S. 238 (245); *Geis*, Universitäten im Wettbewerb, VVDStRL 69 (2010), S. 364 (372); zur Stärkung der Hochschulautonomie zählt auch die Einführung von Globalhaushalten und die Lockerung von Haushaltsgrundsätzen, *Droege*, WissR 48 (2015), 105 (108) m. w. N.; *Geis*, WissR 37 (2004), 2 (2 f., 6): aufoktroyierte Autonomie.

[161] Näher unten, § 5 A.I. und A.II.7.

[162] Näher siehe unten, § 5 A.II.2.–7. und C.I.3.

[163] Zur entsprechenden Praxis von australischen Universitäten, die Anreize mit disziplinspezifischen Wichtungen der Indikatoren weiterzugeben *Gläser/Lange/Laudel/Schimank*, Evaluationsbasierte Forschungsfinanzierung und ihre Folgen, S. 145 (149 f.); *Gläser/Lange/Laudel*, WissR 42 (2009), 329 (336 f.); tendenziell beobachtet bei niedersächsischen Fachhochschulen von *Handel/Jaeger/Schmidlin*, BzH 27 (2005), 72 (81 f.); *J. Sieweke/Muck/Süß/Haucap*, zfbf 66 (2014), 274 (295) sehen darin eine Erklärung dafür, dass die leistungsorientierte Mittelvergabe sowohl im Verhältnis von Bundesländern zu Universitäten als auch im Verhältnis von Hochschulleitung an Fakultäten wesentlich auf die eingeworbenen Drittmittel und kaum auf Zitationskennzahlen anknüpft.

der internen Mittelvergabe auszuschließen.[164] Ländern kann daran gelegen sein, bestimmte Aspekte des Leistungsangebots von Hochschulen auf Kosten anderer Aspekte besonders zu betonen oder die Sichtbarkeit bestimmter Hochschulen zu Lasten anderer Hochschulen zu erhöhen. Strategische Entscheidungen gehen regelmäßig mir Priorisierungen, auch im Einsatz interner Ressourcen, einher. Für Marktteilnehmerinnen und Marktteilnehmer bilden diese Priorisierungen Wettbewerbsparameter im Marktprozess. Der Bedarf nach externen Regelungen beschränkt sich im Wesentlichen auf potentielle Interessenkonflikte bei der Kontrolle des Vorstands und der Sicherung bestimmter Einflussmöglichkeiten der Aktionäre, einschließlich der Minderheitsaktionäre.[165] Bei der institutionellen Ausgestaltung der Forschung ist die Vermeidung dysfunktionaler Effekte wegen der Heterogenität der betroffenen Perspektiven und den unterschiedlichen Einwirkungsmöglichkeiten zwischen den einzelnen Ebenen hingegen vielschichtiger. Universitäten, die durch Ziel- und Leistungsvereinbarungen extern gesetzte Anreize durch einen entsprechenden Modus der Mittelverteilung universitätsintern unverändert weitergeben, optimieren die Position der Universität, verzerren allerdings die Bedingungen für Forschungseinheiten, deren Forschungsbedingungen zu den jeweils eingesetzten Indikatoren weniger gut passen.[166] Gleiches gilt für die universitätsinterne Priorisierung von in der Vergangenheit erfolgreichen Forschungseinheiten oder Fakultäten.[167] In Summe kann eine Vielzahl ähnlicher, für sich genommen jeweils legitimer, strategischer Entscheidungen von Universitäten die Rahmenbedingungen der Forschung für bestimmte Bereiche oder Disziplinen strukturell beeinträchtigen.[168]

---

[164] *Bumke*, Universitäten im Wettbewerb, VVDStRL 69 (2010), S. 407 (430): Bedrohung der disziplinären Vielfalt.

[165] Vgl. nur die Beiträge von *Baums* in Florstedt/Redenius-Hövermann/Segna/Vogel (Hrsg.), Corporate Governance und Anlegerschutz.

[166] *Trute/Pilniok*, Von der Ordinarien- über die Gremien- zur Managementuniversität?, S. 21 (30); *Weingart*, Die Stunde der Wahrheit?, S. 320: „Universitäten verhalten sich nunmehr strategisch, indem sie die internen Ressourcenzuweisungen an Fakultäten bzw. Disziplinen an Leistungskriterien bemessen, die ihrerseits durch externe Nachfrage beeinflusst sind. Auf diese Weise kommt es zum Beispiel zu Schwerpunktbildungen und Kooperationsabkommen einzelner Universitäten. Die Universitäten geben damit ihren Anspruch der umfassenden Vertretung aller Wissenschaften auf und richten sich an den jeweiligen Marktkontexten aus. Welche langfristigen Folgen dies für die unterschiedliche Entwicklung der Disziplinen haben wird, ist ungewiss. Einen Vorgeschmack auf die zu erwartenden Ungleichgewichte gibt das Verhältnis zwischen einer großzügig finanzierten und rasant fortschreitenden biomedizinischen und biotechnologischen Forschung einerseits und der völlig unzulänglichen sozialen Einbettung ihrer Ergebnisse mit entsprechend kostspieligen Überraschungseffekten auf der anderen Seite"; zu den Effekten von Indikatoren siehe unten, § 4 C.II.3.c).

[167] *Trute/Pilniok*, Von der Ordinarien- über die Gremien- zur Managementuniversität?, S. 21 (31): Notwendigkeit einer Wettbewerbsordnung, die nicht auf Schaffung unangreifbarer Marktpositionen zielt.

[168] *Geis*, WissR 37 (2004), 2 (8), sieht „den Bestand der Universalität der Universität überhaupt" in Frage gestellt; ähnlich *Hufeld*, DÖV 2002, 309 (310f.).

c) Indikatoren

Indikatoren, die den wettbewerblichen Elementen als Entscheidungskriterium zu Grunde liegen, unterscheiden marktanaloge Anreize in der Forschung ebenfalls von der Koordination auf Märkten. Während auf Märkten die dezentralen Auswahlentscheidungen der Marktteilnehmerinnen und Marktteilnehmer in der Regel nicht begründungsbedürftig sind und es sogar einen Teil der Wettbewerbsfähigkeit ausmacht, die Kriterien der Nachfragenden einschätzen zu können, setzt die Vergabe öffentlicher Mittel transparente Kriterien voraus. Sollen mit den Indikatoren bestimmte Effekte erzielt werden, also etwa die Qualität der Forschung oder die Leistungsfähigkeit einer Forschungseinheit prämiert werden, sind geeignete Indikatoren zu ermitteln,[169] deren Aussagekraft oftmals in einem Spannungsverhältnis zur Messbarkeit[170] und dem damit verbundenen Aufwand stehen.[171] Darüber hinaus ist es bei vielen Indikatoren wie der Höhe eingeworbener Drittmittel oder dem Umfang von Publikationen bestimmter Formate auf Grund von Unterschieden in den wissenschaftlichen Produktionsbedingungen bekanntlich in einigen Disziplinen einfacher, gute Werte zu erreichen, als in anderen.[172] Schließlich ziehen Indikatoren, sofern die mit ihnen

---

[169] Zu den Schwierigkeiten, hinreichend komplexe Indikatoren unter Beteiligung der Forschenden zu entwickeln, *Trute/Pilniok*, Von der Ordinarien- über die Gremien- zur Managementuniversität?, S. 21 (30); *Geis*, Universitäten im Wettbewerb, VVDStRL 69 (2010), 364 (383) m. w. N.; *J. Sieweke/Muck/Süß/Haucap*, zfbf 66 (2014), 274 (283 f.); generell ablehend *Gärditz*, WissR 42 (2009), 353 (365 f., 378); *ders.*, Hochschulorganisation und verwaltungsrechtliche Systembildung, S. 522 f.: mit extrinsischer Motivation kalkulierende Präferenzerwartungen strukturell wissenschaftsinadäquat.

[170] In der Praxis dürften oftmals die einfach ermittelbaren und vergleichbaren Indikatoren wie insbesondere die Anzahl von Publikationen in bestimmten Publikationsorganen und Höhe eingeworbener Drittmittel maßgeblich herangezogen werden; *Küpper*, Evaluation von Forschung und Lehre, Rn. 269 ff.; Erhebung der an deutschen wirtschafts- und rechtswissenschaftlichen Fakultäten eingesetzten Indikatoren bei *J. Sieweke/Muck/Süß/Haucap*, zfbf 66 (2014), 274 (279 ff., 289 f.); zur Praxis der individuellen Leistungsbewertung an australischen Universitäten *Gläser/Lange/Laudel/Schimank*, Evaluationsbasierte Forschungsfinanzierung und ihre Folgen, S. 145 (152 ff.); neben den Veröffentlichungen und der Höhe der Drittmittel nennt *Gärditz*, WissR 42 (2009), 353 (381), noch die Zahl der Promotionen bzw. Habilitationen, die Zitierhäufigkeit, angemeldete Patente und wissenschaftliche Preise; knapper Überblick über das Regime der Forschungsevaluation in Österreich und Italien bei *Fraenkel-Haeberle*, Die Universität im Mehrebenensystem, S. 158 ff., S. 291 ff.

[171] *Gärditz*, WissR 42 (2009), 353 (378, 366): „Evaluationsbasierte Forschungsfinanzierung – jedenfalls wie sie hier in Rede steht – benutzt demgegenüber konkrete Indikatoren und Leistungskriterien, anhand derer Qualität stark komplexitätsreduziert darstellbar (wenn nicht gar quantifizierbar) gemacht werden soll. Sie ist, ins Extrem der Formelgebundenheit getrieben, Ausdruck technokratischer Hybris einer umfänglichen Arithmetisierbarkeit der sozialen Welt, wie sie von den ökonomischen Wissenschaften bisweilen suggeriert wird, aber lediglich *dort* wissenschaftsadäquat ist“ (Herv. im Orig.); *Bumke*, Universitäten im Wettbewerb, VVDStRL 69 (2010), S. 407 (448, Fn. 154): Scheinobjektivität.

[172] *Bumke*, Universitäten im Wettbewerb, VVDStRL 69 (2010), S. 407 (449); *von Coelln*, DVBl. 2009, 1090 (1098); zu Drittmitteln *Gärditz*, WissR 42 (2009), 353 (382); *Geis*, Universitäten im Wettbewerb, VVDStRL 69 (2010), S. 364 (386 f.).

verknüpften Anreize verhaltensrelevant sind,[173] tendenziell zu einem strategischen Anpassungsverhalten. Die individuell verfügbaren Ressourcen werden auf die indikatorrelevanten Aktivitäten konzentriert.[174] Sogar die inhaltliche Konzeption der Forschung kann auf die prognostizierte Anschlussfähigkeit in der externen Bewertung abgestimmt werden.[175]

Relativiert werden können diese verengenden Effekte von Indikatoren insbesondere durch eine Pluralisierung der Förderinstitutionen.[176]

d) Verknüpfung von Auswahlentscheidungen

Die strukturellen Effekte indikatorenbasierter Auswahlentscheidungen verstärken sich, wenn Indikatoren unmittelbar oder mittelbar auf vorangegangene Auswahlentscheidungen Bezug nehmen. Stellen Indikatoren zur Bewertung von Forschungsleistungen etwa auf die Höhe der bereits eingeworbenen Drittmittel oder die Zahl der bereits bewilligten Projekte ab, steigt mit dem Erfolg bei Anträgen die Wahrscheinlichkeit späterer erfolgreicher Anträge. Dieser im Anschluss an Merton[177] vielfach als Matthäus-Effekt beschriebene Zusammenhang[178] kann auf die besondere Qualität der erfolgreichen Forschenden oder Forschungseinheiten zurückgehen. Indikatoren, die auf die eingeworbenen Drittmittel aus bestimmten Quellen mit einem strengen Auswahlverfahren abstellen, machen sich mittelbar diese Bewertung zu einem gewissen Anteil ohne viel Aufwand zu eigen. Diese Vereinfachung macht die Auswahlentscheidung

---

[173] Zu den Effekten einer leistungsorientierten Mittelvergabe in der Medizin differenzierend *Krempkow/Landrock*, Wie effektiv ist die Leistungsorientierte Mittelvergabe in der Hochschulmedizin?, S. 95 (97 ff., 102 ff.); zu unterschiedlichen Gründen einer unter Umständen kaum ausgeprägten Handlungsrelevanz von universitätsweiten Evaluationen *Gläser/von Stuckrad*, Reaktionen auf Evaluationen, S. 73 (76 f.); an einer motivierenden Wirkung finanzieller Anreize zweifelnd *Gärditz*, WissR 42 (2009), 353 (376 f.) m. w. N.

[174] *Weingart*, Die Stunde der Wahrheit?, S. 320 f.; *Gläser/Lange/Laudel/Schimank*, Evaluationsbasierte Forschungsfinanzierung und ihre Folgen, S. 145 (162).

[175] Zum „Management von Forschungslinien" an australischen und deutschen Universitäten *Gläser/Lange/Laudel/Schimank*, Evaluationsbasierte Forschungsfinanzierung und ihre Folgen, S. 145 (160 f., 165 f.) sowie *Gläser/Lange/Laudel*, WissR 42 (2009), 329 (348 f.): Verbesserung der Qualität der Forschung durch Priorisierung leistungsstarker Forschenden; Trend zu stärker anwendungsorientierter Forschung und zur Forschung im Mainstream; Verengung von Forschungs-Portfolios und Forschungslinien; Reduzierung der Diversität der Forschung auf der Makroebene und Verringerung der Zuverlässigkeit des Wissens wegen des Drucks zur Publikation.

[176] *Trute*, DV 27 (1994), 301 (316); *Fehling*, DV 35 (2002), 399 (411): staatliche Gewährleistungsverantwortung für hinreichende Pluralität zwecks Schutzes wissenschaftlicher Innovationsoffenheit.

[177] Dort auf die positiven Auswirkungen des Bekanntheitsgrads in der wissenschaftlichen Kommunikation bezogen, *Merton*, The Matthew Effect in Science, S. 439 ff.

[178] Etwa *Weingart*, Reputation in der Wissenschaft – Funktion und Bedeutungsverlust, S. 151 (154 f.); *Gläser/Lange/Laudel/Schimank*, Evaluationsbasierte Forschungsfinanzierung und ihre Folgen, S. 145 (164); *J. Sieweke/Muck/Süß/Haucap*, zfbf 66 (2014), 274 (281); *von Coelln*, DVBl. 2009, 1090 (1098).

allerdings zu einem gewissen Grad auch zu einem Automatismus, der eine einmal getroffene Bewertung fortschreibt[179] und dadurch weder für die Korrektur einer Fehleinschätzung noch für zwischenzeitliche Veränderungen sensibel ist[180] und zudem tendenziell bekannt und bestehende Forschung gegenüber bisher unbekannten Forschenden oder Forschungszugriffen begünstigt.[181] Abgesehen von solchen Reputationseffekten kann der Erfolg bei Forschungsprojekten die Rahmenbedingungen der Forschung derart verbessern, dass erfolgreiche Forschungseinheiten schon wegen der Aufwertung ihrer Leistungsfähigkeit bei Folgeanträgen bessere Chancen haben.[182] Umgekehrt kann es bei Forschungseinheiten, die in der Vergangenheit kaum erfolgreich waren, sein, dass schon die damit einhergehenden Rahmenbedingungen die Wahrscheinlichkeit erfolgreicher Förderanträge in der Zukunft erheblich beeinträchtigen.[183]

Diese Art der Verknüpfung von Auswahlentscheidung unterscheidet sich in ihren Effekten von der Verknüpfung von Interaktionen auf Märkten.[184] Dort wirkt sich Markterfolg positiv auf die Reputation, den Bekanntheitsgrad sowie die Wettbewerbsfähigkeit eines Unternehmens aus und die Beobachtung anderer Marktteilnehmerinnen und Marktteilnehmer sowie der wettbewerbsinduzierte Anpassungsdruck begünstigen eine Verbreitung vorteilhafter Technologien oder Verhaltensweisen. Diese strukturellen Effekte gehen aber jeweils auf laufende dezentrale Auswahlentscheidungen zurück, die nicht in gleichem Maß die Bewertung vorangegangener, fremder Auswahlentscheidungen übernehmen. Jede einzelne dezentrale Auswahlentscheidung prüft und bestätigt oder relativiert

[179] Zur ersten Runde der Exzellenzinitiative und den Zusammenhängen zwischen der Förderung in der dritten Linie der Exzellenzinitiative und den vorangegangenen Drittmitteleinnahmen *Grözinger/Fromm*, Auch Breiten- statt nur Spitzenförderung, S. 113 (118ff.); kritisch ebenfalls *Bumke*, Universitäten im Wettbewerb, VVDStRL 69 (2010), S. 407 (421); *Geis*, Universitäten im Wettbewerb, VVDStRL 69 (2010), 364 (388f.); *Fehling*, Hochschule, § 17 Rn. 18; *Zehnpfennig*, WissR 2013, 37 (48f.).

[180] *Frey*, Evaluitis – eine neue Krankheit, S. 125 (129f.); *Gärditz*, WissR 42 (2009), 353 (381).

[181] *Bumke*, Universitäten im Wettbewerb, VVDStRL 69 (2010), S. 407 (422).

[182] Als Beispiel werden vor allem die Möglichkeiten genannt, ressourcenintensive Versuche durchzuführen oder von Lehrbelastung befreit zu werden, *Gläser/Lange/Laudel/Schimank*, Evaluationsbasierte Forschungsfinanzierung und ihre Folgen, S. 145 (163).

[183] *Gläser/Lange/Laudel/Schimank*, Evaluationsbasierte Forschungsfinanzierung und ihre Folgen, S. 145 (164); zu den normativen Grenzen *Gärditz*, WissR 42 (2009), 353 (372): „Wenn kulturstaatliche Forschungsförderung vermehrt auf Förderorganisationen verlagert und wettbewerblich ausgestaltet wird, so muss der Staat jedenfalls dafür Sorge tragen, dass die *abstrakte Drittmittelfähigkeit* akademischer Forschung an jeder Hochschule bereits aus der ‚voraussetzungslosen' Grundausstattung sichergestellt ist" (Herv. im Orig.).

[184] In diese Richtung, allerdings eher auf die Güterallokation als die Generierung von Wissen bezogen, *Gärditz*, WissR 42 (2009), 353 (376): „Leistungsorientierte Steuerungsinstrumente bei der staatlichen Mittelverteilung können rechten Wettbewerb nicht ersetzen und letztlich auch nicht adäquat simulieren. Sie können damit zwar theoretisch einerseits wissenschaftsinadäquate Nachteile ökonomisierten Forschungswettbewerbs vermeiden helfen; künstlich geschaffene Leistungsindikatoren verfügen andererseits im Unterschied zu einem Markt aber auch nicht über inhärente Mechanismen zur rationalen Güterallokation".

die Attraktivität des Angebots erneut. Marktpositionen sind dadurch prinzipiell bestreitbar. Eine solche Bestreitbarkeit ist auch erforderlich, wenn die dezentralen Interaktionen wissensgenerierende Effekte hervorbringen sollen.[185] Aus der Relevanz der dezentralen Auswahlentscheidungen folgt zugleich, dass die wissensgenerierende Funktion der Kommunikation nicht in erster Linie von bestimmten Anforderungen an das Verhältnis der Kommunizierenden, etwa der grundsätzlichen Gleichheit der Kommunikationspartner oder ihrer Ausgangschancen im Diskurs,[186] abhängt.

---

[185] Vgl. oben, § 1 C.I.3.b).

[186] Im Anschluss an *Habermas*, Theorie des kommunikativen Handelns, *Geis*, Universitäten im Wettbewerb, VVDStRL 69 (2010), 364 (388).

§ 5 Schutz der Marktteilnahme

Das deutsche Verfassungsrecht ordnet den Schutz von Marktaktivitäten keinem bestimmten Grundrecht ausschließlich zu. Vielmehr erfassen die Schutzbereiche mehrerer Freiheitsrechte verschiedene Aspekte der Marktteilnahme, etwa der Berufsfreiheit, der Privatautonomie als Ausfluss der allgemeinen Handlungsfreiheit, der Koalitionsfreiheit oder der Eigentumsfreiheit, ohne dass sich umgekehrt ein einzelner Schutzbereich in der Teilnahme an Marktprozessen erschöpfen würde. Der grundrechtliche Schutz von Marktaktivitäten liegt dadurch in gewisser Weise quer zur Systematik der Schutzbereiche. Wettbewerbsfreiheit lässt sich weder als spezifische Ausprägung eines bestimmten Grundrechts,[1] noch als ungeschriebenes Grundrecht sui generis[2] oder als Freiheit verstehen, die nach Kriterien der Gerechtigkeit durch rechtliche Ausgestaltung verteilt werden könnte.[3] Die Teilnahme an Marktprozessen bildet vielmehr einen Modus der Ausübung marktbezogener Grundrechte. Wettbewerb beschränkt sich aus interaktionszentrierter Perspektive nicht auf eine gesetzlich ausgestaltete Konkurrenzsituation zur Güterverteilung. Charakteristisch für Wettbewerb sind vielmehr die wissensgenerierenden Effekte von Interaktionen, die die Rahmenbedingungen individueller Grundrechtsausübung auf ambivalente Weise prägen (A.). Diese kollektiven Effekte der Interaktion entstehen aus der Freiheitsausübung, bilden die Grundlage für unterschiedliche Facetten personaler Entfaltung durch die einzelnen marktbezogenen Freiheitsrechte und können zugleich durch die aus-

---

[1] So allerdings nach *Lindner* neben der Rechtsprechung auch der überwiegende Teil des Schrifttums *Lindner*, DÖV 2003, 185 (186); aus der Literatur nur *Achatz*, Grundrechtliche Freiheit im Wettbewerb, S. 189 ff.

[2] *Bäcker*, Wettbewerbsfreiheit als normgeprägtes Grundrecht, S. 155 ff., S. 168 ff.

[3] In diese Richtung *Klement*, Wettbewerbsfreiheit, S. 468 f.: „Wenngleich sich die Trennlinie zwischen erlaubten Wettbewerbshandlungen und verbotenen Wettbewerbsbeschränkungen nicht allein aus dem Begriff des ‚freien Wettbewerbs' entwickeln lässt – dieser taugt ebenso wenig als kartellrechtliches Weltenei wie der grundrechtliche Begriff der Freiheit –, ist dem Grundsatz doch ein Auftrag zur Herstellung, Bewahrung und Anwendung einer horizontal gerechten Wettbewerbsordnung zu entnehmen. Das bedeutet, dass die Grenzen, die dem Verhalten der Akteure im Wettbewerb hoheitlich gesetzt werden dürfen und müssen, ihrerseits durch das Postulat der Freiheit von hoheitlichen Zwecken begrenzt sind. Die Abgrenzung zwischen Wettbewerbshandlungen und Wettbewerbsbeschränkungen darf – so will es der Grundsatz – auf der Grundlage des geltenden Rechts nur von Kriterien abhängig gemacht werden, die auf das Horizontalverhältnis der Wettbewerbsakteure bezogen sind (kommutative Gerechtigkeit ‚in der Gruppe')".

differenzierten Bedingungen der Teilnahme die individuellen Verwirklichungschancen beeinträchtigen (B.). Die Ausdifferenzierung der Marktstrukturen ist notwendiger Teil dieser aus der Ausübung der Freiheitsrechte entstehenden Dynamik mit der Folge, dass einem grundrechtlichen Schutz der ausdifferenzierten Formen wie etwa Marktaktivitäten von Kapitalgesellschaften die Entfernung vom personalen Substrat nicht entgegensteht (C.). Vielmehr bildet das Interaktionspotential den Kern des grundrechtlichen Schutzes marktbezogener Freiheitsrechte.[4] Eigentum, die Privatautonomie und die Koalitionsfreiheit sind rechtlich konstituiert, um auf jeweils unterschiedliche Weise Interaktionen zu ermöglichen und dadurch das Schutzgut personaler Entfaltung zu verwirklichen. Die Berufsfreiheit gewährleistet personale Entfaltung in professioneller Interaktion. Dieses Interaktionspotential ist deshalb abwehrrechtlich gegen hoheitliche Eingriffe geschützt und zugleich Gegenstand hoheitlicher Ausgestaltung, ohne die produktive Interaktionsbeziehungen kaum möglich sind. Sowohl für Eingriffe als auch für Ausgestaltungen bildet der Zusammenhang zwischen Interaktionen und dem Schutzgut der personalen Entfaltung die Grundlage des verfassungsrechtlichen Maßstabs (D.). Die verfassungsgerichtliche Rechtsprechung greift die Relevanz von Interaktionen mit einer Reihe dogmatischer Figuren situativ auf, etwa dem Eingriffsmerkmal der berufsregelnden Tendenz, der Konkretisierung einer Wettbewerbsfreiheit durch die Funktionsbedingungen des Wettbewerbs, den Kriterien für funktionale Äquivalente eines Grundrechtseingriffs und den Anforderungen an hoheitliche Informationstätigkeit sowie schließlich der Abgrenzung zum zivilrechtlichen Unternehmenspersönlichkeitsrecht. Sie kann Interaktionen aber wegen des Verständnisses der Freiheitsrechte als isoliert betrachtete Verhaltensfreiheit nicht kohärent verarbeiten (E.).

A. Marktteilnahme als Modus der Freiheitsausübung

I. Wettbewerb als Interaktionszusammenhang

Das Verständnis von Freiheitsrechten als Freiheit zu einem isoliert betrachteten Verhalten führt in der deutschen Grundrechtsdogmatik dazu, dass der grund-

---

[4] Im Zusammenhang mit hoheitlicher Informationstätigkeit *Sachs*, Informationsinterventionismus und Verfassungsrecht, S. 209 (214 f.): „Tatsächlich kann es um die isolierte Freiheit des (berufsbezogenen) Verhaltens des Grundrechtsträgers als solche nicht gehen. (…) Vielmehr wäre die Frage zu stellen gewesen, ob der Grundrechtsschutz beruflicher Freiheit nicht auch und gerade die Möglichkeit umfasst, mit anderen Geschäfte abzuschließen, um so das berufliche Erwerbsziel zu realisieren. Ist dieses Element einer (insoweit) interaktionistischen, nur im Zusammenwirken mit einem Partner zu betätigenden Freiheit einmal als Gegenstand des Grundrechtsschutzes ausgemacht, wird zugleich deutlich, dass der grundrechtliche Schutzgegenstand in diesem Punkt dadurch beeinträchtigt werden kann, dass die grundrechtsgebundene Staatsgewalt in Frage kommende Geschäftspartner von dem geschäftlichen Zusammenwirken abhält (…)“.

rechtliche Schutz der Teilnahme an Wettbewerb, hier synonym verstanden zur Teilnahme an Marktprozessen,[5] dem Freiheitsrecht zugeordnet wird, in dessen Lebensbereich das Verhalten am ehesten fällt. Wettbewerbsfreiheit bildet nach der Rechtsprechung und der überwiegenden Literatur einen Ausfluss der Berufsfreiheit.[6] Dass sich dieser Schutz von Marktprozessen wegen der unterschiedlichen Effekte der Interaktionen allein auf der Grundlage einer isoliert betrachteten Verhaltensfreiheit nicht hinreichend abbilden lässt, veranlasste die verfassungsgerichtliche Rechtsprechung bekanntlich dazu, den Schutz der Wettbewerbsfreiheit nach Maßgabe der Funktionsbedingungen des Wettbewerbs auszuformen.[7] *Bäcker* entwickelte diesen Ansatz zu einer Wettbewerbsfreiheit als einem unbenannten und einfach-gesetzlich ausgestalteten Grundrecht fort.[8]

Aus interaktionszentrierter Perspektive lässt Wettbewerb sich nicht dem Schutzbereich eines bestimmten Freiheitsrechts zuordnen. Vielmehr meint die individuelle Teilnahme am Wettbewerb oder an Marktprozessen die Beteiligung an Interaktionszusammenhängen. Diese Interaktionszusammenhänge sind für die Schutzgüter unterschiedlicher Freiheitsrechte bedeutsam. Die dynamischen, in der Wirkung ambivalenten und kollektiven Effekte des Wettbewerbs, also das Charakteristikum der Interaktionszusammenhänge, stellt kein Spezifikum eines bestimmten Schutzguts oder Freiheitsrechts dar. Vielmehr beschreibt der

---

[5] Zu einem anderen Begriffsverständnis *Lepsius*, Über Märkte, Wettbewerb und Gemeinwohl, S. 25 (34).

[6] Überblick bei *Lindner*, DÖV 2003, 185 (186); aus der Literatur nur *Achatz*, Grundrechtliche Freiheit im Wettbewerb, S. 189ff.

[7] BVerfG, Beschl. v. 26.6.2002, 1 BvR 558/91, 1 BvR 1428/91, BVerfGE 105, 252 – *Glykolwarnung*, Rn. 43: „Erfolgt die unternehmerische Berufstätigkeit am Markt nach den Grundsätzen des Wettbewerbs, wird die Reichweite des Freiheitsschutzes auch durch die rechtlichen Regeln mitbestimmt, die den Wettbewerb ermöglichen und begrenzen. Art. 12 Abs. 1 GG sichert in diesem Rahmen die Teilhabe am Wettbewerb nach Maßgabe seiner Funktionsbedingungen."; BVerfG, Beschl. v. 13.6.2006, 1 BvR 1160/03, BVerfGE 116, 135 – *Vergaberecht*, Rn. 60; BVerfG, Beschl. v. 14.3.2006, 1 BvR 2087/03, 1 BvR 2111/03, BVerfGE 115, 205 – *Geschäfts- und Betriebsgeheimnis; in-camera-Verfahren*, Rn. 82; BVerfG, Urt. v. 20.4. 2004, 1 BvR 905/00, 1 BvR 1748/99, BVerfGE 110, 274 – *Ökosteuer*, Rn. 44; zur Berücksichtigung der Überschreitung von Arzneimittelfestpreisen bei der Ausschreibung von Rabattverträgen gem § 130a Abs. 8 SGB 5 BVerfG, Nichtannahmebeschl. v. 1.11.2010, 1 BvR 261/10, Rn. 11; BVerfG, Nichtannahmebeschl. v. 14.9.2010, 1 BvR 1504/10, Rn. 12; zur Reichweite des gemeindlichen Hebesatzrechts BVerfG, Beschl. v. 27.1.2010, 2 BvR 2185/04, 2 BvR 2189/04, BVerfGE 125, 141 – *Gewerbesteuer Mindesthebesatz*, Rn. 96; BVerfG, Nichtannahmebeschl. v. 25.7.2007, 1 BvR 1031/07, NVwZ 2007, 1168 – *Besteuerung von Biokraftstoff*, Rn. 31; als Aspekt der Kontrolldichte bei der Prüfung am Maßstab des Art. 3 Abs. 1 GG BVerfG, Nichtannahmebeschl. v. 15.5.2007, 1 BvR 866/07, Rn. 24; BVerfG, Stattgebender Kammerbeschl. v. 8.5. 2007, 1 BvR 193/05, NJW 2008, 358, Rn. 18; BVerfG, Nichtannahmebeschl. v. 4.12.2006, 1 BvR 1198/06, BVerfGK 10, 13 – *Verbraucherinsolvenzberatung*, Rn. 13; BVerfG, Nichtannahmebeschl. v. 28.7.2004, 1 BvR 2566/95, BVerfGK 3, 337 – *wertende Meinungsäußerung; „gerlachreport"*, Rn. 26; zuletzt BVerfG, Nichtannahmebeschl. v. 8.12.2011, 1 BvR 1932/08, NVwZ 2012, 694 – *Telekommunikationsrechtliche Marktregulierung*, Rn. 45; näher unten, § 5 E.III.

[8] *Bäcker*, Wettbewerbsfreiheit als normgeprägtes Grundrecht, S. 149ff.

Wettbewerb als Interaktionszusammenhang einen Modus der Grundrechtsausübung, der die Rahmenbedingungen der Grundrechtsverwirklichung jedes Freiheitsrechts prägt, das in Marktprozessen ausgeübt wird, die Berufsfreiheit also ebenso wie etwas das Eigentum, die Privatautonomie und die Koalitionsfreiheit oder unter Umständen auch weniger markttypische Grundrechte, wenn sie in bestimmten Kontexten einen Marktbezug aufweisen.[9]

Auch ein grundrechtsdogmatisches Verständnis, das Wettbewerb als eine punktuelle Konkurrenzsituation und das damit verbundene Streben um den Sieg charakterisiert,[10] blendet die strukturellen Wirkungen der Interaktionen und ihrer wissensgenerierenden Dynamik aus. Wettbewerb beschränkt sich nicht auf eine mit sportlichen Wettbewerben vergleichbare alles oder nichts-Entscheidung, die von dem Einsatz der eigenen Fähigkeiten und den Präferenzen des potentiellen Transaktionspartners abhängt.[11] Vielmehr werden die Rahmenbedingungen der Grundrechtsverwirklichung geprägt durch die systematischen, ambivalenten und nicht vorhersehbaren Auswirkungen von Wettbewerbsprozessen auf die Handlungsoptionen aller aktuellen und potentiellen Marktteilnehmerinnen und Marktteilnehmer, die sich aus einem Kontinuum von Markttransaktionen und wechselseitigen Beobachtungen ergeben.

Diesem Zusammenhang zwischen Interaktion und den Rahmenbedingungen der Grundrechtsverwirklichung entspricht es schließlich auch nicht, die Effekte der wettbewerbsbedingten Interaktion als bloßen, vom grundrechtlichen Schutz nicht erfassten Reflex[12] einzuordnen oder die Funktion von Marktprozessen auf die Verteilung von Gütern zu reduzieren.[13] Stattdessen veranschaulicht auch die Entwicklung der Wettbewerbstheorie die zentrale Rolle der Interaktion für die Beschreibung der Marktprozesse.

---

[9] Zum Schutz von Marktaktivitäten als Ausprägung des Rechts auf Achtung des Privatlebens nach Art. 8 Abs. 1 EMRK siehe unten, § 7 A.I.3.

[10] *Klement*, Wettbewerbsfreiheit, S. 61 ff., m. w. N.: Wettbewerb als Summe der Handlungen, mit denen zwei oder mehr Wettbewerbsteilnehmer einen Vorteil für sich zu erlangen suchen, den zumindest nicht alle von ihnen erlangen können.

[11] In diese Richtung *Klement*, Wettbewerbsfreiheit, S. 62: „Wettbewerb entsteht, wenn (a) eine objektiv vorhandene Rivalität um einen Kausalfaktor (Gegenstand des Wettbewerbs) auf dem Weg zur Maximierung des jeweils eigenen Nutzens von mindestens zwei Akteuren subjektiv wahrgenommen wird, und diese Akteure (b) jeweils von der Möglichkeit ausgehen, die Rivalität zu (c) angemessenen Kosten für sich entscheiden zu können".

[12] Zur Berufsfreiheit *Lepsius*, Der Eigenwert der Verfassung im Wirtschaftsrecht, S. 149 (168 f.): Wettbewerbsfreiheit als akzessorischer Reflex aus den individuellen Wirtschaftsfreiheiten der einzelnen Teilnehmer am wirtschaftlichen Prozess; sowie in Abgrenzung zur objektiv-rechtlichen Schutzdimension a.a.O., S. 159; tendenziell auch *Ruffert*, AöR 134 (2009), 197 (221): Fokussierung auf konkrete Rechtspositionen von Wirtschaftssubjekten und Grundrechtsträgern; Grundrechte als Vetoposition gegenüber staatlichen Regelungsansprüchen.

[13] In diese Richtung *Bumke*, Ausgestaltung von Grundrechten, S. 38: Güterverteilung als zentrales Wissensproblem.

II. Marktprozesse in der Wettbewerbstheorie

In der Entwicklung der Wettbewerbstheorie nehmen Interaktionsbeziehungen eine Schlüsselstellung ein. Interaktionen machen Marktprozesse komplex. Die Entwicklung der wettbewerbstheoretischen Marktmodelle ist eine Entwicklung im Umgang mit der Komplexität.[14] Die Art und Weise, wie die unterschiedlichen Wettbewerbsmodelle und Wettbewerbsleitbilder die kontinuierliche Interaktion unter Marktteilnehmerinnen und Marktteilnehmern abbilden, charakterisiert die Perspektive und Leistungsfähigkeit des jeweiligen Modells. Die Analyse von Interaktionsprozessen und ihrer Formalisierbarkeit markieren ein zentrales Element wettbewerbstheoretischer Auseinandersetzungen. Hinter divergierenden wettbewerbstheoretischen Handlungsempfehlungen an den Gesetzgeber stehen unterschiedliche Optionen der rechtlichen Ausgestaltung von Interaktionszusammenhängen, die von dem jeweiligen Verständnis der Interaktionsbeziehungen abhängen.

Die Verarbeitung der Interaktion bildet die zentrale Herausforderung der Wettbewerbstheorie des 20. und 21. Jahrhunderts. Gleichgewichtsmodelle, die durch ihre restriktiven Prämissen Komplexität reduzieren und das Verhalten der Marktteilnehmerinnen und Marktteilnehmer kalkulierbar machen, markieren den Beginn der modernen Wettbewerbstheorie. Diese statischen Gleichgewichtsmodelle wurden laufend zu einer mikroökonomischen Preistheorie fortentwickelt und stellen trotz anhaltender Kritik nach wie vor ein einflussreiches Paradigma, insbesondere bei der Beurteilung der Allokationseffizienz von Märkten, dar.[15] Gleichgewichtsmodelle und Preistheorie etablieren zum einen die Allokationseffizienz und Wohlfahrtsmaximierung als zentrale Bewertungskriterien für Marktprozesse und bieten zum anderen einen Rahmen für formalisierte Analysen. Die mikroökonomische Preistheorie stellt dadurch auch für einige über die statische Allokation hinausgehende Analysekonzepte die wesentliche methodische Grundlage dar.[16] Gleichwohl löst der auf Komplexitätsreduktion ausgerichtete Zugriff Zweifel an der hinreichenden Realitätsnähe des Modells und noch grundlegender an dessen Leistungsfähigkeit aus. Indem dynamische Wettbewerbsmodelle die Interaktion unter Marktteilnehmende in den Blick nehmen, berücksichtigen sie die wissensgenerierende Wirkung von

---

[14] Ähnliches gilt für die Entwicklung rechtsdogmatischer Wettbewerbskonzepte, dazu *Magen*, Ein Wettbewerbskonzept für das Öffentliche Wettbewerbsrecht, § 2 Rn. 20 ff., sowie die anderen Beiträge in Kirchhof/Korte/Magen (Hrsg.), Öffentliches Wettbewerbsrecht.

[15] *Pindyck/Rubinfeld*, Mikroökonomie, S. 383 ff., 485 ff., 539 ff.; 797 ff. *Mankiw/Taylor/Ashwin*, Volkswirtschaftslehre, S. 219 ff.; *Kerber/Schwalbe*, Ökonomische Grundlagen des Wettbewerbsrechts, Rn. 995; zu den Auswirkungen auf die Wettbewerbspolitik *White*, Rev. of Pol. Econ. 25 (2013), 225 (231 ff.); zum Analysepotential des Wettbewerbsmodell vollständiger Konkurrenz und der Gleichgewichtsmodelle auch bei zweiseitigen Märkten mit unvollständiger Information und Transaktionskosten etwa *Satterthwaite/Shneyerov*, Econometrica 75 (2007), 155 (183 ff.), sowie spieltheoretisch modelliert *Motta*, Competition Policy, S. 533 ff.

[16] *Friedman*, Price Theory; zur sog. *Chicago School* siehe unten, § 5 A.II.4.

Marktprozessen, die Entstehung von Innovationen und die damit verbundenen Änderungen der technischen, ökonomischen und sozialen Rahmenbedingungen von Märkten. Diese Berücksichtigung der Interaktion geht mit einer eingehenderen Modellierung der Marktakteure einher, insbesondere ihrer Ziele und Präferenzen, den verfügbaren Informationen und Begrenzungen der situativen Informationsverarbeitungskapazität und schließlich ihrem strategischen Potential, auf die Rahmenbedingungen von Märkten Einfluss zu nehmen und umgekehrt ein strategisches Verhalten der anderen Marktteilnehmerinnen und Marktteilnehmer zu antizipieren. Überwiegend übernehmen die dynamischen Wettbewerbsmodelle das Ziel der Wohlfahrtsmaximierung sowie die mikroökonomischen Methoden der neoklassischen Gleichgewichtsmodelle und entwickeln dabei unterschiedliche Strategien im Umgang mit der zunehmenden Modellkomplexität. Weitergehend nehmen prozessorientierte Wettbewerbsverständnisse schon im Ausgangspunkt von dem Ziel der Wohlfahrtsmaximierung und der auf Kalkulation angelegten Methode Abstand. Diese unterschiedlichen Strategien der Komplexitätsverarbeitung charakterisieren die jeweilige Wettbewerbstheorie. Dabei beinhalten die einzelnen Ansätze offen oder verdeckt[17] gesetzte Annahmen, die zum Gegenstand wissenschaftlicher, aber auch politischer Auseinandersetzungen gemacht werden können.

1. Kalkulierbarkeit durch Komplexitätsreduktion

Während die klassische Nationalökonomie Wettbewerbsprozesse qualitativ und allgemein im Hinblick auf ihre vor allem evolutorischen Wirkungen und die Konsequenzen für Staatsaufgaben beschrieb,[18] streben neoklassische Gleichgewichtsmodelle eine formalisierte, quantitative Berechnung der Marktprozesse an. Ziel ist die Wohlfahrtsoptimierung.

a) Preistheorie und Gleichgewichtsmodelle vollständiger Konkurrenz

Zu diesem Zweck legt das Wettbewerbsleitbild der sog. vollständigen Konkurrenz[19] restriktive Modellannahmen zu Grunde,[20] um ein bestimmtes Marktverhalten unterstellen und auf dieser Grundlage Angebots- und Nachfragemengen, Preise und Kosten sowie Produzenten- und Konsumentenrenten berechnen zu

[17] Zur Verschleierung von Annahmen durch mathematische Formeln mit Beispielen *Romer*, AER 105 (2015), 89 ff.: mathiness.

[18] Eingehend zu Adam Smith die Beiträge in *Berry* (Hrsg.), The Oxford Handbook of Adam Smith; zum Wettbewerbsverständnis *West*, Adam Smith and Modern Economics, S. 21 ff.; zum Wettbewerb als Teil der Moralophillosophie *Ladeur*, Negative Freiheitsrechte, S. 35 ff.; *Mantzavinos*, Wettbewerbstheorie, S. 17 ff.; *Herzog*, Inventing the Market, S. 17 ff.; knapper Überblick zu den wettbewerbspolitischen Implikationen bei *Schmidt/Haucap*, Wettbewerbspolitik und Kartellrecht, S. 4 ff.

[19] *Cezanne*, Allgemeine Volkswirtschaftslehre, S. 158 ff.; *Henn*, Zeitschrift für Nationalökonomie 22 (1963), 368 ff.

[20] *Breyer*, Mikroökonomik, S. 72 ff.

können.[21] Die Annahmen modellieren den Marktpreis als die zentrale Größe, von dem das Verhalten sowohl der Anbieter als auch der Nachfrager abhängt.[22] Nach diesen Annahmen ist die Marktstruktur durch eine Vielzahl jeweils kleiner Anbieter und Nachfrager gekennzeichnet, die jeweils über sämtliche marktrelevante Informationen verfügen.[23] Die angebotenen Marktgüter gelten als homogen, sind also aus Sicht der Nachfrager uneingeschränkt austauschbar. Als Folge dieser Marktannahmen richten sich die Nachfrager bei der Entscheidung für ein Produkt ausschließlich nach dem Preis; die Nachfrage ist vollkommen preiselastisch. Für die Anbieter stellt der Marktpreis infolge der Vielzahl der anderen kleinen Anbieter ein Datum dar. Ihre Angebotsmengen richten sich nach ihrer jeweiligen Kapazität und ihren Grenzkosten. Die Anbieter verhalten sich in dem Modell als sog. Mengenanpasser.[24] In gleicher Weise passen sich Anbieter und Nachfrager an die Preise der Produktionsfaktoren an.[25]

Infolge dieser Anpassung des Marktverhaltens an den vom einzelnen Akteur nicht beeinflussbaren Preis lassen sich Verknüpfungen der Märkte in das Modell aufnehmen. Unternehmen produzieren, soweit die Grenzkosten der Produktion den Marktpreis nicht überschreiten. Sie handeln mit anderen Worten ausschließlich als Mengenanpasser und setzen dabei die Produktionsfaktoren je nach ihrer Substituierbarkeit und ihrem Faktorpreisverhältnis ein.[26] Die Marktpreise steuern dadurch sowohl die Menge der produzierten Güter als auch den Einsatz der Produktionsfaktoren.

Mit dieser Berechnung verbindet das Modell schließlich das Ziel des Marktprozesses, die Maximierung der Gesamtwohlfahrt verstanden als die Summe aus Produzenten- und Konsumentenrente. Das über den Preismechanismus ermittelte Gleichgewicht markiert in dem Modell zugleich den Punkt, in dem die Konsumenten- und Produzentenrente maximiert werden.[27] Die kumulierte

---

[21] Überblick bei *Schmidt/Haucap*, Wettbewerbspolitik und Kartellrecht, S. 8 f. und *Mantzavinos*, Wettbewerbstheorie, S. 19 f.; zur Aktualität *Kerber/Schwalbe*, Ökonomische Grundlagen des Wettbewerbsrechts, Rn. 994.

[22] Teilweise wird in dem Modell unterstellt, dass ein „Marktmacher" den Preis setzt, *Woeckener*, Mikroökonomik, S. 75, 77.

[23] Grundlegend zu den Bedingungen *Knight*, Risk, Uncertainty and Profit, S. 51 ff., insb. 76–81; den restriktiven Modellprämissen steht ein wirtschaftsethischer Hintergrund mit durchaus kritischem, normativen Anspruch gegenüber, vgl. *Noppeney*, Zwischen Chicago-Schule und Ordoliberalismus. Wirtschaftsethische Spurensuche in der Ökonomie Frank Knights, S. 55 ff. sowie dem sozialen und ökonomischen Kontext in der Zwischenkriegszeit betonend *Emmett*, Frank Knight and the Chicago School in American Economics, S. 63 ff.

[24] Daneben setzt diese Modellierung als Mengenanpasser noch voraus, dass die anbietenden Unternehmen in der Absicht handeln, ihren Gewinn zu maximieren, und nur ein Gut produzieren, das nicht gelagert wird, *Breyer*, Mikroökonomik, S. 73 f.

[25] *Woeckener*, Mikroökonomik, S. 75; zur simultanen Bestimmung von Produktangebot und Faktornachfrage durch ein- und zweistufige Optimierung der Gewinnfunktion *Breyer*, Mikroökonomik, S. 77 ff.

[26] *Schmidt/Haucap*, Wettbewerbspolitik und Kartellrecht, S. 8.

[27] *Woeckener*, Mikroökonomik, S. 78.

maximale Zahlungsbereitschaft der Nachfrager abzüglich der entsprechenden Produktionskosten drückt die Gesamtwohlfahrt aus, die nach Modellannahmen bei einem Preis, bei dem sich Grenzzahlungsbereitschaft und Grenzkostenfunktion schneiden, optimiert wird.[28] Diesen Zustand effizienter Faktorallokation bewertet das Modell schließlich als sog. pareto-optimalen Zustand, also einen Zustand, in welchem kein Individuum besser gestellt werden kann, ohne dass gleichzeitig zumindest ein anderes Individuum schlechter gestellt wird.[29]

b) Folgen der Komplexitätsreduktion

Die Modellprämissen, die Berechnungen anhand des Modells ermöglichen, stellen es zugleich in Frage. Die Kritik setzt im Wesentlichen an zwei Punkten an: der Angemessenheit der Modellannahmen angesichts der komplexeren Praxis sowie der Leistungsfähigkeit des Modells.[30]

Die hinreichende Genauigkeit der Modellannahmen wurde schon früh in mehrfacher Hinsicht in Frage gestellt.[31] Eine atomistische Angebots- und Nachfragestruktur sowie eine vollständige Produkthomogenität weisen nur wenige Märkte auf.[32] Bei einer abweichenden Marktstruktur, auf der etwa einem Marktteilnehmenden eine herausgehobene Marktposition zukommt, können ein weiteres marktmächtiges Unternehmen und vor allem ein gewisses Maß an Intransparenz die Marktsituation auch im Sinne des Gleichgewichtsmodells verbessern.[33] Die Produkthomogenität steht zudem in einem Spannungsverhältnis zu einer Nachfrage nach ausdifferenzierten Angeboten.[34] Vor allem verfügen die Marktteilnehmerinnen und Marktteilnehmer nicht über sämtliche für den Markt relevanten Informationen, etwa zu alternativen Angeboten, der Nachfragerpräferenz, den Produktionsbedingungen, Kostenstrukturen oder anderen Marktgegebenheiten.[35] Nicht zuletzt wegen dieser Unsicherheit, sowohl bei der Anbahnung als auch bei der Umsetzung einer Transaktion, notfalls einschließlich der rechtlichen Durchsetzung, sind Transaktionen mit Kosten verbunden. Diese ökonomische

---

[28] *Woeckener*, Mikroökonomik, S. 78 f.

[29] *Schmidt/Haucap*, Wettbewerbspolitik und Kartellrecht, S. 9; *Kerber/Schwalbe*, Die ökonomischen Grundlagen des Wettbewerbsrechts, Rn. 72.

[30] Daneben bezieht sich ein grundlegender Kritikpunkt auf das grundsätzliche Anliegen des Modells, Wohlfahrt zu messen und zu maximieren, dazu siehe unten, § 5 A.II.7.

[31] Grundlegend *Knight*, Risk, Uncertainty and Profit, S. 76 ff., vgl. Fn. 23.

[32] Die mikroökonomische Literatur weist mit Einschränkungen auf bestimmte organisierte Märkte, etwa Waren- und Aktienbörsen, hin *Breyer*, Mikroökonomik, S. 73; *Woeckener*, Mikroökonomik, S. 75; *Emmerich*, Kartellrecht, § 1 Rn. 17: allenfalls bestimmte hochliquide Börsen.

[33] *Clark*, AER 2 (1940), 241 (242): ‚imperfections' in present theoretical scheme may turn out to have some positive use in actual situations; aus der Perspektive eines prozessorientierten Wettbewerbsverständnisses *von Hayek*, Der Sinn des Wettbewerbs, S. 122 (137); zur darin angelegten Dynamisierung der Wettbewerbstheorie *Schmidt/Haucap*, Wettbewerspolitik und Kartellrecht, S. 13.

[34] *Schmidt/Haucap*, Wettbewerbspolitik und Kartellrecht, S. 9.

[35] *Knight*, Risk, Uncertainty and Profit, S. 197 ff.

Relevanz von Institutionen wirft in unterschiedlicher Hinsicht weitergehende Analysefragen auf.[36] Die Frage, ob das Modell für seinen Zweck hinreichend genau ist, rückt die Aussagen, auf die das Modell angelegt ist, in den Vordergrund.

Vor allem reduzieren die Berechenbarkeit und das Marktverhalten vorherbestimmender Modellannahmen die Funktion des Marktprozesses auf eine statische Verteilung vorhandener Güter und blendet Entwicklungen der ökonomischen, technologischen oder sozialen Rahmenbedingungen der Märkte, also die dynamische Funktion von Marktprozessen, aus.[37] Diese Vernachlässigung der dynamischen Funktion stellt nicht nur eine Ungenauigkeit der Modellprämissen dar, sondern durch diesen Zuschnitt blendet das Modell die Voraussetzungen für die Entstehung von Innovationen und damit einen Teil der Leistungsfähigkeit von Marktprozessen aus.[38] Diese Relevanz bestimmter Informations- und Machtasymmetrien, die aus Sicht des Modells vollständiger Konkurrenz Marktunvollkommenheiten darstellen, für die Entwicklung und Verbreitung von Innovationen zieht ein Spannungsverhältnis zwischen der Innovationsfähigkeit von Märkten und dem Modellziel der optimalen Faktorallokation sowie zwischen den temporären Vorsprüngen einzelner Marktteilnehmerinnen und Marktteilnehmer und den Bedingungen ihrer Abbaubarkeit nach sich.[39]

2. *Marktstruktur als Faktor des Marktprozesses*

Die Kritik an den Prämissen des Gleichgewichtsmodells rückte den Einfluss der Marktstruktur auf das Marktverhalten und mittelbar auf das Marktergebnis in den Vordergrund.[40] Eine eingehendere Aufschlüsselung der Marktstruktur, die insbesondere einzelne Aspekte der Produktdifferenzierung und der Zusammensetzung der anbietenden Unternehmen berücksichtigt,[41] bietet eine Grundlage für ein genaueres Verständnis von Marktprozessen. Daraus resultiert die Frage,

---

[36] Näher unten, § 5 A.II.6.

[37] *Clark*, Competition as dynamic process, sowie bereits *ders.*, AER 45 (1955), 450 (456 ff.); näher zu dessen institutionalistischen Facetten *Rutherford*, JEI 2013, 295 (299 ff.); früh bereits *Arndt*, Schöpferischer Wettbewerb und klassenlose Gesellschaft; aus der späteren deutschen Auseinandersetzung *Kaufer*, ORDO 18 (1967), 95 (96 f.); Prokrustbrett der stationären Wirtschaft, *Hoppmann*, Zum Problem einer wirtschaftspolitisch praktikablen Definition des Wettbewerbs, S. 9 (28).

[38] *Mestmäcker*, Rechtliche und ökonomische Grundlagen marktwirtschaftlicher Ordnungen, S. 1 (4 f.).

[39] *Schmidt/Haucap*, Wettbewerspolitik und Kartellrecht, S. 14; *Kling/Thomas*, Kartellrecht, § 2 Rn. 17; zu den Folgen für das Konzept der sog. optimalen Wettbewerbsintensität siehe unten, § 5 A.II.2.b).

[40] Grundlegend *Mason*, AER 29 (1939), 61 ff.; *Bain*, Barriers to New Competition; *ders.*, Industrial Organization, sowie zu Märkten mit differenzierten Angeboten bereits *Chamberlin*, The Theory of Monopolistic Competition; näher *Grether*, AER 60 (1970), 83 (83 ff.); *Mantzavinos*, Wettbewerbstheorie, S. 23 ff., *Kerber/Schwalbe*, Die ökonomischen Grundlagen des Wettbewerbsrechts, Rn. 78 ff.

[41] *Chamberlin*, The Theory of Monopolistic Competition; *Mason*, AER 29 (1939), 61 (62 ff.).

auf welche Art und Weise die Marktstruktur das Marktverhalten und mittelbar das Marktergebnis beeinflusst und wie diese Zusammenhänge methodisch erforscht werden können.

a) Industrial Organization

Die sog. *Industrial Organization* untersucht empirisch die Auswirkungen der Marktstruktur auf das Marktergebnis, indem sie Zusammenhänge zwischen marktstruktur- und marktergebnisbezogenen Kennzahlen ermittelt.[42] Den Ansätzen lag vielfach die Annahme zu einer zumindest kurzfristigen Kausalität der Marktstruktur für das Marktverhalten zu Grunde, die es empirisch zu überprüfen galt, die sich aber nicht mit der erhofften Deutlichkeit nachweisen ließ.[43] Entweder reichten die berücksichtigten Merkmale der Marktstruktur noch nicht aus, um die Beeinflussung des Marktverhaltens hinreichend zu beschreiben, oder – ein grundlegender Einwand gegen den Untersuchungsansatz – die Interaktion der Marktteilnehmerinnen und Marktteilnehmer beeinflusst ihrerseits die Marktstruktur.[44]

b) Workable Competition

Konzepte der sog. *Workable Competition*[45] oder des funktionsfähigen Wettbewerbs legen ebenso wie die *Industrial Organization* die Differenzierung zwischen Marktstruktur, Marktverhalten und Marktergebnis sowie die Annahme einer gewissen, zumindest kurzfristigen Relevanz der Marktstruktur für das Marktverhalten zu Grunde, modellieren Marktprozesse aber im Ausgangspunkt mit normativen Elementen. Wettbewerbsprozesse dienen danach der Verwirklichung eines Bündels teils statischer, teils dynamischer Ziele.[46] Mit Blick

[42] Eingehende Analyse unterschiedlicher Wirtschaftszweige bei *Bain*, Industrial Organization; zu einzelnen Merkmalen *Scherer/Ross*, Industrial market structure and economic performance, S. 57 ff., 97 ff., 411 ff., 592 ff., 661 ff.; zur Entwicklung der *„concentration-collusion"*-Doktrin und den Grenzen einer empirischen Nachweisbarkeit genereller Zusammenhänge zwischen der Marktstruktur und dem Marktergebnis *Kerber/Schwalbe*, Die ökonomischen Grundlagen des Wettbewerbsrechts, Rn. 81 f., m. w. N.; zur *„Modern Industrial Organization"*, die strategisches Verhalten und Spieltheorie in das Modell integriert und die Erklärungskraft der Marktstruktur dadurch relativiert *Waldman/Jensen*, Industrial Organization, S. 201 ff., 339 ff., 375 ff.; *Carlton/Perloff*, Modern Industrial Organization, S. 159 ff., 268 ff., 350 ff.; *Tirole*, Industrieökonomik, S. 447 ff., insb. 803 ff.; *Tremblay/Tremblay*, New Perspectives on Industrial Organization, S. 55 ff. zur Spieltheorie und S. 101 ff. zu verhaltenswissenschaftlichen Ansätzen (*Behavioral Economics*); näher unten, § 5 A.II.3.

[43] *Hoppmann*, Zum Problem einer wirtschaftspolitisch praktikablen Definition des Wettbewerbs, S. 9 (38).

[44] *Emmerich*, Kartellrecht, § 1 Rn. 28.

[45] *Clark*, AER 30 (1940), (2), 241 ff.; dazu *Kantzenbach/Kallfass*, Das Konzept des funktionsfähigen Wettbewerbs, S. 103 (106 ff.).

[46] Überblick bei *Kerber/Schwalbe*, Die ökonomischen Grundlagen des Wettbewerbsrechts, Rn. 83–87; *Kling/Thomas*, Kartellrecht, § 2 Rn. 11 ff.; *Heidrich*, Das evolutorisch-systemtheoretische Paradigma in der Wettbewerbstheorie, S. 81 ff.

auf diese Ziele sehen die verschiedenen Ansätze der sog. *Harvard School* unterschiedliche Kombinationen aus Marktstruktur- und Marktverhaltensmerkmalen als relevant an[47] und leiten aus den jeweils als relevant eingestuften Kriterien Markttests ab, anhand derer sich allgemein die Funktionsfähigkeit eines Marktes überprüfen lassen soll.[48]

In ähnlicher Weise verfolgte das in Deutschland entwickelte Modell der sog. optimalen Wettbewerbsintensität[49] das Ziel, aus der Anbieterzahl einerseits und der Marktvollkommenheit andererseits[50] unter Berücksichtigung wettbewerbsbeschränkender Verhaltensweisen[51] eine optimale Marktstruktur[52] zu ermitteln, die ein Bündel normativ gesetzter, teils statischer, teils dynamischer Funktionen bestmöglich verwirklicht.[53]

Allen Ansätzen ist gemein, dass die Komplexität erzeugende Interaktion der Marktteilnehmerinnen und Marktteilnehmer einer Modellierung des Einflusses der Marktstruktur auf das Marktverhalten Grenzen setzt.[54] Der empirische, für Falsifizierungen offen gehaltene Ansatz der *Industrial Organization* begünstigt es auf der einen Seite, aus der nicht geglückten Nachweisbarkeit die

---

[47] Vgl. nur die empirischen Studien bei *Scherer/Ross*, Industrial Market Structure and Economic Performance, S. 411 ff.

[48] Zusammenfassend *Mohr*, Sicherung der Vertragsfreiheit durch Wettbewerbs- und Regulierungsrecht, S. 309 ff.

[49] *Kantzenbach*, Die Funktionsfähigkeit des Wettbewerbs; Wettbewerbsintensität bezeichnet danach die Geschwindigkeit, mit der fortschrittsbedingte Vorsprungsgewinne von den Wettbewerbern abgebaut werden, a.a.O., S. 38; zusammenfassend *Kantzenbach/Kallfass*, Das Konzept des funktionsfähigen Wettbewerbs, S. 103 (108 ff.).

[50] Die Faktoren leiten sich nach dem Konzept aus einer Kette von Zusammenhängen ab, *Kantzenbach*, Die Funktionsfähigkeit des Wettbewerbs, S. 39 ff.: Die Wettbewerbsintensität hängt von der Reaktionsverbundenheit der Unternehmen ab, die wiederum von der Flexibilität der Unternehmen sowie der Beweglichkeit der Nachfrage abhängt. Für die Unternehmensflexibilität und die Nachfragebeweglichkeit sind die Kapazitätsauslastung und der Marktanteil der Unternehmen einerseits sowie die Markttransparenz und der Homogenitätsgrad des Angebots andererseits relevant.

[51] Im Hinblick auf die Existenz wettbewerbsbeschränkender Verhaltensweisen unterscheidet *Kantzenbach* zwischen potentieller und effektiver Wettbewerbsintensität, Die Funktionsfähigkeit des Wettbewerbs, S. 89 ff.

[52] Als im Hinblick auf die effektive Wettbewerbsintensität vorteilhaft stuft *Kantzenbach* weite Oligopole mit unvollkommener Produktheterogenität und Markttransparenz ein, Die Funktionsfähigkeit des Wettbewerbs, S. 91 ff.

[53] *Kantzenbach,* Die Funktionsfähigkeit des Wettbewerbs, S. 16 f., nennt als Ziele die Einkommensverteilung nach Marktleistung, die Steuerung des Waren- und Dienstleistungsangebots nach Käuferpräferenzen, die Lenkung der Produktionsfaktoren nach ihrer Verwendungseffizienz, die laufende Anpassung der Produktion und ihrer Modalitäten an Änderungen der Nachfrage oder des Stands der Technik sowie die Durchsetzung des technischen Fortschritts; zum Verhältnis der statischen und der (tendenziell bedeutenderen) dynamischen Funktion *ders.*, a.a.O., S. 133. Ein konziser Überblick zum Konzept findet sich bei *Eickhof*, Die Hoppmann-Kantzenbach-Kontroverse aus heutiger Sicht, S. 35 (36–41).

[54] Vgl. schematisch zu den indirekten Rückkopplungsbeziehungen *Kantzenbach/Kallfass*, Das Konzept des funktionsfähigen Wettbewerbs, S. 103 (114).

Konsequenzen zu ziehen.[55] Auf der anderen Seite ist der methodische Ansatz, Kausalitäten auf Märkten empirisch nachweisen zu wollen, angesichts der interaktionsbedingten Komplexität recht voraussetzungsvoll. Die Ansätze der *workable competition* und des funktionsfähigen Wettbewerbs sind durch ihre normativen Elemente hingegen zu einem höheren Grad immun gegen Zweifel an den Prämissen zur Relevanz der Marktstruktur. Sie erweisen sich zugleich in besonderem Maße als anschlussfähig für eine Wettbewerbspolitik, die Handlungsempfehlungen zur Ausgestaltung kartellrechtlicher Regelungen sucht.[56]

3. Moderne Industrieökonomik: situationsspezifische Analyse

Moderne Ansätze der Industrieökonomik[57] ziehen aus der Komplexität die Konsequenz, bei der Modellierung vor allem beim Marktverhalten anzusetzen und insbesondere spieltheoretische Elemente zu integrieren.[58] Die Ansätze berücksichtigen die Unternehmensorganisation, die differenziert[59] und insbesondere unter Berücksichtigung von Spielräumen und Grenzen des Managements aufgeschlüsselt wird.[60] Auf dieser Grundlage bildet das Modell ab, wie Unternehmen andere Marktteilnehmerinnen und Marktteilnehmer beobachten und ihr Verhalten antizipierend in Rechnung stellen, und leitet Voraussetzungen für das gewinnmaximale Gestaltung einzelner Unternehmensparameter, etwa zur Produktgestaltung,[61] zur Preisdifferenzierung oder vertikalen Bindungen[62] ab.

Infolge der zunehmenden Komplexität der Modellannahmen ändert das Modell seinen Ausschnitt von der umfassenden Analyse einzelner Märkte oder gar der Verbindung von Produkt- und Faktormärkten zu einer Untersuchung spezifischer Situationen.[63] Die Industrieökonomik nähert sich dadurch teilweise der Betriebswirtschaftslehre an, indem sie Unternehmen Handlungsempfehlungen

---

[55] Aus der Perspektive der Neuen Institutionenökonomik *Joskow*, Journal of Law, Economics, and Organization, 7 (special issue) (1991), 53 (81).

[56] Zum erheblichen Einfluss der *Harvard School* und der *Workable Competition*-Konzepte auf die Antitrust-Politik der USA sowie die europäische Wettbewerbspolitik in den 60er Jahren *Kerber/Schwalbe*, Die ökonomischen Grundlagen des Wettbewerbsrechts, Rn. 87.

[57] *Tirole*, Industrieökonomik; *Woeckener*, Strategischer Wettbewerb; Überblick über die aus den jeweiligen Marktergebnissen abgeleiteten wettbewerbspolitischen Maßnahmen bei *Kantzenbach/Kallfass*, Das Konzept des funktionsfähigen Wettbewerbs, S. 103 (110f.).

[58] *Browning/Zupan*, Microeconomics, S. 358ff.

[59] Unternehmen als langfristige Beziehung sowie als unvollständiger Vertrag, *Tirole*, Industrieökonomik, S. 46ff. und 67ff.

[60] *Tirole*, Industrieökonomik, S. 81ff., S. 96ff.

[61] Produktdesign, Produktqualität und Ausgaben für Forschung und Entwicklung, *Woeckener*, Strategischer Wettbewerb, S. 129ff., 168ff. und 194ff.; *Martin*, Industrial Organization, S. 424ff.

[62] *Tirole*, Industrieökonomik, S. 291ff., 369ff.

[63] Für eine branchenspezifische Fokussierung *Averitt/Lande*, Antitrust Law Journal 74 (2007), 175 (195); zu den Schwierigkeiten bei der Anwendung missbräuchlicher Praktiken *Schwalbe*, Per-se Regeln und der ‚More Economic Approach', S. 61, (62f.).

für den strategischen Einsatz bestimmter Parameter an die Hand gibt.[64] Teilweise bietet sie auch eine Grundlage, um die Strukturen von Marktprozessen in spezifischen Situationen zu plausibilisieren[65] oder die Angemessenheit der entsprechenden Regelungsstrukturen zu bewerten.[66]

4. Effizienzzentrierte Wettbewerbsverständnisse

a) Marktverhalten als Ausdruck von Effizienz: Chicago School

Demgegenüber verarbeitet das Konzept der sog. *Chicago School*[67] die dynamische Funktion von Marktprozessen und das damit verbundene Innovationspotential durch ein weites Verständnis des Effizienzbegriffs. Indem das Modell die Gewinnmaximierung als Ziel der Unternehmen und Effizienzsteigerungen als einen wesentlichen Faktor bei der Verwirklichung dieses Ziels modelliert, bewertet es die durch das Marktverhalten hervorgebrachten Marktstrukturen als effizient und zugleich wohlfahrtsoptimierend.[68] Damit unterstellt das Modell zugleich, dass Unternehmen keine künstlichen Marktzutrittsschranken etablieren, also andere potentielle Marktteilnehmerinnen und Marktteilnehmer nicht strategisch vom Eintritt in den jeweiligen Markt abhalten.[69] Selbst Anreize zur Bildung stabiler Kartelle werden durch diese Prämisse in Frage gestellt.[70] Diese Annahmen erleichtern den Umgang mit der Komplexität der Marktprozesse in gewisser Weise, weil ein Verständnis der Kausalitäten im Einzelnen nicht erforderlich ist. Zum anderen betont das Modell sehr stark die Gefahren einer Überregulierung mit entsprechenden Folgen für die Empfehlungen zur Ausgestaltung des Kartellrechts. Danach ist die Gefahr ungerechtfertigter

---

[64] Vgl. etwa *Woeckener*, Strategischer Wettbewerb, passim.

[65] Etwa zum dynamischen Preiswettbewerb und spontanen Parallelverhalten im Oligopol, *Tirole*, Industrieökonomik, S. 525 ff.

[66] Insbesondere etwa bei der Regulierung von Bereichen, die durch strukturelle Faktoren der Marktmachtkonzentration gekennzeichnet sind, *Tirole*, Industrieökonomik, S. 671 ff., zur Regulierung von Infrastruktur eingehend *Laffont/Tirole*, Competition in Telecommunications; *Laffont/Tirole*, Journal of Law, Economics, and Organization 7 (1991), 84 ff.; *Laffont/Rey/Tirole*, Network competition, RAND 29 (1998), 1 ff.

[67] *Bork*, The Antitrust Paradox; *Posner*, Antitrust Law; *Posner*, Uni. of Penn. Law Rev. 127 (1979), 925 ff.; *Demsetz*, The Organization of Economic Activity: Efficiency, Competition and Policy; *ders.*, AER 72 (1982), 47 ff.

[68] Zusammenfassend *Kerber/Schwalbe*, Die ökonomischen Grundlagen des Wettbewerbsrechts, Rn. 89 ff.; *Mohr*, Sicherung der Vertragsfreiheit durch Wettbewerbs- und Regulierungsrecht, S. 329 ff.; *Emmerich*, Kartellrecht, § 1 Rn. 32 ff.

[69] Kritisch zu den Konsequenzen für die kartellrechtliche Beurteilung für Kampfpreise sowie vertikale und konglomerate Integrationen *Mestmäcker*, Rechtliche und ökonomische Grundlagen marktwirtschaftlicher Ordnungen, S. 1 (6 f.).

[70] Weitgehende Forderung nach Freigabe unterschiedlicher Formen der Unternehmensvereinbarungen deshalb bei *Bork*, The Antitrust Paradox, S. 406; differenzierend zu Anreizen der Kartellmitglieder, aus dem Kartell auszubrechen, *Engel*, Wettbewerb als sozial erwünschtes Dilemma, S. 156 (165 ff.).

Eingriffe, die private Marktteilnehmerinnen und Marktteilnehmer von ihrem beabsichtigten Marktverhalten und dadurch von der effizientesten Lösung abhalten, höher als die Gefahr vermeidbarer Wettbewerbsblockaden durch das Verhalten der Marktteilnehmer.[71] Während dieses Modell das Konzept des US-amerikanischen Kartellrechts in der zweiten Hälfte des 20. Jahrhunderts maßgeblich prägte,[72] ist die Angemessenheit der Modellannahmen, insbesondere der weitreichenden Implikationen des Effizienzbegriffs,[73] der Annahmen zum Marktverhalten marktmächtiger Unternehmen[74] sowie die Zurückdrängung der Fusionskontrolle[75], in der Literatur stark in Zweifel gezogen.[76]

b) Potentieller Wettbewerb: bestreitbare Märkte (contestable markets)

Aus der Annahme, es bestünden keine Marktzutritts- oder Marktaustrittsschranken, schließt das Konzept der bestreitbaren Märkte (*contestable markets*)[77] auf einer ähnlich effizienzorientierten, mikroökonomischen Grundlage wie die Konzepte der *Chicago School*, dass bereits der potentielle Wettbewerb durch sog. *hit and run*-Aktivitäten Märkte diszipliniert und zu effizienten Marktergebnissen führt.[78] Aufgrund der disziplinierenden Wirkung potentieller Wettbewerber setzen Unternehmen nach den Annahmen selbst bei oligopolistischen Marktstrukturen lediglich Preise in Höhe ihrer jeweiligen Durchschnittskosten mit der Folge, dass trotz konzentrierter Anbieterstrukturen eine effiziente Ressourcenallokation gewährleistet ist.[79] Ähnlich wie die Annahme fehlender künstlicher Marktzutrittsschranken in den Modellen der *Chicago School*[80] ist die zentrale

---

[71] *Goldschmid*, Comment on Herbert Hovenkamp and the Dominant Firm: The Chicago School Has Made Us Too Cautious About False Positives and the Use of Section 2 of the Sherman Act, S. 123 ff.

[72] *Kauper* erklärt diesen Einfluss der *Chicago School* mit der vergleichsweise strengen Kartellrechtsanwendung der 50er und 60er Jahre, auch in der Rechtsprechung des Supreme Courts, Influence of Conservative Economic Analysis on the Development of the Law of Antitrust, S. 40 ff.; zu deren Gründen *Williamson*, The economic institutions of capitalism, S. 365 ff.

[73] *Kirkwood/Lande*, The Chicago School's Foundation Is Flawed: Antitrust Protects Consumers, Not Efficiency, S. 89 ff.; *Fox*, The Efficiency Paradox, S. 77 ff.

[74] *Hovenkamp*, The Harvard and Chicago Schools and the Dominant Firm, S. 109 ff.; *Goldschmid*, Comment on Herbert Hovenkamp and the Dominant Firm: The Chicago School Has Made Us Too Cautious About False Positives and the Use of Section 2 of the Sherman Act, S. 123 ff.

[75] *Baker/Shapiro*, Reinvigorating Horizontal Merger Enforcement, S. 235 ff.

[76] Vgl. darüber hinaus die weiteren Beiträge in Pitofsky (Hrsg.), How the Chicago School Overshot the Mark: The Effect of Conservative Economic Analysis on U. S. Antitrust.

[77] *Baumol/Panzar/Willig*, Contestable Markets and the Theory of Industry Structure; *Baumol*, AER 72 (1982), 1 ff.

[78] Zusammenfassend *Heidrich*, Das evolutorisch-systemtheoretische Paradigma in der Wettbewerbstheorie, S. 88 ff.; *Kerber/Schwalbe*, Die ökonomischen Grundlagen des Wettbewerbsrechts, Rn. 95: vollkommener, potenzieller Wettbewerb;

[79] *Kerber/Schwalbe*, Die ökonomischen Grundlagen des Wettbewerbsrechts, Rn. 95 f.

[80] Siehe oben, § 5 A.II.4.a).

Annahme der Kostenfreiheit von Markteintritt und Marktaustritt allerdings in der Folgezeit insbesondere im Hinblick auf sog. versunkene Kosten und von den Marktteilnehmerinnen und Marktteilnehmern strategisch errichtete Marktzutrittsschranken erheblich bezweifelt worden.[81]

5. Freiheit und Ordnung: Ordoliberalismus

Die Freiburger Schule des Ordoliberalismus betont im Ausgangspunkt die Komplexität von Marktprozessen und verbindet, wenn auch insbesondere in der Anfangsphase mit einigen Inkohärenzen,[82] dynamische Elemente der Selbstorganisation durch wechselseitige Interaktion mit der Notwendigkeit eines ordnenden, die Entwicklung begleitenden Rahmens.[83]

Der Ordoliberalismus stellt die Unüberschaubarkeit arbeitsteiliger Wirtschaftsprozesse fest und schließt daraus zum einen auf die wissensgenerierende Funktion von Marktprozessen[84] und zum anderen auf ein Lenkungsproblem.[85] Weil Märkte auch von einer zentralen, leitenden Stelle nicht mehr überblickt werden können, bleibt als Steuerungsinstrument nur die rahmende Wirtschaftsordnung.[86] Diese wirkt sich zugleich auf die politische-staatsrechtliche Ordnung aus und wird umgekehrt von jener beeinflusst.[87] Allgemeiner fasst der Ordoliberalismus diese wechselseitige Beeinflussung von Staatsverfassung, Wirtschaftsordnung, Rechtsordnung und Gesellschaftsordnung als Interdependenz der Ordnungen zusammen.[88] Dabei ordnet der Ordoliberalismus der Freiheit des Einzelnen eine herausgehobene Bedeutung sowohl für die menschliche Existenz und moralische Wertordnung als auch für die gesellschaftliche und ökonomische Entwicklung zu, die allerdings die Freiheit gefährden kann.[89] Der rechtlich verfassten Wirtschaftsordnung fällt aus diesem Grund die Aufgabe

---

[81] Näher, auch zu Folgen für das Kartellrecht *Kerber/Schwalbe*, Die ökonomischen Grundlagen des Wettbewerbsrechts, Rn. 96, m. w. N.

[82] *Behrens*, The „Consumer Choice" Paradigm in German Ordoliberalism and its Impact upon EU Competition Law, S. 15 f.; *Heidrich*, Das evolutorisch-systemtheoretische Paradigma in der Wettbewerbstheorie, S. 110 f.; zur Entwicklung *Broyer*, German Contemporary Analyses of the Economic Order: Standard Ordnungstheorie, Ordoliberalism and Ordnungsökonomik in Perspective, S. 93 ff.

[83] Aufbereitung der frühen Entwicklung bei *Dürr*, Wesen und Ziele des Ordoliberalismus, S. 1 ff.; eingehender Überblick bei *Heidrich*, Das evolutorisch-systemtheoretische Paradigma in der Wettbewerbstheorie, S. 102–114; *Wenzel*, Wirtschafts- und Sozialordnung, S. 293 (300 ff.).

[84] *Böhm*, ORDO 3 (1950), 15 (24); *ders.*, Wirtschaftsordnung und Staatsverfassung, S. 53 (61).

[85] *Eucken*, ORDO 1 (1948), 56 (61 ff., 63, 79).

[86] *Eucken*, ORDO 1 (1948), 56 (61); *ders.*, Die Grundlagen der Nationalökonomie, S. 4 f. mit einer Differenzierung zwischen Wirtschaftsordnung und Rechtsordnung.

[87] *Eucken*, ORDO 1 (1948), 56 (68 ff.).

[88] *Eucken*, ORDO 1 (1948), 56 (72); *ders.*, Die Grundsätze der Wirtschaftspolitik, S. 254 ff.; zusammenfassende Einordnung bei *Basedow*, Von der deutschen zur europäischen Wirtschaftsverfassung, S. 13 ff.

[89] *Eucken*, ORDO 1 (1948), 56 (73 ff.).

zu, Freiheitssphären abzugrenzen und zu sichern,[90] indem sie insbesondere das Eigentum[91] und die Privatautonomie[92] gewährleistet. Wegen des Hangs der Marktteilnehmerinnen und Marktteilnehmer, den Wettbewerbsdruck durch Kooperationen zu verringern oder auf andere Weise eine Monopolstellung zu erlangen, kommt darüber hinaus den rechtlichen Regelungen der Wettbewerbsordnung eine hervorgehobene Bedeutung zu.[93] Wettbewerb rahmt dadurch eigennütziges Verhalten der Marktteilnehmenden im Sinne des übergeordneten Gesamtinteresses und schützt zugleich vor Vermachtungsprozessen.[94]

Der Ordoliberalismus beeinflusste die Entwicklung des Wettbewerbsrechts in Deutschland in der Zeit nach dem Zweiten Weltkrieg und phasenweise auch die Entwicklung des Europäischen Wettbewerbsrechts nicht unerheblich.[95]

Durch die Verbindung eines rechtlichen Rahmens mit der Leistungsfähigkeit von Märkten, der Betonung der wissensgenerierenden Funktion sowie den Grenzen der Steuerbarkeit von Marktprozessen nahm der Ordoliberalismus Manches in der späteren Entwicklung wettbewerbstheoretischer Ansätze wie insbesondere der Neuen Institutionenökonomik vorweg.[96] Gleichwohl erwiesen sich die Ansätze des Ordoliberalismus in der Entwicklung der Wettbewerbstheorie außerhalb Deutschlands kaum als anschlussfähig. Die Gründe dafür dürften neben sprachlichen Barrieren nicht zuletzt in dem methodischen Zugriff liegen.[97] Vor allem in der frühen Phase schloss der Ordoliberalismus aus qualitativen Beobachtungen mehr oder weniger alltäglicher Marktabläufe[98] auf die Relevanz der Wettbewerbsordnung, der Freiheit sowie der Interdependenz der Ordnungen und schließt dadurch auf die Angemessenheit einer bestimmten Wettbewerbsordnung und Wettbewerbspolitik.[99] Dabei legt der Ordoliberalismus zumindest

---

[90] *Eucken*, ORDO 1 (1948), 56 (76); dazu *Böhm*, ORDO 3 (1950), 15 (59).

[91] *Eucken*, ORDO 1 (1948), 56 (83 ff.); *ders.* Die Grundsätze der Wirtschaftspolitik, S. 270 ff.

[92] *Eucken*, Die Grundsätze der Wirtschaftspolitik, S. 275 ff., mit Hinweis auf die kartellrechtlichen Grenzen.

[93] *Böhm*, ORDO 3 (1950), 15 (30, 59); *Eucken*, ORDO 2 (1949), 1 (5, 27).

[94] *Eucken*, Grundsätze der Wirtschaftspolitik, S. 365 ff.; *Mestmäcker*, JZ 1964, 441 ff.

[95] *Mestmäcker*, Auf dem Wege zu einer Ordnungspolitik für Europa, S. 9 (20 f.); *Kerber/Schwalbe*, Die ökonomischen Grundlagen des Wettbewerbs, Rn. 110; differenzierend zum Einfluss des Ordoliberalusmus auf die europäische Integration *Ruffert*, Sektorales Wirtschaftsrecht als Teil des europäischen Wirtschaftsrechts, § 1 Rn. 4 ff.: kein empirischer Beleg für Einfluss auf Vertragsinhalte, aber faktische hohe Kompatibilität der Verhandlungsergebnisse.

[96] *Behrens*, The „Consumer Choice" Paradigm in German Ordoliberalism and its Impact upon EU Competition Law, S. 17: first attempt to integrate law and economics in order to explore the prerequisites for the proper functioning of competition on the basis of the freedom of consumers' choice.

[97] *Behrens*, The „Consumer Choice" Paradigm in German Ordoliberalism and its Impact upon EU Competition Law, S. 17.

[98] Etwa die Modalitäten der Kartoffelernte in einer Familienwirtschaft, *Eucken*, ORDO 1 (1948), 56 f., oder der Planung eines Viehbetriebs, a. a. O., 60 f.

[99] Zur Wirtschaftsverfassung als politische Gesamtentscheidung *Böhm/Eucken/Grossmann-Doerth*, ORDO 1 (1948), 7 (19 ff.); *Eucken*, Grundsätze der Wirtschatspolitik, S. 250 ff.

in der frühen Phase der Wettbewerbsordnung ein Wettbewerbsleitbild der vollständigen Konkurrenz zu Grunde,[100] das durch seinen statischen Charakter schon nach dem damaligen Stand der Wettbewerbstheorie nur eingeschränkt zu den übrigen Prämissen des Konzepts passt.[101] Indem der Ordoliberalismus den qualitativen Zusammenhang von Wettbewerbsordnung und der Leistungsfähigkeit von Marktprozessen akzentuierte, nahm er an der Entwicklung der wettbewerbstheoretischen Zugriffe, die wesentlich durch eine Auseinandersetzung auf empirischer Grundlage geprägt war, kaum teil. Spätere ökonomische Vertreter des Ordoliberalismus passten das Konzept an die wettbewerbstheoretischen Entwicklungen an,[102] ohne dass von der Analyse der Zusammenhänge zwischen rechtlicher Ordnung und dem Marktprozess weitergehende Impulse zur Entwicklung nahestehender Ansätze, etwa der Institutionenökonomik, ausgegangen wären.[103] Als anschlussfähig erwies sich der Ordoliberalismus hingegen für eine juristische Perspektive, die insbesondere zur Beschreibung des Verhältnisses Recht und Ökonomie auf ein ordoliberales Verständnis, auch in Kombination mit der Österreichischen Schule, zurückgreift und auf dieser Grundlage eine empirische, wohlfahrtsmaximierende Konkretisierung juristischer Tatbestände etwa im Sinne eines *more economic approach* ablehnt.[104]

6. *Transaktionskosten und Institutionen*

Die Erweiterung der restriktiven Modellannahmen, insbesondere der rationalen Entscheidungen sowie der vollständigen Information aller Marktteilnehmerinnen und Marktteilnehmer, führt Transaktionskosten in die Modellierung ein.[105] Für deren Höhe sind die Ausgestaltung und Qualität der Institutionen, insbesondere des rechtlichen Rahmens von Marktprozessen und die Unternehmensorga-

[100] *Böhm*, Wirtschaftsordnung und Staatsverfassung, S. 53 (62); *ders.*, Wettbewerbsfreiheit und Kartellfreiheit, S. 233 (240); zu den Abweichungen von dem neoklassischen Modell vollständiger Konkurrenz im Ordoliberalismus *Heidrich*, Das evolutorisch-systemtheoretische Paradigma in der Wettbewerbstheorie, S. 113, inbs. Fn. 482.

[101] Zu den Inkohärenzen von Leistungswettbewerb und dem Leitbild vollständiger Konkurrenz im Ordoliberalismus *Vanberg*, ORDO 48 (1997), 707 (719f.).

[102] *Zohlnhöfer*, Ordoliberalismus und Soziale Marktwirtschaft aus evolutorischer Sicht, S. 75ff.; Als Untersuchung zu den Gemeinsamkeiten des Freiheitsbegriffs bei *Eucken* und *von Hayek Woll*, ORDO 40 (1989), 87 (89ff.).

[103] Vgl. auch *Kerber/Schwalbe*, Die ökonomischen Grundlagen des Wettbewerbs, Rn. 110: kein eigener wettbewerbstheoretischer Ansatz, aber einzelne einflussreiche, spezifische Überlegungen.

[104] *Mestmäcker*, Der verwaltete Wettbewerb, S. 31; *ders.*, A Legal Theory Without Law; *ders.*, Die Interdependenz von Recht und Ökonomie in der Wettbewerbspolitik, S. 19 (27ff.): Transaktionen, die Teil des Wettbewerbsprozesses sind, können nicht anhand ihrer Ergebnisse beurteilt werden (S. 29); *Möschel*, ORDO 32 (1981), 85 (98); *ders.*, Schutzziele eines Wettbewerbsrechts, S. 405 (418); *Behrens*, The „Consumer Choice" Paradigm in German Ordoliberalism and its Impact upon EU Competition Law, S. 22f.

[105] Historisch *Coase*, Economica 4 (N.S.) (1937), 386ff.

nisation, von erheblicher Bedeutung. Ein exakter Begriff der Institution und vor allem ein genaues Verständnis ihrer Entstehung erschweren schon die erweiterten Prämissen der Neuen Institutionenökonomik zur Handlungsrationalität des Einzelnen.[106] Auf dieser Grundlage wenden die Analysekonzepte der Neuen Institutionenökonomie sich ähnlich wie die moderne Industrieökonomie spezifischen Situationen und Zusammenhängen, allerdings mit einem Fokus auf Institutionen, zu.[107] Die Analyse von Verfügungsrechten (*property rights*) untersucht die Auswirkungen der Ausgestaltung und Verteilung von Verfügungsrechten auf die Marktprozesse.[108] Die Analyse vertraglicher Schuldverhältnisse umfasst etwa Transaktionskosten bei der Umsetzung und Durchsetzung oder die vergleichende Analyse des Arrangements von Leistungsbeziehung über den Markt oder hierarchisch innerhalb einer Organisation.[109] Auf der Grundlage wiederum restriktiver Annahmen zur vollständigen Rationalität und zur uneingeschränkten Durchsetzbarkeit von Verträgen entwickelt die Neue Institutionenökonomie die Analyse vertraglicher Beziehungen zu einer formalen Vertragstheorie.[110]

Diese formale, eine übergreifende Berechnungen ermöglichende Analyse markiert aus Sicht vieler Vertreter der Neuen Institutionenökonomik ein wichtiges Forschungsdesiderat, das die Neue Institutionenökonomik in ihrer Reichweite von den Ansätzen älterer Institutionenökonomen abgrenzt.[111] Diese formalisierte Modellierung unvollständiger Verträge setzt Annahmen über Zusammenhänge und insbesondere die Faktoren der Transaktionskosten bei unterschiedlichen Optionen der Ausgestaltung von Transaktionen über den Markt oder innerhalb von Organisationen voraus. Die formalisierte Modellierung baut dadurch auf partiell formalisierten Untersuchungen[112] auf, denen ihrerseits eine grundlegende, aber im Einzelnen noch unscharfe informale Analyse der Kernstrukturen vorangeht. Methodisch verarbeitet die Neue Institutionenökonomik die Komplexität von Marktprozessen, die sich insbesondere aus ihren Annahmen zur beschränkten

---

[106] *Richter/Furubotn*, Neue Institutionenökonomik, S. 7 ff., 22 f., 32 ff.

[107] Als besondere Form analysiert die Konstitutionenökonomik auf einer abstrakteren Ebene den Einfluss der verfassungsrechtlichen Regeln auf die politischen Prozesse einschließlich der Gesetzgebungsverfahren; *Persson/Tabellini*, The Economic Effects of Consitutions; *dies.*, Political Economics; grundlegend zum kontraktorientierten Ansatz *Buchanan/Tullock*, The Calculus of Consent; zu Perspektiven einer umfassenderen Theorie der Verfassung *S. Voigt*, Die konstitutionelle Ökonomik als Herausforderung für die Theorie der Wirtschaftspolitik, S. 157 (173 ff.).

[108] Zum Sacheigentum *Richter/Furubotn*, Neue Institutionenökonomik, S. 90 ff.; *Erlei/Leschke/Sauerland*, Neue Instititionenökonomik, S. 294 ff., 304 ff.

[109] *Richter/Furubotn*, Neue Institutionenökonomik, S. 173 ff.; zur Analyse von Unternehmen als eine die Überwachung und Durchsetzung ermöglichende Regelungsstruktur (*governance structure*) im Anschluss an *Coase*, Economica 4 (N.S.) (1937), 386 ff., grundlegend *Williamson*, The Economic Institions of Capitalism; *ders.*, Market und Hierarchies; *ders.*, The Mechanisms of Governance, S. 219 ff.

[110] *Richter/Furubotn*, Neue Institutionenökonomik, S. 216 ff.

[111] *Williamson*, JITE 149 (1993), 36 (39).

[112] *Williamson*, JITE 149 (1993), 36 (39 ff.): preformal and semiformal analysis.

Rationalität der Marktteilnehmerinnen und Marktteilnehmer ergibt, durch einen Rückgriff auf gestufte, teilweise verschleifte Analysephasen.[113] In einer ersten informellen Phase steht die Auseinandersetzung mit grundlegenden Zusammenhängen im Vordergrund, die in dem bisherigen Modell systematisch ausgeblendet werden. *Coases* Beschreibung von Hierarchien innerhalb von Unternehmen als gegenüber dem Markt alternatives Instrument zur Koordination der Produktion und die daraus folgende Entscheidung eines Unternehmens, notwendige Güter entweder innerhalb des Unternehmens bereitzustellen oder über den Markt zu beziehen,[114] ist in dem neoklassischen Modell vollständiger Konkurrenz nicht darstellbar.[115] Zum einen blendet das neoklassische Modell die Voraussetzungen der Koordination innerhalb des Unternehmens aus, zum anderen sind die jeweiligen Transaktionskosten als Kriterium der Entscheidung für oder gegen die eine oder andere Option von vorneherein nicht Gegenstand des neoklassischen Modells, dessen Prämissen von den unterschiedlichen Faktoren der Transaktionskosten abstrahiert. Diese unterschiedlichen Formen der Ausgestaltung von Transaktionen und die jeweils mit ihnen verbundenen Transaktionskosten sind mit einigem zeitlichen Abstand punktuell herausgegriffen,[116] etwa in Untersuchungen zu den Kosten nicht auslagerbarer Produktionsprozesse[117] oder allgemein der vertikalen Integration von Unternehmen in Fällen, in denen durch vorangegangene Transaktionen ermöglichte Kostenvorteile oder transaktionsspezifische Investitionen die Verhandlungsposition zwischen den Vertragspartnern beeinflussen.[118] Über diese punktuellen Fragen hinausgehend entwickeln semiformale Analysen Modelle der Unternehmensorganisation, die unternehmensinterne Abläufe und Zusammenhänge als unvollständige Verträge abbilden.[119] Diese Prämisse unvollständiger Verträge, nach der nicht sämtliche für die Umsetzung und Abwicklung der Transaktion relevanten Anreize bereits bei Vertragsschluss festgesetzt werden können, macht eine umfassende formale Analyse zu einer Aufgabenstellung mit

---

[113] *Williamson*, JITE 149 (1993), 36 (38 ff.).

[114] *Coase*, Economica 4 (N. S.) (1937), 386 (389 ff.): „bridg[ing] what appears to be a gap in econmic theory between the assumption (made for some purposes) that resources are allocated by means of the price mechanism and the assumption (made for other purposes) that this allocation is dependent on the entrepreneur-co-ordinator".

[115] *Williamson*, JITE 149 (1993), 36 (39).

[116] *Williamson* bezeichnet diese Analysephase, die etwa 35 Jahre nach Veröffentlichung des Beitrags von *Coase* einsetzte, als präformale Analyse (*preformal analysis*), JITE 149 (1993), 36 (39 ff.).

[117] *Alchian/Demsetz*, AER 62 (1972), 777 ff., anhand von Kosten für Verfrachtungsleistungen.

[118] *Williamson*, AER 61 (1971), 112 (115 ff.); *ders.*, Markets and Hierarchies, S. 82 ff., 106 ff.; rückblickend zum Begriff der *„transaction-specific assets"* *Williamson*, JITE 149 (1993), 36 (40); zusammenfassender Überblick über weitere empirische Untersuchungen bei *Joskow*, Journal of Law, Economics, and Organization 4 (1988), 95 ff. und *ders.*, Journal of Law, Economics, and Organization 7 (special issue) (1991), 53 ff.

[119] *Williamson*, The Economic Institutions of Capitalism; *ders.*, Journal of Economic Literature 19 (1981), 1537 ff.; *Tirole*, Journal of Political Economy 94 (1986), 235 ff.

erheblicher Komplexität.[120] Ein Modell, das mit naturgesetzähnlicher Genauigkeit die für Transaktionen relevanten Zusammenhänge auf der Grundlage unvollständiger Verträge abbilden will, ist auf eine isolierte Analyse der einzelnen Zusammenhänge als Vorarbeit angewiesen.[121]

7. Prozessorientierte Wettbewerbsverständnisse: Analyse der Interaktion

Mit der Interdependenz des Verhaltens der Marktteilnehmerinnen und Marktteilnehmer gehen Wettbewerbskonzepte, die die Wettbewerbsfreiheit in den Mittelpunkt stellen, grundsätzlich anders um.[122] Nach ihnen steht die Komplexität von Marktprozessen, die sich aus dem interdependenten und antizipierenden Marktverhalten aller aktuellen und potentiellen Marktteilnehmerinnen und Marktteilnehmer ergibt, einer formalisierten Modellierung von vorneherein entgegen.[123] Die wissensgenerierende, dynamische Funktion von Marktprozessen lässt sich danach lediglich nutzen und gewährleisten, jedoch nicht planen oder modellieren.

Statt einer empirischen Suche nach Zusammenhängen zwischen einzelnen Kennzeichen von Märkten oder auch nur einer analytischen Aufteilung von Marktprozessen in die Kategorien von Marktstruktur, Marktverhalten und Marktergebnis nehmen prozessorientierte Ansätze die Interaktion zwischen Marktteilnehmerinnen und Marktteilnehmern zum Ausgangspunkt einer qualitativen Analyse.[124] Um die Wirkung der laufend durchgeführten, zu einem gewissen Grad kontingenten Transaktionen zu beschreiben, differenzieren prozessorientierte Ansätze zwischen der Verhandlung mit der Marktgegenseite und der Beobachtung der Marktnebenseite.[125] Diese sich wechselseitig beeinflussenden Interaktionen verleihen den jeweils dezentral getroffenen Entscheidungen

---

[120] *Williamson*, JITE 149 (1993), 36 (41 f.) mit Hinweisen zur Entwicklung.

[121] *Williamson*, JITE 149 (1993), 36 (42); *Erlei/Leschke/Sauerland*, Neue Institutionenökonomik, S. 20 f.

[122] Insbesondere *Hoppmans* Konzept der Wettbewerbsfreiheit, vgl. *Hoppmann*, Zum Problem einer wirtschaftspolitisch praktikablen Definition des Wettbewerbs, S. 9 ff.; *ders.*, Neue Wettbewerbspolitik: Vom Wettbewerb zur staatlichen Mikrosteuerung, S. 397 ff.; *ders.*, Wirtschaftsordnung und Wettbewerb; und *von Hayeks* Konzeption des Wettbewerbs als Such- und Entdeckungsverfahren, *von Hayek*, Der Sinn des Wettbewerbs, S. 122 ff.; *ders.*, Der Wettbewerb als Entdeckungsverfahren, S. 132 ff.; näher *Clapham*, Das wettbewerbspolitische Konzept der Wettbewerbsfreiheit, S. 129 ff.; *Kerber/Schwalbe*, Die ökonomischen Grundlagen des Wettbewerbsrechts, Rn. 108 ff.

[123] *Hoppmann*, Wirtschaftsordnung und Wettbewerb, S. 311; *von Hayek*, Der Wettbewerb als Entdeckungsverfahren, S. 132 (133 f.).

[124] Überblicksartig zu den unterschiedlichen Akzenten der Österreichischen Schule *Mantzavinos*, Jb. f. Nationalökonomie und Statistik 225 (2005), 205, 207 f.

[125] *Hoppmann*, Zum Problem einer wirtschaftspolitisch praktikablen Definition des Wettbewerbs, S. 9 (40 ff., insb. 43): Austauschprozess und Parallelprozess als zwei Dimensionen ein und desselben Prozesses; zusammenfassend *Clapham*, Das wettbewerbspolitische Konzept der Wettbewerbsfreiheit, S. 129 (134 f.); zu den Konsequenzen für die Ordnung der Finanzmärkte *Mestmäcker*, Rechtliche und ökonomische Grundlagen marktwirtschaftlicher Ordnungen, S. 1 (3 ff.).

mittelbare Wirkungen für den gesamten Markt. Zugleich weist diese Generierung neuen Wissens auf der Grundlage jeweils individueller Beobachtungen und kontextabhängiger Interpretation einen engen Bezug zu konstruktivistischen Konzepten auf.[126]

Sowohl die Existenz von Verhandlungen mit der Marktgegenseite und Beobachtungen der Marktnebenseite als auch die Wirkungen der dezentral getroffenen Entscheidungen, insbesondere etwa bei der Erprobung und Verbreitung von Innovationen, entsprechen im Grundsatz dem Verständnis aller dynamischen Wettbewerbsmodelle. Auch die dynamischen effizienz- und wohlfahrtsorientierten Wettbewerbskonzepte gehen zumindest implizit von diesen dezentralen Interaktionen und ihrer innovationsgenerierenden Wirkung aus. Sie machen die Interaktionsprozesse jedoch nicht zum unmittelbaren Gegenstand der Analyse, ziehen abweichende Schlüsse und zielen auf andere Aussagen und Erkenntnisse. Während die wohlfahrts- und effizienzorientierten Konzepte auf messbare Zusammenhänge in formalisierter, falsifizierbarer Form abzielen, leiten prozessorientierte Wettbewerbskonzepte aus der Beobachtung die Konsequenz ab, dass die Versuche formalisierter Messung von vorneherein nicht produktiv sind.

Ziel der Marktprozesse ist folglich auch nicht die Optimierung von Wohlfahrt.[127] Wettbewerbsprozesse führen danach zwar infolge ihrer Dynamik zu vorteilhaften Ergebnissen für die Marktteilnehmerinnen und Marktteilnehmer. Aber schon wegen der jeweils individuellen Ziele der einzelnen Marktteilnehmerinnen und Marktteilnehmer ist die Formulierung einer allgemeinen Zielfunktion, die etwa die Maximierung der Wohlfahrt ausdrückt, nicht möglich.[128] Vielmehr stellt nicht erst ein bestimmtes Marktergebnis, sondern die Wettbewerbsfreiheit, die zugleich dynamische Wettbewerbsprozesse konstituiert, das Ziel dar.[129] Diese Freiheit, Entscheidungen zu treffen, und die auf ihr beruhenden Koordinationseffekte sind nach diesem Verständnis nicht auf Marktprozesse beschränkt. Die Analyse von Marktprozessen bildet vielmehr einen Teil einer

---

[126] *Streit*, ORDO 58 (2007/2008), 147 (150); *ders.*, ORDO 43 (1992), 1 (2 ff.).

[127] Auch wenn Wettbewerbsfreiheit und ökonomische Vorteilhaftigkeit nach diesem Konzept miteinander einhergehen, *Hoppmann*, Wirtschaftsordnung und Wettbewerb, S. 247, sowie *ders.*, Zum Problem einer wirtschaftspolitisch praktikablen Definition des Wettbewerbs, S. 9 (21): zwei Seiten derselben Medaille, sog. *Non-Dilemma*-These.

[128] *Hoppmann*, Zum Problem einer wirtschaftspolitisch praktikablen Definition des Wettbewerbs, S. 9 (19).

[129] Zu unterschiedlichen Zielvorstellungen *Hoppmann*, Zum Problem einer wirtschaftspolitisch praktikablen Definition des Wettbewerbs, S. 9 (15 ff.): Freiheit der Konkurrenten zum Vorstoß und zur Imitation einerseits und die Auswahlfreiheit der Marktpartner auf der Marktgegenseite andererseits als konstitutiv für Marktprozesse; zum Wandel des Verständnisses von Wettbewerbsfreiheit bei *Hoppmann* im Anschluss an das hayeksche Verständnis *Eickhof*, Die Hoppmann-Kantzenbach-Kontroverse aus heutiger Sicht, 35 (42); aus wettbewerbsrechtlicher Perspektive *Mestmäcker*, Die Interdependenz von Recht und Ökonomie in der Wettbewerbspolitik, S. 19 (21).

allgemeinen „Wissenschaft vom menschlichen Handeln".[130] Wettbewerbsfreiheit und politische Freiheit bilden danach Facetten einer einheitlichen, nicht trennbaren Freiheit,[131] deren zentrale Eckpfeiler die Privatautonomie sowie das Privateigentum bilden.[132]

Statt formalisierter Schlüsse und messbarer Ergebnisse formulieren prozessorientierte Ansätze zum Teil sog. Mustervorhersagen, die typische Strukturen von Marktprozessen beschreiben, aber von vorneherein keinen Anspruch auf Vollständigkeit oder empirische Überprüfbarkeit erheben.[133]

Vor allem folgt aus dem Ansatz ein anderer Zugriff auf die Generierung von Wissen.[134] Während wohlfahrtökonomische Wettbewerbskonzepte, soweit sie dynamische Wettbewerbsfunktionen abbilden, die Generierung neuen Wissens und Entstehung von Innovationen auf die eine oder andere Weise als Ausnahme begreifen und sie als Abweichung von dem Ziel der stationären Allokationseffizienz, also als Spannungsfeld zwischen allokativer und dynamischer Effizienz modellieren,[135] bildet die wissensgenerierende Wirkung der Interaktion für prozessorientierte Ansätze das zentrale Charakteristikum von Marktprozessen,[136] das zugleich die prinzipiellen Grenzen des zentral verfügbaren Wissens und der gezielten Steuerbarkeit ausdrückt.[137] Während nach den methodischen Grundsätzen und Prämissen etwa der modernen Industrieökonomie durch formalisierte Modellierung des Spannungsfelds allokativer und dynamischer Effizienz eine optimale Höhe des Einsatzes von Ressourcen in

---

[130] *Streit*, ORDO 58 (2007/2008), 147: Ökonomik als angewandte Theorie der Wahlhandlungen oder Entscheidungen; Überblick zur Entwicklungsgeschichte bei *Behrens*, „Consumer Choice" Paradigm, S. 9 ff.

[131] *Streit*, Das Wettbewerbskonzept der Ordnungstheorie, S. 111 (115): individuelle Freiheit als gesellschaftlicher Grundwert, der die institutionelle Metastruktur bestehend aus der politischen Verfassung und der Wirtschaftsverfassung, prägt; *Hoppmann*, Wirtschaftsordnung und Wettbewerb, S. 247; *Mestmäcker*, Rechtliche und ökonomische Grundlagen marktwirtschaftlicher Ordnungen, S. 1 (8).

[132] *Streit*, Das Wettbewerbskonzept der Ordnungstheorie, S. 111 (116); *ders.*, Wohlfahrsökonomik, Wirtschaftsordnung und Wettbewerb, S. 157 (163 ff.).

[133] „Muster-Voraussagen" (*pattern predictions*), *von Hayek*, Die Theorie komplexer Phänomene, S. 10 ff.; *Hoppmann*, Unwissenheit, Wirtschaftsordnung und Staatsgewalt, S. 14 ff.; *ders.*, Konzertierte Aktion und der Rahmen der marktwirtschaftlichen Ordnung, S. 289: keine Simulation konkreter Ergebnisse des Marktprozesses, sondern abstrakte, allgemeine Darstellung der Leistung von Wettbewerb, nämlich Leistungssteigerungen, Koordinierung der einzelwirtschaftlichen Pläne, Steuerung der Informationssuche, Anpassung von Nachfrage und Produktion, Erweiterung des ökonomischen Potentials, Kontrolle ökonomischer Macht; zusammenfassend *Tolksdorf*, WuW 1980 (785 (797 f.); *Clapham*, Das wettbewerbspolitische Konzept der Wettbewerbsfreiheit, S. 129 (134).

[134] *Streit*, ORDO 54 (2003), 113 (117 ff.).

[135] Eingehend zu den unterschiedlichen Arten von Effizienzgewinnen *Kerber/Schwalbe*, Die ökonomischen Grundlagen des Wettbewerbsrechts, Rn. 421 ff.

[136] *Hoppmann*, Unwissenheit, Wirtschaftsordnung und Staatsgewalt, S. 24 ff.

[137] *von Hayek*, Der Sinn des Wettbewerbs, S. 122 ff.; *ders.*, Der Wettbewerb als Entdeckungsverfahren, S. 132 ff.

die Erforschung von Innovationen bestimmbar ist,[138] entziehen sich zukünftige Marktergebnisse aus Sicht der prozessorientierten Ansätze von vorneherein einer Modellierung.[139] Ähnlich zurückhaltend sind prozessorientierte Ansätze bei wirtschaftspolitischen Empfehlungen zu einer bestimmten Marktstruktur.[140]

In dieser prinzipiellen Frage nach einem angemessenen Umgang mit der wissens- und komplexitätsgenerierenden Wirkung der Interaktion liegt zugleich der Kern der nicht von der Hand zu weisenden Kritik am sog. *more economic approach* im Kartellrecht der Europäischen Union.[141] Der im Grundsatz plausible Ansatz, die einzelnen Tatbestände des Kartellrechts ökonomisch informiert auszulegen,[142] überzeugt nur, wenn das zur Bewertung der jeweiligen Situation herangezogene Konzept die für den jeweiligen Tatbestand jeweils relevanten Zusammenhänge schlüssig aufbereiten kann. Eine Saldierung von positiven und negativen Auswirkungen eines bestimmten Verhaltens auf die Gesamteffizienz setzt dann voraus, dass die zukünftige Innovationen ausdrückende dynamische Effizienz belastbar als Rechnungsposten in die Gesamteffizienz eingestellt werden kann.[143] Soweit prozessorientierte Ansätze die Prognostizierbarkeit der Auswirkungen von Innovationen und vor allem ihre formalisierte Berechenbarkeit ernsthaft in Frage stellen, ohne dass die zu Grunde gelegten wohlfahrtsökonomischen Konzepte zumindest eine Strategie anbieten, mit dieser Unsicherheit umzugehen, verringern sich die Überzeugungskraft und Rationalität des *more economic approach*.[144]

---

[138] *Bester*, Theorie der Industrieökonomik, S. 173 ff.; zur Modellierung von Innovationswettbewerb *Knieps*, Wettbewerbsökonomie, S. 245 ff.

[139] *Clapham*, Das wettbewerbspolitische Konzept der Wettbewerbsfreiheit, S. 129 (136 f.).

[140] Zur daraus folgenden Kritik im praktischen Umgang mit Formen der Machtkonzentration *Tolksdorf*, WuW 1980, 785 (800): „Die Systemtheorie erkennt diese komplexitätsreduzierende Wirkung von Marktmacht und die darauf gründende Prognostizierbarkeit von Einzelfällen nicht. Daher kann sie keine Antwort geben, welcher wettbewerbspolitische Handlungsbedarf bei marktstrukturell bedingten Wettbewerbsbeschränkungen und bei verfestigten nichtwettbewerblichen Marktstrukturen besteht. Es überrascht auch nicht, dass die Systemtheorie das empirische Phänomen andauernder Marktzutrittsschranken und das Verhältnis von Wettbewerbsfreiheit und ‚barriers to entry' nicht erklärt."; ähnlich die Zusammenfassung der Kritik aus der Literatur bei *Clapham*, Das wettbewerbspolitische Konzept der Wettbewerbsfreiheit, S. 129 (141 ff.).

[141] Vgl. dazu nur *Mestmäcker*, Die Interdependenz von Recht und Ökonomie in der Wettbewerbspolitik, S. 19 (27 ff.); *Mestmäcker/Schweitzer*, Europäisches Wettbewerbsrecht, § 3 Rn. 43 ff.; *Werden*, Consumer Welfare and Competition Policy, S. 11 (35 f.).

[142] Aus der reichhaltigen Literatur siehe nur *Hellwig*, Wirtschaftspolitik als Rechtsanwendung, S. 2 ff., *Schmidtchen*, ORDO 59 (2008), 143 (144 ff.); *ders.*, WuW 2006, 6 ff.; *ders.*, Effizienz als Leitbild der Wettbewerbspolitik, S. 9 ff.; *Basedow*, WuW 2007, 712 ff.

[143] Für ein „institutionenökonomisch-evolutionäres Wettbewerbsleitbild" deshalb *Mantzavinos*, Jb. f. Nationalökonomie und Statistik 225 (2005), S. 205 (206 ff.).

[144] Eingehend *Drexl*, Wettbewerbsverfassung, S. 905 (938 ff.); *Mestmäcker/Schweitzer*, Europäisches Wettbewerbsrecht, § 3 Rn. 59 ff.; ferner *Schwalbe*, Per-se Regeln und der ‚More Economic Approach', S. 61, (65 f.); differenzierend *Kerber*, Dynamischer Wettbewerb und Evolution, S. 169 (184 f.): theoretische und empirische Forschung über dynamische und evolutionsökonomische Dimension von Wettbewerbsprozessen und folglich über Auswirkungen auf Innovationen noch unterentwickelt; wettbewerbspolitische Schlussfolgerungen daher verfrüht.

B. Personale Entfaltung als Ziel marktbezogener Grundrechte

Sowohl die Berufsfreiheit als auch das Eigentumsrecht, die Privatautonomie als Ausfluss der allgemeinen Handlungsfreiheit und die Vereinigungs- und Koalitionsfreiheit dienen auch nach der Rechtsprechung jeweils einer bestimmten Facette der selbstbestimmten Persönlichkeitsentfaltung. Ihnen kommt dadurch ein Bezug zur Menschenwürde wie auch ein auf die tatsächliche Realisierung gerichteter Impetus zu.

I. Persönlichkeitsentfaltung im Beruf

Die Ausrichtung der Berufsfreiheit auf die Persönlichkeitsentfaltung durch selbstbestimmte wirtschaftliche und persönliche Lebensführung führt auf die Frage nach den praktischen Realisierungschancen, die zur Formulierung von Schutzpflichten insbesondere im Bereich des Arbeitsrechts geführt hat. Da auf Märkten die Innovationen und neue Handlungsoptionen hervorbringende Dynamik, aber auch die unter Umständen folgenreichen Teilnahmevoraussetzungen und Anpassungsanreize zwei Seiten derselben Medaille darstellen, steht das Schutzgut der Persönlichkeitsentfaltung in einem ambivalenten Verhältnis zur Marktteilnahme.

1. Freiheit selbstbestimmter wirtschaftlicher Lebensführung

Ihren stark ausgeprägten Bezug zur Persönlichkeit des Grundrechtsträgers und deren Entfaltung[145] bringt die Berufsfreiheit schon durch ihre Definition als jede der Schaffung und Erhaltung der Lebensgrundlage dienende Tätigkeit mit gewisser Dauer[146] zum Ausdruck.[147] Nach der ständigen verfassungsgerichtlichen Rechtsprechung „konkretisiert [die Berufsfreiheit] das Grundrecht auf freie Entfaltung der Persönlichkeit im Bereich der individuellen Leistung und Existenzerhaltung und zielt auf eine möglichst unreglementierte berufliche Betätigung ab."[148] Berufswahl und Berufsausübung bilden danach die Grund-

---

[145] *Häberle*, JZ 1984, 345 (350); *Morlok*, Selbstverständnis als Rechtskriterium, S. 126 ff.; *Badura*, Grundfreiheiten der Arbeit, S. 11 (12): Arbeit als „unentrinnbarer Schauplatz menschlicher Selbstverwirklichung"; „existentielle Grundkategorie der Praxis des vergesellschafteten Menschen"; *Hege*, Das Grundrecht der Berufsfreiheit im Sozialstaat, S. 55 ff.; *Höfling*, Offene Grundrechtsinterpretation, S. 149; *Lepsius*, Der Eigenwert der Verfassung im Wirtschaftsrecht, S. 149 (170).

[146] Aus der Rechtsprechung nur BVerfG, Beschl. v. 7.3.2017, BvR 1314/12 u. a. – *Spielhallenzulassung*, BVerfGE 145, 20, Rn. 120, m. w. N.; aus der Literatur *Mann*, in: Sachs, GG, Art. 12 Rn. 43 ff.; *H.-P. Schneider*, Freiheit des Berufs – Grundrecht der Arbeit, VVDStRL 43 (1985), S. 7 (16) m. w. N.; zudem Merkmal der Sozialschädlichkeit bzw. „nicht verboten".

[147] *Achatz*, Grundrechtliche Freiheit im Wettbewerb, S. 30 f.

[148] BVerfG, Nichtannahmebeschl. v. 17.10.2007, 2 BvR 1095/05, BVerfGK 12, 308, Rn. 79; BVerfG, Beschl. vom 13.02.2007, 1 BvR 910/05, 1 BvR 1389/05, BVerfGE 118, 1, Rn. 64; BVerfG, Beschl. v. 15.12.1999, 1 BVR 1904/95 u. a., BVerfGE 101, 331 – *Vergütung für Berufs-*

lage sowohl der wirtschaftlichen als auch der persönlichen Lebensführung.[149] In Abgrenzung zur objektiven Gewährleistung der Freiheit des Handels und des Gewerbes sowie der Sicherung der wirtschaftlichen Freiheit des Einzelnen in Art. 151 Abs. 3, Abs. 1 S. 2 der Weimarer Reichsverfassung betont die frühe Rechtsprechung des Bundesverfassungsgerichts den in mehrfacher Hinsicht weitergehenden Schutzbereich der Berufsfreiheit aus Art. 12 Abs. 1 GG,[150] dessen Erweiterung neben der Ausgestaltung als subjektives Recht vor allem in der auf Entfaltung der Persönlichkeit gerichteten Komponente für alle Formen beruflicher Tätigkeit liegt.[151] Diese Komponente sieht das Bundesverfassungsgericht in der Apotheken-Entscheidung in der „Beziehung zur Persönlichkeit des Menschen im ganzen, die sich erst darin voll ausformt und vollendet, dass der Einzelne sich einer Tätigkeit widmet, die für ihn Lebensaufgabe und Lebensgrundlage ist und durch die er zugleich seinen Beitrag zur gesellschaftlichen Gesamtleistung erbringt."[152] Die Berufswahl stellt aus

---

betreuer, Rn. 68; BVerfG, stattgebender Kammerbeschl. v. 17.08.2004, 1 BvR 378/00, NJW 2005, 273, Rn. 20 – *Vertragsarzt*; BVerfG, Urt. v. 30.03.2004, 2 BvR 1520/01, 2 BvR 1521/01, BVerfGE 110, 226, Rn. 99; BVerfG, Beschl. v. 20.03.2001, 1 BvR 491/96, BVerfGE 103, 172, Rn. 36; BVerfG, Beschl. v. 15.12.1999, 1 BvR 1904/95 u. a., BVerfGE 101, 331, Rn. 68.

[149] BVerfG, stattgebender Kammerbeschl. v. 17.08.2004, 1 BvR 378/00, NJW 2005, 273, Rn. 20 – *Vertragsarzt*; BVerfG, Urt. v. 30.03.2004, 2 BvR 1520/01, 2 BvR 1521/01, BVerfGE 110, 226, Rn. 99; BVerfG, Beschl. v. 20.03.2001, 1 BvR 491/96, BVerfGE 103, 172, Rn. 36; BVerfG, Beschl. v. 15.12.1999, 1 BvR 1904/95 u. a., BVerfGE 101, 331, Rn. 68.

[150] Ausdrücklich etwa BVerfG, Entsch. v. 11.06.1958, 1 BvR 596/56, BVerfGE 7, 377 – *Apothekenurteil*, Rn. 55: „Art. 12 Abs. 1 schützt die Freiheit des Bürgers in einem für die moderne arbeitsteilige Gesellschaft besonders wichtigen Bereich: er gewährleistet dem Einzelnen das Recht, jede Tätigkeit, für die er sich geeignet glaubt, als „Beruf" zu ergreifen, d. h. zur Grundlage seiner Lebensführung zu machen. Es handelt sich um ein Grundrecht, nicht – wie etwa in Art. 151 Abs. 3 WV – um die Proklamierung der ‚Gewerbefreiheit' als eines objektiven Prinzips der Gesellschafts- und Wirtschaftsordnung. Verbürgt ist dem Einzelnen mehr als die Freiheit selbständiger Ausübung eines Gewerbes. Wohl zielt das Grundrecht auf den Schutz der wirtschaftlich sinnvollen – Arbeit, aber es sieht sie als ‚Beruf', d. h. in ihrer Beziehung zur Persönlichkeit des Menschen im ganzen, die sich erst darin voll ausformt und vollendet, daß der Einzelne sich einer Tätigkeit widmet, die für ihn Lebensaufgabe und Lebensgrundlage ist und durch die er zugleich seinen Beitrag zur gesellschaftlichen Gesamtleistung erbringt. Das Grundrecht gewinnt so Bedeutung für alle sozialen Schichten; die Arbeit als ‚Beruf' hat für alle gleichen Wert und gleiche Würde".

[151] *Lepsius*, Der Eigenwert der Verfassung im Wirtschaftsrecht, S. 149 (170); *Höfling*, Offene Grundrechtsinterpretation, S. 149: personaler Grundzug als der eigentliche Kern der Grundrechtsgewährleistung; Zu den staatsphilosophischen Wurzeln, aber auch zur kulturellen Dimension insbesondere der freien Wahl einer Ausbildungsstätte *H.-P. Schneider*, Freiheit des Berufs – Grundrecht der Arbeit, VVDStRL 43 (1985), S. 7 (9 ff.); *Scholz*, in: Maunz/Dürig, GG, Art. 12 Rn. 9 und 20.

[152] BVerfG, Entsch. v. 11.06.1958, 1 BvR 596/56, BVerfGE 7, 377 – *Apothekenurteil*, Rn. 55; aus der Literatur *H.-P. Schneider*, Freiheit des Berufs – Grundrecht der Arbeit, VVDStRL 43 (1985), S. 7 (15): „Arbeit als Ausdruck menschlicher Selbsterhaltung und Selbstentfaltung"; Arbeit als Gestaltung der Wirklichkeit, in der „sich jeweils in Stück objektivierter Persönlichkeit wiederfindet; Gewinnung von Identität und Selbstachtung aus dem Arbeitsprozess; Recht zur Arbeit als Menschenrechtskern der Berufsfreiheit.

dieser Sicht einen „Akt der wirtschaftlichen Selbstbestimmung des Einzelnen" dar,[153] die über den wirtschaftlichen Aspekt hinaus auch die Identität, Selbstachtung und Fremdeinschätzung des Grundrechtsträgers erheblich beeinflusst.[154] Mit dieser persönlichkeitsrelevanten Komponente ist zugleich ein Hinweis auf die gesellschaftliche Funktion des Berufs für sämtliche soziale Schichten einschließlich eines Bezugs zur Würde verbunden.[155]

2. *Realisierungschance und Schutzpflichten*

Dieses erfolgsbezogene Ziel der Persönlichkeitsentfaltung rückt die Frage nach den praktischen Realisierungschancen in den Vordergrund. Allein der Schutz einer isolierten Verhaltensfreiheit vor unmittelbaren Eingriffen genügt insoweit nicht. Zum einen leitet die Rechtsprechung aus dem Ziel der Persönlichkeitsentfaltung die Notwendigkeit ab, den Schutz auch auf bestimmte mittelbare Beeinträchtigungen zu erstrecken.[156] Zum anderen geraten durch den Schutz der unselbstständigen Berufstätigkeit auch die tatsächlichen Realisierungschancen und damit die Ausgestaltung durch das Arbeitsrecht in den Blick.[157] Je mehr die Berufsfreiheit in kultureller wie in ökonomischer Hinsicht auf die Persönlichkeitsentfaltung der Grundrechtsträger durch unselbstständige Arbeitsverhältnisse angelegt ist,[158] desto weitgehender tritt die Notwendigkeit auf, die zivil-, arbeits- und sozialrechtliche Ausgestaltung der Beschäftigungsverhältnisse als Bedingungen der Persönlichkeitsentfaltung in den Schutz mit einzubeziehen.[159] Die Berufsfreiheit kann dann Gefahr laufen, in möglichen Interessenkonflikten zwischen Arbeitnehmerinnen sowie Arbeitgeberinnen instrumentalisiert zu werden, bestimmte Rechtspositionen der Arbeitnehmerinnen und Arbeitnehmer verfassungsrechtlich zu fixieren und die Anpassungsfähigkeit arbeitsrechtlicher

---

[153] BVerfG, Entsch. v. 30.10.1961, 1 BvR 833/59, BVerfGE 13, 181 – *Schankerlaubnissteuer*, Rn. 22.

[154] *Morlok*, Selbstverständnis als Rechtskriterium, S. 127 m. w. N.

[155] BVerfG, Entsch. v. 11.06.1958, 1 BvR 596/56, BVerfGE 7, 377 – *Apothekenurteil*, Rn. 55, siehe Fn. 150.

[156] BVerfG, Entsch. v. 30.10.1961, 1 BvR 833/59, BVerfGE 13, 181 – *Schankerlaubnissteuer*, Rn. 22; allgemein zu den Auswirkungen des „hohen Persönlichkeitswerts" der Arbeit auf die Auslegung *H.-P. Schneider*, Freiheit des Berufs – Grundrecht der Arbeit, VVDStRL 43 (1985), S. 7 (15).

[157] *Hoffmann-Riem*, Die grundrechtliche Freiheit der arbeitsteiligen Berufsausübung, S. 385 (S. 390 ff.); *Hege*, Das Grundrecht der Berufsfreiheit im Sozialstaat, S. 71 ff.; S. 119 ff.; *Badura*, Grundfreiheiten der Arbeit, S. 11 (24 ff.); *Hannig*, Die Berufsfreiheit der Arbeitnehmer, S. 27 ff.: grundrechtlicher Aufruf zur staatlichen Ausgestaltung; *Saladin*, Unternehmen in der verfassungsrechtlichen Ordnung, VVDStRL 35 (1977), S. 7 (20 f.); darüber hinaus auch zum Sozialversicherungsrecht als Ausgestaltung des Grundrechts für Arbeit nach Beendigung des aktiven Berufslebens *Häberle*, JZ 1984, 345 (352).

[158] Weitgehend *H.-P. Schneider*, Freiheit des Berufs – Grundrecht der Arbeit, VVDStRL 43 (1985), S. 7 (15).

[159] Kritisch zur Ableitung von Schutzpflichten aus der Berufsfreiheit *Lepsius*, Der Eigenwert der Verfassung im Wirtschaftsrecht, S. 149 (166 f.).

Regelungsstrukturen zu verringern.[160] Zu dem Schutz der materialen Voraussetzung der Persönlichkeitsentfaltung zählt dann unter anderem die Gewährleistung des Zugangs sowie des Bestands des Arbeitsverhältnisses durch einen effektiven Kündigungsschutz sowie durch Zugangssicherungen wie das Verbot tarifvertraglich vereinbarter Einstellungsstopps.[161] Ebenfalls relevant für die Persönlichkeitsentfaltung ist die Gewährleistung hinreichender Mobilität bei der Ausgestaltung von arbeitsrechtlichen Wettbewerbsverboten, Offenbarungspflichten, Rückzahlungsklausen oder Vertragsstrafen sowie die Gesundheitsvorsorge am Arbeitsplatz.[162] In ökonomischer Hinsicht sind auf der einen Seite der vollstreckungsrechtliche Pfändungsschutz der im Eigentum des Erwerbstätigen stehenden Arbeitsmittel sowie des zum Existenzminimum gehörenden Teils des Arbeitslohns sowie auf der anderen Seite ein privilegierter Schutz der Arbeitnehmenden in der Insolvenz des Arbeitgebers oder der Arbeitgeberin umfasst.[163] Ferner beinhaltet die Berufsfreiheit einen Schutz vor übertriebenen Überwachungsmaßnahmen.[164] Schließlich lassen sich aus der Gewährleistung der Persönlichkeitsentfaltung Organisations- und Verfahrensgarantien in der betrieblichen Mitbestimmung ableiten.[165] Demgegenüber zeigt insbesondere die neuere Rechtsprechung des Bundesverfassungsgerichts wie auch der Fachgerichte eine deutliche Tendenz, zivil-, arbeits- oder sozialrechtlichen Regelungen, die Erwerbstätige allgemein treffen, ohne Aspekte der beruflichen Tätigkeit zu steuern, die objektiv berufsregelnde Tendenz abzusprechen, auch wenn diese Regelungen Voraussetzungen der Persönlichkeitsentfaltung betreffen.[166]

---

160 *Saladin*, Unternehmen in der verfassungsrechtlichen Ordnung, VVDStRL 35 (1977), S. 7 (21).

161 Sämtliche Beispiele bei *H.-P. Schneider*, Freiheit des Berufs – Grundrecht der Arbeit, VVDStRL 43 (1985), S. 7 (30f. und 42); allgemeiner aus der verfassungsgerichtlichen Rechtsprechung BVerfG, Beschl. v. 6.6.2018, 1 BvL 7/14, 1 BvR 1375/14, NJW 2018, 2542ff., Rn. 42: „Der Staat ist zudem verpflichtet, das Individualarbeitsrecht so zu gestalten, dass die Grundrechte der Parteien in einen angemessenen Ausgleich gebracht werden. Soweit die Privatautonomie ihre regulierende Kraft nicht zu entfalten vermag, weil ein Vertragspartner kraft seines Übergewichts Vertragsbestimmungen einseitig setzen kann, müssen staatliche Regelungen auch ausgleichend eingreifen, um den Grundrechtsschutz zu sichern (…)“, m.w.N. aus der Rechtsprechung.

162 *H.-P. Schneider*, Freiheit des Berufs – Grundrecht der Arbeit, VVDStRL 43 (1985), S. 7 (31).

163 *H.-P. Schneider*, Freiheit des Berufs – Grundrecht der Arbeit, VVDStRL 43 (1985), S. 7 (33).

164 *H.-P. Schneider*, Freiheit des Berufs – Grundrecht der Arbeit, VVDStRL 43 (1985), S. 7 (33); *Badura*, Grundfreiheiten der Arbeit, S. 11 (25): neben Schutz vor technischen Überwachungseinrichtungen auch Schutz vor unangemessenen, nicht sachbezogenen Fragen, Testverfahren und psychologischen Begutachtungen; *Hege*, Das Grundrecht der Berufsfreiheit im Sozialstaat, S. 68ff.

165 *H.-P. Schneider*, Freiheit des Berufs – Grundrecht der Arbeit, VVDStRL 43 (1985), S. 7 (42).

166 Etwa zur Künstlersozialabgabe BVerfG, Beschl. v. 8.4.1987, 2 BvR 909/82 u.a., BVerfGE 75, 108 – *Künstlersozialversicherung*, Rn. 115; zur Rentenversicherungspflicht für selbständige

3. Schutz der Marktteilnahme als Schutz vor dem Markt

Die Ableitung der Schutzpflichten deutet bereits an, dass das Ziel der Persönlichkeitsentfaltung an Grenzen des Freiheitsrechts führt, die nicht untypisch sind für das Spannungsverhältnis zwischen formeller und materieller Freiheit.[167] Als erfolgsbezogenes Schutzgut zielt die Gewährleistung der Persönlichkeitsentfaltung über den Schutz formaler Freiheit hinaus auf die materiellen Chancen der Verwirklichung. Die Gewährleistung des materiellen Erfolgs, etwa des Markterfolgs eines Gewerbetreibenden oder eines Rechts auf einen bestimmten Arbeitsplatz, kann das Freiheitsrecht jedoch aus unterschiedlichen Gründen nicht leisten.[168] Zum einen fehlen dem Hoheitsträger regelmäßig bereits die insoweit erforderlichen Ressourcen. Zum anderen wäre die Funktionsweise von Marktprozessen, insbesondere die Notwendigkeit zur Verhandlung und Beobachtung auf Märkten, mit einem das Ergebnis absichernden Anspruch von vorneherein nicht kompatibel. Garantien der Marktergebnisse sind in marktwirtschaftlichen Systemen nicht zu haben. Schließlich wäre offen, welchen Beitrag ein materieller Erfolg zur Persönlichkeitsverletzung beisteuert, wenn er nicht auf eigener Leistung, sondern auf rechtlicher Gewährleistung beruht.[169]

Trotz der Klarheit dieses Ausgangspunkts bleibt ein Graubereich unterhalb eines Anspruchs des Einzelnen auf bestimmte Ergebnisse, innerhalb dessen die Berufsfreiheit den Hoheitsträger zur Förderung der Persönlichkeitsentfaltung über die berufliche Tätigkeit zu verpflichten scheint. Hintergrund dieser Pflichten zum Schutz von Arbeitnehmerinnen und Arbeitnehmern im Verhältnis zum Arbeitgeber ist das typische Machtgefälle der Vertragspartner, das auch in anderen Bereichen des Zivilrechts zu einer mittelbaren Drittwirkung bei struk-

---

Lehrer BVerfG, Nichtannahmebeschl. v. 26.6.2007, 1 BvR 2204/00, BVerfGK 11, 352, Rn. 27; zur Minderung der zu erwartender Versorgungsleistungen, die durch Wechsel der Versorgungswerke entstehen, OVG Lüneburg, 30.07.2012, 8 LA 149/11, Rn. 18; zur Versagung des Abzugs eines häuslichen Arbeitszimmers bei der Bemessung der Einkommenssteuer BVerfG, Beschl. v. 6.7.2010, 2 BvL 13/09, BVerfGE 126, 268, Rn. 52; zu Modalitäten der Abführung von Sozialversicherungsbeiträgen bei Beschränkungen der Erstattungsansprüche des Arbeitgebers nach §§ 394, 395 RVO BVerfG, Kammerbeschl. v. 18.04.1989, 1 BvR 1295/88, Rn. 9; zu Beiträgen für die Insolvenzsicherung der betrieblichen Altersversorgung nach § 10 BetrAVG allerdings aus Arbeitgebersicht etwa BVerfG Nichtannahmebeschl. v. 16.07.2012, 1 BvR 2983/10, BVerfGK 20, 9, Rn. 18; OVR NRW, Beschl. v. 17.08.2012, 12 A 1140/11, Rn. 10; OVG Rheinland-Pfalz, Urt. v. 18.05.2012, 7 A 11241/11, Rn. 29; VG Frankfurt, Urt. v. 13.12.2012, 6 K 966/10, Rn. 37f.

[167] Zu unterschiedlichen Freiheitsbegriffen und ihrem Verhältnis etwa bei *Poscher*, Grundrechte als Abwehrrechte, S. 109ff.; *Klement*, Wettbewerbsfreiheit, S. 92ff.

[168] *Breuer*, Freiheit des Berufs, § 160 Rn. 102; *Manssen*, in: von Mangoldt/Klein/Starck, GG, Art. 12 Rn. 12 m.w.N., auch zur Rechtsprechung; *Lepsius*, Der Eigenwert der Verfassung im Wirtschaftsrecht, S. 149 (169).

[169] Zum Stellenwert des Beitrags zur „gesellschaftlichen Gesamtleistung“, BVerfG, Entsch. v. 11.06.1958, 1 BvR 596/56, BVerfGE 7, 377, Rn. 55 – *Apothekenurteil*; zur Bedeutung einer „sinnvoll erlebbaren Arbeitsleistung“ für die Resozialisierung im Strafvollzug BVerfG, Nichtannahmebeschl. vom 24.03.2002, 2 BvR 2175/01, NJW 2002, 2023, Rn. 32.

tureller Unterlegenheit eines Vertragspartners geführt hat.[170] Auf der Grundlage der Prämisse, dass die Berufsfreiheit keinen Anspruch auf Erfolg vermittelt, sondern die Grundrechtsträger die externen Bedingungen, insbesondere die Marktgegebenheiten, hinzunehmen haben, bildet allein eine asymmetrisch verteilte Verhandlungsmacht keinen Grund für eine staatliche Schutzpflicht.[171] Für Gewerbetreibende und sonstige Selbständige nimmt die Rechtsprechung etwa keine verfassungsrechtliche Pflicht zum besonderen Schutz kleinerer Unternehmen gegenüber finanzkräftigeren oder leistungsfähigeren Wettbewerbern an. Im Extremfall kann eine übermäßige Betonung der Rechtsposition abhängig Beschäftigter die Wettbewerbsfähigkeit des verpflichteten Unternehmens im Verhältnis zu Wettbewerbern, die aus Sicht der Nachfrager austauschbare Leistungen anbieten, aber nicht in vergleichbarer Weise gebunden sind, beeinträchtigen. Auch insoweit können sich die bereits angesprochenen Grenzen der Realisierbarkeit grundrechtlicher Leistungsansprüche abzeichnen. Konsequenz ist die Reduktion der staatlichen Schutzpflicht, kein bestimmtes Ergebnis zu gewährleisten, sondern auf Bedingungen hinzuwirken, unter denen eine reale Verwirklichung zumindest möglich ist.[172]

---

[170] Zum Schutz der Privatautonomie bei gestörter Vertragsparität etwa BVerfG, Beschl. v. 19.10.1993, 1 BvR 567/89, 1 BvR 1044/89, BVerfGE 89, 214 – *Bürgschaftsvertrag*, Rn. 54; BVerfG, Kammerbeschl. v. 5.8.1994, 1 BvR 1402/89, NJW 1994, 2749, Rn. 21: „Allerdings darf ein Vertrag nicht bei jeder Störung des Verhandlungsgleichgewichts nachträglich in Frage gestellt oder korrigiert werden. Handelt es sich jedoch um eine typisierbare Fallgestaltung, die eine strukturelle Unterlegenheit des einen Vertragsteils erkennen läßt, und sind die Folgen des Vertrags für den unterlegenen Vertragsteil ungewöhnlich belastend, so muß die Zivilrechtsordnung darauf reagieren und Korrekturen ermöglichen."; zuletzt BVerfG, Beschl. v. 6.12.2005, 1 BvR 1905/02, BVerfGE 115, 51 – *sittenwidrige Bürgschaft*, Rn. 43.

[171] Allerdings dient die Verbesserung der Stellung von Arbeitnehmenden bei vergleichsweise schlechten Arbeitsverhältnissen dem Schutz der Berufsfreiheit der Arbeitnehmer und eröffnet dem Gesetzgeber dadurch Spielräume auch zur Einschränkung der Berufsfreiheit der Unternehmen sowie der Vereinigungsfreiheit der Arbeitgeberverbände, etwa BVerfG, Nichtannahmebeschl. v. 29.12.2004, 1 BvR 2283/03, BVerfGK 4, 356 – *Arbeitnehmerüberlassung*, Rn. 22f.: „Die angegriffenen Gesetzesvorschriften dienen der Verbesserung der Stellung der Leiharbeitnehmer und damit dem Schutz ihrer Berufsfreiheit (Art. 12 Abs. 1 GG). Durch die Regelung der Arbeitsbedingungen soll für die Leiharbeitnehmer ein angemessenes Schutzniveau gewährleistet werden. (…) Sozialstaatlich motivierte, zum Schutz der abhängig Beschäftigten eines Wirtschaftszweiges vernünftige und zweckmäßig typisierende Regelungen zulässiger Formen unselbständiger Arbeit muss der Einzelne als Grenze seiner unternehmerischen Tätigkeit grundsätzlich als zumutbar hinnehmen. Zwingende Regelungen des Arbeitsrechts schaffen erst den Rahmen, in dem die mehrheitlich abhängig Beschäftigten ihre Grundrechte aus Art. 12 Abs. 1 GG unter angemessenen Bedingungen verwirklichen können. Sie rechtfertigen sich daraus, dass der Individualarbeitsvertrag vielfach ein unzureichendes Instrument zur Begründung eines sozial angemessenen Arbeitsverhältnisses darstellt (…)".

[172] Weitgehend *H.-P. Schneider*, Freiheit des Berufs – Grundrecht der Arbeit, VVDStRL 43 (1985), S. 7 (22ff. und 32): reale Chance, einen Ausbildungsplatz zu finden, sowie ein aus Art. 109 Abs. 2 GG iVm Art. 12 Abs. 1 GG und dem Sozialstaatsprinzip folgendes Vollbeschäftigungsgebot.

Ein tieferliegender, strukturell bedeutsamer Konflikt liegt darin, dass von Marktprozessen Anpassungsanreize ausgehen, die für die Leistungsfähigkeit und insbesondere die Innovationen und Wissen generierende Funktion erforderlich sind,[173] aber die realen Chancen der einzelnen Grundrechtsträger auf selbstbestimmte Persönlichkeitsentfaltung beeinträchtigen können. Dieser Konflikt äußert sich etwa bei existenziellen Fragen des Bestandsschutzes einzelner von der technologischen, ökonomischen oder gesellschaftlichen Entwicklung in Frage gestellter Berufszweige. Auch auf weniger gravierendem Niveau wirken sich Anschlusszwänge ungeachtet ihrer positiven strukturellen Wirkungen[174] typischerweise negativ auf den für die Persönlichkeitsentfaltung verfügbaren Optionenraum aus. In diesem Zusammenhang kann insbesondere der Verweis auf den Würdegehalt der Arbeit[175] als Strategie dienen, den tatsächlichen oder vermeintlichen Schutzgehalt der Berufsfreiheit für die Erhaltung des Status quo und gegen Marktentwicklungen in Stellung zu bringen.[176] Noch allgemeiner kann schon die Ausdifferenzierung der Angebote und Leistungen, die auf Märkten hervorgebracht werden, die über die berufliche Tätigkeit vermittelten Beiträge zur Persönlichkeitsentfaltung in Frage stellen. Während einige Grundrechtsträger infolge der Spezialisierung eine der individuellen Persönlichkeitsentfaltung besonders förderliche Tätigkeit als berufliche Lebensgrundlage wählen können, erzeugt der Arbeitsmarkt infolge der ausdifferenzierten Arbeitsteilung auch eine nicht unerhebliche Nachfrage nach Arbeitsleistungen, deren Potential zur inhaltlichen Entfaltung deutlich geringer ausfällt.[177] Die Rechtsprechung des Bundesverfassungsgerichts hat in diesem Zusammenhang früh die Bedeutung der Freiheit zur Berufswahl „in einem für die moderne arbeitsteilige Gesellschaft besonders wichtigen Bereich"[178] herausgestellt, ohne allerdings das Verhältnis zwischen dem Schutzgut der Persönlichkeitsentfaltung und der dynamischen Wirkung von Märkten zu benennen. Grundrechtlicher Schutz der Marktteilnahme bedeutet in dieser Perspektive auch Schutz vor den Folgen der

[173] Siehe oben, § 1 C.I.3.

[174] Eingehend, auch zu den Gefahren einer auf Erhaltung des Status quo ausgerichteten Politik, die Anschlusszwänge systematisch zu kompensieren versucht, *Ladeur*, Kritik der Abwägung in der Grundrechtsdogmatik, S. 58 ff.; *ders.*, Negative Freiheitsrechte, S. 67 ff., S. 263 ff., S. 282 ff.; *ders.*, Der Staat gegen die Gesellschaft, S. 139 ff., S. 190 ff., S. 213 ff., S. 256 ff. und passim; *ders.*, Risiko Sozialstaat, S. 21 (32 ff.); *ders.*, Der Staat 46 (2007), 61 (80 ff.).

[175] In der Rechtsprechung des Bundesverfassungsgerichts aufgenommen in BVerfG, Entsch. v. 11.06.1958, 1 BvR 596/56, BVerfGE 7, 377 – *Apothekenurteil*, Rn. 55, und BVerfG, Urt. v. 1.3.1979, 1 BvR 532/77 u. a., BVerfGE 50, 290 – *Mitbestimmung*, Rn. 171; zustimmend *H.-P. Schneider*, Freiheit des Berufs – Grundrecht der Arbeit, VVDStRL 43 (1985), S. 7 (24); *Lecheler*, Freiheit des Berufs – Grundrecht der Arbeit, VVDStRL 43 (1985), S. 48 (65).

[176] *H.-P. Schneider*, Freiheit des Berufs – Grundrecht der Arbeit, VVDStRL 43 (1985), S. 7 (21 und 24): Verpflichtung zu beschäftigungssichernden und ausbildungsfördernden Maßnahmen im Hinblick auf Menschenwürdegehalt und Persönlichkeitsbezug; Erfüllung sozialstaatlicher Postulate unabhängig von der wirtschaftlichen Entwicklung.

[177] *Morlok*, Selbstverständnis als Rechtskriterium, S. 127.

[178] BVerfG, Entsch. v. 11.06.1958, 1 BvR 596/56, BVerfGE 7, 377 – *Apothekenurteil*, Rn. 55.

Marktprozesse. Politische oder soziologische Kritik am „Turbokapitalismus“[179] oder bestimmten Formen des Liberalismus[180] thematisieren im Kern, welcher Raum für Marktprozesse und die auf der wechselseitigen Koordination basierende Dynamik angemessen ist. Der grundrechtliche Schutz der Marktteilnahme hat die Rahmenbedingungen von Marktprozessen in Rechnung zu stellen, die ihrerseits durch das interdependente Verhalten der Marktteilnehmerinnen und Marktteilnehmer laufenden Änderungen unterliegen. Von Marktprozessen ausgehende Anschlusszwänge stellen zu einem gewissen Grad die Folge der Marktteilnahme Dritter dar und gehen mit der dynamischen, Innovationen und Wissen generierenden Marktentwicklung einher. Unabhängig von der politischen Entscheidung für eine mehr oder weniger stark regulierende Wirtschaftspolitik lässt sich infolge des wechselseitigen Zusammenhangs zwischen Marktverhalten und Marktdynamik in deren Relevanz für das Schutzgut der Persönlichkeitsentfaltung der Schutzbereich der Berufsfreiheit allein mit einer isolierten Verhaltensfreiheit nicht angemessen abbilden. Eine grundrechtliche Dogmatik, die den unterschiedlichen Implikationen, die von der wechselseitigen Beeinflussung zwischen den Marktteilnehmerinnen und Marktteilnehmern auf die Rahmenbedingungen für die Persönlichkeitsentfaltung ausgehen, Rechnung trägt, ermöglicht eine rationale Bewertung hoheitlicher Maßnahmen zur Ausgestaltung von Märkten.

II. Personaler Bezug des Eigentumsrechts

Ähnlich wie bei der Berufsfreiheit steht in der Konzeption des verfassungsrechtlichen Eigentumsschutzes der Bezug zur Persönlichkeitsentfaltung des Grundrechtsträgers im Ausgangspunkt. Über das Eigentumsrecht werden zum einen die wirtschaftlichen Voraussetzungen für die eigenverantwortliche Lebensgestaltung geschützt. Zum anderen liegt aber auch schon in der freien Entscheidung über die Nutzung des Eigentums selbst eine nicht unwichtige Facette der Lebensführung. Dieser personale Bezug des Eigentumsrechts steht nur in einem scheinbaren Kontrast zur grundlegenden Bedeutung der Gewährleistung von Verfügungsrechten als Rahmenbedingung für Marktprozesse. Der materielle, freiheitsverwirklichende Gehalt des Eigentums liegt in der Nutzung und materialisiert sich damit typischerweise in Austauschbeziehungen zu anderen, lässt sich also nicht auf eine isolierte Verhaltensfreiheit beschränken. Die geläufige Gegenüberstellung von dem personalen, den Schutz begründenden Gehalt der Eigentumsfreiheit und seiner Relativierung durch den sozialen Bezug des Eigentums erweist sich insofern als missverständlich, als auch die Verwirklichung des eigentumsrechtlichen Schutzes auf den sozialen Bezug angewiesen ist.

---

[179] *Staute*, Das Ende der Unternehmenskultur.

[180] *Crouch*, Das befremdliche Überlegen des Neoliberalismus, S. 109 ff.; *Nicoll*, Neoliberalismus.

1. Schutz der Lebensgestaltung

In der Rechtsprechung des Bundesverfassungsgerichts nimmt der personale Bezug des Eigentums bei der Konzeption des Freiheitsrechts bekanntlich in ständiger Rechtsprechung eine zentrale Rolle ein. Die Rechtsprechung charakterisiert die Aufgabe des Eigentums insbesondere in der Sicherung eines „Freiheitsraum[s] im vermögensrechtlichen Bereich".[181] Durch die Privatnützigkeit und grundsätzliche Verfügungsbefugnis soll es eine eigenverantwortliche Gestaltung des Lebens des Grundrechtsträgers ermöglichen[182] und zur Entfaltung beitragen.[183] Diese Gewährleistung der Entfaltung und eigenverantwortlichen Lebensgestaltung stellt die Eigentumsgarantie, wie es die ältere Rechtsprechung formuliert, in einen „inneren Zusammenhang mit der Garantie der persönlichen Freiheit".[184] In der Literatur wird dieser Aspekt teilweise einem Menschenwürdegehalt des Eigentums zugeordnet.[185]

Dieser personale Bezug markiert in der Rechtsprechung ein wesentliches Argument dafür, den Schutzbereich der Eigentumsgarantie über den Schutz körperlicher Gegenstände hinaus auf bestimmte geldwerte, dem Einzelnen aus-

---

[181] Zuletzt BVerfG, Beschl. v. 24.5.2018, 1 BvR 97/14, 1 BvR 2392/14, NJW 2018, 3007 – *Hofabgabeklausel*, Rn. 70; BVerfG, Urt. v. 17.12.2013, 1 BvR 3139/08, BVerfGE 134, 242 – *Garzweiler*, Rn. 167; BVerfG, Beschl. v. 8.05.2012, 1 BvR 1065/03; 1 BvR 1082/03, BVerfGE 131, 66 – *VBL, Rentenanwartschaft*, Rn. 41; BVerfG, Beschl. v. 18.01.2006, 2 BvR 2194/99, BVerfGE 115, 97 – *Halbteilungsgrundsatz*, Rn. 33; BVerfG, Beschl. v. 22.05.2001, 1 BvR 1512/97; 1 BvR 1677/97, BVerfGE 104, 1 – *Baulandumlegung*, Rn. 26; BVerfG, Stattgeb. Kammerbeschl. v. 23.02.2010, 1 BvR 2736/08, BVerfGK 17, 68 – *Flughafen Berlin Schönefeld*, Rn. 48; BVerfG, Urt. v. 10.06.2009, 1 BvR 706/08 u.a., BVerfGE 123, 186 – *PKV-Basistarif*, Rn. 215; BVerfG, Beschl. v. 18.01.2006, 2 BvR 2194/99, BVerfGE 115, 97 – *Halbteilungsgrundsatz*, Rn. 33; BVerfG, Beschl. v. 26.06.2002, 1 BvR 558/91, 1 BvR 1428/91, BVerfGE 105, 252 – *Glykolwarnung*, Rn. 77; BVerfG, Beschl. v. 16.02.2000, 1 BvR 242/91, 1 BvR 315/99, BVerfGE 102, 1 – *Altlasten*, Rn. 39; BVerfG, Beschl. v. 09.01.1991, 1 BvR 929/89, BVerfGE 83, 201 – *Vorkaufsrecht*, Rn. 35; BVerfG, Beschl. v. 24.03.1976, 2 BvR 804/75, BVerfGE 42, 64 – *Zwangsversteigerung*, Rn. 34; BVerfG, Entsch. v. 18.12.1968, 1 BvR 638/64 u.a., BVerfGE 24, 367 – *Hamburger Deichordnungsgesetz*, Rn. 81 f.

[182] BVerfG, Beschl. v. 24.5.2018, 1 BvR 97/14, 1 BvR 2392/14, NJW 2018, 3007 – *Hofabgabeklausel*, Rn. 70; BVerfG, Urt. v. 17.12.2013, 1 BvR 3139/08, BVerfGE 134, 242 – *Garzweiler*, Rn. 167; BVerfG, Beschl. v. 22.05.2001, 1 BvR 1512/97, 1 BvR 1677/97, BVerfGE 104, 1 – *Baulandumlegung*, Rn. 26; BVerfG, Beschl. v. 16.02.2000, 1 BvR 242/91, 1 BvR 315/99, BVerfGE 102, 1 – *Altlasten*, Rn. 39; ähnlich BVerfG, Beschl. v. 14.07.1981, 1 BvL 24/78, BVerfGE 58, 137 – *Pflichtexemplar*, Rn. 55: eigenverantwortliche Gestaltung des Wirkungsbereichs; aus der Literatur vgl. nur *Hösch*, Eigentum und Freiheit, S. 56.

[183] BVerfG, Beschl. v. 09.01.1991, 1 BvR 929/89, BVerfGE 83, 201 – *Vorkaufsrecht*, Rn. 35; BVerfG, Beschl. v. 24.03.1976, 2 BvR 804/75, BVerfGE 42, 64 – *Zwangsversteigerung*, Rn. 34.

[184] BVerfG, Beschl. v. 24.03.1976, 2 BvR 804/75, BVerfGE 42, 64 – *Zwangsversteigerung*, Rn. 34; BVerfG, Entsch. v. 07.07.1971, 1 BvR 765/66, BVerfGE 31, 229 – *Kirchen- und Schulbuchgebrauch*, Rn. 26; BVerfG, Entsch. v. 18.12.1968, 1 BvR 638/64 u.a. BVerfGE 24, 367 – *Hamburger Deichordnungsgesetz*, Rn. 81; ähnlich *Papier*, in: Maunz/Dürig, GG, Art. 14 Rn. 1.

[185] *Murswiek*, Zu den Grenzen der Abänderbarkeit von Grundrechten, § 28 Rn. 115; *Axer*, in: Beck'scher Online-Kommentar GG, Art. 14 Rn. 2; zu den Konsequenzen für die Ewigkeitsgarantie aus Art. 79 Abs. 3 GG *Papier*, DVBl. 1991, 193 (195 f.).

schließlich und privatnützig zugeordnete und auf eigener Leistungen beruhende Forderungen zu erstrecken, da diese Forderungen in gleicher Weise wie das Sacheigentum „als materielle Grundlagen persönlicher Freiheit dienen".[186] Stellt die Sicherung der eigenverantwortlichen Lebensgestaltung den Bezugspunkt des Gewährleistungsgehalts dar, kommt dem Arbeitsertrag und der darauf basierenden Altersversorgung eine ähnliche Bedeutung zu wie dem Sacheigentum.[187]

Das Eigentumsrecht bildet über diese Existenzsicherung hinaus eine Grundlage privater Initiative.[188] Dementsprechend betrifft das Eigentum von juristischen Personen des öffentlichen Rechts, insbesondere von Gemeinden, diesen personalen Gewährleistungsgehalt von vorneherein nicht.[189] Dieser personale Bezug macht das Eigentum zu einem „elementaren Grundrecht", dessen Schutz von „besonderer Bedeutung für den sozialen Rechtsstaat" ist.[190]

Wie bei der Eigentumsfreiheit geht aus der Beschreibung des Schutzbereichs des Eigentumsrechts in der verfassungsgerichtlichen Rechtsprechung eine Orientierung an der tatsächlichen Wirksamkeit des Eigentumsschutzes bei der Gewährleistung von Freiräumen in der persönlichen Lebensführung hervor. So trägt die Rechtsprechung etwa bei dem eigentumsrechtlichen Schutz von Grundstücken dem Umstand, wenn „ein Grundstück den wesentlichen Teil des Vermögens des Pflichtigen bildet und die Grundlage seiner privaten Lebensführung

[186] BVerfG, Beschl. v. 31.03.1998, 2 BvR 1877/97, 2 BvR 50/98, BVerfGE 97, 350 – *Europäische Währungsunion*, Rn. 88, tendenziell kritisch *Papier*, in: Maunz/Dürig, GG, Art. 14 Rn. 2.

[187] BVerfG, Urt. v. 28.04.1999, 1 BvL 32/95, 1 BvR 2105/95, BVerfGE 100, 1 – *DDR-Rentenanwartschaften*, Rn. 113: „Der Eigentumsgarantie kommt im Gesamtgefüge der Grundrechte die Aufgabe zu, dem Träger des Grundrechts einen Freiheitsraum im vermögensrechtlichen Bereich zu sichern und ihm dadurch eine eigenverantwortliche Gestaltung seines Lebens zu ermöglichen. In der modernen Gesellschaft erlangt der Großteil der Bevölkerung seine wirtschaftliche Existenzsicherung weniger durch privates Sachvermögen als durch den Arbeitsertrag und die daran anknüpfende, solidarisch getragene Altersversorgung, die historisch von jeher eng mit dem Eigentumsgedanken verknüpft war. Insoweit sind die Anrechte des Einzelnen auf Leistungen der Rentenversicherung an die Stelle privater Vorsorge und Sicherung getreten und verlangen daher denselben Grundrechtsschutz, der dieser zukommt."; *Kirchhof*, Eigentum als Ordnungsidee, S. 19.

[188] BVerfG, Urt. v. 10.06.2009, 1 BvR 706/08 u. a., BVerfGE 123, 186 – *PKV-Basistarif*, Rn. 215; BVerfG, Beschl. v. 22.05.2001, 1 BvR 1512/97, 1 BvR 1677/97, BVerfGE 104, 1 – *Baulandumlegung*, Rn. 26; BVerfG, Beschl. v. 16.02.2000, 1 BvR 242/91, 1 BvR 315/99, BVerfGE 102, 1 – *Altlasten*, Rn. 39.

[189] BVerfG, Beschl. v. 8.07.1982, 2 BvR 1187/80, BVerfGE 61, 82 – *Sasbach*, Rn. 72: „Eine besondere „grundrechtstypische Gefährdungslage" besteht nicht; sie ergibt sich insbesondere nicht schon aus dem Umstand, daß auch das Eigentum der öffentlichen Hand privatrechtlich – also als Privateigentum – ausgestaltet ist. Denn in der Hand einer Gemeinde dient das Eigentum nicht der Funktion, derentwegen es durch das Grundrecht geschützt ist, nämlich dem Eigentümer „als Grundlage privater Initiative und in eigenverantwortlichem privatem Interesse von Nutzen" zu sein (…). Art. 14 als Grundrecht schützt nicht das Privateigentum, sondern das Eigentum Privater."

[190] BVerfG, Urt. v. 17.12.2013, 1 BvR 3139/08, BVerfGE 134, 242 – *Garzweiler*, Rn. 167; BVerfG, Beschl. v. 16.02.2000, 1 BvR 242/91, 1 BvR 315/99, BVerfGE 102, 1 – *Altlasten*, Rn. 39, jeweils m. w. N.

einschließlich seiner Familie darstellt", besondere Rechnung.[191] Die Intensität des Schutzes richtet sich unter anderem nach der Relevanz der jeweiligen Rechtsposition für die individuelle Lebensgestaltung, insbesondere angesichts der für den jeweiligen Grundrechtsträger verfügbaren Ressourcen,[192] auch wenn sie die Eigentumsgarantie nicht auf diese Sicherung einer materiellen Basis beschränkt.[193]

Das Eigentum genießt nach der ständigen Rechtsprechung einen „besonders ausgeprägten Schutz, soweit es um die Sicherung der persönlichen Freiheit des Einzelnen geht".[194]

2. Personaler Bezug und Koordination über Märkte

Dieser personale Bezug korrespondiert mit Ansätzen zur Rückführung des Eigentumsschutzes[195] auf die Daseinsverfassung des Menschen, die den Schutz des Privateigentums mit dem Ausdruck der Person und dem Ergebnis der individuellen Arbeit[196] in Leistung in Verbindung bringen.[197] Er steht allerdings auf

---

[191] BVerfG, Stattgeb. Kammerbeschl. v. 23.02.2010, 1 BvR 2736/08, BVerfGK 17, 68 – *Flughafen Berlin Schönefeld*, Rn. 48; ähnlich zu den Grenzen der Zumutbarkeit bei der Zustandsverantwortlichkeit für Altlasten: „Die Belastung des Zustandsverantwortlichen mit Sanierungskosten bis zur Höhe des Verkehrswertes kann ferner in Fällen unzumutbar sein, in denen das zu sanierende Grundstück den wesentlichen Teil des Vermögens des Pflichtigen bildet und die Grundlage seiner privaten Lebensführung einschließlich seiner Familie darstellt. In solchen Fällen tritt die Aufgabe der Eigentumsgarantie, dem Träger des Grundrechts einen Freiheitsraum im vermögensrechtlichen Bereich zu sichern und ihm damit eine eigenverantwortliche Gestaltung des Lebens zu ermöglichen, in den Vordergrund (...). Hier ist die Grenze der zumutbaren Belastung gewahrt, wenn die Kosten die Vorteile aus der weiteren Nutzung des Grundstücks nach Sanierung nicht übersteigen. Demgegenüber kann die Grenze überschritten sein, wenn etwa der Eigentümer eines Eigenheims unter Berücksichtigung seiner wirtschaftlichen Lage das Grundstück nicht mehr halten kann.", BVerfG, Beschl. v. 16.02.2000, 1 BvR 242/91, 1 BvR 315/99, BVerfGE 102, 1 – *Altlasten*, Rn. 58.

[192] BVerfG, Beschl. v. 24.03.1976, 2 BvR 804/75, BVerfGE 42, 64 – *Zwangsversteigerung*, Rn. 35: „Der Schutz des Eigentums muß sich in einem sozialen Rechtsstaat auch und gerade für den sozial Schwachen durchsetzen. Denn dieser Bürger ist es, der dieses Schutzes um seiner Freiheit willen in erster Linie bedarf."; zu diesem Aspekt der Risikovorsorge *Depenheuer/Froese*, in: von Mangoldt/Klein/Starck, GG, Art. 14 Rn. 14; *Weber*, Das Eigentum und seine Garantie in der Krise, S. 316 (328): Unterpfand der individuellen Freiheit.

[193] Gegen die aus der historischen Entwicklung zu erklärende Überbetonung des Sicherheitsaspekts *Papier*, in: Maunz/Dürig, GG, Art. 14 Rn. 2.

[194] BVerfG, Urt. v. 17.12.2013, 1 BvR 3139/08, BVerfGE 134, 242 – *Garzweiler*, Rn. 167; BVerfG, Beschl. v. 22.05.2001, 1 BvR 1512/97, 1 BvR 1677/97, BVerfGE 104, 1 – *Baulandumlegung*, Rn. 26; BVerfG, Beschl. v. 16.02.2000, 1 BvR 242/91, 1 BvR 315/99, BVerfGE 102, 1 – *Altlasten*, Rn. 39, jeweils m. w. N.

[195] Überblick über unterschiedliche Eigentumstheorien bei *Hösch*, Eigentum und Freiheit, S. 78 ff., 85 ff.

[196] Zur theoretischen Begründung des Eigentums durch Arbeit bei *Locke Hösch*, Eigentum und Freiheit, S. 87 f.

[197] *Depenheuer/Froese*, in: von Mangoldt/Klein/Starck, GG, Art. 14 Rn. 2, unter Hinweis auf die Staatsphilosophie *Lockes*; zur individuellen Leistung als Kriterium für den eigentumsrechtlichen Schutz siehe unten, § 5 D.I. und § 5 D.I.2.d).

den ersten Blick in einem gewissen Spannungsverhältnis mit der Funktion des Eigentums in einem marktwirtschaftlichen System. Neben der Berufsfreiheit gewährleistet vor allem das Eigentum die Rahmenbedingungen einer marktwirtschaftlich organisierten Wirtschaftsordnung.[198] In unterschiedlichen wettbewerbstheoretischen Programmen wie etwa dem Ordoliberalismus oder der Neuen Institutionenökonomik bildet die Ausgestaltung des Eigentumsschutzes einen zentralen Bestandteil.[199] Die Ausgestaltung von Ausschließlichkeits- und Nutzungsrechten stellt aus dieser Perspektive eine Voraussetzung für Transaktionen dar. Auch wenn die Ausgestaltung von Verfügungsrechten die Entwicklung der Marktergebnisse nicht vorwegnimmt, setzen Marktprozesse Verfügungsrechte voraus. Sie bilden typischerweise ihren Gegenstand. Die fehlende Ausschließlichkeit oder die Nichtrivalität im Konsum eines zu transferierenden Guts, etwa die uneingeschränkte Teilbarkeit von Informationen, die Duplizierbarkeit insbesondere digitaler Werke oder die allgemeine Verfügbarkeit von Gütern wie Luft oder äußerer Sicherheit, steht der Marktfähigkeit des jeweiligen Gutes entgegen.[200] Die Einführung von Ausschließlichkeitsrechten, etwa das Urheberrecht oder gewerbliche Schutzrechte oder der Einführung von Treibhausgasemissionszertifikaten, dient unter anderem der Gewährleistung der Marktfähigkeit.[201]

Diese Gegenüberstellung des personalen Bezugs des Eigentumsrechts einerseits und seiner Relevanz für die Funktionsfähigkeit von Märkten andererseits bedeutet keinen Gegensatz, sondern deutet die Modalitäten der Verwirklichung von Eigentumsfreiheit an. Die selektive Nutzung des Eigentums wie auch der Ausschluss anderer Nutzenden oder Nutzungsmöglichkeiten, die der individuellen Gestaltung der persönlichen Lebensführung zu Grunde liegt, erfolgt typischerweise in Austauschbeziehungen zu anderen, sei es, dass die eigentums-

---

[198] *Depenheuer/Froese*, in: von Mangoldt/Klein/Starck, GG, Art. 14 Rn. 1.

[199] Vergleich beider Konzeptionen bei *Evers*, Die institutionelle Ausgestaltung von Wirtschaftsordnungen, S. 20ff.; zur Spezifizierung von Verfügungsrechten *Richter/Furubotn*, Neue Institutionenökonomik, S. 90ff.; *Erlei/Leschke/Sauerland*, Neue Institutionenökonomik, S. 223ff. Dabei ist aus Sicht der Neuen Institutionenökonomik keinesfalls ausgemacht, dass eine Ausgestaltung von Verfügungsrechten als umfassendes Vollrecht stets vorteilhaft wäre, vgl. den Überblick zur ökonomischen Analyse bei *Richter/Furubotn*, Neue Institutionenökonomik, S. 136ff.; aus verfassungsrechtlicher Perspektive differenzierend *Häberle*, AöR 109 (1984), 36ff.; für eine Beschränkung des verfassungsrechtlichen Schutzes auf umfassende Verfügungsbefugnisse *Depenheuer/Froese*, in: von Mangoldt/Klein/Starck, GG, Art. 14 Rn. 63; zum Eigentumsschutz aus Sicht des Ordoliberalismus siehe oben, § 5 A.II.5.

[200] *Weimann*, Wirtschaftspolitik, S. 287ff., auch zur spieltheoretischen Modellierung von Club- und Allmendegütern; Überblick über die sog. Theorie der Clubgüter bei *Apolte*, WiSt 1995, 610ff., und *Graf*, Grundlagen der Finanzwissenschaft, S. 34ff.

[201] Zum geistigen Eigentum differenzierend *Scotchmer*, Innovation and incentives, S. 97ff.; zur ökonomischen Analyse der Allokation von Treibhausgasemissionszertifikaten *Zwingmann*, Ökonomische Analyse der EU-Emissionshandelsrichtlinie, S. 191ff.; zu den rechtlichen Rahmenbedingungen des Emissionshandels eingehend *Burgi/Lange*, ZHR 170 (2006), 539ff.; Überblick bei *Lengauer*, ZfRV 2010, 4 (6ff.).

rechtliche Position den Gegenstand einer Transaktion bildet, sei es, dass sie als Grundlage für die Abwehr von einwirkender Verhaltensweisen Dritter herangezogen wird. Eigentumsrechte werden typischerweise eingeführt, um Effekte zwischen Privaten, insbesondere zwischen Marktteilnehmenden, zu erzeugen.[202] Das als komplementär beschriebene Verhältnis zwischen der Eigentumsgarantie und den Grundrechten, das das Eigentum als notwendige und unverzichtbare Ergänzung grundrechtlicher Freiheit charakterisiert,[203] knüpft in gleicher Weise an die Verwendbarkeit des Eigentums im Verhältnis zu Dritten an. Gleiches gilt für Beschreibungen des Eigentums als geronnene Arbeit[204] und geprägte[205] oder verdinglichte[206] Freiheit, die den Charakter des Eigentums als „Handlungsfreiheit im vermögensrechtlichen Bereich" betonen.[207]

Sowohl die Komplementarität zum Schutz anderer Freiheitsrechte als auch die Modalitäten, in denen die von der Eigentumsgarantie abgesicherten Befugnisse Aspekte der Persönlichkeitsentfaltung gewährleisten, lassen sich durch eine isolierte Verhaltensfreiheit nicht hinreichend beschreiben, sondern knüpfen an die Koordination mit anderen Grundrechtsträgern, insbesondere auf Märkten, an.

3. Relativierungen des Eigentumsschutzes durch sozialen Bezug

Mit Blick auf diese Relevanz der relationalen Beziehungen für die Verwirklichung des materiellen Gehalts des Eigentumsrechts erweist sich die in der Rechtsprechung vorgenommene Abstufung der Schutzintensität in Abhängigkeit von dem sozialen Bezug des Eigentums als in der Sache berechtigt, aber in der Formulierung missverständlich.[208] Je stärker die Ausgestaltung eigentumsrechtlich geschützter Positionen die Grundrechtsausübung oder sonstige berechtigte Interessen Dritter beeinträchtigt, desto divergierendere Belange sind vom Gesetzgeber bei der konkreten Ausgestaltung in Rechnung zu stellen. Damit gehen sowohl ein gewisser Gestaltungsspielraum des Gesetzgebers als auch Einschränkungen in der Reichweite des verfassungsrechtlichen Eigentumsschutzes

---

[202] Zur Einführung des Leistungsschutzrechts für Presseverleger nach § 87f UrhG *Wandtke*, ZUM 2014, 847ff.; *Ahrens*, Leistungsschutzrecht für Presseverleger, S. 13ff.; kritisch zu der sich nach Einführung des Leistungsschutzrechts abzeichnenden Praxis der Gewährung von Gratislizenzen *Koenig/Meyer*, K&R 2014, 765ff.

[203] *Depenheuer/Froese*, in: von Mangoldt/Klein/Starck, GG, Art. 14 Rn. 11; *Hesse*, Grundzüge des Verfassungsrechts, Rn. 442.

[204] *Leisner*, Eigentum – Grundlage der Freiheit, S. 21 (23).

[205] Zum Schutz von Geld als Eigentum BVerfG, Beschl. v. 31.03.1998, 2 BvR 1877/97, 2 BvR 50/98, BVerfGE 97, 350 – *Europäische Währungsunion*, Rn. 88; *Kirchhof*, Eigentum als Ordnungsidee, S. 29.

[206] *Axer*, in: Beck'scher Online-Kommentar-GG Art. 14 Rn. 1; ähnlich *Isensee*, Privatautonomie, HStR VII, § 150 Rn. 64: Eigentum als gespeicherte Privatautonomie.

[207] *Depenheuer/Froese*, in: von Mangoldt/Klein/Starck, GG, Art. 14 Rn. 13, mit zustimmender Zusammenstellung der Charakterisierungen.

[208] Kritisch zum „diffusen Verfassungsbegriff" der sozialen Funktion des Eigentums *Leisner*, Eigentum, HdbStR VIII, § 173 Rn. 84.

einher.[209] Diese Notwendigkeit zur Gestaltung in multipolaren Lagen mit konfligierenden Interessen reduziert die Formel der Rechtsprechung auf eine Einschränkung der Schutzintensität infolge des sozialen Bezugs und suggeriert dadurch, im Kern sei ein die Persönlichkeitsentwicklung abstützender Eigentumsschutz ohne sozialen Bezug möglich.

Die verfassungsgerichtliche Rechtsprechung berücksichtigt in der Reichweite des Schutzes neben der Nähe zur persönlichen Freiheit des Einzelnen[210] die Implikationen des Eigentums für die Grundrechtsausübung sowie die schützenswerten Interessen Dritter.[211] Die Befugnis des Gesetzgebers zur Ausgestaltung von Inhalts- und Schrankenbestimmungen reicht danach umso weiter, „je mehr das Eigentumsobjekt in einem sozialen Bezug und in einer sozialen Funktion steht".[212]

Dieser soziale Bezug und die soziale Funktion beziehen sich nicht auf einen erst aus der sozialen Interaktion ergebenden Mehrwert des Eigentums, sondern bezeichnen die aus der Gemeinwohlbindung abgeleiteten Grenzen der Privatnützigkeit und der Verfügungsbefugnis. Mit der sozialen Funktion ist die Bedeutung des jeweiligen Eigentumsgegenstands für die eigenverantwortliche Lebensführung Dritter gemeint.[213] Der Hinweis auf den sozialen Bezug und die soziale Funktion des Eigentums ist dadurch Ausdruck des Gebots der Rücksichtnahme auf die Bedingungen der materiellen Freiheitsverwirklichung

[209] Etwa BVerfG, Urt. v. 1.3.1979, 1 BvR 532/77 u. a., BVerfGE 50, 290 – *Mitbestimmungsgesetz*, Rn. 128: „Maßgebend hierfür [die erweiterte Befugnis zur Ausgestaltung von Inhalts- und Schrankenbestimmungen] ist der in Art. 14 Abs. 2 GG Ausdruck findende Gesichtspunkt, daß Nutzung und Verfügung in diesem Fall nicht lediglich innerhalb der Sphäre des Eigentümers bleiben, sondern Belange anderer Rechtsgenossen berühren, die auf die Nutzung des Eigentumsobjekts angewiesen sind."

[210] Siehe oben, Fn. 194.

[211] BVerfG, Urt. v. 28.2.1980, 1 BvL 17/77 u. a., BVerfGE 53, 257 – *Versorgungsausgleich*, Rn. 149: gewisse Stufung des Schutzes.

[212] BVerfG, Beschl. v. 21.07.2010, 1 BvL 8/07, BVerfGE 126, 331 – *Miterben-Entschädigungsfonds*, Rn. 88, BVerfG, Beschl. v. 16.02.2000, 1 BvR 242/91, 1 BvR 315/99, BVerfGE 102, 1 – *Altlasten*, Rn. 45; BVerfG, Beschl. v. 19.6.1985, 1 BvL 57/79, BVerfGE 70, 191 – *Fischereirechte*, Rn. 29; BVerfG, Urt. v. 1.3.1979, 1 BvR 532/77 u. a., BVerfGE 50, 290 – *Mitbestimmungsgesetz*, Rn. 128; zuletzt BVerfG, Nichtannahmebeschl. v. 9.1.2014, 1 BvR 2344/11, Rn. 14; BVerfG, Urt. v. 8.7.1976, 1 BvL 19/75 u. a., BVerfGE 42, 263 – *Contergan*, Rn. 122; BVerfG, Beschl. v. 14.7.1981, 1 BvL 24/78, BVerfGE 58, 137 – *Pflichtexemplar*, Rn. 42; BVerfG, Beschl. v. 10.5.1983, 1 BvR 820/79, BVerfGE 64, 87 – *Rentenanpassung*, Rn. 59; BVerfG, Nichtannahmebeschl. v. 17.10.2007, 2 BvR 1095/05, BVerfGK 12, 308 – *gesetzliche Belegungspflicht Altenpflegeeinrichtung*, Rn. 74.

[213] BVerfG, Beschl. v. 8.1.1985, 1 BvR 792/83; 1 BvR 501/83, BVerfGE 68, 361 – *Eigenbedarfskündigung I*, Rn. 15: „Unter dieser Voraussetzung umfaßt das grundgesetzliche Gebot einer am Gemeinwohl orientierten Nutzung das Gebot der Rücksichtnahme auf den Nichteigentümer, der seinerseits der Nutzung des Eigentumsobjekts zu seiner Freiheitssicherung und verantwortlichen Lebensgestaltung bedarf (…)."; ebenso BVerfG, Beschl. v. 19.6.1985, 1 BvL 57/79, BVerfGE 70, 191 – *Fischereirechte*, Rn. 29.

der Nichteigentümer.[214] Die soziale Funktion und der soziale Bezug stellen ein Synonym für soziale Belange dar.[215] Je stärker einzelne Nichteigentümer auf die Nutzung des Eigentums für eine eigenverantwortliche Lebensführung angewiesen sind, desto ausgeprägter ist der entsprechende Inhalts- und Schrankenbestimmungen rechtfertigende soziale Bezug des Eigentums. Diese Relevanz des Eigentums für die Lebensführung anderer macht den Kern der Formel aus.[216] „Dieses Angewiesensein begründet einen sozialen Bezug und eine besondere soziale Funktion dieser Eigentumsgegenstände.“[217] Die Formel sichert dem Gesetzgeber einen Spielraum bei der Verteilung von Nutzungsbefugnissen durch die Ausgestaltung der Inhalts- und Schrankenbestimmungen, vor allem bei für die Lebensführung zentralen, aber knappen Gütern wie Wohnraum[218] sowie bei jenen Gütern, denen die Rechtsprechung auf empirisch unterschiedlich gut abgesicherter Basis eine hohe Relevanz für die Lebensführung zuspricht.[219]

---

[214] BVerfG, Urt. v. 4.2.1975, 2 BvL 5/74, BVerfGE 38, 348 – *Zweckentfremdung von Wohnraum*, Rn. 67; BVerfG, Beschl. v. 19.6.1985, 1 BvL 57/79, BVerfGE 70, 191 – *Fischereirechte*, Rn. 29; BVerfG, Urt. v. 1.3.1979, 1 BvR 532/77 u. a., BVerfGE 50, 290 – *Mitbestimmungsgesetz*, Rn. 128; BVerfG, Beschl. v. 4.12.1985, 1 BvL 23/84 u. a., BVerfGE 71, 230 – *Vergleichsmiete/Kappungsgrenze*, Rn. 41; BVerfG, Beschl. v. 12.6.1979, 1 BvL 19/76, BVerfGE 52, 1 – *Kleingartenentscheidung*, Rn. 128; BVerfG, Beschl. v. 8.1.1985, 1 BvR 792/83, 1 BvR 501/83, BVerfGE 68, 361 – *Eigenbedarfskündigung I*, Rn. 15; BVerfG, Beschl. v. 15.10.1996, 1 BvL 44/92, 1 BvL 48/92, BVerfGE 95, 64 – *Mietpreisbindung*, Rn. 103.

[215] BVerfG, Beschl. v. 12.6.1979, 1 BvL 19/76, BVerfGE 52, 1 – *Kleingartenentscheidung*, Rn. 128; zur Entwicklung des Begriffs der sozialen Funktion in der Rechtsprechung *Leisner*, HdbStR VIII, § 173 Rn. 78.

[216] Zum Angewiesensein BVerfG, Beschl. v. 23.4.1974, 1 BvR 6/74, 1 BvR 2270/73, BVerfGE 37, 132 – *Wohnraumkündigung*, Rn. 22; BVerfG, Urt. v. 4.2.1975, 2 BvL 5/74, BVerfGE 38, 348 – *Zweckentfremdung von Wohnraum*, Rn. 67; BVerfG, Urt. v. 1.3.1979, 1 BvR 532/77 u. a., BVerfGE 50, 290 – *Mitbestimmungsgesetz*, Rn. 128; BVerfG, Beschl. v. 4.12.1985, 1 BvL 23/84 u. a., BVerfGE 71, 230 – *Vergleichsmiete/Kappungsgrenze*, Rn. 41; BVerfG, Beschl. v. 12.6.1979, 1 BvL 19/76, BVerfGE 52, 1 – *Kleingartenentscheidung*, Rn. 128.

[217] BVerfG, Urt. v. 4.2.1975, 2 BvL 5/74, BVerfGE 38, 348 – *Zweckentfremdung von Wohnraum*, Rn. 67.

[218] Zur Vereinbarkeit des sozialen Mietrechts mit der Eigentumsgarantie vgl. nur BVerfG, Urt. v. 4.2.1975, 2 BvL 5/74, BVerfGE 38, 348 – *Zweckentfremdung von Wohnraum*, Rn. 67; BVerfG, Beschl. v. 23.4.1974, 1 BvR 6/74, 1 BvR 2270/73, BVerfGE 37, 132 – *Wohnraumkündigung*, Rn. 22; BVerfG, Beschl. v. 8.1.1985, 1 BvR 792/83; 1 BvR 501/83, BVerfGE 68, 361 – *Eigenbedarfskündigung I*, Rn. 15; BVerfG, Beschl. v. 4.12.1985, 1 BvL 23/84 u. a., BVerfGE 71, 230 -*Vergleichsmiete/Kappungsgrenze*, Rn. 41; BVerfG, Urt. v. 14.2.1989, 1 BvR 308/88 u. a., BVerfGE 79, 292 – *Eigenbedarfskündigung II*, Rn. 26; BVerfG, Kammerbeschl. v. 10.10.1990, 1 BvR 660/90, NJW 1997, 2746, Rn. 6, zum Eintritt der Erben in den Mietvertrag; BVerfG, Beschl. v. 15.10.1996, 1 BvL 44/92, 1 BvL 48/92, BVerfGE 95, 64 – *Mietpreisbindung*, Rn. 103. Im Extremfall kann sich das Angewiesensein auf den Wohnraum zu Gefahren für die körperliche Integrität oder das Leben der Mietenden verdichten. Das Zwangsvollstreckungsrecht trägt diesem Konflikt durch besondere Räumungsfristen Rechnung, *Schuschke*, NJW 2006, 874 ff.

[219] Zur sozialen Funktion, wenn auch nicht mehr existenziellen Bedeutung, von Kleingärten insbesondere für „Angehörige der unteren Einkommensschichten und für kinderreiche Familien“ BVerfG, Beschl. v. 23.09.1992, 1 BvL 15/85, 1 BvL 36/87, BVerfGE 87, 114 – *Kleingartenpachtvertrag*, Rn. 115; BVerfG, Kammerbeschl. v. 9.4.1998, 1 BvR 44/92, NJW 1998, 3559, Rn. 9; jedenfalls inzwischen steht gegenüber den vom Gesetzgeber und der Rechtsprechung zu

Änderungen der wirtschaftlichen oder gesellschaftlichen Verhältnisse können sich auf die Einschätzung auswirken.[220]

Die Relevanz der konkreten Gegenstände für die Lebensführung der Nichteigentümer rechtfertigt und gebietet sogar zu einem gewissen Grad eine Umverteilung in den Nutzungsbefugnissen, die von einer Koordination über Märkte abweicht.[221] Oftmals setzt die Ausgestaltung der Inhalts- und Schrankenbestimmungen des Eigentums gerade an den vertraglichen Beziehungen über die Eigentumsnutzung mit Dritten an. Zwingende schuldrechtliche Vorgaben, etwa zur Kündbarkeit des Schuldverhältnisses[222] oder zur Höhe der Gegenleistung[223], überformen den allgemeinen Rahmen privatautonomer Marktprozesse.

Allgemeiner gefasst wirken sich die Gewährleistungen des Eigentums überhaupt erst in den sozialen Beziehungen zu anderen aus.[224]

III. Persönlichkeitsentfaltung durch Privatautonomie

Als Ausfluss der allgemeinen Handlungsfreiheit ist die Privatautonomie[225] strukturell ähnlich wie die Berufsfreiheit und das Eigentumsrecht Ausdruck der individuellen Selbstbestimmung. Diese strukturelle Parallele entspricht dem

---

Grunde gelegten Motiven des Ausgleichs für ungünstige Wohnverhältnisse, des idealen Aufenthaltsorts für Kinder sowie des wirtschaftlichen Aspekt einer Eigenversorgung vor allem der Natur- und Umweltschutz sowie insbesondere bei den jüngeren Nutzerinnen und Nutzern die Nachfrage nach biologisch einwandfreiem Obst und Gemüse im Vordergrund, *Bundesministerium für Verkehr, Bau und Stadtentwicklung/Bundesamt für Bauwesen und Raumordnung*, Städtebauliche, ökologische und soziale Bedeutung des Kleingartenwesens, S. 61, S. 65ff.; eine Tendenz, „generell und ohne Begründung für den Einzelfall" eine solche Angewiesenheit anzunehmen, macht *Leisner* aus, HdbStR VIII, § 173 Rn. 64.

[220] BVerfG, Beschl. v. 15.10.1996, 1 BvL 44/92, 1 BvL 48/92, BVerfGE 95, 64 – *Mietpreisbindung*, Rn. 103; BVerfG, Beschl. v. 21.7.2010, 1 BvL 8/07, BVerfGE 126, 331 – *Miterben-Entschädigungsfonds*, Rn. 88.

[221] BVerfG, Beschl. v. 12.1.1967, 1 BvR 169/63, BVerfGE 21, 73 – *Grundstücksverkehrsgesetz*, Rn. 23: „(...) Die Tatsache, daß der Grund und Boden unvermehrbar und unentbehrlich ist, verbietet es, seine Nutzung dem unübersehbaren Spiel der freien Kräfte und dem Belieben des Einzelnen vollständig zu überlassen; eine gerechte Rechts- und Gesellschaftsordnung zwingt vielmehr dazu, die Interessen der Allgemeinheit beim Boden in weit stärkerem Maße zur Geltung zu bringen als bei anderen Vermögensgütern. (...)"; daran anknüpfend BVerfG, Beschl. v. 12.6.1979, 1 BvL 19/76, BVerfGE 52, 1 – *Kleingartenentscheidung*, Rn. 129.

[222] BVerfG, Beschl. v. 23.4.1974, 1 BvR 6/74, 1 BvR 2270/73, BVerfGE 37, 132 – *Wohnraumkündigung*, Rn. 22; BVerfG, Beschl. v. 8.1.1985, 1 BvR 792/83; 1 BvR 501/83, BVerfGE 68, 361 – *Eigenbedarfskündigung I*, Rn. 15; BVerfG, Urt. v. 14.2.1989, 1 BvR 308/88 u. a., BVerfGE 79, 292 – *Eigenbedarfskündigung II*, Rn. 26; Kammerbeschl. v. 10.10.1990, 1 BvR 660/90, NJW 1997, 2746, Rn. 6, zum Eintritt der Erben in den Mietvertrag.

[223] BVerfG, Beschl. v. 4.12.1985, 1 BvL 23/84 u. a., BVerfGE 71, 230 – *Vergleichsmiete/Kappungsgrenze*, Rn. 41; BVerfG, Beschl. v. 15.10.1996, 1 BvL 44/92, 1 BvL 48/92, BVerfGE 95, 64 – *Mietpreisbindung*, Rn. 103.

[224] *Hösch*, Eigentum und Freiheit, S. 138: „Eigentum wird erst durch das soziale Zusammenleben offenbar, wenn es darum geht, konkurrierende Nutzungswünsche verbindlich zu organisieren."

[225] Zu den unterschiedlichen Begriffsverständnissen *Isensee*, HStR VII, § 150 Rn. 6f. m. w. N.

Verhältnis der Privatautonomie zu den besonderen Freiheitsrechten.[226] Der mit der Selbstbestimmung einhergehende personale Bezug führt aber auch zu Überschneidungsbereichen der Privatautonomie mit dem Schutz des allgemeinen Persönlichkeitsrechts, die durch einen intensiveren grundrechtlichen Schutz gekennzeichnet sind. Ähnlich wie bei der Berufsfreiheit und dem Eigentumsrecht folgt aus dem personalen Bezug eine auf Gewährleistung der tatsächlichen Freiheit gerichtete, Schutzpflichten umfassende Perspektive. Schließlich lässt sich die Privatautonomie durch die Ausrichtung auf die Persönlichkeitsentfaltung nicht auf eine isolierte Verhaltensfreiheit beschränken, sondern die Verwirklichung des Schutzguts ist auf Interaktionen angewiesen, die sich rechtstechnisch vor allem in der Funktion von Verträgen niederschlagen. Die Konzeption der Privatautonomie steht damit in einem gewissen Spannungsfeld zu dem Verständnis der allgemeinen Handlungsfreiheit als einer formellen, prinzipiell allumfassenden Verhaltensfreiheit, wie sie in der Rechtsprechung des Bundesverfassungsgerichts zum Ausdruck kommt.[227]

1. Ausdruck der Selbstbestimmung

Die Privatautonomie dient nach ständiger Rechtsprechung der Selbstbestimmung des Einzelnen im Rechtsleben.[228] Dieser verfassungsrechtliche Wert der Selbstbestimmung als Teil der Persönlichkeitsentfaltung verleiht der Privatautonomie im zivilrechtlichen Interessenausgleich Gewicht, etwa bei der Durchsetzung des Hausrechts[229] oder der Ausübung von Rechten zur Kündigung von Arbeitsverhältnissen.[230] Die eigenbestimmte Gestaltung der Rechtsverhältnisse bildet einerseits einen Teil der allgemeinen Handlungsfreiheit, eben der Freiheit zu rechtsgeschäftlichen Handlungen.[231] Andererseits entspricht die Beschreibung

---

[226] Zur Zuordnung der Arbeitsvertragsfreiheit zum Schutzbereich der Berufsfreiheit siehe nur BVerfG, Beschl. v. 6.6.2018, 1 BvL 7/14, 1 BvR 1375/14, NJW 2018, 2542 – *Sachgrundlose Befristungen*, Rn. 38 m.w.N.

[227] BVerfG, Beschl. v. 6.6.1989, 1 BvR 921/85, BVerfGE 80, 137 – *Reiten im Walde*, Rn. 62ff.

[228] BVerfG, Urt. v. 19.10.1993, 1 BvR 567/89, 1 BvR 1044/89, BVerfGE 89, 214 – *Bürgschaftsvertrag*, Rn. 51, unter Hinweis auf *Erichsen*, HStR VI, § 152 Rn. 58; ebenso BVerfG, Kammerbeschl. v. 5.8.1994, 1 BvR 1402/89, NJW 1994, 2749, Rn. 21; BVerfG, Urt. v. 26.7.2005, 1 BvR 80/95, BVerfGE 114, 73 – *kapitalbildende Lebensversicherung*, Rn. 60; BVerfG, Urt. v. 26.7. 2005, 1 BvR 782/94, 1 BvR 957/96, BVerfGE 114, 1 – *Bestandsübertragung*, Rn. 133; BVerfG, Kammerbeschl. v. 5.8.1994, 1 BvR 1402/89, NJW 1994, 2749, Rn. 21; aus der Literatur *Isensee*, HStR VII, § 150 Rn. 1; aus der Literatur vgl. nur *Müller-Graff*, Unternehmensinvestitionen und Investitionssteuerung im Marktrecht, S. 289: Privatautonomie als rechtstechnisches Umsetzungsmittel der Selbststeuerung zur Verwirklichung der Selbstbestimmung.

[229] BGH, Urt. v. 9.3.2012, V ZR 115/11, NJW 2012, 1724, Rn. 8; LAG Köln, Urt. v. 17.9. 2014, 5 Sa 292/14, Rn. 43 und ArbG Stuttgart, Urt. v. 9.7.2014, 11 Ca 1767/14, Rn. 45.

[230] Zu Kündigungsbeschränkungen in der Probezeit BAG, Urt. v. 23.6.1994, 2 AZR 617/93, BAGE 77, 128, Rn. 25; ArbG Saarlouis, Urt. v. 28.5.2013, 1 Ca 375/12, Rn. 25.

[231] BVerfG, Urt. v. 19.10.1993, 1 BvR 567/89, 1 BvR 1044/89, BVerfGE 89, 214 – *Bürgschaftsvertrag*, Rn. 51; BVerfG, Urt. v. 26.7.2005, 1 BvR 782/94, 1 BvR 957/96, BVerfGE 114, 1 – *Bestandsübertragung*, Rn. 133; BVerfG, Urt. v. 26.7.2005, 1 BvR 80/95, BVerfGE 114,

des Gewährleistungsziels der Selbstbestimmung im Rechtsleben auch dem Eigentumsgrundrecht und insbesondere auf der Testierfreiheit[232] sowie in gewisser Weise auch der Berufsfreiheit.[233] Die selbstbestimmte Ausgestaltung von Rechtsgeschäften fällt danach in den Schutzbereich der Berufsfreiheit oder des Eigentumsrechts, wenn sie den entsprechenden Lebensbereich betrifft,[234] ohne dass sich die Art, in der das Schutzgut gewährleistet wird, grundsätzlich ändern würde. So beinhaltet die Privatautonomie eine allgemeine wirtschaftliche Handlungsfreiheit, sofern die wirtschaftliche Tätigkeit nicht beruflich ausgeübt wird.[235] In ähnlicher Weise kann die Ausübung der Privatautonomie Ausprägungen des allgemeinen Persönlichkeitsrechts betreffen und durch den damit verbundenen Bezug zur Persönlichkeitsentfaltung im Schutz aufgewertet werden.[236]

2. *Gewährleistung tatsächlicher Freiheit*

Der auf Persönlichkeitsentfaltung ausgerichtete personale Bezug der Privatautonomie stellt ähnlich wie bei der Berufs- und Eigentumsfreiheit die Bedingungen tatsächlicher Freiheitsverwirklichung in den Vordergrund[237] und begründet da-

---

73 – *kapitalbildende Lebensversicherung*, Rn. 60; BVerfG, Nichtannahmebeschl. v. 27.7.2005, 1 BvR 2501/04, BVerfGK 6, 92 – *Künstlervertrag*, Rn. 27; BVerfG, Nichtannahmebeschl. v. 29.5.2006, 1 BvR 240/98, BVerfGK 8, 126 – *Unfallversicherungsprämie*, Rn. 21.

[232] BVerfG, Nichtannahmebeschl. v. 25.3.2009, 1 BvR 909/08, BVerfGK 15, 283 – *Testamentsvollstreckungsdauer*, Rn. 15; BVerfG, Beschl. v. 14.12.1994, 1 BvR 720/90, BVerfGE 91, 346 – *Abfindung des Miterben*, Rn. 46ff.; BVerfG, Beschl. v. 19.1.1999, 1 BvR 2161/94, BVerfGE 99, 341 – *Testierausschluss Taubstummer*, Rn. 41.

[233] BVerfG, Beschl. v. 13.2.2007, 1 BvR 910/05, 1 BvR 1389/05, BVerfGE 118, 1 – *Rechtsanwaltsgebühren*, Rn. 64: Berufsfreiheit zielt auf „möglichst selbstbestimmte berufliche Betätigung"; ähnlich BVerfG, Beschl. v. 15.12.1999, 1 BvR 1904/95 u. a., BVerfGE 101, 331 – *Vergütung für Berufsbetreuer*, Rn. 68.

[234] Zum Schutz der Vertragsfreiheit im Gesellschaftsrecht über die Vereinigungsfreiheit *Reul*, DNotZ 2007, 184 (186f.).

[235] BVerfG, Urt. v. 17.2.1998, 1 BvF 1/91, BVerfGE 97, 228 – *Kurzberichterstattung im Fernsehen*, Rn. 127f.; BVerfG, Nichtannahmebeschl. v. 7.9.2010, 1 BvR 2160/09, 1 BvR 851/10, BVerfGK 18, 14 Rn. 32.

[236] BVerfG, Beschl. v. 13.5.1986, 1 BvR 1542/84, BVerfGE 72, 155 – *elterliche Vertretungsmacht*, Rn. 46f.: umfassende Einschränkung der Privatautonomie betrifft auch allgemeines Persönlichkeitsrecht, das als unbenanntes Freiheitsrecht die engere persönliche Lebenssphäre und die Erhaltung ihrer Grundbedingungen gewährleistet. Recht auf individuelle Selbstbestimmung wird berührt, wenn Eltern ihre minderjährigen Kinder finanziell nachhaltig verpflichten können.

[237] „Die durch Art. 2 Abs. 1 GG gewährleistete Privatautonomie setzt voraus, dass die Bedingungen der Selbstbestimmung des Einzelnen auch tatsächlich gegeben sind", BVerfG, Urt. v. 6.2.2001, 1 BvR 12/92, BVerfGE 103, 89 – *Unterhaltsverzichtsvertrag*, Rn. 33; BVerfG, Urt. v. 26.7.2005, 1 BvR 782/94, 1 BvR 957/96, BVerfGE 114, 1 – *Bestandsübertragung*, Rn. 134; BVerfG, Urt. v. 26.7.2005, 1 BvR 80/95, BVerfGE 114, 73 – *kapitalbildende Lebensversicherung*, Rn. 61; BVerfG, Nichtannahmebeschl. v. 27.7.2005, 1 BvR 2501/04, BVerfGK 6, 92 – *Künstlervertrag*, Rn. 27; BVerfG, Nichtannahmebeschl. v. 29.5.2006, 1 BvR 240/98, BVerfGK 8, 126 – *Unfallversicherungsprämie*, Rn. 21; BVerfG, Nichtannahmebeschl. v. 7.9.2010, 1 BvR 2160/09,

durch über die abwehrrechtliche Funktion hinaus einen Bedarf an staatlichem Schutz.

Dieser Zusammenhang zwischen dem grundrechtlichen Schutz und den tatsächlichen Bedingungen der Freiheitsausübung ist wechselseitig. Auf der einen Seite stellt die Selbstbestimmungsfähigkeit eine Bedingung für die persönlichkeitsentfaltende Selbstbestimmung und damit auch den grundrechtlichen Schutz dar. Aus dieser faktischen Bedingung leitet die verfassungsgerichtliche Rechtsprechung eine normative Einschränkung des Schutzbereichs ab und zwar sowohl für den Schutz der Privatautonomie aus Art. 2 Abs. 1 GG als auch für den Schutz rechtsgeschäftlicher Tätigkeiten, die in den Anwendungsbereich der Art. 12 Abs. 1 GG und Art. 14 Abs. 1 GG fallen.[238] Auf der anderen Seite wirken die verfassungsrechtlichen Vorgaben an die Privatautonomie auf das Privatrecht ein, um die tatsächliche Selbstbestimmungsfähigkeit herzustellen, also mit den Worten der Rechtsprechung um zu verhindern, dass sich die Selbstbestimmung in eine Fremdbestimmung verkehrt.[239] Die Konsequenz der tatsächlichen Rahmenbedingungen für den normativen Schutz hängt danach von der Veränderbarkeit der Umstände ab. Eine faktisch nicht mehr herzustellende Selbstbestimmungsfähigkeit, die häufig auf in der Person des Grundrechtsträgers liegende Gründe zurückgeht, steht dem Schutz entgegen. Hingegen lösen Hindernisse, die sich kompensieren lassen und typischerweise in dem Verhältnis zu anderen

1 BvR 851/10, BVerfGK 18, 14 Rn. 34; BVerfG, Beschl. v. 7.2.1990, 1 BvR 26/84, BVerfGE 81, 242 – *Wettbewerbsverbot des Handelsvertreters*, Rn. 47.

[238] Zum Schutz der Testierfreiheit BVerfG, Beschl. v. 19.1.1999, 1 BvR 2161/94, BVerfGE 99, 341 – *Testierausschluss Taubstummer*, Rn. 42: „Aus dem Charakter der Testierfreiheit als individuelles Selbstbestimmungsrecht im wirtschaftlichen Bereich lassen sich Folgerungen für den verfassungsrechtlichen Gehalt der Erbrechtsgarantie ziehen. Es werden nur selbstbestimmte und selbstverantwortete letztwillige Erklärungen von der verfassungsrechtlichen Gewährleistung der Testierfreiheit geschützt. Selbstbestimmung setzt Selbstbestimmungsfähigkeit voraus. Nur wenn der Einzelne in der Lage ist, selbstbestimmt zu handeln und im wirtschaftlichen Bereich eigenverantwortliche Entscheidungen zu treffen, können seine letztwilligen Verfügungen grundrechtlichen Schutz beanspruchen".

[239] Etwa BVerfG, Urt. v. 19.10.1993, 1 BvR 567/89, 1 BvR 1044/89, BVerfGE 89, 214 – *Bürgschaftsvertrag*, Rn. 54: „Hat einer der Vertragsteile ein so starkes Übergewicht, dass er den Vertragsinhalt faktisch einseitig bestimmen kann, bewirkt dies für den anderen Vertragsteil Fremdbestimmung."; BVerfG, Urt. v. 26.7.2005, 1 BvR 782/94, 1 BvR 957/96, BVerfGE 114, 1 – *Bestandsübertragung*, Rn. 135: „Ausnahmen hat das Bundesverfassungsgericht anerkannt, wenn auf Grund erheblich ungleicher Verhandlungspositionen der Vertragspartner einer von ihnen ein solches Gewicht hat, dass er den Vertragsinhalt faktisch einseitig bestimmen kann; dann ist es Aufgabe des Rechts, auf die Wahrung der Grundrechtspositionen der beteiligten Parteien hinzuwirken, um zu verhindern, dass sich für einen Vertragsteil die Selbstbestimmung in eine Fremdbestimmung verkehrt."; ebenso BVerfG, Urt. v. 6.2.2001, 1 BvR 12/92, BVerfGE 103, 89 – *Unterhaltsverzichtsvertrag*, Rn. 33; BVerfG, Nichtannahmebeschl. v. 27.7.2005, 1 BvR 2501/04, BVerfGK 6, 92 – *Künstlervertrag*, Rn. 27; BVerfG, Nichtannahmebeschl. v. 29.5.2006, 1 BvR 240/98, BVerfGK 8, 126 – *Unfallversicherungsprämie*, Rn. 23; ähnlich BVerfG, Stattgebender Kammerbeschl. v. 29.3.2001, 1 BvR 1766/92, NJW 2001, 2248 Rn. 6; BVerfG, Nichtannahmebeschl. v. 7.9.2010, 1 BvR 2160/09, 1 BvR 851/10, BVerfGK 18, 14, Rn. 34.

Vertragspartnern entstehen, einen intensiveren, teilweise durch das Sozialstaatsprinzip verstärkten[240] Schutz aus.

Dabei stellt die verfassungsgerichtliche Rechtsprechung in einem gewissen Spannungsverhältnis zur Fachgerichtsbarkeit[241] Fallgruppen heraus, die neben der strukturellen Unterlegenheit,[242] der tatsächlich oder auch rechtlich bedingten Asymmetrie der Verhandlungsmacht[243] und der Schutzbedürftigkeit des schwächeren Verhandlungspartners[244] weitere Kriterien, insbesondere die wirtschaftlichen Interessen und das Vorverhalten der Beteiligten[245] sowie die Rechtssicherheit, berücksichtigen. In diesen Fallgruppen lässt die Rechtsprechung bekanntlich keinen ungefilterten Vertragsschluss zu, sondern schützt durch eine grundrechtlich beeinflusste Anwendung der Generalklauseln die schwächere Partei, typischerweise indem sie dem Vertrag die Wirksamkeit versagt. Aus dieser Perspektive zählt es zu den „Hauptaufgaben des Zivilrechts", auf „strukturelle Störungen des Verhandlungsgleichgewichts angemessen zu reagieren."[246]

Teilweise zieht die Rechtsprechung auch zum Schutz der Privatautonomie vor Fremdbestimmung dieselben Grundsätze der Schutzpflichten heran, die zum Schutz des Lebens, der körperlichen Unversehrtheit und der sexuellen Selbstbestimmung des Einzelnen entwickelt worden sind.[247] Dadurch wird die von

---

[240] BVerfG, Kammerbeschl. v. 5.8.1994, 1 BvR 1402/89, NJW 1994, 2749, Rn. 21.

[241] *Alleweldt*, Bundesverfassungsgericht und Fachgerichtsbarkeit, S. 140ff. m.w.N.; zum Mietrecht *Oeter*, AöR 119 (1994), 529 (551ff.).

[242] BVerfG, Urt. v. 19.10.1993, 1 BvR 567/89, 1 BvR 1044/89, BVerfGE 89, 214 – *Bürgschaftsvertrag*, Rn. 54; BVerfG, Kammerbeschl. v. 5.8.1994, 1 BvR 1402/89, NJW 1994, 2749, Rn. 21.

[243] BVerfG, Urt. v. 26.7.2005, 1 BvR 782/94, 1 BvR 957/96, BVerfGE 114, 1 – *Bestandsübertragung*, Rn. 135.

[244] Diese Schutzbedürftigkeit hängt insbesondere von der Relevanz des Vertrags für die Persönlichkeitsentfaltung ab, etwa weil der Vertrag die Grundlage der wirtschaftlichen Existenz bildet, BVerfG, Urt. v. 26.7.2005, 1 BvR 782/94, 1 BvR 957/96, BVerfGE 114, 1 – *Bestandsübertragung*, Rn. 141.

[245] So muss der Gesetzgeber, der eine Verpflichtung Minderjähriger durch die gesetzlichen Vertreter zulässt, etwa Sorge tragen, dass den Volljährigen Raum bleibt, um ihr weiteres Leben selbst und ohne unzumutbare Belastungen zu gestalten, die diese nicht zu verantworten haben, BVerfG, Beschl. v. 13.5.1986, 1 BvR 1542/84, BVerfGE 72, 155 – *elterliche Vertretungsmacht*, Rn. 50.

[246] BVerfG, Beschl. v. 6.12.2005, 1 BvR 1905/02, BVerfGE 115, 51 – *sittenwidrige Bürgschaft*, Rn. 43.

[247] Etwa BVerfG, Nichtannahmebeschl. v. 10.6.2015, 2 BvR 1967/12, NJW-RR 2016, 193, Rn. 16: „Der Staat ist durch Art. 2 Abs. 2 Satz 1 und Satz 2 in Verbindung mit Art. 1 Abs. 1 Satz 2 GG verpflichtet, sich dort schützend und fördernd vor das Leben, die körperliche Unversehrtheit, die Freiheit und die sexuelle Selbstbestimmung des Einzelnen zu stellen und sie vor Eingriffen von Seiten Dritter zu bewahren (vgl. BVerfGE 39, 1 [42]; 46, 160 [164]; 121, 317 [356]; BVerfGK 17, 1 [5]), wo die Grundrechtsberechtigten selbst nicht (mehr) dazu in der Lage sind (...). Dabei ist einhellig anerkannt, dass es im Rahmen des straf- und zivilrechtlichen Freiheitsschutzes (§ 239 StGB, § 823 BGB) bei der Bestimmung, ob eine Verletzung der Freiheit des Betroffenen vorliegt, lediglich auf dessen tatsächlichen, natürlichen Willen, nicht auf den Willen seines gesetzlichen Vertreters ankommt (...) und fehlende Einsichts- und Geschäftsfähigkeit den Schutz des Art. 2 Abs. 2 Satz 2 GG nicht von vornherein entfallen lässt (...). Vielmehr kann

einer normativen Ausgestaltung abhängige Privatautonomie[248] auf der Grundlage ihres personalen, persönlichkeitsentfaltenden Bezugs in gleicher Weise geschützt wie Freiheitsrechte, deren Schutzbereich weitgehend durch die Eigenschaften des Schutzguts, etwa das Leben oder die körperliche Unversehrtheit, vorgegeben ist.[249]

3. Vertrag

a) Interaktion als Bezugspunkt der Privatautonomie

Privatautonomie ist auf Persönlichkeitsentfaltung durch Interaktion angelegt.[250] Der Mehrwert der Selbstbestimmung im Rechtsleben liegt darin, durch die Ausgestaltung der vertraglichen Bindungen das Verhalten des Vertragspartners vorhersehbarer zu machen und jedenfalls kompensierende Regelungen für Abweichungen zu treffen. Indem Verträge die Austauschbeziehung zu anderen verlässlicher machen, erweitern sie den Radius selbstbestimmter Handlungen.[251] Zugleich sichert die Privatautonomie die Angemessenheit des Interessenausgleichs aus Sicht derjenigen, die von der vertraglichen Regelung betroffen sind und macht insoweit als Ausdruck selbstbestimmter Disposition eine hoheitliche Kontrolle, etwa nach grundrechtlichen Maßstäben, zu einem gewissen Grad entbehrlich. Damit einher geht die Freiheit von Allgemeinwohlbindungen bei der Ausübung der Privatautonomie.[252]

b) Persönlichkeitsentfaltung und Marktteilnahme

Diese Relevanz der Privatautonomie und vertraglicher Austauschbeziehungen für die Optionen des Einzelnen zu selbstbestimmtem Handeln und dem Schutzgut der Persönlichkeitsentfaltung entspricht zu einem gewissen Grad ökonomischen Beschreibungen von Marktprozessen. Die Transaktionskostentheorie und die institutionenökonomische Analyse des Vertragsrechts untersuchen die Auswirkung der rechtlichen Ausgestaltung von Vertragsbeziehungen

---

sich für Betroffene, die zur Bildung eines vernünftigen Willens nicht mehr in der Lage sind und denen die Notwendigkeit der zusätzlichen Freiheitsbeschränkung nicht mehr näher gebracht werden kann, die durch Dritte vorgenommene Beschränkung der Freiheit als besonders bedrohlich darstellen (...)".

[248] Vgl. zur Notwendigkeit der Ausgestaltung BVerfG, Urt. v. 26.7.2005, 1 BvR 782/94, 1 BvR 957/96, BVerfGE 114, 1 – *Bestandsübertragung*, Rn. 133.

[249] Fälle medizinischer Zwangsbehandlung markieren in gewisser Weise einen Grenzbereich, in dem die rechtliche Fähigkeit zu Einwilligungen sowohl die Privatautonomie als vor allem auch das Schutzgut der körperlichen Unversehrtheit betrifft, vgl. BVerfG, Beschl. v. 23.3.2011, 2 BvR 882/09, BVerfGE 128, 282 Rn. 47ff.

[250] *Isensee*, HStR VII, § 150 Rn. 11 und 16: Individualfreiheit verwirklicht sich in Interaktion.

[251] Parallel dazu entscheiden sie über den Aktionsradius von Unternehmen am Markt, zur wirtschaftlichen Bedeutung von Arbeitsverträgen etwa BVerfG, Beschl. v. 19.5.1992, 1 BvR 126/85, BVerfGE 86, 122 – *Meinungsäußerung des Berufsschülers*, Rn. 23.

[252] *Isensee*, HStR VII, § 150 Rn. 12: Vertragsfreiheit als ihrem Wesen nach legitime Willkür.

auf den Marktprozess und nehmen dabei vor allem den Optionenraum des Vertragspartners, etwa im Umgang mit strategisch missbräuchlichen Verhaltensweisen des anderen Transaktionspartners, in den Blick.[253] Der Optionenraum der einzelnen Marktteilnehmerinnen und Marktteilnehmer für selbstbestimmte Entscheidungen entscheidet über die Leistungsfähigkeit des Marktes und ist Anknüpfungspunkt zur Beurteilung der Qualität des rechtlichen Rahmens. Allgemeiner ordnet etwa der Ordoliberalismus die Privatautonomie als wesentliche Grundlage für die Funktionsfähigkeit einer freiheitssichernden Marktwirtschaft[254] und liegt damit dicht an der verfassungsgerichtlichen Rechtsprechung, die den Charakter der Privatautonomie als „Strukturelement der freiheitlichen Gesellschaftsordnung"[255] betont, die sich „als Grundlage des Verhaltens am Markt (…) zugunsten aller Marktteilnehmer [auswirkt]"[256].

c) Verfassungsdogmatische Verarbeitung der Vertragsbeziehung

Die verfassungsgerichtliche Rechtsprechung greift diese Relevanz von Vertragsbeziehungen für das Schutzgut der Persönlichkeitsentfaltung durchaus auf, tendiert allerdings dazu, die Relevanz dem Vertrag als Rechtsinstitut zuzuschreiben und lässt die persönlichkeitsentfaltende Wirkung der Interaktion in den Hintergrund treten. Sie versteht den Vertrag in ständiger Rechtsprechung als „maßgebliches rechtliches Instrument zur Verwirklichung freien und eigenverantwortlichen Handelns in Beziehung zu anderen (…), mit dem die Vertragspartner selbst bestimmen, wie ihre individuellen Interessen zueinander in einen angemessenen Ausgleich gebracht werden. Freiheitsausübung und wechselseitige Bindung finden so ihre Konkretisierung. Der zum Ausdruck gebrachte übereinstimmende Wille der Vertragsparteien lässt deshalb in der Regel auf einen durch den Vertrag hergestellten sachgerechten Interessenausgleich schließen, den der Staat grundsätzlich zu respektieren hat".[257]

---

[253] Zur Analyseperspektive der Transaktionskostentheorie und der Institutionenökonomischen Analyse des Vertragsrechts siehe oben, § 5 A.II.6.

[254] *Böhm*, Privatrechtsgesellschaft und Marktwirtschaft, ORDO 17 (1966), 75 ff.; aus rechtswissenschaftlicher Perspektive *Canaris*, Verfassungs- und europarechtliche Aspekte der Vertragsfreiheit in der Privatrechtsgesellschaft, S. 873 (876 f.); zur Funktion der Privatautonomie im Ordoliberalismus siehe oben, § 5 A.II.5.

[255] BVerfG, Beschl. v. 7.2.1990, 1 BvR 26/84, BVerfGE 81, 242 – *Wettbewerbsverbot des Handelsvertreters*, Rn. 45; BVerfG, Stattgender Kammerbeschl. v. 1.8.2001, 1 BvR 1188/92, NJW 2001, 3403 – *anlehnende Arzneimittelwerbung*, Rn. 18; ebenso die fachgerichtliche Rechtsprechung BGH, Urt. v. 22.1.1991, XI ZR 111/90, NJW 1991, 923, Rn. 20: sittenwidrig veranlaßte Mithaftung des einkommens- und vermögenslosen Ehegatten.

[256] BVerfG, Stattgender Kammerbeschl. v. 1.8.2001, 1 BvR 1188/92, NJW 2001, 3403 – *anlehnende Arzneimittelwerbung*, Rn. 18.

[257] BVerfG, Urt. v. 26.7.2005, 1 BvR 782/94, 1 BvR 957/96, BVerfGE 114, 1 – *Bestandsübertragung*, Rn. 134; ähnlich BVerfG, Urt. v. 6.2.2001, 1 BvR 12/92, BVerfGE 103, 89 – *Unterhaltsverzichtsvertrag*, Rn. 33, BVerfG, Urt. v. 26.7.2005, 1 BvR 80/95, BVerfGE 114, 73 – *kapitalbildende Lebensversicherung*, Rn. 61; BVerfG, Nichtannahmebeschl. v. 27.7.2005,

Diese mit der Privatautonomie in Verbindung gebrachte Vermutung der Angemessenheit vertraglicher Vereinbarungen, die zugleich einer verbreiteten Sichtweise im Zivilrecht entspricht,[258] betont die Kontrollperspektive, ohne die zu Grunde liegende, in dem vertraglichen Austauschverhältnis liegende Persönlichkeitsentfaltung explizit zu machen. Eine Ergebniskontrolle findet nicht nur deshalb nicht statt, weil die privatautonom geschlossene Vereinbarung offenbar die Gewähr für einen sachgerechten Interessenausgleich bietet oder aus zivilrechtlicher Perspektive weil die Motive der Parteien für den Vertragsschluss für die rechtliche Behandlung grundsätzlich ohne Bedeutung sind,[259] sondern vor allem weil die Austauschbeziehung, der der vertragsrechtliche Rahmen zusätzliche Stabilität verleiht, eine Facette der selbstbestimmten Persönlichkeitsentfaltung ausmacht. Eine Kontrolle des vertraglichen Interessenausgleichs auf die Angemessenheit setzt demgegenüber einen materiellen Maßstab voraus, der an die Stelle der individuellen Selbstbestimmung tritt.

Die verfassungsgerichtliche Rechtsprechung nimmt bei dieser Kontrolle auf der einen Seite die Dichte der Ergebniskontrolle mit Blick auf die privatautonome Entstehung zurück. Sofern die Voraussetzungen des Verhandlungsprozesses stimmen, also die Verhandlungspartner zur Selbstbestimmung fähig sind, wird die Angemessenheit des Interessenausgleichs vermutet. Auf der anderen Seite nimmt die Rechtsprechung Auffälligkeiten beim Verhandlungsergebnis zum Anlass, die Fähigkeit einer Partei zur Selbstbestimmung in Frage zu stellen und die Rahmenbedingungen des Verhandlungsprozesses näher zu untersuchen.[260] Mit diesem Kontrollvorbehalt begibt sich die verfassungsgerichtliche Rechtsprechung in ein latentes Spannungsverhältnis zur zivilgerichtlichen Rechtspre-

---

1 BvR 2501/04, BVerfGK 6, 92 – *Künstlervertrag*, Rn. 27; BVerfG, Nichtannahmebeschl. v. 29.5. 2006, 1 BvR 240/98, BVerfGK 8, 126 – *Unfallversicherungsprämie*, Rn. 22; BVerfG, Nichtannahmebeschl. v. 7.9.2010, 1 BvR 2160/09, 1 BvR 851/10, BVerfGK 18, 14, Rn. 34.

[258] Eingehender Überblick, insbesondere zum Tarifvertragsrecht, m. w. N. bei *Isensee*, HStR VII, § 150 Rn. 14 f.; näher zum Verhältnis von Vertragsfreiheit und Gerechtigkeit *Canaris*, Verfassungs- und europarechtliche Aspekte der Vertragsfreiheit in der Privatrechtsgesellschaft, S. 873 (881 ff.); als Mechanismus zur „Richtigkeitsgewähr" durch gegenseitige Kontrolle verstanden bei *Schmidt-Rimpler*, AcP 147 (1941), 130 (156): Vertrag als „Mechanismus, um ohne hoheitliche Gestaltung in begrenztem Rahmen eine richtige Regelung auch gegen unrichtigen Willen herbeizuführen, weil immer der durch die Unrichtigkeit Betroffene zustimmen muss".

[259] *Canaris*, Verfassungs- und europarechtliche Aspekte der Vertragsfreiheit in der Privatrechtsgesellschaft, S. 873 (875): privatautonom getroffene Regelung als Ausdruck des Pluralismus der u. U. gegensätzlichen Wertpräferenzen.

[260] „Haben die Vertragspartner eine an sich zulässige Regelung vereinbart, so wird sich regelmäßig eine weitergehende Inhaltskontrolle erübrigen. Ist aber der Inhalt des Vertrages für eine Seite ungewöhnlich belastend und als Interessenausgleich offensichtlich unangemessen, so dürfen sich die Gerichte nicht mit der Feststellung begnügen: ‚Vertrag ist Vertrag'. Sie müssen vielmehr klären, ob die Regelung eine Folge strukturell ungleicher Verhandlungsstärke ist, und gegebenenfalls im Rahmen der Generalklauseln des geltenden Zivilrechts korrigierend eingreifen.", BVerfG, Beschl. v. 19.10.1993, 1 BvR 567/89, 1 BvR 1044/89, BVerfGE 89, 214 – *Bürgschaftsvertrag*, Rn. 56; ebenso BVerfG, Kammerbeschl. v. 5.8.1994, 1 BvR 1402/89, NJW 1994, 2749, Rn. 22; BVerfG, Kammerbeschl. v. 2.5.1996, 1 BvR 696/96, NJW 1996, 2021, Rn. 12.

chung. Weil das Vertragsrecht im Grundsatz ebenfalls darauf ausgerichtet ist, den selbstbestimmten Willen der Vertragsparteien zum Ausdruck zu bringen,[261] zugleich aber auch einen zwingenden Rahmen vorsieht, der unterschiedliche Interessen schützt und insbesondere auch den Schutz vor bestimmten Formen der Fremdbestimmung bis hin zum Schutz vor sich selbst vorsieht,[262] verlaufen der verfassungsrechtliche materielle Kontrollmaßstab der Privatautonomie und die Auslegung des einfach-gesetzlichen Zivilrechts zu einem gewissen Grad parallel.[263] Auf Grund dieser Parallelität ist es in diesen Fällen kaum möglich, eine Verletzung spezifischen Verfassungsrechts[264] von der abweichenden Auslegung des einschlägigen Zivilrechts abzugrenzen.[265] Die verfassungsgerichtliche Rechtsprechung versucht, das Spannungsverhältnis durch eine zurückhaltende Kontrolle zu entschärfen, die den Fachgerichten einen Spielraum bei der Behandlung gestörter Vertragsparität zubilligt und vertragsrechtliche Interessenkonflikte nur in evidenten Fällen am verfassungsrechtlichen Maßstab misst.[266] Damit beschränkt sich die Rechtsprechung darauf, Minimalstandards zu setzen,[267] ohne den verfassungsrechtlichen und einfachgesetzlichen Maßstab strukturell unterscheiden zu können. So hängt die Einordnung eines evidenten Falles in der

---

[261] Zu Vorbehalten im Hinblick auf Gerechtigkeitsvorstellungen *Canaris*, Verfassungs- und europarechtliche Aspekte der Vertragsfreiheit in der Privatrechtsgesellschaft, S. 873 (886ff.); zudem erfordert die Rechtssicherheit eine gewisse Verobjektivierung bei der Auslegung von Willenserklärungen, sofern die Vertragsparteien kein übereinstimmendes Verständnis geteilt haben, *Ellenberger*, in: Palandt BGB, § 133 Rn. 7ff., 14ff.; aus der Perspektive der ökonomischen Analyse des Rechts *Schäfer/Ott*, Lehrbuch der ökonomischen Analyse des Zivilrechts, S. 449ff.

[262] *Singer*, JZ 1995, 1133 (1134f.); so auch die verfassungsgerichtliche Perspektive, BVerfG, Beschl. v. 19.10.1993, 1 BvR 567/89, 1 BvR 1044/89, BVerfGE 89, 214 – *Bürgschaftsvertrag*, Rn. 55: Vertragsfreiheit nur im Falle eines annähernd ausgewogenen Kräfteverhältnisses als Mittel eines angemessenen Interessenausgleichs tauglich und Ausgleich gestörter Vertragsparität als eine der Hauptaufgaben des geltenden Zivilrechts.

[263] *Schmoeckel*, Auf der Suche nach der verlorenen Ordnung, S. 507ff.: Materialisierung des Zivilrechts; *Reul*, DNotZ 2007, 184 (195f.).

[264] Aus der letzten Zeit nur BVerfG, Nichtannahmebeschl. v. 5.3.2015, 1 BvR 3362/14, NJW 2015, 1438, Rn. 27, BVerfG, Nichtannahmebeschl. v. 13.8.2013, 2 BvR 2660/06, 2 BvR 487/07, Rn. 39, jeweils m. w. N. zur st. Rspr.

[265] Zur Kritik aus zivilrechtlicher Perspektive vgl. nur *Zöllner*, AcP 196 (1996), 1 (2ff.); zur Kritik an dem dahinterliegenden Topos der mittelbaren Drittwirkung *Oeter*, AöR 119 (1994), 529 (531ff.).

[266] „Wie sie dabei zu verfahren haben und zu welchem Ergebnis sie gelangen müssen, ist in erster Linie eine Frage des einfachen Rechts, dem die Verfassung einen weiten Spielraum lässt. Ein Verstoß gegen die grundrechtliche Gewährleistung der Privatautonomie kommt aber dann in Betracht, wenn das Problem gestörter Vertragsparität gar nicht gesehen oder seine Lösung mit untauglichen Mitteln versucht wird (...)“, BVerfG, Beschl. v. 19.10.1993, 1 BvR 567/89, 1 BvR 1044/89, BVerfGE 89, 214 – *Bürgschaftsvertrag*, Rn. 56; BVerfG, Kammerbeschl. v. 5.8.1994, 1 BvR 1402/89, NJW 1994, 2749, Rn. 22; BVerfG, Kammerbeschl. v. 2.5.1996, 1 BvR 696/96, NJW 1996, 2021, Rn. 12.

[267] Abweichende Meinung der Richterin Haas, BVerfG, Beschl. v. 6.12.2005, 1 BvR 1905/02, BVerfGE 115, 51 – *sittenwidrige Bürgschaft*, Rn. 74.

verfassungsgerichtlichen Rechtsprechung von einer umfassenden Bewertung der jeweiligen Umstände des Einzelfalles ab, etwa der beruflichen Erfahrung des Bürgen, dem Maß der persönlichen Verbundenheit, der finanziellen Leistungsfähigkeit in Relation zum Umfang der Verbindlichkeit oder dem Vorverhalten vor Vertragsschluss.

d) Grenzen des Konzepts einer isolierten Verhaltensfreiheit

Diese Relevanz vertraglicher Austauschbeziehungen für das hinter der Privatautonomie stehende Schutzgut steht in einem gewissen Kontrast zur verfassungsgerichtlichen Konzeption der allgemeinen Handlungsfreiheit. Diese umfasst bekanntlich explizit jede Form des individuellen Verhaltens unabhängig von der jeweiligen Relevanz für die Persönlichkeitsentfaltung[268] und setzt dadurch keine Interaktion voraus.

Hinter dieser verfassungsgerichtlichen Rechtsprechung steht inhaltlich neben einer umstrittenen entstehungsgeschichtlichen Überlegung[269] im Wesentlichen die Annahme, dass eine Beschränkung des Schutzes auf Verhaltensweisen, denen eine besondere Relevanz für die Persönlichkeitsentfaltung zukommt, sowohl zu Schutzlücken als auch zu Abgrenzungsproblemen führt.[270] Demgegenüber tritt ein Teil der Literatur bekanntlich für einen stärker auf die Persönlichkeitsentfaltung bezogenen Schutz ein,[271] der für die Persönlichkeitsentfaltung irrelevante Handlungen von dem Schutzbereich ausnimmt,[272] ohne diesen auf den Kernbereich der Persönlichkeitsentfaltung zu beschränken.[273]

---

[268] BVerfG, Beschl. v. 6.6.1989, 1 BvR 921/85, BVerfGE 80, 137 – *Reiten im Walde*, Rn. 62 ff.

[269] BVerfG, Urt. v. 16.1.1957, 1 BvR 253/56, BVerfGE 6, 32 – *Elfes*, Rn. 14 ff.; BVerfG, Beschl. v. 6.6.1989, 1 BvR 921/85, BVerfGE 80, 137 – *Reiten im Walde*, Rn. 66. Entgegengesetzte historische Interpretationen, insbesondere zu dem Grund für die Abweichung von der ursprünglich beabsichtigten Formulierung („Jedermann hat die Freiheit, zu tun und zu lassen, was die Rechte anderer nicht verletzt und nicht gegen die verfassungsmäßige Ordnung oder das Sittengesetz verstößt."), in der abweichenden Meinung des Richters *Grimm*, Rn. 101 ff.; gegen eine Freiheit zur Beliebigkeit aus institutionell-rechtlicher Perspektive *Häberle*, Die Wesensgehaltsgarantie des Art. 19 Abs. 2 GG, S. 101 f.

[270] BVerfG, Beschl. v. 6.6.1989, 1 BvR 921/85, BVerfGE 80, 137 – *Reiten im Walde*, Rn. 66.

[271] *Suhr*, Entfaltung des Menschen durch die Menschen, S. 108 ff., 117 ff.

[272] Abweichende Meinung des Richters *Grimm* BVerfG, Beschl. v. 6.6.1989, 1 BvR 921/85, BVerfGE 80, 137 – *Reiten im Walde*, Rn. 103 ff.; daran anknüpfend *Hoffmann-Riem*, Enge oder weite Gewährleistungsgehalte der Grundrechte?, S. 53 (67 f.); ähnlich *Suhr*, Entfaltung der Menschen durch die Menschen, S. 62 ff.; Überblick über die historische Diskussion bei *Starck*, in: von Mangoldt/Klein/ders., Grundgesetz Kommentar, Art. 2 Rn. 8–10.

[273] So *Peters*, Die freie Entfaltung der Persönlichkeit als Verfassungsziel, S. 669 (673): freie Entfaltung der Persönlichkeit als „Formulierung einer Ideologie und eines Ideals", die die „Auswirkung des echten Menschentums im Sinne einer abendländischen Kulturauffassung" bedeutet. „Daraus folgt, dass einzelne Rechtsfälle des Alltagslebens in Wirtschaft und Gesellschaft nur selten in der Ebene liegen werden, in der diese Normierung sich bewegt".

e) Begrenzte Reichweite des Schutzes von Verhaltensweisen

Unabhängig davon, zu welchem Grad eine angemessene Konzeption des Schutzes aus Art. 2 Abs. 1 GG auf die Persönlichkeitsentfaltung bezogen ist, veranschaulicht der Schutz der Privatautonomie jedenfalls die Grenzen eines Schutzkonzepts, das allein auf eine bloße Verhaltensfreiheit abstellt und Effekte des Verhaltens als vom Schutz nicht umfasste Reflexe ausblendet.[274] Zwar ist ein solcher Schutz relativ einfach zu konzipieren, weil auf der Schutzbereichsebene lediglich die zu schützenden Verhaltensweisen zu identifizieren sind und im Rahmen der Rechtfertigung die Intensität eines Eingriffs sich durch einen Abgleich mit der Situation einer uneingeschränkten Verhaltensfreiheit gut vergleichen lässt. Blendet ein auf bloße Verhaltensfreiheiten beschränktes Konzept jedoch die Effekte des Verhaltens, etwa den Raum für selbstbestimmte Entscheidungen durch privatautonome Verträge, gezielt aus, gehen die tatsächlichen Voraussetzungen der Freiheitsausübung in das Schutzkonzept von vorneherein nicht ein. Wenn die Verhaltensfreiheit per se geschützt ist, spielen Umstände, die eine Ausübung der Verhaltensfreiheit leerlaufen lassen, ohne sie zu verhindern, für den grundrechtlichen Schutz keine Rolle. Die Begründung von Schutzpflichten setzt demgegenüber ein materielles Verständnis des Schutzguts voraus, anhand dessen sich die Notwendigkeit zum Schutz begründen lässt.

f) Unterschiede in der Dogmatik der allgemeinen Handlungsfreiheit

Indem die Privatautonomie auf die Selbstbestimmung im rechtlichen Bereich bezogen ist,[275] dadurch die tatsächlichen Bedingungen ihrer Verwirklichung in Rechnung stellt[276] und in Fällen gestörter Vertragsparität von den zivilrechtlichen Regelungen den Schutz tatsächlicher Selbstbestimmung des strukturell schwächeren Vertragspartners einfordert,[277] geht sie über das Verständnis der allgemeinen Handlungsfreiheit als einer reinen Verhaltensfreiheit hinaus. Auch der Ausgangspunkt, vertragliche Bindungen als ein Instrument zur Erweiterung des Raumes selbstbestimmter Verhaltensweisen zu verstehen, in dem sich die Freiheitsausübung konkretisiert, stellt die Relevanz der Austauschbeziehungen für das materiell verstandene Schutzgut in den Vordergrund. Obwohl die Privatautonomie eine Ausprägung der allgemeinen Handlungsfreiheit darstellt,[278] bildet sie einen in gewisser Weise eigenständigen, im Gegensatz der allgemeinen Handlungsfreiheit auf die Konkretisierung der Persönlichkeitsentfaltung bezogenen, allein mit einer Verhaltensfreiheit nicht hinreichend abgebildeten Strang.

---

[274] Zur Berufsfreiheit etwa *Lepsius*, Der Eigenwert der Verfassung im Wirtschaftsrecht, S. 149 (159).

[275] Siehe oben, § 5 B.III.

[276] Siehe oben, § 5 B.III.2.

[277] Siehe oben, § 5 B.III.2.

[278] Vgl. nur *Starck*, in: von Mangoldt/Klein/ders., GG, Art. 2 Rn. 145.

IV. Vereinigungs- und Koalitionsfreiheit

1. Schutz der Organisation von Interaktion

Kennzeichnend für das Schutzgut der Vereinigungsfreiheit ist die Persönlichkeitsentfaltung des Grundrechtsträgers durch Interaktion. Ähnlich wie die Versammlungsfreiheit[279] gewährleistet die Vereinigungsfreiheit, dass Grundrechtsträger sich zusammenschließen, um gemeinsam einen bestimmten, selbst gewählten Zweck zu erreichen.[280] Dahinter steht die Vorstellung, dass die gemeinsame Verfolgung des selbstgewählten Zwecks eine Facette der Persönlichkeitsentfaltung der einzelnen Grundrechtsträger ausmacht. Die verfassungsgerichtliche Rechtsprechung verbindet dabei den menschenrechtlichen Gehalt des Freiheitsrechts mit einem „gemeinschaftsbezogenen und gemeinschaftsgebundenen" Menschenbild des Grundgesetzes[281] und spricht der Vereinigungsfreiheit daher einen „personalen Grundzug" zu.[282] In Abgrenzung zu obrigkeitlich strukturierten Gesellschaften[283] stellt die Rechtsprechung das dahinter stehende „Prinzip freier sozialer Gruppenbildung"[284] in einen Zusammenhang mit der demokratischen

---

[279] Versammlungsfreiheit und Vereinigungsfreiheit unterscheiden sich im Wesentlichen durch ihren unterschiedlichen Grad der organisatorischen Verfestigung, der oftmals, aber nicht zwingend mit Unterschieden in der zeitlichen Dauer einhergeht, *Kemper*, in: von Mangoldt/Klein/Starck, GG, Art. 9 Abs. 1 Rn. 25.

[280] Aus der Perspektive eines institutionellen Grundrechtsverständnisses *Häberle*, Die Wesensgehaltsgarantie des Art. 19 Abs. 2 GG, S. 98.

[281] „Der menschenrechtliche Gehalt wird deutlich im Blick auf das Bild des Menschen, von dem das Grundgesetz in Art. 1 ausgeht; es ist nicht das des isolierten und selbstherrlichen Individuums, sondern das der gemeinschaftsbezogenen und gemeinschaftsgebundenen Person (...), die, von unverfügbarem Eigenwert, zu ihrer Entfaltung auf vielfältige zwischenmenschliche Bezüge angewiesen ist. Diese stellen sich zu einem wesentlichen Teil durch Vereinigungen her. (...)", BVerfG, Urt. v. 1.3.1979, 1 BvR 532/77 u. a., BVerfGE 50, 290 – *Mitbestimmung*, Rn. 153.

[282] BVerfG, Urt. v. 1.3.1979, 1 BvR 532/77 u. a.; BVerfGE 50, 290 – *Mitbestimmung*, Rn. 153; BAG, Urt. v. 16.3.1994, 5 AZR 339/92, BAGE 76, 155, Rn. 76, zu den Folgen für Fragen der Beweislast.

[283] BVerfG, Urt. v. 1.3.1979, 1 BvR 532/77 u. a., BVerfGE 50, 290 – *Mitbestimmung*, Rn. 153: „Das soziale System des durch das Grundgesetz verfaßten Gemeinwesens soll weder in ständisch-korporativen Ordnungen, wie sie namentlich das Kennzeichen älterer Sozialordnungen waren, Gestalt gewinnen, noch in der planmäßigen Formung und Organisation durch den Staat nach den Maßstäben eines von der herrschenden Gruppe diktierten Wertsystems, wie sie den totalitären Staat der Gegenwart kennzeichnet. (...)"

[284] „Das Prinzip freier sozialer Gruppenbildung grenzt die freiheitliche Ordnung von einem System ab, in dem das Volk von oben her in ständischkorporative Gruppen gegliedert und nur noch in dieser von vornherein durch obrigkeitliche Lenkung ‚kanalisierten' Form an der öffentlichen Meinungs- und Entscheidungsbildung beteiligt wird", BVerfG, Beschl. v. 18.12.1974, 1 BvR 430/65, 1 BvR 259/66, BVerfGE 38, 281 – *Arbeitnehmerkammern*, Rn. 98; daran anknüpfend BVerfG, Urt. v. 1.3.1979, 1 BvR 532/77 u.a, BVerfGE 50, 290 – *Mitbestimmung*, Rn. 153; im Anschluss daran BVerfG, Beschl. v. 24.2.1999, 1 BvR 123/93, BVerfGE 100, 214 – *Gewerkschaftsausschluss*, Rn. 28; BVerfG, Beschl. v. 15.6.1989, 2 BvL 4/87, BVerfGE 80, 244 – *Vereinsverbot*, Rn. 26; BVerfG, Beschl. v. 6.5.2014, 2 BvR 1139/12 u. a., BVerfGE 136, 194 – *Weinabgabe*, Rn. 190; aus der Literatur vgl. nur *Hesse*, Grundzüge des Verfassungsrechts, Rn. 410.

und rechtsstaatlichen Ordnung[285] und betont zugleich seine Relevanz für die Menschenwürde und individuelle Persönlichkeitsentfaltung.[286]

Die Vereinigungsfreiheit legt damit einen Zusammenhang zwischen Persönlichkeitsentfaltung und der Interaktion der Grundrechtsträger zu Grunde und gewährleistet einen organisatorischen Rahmen zur Förderung dieser Entfaltung. Wegen der Abstraktion der Gewährleistung von dem bezweckten Gegenstand der Vereinigung – Grundrechtsträger können sich zur Verfolgung beliebiger Zwecke[287] zusammenschließen – kann der Zusammenschluss die Zweckerreichung auf unterschiedliche Weise fördern, etwa unmittelbar durch die gemeinsame Ausübung bestimmter sportlicher, kultureller oder sozialer Aktivitäten, durch die Bündelung und Artikulation im Wesentlichen homogener Interessen etwa in Verbänden oder durch die Erarbeitung politischer Programme in Parteien. Ansatz der Vereinigungsfreiheit ist es, die Qualität der Interaktionen durch die Gewährleistung eines Rahmens unabhängig von dem konkreten Gegenstand der Interaktion oder den verfolgten Zwecken zu fördern. Diese Förderung der Qualität von Interaktionen steht hinter dem Schutz vor Fremdbestimmung, dem Schutz der internen, selbstbestimmten Organisation, des Verfahrens der Willensbildung und der Geschäftsführung.[288] Die Charakterisierung der Vereinigungsfreiheit als Hilfsfreiheit oder dienende Freiheit, die anderen Grundrechten zur Verwirklichung verhilft,[289] lässt ihr eigentliches Charakteristikum in den Hintergrund treten: die Relevanz der Interaktion sowohl für die Persönlichkeitsentfaltung als auch die Verfolgung bestimmter Zwecke und ihren grundrechtlich geschützten Eigenwert.

Diese Konzeption der Vereinigungsfreiheit schlägt sich in der Reichweite ihres Schutzbereiches nieder, insbesondere bei der Bestimmung geschützter Verhaltensweisen. Während bei vereinigungsinternen Aktivitäten die Relevanz für den Schutzzweck naheliegt, würde ein Schutz sämtlicher Aktivitäten der Vereinigung nach außen deutlich über den Schutzzweck hinausgehen. Die Formulierung der Rechtsprechung, nach der Art. 9 Abs. 1 GG nicht einschlägig ist, wenn eine Vereinigung wie jedermann tätig wird,[290] grenzt diese Tätigkeit der

---

[285] BVerfG, Urt. v. 1.3.1979, 1 BvR 532/77 u. a., BVerfGE 50, 290 – *Mitbestimmung*, Rn. 153: „Mit dem Recht, Vereine und Gesellschaften zu bilden, gewährleistet Art. 9 Abs. 1 GG ein konstituierendes Prinzip der demokratischen und rechtsstaatlichen Ordnung des Grundgesetzes: das Prinzip freier sozialer Gruppenbildung (…)".

[286] BVerfG, Urt. v. 1.3.1979, 1 BvR 532/77 u. a., BVerfGE 50, 290 – *Mitbestimmung*, Rn. 153: „(…) In diesem Prinzip sind der menschenrechtliche Gehalt der Vereinigungsfreiheit und ihre Bedeutung für die Gestaltung der Gesellschaft und des Staates eng aufeinander bezogen".

[287] Zur Einschränkbarkeit bei strafbaren oder gegen die verfassungsmäßige Ordnung gerichteten Zwecken (Art. 9 Abs. 2 GG) *Kemper*, in: von Mangoldt/Klein/Starck, GG, Art. 9 Abs. 1 Rn. 24.

[288] BVerfG, Urt. v. 1.3.1979, 1 BvR 532/77 u. a., BVerfGE 50, 290 – *Mitbestimmung*, Rn. 154.

[289] Differenzierender Überblick bei *Kemper*, in: von Mangoldt/Klein/Starck, GG, Art. 9 Abs. 1 Rn. 1, m. w. N.

[290] „Soweit sich die Beschwerdeführer auf die in Art. 9 Abs. 1 GG gewährleistete Vereinigungsfreiheit berufen und geltend machen, diese umfasse auch die Tätigkeit einer Vereinigung,

Vereinigung nicht von der Inanspruchnahme (nicht vorhandener) Sonderrechte der Vereinigungen ab,[291] sondern bringt zum Ausdruck, dass im Grundsatz eben nur der Zusammenschluss, aber nicht seine Aktivitäten, die über die Selbstorganisation hinausgehen, geschützt sind.[292] Bei diesen Aktivitäten enthebt die Gewährleistung eines organisatorischen Rahmens den Zusammenschluss im Grundsatz nicht von der Bindung an die allgemeinen Gesetze. Nun kann die Selbstorganisation allerdings Außenaktivitäten, insbesondere zur Förderung des Mitgliederbestands, erforderlich machen.[293] Der sachliche Schutzbereich der Vereinigungsfreiheit lässt sich dadurch nicht durchgehend anhand der Unterscheidung zwischen Außen- und Innenaktivitäten bestimmen und die Reichweite des Schutzes der Außenaktivitäten ist durch die Notwendigkeit einer Zurechnung zu den Rahmenbedingungen der Selbstorganisation mit einiger Unsicherheit behaftet.[294] Bei der Koalitionsfreiheit erweitert die Ausrichtung auf die Arbeits- und Wirtschaftsbedingungen den Schutz der Außenaktivitäten mit vergleichbaren Unschärfen im Randbereich.[295]

2. *Interaktionsbezogener Zweck der Koalitionsfreiheit*

Die Koalitionsfreiheit stellt den Zweck der Vereinigung, die Wahrung und Förderung der Arbeits- und Wirtschaftsbedingungen, und damit die Interaktion zwischen den vereinigten „sozialen Gegenspielern" in den Vordergrund.[296]

---

verkennen sie den Schutzzweck dieser Gewährleistung. Wird eine Vereinigung wie jedermann im Rechtsverkehr tätig, so ist für den Grundrechtsschutz dieser Betätigung nicht Art. 9 Abs. 1 GG maßgebend; die Vereinigung und ihre Tätigkeit bedürfen insoweit nicht als solche des Grundrechtsschutzes. Dieser richtet sich vielmehr nach den materiellen (Individual-) Grundrechten", BVerfG, Beschl. v. 14.5.1985, 1 BvR 449/82 u.a., BVerfGE 70, 1 – *Orthopädietechniker-Innung*, Rn. 71; BVerfG, Nichtannahmebeschl. v. 24.9.2014, 1 BvR 3017/11, NJW 2015, 612, Rn. 14; BVerfG, Kammerbeschl. v. 15.12.1999, 1 BvR 2161/93, NJW 2000, 1251, Rn. 7.

[291] Vgl. die Kritik bei *Kemper*, in: von Mangoldt/Klein/Starck, GG, Art. 9 Abs. 1 Rn. 3.

[292] *Kemper*, in: von Mangoldt/Klein/Starck, GG, Art. 9 Abs. 1 Rn. 4: keine allgemeine Handlungs- oder Zweckverfolgungsfreiheit.

[293] BVerfG, Beschl. v. 9.10.1991, 1 BvR 397/87, BVerfGE 84, 372 – *Lohnsteuerhilfeverein*, Rn. 16: Möglichkeit zu einer wirkungsvollen Mitgliederwerbung; für die Koalitionsfreiheit zur Werbung für Personalratswahlen BVerfG, Beschl. v. 30.11.1965, 2 BvR 54/62, BVerfGE 19, 303 – *Streikbereitschaft, Hauptbahnhof Dortmund*, Rn. 35 ff.; BVerfG, Beschl. v. 26.5.1970, 2 BvR 664/65, BVerfGE 28, 295 – *Mitgliederwerbung im Betrieb I*, Rn. 8, 27 f., wenn auch einschränkend auf die Betätigung, die für die Erhaltung und Sicherung der Koalition unerlässlich sind; BVerfG, Beschl. v. 17.2.1981, 2 BvR 384/78, BVerfGE 57, 220 – *Bethel*, Rn. 65, damals allerdings noch einschränkend: Verbürgung gewerkschaftlicher Betätigung nur insoweit, als diese für die Erhaltung und Sicherung der Existenz der Koalition als unerlässlich betrachtet werden muss (Rn. 66); zur ursprünglich in der Rechtsprechung herangezogenen Kernbereichsprüfung *Kemper*, in: von Mangoldt/Klein/Starck, GG, Art. 9 Abs. 1 Rn. 3.

[294] *Cornils*, Beck'scher Online-Kommentar GG, Art. 9 Rn. 12.

[295] Dazu siehe unten, § 5 B.IV.2.

[296] Zu dem Zweck als wesentliches Unterscheidungsmerkmal der Koalitions- und der Vereinigungsfreiheit BVerfG, Beschl. v. 26.6.1991, 1 BvR 779/85, BVerfGE 84, 212 – *Aussperrung*,

Die Gestaltung der Arbeits- und Wirtschaftsbedingungen ist eine öffentliche Aufgabe[297], die durch die Verhandlungen der Koalitionspartner und im Wesentlichen ohne staatlichen Einfluss erfüllt werden soll.[298] Das Aushandeln von Tarifvereinbarungen ist danach wesentlicher Zweck der Koalitionen.[299]An diesem Interaktionsprozess richten sich die Voraussetzungen sowohl des sachlichen als auch des persönlichen Schutzbereichs aus.

Die in der Rechtsprechung des Bundesarbeitsgerichts entwickelten und vom Bundesverfassungsgericht als verfassungskonform bestätigten ungeschriebenen Einschränkungen im persönlichen Schutzbereich, nach denen Koalitionen für den Schutz aus Art. 9 Abs. 3 GG eine gewisse Durchsetzungskraft,[300] Freiheit von

---

Arbeitskampf, Rn. 32, sowie bereits BVerfG, Urt. v. 18.11.1954, 1 BvR 629/52, BVerfGE 4, 96 – *Koalitionsfreiheit, Hutfabrikant*, Rn. 24.

[297] BVerfGE, Beschl. v. 15.7.1980, 1 BvR 24/74, 1 BVR 439/79, BVerfGE 55, 7 – *Allgemeinverbindlichkeitserklärung II*, Rn. 44; BVerfG, Beschl. v. 24.5.1977, 2 BvL 11/74, BVerfGE 44, 322 – *Allgemeinverbindlichkeitserklärung I*, Rn. 57, BVerfG, Beschl. v. 19.10.1966, 1 BvL 24/65, BVerfGE 20, 312 – *Tariffähigkeit von Handwerksinnungen*, Rn. 20.

[298] BVerfG, Beschl. v. 27.2.1973, 2 BvL 27/69, BVerfGE 34, 307 – *Heimarbeitsausschüsse*, Rn. 39: „Das grundlegend Besondere in diesem Bereich ist, daß der Staat seine Zuständigkeit zur Rechtsetzung, soweit es sich um den Inhalt von Arbeitsverträgen handelt, weit zurückgenommen hat. Er hat kraft der Grundentscheidung des Art. 9 Abs. 3 GG die Bestimmung über alle regelungsbedürftigen Einzelheiten des Arbeitsvertrages den in den Tarifparteien organisierten Arbeitnehmern und Arbeitgebern zu überlassen"; BVerfG, Beschl. v. 24.5.1977, 2 BvL 11/74, BVerfGE 44, 322 – *Allgemeinverbindlichkeitserklärung I*, Rn. 57; der Sache nach ebenso BVerfGE, Beschl. v. 15.7.1980, 1 BvR 24/74, 1 BVR 439/79, BVerfGE 55, 7 – *Allgemeinverbindlichkeitserklärung II*, Rn. 44: „öffentliche Aufgabe (...), die Arbeitsbedingungen und Wirtschaftsbedingungen in eigener Verantwortung und im Wesentlichen ohne staatliche Einflussnahme zu gestalten (...)", sowie bereits BVerfG, Beschl. v. 19.10.1966, 1 BvL 24/65, BVerfGE 20, 312 – *Tariffähigkeit von Handwerksinnungen*, Rn. 20: Funktion, in dem von der staatlichen Rechtsetzung frei gelassenen Raum das Arbeitsleben im Einzelnen durch Tarifverträge zu ordnen; zurückhaltender noch BVerfG, Urt. v. 18.11.1954, 1 BvR 629/5, BVerfGE 4, 96 2 – *Koalitionsfreiheit, Hutfabrikant*, Rn. 27: sinnvolle Ordnung des Arbeitslebens unter Mitwirkung der Sozialpartner.

[299] BVerfG, Urt. v. 11.7.2017, 1 BvR 1571/15 u.a., BVerfGE 146, 71 – *Tarifeinheitsgesetz*, Rn. 131; BVerfGE, Beschl. v. 11.7.2006, 1 BvL 4/00, BVerfGE 116, 202 – *Berliner Vergabegesetz*, Rn. 71; BVerfG, Beschl. v. 3.4.2001, 1 BvL 32/97, BVerfGE 103, 293 – *Urlaubsanrechnung*, Rn. 42; BVerfG, Nichtannahmebeschl. v. 29.12.2004, 1 BvR 2283/03 u.a., BVerfGK 4, 356 – *Arbeitnehmerüberlassung*, Rn. 18; BVerfG, Beschl. v. 24.4.1996, 1 BvR 712/86, BVerfGE 94, 268 – *Wissenschaftliches Personal*, Rn. 102; BVerfG, Beschl. v. 20.10.1981, 1 BvR 404/78, BVerfGE 58, 233 – *Deutscher Arbeitnehmerverband*, Rn. 45.

[300] BVerfG, Beschl. v. 20.10.1981, 1 BvR 404/78, BVerfGE 58, 233 – *Deutscher Arbeitnehmerverband*, Rn. 49: „Es ist mit dem Grundrecht der Koalitionsfreiheit vereinbar, nur solche Koalitionen an der Tarifautonomie teilnehmen zu lassen, die in der Lage sind, den von der staatlichen Rechtsordnung freigelassenen Raum des Arbeitslebens durch Tarifverträge sinnvoll zu gestalten, um so die Gemeinschaft sozial zu befrieden (...). Demgemäß ist es verfassungsrechtlich nicht zu beanstanden, wenn die Rechtsprechung die Tariffähigkeit von gewissen Mindestvoraussetzungen abhängig macht. Dazu gehört eine Durchsetzungskraft gegenüber dem sozialen Gegenspieler, die sicherstellt, dass dieser wenigstens Verhandlungsangebote nicht übersehen kann. Denn ein angestrebter Interessenausgleich durch Tarifvertrag kann nur dann zustande kommen, wenn eine Arbeitnehmer-Koalition so leistungsfähig ist, daß sich die Arbeitgeberseite veranlaßt sieht, auf Verhandlungen über tarifliche Regelungen der

Gegnern und Unabhängigkeit[301] zukommen muss, sind auf den Aushandlungsprozess bezogen. Die Rechtsprechung richtet die Kriterien für den sachlichen Schutzbereich unmittelbar an den Voraussetzungen für Tarifverhandlungen aus: „Als Partner von Tarifverträgen müssen die Koalitionen frei gebildet, gegnerfrei, auf überbetrieblicher Grundlage organisiert und ihrer Struktur nach unabhängig genug sein, um die Interessen ihrer Mitglieder auf arbeits- und sozialrechtlichem Gebiet nachhaltig vertreten zu können; sie müssen das geltende Tarifrecht als für sich verbindlich anerkennen."[302] Die Voraussetzung der Durchsetzungskraft wird mit der Notwendigkeit begründet, den „Anwendungsbereich der Koalitionsfreiheit sinnvoll gestalten zu können".[303]

Auch der sachliche Schutzbereich der geschützten Tätigkeiten leitet sich aus den Anforderungen des Aushandlungsprozesses ab. Nach innen sind die Aufrechterhaltung der Schlagkraft, insbesondere der Schutz der „inneren Geschlossenheit durch verbandsinterne Sanktionen"[304], sowie allgemein die Selbstbestimmung über die innere Ordnung[305] umfasst. Dieser Schutz der Schlagkraft deckt aber auch Maßnahmen nach außen, etwa zur Gewährleistung eines solidarischen Auftretens, ab.[306] Umgekehrt mindern hoheitliche Maßnahmen, die die Schlagkraft einer Koalition reduzieren, zugleich auch mittelbar ihre Attraktivität gegenüber ihren Mitgliedern und wirken sich dadurch mehrfach aus.[307]

Arbeitsbedingungen einzugehen und zum Abschluss eines Tarifvertrags zu kommen. Wie der angegriffene Beschluss des Bundesarbeitsgerichts (...) zutreffend ausführt, ist eine Koalition in diesem Sinne nur leistungsfähig, wenn sie Autorität gegenüber ihrem Gegenspieler und ihren Mitgliedern besitzt. Sie muss auch von ihrem organisatorischen Aufbau her in der Lage sein, die ihr gestellten Aufgaben zu erfüllen. Ohne diese Fähigkeit ist sie von dem guten Willen der Arbeitgeberseite und anderer Arbeitnehmer-Koalitionen abhängig"; BVerfG, Nichtannahmebeschl. v. 31.7.2007, 2 BvR 1831/06 u.a., BVerfGK 11, 474 Rn. 6.

[301] BVerfG, Urt. v. 18.11.1954, 1 BvR 629/52, BVerfGE 4, 96 – *Koalitionsfreiheit, Hutfabrikant*, Rn. 26.

[302] BVerfG, Beschl. v. 20.10.1981, 1 BvR 404/78, BVerfGE 58, 233 – *Deutscher Arbeitnehmerverband*, Rn. 45.

[303] BVerfG, Nichtannahmebeschl. v. 31.7.2007, 2 BvR 1831/06 u.a., BVerfGK 11, 474 Rn. 6.

[304] BVerfG, Beschl. v. 24.2.1999, 1 BvR 123/93, BVerfGE 100, 214 – *Gewerkschaftsausschluss*, Rn. 23; BVerfG, Nichtannahmebeschl. v. 9.1.2007, 1 BvR 3068/06, BVerfGK 10, 167, Rn. 5: „(...) In den Schutzbereich des Grundrechts fallen damit auch Maßnahmen zur Aufrechterhaltung der Geschlossenheit der Organisation nach innen und nach außen. Dazu gehört auch die Befugnis der Koalition, ihre innere Geschlossenheit durch verbandsinterne Sanktionen zu wahren. Für Koalitionen im Sinne von Art. 9 Abs. 3 GG sind die Solidarität ihrer Mitglieder und ein geschlossenes Auftreten nach außen von besonderer Bedeutung (...)"; zum Ausschluss bestimmter Mitglieder (Vorsitzenden des Zentralkomitees der Marxistisch-Leninistischen Partei Deutschlands) BVerfG, Kammerbeschl. v. 21.12.1992, 1 BvR 1537/90, Rn. 3f.

[305] BVerfG, Urt. v. 11.7.2017, 1 BvR 1571/15 u.a., BVerfGE 146, 71 – *Tarifeinheitsgesetz*, Rn. 133.

[306] „Für Koalitionen im Sinne von Art. 9 Abs. 3 GG sind die Solidarität ihrer Mitglieder und ein geschlossenes Auftreten nach außen von besonderer Bedeutung.", BVerfG, Beschl. v. 24.2.1999, 1 BvR 123/93, BVerfGE 100, 214 – *Gewerkschaftsausschluss*, Rn. 28.

[307] BVerfG, Beschl. v. 3.4.2001, 1 BvL 32/97 BVerfGE 93, 352 BVerfGE 103, 293 – *Urlaubsanrechnung*, Rn. 44.

Unter den nach außen gerichteten Tätigkeiten fallen mit Blick auf den Schutzzweck nicht nur die Anwerbung neuer Mitglieder,[308] sondern auch die spezifischen Tätigkeiten von Koalitionen, insbesondere auf den Abschluss von Tarifverträgen gerichtete Arbeitskampfmaßnahmen[309] oder die Verteilung von Flugblättern[310], in den Schutzbereich.[311] Dabei stellt die Rechtsprechung bei dem Schutz von Arbeitskampfmaßnahmen insbesondere auf deren Auswirkungen für die Interaktion zwischen den Koalitionen ab. Inwieweit etwa suspendierende Abwehraussperrungen vom Schutzbereich der Koalitionsfreiheit erfasst sind, hängt von den wirtschaftlichen Verhältnissen und den Kräfteverhältnissen ab.[312] Die Herstellung von Vertragsparität wird dadurch zu einem leitenden Gesichtspunkt der Schutzbereichsbestimmung. Weiterhin hängt die Schutzintensität allgemein davon ab, inwiefern ein bestimmter Sachbereich oder die Branche

---

[308] BVerfG, Urt. v. 11.7.2017, 1 BvR 1571/15 u.a., BVerfGE 146, 71 – *Tarifeinheitsgesetz*, Rn. 132; BVerfG, Beschl. v. 14.11.1995, 1 BvR 601/92, BVerfGE 93, 352 – *Mitgliederwerbung im Betrieb II*, Rn. 19: Fundament für die Erfüllung ihrer in Art. 9 Abs. 3 GG genannten Aufgaben.

[309] BVerfG, Urt. v. 11.7.2017, 1 BvR 1571/15 u.a., BVerfGE 146, 71 – *Tarifeinheitsgesetz*, Rn. 131; BVerfG, Beschl. v. 26.6.1991, 1 BvR 779/85, BVerfGE 84, 212 – *Aussperrung, Arbeitskampf*, Rn. 35.

[310] BVerfG, Beschl. v. 30.11.1965, 2 BvR 54/62, BVerfGE 19, 303 – *Streikbereitschaft, Hauptbahnhof Dortmund*, Rn. 20.

[311] Zum Schutz koalitionsspezifischer Verhaltensweisen vgl. BVerfG, Beschl. v. 3.4.2001, 1 BvL 32/97, BVerfGE 103, 293 – *Urlaubsanrechnung*, Rn. 42; BVerfG, Nichtannahmebeschl. v. 10.9.2004, 1 BvR 1191/03, BVerfGK 4, 60 – *Streik gegen Außenseiter-Arbeitgeber*, Rn. 13; BVerfG, Beschl. v. 24.4.1996, 1 BvR 712/86, BVerfGE 94, 268 – *Wissenschaftliches Personal*, Rn. 101; BVerfG, Beschl. v. 14.11.1995, 1 BvR 601/92, BVerfGE 93, 352 – *Mitgliederwerbung im Betrieb II*, Rn. 20; BVerfG, Nichtannahmebeschl. v. 6.2.2007, 1 BvR 978/05, BVerfGK 10, 250 – *Unterschriftenliste Polizeidienststelle*, Rn. 22; BVerfGE, Nichtannahmebeschl. v. 9.1.2007, 1 BvR 3068/06, BVerfGK 10, 167, Rn. 5.

[312] BVerfG, Beschl. v. 26.6.1991, 1 BvR 779/85, BVerfGE 84, 212 – *Aussperrung, Arbeitskampf*, Rn. 36: „Wie weit die Aussperrung allgemein verfassungsrechtlich geschützt ist, bedarf keiner abschließenden Entscheidung. Der Schutz umfaßt jedenfalls Aussperrungen der hier umstrittenen Art, die mit suspendierender Wirkung in Abwehr von Teil- oder Schwerpunktstreiks zur Herstellung der Verhandlungsparität eingesetzt werden. Derartige Aussperrungen sind nicht generell geeignet, die durch die Anerkennung des Streikrechts angestrebte Herstellung von Verhandlungsparität wieder zu Lasten der Arbeitnehmer zu beeinträchtigen. Unter welchen Voraussetzungen und in welchem Umfang eine Koalition dieses verfassungsrechtlich geschützte Mittel einsetzen darf, ist ebenso wie beim Streik keine Frage des Schutzbereichs, sondern der Ausgestaltung des Grundrechts durch die Rechtsordnung“; vgl. auch Rn. 48: „Verfassungsrechtlich nicht zu beanstanden ist die grundlegende Auffassung des Bundesarbeitsgerichts, daß Arbeitskampfmaßnahmen der Herstellung eines Verhandlungsgleichgewichts bei Tarifauseinandersetzungen (Verhandlungsparität) dienten und an diesem Zweck zu messen seien. Durch dieses Prinzip wird der Einsatz von Arbeitskampfmaßnahmen nur dahin beschränkt, daß durch sie kein Übergewicht bei Tarifverhandlungen entstehen soll. Eine solche Beschränkung ist mit Art. 9 Abs. 3 GG vereinbar. Tarifautonomie ist darauf angelegt, die strukturelle Unterlegenheit der einzelnen Arbeitnehmer beim Abschluß von Arbeitsverträgen durch kollektives Handeln auszugleichen und damit ein annähernd gleichgewichtiges Aushandeln der Löhne und Arbeitsbedingungen zu ermöglichen. Soweit Arbeitskämpfe zu einem Ungleichgewicht führen, wird die Funktionsfähigkeit der Tarifautonomie beeinträchtigt“.

geeignet ist, durch Tarifvertragsparteien geregelt zu werden.[313] Wegen des Interaktionsbezugs der Koalitionsfreiheit gehen die für die Verhandlungen relevanten tatsächlichen Verhältnisse in die Bestimmung des Schutzbereichs mit ein. Diese Relevanz des Realbereichs wirkt sich auf den Spielraum des Gesetzgebers aus. Regelungen zur Tariffähigkeit können der jeweiligen gesellschaftlichen Entwicklung angepasst werden.[314]

C. Personaler Bezug bei Ausdifferenzierung der Marktstrukturen

Der personale Bezug der Freiheitsrechte mit Marktbezug[315] wird durch die Teilnahme an Marktprozessen in gewisser Weise relativiert. Die dynamischen Anpassungszwänge auf Märkten begünstigen eine Spezialisierung und Arbeitsteilung, allgemeiner formuliert eine Ausdifferenzierung des Marktverhaltens. Diese Ausdifferenzierung wirkt sich ambivalent auf den personalen Bezug und die Persönlichkeitsentfaltung der Grundrechtsträger aus. Sie kann auf der einen Seite das spezialisierte, von dem Freiheitsrecht geschützte Verhalten von dem personalen Gehalt entfernen, also die Relevanz des Aspekts für die Persönlichkeitsentfaltung reduzieren.[316] Über Marktprozesse vorangetriebene Spezialisierungen bringen von der Berufsfreiheit oder dem Eigentumsrecht geschützte Verhaltensweisen oder Rechtspositionen hervor, die zur Persönlichkeitsentfaltung nur noch in einem entfernten Verhältnis stehen. Auf der anderen Seite kann die Ausdifferenzierung auch den Optionenraum der Grundrechtsträger erweitern und spezialisierte Tätigkeiten als Möglichkeit zur Erhaltung der Lebensgrundlage hervorbringen, die ohne Arbeitsteilung nicht denkbar wären. Neben dieser Ambivalenz der Auswirkungen erhellt die interaktionszentrierte Perspektive, dass die Ausdifferenzierung die Konsequenz individueller und interdependenter Freiheitsausübung und zugleich die Voraussetzung für daran anknüpfende interagierende Freiheitsausübung ist. Dieser Interaktionsbezug der Ausdifferenzierung bildet die Grundlage der Rückbindung des grundrechtlichen Schutzes ausdifferenzierter Grundrechtsausübung an den personalen Gehalt des Freiheitsrechts.

---

[313] BVerfG, Beschl. v. 24.4.1996, 1 BvR 712/86, BVerfGE 94, 268 – *Wissenschaftliches Personal*, Rn. 107: „(…) Die Wirkkraft des Grundrechts nimmt vielmehr in dem Maße zu, in dem eine Materie aus Sachgründen am besten von den Tarifvertragsparteien geregelt werden kann, weil sie nach der dem Art. 9 Abs. 3 GG zugrundeliegenden Vorstellung des Verfassungsgebers die gegenseitigen Interessen angemessener zum Ausgleich bringen können als der Staat. Das gilt vor allem für die Festsetzung der Löhne und der anderen materiellen Arbeitsbedingungen. (…)".

[314] BVerfG, Beschl. v. 19.10.1966, 1 BvL 24/65, BVerfGE 20, 312 – *Tariffähigkeit von Handwerksinnungen*, Rn. 21.

[315] Siehe oben, § 5 B.

[316] Zu den potentiell negativen Effekten marktvermittelter Anschlusszwänge für die Persönlichkeitsentfaltung siehe oben, § 5 B.I.3.

I. Ausdifferenzierung der Berufsfreiheit

Durch die Koordination auf Märkten differenzieren sich berufliche Tätigkeiten wie auch die innerbetriebliche Organisation von Marktteilnehmerinnen und Marktteilnehmern aus. Die damit einhergehende Spezialisierung und Entwicklung bietet dem einzelnen Berufsträger auf der einen Seite größere Wahlmöglichkeiten, kann auf der anderen Seite aber auch nicht unerhebliche Anschlusszwänge nach sich ziehen. Ausdifferenzierung und Spezialisierung entstehen durch den Freiheitsgebrauch der Marktteilnehmerinnen und Marktteilnehmer und führen zu einem gewissen Grad zu einer Entpersonalisierung im Sinne einer Abstrahierung der grundrechtlich geschützten Tätigkeit von dem personalen Gehalt.

1. Flexibilität, Auswahl und Anschlussmöglichkeiten

Die Freiheit zur Berufswahl umfasst zum einen die Entscheidung für unkonventionelle Tätigkeiten, die bekannten Typisierungen nur schwer zuzuordnen sind. Zum anderen erlaubt die Freiheit der Berufswahl die Entscheidung für Arbeitsteilung und Spezialisierung. In beiden Hinsichten erhöhen die mit der Berufswahlfreiheit verbundenen Optionen das Potential zur Persönlichkeitsentfaltung.[317] Der Grundrechtsträger ist nicht auf bestimmte Tätigkeiten festgelegt, sondern kann je nach individuellen Fähigkeiten und Neigungen neuartigen oder hochgradig spezialisierten Tätigkeiten seiner Wahl nachgehen.

Mit der Möglichkeit zur spezialisierenden Arbeitsteilung geht faktisch die Notwendigkeit zur Kooperation einher. Entschließt sich ein Grundrechtsträger, seine Tätigkeit auf einen kleinen Aspekt einer Wertschöpfungskette zu beschränken, setzt die für den Absatz am Ende erforderliche Wertschöpfung passende Beiträge anderer voraus. Diese von der Arbeitsteilung ausgehende faktische Notwendigkeit sozialer Interaktion mag man als Charakteristikum der Berufsfreiheit ansehen.[318] Allerdings beschränkt sich die soziale Interaktion nicht auf den arbeitsteiligen Austausch mit den Vertragspartnern. Das größere, marktübergreifende dynamische Entwicklungspotential liegt in den interdependenten Beeinflussungen mit Nachfragern und Wettbewerbern, teils durch Verhandlung, teils durch wechselseitige Beobachtung.[319] Die eigentlich folgenreiche Einschränkung, die von der Notwendigkeit der Abstimmung infolge der Arbeitsteilung für die Berufsausübung ausgeht, liegt zum einen in dem Risiko, keinen Nachfrager für die eigenen Leistungen oder keinen Anbieter für eventuell erforderliche Vorleistungen zu finden. Zum anderen verursacht die Abstimmung spezialisierter Teilleistungen Kosten. Institutionenökonomische Ansätze, die

---

[317] *H.-P. Schneider*, Freiheit des Berufs – Grundrecht der Arbeit, VVDStRL 43 (1985), S. 7 (16f.).

[318] *H.-P. Schneider*, Freiheit des Berufs – Grundrecht der Arbeit, VVDStRL 43 (1985), S. 7 (13).

[319] Siehe oben zur Struktur von Marktprozessen § 5 A.II.

ihren Ausgangspunkt gerade in der Gegenüberstellung einer innerbetrieblichen Leistungsbeschaffung mit der Spezialisierung und Beschaffung auf vertraglicher Grundlage am Markt genommen haben, machen auf die Transaktionskosten und ihre Faktoren aufmerksam.[320] Zugleich zeigen sie bereits den Zusammenhang zwischen Berufswahl und Berufsausübung am Markt einerseits und der innerbetrieblichen Organisation andererseits auf.[321]

Die Berufswahlfreiheit wirkt sich dadurch auf den Berufsbegriff aus. Einengungen des Berufsbegriffs, etwa auf traditionell anerkannte Berufsbilder oder Berufstypen[322] oder auf erlaubte Tätigkeiten[323], würden die Berufswahlfreiheit von vorneherein entwerten,[324] auch wenn umgekehrt ein nach den Vorstellungen des Berufsträgers sehr spezialisiertes Berufsverständnis eine hohe Eingriffsintensität einzelner Berufsausübungsregelungen suggerieren kann.[325] Beschränkungen in der Berufswahl ergeben sich demnach nicht in erster Linie aus hoheitlichen Vorgaben, sondern vor allem aus dem insbesondere mit unkonventionellen Tätig-

---

[320] *Williamson*, American Economic Review 61 (1971), No. 2, 112ff.; *Coase*, Economica 1937, 386ff. sowie dazu die Beiträge aus *Williamson*, The Nature of the Firm.

[321] Dazu siehe unten, § 5 D.I.2.

[322] „Für die Anerkennung einer auf Dauer angelegten und auf die Schaffung und Erhaltung der Lebensgrundlage ausgerichteten Tätigkeit (…) als Beruf ist nicht ausschlaggebend, ob der Gesetzgeber bereits ein entsprechendes Berufsbild vorgesehen hat (…). Von der Berufsfreiheit geschützt sind nicht nur traditionell oder gesetzlich fixierte Berufsbilder, sondern auch aufgrund der fortschreitenden technischen, sozialen oder wirtschaftlichen Entwicklung neu entstandene Berufe (…).“, BVerfG, Beschl. v. 3.7.2007, 1 BvR 2186/06, BVerfGE 119, 59 – *Hufbeschlaggesetz*, Rn. 66; aus der Literatur *Fröhler/Mörtel*, GewArch 1978, 249 (250ff.); *Papier*, DVBl. 1984, 801 (802f.); *Breuer*, HStR VIII, § 160 Rn. 62f.; aus institutioneller Perspektive *Häberle*, Die Wesensgehaltsgarantie des Art. 19 Abs. 2 GG, S. 98; zur Relativierung durch den Topos des Berufsfelds *Höfling*, DÖV 1989, 110ff.; zu den einfach-rechtlichen Konsequenzen, etwa im Werberecht für den Anwaltsberuf und Heilberufe, *Kleine-Cosack*, NJW 2013, 272 (273ff.); *Ring*, NJW 1997, 768ff., oder im Gesundheitsrecht, *Kingreen*, VSSR 2000, 1ff.; zum Zusammenhang mit den Anforderungen an die Rechtfertigung im Rahmen der sog. 3-Stufen-Lehre *Ruffert*, in: Beck'scher Online-Kommentar GG, Art. 12 Rn. 100, 103f.

[323] BVerfG, Urt. v. 28.3.2006, 1 BvR 1054/01, BVerfGE 115, 276 – *Sportwettenmonopol*, Rn. 83: „Einer die Merkmale des Berufsbegriffs grundsätzlich erfüllenden Tätigkeit ist der Schutz durch das Grundrecht der Berufsfreiheit nicht schon dann versagt, wenn das einfache Recht die gewerbliche Ausübung dieser Tätigkeit verbietet. Vielmehr kommt eine Begrenzung des Schutzbereichs von Artikel 12 Abs. 1 GG in dem Sinne, dass dessen Gewährleistung von vornherein nur erlaubte Tätigkeiten umfasst (…), allenfalls hinsichtlich solcher Tätigkeiten in Betracht, die schon ihrem Wesen nach als verboten anzusehen sind, weil sie auf Grund ihrer Sozial- und Gemeinschaftsschädlichkeit schlechthin nicht am Schutz durch das Grundrecht der Berufsfreiheit teilhaben können.“; aus der Literatur vgl. nur *Papier*, DVBl. 1984, 801 (802f.); *Ruffert*, in: Beck'scher Online-Kommentar GG, Art. 12 Rn. 42: Grenze des Schutzbereichs bei evident sozialschädlichen Tätigkeiten; *Scholz*, in: Maunz/Dürig, GG, Art. 12 Rn. 29: prinzipiell offener Berufsbegriff; *Breuer*, HStR VIII, § 160 Rn. 69f.; weiter tendenziell *Berg*, GewArch 1977, 249ff.

[324] Unter Hinweis auf das Schutzgut der Persönlichkeitsentfaltung *H.-P. Schneider*, Freiheit des Berufs – Grundrecht der Arbeit, VVDStRL 43 (1985), S. 7 (17).

[325] *H.-P. Schneider*, Freiheit des Berufs – Grundrecht der Arbeit, VVDStRL 43 (1985), S. 7 (17).

keiten verbundenen wirtschaftlichen Risiko. Mit diesem offenen Berufsbegriff korrespondiert die Grenze hoheitlicher Leistungspflicht. Die Gewährleistung günstiger Rahmenbedingungen für den Zugang zu einer frei gewählten Beschäftigung ist umso schwerer zu realisieren,[326] je weiter sich der zur Auswahl stehende Spielraum erstreckt. Ein Anspruch auf die wirtschaftliche Rentabilität einer bestimmten, frei gewählten Tätigkeit käme einem Anspruch auf Arbeit gleich.

2. *Entwicklungsoffenheit und Anreize zur Anpassung*

Die Ausweitung der Wahlmöglichkeiten durch die Ausdifferenzierung, die Notwendigkeit sozialer Interaktion sowie die wirtschaftlichen Risiken zeigen einen grundlegenden Zusammenhang zwischen Marktprozessen und den Rahmenbedingungen für die Gewährleistung eines Schutzguts mit personalem Substrat auf. Gerade die Flexibilisierung, Spezialisierung und Ausdifferenzierung schafft neue Anschlussmöglichkeiten für die berufliche Tätigkeit des Grundrechtsträgers. Insoweit ist die Ausdifferenzierung bereits im Schutzbereich der Berufsfreiheit angelegt. Abgesehen davon, dass schon ein auf die bloße Verhaltensfreiheit beschränkter Schutz auch die Spezialisierung umfasst, fördern die Anschlussmöglichkeiten vor allem das hinter der Berufsfreiheit stehende, je nach Perspektive in unterschiedlichem Maß auf die Persönlichkeitsentfaltung bezogene Schutzgut. Die wissensgenerierende Funktion der Koordination über Märkte erweitert den Optionenraum und verbessert dadurch die Rahmenbedingungen für die Gewährleistung des Schutzguts. Als Kehrseite der Medaille sind mit dieser dynamischen Entwicklung jedoch zwangsläufig Anschlusszwänge verbunden, weil der Optionenraum der anderen Marktteilnehmerinnen und Marktteilnehmer sich ebenfalls erweitert und der Erfolg der eigenen beruflichen Tätigkeit von dem Verhalten Anderer abhängig ist.[327] Genauso wie die Freiheit zur Berufswahl und die Koordination über Märkte es ermöglichen, neue oder beliebige berufliche Tätigkeiten abseits bekannter Berufsbilder zu ergreifen, also auch neue Geschäftsmodelle auszuprobieren, können neue Angebote oder Technologien den bislang etablierten Märkten oder beruflichen Tätigkeiten die Nachfrage entziehen. Einzelne Berufsbilder wie etwa Drucker, Schriftsetzer oder Weber können infolge dieser Anschlusszwänge wegfallen.[328] Durch ihre wissensgenerierende Funktion beeinflusst die dynamische Koordination auf Märkten die Rahmenbedingungen der Grundrechtsverwirklichung erheblich. Dieser potentiell positive Einfluss stellt einen wesentlichen Grund für den grundrechtlichen Schutz der Marktteilnahme dar. Die Marktkoordination ist damit Ausdruck

[326] In diese Richtung *H.-P. Schneider*, Freiheit des Berufs – Grundrecht der Arbeit, VVDStRL 43 (1985), S. 7 (23).

[327] Ähnlich für die Gewährleistung der Eigentumsfreiheit *Weber*, Das Eigentum und seine Garantie in der Krise, S. 316: Sachzwänge der industriellen Massengesellschaft.

[328] Aktuell könnten Algorithmen eine ähnliche Form des Strukturwandels herbeiführen, *Bunz*, Die stille Revolution, S. 40 ff.

der Grundrechtsbetätigung, kann aber zugleich zu Verschlechterungen der Rahmenbedingungen anderer, ihrerseits grundrechtlich geschützter Marktteilnehmerinnen und Marktteilnehmer führen. Aus diesen negativen Auswirkungen auf die Notwendigkeit eines verstärkten grundrechtlichen Schutzes zu schließen, würde zum einen die positiven Auswirkungen der Entwicklungsoffenheit ausblenden und zum anderen die Freiheitsausübung der anderen Marktteilnehmerinnen und Marktteilnehmer beeinträchtigen. Ein Schutz vor sämtlichen negativen Veränderungen der Rahmenbedingungen ist zum einen nicht leistbar und wäre zum anderen für die Verwirklichung des Schutzguts durch den Wegfall der wissensgenerierenden Dynamik kontraproduktiv. Indem Rechtsprechung und Lehre einen grundrechtlichen Anspruch auf einen bestimmten Arbeitsplatz ablehnen, zugleich aber teilweise die Gewährleistung bestimmter Möglichkeiten zur Arbeit in den objektiv-rechtlichen Schichten der Berufsfreiheit ansiedeln,[329] zeigen sie die Grenzen der Leistungsfähigkeit des grundrechtlichen Schutzes auf und bringen zugleich, wenn auch kaum konturiert, einen gewissen Bedarf nach Schutz vor Marktentwicklungen zum Ausdruck. Ein grundrechtsdogmatisches Verständnis, das den verfassungsrechtlichen Schutz der Marktteilnahme von der Interaktion der Marktteilnehmerinnen und Marktteilnehmer her denkt, ist in der Lage, sowohl die Leistungsfähigkeit und die Gefahren der Marktdynamik als auch ihre Voraussetzungen aufzuschlüsseln. Die individuelle Selbstverwirklichung und eine gesamtgesellschaftliche Funktion der Berufsfreiheit sind danach kein Gegensatz,[330] sondern ein interaktionszentrierter Ansatz bildet die gesamtgesellschaftliche Dynamik als Folge der individuellen Selbstverwirklichung ab und berücksichtigt zugleich die Rahmenbedingungen dieser Selbstverwicklung angesichts der dynamischen Entwicklung. Ein interaktionszentrierter Ansatz bietet dadurch einen rationalen, begründeten Umgang mit den Anschlussmöglichkeiten und Anschlusszwängen der Marktdynamik.

Die Berufsfreiheit schützt bestimmte Tätigkeiten[331], die der Schaffung und Erhaltung einer Lebensgrundlage dienen, aber nicht die Lebensgrundlage selbst.

---

[329] *Häberle*, JZ 1984, 245 (352); *Manssen*, in: von Mangoldt/Klein/Starck, GG, Art. 12 Rn. 11.

[330] So in der Tendenz *Papier*, DVBl. 1984, 801 (807): „Die Tendenz, die Freiheitsrechte – insbesondere die wirtschaftlich relevanten und damit auch den Art. 12 Abs. 1 GG – auf einen Kerngehalt individueller Selbstverwirklichung zu reduzieren, begründet die Gefahr, die gesamtgesellschaftlichen und gesamtwirtschaftlichen Funktionen des Art. 12 Abs. 1 GG zu ignorieren. (...) Eine betont idealistische Grundrechtsdoktrin – zu der das BVerfG offenbar neigt – interpretiert die grundgesetzlichen Wirtschaftsfreiheiten dagegen vorrangig aus ihrer *vergangenen* geistigen Entstehungssituation heraus. Sie nimmt dabei unzulässigerweise in Kauf, dass große Wirtschaftsassoziationen und damit wichtige Ausdrucksformen heutiger privatautonomer Wirtschaftstätigkeiten in einen mehr oder weniger grundrechts*freien*, quasi-öffentlichen Status hineinwachsen." (Herv. von *Papier*).

[331] Zur Einschränkung bei sozial schädlichen oder verbotenen Tätigkeiten siehe oben, Fn. 323; zu den Anforderungen an die Dauer siehe nur *Ruffert*, in: Beck'scher Online-Kommentar GG, Art. 12 Rn. 42 m. w. N.

Insofern entspricht der Schutzbereich der Berufsfreiheit für Tätigkeiten als unselbständiger Arbeitnehmerinnen und Arbeitnehmer dem Schutz der selbständigen Teilnahme am Markt, der ebenfalls keinen Schutz eines bestimmten Markterfolgs gewährt.[332] Die Berufsfreiheit lässt sich insoweit auch nicht als spezielle Regelung des Sozialstaatsprinzips verstehen, das in Verbindung mit der Menschenwürde unabhängig von den Umständen und insbesondere der individuellen Leistung einen Anspruch auf Gewährleistung eines menschenwürdigen Existenzminimums gewährt.[333]

3. Organisatorische Ausgestaltung und Schutz juristischer Personen

Schützt die Berufsfreiheit nicht vor der laufenden Änderung von Marktbedingungen, gerät der Schutz der organisatorischen Ausgestaltung des Unternehmens in den Blick. Die Anpassung der Unternehmen an die laufende Änderung der externen Marktbedingungen setzt Spielräume zur unternehmensinternen Ausgestaltung der Abläufe voraus. Aus der Berufsfreiheit abgeleitete Ansprüche der Arbeitnehmenden auf unternehmensinterne Mitbestimmung oder andere Formen der prozeduralen oder organisatorischen Partizipation[334] konfligieren mit der Freiheit und Notwendigkeit der Unternehmen, sich wandelnden Marktbedingungen anzupassen. Dieser Konflikt verstärkt sich dadurch, dass zu den wandelnden Marktbedingungen unter anderem auch ein Wettbewerb zwischen den Unternehmen hinsichtlich ihrer Angebotsstruktur besteht. Die unternehmensinterne Ausgestaltung stellt dadurch einen nicht unwesentlichen Wettbewerbsfaktor dar. Der Schutz der Freiheit, Wettbewerbsparameter nach eigenen Vorstellungen einzusetzen, steigert die Leistungsfähigkeit des Marktes, schafft Anschlusszwänge durch die Verhaltensweisen leistungsfähiger Marktteilnehmerinnen und Marktteilnehmer und erzeugt dadurch eine Spezialisierung und Ausdifferenzierung. Ansprüche der unselbständigen Berufstätigen auf Schutz vor Verschlechterungen der Arbeitsbedingungen über das arbeitsrechtlich Verbindliche hinaus beeinträchtigen die Wettbewerbsfähigkeit der Unternehmen. Für mehrere Unternehmen oder branchenweit verbindliche Regelungen zur bestimmten sozialen Standards schalten umgekehrt den Wettbewerb insoweit aus. Insoweit obliegt es dem Gesetzgeber darüber zu entscheiden, welche Aspekte der unternehmensinternen Ausgestaltung verbindlich vorgegeben und welche dem Wettbewerb überlassen bleiben sollen. Grenzen ergeben sich dabei aus den unionsrechtlichen Grundfreiheiten, insbesondere der Niederlassungsfreiheit, die zu einer Anerkennung der

[332] BVerfG, Beschl. v. 26.06.2002, 1 BvR 558/91, 1 BvR 1428/91, BVerfGE 105, 252 – *Glykolwarnung*, Rn. 43; aus der Literatur nur *Lepsius*, Der Eigenwert der Verfassung im Wirtschaftsrecht, S. 149 (169).

[333] BVerfG, Urt. v. 9.2.2010, 1 BvL 1/09 u.a., BVerfGE 125, 175 – *Hartz IV-Regelsatz*, Rn. 133ff.

[334] Etwa *H.-P. Schneider*, Freiheit des Berufs – Grundrecht der Arbeit, VVDStRL 43 (1985), S. 7 (30f.); zurückhaltender *Ruffert*, in: Beck'scher Online-Kommentar GG, Art. 12 Rn. 19f.

in anderen Mitgliedstaaten der Union gegründeten Gesellschaften einschließlich deren gesellschaftsrechtlicher Ausgestaltung zwingt. Der Binnenmarkt begrenzt insoweit faktisch die Spielräume für eine nationale Regelungsstrategie, die unternehmensexterne Anpassungszwänge zum Schutz der Rechtsposition der Arbeitnehmerinnen und Arbeitnehmer vermeiden will.

Gleichzeitig folgt aus dem Zusammenhang zwischen der Ausdifferenzierung der Markttätigkeiten sowie den damit verbundenen Anschlussmöglichkeiten, dass die einhergehende Entpersonalisierung und Abstrahierung von dem personalen Substrat sich von der Entwicklungsoffenheit der Märkte nicht trennen lässt. Als Folge der Ausdifferenzierung bezieht sich der Schutz der beruflichen Tätigkeit zwangsläufig nicht mehr unmittelbar auf die personale Entfaltung des Grundrechtsträgers.

Diese Entpersonalisierung schlägt sich in dem Schutz der inländischen juristischen Person als Grundrechtsträger nieder. Inländische juristische Personen und Personenhandelsgesellschaften mit wirtschaftlichem Betätigungsfeld sind als Träger der Berufsfreiheit geschützt.[335] Auf der Grundlage der Rechtsprechung des Bundesverfassungsgerichts, die für eine wesensmäßige Anwendbarkeit nach Art. 19 Abs. 3 GG insbesondere auf einen „Durchgriff" auf die hinter der juristischen Person stehenden natürlichen Personen und deren mittelbare Entfaltung durch die Tätigkeit der juristischen Person abstellt,[336] scheint ein auf die personale Entfaltung abstellender Schutz der Anwendbarkeit auf Kapitalgesellschaften entgegenzustehen. Die Formel von dem „Durchgriff" auf die dahinterstehenden natürlichen Personen betont das personale Substrat, das in der juristischen Person zu Geltung kommt, als das maßgebliche Kriterium und scheint dadurch bei hinreichender Ausdifferenzierung dem Grundrechtsschutz entgegenzustehen.[337]

[335] BVerfG, Beschl. v. 16.3.1971, 1 BvR 52/66 u.a., BVerfGE 30, 292 – *Erdölbevorratung*, Rn. 55: „Die Beschwerdeführerinnen sind juristische Personen. Schutzgut des Art. 12 Abs. 1 GG ist bei juristischen Personen die Freiheit, eine Erwerbszwecken dienende Tätigkeit, insbesondere ein Gewerbe, zu betreiben, soweit diese Erwerbstätigkeit ihrem Wesen und ihrer Art nach in gleicher Weise von einer juristischen wie von einer natürlichen Person ausgeübt werden kann."; BVerfG, Beschl. v. 8.6.2010, 1 BvR 2011/07, BVerfGE 126, 112 – *privater Rettungsdienst*, Rn. 85; BVerfG, Beschl. v. 19.7.2000, 1 BvR 539/96, BVerfGE 102, 197 – *Spielbankgesetz Baden-Württemberg*, Rn. 63, m.w.N. zur st. Rspr.; *Kämmerer*, in: von Münch/Kunig, GG, Art. 12 Rn. 12.

[336] „Das Wertsystem der Grundrechte geht von der Würde und Freiheit des einzelnen Menschen als natürlicher Person aus. Die Grundrechte sollen in erster Linie die Freiheitssphäre des Einzelnen gegen Eingriffe der staatlichen Gewalt schützen und ihm insoweit zugleich die Voraussetzungen für eine freie aktive Mitwirkung und Mitgestaltung im Gemeinwesen sichern. Von dieser zentralen Vorstellung her ist auch Art. 19 Abs. 3 GG auszulegen und anzuwenden. Sie rechtfertigt eine Einbeziehung der juristischen Personen in den Schutzbereich der Grundrechte nur, wenn ihre Bildung und Betätigung Ausdruck der freien Entfaltung der natürlichen Personen sind, besonders wenn der ‚Durchgriff' auf die hinter den juristischen Personen stehenden Menschen dies als sinnvoll oder erforderlich erscheinen läßt", BVerfG, Beschl. v. 2.5.1967, 1 BvR 578/63, BVerfGE 21, 362 – *Sozialversicherungsträger*, Rn. 22, ebenso BVerfG, Nichtannahmebeschl. v. 18.5.2009, 1 BvR 1731/05, BVerfGK 15, 484 – *Stromnetzbetreiber*, Rn. 16, m.w.N.

[337] *Krebs*, in: von Münch/Kunig, GG, Art. 19 Rn. 44.

Das Bundesverfassungsgericht begründet die wesensmäßige Anwendbarkeit der Berufsfreiheit auf juristische Personen in der neueren Rechtsprechung nicht näher[338] oder weist lediglich auf den „weiten, nicht personal gebundenen Berufsbegriff" hin[339] und zieht dabei allerdings die Entfernung zum personalen Gehalt als Argument für die Einschränkung der Schutzintensität heran.[340]Hingegen greift es bei der Frage, inwieweit auch von ausländischen Hoheitsträgern beherrschte inländische juristische Personen des Privatrechts in den persönlichen Schutzbereich fallen, auf den mittelbaren Schutz der freien Entfaltung natürlicher Personen zurück.[341]

Hintergrund für die Anwendbarkeit der Berufsfreiheit auf juristische Personen ist demgegenüber weniger ein unmittelbarer Durchgriff auf dahinterstehende natürliche Personen. Die Verselbständigung des Rechtsträgers, auf den sich der grundrechtliche Schutz bei der Anwendbarkeit bezieht, deutet bereits an, dass es nicht um einen Durchgriff auf natürliche Personen geht. Vielmehr ist die Verselbständigung etwa bei der Willensbildung oder der Haftung Ausdruck der gesteigerten Leistungsfähigkeit und Entwicklungsoffenheit durch Ausdifferenzierung. Natürliche Personen effektuieren ihre berufliche Tätigkeit durch die Gründung, Beteiligung oder Tätigkeit in juristischen Personen oder ähnlichen Zusammenschlüssen, die am Markt auf andere Weise auftreten

---

[338] BVerfG, Beschl. v. 8.6.2010, 1 BvR 2011/07, BVerfGE 126, 112 – *privater Rettungsdienst*, Rn. 85; BVerfG, einst. Anordn. v. 4.5.2012, 1 BvR 367/12, Rn. 35; BVerfG, Nichtannahmebeschl. v. 8.12.2011, 1 BvR 1932/08, BVerfGK 19, 229, Rn. 18; BVerfG, Nichtannahmebeschl. v. 24.8.2011, 1 BvR 1611/11, NVwZ 2012, 104, Rn. 10; BVerfG, Kammerbeschl. v. 8.11.2010, 1 BvR 722/10, BVerfGK 18, 180, Rn. 19; BVerfG, Beschl. v. 8.12.2009, 2 BvR 758/07, BVerfGE 125, 104 – *Personenbeförderung Ausgleichsbetrag*, Rn. 80.

[339] BVerfG, Beschl. v. 19.7.2000, 1 BvR 539/96, BVerfGE 102, 197 – *Spielbankgesetz Baden-Württemberg*, Rn. 63; ähnlich BVerwG, Urt. v. 22.12.1993, 11 C 46/92, BVerwGE 95, 15, Rn. 20.

[340] Allerdings geht die Rechtsprechung von einer Verdünnung des Zusammenhangs und deshalb von einer Minderung des Schutzes aus, BVerfG, Urt. v. 1.3.1979, 1 BvR 532/77 u.a., BVerfGE 50, 290 – *Mitbestimmung*, Rn. 173: „Wahrnehmung von Unternehmerfreiheit ist sowohl die Gründung und Führung eines Klein- oder Mittelbetriebs als auch die Tätigkeit eines Großunternehmens. Während sich bei den ersten der personale Grundzug des Grundrechts auch im wirtschaftlichen Bereich voll verwirklicht, geht dieser bei Großunternehmen nahezu gänzlich verloren; er mag sich noch bei einem maßgebenden Anteilseigner finden, vor allem wenn dieser, wie bei der Gesellschaft mit beschränkter Haftung möglich, zugleich in der Leitung des Unternehmens tätig ist. Davon abgesehen ist indessen Unternehmerfreiheit im Fall von Großunternehmen nicht Element der Ausformung der Persönlichkeit des Menschen, sondern grundrechtliche Gewährleistung eines Verhaltens, dessen Wirkungen weit über das wirtschaftliche Schicksal des eigenen Unternehmens hinausreichen (...); dies namentlich in einer Wirtschaft, in der, wie in der Bundesrepublik, die Konzentration weit fortgeschritten ist (...). Diese Sachlage kann indessen nicht dazu führen, Unternehmerfreiheit auf kleine und mittlere Unternehmen zu beschränken: Großunternehmen und auch Konzerne sind wesentliche Elemente einer hochentwickelten und leistungsfähigen Volkswirtschaft (...). Sie ist jedoch für den Umfang der Regelungsbefugnis des Gesetzgebers von Bedeutung.", siehe unten § 5 C.I.

[341] An der Grundrechtsfähigkeit eines privaten Gasversorgungsunternehmens, an dem ausländische Staaten beteiligt sind, deshalb zweifelnd BVerfG, Nichtannahmebeschl. v. 7.9.2010, 1 BvR 2160/09, BVerfGK 18, 14, Rn. 26f.

können als natürliche Personen. Zu großen Teilen wäre natürlichen Personen eine vergleichbare Tätigkeit aus unterschiedlichen Gründen gar nicht möglich.[342] Der Grund für den Schutz der juristischen Personen liegt mit anderen Worten in der instrumentalen Funktion für das Schutzgut.[343] Weil die Ausdifferenzierung neue Entwicklungen, Anschluss- und Wahlmöglichkeiten hervorbringt und dadurch die geforderte Anpassung an sich ändernde externe Bedingungen ermöglicht, steht auch der mit der Ausdifferenzierung verbundene Wegfall des unmittelbaren Bezugs zum personalen Substrat dem Schutz juristischer Personen nicht entgegen. Umgekehrt stellt sich die Ausdifferenzierung auf der Grundlage eines interaktionszentrierten Ansatzes als notwendige Folge der Freiheitsausübung dar und lässt sich dadurch in ihren ambivalenten Implikationen für das zu Grunde liegende Schutzgut differenziert berücksichtigen.

4. *Karitative und gemeinnützige Zusammenschlüsse*

Der mit der Leistungsfähigkeit des Marktes verbundene Mehrwert und der Bezug zum Schutzgut der Berufsfreiheit kommen auch bei der Einordnung karitativer und gemeinnütziger Tätigkeiten zum Ausdruck. Deren grundrechtlicher Schutz durch die Berufsfreiheit hängt nach freilich umstrittener Ansicht nicht von einer bestimmten Gewinnerzielungsabsicht ab.[344] Vielmehr führt bereits die erwerbswirtschaftliche Tätigkeit am Markt dazu, dass die Vereinigung sich der Koordination über Märkte sowie der damit verbundenen Leistungsfähigkeit bedient, um individuelle Ziele zu erreichen. Charakteristikum des Schutzguts ist nicht die Absicht, Gewinne zu erzielen, sondern Marktmechanismen, also die auf Interdependenz einer Vielzahl von Marktteilnehmerinnen und Marktteilnehmern beruhenden Anschluss- und Entwicklungsmöglichkeiten, für eigene Zwecke zu nutzen. Der Bezug auf die Schaffung und Erhaltung einer Lebensgrundlage als das Ziel beruflicher Tätigkeit in der Berufsdefinition der Rechtsprechung[345] passt insofern für juristische Personen nur eingeschränkt. Man mag eine auf Kostendeckung ausgerichtete Tätigkeit bei juristischen Personen

---

[342] *Achatz*, Grundrechtliche Freiheit im Wettbewerb, S. 31.

[343] Allgemein *Krebs*, in: von Münch/Kunig, GG, Art. 19 Rn. 44.

[344] Für einen Schutz nicht gewinnorientierter, karitativer Einrichtungen BVerwG, Urt. v. 22.12.1993, 11 C 46/92, BVerwGE 95, 15, Rn. 20; *Droege*, Staatsleistungen an Religionsgemeinschaften im säkularen Kultur- und Sozialstaat, S. 471 ff.: hinreichender ökonomischer Grundbezug; *Isensee*, Die karitative Betätigung der Kirchen und der Verfassungsstaat, S. 665 (705 ff.); *Depenheuer*, Staatliche Finanzierung und Planung im Krankenhauswesen, S. 108 ff.: Schutz der Berufsfreiheit durch gemeinnützige Krankenhausträger für Aktivitäten, „deren sie bedürfen, um die materielle Grundlage für die Erreichung ihrer ideellen Zielsetzungen zu schaffen und bewahren zu können"; verneinend *Wieland*, JZ 1995, 96 (97); *Scholz*, in: Maunz/Dürig, GG, Art. 12 Rn. 32.

[345] BVerfG, Beschl. v. 8.6.2010, 1 BvR 2011/07, 1 BvR 2959/07, BVerfGE 126, 112 – *privater Rettungsdienst*, Rn. 85; BVerfG, Beschl. v. 19.7.2000, 1 BvR 539/96, BVerfGE 102, 197 – *Spielbankgesetz Baden-Württemberg*, Rn. 67.

bereits als „lebenserhaltend" bewerten[346] mit der Folge, dass erwerbstätige, auf Kostendeckung zielende Non-Profit-Unternehmen bei entsprechender Auslegung der auf die Tätigkeit natürlicher Personen zugeschnittenen Definition in den Schutzbereich fallen.[347] Näher liegt jedoch, das zur Abgrenzung gegenüber der ehrenamtlichen oder freizeitmäßigen Tätigkeit natürlicher Personen entwickelte Merkmal für die Einordnung der Aktivitäten juristischer Personen aufzugeben und unmittelbar darauf abzustellen, inwieweit die Organisation erwerbswirtschaftlich am Markt auftritt. In gleicher Weise ordnen das auf den Schutz von Marktprozessen ausgerichtete Wettbewerbs-, Kartell- und Beihilferecht die Aktivitäten karitativer oder gemeinnütziger Vereinigungen ein.[348] Eine steuerrechtliche oder andere Privilegierung der gemeinnützigen Tätigkeit[349] ändert nichts daran, dass die Verhaltenskoordinierung auf Märkten erfolgt und gerade wegen der Vorteile wettbewerblicher Koordination erstrebt wird. Gleiches gilt für die gaststättenrechtliche Einordnung von Vereinslokalen und Clubräumen als Gaststätte.[350]

II. Ausdifferenzierung der Eigentumsfreiheit als Teil der Institutsgarantie

Ähnlich wie bei der Berufsfreiheit differenzieren Marktprozesse eigentumsrechtlich geschützte Positionen aus. Anschlusszwänge können etwa den Bedarf wecken, juristische Personen als Träger von Betrieben zu gründen, Kapital oder Betriebsmittel einzubringen und Anteile an der juristischen Person zu erwerben, die damit verbundenen Rechte wahrzunehmen und Anteile wieder zu veräußern. Rechtsprechung und Literatur zählen im Ausgangspunkt unumstritten die Anteile an juristischen Personen oder Personengesellschaften genauso zu dem Schutzbereich des Eigentumsrechts wie die Schutzfähigkeit der juristischen Person als Rechtsgutsträger.[351] In beiden Fällen entfernt die Einrichtung einer juristischen Person den Schutz des Eigentums von dem personalen Bezug und der Persönlichkeitsentfaltung. Gleichwohl lässt sich der verfassungsrechtliche Schutz als Konsequenz der Interaktion von Marktteilnehmerinnen und

---

[346] Zur Berufsfreiheit nach Art. 101 BV BayVerfGH, Entsch. v. 24.5.2012, Vf. 1-VII-10, VerfGHE BY 65, 88, Rn. 76: Voraussetzung der „Schaffung und Erhaltung einer Lebensgrundlage" ist erfüllt, wenn die Tätigkeit objektiv geeignet ist, die finanzielle und ökonomische Basis Einzelner oder den Bestand von Unternehmen nachhaltig zu gewährleisten; *Kämmerer,* in: von Münch/Kunig, GG, Art. 12 Rn. 19.

[347] *D. Voigt*, GewArch 2005, 56 (57f.).

[348] Etwa OLG Hamm, Urt. v. 18.9.1984, 4 U 215/84, WRP 1985, 100 (101): Wettbewerbsverhältnis zwischen karitativem Verein und gewerblichem Sammler von Altkleidern, da Verein bei Sammlung wirtschaftliche Interessen verfolgt.

[349] Zum daraus entstehenden Konflikt zwischen Wettbewerbsneutralität und Förderung gemeinnütziger Zwecke *Droege*, Non Profit Law Yearbook 2010/2011, 9ff.

[350] VG Schleswig-Holstein, Urt. v. 25.2.2010, 12 A 144/08, Rn. 36; VGH Baden-Württemberg, Urt. v. 24.11.1982, 6 S 2258/81, ESVGH 33, 159.

[351] Näher, auch zu den Gründen bereits *Papier*, Unternehmen in der verfassungsrechtlichen Ordnung, VVDStRL 35 (1977), S. 55 (81f.).

Marktteilnehmern verstehen. Anschlusszwänge auf Märkten machen komplexe Formen der Unternehmensorganisation mit einer verteilten Kapitalstruktur, einer gesellschaftsrechtlichen Ausgestaltung von Rechten und Pflichten und schließlich mit der rechtlichen Handlungsfähigkeit der Gesellschaft erforderlich. Dieser von der Koordination der Marktteilnehmerinnen und Marktteilnehmer ausgehende Anschlusszwang wirkt sich auf die Struktur des Schutzbereichs des Eigentumsrechts aus.

Lässt sich das Eigentum an Produktionsmitteln oder an Kapital auf bestimmten Märkten wegen wettbewerblicher Anschlusszwänge wirtschaftlich nur in bestimmten Organisationsformen nutzen, erfordert das Schutzgut des Art. 14 Abs. 1 GG einen entsprechend vermittelten Schutz. Ebenso wie bei der Berufsfreiheit trägt die verfassungsrechtliche Dogmatik des Eigentumsschutzes dem personalen Gehalt unter Bedingungen der Ausdifferenzierung Rechnung, die auf die wechselseitige Interaktion der Grundrechtsträger in Marktprozessen zurückgeht.

Der Wettbewerbsdruck macht auf manchen Märkten den Rückgriff auf bestimmte Gesellschaftsformen, insbesondere auf die Aktiengesellschaft, erforderlich. Während nach dem Grundsatz der wirtschaftspolitischen Neutralität das Grundgesetz keine institutionellen Vorgaben zu Wirtschaftsformen und damit auch nicht zur Ausgestaltung von Kapitalgesellschaften enthält,[352] begründet die Relevanz bestimmter Organisationsformen für die Marktteilnahme innerhalb der Eigentumsfreiheit eine Pflicht zur Bereitstellung als Ausfluss der Institutsgarantie. Damit stehen das Eigentumsrecht und Marktprozesse in einem Wechselverhältnis. Die Funktionsfähigkeit von Marktprozessen setzt die Ausgestaltung von Eigentumsrechten, insbesondere an den Gegenständen der Transaktion, aber auch zur Konstitution der Transaktionspartner, voraus. Umgekehrt kann die Relevanz bestimmter Organisationsformen für die Wettbewerbsfähigkeit die verfassungsrechtliche Pflicht zur Bereitstellung als Teil der eigentumsrechtlichen Institutsgarantie begründen.

Die in der Wettbewerbstheorie und insbesondere in der Transaktionskostenökonomik[353] herausgestellte Bedeutung der Unternehmensorganisation für die Kosten der Bereitstellung einer Leistung und damit für die Wettbewerbsfähigkeit eines Unternehmens, aber auch die Alternativität und dadurch die wechselseitige Beeinflussung der Beschaffung von Vorleistungen über den Markt oder innerhalb eines vertikal integrierten Unternehmens[354] liegt, wenn auch mit anderem

---

[352] Siehe unten, § 5 D.II.5.a).

[353] *Williamson*, Journ. of Inst. and Theo. Econ. 149/1 (1993), 36 ff.; *ders.*, Journ. of Econ. Lit. 19 (1981), 1537 ff., siehe oben, § 5 A.II.6.

[354] Zur Relevanz flexibler, verlässlicher Beziehungen unter Marktteilnehmerinnen und Marktteilnehmern als leistungsfähigerer Ersatz für Verfügungsrechte *Sawhney/Prandelli*, Cal. Man. Rev. 42 (2000), No. 4, 24 (25 ff.): *community of creation* als für Innovationen besonders produktive Zwischenform zwischen hierarchischer Organisation und offenem Markt; klassisch zur Rolle der Unternehmensorganisation aus Sicht der Wettbewerbstheorie, insbesondere der

Akzent, implizit auch bereits der frühen verfassungsgerichtlichen Rechtsprechung zum eigentumsrechtlichen Schutz des Anteilseigentums zu Grunde.[355] Während die Rechtsprechung im Ausgangspunkt die Bedeutung der erhöhten, vor allem finanziellen Schlagkraft großer Unternehmenszusammenschlüsse,[356] den Wettbewerbsdruck und die daraus resultierende Notwendigkeit der Konzernierung und gelegentlichen Restrukturierung betonte,[357] tritt mit zunehmenden kapitalmarktrechtlichen Einflüssen[358] die Vermeidung von Transaktionskosten, die unternehmensintern durch die unter Umständen streitige Koordination mit Minderheitsaktionären entstehen können, in den Vordergrund.[359]

Neuen Institutionenökonomik *Richter/Furubotn*, Neue Institutionenökonomik, S. 402–519; siehe oben, § 5 A.II.6.

[355] BVerfG, Urt. v. 7.8.1962, 1 BvL 16/60, BVerfGE 14, 263 – *Feldmühle*, Rn. 63: „(...) Der Konzern ist eine wirtschaftliche Organisationsform, die sich in der modernen Wirtschaft – als einer Wirtschaft freier Unternehmer auf der Grundlage des Privateigentums und freier Kapitaldisposition – entwickelt hat; sie ist, wie bereits dargelegt, namentlich im Wettbewerb mit anderen, gleich strukturierten Volkswirtschaften in gewissem Umfang unvermeidbar. (...)".

[356] BVerfG, Urt. v. 7.8.1962, 1 BvL 16/60, BVerfGE 14, 263 – *Feldmühle*, Rn. 63: „in der Größe der Betriebe und in der Höhe der eingesetzten Kapitalien verkörperte Zusammenballung wirtschaftlicher Einfluss- und Entscheidungsmöglichkeiten".

[357] BVerfG, Urt. v. 7.8.1962, 1 BvL 16/60, BVerfGE 14, 263 – *Feldmühle*, Rn. 64; BVerfG, Beschl. v. 27.4.1999, 1 BvR 1613/94, BVerfGE 100, 289 – *DAT Altana*, Rn. 49: „Der Gesetzgeber darf auch weiterhin davon ausgehen, dass es ein beachtenswertes unternehmerisches Interesse an Konzernierungs- und Strukturmaßnahmen gibt. Seit dem Feldmühle-Urteil hat sich dieses Interesse sogar noch verstärkt. Veränderte Rahmen- und Wettbewerbsbedingungen veranlassen viele Unternehmen dazu, ihre Unternehmenstätigkeit sowohl sachlich als auch räumlich auszuweiten und zu diversifizieren. Die Fähigkeit zur zentralen Unternehmenslenkung hält mit dieser Ausweitung nicht Schritt. Deshalb gehen Unternehmen dazu über, ihre unternehmerische Tätigkeit in unabhängige Unternehmenseinheiten auszugliedern und gesellschaftsrechtlich zu verselbständigen. Freilich bedarf es dann wieder einer Zusammenführung und Koordination dieser Unternehmenseinheiten, damit sich die gewünschten Synergien einstellen. Das kann nur durch Konzernierungsmaßnahmen erfolgen."; ähnlich BVerfG, Kammerbeschl. v. 27.1.1999, 1 BvR 1638/94, Rn. 17 sowie BVerfG, Kammerbeschl. v. 27.1.1999, 1 BvR 1805/94, Rn. 20: „Interesse gesellschaftlicher Flexibilität und einfacher Konzernbildung einer Aktiengesellschaft".

[358] *Hanau*, NZG 2002, 1040 (1042, 1045).

[359] Eingehend BVerfG, Nichtannahmebeschl. v. 23.8.2000, 1 BvR 68/95; 1 BvR 147/97, NJW 2001, 279 – *Moto Meter*, Rn. 15: „Das Anliegen, eine kleine Zahl von Minderheitsaktionären aus der Gesellschaft auszuschließen, hat der Gesetzgeber – etwa in den Bestimmungen zur Eingliederung – als grundsätzlich berechtigt anerkannt. Dies beruht auf der Einschätzung, dass Minderheitsaktionäre die Durchsetzung unternehmerischer Entscheidungen gegen die Stimmenmehrheit des Hauptaktionärs im Regelfall zwar nicht verhindern können, dass aber schon ihre Existenz für den Großaktionär erheblichen Aufwand, potentielle Schwierigkeiten und unter Umständen die Verzögerung der von ihm als sinnvoll erachteten unternehmerischen Maßnahmen mit sich bringt: Nach dem Aktien- und Umwandlungsgesetz ist eine Vielzahl von Aktionärsrechten, etwas das Recht, eine Anfechtungsklage nach §§ 243 ff. AktG zu erheben, nicht an ein Quorum gebunden, sondern kann auch von Aktionären mit nur einer einzigen Aktie wahrgenommen werden. Umgekehrt sind zahlreiche Maßnahmen, die im Interesse eines Großaktionärs liegen können, erheblich erleichtert, wenn sich alle Aktien in der Hand eines Aktionärs befinden oder jedenfalls mit Gegenstimmen von Minderheitsaktionären nicht zu rechnen ist (vgl. nur im Zusammenhang mit Unternehmensverträgen die Vorschriften der §§ 293 a Abs. 3, 304 Abs. 1 Satz 3 AktG, die Möglichkeit der Eingliederung nach § 319 Abs. 1

Ähnlich wie bei der Berufsfreiheit[360] machen die vom Wettbewerb ausgehenden Anschlusszwänge auf den entsprechenden Märkten für den Einsatz des Eigentums an Produktionsfaktoren den Rückgriff auf komplexe Organisationsformen mit einer heterogenen Inhaberstruktur[361] erforderlich.[362] Als Folge der Interaktion zwischen Marktteilnehmerinnen und Marktteilnehmern wäre die Nutzung von Sacheigentum zur Bereitstellung von Gütern und Leistung ohne den gesetzlichen Rahmen einer entsprechend komplexen Unternehmensorganisation erheblich eingeschränkt.[363] Die Marktorganisation mit einem gewissen Stand an ausdifferenzierten Gesellschaftsformen lässt sich demnach den Sachbereichen zuordnen, die „zum elementaren Bestand grundrechtlich geschützter Betätigung im vermögensrechtlichen Bereich"[364] gehören und daher der eigentumsrechtlichen Institutsgarantie[365] unterfallen.[366]

Satz 1 AktG oder die umwandlungsrechtlichen Erleichterungen der Verschmelzung in §§ 5 Abs. 2, 8 Abs. 3 Satz 1, § 9 Abs. 3 UmwG). Wenn (noch) Minderheitsaktionäre vorhanden sind, müssen zudem nach der so genannten Holzmüller-Rechtsprechung des Bundesgerichtshofs grundlegende Strukturveränderungen der Gesellschaft durch einen Beschluss der Hauptversammlung gebilligt werden (vgl. dazu Hüffer, AktG, 4. Aufl. 1999, § 119 Rn. 16 ff.). Das Zustimmungserfordernis eröffnet den Minderheitsaktionären die Möglichkeit, den erforderlichen Beschluss mit der Anfechtungsklage anzugreifen und kann so zu einer manchmal mehrjährigen Verzögerung der gewünschten unternehmerischen Maßnahme führen."; in der Sache ebenso BVerfG, Nichtannahmebeschl. v. 30.5.2007, 1 BvR 390/04, BVerfGK 11, 253 – *Minderheitsaktionäre/Squeeze-out*, Rn. 19 und 21.

[360] Dazu siehe oben, § 5 C.I.

[361] Dazu bereits BVerfG, Urt. v. 7.8.1962, 1 BvL 16/60, BVerfGE 14, 263 – *Feldmühle*, Rn. 38: „Die Weite des vom Gesetzgeber abgesteckten Rahmens hat aber ermöglicht, dass in der Rechtsform der Aktiengesellschaft heute soziale Gebilde sehr verschiedener Struktur auftreten: Neben breiter Streuung der Aktien findet sich Konzentration des Aktienbesitzes bei Großaktionären bis hin zur Ein-Mann-Gesellschaft. Der einzelne Aktionär ist bald intensiver Mitarbeiter, bald bloßer ‚Investor'; der eine beteiligt sich aus Spekulation, der andere fühlt sich ‚seiner' Gesellschaft innerlich verbunden. Ebenso vielfältig ist die Stellung der Aktiengesellschaft nach außen: an die Stelle der ursprünglich vorausgesetzten wirtschaftlichen Selbständigkeit treten Bindungen mannigfacher Art bis zur festen Eingliederung in einen Konzern, in dem die Selbständigkeit praktisch verlorengeht, die Gesellschaft von außen geleitet wird. Dazu kommt eine große Verschiedenheit des sozialen und gesamtwirtschaftlichen Gewichts; neben den vorzugsweise in Form der Aktiengesellschaft organisierten Großunternehmen bedienen sich auch kleinere Betriebe und Familiengesellschaften dieser Form. Obendrein ist auch die Wertung der verschiedenen Sachverhalte je für sich durchaus uneinheitlich in der allgemeinen Meinung wie auch bei den Interessenten und Fachkundigen, zumal da viele öffentliche Interessen unter mannigfachen Gesichtspunkten und in verschiedener Intensität berührt werden können."

[362] *Schön*, Der Aktionär im Verfassungsrecht, S. 1359 (1366); im Kontext der Mitbestimmung *Badura/Rittner/Rüthers*, Mitbestimmungsgesetz 1976 und Grundgesetz, S. 206: Gesellschaftsrecht als „Ausdruck assoziierter unternehmerischer Nutzung des Eigentums"; *Schmidt-Aßmann*, Der Schutz des Aktieneigentums in Art. 14 GG, S. 1009 (1015).

[363] *Schön*, Der Aktionär im Verfassungsrecht, S. 1359 (1366); *Schmidt-Aßmann*, Der Schutz des Aktieneigentums in Art. 14 GG, S. 1009 (1016): erhebliche Funktionsbeeinträchtigung eines statischen Unternehmensrechts.

[364] BVerfG, Beschl. v. 18.12.1968, 1 BvR 638/64 u. a., BVerfGE 24, 367 – *Hamburger Deichordnungsgesetz*, Rn. 82; im Anschluss daran *Hösch*, Eigentum und Freiheit, 59; *Henning*, Der verfassungsrechtliche Eigentumsbegriff, S. 265; demgegenüber stellt das BVerfG in der neueren

Die aus der Institutsgarantie folgende Regelungspflicht bezieht sich dabei im Ausgangspunkt nicht unmittelbar auf eine bestimmte eigentumsrechtliche Position, ohne deren Ausgestaltung die Verwirklichung des Schutzguts des Art. 14 GG gefährdet wäre. Vielmehr setzt eine produktive Nutzung des (Sach-) Eigentums an den Produktionsfaktoren die Möglichkeit zur stabilen gesellschaftsrechtlichen Organisation voraus.[367] Während aus institutionenökonomischer Sicht die Bereitstellung eines rechtlichen Rahmens, insbesondere die Ausgestaltung von Verfügungsrechten sowie eines zivilrechtlichen Vertrags- und Gewährleistungsrechts und Möglichkeiten der Vollstreckung, Voraussetzung für die Funktionsfähigkeit von Märkten darstellt,[368] ist verfassungsrechtlich die rechtliche Ausgestaltung einer Marktordnung nach dem Grundsatz der wirtschaftspolitischen Neutralität des Grundgesetzes nicht institutionell geboten. Wenn aber die Leistungserbringung in bestimmten Bereichen durch Marktprozesse erfolgt, macht die Relevanz des einfach-rechtlichen Rahmens für die Marktteilnahme auch aus grundrechtlicher Perspektive eine funktionale Ausgestaltung erforderlich.

III. Ausdifferenzierung der Privatautonomie

Die Privatautonomie lässt schon durch ihren Schutzgehalt eine im Prinzip unbegrenzte Ausdifferenzierung ohne unmittelbare Anknüpfung an die individuelle Selbstbestimmung einer natürlichen Person zu. Juristische wie auch natürliche Personen können im Vertrags- wie auch im Gesellschaftsrecht im Rahmen der zwingenden einfach-gesetzlichen Vorgaben beliebige Konstruktionen wählen, ohne dass der unmittelbare Bezug zur Selbstbestimmung einer natürlichen Person für den verfassungsrechtlichen Schutz von Bedeutung wäre.

Die Nähe zur Selbstbestimmung einer natürlichen Person wird allerdings in den Fällen relevant, in denen die tatsächlichen Voraussetzungen selbstbestimmter Entscheidungen einen Schutz vor Fremdbestimmung erfordern.[369] Die in der

---

Rechtsprechung weniger deutlich nur noch auf die Gewährleistung eines Grundbestands von Normen ab, „der gegeben sein muss, um das Recht als ‚Privateigentum' bezeichnen zu können.", BVerfG, Nichtannahmebeschl. v. 10.05.2000, 1 BvR 1864/95, NJW 2001, 1783, Rn. 21; ebenso BVerfG, Beschl. v. 7.7.1971, 1 BvR 765/66, BVerfGE 31, 229 – *Schulbuchprivileg*, Rn. 32.

[365] Näher zur Institutsgarantie nach Rechtsprechung und Literatur *Henning*, Der verfassungsrechtliche Eigentumsbegriff, S. 264 ff.; *Wendt*, Eigentum und Gesetzgebung, S. 183 ff.; *Rozek*, Eigentumsbindung und Enteignung, S. 29; als auf das Sacheigentum beschränkten Gestaltungsauftrag *Mülbert/Leuschner*, ZHR 170 (2006), 615 (628 ff.); zur Entwicklung durch *Wolff* und *Schmitt* unter der Weimarer Reichsverfassung *Hösch*, Eigentum und Freiheit, S. 57 ff., insb. 59 ff.

[366] *Schön*, Der Aktionär im Verfassungsrecht, S. 1359 (1366).

[367] *Schön*, Der Aktionär im Verfassungsrecht, S. 1359 (1366): Welt ohne Gesellschaftsformen als verfassungswidriger Zustand.

[368] Zur Institutionenökonomik siehe oben, § 5 A.II.6.

[369] Zum Schutz der Privatautonomie bei gestörter Vertragsparität BVerfG, Beschl. v. 19.10. 1993, 1 BvR 567/89, 1 BvR 1044/89, BVerfGE 89, 214 – *Bürgschaftsvertrag*, Rn. 54; BVerfG,

Rechtsprechung entwickelten Fallgruppen zum Schutz der tatsächlichen Freiheit bei der Ausübung der Privatautonomie betreffen ausschließlich Fallgestaltungen, bei denen faktische Zwänge die Entscheidungsfreiheit natürlicher Personen beeinträchtigen. Die Entscheidungsfreiheit juristischer Personen ist mit Blick auf die fehlende unmittelbare Relevanz für die Persönlichkeitsentfaltung nicht in gleicher Weise geschützt.

IV. Ausdifferenzierung der Vereinigungs- und Koalitionsfreiheit

Mit der sog. Lehre vom Doppelgrundrecht nimmt die verfassungsgerichtliche Rechtsprechung einen Teil der Ausdifferenzierung bei der Konzeption des Schutzbereichs von vorneherein vorweg, indem sie nicht nur die natürlichen Personen als Vereinsmitglieder, sondern zugleich auch den Verein selbst ohne Rückgriff auf Art. 19 Abs. 3 GG schützt.[370] Der verfassungsrechtliche Schutz besteht danach unabhängig von einem unmittelbaren Bezug zu einer natürlichen Person. Die damit einhergehende Verdünnung des personalen Bezugs begründet die Rechtsprechung in der Sache mit der Effektivität des Schutzes angesichts der tatsächlichen Rahmenbedingungen für die Verwirklichung des Schutzguts.[371]

1. Mittelbare Ausdifferenzierung

Bei der Ausübung der Vereinigungsfreiheit bilden sich spezialisierte Vereinigungen in anderer Weise heraus als etwa spezialisierte Formen von Unternehmen

Kammerbeschl. v. 5.8.1994, 1 BvR 1402/89, Rn. 21; BVerfG, Beschl. v. 6.12.2005, 1 BvR 1905/02, BVerfGE 115, 51 – *sittenwidrige Bürgschaft*, Rn. 43 und siehe oben, Fn. 170.

[370] „Art. 9 Abs. 1 GG verbürgt nicht nur dem einzelnen Staatsbürger das Recht zum Zusammenschluß in Vereinen und Gesellschaften, sondern gewährleistet auch diesen Vereinigungen, unbeschadet der Frage ihrer Rechtsfähigkeit, das Recht auf Entstehen und Bestehen.“, BVerfG, Beschl. v. 18.10.1961, 1 BvR 730/57, BVerfGE 13, 174, Rn. 5; BVerfG, Beschl. v. 24.2.1971, 1 BvR 438/68 u. a., BVerfGE 30, 227 – *Vereinsname*, Rn. 49; BVerfG, Urt. v. 1.3. 1979, 1 BvR 532/77 u. a., BVerfGE 50, 290 – *Mitbestimmung*, Rn. 154; BVerfG, Beschl. v. 8.12. 1982, 2 BvL 12/79, BVerfGE 62, 354 – *Heilfürsorge*, Rn. 54; BVerfG, Beschl. v. 15.6.1989, 2 BvL 4/87, BVerfGE 80, 244 – *Vereinsverbot*, Rn. 26; BVerfG, Beschl. v. 9.10.1991, 1 BvR 397/87, BVerfGE 84, 372 – *Lohnsteuerhilfeverein*, Rn. 16; BVerfG, Beschl. v. 10.6.2009, 1 BvR 825/08, 1 BvR 831/08, BVerfGE 124, 25 – *Basistarif*, Rn. 37: „Art. 9 Abs. 1 GG schützt das Recht, Vereine und Gesellschaften zu gründen. Der persönliche Schutzbereich erfasst dabei nicht nur die natürlichen Personen, welche sich zu einem Verein zusammenschließen, sondern auch den Verband selbst in seinem Recht auf Selbstbestimmung über die eigene Organisation, das Verfahren der Willensbildung und die Führung der Geschäfte sowie das Recht auf Entstehen und Bestehen (…)“; im Hinblick auf Art. 116 Abs. 1 und Art. 19 Abs. 3 GG zweifelnd *Kemper*, in: von Mangoldt/Klein/Starck, GG, Art. 9 Abs. 1 Rn. 62.

[371] Bei der Koalitionsfreiheit leitet die verfassungsgerichtliche Rechtsprechung diesen selbständigen Schutz der Koalition aus der Aufnahme des Zwecks der Vereinigung in den Schutzbereich ab, BVerfG, Beschl. v. 26.6.1991, 1 BvR 779/85, BVerfGE 84, 212 – *Aussperrung, Arbeitskampf*, Rn. 33; bei der Vereinigungsfreiheit stellt sie auf den engen Zusammenhang zwischen der individuellen und der kollektiven Vereinigungsfreiheit ab, BVerfG, Urt. v. 1.3. 1979, 1 BvR 532/77 u. a., BVerfGE 50, 290 – *Mitbestimmung*, Rn. 154.

oder Konzernen als Ausdifferenzierungen der Berufsfreiheit.[372] Während bei der Berufsfreiheit die Anschlusszwänge an Märkten dazu führen, dass Marktteilnehmende auf erfolgreiche Vorstöße anderer Unternehmen reagieren und unter Umständen die eigene Unternehmensorganisation umstellen müssen, verläuft die Ausdifferenzierung der Vereinigungen nicht gleichermaßen direkt. Vereinigungen stehen nicht in gleicher Intensität im Wettbewerb zueinander, auch wenn Verbände oder Gewerkschaften mit identischer Zielgruppe durchaus miteinander konkurrieren können. Sie sind jedoch nicht in gleicher Weise wie Marktteilnehmerinnen und Marktteilnehmer laufend auf Auswahlentscheidungen ihrer Transaktionspartner angewiesen. Ihre Interaktionen, etwa die Beobachtung des Verhaltens anderer Vereinigungen oder der Austausch mit aktuellen und potentiellen Mitgliedern, ziehen keine unmittelbare Spezialisierung der Vereinigung nach sich. Ihre Ausdifferenzierung erfolgt vielmehr mittelbar durch ihre Offenheit für unterschiedliche Zwecke. Weil die Vereinigungsfreiheit die Gewährleistung bestimmter Organisationsformen unabhängig von den mit ihnen verfolgten Zwecken bietet,[373] hängt der Grad ihrer Spezialisierung von den Bedarfen ab, die zur Gründung der Vereinigung geführt haben. Eine Ausdifferenzierung gesellschaftlicher Bedarfe in unterschiedlichen Bereichen, etwa der Wirtschaft oder sozialen und kulturellen Aktivitäten, bringt entsprechend ausdifferenzierte Vereinigungen hervor.

2. *Zweck- und größenbedingter Verlust des personalen Elements*

Infolge dieser Flexibilität in der Verfolgung bestimmter Zwecke können Vereinigungen darauf angelegt sein, ihren Mitgliedern bestimmte punktuelle Leistungen zu möglichst günstigen Konditionen anzubieten. Stehen diese Leistungen für die Mitglieder im Vordergrund, dient die Mitgliedschaft für sie nicht mehr der Verfolgung eines gemeinsamen Zwecks, sondern der Optimierung der individuellen Versorgung durch den Erwerb der Leistung. Ob der Anbieter dieser Leistung, etwa einer Versicherung oder eines Service-Dienstes für defekte Personenkraftwagen, in Form eines Versicherungsvereins auf Gegenseitigkeit oder eines eingetragenen Vereins oder aber einer Aktiengesellschaft organisiert ist, ist aus Sicht des Nachfragers dann zweitrangig. Die verfassungsgerichtliche Rechtsprechung hat bislang offen gelassen, ob der Schutzbereich der Vereinigungsfreiheit auch solche Vereinigungen umfasst.[374] Diese Zweifel gründet

---

[372] Dazu siehe oben, § 5 C.I.

[373] Vgl. *Kemper*, in: von Mangoldt/Klein/Starck, GG, Art. 9 Abs. 1 Rn. 1: Schutz der Organisationsform der Zweckverfolgung, nicht der Zwecke selbst.

[374] BVerfG, Beschl. v. 10.6.2009, 1 BvR 825/08, 1 BvR 831/08, BVerfGE 124, 25 – *Basistarif*, Rn. 38: „Das Bundesverfassungsgericht hat es allerdings bisher offen gelassen, ob das Schutzgut und der Inhalt des Art. 9 Abs. 1 GG eine Anwendung der Gewährleistung auf Wirtschaftsgesellschaften zulässt. Denn im Unterschied zu dem Typus der Vereinigungen, die das Grundrecht der Vereinigungsfreiheit seiner Geschichte und seiner heutigen Geltung nach primär schützen will,

die Rechtsprechung nicht nur darauf, dass diese Vereinigungen nicht wie kleinere Vereinigungen auf „Bindungen der Mitglieder untereinander und zur Gesellschaft" angelegt sind, sondern auch auf die geringere Relevanz der Mitgliedschaft für das Schutzgut, der „Lebensgestaltung des Einzelnen".[375] Umgekehrt machen die personalen Bindungen und ihre Bedeutung für die Erreichung des gemeinsamen Zwecks die Schutzwürdigkeit der Vereinigung aus.[376]

D. Interaktionszentrierter Schutz von Marktprozessen

Ein interaktionszentriertes Grundrechtsverständnis arbeitet die Relevanz von Interaktionen für die individuelle Erkenntnis und selbstbestimmte Verhaltensentscheidungen bei der Marktteilnahme heraus. Es bildet dadurch das Verhältnis der Grundrechtsausübung marktbezogener Freiheitsrechte zu ihrem Schutzgut der Persönlichkeitsentfaltung schärfer ab als ein auf die isolierte Verhaltensfreiheit beschränktes Grundrechtsverständnis.

Bei dem Eigentumsrecht und der Privatautonomie plausibilisiert das interaktionsbezogene Verständnis, wie diese rechtlich konstituierten Freiheitsrechte die Persönlichkeitsentfaltung des Grundrechtsträgers in ihrem jeweiligen Bereich fördern, indem sie ihrerseits den Marktprozess konstituieren. Im Hinblick auf Märkte liegt ihre grundrechtlich abgesicherte Funktion darin, eine rechtliche Infrastruktur für Interaktionen bereitzustellen und dadurch das Entfaltungspotential der Grundrechtsträger auszubauen. Das Interaktionspotential und seine persönlichkeitsentfaltende Wirkung legen zugleich die Grundlage für

---

tritt bei diesen Gesellschaften das personale Element bis hin zur Bedeutungslosigkeit zurück (...). Dieser Aspekt ist auch bei den großen Versicherungsvereinen auf Gegenseitigkeit von Bedeutung, deren Mitgliederzahl sich im sechs- bis siebenstelligen Bereich bewegt. Die Durchführung der Versicherung ist bei ihnen ein entpersonalisiertes Massengeschäft. Das gemeinsame Interesse der Vereinsmitglieder beschränkt sich auf möglichst günstige Versicherungsbedingungen. Ein solcher Versicherungsverein auf Gegenseitigkeit wird von seinen Mitgliedern kaum anders wahrgenommen als die das gleiche Geschäft betreibende Aktiengesellschaft"; zuvor bereits allgemein für „größere Kapitalgesellschaften" BVerfG, Urt. v. 1.3.1979, 1 BvR 532/77 u. a.; BVerfGE 50, 290 – *Betriebliche Mitbestimmung*, Rn. 157.

[375] BVerfG, Urt. v. 1.3.1979, 1 BvR 532/77 u.a., BVerfGE 50, 290 – *Betriebliche Mitbestimmung*, Rn. 162.

[376] BVerfG, Beschl. v. 10.6.2009, 1 BvR 825/08, 1 BvR 831/08, BVerfGE 124, 25 – *Basistarif*, Rn. 41: „Diese personale Komponente des kleineren Versicherungsvereins wird bei den Beschwerdeführern in besonderer Weise deutlich. Bei einem Versicherungsverein, der satzungsgemäß ausschließlich Priester und Priesteramtskandidaten versichert, liegt es nahe, dass die Entscheidung über die Mitgliedschaft nicht allein von einem wirtschaftlichen Interesse an einer günstigen Versicherung geleitet ist, sondern der spezielle Solidargedanke eines in Beruf und Glauben verbundenen Kollektivs hinzutritt und dies für die Mitglieder einen bedeutsamen Grund für die Mitgliedschaft darstellt. In einem solch überschaubaren Rahmen kann die Versicherung auf Gegenseitigkeit noch Ausdruck einer lebendigen Gemeinschaft und solidarischen Selbsthilfe sein (...)".

einen verfassungsrechtlichen Maßstab der einfach-gesetzlichen Ausgestaltung dieser Freiheitsrechte.

Bei der Berufsfreiheit konturiert ein Verständnis, nach dem die Interaktion der Marktteilnehmenden die Grundlage für die individuelle Persönlichkeitsentfaltung bildet und Anschlussmöglichkeiten wie auch Anschlusszwänge erzeugt, sowohl den Schutzbereich als auch die Voraussetzungen eines Eingriffs in zwei- oder mehrpoligen Beziehungen und schließlich die Anforderungen an die Rechtfertigung. Zu dem Schutzbereich zählt dann nicht nur die isolierte Verhaltensfreiheit, sondern auch das durch die Interaktion erzeugte Entwicklungspotential.[377] Folglich stellen auch Beeinträchtigungen der Interaktionsoptionen eines Grundrechtsträgers, auch wenn sie nicht an den Grundrechtsträger gerichtet sind, sondern den potentiellen Interaktionspartner lediglich faktisch entfernen, rechtfertigungsbedürftige Eingriffe dar. Durch die Ausrichtung auf das interaktionsbasierte Entwicklungspotential verliert die Differenzierung zwischen unmittelbaren und mittelbaren Eingriffen an Bedeutung. Allerdings ist dieses Konzept nicht mit einer umfassenden Ausdehnung des Schutzbereiches gleichzusetzen. Insbesondere stellen Nachteile, die ein Grundrechtsträger durch marktvermittelte Anschlusszwänge erleidet, keinen Grundrechtseingriff dar. Auch tritt die wirtschaftliche Beeinträchtigung des Grundrechtsträgers als Kriterium zur Bestimmung eines Grundrechtseingriffs in den Hintergrund, obgleich sie für die Einschätzung der Intensität eines festgestellten Eingriffs relevant bleibt. Nicht zuletzt stellen Regeln, die Interaktionen über den Markt erleichtern und insbesondere die Stabilität des Marktes angesichts etwaiger systemischer Risiken sicherstellen, von vorneherein keine Eingriffe, sondern Ausgestaltungen der marktbezogenen Berufsfreiheit dar. Das Interaktionspotential der Marktteilnahme und seine Relevanz für die personale Entfaltung des Grundrechtsträgers leiten dadurch den abwehrrechtlichen Schutz vor hoheitlichen Eingriffen wie auch die Maßstäbe der einfach-gesetzlichen Ausgestaltung an.

I. Konstitution von Märkten durch Eigentum und Privatautonomie

Das Eigentumsrecht und die Privatautonomie stellen Paradigmen für einfachgesetzlich konstituierte Grundrechte dar.[378] Gleichzeitig sind sie ihrerseits konstitutiv für eine Marktordnung.[379] Der Hintergrund für diesen Zusammenhang liegt darin, dass sowohl das Eigentum als auch die Privatautonomie auf die

[377] Siehe oben, § 5 D.I.2.

[378] Aus der Literatur *Bumke*, Ausgestaltung von Grundrechten, S. 21 ff., S. 35 ff.; *Cornils*, Die Ausgestaltung der Grundrechte, S. 165 ff., S. 249 ff.; *Gellermann*, Grundrechte in einfachgesetzlichem Gewande, S. 92 ff., S. 131 ff.; *Ruffert*, Vorrang der Verfassung und Eigenständigkeit des Privatrechts, S. 287 ff., S. 360 ff.

[379] Aus der wettbewerbstheoretischen Perspektive vgl. nur den Zugriff der Neuen Institutionenökonomik, *Richter/Furubotn*, Neue Institutionenökonomik, S. 87 ff., oder die insoweit konstante Beschreibung eines marktwirtschaftlichen Rahmens durch die unterschiedlichen Generationen des Ordoliberalismus, näher dazu oben, § 5 A.II.5.

Förderung der Persönlichkeitsentfaltung in Verhandlungs- und Austauschprozessen angelegt sind. Sie verwirklichen das hinter ihnen stehende Schutzgut über die Transaktionen, die sie erst ermöglichen.

Dieser Zusammenhang schlägt sich in der Konzeption der Dogmatik nieder. Der Inhalt und Maßstab des verfassungsrechtlichen Eigentumsbegriffs hängen nicht nach Art einer Blankettnorm von der einfach-gesetzlichen Rechtsordnung ab mit der Folge, dass der verfassungsrechtliche Schutz im Wesentlichen aus dem Bestandsschutz einmal gesetzlich konstituierter Eigentumspositionen besteht.[380] Vielmehr gewinnt der verfassungsrechtliche Eigentumsbegriff in der Ausrichtung auf die Persönlichkeitsentfaltung durch Interaktion einen eigenständigen, als Maßstab dienenden Gehalt. Marktprozesse beeinflussen die Frage, auf welche einfach-gesetzlichen Rechtspositionen sich der verfassungsrechtliche Eigentumsschutz erstreckt.[381] Vor allem wirkt sich die Relevanz der Verhandlungs- und Auswahlentscheidungen für das Schutzgut der Persönlichkeitsentfaltung auf die Ausgestaltung sowohl des Eigentums und der Privatautonomie als auch der übrigen Marktordnung aus. Beide hängen voneinander ab.

1. Selbstbestimmung im vermögensrechtlichen Bereich als Maßstab

Die Differenzierung zwischen verfassungsrechtlichem Eigentum und der hinter dem Freiheitsrecht stehenden Gewährleistung der persönlichkeitsentfaltenden Selbstbestimmung im vermögensrechtlichen Bereich[382] löst das vermeintlich zirkuläre Verhältnis zwischen dem verfassungsrechtlichen Eigentumsschutz und seinen Anforderungen an die das Eigentum konstituierende einfach-gesetzliche Ausgestaltung auf.[383] Sowohl die Reichweite des Schutzbereiches als auch die Anforderungen an die Verhältnismäßigkeit von Inhalts- und Schrankenbestimmung lassen sich auf den Spielraum zur Selbstbestimmung im vermögensrechtlichen Bereich und das damit verbundene Potential zur Persönlichkeitsentfaltung rational konkretisieren.

Zum Teil zieht die Rechtsprechung die Transaktionen ermöglichende Funktion eigentumsrechtlicher Positionen implizit heran, um die Reichweite des verfassungsrechtlichen Schutzes zu begründen. Insbesondere bei öffentlich-rechtlichen Rechtspositionen, deren verfassungsrechtlicher Schutz als Eigentum im Einzelnen durchaus unterschiedlich bestimmt wird,[384] macht die Transferfähigkeit einer

[380] Zur Bestandsschutz-Perspektive eingehend *Cornils*, Die Ausgestaltung der Grundrechte, S. 254 ff.; für das Anteilseigentum *Schön*, Der Aktionär im Verfassungsrecht, S. 1359 (1363 f.).

[381] Zur Reichweite des Eigentumsschutzes etwa bei subjektiv-öffentlichen Rechten vgl. nur *Papier*, in: Maunz/Dürig, GG, Art. 14 Rn. 123 ff.

[382] Näher siehe oben, § 5 B.II.1.

[383] Allgemein *Bumke*, Ausgestaltung von Grundrechten, S. 35, 49 ff.; *Cornils*, Die Ausgestaltung der Grundrechte, S. 264 ff.

[384] Auf der Grundlage einer hergeleiteten Kombinationsformel (Eigentum als vermögenswertes Recht, das zur privaten Nutzung und zur eigenen Verfügung zugeordnet ist oder durch Eigenleistung erworben wurde und objektiv geeignet ist, der Existenzsicherung zu dienen)

Rechtsposition ein bedeutsames Indiz für einen verfassungsrechtlichen Schutz als Eigentum aus.[385] Damit charakterisiert die Rechtsprechung den verfassungsrechtlichen Eigentumsbegriff über die Interaktion unter Marktteilnehmerinnen und Marktteilnehmern.

Der verfassungsrechtliche Eigentumsschutz fördert dadurch eine gewisse Kohärenz der jeweiligen Regelungsstruktur.[386] Ist eine Rechtsposition einfachgesetzlich als Transaktionsgegenstand ausgestaltet, knüpft der verfassungsrechtliche Eigentumsschutz an diese Ausgestaltung einen gesteigerten Bestandsschutz.

Die Ausrichtung des Eigentumsschutzes auf die dynamische Interaktion der Auswahl- und Verhandlungsentscheidungen klingt auch in unterschiedlichen Theorien zur Begründung des eigentumsrechtlichen Schutzes an,[387] die jeweils verschiedene Aspekte der dynamischen Interaktion und ihrer Relevanz für die Selbstbestimmung im vermögensrechtlichen Bereich aufgreifen, ohne den Zusammenhang zwischen wechselseitiger Interaktion und Persönlichkeitsentfaltung zu erfassen. Die Rückführung des eigentumsrechtlichen Schutzes etwa auf die zu Grunde liegende eigene Arbeit[388] sichert die Verwertbarkeit der Arbeitsleistung ab, kann aber durch die Beschränkung auf diesen Entstehungsprozess die strukturellen Effekte, die durch den Einsatz des Eigentums entstehen, – einschließlich der daraus folgenden Notwendigkeit einer Sozialbindung des Eigentums – nicht hinreichend erfassen. Eine Vermögens- oder Marktwerttheorie, die den verfassungsrechtlichen Schutz als Eigentum unabhängig von der rechtlichen Ausgestaltung allein an einem Marktwert festmacht,[389] blendet das rechtliche Gestaltungspotential des Gesetzgebers gerade bei der Ordnung von Marktprozessen aus.[390] Institutionenökonomische *Property Rights*-Ansätze verfolgen schließlich von vorneherein nur das Erkenntnisinteresse, die Eigenschaften von Marktprozessen in Abhängigkeit der Ausgestaltung rechtlicher Institutionen zu analysieren,[391] ohne auf der verfassungsrechtlichen Eigentumsbegriff bezogene Aussagen zu treffen.

Henning, Der verfassungsrechtliche Eigentumsbegriff, S. 522ff.; eingehend zur Entwicklung vor der sog. Naßauskiesungsentscheidung *Eschenbach*, Der verfassungsrechtliche Schutz des Eigentums, S. 246ff., 263ff.

[385] Auf der Grundlage einer von der konkreten rechtlichen Ausgestaltung unabhängigen Marktwerttheorie (vgl. unten, Fn. 389) als „gewollte oder ungewollte Eigentumsverfestigung" beschrieben bei *Eschenbach*, Der verfassungsrechtliche Schutz des Eigentums, S. 609; zur Kritik *Hösch*, Freiheit und Eigentum, S. 92f.

[386] Zu den dogmatischen Konsequenzen für die Ausgestaltung des Anteilseigentums an Kapitalgesellschaften *Schön*, Der Aktionär im Verfassungsrecht, S. 1359 (1383ff.); *Schmidt-Aßmann*, Der Schutz des Aktieneigentums durch Art. 14 GG, S. 1009 (1017), siehe unten, Fn. 450.

[387] Dazu *Hösch*, Eigentum und Freiheit, S. 85ff.

[388] Zur Ideengeschichte dieser sog. Arbeitstheorie *Brocker*, Eigentum und Arbeit, S. 125ff., 137ff., 292ff.; *Hösch*, Eigentum und Freiheit, S. 87f.

[389] *Eschenbach*, Der verfassungsrechtliche Schutz des Eigentums, S. 558ff.

[390] *Hösch*, Freiheit und Eigentum, S. 92f.

[391] *Richter/Furubotn*, Neue Institutionenökonomik, S. 95ff., S. 104ff., S. 119ff., S. 126ff.; vgl. auch oben, § 5 A.II.6.

Vor allem lassen sich aus dem Zusammenhang zwischen Interaktionen und der Förderung der Persönlichkeitsentfaltung inhaltliche Kriterien für die Ausgestaltung der eigentumsrechtlichen Positionen und der Privatautonomie ableiten, die über einen Bestandsschutz des Status quo hinausgehen.[392] Die verfassungsdogmatische Konzeption, die Rahmenbedingungen der Persönlichkeitsentfaltung über die Förderung von Möglichkeiten der Interaktion zu schützen, setzt keine bereits existierende Ausgestaltung der Eigentumsordnung oder der Privatautonomie voraus, deren Stand als Bezugspunkt des grundrechtlichen Schutzes herangezogen werden müsste.

Ein verfassungsdogmatisches Eigentumskonzept, welches das Freiheitsrecht auf die Interaktion der Grundrechtsträger im Hinblick auf das damit verbundene Potential zur Persönlichkeitsentfaltung bezieht, bietet zugleich einen aussagekräftigen Bezugspunkt für die Prüfung der Verhältnismäßigkeit von Inhalts- und Schrankenbestimmungen. Kriterium für die Bewertung der Belastungsintensität ist dann nicht lediglich eine konkrete Verhaltensweise, die dem Eigentümer infolge der Ausgestaltung vorgegeben oder abgeschnitten worden ist, sondern weitergehend auch der damit verbundene Effekt für das Potential neuer Anschluss- und Entwicklungsmöglichkeiten[393] und die mittelbaren Wirkungen auf das Schutzgut der Persönlichkeitsentfaltung.

2. *Insbesondere: Anteilseigentum*

Die Notwendigkeit der Koordination der Anteilseigentümer bei den Entscheidungen über den Einsatz der Betriebsmittel schlägt sich in einer zweigliedrigen Struktur des verfassungsrechtlichen Schutzes von Anteilseigentum nieder: er umfasst nach ständiger Rechtsprechung sowohl Einflussmöglichkeiten auf unternehmerische Entscheidungen durch die mitgliedschaftliche Stellung etwa des Aktionärs in der Gesellschaft als auch vermögensrechtliche Ansprüche, insbesondere Ansprüche auf anteilige Dividenden und den Liquidationserlös.[394]

Damit geht zunächst einher, dass die Koordination unter den Anteilseignern, also die Entscheidungsfindung im Unternehmen, grundsätzlich der gesellschafts-

---

[392] Zu diesem Bestandsschutz einmal normierter Rechtspositionen *Cornils*, Die Ausgestaltung der Grundrechte, S. 254 ff.

[393] *Ladeur*, Negative Freiheitsrechte, S. 67 ff., S. 72 ff., insb. S. 183 ff.: Eigentum nicht in erster Linie als Recht auf einen Anteil an ökonomischen Gütern, sondern als „eine dem nichtteleologischen Charakter der sich selbst verändernden Gesellschaft entsprechende, Institution der Zuteilung von Entscheidungskompetenz über die gesellschaftliche Kooperation" (S. 184); *Vesting*, Konnexionistisches („netzwerkgerechtes") Eigentum, S. 427 (435).

[394] BVerfG, Urt. v. 7.8.1962, 1 BvL 16/60, BVerfGE 14, 263 – *Feldmühle*, Rn. 47; BVerfG, Beschl. v. 27.4.1999, 1 BvR 1613/94, BVerfGE 100, 289 – *DAT Altana*, Rn. 42; BVerfG, BVerfG, Nichtannahmebeschl. v. 30.5.2007, 1 BvR 390/04, BVerfGK 11, 253 – *Minderheitsaktionäre, Squeeze-out*, Rn. 18; BVerfG, Nichtannahmebeschl. v. 16.5.2012, 1 BvR 96/09 u. a., BVerfGK 19, 388 – *übernahmerechtliches Squeeze-out*, Rn. 17.

rechtlichen Ausgestaltung folgt. Das Anteilseigentum lässt sich insofern als gesellschaftsrechtlich vermitteltes Eigentum verstehen.[395] Diese gesellschaftsrechtliche Vermittlung des Anteilseigentums führt auf einen bedeutsamen Unterschied zur Ausgestaltung des Sacheigentums.[396] Im Gegensatz zu jenem findet der Gesetzgeber bei der Ausgestaltung der gesellschaftsrechtlichen Positionen der Anteilseignerinnen keinen Gegenstand vor, der bestimmte Nutzungs- und Verfügungsbefugnisse von vorneherein nahelegt.[397] Die Ausgestaltung des Anteilseigentums kann mit anderen Worten nicht an eine besitzvermittelte Position anknüpfen, wie es die Rechtsprechung mit dem Hinweis auf die mit dem Eigentum verbundene Sachherrschaft tut.[398] Vielmehr entsteht die Notwendigkeit, gesellschaftsrechtliche Unternehmensformen mit Regelungen zu den Einwirkungsbefugnissen der Anteilseigner und zu ihrem Interessenausgleich untereinander zu etablieren, erst durch den Marktzwang zur arbeitsteiligen, kollektiven Leistungsbereitstellung. Das daraus resultierende, gesellschaftlich mediatisierte Anteilseigentum ist mit anderen Worten Folge der Notwendigkeit einer koordinierenden Regelung und Produkt dieses Interessenausgleichs.

Damit setzt die Ausgestaltung der an das Anteilseigentum geknüpften Rechtsposition ein Konzept voraus, das etwa an die individuelle Freiheit der Anteilseigner, die Verbandsinteressen oder an der Perspektive produktiver Rahmenbedingungen eines Kapitalmarkts orientiert sein kann.[399]

Insbesondere die kapitalmarktorientierte Tendenz, die Rechtsposition von Minderheitsaktionärinnen zu Gunsten des Mehrheitsaktionärs und zur Reduktion der Transaktionskosten vor allem bei der Umsetzung strategischer Entscheidungen zu interpretieren, wirft die Frage nach den verfassungsrechtlichen Anforderungen an die Ausgestaltung der Gesellschaftsform und des Anteilseigentums auf. Eine Reihe von Strukturmaßnahmen, etwa der aktienrechtliche[400] oder

---

[395] BVerfG, Urt. v. 7.8.1962, 1 BvL 16/60, BVerfGE 14, 263 – *Feldmühle*, Rn. 47; *Schmidt-Aßmann*, Der Schutz des Aktieneigentums nach Art. 14 GG, S. 1009 (1012): gesellschaftsrechtlich mediatisiertes Eigentum.

[396] *Schmidt-Aßmann*, Der Schutz des Aktieneigentums nach Art. 14 GG, S. 1009 (1011 ff.).

[397] *Schmidt-Aßmann*, Der Schutz des Aktieneigentums nach Art. 14 GG, S. 1009 (1011): Sacheigentum als ‚substanzhaft vorstellbares Eigentum'.

[398] Zur Zustandsverantwortlichkeit BVerfG, Beschl. v. 16.2.2000, 1 BvR 242/91, 1 BvR 315/99 – *Altlasten*, Rn. 51; vgl. zum Fischereirecht als Aneignungsberechtigung BVerfG, Beschl. v. 19.6.1985, 1 BvL 57/79 – *Fischereirechte*, Rn. 32; *Schmidt-Aßmann*, Der Schutz des Aktieneigentums nach Art. 14 GG, S. 1009 (1011); weitergehend für eine Beschränkung des Eigentumsschutzes auf besitzvermittelte Positionen *Lepsius*, Besitz und Sachherrschaft im öffentlichen Recht, S. 41 ff.

[399] Zu den Grundmodellen der Aktionärsstellung *Schmidt-Aßmann*, Der Schutz des Aktieneigentums nach Art. 14 GG, S. 1009 (1018 ff.); evtl. *Mülbert*, in: Großkomm AktG, Vor §§ 118–147 Rn. 187 ff.

[400] Zum Eigentumsschutz beim sog. aktienrechtlichen Squeeze-out nach §§ 327 a ff. AktG BVerfG, Nichtannahmebeschl. v. 30.5.2007, 1 BvR 390/04, BVerfGK 11, 253, Rn. 17 ff.

übernahmerechtliche[401] Squeeze-out,[402] der Abschluss von Beherrschungs- und Gewinnverträgen[403] oder die sog. übertragende Auflösung[404],[405] senken in diesem Sinn die Transaktionskosten der zukünftigen Unternehmensführung, sind aber für Minderheitsaktionäre mit dem vollständigen Verlust der Rechtsposition verbunden. Die Frage nach dem eigentumsverfassungsrechtlichen Schutz der Minderheitenaktionärinnen betrifft zudem in der Folge die Anforderungen an die Festlegung und Überprüfung der Entschädigung,[406] aber auch Informationsrechte der Minderheitsaktionäre.[407] Die von dem verfassungsdogmatischen Konzept abhängigen Kriterien entscheiden mit anderen Worten darüber, in welchem Ausmaß der Gesetzgeber Anteilseignern im Interesse einer kapitalmarktrechtlichen Optimierung oder aus sonstigen Gründen Beschränkungen ihrer Rechtsposition zumuten darf.

a) Sacheigentum als Leitidee?

Die Schwierigkeit, Kriterien der verfassungsrechtlichen Anforderungen an die Ausgestaltung des Anteilseigentums zu ermitteln, ergibt sich aus dem Charakter des Eigentums als normgeprägtes Grundrecht. Diese mit der Frage nach einem eigenständigen verfassungsrechtlichen Eigentumsbegriff[408] zusammenhängende Schwierigkeit lässt sich nicht durch Rückgriff auf das Sacheigentum und einer darin verkörperten verfassungsrechtlichen Leitidee einer privatnützigen, Verfügungsbefugnisse exklusiv zuweisenden Ausgestaltung lösen.[409] Zwar stellt das

[401] BVerfG, Nichtannahmebeschl. v. 16.5.2012, 1 BvR 96/09 u. a., BVerfGK 19, 388, Rn. 17ff.

[402] Zur unterschiedlichen Verwendung des Begriffs „Squeeze-out“ *Hanau*, NZG 2002, 1040 (1041) m. w. N.

[403] BVerfG, Kammerbeschl. v. 8.9.1999, 1 BvR 301/89, NJW-RR 2000, 842, Rn. 18ff.

[404] BVerfG, Nichtannahmebeschl. v. 23.8.2000, 1 BvR 68/95, 1 BvR 147/97, NJW 2001, 279 – *Moto Meter*, Rn. 12ff.

[405] Daneben zur Ausnutzung einer Ermächtigung zur Kapitalerhöhung unter Ausschluss des Bezugsrechts der Aktionäre BVerfG, Nichtannahmebeschl. v. 14.7.2006, 2 BvR 264/06, BVerfGK 8, 401, Rn. 18.

[406] Grundlegend BVerfG, Urt. v. 7.8.1962, 1 BvL 16/60, BVerfGE 14, 263 – *Feldmühle*, Rn. 65: wirtschaftlich volle Entschädigung; BVerfG, Beschl. v. 27.4.1999, 1 BvR 1613/94, BVerfGE 100, 289 – *DAT Altana*, Rn. 47ff.: volle Abfindung; zur Entschädigung nach übertragender Auflösung BVerfG, Nichtannahmebeschl. v. 23.8.2000, 1 BvR 68/95, 1 BvR 147/97, NJW 2001, 279 – *Moto Meter*, Rn. 20f.; zu den verfassungsrechtlichen Vorgaben an die Höhe der Entschädigung für durch Eingliederungsmaßnahmen ausscheidende Minderheitenaktionäre BVerfG, Nichtannahmebeschl. v. 29.11.2006, 1 BvR 704/03, BVerfGK 9, 453, Rn. 10ff.

[407] BVerfG, Kammerbeschl. v. 20.9.1999, 1 BvR 168/93, NJW 2000, 129, Rn. 17ff.

[408] Zum spezifisch verfassungsrechtlichen Eigentumsbegriff *Depenheuer*, in: von Mangoldt/Klein/Starck, GG, Art. 14 Rn. 50ff. m. w. N., allerdings mit einem Akzent auf die „vorgegebene Prägestruktur des zivilrechtlichen Sacheigentums“.

[409] So tendenziell *Mülbert/Leuschner*, ZHR 170 (2006), 615 (636, Fn. 88): „Auch dieses [das Sacheigentum] bedarf zwar der Ausgestaltung durch den einfachen Gesetzgeber insofern, als es erst hierdurch mit Wirkung zwischen Privatrechtssubjekten entsteht. Im Unterschied zum erweiterten Eigentumsbegriff ist aber die verfassungsrechtliche Leitidee eines privatnützigen Sacheigentums geeignet, dem Gesetzgeber einen dem einfachen Recht vorausliegenden

Sacheigentum und dabei vor allem das Grundeigentum einen wichtigen Bereich des verfassungsrechtlichen Eigentumsschutzes dar, in dem eine Reihe grundlegende Entscheidungen die allgemeine Eigentumsdogmatik geprägt haben[410] und der deshalb die Wahrnehmung der Eigentumsdogmatik dominiert.[411] Diese Dominanz lässt allerdings keinen Schluss auf die Verallgemeinerungsfähigkeit von Strukturen des verfassungsrechtlichen Schutzes des Sacheigentums auf andere Sachbereiche des Eigentumsrechts zu.[412] Das hinter dem Eigentumsrecht stehende Schutzgut, die Gewährleistung der Persönlichkeitsentfaltung,[413] leitet sich nicht von den Strukturen eines bestimmten Sachbereichs ab. Vielmehr liegt in der Relevanz von anderen Rechtspositionen als dem Sacheigentum für die Persönlichkeitsentfaltung das wesentliche Argument, den eigentumsrechtlichen Schutz auf solche Positionen zu erstrecken.[414] Damit einher geht die Notwendigkeit, Kriterien zur Eingrenzung des Schutzbereichs jenseits der Strukturen paradigmatischer Sachbereiche zu entwickeln, etwa zur Schutzfähigkeit öffentlich-rechtlicher Genehmigungen[415]oder des Beruhens auf eigener Leistung als Voraussetzung der Schutzfähigkeit bestimmter, insbesondere sozialrechtlicher Ansprüche.[416] Allgemeiner formuliert setzt die rationale Bestimmung eines

Gestaltungsauftrag zu geben. Inhaltlich ist dieser darauf gerichtet, Sachen prinzipiell dem Berechtigten exklusiv zuzuweisen".

[410] Etwa BVerfG, Beschl. v. 15.7.1981, 1 BvL 77/78, BVerfGE 58, 300 – *Nassauskiesung*; zu den Anforderungen an eine Enteignung BVerfG, Beschl. v. 18.12.1968, 1 BvR 638/64, BVerfGE 24, 367 – *Hamburger Deichordnungsgesetz* (insb. Anforderungen an Legalenteignung und Entschädigungsregelung) BVerfG, Urt. v. 10.3.1981, 1 BvR 92/71, 1 BvR 96/71, BVerfGE 56, 249 – *Gondelbahn* (Anforderungen an Gesetzmäßigkeit), BverfG, Urt. v. 24.3.1987, 1 BvR 1046/85, BVerfGE 74, 264 – *Boxberg* (Anforderungen an Gemeinwohlziel) sowie zuletzt BVerfG, Urt. v. 17.12.2013, 1 BvR 3139/08, 1 BvR 3386/08, BVerfGE 134, 242 – *Garzweiler II*, (Anforderungen an die Bestimmtheit der gesetzlichen Festlegung von Gemeinwohlzielen); zu den Anforderungen an die Verhältnismäßigkeit von Inhalts- und Schrankenbestimmungen BVerfG, Beschl. v. 2.3.1999, 1 BvL 7/91, BVerfGE 100, 226 – *Denkmalschutz*; zur Verfassungsmäßigkeit von Kündigungsregelungen im Kleingartenrecht BVerfG, Beschl. v. 12.6.1979, 1 BvL 19/76, BVerfGE 52, 1 – *Kleingartenentscheidung*.

[411] *Schmidt-Aßmann*, Der Schutz des Aktieneigentums nach Art. 14 GG, S. 1009 (1010) m.w.N.

[412] Zu den Implikationen der Interessenstrukturen von Referenzgebieten und der damit verbundenen Gefahr „unbemerkter Perspektivverengungen" *Schmidt-Aßmann*, Der Schutz des Aktieneigentums nach Art. 14 GG, S. 1009f.

[413] Zum personalen Bezug der Eigentumsgarantie siehe nur *Depenheuer/Froese*, in: von Mangoldt/Klein/Starck, GG, Art. 14 Rn. 12ff., näher siehe oben, § 5 B.II.

[414] Siehe oben, § 5 B.II.2., für eine Rückführung auf die Sachherrschaft hingegen *Lepsius*, Besitz und Sachherrschaft, S. 33ff., S. 48f.; dagegen insbesondere für das Immaterialgüterrecht *Vesting*, Konnexionistisches („netzwerkgerechtes") Eigentum, S. 427 (428f.).

[415] Zur Schutzfähigkeit von Genehmigungen weitgehend *Schröder*, Verfassungsrechtlicher Eigentumsschutz von Genehmigungen, S. 605ff.; differenzierend für den Schutz subjektiver öffentlicher Rechte *Depenheuer/Froese*, in: von Mangoldt/Klein/Starck, GG, Art. 14 Rn. 173–176.

[416] Zu sozialversicherungsrechtlichen Rechtspositionen BVerfG, Beschl. v. 7.12.2010, 1 BvR 2628/07, BVerfGE 128, 90 – *Arbeitslosenhilfe Abschaffung*, Rn. 32; BVerfG, Beschl. v. 13.6.2006, 1 BvL 9/00 u.a., BVerfGE 116, 96 – *Fremdrentengesetz*, Rn. 79; die ältere Rechtsprechung führt als Grund für diese Bedingung des eigentumsrechtlichen Schutzes den Bezug zum personalen

konkretisierungsbedürftigen Schutzbereichs ein Verständnis der Strukturen des jeweiligen Sachbereichs und ihrer Relevanz für das Schutzgut voraus.[417]

b) Eigentum als Element der Strukturierung relativer Beziehungen

Dass das Substanzhafte des Sacheigentums noch nicht den Kern des Gewährleistungsgehalts des Eigentumsrechts ausmacht und die Charakteristika der Verkörperung und die vorgefundene Ausgestaltung ihres einfachrechtlichen Schutzes folglich nur eingeschränkt als Leitidee auf andere eigentumsrechtlich geschützte Positionen übertragen werden können, legen zudem die Wirkungen des Eigentums nahe. Der eigentumsrechtliche Schutz äußert sich jeweils in relationalen Beziehungen.[418] Zivilrechtlich mag dieser relationale Charakter vordergründig mit der zivilprozessualen zweipoligen Ausgestaltung der Prozessrechtsverhältnisse zusammenhängen.[419] Der Sache nach stehen dahinter die Rahmenbedingungen, um das Potential zur Nutzung der eigentumsrechtlichen Position voll auszuschöpfen. Erst die Möglichkeit, die eigentumsrechtliche Position auf der Grundlage vertraglicher oder gesetzlicher Schuldverhältnisse einsetzen zu kön-

---

Gehalt an: „Das Bundesverfassungsgericht hat wiederholt ausgesprochen, dass sich die Frage, inwieweit der Gesetzgeber Inhalt und Schranken einer unter die Eigentumsgarantie fallenden Position bestimmen darf, nicht unabhängig davon beantworten läßt, inwieweit der Eigentümer eine solche Position durch eigene Leistung erworben hat (...). Je höher der einem Anspruch zugrunde liegende Anteil eigener Leistung ist, desto stärker tritt der verfassungsrechtlich wesentliche personale Bezug und mit ihm ein tragender Grund des Eigentumsschutzes hervor (...).“, BVerfG, Beschl. v. 1.7.1981, 1 BvR 874/77 u.a., BVerfGE 58, 81 – *Ausbildungsausfallzeiten*, Rn. 107; insoweit soll die Rückführbarkeit auf eigene Leistung die eingeschränkte Verfügungsbefugnis kompensieren können: „Private Vermögensrechte unterliegen vielfach Einschränkungen der dargelegten Art, ohne dass deswegen deren verfassungsrechtlicher Schutz in Zweifel gezogen würde. Vor allem trifft der Grundgedanke dieser Voraussetzung verfassungsrechtlichen Eigentumsschutzes auch auf die hier in Frage stehenden Positionen zu: In dem Element der grundsätzlichen Verfügungsbefugnis gelangt die Herrschaft über das Eigentumsobjekt und damit der besondere personale Bezug des Inhabers zu diesem zum Ausdruck. Dieser wird bei Rentenansprüchen und Rentenanwartschaften nicht nur durch die spätere Nutzung, sondern auch dadurch hergestellt, daß ihr Umfang durch die persönliche Arbeitsleistung des Versicherten mitbestimmt wird, wie dies vor allem in den einkommensbezogenen Beitragsleistungen Ausdruck findet. Die Berechtigung des Inhabers steht also im Zusammenhang mit einer eigenen Leistung, die als besonderer Schutzgrund für die Eigentümerposition anerkannt ist (...); sie beruht nicht ausschließlich auf einem Anspruch, den der Staat in Erfüllung seiner Fürsorgepflicht durch Gesetz einräumt und der nach ständiger Rechtsprechung des Bundesverfassungsgerichts nicht vom verfassungsrechtlichen Eigentumsschutz umfasst wird (...).“, BVerfG, Urt. v. 28.2.1980, 1 BvL 17/77 u.a., BVerfGE 53, 257 – *Versorgungsausgleich*, Rn. 148.

[417] *Müller*, Strukturierende Rechtslehre, S. 168ff., S. 184ff.; allgemein siehe oben, § 1 B.II.2. und D.I.1.b); zum Recht auf informationelle Selbstbestimmung § 2 B; zur Rundfunkfreiheit § 3 B.II.; zur Wissenschaftsfreiheit § 4 B.

[418] *Depenheuer/Froese*, in: von Mangoldt/Klein/Starck, GG, Art. 14 Rn. 23: erst die Ermöglichung der Verkehrsfähigkeit eigentumsrechtlich geschützter Positionen vermittelt die freiheitsschützenden Funktionen.

[419] Zum Verhältnis des zivilrechtlichen Dinglichkeitsbegriffs und der Absolutheit dinglicher Rechte *Auer*, Der privatrechtliche Diskurs der Moderne, S. 95f.

nen, schafft die Vielzahl von Anschlussmöglichkeiten, die das persönlichkeitsentfaltende Element wirtschaftlicher Selbstbestimmung, also die Freiheit im vermögensrechtlichen Bereich,[420] ausmachen. Die effektive Eigentumsnutzung setzt dadurch neben der Ausgestaltung von Eigentumsrechten einen weitergehenden rechtlichen Rahmen, insbesondere ein Vertragsrecht voraus.[421] Das gilt insbesondere dann, wenn die eingesetzte eigentumsrechtliche Position Ausdruck der eigenen Leistung des Rechtsinhabers ist, die Ausgestaltung der eigentumsrechtlichen Position also die Optionen zur Verwertung der eigenen Leistung eröffnet.[422] Das im Hinblick auf das Schutzgut der Persönlichkeitsentfaltung Charakteristische des verfassungsrechtlichen Eigentums liegt mit anderen Worten darin, dass die Ausgestaltung privatnützig zugeordneter Nutzungs- und Verfügungsbefugnisse produktive Transaktionen nach Wahl des Inhabers der Rechtsposition ermöglicht. Dieses Charakteristikum ist keineswegs auf das Sacheigentum beschränkt, auch wenn sich das Sacheigentum schon durch die mit der Verkörperung verbundene Möglichkeit zur Sachherrschaft als Transaktionsgegenstand von vornehereín in besonderer Weise eignet. Umgekehrt hat der Gesetzgeber in Bereichen, in denen es an einer solchen faktischen Ausschließbarkeit fehlt, etwa im Bereich des Geistigen Eigentums, mit dem Urheberrecht und den gewerblichen Schutzrechten Ausschließlichkeitsrechte geschaffen. Diese bieten ökonomisch gesehen die Grundlage für Transaktionen.[423] Aus eigentumsverfassungsrechtlicher Perspektive gewährleisten sie die Verwertbarkeit eigener Leistung; insofern kann gerade aus der mangels Verkörperung fehlenden Ausschließbarkeit ein verfassungsrechtlicher Auftrag zur Ausgestaltung von Ausschließlichkeitsrechten

[420] Aus der Rechtsprechung vgl. nur BVerfG, Urt. v. 28.4.1999, 1 BvL 32/95, 1 BvR 2105/95, BVerfGE 100, 1 – *Rentenanwartschaften der DDR*, Rn. 113: „Der Eigentumsgarantie kommt im Gesamtgefüge der Grundrechte die Aufgabe zu, dem Träger des Grundrechts einen Freiheitsraum im vermögensrechtlichen Bereich zu sichern und ihm dadurch eine eigenverantwortliche Gestaltung seines Lebens zu ermöglichen.", siehe oben, § 5 B.II.1.

[421] *Schmidt-Aßmann*, Der Schutz des Aktieneigentums durch Art. 14 GG, S. 1009 (1013); *Depenheuer*, Entwicklungslinien des verfassungsrechtlichen Eigentumsschutzes in Deutschland 1949–2001, S. 109 (150); zur Relevanz des Gesellschaftsrechts siehe oben, Fn. 367.

[422] Zum Schutz des Urheberrechts durch Art. 14 Abs. 1 GG siehe nur aus der Rechtsprechung BVerfG, Beschluss vom 7.7.1971, 1 BvR 765/66, BVerfGE 31, 229 – *Schulbuchprivileg*, Rn. 24 ff., insb. Rn. 31: „Art. 14 Abs. 1 Satz 1 GG gewährleistet zunächst das Privateigentum als Rechtsinstitut, das im Wesentlichen durch die Privatnützigkeit und grundsätzliche Verfügungsfähigkeit über das Eigentumsobjekt gekennzeichnet ist (...). Das bedeutet für das Urheberrecht: Zu den konstituierenden Merkmalen des Urheberrechts als Eigentum im Sinne der Verfassung gehört die grundsätzliche Zuordnung des vermögenswerten Ergebnisses der schöpferischen Leistung an den Urheber im Wege privatrechtlicher Normierung und seine Freiheit, in eigener Verantwortung darüber verfügen zu können. Das macht den grundgesetzlich geschützten Kern des Urheberrechts aus."; in der Sache ebenso BVerfG, Stattgeb. Kammerbeschl. v. 21.12.2010, 1 BvR 2742/08, Rn. 15; aus der jüngeren Rechtsprechung BVerfG, Nichtannahmebeschl. v. 15.12.2011, 1 BvR 1248/11, BVerfGK 19, 278 – *AnyDVD*, Rn. 21.

[423] *Schäfer/Ott*, Ökonomische Analyse des Zivilrechts, S. 669 ff.

folgen.[424] Zugleich ermöglichen sie die selbstbestimmte Entscheidung über den Einsatz unter einer Vielzahl potentieller Möglichkeiten.

c) *Eigentumsverwirklichung durch soziale Interaktion*

Gerade als „geprägte" oder „verdinglichte" Freiheit[425] ist die Verwirklichung des Eigentums in besonderem Maße auf soziale Interaktion angewiesen. Es stützt die Gewährleistungen anderer Freiheitsrechte ab,[426] indem es für eine Vielzahl von Zwecken und in einer Vielzahl von Möglichkeiten einsetzbar ist und dadurch häufig erst die Voraussetzungen für die Ausübung anderer Freiheiten schafft. Die Einsatzmöglichkeiten des Eigentums beruhen jedoch wesentlich auf sozialer Interaktion. Durch diesen Bezug zu sozialer Interaktion fällt die Gewährleistung des Schutzguts zu einem großen Teil mit der Charakterisierung von Marktprozessen zusammen. Die Auswahlmöglichkeiten bei dem Einsatz des Eigentums wie auch die Entwicklung neuer Anschluss- und Verwendungsmöglichkeiten gehen auf die wechselseitige Beeinflussung der Marktteilnehmerinnen und Marktteilnehmer[427] zurück. Die Verhandlungen mit der Marktgegenseite setzen zu einem erheblichen Teil[428] an den rechtlich ausgestalteten Verfügungsrechten an. Die eigentumsrechtlich geschützten Positionen strukturieren als Bezugspunkt der Austauschbeziehung die Marktprozesse, die ihrerseits den Optionenraum für den persönlichkeitsentfaltenden Einsatz des Eigentums eröffnen.

Allerdings setzt der persönlichkeitsentfaltende Einsatz eigentumsrechtlicher Positionen nicht unbedingt eine Markttransaktion voraus, sondern die Entscheidung des Rechtsinhabers kann auch darin liegen, die Sache selbst, typischerweise zu konsumtiven Zwecken, zu nutzen oder aber die Sache ungenutzt zulassen, etwa um sie bestimmten Nutzungen Dritter vorzuenthalten. Beides

---

[424] Dieser Gestaltungsauftrag umfasst nach der verfassungsgerichtlichen Rechtsprechung insbesondere die Sicherstellung einer angemessenen Vergütung, zum Leistungsschutzrecht der Tonträgerhersteller BVerfG, Beschl. v. 3.10.1989, 1 BvR 775/86, BVerfGE 81, 12, Rn. 20: „Wegen der sozialen Bedeutung des Urheberrechts – hier des Leistungsschutzrechts – und seiner Natur ist der Gesetzgeber nur verpflichtet, eine angemessene Verwertung sicherzustellen." Zum Ausgestaltungsspielraum des Gesetzgebers BVerfG, Beschluss vom 7.7.1971, 1 BvR 765/66, BVerfGE 31, 229 – *Schulbuchprivileg*, Rn. 32: „Diese grundsätzliche Zuordnung der vermögenswerten Seite des Urheberrechts an den Urheber zur freien Verfügung bedeutet aber nicht, daß damit jede nur denkbare Verwertungsmöglichkeit verfassungsrechtlich gesichert sei. Die Institutsgarantie gewährleistet einen Grundbestand von Normen, der gegeben sein muß, um das Recht als ‚Privateigentum' bezeichnen zu können. Im Einzelnen ist es Sache des Gesetzgebers, im Rahmen der inhaltlichen Ausprägung des Urheberrechts nach Art. 14 Abs. 1 Satz 2 GG sachgerechte Maßstäbe festzulegen, die eine der Natur und der sozialen Bedeutung des Rechts entsprechende Nutzung und angemessene Verwertung sicherstellen".

[425] Siehe oben, Fn. 205 und 206.

[426] Vgl. nur *Depenheuer/Froese*, in: von Mangoldt/Klein/Starck, GG, Art. 14 Rn. 1: Eigentum als Grundlage der Freiheit, Rn. 11: Komplementarität der Eigentumsgarantie zu den Freiheitsgarantien.

[427] Dazu siehe oben, § 5 A.II.

[428] Anders etwa beim Angebot von Dienstleistungen.

steht dem Zusammenhang zwischen dem verfassungsrechtlichen Schutzgut des Eigentums und der wechselseitigen Interaktion auf Märkten nicht entgegen. Die weit überwiegende Mehrzahl der konsumtiv genutzten Güter wird von den Konsumenten nicht selbst hergestellt, sondern nach individuellen Präferenzen erworben und mit Blick auf die prognostizierten Präferenzen am Markt bereitgestellt. Konstruktion, Design, Herstellung und Vertrieb der angebotenen Güter treten in einer arbeitsteiligen Wirtschaft an die Stelle der Eigenherstellung und differenzieren das zur individuellen Nutzung bereitstehende Angebot erheblich aus. Sowohl die isolierte Nutzung als auch die spezialisierte Bereitstellung beruhen auf der Ausgestaltung der eigentumsrechtlichen Position. In der isolierten Nutzung werden die Nutzungsmöglichkeiten realisiert, die auf der Grundlage der Interaktion unterschiedlicher Marktteilnehmerinnen und Marktteilnehmer mit Blick auf die spätere konsumtive Nutzung entwickelt worden sind. Mit der Entscheidung, bestimmte Gegenstände weder selbst zu nutzen noch Dritten zur Verfügung zu stellen, entzieht der Rechteinhaber die Gegenstände dem Markt von vorneherein und provoziert dadurch Anpassungsreaktionen des Marktes. Beruht der Entschluss auf bestimmten Motiven, etwa des Umweltschutzes, oder lohnt sich die Bereitstellung aus Sicht des Rechteinhabers ökonomisch nicht, trägt der Markt bei entsprechender Nachfrage diesen Motiven Rechnung. Auch die Zurückhaltung eigentumsrechtlicher Positionen ist insofern geeignet, die Koordination in Marktprozessen zu beeinflussen.

d) Strukturierung von Interaktionen durch Eigentum

Für diese die Marktprozesse strukturierende Wirkung der eigentumsrechtlichen Positionen ist nicht unbedingt erforderlich, dass Verfügungsrechte an Sachen oder anderen Gegenständen nach dem Vorbild des Sacheigentums umfassend und exklusiv zugeordnet sind.[429] Zum einen gewährleistet auch das Sacheigentum an beweglichen Sachen oder Grundstücken nur vordergründig eine tatsächlich umfassende Verfügungsbefugnis. Sowohl öffentlich-rechtliche Beschränkungen als auch das zivilrechtliche Nachbarrecht[430] grenzen die Nutzungsbefugnisse ein und gestalten als Inhalts- und Schrankenbestimmungen das Sacheigentum aus.[431] Zum anderen mag die Ausgestaltung als Vollrecht sich für das Sacheigentum historisch im Grundsatz als angemessen herausgestellt haben.[432] Für die Anschlussfähigkeit anderer Gegenstände kann sich hingegen auch eine diffe-

---

[429] So aber die Vorstellung einer verfassungsrechtlichen Leitidee des Sacheigentums, *Mülbert/Leuschner*, ZHR 170 (2006), 615 (636, Fn. 88).

[430] §§ 906 ff. BGB.

[431] Zum nachbarrechtlichen Entschädigungsanspruch BVerfG, Kammerbeschl. v. 22.12.1988, 2 BvR 206/88.

[432] Das WEG und das Erbbaurecht sprechen allerdings auch für einen gewissen Bedarf an zeitlicher oder räumlicher Aufteilung der Eigentumsbefugnisse an Grundstücken, vgl. die Entwicklung der Praxisfragen bei *Böttcher*, ZNotP 2015, 42 ff.

renziertere Ausgestaltung von Eigentumsbefugnissen als funktional erweisen.[433] Umfassende, aber ungünstig verteilte Ausschließlichkeitsrechte, insbesondere Patentrechte, an einzelnen Elementen eines Gesamtkomplexes können zu strategischen Blockaden ganzer Wertschöpfungsketten führen.[434] Die Einräumung von Ausschließlichkeitsrechten zum Schutz bestimmter Personen, Aktivitäten oder Märkte kann sich als nutzlos erweisen, wenn die eigentumsrechtlichen Positionen in den Verhandlungen am Markt nicht sinnvoll eingesetzt werden können.[435] Die Angemessenheit der Ausgestaltung eigentumsrechtlicher Befugnisse, sowohl im Hinblick auf die Leistungsfähigkeit des Marktes aus einer bestimmten ökonomischen Perspektive als auch im Hinblick auf die Rahmenbedingungen der Persönlichkeitsentfaltung und Freiheitsausübung im vermögensrechtlichen Bereich hängt wesentlich von dem jeweiligen Kontext ab. Der Schlüssel ist jeweils die Relevanz der Ausgestaltung eigentumsrechtlicher Positionen für die Interaktion der Marktteilnehmerinnen und Marktteilnehmer und ihre wissensgenerierenden Effekte.[436]

Weil die Verwirklichung von Eigentumspositionen über soziale Interaktion erfolgt, ist die Angemessenheit der Ausgestaltung von Eigentumspositionen nicht unabhängig von den Rahmenbedingungen der Interaktion.

Schließlich bringen die über die Eigentumsrechte strukturierten Transaktionen kollektive Effekte hervor, die gerade auch Nichteigentümer betreffen.[437] Angebote zur Nutzung bestimmter Eigentumsbefugnisse nehmen typischerweise Nicht-Eigentümer wahr, die das Eigentum in bestimmter Hinsicht nutzen wollen, ohne den Gegenstand vollständig zu erwerben. Vor allem partizipieren sämtliche Marktteilnehmerinnen und Marktteilnehmer, unabhängig von ihrer eigentumsrechtlichen Stellung, potentiell an der dynamischen Entwicklung neuer Anschluss- und Handlungsmöglichkeiten, die von den eigentumsba-

[433] *Richter/Furubotn*, Neue Institutionenökonomik, S. 90ff., insb. S. 136ff.; *Erlei/Leschke/Sauerland*, Neue Institutionenökonomik, S. 223ff.

[434] *Heller*, Harv. Law Rev. 111 (1998), 621ff.

[435] So führte etwa die Einführung eines Leistungsschutzrechts für Presseverleger im Ergebnis dazu, dass viele Verlage mit dem Suchmaschinenbetreiber Google eine Vereinbarung über die Lizensierung getroffen haben, ohne dass sich damit die Position der Verlage substantiell verbessert hätte, zum kartellrechtlichen Hintergrund einer Weigerung der Suchmaschinenbetreiber, Lizenzverträge abzuschließen, *Kersting/Dworschak*, NZKart 2013, 46ff.

[436] *Vesting*, Konnexionistisches („netzwerkgerechtes") Eigentum, S. 427 (437): „Eigentum ist eine Institution zur Erzeugung dezentralen Wissens, das die Erprobung von Strategien und das Sammeln von Erfahrungen am Markt als ein Dauerexperiment festschreibt und darin eine haltbare Antwort auf den Zusammenbruch der Gesellschaft der Tradition und der ihr vorgegebenen Zwecksetzungen gibt. Dieser Zusammenhang von Eigentumsrecht und Wissensgenerierung wird nur dadurch verstellt, dass die zivilrechtliche und verfassungsrechtliche Dogmatik zu sehr an der substanzhaften Verfügungsmöglichkeit von Sacheigentum und den Fragen der sozialstaatlichen Verteilungsgerechtigkeit (Ausgestaltung) orientiert ist".

[437] *Ladeur*, Negative Freiheitsrechte, S. 187ff.; *ders.*, Postmoderne Rechtstheorie, S. 133; *Vesting*, Konnexionistisches („netzwerkgerechtes") Eigentum, S. 427 (428, 434f., 438); aus systemtheoretischer Perspektive *Baecker*, Information und Risiko in der Marktwirtschaft, S. 162.

sierten Transaktionen hervorgebracht werden.[438] Indem eigentumsrechtliche Positionen Interaktionen zwischen Marktteilnehmern strukturieren, legen sie die Grundlage für die Entwicklung neuer Anschlussmöglichkeiten, also die Entwicklung, Erprobung und Verbreitung neuen Wissens, von dem potentiell alle Marktteilnehmerinnen und Marktteilnehmer profitieren. Diese Wissensgenerierung bildet einen auf eigentumsrechtlichen Befugnissen basierenden, durch die wechselseitige Interaktion der Marktteilnehmer vermittelten kollektiven Effekt.

e) Gemeinwohlanforderungen von Strukturierungsmaßnahmen

Die Ausrichtung der Eigentumsausgestaltung auf die Interaktion zwischen Marktteilnehmerinnen und Marktteilnehmern wirkt sich auf die Anforderungen an die Gemeinwohlbindung, insbesondere im Verhältnis unter Anteilseignern, aus. Obwohl einige von Mehrheitsaktionären beschlossene Strukturierungsmaßnahmen die Eigentumsposition von Minderheitsaktionären ebenso schwerwiegend betreffen können wie der hoheitliche Entzug von Eigentumspositionen,[439] erfordert der verfassungsrechtliche Eigentumsschutz kein vergleichbares hinter der Maßnahme stehendes Gemeinwohlinteresse.[440] Mit der Ausrichtung der Eigentumsausgestaltung auf die Koordination unter Marktteilnehmerinnen und Marktteilnehmern geht einher, dass Inhaber der Eigentumsposition bei der Ausübung ihrer Befugnisse Marktstrategien, also eigennützige Motive verfolgen. Die auf mehrpoligen Interaktionen beruhenden Marktprozesse richten Transaktionen an den Präferenzen der Marktteilnehmerinnen und Marktteilnehmer aus und verbreiten dadurch die von einer Vielzahl von Marktteilnehmenden geteilten Einschätzungen über Güter sowie über Techniken und Wege der Bereitstellung. Weil der kollektive Effekte erzeugende Mechanismus der Wissensgenerierung darauf beruht, dass eine Vielzahl in ihrem Verhalten interdependenter Marktteilnehmerinnen und Marktteilnehmer eigene Interessen verfolgt, wäre eine Verpflichtung der Ausübung von Eigentümerbefugnissen auf ein übergeordnetes Allgemeinwohlziel nicht funktional.[441] Eine solche Gemeinwohlbindung wird auch nicht durch die mit dem Verhalten verbundenen Beeinträchtigungen anderer

[438] *Ladeur*, Negative Freiheitsrechte, S. 67 ff., S. 187 ff.; *Vesting*, Konnexionistisches („netzwerkgerechtes") Eigentum, S. 427 (428 ff.): Orientierungsleistung des Eigentums in der Informationsökonomie; Begründung des Eigentums „durch ein informations- und medientheoretisches Modell der Suche nach haltbarem (institutionellen) Wissen unter der Bedingung selbst erzeugter Ungewissheit" (S. 430).

[439] Zu den Beispielen aus der Rechtsprechung siehe oben, § 5 D.I.2.

[440] *Schmidt-Aßmann*, Der Schutz des Aktieneigentums durch Art. 14 GG, S. 1009 (1012 f., 1020 f.); *Schön*, Der Aktionär im Verfassungsrecht, S. 1359 (1384): „Des Weiteren muss festgehalten werden, dass sich für die Minderheit nachteilige Entscheidungen der Mehrheit nicht in einem hoheitlichen Verhältnis abspielen und daher auch nicht mit den gedanklichen Mustern des öffentlichen Rechts gelöst werden können".

[441] *Schmidt-Aßmann*, Der Schutz des Aktieneigentums durch Art. 14 GG, S. 1009 (1024): „Die rechtfertigenden Gründe folgen daher aus den Rationalitätskriterien des Privatrechtsverkehrs und des Marktes. Sie sind primär Privatinteressen, die im Gedanken der Funktionsfähigkeit

Anteilseigner ausgelöst. Mit der Marktteilnahme gehen durch die wechselseitige Koordination automatisch Anschlusszwänge und sonstige Beeinträchtigungen einher, die als Kehrseite der dynamischen, wissensgenerierenden Wirkung nicht mit unmittelbar hoheitlichen Eingriffen gleichzusetzen sind.[442] Ebenso wie Marktprozesse technische, ökonomische oder soziale Entwicklungen hervorbringen können, die die Nachfrage nach bestimmten Produkten oder Techniken nach sich ziehen und dadurch die Existenz betroffener Unternehmen einschließlich des Bestands der entsprechenden Arbeitsplätze in Frage stellen, kann auch die Ausübung von Eigentümerbefugnissen im Zuge der Marktteilnahme die Eigentumsposition anderer Marktteilnehmerinnen und Marktteilnehmer beeinträchtigen, ohne dass allein der Nachteil eine hoheitlichem Handeln entsprechende Gemeinwohlbindung der benachteiligenden Handlung erfordern würde.

Zu weitgehend wäre es allerdings, unter Hinweis auf die in der verfassungsgerichtlichen Rechtsprechung als Charakteristikum des Eigentums herausgestellte Privatnützigkeit[443] die Ausgestaltung des Anteilseigentums allein nach Maßgabe des wertsetzenden Gehalts der Privatautonomie nach Art. 2 Abs. 1 GG und ihrer Einstrahlung auf vertragliche Schuldverhältnisse zu überprüfen.[444] Indem der Gesetzgeber durch die Ausgestaltung eigentumsrechtlicher Positionen die Interaktion unter Privaten vorstrukturiert, beeinflusst er zugleich das jeweilige Handlungspotential, verteilt also Gestaltungsmöglichkeiten und erlegt Duldungspflichten auf. Der wertsetzende Gehalt der Privatautonomie, der Korrekturen in bestimmten Fällen asymmetrisch verteilter Verhandlungsmacht erfordert, soll die fehlenden Einflussmöglichkeiten der unterlegenen Partei zu einem gewissen Grad kompensieren,[445] nimmt allerdings die Ursachen der asymmetrisch verteilten Verhandlungsmacht nicht in den Blick. Der Interessenkonflikt bei der Ausgestaltung von Eigentümerbefugnissen setzt hingegen bereits bei der Verteilung des Gestaltungspotentials an. Eine solche unter Umständen unangemessene Verteilung des Gestaltungspotentials braucht der von Strukturierungsmaßnahmen betroffene Anteilseigner auch nicht bereits deshalb hinzunehmen, weil das Anteilseigentum bereits bei dem Erwerb nach seiner einfach-rechtlichen Ausgestaltung mit dem potentiellen Risiko einer beeinträchtigenden Strukturierungsmaßnahme behaftet war.[446] Zwar umfasst der

---

dieser Medien nur einen sehr allgemeinen und im Grunde blassen Überbau durch öffentliche Interessen erhalten".

[442] Vgl. *Schmidt-Aßmann*, Der Schutz des Aktieneigentums durch Art. 14 GG, S. 1009 (1020): Unternehmensinterne Interaktionen lassen sich nicht als wechselseitige Eingriffe Privater interpretieren.

[443] Dazu zuletzt BVerfG, Urt. v. 11.7.2012, 1 BvR 3142/07, 1 BvR 1569/08, BVerfGE 132, 99 – *Delisting*, Rn. 51 und 53; BVerfG, Nichtannahmebeschl. v. 8.11.2011, 1 BvR 2007/11, Rn. 9.

[444] So *Mülbert/Leuschner*, ZHR 170 (2006), 615 (649 ff.).

[445] BVerfG, Beschl. v. 19.10.1993, 1 BvR 567/89, 1 BvR 1044/89, BVerfGE 89, 214 – *Bürgschaftsvertrag*, Rn. 54; BVerfG, Beschl. v. 6.12.2005, 1 BvR 1905/02, BVerfGE 115, 51 – *sittenwidrige Bürgschaft*, Rn. 43, siehe oben, Fn. 170.

[446] So *Mülbert/Leuschner*, ZHR 170 (2006), 615 (627).

eigentumsrechtliche Schutz auch Elemente des Vertrauensschutzes, die umso schwächer ausfallen, je stärker der Grundrechtsträger bereits bei dem Erwerb der Position mit der späteren Beeinträchtigung rechnen musste.[447] Auf einen solchen Vertrauensschutz beschränkt sich das Eigentumsrecht jedoch nicht. Vielmehr setzt die Persönlichkeitsentfaltung im vermögensrechtlichen Bereich durch die Entscheidung über den Einsatz eigentumsrechtlicher Positionen zum einen den Erwerb der Position und zum anderen eine gewisse Effektivität der Möglichkeiten zur Ausübung voraus.[448] Dem Schutzgut der Persönlichkeitsentfaltung ist nicht hinreichend Rechnung getragen, wenn gravierende Beschränkungen schon durch die Freiwilligkeit des Erwerbs einschließlich der absehbaren Risiken gerechtfertigt werden. Vielmehr setzt die Persönlichkeitsentfaltung – strukturell ähnlich wie Marktprozesse – einen Rahmen voraus, der hinreichenden Raum für Entwicklung eröffnet. Der Gewährleistungsgehalt der Privatautonomie zielt von vorneherein nur auf eine Kontrolle innerhalb dieses Rahmens.

f) Modalitäten der Ausgestaltung: Folgerichtigkeit und Äquidistanz

Mit Blick auf den Gestaltungsspielraum des Gesetzgebers bei der Ausgestaltung der eigentumsrechtlichen Positionen, auch im Verhältnis der Anteilseigner untereinander, kommen als Maßstab zur verfassungsrechtlichen Kontrolle der Ausgestaltung vor allem Kriterien in Betracht, die auf einer abstrakteren Ebene die Modalitäten der Ausgestaltung in den Blick nehmen. Dazu zählt zum einen ein Gebot der Kohärenz der jeweiligen Ausgestaltung, dass sich in Anlehnung an die im Steuerrecht entwickelten Kriterien[449] als Gebot der Folgerichtigkeit formulieren lässt.[450] Der Gesetzgeber hat danach bei der Ausgestaltung

[447] Zur Bestandsgarantie *Mülbert/Leuschner*, ZHR 170 (2006), 615 (626f.); zur Einführung des aktienrechtlichen *Squeeze out Hanau*, NZG 2002, 1040 (1046f.); zu den Grenzen der Bestandsgarantie bei einer gesetzlichen Neugestaltung, die insbesondere Übergangsregelungen vorsieht, zuletzt BVerfG, Nichtannahmebeschl. v. 24.2.2010, 1 BvR 27/09, BVerfGK 17, 88 Rn. 65: „Aus der verfassungsrechtlichen Eigentumsgewährleistung kann demnach nicht hergeleitet werden, dass eine vom Eigentumsrecht umfasste, vom Berechtigten ausgeübte Befugnis nach ihrem Entstehen für alle Zukunft uneingeschränkt erhalten bleiben müsse oder nur im Wege der Enteignung wieder genommen werden dürfte. Das Bundesverfassungsgericht hat wiederholt entschieden, dass der Gesetzgeber bei der Neuordnung eines Rechtsgebietes nicht vor der Alternative steht, die alten Rechtspositionen zu konservieren oder gegen Entschädigung zu entziehen. Er kann im Rahmen des Art. 14 Abs. 1 Satz 2 GG durch eine angemessene und zumutbare Überleitungsregelung individuelle Rechtspositionen umgestalten, wenn Gründe des Gemeinwohls vorliegen, die den Vorrang vor dem berechtigten – durch die Bestandsgarantie gesicherten – Vertrauen auf den Fortbestand eines wohl erworbenen Rechts verdienen (…)"; anknüpfend an BVerfG, Beschl. v. 8.7.1971, 1 BvR 766/66, BVerfGE 31, 275 – *Bearbeiter-Urheberrechte*, Rn. 28ff.

[448] Siehe oben, § 5 B.II.

[449] Rechtsvergleichend *Petersen*, AöR 138 (2013), 108ff.; zum Folgerichtigkeitsgebot als Kriterium zur Konkretisierung des Gleichheitssatzes im Steuerrecht *Wernsmann*, DVBl. 2015, 1085 (1087ff.); *Glaser*, StuW 2012, 168ff.

[450] *Schön*, Der Aktionär im Verfassungsrecht, S. 1359 (1367f.): „Aus dieser grundsätzlichen

die jeweiligen Befugnisse der Anteilseigner stimmig aufeinander abzustimmen, also etwa die Reichweite von Informationsrechten, deren Funktion in der Durchsetzung ihrer Mitgliedschaftsrechte liegt, an deren Reichweite zu orientieren.[451] Aus dem Geflecht divergierender Interessen der betroffenen Eigentumspositionen folgt die verfassungsrechtliche Pflicht einer rationalen Ausgestaltung der Befugnisse, weil jede über ihren Zweck hinausgehende Erstreckung von Befugnissen andere Beteiligte unverhältnismäßig belastet. Ein strukturell vergleichbares Kohärenzgebot findet sich auch bei der Ausgestaltung der Rahmenbedingungen für die Ausübung der Berufsfreiheit zum Schutz sonstiger Güter, etwa der Gesundheit vor Suchtgefahr durch Sportwetten oder Glücksspiel.[452] Die Zulässigkeit der Einrichtung eines hoheitlichen Monopols zur Gefahrenabwehr setzt eine konsequente Ausrichtung der Regelungsstruktur an diesem Zweck voraus.[453]

Weiter als das Gebot der Folgerichtigkeit geht ein Gebot zur Wahrung einer gewissen Neutralität bei der Ausgestaltung divergierender Positionen. Das in der

verfassungsrechtlichen Notwendigkeit, den Eigentumsträgern Formen des kollektiven Handelns zur Verfügung zu stellen, kann zwar nicht ein konkreter Anspruch auf die Ausgestaltung einzelner Gesellschaftsformen geschlossen werden. Doch bedeutet dies nicht eine völlige Freiheit des ‚einfachen' Gesetzgebers in der Zuordnung aktienrechtlicher Rechte und Pflichten. Denn wenn sich der Gesetzgeber entschieden hat, den allgemeinen Anspruch der Bürger auf Gewährung von Rechtsformen zur kollektiven Nutzung von Eigentum mit Hilfe bestimmter Gesellschaftstypen zu erfüllen, dann müssen diese Gesellschaftstypen in ihren Grundzügen darauf angelegt sein, die Herrschaft der Gesellschafter über ihr kollektives Eigentum zu sichern. Sie müssen die Rechte und Pflichten der Gesellschafter so austarieren, dass sich das ursprüngliche Alleineigentum mit seinen herrschaftsrechtlichen und vermögensrechtlichen Komponenten in vermittelter Form fortsetzt."; zustimmend *Schmidt-Aßmann*, Der Schutz des Aktieneigentums durch Art. 14 GG, S. 1009 (1017).

451 *Schön*, Der Aktionär im Verfassungsrecht, S. 1359 (1377ff.).

452 Als Kriterium der Verhältnismäßigkeit im engeren Sinne BVerfG, Urt. v. 28.3.2006, 1 BvR 1054/01, BVerfGE 115, 276 – *Sportwettenmonopol*, Rn. 119f.: „Den an entsprechender beruflicher Tätigkeit interessierten Bürgern ist der – strafbewehrte – Ausschluss gewerblicher Wettangebote durch private Wettunternehmen nur dann zumutbar, wenn das bestehende Wettmonopol auch in seiner konkreten Ausgestaltung der Vermeidung und Abwehr von Spielsucht und problematischem Spielverhalten dient. Das im Rahmen des Wettmonopols eröffnete Sportwettenangebot ODDSET ist jedoch nicht konsequent am Ziel der Begrenzung der Wettleidenschaft und Bekämpfung der Wettsucht ausgerichtet. (…)".

453 BVerfG, Urt. v. 28.3.2006, 1 BvR 1054/01, BVerfGE 115, 276 – *Sportwettenmonopol*, amtlicher Leitsatz: „Ein staatliches Monopol für Sportwetten ist mit dem Grundrecht der Berufsfreiheit des Art 12 Abs 1 GG nur vereinbar, wenn es konsequent am Ziel der Bekämpfung von Suchtgefahren ausgerichtet ist.". Auch nach der Rechtsprechung des EuGH setzt die Rechtfertigung der mit einem nationalen Glückspielmonopol verbundenen Einschränkung der Grundfreiheiten voraus, dass die nationale Maßnahme „dem Anliegen gerecht wird, es [das nationale Allgemeinwohlziel] in kohärenter und systematischer Weise zu erreichen", EuGH, Urt. v. 12.6.2014, C-156/13, ECLI:EU:C:2014:1756 – *DigiBet*, Rn. 26; EuGH, Urt. v. 24.1.2013, C-186 und 209/11, ECLI:EU:C:2014:2311 – *Stanleybet*, Rn. 27; EuGH, Urt. v. 8.9.2009, C-42/07, ECLI:EU:C:2009:519 – *Liga Portuguesa de Futebol Profissional und Baw International*, Rn. 61; EuGH, Urt. v. Urt. v. 10.3.2009, C-169/07, ECLI:EU:C:2009:141 – *Hartlauer*, Rn. 55: Bewilligung zur Errichtung einer privaten Krankenanstalt, m.w.N.

Literatur entwickelte[454] und von der verfassungsgerichtlichen Rechtsprechung aufgegriffene[455] Gebot der Äquidistanz steht grob einseitigen Ausgestaltungen der mit dem Anteilseigentum verbundenen Befugnisse, die den Interessen einzelner Anteilseigner nur unzureichend Rechnung tragen, entgegen. Dazu zählt, dass Anteilseigentümer, die ihre Rechtsposition im Zuge von Strukturmaßnahmen verloren haben, mit dem vollen Wert der Position entschädigt werden.[456] Zwar lässt sich aus der Eigentumsgarantie keine bestimmte Methode zur Wertermittlung ableiten,[457] jedoch dürfen naheliegende Erwägungen bei der Wertermittlung, etwa der Börsenkurs einer börsennotierten Aktiengesellschaft, nicht unberücksichtigt bleiben.[458] Weil der Börsenkurs den Gegenwert der Deinvestitionsentscheidung wiedergibt, ist er nach der verfassungsgerichtlichen Rechtsprechung bei der Barabfindung im aktienrechtlichen Spruchstellenverfahren als Untergrenze der Abfindung zu berücksichtigen.[459] Schließlich ist eine

---

[454] *Schmidt-Aßmann*, Der Schutz des Aktieneigentums durch Art. 14 GG, S. 1009 (1014, 1021, 1023 f.).

[455] BVerfG, Nichtannahmebeschl. v. 30.5.2007, 1 BvR 390/04, BVerfGK 11, 253 – *Minderheitsaktionäre, Squeeze-out*, Rn. 19: Gesetzgeber muss zu allen Aktionären die gleiche Distanz wahren.

[456] BVerfG, Urt. v. 7.8.1962, 1 BvL 16/60, BVerfGE 14, 263 – *Feldmühle*, Rn. 65; BVerfG, Beschl. v. 27.4.1999, 1 BvR 1613/94, BVerfGE 100, 289 – *DAT Altana*, Rn. 47; BVerfG, Nichtannahmebeschl. v. 25.7.2003, 1 BvR 234/01, BVerfGK 1, 265 – *Aktienumtauschverhältnis*, Rn. 9; BVerfG, Nichtannahmebeschl. v. 23.8.2000, 1 BvR 68/95, 1 BvR 147/97, NJW 2001, 279 – *Moto Meter*, Rn. 20 f.; BVerfG, Nichtannahmebeschl. v. 29.11.2006, 1 BvR 704/03, BVerfGK 9, 453, Rn. 10 ff.

[457] BVerfG, Beschl. v. 27.4.1999, 1 BvR 1613/94, BVerfGE 100, 289 – *DAT Altana*, Rn. 61; BVerfG, Nichtannahmebeschl. v. 30.5.2007, 1 BvR 1267/06, 1 BvR 1280/06, NJW 2007, 3266, Rn. 23; vergleichend zur Unternehmensbewertung bei aktienrechtlichen Abfindungsansprüchen *Fleischer*, AG 2014, 97 (102 ff.).

[458] BVerfG, Beschl. v. 27.4.1999, 1 BvR 1613/94, BVerfGE 100, 289 – *DAT Altana*, Rn. 62: „Es ist aber mit Art. 14 Abs. 1 GG unvereinbar, wenn dabei der Kurswert der Aktie außer Betracht bleibt. Das ergibt sich daraus, dass die Entschädigung und folglich auch die Methode ihrer Berechnung dem entzogenen Eigentumsobjekt gerecht werden muss. Das Aktieneigentum ist – im Vergleich zu einer Beteiligung an einer Personenhandelsgesellschaft oder an einer Gesellschaft mit beschränkter Haftung – nicht zuletzt durch seine Verkehrsfähigkeit geprägt. Das gilt vor allem für die börsennotierte Aktie. Sie wird an der Börse gehandelt und erfährt dort aus dem Zusammenspiel von Angebot und Nachfrage eine Wertbestimmung, an der sich die Aktionäre bei ihren Investitionsentscheidungen orientieren. Insbesondere Kleinaktionären, die regelmäßig nicht über alle relevanten Informationen verfügen, steht kein anderer Maßstab zur Verfügung, an dem sie den Wert dieses spezifischen Eigentumsobjekts messen könnten"; BVerfG, Kammerbeschl. v. 8.9.1999, 1 BvR 301/89, NJW-RR 2000, 842, Rn. 19: Börsenkurs darf nicht aus prinzipiellen Erwägungen außer Betracht gelassen werden.

[459] BVerfG, Beschl. v. 27.4.1999, 1 BvR 1613/94, BVerfGE 100, 289 – *DAT Altana*, Rn. 63; allerdings mit dem Vorbehalt, dass der Börsenkurs in Ausnahmefällen den Verkehrswert der Aktie überschreiten kann, Rn. 66 f.; BVerfG, Nichtannahmebeschl. v. 16.5.2012, 1 BvR 96/09 u.a., BVerfGK 19, 388 – *übernahmerechtliches Squeeze-out*, Rn. 20: „Wegen der Bedeutung der das Aktieneigentum prägenden Eigenschaft der besonderen Verkehrsfähigkeit der Aktie gebietet Art. 14 Abs. 1 GG zum Schutz der Minderheitsaktionäre, dass sie bei einem Ausschluss jedenfalls nicht weniger erhalten dürfen, als sie bei einer freien Deinvestitionsentscheidung erhalten hätten."; BVerfG, Nichtannahmebeschl. v. 26.4.2011, 1 BvR 2658/10, BVerfGK 18, 395, Rn. 21;

verfahrensrechtliche Absicherung in Form einer gerichtlichen Überprüfung der Abfindungs- und Ausgleichsregelung erforderlich.[460]

g) Minderheitenschutz: Konzentration auf Vermögensinteressen?

Der Kern der eigentumsverfassungsrechtlichen Bewertung von Strukturierungsmaßnahmen liegt in der Bestimmung der Schutzwürdigkeit der Position von Minderheitsaktionären. Indem die verfassungsgerichtliche Rechtsprechung den eigentumsrechtlichen Schutz von Kleinaktionären auf die vermögensrechtliche Komponente konzentriert[461] und zugleich eine gewisse Austauschbarkeit der Investitionsentscheidungen unterstellt, belässt sie dem Gesetzgeber einen relativ weiten Spielraum bei der gesellschaftsrechtlichen Ausgestaltung. Ausgangspunkt dieser Rechtsprechung sind die faktisch stark eingeschränkten Möglichkeiten von Kleinaktionären, auf unternehmerische Entscheidungen Einfluss nehmen zu können.[462] Insbesondere mit Blick auf die Verkehrsfähigkeit der Aktie unterstellt die Rechtsprechung, dass Kleinaktionäre den Erwerb von Aktien von vorneherein ohnehin nur als Kapitalanlage begreifen[463] mit der Folge, dass ein

---

BVerfG, Nichtannahmebeschl. v. 20.12.2010, 1 BvR 2323/07, BVerfGK 18, 322 – *Aktiengesellschaftverschmelzung Umtauschverhältnis*, Rn. 9. In der fachgerichtlichen Rechtsprechung hat sich in der Folge eine parallele Prüfung des Börsenwerts und des Ertragswerts im Sinne eines Prinzips der Meistbegünstigung eingependelt, näher *Fleischer*, AG 2014, 97 (100f.) und kritisch zum Prinzip der Meistbegünstigung *Gärtner/Handke*, NZG 2012, 247ff., m.w.N. zur fachgerichtlichen Rechtsprechung; anders zum übernahmerechtlichen *Squeeze-out* allerdings OLG Stuttgart, Beschl. v. 5.5.2009, 20 W 13/08, Rn. 206ff.). Verfassungsrechtlich ist eine zusätzliche Ermittlung des Unternehmenswerts anhand einer zusätzlichen Methode allerdings nicht geboten, BVerfG, Nichtannahmebeschl. v. 16.5.2012, 1 BvR 96/09 u.a., BVerfGK 19, 388 – *übernahmerechtliches Squeeze-out*, Rn. 18.

[460] BVerfG, Urt. v. 7.8.1962, 1 BvL 16/60, BVerfGE 14, 263 – *Feldmühle*, Rn. 65; BVerfG, Nichtannahmebeschl. v. 24.5.2012, 1 BvR 3221/10, BVerfGK 19, 415 – *Umwandlungsgesetz Umtauschverhältnis*, Rn. 22; BVerfG, Nichtannahmebeschl. v. 23.8.2000, 1 BvR 68/95, 1 BvR 147/97, NJW 2001, 279 – *Moto Meter*, Rn. 20.

[461] So ausdrücklich BVerfG, Nichtannahmebeschl. v. 23.8.2000, 1 BvR 68/95, 1 BvR 147/97, NJW 2001, 279 – *Moto Meter*, Rn. 16.

[462] BVerfG, Nichtannahmebeschl. v. 23.8.2000, 1 BvR 68/95, 1 BvR 147/97, NJW 2001, 279 – *Moto Meter*, Rn. 17: „Die herrschaftsrechtliche Seite des Aktieneigentums ist für Kleinaktionäre ohnehin begrenzt, da sie auf die Unternehmenspolitik regelmäßig keinen relevanten Einfluss nehmen können".

[463] BVerfG, Nichtannahmebeschl. v. 23.8.2000, 1 BvR 68/95, 1 BvR 147/97, NJW 2001, 279 – *Moto Meter*, Rn. 17: „Das Aktieneigentum ermöglicht ihnen durch die Kapitalanlage eine Sphäre individueller Freiheit in finanzieller Hinsicht (...). Die große Verkehrsfähigkeit der Aktie erlaubt es den Kleinaktionären, sich mit ihrem Kapital nicht auf längere Sicht zu binden und es gegebenenfalls nach freiem Belieben neu zu investieren (...). Werden Minderheitsaktionäre durch die ‚übertragende Auflösung' aus der Aktiengesellschaft gedrängt, so beeinträchtigt dies zwar auch die mit jeder Mitgliedschaft verbundene, bei Minderheitsaktionären aber nur begrenzt bedeutsame Leitungs- und Herrschaftskomponente. Im Vordergrund steht aber die Vermögenskomponente der Anlage, nämlich die Auswahlentscheidung des Aktieneigentümers hinsichtlich seiner Kapitalanlage (...)"; BVerfG, Kammerbeschl. v. 20.9.1999, 1 BvR 168/93, NJW 2000, 129 Rn. 22: „Während Kleinaktionäre mit ihrer Gesellschaftsbeteiligung zumeist

Verlust des Anteilseigentums durch Strukturierungsmaßnahmen bei wirtschaftlich voller Entschädigung Kleinaktionäre nur unwesentlich belastet.[464] Hinzu kommt, dass die Rechtsprechung die Beteiligung von Kleinaktionären an einzelnen Aktiengesellschaften zu einem gewissen Grad als austauschbar begreift, indem sie die Möglichkeit betont, Aktien einer vergleichbaren Aktiengesellschaft zu erwerben,[465] und das Interesse des Aktionärs an der Beteiligung an einer bestimmten Aktiengesellschaft, von der er eine positive Entwicklung erwartet, als bloße Chance oder Gewinnerwartung von dem eigentumsrechtlichen Schutz ausnimmt.[466] In der Konsequenz reduziert die verfassungsgerichtliche Rechtsprechung den eigentumsrechtlichen Schutz der Minderheitsaktionäre auf den Werterhalt einer austauschbaren Kapitalanlage.[467]

h) Schutz der Chance

Das Interesse eines Aktionärs an der Beteiligung an einer bestimmten Aktiengesellschaft als bloße Chance oder Gewinnerwartung von dem eigentumsrechtlichen Schutz auszunehmen, entspricht weder dem Schutzgut noch einer kohärenten Ausgestaltung marktbezogener Eigentumspositionen. Die verfassungsgerichtliche Rechtsprechung begründet den Ausschluss mit grundsätzlichen Erwägungen: „Bloße, in dem aktuellen Wert des konkreten Eigentums noch nicht abgebildete Gewinnerwartungen und in der Zukunft liegende Verdienstmöglichkeiten sowie Chancen und Gegebenheiten, innerhalb derer ein Unternehmer seine Tätigkeit entfaltet, liegen grundsätzlich außerhalb des Schutzbereichs der Eigentumsgarantie (...).“[468] Es nimmt damit ähnlich wie beim Schutzbereich der Berufsfreiheit Bezug auf die Grenzen des Schutzes unternehmerischer Positionen am Markt. Weder die Berufsfreiheit noch die Eigentumsfreiheit gewähren einen Anspruch auf Erfolg[469] oder auch nur auf Erhaltung des Geschäftsumfangs oder faktischer

ausschließlich Renditeerwartungen verbinden, steht bei anderen Aktionären, namentlich Großaktionären, vielfach die unternehmerische Komponente der Unternehmensbeteiligung im Vordergrund“.

[464] BVerfG, Nichtannahmebeschl. v. 23.8.2000, 1 BvR 68/95, 1 BvR 147/97, NJW 2001, 279 – *Moto Meter*, Rn. 18: „Es ist verfassungsrechtlich nicht zu beanstanden, wenn die Beeinträchtigung der Minderheitsaktionäre hinsichtlich ihrer Kapitalanlage im Licht dieses Grundrechts nicht als besonders schwer bewertet wird, sofern die Aktionäre eine dem Wert ihrer Aktien entsprechende Entschädigung erhalten“.

[465] BVerfG, Nichtannahmebeschl. v. 23.8.2000, 1 BvR 68/95, 1 BvR 147/97, NJW 2001, 279 – *Moto Meter*, Rn. 18.

[466] BVerG, Nichtannahmebeschl. v. 16.5.2012, 1 BvR 96/09 u.a., BVerfGK 19, 388 – *übernahmerechtliches Squeeze out*, Rn. 23 und BVerfG, Nichtannahmebeschl. v. 23.8.2000, 1 BvR 68/95, 1 BvR 147/97, NJW 2001, 279 – *Moto Meter*, Rn. 18.

[467] *Hanau*, NZG 2002, 1040 (1042): Aktie als Aggregatzustand des Kapitals.

[468] BVerG, Nichtannahmebeschl. v. 16.5.2012, 1 BvR 96/09 u.a., BVerfGK 19, 388 – *übernahmerechtliches Squeeze out*, Rn. 23 und BVerfG, Nichtannahmebeschl. v. 23.8.2000, 1 BvR 68/95, 1 BvR 147/97, NJW 2001, 279 – *Moto Meter*, Rn. 18.

[469] Zur Berufsfreiheit BVerfG, Beschl. v. 21.3.2018, 1 BvF 1/13, BVerfGE 148, 40 – Rn. 27;

Erwerbsmöglichkeiten[470] bei der Teilnahme an Marktprozessen. Insbesondere umfasst der eigentumsrechtliche Schutz an Rechtspositionen des Unternehmens ungeachtet des eigentumsrechtlichen Schutzes des eingerichteten und ausgeübten Gewerbebetriebs als solchen jedenfalls nicht den Erhalt günstiger äußerer Rahmenbedingungen für einen erfolgreichen Betrieb.[471] Solche Ansprüche wären mit der Funktionsweise dynamischer Märkte auch nicht vereinbar.[472] Die dynamische, Wissen generierende und Innovationen hervorbringende Funktion von Märkten setzt Anschlussmöglichkeiten, aber eben auch Anpassungsanreize und dezentral formulierte Auswahlkriterien voraus.[473] Ansprüche auf Erfolg oder auch nur der Schutz des Status quo ersetzen die iterative Interaktion mit anderen Marktteilnehmerinnen und Marktteilnehmern, die Auseinandersetzung mit deren Perspektiven, Präferenzen oder Herangehensweisen. Ansprüche auf Markterfolg oder den Schutz des Status quo würden dadurch den Marktprozess stoppen, die Interaktion auf Märkten überdeterminieren und den Optionenraum der anderen Marktteilnehmerinnen und Marktteilnehmer, also deren Freiheitsrechte, beschneiden.

Während dieser in ständiger Rechtsprechung[474] festgehaltene Ausgangspunkt feststeht, ist die genaue Reichweite des verfassungsrechtlichen Schutzes von Rechtspositionen bei der Marktteilnahme weit weniger deutlich. Die in der Rechtsprechung zuweilen aus der fehlenden Schutzfähigkeit des Markterfolgs abgeleitete Formel, die Berufs- oder Eigentumsfreiheit erfassten nicht den Schutz von Chancen,[475] erweist sich jedenfalls als zu eng. Aus der fehlenden Schutz-

---

BVerfG, Nichtannahmebeschl. v. 1.11.2010, 1 BvR 261/10, Rn. 11; BVerfG, Beschl. v. 13.6.2006, 1 BvR 1160/03, BVerfGE 116, 135 – *Vergaberecht*, Rn. 60: „Dagegen umfasst das Grundrecht keinen Anspruch auf Erfolg im Wettbewerb und Sicherung künftiger Erwerbsmöglichkeiten".

[470] BVerfG, Beschl. v. 1.2.1973, 1 BvR 426/72 u. a., BVerfGE 34, 252 – *Vereinheitlichung der steuerberatenden Berufe*, Rn. 10.

[471] „Bloße Umsatz- und Gewinnchancen und tatsächliche Gegebenheiten sind zwar für das Unternehmen von erheblicher Bedeutung, werden vom Grundgesetz eigentumsrechtlich jedoch nicht dem geschützten Bestand des einzelnen Unternehmens zugeordnet (...). Die Erwartung, dass ein Unternehmen auch in der Zukunft rentabel betrieben werden kann, fällt daher nicht in den Schutzbereich von Art. 14 Abs. 1 GG. Anhaltspunkte dafür, dass die Neuregelung in die demnach als Eigentum geschützte Substanz der betroffenen Privatkliniken eingreift, sind nicht ersichtlich. Der Hinweis auf in der Vergangenheit getätigte Investitionen betrifft nur die Erwartung einer gesicherten Refinanzierung im Sinne einer Gewinnchance, beschreibt darüber hinaus jedoch keine nachteiligen Auswirkungen auf den bereits erworbenen Bestand an vermögenswerten Gütern.", BVerfG, Nichtannahmebeschl. vom 20.8.2013, 1 BvR 2402/12, 1 BvR 2684/12, Rn. 38.

[472] „Vielmehr unterliegen die Wettbewerbsposition und damit auch der Umsatz und die Erträge dem Risiko laufender Veränderung je nach den Marktverhältnissen.", BVerfG, Beschl. v. 13.6.2006, 1 BvR 1160/03, BVerfGE 116, 135 – *Vergaberecht*, Rn. 60.

[473] Siehe oben § 5 A.I., auch zum Spannungsverhältnis mit dem Schutz der Bedingungen für die Persönlichkeitsentfaltung, § 5 B.I.3.

[474] Siehe oben Fn. 469 und 470.

[475] Zur Berufsfreiheit BVerfG, Beschl. v. 26.6.2002, 1 BvR 558/91, 1 BvR 1428/91, BVerfGE 105, 252 – *Glykolwarnung*, Rn. 43, 80; BVerfG, Urt. v. 17.12.2002, 1 BvL 28/95 u. a., BVerfGE

fähigkeit des Markterfolgs folgt nicht, dass nicht eine mit der Marktteilnahme verbundene Chance auf Markterfolg geschützt sein kann. Sie ist nur zum einen in ihrer Reichweite eben nur als Chance und nicht als Erfolg geschützt und umfasst zum anderen nicht sämtliche externen Bedingungen oder Umstände, die die Chance als besonders erfolgversprechend erscheinen lassen. Die Schutzgüter der Berufsfreiheit und des Eigentumsrechts, die eigene Arbeitskraft, die Produktionsmittel oder die eigenen eigentumsrechtlich geschützten Positionen am Markt einzusetzen, um dadurch eine individuell bewertete Chance auf Markterfolg wahrzunehmen, entspricht den Schutzgütern der Persönlichkeitsentfaltung durch Ausübung von Freiheit im vermögensrechtlichen Bereich sowie der Entfaltung über berufliche Tätigkeit einschließlich der Sicherung der wirtschaftlichen Lebensgrundlage. Zu dem Schutz zählt nicht nur die von dem einzelnen Grundrechtsträger herausgearbeitete Möglichkeit des Markterfolgs. Mit Blick darauf, dass das Wissen generierende und Innovationen hervorbringende Potential von Marktprozessen aus der Interaktion der Marktteilnehmenden folgt, also auch das Marktverhalten der anderen Marktteilnehmenden den Optionenraum des Grundrechtsträgers verändert und neue Anschlussmöglichkeiten für den Einsatz eigener Eigentumspositionen, der Arbeitskraft oder anderer Produktionsfaktoren schafft, nimmt schon dieses Entwicklungspotential grundsätzlich an dem verfassungsrechtlichen Schutz teil. Dieses Entwicklungspotential bildet nicht nur ein den Grundrechtsträger zufällig begünstigenden Reflex,[476] sondern

---

106, 275 – *Arzneimittelfestbetrag*, Rn. 104; BVerfG, Beschl. v. 13.6.2006, 1 BvR 1160/03, BVerfGE 116, 135 – *Vergaberecht*, Rn. 60, siehe unten, Fn. 787; zur Eigentumsfreiheit BVerfG, Urt. v. 11.7.2012, 1 BvR 3142/07, 1 BvR 1569/08, BVerfGE 132, 99 – *Delisting*, Rn. 53.

[476] Zur Berücksichtigung der Überschreitung von Arzneimittelfestpreisen bei der Ausschreibung von Rabattverträgen nach § 130a Abs. 8 SGB V BVerfG, Nichtannahmebeschl. v. 1.11.2010, 1 BvR 261/10, Rn. 12: „An einer eingriffsgleichen Wirkung einer staatlichen Maßnahme fehlt es jedoch, wenn mittelbare Folgen lediglich ein bloßer Reflex einer nicht entsprechend ausgerichteten Regelung sind (…). Zwar werden die Chancen eines Unternehmens, dessen Arzneimittel zu einem Preis oberhalb des Festbetrags verkauft werden, durch die angegriffene Berechnungsformel erheblich verringert. Die Marktstellung der ausschreibenden Allgemeinen Ortskrankenkassen mag dazu führen, dass sich pharmazeutische Unternehmen deshalb veranlasst sehen, eine Festbetragsüberschreitung zu vermeiden. Die Berechnungsformel berücksichtigt eine etwaige Überschreitung des Festbetrags aber nicht zu dem erkennbaren Zweck, einer solchen Überschreitung generell entgegenzuwirken, sondern zielt darauf ab, die Wirtschaftlichkeit des Angebots im Hinblick auf den abzuschließenden Rabattvertrag zu ermitteln. Etwaige Auswirkungen auf die allgemeine Preisgestaltung der am Vergabeverfahren teilnehmenden pharmazeutischen Unternehmen stellen sich lediglich als Reflex dar. Dabei kommt es für die Frage nach dem Vorliegen eines Eingriffs in die Berufsfreiheit nicht entscheidend darauf an, ob es andere Bewertungsmöglichkeiten gegeben hätte."; in der Sache ebenso BVerfG, Beschl. v. 11.7.2006, 1 BvL 4/00, BVerfGE 116, 202 – *Berliner Vergabegesetz, Tariftreueregelung*, Rn. 82; BVerfG, Urt. v. 17.12.2002, 1 BvL 28/95 u.a., BVerfGE 106, 275 – *Arzneimittelfestbetrag*, Rn. 107; BVerfG, Urt. v. 10.6.2009, 1 BvR 706/08 u.a., BVerfGE 123, 186 – *PKV-Basistarif*, Rn. 132 (dort mittelbarer Grundrechtseingriff angenommen); zur Eigentumsfreiheit BVerfG, Urt. v. 11.7.2012, 1 BvR 3142/07, 1 BvR 1569/08, BVerfGE 132, 99 – *Delisting*, Rn. 66: „Dieses dichte Regelwerk für börsennotierte

macht einen zentralen Aspekt dynamischer Märkte aus, auf den auch der Schutz ausdifferenzierter, von dem personalen Bezug entfernter Erscheinungsformen der Ausübung von Berufsfreiheit oder der Ausgestaltung eigentumsrechtlicher Positionen zurückgeht.

Für den Schutz des Anteilseigentums folgt daraus, dass Art. 14 Abs. 1 GG nicht die äußeren Rahmenbedingungen für eine positive Entwicklung der Aktie oder des Unternehmens schützt, sondern der einzelne Grundrechtsträger bei seiner Investitionsentscheidung individuell die mit der Aktie verbundenen Chancen und Risiken bewertet. Abgesehen davon, dass hinter der Investitionsentscheidung auch bei Minderheitsaktionären neben der Vermögensverwaltung auch andere, etwa konzernstrategische Gründe stehen können,[477] setzt die markttypische, individuelle Bewertung der Chancen und Risiken den Schutz dieser individuellen Entscheidung voraus. Die Investition in Aktien eines bestimmten Unternehmens lässt sich dann nicht ohne weiteres durch Aktien vergleichbarer Unternehmen ersetzten.[478] Das schließt ein Aktien- und Übernahmerecht, das Strukturierungsmaßnahmen zur Reduktion der Transaktionskosten für Mehrheitsaktionäre ermöglicht, nicht aus, macht aber eine differenzierte Abwägung der betroffenen Interessen erforderlich, die auch dem Schutz der Minderheitsaktionäre und den entsprechenden Verpflichtungen der Großaktionäre im Vorfeld der Strukturierungsmaßnahmen Rechnung tragen darf.[479]

i) Schutz der Handelbarkeit

Mit dem eigentumsrechtlichen Schutz von Chancen und Erwartungen hängt die Frage zusammen, inwieweit die Handelbarkeit einer Aktie, insbesondere die Zulassung an einem bestimmten Börsensegment, vom eigentumsrechtlichen Schutz erfasst ist. Die verfassungsgerichtliche Rechtsprechung differenziert zwischen der rechtlichen Verkehrsfähigkeit der Aktie und ihrer Handelbarkeit in tatsächlicher Hinsicht.[480] Während die grundsätzliche rechtliche Möglichkeit der Übertragung die Verwertbarkeit der Aktie ausmacht und zum Schutzbereich des eigentumsrechtlichen Schutzes zählt,[481] entscheidet die Zulassung

Aktiengesellschaften dient mittelbar auch den Vermögens- und Mitgliedschaftsinteressen des einzelnen Aktionärs, kommt ihm aber lediglich als Reflex zugute und erhebt das besondere Regelungsregime für die börsennotierte Aktiengesellschaft deswegen nicht zu einem Schutzgegenstand seines Aktieneigentums".

[477] *Hanau*, NZG 2002, 1040 (1043).

[478] *Schön*, Der Aktionär im Verfassungsrecht, S. 1359 (1389).

[479] *Hanau*, NZG 2002, 1040 (1045f.).

[480] BVerfG, Urt. v. 11.7.2012, 1 BvR 3142/07, 1 BvR 1569/08, BVerfGE 132, 99 – *Delisting*, Rn. 57ff., insb. 59f.

[481] Unter anderem mit der Folge, dass mit Blick auf die besondere Verkehrsfähigkeit der Aktie ihr Börsenwert bei der Bemessung der Entschädigung einer Strukturierungsmaßnahme nicht von vorneherein unberücksichtigt bleiben darf, BVerfG, Beschl. v. 27.4.1999, 1 BvR 1613/94, BVerfGE 100, 289 – *DAT Altana*, Rn. 62, siehe oben, Fn. 458.

zu einem bestimmten Börsensegment nur über die faktischen Modalitäten der Übertragung,[482] macht also einen Teil der Marktrisiken aus, denen eigentumsrechtliche Positionen bei der Marktteilnahme typischerweise ausgesetzt sind. Diese im Ausgangspunkt konsequente Differenzierung kann allerdings bei rechtlich ausgestalteten Positionen im Einzelfall schwierige, von der Einordnung der aktien- und kapitalmarktrechtlichen Rahmenregelungen abhängige Abgrenzungsfragen aufwerfen. Wenn die mit der Zulassung verbundenen Rechte der Aktionäre oder Pflichten einzelner Organe als privatnützige Befugnisse der Aktionäre einzuordnen sind, beeinträchtigt der Verlust der Zulassung eigentumsrechtliche Positionen. Da allerdings allgemeine Regelungen, die im Gemeinwohlinteresse das Funktionieren der betreffenden Rechtsform sichern[483] oder dem öffentlichen Interesse an der Transparenz, der Qualität und der Effizienz des Marktes[484] dienen sollen, die Attraktivität für Anleger gerade dadurch verbessern, dass sie deren Position verbessern,[485] ist im Einzelfall schwer zu entscheiden, ob bestimmte Verbesserungen der Rechtsposition von Anteilseignern den Ansatzpunkt der Regelung zur Verbesserung der Marktqualität oder lediglich deren Reflex darstellt.

3. Recht am eingerichteten und ausgeübten Gewerbebetrieb

Die Relevanz der Ausgestaltung verfassungsrechtlich geschützter Eigentumspositionen für die Interaktion auf Märkten[486] gibt darüber hinaus Aufschluss für den in der verfassungsgerichtlichen Rechtsprechung offen gelassenen Schutz des Rechts am eingerichteten und ausgeübten Gewerbebetrieb.[487]

---

[482] „Die Handelbarkeit der Aktie in tatsächlicher Hinsicht ist grundsätzlich für die Frage des Bestandes und der Zuordnung des Aktieneigentums ohne Bedeutung. Insoweit sind lediglich die Veräußerungschancen am Markt betroffen und allenfalls die Zirkulationsfähigkeit der Aktie faktisch beeinträchtigt. Die Funktionsfähigkeit eines Marktes wird durch das Eigentumsgrundrecht nicht gewährleistet. Die Teilnahme der Aktie gerade am öffentlichrechtlich organisierten börslichen Preisbildungs- und Handelssystem ist mithin nicht Gegenstand des Eigentumsschutzes (…)", BVerfG, Urt. v. 11.7.2012, 1 BvR 3142/07, 1 BvR 1569/08, BVerfGE 132, 99 – *Delisting*, Rn. 60.

[483] BVerfG, Urt. v. 11.7.2012, 1 BvR 3142/07, 1 BvR 1569/08, BVerfGE 132, 99 – *Delisting*, Rn. 65.

[484] BVerfG, Urt. v. 11.7.2012, 1 BvR 3142/07, 1 BvR 1569/08, BVerfGE 132, 99 – *Delisting*, Rn. 67.

[485] „Während der Gesetzgeber bislang kein einheitliches, in sich geschlossenes Gesellschaftsrecht für börsennotierte Aktiengesellschaften geschaffen hat, lässt sich bei mehreren seiner Vorhaben der letzten Jahre doch das Ziel feststellen, die Kontrolle und Transparenz im Bereich der börsennotierten Unternehmen sowie die Publizität zu stärken. Die Regelungen sollen zum Teil die Struktur der börsennotierten Aktiengesellschaften für potentielle – auch ausländische – Anleger transparenter machen und diesen mehr Informationen für ihre Investitions- oder auch Deinvestitionsentscheidung verschaffen. (…)", BVerfG, Urt. v. 11.7.2012, 1 BvR 3142/07, 1 BvR 1569/08, BVerfGE 132, 99 – *Delisting*, Rn. 65.

[486] Siehe oben, § 5 D.I.

[487] BVerfG, Beschl. v. 30.11.2010, 1 BvL 3/07, Rn. 38; BVerfG, Beschluss vom 6.10.1987,

Für einen solchen verfassungsrechtlichen Schutz können entweder die Rahmenbedingungen für Transaktionen über den gesamten Gewerbebetrieb oder die Notwendigkeit eines umfassenden, über die einzelnen Rechtspositionen hinausgehenden verfassungsrechtlichen Schutzes gegen hoheitliche Beeinträchtigungen sprechen.

a) Veräußerung des Unternehmens

In Abhängigkeit von der Gesellschaftsform können Unternehmen zivilrechtlich durch die Übertragung der Anteile am Unternehmensträger („share deal") oder durch die Übertragung sämtlicher Vermögenswerte („asset deal") veräußert werden.[488] Die beiden Wege, für deren Bewertung im Einzelfall insbesondere steuerrechtliche Gründe relevant sind,[489] zeigen auch mit jeweils unterschiedlichen Schwierigkeiten das praktische Bedürfnis für eine wirtschaftliche Verwertung des Unternehmens im Ganzen auf. Die Wege verdeutlichen allerdings auch, dass schon zivilrechtlich eine Veräußerung entweder der Gesellschaftsanteile oder der Gegenstände erforderlich ist. Aus verfassungsgerichtlicher Perspektive legen sie dadurch nahe, zur Begründung des Schutzes ebenfalls in erster Linie an die einzelnen eigentumsrechtlich geschützten Positionen anzuknüpfen.[490] Diesem Schutz einzelner eigentumsrechtlicher Positionen stellt die Rechtsprechung das Unternehmen als tatsächliche Zusammenfassung von Vermögensgegenständen gegenüber und bringt diese Zusammenfassung in Verbindung mit Chancen und faktischen Gegebenheiten, die grundsätzlich vom Schutz nicht erfasst sind.[491]

---

1 BvR 1086/82 u.a., BVerfGE 77, 84 – *Arbeitnehmerüberlassung im Baugewerbe*, Rn. 105; BVerfG, Beschl. v. 31.10.1984, 1 BvR 35/82 u.a., BVerfGE 68, 193 – *Zahntechniker-Innung*, Rn. 77; BVerfG, Beschl. v. 22.5.1979, 1 BvL 9/75, BVerfGE 51, 193 – *Schloßberg*, Rn. 110; zuletzt BVerfG, Nichtannahmebeschl. 29.2.2012, 1 BvR 2378/10, Rn. 41; BVerfG, Nichtannahmebeschl. v. 8.9.2010, 1 BvR 1890/08, BVerfGK 18, 33 – *„Gen-Milch"*, Rn. 25; in der frühen Rechtsprechung des Bundesverfassungsgerichts ist der eigentumsrechtliche Schutz des Rechts am eingerichteten und ausgeübten Gewerbebetrieb noch anerkannt worden, näher *Engel*, AöR 118 (1993), 169 (171 f.) m.w.N.; *Waschull*, Das Unternehmen im engeren Sinne als verfassungsrechtliches Eigentum, S. 181 ff.; *Kellenberger*, Der verfassungsrechtliche Schutz des eingerichteten und ausgeübten Gewerbebetriebs, S. 29 ff.

[488] Zu den Unterschieden, insbesondere in der Risikoverteilung, vgl. nur *Beck/Klar*, DB 2007, 2819 ff.

[489] *Elser*, DStR 2002, 1827 ff.; *Scheffler*, StuW 2001, 293 ff.

[490] In Abgrenzung zur vorherigen Rechtsprechung BVerfG, Beschl. v. 22.5.1979, 1 BvL 9/75, BVerfGE 51, 193 – *Schloßberg*, Rn. 110; für einen verfassungsrechtlichen Schutz auch des Gewerbebetriebs auch im Hinblick auf die Kohärenz mit dem Schutz des Anteilseigentums *Engel*, AöR 118 (1993), 169 (184); *Waschull*, Das Unternehmen im engeren Sinne als verfassungsrechtliches Eigentum, S. 397 ff.; *Leisner*, HdbStR VIII, § 173 Rn. 26.

[491] „Eigentumsrechtlich gesehen ist das Unternehmen die tatsächliche – nicht aber die rechtliche – Zusammenfassung der zu seinem Vermögen gehörenden Sachen und Rechte, die an sich schon vor verfassungswidrigen Eingriffen geschützt sind. Nach allgemeiner Auffassung werden dagegen bloße Chancen und tatsächliche Gegebenheiten nicht dem geschützten Bestand zugerechnet.", BVerfG, Beschl. v. 22.5.1979, 1 BvL 9/75, BVerfGE 51, 193 – *Schloßberg*, Rn. 110.

b) Schutz des Unternehmenswertes (good will)

Dieser Schutz der einzelnen vom Eigentumsrecht erfassten Positionen deckt praktisch einen großen Teil potentieller Beeinträchtigungen ab.[492] Vermeintliche oder tatsächliche Lücken im Schutz ergeben sich jedoch daraus, dass die Summe aller geschützten Einzelpositionen in ihrem Wert regelmäßig noch nicht dem Gesamtwert des Unternehmens entspricht.[493] Die durch zahlreiche unternehmensinterne und unternehmensexterne Faktoren[494] gekennzeichnete Positionierung des Unternehmens an dem jeweiligen Markt macht das Unternehmen im Ganzen aus Sicht externer Beobachter insbesondere beim Unternehmenskauf wertvoll. Diese Wertdifferenz zwischen den einzelnen isoliert geschützten Positionen und dem Gesamtwert des Unternehmens legen Befürworter eines verfassungsrechtlichen Schutzes des Rechts am eingerichteten und ausgeübten Gewerbebetrieb dem Schutz zu Grunde.[495]

Die Quantifizierbarkeit dieses Unternehmenswerts und die unterschiedlichen Formen, in denen einfach-gesetzliche Regelungen bestimmte Konsequenzen an den Wert knüpfen, machen den Unternehmenswert zwar in gewisser Hinsicht greifbarer, begründen jedoch für sich noch keinen eigentumsrechtlichen Schutz.

Ansätze zur Ermittlung des Unternehmenswerts können mit einiger Vereinfachung entweder die Substanz des Unternehmens oder die prognostizierten Erträge zu Grunde legen,[496] wobei vor allem die prognostizierten Erträge den über

[492] Eingehende Aufstellung der verschiedenen Fallgruppen bei *Engel*, AöR 118 (1993), 169 (175–187).

[493] *Engel*, AöR 118 (1993), 169 (177); *Ossenbühl*, AöR 115 (1990), 1 ff.; *Waschull*, Das Unternehmen im engeren Sinne als verfassungsrechtliches Eigentum, S. 19 f. m. w. N.

[494] Aufstellung bei *Waschull*, Das Unternehmen im engeren Sinne als verfassungsrechtliches Eigentum, S. 43.

[495] *Engel*, AöR 118 (1993), 169 (191); *Ossenbühl*, AöR 115 (1990), 1 (28); *Waschull*, Das Unternehmen im engeren Sinne als verfassungsrechtliches Eigentum, S. 408 ff.; *Depenheuer/Froese*, in: von Mangoldt/Klein/Starck, GG, Art. 14 Rn. 133: „Regelmäßig besteht der Wert eines Betriebes gerade in der spezifischen Zusammenfassung der Mittel und einer bestimmten Form ihres Einsatzes. Der spezifische Mehrwert des Betriebes als organisatorische Betriebseinheit geht über die Summe der ohnehin gewährleisteten Einzelrechte hinaus."; auch das Bundesverfassungsgericht geht in einer Entscheidung zur privaten Übertragbarkeit von Taxikonzessionen allerdings im Zusammenhang mit ihrer zivilrechtlichen Einordnung als sittenwidrig davon aus, dass dieser *good will* als Ergebnis unternehmerischer Leistung verfassungsrechtlich geschützt werden kann: „Bei der Veräußerung einer Kraftdroschke bzw eines Kraftdroschkenbetriebes kann – zB bei einem sich zur Ruhe setzenden ‚verdienten Altkonzessionär' – das Übertragungsinteresse sogar bei Bestehen eines Bewerberüberhanges schutzwürdig sein; auch der Gewerbebetrieb beim Kraftdroschkenverkehr kann einen wirtschaftlichen Wert erlangen, der als Ergebnis unternehmerischer Leistung (good will) den Schutz der Eigentumsgarantie zu beanspruchen hat.", BVerfG, Beschl. v. 4.10.1989, 1 BvL 32/82, 1 BvL 6/83, BVerfGE 81, 40, 3. Orientierungssatz sowie in der Sache Rn. 36.

[496] Zur *Discounted Cashflow*-Methode eingehend *Drukarczyk/Schüler*, Unternehmensbewertung, S. 137 ff.; zu den kapitalmarkttheoretischen Grundlagen der Bewertung von Konzernen *Schirmer*, Kapitalmarktorientierte Konzernbewertung, S. 68 ff.

die einzelnen Gegenstände hinausgehenden Wert widerspiegeln.[497] Sie ermitteln in gewisser Weise das Marktpotential des jeweiligen Unternehmens. In der Praxis hängt die Wahl der Methode unter anderem auch von dem jeweiligen Anlass und Zweck der Bewertung ab, zu den verschiedenen Anlässen.[498] Auch in Abhängigkeit von den jeweiligen Rechnungslegungsstandards legen Unternehmensbewertungen zum Schutz der Gläubiger tendenziell vorsichtigere Annahmen zu Grunde als Bewertungen für steuerrechtliche Zwecke oder zur Vorbereitung der Verhandlungen über einen Veräußerungserlös.

Dass das Marktpotential eines bestimmten Unternehmens mit den Einsatzmöglichkeiten des Unternehmens und einzelner seiner Gegenstände zusammenhängt, wird insbesondere an der Reichweite des Schutzes einzelner Unternehmensgegenstände wie etwa einem Grundstück und den darauf errichteten Produktionskapazitäten deutlich. Weil die Nutzbarkeit der eigentumsrechtlichen Position ihren Wert und damit potentiell die Intensität eines Eingriffs beeinflusst, könnte der Schutz einzelner eigentumsrechtlicher Positionen, die für den Erlös des gesamten Unternehmens wesentlich sind, einen Teil des Unternehmenswerts abbilden. Der Wert der einzelnen eigentumsrechtlich geschützten Positionen hängt dann von der Einbindung in einen produktiven Kontext, eben die Positionierung des Unternehmens am Markt, ab. Die Rechtsprechung und überwiegende Literatur lehnen einen solchen mittelbaren Schutz des Marktpotentials ab und ziehen aus diesem Grund einschränkende Kriterien heran, um nur bestimmte, also nicht alle im Unternehmen möglichen Nutzungen eines Betriebsgrundstücks der eigentumsrechtlich geschützten Position zuzurechnen.[499] Einschränkungen, nach denen nur spezifische[500] oder dem Eigentum „wesensmäßig inhärente"[501] Nutzungen von der verfassungsrechtlichen Eigentumsgarantie umfasst sind, zielen darauf, situative, von dem jeweiligen Kontext abhängige Anschluss- und Nutzungsmöglichkeiten des Eigentums, wie sie insbesondere die Ausrichtung eines Unternehmens am Markt prägt, von den eigentumsrechtlichen Schutz auszunehmen.

---

[497] Zum Ertrags- und Substanzwertverfahren *Engel*, AöR 118 (1993), 169 (204 f.).

[498] Überblick über verschiedene Bewertungsanlässe und Wertkonzeptionen bei *Drukarczyk/Schüler*, Unternehmensbewertung, S. 82 ff.; zum Geschäfts- und Firmenwertbegriff im Handelsbilanz- und Steuerrecht *Waschull*, Das Unternehmen im engeren Sinne als verfassungsrechtliches Eigentum, S. 51 ff.

[499] *Engel*, AöR 118 (1993), 169 (179 f.) m. w. N.; vgl. BVerfG, Beschl. v. 6.10.1987, 1 BvR 1086/82 u. a., BVerfGE 77, 84 – *Arbeitnehmerüberlassung im Baugewerbe*, Rn. 107: „Namentlich folgt aus Art. 14 Abs. 1 GG kein übergreifender Schutz ökonomisch sinnvoller und rentabler Eigentumsnutzung und hierfür bedeutsamer unternehmerischer Dispositionsbefugnisse".

[500] Zur zivilgerichtlichen Rechtsprechung und ihren Ansätzen, eine Doppelentschädigung über das Eigentum am Betriebsgrundstück einerseits und das zivilrechtliche Recht am eingerichteten und ausgeübten Gewerbebetriebs andererseits zu vermeiden, *Kellenberger*, Der verfassungsrechtliche Schutz des eingerichteten und ausgeübten Gewerbebetriebs, S. 204 ff.

[501] *Engel*, Planungssicherheit für Unternehmen durch Verwaltungsakt, S. 84 ff.; *ders.*, AöR 118 (1993), 169 (180) auch m. w. N. zu ähnlichen Einschränkungen in Literatur und Rechtsprechung.

c) Kriterien für verfassungsrechtlichen Schutz

Die Kriterien, die die verfassungsgerichtliche Rechtsprechung zur Bestimmung des eigentumsrechtlichen Schutzes einzelner Positionen heranzieht, variieren teilweise je nach Fallgruppe.[502] In Randfällen jenseits dem verfassungsrechtlichen Eigentum eindeutig zuzuordnender Kategorien wie dem Sacheigentum oder sonstiger dinglicher Rechte an körperlichen Gegenständen hängt die Bestimmung des verfassungsrechtlichen Eigentumsschutzes von einer umfassenden Analyse der jeweiligen Regelungsstruktur ab. Die in der verfassungsgerichtlichen Rechtsprechung aufgeführten Merkmale der Rückführbarkeit auf eine eigene Leistung,[503] dem Zweck der Existenzsicherung[504] und der Privatnützigkeit[505] bilden bei dieser Analyse der Regelungsstruktur eher Anhaltspunkte als subsumierbare Kriterien.

Ein Schutz des eingerichteten und ausgeübten Gewerbebetriebs, der auch das Marktpotential abdecken würde, das sich aus der Positionierung des Unternehmens am Markt ergibt, entspräche nicht den Strukturmerkmalen des verfassungsrechtlichen Eigentumsschutzes. Zwar geht die Ausrichtung des Unternehmens am Markt und das damit verbundene Marktpotential regelmäßig auch, wenn auch nicht ausschließlich,[506] auf eigene Leistung der Inhaber zurück. Auch lassen sich die zivilrechtlichen Möglichkeiten der Übertragung von Unternehmen[507] sowie der in der zivilrechtlichen Rechtsprechung anerkannte Schutz des eingerichteten und ausgeübten Gewerbebetriebs als sonstiges absolut geschütztes Recht[508] als eine rechtliche Anerkennung des Gewerbebetriebs sowie als seine rechtliche Zuordnung zum Unternehmensinhaber verstehen.[509]

---

[502] Zum Schutz öffentlich-rechtlicher Positionen etwa *Depenheuer/Froese*, in: von Mangoldt/Klein/Starck, GG, Art. 14 Rn. 173–176; zum Schutz sozialrechtlicher Ansprüche zuletzt BVerfG, Nichtannahmebeschl. v. 8.11.2011, 1 BvR 2007/11, Rn. 9, m.w.N., BVerfG, Beschl. v. 7.12.2010, 1 BvR 2628/07, BVerfGE 128, 90 – *Arbeitslosenhilfe Abschaffung*, Rn. 31.

[503] Zur Arbeitslosenhilfe BVerfG, Beschl. v. 7.12.2010, 1 BvR 2628/07, BVerfGE 128, 90 – *Arbeitslosenhilfe Abschaffung*, Rn. 33 ff.

[504] Vgl. nur BVerfG, Nichtannahmebeschl. v. 8.11.2011, 1 BvR 2007/11, Rn. 9.

[505] Zuletzt BVerfG, Urt. v. 11.7.2012, 1 BvR 3142/07, 1 BvR 1569/08, BVerfGE 132, 99 – *Delisting*, Rn. 53 ff., BVerfG, Nichtannahmebeschl. v. 5.11.2015, 1 BvR 1667/15, Rn. 2.

[506] Teil des *good wills* sind auch unternehmensexterne Faktoren wie die Intensität der vorhandenen Konkurrenz, die nur sehr eingeschränkt Ausdruck der über das Unternehmen erbrachten Leistung sind, näher *Waschull*, Das Unternehmen im engeren Sinne als verfassungsrechtliches Eigentum, S. 42 f.

[507] Siehe oben, § 5 D.I.3.a).

[508] Zuletzt BGH, Urt. v. 19.12.2014, V ZR 324/13, NJW 2015, 2037, Rn. 16; BGH, Urt. v. 16.12.2014, VI ZR 39/14, NJW 2015, 773 – *Hochleistungsmagneten*, Rn. 13: auch Schutz der Unternehmen in ihrem Interesse, „dass ihre wirtschaftliche Stellung nicht durch inhaltlich unrichtige Informationen oder Wertungen, die auf sachfremden Erwägungen beruhen oder herabsetzend formuliert sind, geschwächt wird und andere Marktteilnehmer deshalb von Geschäften mit ihr abgehalten werden".

[509] *Depenheuer/Froese*, in: von Mangoldt/Klein/Starck, GG, Art. 14 Rn. 133.

d) Interaktionspotential als Frage der Berufsfreiheit

Allerdings geht der über die einzelnen eigentumsrechtlich geschützten Positionen des Unternehmens hinausgehende Wert des Unternehmens auf das Marktpotential, also die Wahrscheinlichkeit zukünftiger Transaktionen zurück. Zwar steht allein die damit verbundene Ungewissheit dem eigentumsrechtlichen Schutz noch nicht entgegen. Dass bestimmte Umsatzentwicklungen auch bei einer vermeintlich etablierten Marktposition nicht sicher sind, schließt entgegen der insoweit zu pauschalen Formulierung der Rechtsprechung[510] nicht aus, die bestehenden Chancen gegen hoheitliche Beeinträchtigungen verfassungsrechtlich zu schützen.[511] Jedoch sind die wesentlichen Faktoren des Marktpotentials und Unternehmenswerts Teil der Berufsfreiheit. Sie kennzeichnen die Rahmenbedingungen für Interaktionen des Unternehmens am Markt. Dass diese Position oftmals durch die bisherige Leistung des Unternehmens erreicht wird, macht aus der Marktposition noch kein „Substrat der vorangegangenen Anstrengungen".[512] Der Ruf des Unternehmens und das Image seiner Produkte beeinflussen die Wahrnehmung der anderen Marktteilnehmenden, insbesondere der Nachfrager. Gleiches gilt für den Stand der Produktentwicklung, auch im Vergleich zu alternativen Produkten anderer Anbieter, oder die Personalstruktur. Sämtliche Faktoren des Unternehmenswerts, die sich auf die Handlungsfähigkeit des Unternehmens beziehen, schöpfen ihren Einfluss auf den Unternehmenswert aus der Relevanz der Handlungsfähigkeit für den zukünftigen Markterfolg. Marktteilnehmende schreiben der aus komplexen Faktoren zusammengesetzten Marktposition eines Unternehmens nur deshalb einen über den Wert der einzelnen Unternehmensgegenstände hinausgehenden Unternehmenswert zu,

---

[510] Vgl. nur BVerfG, Beschluss vom 6.10.1987, 1 BvR 1086/82 u. a., BVerfGE 77, 84 – *Arbeitnehmerüberlassung im Baugewerbe*, Rn. 105: „Unter dem Gesichtspunkt eines Schutzes des eingerichteten und ausgeübten Gewerbebetriebes durch Art. 14 Abs. 1 GG ergibt sich nichts anderes. Er würde jedenfalls nicht bloße (Umsatz- und Gewinn-) Chancen und tatsächliche Gegebenheiten umfassen (…) wie die bestehenden Geschäftsverbindungen, den erworbenen Kundenstamm oder die Marktstellung. (…)"; BVerfG, Beschl. v. 31.10.1984 – 1 BvR 35/82 u. a., BVerfGE 68, 193 – *Zahntechniker-Innung*, Rn. 77 „Das Grundrecht schützt nicht in der Zukunft liegende Chancen und Verdienstmöglichkeiten (…). Auch unter dem Gesichtspunkt des Schutzes des eingerichteten und ausgeübten Gewerbebetriebs durch Art. 14 Abs. 1 GG ergibt sich nichts anderes. Ob und inwieweit der eingerichtete und ausgeübte Gewerbebetrieb als tatsächliche Zusammenfassung der zum Vermögen eines Unternehmens gehörenden Sachen und Rechte von der Gewährleistung der Eigentumsgarantie erfaßt wird, bedarf hier keiner Entscheidung (…) Denn auch wenn dies unterstellt wird, erstreckt sich der Schutz der Eigentumsgarantie nur auf den konkreten Bestand an Rechten und Gütern. Bloße (Umsatz- und Gewinn-) Chancen und tatsächliche Gegebenheiten sind zwar für das Unternehmen von erheblicher Bedeutung; sie werden vom Grundgesetz eigentumsrechtlich jedoch nicht dem geschützten Bestand des einzelnen Unternehmens zugeordnet (…)".

[511] *Engel*, AöR 118 (1993), 169 (216f.); zum Schutz von Chancen im Zusammenhang mit dem Anteilseigentum siehe oben.

[512] So aber *Boddenburg*, Negative Produktinformation, S. 36, mit entsprechenden Folgen für den eigentumsrechtlichen Schutz gegen hoheitliche Informationstätigkeit.

weil die Marktposition und das mit ihr verbundene Marktpotential, obwohl sie nicht als Ganzes rechtlich geschützt sind, nicht ohne weiteres kopiert und nachgeahmt werden können. Weil die Marktposition eines Unternehmens für andere Marktteilnehmende oftmals nicht oder nur schwer und langsam erreichbar ist, ist sie stabil und wertvoll. Diese Marktposition soll durch den verfassungsrechtlichen Schutz des Rechts am eingerichteten und ausgeübten Gewerbebetrieb auch aus Sicht seiner Befürworter nicht der Marktdynamik entzogen werden.[513] Ein solcher Schutz vor Marktentwicklungen und ihren Anpassungsanreizen würde den Marktmechanismus blockieren.[514] Für den Schutz des Rechts am eingerichteten und ausgeübten Gewerbebetrieb bleibt vielmehr nur die Abwehr hoheitlicher, also marktexterner Beeinträchtigungen, insbesondere durch hoheitliche Informationstätigkeit oder die verzerrende Subvention einzelner Marktteilnehmender.[515] Dieser Schutz wird jedoch auf der Grundlage eines interaktionsbasierten Verständnisses bereits von der Berufsfreiheit abgedeckt.[516] Ähnlich wie im Rahmen der Europäischen Menschenrechtskonvention[517] stellt der Schutz des Rechts am eingerichteten und ausgeübten Gewerbebetrieb eine Kompensation für Lücken im Schutz der Berufsfreiheit bei der Marktteilnahme dar. Ein interaktionszentriertes Verständnis der Berufsfreiheit erlaubt demgegenüber bei Beeinträchtigungen des Interaktionspotentials, die zur Begründung der Notwendigkeit eines Schutzes des Rechts am eingerichteten und ausgeübten Gewerbebetrieb herangezogen werden, eine genauere Analyse ihrer beeinträchtigenden Wirkung auch unter Berücksichtigung der damit verfolgten Zwecke.[518]

II. Schutz der Interaktion in der Berufsfreiheit

Wird die Berufsfreiheit durch Teilnahme an Märkten ausgeübt, prägt der für Marktprozesse charakteristische Konnex von Anschlussmöglichkeiten und Anschlusszwängen den Schutz des Freiheitsrechts. Während auf die Auswahlentscheidungen der Marktteilnehmenden zurückgehende Nachteile und Anschlusszwänge von vorneherein keinen Eingriff in die Berufsfreiheit darstellen, gehört umgekehrt das auf der Interaktion beruhende Entwicklungspotential zum Schutzbereich der Berufsfreiheit. Hoheitliche Maßnahmen, die das Interaktionspotential eines Grundrechtsträgers auf dem Markt beschränken, stellen rechtfertigungsbedürftige Eingriffe dar, auch wenn sie nicht an den Grundrechtsträger, sondern an dessen potentielle Interaktionspartner oder unter Umständen

513 *Engel*, AöR 118 (1993), 169 (217).

514 Siehe oben, § 5 A.II.

515 Vgl. die Fallgruppen bei *Engel*, AöR 118 (1993), 169 (208–225).

516 Siehe unten, § 5 D.II.

517 Dazu siehe unten, § 7 A.III., und bereits *Wunderlich*, Das Grundrecht der Berufsfreiheit im Europäischen Gemeinschaftsrecht, S. 63 ff.; *Glöckner*, Eigentumsrechtlicher Schutz von Unternehmen, S. 79 f., 131 ff., 208 ff.

518 Siehe unten, § 5 D.II.3. und § 5 D.II.4.

auch an Dritte gerichtet sind. Mit diesem Charakteristikum von Märkten geht allerdings keine Vorentscheidung oder Annahme über das verfassungsrechtliche zulässige Maß der Regulierungsintensität einher. Die verfassungsrechtlichen Anforderungen stellen vielmehr vor allem besondere Anforderungen an die Rationalität und Kohärenz von hoheitlichen Regelungen mit Auswirkungen auf die Marktteilnahme. Zwar bringen auf der einen Seite gerade die Wechselwirkungen einer Vielzahl individueller Freiheitsausübung dezentrales Wissen und neue Anschlussmöglichkeiten hervor.[519] Marktprozesse generieren über die laufenden Interaktionen transsubjektive, kollektive Effekte der Grundrechtsausübung[520] und bilden dadurch eine Wissensordnung, die sich von außen nicht entwerfen ließe.[521] Jedoch können Marktprozesse wegen ihrer Gründung in dezentralen und eigenrationalen Auswahlentscheidungen weder ihre eigene Stabilität noch die Förderung der Persönlichkeitsentfaltung ihrer Marktteilnehmenden gewährleisten. Marktprozesse bedürfen der rechtlichen Begleitung; von der Bereitstellung eines Transaktionskosten senkenden Rahmens über die Gewährleistung der tatsächlichen Voraussetzungen zur Schaffung und Erhaltung einer Lebensgrundlage bis hin zum Schutz weiterer Rechtsgüter. Diejenigen Teile der Marktordnung, die die Stabilität des Marktprozesses erhalten oder dem Schutzgut der Persönlichkeitsentfaltung unter Marktbedingungen dienen, stellen Ausgestaltungen der Berufsfreiheit dar. Sowohl bei Eingriffen als auch bei Ausgestaltungen leiten sich die grundrechtlichen Anforderungen an die Rechtfertigung wesentlich davon ab, inwiefern die Regelung nicht nur das isolierte Verhalten eines Marktteilnehmers behindert, sondern auch die Entwicklungsoffenheit des betroffenen Marktes beeinträchtigt.

1. Individuelles Interaktionspotential als Eingriffskriterium

Zu dem Schutzbereich der Berufsfreiheit bei der Marktteilnahme zählt nicht nur die individuelle Verhaltensfreiheit des Grundrechtsträgers, sondern auch das individuelle Interaktionspotential. Nachteile und Anpassungsanreize, denen Grundrechtsträger bei der Marktteilnahme ausgesetzt sind, und neue Anschlussmöglichkeiten bilden zwei Seiten derselben Medaille, die auf die laufende Interaktion der Grundrechtsträger bei der Freiheitsausübung zurückgeht.[522]

a) Interaktion als Bedingung individueller Wissenserzeugung

Die Interaktion leistet nicht nur einen Beitrag zur marktweiten Wissensdistribution, sondern vermittelt dem einzelnen Grundrechtsträger zugleich Impulse und

---

[519] Siehe oben, § 5 A.I.

[520] *Ladeur*, DÖV 2007, 1 (8ff.); zu den Implikationen für den Schutz negativer Freiheitsrechte *ders.*, Die transsubjektive Dimension der Grundrechte, S. 17 (30).

[521] *Ladeur*, Negative Freiheitsrechte, S. 67ff., S. 112ff.

[522] Siehe oben, § 5 B.I.3.

Informationen, das individuelle Wissen einschließlich der eigenen Perspektive zu verifizieren, zu erweitern oder auch nur in Frage zu stellen. Diese wissensgenerierende Funktion der Interaktion umfasst nicht nur die Entwicklung und Verbreitung von Innovationen, die ihrerseits Raum für bisher unbekannte Verwendungsmöglichkeiten anderer Güter oder Dienstleistungen schafft. Auch unterhalb der Schwelle grundlegender oder auch nur kleinerer Innovationen[523] vermitteln die Interaktionen, die Verhandlung mit anderen Marktteilnehmern oder ihre Beobachtung, ein Bild über die aktuelle Marktsituation und die sich abzeichnenden Marktentwicklungen. Marktpreisen eine Signalfunktion zuzusprechen, die Anreize zum Marktein- oder -austritt sowie zur entsprechenden Allokation von Produktionsfaktoren setzt,[524] bezeichnet die zu Grunde liegende Interaktion nur verkürzt. Marktpreise werden in Kommunikations- und Handlungszusammenhängen unter Marktteilnehmenden signalisiert, die allerdings jeweils erheblich mehr als nur einen bestimmten Marktpreis transportieren. Marktpreisen kommt dabei lediglich der Vorteil zu, dass sie intersubjektiv leicht vergleichbar sind und trotz der je individuellen Interpretation von Informationen im Wesentlichen einheitlich verstanden werden. Marktpreise suggerieren dadurch eine marktweite Objektivität der Informationen, die zugleich ein in gewisser Weise statisches Verständnis von Marktprozessen nahelegt. Zwar löst die Signalfunktion von Marktpreisen Anreize zu Verhaltensänderungen aktueller oder potentieller Marktteilnehmer aus. Die kontinuierliche dezentrale Interpretation von Informationen und Wissensgenerierung über Interaktionen wird durch das Bild einheitlicher und allgemein marktbekannter Informationen wie einem Preis mit Leuchtturmfunktion aber ausgeblendet. In welchem Maß Informationen nur dezentral über Interaktion mit anderen Marktteilnehmern erzeugt werden, wird insbesondere im Regulierungs-, Kartell- und Finanzmarktrecht deutlich. Die regulierten oder beaufsichtigten Unternehmen verfügen durch ihre Einbindung in Markttransaktionen über deutlich detailliertere Informationen zum Marktgeschehen als die Regulierungs- und Aufsichtsbehörden. Sektorübergreifend etablierte prozedurale Mechanismen wie Konsultationen[525] oder Übermittelungspflichten an zentral eingerichtete Stellen zur Informationssammlung[526] reagieren auf die strukturelle Informationsasymmetrie, die auf die

[523] Zu unterschiedlichen Begriffsverständnissen und Arten von Innovationen *Hauschildt/Salomo*, Innovationsmanagement, S. 3–23.

[524] Klassisch aus der beständig fortentwickelten makroökonomischen Perspektive mit jeweils unterschiedlichen Zeithorizonten etwa *Mankiw/Taylor*, Macroeconomics, S. 63 ff., S. 83 ff., S. 153 f., S. 314 ff.

[525] Zum Energierecht *Herzmann*, Konsultationen; zur telekommunikationsrechtlichen Regulierung *Ladeur*, CR 2000, 433 (436 f.); allgemein *Trute/Broemel*, ZHR 170 (2006), 706 (730 ff.); *Broemel*, Wissensgenerierung im Regulierungsverfahren, S. 139 (148 f.).

[526] Zur Markttransparenzstelle im Energiehandel *Lüdemann/Lüdemann*, WuW 2012, 917 ff.; *Lange*, EnWZ 2013, 104 (105 ff.); *Lüdemann/Konar*, ZNER 2015, 81 ff.; *Broemel*, Wissensgenerierung im Regulierungsverfahren, S. 139 (159 ff.).

unterschiedliche Einbindung in Interaktionen zurückgeht. Kundenbeziehungen bilden in regulierten Märkten nicht zuletzt deshalb einen Faktor der Marktmachtkonzentration, weil sie dem in einer Vielzahl von Vertragsbeziehungen stehenden Unternehmen überlegene Möglichkeiten der Marktbeobachtung bieten. Im Zuge der algorithmisierten Datenverarbeitung entwerfen Unternehmen mehrseitige Geschäftsmodelle, in denen unentgeltliche oder stark subventionierte Leistungen ausschließlich zur Beobachtung des Kundenverhaltens angeboten werden.[527] Die über diese Kundenbeobachtung eröffnete Informationsquelle speist die Marktmacht durch überlegenes, entscheidungsrelevantes Wissen auf anderen Märkten.[528]

b) Verkürzung des individuellen Interaktionspotentials

Hoheitliche Maßnahmen, die das individuelle Interaktionspotential eines Marktteilnehmers beschränken, greifen in dessen Berufsfreiheit ein. Durch das Interaktionspotential als Bezugspunkt des Grundrechtseingriffs ist nicht entscheidend, ob sich die hoheitliche Maßnahme gegen den Grundrechtsträger oder gegen dessen potentielle Interaktionspartner richtet.[529] Imperative, die Marktaktivitäten betreffen, greifen vor diesem Hintergrund ebenso in die Berufsfreiheit ein wie faktische Festlegungen transaktionsrelevanter Parameter oder des Marktpotentials und Zugangshindernisse potentieller Interaktionspartner.[530]

---

[527] *Monopolkommission*, Wettbewerbspolitik: Herausforderung digitale Märkte, Sondergutachten 68, Tz. 31 ff.; siehe oben, § 2 B.IV.3.

[528] *Monopolkommission*, Wettbewerbspolitik: Herausforderung digitale Märkte, Sondergutachten 68, Tz. 69 ff. zu den Werbemärkten, Tz. 88 ff. zum Angebot von Suchmaschinen und Tz. 110 zu potenziellen Wettbewerbsproblemen beim Angebot sozialer Netzwerke.

[529] *Sachs*, Informationsinterventionismus und Verfassungsrecht, S. 209 (215 f.): „Ist dieses Element einer (insoweit) interaktionistischen, nur im Zusammenwirken mit einem Partner zu betätigenden Freiheit einmal als Gegenstand des Grundrechtsschutzes ausgemacht, wird zugleich deutlich, dass der grundrechtliche Schutzgegenstand in diesem Punkt dadurch beeinträchtigt werden kann, dass die grundrechtsgebundene Staatsgewalt in Frage kommende Geschäftspartner von dem geschäftlichen Zusammenwirken abhält – ob dies nur dann als grundrechtlich relevant anzuerkennen ist, wenn weitere Bedingungen erfüllt sind, ist nicht mehr eine Frage des Schutzgegenstandes, sondern eine seiner relevanten Beeinträchtigung (…)“. Anders bekanntlich die verfassungsgerichtliche Rechtsprechung, vgl. nur BVerfG, Urt. v. 17.12.2002, 1 BvL 28/95 u. a., BVerfGE 106, 275 – *Arzneimittelfestbetrag*, Rn. 105: „Die Berufsfreiheit umfasst das Recht der am Markt Tätigen, die Bedingungen ihrer Marktteilhabe selbst festzusetzen. Insbesondere kann der Anbieter Art und Qualität sowie den Preis der angebotenen Güter und Leistungen selbst festlegen. In gleicher Weise ist aber auch das Recht der Nachfrager geschützt, zu entscheiden, ob sie zu diesen Bedingungen Güter erwerben oder Leistungen abnehmen. Soweit Marktteilnehmer in ihrem Marktverhalten durch gesetzliche Regeln beschränkt werden, ist dies an ihren Grundrechten zu messen, nicht an denen der anderen Marktteilnehmer.“

[530] Näher siehe unten, § 5 D.II.1.c) und § 5 D.II.1.d).

Die Abgrenzungsschwierigkeiten bei der Feststellung eines mittelbaren Grundrechtseingriffs[531] entfallen dadurch, auch wenn die Abgrenzung des Bereichs der potentiellen Interaktionspartner ebenfalls Schwierigkeiten aufwerfen kann. Diese Abgrenzung ist jedoch durch den Bezug zur Interaktion konstruktiv kohärent lösbar, während materielle Kriterien, etwa der Eingriffsintensität, die sich auf eine formelle, isolierte Verhaltensfreiheit beziehen, schon auf Grund der grundlegenden Konzeption unkonturiert bleiben.[532] Zugleich führt die Ausrichtung am Interaktionspotential den Schutz in zweipoligen Verhältnissen auf das Charakteristische der Marktprozesse. Die Reduktion des Interaktionspotentials als Eingriffskriterium heranzuziehen, entspricht insofern dem Anliegen des in der Rechtsprechung herangezogenen Kriteriums der objektiv berufsregelnden Tendenz, das aus der Vielzahl der unmittelbar an den Grundrechtsträger bei der Marktausübung gerichteten Vorgaben die spezifisch berufsbezogenen herausfiltern soll. Im Gegensatz zu einem Bündel materiellrechtlicher Kriterien, die einen als isolierte Verhaltensfreiheit verstandenen Schutzbereich fallgruppenartig anreichern sollen,[533] bietet die Anknüpfung an das Interaktionspotential auch hier eine Grundlage für ein kohärentes Konzept.

c) Unmittelbare Vorgabe transaktionsrelevanter Parameter

Ein Eingriff in die Berufsfreiheit liegt danach – insoweit übereinstimmend mit der Rechtsprechung zur objektiv berufsregelnden Tendenz – zunächst vor, wenn einzelne für eine Markttransaktion unmittelbar relevante Parameter vorgegeben werden. Diese vorgegebenen Parameter sind der Verhandlung zwischen den Marktteilnehmern und damit einer wissensgenerierenden Interaktion von vorneherein entzogen.

So nimmt die Rechtsprechung eine objektiv berufsregelnde Tendenz und damit einen Eingriff in die Berufsfreiheit an, wenn Preise für Arzneimittel durch gesetzliche Vorgaben abgesenkt und eingefroren,[534] die Herstellerabgabepreise für bestimmte Arzneimittel in bestimmten Gebieten gesetzlich gesenkt[535] oder Streitwerte mit unmittelbarer Wirkung für die Höhe der anwaltlichen Vergütung festgesetzt werden.[536] Dieser objektiv berufsregelnden Tendenz steht nach der Rechtsprechung ausdrücklich nicht entgegen, dass den Kostendämp-

---

[531] Dazu siehe unten, § 5 E.I.3.

[532] Zur Einordnung mittelbarer Grundrechtseingriffe und eines funktionalen Äquivalents für einen Grundrechtseingriff in der Rechtsprechung siehe unten, § 5 E.I.3. und § 5 E.II.

[533] Zur objektiv berufsregelnden Tendenz in der Rechtsprechung siehe unten, § 5 E.I.

[534] BVerfG, Kammerbeschl. v. 1.9.1999, 1 BvR 264/95 u.a., NJW 2000, 1781, Rn. 15: Gesetzliches Preismoratorium für bestimmte Arzneimittel.

[535] BVerfG, Kammerbeschl. v. 20.12.1990, 1 BvR 1418/90 u.a., Rn. 11: Verringerung des Herstellerabgabepreises von Arzneimitteln für das Gebiet der DDR.

[536] BVerfG, Stattgebender Kammerbeschl. v. 23.8.2005, 1 BvR 46/05, NJW 2005, 2980 – *Streitwertfestsetzung in Ehesachen*, Rn. 16; zur Streitwertfestsetzung im Scheidungsverfahren, BVerfG, Stattgebender Kammerbeschl. v. 28.3.2006, 1 BvR 838/05, Rn. 10.

fungsmaßnahmen nicht der Zweck zukommt, die betroffenen Unternehmen zu sanktionieren oder ihr Verhalten auf andere Art und Weise zu steuern.[537] Allein die objektive Wirkung der Sparmaßnahme auf die Transaktion genügt zur Begründung einer berufsregelnden Tendenz.

d) Vorgaben an Vorleistungen und mittelbare Einflüsse

Diesen Vorgaben an unmittelbar transaktionsrelevante Parameter stehen Beschränkungen oder Verbote notwendiger Vorleistungen nahe. Diese betreffen die Transaktion nicht unmittelbar rechtlich, aber mittelbar faktisch. Zu ihnen zählen aus der Rechtsprechung ein Einfuhr- und Verbringungsverbot für Kampfhunde, das entsprechende Züchter mittelbar beeinträchtigt,[538] oder ein Verbot an Tierpräparatoren, Bälge geschützter, auch toter Vögel in Besitz zu nehmen, zu verarbeiten oder zu veräußern.[539] Diese an notwendige Vorleistungen knüpfenden Beschränkungen oder Verbote werden in der Rechtsprechung unterschiedlich eingeordnet. In der Tierpräparatoren-Entscheidung etwa hat das Bundesverfassungsgericht die berufsregelnde Tendenz im Hinblick auf den allgemeinen Charakter der Verbote verneint und Erwägungen zur Intensität des Eingriffs angestellt.[540]

Auf eine andere Art und Weise können Neuregelungen des anwaltlichen Gebührenrechts mittelbare Auswirkungen auf die berufliche Tätigkeit von Anwältinnen und Anwälten hervorrufen. Während Streitwertfestsetzungen sich unmittelbar auf eine jeweils konkrete, gesetzliche Vergütung auswirken,[541] kommt der Änderung der Gebührenberechnung jenseits der Höchstgrenze für Gegenstandswerte in Höhe von 30 Mio. Euro eine nur mittelbare Wirkung zu. Die darin liegende Änderung der Verdienstmöglichkeit innerhalb des gesetzlichen Vergütungssystems stellt nach der Rechtsprechung keinen Eingriff in die Berufsfreiheit dar, weil dem Berufsträger kein verfassungsrechtlicher Anspruch auf

---

[537] Zur Senkung der Herstellerabgabepreise von Arzneimitteln BVerfG, Kammerbeschl. v. 20.12.1990, 1 BvR 1418/90 u. a., Rn. 11: „Die Preisabschlagsregelung stellt einen gesetzlichen Eingriff in die Freiheit der Berufsausübung dar. Zweck der Regelung ist es zwar nicht, den Arzneimittelherstellern den Zutritt zum für sie jeweils neuen Teilmarkt zu erschweren. Objektiv wirkt sich aber der gesetzlich angeordnete Abschlag von 55 Prozent auf den Herstellerabgabepreis als Zugangserschwernis aus. (...)"; zum Preismoratorium für bestimmte Arzneimittel BVerfG, Kammerbeschl. v. 1.9.1999, 1 BvR 264/95 u. a., NJW 2000, 1781, Rn. 15: „(...) Der Einordnung als Beschränkung der Berufsfreiheit steht nicht entgegen, daß es Zweck der Vorschrift war, die gesetzlichen Krankenkassen von Ausgaben für Arzneimittel zu entlasten. Die Vorschrift bediente sich dabei eines Eingriffs in die Berufsfreiheit und hatte damit objektiv berufsregelnde Tendenz, soweit die Beschwerdeführerinnen apothekenpflichtige Arzneimittel herstellen."

[538] BVerfG, Urt. v. 16.3.2004, 1 BvR 1778/01, BVerfGE 110, 141 – *Kampfhunde*, Rn. 63.

[539] BVerfG, Urt. v. 3.11.1982, 1 BvL 4/78, BVerfGE 61, 291 – *Tierpräparator*, Rn. 52 ff., dort allerdings objektiv berufsregelnde Tendenz verneint.

[540] BVerfG, Urt. v. 3.11.1982, 1 BvL 4/78, BVerfGE 61, 291 – *Tierpräparator*, Rn. 52 ff.

[541] Siehe oben, § 5 D.II.1.c).

eine bestimmte Ausgestaltung des gesetzlichen Gebührensystems zusteht.[542] Die Frage ist jedoch, ob die Änderung des gesetzlichen Gebührensystems sich derart auf die daneben bestehende Möglichkeit, Honorarvereinbarungen zu schließen, auswirkt, dass Anwältinnen und Anwälte bestimmte Honorare am Markt faktisch nicht mehr durchsetzen können. Der Hinweis der Rechtsprechung auf die Grenzen des Schutzbereichs der Berufsfreiheit,[543] die eben nicht vor Marktrisiken schützt, hilft nicht für die Beantwortung der Frage, ob es sich bei den mittelbaren Auswirkungen der in Rede stehenden Maßnahme noch um Marktrisiken oder schon um einen hoheitlichen Eingriff handelt. Das Bundesverfassungsgericht tendiert im Grundsatz dazu, Änderungen im parallelen Regime des gesetzlichen Gebührenrechts als Marktrisiko einzuordnen,[544] stellt aber teilweise auf die Art und Intensität ab, in der die Verhandlungsposition der Marktteilnehmenden beeinträchtigt werden. Während Honorarvereinbarungen im Sozialrecht im Hinblick auf die Mandatsstruktur kaum erzielbar sind und deshalb die Intensität von Kürzungen in gesetzlichen Gebührensystem nicht zu kompensieren vermögen,[545] fällt in Großverfahren die Höhe des Anwaltshonorars angesichts der gesamten Projektkosten und der Zahlungsbereitschaft der Mandanten für spezialisierte Anwälte nicht ins Gewicht.[546]

Diese in den Fällen der Beschränkung notwendiger Vorleistungen zum Ausdruck gekommene Divergenz in der Rechtsprechung drückt die Schwierigkeit

[542] BVerfG, Beschl. v. 13.2.2007, 1 BvR 910/05 u.a., BVerfGE 118, 1 – *Rechtsanwaltsgebühren*, Rn. 69; zum Schutz bestehender Positionen siehe unten, § 5 D.I.

[543] BVerfG, Beschl. v. 13.2.2007, 1 BvR 910/05 u.a., BVerfGE 118, 1 – *Rechtsanwaltsgebühren*, Rn. 78: „Art. 12 Abs. 1 GG umfasst keinen Anspruch auf beruflichen Erfolg im Rahmen einer wettbewerblich strukturierten Ordnung (vgl. BVerfGE 105, 252 [265]). Soweit Art. 12 Abs. 1 GG die Freiheit schützt, das Entgelt der angebotenen Leistung selbst festzulegen (vgl. BVerfGE 101, 331 [347]; 106, 275 [298]), reicht dieser Schutz nicht über das Recht der Nachfrager hinaus, zu entscheiden, ob sie zu diesen Bedingungen Leistungen abnehmen. Dass potentielle Mandanten möglicherweise eine anwaltliche Betreuung unter Anwendung der gesetzlichen Gebühr bevorzugen oder vor einer Honorarvereinbarung fragen, mit welcher Leistung des Rechtsanwalts die Abweichung von der gesetzlichen Gebühr begründet ist, entspricht dem Gedanken der Vertragsfreiheit. Gelingt es dem Anwalt nicht, ein höheres Honorar zu vereinbaren, realisiert sich das allgemeine Risiko, das mit der wirtschaftlichen Verwertung einer beruflich erbrachten Leistung am Markt verbunden ist".

[544] BVerfG, Beschl. v. 13.2.2007, 1 BvR 910/05 u.a., BVerfGE 118, 1 – *Rechtsanwaltsgebühren*, Rn. 78: „(…) Die frühere Gebührenregelung, die jenseits der Wertgrenze höhere Gebühren vorsah und daher für die Rechtsanwälte einen geringeren Anreiz für Honorarvereinbarungen enthielt, hat keinen Vertrauensschutztatbestand geschaffen und deshalb den Rechtsanwälten das Risiko eines Misslingens von Honorarverhandlungen nicht mit der Wirkung abgenommen, dass eine Veränderung der gesetzlich geschaffenen Anreizstruktur als Grundrechtseingriff anzusehen wäre. Es fehlt an der Beeinträchtigung einer verfassungsrechtlich geschützten Rechtsposition."

[545] BVerfG, Beschl. v. 17.10.1990, 1 BvR 283/85, BVerfGE 83, 1, Rn. 63 ff.

[546] BVerfG, Beschl. v. 13.2.2007, 1 BvR 910/05 u.a., BVerfGE 118, 1 – *Rechtsanwaltsgebühren*, Rn. 81; freilich lässt sich auch hier bereits aus der Zielsetzung des Gesetzgebers, die Rechtsanwaltskosten für Verfahren mit sehr hohen Streitwerten zu senken, zur Begründung eines Angriffs heranziehen, vgl. Sondervotum *Gaier*, Rn. 115 ff.

aus, mittelbare Beeinträchtigungen einzuordnen. Die von der Maßnahme ausgehende Intensität der Beeinträchtigung der beruflichen Tätigkeit rechtfertigt für sich genommen noch nicht ihre Bewertung als Eingriff.[547] Vielmehr kommt es darauf an, die Maßnahme im Hinblick auf ihre Auswirkungen auf die Struktur der Marktprozesse zu bewerten. Maßnahmen, die Auswahl- und Entwicklungsprozesse strukturell unterbinden, kommt danach auch dann ein Eingriffscharakter zu, wenn sie sich nicht unmittelbar und final an Marktteilnehmende richten.[548] Beschränkungen von Vorleistungen, die den Gegenstand der späteren Transaktion schlechthin betreffen, stellen den nachgelagerten Markt insgesamt in Frage. Für sie mag es gute Gründe geben, aber im Ausgangspunkt stellen solche grundsätzlichen Beschränkungen notwendiger Vorleistungen einen Eingriff in die Berufsfreiheit der betroffenen Marktteilnehmenden auf den nachgelagerten Märkten dar, auch wenn diese nur mittelbar betroffen sind.

Beschränkungen, die nicht die Vorleistung schlechthin betreffen, sondern lediglich besondere Anforderungen an die Vorleistung stellen, etwa zum Verbraucher- oder Gesundheitsschutz, stellen die Marktprozesse nicht strukturell in Frage, sondern werden als Nebenbedingungen in die Auswahlentscheidungen integriert. Indem sie zu Ausweichbewegungen auf andere Angebote bis hin zum Erliegen des betroffenen Marktes führen können, beeinträchtigen sie das Interaktionspotential der auf dem Markt tätigen Grundrechtsträger und stellen damit ebenfalls einen Eingriff in die Berufsfreiheit der betroffenen Marktakteure dar. Dem Eingriff kommt allerdings eine erheblich geringere Intensität zu, weil die punktuellen Vorgaben als Nebenbedingungen auf vielfältige Weise von den Marktteilnehmern berücksichtigt werden können und dadurch Raum für unterschiedliche Entwicklungen der Interaktionen lassen.

Eingriffscharakter kommt den mittelbar beeinflussenden Maßnahmen schließlich im Grundsatz auch zu, soweit sie nicht den Gegenstand der Leistung, sondern allein den Preis betreffen. Die mittelbare Beeinflussung des Entgelts nimmt auf die Attraktivität der Transaktion aus Sicht der betroffenen Marktteilnehmenden und damit auf das Interaktionspotential Einfluss. Im Gegensatz zu Vorgaben an die Eigenschaften der notwendigen Vorleistungen folgt die Änderung der Entgelte nicht aus einer Neubewertung von Leistung und Gegenleistung durch die Marktteilnehmenden. Vielmehr ergibt sich die Preisverschiebung als Nebenwirkung aus parallel anwendbaren gesetzlichen Gebührensystemen.[549] Gehen von solchen Gebührensystemen systematisch Anreize und Signale an die

---

[547] Siehe oben, § 5 E.I.2.c).

[548] Zu hoheitlicher Informationstätigkeit *Sachs*, Informationsinterventionismus und Verfassungsrecht, S. 209 (217 f.), auch mit dem Hinweis auf das bisherige Fehlen einer allseits akzeptierten Lösung zur Bestimmung der genauen Reichweite der staatlichen Verantwortlichkeit außerhalb des Bereichs gezielt veranlasster Drittbeeinträchtigungen.

[549] BVerfG, Beschl. v. 13.2.2007, 1 BvR 910/05 u.a., BVerfGE 118, 1 – *Rechtsanwaltsgebühren*, Rn. 78 ff.

Marktteilnehmenden aus, die sich in den Entgelten auf Märkten für Anwaltsdienstleistungen niederschlagen, ohne die angebotenen Leistungen zu verändern, beeinflussen die parallelen Gebührensysteme die Marktprozesse strukturell und stellen dadurch einen Eingriff in die Berufsfreiheit der Marktteilnehmenden auf dem betroffenen Markt dar.

An einer eingriffsbegründenden Beeinträchtigung des Interaktionspotentials fehlt es hingegen, wenn tarifäre Regelungen im Zuge der Liberalisierung aufgehoben werden und die Marktteilnehmenden nunmehr in der Lage sind, Entgelte individuell auszuhandeln. Auch wenn einzelne Marktteilnehmende zu den neuen Marktbedingungen Entgelte nicht mehr in der bisher festgesetzten Höhe erzielen können, ist dieser durch die Aufhebung der Tarifbindung ausgelöste Nachteil Ausdruck der Interaktion am Markt.[550] Das gilt auch, wenn durch die Neuausrichtung des Marktes einzelne, bisher bestehende Betätigungsfelder faktisch wegfallen. So hat beispielsweise die Aufhebung der Tarifbindung in der Binnenschifffahrt die Leistungen der Frachtenprüfstellen und Tarifeure faktisch entbehrlich gemacht.[551]

e) *Ersetzung der Marktdynamik*

Ebenfalls kommt Marktordnungen, die markttypische Interaktionen modifizieren oder vollständig ersetzen, Eingriffscharakter zu. Diese Marktordnungen zielen regelmäßig darauf, das Angebot bestimmter Einrichtungen oder Leistungen bestimmter Qualität zu gewährleisten. Diese Gewährleistung bezieht sich regelmäßig nicht zuletzt auf den Schutz vor ökonomischen Anschlusszwängen. Verfolgt eine Marktordnung das Ziel der „wirtschaftlichen Sicherung" bestimmter Einrichtungen,[552] ist damit gemeint, die Funktionsbedingungen des Wettbewerbs teilweise durch andere Mechanismen der Koordination zu ersetzen. Typischerweise verbindet eine solche Marktordnung die Übernahme bestimmter Kosten[553] oder das Angebot der Abnahme von Waren oder Leistungen zu bestimmten Preisen[554] mit einer Beschränkung des Kreises der Begünstigten[555] und steuernden, inhaltlichen Anforderungen an die Begünstigung, damit auf das zu Grunde liegende Ziel hingewirkt wird.

---

[550] Zur Liberalisierung des Tarifsystems in der Binnenschifffahrt BVerfG, Nichtannahmebeschl. v. 29.11.2000, 1 BvR 2162/93, NJW-RR 2001, 751, Rn. 29ff.

[551] BVerfG, Nichtannahmebeschl. v. 29.11.2000, 1 BvR 2162/93, NJW-RR 2001, 751, Rn. 29 und 32.

[552] Zur wirtschaftlichen Sicherung der Krankenhäuser § 1 Abs. 1 KHG, BVerfG, Beschl. v. 12.06.1990, 1 BvR 355/86, BVerfGE 82, 209 – *Krankenhausplan*, Rn. 64.

[553] Übernahme der Investitionskosten für Krankenhäuser § 4 Nr. 1 KHG.

[554] Leistungsgerechte Erlöse aus Pflegesätzen einschließlich der Investitionskosten und Vergütungen für vor- und nachstationäre Behandlung und für ambulantes Operieren, § 4 Nr. 2 KHG.

[555] Aufnahme in den Krankenhausplan und in das Investitionsprogramm eines Landes, § 8 Abs. 1 S. 1 KHG, ohne dass für die Aufnahme in den Krankenhausplan ein Anspruch bestünde, § 8 Abs. 2 S. 1 KHG.

Mit dieser alternativen Anreizstruktur nimmt die Marktordnung nicht nur einigen Marktteilnehmern die Anschlusszwänge, sondern damit verbunden zugleich dem Markt einen Teil des Anschluss- und Entwicklungspotentials. Auch die Rechtsprechung ordnet ihnen objektiv berufsregelnde Tendenz zu.[556]

Werden bestehende Marktordnungen aufgehoben oder in ihrem Umfang beschränkt mit der Folge, dass an die Stelle der bislang steuernden Kriterien für die Begünstigung eine Koordination auf Märkten nach Angebot und Nachfrage tritt, stellt diese Umstellung, auch wenn sie mit dem Wegfall von Privilegien und unmittelbaren Vorgaben an die Marktteilnehmenden einhergeht, keinen Eingriff in die Berufsfreiheit dar. Die Rechtsprechung des Bundesverfassungsgerichts begründet dieses Ergebnis allerdings unterschiedlich, teilweise mit der vermeintlich wettbewerbsneutralen Zielsetzung der Liberalisierung,[557] teilweise mit dem Hinweis darauf, dass die Berufsfreiheit kein Recht auf einen bestimmten Markterfolg vermittele.[558] Aus der Perspektive eines interaktionszentrierten Ansatzes ist maßgeblich, dass die aus der Interaktion hervorgehenden Anschlusszwänge als notwendiges Element der Interaktion von vornherein keinen Eingriff darstellen.

f) *Beeinflussung des Marktpotentials*

Auch Regelungen, die das Marktpotential mittelbar beeinflussen, stellen – sofern es sich nicht um Ausgestaltungen des rechtlichen Rahmens zur Förderung der

[556] Zur Krankenhausfinanzierung BVerfG, Beschl. v. 12.06.1990, 1 BvR 355/86, BVerfGE 82, 209 – *Krankenhausplan*, Rn. 64; zum Tarifsystem für die Binnenschifffahrt und seiner Aufhebung BVerfG, Nichtannahmebeschl. v. 29.11.2000, 1 BvR 422/94, NJW-RR 2001, 750, Rn. 32f., insoweit allerdings offen gelassen, ob auch Aufhebung der bisherigen Marktregelung einen Eingriff in die Berufsfreiheit darstellt.

[557] Zur Beschränkung des Branntweinmonopols BVerfG, Nichtannahmebeschl. v. 3.7.2001, 1 BvR 2337/00, NVwZ 2002, 197, Rn. 37f.: Neuordnung des Branntweinmonopols zielt als Bestandteil eines umfassenden Regelungskonzepts auf eine durchgreifende Haushaltskonsolidierung. Trotz dieses marktneutralen Zieles sind Verschiebungen im Wettbewerbsverhältnis zwischen gewerblichen und landwirtschaftlichen Brennereien durch die Änderung absehbar, zumal jenen Zuschüsse erhalten bleiben: „Die staatliche Förderung wird künftig auf landwirtschaftliche Brennereien beschränkt (vgl. BTDrucks 14/1523, S. 198). Dabei geht es nicht darum, zielgerichtet die Wettbewerbs- und Absatzchancen der gewerblichen Brennereien zu beeinträchtigen. Diese können durch die Umstrukturierung des Branntweinmonopols allerdings einem Konkurrenznachteil ausgesetzt werden. Dabei handelt es sich aber nur um faktische Auswirkungen der zum Zweck der Haushaltssanierung vorgenommenen Maßnahme. Solche nachteiligen Veränderungen der wirtschaftlichen Verhältnisse sind nicht als Beeinträchtigung der Berufsfreiheit anzusehen (vgl. BVerfGE 98, 218 [258f.])."

[558] BVerfG, Beschl. v. 21.3.2018, 1 BvF 1/13, BVerfGE 148, 40, Rn. 27; BVerfG, Nichtannahmebeschl. v. 3.7.2001, 1 BvR 2337/00, NVwZ 2002, 197, Rn. 38: „Ihr Ausscheiden [*gemeint sind die gewerblichen Brenner*] aus dem Branntweinmonopol führt zwar zu einem Verlust des bisher staatlich garantierten Übernahmepreises für innerhalb des jeweiligen Jahresbrennrechts hergestellten Alkohol und somit möglicherweise zu einer Verringerung ihres Geschäftsumfangs. Art. 12 GG gibt jedoch kein Recht auf Erhaltung eines bestimmten Geschäftsumfangs und auf Sicherung weiterer Erwerbsmöglichkeiten beispielsweise durch die weitere Gewährung staatlicher Subventionen (vgl. BVerfGE 34, 252 [256] m. w. N.; 82, 209 [223])".

Interaktionen handelt[559] – grundsätzlich Eingriffe dar. In der Rechtsprechung wird ihre objektiv berufsregelnde Tendenz allerdings unterschiedlich beurteilt.

Bei Regelungen, die über die Eröffnung von Märkten entscheiden, tendiert die Rechtsprechung dazu, wegen ihrer Bedeutung für die Anbieter eine objektiv berufsregelnde Tendenz zuzusprechen. So führt etwa die Einordnung eines Flughafens als Zollflughafen unmittelbar nur zu rechtlichen Vorgaben an die Flugzeugführer, entscheidet aber mittelbar über die „rechtlichen Voraussetzungen des Flugzeugbetriebs" und damit über das Marktpotential des betreffenden Flughafens.[560] Die Rechtsprechung hat im Hinblick darauf eine objektiv berufsregelnde Tendenz dieser Einordnungsentscheidung genauso angenommen[561] wie bei der Verlängerung gesetzlicher Wartefristen für den Wechsel in die private Krankenversicherung.[562] Die Wartefristen richten sich zwar unmittelbar nur an die Interessenten an einer privaten Krankenversicherung, schränken dadurch aber den potentiellen Kundenkreis für die Versicherer temporär ein. Die Rechtsprechung sieht in dieser temporären Einschränkung des Kundenkreises einen Eingriff in die Berufsfreiheit der Versicherer.[563] Ebenfalls den Kundenkreis der Marktanbieter betreffen Nichtraucherschutzgesetze, die Gästen das Rauchen in Gaststätten ganz oder teilweise untersagen. Die damit faktisch verbundene Einschränkung des Kundenkreises wertet die Rechtsprechung als Eingriff in die Berufsfreiheit, wobei sie zusätzlich auf die wenn auch nicht bußgeldbewehrte Pflicht der Gastwirte abstellt, Verstöße zu unterbinden.[564] Diese „Indienstnahme des Gastwirts zur Erfüllung öffentlicher Aufgaben"[565] macht allerdings nicht die eigentliche Belastung der Gastwirte bei der Ausübung ihrer Berufsfreiheit aus. Der Hinweis auf die Indienstnahme dient vielmehr als Argument, um den vermeintlich unmittelbaren, nicht nur reflexartigen Charakter der Belastung herauszustellen.[566] Die mit dem Nichtraucherschutzgesetz verbundene Belastung liegt

---

[559] Dazu unten, § 5 D.II.2.

[560] BVerfG, Stattgeb. Kammerbeschl. v. 31.08.2009, 1 BvR 3275/07, NVwZ 2009, 1486 – *Zollflugplatz*, Rn. 14 f.

[561] BVerfG, Stattgeb. Kammerbeschl. v. 31.08.2009, 1 BvR 3275/07, NVwZ 2009, 1486 – *Zollflugplatz*, Rn. 14 f.

[562] BVerfG, Urt. v. 10.6.2009, 1 BvR 706/08 u. a., BVerfGE 123, 186 – *PKV-Basistarif*, Rn. 132.

[563] BVerfG, Urt. v. 10.6.2009, 1 BvR 706/08 u. a., BVerfGE 123, 186 – *PKV-Basistarif*, Rn. 132: „(…) Die Verlängerung auf jeweils drei Jahre schränkt den Personenkreis ein, der eine private Krankenversicherung abschließen kann. Damit werden die privaten Krankenversicherungen in der Möglichkeit beeinträchtigt, neue Versicherungsnehmer für sich zu gewinnen. Die Behauptung, hierfür fehle es an einem legitimierenden Gemeinwohlzweck, enthält die zulässige Rüge der Verletzung eigener Grundrechte der Unternehmen der privaten Krankenversicherung, welche nur verfassungsrechtlich gerechtfertigte Marktzugangsschranken dulden müssen."; ebenso Rn. 236.

[564] BVerfG, Urt. v. 30.7.2008, 1 BvR 3262/07, BVerfGE 121, 317 – *Rauchverbot*, Rn. 94.

[565] BVerfG, Urt. v. 30.7.2008, 1 BvR 3262/07, BVerfGE 121, 317 – *Rauchverbot*, Rn. 94.

[566] BVerfG, Urt. v. 30.7.2008, 1 BvR 3262/07, BVerfGE 121, 317 – *Rauchverbot*, Rn. 94: „Diese Beeinträchtigung der beruflichen Betätigung ist nicht ein bloßer Reflex eines an die Raucher gerichteten Verbots, sondern stellt einen unmittelbaren Eingriff in die Berufsaus-

nicht darin, dass rauchende Gäste nicht bewirtet werden dürften, sondern dass Gäste nicht rauchen dürfen und in der Folge Gäste mit einer starken Präferenz für das Rauchen den Gaststättenaufenthalt verkürzen oder der Gaststätte von vorneherein fernbleiben. In der Sache liegt die Belastung darin, dass ein aus Gründen des Gesundheitsschutzes erlassenes Verbot zwangsläufig das Interaktionspotential der nicht unmittelbar von dem Verbot betroffenen Gastwirte reduziert. Der Hinweis auf die Indienstnahme der Gastwirte kennzeichnet mit anderen Worten nicht die Intensität der Belastung, sondern dient der Begründung einer vermeintlichen Unmittelbarkeit des Eingriffs.

Diese das Interaktionspotential beeinflussenden Vorgaben sind dadurch gekennzeichnet, dass sie den Nachfragenden ein bestimmtes Verhalten verbieten oder ihnen Modalitäten der Nutzung eines Angebots vorgeben. Sie betreffen den in der Berufsfreiheit belasteten Anbieter nur mittelbar, auch wenn diese im Hinblick auf die öffentlich-rechtlichen Anforderungen an ihre Zuverlässigkeit über Gesetzesverstöße ihrer Nachfrager regelmäßig nicht ohne weiteres hinweg sehen dürfen. Der Kern der Belastung liegt in der mittelbaren Reduktion des Interaktionspotentials.

Die Rechtsprechung steht mit ihrer Begründung dieser Fallgruppe zugleich in einem gewissen Widerspruch zu dem in ständiger Rechtsprechung formulierten Ausgangspunkt, nach dem die Berufsfreiheit weder Marktchancen[567]

übungsfreiheit der Gaststättenbetreiber dar. Aus der Systematik der gesetzlichen Regelungen über das Rauchverbot in Gaststätten folgt, dass durch diese Vorschriften auch den Gastwirten untersagt wird, ihre Leistungen und Dienste den Rauchern unter ihren Gästen anzubieten. Die angegriffenen Nichtraucherschutzgesetze verbinden nämlich das an die Besucher von Gaststätten gerichtete Rauchverbot mit einer Verpflichtung der Gastwirte, Verstöße gegen dieses Verbot zu unterbinden und weitere Verstöße zu verhindern (§ 8 Abs. 2 Satz 1 i. V. m. Abs. 1 Satz 1 und 3 LNRSchG Baden-Württemberg; § 6 Abs. 1 Nr. 2 i. V. m. Abs. 2 NRSG Berlin). Dass diese Verpflichtung in Baden-Württemberg – im Unterschied zu Berlin (§ 7 Abs. 1 Nr. 2 Buchstabe b NRSG Berlin) und anderen Bundesländern – nicht bußgeldbewehrt ist, ändert nichts an ihrer Verbindlichkeit und damit an ihrer Bedeutung zum Beispiel für die Gaststättenerlaubnis unter dem Gesichtspunkt der Zuverlässigkeit des Gaststättenbetreibers (§ 15 Abs. 2 i. V. m. § 4 Abs. 1 Satz 1 Nr. 1 des Gaststättengesetzes, im Folgenden: GastG). Diese Indienstnahme des Gastwirts zur Erfüllung öffentlicher Aufgaben setzt zwangsläufig voraus, dass ihn das Gesetz bereits an der Bewirtung von Rauchern hindert. Der Gastwirt kann nicht einerseits verpflichtet sein, das Rauchen in seiner Gaststätte zu unterbinden, während er andererseits den Aufenthalt rauchender Gäste hinnehmen und diesen Speisen und Getränke soll anbieten dürfen".

[567] Vgl. das abweichende Votum des Richters *Masing*, BVerfG, Urt. v. 30.7.2008, 1 BvR 3262/07 u. a., BVerfGE 121, 317 – *Rauchverbot*, Rn. 180: „(...) Dass sich durch die Änderung von gesetzlichen Rahmenbedingungen zum Schutz der Gesundheit, der Umwelt oder zur Durchsetzung sozialer Belange auch die Marktchancen der betroffenen Gewerbetreibenden oder Unternehmen ändern, schließt Art. 12 Abs. 1 GG nicht aus. Er gewährleistet weder einen Anspruch auf gleichbleibende Wettbewerbsbedingungen noch auf Erfolg im Wettbewerb oder auf Sicherung künftiger Erwerbschancen (vgl. BVerfGE 24, 236 [251]; 34, 252 [256]; 105, 252 [265]; 106, 275 [299]; 110, 274 [288]; 116, 135 [152]) (...)."

noch den Erfolg im Wettbewerb,[568] die „Erhaltung des Geschäftsumfangs“ oder die „Sicherung künftiger Erwerbsmöglichkeiten“ gewährleistet.[569] Diese Rechtsprechung stellt den Schutzbereich der Berufsfreiheit in den Zusammenhang mit den Funktionsbedingungen des Marktes,[570] gibt dabei allerdings die Funktionsweise von Marktprozessen nur in bestimmter Hinsicht wieder. Mit dem Standpunkt, die Berufsfreiheit umfasse weder die Erhaltung des Geschäftsumfangs noch die Sicherung künftiger Erwerbsmöglichkeiten, lehnt die Rechtsprechung in der Sache zu Recht einen Schutz vor Nachteilen ab, die durch die Marktaktivitäten anderer Marktteilnehmenden, also durch Marktprozesse, entstehen können. Die Aussage dieser Rechtsprechung liegt mit anderen Worten darin, dass die Berufsfreiheit keinen Schutz vor zusätzlicher Konkurrenz vermittelt,[571] die infolge der Liberalisierung einzelner Branchen entstehen kann, etwa durch die Abschaffung der amtlichen Feststellung von Börsenpreisen durch bestellte Kursmakler,[572] durch die Vereinheitlichung der Zugangsregelungen für Steuerberater und Steuerbevollmächtigte,[573] durch die Reduktion der Bezirksschornsteinfegern vorbehaltenen Tätigkeiten,[574] durch die Abschaffung

---

[568] BVerfG, Beschl. v. 13.6.2006, 1 BvR 1160/03, BVerfGE 116, 135 – *Vergaberecht*, Rn. 60; BVerfG, Nichtannahmebeschl. v. 1.11.2010, 1 BvR 261/10, Rn. 10; BVerfG, Beschl. v. 21.3.2018, 1 BvF 1/13, BVerfGE 148, 40, Rn. 27.

[569] Zu beidem BVerfG, Urt. v. 17.12.2002, 1 BvL 28/95, BVerfGE 106, 275 – *Arzneimittelfestbetrag*, Rn. 104; BVerfG, Beschl. v. 26.06.2002, 1 BvR 558/91 u. a., BVerfGE 105, 252 – *Glykolwarnung*, Rn. 43; BVerfG, Entsch. v. 16.10.1968, 1 BvR 241/66, BVerfGE 24, 236 – *Rumpelkammerfall/Kanzelwerbung*, Rn. 31; BVerfG, Entsch. v. 1.2.1973, 1 BvR 426/72 u. a., BVerfGE 34, 252 – *Vereinheitlichung der steuerberatenden Berufe*, Rn. 10; BVerfG, Nichtannahmebeschl. v. 4.2.2010, 1 BvR 2918/09, BVerfGK 17, 29 – *Bezirksschornsteinfeger*, Rn. 14; BVerfG, Nichtannahmebeschl. v. 8.5.2007, 1 BvR 999/07, NJW 2007, 2537, Rn. 46; BVerfG, Nichtannahmebeschl. v. 13.7.2005, 1 BvR 1004/00, BVerfGK 6, 38 – *energierechtliches Mitbenutzungsrecht*, Rn. 25; BVerfG, Nichtannahmebeschl. v. 3.7.2001, 1 BvR 2337/00 u. a., NVwZ 2002, 197, Rn. 38; BVerfG, Nichtannahmebeschl. v. 29.11.2000, 1 BvR 422/94, NJW-RR 2001, 750, Rn. 34; BVerfG, Nichtannahmebeschl. v. 16.3.2000, 1 BvR 1453/99, NJW 2000, 1779, Rn. 32; *Kämmerer*, in: von Münch/Kunig, GG, Art. 12 Rn. 44.

[570] BVerfG, Beschl. v. 26.06.2002, 1 BvR 558/91 u. a., BVerfGE 105, 252 – *Glykolwarnung*, Rn. 43; BVerfG, Beschl. v. 21.3.2018, 1 BvF 1/13, BVerfGE 148, 40, Rn. 27.

[571] BVerfG, Nichtannahmebeschl. v. 8.5.2007, 1 BvR 999/07, NJW 2007, 2537, Rn. 46; BVerfG, Nichtannahmebeschl. v. 21.8.2002, 1 BvR 1444/02, NJW 2002, 3460, Rn. 10.

[572] Etwa die BVerfG, Nichtannahmebeschl. v. 21.8.2002, 1 BvR 1444/02, NJW 2002, 3460, Rn. 10: „Liberalisiert der Gesetzgeber einen Wirtschaftsbereich und senkt er die Anforderungen, die ihm für die Berufsausübung erforderlich erscheinen, liegt der Gemeinwohlbelang bereits in der vergrößerten Berufsausübungsfreiheit für alle Personen, die den Beruf künftig ergreifen. Soweit zuvor Berufsausübungsregelungen und Monopole eine konkurrenzschützende Wirkung entfaltet haben, steht dieser Effekt nicht unter dem Schutz des Art. 12 Abs. 1 GG. Das Grundrecht gewährleistet keinen Anspruch auf Beibehaltung eines bestimmten Geschäftsumfangs und auf Sicherung bestehender Erwerbsmöglichkeiten (vgl. BVerfGE 24, 236 [251]; 34, 252 [256]; BVerfG, 2. Kammer des Ersten Senats, NJW 2000, S. 1779 [1780]; NJW 2000, S. 1939).“

[573] BVerfG, Entsch. v. 1.2.1973, 1 BvR 426/72 u. a., BVerfGE 34, 252 – *Vereinheitlichung der steuerberatenden Berufe*, Rn. 10.

[574] BVerfG, Nichtannahmebeschl. v. 4.2.2010, 1 BvR 2918/09, BVerfGK 17, 29 – *Bezirksschornsteinfeger*, Rn. 14.

der Erlaubnispflicht nach dem Rechtsberatungsgesetz für Versicherungsvermittler,[575] durch das Ausscheiden der gewerblichen Brennereien aus dem Branntweinmonopol,[576] durch die Aufhebung des Tarifsystems im Bereich der Binnenschifffahrt[577] oder durch die Neuregelung der Ausbildung psychologischer Psychotherapeuten mit möglichen Nachteilen für psychotherapeutisch tätige Heilpraktiker.[578]

Der Standpunkt der Rechtsprechung, dass die Berufsfreiheit nicht vor alternativen Angeboten und Anpassungsanreizen auf Märkten schützt, liegt auf der Hand und trägt deshalb zur Konturierung des Schutzbereichs bei der Teilnahme an Märkten wenig bei.[579] Zur Frage, inwieweit die Berufsfreiheit vor einer mittelbaren Reduktion des Marktpotentials durch Vorgaben an die potentiellen Transaktionspartner schützt, lässt sich aus dem Standpunkt wenig ableiten. Zwar führt die mittelbare Reduktion des Marktpotentials ebenfalls zu einer Beeinträchtigung „zukünftiger Erwerbsmöglichkeiten". Diese Beeinträchtigung geht aber im Gegensatz zu den Maßnahmen der Liberalisierung nicht auf eine Verschärfung der Wettbewerbsintensität, also auf einer interaktionsbedingten Verschlechterungen der Marktposition, zurück, sondern wird dadurch hervorgerufen, dass das Marktvolumen durch externe Einflüsse insgesamt sinkt. Obwohl die Formulierung, die Berufsfreiheit gewährleiste nicht die „Erhaltung des Geschäftsumfangs"[580], zu implizieren scheint, dass auch ein Schutz vor externer Reduktion des Marktvolumens nicht von der Berufsfreiheit umfasst ist, lässt sich ein solcher Schluss den von der Rechtsprechung entschiedenen Fällen nicht entnehmen. Im Gegenteil, in den unterschiedlichen Fällen, in denen Vorgaben an die Nachfrager die Attraktivität des Angebots faktisch beeinträchtigen und die Nachfrage dadurch sinken lassen, nimmt die Rechtsprechung teils unter Hinweis auf unmittelbar an die betroffenen Anbieter gerichtete, aber untergeordnete Pflichten einen Eingriff in die Berufsfreiheit an.[581]

Auf der Grundlage eines interaktionszentrierten Verständnisses stellen hoheitliche Beschränkungen, die das gesamte Nachfragepotential eines bestimmten Marktes vollständig oder zu einem bestimmten Teil rechtlich oder faktisch ausschließen, einen Eingriff in die Berufsfreiheit der betroffenen Marktanbieter dar. Der Entzug der Nachfrage ermöglicht es nicht, veränderte Rahmenbedingungen in den Marktprozess zu integrieren, die externen Einflüsse zu verarbeiten und gegebenenfalls mit den Anforderungen kompatible Alternativen zu entwickeln, sondern stellt den Marktprozess strukturell in Frage. Ohne potentielle

---

575 BVerfG, Nichtannahmebeschl. v. 8.5.2007, 1 BvR 999/07, NJW 2007, 2537, Rn. 46.

576 BVerfG, Nichtannahmebeschl. v. 3.7.2001, 1 BvR 2337/00 u. a., NVwZ 2002, 197, Rn. 38.

577 BVerfG, Nichtannahmebeschl. v. 29.11.2000, 1 BvR 422/94, NJW-RR 2001, 750, Rn. 34.

578 BVerfG, Nichtannahmebeschl. v. 16.3.2000, 1 BvR 1453/99, NJW 2000, 1779, Rn. 32.

579 Kritisch zur Formel der Rechtsprechung deshalb *Achatz*, Grundrechtliche Freiheit im Wettbewerb, S. 46.

580 Siehe oben, Fn. 569.

581 Siehe unten, § 5 E.I.

Transaktionspartner bleibt kein Raum für dynamische Koordination auf Märkten. Die Reduktion des Marktpotentials infolge hoheitlicher Beschränkungen unterscheidet sich auch von wettbewerbsinhärenten, interaktionsbedingten Marktveränderungen, weil der Nachfragerückgang nicht auf eine Änderung der Präferenzen der potentiellen Nachfrager oder ein alternatives Angebot, sondern auf externe Einflüsse zurückgeht. Dabei ist das Motiv der externen Beschränkung der Nachfrage nicht entscheidend. Hoheitliche Beschränkungen des Marktpotentials können aus ganz unterschiedlichen Gründen, etwa des Gesundheitsschutzes, des Umweltschutzes, aus fiskalischen oder sonstigen Gründen, zulässig sein. Die Grenzen der Einschränkbarkeit ergeben sich aus den Voraussetzungen der Rechtfertigung, insbesondere aus der Reichweite der gesetzgeberischen Einschätzungsprärogative und den Anforderungen an die Erforderlichkeit und Angemessenheit. Eine präzise Bestimmung des Schutzguts der Berufsfreiheit bei der Marktteilnahme ermöglicht eine nachvollziehbare Prüfung von Intensität und Angemessenheit des Eingriffs einschließlich etwaiger Alternativen und trägt dadurch zur Schärfung der Verhältnismäßigkeitsprüfung bei.

g) *Entscheidung über das Marktpotential als Nachfrager*

Tritt ein Träger hoheitlicher Gewalt als Nachfrager auf dem Markt auf, steht ihm wie anderen Marktteilnehmende auch die Entscheidung für oder gegen bestimmte Angebote nach eigenen Präferenzen frei. Nachteile bestimmter Marktteilnehmender wie auch strukturelle Effekte für die Angebote auf dem Markt, die sich aus dieser Präferenzentscheidung ergeben, berühren die Berufsfreiheit der betroffenen Marktteilnehmer grundsätzlich nicht. Diese Nachteile und Effekte sind Teil der Koordination über Märkte,[582] und zwar sowohl für die unmittelbar als auch für die nur mittelbar von der Auswahlentscheidung betroffenen Marktteilnehmender.[583] Aus demselben Grund handelt ein Hoheitsträger, der wie ein privater Marktteilnehmender Leistungen am Markt nachfragt, auch nach der

[582] BVerfG, Beschl. v. 13.6.2006, 1 BvR 1160/03, BVerfGE 116, 135 – *Vergaberecht*, Rn. 61: „Bei der Vergabe eines öffentlichen Auftrags beeinflusst die handelnde staatliche Stelle den Wettbewerb nicht von außen, sondern wird selbst auf der Nachfrageseite wettbewerblich tätig und eröffnet so einen Vergabewettbewerb zwischen den potentiellen Anbietern. Ein solches Verhalten einer staatlichen Stelle steht mit den Funktionsbedingungen der bestehenden Wirtschaftsordnung in Einklang. Es ist ein Wesenselement dieser Wirtschaftsordnung, dass ein Nachfrager den auf der Angebotsseite bestehenden Wettbewerb zu seinen Zwecken nutzt, indem er konkurrierende Angebote vergleicht und sich für das entscheidet, das ihm am günstigsten erscheint. Dabei ist es grundsätzlich Sache des Nachfragers, nach welchen Kriterien und in welchem Verfahren er das günstigste Angebot auswählt. Dementsprechend trägt ein Wettbewerber auf der Angebotsseite stets das Risiko, dass seinem Angebot ein anderes, für den Nachfrager günstigeres vorgezogen wird. Der wettbewerblichen Herausforderung durch konkurrierende Angebote hat der Anbieter sich durch sein eigenes wettbewerbliches Verhalten zu stellen.“; ebenso BVerfG, Nichtannahmebeschl. v. 1.11.2010, 1 BvR 261/10, Rn. 11.

[583] BVerfG, Nichtannahmebeschl. v. 23.4.2009, 1 BvR 3424/08, NJW 2009, 835, Rn. 9.

Rechtsprechung nicht als Träger öffentlicher Gewalt im Sinne des Art. 19 Abs. 4 GG.[584]

2. Ausgestaltung der Berufsfreiheit durch Marktordnung

a) Facetten der Ausgestaltung

Märkte sind rechtlich verfasst. Marktprozesse sind zwar nicht zwingend auf eine Rechtsordnung angewiesen, können also prinzipiell als soziale Ordnungen auch ohne normative Abstützung oder sogar in den von der Rechtsordnung nicht zugelassenen Bereichen entstehen.[585] Transnationale tätige Unternehmen können zudem Transaktionsräume aufspannen, die den Geltungsbereich mehrerer Rechtsordnungen überschreiten, und über diese Marktprozesse eigene soziale Ordnungen herausbilden. Teilweise werden diese Ordnungen umgekehrt als Grundlage für ein von Hoheitsträgern abstrahierendes Verfassungsverständnis herangezogen, das durch die Abstraktion von staatlicher Gewalt nationalstaatliche Grenzen überschreiten kann.[586] Im Wesentlichen fördert der rechtliche Rahmen jedoch den Verhaltensspielraum und vor allem das Interaktionspotential der Marktteilnehmenden erheblich.[587] Zum einen senken zivilrechtliche Regelungen, etwa des Vertrags- oder Vollstreckungsrechts, die mit einer Transaktion verbundene Unsicherheit und dadurch die Transaktionskosten. Zum anderen schließen marktstabilisierende Regeln etwa des Wettbewerbs- und Kartellrechts, aber auch des Finanzmarktrechts Verhaltensweisen aus, die Spielräume der Marktteilnehmenden unzulässig beeinträchtigen[588] oder die Stabilität des Transaktionsraums insgesamt gefährden.[589]

---

[584] BVerfG, Beschl. v. 13.6.2006, 1 BvR 1160/03, BVerfGE 116, 135 – *Vergaberecht*, Rn. 52: „Die Vergabestelle handelt vorliegend nicht als Trägerin öffentlicher Gewalt im Sinne des Art. 19 Abs. 4 GG. Der Staat wird als Nachfrager am Markt tätig, um seinen Bedarf an bestimmten Gütern oder Leistungen zu decken. In dieser Rolle als Nachfrager unterscheidet er sich nicht grundlegend von anderen Marktteilnehmern. Auf seine übergeordnete öffentliche Rechtsmacht greift er bei einer Vergabeentscheidung nicht zurück, so dass kein Anlass besteht, seine Maßnahme als Ausübung öffentlicher Gewalt im Sinne des Art. 19 Abs. 4 GG einzuordnen."

[585] Analyse von Märkten im Bereich der Strafbarkeit bei *Landmann*, Verbrechen als Markt, S. 125ff.

[586] *Teubner*, Verfassungsfragmente, S. 33ff. 120ff.; 189ff.; *ders.*, Der Staat 45 (2006), 181ff.

[587] Zur Analyse rechtlicher Institutionen und ihrer Implikationen für Marktprozesse durch die Neue Institutionenökonomik siehe oben, § 5 A.II.6.

[588] Einordnung als Ausgestaltungsgesetz der Vertrags- und Wettbewerbsfreiheit deshalb, allerdings auf der Grundlage eines institutionellen Grundrechts- und damit verbundenen Freiheitsverständnisses, bei *Häberle*, Die Wesensgehaltsgarantie des Art. 19 Abs. 2 GG, S. 118: „Gesetze, die sich gegen den Missbrauch wirtschaftlicher Machtstellungen richten, ‚beschränken' – freilich nur in einem sehr vordergründigen Sinne – u.a. die individuelle Vertragsfreiheit. Denjenigen, die auf Grund ihrer tatsächlichen Überlegenheit ihren Rechtsgenossen Verträge diktieren können, wird der Vertrag als Instrument hierzu entzogen. Ihre individuelle Vertragsfreiheit wird ‚beschränkt' (richtiger: begrenzt). Fragt man jedoch nach Sinn und Zweck dieser Grundrechtsbegrenzung und überblickt man deren Auswirkung auf das soziale Leben

Wenn Grundrechtsträger die Berufsfreiheit im Modus der Marktteilnahme ausüben, gestaltet die Marktordnung den Markt und zugleich die Berufsfreiheit aus. Regelungen, die darauf gerichtet sind, Austauschprozesse zu ermöglichen oder zu fördern oder die Stabilität des Marktes aufrecht zu erhalten, stellen insoweit Ausgestaltungsgesetze der Berufsfreiheit dar.[590]

Über diese Gewährleistung solcher Markt- oder Systemstabilität hinaus bilden Regelungen, die die Modalitäten der Berufsfreiheit unterschiedlicher Marktteilnehmender in Ausgleich bringen und dadurch die tatsächlichen Rahmenbedingungen zur Verwirklichung des hinter der Berufsfreiheit stehenden Schutzguts prägen, ebenfalls Ausgestaltungen. Dem Anspruch auf angemessene Vergütung im Urheberrecht, der die Privatautonomie und die beruflichen Betätigungsmöglichkeiten von Verwertern begrenzt, spricht die verfassungsgerichtliche Rechtsprechung in der Sache einen solchen ausgestaltenden Charakter zu.[591]

---

im ganzen, so fällt eines alsbald auf: Die Vertrags- und Wettbewerbsfreiheit wird als Institut gerettet. Der durch die Vertrags- und Wettbewerbsfreiheit konsitutierte Lebensbereich wird als freiheitlicher erhalten. Die Vertragsfreiheit geht ihres institutionellen Charakters dort verlustig, wo sie nur noch ausnahmsweise die zwischenmenschlichen Beziehungen prägt. Indem Monopole gebrochen werden und diktierten Verträgen die rechtliche Anerkennung versagt wird, wird die Vertragsfreiheit *als Institut* gerettet: Eine Unzahl von Grundrechtsberechtigten – nunmehr erneut von der Grundrechtsidee rekrutiert – ist jetzt wieder in der Lage, die Vertragsfreiheit faktisch – die rechtliche Möglichkeit wurde ihnen formell nie entzogen – auszuüben" (Hervorhebungen bei *Häberle*).

[589] *Kaufhold*, Systemaufsicht, S. 44 ff., S. 69 ff.; zum Finanzmarktrecht siehe unten, § 5 D. II.2.b).

[590] Tendenziell ebenso, wenn auch weniger auf die Interaktion bezogen *Lepsius*, Der Eigenwert der Verfassung im Wirtschaftsrecht, S. 149 (171): „(…) Da Wirtschaftsgesetze den Rahmen der wirtschaftlichen Betätigung erst konstruieren, können tradierte Verteilungsmuster einer vorstaatlichen Wettbewerbsfreiheit, in die Gesetze eingreifen, nicht übernommen werden. Wirtschaftsgesetze lassen sich nicht prinzipiell als Eingriffe in die Berufsfreiheit klassifizieren. Was ‚Eingriff' in den Wettbewerb und was ‚Schaffung' oder ‚Ausgestaltung' des Wettbewerbs ist, lässt sich mitunter nur schwerlich sagen, wenn die subjektiven Rechte, in die eingegriffen wird, gesetzlich geschaffen und ausgestaltet worden sind. Das klassische Prüfungsmuster (Eingriff und Rechtfertigung) funktioniert im Bereich der Wirtschaftsfreiheiten nur begrenzt, weil der Freiheitsbereich von der gesetzlichen Regelung abhängt (Schaffung und Ausgestaltung von Wettbewerb) und mit sozialpolitischen Zielen ‚belastet' worden ist".

[591] „Der Gesetzgeber darf die durch Art. 12 Abs. 1 GG geschützte Freiheit, das Entgelt für berufliche Leistungen einzelvertraglich zu vereinbaren, jedoch durch zwingendes Gesetzesrecht begrenzen, um sozialen oder wirtschaftlichen Ungleichgewichten entgegenzuwirken (…). Wie auch bei sonstigen privatrechtlichen Regelungen, die der freien Vertragsgestaltung Grenzen setzen, geht es bei privatrechtlichen Preisregelungen um den Ausgleich widerstreitender Interessen (…). Insoweit handelt es sich nicht um einseitige Eingriffe des Staates in die Freiheitsausübung Privater, sondern um einen Ausgleich, bei dem die Freiheit der einen mit der Freiheit der anderen in Einklang zu bringen ist. Dabei kollidierende Grundrechtspositionen sind hierfür in ihrer Wechselwirkung zu erfassen und – unter Berücksichtigung des sozialstaatlichen Auftrags – nach dem Grundsatz der praktischen Konkordanz so in Ausgleich zu bringen, dass sie für alle Beteiligten möglichst weitgehend wirksam werden.", BVerfG, Beschl. v. 23.10.2013, 1 BvR 1842/11, 1 BvR 1843/11, BVerfGE 134, 204 – *Urheberrechtliche Vergütungsvereinbarung*, Rn. 68.

b) Insbesondere: Interaktionsbedingte Risiken im Finanzmarktrecht

Neben Bereichen wie dem Kartellrecht, in denen rechtliche Regelungen zur Ausgestaltung der Marktordnung die Interaktionsbeziehungen zwischen den Grundrechtsträgern gegen strategische Blockaden Einzelner schützen, haben im letzten Jahrzehnt vor allem systemische Risiken im Finanzmarktsektor auf die Notwendigkeit stabilisierender Regelungen aufmerksam gemacht.[592] Die Analyse rechtlicher Regelungen zur Abwehr dieser systemischen Risiken ist aus interaktionszentrierter Perspektive besonders instruktiv, weil die systemischen Risiken aus den Wechselwirkungen einer Vielzahl von Interaktionen der Marktteilnehmenden entstehen. Systemische Risiken bilden gewissermaßen eine Kehrseite der wissensgenerierenden Funktion von Interaktionen. Sie beruhen auf interaktionsbasierten Korrelation von Risiken, die für die betroffenen Marktteilnehmenden unter Umständen schwer zu erkennen sind.[593] Den engen Zusammenhang zwischen der dynamischen Wirkung von Interaktionen und der Entstehung systemischer Risiken haben Studien zur Untersuchung der Ursachen der Finanzmarktkrise herausgearbeitet.[594] Danach veranlasste die Kombination aus hoher Liquidität der Finanzmärkte und dem niedrigen Zinsniveau zahlreiche Unternehmen, nach alternativen Anlageformen zu suchen.[595] Neben traditionellen Banken entwickelten unterschiedliche weitere Finanzinstitute innovative Anlageformen und bislang unbesetzte Anlagesegmente, in den Vereinigten Staaten unter anderem das von den staatlichen Hypothekenbanken[596] nicht besetzte Segment der hypothekengesicherten Kredite für Immobilien an Schuldner minderer Kreditwürdigkeit („*subprime mortgage lending*“). Daneben entwickelten zahlreiche und unterschiedliche Unternehmen angrenzende Geschäftsmodelle, die zur Eingrenzung von Zins- oder anderen Marktrisiken, aber auch zur Spekulation über Marktentwicklung oder zur Erhöhung des Investitionshebels bei gegebenem Kapitaleinsatz herangezogen werden können.[597] Mit diesen Geschäftsmodellen übernahmen die Unternehmen teilweise

---

[592] *Thiele*, Finanzaufsicht, S. 79 ff., S. 91 ff.; *Ohler*, Schutz vor systemischen Risiken, § 7 Rn. 5 ff.; *Kaufhold*, Systemaufsicht, S. 151 ff., *dies.*, DV 46 (2013), 21 (26 ff.); *Hellwig*, Finanzmarktregulierung – Welche Regelungen empfehlen sich für den deutschen und europäischen Finanzsektor?, S. E 41 ff.; *Rehm*, Kredit und Kapital 44 (2011), 317 (319 ff.).

[593] *Kaufhold*, Systemaufsicht, S. 44 ff.; S. 69 ff.; aus der Perspektive der Kapitalmarktregulierung *Bumke*, DV 41 (2008), 227 (230 ff.); zur Notwendigkeit der Finanzmarktstabilisierung und den damit einhergehenden Fragen der Lastenverteilung *Adolff/Eschwey*, ZHR 177 (2013), 902 ff.

[594] The High-Level Group on Financial Supervision in the EU, Report, 25.2.2009 (*de Larosière*-Bericht); *Hellwig*, Finanzmarktregulierung – Welche Regelungen empfehlen sich für den deutschen und europäischen Finanzsektor?, S. E 9 ff.

[595] *De Larosière*-Bericht (Fn. 594), S. 7.

[596] Federal National Home Mortgage Association, „Fannie Mae“, und Federal Home Loan Mortgage Corporation, „Freddie Mac“.

[597] Etwa zu den systemischen Risiken von Derivaten auf börsengehandelte Indexfonds („Exchange Traded Funds“, ETF) und ihrer Kombination mit Total-Return-Swaps *Rehm*, Kredit

Funktionen von Kreditinstituten, ohne als Kreditinstitut eingeordnet zu werden (sog. Schattenbank) und der entsprechenden Regulierung zu unterliegen.[598] Um einerseits die Verkehrsfähigkeit der Kredite zu erhöhen und andererseits auch institutionellen Anlegern mit bestimmten Risikovorgaben eine Investition zu ermöglichen, verbrieften Finanzinstitute die gebündelten Forderungen und bildeten dabei Tranchen mit unterschiedlichen Ausfallrisiken.[599] Teilweise sind diese standardisierten Produkte ihrerseits wieder zu verbrieften, strukturierten Produkten zusammengefasst worden, um den Kreis potentieller Adressaten unter den institutionellen Anlegern noch weiter zu erhöhen. Diese Produkte waren zur Erhöhung der Akzeptanz insbesondere unter institutionellen Anlegern Gegenstand der Bewertung von Rating-Agenturen, die allerdings im Vorfeld die ausgebenden Finanzinstitute auch bei der Konzeption der strukturierten Produkte beraten haben.[600] Die ausgebenden Finanzinstitute sowohl erster als auch zweiter Stufe reichen das Kreditrisiko mit der Übertragung des strukturierten Produkts an die jeweiligen Abnehmer weiter. Sie hatten dadurch nur geringe Anreize, die Bonität und Kreditwürdigkeit der kreditnehmenden Schuldner eingehend zu überprüfen,[601] zumal in der Vergangenheit steigende Immobilienpreise die Werthaltigkeit der Hypotheken erhöht hatten. Demgegenüber waren Abnehmer der standardisierten Produkte faktisch nicht in der Lage, das Ausfallrisiko der zu Grunde liegenden Forderungen zu überprüfen. Vielmehr fragten sie standardisierte, von Ratingagenturen bewertete Produkte nach, um die Informationskosten der Investition zu senken. Aus Sicht der Anleger waren die Ausfallrisiken der einzelnen Kredite durch die Bündelung und Strukturierung in den verbrieften Produkten diversifiziert.[602] Teilweise haben Kreditinstitute die

---

und Kapital 44 (2011), 317 (327f.): systemische Risiken konkretisieren sich in ihrer Komplexität, Marktliquidität und den Gegenparteirisiken.

[598] Bestandsaufnahme in *Europäische Kommission*, Grünbuch Schattenbankwesen v. 19.3. 2012, COM(2012), 102 final; *de Larosière*-Bericht (Fn. 594), S. 27f., Tz. 85ff.; *Rudolph*, zfbf 64 (2012), 846 (847ff.); *Kaufhold*, DV 46 (2013), 21 (28f.).

[599] *Hellwig*, Finanzmarktregulierung – Welche Regelungen empfehlen sich für den deutschen und europäischen Finanzsektor?, S. E 10ff.

[600] Näher *de Larosière*-Bericht (Fn. 594), S. 10, Tz. 20f.

[601] *De Larosière*-Bericht (Fn. 594), S. 9, Tz. 17: „Das ‚Originate-to-distribute'-Modell setzte in der Form, in der es sich entwickelte, geradezu widersinnige Anreize. Es verschleierte nicht nur das Verhältnis zwischen Kreditnehmer und Kreditgeber, sondern führte auch dazu, dass nicht mehr die Zahlungsfähigkeit des Kreditnehmers, sondern vor allem die Kreditvergabe gegen Sicherheiten – oft ohne Regressmöglichkeit – in den Mittelpunkt des Interesses rückte. Ein Hypothenkreditgeber, der von vornherein wusste, dass er sein gesamtes Ausfallrisiko über MBS oder CDOs [hypothekarisch oder forderungsbesicherte Wertpapiere] auslagern (verkaufen) würde, hatte keinen Anreiz mehr, hohe Kreditvergabestandards sicherzustellen."; *Hellwig*, Finanzmarktregulierung – Welche Regelungen empfehlen sich für den deutschen und europäischen Finanzsektor?, S. E 22.

[602] *Hellwig*, Finanzmarktregulierung – Welche Regelungen empfehlen sich für den deutschen und europäischen Finanzsektor?, S. E 22: „Wenn bei der Zweitverbriefung die Ansprüche an ein Paket von *Mezzanine* Papieren mit BBB-Ratings so tranchiert werden, dass die vorrangigen

Verbriefungen über eigens zu diesem Zweck gegründete Tochtergesellschaften abgewickelt, um bestimmte Anforderungen an die Bilanzierung und Vorhaltung von Eigenkapital umgehen zu können.[603] Nachdem begünstigt durch zwischenzeitlich angestiegene Zinsen zahlreiche Kredite nicht bedient werden konnten, stuften Ratingagenturen die Bewertung der verbrieften Produkte in kurzer Zeit erheblich herunter. Anleger verloren das Vertrauen nicht nur in die Werthaltigkeit der jeweils betroffenen, sondern auch ähnlicher verbriefter, bislang nicht betroffener Produkte, die allerdings zum großen Teil tatsächlich strukturell vergleichbare Risiken aufwiesen. Bilanzierungsvorschriften zwangen die Anleger zur zeitnahen Abwertung dieser Produkte und Vorschriften über die Kapitalerhaltung veranlassten die Anleger, insbesondere Finanzinstitute, zum Verkauf, mit der Folge, dass die Wertentwicklung der Produkte nochmals erheblich unter Druck geriet.[604] Die dadurch ausgelöste, gleichzeitige Nachfrage von Finanzinstituten nach zusätzlichem Eigenkapital beeinträchtigte die Konditionen auf den Equity-Märkten gravierend. Zudem reduzierten Solvenzprobleme einzelner Finanzinstitute das gegenseitige Vertrauen unter Finanzinstituten erheblich mit der Folge, dass Refinanzierungen über den Interbanken-Markt erheblich erschwert wurden.[605] Diese auf vielfältige Wechselwirkungen unterschiedlicher Faktoren zurückgehende Krise von Finanzinstituten wirkte sich schließlich nicht unerheblich auf die Realwirtschaft aus.

Zusammengefasst gehen die Gefahren für die Systemstabilität zum einen auf die vielfältigen Beziehungen der Akteure und innovativen Finanzprodukte zurück, die aus den laufenden Interaktionen der Finanzinstitute, Anleger und Kreditnehmer hervorgegangen sind. Zum anderen haben die einzelnen Akteure Ausfallrisiken in den eigenen Geschäftsmodellen zum weit überwiegenden Teil unterschätzt, weil sie entweder die Risiken nicht gesehen oder nicht hinreichend genau analysiert haben. Insbesondere hat ein Großteil der Anleger und Kreditinstitute die Korrelationen unter den jeweils verschiedenen Ausfallrisiken nicht gesehen, ist also davon ausgegangen, dass die Realisierung der jeweiligen Risiken

---

Schuldtitel wieder AAA-Ratings bekommen, dann kommen diese Papiere, im Unterschied zu den zugrundeliegenden BBB-Papieren, auch as Anlagen für den Versicherer infrage. Die setzt allerdings voraus, dass die Risiken der verschiedenen *Mezzanine* Papiere so unabhängig voneinander sind, dass es einen Diversifizierungseffekt gibt. Die Rating-Agenturen scheinen eine solche Unabhängigkeit unterstellt zu haben; in der Krise hat sich dann gezeigt, dass die Risiken hoch korreliert waren".

[603] *Hellwig*, Finanzmarktregulierung – Welche Regelungen empfehlen sich für den deutschen und europäischen Finanzsektor?, S. E 26 f., der sogar davon ausgeht, dass sich die Ausgliederung von Hypothekenverbriefungen und anderen Derivate in Zweckgesellschaften im Vorfeld der Finanzkrise nur durch die Umgehung der Eigenkapitalanforderungen überhaupt finanziell gelohnt hat.

[604] Zum Ganzen *de Larosière*-Bericht (Fn. 594), S. 12 f., Tz. 32 ff.; *Hellwig*, Finanzmarktregulierung – Welche Regelungen empfehlen sich für den deutschen und europäischen Finanzsektor?, S. E 12 ff.

[605] *De Larosière*-Bericht (Fn. 594), S. 13, Tz. 35 f.

voneinander unabhängig ist.[606] Folglich haben sie zum einen angenommen, dass die Ausfallrisiken der einem strukturierten Produkt zu Grunde liegenden Kredite verteilt sind. Zum anderen sind Anleger, die sich bei der Anlage über Derivate oder ähnliche Produkte gegen Zins- oder andere Marktrisiken absichern wollten,[607] davon ausgegangen, dass sie lediglich das Kreditrisiko des ausgebenden Unternehmens tragen, ohne zu sehen, dass dieses Kreditrisiko infolge der Risikokorrelation mit dem Marktrisiko weitgehend zusammenfällt.[608] Interaktionszusammenhänge rufen eine Dynamik hervor, die ihre eigene Stabilität gefährdet.

Als Reaktion auf diese Finanzkrise, die zugleich auf Defizite der bisherigen Finanzaufsicht aufmerksam machte, sind unterschiedliche Maßnahmen getroffen worden, um Kreditinstitute in die Lage zu versetzen, finanzielle Risiken zu erkennen, realistisch einzuschätzen und gegebenenfalls auch tragen zu können. Dazu zählen vor allem die praktisch im Vordergrund stehende Erhöhung der Eigenkapitalquote[609] und die Einrichtung einer makroprudentiellen Aufsicht,[610] die neben der auf die Aktivitäten einzelner Kreditinstitute fokussierten Mikroaufsicht die aus den Interaktionen resultierenden systemischen Risiken laufend abschätzt und auf dieser Grundlage öffentliche oder nicht-öffentliche Warnungen und Empfehlungen abgibt,[611] etwa zur Finanzierung oder Kreditvergabe von Finanzinstituten.[612]

---

[606] *de Larosière*-Bericht (Fn. 594), S. 9, Tz.15; *Kaufhold*, DV 46 (2013), 21 (28).

[607] Dazu siehe oben, Fn. 597.

[608] *Hellwig*, Finanzmarktregulierung – Welche Regelungen empfehlen sich für den deutschen und europäischen Finanzsektor?, S. E 34.

[609] Zu den erhöhten Eigenkapitalanforderungen als Reaktion auf die Finanzkrise vgl. die sog. Basel III-Vereinbarung (Basel Committee on Banking Supervision: A global regulatory framework for more resilient banks and banking systems, Basel 12/2010, rev. 6/2011) und die Kapitaladäquanzverordnung und -richtlinie, VO (EU) Nr. 575/2013 v. 26.6.2013 über Aufsichtsanforderungen an Kreditinstitute und Wertpapierfirmen und zur Änderung der VO (EU) Nr. 646/2012 (CRR), ABl. EU Nr. L 176 v. 27.6.2013, S. 1 ff.; RL 2013/36/EU v. 26.6.2013, über den Zugang zur Tätigkeit von Kreditinstituten und die Beaufsichtigung von Kreditinstituten und Wertpapierfirmen, zur Änderung der RL 2002/87/EG und zur Aufhebung der RL 2006/48/EG und 2006/49/EG (Capital Requirements Directive IV), ABl. EU Nr. L 176 v. 27.6.2013, S. 338 ff.; näher zu Basel III *Rehm*, Kredit und Kapital 44 (2011), 317 (322 ff.); zu den Eigenkapitalanforderungen nach der CRD IV und CRR *Jung/Bischof*, Europäisches Finanzmarktrecht, § 3 Rn. 127 ff.; *Görner*, Nachhaltigkeit der materiellen Anforderungen an regulatorisches Eigenkapital von Kreditinstituten nach der CRR, S. 89 ff.

[610] VO (EU) Nr. 1092/2010 v. 24.11.2010 über die Finanzaufsicht der Europäischen Union auf Makroebene und zur Errichtung eines Europäischen Ausschusses für Systemrisiken, ABl. EU Nr. L 331 v. 15.12.2010, S. 1 ff.; dazu *Kaufhold*, DV 46 (2013), 21 (29 ff.); *Ohler*, Schutz vor systemischen Risiken, § 7 Rn. 27 f.; *Papathanassiou/Zagouras*, WM 2010, 1584 1585 ff.); sowie in Deutschland der Ausschuss für Finanzstabilität nach §§ 2 ff. FinStabG, näher *Kaufhold*, WM 2013, 1877 ff.

[611] *Kaufhold*, DV 46 (2013), 21 (44 ff.); *dies.*, WM 2013, 1877 (1882 f.).

[612] Vgl. European Systematic Risk Board (ESRB), Empfehlung v. 21.9.2011 zu Fremdwährungskrediten, ESRB/2011/1, ABl. EU Nr. C 342 v. 22.11.2011, S. 1 ff.; ESRB, Empfehlung v. 22.12.2011 zu der Finanzierung der Kreditinstitute in US-Dollar, ESRB/2011/2, ABl.

Sowohl diese makroprudentielle Aufsicht wie auch die von der EZB koordinierten Stresstests stellen Maßnahmen dar, die zuallererst darauf gerichtet sind, Wissen über die sich laufend verändernden systemischen Risiken zu erzeugen. Das eigentliche, eine besondere Systemaufsicht erforderlich machende Charakteristikum der Finanzmärkte liegt darin, dass die Marktprozesse nicht nur innovative Produkte und Geschäftsmodelle,[613] neue Anschlussmöglichkeiten und eine Ausdifferenzierung der Angebotsstruktur, sondern eben auch korrelierte Ausfallrisiken hervorbringen und dieses Wissen über Ausfallrisiken den Marktteilnehmern nicht bekannt ist und dadurch auch über Interaktionsprozesse nicht distribuiert wird. Schon daraus folgt, dass es nicht problemadäquat wäre, die Aktivitäten der sog. Schattenbanken[614] pauschal zu untersagen oder derselben Regulierung zu unterwerfen wie Kreditinstituten, da die interaktionsbasierte Dynamik auch produktive Finanzierungsformen mit anderen, unter Umständen vorteilhaften Risikocharakteristika hervorbringen kann.[615] Die Entwicklung macht vielmehr eine laufende, differenzierte Risikoanalyse und darauf abgestimmte Regulierung erforderlich.[616] Die makroprudentielle Aufsicht und die sog. Stresstests[617] stellen zu diesem Zweck nicht nur für die Aufsichtsbehörden und die Gesetzgeber, sondern auch für die einzelnen Marktteilnehmenden ein systematisch aufbereitetes Risikowissen bereit, dass auf stabilen Märkten über den Interaktionszusammenhang unmittelbar generiert wird.

EU Nr. C 72 v. 10.3.2012, S. 1 ff.; ESRB, Empfehlung v. 20.12.2012 zur Finanzierung von Kreditinstituten, ESRB/2012/2, ABl. EU Nr. C 119 v. 25.4.2013, S. 1 ff.; auf nationaler Ebene Ausschuss für Finanzstabilität, Empfehlung vom 30.6.2015 zu neuen Instrumenten für die Regulierung der Darlehensvergabe zum Bau oder Erwerb von Wohnimmobilien, AFS/2015/1.

[613] Etwa den sog. Hochfrequenzhandel, vgl. die Charakterisierung bei *Rehm*, Kredit und Kapital 44 (2011), 317 (328): „Ein weiteres systemisches Risiko im Bereich der Marktinfrastruktur ist der drastisch wachsende Hochfrequenzhandel. Diese technische Innovation wirkt unter normalen Marktumständen positiv, weil sie die Markt-Liquidität und -Effizienz erhöht. Der ‚Flash-Crash‘ in den USA in 2010, bei dem der Dow Jones innerhalb weniger Minuten um mehr als 1.000 Punkte einbrach, hat aber auch das Störpotential dieser Infrastruktur verdeutlicht, die zu systemischen Risiken führen kann. (…) Der Hochfrequenzhandel akzentuiert bestehende Trends an den Märkten“.

[614] Siehe oben, Fn. 598.

[615] Näher zu den unterschiedlichen Regulierungsoptionen *Rudolph*, zfbf 64 (2012), 846 (861 ff.); zur Regulierungsbedürftigkeit des sog. peer-to-peer-Lending, das ähnlich wie das traditionelle Kreditgeschäft der Banken Losgrößen und Risiken transformieren kann, ohne Risiken vergleichbar zu konzentrieren, *Renner*, ZBB 2014, 261 (269 ff.); das Unionsrecht setzt derzeit vor allem auf Transparenzanforderungen, VO (EU) 2015/2365 v. 25.11.2015 über die Transparenz von Wertpapierfinanzierungsgeschäften und der Weiterverwendung sowie zur Änderung der Verordnung (EU) Nr. 648/2012, ABL. EU Nr. L 337 v. 23.12.2015, S. 1 ff.

[616] *Möslein*, ZBB 2013, 1 (10 ff.): funktionaler statt institutioneller Ansatz; *Rehm*, Kredit und Kapital 44 (2011), 317 (329): ständige Beobachtung und kontinuierliche Anpassung der Eingriffe.

[617] Näher zu den Stresstests als Instrument der makroprudentiellen Aufsicht *Rehm*, Kredit und Kapital 44 (2011), 317 (326 ff.).

Im Rahmen der sog. Stresstests entwirft die Europäische Bankenaufsichtsbehörde (EBA) auf der Grundlage des bisherigen Erfahrungswissens ein makroökonomisches, sog. adverses Szenario, das einen Krisenfall[618] simulieren. Die einzelnen nationalen Kreditinstitute geben dann auf der Grundlage detaillierter und standardisierter Formblätter und mit Unterstützung der nationalen Aufsichtsbehörden Auskunft über die individuellen Folgen bei Eintritt eines solchen Szenarios. Nach systematischer Auswertung der gesammelten Auskünfte gibt die EBA ein aufbereitetes Bild zur Risikolage an alle Beteiligten. Kreditinstitute generieren dadurch Wissen über ihre individuelle Risikoexposition, zum einen bereits durch den Prozess der Datensammlung, der eine qualifizierte und an externe methodische Maßstäbe gekoppelte Risikoeinschätzung erforderlich macht. Zum anderen enthalten die aufbereiteten Ergebnisse Einschätzungen über die Risikolage im individuellen Umfeld, die aus eigener Marktbeobachtung nicht zu erzielen wären.

Ein weiteres Element zur Abwehr systemischer Risiken bilden die organisationsrechtlichen Anforderungen an die unternehmensinternen Risikomanagementsysteme.[619] Ähnlich wie andere sektorspezifische oder allgemein gesellschaftsrechtliche Pflichten zur Einrichtung einer Compliance-Funktion dienen diese Vorgaben dazu, eine unternehmensinterne Governance-Struktur zu schaffen, die aufgrund ihrer Expertise, ihrer Stellung und ihrer Ressourcen in der Lage ist, laufend bislang unbekannte Risiken zu ermitteln und die Unternehmensleitung zu informieren.[620]

Sämtliche dieser Maßnahmen zur Abwehr systemischer Risiken beeinträchtigen Kreditinstitute bei ihren Marktaktivitäten. Anforderungen an die Eigenkapitalquote reduzieren den Radius potentiell möglicher Transaktionen, begrenzen die Eigenkapitalrendite und senken je nach Marktumfeld das Geschäftsergebnis.[621] Die Teilnahme an Stresstests verursacht Aufwand für die Erhebung, Auf-

---

618 Gleichzeitiges Eintreten eines weltweiten Nachfrageeinbruchs, einer Dollarabwertung und einer Verschärfung der Euro-Staatsschuldenkrise, *Rehm*, Kredit und Kapital 44 (2011), 317 (327).

619 In Umsetzung von § 25a Abs. 1 KWG BaFin, Rundschreiben 10/2012 (BA) – Mindestanforderungen an das Risikomanagement v. 14.12.2012, BA 54-FR 2210–2012/0002; *Sedlak*, Bankenaufsicht über Geschäftsorganisation, S. 114 ff.

620 Vgl. die Einordnung in AT 1, Nr. 1 MaRisk: „(...) Das interne Kontrollsystem umfasst insbesondere, Regelungen zur Aufbau- und Ablauforganisation, Prozesse zur Identifizierung, Beurteilung, Steuerung, Überwachung sowie Kommunikation der Risiken (Risikosteuerungs- und -controllingprozesse) und eine Risikocontrolling-Funktion und eine Compliance-Funktion. Das Risikomanagement schafft eine Grundlage für die sachgerechte Wahrnehmung der Überwachungsfunktionen des Aufsichtsorgans und beinhaltet deshalb auch dessen angemessene Einbindung".

621 Einige Geschäftsmodelle der Restrukturierung von Kreditforderungen lohnten sich in der Vergangenheit nur durch die Auslagerung in Tochtergesellschaften, deren Aktivitäten sich nicht auf die Eigenkapitalanforderungen an das übergeordnete Kreditinstitut ausschlugen, *Hellwig*, Finanzmarktregulierung – Welche Regelungen empfehlen sich für den deutschen und europäischen Finanzsektor?, S. E 26, vgl. oben, Fn. 603.

bereitung und Übermittlung der Daten. Zudem kann die Veröffentlichung der Ergebnisse negative Konsequenzen der potentiellen Geschäftspartnerinnen und Geschäftspartner wie auch der Aufsicht nach sich ziehen. Ähnlich liegt es bei der Mitwirkung an anderen wissensgenerierenden Maßnahmen der makroprudentiellen Aufsicht. Schließlich nehmen die Einrichtung und der laufende Betrieb eines Risikomanagementsystems nicht unerhebliche personelle und sachliche Ressourcen in Anspruch. Zudem kann die Unternehmensleitung das Kreditinstitut nicht nach Belieben organisieren, sondern muss die Unabhängigkeit sowie die Funktionsfähigkeit des Risikomanagements gewährleisten und das Risikomanagement überdies in risikorelevante Unternehmensentscheidungen einbinden.

Nach der eine Freiheit zu einem isolierten Verhalten zu Grunde legenden Grundrechtsdogmatik stellen diese Belastungen Eingriffe in die Berufsfreiheit der betroffenen Kreditinstitute dar.[622] Sie rechtfertigen sich, sofern sie im Einzelfall verhältnismäßig sind, durch ihren übergeordneten, auch den Betroffenen zu Gute kommenden Zweck der Gewährleistung von Finanzmarktstabilität.[623] Der Zusammenhang zwischen den Ursachen dieser systemischen Risiken und den Ansätzen ihrer Vermeidung zeigt gleichwohl, dass diese Maßnahmen an der Ausgestaltung des Interaktionszusammenhangs der Grundrechtsträger ansetzt, der auf der einen Seite durch seine Dynamik zur Verwirklichung des zu Grunde liegenden Schutzguts beiträgt, auf der anderen Seite aber auch die eigene Stabilität gefährdet. Die systemstabilisierenden Maßnahmen zur Ausgestaltung des Interaktionszusammenhangs nehmen deshalb den betroffenen Kreditinstituten nicht einen Teil aus einer vorgefundenen Berufsfreiheit heraus, sondern schaffen erst die Bedingungen stabiler Interaktionen. Sie stellen damit nicht nur Ausgestaltungen des Interaktionszusammenhangs, sondern zugleich auch dieses Ausschnitts der Berufsfreiheit dar. Der verfassungsrechtliche Maßstab für diese Formen der Ausgestaltung leitet sich ebenfalls an ihren Auswirkungen auf den Interaktionszusammenhang ab.[624]

Neben der Einordnung als Eingriffe lassen sich die finanzmarktstabilisierenden Regelungen und Maßnahmen schließlich auch als Ausgestaltung im Sinne der verfassungsgerichtlichen Rechtsprechung zur hoheitlichen Informationstätigkeit[625] verstehen.[626] Ein solches Verständnis trägt dem Umstand Rechnung,

---

[622] Etwa *Höfling*, Finanzmarktregulierung – Welche Regelungen empfehlen sich für den deutschen und europäischen Finanzsektor?, S. F 16: freiheitsverkürzende Intervention und damit rechtfertigungsbedürftiger Grundrechtseingriff; *Thiele*, Finanzaufsicht, S. 463: Eingriffsverwaltung; *Ohler*, Schutz vor systemischen Risiken, § 7 Rn. 12; für eine Ausgestaltung im Anschluss an die verfassungsgerichtliche Rechtsprechung zu hoheitlicher Informationstätigkeit hingegen *Kaufhold*, Systemaufsicht, S. 235 ff.

[623] *Ohler*, Schutz vor systemischen Risiken, § 7 Rn. 12: Sicherstellung der Funktionsfähigkeit bestimmter, volkswirtschaftlich unerlässlicher Dienstleistungen.

[624] Dazu näher unten, § 5 D.II.4.

[625] Näher unten, § 5 E.III. und § 5 E.IV.

[626] Für eine solche Rekonstruktion *Kaufhold*, Systemaufsicht, S. 235 ff.

dass unternehmerische Tätigkeit am Markt ohne rechtliche Rahmenbedingungen kaum möglich ist.[627] Die Anknüpfung an den verfassungsgerichtlichen Ansatz eines Freiheitsschutzes nach Maßgabe marktordnenden Regeln[628] bringt allerdings eine konzeptionelle Schwäche mit sich, die sich in den Konturen der Maßstäbe für die Ausgestaltung auswirkt. Schon der Ausgangspunkt, dass die Notwendigkeit der Ausgestaltung nicht auf die Voraussetzungen und Effekte der sozialen Interaktion, sondern auf die Notwendigkeit rechtlicher Regulierung zurückgeht,[629] blendet aus, dass eben dieser Regulierungsbedarf aus der sozialen Interaktion entsteht. Gerade die bis vor einigen Jahren systematisch unterschätzten systemischen Risiken im Finanzsektor veranschaulichen, wie Interaktionszusammenhänge durch ihr Entwicklungspotential neue Regulierungsbedarfe hervorbringen. Wenn die einfach-gesetzlichen Bestimmungen den Schutzbereich der Berufsfreiheit bei der Marktteilnahme definieren,[630] bleibt der verfassungsrechtliche Maßstab der Ausgestaltung unkonturiert, weil das Schutzkonzept keinen Zusammenhang zwischen den Interaktionszusammenhängen, ihren ambivalenten Effekten und dem Schutzgut herstellt. So beschränkt sich der Maßstab auf die allgemeinen Kriterien der Legitimität des Ausgestaltungsziels, der Berücksichtigung der Sachgesetzlichkeiten sowie der bestehenden Regelungen und schließlich der Angemessenheitskontrolle,[631] wobei das Merkmal der Sachgesetzlichkeiten allgemein auf die Relevanz der Interaktionsbeziehungen hinweist, ohne sie spezifisch verarbeiten zu können.[632]

c) Rationalitätsgewinn der Ausgestaltungsdogmatik

Ein auf den Schutz der Verhaltensfreiheit beschränktes Konzept der Berufsfreiheit benötigt keine ausgestaltenden Gesetze, ist aber für die Rationalität einer

---

627 *Kaufhold*, Systemaufsicht, S. 237f.

628 Siehe unten, § 5 E.III.

629 *Kaufhold*, Systemaufsicht, S. 239: „Sie [Markt und Wettbewerb] ergeben sich nicht allein und ohne Weiteres aus der Ausübung der individuellen Wirtschaftsfreiheiten von Anbietern und Nachfragern. Vielmehr sind sie, sollen sie dauerhaft funktionsfähig sein, auf eine rechtliche Infrastruktur angewiesen, die neben privatrechtlichen Instituten wie Eigentum und Vertrag beispielsweise Konfliktlösungsmechanismen bereitstellen, der Kartellbildung vorbeugen und unlauterem Wettbewerbsverhalten entgegenwirken muss. Das gilt jedenfalls und insbesondere für die hier in erster Linie interessierenden Finanzmärkte. Ihre Stabilität ist von staatlicher Regulierung abhängig. (…) Denn Systemrisiken führen zur Dysfunktionalität von Märkten, können aber aufgrund ihrer spezifischen Struktur von den Marktteilnehmern selbst und ohne staatliche Unterstützung nicht abgewehrt werden. Die rechtliche Rahmung der Finanzmärkte gehört daher zu den Gewährleistungsinhalten des Art. 12 Abs. 1 GG. Die Befugnis zur Ausgestaltung folgt hier mithin nicht schon daraus, dass die Freiheitsbetätigung soziale Interaktionen erfordert, sondern sie ist Konsequenz der spezifischen Verweisenheit einzelner gewährleisteter Freiheitsbetätigungen auf rechtlicher Regulierung".

630 *Kaufhold*, Systemaufsicht, S. 240f.

631 *Kaufhold*, Systemaufsicht, S. 241f.

632 Zum entsprechenden Merkmal der „Eigengesetzlichkeiten" in der Wissenschaftsfreiheit siehe oben, § 4 B.I.1.

Ausgestaltungsdogmatik[633] bei der Strukturierung von Marktordnungen auch nicht anschlussfähig.

Zivil- oder gesellschaftsrechtliche Elemente der Marktordnung interferieren danach regelmäßig mangels objektiv berufsregelnder Tendenz nicht mit der Berufsfreiheit. Regelungen des Delikts- oder Vertragsrechts,[634] des Nachbarrechts,[635] der lauterkeitsrechtlichen Ansprüche unter Marktteilnehmenden,[636] zu den Grenzen urheberrechtlicher Befugnisse[637] oder den Befugnissen des Insolvenzgerichts zur Anordnung vorläufiger Maßnahmen[638] ordnet die Rechtsprechung als „interessenausgleichenden Normen des Privatrechts"[639] ohne objektiv berufsregelnde Tendenz ein.[640] Anders kann es nach der Rechtsprechung liegen, wenn besondere Haftungsregelungen, beispielsweise im Gentechnikrecht, auf ein spezifisches Risiko reagieren.[641] In Einzelfällen können zudem historische Entwicklungen wie die Deutsche Einheit Grundentscheidungen über die Gestaltung des Transformationsprozesses erforderlich machen, die sich zwar auf die Marktbedingungen der jeweils betroffenen Märkte nachhaltig auswirken, die jedoch branchenübergreifend die gesamte Volkswirtschaft betreffen.[642] Die Rechtsprechung tendiert dazu, diesen anlassbezogenen Grundentscheidungen auch dann die berufsregelnde Tendenz abzusprechen, wenn die etwa über de-

---

[633] Aus unterschiedlicher Perspektive allgemein *Hoffmann-Riem*, Enge oder weite Anwendungsbereiche der Grundrechte?, S. 53 (58); *Cornils*, Die Ausgestaltung der Grundrechte, S. 494 ff.; *Gellermann*, Grundrechte im einfachgesetzlichen Gewande, S. 59 ff.; als Konsequenz normgeprägter Grundrechte *Bumke*, Ausgestaltung von Grundrechten, S. 17 ff.

[634] BVerfG, Beschl. v. 12.11.1997, 1 BvR 479/92, BVerfGE 96, 375 – *Kind als Schaden*, Rn. 62.

[635] BVerfG, Urt. v. 24.11.2010, 1 BvF 2/05, BVerfGE 128, 1 – *Gentechnik*, Rn. 293: § 906 BGB als allgemeiner Rahmen ohne berufsregelnde Tendenz.

[636] Zu § 3 UWG BVerfG, Nichtannahmebeschl. v. 14.9.2010, 1 BvR 1504/10, Rn. 13.

[637] Zur urheberrechtlichen Vergütungspflicht der Hersteller von Vervielfältigungsgeräten BVerfG, Entsch. v. 7.7.1971, 1 BvR 775/66, BVerfGE 31, 255 – *Tonbandvervielfältigung*, Rn. 35 ff.; OLG München, Urt. v. 15.12.2005, 29 U 1913/05, Rn. 109 f., der BGH legte im Anschluss die maßgeblichen Auslegungsfragen der RL 2001/29/EG dem EuGH zur Entscheidung vor; zu den urheberrechtlichen Grenzen der Eigenwerbung mit Arbeitsergebnissen OLG München, Urt. v. 16.11.2006, 29 U 3486/06, Rn. 46, die Entscheidung ist allerdings unabhängig von der verfassungsrechtlichen Einordnung aufgehoben durch BGH, Urt. v. 10.6.2009, I ZR 226/06, NJW-RR 2010, 620 – *Nutzung von Musik für Werbezwecke*.

[638] BVerfG, Nichtannahmebeschl. v. 22.3.2012, 1 BvR 3169/11, BVerfGK 19, 370, Rn. 25.

[639] BVerfG, Entsch. v. 7.7.1971, 1 BvR 775/66, BVerfGE 31, 255 – *Tonbandvervielfältigung*, Rn. 35; BVerfG, Nichtannahmebeschl. v. 14.9.2010, 1 BvR 1504/10, Rn. 13; BVerfG, Nichtannahmebeschl. v. 22.3.2012, 1 BvR 3169/11, BVerfGK 19, 370, Rn. 25.

[640] Ist eine zivilrechtliche Norm auch im Verhältnis zu Hoheitsträgern anwendbar, geht die Rechtsprechung zudem teilweise von einer partiellen objektiv berufsregelnden Tendenz aus, zu § 254 BGB BVerfG, Stattgebender Kammerbeschl. v. 26.8.2002, 1 BvR 947/01, NJW 2003, 125, Rn. 25.

[641] Zu § 36 a GenTG BVerfG, Urt. v. 24.11.2010, 1 BvF 2/05, BVerfGE 128, 1 – *Gentechnik*, Rn. 293.

[642] BVerfG, Beschl. v. 8.4.1997, 1 BvR 48/94, BVerfGE 95, 267 – *Altschulden*, Rn. 142.

taillierte Bedingungen einer Entschuldung die Rahmenbedingungen der Marktentwicklung gestaltet.[643]

Dabei folgt aus der Funktion der Regelungen, einen Ausgleich zwischen divergierenden Interessen Privater zu treffen, nicht zwingend, dass die Regelung nicht auch Marktprozesse gestaltet. Der zivilrechtliche Rahmen stellt zunächst überhaupt die Grundlage für Austauschprozesse über den Markt dar.[644] Damit liegt auf der Hand, dass die jeweilige Ausgestaltung des zivilrechtlichen Rahmens die Entscheidung der Marktteilnehmerinnen und Marktteilnehmer für oder gegen bestimmte Transaktionen beeinflusst.[645] Insbesondere Haftungsregelungen zielen nicht nur darauf, eine finanzielle Kompensation für eingetretene Schäden zu gewährleisten. Vielmehr können Haftungsregime über diesen Interessenausgleich hinaus eine Regelungsstrategie darstellen, eine auf Schadensvermeidung ausgerichtete innerbetriebliche Organisation einschließlich eines entsprechenden Wissens- und Risikomanagements anzureizen.[646] Zivilrechtliche Haftung der juristischen Person nach außen wie auch der Geschäftsführung oder des Vorstands im Innenverhältnis bewirkt dann je nach Risikograd der unternehmerischen Tätigkeit binnenorganisatorische Vorkehrungen, die nicht nur bekannte Schadenspotentiale eindämmen, sondern auf die laufende Ermittlung von Schadensrisiken und ein entsprechendes Informationsmanagement einschließlich Schulungen und laufendem Monitoring gerichtet sind.[647] Aus Sicht des Gesetzgebers können

[643] BVerfG, Beschl. v. 8.4.1997, 1 BvR 48/94, BVerfGE 95, 267 – *Altschulden*, Rn. 143: „Aber auch bei Einbeziehung der Entschuldungsregelungen in Art. 25 Abs. 3 Satz 3 EV und § 16 Abs. 3 DMBilG ergibt sich nichts anderes. Diese enthalten eine bereichsspezifische Modifikation der allgemein geltenden Grundentscheidung, daß Altschulden bestehen bleiben, verwandeln sie dadurch aber nicht in eine Berufsregelung. Daß die Entschuldungsmaßnahmen von der Vorlage eines Sanierungsplans abhängig gemacht wurden, ändert daran nichts. Er beeinträchtigt nicht die berufliche Dispositionsfreiheit der LPG, sondern dient lediglich der Beurteilung, ob die Sanierungsfähigkeit gegeben ist. Die weitere Bedingung, daß vor einer Entscheidung durch den Staat alle nicht zur beruflichen Betätigung benötigten Vermögensgegenstände für die Schuldentilgung einzusetzen sind, hat wegen der Beschränkung auf berufsneutrale Objekte ebenfalls keine berufsregelnde Tendenz. Sie erhöht die Liquidität des Unternehmens, entzieht ihm aber keine Betriebsmittel."

[644] Zum Vertrags- und Deliktsrecht aus der Perspektive der Ökonomischen Analyse des Rechts vgl. nur *Schäfer/Ott*, Lehrbuch der ökonomischen Analyse des Zivilrechts, S. 145 ff., S. 423 ff.

[645] Ökonomische Analyse des Vertragsrechts einschließlich der ergänzenden Vertragsauslegung bei *Schäfer/Ott*, Lehrbuch der ökonomischen Analyse des Zivilrechts, S. 423 ff., S. 449 ff.

[646] *Spindler*, Unternehmensorganisationspflichten, S. 599 ff., insb. S. 661 ff., S. 689 ff.; zur Wissensorganisation *Buck-Heeb*, Wissen und juristische Person, S. 312 ff., insb. S. 393 ff.; Überblick bei *Broemel*, RW 2013, 62 (80 ff.).

[647] Zu deliktsrechtlichen Organisationspflichten *Spindler*, Unternehmensorganisationspflichten, S. 689 ff.; als Faktor der Compliance *Broemel*, RW 2013, 62 (80 ff.); zur Haftung für genmodifizierte Organismen nach § 36 a GenTG BVerfG, Urt. v. 24.11.2010, 1 BvF 2/05, BVerfGE 128, 1 – *Gentechnik*, Rn. 293: „(…) Dies [die Haftung] kann die Wahl der Mittel, des Umfangs und der gegenständlichen Ausgestaltung der Betätigung ebenso beeinflussen wie die Entscheidungen über Art, Qualität und Preis der für den Markt produzierten Güter. Die Ergänzung und Konkretisierung nachbarrechtlicher Vorschriften erfasst dabei typischerweise

Haftungsregime aus diesem Grund ein funktionales Äquivalent für die Vorgabe eingehender Schadensvermeidungspflichten darstellen, für die zur detaillierten gesetzlichen Regelung oftmals ohnehin die Wissensgrundlage fehlt.[648] Allerdings betreffen zivilrechtliche Regelungen regelmäßig eine Vielzahl ganz unterschiedlicher Fallgestaltungen, die sich nicht auf bestimmte Branchen, Märkte oder auch nur professionelle Situationen beschränken lassen. Auswirkungen auf die berufliche Tätigkeit bestimmter Grundrechtsträger machen dadurch regelmäßig nur einen Bruchteil der Anwendungsbereiche der Norm aus.[649]

Wenn einzelnen unmittelbar an einen Marktteilnehmer gerichteten Vorgaben, etwa dem Kartellverbot oder im Gentechnikrecht, ausnahmsweise doch eine objektiv berufsregelnde Tendenz und damit ein Eingriffscharakter zukommt, mündet die Verhältnismäßigkeitsprüfung in eine Abwägung der individuellen Beeinträchtigung mit dem als grundrechtsextern unterstellten legitimen Zweck des Eingriffs. Einer scharfen Angemessenheitsprüfung steht dabei schon entgegen, dass die freiheitsfördernde Komponente der Ausgestaltung und die sich daraus ergebende Varianz der Ausgestaltungsmöglichkeiten in der gegenüberstellenden Abwägung kaum verarbeitet werden können. So spricht die verfassungsgerichtliche Rechtsprechung dem Gesetzgeber bei vielschichtigen Ausgestaltungsfragen,

---

die von Art. 12 Abs. 1 GG geschützte erwerbswirtschaftliche Nutzung von Grundstücken und setzt die Rahmenbedingungen für die entsprechende Berufsausübung. Die Haftung dient dem Gesetzgeber nicht nur zum Ausgleich der widerstreitenden Interessen von Grundstücksnachbarn, sondern auch als präventives Instrument zur Förderung der Entwicklung, Anwendung und Durchsetzung einer guten fachlichen Praxis im Umgang mit gentechnisch veränderten Organismen und zur Gewährleistung der Koexistenz verschiedener Anbauformen in der Landwirtschaft.".

[648] Zu den branchenspezifischen Anforderungen an eine Compliance-Unternehmensorganisation in unterschiedlichen Branchen siehe die Beiträge in Hauschka (Hrsg.), Corporate Compliance, insb. von *Gebauer/Niermann* (Banken- und Wertpapierdienstleistungsbranche), *Preusche* (Versicherungswirtschaft), *Leipold* (pharmazeutische Industrie), *Drohmann* (chemische Industrie) und *Oexle* (Kreislauf- und Abfallwirtschaft); zum Kapitalmarktrecht zudem *Mülbert/Wilhelm*, ZHR 178 (2014), 502 ff.; *Seibt/Cziupka*, AG 2015, 93 (95 ff.), *Wolff/Schroeren/Martin*, CCZ 2014, 86 ff.; *Hell/Hahn*, ZfgG 64 (2014), 131 ff.; *Broemel*, RW 2013, 62 (64 ff.).

[649] Zum Vertrags- und Deliktsrecht etwa BVerfG, Beschl. v. 12.11.1997, 1 BvR 479/92, BVerfGE 96, 375 – *Kind als Schaden*, Rn. 62: „Die zivilrechtlichen Folgen der Schlechterfüllung von Verträgen und die Haftung für Schäden, die aus unerlaubter Handlung entstehen, treten unabhängig davon ein, ob die Haftungsvoraussetzungen bei Ausübung des Berufs erfüllt werden oder nicht. Weder die zugrunde liegenden Normen des Zivilrechts noch ihre Anwendung in den Ausgangsverfahren betreffen berufsspezifische Sanktionen. Die Verpflichtung zum Schadensersatz kann allenfalls mittelbar Auswirkungen auf die Ausübung der beruflichen Tätigkeit haben, indem sie die Erwartung sorgfältiger Vertragserfüllung unter Einhaltung des beruflichen Standards nachdrücklich unterstreicht und sich auch auf den Umfang der gebotenen Haftpflichtversicherung auswirkt. Vertrags- und Deliktsrecht gehören jedoch nicht zu den Normen, die nur in Randbereichen auch nicht berufsmäßig Handelnde betreffen und daher in einem engen Zusammenhang mit der Ausübung des Berufs stehen; sie haben objektiv keine berufsregelnde Tendenz (vgl. BVerfGE 13, 181 [186]; 52, 42 [54]; 70, 191 [214]; 95, 267 [302]).“; ähnlich zu genossenschaftsrechtlichen Ausgleichsregelungen BVerfG, Nichtannahmebeschl. v. 27.7.2000, 1 BvR 2218/97, Rn. 24.

etwa der betrieblichen Mitbestimmung, einen beträchtlichen Ausgestaltungsspielraum zu, begründet diesen aber nicht mit dem ausgestaltenden Charakter der Regelung, sondern mit dem infolge der Ausdifferenzierung gelockerten personalen Bezug der Aktivitäten von Aktiengesellschaften.[650]

Diese Verknüpfung des Ausgestaltungsspielraums mit der Distanz großunternehmerischer Aktivitäten von der Persönlichkeitsentfaltung natürlicher Personen reduziert die Rationalität grundrechtlicher Maßstäbe in zweifacher Hinsicht. Zum einen nimmt der Befund zunehmender Marktkonzentration weder die Ursachen noch die Alternativlosigkeit der Ausdifferenzierung auf.[651] Zum anderen werden das Schutzgut der Berufsfreiheit und die daran anknüpfenden Anforderungen an die Rechtfertigung eines Eingriffs konturlos, wenn das von dem Eingriff berührte Schutzgut der Persönlichkeitsentfaltung in den betroffenen Kapitalgesellschaften ohnehin nicht mehr verwirklicht wird.[652] Statt aus der Entwicklung bestimmter Marktstrukturen auf eine Absenkung der Schutzbedürftigkeit und in der Folge des Schutzniveaus zu schließen,[653] kann eine Ausgestaltungsdogmatik die durch das Verhalten der Marktteilnehmenden ausdifferenzierte Marktstruktur zum Anlass nehmen, um Rahmenbedingungen der Persönlichkeitsentfaltung zu gewährleisten. Aus dieser Perspektive muss sich die jeweilige Ausgestaltungsregelung daran messen lassen, ob sie in dem Spannungsfeld zwischen Marktdynamik und Raum für weiter ausdifferenzierende

---

[650] BVerfG, Urt. v. 1.3.1979, 1 BvR 532/77 u.a., BVerfGE 50, 290 – *Betriebliche Mitbestimmung*, Rn. 173: „Wahrnehmung von Unternehmerfreiheit ist sowohl die Gründung und Führung eines Klein- oder Mittelbetriebs als auch die Tätigkeit eines Großunternehmens. Während sich bei den ersten der personale Grundzug des Grundrechts auch im wirtschaftlichen Bereich voll verwirklicht, geht dieser bei Großunternehmen nahezu gänzlich verloren; er mag sich noch bei einem maßgebenden Anteilseigner finden, vor allem wenn dieser, wie bei der Gesellschaft mit beschränkter Haftung möglich, zugleich in der Leitung des Unternehmens tätig ist. Davon abgesehen ist indessen Unternehmerfreiheit im Fall von Großunternehmen nicht Element der Ausformung der Persönlichkeit des Menschen, sondern grundrechtliche Gewährleistung eines Verhaltens, dessen Wirkungen weit über das wirtschaftliche Schicksal des eigenen Unternehmens hinausreichen (...); dies namentlich in einer Wirtschaft, in der, wie in der Bundesrepublik, die Konzentration weit fortgeschritten ist (...). Diese Sachlage kann indessen nicht dazu führen, Unternehmerfreiheit auf kleine und mittlere Unternehmen zu beschränken: Großunternehmen und auch Konzerne sind wesentliche Elemente einer hochentwickelten und leistungsfähigen Volkswirtschaft (...). Sie ist jedoch für den Umfang der Regelungsbefugnis des Gesetzgebers von Bedeutung."; in der Sache ebenso *Lepsius*, Der Eigenwert der Verfassung im Wirtschaftsrecht, S. 149 (170).

[651] Dazu siehe oben, § 5 C.

[652] Für eine konsequente Rückführbarkeit auf das personale Substrat aus diesem Grund *Lepsius*, Der Eigenwert der Verfassung im Wirtschaftsrecht, S. 149 (177f.): „Wenn der Individualrechtsschutz zu einem gedanklichen Konstrukt wird, weil angesichts der Kapitalverflechtung von juristischen Personen oder bei Vermögensmassen, die als Stiftungen verselbständigt sind, kein personales Substrat mehr erkennbar ist, liegen die Voraussetzungen eines Durchgriffs nicht vor".

[653] BVerfG, Urt. v. 1.3.1979, 1 BvR 532/77 u.a., BVerfGE 50, 290 – *Betriebliche Mitbestimmung*, Rn. 173.

Entwicklung einerseits und den tatsächlichen Bedingungen selbstbestimmter Berufsausübung natürlicher Personen andererseits eine plausible und kohärente Strategie verfolgt.

d) Ausgestaltung statt normativ konstituiertes Grundrecht

Dieses Verständnis der Ausgestaltung der Berufsfreiheit entspricht nicht einem Verständnis der Wettbewerbsfreiheit als einem normgeprägten Grundrecht, nach dem die Reichweite des Freiheitsschutzes bei der Marktteilnahme „auch durch die rechtlichen Regeln mitbestimmt [wird], die den Wettbewerb ermöglichen und begrenzen".[654] Auch soweit die interaktionsbezogene Konzeption des Grundrechtsschutzes Ausgestaltungen der Marktordnung als Ausgestaltung der Berufsfreiheit begreift, ist damit keine umfassende Beschränkung des Freiheitsschutzes auf die Maßgaben des einfachen Rechts verbunden. Insbesondere lassen sich danach aus dem Wettbewerbsrecht keine allgemeinen Grundsätze wie etwa der Markttransparenz ableiten, die Schlussfolgerungen für die Zulässigkeit von Beeinflussungen des Interaktionsprozesses durch Hoheitsträger erlauben.[655] Vielmehr dient die Ausgestaltungsdogmatik nach dem interaktionsbezogenen Verständnis umgekehrt dazu, Anforderungen an die Rationalität der rechtlichen Ausgestaltung der einfach-gesetzlichen Marktordnung zu formulieren.

3. Rechtfertigung von Eingriffen

Die Intensität des Eingriffs bemisst sich nicht allein nach der Beeinträchtigung des aktuellen Verhaltensspielraums, sondern reflektiert zugleich, inwieweit der Eingriff Interaktionspotential des individuellen Grundrechtsträgers begrenzt.

a) Interaktionspotential als Kriterium der Eingriffsintensität

Bei dieser Eingriffsbewertung geht es nicht in erster Linie darum, die wirtschaftlichen Auswirkungen dieser Verminderung zu prognostizieren, also gleichsam den Wert potentiell entgangener Transaktionen abzuschätzen und in die Verhältnismäßigkeitsprüfung mit einzustellen. Vielmehr macht der interaktionszentrierte Ansatz den gegenwärtigen Umgang mit dem Interaktionspotential zu einem Kriterium der Eingriffsintensität. Weil die Anschlussmöglichkeiten und Anschlusszwänge zwei Seiten derselben Medaille darstellen, die beide auf die Interaktion der Freiheitsausübung zurückgehen und den individuellen

---

[654] BVerfG, Beschl. v. 13.6.2006, 1 BvR 1160/03, BVerfGE 116, 135 – *Vergaberecht*, Rn. 60; BVerfG, Beschl. v. 26.6.2002, 1 BvR 558/91, 1 BvR 1428/91, BVerfGE 105, 252 – *Glykol*, Rn. 43; BVerfG, Urt. v. 21.10.2014, 2 BvE 5/11, BVerfGE 137, 185 – *Informationsanspruch Bundestag, Kriegswaffenexportkontrolle*, Rn. 155; BVerfG, Nichtannahmebeschl. v. 1.11.2010, 1 BvR 261/10, Rn. 11; *Bäcker*, Wettbewerbsfreiheit als normgeprägtes Grundrecht, S. 155; *Lepsius*, Der Eigenwert der Verfassung im Wirtschaftsrecht, S. 149 (169); näher siehe unten, § 5 E.III.

[655] Zur hoheitlichen Informationstätigkeit siehe unten, § 5 E.IV.

Grundrechtsträgern die Erweiterung ihrer Wissensgrundlagen bieten,[656] erfasst die Berufsfreiheit bei der Marktteilnahme auch das jeweils aktuelle Potential an Anschlussmöglichkeiten, also die Chance auf Weiterentwicklung, ohne dass ein bestimmter wirtschaftlicher Wert der zukünftigen Entwicklung bereits absehbar sein müsste. Das reduziert im Ergebnis nicht den Spielraum gesetzlicher Gestaltungen, wirkt sich aber auf die Art und Weise der Gestaltung aus. Eingriffe, die bei der Verfolgung ihres jeweiligen Ziels Raum für unterschiedliche Marktentwicklungen lassen, also den Marktteilnehmern die Möglichkeit belassen, die Vorgaben auf unterschiedliche Wege in die Transaktion zu integrieren und folglich auch bislang unbekannte Wege zu entwickeln, greifen weniger stark in das Interaktionspotential ein als Regelungen, die bestimmte Transaktionsparameter positiv vorgeben. Gegenüber dem auf einer isolierten Verhaltensfreiheit beruhenden Konzept zwingt der interaktionszentrierte Ansatz im Rahmen der Erforderlichkeitsprüfung dazu, nicht nur die Belastungsintensität bezogen auf die gegenwärtige wirtschaftliche Situation, sondern auch den Raum zur Zufuhr neuer Möglichkeiten[657] in Rechnung zu stellen.

b) Die Marktteilnahme peripher betreffende Regelungen

Unmittelbar an den Grundrechtsträger gerichtete Verbote, die diesen bei der Marktteilnahme eher entfernt einschränken wie etwa Geschwindigkeitsbegrenzungen auf öffentlichen Straßen,[658] dürften auch auf der Grundlage einer interaktionszentrierten Betrachtung regelmäßig keinen unverhältnismäßigen Eingriff in die Berufsfreiheit darstellen. Nach der Rechtsprechung ist mangels berufsregelnder Tendenz der Schutzbereich bereits nicht eröffnet.[659] Nach dem interaktionszentrierten Konzept kann die Geschwindigkeitsbegrenzung den Grundrechtsträger je nach Geschäftsmodell zwar bei der Bereitstellung von Angeboten am Markt beeinträchtigen und demnach im Grundsatz einen Eingriff darstellen. Die Vorgabe wirkt sich jedoch nur mittelbar und allgemein auf den Verhandlungen unter Marktteilnehmerinnen und Marktteilnehmern aus. Sie reduziert die Leitungsfähigkeit der Anbieter kaum spürbar, wirkt sich innerhalb des betroffenen Geschäftsmodells auf sämtliche kraftfahrenden Anbieter in dem Gebiet gleichermaßen aus und lässt die Möglichkeit offen, durch andere Wege der Leistungsbereitstellung wie etwa den Schienenverkehr oder eine Verkürzung der Wege zu umgehen. Andere an Marktteilnehmende gerichtete finanzielle Belastungen, die deren Leistungsfähigkeit unabhängig von einer bestimmten Marktaktivität reduzieren, etwa Rundfunkbeiträge für eine Betriebsstätte, bei der der Rundfunkempfang keinen Teil des Geschäftsmodells bildet, stellen auch

[656] Siehe oben, § 5 A.II.
[657] *Ladeur*, Negative Freiheitsrechte, S. 67ff., S. 72ff., S. 204ff.
[658] BVerwG, Urt. v. 23.9.2010, 3 C 37/09, BVerwGE 138, 21.
[659] BVerwG, Urt. v. 23.9.2010, 3 C 37/09, BVerwGE 138, 21, Rn. 48.

nach dem interaktionszentrierten Konzept bereits keinen Eingriff in die Berufsfreiheit dar. Macht der Rundfunkempfang wie etwa im Hotelbetrieb einen Teil der am Markt angebotenen Leistung aus, beeinträchtigt die Abgabe die Tätigkeit am Markt wie auch das Interaktionspotential und stellt damit entgegen der Rechtsprechung[660] einen Eingriff in die Berufsfreiheit dar. Solche Eingriffe dürften allerdings ebenfalls regelmäßig gerechtfertigt sein, wenn sie alle Marktteilnehmenden, die dasselbe Geschäftsmodell verfolgen, gleichermaßen treffen und sie dadurch vor die Wahl stellen, ihren Transaktionspartnern entweder den mit der finanziellen Belastung verbundenen Mehrwert bieten zu wollen oder die finanzielle Belastung einzusparen. Dabei unterscheiden sich die Anforderungen an die Rechtfertigung eines solchen Eingriffs in die Berufsfreiheit auch bei geringer Intensität von denjenigen bei einem Eingriff in die allgemeine Handlungsfreiheit, weil der Interaktionsbezug bei der Berufsfreiheit jeweils nach Wettbewerbsverzerrungen innerhalb eines Geschäftsmodells oder das Interaktionspotential weniger einschränkenden Alternativen fragt, also die spezifische Stellung des Grundrechtsträger bei der Marktteilnahme berücksichtigt.

c) Marktprozesse strukturierende Vorgaben

Stärker ins Gewicht fallende Unterschiede zur Dogmatik der Rechtsprechung ergeben sich bei hoheitlichen Maßnahmen, die Märkte wie eine Marktordnung strukturieren. Während die Rechtsprechung eine objektiv berufsregelnde Tendenz solcher die einzelnen Marktteilnehmerinnen und Marktteilnehmer nur mittelbar betreffenden Regelungen oftmals verneint, zwingt das interaktionszentrierte Konzept den Gesetzgeber dazu, bei der Ausübung des Gestaltungsspielraums die Effekte auf die Marktdynamik stringent zu berücksichtigen. Im Recht der gesetzlichen Krankenversicherung lässt sich etwa die Ausgestaltung des Leistungskatalogs nur vordergründig mit der Entscheidungsfreiheit eines Käufers gleichstellen und auf diese Weise einen Eingriff in die Berufsfreiheit ablehnen.[661] Auf nicht hoheitlich vorgeprägten Märkten geht die Kaufentscheidung

[660] Einen Eingriff mangels berufsregelnder Tendenz verneinend VG Leipzig, Urt. v. 19.5. 2015, 1 K 1024/13, Rn. 40; BayVerfGH, Entsch. v. 15.5.2014, Vf. 8-VII-12, Vf. 24-VII-12, NJW 2014, 3215, Rn. 66.

[661] So aber BVerfG, Urt. v. 17.12.2002, 1 BvL 28/95 u. a., BVerfGE 106, 275 – *Arzneimittelfestbetrag*, Rn. 105 f.; im Anschluss daran BSG, Urt. v. 14.5.2014, B 6 KA 28/13 R, Rn. 53; BSG, Urt. v. 21.3.2012, B 6 KA 16/11 R, BSGE 110, 245, Rn. 33 ff.; BSG, Urt. v. 31.5.2006, B 6 KA 13/05 R, BSGE 96, 261, Rn. 33 ff.; BSG, Urt. v. 24.11.2004, B 3 KR 23/04 R, BSGE 94, 1, Rn. 22; entsprechende Schlüsse zieht die fachgerichtliche Rechtsprechung für die Fesetzung der Festbeträge, BSG, Urt. v. 1.3.2011, B 1 KR 7/10 R, BSGE 107, 261, Rn. 15: „Die Vergabe eines öffentlichen Auftrags an einen Mitbewerber und die der Vergabeentscheidung zugrunde gelegten Kriterien berühren ebenso wie mögliche Vorstufen einer Vergabeentscheidung, hier die Festbetragsfestsetzung, grundsätzlich nicht den Schutzbereich der Berufsfreiheit des erfolglosen Bewerbers. Bei der Vergabe eines öffentlichen Auftrags beeinflusst die handelnde staatliche Stelle den Wettbewerb nicht von außen, sondern wird selbst auf der Nachfrageseite wettbewerblich tätig und eröffnet so einen Vergabewettbewerb zwischen den potentiellen Anbietern. Dabei

auf dezentrale Freiheitsausübung der einzelnen Nachfragenden zurück. Diese Auswahlentscheidungen können im Gegensatz zur hoheitlichen Ausgestaltung des Leistungskatalogs ihrerseits potentiell durch das Markverhalten der Anbieter beeinflusst werden. Vor allem aber ist der Hoheitsträger bei der Ausgestaltung des Leistungskatalogs der gesetzlichen Krankenversicherung nur deshalb in die Rolle eines vermeintlichen Nachfragenden gelangt, weil die normativen Vorgaben der gesetzlichen Krankenversicherung von der Krankenversicherungspflicht über die Beitragsbemessung bis hin zur Ausgestaltung des Leistungskatalogs die Nachfrage konzentrieren, ohne dass im Anwendungsbereich der gesetzlichen Krankenversicherung Raum für weitere Nachfrage bliebe.[662] Die Regelungen der gesetzlichen Krankenversicherung nivellieren mit anderen Worten das Interaktionspotential und die damit verbundene Möglichkeit dynamischer Marktentwicklungen. Die von dieser hoheitlich determinierten Nachfrage ausgehenden Anschlusszwänge lassen sich deshalb nicht mit Anschlusszwängen vergleichen, die als Ausdruck der verschleiften Interaktion die Kehrseite potentieller neuer Anschlussmöglichkeiten darstellen.

Eine interaktionsbezogene Grundrechtskonzeption fordert deshalb zur Rechtfertigung des Eingriffs in die Berufsfreiheit insbesondere, dass die mit der Ausgestaltung des Leistungskatalogs verbundene Beschränkung des Interaktionspotentials für die mit der Regelung verfolgten Zwecke erforderlich ist. Entgegen der Rechtsprechung, nach der Art. 12 Abs. 1 GG Herstellern und Anbietern von Arzneimitteln oder Medizinprodukten schon keine Klagebefugnis zur gerichtlichen Überprüfung der Ausgestaltung des Leistungskatalogs gerichtlich vermittelt,[663] umfasst diese Erforderlichkeitsprüfung Wettbewerbsverzerrungen, die sich systemintern durch eine inkohärente Ausgestaltung des Leistungskatalogs ergeben können, wie auch die Begrenzung des Leistungskatalogs an sich. Selbstverständlich impliziert diese Erforderlichkeitsprüfung nicht die verfassungsrechtliche Unzulässigkeit auch eines etwa aus budgetären Gründen eng begrenzten Leistungskatalogs. Die Ausgestaltung muss jedoch ihrer marktgestaltenden Wirkung, die kaum Raum für alternative Entwicklungs-

ist es grundsätzlich Sache des Nachfragers, nach welchen Kriterien und in welchem Verfahren er das günstigste Angebot auswählt. Dementsprechend trägt ein Wettbewerber auf der Angebotsseite stets das Risiko, dass seinem Angebot ein anderes, für den Nachfrager günstigeres vorgezogen wird“.

[662] Kaum überzeugend ist vor diesem Hintergrund, die Wirkungen der Festbetragsfestsetzungen als bloßen Reflex des eigentlichen Regelungsziels einzuordnen, das darin liegt, „für die Wirtschaftlichkeit der Angebote zu sorgen“, BSG, Urt. v. 1.3.2011, B 1 KR 7/10 R, BSGE 107, 261, Rn. 16; im Ergebnis anders für Bedingungen der Vergabe öffentlicher Aufträge, die eine sog. Tariftreue verlangen, BVerfG, Beschl. v. 11.7.2006, 1 BvL 4/00, BVerfGE 116, 202 – Berliner Vergabegesetz, Rn. 83 f.: Tariftreueerklärung als Vergabebedingung bildet eingriffsgleiche Beeinträchtigung der Berufsfreiheit der betroffenen Unternehmen, näher siehe unten, Fn. 677.

[663] BSG, Urt. v. 14.5.2014, B 6 KA 28/13 R, Rn. 53; BSG, Urt. v. 21.3.2012, B 6 KA 16/11 R, BSGE 110, 245, Rn. 37.

möglichkeiten der Marktteilnehmer lässt, Rechnung tragen. Die Ablehnung eines Eingriffs unter Hinweis auf die vermeintliche Funktionsweise von Märkten vermittelt dem Gesetzgeber demgegenüber einen Spielraum zur Marktgestaltung, der keinen vergleichbaren Rationalitätsanforderungen unterliegt. Die konstruktiven Schwierigkeiten, die diese Rechtsprechung in der Folge nach sich zieht, werden bei der Handhabung einer im Einzelfall fehlerhaften Einordnung einzelner Präparate zum Leistungskatalog deutlich. Auf der Grundlage der Annahme, dass die Berufsfreiheit bei einer Ausgestaltung des Leistungskatalogs von vorneherein nicht betroffen ist, weil sie keinen Anspruch auf ein bestimmtes Nachfrageverhalten vermittelt, liegt nahe, dass auch fehlerhafte Zuordnungen einzelner Arzneimittel, die das Präparat aus dem Leistungskatalog herausfallen lassen, nicht in die Berufsfreiheit der betroffenen Hersteller und Händler eingreifen.[664] So stellt die fachgerichtliche Rechtsprechung in dem Bemühen, die Zuordnung insbesondere auf methodische Anwendungsfehler kontrollieren zu können,[665] angesichts der verfassungsgerichtlichen Rechtsprechung zur Reichweite der Berufsfreiheit bei Festsetzung des Leistungskatalogs gesetzlicher Krankenkassen[666] nicht auf eine mögliche Verletzung von Art. 12 Abs. 1 GG, sondern auf die Möglichkeit einer ungerechtfertigten Ungleichbehandlung nach Art. 3 Abs. 1 GG in Verbindung mit Art. 12 Abs. 1 GG ab.[667] Diese Rechtsprechung ist im Ergebnis angemessen, weil sie trotz des restriktiven Ausgangspunkt zur Reichweite der Berufsfreiheit den betroffenen Unternehmen die gerichtliche Kontrolle einer Reihe von Fragen bei der Anwendung der Regelungen eröffnet, etwa bei der Frage, ob einem Präparat im Hinblick auf Unterschiede in der Bioverfügbarkeit eine therapeutische Sonderstellung zukommt[668] und wie dabei Merkmal ihrer Bedeutsamkeit für die Therapie[669] auszulegen ist,[670] oder bei der in der Sache unzutreffenden medizinisch-pharmakologischen Bewertung verschiedener Arzneimittel als gleichwertig.[671] Dogmatisch ist die Kombination aus Art. 3 Abs. 1 GG in Verbindung mit Art. 12 Abs. 1 GG gleichwohl nicht frei von Zweifeln. Auf der Grundlage der Prämisse, dass Art. 12 Abs. 1 GG kein

[664] Aus der fachgerichtlichen Rechtsprechung vgl. nur BSG, Urt. v. 21.3.2012, B 6 KA 16/11 R, BSGE 110, 245, Rn. 33: „Die Berufsausübungsfreiheit der Klägerinnen ist hier nicht tangiert, weil die Ausgestaltung des Leistungsumfangs der GKV solche Anbieter, die Leistungen erbringen wollen, die bisher nicht in diesem Rahmen erbracht werden können, nicht in ihrem Grundrecht aus Art 12 Abs 1 GG betrifft".

[665] Zu den Folgen der Reichweite des grundrechtlichen Schutzbereichs für die Klagebefugnis BSG, Urt. v. 14.5.2014, B 6 KA 28/13 R, Rn. 53; BSG, Urt. v. 21.3.2012, B 6 KA 16/11 R, BSGE 110, 245, Rn. 37.

[666] BVerfG, Urt. v. 17.12.2002, 1 BvL 28/95 u. a., BVerfGE 106, 275 – *Arzneimittelfestbetrag*, Rn. 105f.

[667] Grundlegend BSG, Urt. v. 24.11.2004, B 3 KR 23/04 R, BSGE 94, 1, Rn. 24.

[668] BSG, Urt. v. 24.11.2004, B 3 KR 23/04 R, BSGE 94, 1, Rn. 22ff.

[669] § 35 Abs. 1 S. 1 SGB V.

[670] BSG, Urt. v. 24.11.2004, B 3 KR 23/04 R, BSGE 94, 1, Rn. 29.

[671] BSG, Urt. v. 31.5.2006, B 6 KA 13/05 R, BSGE 96, 261, Rn. 35.

subjektives Recht auf ein bestimmtes Nachfrageverhalten vermittelt, sondern die Entscheidung hoheitlicher Nachfrager am Markt von den Anbietern so hinzunehmen ist wie die Auswahlentscheidung privater Nachfrager auch, fehlt es an einem subjektiven Recht, das zum Anknüpfungspunkt des Gleichbehandlungsgebots aus Art. 3 Abs. 1 GG gemacht werden könnte. Nach den Prämissen der verfassungsgerichtlichen Rechtsprechung kommt Verkäuferinnen und Verkäufern, weil sie kein subjektives Recht auf eine bestimmte Auswahlentscheidung der potentiellen Käuferinnen und Käufer haben, auch kein Anspruch auf Korrektur bei Mängeln in der Willensbildung der Käuferinnen und Käufer zu. In dem von der Rechtsprechung herangezogenen Verhältnis zwischen privaten Anbietern und Nachfragern können die Anbieter versuchen, die Nachfrageentscheidung durch Informationen über die Vorzüge und Qualität des Angebots zu beeinflussen, aber die Auswahlentscheidung der Nachfrager nicht korrigieren lassen, unabhängig davon, ob die Auswahlentscheidung auf einem Irrtum beruht. In den Grenzen der zivilrechtlichen Benachteiligungsverbote[672] wäre sogar eine auf sachfremden Erwägungen beruhende Entscheidung der Nachfrager durch den Anbieter nicht zu beanstanden.

Denkbar wäre, bei der Anwendung des Gleichheitssatzes das subjektive Recht, innerhalb dessen Art. 3 Abs. 1 GG eine Gleichbehandlung gebietet, aus den einfach-gesetzlichen Regelungen zur Festbetragsfestsetzung und Gruppenbildung abzuleiten. Abgesehen davon, dass auch dieser Weg der im Ausgangspunkt gebildeten Parallele zu einem privaten Käufer widerspricht, hat die fachgerichtliche Rechtsprechung sich für einen anderen Weg entschieden. Sie zieht die Berufsfreiheit als Recht auf Teilhabe am Wettbewerb heran, das „vor ungerechtfertigter staatlicher Begünstigung von Konkurrenten schützt“[673] und sieht in der unzutreffenden Bewertung eines Arzneimittels eine Benachteiligung des negativ betroffenen Herstellers im Wettbewerb.[674] Die fachgerichtliche Rechtsprechung nähert dadurch die Ausgestaltung des Leistungskatalogs und die Festbetragsfestsetzung der verfassungsrechtlichen Behandlung des Vergaberechts an.[675] Bei der verfassungsgerichtlichen Bewertung vergaberechtlicher Sachverhalte geht die verfassungsgerichtliche Rechtsprechung implizit davon aus, dass die Vergabe öffentlicher Aufträge den Anforderungen aus Art. 3 Abs. 1 GG unterliegt,[676] obgleich Art. 12 Abs. 1 GG keinen Anspruch auf eine bestimmte Ausschreibung vermittelt. Nach dieser Rechtsprechung ist allerdings nicht ausgeschlossen, dass die Vergabebedingungen in die Berufsfreiheit eingreifen. Will der Hoheitsträger

---

[672] Insbesondere § 19 AGG.

[673] BSG, Urt. v. 24.11.2004, B 3 KR 23/04 R, BSGE 94, 1, Rn. 23 im Anschluss an BVerfG, Beschl. v. 12.6.1990, 1 BvR 355/86, BVerfGE 82, 209 – *Krankenhausplan*, Rn. 63 f.

[674] BSG, Urt. v. 24.11.2004, B 3 KR 23/04 R, BSGE 94, 1, Rn. 30.

[675] Zur Festbetragsfestsetzung BSG, Urt. v. 1.3.2011, B 1 KR 7/10 R, BSGE 107, 261, Rn. 15 und 17, im Anschluss an BVerfG, Beschl. v. 13.6.2006, 1 BvR 1160/03, BVerfGE 116, 135 – *Vergaberecht*, Rn. 83 ff.

[676] BVerfG, Beschl. v. 13.6.2006, 1 BvR 1160/03, BVerfGE 116, 135 – *Vergaberecht*, Rn. 83 ff.

mit den Ausschreibungsbedingungen mittelbar auf bestimmte Zustände hinwirken, etwa mittels einer Tariftreueerklärung Lohndumping vermeiden, liegt darin nach der Rechtsprechung ein über bloße Reflexe der Ausschreibung hinausgehende eingriffsgleiche Beeinträchtigung der Berufsfreiheit.[677] Der Unterschied zwischen der Festsetzung des Leistungskatalogs gesetzlicher Krankenversicherung einschließlich der Festbeträge einerseits und der Forderung von Tariftreueerklärungen als Bedingung der Vergabe öffentlicher Aufträge andererseits mag in der Art der Motivation liegen. Dem Krankenkassenrecht geht es um die Kostenbegrenzung im eigenen Interesse, während die Förderung der Tariftreue ein allgemeines Ziel darstellt, in dessen Dienst die Vergabe öffentlicher Aufträge gestellt wird. Jedoch verliert diese Differenzierung in der Intensität der Motivation zum einen angesichts der Absehbarkeit der nicht intentional herbeigeführten Effekte der Festbetragsfestsetzung an Überzeugungskraft. Zum anderen entspricht sie nicht den im Ausgangspunkt zu Grunde gelegten Prämissen, nach denen die öffentliche Hand bei der Ausgestaltung des Leistungskatalogs wie ein privater Nachfrager über die Bedingungen der Abnahme von Gütern oder Leistungen frei entscheiden kann.[678] Der Verweis auf die Funktionsweise des Marktmechanismus legt vielmehr nahe, dass es auf die Motive einer Auswahlentscheidung der Marktgegenseite nicht ankommt.

Auf der Grundlage eines interaktionszentrierten Ansatzes wäre hingegen zu fragen, ob die öffentliche Hand tatsächlich die Stellung eines privaten Nachfragers auf dem Markt einnimmt, also Raum für wechselseitig beeinflussende Interaktionen und darauf beruhende Entwicklungen verbleibt. Tritt die öffentliche Hand etwa als ein Nachfrager unter vielen auf, stellen die mit ihrer Nachfrage verbundenen Anschlusszwänge für anbietende Unternehmen von vorneherein keinen Grundrechtseingriff dar, auch wenn hinter dem Nachfrageverhalten

---

[677] BVerfG, Beschl. v. 11.7.2006, 1 BvL 4/00, BVerfGE 116, 202 – *Berliner Vergabegesetz*, Rn. 84: „Die Vorschrift zielt aus wirtschafts- und sozialpolitischen Gründen darauf ab, die Arbeitgeber bei der Gestaltung ihrer arbeitsvertraglichen Beziehungen zu einem bestimmten Verhalten zu veranlassen. Die Vergabestelle wird durch das Gesetz ermächtigt und angesichts des Soll-Charakters der Vorschrift im Regelfall verpflichtet, von den Bewerbern um den ausgeschriebenen Auftrag eine Tariftreueerklärung zu fordern. Der Inhalt der vom Auftragnehmer abzuschließenden Arbeitsverträge ist damit – mittelbar – selbst schon Gegenstand der gesetzlichen Regelung, auch wenn er den Arbeitsvertragsparteien nicht unmittelbar normativ vorgeschrieben wird. Er ist inhaltlich durch die Norm vorgegeben, indem geregelt ist, dass die Anwendung der örtlichen Entgelttarifverträge durch die Auftragnehmer verlangt werden soll. Mit dieser gesetzlichen Regelung soll zudem gerade erreicht werden, dass die Geltung tarifvertraglicher Entgeltabreden ausgeweitet wird. Die Einflussnahme auf die Arbeitsbedingungen ist damit von der Zweckrichtung des Gesetzgebers umfasst. Sie tritt nicht nur reflexartig als faktische Folge eines anderen Zielen dienenden Gesetzes ein".

[678] BVerfG, Urt. v. 17.12.2002, 1 BvL 28/95 u.a., BVerfGE 106, 275 – *Arzneimittelfestbetrag*, Rn. 105 „Die Berufsfreiheit umfasst das Recht der am Markt Tätigen, die Bedingungen ihrer Marktteilhabe selbst festzusetzen. Insbesondere kann der Anbieter Art und Qualität sowie den Preis der angebotenen Güter und Leistungen selbst festlegen. In gleicher Weise ist aber auch das Recht der Nachfrager geschützt, zu entscheiden, ob sie zu diesen Bedingungen Güter erwerben oder Leistungen abnehmen".

Motive oder Überzeugungen stehen, die über Modalitäten des unmittelbaren Güterbezugs hinausgehen. Die Möglichkeit der Marktteilnehmerinnen und Marktteilnehmer, ihre jeweiligen Auswahlentscheidungen von marktexternen Kriterien abhängig zu machen, begründet die Offenheit der Marktprozesse für externe Irritationen, ihre Anpassungsfähigkeit an veränderte Rahmenbedingungen. Indem einzelne Marktteilnehmer ihre jeweilige Perspektive in die Interaktion einbringen, beeinflussen sie über die Vielzahl der verschleiften Interaktionen die jeweils dezentralen Horizonte. Anknüpfungspunkt der verfassungsrechtlichen Bewertung des Eingriffscharakters eines bestimmten Nachfrageverhaltens der öffentlichen Hand ist daher nicht die Motivation, sondern die Stellung des Nachfragenden im jeweiligen Kontext. Bei Ausschreibungen, für die es nach Art und Umfang auch eine hinreichende private Nachfrage gibt, verbleibt danach für die öffentliche Hand in den Grenzen des objektiven Rechts Spielraum, politische Zielsetzungen zu verfolgen. Gegenüber den unterschiedlichen Ansätzen der Rechtsprechung, die aus einer Kombination von Art. 3 Abs. 1 GG in Verbindung mit Art. 12 Abs. 1 GG oder ausschließlich aus Art. 3 Abs. 1 GG Anforderungen an ein hoheitliches Nachfrageverhalten ableitet, bietet ein Konzept, das auf die Effekte für Interaktion unter Marktteilnehmenden abstellt, kohärente Kriterien sowohl für die Bestimmung eines Eingriffs als auch für die Rechtfertigung.

4. Rechtfertigung von Ausgestaltungsregelungen

Gewährleistet die Berufsfreiheit die Persönlichkeitsentfaltung bei der Marktteilnahme durch die Einbindung des einzelnen Grundrechtsträgers in den Interaktionszusammenhang auf dem Markt,[679] kommt dem rechtlichen Rahmen dieses Interaktionszusammenhangs ähnlich wie bei der Privatautonomie[680] Relevanz für die Verwirklichung des Schutzguts zu. Marktordnende Regelungen strukturieren Marktprozesse. Sie können Marktprozesse fördern und stabilisieren, einzelne Interaktionen aber auch erschweren.

a) Marktordnender Rahmen als Ausgestaltung

Solche Regelungen, die Märkte stabilisieren, den Interaktionsraum offen halten oder die Bedingungen tatsächlicher Selbstentfaltung durch Marktteilnahme sicherstellen soll, lassen sich nicht sinnvoll als Eingriff in die Berufsfreiheit bei der Marktteilnahme begreifen. Sie betreffen den Einzelnen mittelbar und je nach Situation vor allem auf vielschichtige Weise. Zudem lässt sich die Angemessenheit dieser Rahmenregelungen oftmals nicht sinnvoll auf einen einzelnen Grundrechtsträger beziehen, ohne die mit der Regelung verfolgten, für die einzelnen Grundrechtsträger oftmals divergierenden Wirkungen für den gesamten Markt

---

[679] Siehe oben, § 5 B.I.
[680] Siehe oben, § 5 B.III.

zu berücksichtigen.[681] Auf dem Boden des verhaltensbezogenen Konzepts der Rechtsprechung kommt dem eher allgemeinen Teil der Marktordnung aus diesem Grund überwiegend keine objektiv berufsregelnde Tendenz zu.[682] Konsequenz eines solchen Ansatzes ist allerdings, dass die Berufsfreiheit gegenüber diesem rechtlichen Rahmen trotz dessen Bedeutung für die Marktprozesse keine ordnende Wirkung entfaltet. Umgekehrt spricht die Rechtsprechung besonderen Pflichten, die einzelne Unternehmen etwa zum Schutz der Marktstabilität treffen,[683] mit Blick auf ihren begrenzten Adressatenkreis und ihre belastende Wirkung eine objektiv berufsregelnde Tendenz zu und wertet sie damit als Eingriffe in die Berufsfreiheit, obwohl das Regelungsziel die Freiheitsausübung auch des betroffenen Unternehmens mittelfristig überhaupt erst sicherstellt.

Ein interaktionszentrierter Ansatz begreift diese marktordnenden Regelungen demgegenüber als Ausgestaltung der Berufsfreiheit bei der Marktteilnahme. Wegen der Interaktion ist die Marktteilnahme als Modus der Grundrechtsausübung auf eine rechtliche Ausgestaltung angewiesen. Zwar sind Transaktionen prinzipiell auch ohne oder sogar gegen die Rechtsordnung denkbar.[684] Im Wesentlichen prägt der rechtliche Rahmen jedoch die Möglichkeiten und Modalitäten von Transaktionen. Aus diesem Grund wenden sich ökonomische Ansätze der Analyse rechtlicher Regelungen und ihrer Implikationen für den Marktprozess zu[685] und beschreibt die Governance-Perspektive Märk-

---

[681] Zu den Konsequenzen für die verfassungsrechtliche Überprüfung ausgestaltender Regelungen *Hoffmann-Riem*, Enge oder weite Gewährleistungsgehalte der Grundrechte?, S. 53 (58).

[682] Zuletzt etwa BVerfG, Nichtannahmebeschl. v. 3.6.2013, 1 BvR 131/13 u. a., BVerfGK 20, 327, Rn. 19: Sozialversicherungspflicht von dualen Studiengängen; BVerfG, Nichtannahmebeschl. v. 22.8.2012, 1 BvR 199/11, BVerfGK 20, 37 – *Rundfunkgebühr für Internet-PC*, Rn. 19: Rundfunkbeitrag für zu beruflichen Zwecken genutzten PC; BVerfG, Nichtannahmebeschl. v. 16.7.2012, 1 BvR 2983/10, BVerfGK 20, 9 – *Insolvenzsicherungsabgabe*, Rn. 18; zum Ganzen siehe unten, § 5 E.I.2.

[683] BVerfG, Beschl. v. 24.11.2009, 2 BvR 1387/04, BVerfGE 124, 348 – *Wertpapierhandel Sonderabgabe, Einlagensicherungsentschädigungsgesetz*, Rn. 50: „Die vom Gesetz als Beitrag bezeichnete Abgabe knüpft – insoweit ähnlich der Umlage zur Finanzierung der Bundesanstalt für Finanzdienstleistungsaufsicht in den Aufsichtsbereichen Kredit- und Finanzdienstleistungswesen und Wertpapierhandel (...) – tatbestandlich unmittelbar an die Tätigkeit bestimmter Unternehmen auf dem Finanzmarkt an und bemisst sich im Grundsatz nach dem Geschäftsumfang. Wie jene Umlage dient auch hier das Abgabenaufkommen der Gewährleistung der Rahmenbedingungen eines spezifischen Marktes, und die Abgabepflichtigen werden wegen der Beteiligung an diesem Markt in Anspruch genommen"; ähnlich BVerfG, Beschl. v. 16.9. 2009, 2 BvR 852/07, BVerfGE 124, 235 – *BaFin-Umlage*, Rn. 15: Umlage zur Finanzierung der Bundesanstalt für Finanzdienstleistungsaufsicht in den Aufsichtsbereichen Kredit- und Finanzdienstleistungswesen und Wertpapierhandel; daran anknüpfend BVerfG, Beschl. v. 24.11. 2015, 2 BvR 355/12, NVwZ 2016, 606, Rn. 35: Kosten aus Amtspflichtverletzungen der BaFin als Teil der Umlage.

[684] Siehe oben, § 5 D.II.2.; zum Schutzbereich der Berufsfreiheit bei strafbaren oder gemeinschädlichen Handlungen nur *Ruffert*, in: Beck'scher Online-Kommentar GG, Art. 12 Rn. 42; *Scholz*, in: Maunz/Dürig, GG, Art. 12 Rn. 29, siehe oben, Fn. 323.

[685] Zum Vertrags- und Deliktsrecht etwa *Schäfer/Ott*, Lehrbuch der ökonomischen Analyse des Zivilrechts, S. 145 ff., S. 423 ff.; aus der Perspektive der Neuen Institutionenökonomik zur

te als eine rechtlich verfasste, im Kern aber auf nicht-normativen Modi der Handlungskoordinierung beruhende Regelungsstrukturen.[686]

b) Vagheit der Belastungsintensität von Ausgestaltungen

Die grundrechtlichen Anforderungen an die Ausgestaltung der Berufsfreiheit bei der Marktteilnahme bemessen sich weniger an der Intensität der mit der Ausgestaltung für den einzelnen Grundrechtsträger verbundenen Belastung als an der Qualität der Ausgestaltungsregelung. Die individuelle Belastung stellt für sich genommen schon deshalb kein aussagekräftiges Kriterium dar, weil sie für den einzelnen betroffenen Grundrechtsträger wie auch für die übrigen Marktteilnehmenden die Voraussetzungen zukünftiger Interaktionen überhaupt erst sicherstellen, etwa vor systemrelevanten Risiken[687] schützen. Vorgaben an die Höhe der Eigenkapitalquote eines Kreditinstituts, Informationspflichten zur Abschätzung seiner Belastbarkeit in einem adversen Szenario[688] und schließlich Pflichten zur Einrichtung unternehmensinterner Stellen sowie Strukturen zum Risikomanagement[689] belasten zwar die Marktaktivitäten und das Jahresergebnis der betroffenen Kreditinstitute, bilden jedoch die Kehrseite zur Systemrelevanz und den systemischen Risiken, die ihr Geschäftsmodell in Interaktion mit den anderen Marktteilnehmenden verursacht. Wird erkennbar, dass Marktprozesse sich durch strategisches Verhalten der Marktteilnehmenden selbst blockieren oder zur Instabilität tendieren, können marktordnende Regelungen die marktinhärenten Hindernisse kompensieren. Mit dieser Sicherstellung von Marktprozessen durch Recht ist nicht gemeint, dass die rechtliche Ausgestaltung

---

Analyse von Eigentumsbefugnissen und vertraglichen Schuldverhältnissen *Richter/Furubotn*, Neue Institutionenökonomik, S. 87 ff., S. 145 ff., näher oben, § 5 A.II.6.

[686] *Trute/Denkhaus/Kühlers*, DV 37 (2004), 451 (470 f.), die zugleich darauf hinweisen, unter welchen Voraussetzungen solche Beschreibungen von Marktprozessen für die rechtswissenschaftlichen Konzepte anschlussfähig sind: „Wenn man Markt als Institution oder Wettbewerb als Modus der Handlungskoordinierung betrachtet, dann ist er je unterschiedlich normativ eingebettet, eine für die Institutionenökonomie nicht eben neue Erkenntnis. So kann ein Markt normativ überhaupt erst eröffnet und damit zugleich konditioniert und strukturiert werden, und zwar durch strukturelle Maßnahmen (Organisation), durch Verhaltensregulierung (Wettbewerbsrecht, Regulierung in ehemals staatsnahen Sektoren zur Herstellung eines funktionsfähigen Wettbewerbs) und Handlungsformen auch hierarchischer Provenienz. Zudem aber ist die Generalisierungsebene oftmals so hoch, dass sich Aussagen zum Zusammenspiel von verschiedenen Wirkungsmechanismen kaum in rechtswissenschaftlich bedeutsame Beschreibungen oder dogmatische Begriffsbildungen transformieren lassen.“; zu den Folgen für die Marktregulierung im Telekommunikationssektor a.a.O., 462 f.

[687] Zu den unterschiedlichen Begriffsverständnissen *Günther*, WM 2010, 825 (826 ff.).

[688] *Haug*, Basel III: Neukonzeption des Eigenkapitals und Liquiditätsregimes, § 133 a Rn. 55 ff.; zum Einheitlichen Europäischen Aufsichtsmechanismus *Lehmann/Manger-Nestler*, ZBB 2014, 2 (4 ff.); *Wolfers/Voland*, BKR 2014, 177 ff.

[689] Überblick über die organisatorischen Pflichten der MARisk bei *Fischer*, Die Betriebserlaubnis, organisatorische Pflichten, Geldwäscheprävention und Geschäftsleiter, § 128 Rn. 58–69; zu den Folgen für die Vorstandshaftung *Dengler*, WM 2014, 2032 ff.

konstitutiv für die Freiheitsausübung am Markt wäre, sondern dass der rechtliche Rahmen die Freiheitsausübung durch Interaktion am Markt fördert und zuweilen auch aufrecht erhält.

c) Interaktion als Gestaltungskriterium

Bei Ausgestaltungen unterliegt der Gesetzgeber in der Regel aus unterschiedlichen Gründen faktisch weniger strengen Bindungen als bei der Rechtfertigung von Grundrechtseingriffen[690] mit der Folge, dass eine Ausdehnung der Ausgestaltungsdogmatik teilweise schon für sich gegenüber der Eingriffsdogmatik als zur rationalen Sicherung von Freiheitsrechten weniger geeignet eingeschätzt wird.[691] Die Grundrechtsausgestaltung wird mit einem großzügigeren Handlungsspielraum des Gesetzgebers und insbesondere einer Abschwächung der Verhältnismäßigkeitsprüfung in Verbindung gebracht.[692] In der Sache geht der gesetzgeberische Spielraum zum einen auf Unsicherheiten bei der Einschätzung der tatsächlichen Situation und ihrer zukünftigen Entwicklung, zum anderen aber auch auf eine weniger klare Struktur der Maßstäbe für die Ausgestaltung zurück.[693]

Verfassungsrechtliche Maßstäbe können die Rationalität der Ausgestaltung trotz der nach wie vor verbleibenden inhaltlichen Spielräume erhöhen, indem sie zum einen Anforderungen an den Umgang mit der Ungewissheit stellen[694] und zum anderen das Bedürfnis für die ausgleichende, stabilisierende oder fördernde Ausgestaltung anhand ihrer Wirkung auf die Interaktion der Grundrechtsträger

---

[690] Etwa bei der Ausgestaltung der Rechtsposition von Urhebern im Verhältnis zu Verwertern, BVerfG, Beschl. v. 23.10.2013, 1 BvR 1842/11, 1 BvR 1843/11, BVerfGE 134, 204, *urheberrechtliche Vergütungsvereinbarung*, Rn. 70: „Eine Grundrechtsverletzung kann in einer solchen Lage nur festgestellt werden, wenn eine Grundrechtsposition den Interessen des anderen Vertragspartners in einer Weise untergeordnet wird, dass in Anbetracht der Bedeutung und Tragweite des betroffenen Grundrechts von einem angemessenen Ausgleich nicht mehr gesprochen werden kann (…)".

[691] Aus der Literatur vgl. nur *Höfling*, Kopernikanische Wende rückwärts, S. 329 (337f.); *Rixen*, Sozialrecht als öffentliches Wirtschaftsrecht, S. 244f.

[692] Etwa im Zusammenhang mit der Ausgestaltung der Koalitionsfreiheit als allgemeine These formuliert bei *Krönke*, DÖV 2015, 788 (791).

[693] „Die Einschätzung der für die Konfliktlage maßgeblichen ökonomischen und sozialen Rahmenbedingungen liegt in seiner politischen Verantwortung, ebenso die Vorausschau auf die künftige Entwicklung und die Wirkungen seiner Regelung. Dasselbe gilt für die Bewertung der Interessenlage, das heißt die Gewichtung der einander entgegenstehenden Belange und die Bestimmung ihrer Schutzbedürftigkeit (…). Der Gesetzgeber ist nicht daran gehindert, jenseits allgemein-zivilrechtlicher Generalklauseln spezielle Schutzmechanismen einzuführen, auch wenn er hierzu nicht aufgrund des Eingreifens grundrechtlicher Schutzpflichten angehalten sein mag. Insbesondere kann er durch spezielle Schutzvorschriften zugunsten des typischerweise unterlegenen Vertragsteils einen stärkeren Schutz vorsehen, als ihn die Gerichte durch Anwendung der bestehenden Generalklauseln im konkreten Fall gewähren könnten", BVerfG, Beschl. v. 23.10.2013, 1 BvR 1842/11, 1 BvR 1843/11, BVerfGE 134, 204, *urheberrechtliche Vergütungsvereinbarung*, Rn. 70.

[694] Dazu siehe unten, § 5 D.II.4.d).

plausibilisieren. Die monierte Abschwächung der Verhältnismäßigkeitsgrundsatzes bei der Prüfung von Ausgestaltungen liegt daran, dass die ausgestaltende Regelung keine externen Interessen verfolgt, hinter denen verfassungsrechtliche Positionen stehen, die nach dem Muster der Verhältnismäßigkeit gegeneinander abgewogen werden könnten. Hinter den ausgestaltenden Regelungen stehen ihre Effekte auf die Interaktion der betroffenen Marktteilnehmenden und die damit einhergehenden Implikationen für die dahinterstehenden grundrechtlichen Schutzgüter.

d) Wissensgrundlagen der Ausgestaltung

Mit dieser Ausgestaltung ist ein Wissensproblem verbunden. Soll die Marktordnung Marktprozesse vor Selbstblockaden oder Instabilität schützen, ist ein Wissen über bestehende Gefahren, ihre Ursachen und Wege zur Vermeidung erforderlich, das der Markt oftmals nicht oder erst zu spät als Erfahrungswissen bereitstellt.[695] Auch rechtliche Regeln, die unterhalb der Schwelle der Marktstabilisierung die Möglichkeiten der Marktteilnehmenden zur Interaktion fördern sollen, wie etwa das Wettbewerbs- und Kartellrecht oder auch nur das Schuld-, Gesellschafts- oder Zwangsvollstreckungsrecht, setzen für eine effektive Gestaltung Annahmen über ihre Wirkung voraus. In der Entwicklung des Kartellrechts lassen sich etwa unterschiedliche Einflüsse wettbewerbstheoretischer Leitbilder[696] erkennen, die in einzelnen Phasen dem Gesetzgeber als Orientierung über die Auswirkungen bestimmter Marktstrukturen oder Marktverhaltensweisen dienten.[697] Spiegelbildlich liegt in jeder externen normativen Vorgabe an den Marktprozess eine Unterstellung bestimmter Zustände. Die Beschreibung dieser Festlegung bestimmter Zustände als Anmaßung von Wissen[698] aus der Perspektive einer bestimmten Wettbewerbstheorie deutet die mit der Ausgestaltung verbundene Einschränkung des Entwicklungspotentials von Marktprozessen an. Dass andere wettbewerbstheoretische Zugriffe demgegenüber von einer weitgehenden Gestaltbarkeit von Marktprozessen durch Steuerung der Marktstruktur und des Marktverhaltens ausgehen, ist ebenfalls Ausdruck einer Ungewissheit über die Voraussetzungen und Wirkungen von Wettbewerb.[699]

---

[695] Theoretische Aufarbeitung bei *Scherzberg*, Wissen, Nichtwissen und Ungewissheit im Recht, S. 113 (114–119); *Engel*, Rechtliche Entscheidungen unter Unsicherheit, S. 305 (321 ff.).

[696] Siehe oben, auch zur Beeinflussung des US-amerikanischen Kartellrechts § 5 A.II.2., § 5 A.II.3. und § 5 A.II.4.a), beim europäischen Wettbewerbsrecht kommt zudem ein phasenweise nicht unerheblicher Einfluss des Ordoliberalismus hinzu, § 5 A.II.5.

[697] *Hecker*, Marktoptimierende Wirtschaftsaufsicht, S. 52 ff.

[698] *von Hayek*, Die Anmaßung von Wissen, S. 3 ff.; anknüpfend *Vanberg*, ORDO 54 (2003), 3 (7 ff.); aus rechtstheoretischer Perspektive ebenfalls *Ladeur*, Negative Freiheitsrechte, S. 112 ff., siehe auch oben zu prozessorientierten Wettbewerbsverständnissen § 5 A.II.7.

[699] Zur wissenschaftlichen Aufarbeitung der unterschiedlichen Positionen siehe oben, § 5 A.II.4.a), Fn. 73–76, und zwar durch Interaktion in wissenschaftlichen Kommunikationszusammenhängen, dazu oben, § 4 A.I.

Dieses Wissensdefizit eines ausgestaltenden Gesetzgebers macht die Ausgestaltung nicht entbehrlich oder unmöglich, sondern macht den Umgang mit dem Wissensdefizit zu einem Qualitätskriterium der Ausgestaltung.[700] Ein interaktionszentriertes Grundrechtsverständnis trägt dazu bei, die Einschätzungsprärogative des Gesetzgebers[701] zu strukturieren.[702] Statt angesichts der Ungewissheit die demokratische Legitimation des Gesetzgebers als Argument heranzuziehen, um die Entscheidung von einem Begründungszwang zu entlasten, setzt die Inanspruchnahme einer Einschätzungsprärogative danach eine Reflektion der Wissensgrundlagen voraus. Der Gesetzgeber hat Grenzen des Wissens und in Betracht kommende Strategien, etwa durch den Rückgriff auf prozedurale oder reflexive Elemente,[703] zu berücksichtigen. Mit diesem rationalen Umgang mit den kognitiven Grenzen eines steuernden Gesetzgebers geht eine Veränderung des Gesetzesvorbehalts einher.[704] Gegenstand der gesetzlichen Regelung ist dann nicht mehr die Normierung bestimmter Zustände, sondern eines Verfahrens, das zum einen Entscheidungen einer bestimmten Qualität und zum anderen eine Rückanbindung an den Gesetzgeber sicherstellt, deren Effektivität über diejenige der in der verfassungsgerichtlichen Rechtsprechung zuweilen angemahnten Beobachtungspflichten hinausgeht.[705] Die Rahmenbedingungen der Wissensgenerierung, insbesondere der Übergang von allgemein verfügbarem Erfahrungswissen zu einem situativ zu erzeugenden Wissen, prägen die Steuerungsmöglichkeiten des Gesetzgebers,[706] beeinflussen dadurch die verfassungsrechtlichen Anforderungen an den Gesetzesvorbehalt und erfordern aus grundrechtlicher Perspektive einen reflektierten Umgang mit den Wissensgrenzen, insbesondere bei der Ausgestaltung einer Marktordnung.

[700] Allgemein für den Umgang mit Unsicherheit und Risiken *Scherzberg*, Wissen, Nichtwissen und Ungewissheit im Recht, S. 113 (124 ff.); *ders.*, Risikosteuerung durch Verwaltungsrecht, VVDStRL 63, S. 214 (245 ff.); zum technischen Sicherheitsrecht *ders.*, Verwaltungsarchiv 1993, 484 (500 ff.).

[701] Vgl. nur aus den letzten Jahren BVerfG, Nichtannahmebeschl. v. 8.12.2011, 1 BvR 1932/08, BVerfGK 19, 229 – *Telekommunikationsrechtliche Marktregulierung*, Rn. 48, zur Frage, welche Marktbereiche dem besonderen Regulierungsregime unterworfen werden; zur Risikobewertung bei der Regulierung gentechnisch veränderter Organismen BVerfG, Urt. v. 24.11.2010, 1 BvF 2/05, BVerfGE 128, 1 – *Gentechnikgesetz*, Rn. 140; zur Einschätzung der Gefahrenlage und der Wahrscheinlichkeit eines Schadenseintritts bei der Gestaltung des öffentlichen und privaten Rettungsdienstes BVerfG, Beschl. v. 8.6.2010, 1 BvR 2011/07, 1 BvR 2959/07, BVerfGE 126, 112 – *Privater Rettungsdienst*, Rn. 96, 103.

[702] Zum Gesetzesvorbehalt im Rundfunkrecht *Ladeur/Gostomzyk*, Die Verwaltung 36 (2003), 141 ff.

[703] Zu den Konsultationen im Energiewirtschaftsrecht *Herzmann*, Konsultationen; sektorübergreifend zum Regulierungsrecht *Broemel*, Strategisches Verhalten in der Regulierung; zum Rundfunkrecht *Ladeur/Gostomzyk*, Die Verwaltung 36 (2003), 141 ff.

[704] *Ladeur/Gostomzyk*, Die Verwaltung 36 (2003), 141 ff.

[705] Dazu *I. Augsberg/S. Augsberg*, VerwArch 2007, 290 ff.

[706] Vgl. bereits die Beiträge in Grimm (Hrsg.), Wachsende Staatsaufgaben – sinkende Steuerungsfähigkeit des Rechts.

Bei Regelungsgegenständen, die keine unbekannten oder schwer abschätzbaren Risiken für die Stabilität von Märkten aufweisen, bestehen gleichwohl Wissensdefizite des Gesetzgebers, vor allem hinsichtlich der zukünftigen Marktentwicklung. Aus der Ungewissheit, welche Entwicklungsmöglichkeiten der Gesetzgeber mit bestimmten Marktvorgaben begünstigt oder abschneidet, folgt die grundrechtliche Ausgestaltungsvorgabe, die Elemente der Marktordnung nach Möglichkeit entwicklungsoffen anzulegen.[707] Ähnlich wie bei der Rechtfertigung von Eingriffen ist der Gesetzgeber, der mit der Ausgestaltung ein bestimmtes Ziel, etwa die Sicherung bestimmter tatsächlicher Bedingungen individueller Persönlichkeitsentfaltung, verfolgt, gehalten, keine Marktzustände zu fixieren, sondern Raum für unterschiedliche, dem Ausgestaltungsziel jeweils Rechnung tragende Handlungsoptionen zu belassen. Ähnlich liegt es der Ausgestaltung von Institutionen wie etwa Verfügungsrechten, die kein konkretes Regelungsziel verfolgen, sondern lediglich eine rechtliche Infrastruktur für Marktprozesse bereitstellen. Ausgestaltungen eigentumsrechtlich geschützter Verfügungsrechte sowie der Privatautonomie[708] und Ausgestaltungen der Berufsfreiheit weisen als Elemente einer Marktordnung insoweit in ihrer Relevanz für die Interaktion und die darauf beruhende Wissenserzeugung Überschneidungsbereiche auf. Bei ihrer Ausgestaltung ist jeweils in Rechnung zu stellen, inwieweit Marktteilnehmende in ihren jeweiligen Interaktionen auf unterschiedliche und auch bislang unbekannte Weise an die Institutionen anknüpfen können.[709] Eine Strategie im Umgang mit der diffusen Unsicherheit hinsichtlich zukünftiger Marktentwicklungen bei der Ausgestaltung von Institutionen kann darin liegen, zunächst die strukturellen Effekte der Interaktionen zu beobachten und als produktiv eingeschätzte Entwicklungen institutionell durch Einführung entsprechender Verfügungsrechte abzustützen.[710] Der Zuteilung von Verfügungsrechten, die mit strukturellen Effekten der Interaktion unter Marktteilnehmenden nicht kompatibel sind, kommt hingegen eine nur stark eingeschränkte Wirkung zu. Das mit der Einführung eines Leistungsschutzrechts für Presseverleger beabsichtigte Ziel etwa, die Verlage stärker an digitalen Wertschöpfungsketten zu beteiligen,[711] hängt im Ergebnis zu einem erheblichen Teil davon ab, inwieweit

[707] Allgemein *Ladeur*, Negative Freiheitsrechte, S. 204 ff.; *ders.*, Der Staat gegen die Gesellschaft, S. 296 ff., S. 304 ff.

[708] Dazu siehe oben, § 5 D.I.

[709] *Ladeur*, Negative Freiheitsrechte, S. 183 ff., 187 ff., *ders.*, Der Staat gegen die Gesellschaft, S. 58 ff.

[710] *Ladeur*, Negative Freiheitsrechte, S. 81 ff.

[711] Regierungsentwurf zum siebten Gesetz zur Änderung des Urheberrechtsgesetzes, BT-Drucks. 17/11470, S. 6: „Vor der digitalen Revolution war dem Schutzbedürfnis der Verleger durch den gesetzlichen Schutz für die veröffentlichten Texte und Fotos hinreichend Rechnung getragen. Heute sehen sich jedoch Presseverlage zunehmend damit konfrontiert, dass andere Nutzer für die eigene Wertschöpfung systematisch auf die verlegerische Leistung zugreifen und diese in einer Weise nutzen, die über das bloße Verlinken weit hinausgeht. Angesichts dieser

die online-basierten Geschäftsmodelle der Verleger auf eine bestimmte Reichweite und dadurch auf die Listung in Suchmaschinen angewiesen sind.[712] Wenn das Geschäftsmodell der Verlage auf die Indexierung ihrer Inhalte in den reichweitenstarken Suchmaschinen angewiesen sind und diese in der Verhandlung um die Lizenzgebühren mit der Auslistung drohen, nützt die Einräumung eines Leistungsschutzrechts nur bei einem ergänzenden kartellrechtlichen Kontrahierungszwang der Suchmaschinenbetreiber.[713] Statt der mit dem Leistungsschutzrecht eigentlich bezweckten Verhandlung über die Konditionen der Lizenzierung folgt dann, ähnlich wie im Verhältnis zwischen öffentlich-rechtlichen Rundfunkanstalten und Kabelnetzbetreibern im Streit um die Einspeisung der *must carry*-Rundfunkprogramme,[714] eine kartellrechtliche Auseinandersetzung, die im Kern versucht, die Angemessenheit einer Gegenleistung zu bestimmen, wo zumindest eine Partei infolge eines Kontrahierungszwangs oder einer Einspeisepflicht zur ernsthaften Verhandlungen nicht bereit ist.[715]

5. Vorbehalte gegenüber ausgestaltender Marktordnung

Stimmen aus dem rechtswissenschaftlichen Schrifttum sprechen sich aus ganz unterschiedlichen Gründen für eine Beschränkung des Schutzes der Berufsfreiheit auf die abwehrrechtliche Dimension insbesondere bei der Marktteilnahme aus.

a) Grundsatz wirtschaftspolitischer Neutralität

Teilweise werden positive Vorgaben über eine objektiv-rechtliche Dimension der Berufsfreiheit oder über Schutzpflichten als Umgehung des Grundsatzes der

Entwicklung muss der Gesetzgeber die wirtschaftlichen Interessen von Presseverlegern auf der einen Seite und kommerziellen Nutzern auf der anderen Seite neu ausbalancieren."; *Rehbinder/Peukert*, Urheberrecht, Rn. 834.

[712] So spricht manches dafür, dass das Leistungsschutzrecht der Presseverleger deren Verhandlungsposition gegenüber großen Suchmaschinenbetreibern praktisch kaum verbessert, vgl. *Paal*, ZRP 2015, 34 (36).

[713] Zur kartellrechtlichen Diskussion *Kersting/Dworschak*, NZKArt 2013, 46ff.; *Podszun*, Google und das Leistungsschutzrecht für Presseverleger, einerseits und *Koenig/Meyer*, K&R 2014, 765ff., andererseits.

[714] Dazu BGH, Urt. v. 16.6.2015, KZR 3/14.

[715] *Paal*, GRUR Int. 2015, 997 (1004, Fn. 83); eine Verpflichtung, zu „angemessenen Bedingungen" zu leisten, verschiebt daher das Problem nur auf die Bestimmung dieser Angemessenheit, so etwa BGH, Urt. v. 16.6.2015, KZR 3/14, Rn. 66: „Die gesetzliche Pflicht zur Einspeisung und Übertragung bestimmter gebührenfinanzierter Programme wurde im öffentlichen Interesse geschaffen. Sie soll sicherstellen, dass die öffentlich-rechtlichen Rundfunkanstalten ihrem Grundversorgungsauftrag nachkommen können, dient jedoch nicht dazu, diese wirtschaftlich zu begünstigen. Die Einspeisung hat daher zu angemessenen Bedingungen zu erfolgen, deren Festlegung den Beteiligten obliegt.", allerdings m.w. Kriterien zur Bestimmung des Werts von Leistung und Gegenleistung, Rn. 67f.

wirtschaftspolitischen Neutralität[716] eingeordnet.[717] Hinter diesem Standpunkt steht die Erwägung, dass eine über den abwehrrechtlichen Schutz hinausgehende Förderung bestimmter Formen der beruflichen Tätigkeit jeweils mit einem wirtschaftspolitischen Konzept einhergeht. Ein über den abwehrrechtlichen Gehalt hinausgehender Grundrechtsschutz, sei es auf der Grundlage von Leistungs- oder Teilhaberechten, von Schutzpflichten oder von einer objektiv-rechtlichen Ordnung beruflicher Tätigkeit, komme demnach nicht ohne eine positive Vorstellung über eine bestimmte Marktgestaltung aus, die sich dem Grundgesetz nach dem Grundsatz der wirtschaftspolitischen Neutralität nicht entnehmen lasse.[718]

Der Grundsatz der wirtschaftspolitischen Neutralität steht jedoch einem interaktionszentrierten, theoretischen Verständnis der Freiheitsrechte von vorneherein nicht entgegen, zumal dieses über den politischen Hintergrund oder die Regulierungsintensität einer ausgestaltenden Marktordnung noch keine Aussagen trifft.

---

[716] BVerfG, Urt. v. 1.3.1979, 1 BvR 532/77 u. a., BVerfGE 50, 290 – *Mitbestimmungsgesetz*, Rn. 119; der Sache nach bereits BVerfG, Urt. v. 20.7.1954, 1 BvR 459/52 u. a., BVerfGE 4, 7 – *Investitionshilfe*, Rn. 37f.; BVerfG, Entsch. v. 11.6.1958, 1 BvR 596/56, BVerfGE 7, 377 – *Apotheken-Urteil*, Rn. 63; BVerfG, Entsch. v. 16.3.1971, 1 BvR 52/66 u. a., BVerfGE 30, 292 – *Erdölbevorratung*, Rn. 59; BVerfG, Entsch. v. 18.12.1969, 1 BvL 5/64 u. a., BVerfGE 25, 1 – *Mühlengesetz*, Rn. 29; aus der Literatur nur *Scheuner*, Die staatliche Intervention im Bereich der Wirtschaft, VVDStRL 11 (1954), 1 (19ff.); zusammenfassend *R. Schmidt*, Staatliche Verantwortung für die Wirtschaft, § 92 Rn. 24ff.; *Papier*, Wirtschaftsverfassung in der Wirtschaftsordnung der Gegenwart, S. 459 (461ff.); *Badura*, Wirtschaftsverfassung und Wirtschaftsverwaltung, S. 10ff.; für die Ableitung einer institutionellen Garantie der sozialen Marktwirtschaft aus den grundgesetzlichen Vorgaben dagegen vor allem *Nipperdey*, Soziale Marktwirtschaft und Grundgesetz, S. 25ff.; aus der frühen Zeit mit Nuancen *Krüger*, DVBL. 1951, 361 (363f.): Neutralitätspflicht des Staates gegenüber wirtschaftsideologischen Eingriffen und *E. R. Huber*, DÖV 1956, 97ff., 135ff., 172ff. und 200ff.: institutionelle Garantie einer gemischten Wirtschaftsverfassung; im Zusammenhang mit der Einführung der betrieblichen Arbeitnehmerinnen- und Arbeitnehmer-Mitbestimmung *Badura/Rittner/Rüthers*, Mitbestimmungsgesetz 1976 und Grundgesetz, S. 186ff.; zur Entwicklung der Diskussion um die Wirtschaftsverfassung des Grundgesetzes *Hecker*, Marktoptimierende Wirtschaftsaufsicht, S. 137ff.; *Hablitzel*, BayVBl. 1981, 65f., 100ff.

[717] *Lepsius*, Der Eigenwert des Verfassungsrechts, S. 149 (159 und 168ff.).

[718] *Lepsius*, Der Eigenwert des Verfassungsrechts, S. 149 (159 und 169): „Die Wettbewerbsfreiheit ist daher objektiv-rechtlich eine Freiheit nach Maßgabe des einfachen Rechts, subjektiv-rechtlich nach Maßgabe der individuellen Berufswahl und -ausübung. Beide Dimensionen sind auseinanderzuhalten und dürfen nicht kumuliert oder kombiniert werden" (S. 169); „Da die Wirtschaftssubjekte in ihrer Tätigkeit als Grundrechtsträger geschützt sind, entsteht eine Schutzsphäre, die Märkte als solche zwar nicht umschließt, aber doch ermöglicht. Da der Markt gleichwohl nicht als solcher zum verfassungsrechtlichen Schutzgut wird, bildet sich der verfassungsrechtliche Schutz von Märkten jedoch nur als ein Rechtsreflex aus, der aus der wirtschaftlichen Betätigung der einzelnen abstrahlt. Wenn gleichwohl aus dem Zusammenwirken der Grundrechte bestimmte wirtschaftliche Systemwirkungen gefolgert werden, ist dies das Ergebnis eines gesellschaftlichen Reflexes geschützter Rechtspositionen" (S. 159).

b) Verdeckte Umverteilung

Teilweise werden Mechanismen zum Schutz der tatsächlichen Bedingungen der Persönlichkeitsentfaltung als verdeckte Umverteilung von Freiheitsrechten abgelehnt, deren Effizienz zudem keiner systematischen Überprüfung unterliegt.[719] Während die abwehrrechtlich geschützten individuellen Freiheitsrechte durch kontinuierliche Interaktion und die damit einhergehenden Anschlusszwänge neues Wissen und bislang unbekannte Anschlussmöglichkeiten für alle Grundrechtsträger hervorbringen,[720] schützt die Ausgestaltung sozialer Rechte, etwa der Arbeitnehmerinnen und Arbeitnehmer innerhalb eines Unternehmens, vor solchen Anschlusszwängen,[721] aber reduziert zugleich das Interaktionspotential. Nimmt der Gesetzgeber angesichts der Komplexität und den Wissensgrenzen bei der Ausgestaltung sozialer Rechte als Ausdruck der objektiv-rechtlichen Funktion des Freiheitsrechts eine Einschätzungsprärogative in Anspruch, verdeckt er die Pfadabhängigkeit der Ausgestaltung und immunisiert die Ausgestaltung gegen eine systematische Beobachtung der Entwicklung unter Berücksichtigung möglicher Alternativen.[722]

Beiden in ihren theoretischen Hintergründen gegensätzlichen[723] Ansätzen ist gemeinsam, dass die Berufsfreiheit auf einen abwehrrechtlichen Schutz beschränkt wird, um eine verfassungsrechtlich gebotene Ausgestaltung der Marktordnung zu vermeiden. Die Unterschiede liegen in den Gründen. Wer die Berufsfreiheit als isolierte Verhaltensfreiheit begreift und Effekte der Interaktion als bloße, außerhalb des Schutzbereichs stehende Reflexe einordnet, gewährt dem Gesetzgeber einen Spielraum zur Ausgestaltung der Marktordnung, der verfassungsrechtlich kaum begrenzt ist.[724] Wer die „transsubjektive" Funktion,

[719] *Ladeur*, DÖV 2007, 1 (2f. und 7f.): „Die objektiv-rechtliche Komponente von Art. 12 GG wird in der neueren Rechtsprechung und Dogmatik auf eine paradoxe Weise durch die Akzentuierung des ‚personalen Grundzugs' der Berufsfreiheit erweitert: Indem sie sich vom Eingriffsabwehrdenken emanzipiert, eröffnet sie umgekehrt einen Raum staatlicher Gestaltungsfreiheit für die ‚Gewährleistung realer Handlungsmöglichkeiten'. Nach dieser Annahme wird der Gesetzgeber ermächtigt, nicht nur auf der Grundlage von Gesetzesvorbehalten in die Freiheitsrechte einzugreifen und ihnen Schranken zu setzen. Das allein wäre nichts Neues, aber dadurch wird die Statuierung von Grundrechtsschranken zur Verwirklichung objektiv-rechtlicher Gewährleistungsgehalte nobilitiert" (S. 2f., Nachweise weggelassen).

[720] *Ladeur*, DÖV 2007, 1 (8f.).

[721] Zur Notwendigkeit eines solchen Schutzes zur Gewährleistung der Persönlichkeitsentfaltung unter Bedingungen stetiger Ausdifferenzierung siehe oben, § 5 B.I.3.

[722] *Ladeur*, DÖV 2007, 1 (8).

[723] Vgl. die Einordnung bei *Lepsius*, Der Eigenwert der Verfassung im Wirtschaftsrecht, S. 149 (158, Fn. 34).

[724] *Lepsius*, Der Eigenwert der Verfassung im Wirtschaftsrecht, S. 149 (168f.): „Die Wettbewerbsfreiheit folgt als akzessorischer Reflex aus den individuellen Wirtschaftsfreiheiten der einzelnen Teilnehmer am wirtschaftlichen Prozess. Daher geht sie als subjektives Recht nicht über den Abwehrgehalt der Freiheit zur Berufswahl und Berufsausübung hinaus. (...) In objektiver Hinsicht besteht die Wettbewerbsfreiheit nur in den Grenzen der rechtlichen Regeln, die den Wettbewerb selbst ermöglichen und begrenzen. Die Wettbewerbsfreiheit ist daher

also die Bildung einer spontanen, stabilen Ordnung und Generierung neuen Wissens, in das Zentrum des Grundrechtsschutzes stellt, stellt die Rationalität einer verteilenden Ausgestaltung in Frage. Ein interaktionszentriertes Konzept des Grundrechtsschutzes bei der Marktteilnahme berücksichtigt demgegenüber die kollektiven Effekte der Interaktion sowie ihre Relevanz für das Schutzgut der Berufsfreiheit und legt durch die Integration der Interaktion in den abwehrrechtlichen Schutz zugleich einen differenzierten, scharf konturierten Maßstab an die einfach-gesetzliche Ausgestaltung von Marktprozessen an.

III. Ausgestaltung der Koalitionsfreiheit: Schutz vor Marktdynamik

Die Ausgestaltung der Koalitionsfreiheit zielt darauf, potentielle Machtasymmetrien in den Verhandlungen zwischen Arbeitgebenden und Arbeitnehmenden zu kompensieren und die Effektivität von Tarifverhandlungen zu gewährleisten. Die Koalitionsfreiheit steht dadurch in einem unmittelbaren Zusammenhang zur Gewährleistung der Berufsfreiheit der Arbeitnehmerinnen und Arbeitnehmer. Über die Vereinigungs- und Koalitionsfreiheit sollen Arbeitnehmerinnen und Arbeitnehmer in die Lage versetzt werden, mit den Arbeitgebern angemessene Arbeitsbedingungen auszuhandeln. Die Koalitionsfreiheit sichert dadurch die tatsächlichen Voraussetzungen für die Gewährleistung des Schutzguts der Berufsfreiheit, die Persönlichkeitsentfaltung einschließlich ihrer materiellen Grundlagen, ab und schützt dadurch vor den negativen Effekten der Marktdynamik.[725] Die Koalitionsfreiheit und die Berufsfreiheit greifen insoweit ineinander.[726] Das Konzept der Koalitionsfreiheit, durch einen gesetzlichen Rahmen

---

objektiv-rechtlich eine Freiheit nach Maßgabe des einfachen Rechts, subjektiv-rechtlich nach Maßgabe der individuellen Berufswahl und -ausübung. Beide Dimensionen sind auseinanderzuhalten und dürfen nicht kumuliert oder kombiniert werden".

[725] Zum Schutz vor Anschlusszwängen dynamischer Märkte siehe oben, § 5 B.I.3. Grenzen dieses Schutzes vor den negativen Effekten der Marktdynamik können sich ergeben, wenn Wettbewerbsdruck von benachbarten Märkten, etwa durch das Lohngefälle innerhalb des europäischen Binnenmarktes, die Wettbewerbsfähigkeit der von den Tarifverträgen betroffenen Unternehmen in Frage stellt. Zu den verfassungsrechtlichen Rahmenbedingungen für Öffnungsklauseln, die die Bindungswirkung von Tarifverträgen aus diesem Grund relativieren, *Hromadka*, NJW 2003, 1273 (1275 ff.).

[726] Im Zusammenhang mit Tariföffnungsklauseln *Hromadka*, NJW 2003, 1273 (1277): Koalitionsfreiheit als „Hilfsgrundrecht zu Art. 12 I GG", deren Zweck allein in der Sicherung der Berufsausübungsfreiheit liegt. „Sie [die Koalitionsfreiheit] hat dem einzelnen Arbeitnehmer zu dienen, der sich zu seinem Schutz mit anderen Arbeitnehmern zu einem Verband zusammenschließt. Der richtige Standort für die Koalitionsfreiheit wäre deshalb eigentlich in Art. 12 I GG. Dass sie ihren Platz in Art. 9 III GG gefunden hat, liegt daran, dass der Gesetzgeber nicht am Zweck der Koalitionsfreiheit, sondern am Mittel, dem Zusammenschluss, angesetzt hat. Damit erscheint sie als Unterfall der Vereinigungsfreiheit. Die getrennte Verortung der beiden Grundrechte hat der Koalitionsfreiheit zu einem in dieser Absolutheit ungerechtfertigten Eigenleben verholfen. Hätte der Verfassungsgeber sie in Art. 12 I GG untergebracht, dann wäre deutlich geworden, worum es bei der individuellen und bei der kollektiven Koalitionsfreiheit, bei Tarifautonomie und zwingender Wirkung von Tarifverträgen eigentlich geht: um nichts

eine effektive Verhandlungsfähigkeit beider Seiten[727] sicherzustellen und das Ergebnis des Aushandlungsprozesses grundsätzlich von hoheitlichen Vorgaben freizuhalten,[728] trägt zugleich den Wissensdefiziten des Gesetzgebers bei der Einschätzung der Marktentwicklung Rechnung. Rationalisierungsbedingte Anschlusszwänge können auf der einen Seite das Schutzgut der Berufsfreiheit für Arbeitnehmerinnen und Arbeitnehmer gefährden. Auf der anderen Seite kann die Negierung dieser Anschlusszwänge die Wettbewerbsfähigkeit eines Unternehmens und bei entsprechender Breitenwirkung die Anpassungs- und Entwicklungsfähigkeit von Märkten beeinträchtigen. Die grundrechtliche Gewährleistung der Verhandlungsfähigkeit und eines Spielraums der Koalitionspartnerinnen Koalitionspartner zur Verhandlung siedelt die Festlegung des Niveaus sozialer Sicherung in einem spezifischen Rahmen bei Vertreterinnen und Vertretern der Marktteilnehmenden an.

1. Abhängigkeit von gesetzlicher Ausgestaltung

Die Bedeutung von Interaktionen sowohl für das Schutzgut der Vereinigungsfreiheit als auch der Koalitionsfreiheit macht die Koordination über normative Vorgaben relevant. Schon die Vereinigungsfreiheit ist als natürliche, vorstaatliche Freiheit zu einem rein tatsächlichen Zusammenschluss[729] nur unzureichend verstanden. Ohne rechtliche Abstützung insbesondere durch die Vertragsfreiheit und ein Angebot an Vereins- und Gesellschaftsformen einschließlich ihrer Rahmenregelungen für die vereinigungsinterne Willensbildung und Geschäftsführung wären Zusammenschlüsse kaum effektiv. Die Spezialisierung der Vereinigungen, die mit der Ausdifferenzierung ihrer unterschiedlichen Einsatzfelder einhergeht,[730] erhöht den Bedarf nach Rahmenvorgaben und Regelungsmöglichkeiten nochmals. Ohne den Rückgriff auf normative Elemente erreichen Formen der Selbstorganisation nur ein begrenztes Maß an Leistungsfähigkeit. Die normative Ausgestaltung schon der Vereinigungsfreiheit ist deshalb nicht nur zum Schutz anderer Rechtsgüter oder zum Ausgleich entgegengesetzter grundrechtlich geschützter Interessen, sondern schon zur Gewährleistung der Möglichkeit effektiver Zusammenschlüsse erforderlich.[731] Die von der Institutionenökono-

---

anderes als um Instrumente zur Verwirklichung der Berufsfreiheit. Eine Öffnungsklausel für betriebliche Bündnisse für Arbeit erschiene nicht als Eingriff in Tarifautonomie und Koalitionsfreiheit, sondern als das, was sie ist, nämlich als ein Mittel zur sachgerechten Ausgestaltung der Berufsausübungsfreiheit".

[727] BVerfG, Urt. v. 4.7.1995, 1 BvF 2/86 u. a., BVerfGE 92, 365 – *Kurzarbeitergeld bei Streik*, Rn. 109; BVerfG, Nichtannahmebeschl. v. 26.3.2014, 1 BvR 3185/09, NJW 2014, 1874, Rn. 30: Parität bzw. Kampfparität.

[728] Siehe oben, Fn. 298.

[729] In diesem Sinne *Kemper*, in: von Mangoldt/Klein/Starck, GG, Art. 9 Abs. 1 Rn. 11.

[730] Siehe oben, § 5 C.IV.1.

[731] BVerfG, Urt. v. 1.3.1979, 1 BvR 532/77 u. a., BVerfGE 50, 290 – *Mitbestimmungsgesetz*, Rn. 155: „Vereinigungsfreiheit ist in mehr oder minder großem Umfang auf Regelungen

mik akzentuierte Relevanz insbesondere rechtlicher Institutionen[732] wirkt sich auch auf die Konzeption der Vereinigungsfreiheit aus.

In der Koalitionsfreiheit geht die Relevanz normativer Vorgaben wegen ihres Zwecks, die Arbeits- und Wirtschaftsbedingungen durch Verhandlungen der Koalitionspartner zu wahren und zu fördern, noch weiter. Sie setzt die Möglichkeit zum Abschluss verbindlicher Tarifverträge voraus. Die verfassungsgerichtliche Rechtsprechung entnimmt der Koalitionsfreiheit deshalb ein Normsetzungsrecht, dessen Regelungsbereich allerdings auch gesetzlichen Regelungen zugänglich bleibt.[733]

2. *Pflicht und Maßstab der Ausgestaltung*

Sowohl bei der Vereinigungsfreiheit als auch bei der Koalitionsfreiheit trifft den Gesetzgeber wegen der Abhängigkeit ihrer Schutzgüter von einem normativen Rahmen eine verfassungsrechtliche Pflicht zur Ausgestaltung.[734]

Bei dieser Ausgestaltung kommt den bereits bestehenden einfach-gesetzlichen Regelungen weder ein verfassungsrechtlicher Rang noch eine maßstabsprägende Bedeutung zu.[735] Maßgeblich ist vielmehr eine Orientierung am Schutzgut. Bei der Ausgestaltung der Vereinigungsfreiheit ist also ein Ausgleich erforderlich, der „geeignet ist, freie Assoziation und Selbstbestimmung der Vereinigungen unter Berücksichtigung der Notwendigkeit eines geordneten Vereinslebens und der schutzbedürftigen sonstigen Belange zu ermöglichen und zu erhalten“.[736] Die Ausgestaltung hat die Handlungsfähigkeit des Zusammenschlusses zu gewährleisten.[737]Die Regelungen zur Ausgestaltung der Koalitionsfreiheit dürfen

angewiesen, welche die freien Zusammenschlüsse und ihr Leben in die allgemeine Rechtsordnung einfügen, die Sicherheit des Rechtsverkehrs gewährleisten, Rechte der Mitglieder sichern und den schutzbedürftigen Belangen Dritter oder auch öffentlichen Interessen Rechnung tragen. Demgemäß ist mit der verfassungsrechtlichen Garantie der Vereinigungsfreiheit seit jeher die Notwendigkeit einer gesetzlichen Ausgestaltung dieser Freiheit verbunden, ohne die sie praktische Wirksamkeit nicht gewinnen könnte“.

[732] Dazu siehe oben.

[733] BVerfG, Beschl. v. 3.4.2001, 1 BvL 32/97, BVerfGE 103, 293 – *Urlaubsanrechnung*, Rn. 48; BVerfG, Beschl. v. 24.4.1996, 1 BvR 712/86, BVerfGE 94, 268 – *Wissenschaftliches Personal*, Rn. 106: Normsetzungsrecht, aber kein Normsetzungsmonopol.

[734] Für die Vereinigungsfreiheit BVerfG, Urt. v. 1.3.1979, 1 BvR 532/77 u.a., BVerfGE 50, 290 – *Mitbestimmungsgesetz*, Rn. 155, 156: Pflicht des Gesetzgebers, eine hinreichende Vielfalt von Rechtsformen zur Verfügung zu stellen, die den verschiedenen Typen von Vereinigungen angemessen und deren Wahl deshalb zumutbar ist.

[735] BVerfG, Urt. v. 1.3.1979, 1 BvR 532/77 u.a., BVerfGE 50, 290 – *Mitbestimmungsgesetz*, Rn. 156.

[736] BVerfG, Urt. v. 1.3.1979, 1 BvR 532/77 u.a., BVerfGE 50, 290 – *Mitbestimmungsgesetz*, Rn. 156.

[737] Der Gesetzgeber hat „die Grundlagen für das Leben in diesen Rechtsformen so zu gestalten, dass seine Regelung die Funktionsfähigkeit der Vereinigungen, im besonderen ihrer Organe gewährleistet. Was darüber hinaus ausgestaltender gesetzlicher Regelung zugänglich und bedürftig ist, lässt sich nicht abschließend und generell festlegen. Insofern sind für den Umfang

etwa Koalitionen, die ihre Aufgabe faktisch nicht erfüllen können, keine Tariffähigkeit zusprechen.[738] Umstritten ist, inwieweit der Gesetzgeber Koalitionen desselben Lagers zur Einheit zwingen darf oder Wettbewerb insbesondere zwischen Gewerkschaften zulassen muss.[739]

Bei der Ausgestaltung des Tarifsystems darf der Gesetzgeber Organisationsformen, die von Vereinigungen in der Praxis gewählt werden, im Gegensatz zu außergewöhnlichen Organisationsformen nicht schlechthin unberücksichtigt lassen.[740] Nicht zuletzt muss der Gesetzgeber bei der Ausgestaltung der Rechtspositionen der einzelnen Koalitionspartner sogar auf eine Parität in ihrer Verhandlungsmacht achten.[741] Diese Ausrichtung auf das „ungefähre Kräftegleichgewicht" ordnet die verfassungsrechtliche Rechtsprechung dem objektiven Gehalt der Koalitionsfreiheit zu.[742] Entsteht zwischen ihnen ein strukturelles Ungleichgewicht, trifft den Gesetzgeber eine Handlungspflicht.[743] Im Übrigen hat das Bundesverfassungsgericht im horizontalen Verhältnis gleichgeordneter Koalitionspartner eine weitreichende Ausgestaltung im Wege der Auslegung und

und die Dichte einer erforderlichen Regelung maßgebend der jeweilige Sachbereich sowie die Ordnungs- und Schutznotwendigkeiten, die sich aus ihm ergeben; in jedem Fall muss jedoch das Prinzip freier Assoziation und Selbstbestimmung grundsätzlich gewahrt bleiben.", BVerfG, Urt. v. 1.3.1979, 1 BvR 532/77 u.a., BVerfGE 50, 290 – *Mitbestimmungsgesetz*, Rn. 156.

[738] BVerfG, Beschl. v. 19.10.1966, 1 BvL 24/65, BVerfGE 20, 312 – *Tariffähigkeit von Handwerksinnungen*, Rn. 26.

[739] Zum Tarifeinheitsgesetz *Krönke*, DÖV 2015, 788 ff.

[740] BVerfG, Urt. v. 18.11.1954, 1 BvR 629/52, BVerfGE 4, 96 – *Koalitionsfreiheit, Hutfabrikant*, Rn. 27.

[741] BVerfG, Urt. v. 4.7.1995, 1 BvF 2/86 u.a., BVerfGE 92, 365 – *Kurzarbeitergeld bei Streik*, Rn. 109: „(…) Das Tarifvertragssystem ist darauf angelegt, die strukturelle Unterlegenheit der einzelnen Arbeitnehmer beim Abschluss von Arbeitsverträgen durch kollektives Handeln auszugleichen und damit ein annähernd gleichgewichtiges Aushandeln der Löhne und Arbeitsbedingungen zu ermöglichen. Funktionsfähig ist die Tarifautonomie folglich nur, solange zwischen den Tarifvertragsparteien ein ungefähres Kräftegleichgewicht – Parität – besteht (…). Unvereinbar mit Art. 9 Abs. 3 GG ist eine Regelung daher jedenfalls dann, wenn sie dazu führt, dass die Verhandlungsfähigkeit einer Tarifvertragspartei bei Tarifauseinandersetzungen einschließlich der Fähigkeit, einen wirksamen Arbeitskampf zu führen, nicht mehr gewahrt bleibt und ihre koalitionsmäßige Betätigung weitergehend beschränkt wird, als es zum Ausgleich der beiderseitigen Grundrechtspositionen erforderlich ist (…)".

[742] BVerfG, Urt. v. 4.7.1995, 1 BvF 2/86 u.a., BVerfGE 92, 365 – *Kurzarbeitergeld bei Streik*, Rn. 109.

[743] BVerfG, Urt. v. 4.7.1995, 1 BvF 2/86 u.a., BVerfGE 92, 365 – *Kurzarbeitergeld bei Streik*, Rn. 113: „Eine Einschätzung, von der der Gesetzgeber bei einer arbeitskampfrelevanten Regelung in zunächst unbedenklicher Weise ausgeht, kann sich im nachhinein als unzutreffend erweisen. Ursprünglich plausible Annahmen können durch die nachfolgende Entwicklung widerlegt, wohlbegründete Erwartungen hinsichtlich der komplexen Wirkungszusammenhänge enttäuscht werden. So kann sich trotz einer zunächst verfassungsrechtlich zulässigen Regelung eine nachhaltige Störung der Funktionsfähigkeit der Tarifautonomie einstellen. Eine solche Entwicklung ist in dem Maße korrekturbedürftig, in dem sich zeigt, daß strukturelle Ungleichgewichte auftreten, die ein ausgewogenes Aushandeln der Arbeits- und Wirtschaftsbedingungen nicht mehr zulassen und die in dem der Rechtsprechung gezogenen Rahmen nicht ausgeglichen werden können. Der Gesetzgeber ist dann verpflichtet, Maßnahmen zum Schutz der Koalitionsfreiheit zu treffen (…)".

Rechtsfortbildung durch die fachgerichtliche Rechtsprechung verfassungsrechtlich nicht beanstandet.[744]

3. *Abgrenzung zwischen Ausgestaltung und Eingriffen*

Die verfassungsgerichtliche Rechtsprechung bezieht allerdings sowohl bei der Vereinigungsfreiheit als auch bei der Koalitionsfreiheit die Notwendigkeit eines rechtlichen Rahmens nicht nur auf die Gewährleistung der Effektivität des jeweiligen Zusammenschlusses, sondern auch auf den Schutz der Rechte Dritter sowie die Gewährleistung öffentlicher Interessen.[745] Sie trennt dadurch weder bei der Vereinigungsfreiheit[746] noch bei der Koalitionsfreiheit[747] klar zwischen Eingrif-

[744] BVerfG, Beschl. v. 26.6.1991, 1 BvR 779/85, BVerfGE 84, 212 – *Aussperrung, Arbeitskampf*, Rn. 41; BVerfG, Beschl. v. 2.3.1993, 1 BvR 1213/85, BVerfGE 88, 103 – *Beamteneinsatz bei Streik*, Rn. 48: „Soweit es um das Verhältnis der Kampfparteien als gleichgeordneter Grundrechtsträger geht, muß diese Ausformung nicht zwingend durch gesetzliche Regelungen erfolgen. So ist das Arbeitskampfrecht gesetzlich weitgehend ungeregelt geblieben. Insoweit sind die Arbeitsgerichte berufen, Streitigkeiten zwischen den Tarifvertragsparteien über die Rechtmäßigkeit von Arbeitskampfmaßnahmen zu entscheiden. Sie müssen bei unzureichenden gesetzlichen Vorgaben das materielle Recht mit den anerkannten Methoden der Rechtsfindung aus den allgemeinen, zwischen Bürgern oder auch zwischen privaten Verbänden geltenden Rechtsgrundlagen ableiten, die für das betreffende Rechtsverhältnis maßgeblich sind. Das gilt auch dort, wo eine gesetzliche Regelung, etwa wegen einer verfassungsrechtlichen Schutzpflicht, notwendig wäre (…)"; der Sache nach ebenso bereits BVerfG, Kammerbeschl. v. 16.9.1991, 1 BvR 453/90, Rn. 2; zuvor bereits BVerfG, Beschl. v. 20.10.1981, 1 BvR 404/78, BVerfGE 58, 233 – *Deutscher Arbeitnehmerverband*, Rn. 49; anders hingegen, wenn Beamte als Kampfmittel des (hoheitlichen) Arbeitgebers eingesetzt werden, BVerfG, Beschl. v. 2.3.1993, 1 BvR 1213/85, BVerfGE 88, 103 – *Beamteneinsatz bei Streik*, Rn. 51; differenzierend *Lerche*, NJW 1987, 2465 (2466ff.).

[745] Zur Vereinigungsfreiheit BVerfG, Beschl. v. 9.10.1991, 1 BvR 397/87, BVerfGE 84, 372 – *Lohnsteuerhilfeverein*, Rn. 17; zur Koalitionsfreiheit BVerfG, Beschl. v. 17.2.1981, 2 BvR 384/78, BVerfGE 57, 220 – *Bethel*, Rn. 65; BVerfG, Beschl. v. 20.10.1981, 1 BvR 404/78, BVerfGE 58, 233 – *Deutscher Arbeitnehmerverband*, Rn. 46.

[746] BVerfG, Beschl. v. 9.10.1991, 1 BvR 397/87, BVerfGE 84, 372 – *Lohnsteuerhilfeverein*, Rn. 17: „Die Vereinigungsfreiheit bedarf allerdings der gesetzlichen Ausgestaltung. Sie ist auf Regelungen angewiesen, die die freien Zusammenschlüsse und deren Wirken in die allgemeine Rechtsordnung einfügen, die Sicherheit des Rechtsverkehrs gewährleisten, Rechte der Mitglieder sichern und den schutzbedürftigen Belangen Dritter oder auch öffentlichen Interessen Rechnung tragen. Bei der Ausgestaltung ist der Gesetzgeber jedoch nicht völlig frei; er hat sich vielmehr an dem Schutzgut des Art. 9 Abs. 1 GG zu orientieren und muß bei dem erforderlichen Interessenausgleich die Voraussetzungen und zwingenden Bedürfnisse freier Assoziationen grundsätzlich wahren (…). Im Schutzbereich des Art. 9 Abs. 1 GG ist eine Vorschrift nur dann verfassungsmäßig, wenn die Interessen des Gemeinwohls, die der Staat zum Schutz anderer Rechtsgüter wahrnimmt, der Intensität des Eingriffs in die Vereinsfreiheit an Gewicht entsprechen (…). Für Eingriffe in die Freiheit der Selbstdarstellung und Mitgliederwerbung von Vereinigungen gilt nichts anderes".

[747] BVerfG, Beschl. v. 17.2.1981, 2 BvR 384/78, BVerfGE 57, 220 – *Bethel*, Rn. 65; BVerfG, Beschl. v. 20.10.1981, 1 BvR 404/78, BVerfGE 58, 233 – *Deutscher Arbeitnehmerverband*, Rn. 46: „Die Koalitionsfreiheit bedarf von vornherein der gesetzlichen Ausgestaltung. Diese besteht nicht nur in der Schaffung der Rechtsinstitute und Normenkomplexe, die erforderlich sind, um die grundrechtlich garantierten Freiheiten ausüben zu können. Die Bedeutung und Vielzahl der von der Tätigkeit der Koalitionen berührten Belange im Bereich der

fen und Ausgestaltungsregelungen. Bei der Koalitionsfreiheit kommt hinzu, dass die Ausgestaltung zugleich einen Ausgleich zwischen dem Einflusspotential der widerstreitenden Interessen der Koalitionspartner trifft.[748] Während teilweise zur Gewährleistung einer klaren Abgrenzbarkeit eine Begrenzung der Ausgestaltung auf denjenigen Kern der Regelungen gefordert wird, der für den verbindlichen Abschluss von Tarifverträgen erforderlich ist,[749] spricht die Relevanz der organisatorischen Ausgestaltung sowohl von Vereinigungen als auch von Koalitionen dafür, den Begriff der Ausgestaltungsregelungen bei der Vereinigungs- und Koalitionsfreiheit weit zu verstehen. Gerade bei einem Freiheitsrecht, dessen Schutzgut auf den Effekten des Zusammenschlusses der Grundrechtsträger beruht, kommt den organisationsbezogenen Rahmenregelungen für solche Zusammenschlüsse eine besondere Relevanz für die Verwirklichung des Grundrechts zu. Obwohl die weniger konturierte Ausgestaltungsdogmatik gegenüber der etablierten Eingriffsdogmatik in Verdacht steht, weniger strenge Anforderungen an die Rechtfertigung von Beeinträchtigungen zu stellen,[750] bildet eine interaktionsbezogene Ausgestaltungsdogmatik[751] die Effekte der Organisation für das Schutzgut schärfer ab als der auf Abwägung divergierender Interessen ausgerichtete Verhältnismäßigkeitsgrundsatz. Diese Ausgestaltungsdogmatik lässt Raum für eine eher liberale oder soziale Ausgestaltung der Koalitionsfreiheit, etwa bei Fragen der Tarifeinheit,[752] ohne dass sich allerdings zwischen dem Ausgestaltungsauftrag und der sozialen Komponente eine automatische Verbindung herstellen ließe.[753]

Wirtschafts- und Sozialordnung machen vielmehr vielfältige gesetzliche Regelungen notwendig, die der Koalitionsfreiheit auch Schranken ziehen können; dies um so mehr, als der Gegenstand der Gewährleistung auf sich wandelnde wirtschaftliche und soziale Bedingungen bezogen ist, die mehr als bei anderen Freiheitsrechten die Möglichkeit zu Modifikationen und Fortentwicklungen lassen müssen (…)"; BVerfG, Beschl. v. 2.3.1993, 1 BvR 1213/85, BVerfGE 88, 103 – *Beamteneinsatz bei Streik*, Rn. 47.

[748] BVerfG, Urt. v. 4.7.1995, 1 BvF 2/86 u. a., BVerfGE 92, 365 – *Kurzarbeitergeld bei Streik*, Rn. 107: „Das Grundrecht der Koalitionsfreiheit bedarf der Ausgestaltung durch die Rechtsordnung, soweit es die Beziehungen zwischen Trägern widerstreitender Interessen zum Gegenstand hat. Beide Tarifvertragsparteien genießen den Schutz des Art. 9 Abs. 3 GG in gleicher Weise, stehen bei seiner Ausübung aber in Gegnerschaft zueinander. Sie sind auch insoweit vor staatlicher Einflussnahme geschützt, als sie zum Austragen ihrer Interessengegensätze Kampfmittel mit beträchtlichen Auswirkungen auf den Gegner und die Allgemeinheit einsetzen. Dieser Schutz erfordert koordinierend Regelungen, die gewährleisten, dass die aufeinander bezogenen Grundrechtspositionen trotz ihres Gegensatzes nebeneinander bestehen können. Die Möglichkeit des Einsatzes von Kampfmitteln setzt rechtliche Rahmenbedingungen voraus, die sichern, dass Sinn und Zweck dieses Freiheitsrechts sowie seine Einbettung in die verfassungsrechtliche Ordnung gewahrt bleiben (…)"; im Anschluss daran BVerfG, Nichtannahmebeschl. v. 10.9.2004, 1 BvR 1191/03, BVerfGK 4, 60 – *Streik gegen Außenseiter-Arbeitgeber*, Rn. 15.

[749] *Krönke*, DÖV 2015, 788 (791 f.).

[750] Vgl. *Krönke*, DÖV 2015, 788 (791).

[751] Siehe oben, § 5 D.I.2.

[752] Betonung der sozialen Aufgabe bei *Krönke*, DÖV 2015, 788 (793).

[753] So *Krönke*, DÖV 2015, 788 (793).

E. Marktprozesse in der Rechtsprechung

Das in der verfassungsgerichtlichen Rechtsprechung zur Charakterisierung von Eingriffen in die Berufsfreiheit maßgeblich herangezogene Kriterium der objektiv berufsregelnden Tendenz lässt sich als Versuch verstehen, einen im Ausgangspunkt als isolierte Verhaltensfreiheit konzipierten Schutzbereich um zusätzliche Kriterien anzureichern. In zweipoligen Verhältnissen soll der Schutzbereich auf diese Weise auf das Charakteristische der Berufsfreiheit reduziert werden. In drei- oder mehrpoligen Verhältnissen werden die Kriterien herangezogen, um mittelbare Grundrechtseingriffe zu identifizieren. Sie erweitern dadurch den zunächst als isolierte Verhaltensfreiheit verstandenen Schutzbereich, da mittelbare Eingriffe typischerweise dazu führen, dass das geschützte Verhalten faktisch entwertet wird, obwohl es weiterhin möglich und damit bei isolierter Betrachtung unberührt bleibt. Die zur Bestimmung der berufsregelnden Tendenz herangezogenen Kriterien leisten jedoch keine trennscharfe, kohärente Abgrenzung.[754] Sie bilden ein Bündel von Indizien, auf die die Rechtsprechung fallgruppenartig in unterschiedlicher Weise zur Begründung einer qualifizierten Betroffenheit zurückgreift. Diese Vagheit ist kein Zufall, sondern folgt aus dem Ansatz, den Schutzbereich zunächst ähnlich der allgemeinen Handlungsfreiheit als Verhaltensfreiheit im beruflichen Bereich zu verstehen und in einem zweiten Schritt durch materielle Kriterien einer besonderen Betroffenheit zu konturieren. Weil hinter diesen materiellen Kriterien kein Konzept steht, das die besondere Betroffenheit ausmacht und auf das die Kriterien bezogen werden könnten, sind die Kriterien als Verallgemeinerung der Einzelfälle entstanden, die eher intuitiv und mit auffälligen Abweichungen im Graubereich eingeordnet werden.

I. Objektiv berufsregelnde Tendenz als Konkretisierungsversuch

Mit dem Merkmal der „objektiv berufsregelnden Tendenz“ konturiert die Rechtsprechung die Anforderungen an einen Eingriff in die Berufsfreiheit.[755]

---

[754] Zur Kritik nur *Cremer*, DÖV 2003, 921 (928f.); *Achatz*, Grundrechtliche Freiheit im Wettbewerb, S. 36ff., S. 45ff.; *Ruffert*, AöR 134 (2009), 197 (224); *Manssen*, in: von Mangoldt/Klein/Starck, GG, Art. 12 Abs. 1 Rn. 75, *Ruffert*, in: Beck'scher Online-Kommentar GG, Art. 12 Rn. 50; näher unten, § 5 E.I.

[755] Das in ständiger Rechtsprechung herangezogene Kriterium der objektiv berufsregelnden Tendenz soll nach der Rechtsprechung die relevanten Beeinträchtigungen von den nicht relevanten unterscheiden, BVerfG, Beschl. v. 30.10.1961, 1 BvR 833/59, BVerfGE 13, 181 – *Schankerlaubnissteuer*, Rn. 22: „Der Schutz des Einzelnen vor Beschränkungen seiner freien Berufswahl wäre aber nur unvollkommen gewährleistet wollte man nur solche Vorschriften am Maßstab des Art 12 Abs. 1 GG verfassungsrechtlich prüfen, die die berufliche Betätigung unmittelbar zum Gegenstand haben. Der besondere Freiheitsraum, den Art. 12 Abs. 1 GG sichern will, kann auch durch Vorschriften berührt werden, die infolge ihrer tatsächlichen Auswirkungen geeignet sind, die Freiheit der Berufswahl mittelbar zu beeinträchtigen, obwohl sie keinen unmittelbar berufsregelnden Charakter tragen.“

1. Berufsregelnde Tendenz als Ausdruck des Gewährleistungsgehalts

Obwohl dieses Merkmal dogmatisch als Kennzeichen eines Eingriffs verortet[756] und die berufsregelnde Tendenz insofern als berufsspezifische Besonderheit des allgemeinen Eingriffsbegriffs verstanden wird,[757] nimmt das Merkmal der „objektiv berufsregelnden Tendenz" der Sache nach eher auf das Schutzgut und damit die Reichweite des Gewährleistungsgehalts Bezug. Als Voraussetzung für einen Eingriff nimmt das Merkmal der „objektiv berufsregelnden Tendenz" sowohl bei unmittelbar als auch bei mittelbar wirkenden Akten der öffentlichen Gewalt solche Beeinträchtigungen vom Schutz aus, die sich bei einer wertenden Betrachtung nicht spezifisch auf die Berufstätigkeit beziehen.[758] Die Schwierigkeit bei der Umsetzung dieses Merkmals liegt darin, den spezifischen Schutzgehalt der beruflichen Tätigkeit zu begründen. Ob eine potentiell eingreifende Maßnahme mit dem Schutzgut kompatibel oder als Beeinträchtigung einzustufen ist, bemisst sich nicht nach den intrinsischen Eigenschaften der in Rede stehenden Maßnahme, sondern vor allem mit Blick auf die Funktionsweise und Eigenheiten des Schutzguts. Mit Blick auf die grundrechtsübergreifende Wechselwirkung zwischen der Bestimmung des Schutzbereichs und den Anforderungen an einen Eingriff[759] liegt das Potential zur rationalen, kohärenten Konkretisierung des Schutzes aus Art. 12 Abs. 1 GG bei der Präzisierung des Schutzbereichs. Eine präzisere, oftmals engere Bestimmung des Gewährleistungsgehalts ist in der Literatur mit unterschiedlichen Ansätzen vor allem im Zusammenhang mit hoheitlicher Informationstätigkeit sowie der Subventionsvergabe gefordert,[760] aber unter Hinweis auf die Notwendigkeit eines umfassenden, jedes Verhalten abdeckenden Grundrechtsschutzes auch kritisiert worden.[761] Ein Grundrechts-

[756] Vgl. *Ruffert*, in: Beck'scher Online-Kommentar GG, Art. 12 Rn. 55; *Kämmerer*, in: von Münch/Kunig, GG, Art. 12 Rn. 46f.

[757] Überblick zum Meinungsstand bei *Kämmerer*, in: von Münch/Kunig, GG, Art. 12 Rn. 46ff.

[758] Teilweise wird das Merkmal der „objektiv berufsregelnden Tendenz" allerdings als alternatives Kriterium zu unmittelbar auf die Berufstätigkeit bezogenen Regelungen verstanden, in diese Richtung BVerfG, Kammerbeschl. v. 9.9.2013, 2 BvR 533/13, Rn. 32: „Insbesondere verkennt der Beschwerdeführer, dass Art. 12 Abs. 1 GG seine Schutzwirkung nur gegenüber solchen Normen oder Akten entfaltet, die sich entweder unmittelbar auf die Berufstätigkeit beziehen oder die zumindest eine objektiv berufsregelnde Tendenz haben (…)"; ebenso BVerfG, Beschl. v. 12.4.2005, 2 BvR 1027/02, BVerfGE 113, 29 – *Beschlagnahme von Datenträgern*, Rn. 91; BVerfG, Beschl. v. 12.10.2011, 2 BvR 236/08 u.a., BVerfGE 129, 208 – *TKÜ-Neuregelung*, Rn. 270.

[759] *Albers*, DVBl. 1996, 233 (237).

[760] *Hoffmann-Riem*, Enge oder weite Gewährleistungsgehalte der Grundrechte?, S. 53ff.; *ders.*, Der Staat 43 (2004), 203ff.; *Bäcker*, Wettbewerbsfreiheit als normgeprägtes Grundrecht, S. 124ff., 149ff.; *Rusteberg*, Der grundrechtliche Gewährleistungsgehalt, S. 108ff.

[761] *Kahl*, Der Staat 43 (2004), 167 (170ff.); *ders.*, AöR 131 (2006), 579 (608ff.); *Höfling*, Kopernikanische Wende rückwärts?, S. 329 (329f.); *Möllers*, NJW 2005, 1973ff.; *Sachs*, Informationsinterventionismus und Verfassungsrecht, S. 209 (213); Überblick über die unterschiedlichen Positionen bei *Hellmann*, Der sogenannte Gewährleistungsgehalt, S. 151 (153ff.).

schutz, der grundsätzlich jedes in den geschützten Lebensbereich fallende Verhalten erfasst, wird überwiegend als dogmatisch überlegene Konstruktion angesehen, weil sie zum einen keine Lücken aufweist und zum anderen Raum für Differenzierungen in der Abwägung lässt.[762]

Das Merkmal der „objektiv berufsregelnden Tendenz“ scheint dem Konzept eines weiten Schutzbereichs zu entsprechen, der im Grundsatz jede zum Lebensbereich gehörende Verhaltensweise der Grundrechtsträger abdeckt. Vor dem Hintergrund eines solchen grundsätzlich umfassenden Schutzes der Verhaltensfreiheit bildet das Merkmal der „objektiv berufsregelnden Tendenz“ eine ungeschriebene Restriktion des Eingriffsbegriffs, die notwendig erscheint, weil die Berufsfreiheit im Gegensatz zu anderen Grundrechten durch ihren weiten Lebensbereich durch eine praktisch unbegrenzte Vielzahl von Ge- oder Verboten beeinträchtigt wird.[763] Eine nähere Analyse der kasuistischen Fallgruppen „objektiv berufsregelnder Tendenz“ sowie ihrer jeweiligen Begründungen legt gleichwohl nahe, dass das Potential zur Rationalisierung des Schutzes vor allem darin liegt, die Struktur des Schutzgutes aufzuschlüsseln und auf dieser Grundlage den Schutzbereich zu konturieren. Auch wenn eine solche Konturierung dazu führt, dass nicht jede Verhaltensweise in dem Lebensbereich automatisch in den Schutzbereich fällt, lässt sich die Konturierung nicht mit einer „Verengung“ des Schutzbereichs gleichsetzen. Sie führt vielmehr insbesondere in Fällen mittelbarer Beeinträchtigung zu einer Ausdehnung des Schutzes.[764] In der Gegenüberstellung von „engen“ und „weiten“ Schutzbereichen liegt insofern eine Vereinfachung, die den methodischen Hintergrund für die Konturierung der Gewährleistungsbereiche verdeckt. Ziel ist nicht eine Verengung der Schutzbereiche, die komplementär eine Intensivierung des Schutzes verengter Schutzbereiche durch höhere Anforderungen an die Rechtfertigung von Eingriffen ermöglichen könnte, sondern eine Strukturierung der Schutzbereiche anhand der Struktur und der Funktionsbedingungen des Schutzguts.

Dass das Merkmal der „objektiv berufsregelnden Tendenz“ in der Sache nicht den Eingriffsbegriff charakterisiert, sondern als Chiffre für den Gewährleistungsgehalt fungiert, legt schon die Art nahe, nach der dieses Merkmal unmittelbare und mittelbare Eingriffe bewertet. Ein dogmatisches Konzept, das die Berufsfreiheit auf eine Verhaltensfreiheit beschränkt, ordnet auf der einen Seite jede unmittelbar und final an den Grundrechtsträger gerichtete Vorgabe als Eingriff in diese Freiheit ein und klammert auf der anderen Seite lediglich mittelbare

---

[762] *Kahl*, Der Staat 43 (2004), 167 (188ff.); *ders.*, AöR 131 (2006), 579 (605ff.); *Sachs*, Informationsinterventionismus und Verfassungsrecht, S. 209 (213): Verdrängung des substantiellen Grundrechtsschutzes; *Hellmann*, Der sogenannte Gewährleistungsgehalt, S. 151 (175); *Martins*, DÖV 2007, 456 (463).

[763] Zum Hintergrund sowie zur Differenzierung zwischen subjektiver und objektiver berufsregelnder Tendenz vgl. nur *Manssen*, in: von Mangoldt/Klein/Starck, GG, Art. 12 Abs. 1 Rn. 74f., m. w. N.

[764] Siehe unten, § 5 E.I.3.

Effekte, die die Verhaltensfreiheit nicht unmittelbar berühren, sondern lediglich auf die eine oder andere Weise faktisch entwerten, von dem Schutz aus. Ein auf die Verhaltensfreiheit beschränktes Schutzkonzept geht im Ausgangspunkt mit einer klaren Trennung zwischen unmittelbaren und mittelbaren Effekten einher. Es weist zudem den Vorteil auf, kein besonderes Wissen und keine besonderen Annahmen über das Schutzgut und die Voraussetzungen seiner Gewährleistung zu erfordern, weil das Schutzkonzept davon ausgeht, dass sich der Freiheitsschutz auf den Schutz der Verhaltensfreiheit beschränkt oder die Verhaltensfreiheit zumindest ausreicht, um zugleich das dahinterstehende Schutzgut zu gewährleisten. Bezogen auf die Teilnahme an Märkten und an Wettbewerbsprozessen lässt sich der Schutzbereich der Berufsfreiheit etwa so verstehen, dass er ein beliebiges, Berufszwecken dienendes Verhalten der Grundrechtsträger vor final unmittelbaren Eingriffen schützt und dadurch – wenn auch nur reflexartig – die Entstehung von Marktprozessen ermöglicht.[765]

Gleichwohl steht hinter der Auslegung des Merkmals der „objektiv berufsregelnden Tendenz" der Versuch, die Reichweite des Schutzes an der Charakteristik von Marktprozessen auszurichten. Da unmittelbare Beeinträchtigungen im Gegensatz zu mittelbaren[766] grundsätzlich einen Eingriff in die Berufsfreiheit darstellen, wirkt das Korrektiv der „objektiv berufsregelnden Tendenz" für die unmittelbaren Beeinträchtigungen begrenzend und für die mittelbaren Beeinträchtigungen erweiternd.[767] Mit diesen für die Berufsfreiheit spezifischen Anforderungen an den Eingriff zielt das Merkmal der „objektiv berufsregelnden Tendenz" damit der Sache nach auf eine besondere Ausgestaltung des Schutzbereichs, die von dem auf eine Verhaltensfreiheit abstellenden Schutzkonzept abrückt. Widersprüche und Brüche in der kasuistischen Umsetzung dieses Versuchs[768] gehen nicht zuletzt darauf zurück, dass der auf eine Verhaltensfreiheit beschränkte Ansatz zur Präzisierung des Schutzbereichs für die auf unterschiedliche Weise mögliche Verarbeitung interdependenter Marktprozesse keine Grundlage bietet.

---

[765] *Lepsius*, Der Eigenwert des Verfassungsrechts, S. 149 (159 f.), siehe oben, Fn. 718.

[766] Siehe unten, § 5 E.I.3.

[767] Deutlich BVerfG, Beschl. v. 8.04.1997, 1 BvR 48/94, BVerfGE 95, 267 – *Altschulden*, Rn. 139 f.; BVerfG, Beschl. v. 12.04.2005, 2 BvR 1027/02, BVerfGE 113, 29 – *Beschlagnahme von Datenträgern*, Rn. 91: „Art. 12 Abs. 1 GG entfaltet seine Schutzwirkung nur gegenüber solchen Normen oder Akten, die sich entweder unmittelbar auf die Berufstätigkeit beziehen oder die zumindest eine objektiv berufsregelnde Tendenz haben (...)." Teilweise werden in diesem Zusammenhang auch solche Regelungen als „mittelbar" bezeichnet, die zwar unmittelbar an den Grundrechtsträger gerichtete Ge- oder Verbote aufstellen, aber nicht unmittelbar auf die berufliche Betätigung abzielen; vgl. allerdings für eine den Grundrechtsträger nur mittelbar betreffende Regelung BVerwG, Urt. v. 16.10.2013, 8 CN 1.12, BVerwGE 148, 133, Rn. 24.

[768] *Papier*, DVBl. 1984, 801 (805); *ders.*, Der Staat 11 (1972), 483 (494 f.) zu Belastungen durch Steuern; *Manssen*, in: von Mangoldt/Klein/Starck, GG, Art. 12 Rn. 75 f.

2. *Berufsregelnde Tendenz als Einschränkung unmittelbarer Eingriffe*

Erstreckt man den Schutz der Berufsfreiheit auf jede Tätigkeit, die zu beruflichen Zwecken erfolgt, vor jeder unmittelbar an den Grundrechtsadressaten adressierten Vorgabe, nähert sich der Schutzbereich in einigen Bereichen dem Charakter der allgemeinen Handlungsfreiheit. Die Berufsfreiheit wird zu einer Art allgemeinen Handlungsfreiheit für berufliche Zwecke. Das Merkmal der „objektiv berufsregelnden Tendenz" soll den Schutz deshalb auf solche unmittelbaren Ge- oder Verbote konzentrieren, die einen spezifischen Bezug zur Ausübung beruflicher Tätigkeit aufweisen.[769]

a) Ausgestaltung des Rahmens für Berufsausübung

Der Abgrenzung zwischen einer spezifischen Steuerung der grundrechtlich geschützten Tätigkeit und den sonstigen unmittelbar an den Grundrechtsträger gerichteten Vorgaben liegt allerdings kein kohärentes Konzept, sondern eher eine gewisse Zahl situativ herangezogener Wertungskriterien zu Grunde. Diese Kriterien stellen vor allem auf den Zweck der Vorgabe sowie die Intensität und Streubreite der Betroffenheit ab. Bezogen auf das Schutzgut der Berufsfreiheit bieten diese Kriterien insbesondere für die Berufsausübung und dabei besonders für die Marktteilnahme Indizien dafür, inwieweit Vorgaben das charakteristische Entwicklungspotential beruflicher Tätigkeit beeinträchtigen. Während solchen unmittelbar an die Grundrechtsträger gerichteten Vorgaben, die die Auswahl eines Ausbildungs- oder Arbeitsplatzes oder den Zugang zu bestimmten Berufen betreffen, regelmäßig eine objektiv berufsregelnde Tendenz zukommt,[770] sind die Berufsausübung und insbesondere Marktprozesse von vorneherein auf einen rechtlichen Rahmen an unmittelbaren Ge- und Verboten angewiesen. Das Grundproblem bei der Strukturierung des grundrechtlichen Schutzes besteht hier darin, dass einerseits die Teilhabe an Marktprozessen vielfältige rechtliche Grundlagen der Transaktionen voraussetzt und ein Anspruch auf eine bestimmte Ausgestaltung des rechtlichen Rahmens kaum angemessen wäre. Marktteilnehmerinnen und Marktteilnehmer würden jeweils unterschiedliche Ausgestaltungen einfordern und zu einem gewissen Grad entsprechen extern gesetzte Anschlusszwänge auch der besonderen Leistungsfähigkeit des

---

[769] BVerfG, Beschl. v. 30.10.1961, 1 BvR 833/59, BVerfGE 13, 181 – *Schankerlaubnissteuer*, Rn. 24: innere und äußere Verbindung mit der beruflichen Betätigung; daran anknüpfend BVerfG, Urt. v. 22.5.1963, 1 BvR 78/56, BVerfGE 16, 147 – *Werkfernverkehr*, Rn. 63, und die Folgerechtsprechung, BVerfG, Beschl. v. 5.3.1974, 1 BvL 27/72, BVerfGE 37, 1 – *Stabilisierungsfond, Weinwirtschaftsabgabe*, Rn. 54; BVerfG, Beschl. v. 23.4.1974,1 BvL 19/73, BVerfGE 37, 121, Rn. 27; BVerfG, Beschl. v. 17.7.1974, 1 BvR 51/69 u. a., BVerfGE 38, 61 – *Leberpfennig*, Rn. 70; aus der jüngeren Rechtsprechung BVerfG, Nichtannahmebeschl. v. 24.11.2015, 2 BvR 355/12, NVwZ 2016, 606, Rn. 35; BVerfG, Urt. v. 5.11.2014, 1 BvF 3/11, BVerfGE 137, 350 – *Luftverkehrssteuer*, Rn. 69, st. Rspr.

[770] Vgl. die Beispiele bei *Breuer*, HStR VIII, § 170 Rn. 97.

Koordinationsmechanismus „Markt". Marktteilnehmende nehmen die äußeren Rahmenbedingungen hin und entwickeln auf ihrer Grundlage durch eine unbegrenzte Vielzahl wechselseitiger Transaktionen dynamische Marktstrukturen.[771] Auf der anderen Seite sind die Grundrechtsträger bei der Teilnahme an Marktprozessen auch nicht völlig schutzlos gestellt. Zwar sind die Träger hoheitlicher Gewalt dazu aufgerufen, einen normativen Rahmen für Marktprozesse bereitzustellen. Jedoch unterliegt auch diese Ausgestaltung des rechtlichen Rahmens grundrechtlichen Bindungen. Mit der „objektiv berufsregelnden Tendenz" versucht die Rechtsprechung, regelnde Vorgaben, die sich gerade auf die Ausübung der Berufsfreiheit beziehen, vom grundrechtlichen Schutz zu erfassen,[772] ohne allerdings valide Kriterien für diesen regelnden Charakter bereitzustellen. Der Schutz ist nach der Formel der Rechtsprechung „einerseits umfassend angelegt, schützt aber andererseits nur vor solchen Beeinträchtigungen, die gerade auf die berufliche Tätigkeit bezogen sind".[773] Die Schwierigkeit, die sich im nationalen wie auch im unionsrechtlichen Kontext stellt,[774] liegt darin, einen Maßstab für eine Überprüfung des rechtlichen Rahmens zu entwickeln, hinter den Ausgestaltungen stehende Wertungen und Verständnisse offenlegt sowie die Rationalität und Begründbarkeit der jeweiligen Ausgestaltung erhöht. Ähnlich wie bei der Bewertung hoheitlicher Informationstätigkeit[775] stellt die Rechtsprechung auf eine situativ unterschiedliche Bewertung einzelner Kriterien, vor allem des Zwecks des Regelung und der Intensität der Beeinträchtigung, ab, ohne dass ein kohärentes Konzept des Schutzgutes zu Grunde liegt.

b) Zweck der Regelung als Kriterium berufsregelnder Tendenz

Teilweise stellt die Rechtsprechung zur Beurteilung, ob ein rechtlicher Rahmen in die Berufsausübung steuernd eingreift, auf den Zweck der Regelung ab. Verfolgt eine Regelung mit einer Belastung der beruflichen Tätigkeit einen Zweck, der mit der Berufsausübung in keinem inneren Zusammenhang steht, obwohl die Regelung faktisch an die berufliche Tätigkeit anknüpft, nimmt die

---

[771] Siehe oben, § 5 A.II.

[772] BVerfG, Urt. v. 17.2.1998, 1 BvF 1/91, BVerfGE 97, 228 – *Kurzberichterstattung im Fernsehen*, Rn. 93: „Das Grundrecht würde sonst angesichts des Umstandes, dass nahezu jede Norm oder deren Anwendung unter bestimmten Voraussetzungen Rückwirkungen auf die Berufstätigkeit haben kann, konturlos werden".

[773] Vgl. nur BVerfG, Beschl. v. 13.07.2004, 1 BvR 1298/94 u. a., BVerfGE 111, 191 – *Notarkassensatzung*, Rn. 138; BVerfG, Beschl. v. 12.4.2005, 2 BvR 1027/02, BVerfGE 113, 29 – *Beschlagnahme von Datenträgern*, Rn. 9; BVerfG, Nichtannahmebeschl. v. 16.7.2012, 1 BvR 2983/10, NVwZ 2012, 1535, Rn. 16.

[774] Zu den weitreichenden Beurteilungsspielräumen, die der EuGH den Mitgliedstaaten und der Europäischen Union bei der Ausgestaltung von Marktordnungen belässt, aber auch den Tendenzen zur Profilierung der Anforderungen an die Rechtfertigung in der jüngeren Rechtsprechung siehe unten § 6 A.III.2.d); zur Kritik *Ruffert*, Berufsfreiheit und unternehmerische Freiheit, § 19 Rn. 38f.

[775] Dazu siehe unten, § 5 E.IV.

Rechtsprechung regelmäßig an, dass es an einer steuernden Gestaltung und damit an einer objektiv berufsregelnden Tendenz fehlt.[776] Eine Änderung des Regelungskonzepts im Branntweinmonopolgesetz etwa, die durch eine Beschränkung der bisherigen Förderung auf landwirtschaftliche Brennereien zur Konsolidierung des Bundeshaushalts beitragen soll, führt zwar absehbar zu Änderungen der Wettbewerbsverhältnisse auf den betroffenen Märkten. Im Hinblick auf den übergeordneten Zweck der umfassenden Haushaltskonsolidierung fehlt der Umstrukturierung jedoch die berufsregelnde Tendenz.[777] Ebenso wenig greift nach der Rechtsprechung eine Änderung des Zuschnitts von Gerichtsbezirken, der sich nach dem damals geltenden Anwaltsrecht auf die Reichweite der Anwaltszulassung auswirkt, in die Berufsfreiheit der betroffenen Anwältinnen und Anwälte ein, weil die Regelung auf die Ausgewogenheit und den Bestand der Oberlandesgerichtsbezirke zielt.[778] Die rein tatsächliche, wenn auch absehbare Betroffenheit bestimmter Anwältinnen und Anwälte genügt danach zur Begründung einer objektiv berufsregelnden Tendenz nicht.[779] Auch

[776] BVerfG, Urt. v. 5.11.2014, 1 BvF 3/11, BVerfGE 137, 350 – *Luftverkehrssteuer*, Rn. 69: keine berufsregelnde Tendenz einer Luftverkehrssteuer für den einzelnen Passagier; BVerfG, Nichtannahmebeschl. v. 3.6.2013, 1 BvR 131/13 u.a., BVerfGK 20, 327, Rn. 19: keine berufsregelnde Tendenz der Sozialversicherungspflicht von Teilnehmern an dualen Studiengängen; BVerfG, Nichtannahmebeschl. v. 16.7.2012, 1 BvR 2983/10, NVwZ 2012, 1535 – *Insolvenzsicherungsabgabe*, Rn. 19: keine berufsregelnde Tendenz der Insolvenzsicherungsabgabe: „Anknüpfungspunkt für die Frage, ob und in welcher Höhe Abgaben zur Insolvenzsicherung an den PSVaG zu entrichten sind, ist die Art der zugesagten betrieblichen Altersversorgung; welchem Beruf oder Gewerbe der jeweilige Abgabenschuldner nachgeht, ist demgegenüber ohne jeden Belang. Erst recht werden die Abgabenschuldner nicht etwa deswegen in Anspruch genommen, weil sie sich an einem spezifischen Markt beteiligen. Es kommt allein darauf an, dass ein Arbeitgeber seinen Arbeitnehmern eine betriebliche Altersversorgung zugesagt hat, die in einer bestimmten Art und Weise ausgestaltet ist. Dem mag eine unternehmerische Entscheidung zugrunde liegen; ein enger Zusammenhang mit der Ausübung des Berufs lässt sich dabei aber gerade nicht feststellen. Insbesondere ist hier nicht ersichtlich, dass sich die Verwendung der Abgabe in erheblicher Weise auf die Berufsausübung auswirken könnte".

[777] BVerfG, Nichtannahmebeschl. v. 3.7.2001, 1 BvR 2337/00, NVwZ 2002, 197, Rn. 37f.: „Sie sind Bestandteil eines umfassenden Regelungskonzepts, mit dem der Bundeshaushalt durchgreifend konsolidiert werden soll (vgl. BT-Dr 14/1523, S. 1, 163). Mit den Änderungen des Branntweinmonopolgesetzes sollen deutliche Einsparungen beim Zuschuss an die Monopolverwaltung erzielt werden. Zu diesem Zweck wird das Branntweinmonopol grundlegend umstrukturiert. Die staatliche Förderung wird künftig auf landwirtschaftliche Brennereien beschränkt (vgl. BT-Dr 14/1523, S. 198). Dabei geht es nicht darum, zielgerichtet die Wettbewerbs- und Absatzchancen der gewerblichen Brennereien zu beeinträchtigen. Diese können durch die Umstrukturierung des Branntweinmonopols allerdings einem Konkurrenznachteil ausgesetzt werden. Dabei handelt es sich aber nur um faktische Auswirkungen der zum Zweck der Haushaltssanierung vorgenommenen Maßnahme. Solche nachteiligen Veränderungen der wirtschaftlichen Verhältnisse sind nicht als Beeinträchtigung der Berufsfreiheit anzusehen (vgl. BVerfGE 98, 218 [258f.])".

[778] BVerfG, Kammerbeschl. v. 22.12.1999, 1 BvR 1859/97, NJW 2000, 1325, Rn. 27.

[779] BVerfG, Kammerbeschl. v. 22.12.1999, 1 BvR 1859/97, NJW 2000, 1325, Rn. 27; ebenso bereits zur Ablehnung einer einstweiligen Anordnung BVerfG, Kammerbeschl. v. 4.12.1997, 1 BvR 1859/97, NJW 1998, 891, Rn. 23: „Das Neugliederungsgesetz dient dem strukturellen Ausgleich zwischen den unterschiedlich großen Oberlandesgerichten im Land Niedersachsen,

kommunalen Vertretungsverboten für Anwältinnen und Anwälte ist im Hinblick auf ihren Zweck, Interessenkollisionen innerhalb der Gemeindevertretung zu vermeiden, die berufsregelnde Tendenz abgesprochen worden.[780]

Als weitere Beispiele für Änderungen im Rechtsschutzsystem, denen ebenfalls keine objektiv berufsregelnde Tendenz zukommt, nennt die Rechtsprechung die Erhöhung der Streitwertgrenzen im anwaltlichen Gebührenrecht, die Neugliederung des Instanzenzugs oder die Einführung eines besonderen Verfahrens zur Rechtsmittelzulassung.[781] Den Änderungen von Wertgrenzen für die Bestimmung der anwaltlichen Vergütung hat die Rechtsprechung schon im Hinblick darauf den Eingriffscharakter abgesprochen, dass der Anwaltschaft kein verfassungsrechtlicher Anspruch auf Beibehaltung der Gebührenregelung zusteht.[782]

Die Schwächen dieses Kriteriums liegen darin, dass es die Wirkung der Neuregelung auf die grundrechtlich geschützte Tätigkeit nicht berücksichtigt und zwar selbst dann nicht, wenn die Wirkung zwar nicht in erster Linie bezweckt, als Nebenfolge jedoch absehbar ist.[783] Die Frage, ob hoheitliche Beeinträchtigungen in den Schutzbereich der Berufsfreiheit eingreifen, hängt nicht in erster Linie von dem mit den Beeinträchtigungen verfolgten Zweck, sondern von ihrer konkreten Ausgestaltung ab. Die Abwehrfunktion der Grundrechte schützt grundsätzlich auch vor nicht beabsichtigten Beeinträchtigungen, zumal wenn diese als absehbare Nebenfolge in Kauf genommen werden. Insbesondere

---

soll den Senaten beim Oberlandesgericht Braunschweig die Spezialisierung erleichtern und eine größere Nähe zwischen dem Landgericht und dem zuständigen Oberlandesgericht herstellen. Danach hat das Gesetz, obwohl es sich auf den Umfang der Berufsausübung der Beschwerdeführer auswirken wird, in bezug auf die Anwaltschaft objektiv keine berufsregelnde Tendenz (vgl. BVerfGE 13, 181 [186]; 70, 191 [214]; 95, 267 [302])".

[780] BVerfG, Beschl. v. 18.07.1979, 2 BvR 488/76, BVerfGE 52, 42 – *Rechtsanwaltsausschluss*, Rn. 36: „Dem Vertretungsverbot liegt der Gedanke zugrunde, die Gemeindeverwaltung von allen Einflüssen freizuhalten, die eine objektive, unparteiische und einwandfreie Führung der Gemeindegeschäfte gefährden könnten (BVerfGE 41, 231 (242); BVerwGE 3, 127 (128)). Die Vorschrift des § 24 Abs 1 GONW soll in erster Linie der Sauberkeit im öffentlichen Leben dienen. Es soll verhindert werden, daß Gemeindeangehörige den Einfluß von Ratsmitgliedern für ihre persönlichen Interessen ausnutzen und daß rechtsgeschäftlich bestellte Vertreter, die zugleich Gemeinderatsmitglieder sind, durch diese Doppelfunktion in einen Interessenwiderstreit geraten (BayVerfGHE N F 8, 34 (36); BayVGHE N F 19, 80 (81)); OVG Koblenz AS 11, 113 (116)). Dabei ist es gleichgültig, welchen Beruf die Ratsmitglieder neben ihrem kommunalen Amt ausüben. Aus dem Sinn und Zweck des Vertretungsverbots ergibt sich, daß es nicht die Art und Weise der jeweiligen Berufstätigkeit der Mandatsträger regeln will. Da § 24 Abs 1 Satz 2 GONW nur darauf abzielt, die Sauberkeit der öffentlichen Verwaltung zu gewährleisten, gehört er auch nicht zu den Bestimmungen, die infolge ihrer Gestaltung in einem engen Zusammenhang mit der Ausübung eines Berufes stehen und objektiv eine berufsregelnde Tendenz deutlich erkennen lassen (vgl. BVerfGE 16, 147 (162); 22, 380 (384)).“; im Hinblick auf Kritik aus der Literatur später offen gelassen in BVerfG, Kammerbeschl. v. 7.10.1987, 2 BvR 674/84, NJW 1988, 694, Rn. 5.

[781] BVerfG, Kammerbeschl. v. 22.12.1999, 1 BvR 1859/97, NJW 2000, 1325, Rn. 27.

[782] BVerfG, Beschl. v. 13.2.2007, 1 BvR 910/05 u.a., BVerfGE 118, 1 – *Rechtsanwaltsgebühren*, Rn. 69.

[783] Zum Kriterium des funktionalen Äquivalents für einen Grundrechtseingriff bei hoheitlicher Informationstätigkeit siehe unten, § 5 E.II.

sind die Grundrechtsträger im Grundsatz vor einer gezielten Indienstnahme zu Gunsten anderer Interessen geschützt.[784] Der mit der Beeinträchtigung verfolgte Zweck stellt vielmehr ein Kriterium für die Rechtfertigung des Eingriffs dar.

c) *Erheblichkeit oder Intensität der Belastung*

Neben dem Zweck der in Rede stehenden Maßnahme stellt die Rechtsprechung teilweise auf die Intensität der mit der Maßnahme verbundenen Beeinträchtigung ab.[785] Jedoch lässt die Intensität einer Belastung für sich genommen noch keinen Schluss darauf zu, ob das Schutzgut den Schutz vor der betreffenden Belastung erfasst. Im Hinblick auf den Grundsatz der Verhältnismäßigkeit mag es nahe liegen, intensive Belastungen der hoheitlichen Gewalt als Eingriff zuzurechnen, um den grundrechtlichen Schutz zu effektuieren.[786] Ein Schluss von der Belastungsintensität auf den Eingriffscharakter trägt jedoch der Struktur des Schutzguts nicht hinreichend Rechnung. Insbesondere bei Maßnahmen, die die Teilnahme an Märkten betreffen, folgt aus der Struktur des Schutzgutes keineswegs ein umfassender Schutz gegen nachteilige Umstände und damit verbundene Anschlusszwänge. Vielmehr können Änderungen der Rahmenbedingungen von Märkten mit tiefgreifenden Konsequenzen für betroffene Marktteilnehmerinnen und Marktteil-

[784] Zu einem gesetzlichen Preismoratorium für bestimmte Arzneimittel BVerfG, Kammerbeschl. v. 1.9.1999, 1 BvR 264/95 u. a., NJW 2000, 1782, Rn. 15: „(…) Der Einordnung als Beschränkung der Berufsfreiheit steht nicht entgegen, daß es Zweck der Vorschrift war, die gesetzlichen Krankenkassen von Ausgaben für Arzneimittel zu entlasten. Die Vorschrift bediente sich dabei eines Eingriffs in die Berufsfreiheit und hatte damit objektiv berufsregelnde Tendenz, soweit die Beschwerdeführerinnen apothekenpflichtige Arzneimittel herstellen.“; ähnlich zur Verringerung des Herstellerabgabepreises für das Gebiet der DDR BVerfG, Kammerbeschl. v. 20.12.1990, 1 BvR 1418/90 u. a., Rn. 11: „Die Preisabschlagsregelung stellt einen gesetzlichen Eingriff in die Freiheit der Berufsausübung dar. Zweck der Regelung ist es zwar nicht, den Arzneimittelherstellern den Zutritt zum für sie jeweils neuen Teilmarkt zu erschweren. Objektiv wirkt sich aber der gesetzlich angeordnete Abschlag von 55 Prozent auf den Herstellerabgabepreis als Zugangserschwernis aus. Diese objektiv berufsregelnde Tendenz bewirkt, daß sich die Bestimmung an Art. 12 Abs. 1 GG messen lassen muß.“

[785] Etwa zu den Auswirkungen von Haftungsregelungen BVerfG, Urt. v. 24.11.2010, 1 BvF 2/05, BVerfGE 128, 1 – *Gentechnik*, Rn. 293; BVerfG, 16.07.2012 – 1 BvR 2983/10, NVwZ 2012, 1535, Rn. 18: „(…) Dem [der Zusage einer betrieblichen Altersversorgung] mag eine unternehmerische Entscheidung zugrunde liegen; ein enger Zusammenhang mit der Ausübung des Berufs lässt sich dabei aber gerade nicht feststellen. Insbesondere ist hier nicht ersichtlich, dass sich die Verwendung der Abgabe in erheblicher Weise auf die Berufsausübung auswirken könnte.“; aus der fachgerichtlichen Rechtsprechung vgl. nur zuletzt BVerwG, Urt. v. 16.10.2013, 8 CN 1.12, BVerwGE 148, 133, Rn. 24, zu einer Friedhofssatzung, die bestimmte Anforderungen an die Herkunft von Friedhofssteinen stellt: „Die angegriffene Satzungsbestimmung stellt eine nicht unerhebliche grundrechtsspezifische Einschränkung der gewerblichen Betätigungsfreiheit dar, da viele Steinmetze in Deutschland Grabmale aus Indien oder aus sonstigen Ländern der Dritten Welt, in denen Kinderarbeit vorkommt, beziehen (vgl. Antwort der Bundesregierung auf die Kleine Anfrage der Fraktion DIE LINKE, BT-Drucks 17/2406 S. 1, wonach zwei Drittel aller in Deutschland aufgestellten Grabsteine aus Indien stammen)“.

[786] Zur hoheitlichen Informationstätigkeit etwa *Huber*, JZ 2003, 290 (293); allgemein *Albers*, DVBl. 1996, 233 (235) m. w. N.

nehmer auch von Marktprozessen ausgehen, etwa von technischen Innovationen, die die Nachfrage nach einzelnen Produkten oder das Marktpotential ganzer Märkte innerhalb kurzer Zeit erheblich sinken lassen. Auch Warnungen oder negative Informationen über bestimmte Produkte ziehen regelmäßig erhebliche Konsequenzen für die berufliche Tätigkeit der betroffenen Marktteilnehmerinnen und Marktteilnehmer nach sich. Anschlusszwänge sind mit anderen Worten integraler Bestandteil der wettbewerblichen Koordination. Die bloße Erheblichkeit der Auswirkungen zum Kriterium für die objektiv berufsregelnde Tendenz und damit für das Vorliegen eines Eingriffs zu machen, läuft auf einen Bestandsschutz hinaus, der auch nach der Rechtsprechung des Bundesverfassungsgerichts nicht dem Schutzbereich der Berufsfreiheit entspricht.[787]

Umgekehrt kann bei einer Maßnahme, die zwar durch ihre Zielrichtung oder ihren Anknüpfungspunkt grundsätzlich geeignet ist, die berufliche Tätigkeit auf bestimmten Märkten zu gestalten, der Eingriffscharakter entfallen, wenn die Maßnahme die einzelnen Grundrechtsträger kaum spürbar belastet.[788]

d) Beschränkung der Regelung auf bestimmten Adressatenkreis

Darüber hinaus zieht die Rechtsprechung als Indiz für eine objektiv berufsregelnde Tendenz von unmittelbaren Vorgaben heran, ob die Vorgaben ausschließlich an Träger der Berufsfreiheit oder an eine unbestimmte Vielzahl von Personen unabhängig von einer beruflichen Tätigkeit gerichtet sind und folglich die Berufsausübung eher zufällig betreffen.[789] Bei diesen allgemeinen, nicht nur die Berufsausübung erfassenden Vorgaben liegt nahe, dass es sich um eine solche allgemeine Rahmenvorgabe handelt, die Marktteilnehmerinnen und Marktteilnehmer von vorneherein hinzunehmen haben. Der betroffene Adressatenkreis

---

[787] BVerfG, Nichtannahmebeschl. v. 1.11.2010, 1 BvR 261/10, Rn. 11: „Erfolgt die unternehmerische Berufstätigkeit am Markt nach den Grundsätzen des Wettbewerbs, wird die Reichweite des Freiheitsschutzes auch durch die rechtlichen Regeln mitbestimmt, die den Wettbewerb ermöglichen und begrenzen. Art. 12 Abs. 1 GG sichert in diesem Rahmen die Teilhabe am Wettbewerb nach Maßgabe seiner Funktionsbedingungen (...). Dagegen umfasst das Grundrecht keinen Anspruch auf Erfolg im Wettbewerb und Sicherung künftiger Erwerbsmöglichkeiten (...).“; ebenso bereits BVerfG, Beschl. v. 26.6.2002, 1 BvR 558/91, 1 BvR 1428/91, BVerfGE 105, 252 – *Glykolwarnung*, Rn. 43; BVerfG, Urt. v. 17.12.2002, 1 BvL 28/95 u. a., BVerfGE 106, 275 – *Arzneimittelfestbetrag*, Rn. 104; BVerfG, Beschl. v. 13.6.2006, 1 BvR 1160/03, BVerfGE 116, 135 – *Vergaberecht*, Rn. 60; in der Sache ebenso BVerfG, Urt. v. 7.11.2017, 2 BvE 2/11, BVerfGE 147, 50 – *parlamentarischer Informationsanspruch*, Rn. 235. Das schließt allerdings nicht aus, dass die Intensität der Auswirkungen bestimmter Maßnahmen ein Indiz dafür darstellen kann, dass dem Träger hoheitlicher Gewalt die Folgen der Maßnahmen bekannt waren oder sich die Folgen zumindest aufdrängen mussten.

[788] Etwa BVerfG, Beschl. v. 5.3.1974, 1 BvL 27/72, BVerfGE 37, 1 – *Stabilisierungsfond/Weinwirtschaftsabgabe*, Rn. 54 f.

[789] BVerfG, Urt. v. 17.2.1998, 1 BvF 1/91, BVerfGE 97, 228 – *Kurzberichterstattung im Fernsehen*, Rn. 96: „Auch Normen dieser Art [die sich nicht ausschließlich an Berufstätige richten] haben aber jedenfalls dann eine berufsregelnde Tendenz, wenn sie nach Entstehungsgeschichte und Inhalt im Schwerpunkt Tätigkeiten betreffen, die typischerweise beruflich ausgeübt werden“.

bietet allerdings nur einen Hinweis darauf, ob es sich um eine berufsspezifische Regelung handelt. Unmittelbar an Träger der Berufsfreiheit gerichtete Pflichten, bestimmte Kosten zu tragen, aus der neueren Zeit etwa zur Übernahme von Kosten der Absicherung betrieblicher Altersversorgung gegen Insolvenz[790] oder die Versicherungspflicht von Teilnehmerinnen und Teilnehmern an dualen Studiengängen in der Kranken-, Pflege- und Rentenversicherung sowie im Recht der Arbeitsförderung,[791] treffen ausschließlich die Grundrechtsträger und zwar aus dem Anlass einer marktbezogenen Tätigkeit. Zudem beeinflussen sie unmittelbar die Möglichkeit der professionellen Marktteilnehmerinnen und Marktteilnehmer, die innerbetriebliche Organisation auszugestalten und über die Umstände der Leistungsbereitstellung am Markt zu entscheiden. Gleichwohl geht die fachgerichtliche und verfassungsgerichtliche Rechtsprechung mit guten Gründen davon aus, dass die Modalitäten der Absicherungspflicht zwar an eine marktbezogene Tätigkeit anknüpfen, ihnen jedoch keine objektiv berufsregelnde Tendenz zukommt.[792] Kriterium für die Rechtsprechung ist insoweit, dass die Abgabenpflicht zum einen sämtliche Arbeitgeber betrifft, die unmittelbar oder mittelbar Leistungen einer betrieblichen Altersversorgung versprechen, und sie zum anderen die Arbeitgeber bei ihrer beruflichen Tätigkeit insgesamt nur unerheblich trifft.[793] Die Rechtsprechung stellt damit auch bei Belastungen, die sich unmittelbar und ausschließlich an Berufsträger richten, darauf ab, wie sich die Belastung zur Funktion der Marktprozesse verhält. Dient die Belastung wirtschaftspolitischen Zielsetzungen und betrifft sie vor allem nur bestimmte Berufszweige oder Sektoren,[794] verletzt die Inanspruchnahme

[790] Beitragspflicht zur Insolvenzsicherung der betrieblichen Altersversorgung für alle Arbeitgeber, die Leistungen der betrieblichen Altersversorgung unmittelbar zugesagt haben oder bestimmte mittelbare betriebliche Altersversorgungen anbieten nach § 10 BetrAVG; zuvor bereits Pflichtbeiträge zur Rentenversicherung der Handwerker, BVerfG, Entsch. v. 11.10.1972, 1 BvR 288/70, BVerfGE 34, 62, Rn. 20, und Pflichtmitgliedschaft der Ärzte in der Ärzteversorgung, BVerfG, Entsch. v. 25.02.1960, 1 BvR 239/52, BVerfGE 10, 354 – *Bayerische Ärzteversorgung*, Rn. 38.

[791] BVerfG, Nichtannahmebeschl. v. 3.6.2013, 1 BvR 131/13, BVerfGK 20, 327, Rn. 18.

[792] VG Frankfurt, Urt. v. 13.12.2012, 6 K 966/10, Rn. 37 f.; OVG NRW, Beschl. v. 17.08.2012, 12 A 1140/11, Rn. 10; OVG Rheinland-Pfalz, Urt. v. 18.05.2012, 7 A 11241/11, Rn. 29; BVerfG, 16.07.2012 – 1 BvR 2983/10, NVwZ 2012, 1535, Rn. 18.

[793] BVerfG, 16.07.2012 – 1 BvR 2983/10, NVwZ 2012, 1535, Rn. 18: „Anknüpfungspunkt für die Frage, ob und in welcher Höhe Abgaben zur Insolvenzsicherung an den PSVaG zu entrichten sind, ist die Art der zugesagten betrieblichen Altersversorgung; welchem Beruf oder Gewerbe der jeweilige Abgabenschuldner nachgeht, ist demgegenüber ohne jeden Belang. Erst recht werden die Abgabenschuldner nicht etwa deswegen in Anspruch genommen, weil sie sich an einem spezifischen Markt beteiligen. Es kommt allein darauf an, dass ein Arbeitgeber seinen Arbeitnehmern eine betriebliche Altersversorgung zugesagt hat, die in einer bestimmten Art und Weise ausgestaltet ist. Dem mag eine unternehmerische Entscheidung zugrunde liegen; ein enger Zusammenhang mit der Ausübung des Berufs lässt sich dabei aber gerade nicht feststellen. Insbesondere ist hier nicht ersichtlich, dass sich die Verwendung der Abgabe in erheblicher Weise auf die Berufsausübung auswirken könnte".

[794] BVerfG, Urt. v. 6.7.2005, 2 BvR 2335/95 u. a., BVerfGE 113, 128 – *Solidarfonds Abfallrückführung*, Rn. 100.

der Marktteilnehmerinnen und Marktteilnehmer zur Finanzierung solcher Maßnahmen regelmäßig deren Berufsfreiheit und ist zugleich auch finanzverfassungsrechtlich nicht mehr als Sonderabgabe zu rechtfertigen.[795] Umgekehrt fehlt nach der Rechtsprechung einer Belastung, die sich ausschließlich an eine bestimmte Berufsgruppe wie etwa Ärzte richtet, die berufsregelnde Tendenz, wenn sie nicht die typische ärztliche Tätigkeit in den Blick nimmt, sondern allgemeine sozialpolitische Zwecke verfolgt.[796] Die dieser Argumentation zu Grunde liegende Gegenüberstellung von typisch ärztlichen, also den beruflichen Tätigkeiten und der Förderung allgemeiner sozialpolitischer Anliegen lässt sich dann besonders klar und scharf treffen, wenn die Berufsausübung auf bestimmte, umschreibbare Tätigkeiten sowie die damit verbundenen Gefahren und den resultierenden Regelungsbedarf beschränkt ist. Ärztliche Tätigkeit ist trotz unterschiedlicher Kontexte der Leistungserbringung auf die Behandlung von Patientinnen und Patienten ausgerichtet. Unabhängig davon, inwieweit die ärztliche Tätigkeit überhaupt als wettbewerbliche Leistung wahrgenommen wird, gehören die unterschiedlichen Formen, die Altersversorgung sicherzustellen, jedenfalls von vorneherein nicht zu den Wettbewerbsparametern, von denen die Auswahlentscheidung und damit der Markterfolg einer bestimmten Ärztin oder eines bestimmten Arztes abhängig gemacht werden soll. Diese Trennung zwischen spezifisch beruflichen Tätigkeiten und dem sozialpolitischen oder sonstigen Kontext wird schwieriger, wenn auch die sozialpolitischen oder sonstigen nicht unmittelbar mit der beruflich erbrachten Leistung zusammenhängenden Aspekte Teil der Koordination über den Markt sind oder zumindest sein können, etwa weil sie als Nebenbedingung ein Auswahlkriterium für Kundinnen und Kunden darstellen oder weil die Nebenbedingungen verschiedene, zueinander in Wettbewerb stehende Arten der Leistungserbringung unterschiedlich betreffen.

---

[795] BVerfG, Urt. v. 3.2.2009, 2 BvL 54/06, BVerfGE 122, 316 – *CMA-Pflichtabgabe/Absatzfonds*, Rn. 105; BVerfG, Urt. v. 6.7.2005, 2 BvR 2335/95, 2 BvR 2391/95, BVerfGE 113, 128 – *Solidarfonds Abfallrückführung*, Rn. 104 ff.; BVerfG, Beschl. v. 13.07.2004, 1 BvR 1298/94 u. a., BVerfGE 111, 191 – *Notarkassensatzung*, Rn. 139 f.

[796] BVerfG, Entsch. v. 25.02.1960, 1 BvR 239/52, BVerfGE 10, 354 – *Bayerische Ärzteversorgung*, Rn. 38: „Die Vorschrift setzt nicht bei der Berufsausübung des Arztes an, sie enthält nichts über Art und Weise der Ausführung ärztlicher Verrichtungen. Sie zielt auch nicht unmittelbar auf den Schutz der Allgemeinheit vor den durch unsachgemäße Berufsausübung drohenden Gefahren, wie das sonst bei Regelungen nach Art. 12 Abs. 1 GG meist der Fall ist. Sie will vielmehr die wirtschaftliche Lage des Arztes und seiner Familie nach Beendigung der Berufsausübung sichern und sucht das zu erreichen, indem sie ihm während der Berufsausübung laufende Beitragszahlungen auferlegt; sie ist nicht eigentlich berufspolitischer Art, sondern steht in umfassenderen sozial- und gesellschaftspolitischen Zusammenhängen. Ihre Verbindung mit der Berufsausübung des Arztes ist nur locker und mittelbar; die besondere Freiheitsverbürgung des Art. 12 Abs. 1 GG, der besondere Freiheitsraum, den gerade dieses Grundrecht sichern will, ist nicht berührt. Die Regelung unter Art. 12 Abs. 1 GG subsumieren, hieße den Anwendungsbereich dieser Bestimmung unangemessen weit ausdehnen".

3. Berufsregelnde Tendenz als Erweiterung gegen mittelbare Eingriffe

Neben der Beschränkung des Schutzes auf bestimmte, unmittelbar an die Grundrechtsträger gerichtete Beeinträchtigungen reagiert die Rechtsprechung mit dem Merkmal der „objektiv berufsregelnden Tendenz“ zugleich darauf, dass ein Schutz der Verhaltensfreiheit vor unmittelbaren, finalen Geboten und Verboten für die Gewährleistung des Schutzgutes in bestimmten Fällen nicht ausreicht. Ohne insoweit die Voraussetzungen näher zu definieren oder zu konkretisieren, geht die ständige Rechtsprechung davon aus, dass auch mittelbare Beeinträchtigungen der beruflichen Tätigkeit in den Schutzbereich eingreifen, wenn sie einen „engen Zusammenhang zur Ausübung eines Berufes“ und eine objektiv berufsregelnde Tendenz aufweisen.[797]

Dieser Schutz vor mittelbaren, faktischen Beeinträchtigungen ist mit einem Verständnis des Schutzgutes, das sich auf einen Schutz der isolierten Verhaltensfreiheit beschränkt,[798] nicht zu erklären. Hintergrund für die Notwendigkeit eines Schutzes vor mittelbar faktischen Beeinträchtigungen ist ein Schutzgut, das bestimmte Freiheitsräume oder wechselseitige Interaktionen mit anderen Grundrechtsträgern voraussetzt und deshalb auch gegen lediglich mittelbare Verkürzungen schützt. Aus der Struktur des dahinterstehenden Schutzgutes folgen die Kriterien und die Reichweite des Schutzes vor mittelbaren Beeinträchtigungen. Obwohl die Rechtsprechung seit über fünf Jahrzehnten an dem Merkmal der objektiv berufsregelnden Tendenz im Zusammenhang mit dem Schutz vor mittelbaren Beeinträchtigungen festhält, haben sich im Laufe der Zeit das dahinterstehende Schutzgut und mit ihm die Funktion des Merkmals verändert. Auch ist der Bezug auf das Schutzgut und dessen Eigenheiten in der neueren Rechtsprechung deutlich weniger explizit.[799]

Nach der Konzeption der Berufsfreiheit in der frühen Rechtsprechung des Bundesverfassungsgerichts, die den personalen Bezug der Berufsfreiheit zur Persönlichkeitsentwicklung des Grundrechtsträgers betont,[800] macht die persönlichkeitsbezogene Komponente eine umfassende, über den Schutz vor unmittelbaren Eingriffen hinausgehende Gewährleistung materialer Freiheit

[797] BVerfG, Urt. v. 7.05.1998, 2 BvR 1876/91, BVerfGE 98, 83 – *Landesabfallabgabengesetz*, Rn. 117; BVerfG, Beschl. v. 5.3.1974, 1 BvL 27/72, BVerfGE 37, 1 – *Stabilisierungsfond/Weinwirtschaftsabgabe*, Rn. 54; BVerfG, Entsch. v. 30.10.1961, 1 BvR 833/59, BVerfGE 13, 181 – *Schankerlaubnissteuer*, Rn. 23; BVerfG, Beschl. v. 8.4.1987, 2 BvR 909/82, BVerfGE 75, 108 – *Künstlersozialversicherung*, Rn. 115, st. Rspr., zuletzt BVerfG, Nichtannahmebeschl. v. 3.6. 2013, 1 BvR 131/13, BVerfGK 20, 327, Rn. 18, BVerfG, Nichtannahmebeschl. v. 24.11.2015, 2 BvR 355/12, NVwZ 2016, 606, Rn. 35, jeweils m.w.N.

[798] Vgl. oben, *Lepsius*, Der Eigenwert des Verfassungsrechts, S. 149 (159 und 169), siehe oben, Fn. 718.

[799] Etwa BVerfG, Nichtannahmebeschl. v. 24.11.2015, 2 BvR 355/12, NVwZ 2016, 606, Rn. 35; BVerfG, Urt. v. 5.11.2014, 1 BvF 3/11, BVerfGE 137, 350 – *Luftverkehrssteuer*, Rn. 69.

[800] BVerfG, Entsch. v. 11.6.1958, 1 BvR 596/56, BVerfGE 7, 377 – *Apotheken-Urteil*, Rn. 55; siehe oben, § 5 B.I.1.

erforderlich. Dieser „besondere Freiheitsraum, den Art. 12 Abs. 1 GG sichern will“, umfasst insbesondere die Berufswahl als den „Akt der wirtschaftlichen Selbstbestimmung des Einzelnen“ und macht auch einen Schutz vor mittelbaren Beeinträchtigungen erforderlich.[801]

Die spätere Rechtsprechung greift zur Begründung des Merkmals der „berufsregelnden Tendenz“ nicht mehr auf diesen personalen Bezug zur Persönlichkeitsentwicklung zurück.[802] Sie stellt im Wesentlichen darauf ab, dass ein enger Zusammenhang mit der Ausübung des Berufs besteht und stellt die geforderte objektiv berufsregelnde Tendenz den nur reflexartigen Beeinträchtigungen gegenüber, die durch „vom Staat ausgehende Veränderungen der Marktdaten oder allgemeinen Rahmenbedingungen“ verursacht werden.[803] Zuweilen wird eine Veränderung der Rahmendaten allerdings auch als mittelbarer Eingriff in die Berufsfreiheit eingeordnet, sofern ihnen eine objektiv berufsregelnde Tendenz zukommt.[804]

II. Funktionales Äquivalent für einen Grundrechtseingriff?

In einem gewissen Widerspruch zu diesen Prämissen steht die Ausnahme, die die Rechtsprechung bei Nachfrageentscheidungen macht, die aus ihrer Sicht ein funktionales Äquivalent für einen Eingriff in die Berufsfreiheit darstellen. Diese gesonderte Prüfung, ob ein Eingriff in Form eines funktionalen Äquivalents vorliegt, zeigt den Zusammenhang zwischen der Konzeption von Schutzbereich und Eingriff sowie die Folgen eines unreflektierten Transfers der Eingriffsdogmatik. Ein solches funktionales Äquivalent für einen Eingriff soll nach der Rechtsprechung dann vorliegen, wenn die „angewandten Bewertungskriterien nach ihrer Zielsetzung und ihren Wirkungen einen Ersatz für eine staatliche Maßnahme darstellen würden, die als Grundrechtseingriff zu qualifizieren wäre“.[805] Dieses

[801] Jeweils BVerfG, Entsch. v. 30.10.1961, 1 BvR 833/59, BVerfGE 13, 181 – *Schankerlaubnissteuer*, Rn. 22.

[802] Ebenfalls zu steuerrechtlichen Regelungen BVerfG, Entsch. v. 22.05.1963, 1 BvR 78/56, BVerfGE 16, 147 – *Werkfernverkehr*, Rn. 63; BVerfG, Beschl. v. 5.03.1974, 1 BvL 27/72, BVerfGE 37, 1 – *Stabilisierungsfonds/Weinwirtschaftsabgabe*, Rn. 54; BVerfG, Urt. v. 7.05. 1998, 2 BvR 1876/91, BVerfGE 98, 83 – *Landesabfallabgabengesetz*, Rn. 117; BVerfG, Urt. v. 6.07.2005, 2 BvR 2335/95, BVerfGE 113, 128 – *Solidarfonds Abfallrückführung*, Rn. 100.

[803] BVerwG, Urt. v. 16.10.2013, 8 CN 1.12, BVerwGE 148, 133, Rn. 24.

[804] BVerfG, Beschl. v. 8.4.1997, 1 BvR 48/94, BVerfGE 95, 267 – *Altschulden*, Rn. 140: „Das heißt allerdings nicht, daß die Berufstätigkeit unmittelbar betroffen sein muß. Es kann vielmehr auch vorkommen, daß eine Norm die Berufstätigkeit selbst unberührt läßt, aber im Blick auf den Beruf die Rahmenbedingungen verändert, unter denen er ausgeübt werden kann. In diesem Fall ist der Berufsbezug ebenfalls gegeben. Das gilt auch für gesetzlich auferlegte Geldleistungspflichten. Sie berühren Art. 12 Abs. 1 GG dann, wenn sie infolge ihrer Gestaltung in einem engen Zusammenhang mit der Ausübung eines Berufs stehen und objektiv eine berufsregelnde Tendenz haben (vgl. BVerfGE 13, 181 [186]; 37, 1 [18])“.

[805] BVerfG, Nichtannahmebeschl. v. 1.11.2010, 1 BvR 261/10, Rn. 12; BVerfG, Beschl. v. 13.6. 2006, 1 BvR 1160/03, BVerfGE 116, 135 – *Vergaberecht*, Rn. 63; BVerfG, Beschl. v. 11.7.2006,

nach Ziel und Wirkung funktionale Äquivalent eines Eingriffs ist nach der Rechtsprechung von bloß reflexartigen Nachteilen abzugrenzen, die mittelbar aus der hoheitlichen Maßnahme folgen können.[806] Den Hintergrund dieser Ausnahme stellt der Bedarf nach einem flexiblen, in gewisser Weise entwicklungsoffenen Eingriffsbegriff dar, der eine Gewährleistung des Schutzguts auch über klassische, unmittelbar finale Grundrechtseingriffe hinaus erlaubt. Dabei sind die von der Rechtsprechung herangezogenen Argumente von dem jeweils geschützten Grundrecht unabhängig. Die Rechtsprechung weist zum einen darauf hin, dass dem Grundgesetz kein bestimmter Eingriffsbegriff zu Grunde liege und sich der verfassungsrechtliche Schutz nicht auf unmittelbar finale Eingriffe beschränke.[807] Zum anderen betont die Rechtsprechung, dass der Träger hoheitlicher Gewalt sich durch die Wahl der Handlungsform öffentlich-rechtlichen Bindungen an die Grundrechte nicht entziehen dürfe.[808] Mit dieser Argumentation abstrahiert

1 BvL 4/00, BVerfGE 116, 202 – *Berliner Vergabegesetz/Lohndumping/Tariftreueregelung*, Rn. 82.

[806] BVerfG, Nichtannahmebeschl. v. 1.11.2010, 1 BvR 261/10, Rn. 12, BVerfG, Beschl. v. 11.7.2006, 1 BvL 4/00, BVerfGE 116, 202 – *Berliner Vergabegesetz/Lohndumping/Tariftreueregelung*, Rn. 83.

[807] BVerfG, Urt. v. 17.3.2004, 1 BvR 1266/00, BVerfGE 110, 177 – *Hilfe zum Lebensunterhalt/Spätaussiedler*, Rn. 35: „Das Wohnortzuweisungsgesetz hindert die Beschwerdeführer zwar nicht unmittelbar an der Wahl eines anderen Wohnortes als des zugewiesenen. Es knüpft an eine solche Wahl nur eine sozialrechtlich nachteilige Rechtsfolge. Grundrechte können aber auch durch mittelbare Maßnahmen beeinträchtigt sein. Das Grundgesetz bindet den Schutz vor Grundrechtsbeeinträchtigungen nicht an den Begriff des Eingriffs oder gibt diesen inhaltlich vor. Auch staatliche Maßnahmen, die eine mittelbare oder faktische Wirkung entfalten, können Grundrechte beeinträchtigen und müssen daher von Verfassungs wegen hinreichend gerechtfertigt sein (vgl. BVerfGE 105, 279 [300f.]).“; BVerfG, Beschl. v. 24.5.2005, 1 BvR 1072/01, BVerfGE 113, 63 – *Verfassungsschutzbericht „Junge Freiheit“*, Rn. 52: „Der Schutz vor inhaltsbezogenen Einwirkungen betrifft nicht allein Eingriffe im traditionellen Sinne (zum herkömmlichen Eingriffsbegriff siehe BVerfGE 105, 279 [300]), sondern kann auch bei mittelbaren Einwirkungen auf die Presse (vgl. BVerfGE 52, 283 [296]) ausgelöst werden, wenn sie in der Zielsetzung und ihren Wirkungen Eingriffen gleich kommen (vgl. BVerfGE 105, 252 [273])“.

[808] BVerfG, Beschl. v. 26.6.2002, 1 BvR 670/91, BVerfGE 105, 279 – *Psychosekte/Osho-Bewegung*, Rn. 76: „Die Zuweisung einer Aufgabe berechtigt grundsätzlich zur Informationstätigkeit im Rahmen der Wahrnehmung dieser Aufgabe, auch wenn dadurch mittelbar-faktische Beeinträchtigungen herbeigeführt werden können. Der Vorbehalt des Gesetzes verlangt hierfür keine darüber hinausgehende besondere Ermächtigung durch den Gesetzgeber, es sei denn, die Maßnahme stellt sich nach der Zielsetzung und ihren Wirkungen als Ersatz für eine staatliche Maßnahme dar, die als Grundrechtseingriff im herkömmlichen Sinne zu qualifizieren ist. Durch Wahl eines solchen funktionalen Äquivalents eines Eingriffs kann das Erfordernis einer besonderen gesetzlichen Grundlage nicht umgangen werden.“; BVerfG, Beschl. v. 26.6.2002, 1 BvR 558/91 u.a., BVerfGE 105, 252 – *Glykolwarnung*, Rn. 62: „Der Gewährleistungsbereich des Grundrechts aus Art. 12 Abs. 1 GG wird durch die staatliche Tätigkeit allerdings dann beeinträchtigt, wenn sie sich nicht darauf beschränkt, den Marktteilnehmerinnen und Marktteilnehmern marktrelevante Informationen bereitzustellen, auf deren Grundlage diese eigenbestimmte, an ihren Interessen ausgerichtete Entscheidungen über ihr Marktverhalten treffen können. Insbesondere kann die staatliche Informationstätigkeit eine Beeinträchtigung im Gewährleistungsbereich des Grundrechts sein, wenn sie in der Zielsetzung und ihren Wirkungen Ersatz für eine staatliche Maßnahme ist, die als Grundrechtseingriff zu qualifizieren wäre.

die Rechtsprechung das funktionale Äquivalent eines Eingriffs zu allgemeinen Kriterien für einen mittelbaren Grundrechtseingriff, die nicht nur bei einer Beeinträchtigung der Berufsfreiheit durch hoheitliche Informationstätigkeit,[809] sondern auch bei Beeinträchtigungen der Religionsfreiheit durch Äußerungen von Hoheitsträgern,[810] bei Beeinträchtigungen der Freizügigkeit durch nachteilige sozialrechtliche Auswirkungen der Wahl eines bestimmten Wohnortes[811] oder bei Beeinträchtigungen der Pressefreiheit durch Hinweise im Verfassungsschutzbericht eines Landes auf den Verdacht verfassungsfeindlicher Bestrebungen[812] Anwendung finden. Durch die Loslösung von dem jeweiligen Schutzbereich läuft diese Eingriffsdogmatik Gefahr, den Strukturen und Funktionsbedingungen des zu Grunde liegenden Schutzguts nicht hinreichend Rechnung zu tragen. Mittelbar wirkende Beeinträchtigungen gefährden die Verwirklichung eines Grundrechts vor allem dann, wenn das Schutzgut auf bestimmte Rahmenbedingungen für reale Entfaltungschancen angewiesen ist, die allein mit der Abwehr unmittelbarer Verkürzungen der Verhaltensfreiheit nicht gewährleistet werden.[813] Welche Rahmenbedingungen für reale Entfaltungschancen des Schutzgutes erforderlich sind, hängt von dem jeweiligen Schutzgut ab. Die Entfaltung der Persönlichkeit in Kommunikationsprozessen durch den selbstbestimmten Umgang mit personenbezogenen Daten folgt anderen Regeln als die ebenfalls in einen Handlungs- und Informationszusammenhang eingebundene Forschungstätigkeit oder die Förderung freier individueller und öffentlicher Meinungsbildung durch den Rundfunk.[814] Welche hoheitlichen Maßnahmen das Recht auf informationelle Selbstbestimmung etwa durch Abschreckungseffekte mittelbar beeinträchtigen, wissenschaftsinadäquate Verteilungsentscheidungen innerhalb der Universitäten hervorrufen oder die erforderliche Vielfalt im Rundfunk gefährden können, lässt sich nur mit Bezug auf die jeweils betroffene Regelungsstruktur bewerten. Ein präzises Konzept von der Regelungsstruktur des jeweiligen Schutzguts identi-

---

Durch Wahl eines solchen funktionalen Äquivalents eines Eingriffs können die besonderen Bindungen der Rechtsordnung nicht umgangen werden; vielmehr müssen die für Grundrechtseingriffe maßgebenden rechtlichen Anforderungen erfüllt sein."; daran anknüpfend BVerfG, BVerfG, Beschl. v. 11.7.2006, 1 BvL 4/00, BVerfGE 116, 202 – *Berliner Vergabegesetz/Lohndumping/Tariftreueregelung*, Rn. 82; BVerfG, Nichtannahmebeschl. v. 14.10.2008, 1 BvR 928/08, NVwZ 2008, 1338 – *Glücksspielstaatsvertrag/Lotto*, Rn. 21.

[809] BVerfG, Beschl. v. 26.6.2002, 1 BvR 558/91 u.a., BVerfGE 105, 252 – *Glykolwarnung*, Rn. 62.

[810] BVerfG, Beschl. v. 26.6.2002, 1 BvR 670/91, BVerfGE 105, 279 – *Psychosekte/Osho-Bewegung*, Rn. 76.

[811] BVerfG, Urt. v. 17.3.2004, 1 BvR 1266/00, BVerfGE 110, 177 – *Hilfe zum Lebensunterhalt/Spätaussiedler*, Rn. 35.

[812] BVerfG, Beschl. v. 24.5.2005, 1 BvR 1072/01, BVerfGE 113, 63 – *Verfassungsschutzbericht „Junge Freiheit"*, Rn. 52.

[813] *Hoffmann-Riem*, Enge oder weite Gewährleistungsgehalte der Grundrechte?, S. 53 (55): „Grundrechte transferieren die Idee der Freiheit in die praktische Möglichkeit (also die Chance) von Freiheit in diesem Ausschnitt von Wirklichkeit".

[814] Siehe oben, § 3 A. I, B.I.2. und B.II.; § 4 A.

fiziert die Funktionsweise von dem, was grundrechtlich geschützt ist, und leitet daraus die Voraussetzungen sowie die Gefährdungen der Realisierung ab. Die Bestimmung mittelbarer Grundrechtseingriffe wie im Übrigen auch die Reichweite von Schutzpflichten[815] hängen davon ab.

Treten Träger hoheitlicher Gewalt am Markt als Nachfrager auf, folgt daraus, dass jedenfalls auf der Grundlage des hier vertretenen Verständnisses die Koordination auf Märkten nicht verfälscht wird. Nachteile und Anpassungszwänge, die von den Präferenzen der Nachfrager ausgehen, sind Ausdruck der wissensgenerierenden, dynamischen Marktentwicklung. Ob das Nachfrageverhalten von privaten oder hoheitlichen Nachfragern ausgeht, macht für den Koordinationsprozess keinen Unterschied.[816] Auf die individuellen Motive der Marktteilnehmerinnen und Marktteilnehmer kommt es nicht an. Die Heterogenität der Motive und die Möglichkeit, bei der Koordination der Vielzahl von Marktteilnehmern und Marktteilnehmerinnen von deren jeweiligen Motiven abstrahieren zu können, macht gerade die besondere Leistungsfähigkeit von Märkten aus. Die grundsätzlich in anderen Kontexten[817] zutreffende Annahme, der Träger hoheitlicher Gewalt könne sich durch ein Ausweichen auf andere Handlungsformen nicht den öffentlich-rechtlichen Bindungen entziehen,[818] ändert nichts an den Grenzen der öffentlich-rechtlichen Bindung, die sich aus dem Schutzgut ergeben. Weil die Koordination über Märkte individuelle Präferenzentscheidungen voraussetzt und diese am Markt keinen Rechtfertigungszwängen unterliegen, führt die Marktteilnahme auch zu keinen solchen Bindungen von Hoheitsträgern, selbst wenn sie mit ihrem Nachfrageverhalten Zwecke verfolgen, die andere private Nachfrager voraussichtlich nicht verfolgen würden. Für die Frage, ob hoheitliches Nachfrageverhalten einen Eingriff in die Berufsfreiheit anderer Marktteilnehmer darstellen kann, begründen auch Gemeinwohlbindungen der öffentlichen Hand keinen Unterschied privater hoheitlicher Nachfrager bei der Verfolgung individueller Präferenzen. Hoheitliche Nachfrager dürfen wegen ihrer Gemeinwohlbindung nicht jeden beliebigen Zweck verfolgen. Allerdings beeinflussen die Allgemeinwohlbindungen, denen die öffentliche Hand im Gegensatz zu Privaten auch bei privatrechtlichen Handlungen unterliegt, weder die Funktion der Koordination auf Märkten noch die davon abhängende grundrechtliche Position der anderen Marktteilnehmerinnen

[815] Zur Entwicklung *Stern*, DÖV 2010, 241 ff.; *Pietzcker*, Drittwirkung – Schutzpflicht – Eingriff, S. 345 (356 ff.); zur Kritik an der dogmatischen Herleitung *Calliess*, JZ 2006, 321 ff.; für das Recht auf informationelle Selbstbestimmung *Neubert*, AöR 140 (2015), 267 ff.; zur Koalitionsfreiheit *Burkiczak*, RdA 2007, 17 ff.

[816] Siehe bereits oben, § 5 D.II.1.g).

[817] Analyse der Grundrechtsbindung gemischt wirtschaftlicher Unternehmen bei *Schaefer*, Der Staat 51 (2012), 251 ff.; zur Grundrechtsbindung bei der Gewährung von Krediten durch die öffentliche Hand *Mülbert*, in: Staudinger, § 488 BGB Rn. 785 f.; zum Betrieb kommunaler Infrastruktur in privatrechtlicher Form VG Stuttgart, Beschl. v. 13.10.2008, 7 K 3583/08, Rn. 6.

[818] Siehe oben, Fn. 808.

und Marktteilnehmer. Während Private schon im Hinblick auf ihren grundrechtlichen Schutz bei ihrer Marktteilnahme in gewissen Grenzen[819] beliebige Zwecke verfolgen dürfen, dürfen Träger hoheitlicher Gewalt, auch wenn sie sich privater Handlungsformen bedienen, weder Grundrechte Dritter verletzen noch sonstige Gemeinwohlbindungen, insbesondere bei der Verwendung öffentlicher Gelder, außer Acht lassen.[820] Die grundrechtliche Position der anderen Marktteilnehmerinnen und Marktteilnehmer wird jedoch im Hinblick auf die Funktionsweise der Koordination auf Märkten durch das Nachfrageverhalten von vorneherein nicht berührt.[821] Sonstige Verstöße gegen generelle Allgemeinwohlbindungen, etwa haushaltsrechtlich unzulässige Ausgaben öffentlicher Gelder entgegen dem Grundsatz der Wirtschaftlichkeit und Sparsamkeit, machen das Nachfrageverhalten der öffentlichen Hand rechtswidrig, berühren aber die Rechtsposition der anderen Marktteilnehmerinnen und Marktteilnehmer ebenfalls nicht.

Für die in der Rechtsprechung als Grundrechtseingriff bewertete Forderung einer Tariftreueerklärung als Vergabekriterium in öffentlichen Ausschreibungen[822] folgt daraus, dass auch das gezielte Hinwirken auf bestimmte wirtschafts- oder sozialpolitische Ziele wie die Ausweitung tarifvertraglicher Entgeltabreden auf den Inhalt der vom Ausschreibenden abzuschließenden Arbeitsverträge den Schutzbereich der Berufsfreiheit potentiell an der Ausschreibung interessierter Marktteilnehmerinnen und Marktteilnehmer nicht berührt.[823] Soweit die öffentliche Hand auf dem Markt Leistungen nachfragt und entsprechende Verträge

---

[819] Etwa aus den §§ 7, 19 AGG, insbesondere im Arbeits- und Mietrecht; in Einzelfällen kann aus der mittelbaren Drittwirkung der Grundrechte etwa über das zivilrechtliche Verbot sittenwidriger Schädigung ein Kontrahierungszwang folgen, als Grenzen des Hausrechts thematisiert in BGH, Urt. v. 9.3.2012, V ZR 115/11, NJW 2012, 1725, Rn. 22: Hausverbot an NPD-Vorsitzenden in Wellnesshotel; BGH, Urt. v. 30.10.2009, V ZR 253/08, NJW 2010, 534, Rn. 13 ff.: Voraussetzungen eines bundesweiten Stadionverbots.

[820] Zu den Anforderungen des Vergaberechts vgl. nur den Überblick bei *Diederichsen/Renner*, Vergaberecht; zu den Beschränkungen der wirtschaftlichen Tätigkeit *Knauff*, Die wirtschaftliche Betätigung der öffentlichen Hand.

[821] Siehe oben § 5 D.II.1.g).

[822] BVerfG, Beschl. v. 11.7.2006, 1 BvL 4/00, BVerfGE 116, 202 – *Berliner Vergabegesetz/Lohndumping/Tariftreueregelung*, Rn. 83 ff.

[823] Anders BVerfG, Beschl. v. 11.7.2006, 1 BvL 4/00, BVerfGE 116, 202 – *Berliner Vergabegesetz/Lohndumping/Tariftreueregelung*, Rn. 84: „Die Vorschrift zielt aus wirtschafts- und sozialpolitischen Gründen darauf ab, die Arbeitgeber bei der Gestaltung ihrer arbeitsvertraglichen Beziehungen zu einem bestimmten Verhalten zu veranlassen. Die Vergabestelle wird durch das Gesetz ermächtigt und angesichts des Soll-Charakters der Vorschrift im Regelfall verpflichtet, von den Bewerbern um den ausgeschriebenen Auftrag eine Tariftreueerklärung zu fordern. Der Inhalt der vom Auftragnehmer abzuschließenden Arbeitsverträge ist damit – mittelbar – selbst schon Gegenstand der gesetzlichen Regelung, auch wenn er den Arbeitsvertragsparteien nicht unmittelbar normativ vorgeschrieben wird. Er ist inhaltlich durch die Norm vorgegeben, indem geregelt ist, dass die Anwendung der örtlichen Entgelttarifverträge durch die Auftragnehmer verlangt werden soll. Mit dieser gesetzlichen Regelung soll zudem gerade erreicht werden, dass die Geltung tarifvertraglicher Entgeltabreden ausgeweitet wird. Die Einflussnahme auf die Arbeitsbedingungen ist damit von der Zweckrichtung des Gesetzgebers umfasst. Sie tritt nicht nur reflexartig als faktische Folge eines anderen Zielen dienenden Gesetzes ein".

schließt, ist der anbietende Marktteilnehmenden nicht bereits dadurch in seiner grundrechtlichen Position beeinträchtigt, dass sein potentieller Vertragspartner nur unter bestimmten Bedingungen zum Vertragsschluss bereit ist. Insoweit steht der anbietende Marktteilnehmende nicht anders als gegenüber privaten Nachfragern, die im Rahmen ihrer Privatautonomie verhandeln.

III. Funktionsbedingungen des Wettbewerbs

Die verfassungsgerichtliche Rechtsprechung schützt die Berufsfreiheit bei der Teilnahme am Wettbewerb nach Maßgabe der einfach-gesetzlichen Vorschriften, die den jeweiligen Markt regeln.[824] Bei der Berufsausübung im Wettbewerb richtet sich die Reichweite des grundrechtlichen Schutzes dadurch nach den Wettbewerb ermöglichenden, aber auch begrenzenden Normen. Die Wettbewerbsfreiheit wird zu einem normgeprägten Grundrecht.[825]

Zugleich ordnet die Rechtsprechung die Bedingungen, unter denen Wettbewerb funktioniert, als ein wesentliches Kriterium für die Reichweite des grundrechtlichen Schutzes ein. „Erfolgt die unternehmerische Berufstätigkeit nach den Grundsätzen des Wettbewerbs, wird die Reichweite des Freiheitsschutzes auch durch die rechtlichen Regeln mitbestimmt, die den Wettbewerb ermöglichen und begrenzen. Art. 12 Abs. 1 GG sichert in diesem Rahmen die Teilhabe am Wettbewerb nach Maßgabe seiner Funktionsbedingungen."[826] Die verfassungsgerichtliche Rechtsprechung versteht die teilweise als Wettbewerbsfreiheit bezeichnete[827] Berufsfreiheit bei der Marktteilnahme als eine Verhaltensfreiheit, die von vorneherein nur innerhalb des einfach-gesetzlichen Rahmens ausgeübt werden kann und unter dem Vorbehalt weiterer Funktionsbedingungen steht. Rechtliche Regelungen werden dadurch im Grundsatz wie

---

[824] BVerfG, Beschl. v. 26.6.2002, 1 BvR 558/91, 1 BvR 1428/91, BVerfGE 105, 252 – *Glykolwarnung*, Rn. 43; BVerfG, Urt. v. 17.12.2002, 1 BvL 28/95 u.a., BVerfGE 106, 275 – *Arzneimittelfestbetrag*, Rn. 103; BVerfG, Beschl. v. 14.3.2006, 1 BvR 2087/03, 1 BvR 2111/03, BVerfGE 115, 205 – *Geschäfts- und Betriebsgeheimnis, in-camera-Verfahren*, Rn. 82; zuletzt BVerfG, Nichtannahmebeschl. v. 8.12.2011, 1 BvR 1932/08, NVwZ 2012, 694 – *Telekommunikationsrechtliche Marktregulierung*, Rn. 45; siehe bereits oben, Fn. 7.

[825] *Bäcker*, Wettbewerbsfreiheit als normgeprägtes Grundrecht; ähnlich, allerdings mit abweichenden Konsequenzen *Boddenburg*, Negative Produktinformation, S. 32f.: normgeprägter Lebensbereich; kritisch *Murswiek*, NVwZ 2003, 1 (3f.); *Lindner*, DÖV 2003, 185 (188).

[826] BVerfG, Beschl. v. 26.6.2002, 1 BvR 558/91, 1 BvR 1428/91, BVerfGE 105, 252 – *Glykolwarnung*, Rn. 43; in der Sache ebenso BVerfG, Urt. v. 17.12.2002, 1 BvL 28/95, BVerfGE 106, 275 – *Arzneimittelfestbetrag*, Rn. 102f.; BVerfG, Urt. v. 20.04.2004, 1 BvR 905/00, BVerfGK 3, 178 – *Ökosteuer*, Rn. 44; BVerfG, Beschl. v. 14.3.2006, 1 BvR 2087/03, 1 BvR 2111/03, BVerfGE 115, 205 – *Geschäfts- und Betriebsgeheimnis, in-camera-Verfahren*, Rn. 82; BVerfG, Nichtannahmebeschl. v. 1.11.2010, 1 BvR 261/10, Rn. 11; BVerfG, Nichtannahmebeschl. v. 8.12.2011, 1 BvR 1932/08, NVwZ 2012, 694 – *Telekommunikationsrechtliche Marktregulierung*, Rn. 45; VG Berlin, Beschl. v. 13.12.2013, 4 L 570/13, Rn. 27; BayVGH, Beschl. v. 21.12.2012, 4 ZB 11.2496, NVwZ-RR 2013, 494, Rn. 8.

[827] *Bäcker*, Wettbewerbsfreiheit als normgeprägtes Grundrecht.

tatsächliche, vom Verhalten der anderen Marktteilnehmerinnen und Marktteilnehmer ausgehende Rahmenbedingungen von Marktprozessen eingeordnet, die jeder einzelne Marktteilnehmende grundsätzlich hinzunehmen hat.[828] Unter Funktionsbedingungen versteht die verfassungsgerichtliche Rechtsprechung insbesondere die „wettbewerbsbestimmenden Faktoren", mit der Folge, dass die Berufsfreiheit keinen Schutz vor externen Einflüssen auf diese wettbewerbsbestimmenden Faktoren umfasst.[829]

Dieser Ansatz beeinträchtigt die rationalisierende, ordnungsbildende Leistung der Berufsfreiheit in zweifacher Hinsicht. Zum einen klammert er die hoheitliche Gestaltung der Funktionsbedingungen von vorneherein aus dem grundrechtlichen Schutz aus. Dadurch, dass der einfach-gesetzliche Rahmen für Marktprozesse nach der Rechtsprechung einschließlich seiner begrenzenden Regelungen den grundrechtlichen Schutzbereich bei der Teilhabe am Wettbewerb überhaupt erst eröffnet, lassen sich kaum grundrechtliche Anforderungen an den marktordnenden Rahmen ableiten.[830] Die konstitutive Funktion der wettbewerbsermöglichenden und wettbewerbsbegrenzenden Regelungen für den grundrechtlichen Schutz der Wettbewerbsteilhabe macht die Ableitung grundrechtlicher Maßstäbe an die einfach-gesetzliche Ausgestaltung ähnlich schwierig wie bei der Eigentumsfreiheit und der Privatautonomie.[831]

Zum anderen macht die Rechtsprechung es erforderlich, ein verfassungsrechtliches Verständnis von der Funktionsweise des Wettbewerbs zur Bewertung einzelner Fallgestaltungen zu entwickeln. So zeichnet die Rechtsprechung ein

---

[828] Etwa BVerfG, Urt. v. 17.12.2002, 1 BvL 28/95 u.a., BVerfGE 106, 275 – *Arzneimittelfestbetrag*, Rn. 103f.: „In der bestehenden Wirtschaftsordnung umschließt das Freiheitsrecht des Art. 12 Abs. 1 GG auch das berufsbezogene Verhalten der Unternehmen am Markt nach den Grundsätzen des Wettbewerbs. Die Reichweite des Freiheitsschutzes wird dabei durch die rechtlichen Regeln mitbestimmt, die den Wettbewerb ermöglichen und begrenzen. Insoweit sichert Art. 12 Abs. 1 GG die Teilhabe am Wettbewerb. Die Wettbewerber haben aber keinen grundrechtlichen Anspruch darauf, dass die Wettbewerbsbedingungen für sie gleich bleiben. Insbesondere gewährleistet das Grundrecht keinen Anspruch auf Erfolg im Wettbewerb oder auf Sicherung künftiger Erwerbsmöglichkeiten (...). Vielmehr unterliegen die Wettbewerbspositionen und damit auch der Umsatz und die Erträge dem Risiko laufender Veränderung je nach den Marktverhältnissen."; in der Sache bereits BVerfG, Beschl. v. 26.6.2002, 1 BvR 558/91, 1 BvR 1428/91, BVerfGE 105, 252 – *Glykolwarnung*, Rn. 43.

[829] „Art. 12 Abs. 1 GG sichert in diesem Rahmen die Teilhabe am Wettbewerb nach Maßgabe seiner Funktionsbedingungen. Die grundrechtliche Gewährleistung umfasst dementsprechend nicht einen Schutz vor Einflüssen auf die wettbewerbsbestimmenden Faktoren. (...) BVerfG, Beschl. v. 26.6.2002, 1 BvR 558/91, 1 BvR 1428/91, BVerfGE 105, 252 – *Glykolwarnung*, Rn. 43; ebenso BVerfG, Urt. v. 17.12.2002, 1 BvL 28/95 u.a., BVerfGE 106, 275 – *Arzneimittelfestbetrag*, Rn. 103.

[830] Zur Kritik vgl. nur *Murswiek*, NVwZ 2003, 1 (3ff.); *Huber*, JZ 2003, 290 (292f.); *Schoch*, NJW 2012, 2844 (2847); *Martini/Kühl*, DÖV 2013, 573 (574); *Ruffert*, in: Beck'scher Online-Kommentar GG, Art. 12 Rn. 50. Auf mangelnde Kohärenz zu verfasssungsgerichtlichen Entscheidungen über Kostendämpfungsmaßnahmen und Zwangsrabatte im Arzneimittelsektor weist *Faßbender*, NJW 2004, 816 (817), hin.

[831] Dazu siehe oben, § 5 D.I.

Bild von der Funktionsweise von Marktprozessen, indem sie einfach-gesetzliche Wertungen insbesondere des Lauterkeitsrechts berücksichtigt und aus diesem Verständnis der Funktionsweise den Schutzbereich einschränkende Annahmen zu den Funktionsbedingungen ableitet. Die Zulässigkeit hoheitlicher Informationstätigkeit bestimmt das Gericht, indem es die Kommunikation am Markt über Produktqualität und das Unternehmensimage beobachtet,[832] schädliche Folgen von Informationsdefiziten für die Selbststeuerungskraft von Märkten sowie die Förderung der Funktionsweise von Märkten durch die Bereitstellung zusätzlicher Informationen feststellt[833] und die Markttransparenz als ein wesentliches Ziel der Rechtsordnung, insbesondere des Lauterkeitsrechts herausstellt.[834] Damit wird ein Verständnis der Markttransparenz und ihrer Relevanz für Marktprozesse, das sich mit dem deutlich diferenzierteren Stand der Wettbewerbstheorie und Industrieökonomik nicht einmal auseinandersetzen muss,[835] auf verfassungsrechtlicher Ebene fixiert.[836]

---

[832] BVerfG, Beschl. v. 26.6.2002, 1 BvR 558/91, 1 BvR 1428/91, BVerfGE 105, 252 – *Glykolwarnung*, Rn. 44–45.

[833] BVerfG, Beschl. v. 26.6.2002, 1 BvR 558/91, 1 BvR 1428/91, BVerfGE 105, 252 – *Glykolwarnung*, Rn. 46–47; ähnlich für die Bildung von Festbeträgen und Festbetragsgruppen im Recht der gesetzlichen Krankenkassen BVerfG, Urt. v. 17.12.2002, 1 BvL 28/95 u. a., BVerfGE 106, 275 – *Arzneimittelfestbetrag*, Rn. 120ff.

[834] BVerfG, Beschl. v. 26.6.2002, 1 BvR 558/91, 1 BvR 1428/91, BVerfGE 105, 252 – *Glykolwarnung*, Rn. 48: „Die Rechtsordnung zielt auf die Ermöglichung eines hohen Maßes an markterheblichen Informationen und damit auf Markttransparenz. Dem dienen etwa die rechtlichen Vorkehrungen zur Bekämpfung des unlauteren Wettbewerbs, die Festlegung von Werberegeln und Maßnahmen des Verbraucherschutzes, der vor allem durch Bereitstellung von Informationen bewirkt wird. (...) Das Ziel der Sicherung von Markttransparenz wird aber auch herausgestellt, soweit Informationen nicht durch Wettbewerber verbreitet werden (...). Es prägt ebenfalls die Rahmenbedingungen wettbewerbsbezogenen Verhaltens des Staates, wenn dieser wettbewerbserhebliche Informationen verbreitet, ohne selbst Wettbewerber zu sein".

[835] Zur Kritik auch *Möllers*, NJW 2005, 1973 (1975): „Das Makro-Konzept des Markts, das doch gerade nicht der Berufsfreiheit zugeordnet werden sollte, verwandelt die Berufsfreiheit zu einem normgeprägten Grundrecht"; *Breuer*, HStR VIII, § 160 Rn. 85; *Huber*, JZ 2003, 290 (297); *Murswiek*, NVwZ 2003, 1 (4): „marktwirtschaftliches Naturrecht"; grundsätzlich *Rixen*, Sozialrecht als öffentliches Wirtschaftsrecht, S. 240f.: breite Rezeption sozialwissenschaftlicher und ökonomietheoretischer Annahmen mit zweifelhaftem Gehalt; Rückgriff auf unscharfe Kategorien; Entwurf einer spezifischen Realität eines informationsdefizitären Markts im Wege ‚forensischer Laiensoziologie', nach dem alle Akteure erst noch auf das Niveau des Wissens gebracht werden müssen, dass sie benötigen, um wirklich frei entscheiden zu können; *Ruffert*, AöR 134 (2009), 197 (226): nur begrenzte interdisziplinäre Anschlussfähigkeit der die Rechtsprechung tragenden Prämissen, wirtschaftswissenschaftlich außerordentlich uninformiert; *Schoch*, NJW 2012, 2844: leicht paternalistisch anmutendes Staats- und Gesellschaftskonzept.

[836] In Anknüpfung an die Glykol-Entscheidung für die Informationstätigkeit unter Privaten etwa BVerfG, Nichtannahmebeschl. v. 28.7.2004, 1 BvR 2566/95, BVerfGK 3, 337 – *„gerlach-report"*, Rn. 27: „Eine marktwirtschaftliche Ordnung setzt gerade voraus, dass die Marktteilnehmer über ein möglichst hohes Maß an Informationen über marktrelevante Faktoren verfügen. Informationen, welche Markttransparenz verbessern und den Marktteilnehmern eine an den eigenen Interessen orientierte Entscheidung über die Bedingungen der Marktteilhabe

Schließlich zont diese verfassungsrechtliche Fixierung Einzelfragen zur Zulässigkeit hoheitlicher Informationstätigkeit auf die verfassungsrechtliche Ebene hoch. Die Fragen, ob im Einzelfall nach der Zielsetzung und den Wirkungen ein Ersatz für eine staatliche Maßnahme vorliegt, die als Grundrechtseingriff zu qualifizieren wäre,[837] oder wie die verfassungsrechtlichen Kriterien für die Zulässigkeit der hoheitlichen Informationstätigkeit in geringfügig anders gelagerten Fällen anzuwenden sind, etwa bei einem sich später nicht bestätigenden Verdacht, werden zu Fragen des spezifischen Verfassungsrechts.[838]

IV. Insbesondere: hoheitliche Informationstätigkeit

1. Relevanz der Informationsquelle

In der Sache unterstellen die von der Rechtsprechung formulierten Anforderungen an die hoheitliche Informationstätigkeit, dass Informationen über Anbieter oder Produkte, wenn sie nur zutreffend sind,[839] dem Marktprozess entsprechen, die Leistungsfähigkeit von Märkten fördern und den Verbraucherinteressen dienen.[840] Dieses Verständnis von Wissen und seiner Entstehung am Markt vereinfacht die Funktionsweise von Marktprozessen zu stark. Weil Wissen je individuell durch Interpretation der eigenen Beobachtungen auf der Grundlage des jeweiligen

---

ermöglichen, berühren den Schutzbereich der Berufsfreiheit auch dann nicht, wenn sie sich auf die Wettbewerbsposition eines einzelnen Unternehmens nachteilig auswirken (...)".

[837] BVerfG, Beschl. v. 26.6.2002, 1 BvR 558/91, 1 BvR 1428/91, BVerfGE 105, 252 – *Glykolwarnung*, Rn. 62.

[838] Zu den Folgen ähnlicher Konstitutionalisierungsstrategien im Mietrecht *Oeter*, AöR 119 (1994), 529 (551 ff.).

[839] BVerfG, Beschl. v. 26.6.2002, 1 BvR 558/91, 1 BvR 1428/91, BVerfGE 105, 252 – *Glykolwarnung*, Rn. 59 ff.; zu privater Informationstätigkeit BVerfG, Nichtannahmebeschl. v. 28.7.2004, 1 BvR 2566/95, BVerfGK 3, 337 – *„gerlach-report"*, Rn. 27: „Der Schutzbereich des Art. 12 Abs. 1 GG kann nicht nur berührt sein, wenn eine berufliche Tätigkeit unterbunden wird, sondern auch, wenn der Markterfolg behindert wird. Obwohl unrichtige oder unsachliche Informationen den Wettbewerber nicht grundsätzlich daran hindern, seinen Beruf auszuüben, können sie doch den Erfolg der Berufsausübung beeinflussen. Soweit die am Markt verfügbaren Informationen inhaltlich zutreffen und sachlich sind, gewährt das Grundrecht der Berufsfreiheit jedoch auch dann keinen Schutz gegen sie, wenn die Wettbewerbsposition eines Unternehmens durch sie nachteilig beeinflusst wird. (...). Demgegenüber schützt Art. 12 Abs. 1 GG Unternehmen in ihrer beruflichen Betätigung vor inhaltlich unzutreffenden Informationen oder vor Wertungen, die auf sachfremden Erwägungen beruhen oder herabsetzend formuliert sind (...), wenn der Wettbewerb in seiner Funktionsweise durch sie gestört wird und sie in der Folge den betroffenen Wettbewerber in der Freiheit seiner beruflichen Tätigkeit beeinträchtigen".

[840] Siehe oben, Fn. 836. In der Sache ähnlich ist die fachgerichtliche Argumentation im Spannungsverhältnis zwischen dem europarechtlich induzierten Verbraucherinformationsrecht und den Geheimhaltungsinteressen nachteilig betroffener Unternehmen, vgl. OVG NRW, Urt. v. 1.4.2014, 8 A 654/12, Rn. 164: „Ausgehend hiervon kann auch für Untersuchungsergebnisse, bei denen zwar ein Rechtsverstoß im Sinne des § 1 Abs. 1 Satz 1 Nr. 1 VIG 2008 nicht in Rede steht, die aber dennoch für das betroffene Unternehmen ungünstig sind bzw. sein könnten, das Geheimhaltungsinteresse nicht allein mit der Besorgnis begründet werden, bei Bekanntwerden der Untersuchungsergebnisse drohe dem Unternehmen ein ‚Imageschaden' oder der

Horizonts gewonnen wird,[841] hängt das über eine Kommunikation vermittelte Wissen von der Einschätzung des Kommunikationspartners ab. Kundinnen und Kunden, Lieferanten, Wettbewerberinnen oder benachbarte Nachfrager zeichnen sich durch unterschiedliche Perspektiven aus, verfolgen unterschiedliche Interessen und verfügen über unterschiedliche Informationsquellen. Diese wahrgenommenen Eigenschaften der Kommunikationspartnerin gehen in die individuelle Interpretation der von ihnen übermittelten Informationen ein. Ein Verständnis der Wissensgenerierung am Markt, das die Relevanz von Informationen abstrakt, also unabhängig von dem Kommunikator, bewertet,[842] trägt diesem Interaktionsbezug der Wissensgenerierung nicht hinreichend Rechnung. Es macht für Marktteilnehmende einen Unterschied, ob eine andere Marktteilnehmende bzw. ein anderer Marktteilnehmer oder eine öffentliche Stelle, vielleicht sogar die zuständige Ordnungsbehörde, auf bestimmte Produkt- oder Hygienemängel hinweist.[843] Das Schlagwort von der Markttransparenz[844] ebnet diese für Marktprozesse konstitutiven Differenzierungen in der individuellen Wissensgenerierung ein, indem es eine automatische marktweite Verbreitung und Anerkennung der Informationen unterstellt, unabhängig davon, welche Stelle sie kommuniziert.

2. *Funktionales Äquivalent für Grundrechtseingriff*

Diese fehlende Sensibilität für die Wirkung hoheitlich bereitgestellter marktrelevanter Informationen erhöht die erhebliche Unsicherheit, die mit dem

Verbraucher könne das Produkt ‚meiden'. Dies gilt gleichermaßen für Testergebnisse, bei denen z. B. Qualitätsunterschiede oder Abweichungen von bestimmten Qualitätsmerkmalen oder entsprechender Standards offenbart werden, wie für solche Untersuchungen, bei denen unerwünschte – wenngleich nicht gesetzeswidrige – Inhaltsstoffe nachgewiesen werden. Dass bei einer Offenlegung solcher Ergebnisse tatsächlich Absatzeinbußen eintreten können, ist in der vom Verbraucherinformationsgesetz bezweckten Förderung der Markttransparenz angelegt. Als Marktteilnehmer haben Verbraucher eine gestaltende Funktion im Wettbewerb. Sie können – so die Modellvorstellung, die dem Verbraucherinformationsgesetz zugrunde liegt – gezielt und bewusst Produkte entsprechend ihren Bedürfnissen aus dem Warenangebot mit der Folge auswählen, dass Produkte mit unerwünschten Qualitäten unter Umständen sogar gänzlich vom Markt verdrängt werden".

[841] Siehe oben, § 1 C.I.

[842] Dazu zählt auch die Annahme einer „neutralen Information", *Murswiek*, NVwZ 2003, 1 (4): Die Information als solche ist neutral. Auch Differenzierungen zwischen hoheitlichen Warnungen und der bloßen hoheitlichen Mitteilung von Informationen, *Murswiek*, NVwZ 2003, 1 (5); *Boddenburg*, Negative Produktinformation, S. 22ff., tragen der Bedeutung der jeweiligen Quelle für den Interaktionsprozess nicht hinreichend Rechnung.

[843] Vgl. die Differenzierungen in der Grundrechtssensibilität zwischen verschiedenen Formen der hoheitlichen Informationstätigkeit bei *Schoch*, NJW 2012, 2844 (2845f.); zum besonderen Vertrauen, das amtlichen Informationen entgegengebracht wird, *Ossenbühl*, NVwZ 2011, 1357 (1358); *Martini/Kühl*, DÖV 2013, 573 (573).

[844] BVerfG, Beschl. v. 26.6.2002, 1 BvR 558/91, 1 BvR 1428/91, BVerfGE 105, 252 – *Glykolwarnung*, Rn. 48: „Die Rechtsordnung zielt auf die Ermöglichung eines hohen Maßes an markterheblichen Informationen und damit auf Markttransparenz."; im Anschluss daran VG Berlin, Beschl. v. 19.3.2014, 14 L 35.14, Rn. 26 m. w. N.

Vorbehalt eines funktionalen Äquivalents für einen Grundrechtseingriff verbunden ist. Auch zutreffende und sachliche, von der zuständigen Stelle verbreitete Informationen stehen danach als „Beeinträchtigung im Gewährleistungsgehalt der Berufsfreiheit" einem Eingriff gleich, wenn sie „in der Zielsetzung und ihren Wirkungen Ersatz für eine staatliche Maßnahme ist, die als Grundrechtseingriff zu qualifizieren wäre".[845] Ein solches funktionales Äquivalent zeichnet sich nach der fachgerichtlichen Rechtsprechung dadurch aus, dass die nachteilige Folge für das betroffene Unternehmen gezielt oder zumindest vorhersehbar durch die hoheitliche Äußerung hervorgerufen wird.[846] Dabei lässt die Formulierung der Rechtsprechung durch die Gegenüberstellung einer bloß zufälligen, nicht vorhersehbaren Folge einerseits und der gewollten Herbeiführung der Folge andererseits[847] die praxisrelevanten Konstellationen im Unklaren, in denen die Nachteile für das betroffene Unternehmen mehr oder weniger sichere, jedenfalls aber vorhersehbare Folge der hoheitlichen Informationstätigkeit sind.[848] So ist bei der Warnung vor bestimmten, einschließlich des Herstellers bezeichneten, glykolhaltigen Weinen eine Beeinträchtigung in der Berufsfreiheit bekanntlich abgelehnt,[849] bei der Veröffentlichung von amtlichen Informationen über

[845] BVerfG, Beschl. v. 26.6.2002, 1 BvR 558/91, 1 BvR 1428/91, BVerfGE 105, 252 – *Glykolwarnung*, Rn. 62; zuletzt aufgegriffen in BVerfG, Beschl. v. 21.3.2018, 1 BvF 1/13, BVerfGE 148, 40, Rn. 28; im Anschluss an die verfassungsgerichtliche Rechtsprechung BVerwG, Urt. v. 20.11.2014, 3 C 27/13, NVwZ-RR 2015, 425, Rn. 14; SG München, Gerichtsbescheid v. 19.6. 2015, S 29 KR 1397/13, Rn. 16.

[846] BVerwG, Urt. v. 20.11.2014, 3 C 27/13, NVwZ-RR 2015, 425, Rn. 16; zur weiterreichenden Rechtsprechung des Bundesverwaltungsgerichts aus der Zeit vor der Glykol-Entscheidung des Bundesverfassungsgerichts vgl. zusammenfassend *Murswiek*, NVWZ 2003, 1 (2f.).

[847] „Die Verlautbarungen des Ministeriums stellen sich als funktionales Äquivalent eines klassischen Grundrechtseingriffs mittels hoheitlicher Regelung dar. Eine solche eingriffsgleiche Maßnahme liegt vor, wenn der Staat zielgerichtet zu Lasten bestimmter Betroffener einen im öffentlichen Interesse erwünschten Erfolg herbeiführen will. Der nachteilige Effekt darf nicht nur zufällig eintreten oder unvorhersehbare Folge des staatlichen Handelns sein (…)", BVerwG, Urt. v. 20.11.2014, 3 C 27/13, NVwZ-RR 2015, 425, Rn. 16; tendenziell enger BVerwG, Urt. v. 15.12.2005, 7 C 20/04, NJW 2006, 1303, Rn. 29: „Seine Maßnahme muss eindeutig auf einen nachteiligen Effekt abzielen, der bei dem Betroffenen eintreten soll, und darf diesen Effekt nicht lediglich als Begleiterscheinung mit sich bringen (…)".

[848] *Sachs*, Informationsinterventionismus und Verfassungsrecht, S. 209 (219): „(…) Versuche, die relevanten Grundrechtsbeeinträchtigungen jenseits des klassischen Eingriffs mit Hilfe von dessen typischen Eigenschaften abzugrenzen, sind ebenso alt wie ohne rechte Überzeugungskraft geblieben. Der Neuaufguss wird durch die Anknüpfung an eine „Ersatz"-Funktion des alternativen Handlungsmittels nicht überzeugender. Der Glykol-Beschluss verrät denn auch nicht, warum es im konkreten Fall an funktionaler Äquivalenz mit einem Eingriff fehlen soll; der lapidare Satz ‚Eingriffsqualität kommt der Listenveröffentlichung nicht zu' bleibt nicht nur bloße Behauptung, sondern beschreibt die Denkvoraussetzung, unter der die Frage nach einem funktionalen Äquivalent eines Eingriffs überhaupt nur zustellen ist. Was mit dieser Chiffre genau gemeint sein soll, bleibt im Ungewissen".

[849] BVerfG, Beschl. v. 26.6.2002, 1 BvR 558/91, 1 BvR 1428/91, BVerfGE 105, 252 – *Glykolwarnung*, Rn. 42ff.

Hygienemängel bestimmter gewerblicher Betriebe jedoch angenommen worden.[850] Beide Entscheidungen stellen in der Begründung jeweils darauf ab, dass Verbraucherinnen und Verbraucher durch die hoheitliche Informationstätigkeit in die Lage versetzt werden, ihre Konsumentscheidung auf informierter Grundlage zu treffen.[851] Die Entscheidung zur Warnung vor glykolhaltigen Weinen stellt darauf ab, dass eine breitere Informationsgrundlage der Marktteilnehmerinnen und Marktteilnehmer die Funktionsfähigkeit des Wettbewerbs erhöht und Unternehmen auf Märkten typischerweise belastenden Informationen ausgesetzt sind,[852] während die Entscheidung zur Veröffentlichung von Hygienemängeln Änderungen der Informationsgrundlage mit einer die Schwelle zum Eingriff überschreitenden Veränderung der Marktbedingungen gleichsetzt.[853] Da praktisch jede hoheitliche Informationstätigkeit, die bestimmte Waren, Dienstleistungen oder Anbietende inkriminiert, geeignet ist, für das betroffene

[850] BVerfG, Beschl. v. 21.3.2018, 1 BvF 1/13, BVerfGE 148, 40, Rn. 29.

[851] BVerfG, Beschl. v. 26.6.2002, 1 BvR 558/91, 1 BvR 1428/91, BVerfGE 105, 252 – *Glykolwarnung*, Rn. 46 f.; BVerfG, Beschl. v. 21.3.2018, 1 BvF 1/13, BVerfGE 148, 40, Rn. 29.

[852] BVerfG, Beschl. v. 26.6.2002, 1 BvR 558/91, 1 BvR 1428/91, BVerfGE 105, 252 – *Glykolwarnung*, Rn. 44 ff.: „Ein am Markt tätiges Unternehmen setzt sich der Kommunikation und damit auch der Kritik der Qualität seiner Produkte oder seines Verhaltens aus. Gegen belastende Informationen kann sich das betroffene Unternehmen seinerseits marktgerecht durch Informationen wehren, so durch eigene Werbung und Betonung der Qualität seines Produkts. (...) c) Grundlage der Funktionsfähigkeit des Wettbewerbs ist ein möglichst hohes Maß an Informationen der Marktteilnehmer über marktrelevante Faktoren. Erst die Informiertheit der Marktteilnehmer ermöglicht eine an den eigenen Interessen orientierte Entscheidung über die Bedingungen der Marktteilhabe, insbesondere über das Angebot von oder die Nachfrage nach Gütern und Leistungen. Die Verfügbarkeit entsprechender Informationen dient mittelbar auch der Qualität und Vielfalt der am Markt angebotenen Produkte. (...) Allerdings garantiert der Markt als Einrichtung nicht, dass stets ein bestimmter oder gar ein hoher Informationsstand besteht. Die am Markt verfügbaren Informationen sind häufig nicht vollständig. Informationen werden vielfach in selektiver Weise verbreitet. Auch haben nicht alle am Markt verfügbaren Informationen gleich gute Voraussetzungen, um von ihren Adressaten aufgenommen und folgenreich verarbeitet zu werden. Es fördert die Funktionsweise des Marktes, wenn in solchen Situationen durch zusätzliche, gegebenenfalls auch staatliche Informationen Gegengewichte gesetzt werden oder wenn die überlegene Informationsmacht einzelner Marktteilnehmer ausgeglichen wird."

[853] BVerfG, Beschl. v. 21.3.2018, 1 BvF 1/13, BVerfGE 148, 40, Rn. 29: „(...) § 40 Abs. 1 a LFGB verpflichtet die Behörden, der Öffentlichkeit lebensmittel- und futtermittelrechtliche Verstöße von Unternehmen umfassend und in unternehmensspezifisch individualisierter Form mitzuteilen. Die umfassende Information der Verbraucher erfolgt zu dem Zweck, diese in die Lage zu versetzen, ihre Konsumentscheidung in Kenntnis der veröffentlichten Missstände zu treffen und gegebenenfalls vom Vertragsschluss mit den benannten Unternehmen abzusehen. Die Information zielt also direkt auf eine Veränderung der Marktbedingungen konkret adressierter Unternehmen. Diese Veränderungen sind für die betroffenen Unternehmen nicht bloßer Reflex einer nicht auf sie ausgerichteten gesetzlichen Regelung. Die informationellen Grundlagen von Konsumentscheidungen zu verändern, ist vielmehr der originäre Zweck der Regelung (vgl. BTDrucks 17/7374, S. 2)".

Unternehmen Nachteile am Markt zu verursachen,[854] läuft die Prüfung des funktionalen Äquivalents auf eine normative Bewertung dieser Nachteile unter Berücksichtigung aller Umstände des Einzelfalls hinaus. So sprechen etwa strafrechtliche Implikationen für[855] und die Verbreitung privat geäußerter Verdachtsmomente auf einer hoheitlich betriebenen Plattform[856] gegen das Vorliegen eines funktionalen Äquivalents, auch wenn die Folgen für die Handelbarkeit der betroffenen Gegenstände erheblich sein können.

Der Sache nach sind die Strukturen dieser Abwägung mit der Prüfung eines mittelbaren Grundrechtseingriffs[857] vergleichbar. Wesentliche Kriterien für die Zurechenbarkeit eines Nachteils sind dessen Intensität und die Intention seiner Verursachung. Dabei dürfte die Verursachung von Nachteilen nach den Prämissen zum Schutzbereich von vorneherein nicht maßgeblich sein. Wenn die hoheitliche Informationstätigkeit die Funktionsfähigkeit des Marktes lediglich fördert, gehen die dadurch hervorgerufenen Umsatzrückgänge lediglich auf die Marktprozesse zurück, greifen also nicht in die Berufsfreiheit des betroffenen Unternehmens ein.[858] Insofern zieht der Vorbehalt des funktionalen Äquivalents eines Grundrechtseingriffs die Konsequenz aus dem Unterschied zwischen durch hoheitliche Stellen und durch Marktteilnehmerinnen und Marktteilnehmer bereitgestellten Informationen.

3. Rückgriff auf informationelle Selbstbestimmung

Obwohl die verfassungsgerichtliche Rechtsprechung ausweislich der ausdrücklich formulierten Kriterien[859] auf eine grundsätzliche Klärung der grundrechtlichen Anforderungen an eine hoheitliche Informationstätigkeit zielt, greift die fachgerichtliche Rechtsprechung in Fällen hoheitlicher Informationstätigkeit in der Folgezeit in erster Linie auf das Recht auf informationelle Selbstbestimmung zurück.[860] Auf diese Weise zieht sie einen umfassenden Schutzbereich

[854] *Möstl*, GewArch 2015, 1 (1): Information über Rechtsverstöße als spezifische Kombination aus spezial- und generalpräventiven Effekten, bewusster Disziplinierung und unternehmensbezogener Warnung; *Martini/Kühl*, DÖV 2013, 573 (574); *Ossenbühl*, NVwZ 2011, 1357 (1358); *Gundel*, ZLR 2013, 662 (663); zur Veröffentlichung einer Liste kontrollierter Gaststätten im Internet OVG Berlin-Brandenburg, Beschl. v. 3.6.2014, OVG 5 N 2.13, NVwZ-RR 2014, 846, Rn. 6: elektronischer Pranger.

[855] BVerwG, Urt. v. 20.11.2014, 3 C 27/13, NVwZ-RR 2015, 425, Rn. 16: faktisch ähnliche Wirkung wie eine Verkaufsbeschränkung.

[856] BVerwG, Urt. v. 19.2.2015, 1 C 13/14, BVerwGE 151, 228, Rn. 41.

[857] Dazu siehe oben, § 5 E.I.3.

[858] Gleiches gilt für die Prüfung der mittelbaren Grundrechtseingriffe, siehe oben, § 5 E.I.3.

[859] BVerfG, Beschl. v. 26.6.2002, 1 BvR 558/91, 1 BvR 1428/91, BVerfGE 105, 252 – *Glykolwarnung*, Rn. 49–63: Vorliegen einer staatlichen Aufgabe (Rn. 51–54), Einhaltung der Zuständigkeitsordnung (Rn. 55–58), Sachlichkeit und Richtigkeit der Informationen (Rn. 59–61), kein funktionales Äquivalent für einen Grundrechtseingriff (Rn. 62–63).

[860] Zur Information der Öffentlichkeit über Hygienemängel OVG Lüneburg, Beschl. v. 14.6. 2013, 13 ME 18/13, NVwZ-RR 2013, 831, Rn. 5f.; OVG NRW, Beschl. v. 24.4.2013, 13 B

heran, der bei hoheitlicher Informationstätigkeit die Notwendigkeit einer gesetzlichen Grundlage zur Rechtfertigung auslöst. Den Kriterien zur Eröffnung des Schutzbereichs der Berufsfreiheit kommt dabei praktisch kaum Bedeutung zu.[861] Die Entscheidungen zu Veröffentlichung von Hygienemängeln nach § 40 Abs. 1a LFGB beschränken etwa in der Regel[862] die Prüfung der Sache nach auf die informationelle Selbstbestimmung, indem sie auf den Schutzbereich der Berufsfreiheit nicht näher eingehen,[863] den Schutzbereich offen lassen[864] oder feststellen, dass der Schutz aus Art. 12 Abs. 1 GG vor hoheitlicher Informationstätigkeit jedenfalls nicht weiter reicht als der Schutz des Rechts auf informationelle Selbstbestimmung.[865] Die spezifischen Konturen des Schutzes der Teilnahme an Märkten, der mit den einschränkenden Kriterien der Glykol-Rechtsprechung bezweckt war,[866] werden durch den nahezu voraussetzungslosen Rückgriff auf das Recht auf informationelle Selbstbestimmung nivelliert. Das Recht auf informationelle Selbstbestimmung entwickelt sich dadurch zu einem mit der allgemeinen Handlungsfreiheit vergleichbaren Auffanggrundrecht für Beschränkungen in der Ausübung von Freiheitsrechten, die von der hoheitlichen Veröffentlichung personenbezogener Daten ausgehen. Im Gegensatz zur allgemeinen Handlungsfreiheit erfolgt der Rückgriff auf das Recht auf informationelle Selbstbestimmung allerdings nicht nur subsidiär, sondern parallel

215/13, Rn. 10; OVG NRW, Beschl. v. 24.4.2013, 13 B 192/13, NVwZ-RR 2013, 627, Rn. 8; ohne Festlegung zum Schutzbereich Hess. VGH, Beschl. v. 23.4.2013, 8 B 28/13, Rn. 3 ff., VGH Baden-Württemberg, Beschl. v. 28.1.2013, 9 S 2423/12, NVwZ 2013, 1022, Rn. 10; Bay. VGH, Beschl. v. 18.3.2013, 9 CE 13.80, Rn. 15; anders dagegen die verfassungsgerichtliche Rechtsprechung, BVerfG, Beschl. v. 21.3.2018, 1 BvF 1/13, BVerfGE 148, 40, Rn. 24 ff. Aus der Literatur *Möstl*, GewArch 2015, 1 (2): Glykol-Doktrin als Sonderfallgruppe für verfassungsunmittelbare Maßnahmen der Staatsleitung in Krisensituationen.

[861] Selbst die verfassungsgerichtliche Rechtsprechung in der Folgezeit der Glykol-Entscheidung nimmt stellenweise bei staatlicher Informationstätigkeit einer Eröffnung des Schutzbereichs unabhängig von den engeren Kriterien der Glykol-Entscheidung an, *Hellmann*, Der sogenannte Gewährleistungsgehalt, S. 151 (172) unter Hinweis auf BVerfG, Beschl. v. 24.5.2005, 1 BvR 1072/01, BVerfGE 113, 63 – *Verfassungsschutzbericht „Junge Freiheit"*, Rn. 46 ff., allerdings zu einem Eingriff in die Pressefreiheit, und BVerfG, Stattgeb. Kammerbeschl. v. 17.8.2010, 1 BvR 2585/06, NJW 2011, 511, Rn. 21: Persönlichkeitsrechtsverletzung durch Stellungnahme der Bundeszentrale für politische Bildung. Auf die Unmittelbarkeit eines solchen Eingriffs in das Persönlichkeitsrecht durch ehrenrührige hoheitliche Informationstätigkeit gegenüber dem nur mittelbaren Eingriff in die Berufsfreiheit weist auch *Murswiek*, NVwZ 2003, 1 (2) hin.

[862] Anders allerdings OVG Berlin-Brandenburg, Beschl. v. 3.6.2014, OVG 5 N 2.13, NVwZ-RR 2014, 846, Rn. 6.

[863] OVG Lüneburg, Beschl. v. 14.6.2013, 13 ME 18/13, NVwZ-RR 2013, 831, Rn. 5 f.

[864] Hess. VGH, Beschl. v. 23.4.2013, 8 B 28/13, Rn. 3 ff., VGH Baden-Württemberg, Beschl. v. 28.1.2013, 9 S 2423/12, NVwZ 2013, 1022, Rn. 10; Bay. VGH, Beschl. v. 18.3.2013, 9 CE 13.80, Rn. 15.

[865] OVG NRW, Beschl. v. 24.4.2013, 13 B 215/13, Rn. 10; OVG NRW, Beschl. v. 24.4.2013, 13 B 192/13, NVwZ-RR 2013, 627, Rn. 8.

[866] Zur grundrechtsdogmatischen Einordnung *Hoffmann-Riem*, Enge oder weite Gewährleistungsgehalte der Grundrechte?, S. 53 (72 ff.); *ders.*, Der Staat 43 (2004), 203 (217 ff.); wieder aufgegriffen in BVerfG, Beschl. v. 21.3.2018, 1 BvF 1/13, BVerfGE 148, 40, Rn. 27 f.

und infolge der geringen Anforderungen an die Eröffnung des Schutzbereichs sogar in erster Linie. Dabei wäre das Schutzgut des jeweils betroffenen Freiheitsrechts, bei der Marktteilnahme also insbesondere der Berufsfreiheit, deutlich besser geeignet, die Intensität der Rechtsgutsbeeinträchtigung zu bewerten. Das hinter dem Recht auf informationelle Selbstbestimmung stehende Schutzgut der Persönlichkeitsentfaltung ist hingegen von hoheitlicher Informationstätigkeit, die sich auf Mängel in professionellen Aktivitäten bezieht, nur insoweit tangiert, wie der personale Bezug der Berufsfreiheit reicht.[867] Besonders deutlich wird die Ablösung des Rechts auf informationelle Selbstbestimmung von dem Schutzgut der Persönlichkeitsentfaltung bei der Anwendung auf juristische Personen, die die fachgerichtliche Rechtsprechung über Art. 19 Abs. 3 GG vornimmt, ohne die in der verfassungsgerichtlichen Rechtsprechung aufgezeigten Unterschiede im Schutzbedürfnis[868] zu thematisieren.[869] Ähnlich wie bei dem sog. zivilrechtlichen Unternehmenspersönlichkeitsrecht[870] erhalten Unternehmen als juristische Personen dadurch eine Rechtsposition, deren Konstruktion auf einen Bezug zur personalen Entfaltung zurückgeht, die in der Praxis aber lediglich die Marktposition eines Unternehmens absichert.

Für einen rationalen, auf das jeweilige Schutzgut bezogenen Schutz ist diese Konzeption als allgemeines Grundrecht zur Abwehr hoheitlicher Informationstätigkeit, die sich nachteilig auf die Ausübung anderer Freiheitsrechte auswirkt, nicht förderlich. Der Sache nach geht es jeweils darum, wie sich die betreffenden Informationen auf die Interaktion des Grundrechtsträgers mit Dritten, etwa Marktteilnehmerinnen und Marktteilnehmern bei Produktwarnungen oder potentiellen Glaubensanhängern bei Warnungen vor religiösen Gruppierungen,[871]

[867] Dazu siehe oben, § 5 B.I.

[868] BVerfG, Beschl. v. 13.06.2007, 1 BvR 1550/03, BVerfGE 118, 168 – *Kontenabfrage*, Rn. 154: „Staatliche informationelle Maßnahmen können Gefährdungen oder Verletzungen der grundrechtlich geschützten Freiheit juristischer Personen herbeiführen und einschüchternd auf die Ausübung von Grundrechten wirken (…). In dieser Hinsicht besteht ein Schutzbedürfnis, das dem natürlicher Personen im Ansatz entspricht. Allerdings ergibt sich insoweit ein Unterschied, als der Tätigkeitskreis juristischer Personen anders als der natürlicher Personen in der Regel durch eine bestimmte Zwecksetzung begrenzt wird. Die Unterschiede, die zwischen den Schutzbedürfnissen natürlicher und juristischer Personen im Hinblick auf das Recht auf informationelle Selbstbestimmung bestehen, sind bei der Bestimmung der grundrechtlichen Gewährleistung zu beachten".

[869] Zur Veröffentlichung von Hygienemängeln OVG NRW, Beschl. v. 24.4.2013, 13 B 192/13, NVwZ-RR 2013, 627, Rn. 8; zu einem Selbstbedienungsmarkt für Lebensmittel VG Berlin, Beschl. v. 19.3.2014, 14 L 35.14, Rn. 24; zur bilanzrechtlichen Offenlegungspflicht nach § 325 HGB BVerfG, Nichtannahmebeschl. v. 10.9.2009, 1 BvR 1636/09, Rn. 1; für eine zumindest partielle Anwendbarkeit des Rechts auf informationelle Selbstbestimmung auf juristische Personen, soweit zugleich spezielle Grundrechtsgewährleistungen wie das Eigentumsrecht betroffen sind, OVG Lüneburg, Beschl. v. 15.5.2009, 10 ME 385/08, NJW 2009, 2697, Rn. 23.

[870] Zur zivilgerichtlichen Praxis *Cronemeyer*, AfP 2014, 111 ff.

[871] BVerfG, Beschl. v. 26.6.2002, 1 BvR 670/91, BVerfGE 105, 279 – *Osho-Bewegung;* BVerwG, Urt. v. 21.5.2008, 6 C 13/07, BVerwGE 131, 171: Tatsachenbehauptungen über islamische Gemeinschaft in Verfassungsschutzbericht; BVerwG, Beschl. v. 8.11.2004, 7 B 19/04:

auswirken und grundrechtlich zu bewerten sind. Die grundrechtliche Relevanz der Informationstätigkeit hängt dadurch von dem jeweiligen Sachbereich ab, insbesondere davon, inwiefern das Schutzgut zur Verwirklichung auf Interaktion mit Dritten angewiesen ist und wie die Informationstätigkeit diese Interaktionen beeinflusst. Eine solche differenzierte verfassungsrechtliche Bewertung der Informationstätigkeit, die sich auch in den Anforderungen an die Rechtfertigung niederschlägt, setzt entsprechende Differenzierungen bei den Schutzbereichen voraus. Insofern ist das hinter der Glykol-Rechtsprechung stehende Anliegen, den Schutzbereich der Berufsfreiheit schärfer zu konturieren,[872] im Ausgangspunkt durchaus produktiv. Ein Grundrechtsverständnis, das zur Optimierung des Schutzes für weite Schutzbereiche eintritt und dabei den Schutzbereich als isolierte Verhaltensfreiheit versteht,[873] blendet die Relevanz von Interaktionen für das Schutzgut aus und muss dadurch bei allen Freiheitsrechten, deren Schutzgüter auf die eine oder andere Weise von Interaktionen abhängen, Korrekturen einführen, die allerdings in das dogmatische Konzept einer isolierten Verhaltensfreiheit nicht kohärent passen.[874] Allerdings konzipiert der Ansatz der Glykol-Rechtsprechung, den Schutzbereich bei der Teilnahme an Märkten anhand der einfach-gesetzlichen Rechtsordnung zu konkretisieren und aus Annahmen der Nachbardisziplinen mit hoher Abstraktionshöhe detaillierte verfassungsrechtliche Anforderungen an die Informationstätigkeit abzuleiten, das zu Grunde liegende Schutzgut nicht angemessen. Ein grundrechtstheoretischer Ansatz, der die Relevanz der Interaktion für das jeweilige Schutzgut akzentuiert und auf dieser Grundlage die Auswirkungen hoheitlicher Informationstätigkeit plausibilisiert, ist demgegenüber anschlussfähig für einen informierten Zugriff auf Erkenntnisse der Nachbardisziplinen, ohne bestimmte Annahmen verfassungsrechtlich zu fixieren oder gar detaillierte verfassungsrechtliche Vorgaben an die hoheitliche Informationstätigkeit abzuleiten. Ein solcher Ansatz löst das Problem vielmehr dort, wo es entsteht. Weil die Interaktionsabhängigkeit des Schutzguts das Freiheitsrecht für hoheitliche Informationstätigkeit sensibel macht, bietet ein interaktionszentrierter Ansatz einen Rahmen, um nachbarwissenschaftliche Vorannahmen offenzulegen und die Implikationen der Informationen differenziert zu bewerten. Der Schutzbereich des Rechts auf informationelle

---

Informationsschrift zu Glaubensgemeinschaften; OVG Bremen, Beschl. v. 1.12.2015, 1 B 95/15, NJW 2016, 823: Bezeichnung eines Moscheevereins als salafistisch; OVG Berlin-Brandenburg, Beschl. v. 9.7.2009, OVG 5 S 5.09: Warnung durch Stopp-Schild vor Scientology-Zentrale; BayVGH, Beschl. v. 14.2.2003, 5 CE 02.3212, NVwZ 2003, 998: Veröffentlichung einer Expertise zu Scientology.

[872] *Böckenförde*, Der Staat 42 (2003), 165 (174 ff.); *Hoffmann-Riem*, Enge oder weite Gewährleistungsgehalte der Grundrechte?, S. 53 (54 ff.); *Rusteberg*, Der grundrechtliche Gewährleistungsgehalt, S. 111 ff., vgl. oben, Fn. 760.

[873] *Lepsius*, Der Eigenwert des Verfassungsrechts, S. 149 (177 f.); zur Rechtsprechung oben, § 5 E.I.

[874] Etwa zur Bewertung mittelbarer Grundrechtseingriffe, siehe oben, § 5 E.I.3.

Selbstbestimmung ist dann auf solche Informationstätigkeit zu beschränken, die nicht die Ausübung anderer Freiheitsrechte beeinträchtigt, sondern die Rahmenbedingungen der Persönlichkeitsentfaltung betrifft. Demgegenüber tendiert die Rechtsprechung dazu, den Schutzbereich des Rechts auf informationelle Selbstbestimmung anhand der Relevanz der Information für die Ausübung anderer Freiheitsrechte zu bestimmen, um den denkbar weit konzipierten Schutzbereich, der prinzipiell bei jeder Erhebung eines personenbezogenen Datums eröffnet sein kann, überhaupt begrenzen zu können.[875]

V. Zivilrechtliches Unternehmenspersönlichkeitsrecht

Schließlich nimmt der zivilrechtliche Schutz eines Unternehmenspersönlichkeitsrechts terminologische und strukturelle Anleihen beim allgemeinen Persönlichkeitsrecht, die aus grundrechtlicher Perspektive irreführend erscheinen, in der zivilrechtlichen Handhabung aber die Position der Unternehmen in der Interaktion mit anderen Marktteilnehmerinnen und Marktteilnehmern in durchaus angemessener Weise abstützen.

Die ständige zivilrechtliche Rechtsprechung gewährt Unternehmen ein insbesondere über §§ 823 Abs. 1, 1004 Abs. 1 BGB geschütztes Unternehmenspersönlichkeitsrecht,[876] das in struktureller Parallele zum zivilrechtlichen allgemeinen Persönlichkeitsrecht[877] natürlicher Personen den „sozialen Geltungsanspruch

---

[875] BVerfG, Beschl. v. 13.06.2007, 1 BvR 1550/03, BVerfGE 118, 168 – *Kontenabfrage*, Rn. 157: „Eine grundrechtlich erhebliche Gefährdungslage besteht nicht stets bereits deshalb, weil eine staatliche Stelle Kenntnisse erlangt, die einen Bezug zu einer bestimmten juristischen Person und ihrer Tätigkeit aufweisen. Die informationelle Maßnahme muss vielmehr die betroffene juristische Person einer Gefährdung hinsichtlich ihrer spezifischen Freiheitsausübung aussetzen. Maßgeblich kommt es insoweit insbesondere auf die Bedeutung der betroffenen Informationen für den grundrechtlich geschützten Tätigkeitskreis der juristischen Person, im Fall der Beschwerdeführerin also für ihre kreditwirtschaftliche Tätigkeit, sowie auf den Zweck und die möglichen Folgen der Maßnahme an".

[876] BGH, Urt. v. 18.5.1971, VI ZR 220/69, NJW 1971, 1655 – *Sabotage*, Rn. 20, zum Ehrenschutz eines nichtrechtsfähigen Vereins; BGH, Urt. v. 18.6.1974, VI ZR 16/73, NJW 1974, 1762 – *Deutschland Stiftung e.V.*, Rn. 12: Ehrschutz eines eingetragenen Vereins; BGH, Urt. v. 3.6.1975, VI ZR 123/74, NJW 1975, 1882 – *Der Geist von Oberzell*, Rn. 11: Ehrschutz einer Aktiengesellschaft; BGH, Urt. v. 8.7.1980, VI ZR 177/78, BGHZ 78, 24 – *Das Medizin-Syndikat I*, Rn. 44: Ehrschutz von Personengesellschaften des Handelsrechts; zum Ehrschutz juristischer Personen in der Folgezeit BGH, Urt. v. 17.4.1984, VI ZR 246/82, BGHZ 91, 117 – *„Mordoro"*, Rn. 21; BGH, Urt. v. 3.6.1986, VI ZR 102/85, BGHZ 98, 94 – *BMW*, Rn. 17; BGH, Urt. v. 19.4.2005, X ZR 15/04, NJW 2005, 2766, Rn. 32; BGH, Urt. v. 24.1.2006, XI ZR 384/03, BGHZ 166, 84, Rn. 108; BGH, Urt. v. 11.3.2008, VI ZR 7/07, NJW 2008, 2110 – *Gen-Milch*, Rn. 9; BGH, Urt. v. 3.2.2009, VI ZR 36/07, NJW 2009, 1872, Rn. 10; BGH, Urt. v. 28.7.2015, VI ZR 340/14, BGHZ 206, 289, Rn. 27; aus der Literatur *Wilkat*, Bewertungsportale im Internet, S. 123 ff.; *Boddenberg*, Negative Produktinformation, S. 186 ff.; *Gostomzyk*, NJW 2008, 2082 (2083 ff.); *Klippel*, JZ 1988, 625 (633 f.); kritisch *Peifer*, NJW 2016, 23 (24): nicht passender Vergleich zum Schutz von Ehre und Würde natürlicher Personen; ähnlich *Koreng*, GRUR 2010, 1065 (1068).

[877] Zur Parallele etwa deutlich BGH, Urt. v. 16.12.2014, VI ZR 39/14, NJW 2015, 773 – *Hochleistungsmagneten*, Rn. 12: „Zwar ist das Berufungsgericht zu Recht davon ausgegangen,

einer juristischen Person als Arbeitgeber oder als Wirtschaftsunternehmen“ erfasst.[878] Dieses Unternehmenspersönlichkeitsrecht weist in der zivilrechtlichen Rechtsprechung ebenso wie das zivilrechtliche allgemeine Persönlichkeitsrecht keine feststehenden Konturen auf, sondern bildet ein Rahmenrecht, dessen Reichweite in einer Abwägung mit den kollidierenden Interessen im jeweiligen Einzelfall bestimmt wird.[879] Der Sache nach führen sowohl das zivilrechtliche allgemeine Persönlichkeitsrecht als auch das Unternehmenspersönlichkeitsrecht dadurch in eine Abwägung zwischen dem Kommunikationsinteresse der äußernden Person und dem Selbstdarstellungsinteresse der betroffenen Person.

Der grundrechtliche Anknüpfungspunkt für diesen zivilrechtlichen Schutz des Selbstdarstellungsinteresses changiert zu einem gewissen Grad, ohne dass sich für die zivilrechtliche Dogmatik daraus Anpassungsschwierigkeiten ergeben. Die zivilgerichtliche Rechtsprechung nimmt auf die freiheitsrechtlichen Grundlagen des allgemeinen Persönlichkeitsrechts, allerdings ohne den Menschenwürdegehalt,[880] Bezug.[881] Zunächst hat die zivilgerichtliche Rechtsprechung dabei sogar auf die lückenfüllende Funktion des allgemeinen Persönlichkeitsrechts abgestellt und den daraus resultierenden Schutz nur insoweit auf juristische Personen ausgedehnt, wie deren Zweck und Stellung einen entsprechenden Schutz erfordern.[882] Dieser zweckbezogene Schutz von Unternehmen läuft auf einen umfas-

---

dass die angegriffenen Äußerungen in den Schutzbereich des allgemeinen Persönlichkeitsrechts der Klägerin eingreifen. Betroffen ist der durch Art. 2 Abs. 1 i.V.m. Art. 19 Abs. 3 GG, Art. 8 Abs. 1 EMRK gewährleistete soziale Geltungsanspruch der Klägerin als Wirtschaftsunternehmen (...). Denn die Verwendung der beanstandeten Begriffe ist geeignet, ihr unternehmerisches Ansehen in der Öffentlichkeit zu beeinträchtigen.“; daran anschließend OLG München, Urt. v. 18.2.2015 – 18 U 2340/14 Pre – *Nitratgehalt*, Rn. 141.

[878] KG Berlin, Urt. v. 9.11.2010, 5 U 69/09, Rn. 59; LG Köln, Urt. v. 30.11.2011, 28 O 654/11, Rn. 37; ebenso BGH, Urt. v. 28.7.2015, VI ZR 340/14, BGHZ 206, 289, Rn. 27, und KG Berlin, Beschl. v. 22.11.2015, 5 W 252/15, Rn. 2: sozialer Geltungsanspruch der Klägerin als Wirtschaftsunternehmen; ähnlich BGH, Urt. v. 3.2.2009, VI ZR 36/07, NJW 2009, 1872, Rn. 10; BGH, Urt. v. 11.3.2008, VI ZR 7/07, NJW 2008, 2110 – *Gen-Milch*, Rn. 9; BGH, Urt. v. 24.1.2006, XI ZR 384/03, BGHZ 166, 84, Rn. 108; BGH, Urt. v. 19.4.2005, X ZR 15/04, NJW 2005, 2766, Rn. 32.

[879] Vgl. aus der Rechtsprechung nur KG Berlin, Urt. v. 9.11.2010, 5 U 69/09, Rn. 62: „Die Reichweite des allgemeinen Unternehmenspersönlichkeitsrechts ist ebenso offen wie die Reichweite des allgemeinen Persönlichkeitsrechts einer natürlichen Person. Die Reichweite des Persönlichkeitsrechts liegt wegen seiner Eigenart als Rahmenrecht nicht absolut fest, sondern muss erst durch eine Abwägung der widerstreitenden grundrechtlich geschützten Belange bestimmt werden, bei der die besonderen Umstände des Einzelfalles sowie die betroffenen Grundrechte zu berücksichtigen sind.“, m. w. N.; BGH, Urt. v. 24.1.2006, XI ZR 384/03, BGHZ 166, 84, Rn. 107.

[880] Dazu ausdrücklich OLG Stuttgart, Urt. v. 8.7.2015, 4 U 182/14, Rn. 118.

[881] Vgl. nur zuletzt BGH, Urt. v. 28.7.2015, VI ZR 340/14, BGHZ 206, 289, Rn. 27: Schutz aus Art. 2 Abs. 1 i.V.m. Art. 19 Abs. 3 GG, Art. 8 Abs. 1 EMRK.

[882] „Das allgemeine Persönlichkeitsrecht ist eine Rechtsschöpfung der Rechtsprechung, die Lücken im Persönlichkeitsschutz ausfüllt und aus den in Art. 1 Abs. 1 und Art. 2 Abs. 1 GG getroffenen Wertentscheidungen ihre Legitimation erfährt (BVerfGE 34, 269, 281, 291). Dieser Entstehungsgrund macht die thematische Begrenzung des allgemeinen Persönlichkeitsrechts

senden Schutz der Selbstdarstellung des Unternehmens am Markt heraus,[883] ohne dass die Rechtsprechung, auch wenn sie auf die älteren Entscheidungen Bezug nimmt, diese Zweckbindung und etwaige damit verbundenen Einschränkungen noch thematisiert.[884] Aus grundrechtlicher Perspektive betrifft dieser Schutz der Selbstdarstellung allerdings nicht das Schutzgut des allgemeinen Persönlichkeitsrechts, sondern die Berufsfreiheit.[885] Die verfassungsgerichtliche Rechtsprechung knüpft dabei an die Glykol-Entscheidung an[886] und transferiert dabei zum einen die darin formulierten Anforderungen an die Richtigkeit und Sachlichkeit ho-

---

deutlich. Eine Ausdehnung der Schutzwirkung dieses Rechts über natürliche Personen hinaus auf juristische Personen erscheint – auch mit Blick auf Art. 19 Abs. 3 GG – nur insoweit gerechtfertigt, als sie aus ihrem Wesen als Zweckschöpfung des Rechts und ihren Funktionen dieses Rechtsschutzes bedürfen.", BGH, Urt. v. 3.6.1986, VI ZR 102/85, BGHZ 98, 94 – *BMW*, Rn. 17; dagegen konzipierte die frühere Rechtsprechung den Ehrschutz von Personengesellschaften des Handelsrechts noch in gewisser Weise akzessorisch zum Ehrschutz ihrer Gesellschafter, BGH, Urt. v. 8.7.1980, VI ZR 177/78, BGHZ 78, 24 – *Das Medizin-Syndikat I*, Rn. 44: „Indem das (Zivil-)Recht ihnen [den Personengesellschaften] die Befugnis zuerkennt, in ihrem sozialen Wirkungsbereich die in ihrer Organisation verbundenen Interessen ihrer Gesellschafter selbst zur Geltung zu bringen, gewährt es ihnen ebenfalls das Recht, für diesen Bereich auch ihre Gesellschafter vor solchen rufschädigenden Angriffen zu schützen, die sich gegen diese in ihrer gesellschaftlichen Verbundenheit richten. Dabei kommt es nicht darauf an, ob die Klägerin diesen Schutz zur Verwirklichung ihres Gesellschaftszwecks benötigt, was das Berufungsgericht offenläßt; maßgebend ist, ob ihr Ansehen in der Öffentlichkeit durch rufschädigende Aussage über ihr Auftreten als Unternehmen der pharmazeutischen Industrie betroffen ist".

[883] KG Berlin, Urt. v. 9.11.2010, 5 U 69/09, Rn. 59; LG Köln, Urt. v. 30.11.2011, 28 O 654/11, Rn. 37; BGH, Urt. v. 28.7.2015, VI ZR 340/14, BGHZ 206, 289, Rn. 27; KG Berlin, Beschl. v. 22.11.2015, 5 W 252/15, Rn. 2: sozialer Geltungsanspruch; BGH, Urt. v. 3.2.2009, VI ZR 36/07, NJW 2009, 1872, Rn. 10: Ehrschutz; BGH, Urt. v. 11.3.2008, VI ZR 7/07, NJW 2008, 2110 – *Gen-Milch*, Rn. 9; BGH, Urt. v. 24.1.2006, XI ZR 384/03, BGHZ 166, 84, Rn. 108; BGH, Urt. v. 19.4.2005, X ZR 15/04, NJW 2005, 2766, Rn. 32: guter wirtschaftlicher Ruf.

[884] KG Berlin, Beschl. v. 22.11.2015, 5 W 252/15, Rn. 2; KG Berlin, Urt. v. 9.11.2010, 5 U 69/09 –, Rn. 62; LG Köln, Urt. v. 30.11.2011, 28 O 654/11, Rn. 37; anders, wenn auch im Ergebnis ohne Unterschied OLG Stuttgart, Urt. v. 8.7.2015, 4 U 182/14, Rn. 118.

[885] Ausdrücklich BVerfG, Nichtannahmebeschl. v. 28.7.2004, 1 BvR 2566/95, BVerfGK 3, 337 – *„gerlach-report", wertende Meinungsäußerung*, Rn. 27; BVerfG, Stattgeb. Kammerbeschl. v. 8.5.2007, 1 BvR 193/05, NJW 2008, 358, Rn. 19: „Demgegenüber schützt Art. 12 Abs. 1 GG Unternehmen in ihrer beruflichen Betätigung vor inhaltlich unzutreffenden Informationen oder vor Wertungen, die auf sachfremden Erwägungen beruhen oder herabsetzen formuliert sind, wenn der Wettbewerb in seiner Funktionsweise durch sie gestört wird (vgl. BVerfGE 105, 252 [272 f.]; BVerfGK 3, 337 [343]). Wird eine auf das Verhalten von Marktteilnehmern bezogene unzutreffende oder unsachliche Äußerung eines Privaten, die sich zum Nachteil eines Unternehmens auswirkt, von einem Gericht nicht beanstandet, so greift diese Entscheidung in das Grundrecht aus Art. 12 Abs. 1 GG ein (…).", hingegen hat das Bundesverfassungsgericht ausdrücklich offengelassen, ob das verfassungsrechtliche allgemeine Persönlichkeitsrecht seinem Wesen nach auch auf juristische Personen anwendbar ist, BVerfG, Kammerbeschl. v. 3.5.1994, 1 BvR 737/94, NJW 1994, 1784, Rn. 7; Überblick über die Literatur bei *Dreier*, in: ders., GG, Art. 2 Rn. 56.

[886] BVerfG, Nichtannahmebeschl. v. 28.7.2004, 1 BvR 2566/95, BVerfGK 3, 337 – *„gerlach-report", wertende Meinungsäußerung*, Rn. 27; BVerfG, Stattgeb. Kammerbeschl. v. 8.5.2007, 1 BvR 193/05, NJW 2008, 358, Rn. 19.

heitlicher Informationstätigkeit, die keinen Eingriff in die Berufsfreiheit darstellt,[887] zu einem spiegelbildlichen Schutz unternehmerischer Positionen und zum anderen den Abwehranspruch gegen hoheitliche Informationstätigkeit zu einem Fall der mittelbaren Drittwirkung.

Der Sache nach schützt das zivilrechtliche Unternehmenspersönlichkeitsrecht den Ruf des Rechtsträgers in seinen jeweiligen Interaktionszusammenhängen. Für die Interaktionsbeziehungen zu anderen ist dieser Ruf von erheblicher Bedeutung.[888] Zivilrechtliche Rechte wie das Unternehmenspersönlichkeitsrecht oder das allgemeine Persönlichkeitsrecht, die dieses Selbstdarstellungsinteresse gegen Kommunikationsinteressen Dritter schützen, können dadurch in strukturell vergleichbarer Weise zum Schutz des verfassungsrechtlichen allgemeinen Persönlichkeitsrechts einschließlich des Rechts auf informationelle Selbstbestimmung und zur Berufsfreiheit beitragen, weil die Verwirklichung dieser Freiheitsrechte von der Einbindung des Grundrechtsträgers in einen Interaktionszusammenhang abhängt.[889] Zivilrechtliche Persönlichkeitsrechte knüpfen beim Schutz gegen ungewollte kommunikative Zuschreibungen lediglich an die Person und gewähren den persönlichkeitsrechtlichen Schutz dadurch auch juristischen Personen, die zur effektiven Teilnahme am Kommunikationszusammenhang auf diesen Schutz angewiesen sind. Welchem grundrechtlichen Schutzgut dieser Kommunikationszusammenhang dient, ist eine davon zunächst unabhängige Frage, die sich allerdings auf die zivilrechtliche Abwägung zwischen Selbstdarstellungs- und Äußerungsinteresse auswirkt, die im Einzelfall über die konkrete Reichweite des als Rahmenrecht konzipierten zivilrechtlichen Persönlichkeitsrechts entscheidet.[890]

[887] Dazu oben, § 5 E.IV.

[888] *Gostomzyk*, NJW 2008, 2082 (2084).

[889] Zum Recht auf informationelle Selbstbestimmung siehe oben, § 2 A.III. Denkbar wäre überdies auch eine Beeinträchtigung des sozialen Achtungsanspruchs Forschender in den Kommunikationsbeziehungen zur Forschung. Indem das zivilrechtliche Persönlichkeitsrecht gegen eine ungerechtfertigte Rufbeeinträchtigung schützt, trägt es in diesem Fall zur Verwirklichung der Wissenschaftsfreiheit bei.

[890] In der zivilrechtlichen Rechtsprechung unterscheiden sich die Konturen des Unternehmenspersönlichkeitsrechts allerdings kaum von dem ebenfalls als Rahmenrecht geschützten Recht am eingerichteten und ausgeübten Gewerbebetrieb, zur Kritik *Wilkat*, Bewertungsportale im Internet, S. 125 f., mit Nachweisen zur Rechtsprechung; *Koreng*, GRUR 2010, 1065 (1067).

Dritter Teil

Binnenmarkt und europäische Grundrechte

§ 6 Interaktion als Merkmal des Unionsrechts

Interaktionszusammenhänge zum Bezugspunkt rechtlicher Regelungen zu machen, stellt für das Recht der Europäischen Union schon mit Blick auf den Binnenmarkt eine Selbstverständlichkeit dar. Der insbesondere auf den Grundfreiheiten und dem Wettbewerbsrecht basierende Binnenmarkt gewährt Potential für grenzüberschreitende Interaktionen, deren Dynamik vielfältige Entwicklungen ökonomischer, aber auch gesellschaftlicher, kultureller und sozialer Integration hervorbringen. Diese strukturellen Effekte des Binnenmarkts gehen weniger auf Größenvorteile bei der Allokation von Produktionsfaktoren als vielmehr auf grenzüberschreitende Handlungszusammenhänge zurück, die dezentrale Entscheidungen vielschichtig verflechten. Die Gewährleistung des Binnenmarkts bedeutet in dieser Perspektive zunächst die Schaffung und später die Gestaltung eines Interaktionsraumes. Der Abbau der Binnenschranken und sonstigen Hemmnisse grenzüberschreitender Transaktionen setzt die für Interaktionszusammenhänge charakteristische Dynamik unterschiedlicher Anschlussmöglichkeiten und Anpassungsanreize frei.[1] Sowohl die Dogmatik der Grundfreiheiten als auch des Wettbewerbsrechts sind in der Rechtsprechung des Gerichtshofs am grenzüberschreitenden Interaktionspotential ausgerichtet. Zugleich bringen die verflochtenen Interaktionszusammenhänge ein Substrat politischer Gestaltung hervor, sowohl im Sinne einer Industrie- und Wettbewerbspolitik als auch in anderen Bereichen wie dem Umwelt- und Verbraucherschutz, der Forschung oder der sozialen Kohäsion.

Indem diese Gestaltung ökonomischer Zusammenhänge nicht-ökonomische Ziele als Nebenbedingungen in die Interaktion integriert, erhöht sie die Kompatibilität divergierender Ziele und erleichtert vor allem die grenzüberschreitende Implementation politischer Programme. Der Rückgriff auf einen bereits etablierten, grenzüberschreitenden und vielschichtig verflochtenen Interaktionszusammenhang erleichtert die binnenmarktweite Umsetzung der Programme. Sie werden unmittelbar Teil der laufenden Marktentwicklung. Auch im Wettbewerbsrecht zeichnet sich eine ähnliche Gestaltung der Interaktionszusammenhänge ab. Zum einen stimmt die Kommission die Anwendung der einzelnen Tatbestände des Wettbewerbsrechts auf unterschiedliche Politiken ab. Zum anderen erhöht die mit dem Binnenmarkt einhergehende Vergrößerung des regulierten

[1] Dazu näher oben, § 1 C.I.3., § 4 C.I.1., § 5 A.I. und II.

Marktes den Einfluss der Wettbewerbsregeln auf global verbundene Märkte, Geschäftsmodelle und Konzernstrategien, vor allem im digitalen Sektor.

Als Kehrseite verursachen die verflochtenen zugleich entwicklungsoffenen Interaktionszusammenhänge des Binnenmarkts eine gewisse Anfälligkeit für unerwartete und einflussstarke Entwicklungen. Der Schutz der Auswahl- und Anschlussmöglichkeiten im Binnenmarkt sichert die Entwicklungsoffenheit für Handlungszusammenhänge ab, verstärkt dadurch aber auch die Auswirkungen externer Impulse wie des Zahlungsausfalls systemrelevanter Banken und von Mitgliedstaaten der Währungsunion oder des sprunghaften Anstiegs von Migrationsströmen. Das Entwicklungspotential und die Breitenwirkung integrierter Interaktionszusammenhänge verleihen unvorhergesehenen Fehlentwicklungen in einzelnen Bereichen wie der Währungs- oder der Asylpolitik in relativ kurzer Zeit die Dramatik weitreichender Grundsatzfragen. Die zeitnahe Anpassung des rechtlichen Rahmens wird nicht selten dadurch erschwert, dass die Instrumente zur Gewährleistung des Binnenmarkts im Grundsatz auf die Erhaltung grenzüberschreitender Auswahlmöglichkeiten angelegt sind.

Der Interaktionsbezug des Binnenmarkts schlägt sich in der dogmatischen Konzeption des Binnenmarktrechts nieder. Den binnenmarktbezogenen Regeln, insbesondere den Grundfreiheiten, liegt implizit ein instrumenteller, auf Interaktionsbeziehungen und ihren Effekten aufbauender Ansatz zu Grunde. Interaktionsbeziehungen werden im Hinblick auf übergeordnete Ziele, die Integration und Steuerung, rechtlich abgesichert und ausgestaltet. Daraus ergibt sich ein struktureller Unterschied zwischen Grundfreiheiten und den Grundrechten der Union. Durch ihre Ausrichtung auf die Förderung von Interaktionsräumen als Zwischenziel einer übergeordneten Gestaltung entwickelten die Grundfreiheiten in der Rechtsprechung relativ klare Konturen und strenge Maßstäbe, insbesondere bei der Prüfung mittelbarer Beeinträchtigungen und den Anforderungen an ihre Rechtfertigung. Demgegenüber sind marktbezogene Interaktionszusammenhänge von den Grundrechten der Union nur als Rahmenbedingungen des jeweiligen, letztlich auf eine Facette der Persönlichkeitsentfaltung zielenden Schutzguts geschützt. Interaktionsbeziehungen sind hier ebenso wie beim Schutz der nationalen Grundrechte auf personale Schutzgüter bezogen. Dieser grundrechtliche Schutz ist in seinen Konturen weniger klar aus den Normtexten ableitbar, gewinnt aber in dem Maße an Bedeutung, in dem die Europäische Union den Binnenmarkt politisch gestaltet.[2]

---

[2] Zur Verbindung von integrierender und legitimatorischer Funktion der Grundrechte *Cremer*, Funktionen der Grundrechte, § 1 Rn. 38 ff.; *Luczak*, Die Europäische Wirtschaftsverfassung als Legitimationselement europäischer Integration, S. 145 ff.: materielle Legitimationsvoraussetzung und negative Kompetenznorm.

A. Interaktionspotential als Ziel des Binnenmarkts

Die Entwicklung des Binnenmarkts, eines Kernelements des materiellen Unionsrechts,[3] ist eine Entwicklung der Gestaltung von Interaktionsbeziehungen. Auf eine Phase der Schaffung von Freiräumen für mitgliedstaatsübergreifende Transaktionen folgt eine Phase, in der die politische Gestaltung der Interaktionsräume in den Vordergrund tritt (I.). Sowohl die Grundfreiheiten als auch die Wettbewerbsregeln tragen zu dieser Etablierung wie auch zur Gestaltung der Freiräume wesentlich bei (II. und III.).

I. Binnenmarkt als Interaktionsraum

Der Binnenmarkt steht für eine wirtschaftliche Integration, die durch ihren Interaktionsbezug politisch Machbares, ökonomisch Vorteilhaftes und individuelle Freiheiten Förderndes verbindet.[4] Die Grundlage dieser Interaktion, die grenzüberschreitenden Interaktionszusammenhänge, basiert auf dem Abbau der Schranken für den Binnenmarkt. Ansatzpunkt ist die Etablierung von Freiräumen für Transaktionen, die Interaktionszusammenhänge mit ihren vielfältigen Effekten entstehen lässt. Mit zunehmendem Abbau der Binnengrenzen und Transaktionshemmnisse ist dieser Interaktionsraum zur Daueraufgabe steuernder Ausgestaltung geworden, die unterschiedliche struktur-, sozial-, gesellschafts-, umwelt- und industriepolitische Ziele verfolgt. Der Akzent der Maßnahmen zur Gewährleistung des Binnenmarkts verschiebt sich dadurch von der Schaffung entwicklungsoffener Transaktionsräume zur gezielten Beeinflussung des Kontexts der Interaktionszusammenhänge. Schließlich macht die Entwicklungsoffenheit der Binnenmarktregelung die Fähigkeit zur laufenden Beobachtung und flexiblen Anpassung bei etwaigen Fehlentwicklungen erforderlich. Szenarien wie die Staatsschulden- und die Flüchtlingskrise veranschaulichen, wie die Kombination aus binnenmarktweiten Freiräumen und hoher Interdependenz infolge ausdifferenzierter Interaktionszusammenhänge eine Anfälligkeit für außergewöhnliche Entwicklungen in kurzer Zeit schafft. Weil der Binnenmarkt mit seinen Freiräumen und Interdependenzen auf entwicklungsoffene und leistungsfähig ausdifferenzierte Interaktionszusammenhänge ausgerichtet ist, stellen unvorhergesehene Entwicklungen mit einer bestimmten Breitenwirkung, etwa Liquiditätsprobleme einzelner Mitgliedstaaten

---

[3] Vgl. rückblickend *Kingreen*, Der Abstieg der Grundfreiheiten und der Aufstieg der Unionsgrundrechte, S. 51 (52 f.).

[4] *Pescatore*, Die Geschichte der europäischen Einigung zwischen Realität und Utopie, S. 23 ff.; vgl. die Beiträge in Gehler (Hrsg.), Vom gemeinsamen Markt zur europäischen Unionsbildung; Einordnung als „Kernstück der europäischen Integration" bei *Voet van Vormizeele*, in: von der Groeben/Schwarze/Hatje, Europäisches Unionsrecht, Art. 26 AEUV Rn. 1, im Anschluss an *Möstl*, Vertrag von Lissabon, S. 122, und *Luczak*, Die Europäische Wirtschaftsverfassung als Legitimationselement europäischer Integration, S. 193 f.

oder der Ansturm von Geflüchteten, die europäische Integration grundlegend in Frage, wenn es nicht zeitnah gelingt, die Regeln auf die Irritation der bislang bestehenden Interaktionszusammenhänge einzustellen.

1. Dynamik wirtschaftlicher Integration

Obwohl die wirtschaftliche europäische Integration in verschiedenen Phasen unterschiedliche Zwecke förderte, von der Prävention gegen kriegerische Auseinandersetzungen durch die sektorale Integration der Kohle- und Stahlindustrie[5] über divergierende ökonomische und sozialpolitische Zielsetzungen,[6] und in den einzelnen Etappen durchaus unterschiedliche politische Vorstellungen über die Rolle und Reichweite von Marktprozessen im Vordergrund standen,[7] macht Dynamik der ökonomischen und sozialen Entwicklung, die von den grenzübergreifenden Interaktionszusammenhängen ausgeht, beständig einen wesentlichen Faktor der Integration aus. Indem der Abbau von Binnengrenzen und sonstigen Hemmnissen grenzüberschreitender Transaktionen für die Marktteilnehmerinnen und Marktteilnehmer auf sämtlichen Stufen der Wertschöpfungskette neue Auswahloptionen, unter Umständen aber auch damit verbundene Anpassungsnotwendigkeiten schafft, begünstigt er nicht nur einen grenzüberschreitenden Austausch von Waren oder Dienstleistungen, sondern vor allem auch eine Veränderung der Marktstrukturen.[8] Unternehmen vergrößern ihre Absatzmärkte, stehen aber auch marktweit im Wettbewerb, sowohl im Hinblick auf die Eigenschaften der angebotenen Produkte als auch die Kostenstrukturen. Entsprechend der Modellierung von Wettbewerbsprozessen in der Wettbewerbstheorie[9] liegt der strukturelle Effekt des Binnenmarktes weniger in den auf die Allokation von Produktionsfaktoren und statische Effizienz abstellenden Größenvorteilen,[10] sondern vor allem in der Vergrößerung des Optionenraums für Interaktionen und den damit verbundenen Impulsen für die dynamische Entwicklung.

Dabei eignen sich Marktprozesse für eine Integration schon deshalb in besonderer Weise, weil die Anreize der einzelnen Marktteilnehmerinnen und

[5] Zusammenfassend *Oppermann*, in: ders./Classen/Nettesheim, Europarecht, § 2 Rn. 7 ff.; *Wagener/Eger*, Europäische Integration, S. 37 ff.

[6] Überblick bei *Wagener/Eger*, Europäische Integration, S. 31 ff.

[7] Zu den unterschiedlichen Phasen und politischen Vorstellungen *Pescatore*, Die Geschichte der europäischen Einigung zwischen Realität und Utopie, S. 31 ff., S. 41 ff.; übergreifend *Judt*, Die Geschichte Europas seit dem Zweiten Weltkrieg, S. 275 ff., S. 509 ff.

[8] Damit einher geht auch eine Stärkung der Wettbewerbsfähigkeit von Unternehmen aus der EU auf den weltweiten Märkten, Europäische Kommission, Mitteilung v. 28.10.2015, Den Binnenmarkt weiter ausbauen: mehr Chancen für die Menschen und Unternehmen, COM(2015) 550 final, S. 1, auch rückblickend zu den Effekten des Binnenmarkts in den vergangenen 50 Jahren.

[9] Siehe oben, § 5 A.II.

[10] Vgl. nur *Müller-Graff*, in: von der Groeben/Schwarze/Hatje, Europäisches Unionsrecht, Art. 34 AEUV Rn. 4 m. w. N.

Marktteilnehmer, auf grenzüberschreitende Transaktionen einzugehen, in der Anreizsituation von Marktprozessen von vorneherein angelegt ist. Wenn grenzüberschreitende Transaktionen aus Sicht einzelner Marktteilnehmerinnen und Marktteilnehmer Vorteile bieten, greifen sie darauf zurück und erzeugen einen entsprechenden Anpassungsdruck unter Wettbewerbern. Die in Interaktionszusammenhängen verbundenen Auswahlentscheidungen distribuieren nicht nur dezentrales Wissen oder Innovationen,[11] sondern auch als vorteilhaft wahrgenommene Handelspraktiken einschließlich etwa des Rückgriffs auf bestimmte rechtliche Rahmenregelungen oder Gesellschaftsformen einzelner Mitgliedstaaten. Indem der Binnenmarkt die Mobilität von Unternehmen erhöht,[12] induziert er einen Standortwettbewerb, in dem die wirtschaftsrechtlichen Rahmenbedingungen, etwa die steuerrechtliche Behandlung[13] oder das Niveau sozialer Absicherung und der einhergehenden Lohnnebenkosten[14], einen Faktor bilden, der einen Wettbewerb der Rechtsordnungen[15] nach sich ziehen kann. Unabhängig von diesem Standortwettbewerb zieht das Prinzip gegenseitiger Anerkennung[16] einen Wettbewerb bei der Verbreitung von Gesellschaftsformen nach sich.[17] Die Ausweitung der Interaktionsräume durch die Abschaffung binnenmarktinterner Grenzen vermittelt den Marktteilnehmerinnen und Marktteilnehmern Ausweichmöglichkeiten und begrenzt dadurch unter Umständen die Gestaltungsmöglichkeiten nationaler Gesetzgeber, die jeweils Ausweichreaktionen der regulierten Unternehmen in Rechnung stellen müssen.

---

[11] Dazu siehe oben, § 1 C.I.3. und § 5 A.II.7.

[12] Zur Bedeutung der Grundfreiheiten und der Rechtsprechung des EuGH dabei siehe unten, § 6 A.II.

[13] Zum Steuerwettbewerb in der Europäischen Union vgl. nur *Mehde*, Wettbewerb zwischen Staaten, S. 273 ff.; negativ konnotiert in Europäische Kommission, Mitteilung v. 28.10.2015, Den Binnenmarkt weiter ausbauen: mehr Chancen für die Menschen und Unternehmen, COM(2015) 550 final, S. 2: Herstellen von Gerechtigkeit durch Verhinderung der Ausnutzung von Unterschieden und Schlupflöchern in den nationalen Steuersystemen.

[14] Vgl. *Olk/Riedmüller*, Grenzen des Sozialversicherungsstaates oder grenzenloser Sozialversicherungsstaat?, S. 9 ff., und *Leibfried*, Grenzen deutscher Sozialstaatlichkeit, S. 313 ff.

[15] Eingehend zu den unterschiedlichen Diskussionsansätzen, Modellbildungen und Bewertungen *Mehde*, Wettbewerb zwischen Staaten, S. 37 ff., S. 65 ff., S. 87 ff.

[16] Zur gegenseitigen Anerkennung von Gesellschaften trotz unterschiedlicher Anforderungen an die Gründung EuGH, Urt. v. 9.3.1999, C-212/97, ECLI:EU:C:1999:126 – *Centros*, Rn. 24 ff.: keine missbräuchliche Ausnutzung des Niederlassungsrechts, wenn ein Staatsangehöriger eines Mitgliedstaats, der eine Gesellschaft gründen möchte, diese in dem Mitgliedstaat errichtet, dessen gesellschaftliche Vorschriften ihm die größte Freiheit lassen, und in anderen Mitgliedstaaten Zweigniederlassungen gründet (Rn. 27); daran anknüpfend EuGH, Urt. v. 5.11.2002, C-208/00, ECLI:EU:C:2002:632 – *Überseering*, Rn. 61 ff.; EuGH, Urt. v. 30.9.2003, C-167/01, ECLI:EU:C:2003:512 – *Inspire Art*, Rn. 95 ff.; zur Verlagerung des tatsächlichen Verwaltungssitzes zuvor bereits EuGH, Urt. v. 27.9.1988, Rs. 81/87, ECLI:EU:C:1988:456 – *Daily Mail*, Rn. 16 f.; zu den Konsequenzen für das Internationale Gesellschaftsrecht *Behrens*, IPRax 1999, 323 ff.; *Zimmer*, BB 2003, 1 (3 ff.).

[17] Zum Wettbewerb der Rechtsordnungen im Gesellschaftsrecht *Mehde*, Wettbewerb zwischen Staaten, S. 323 ff.

Auf europäischer Ebene erhöht der Abbau der Binnenmarktgrenzen den Umfang sowie die Reichweite grenzüberschreitender Tätigkeiten und damit das Substrat sowie zugleich den Bedarf nach politischer Gestaltung. Die oftmals als Wettbewerbsdruck bezeichneten Anpassungsnotwendigkeiten, die von Marktprozessen ausgehen, können in bestimmten Mitgliedstaaten etablierte soziale Standards[18] in Frage stellen oder weniger wettbewerbsfähige Regionen durch Abwanderungstendenzen in ihrer Leistungsfähigkeit weiter beeinträchtigen.[19] Die ökonomische Integration Europas über den Binnenmarkt bringt dadurch ähnlich wie bei dem Verhältnis von Marktprozessen und dem Schutzgut der marktbezogenen Grundrechte[20] eine Funktionsweise von Interaktion auf Märkten zum Ausdruck, nach der Marktprozesse zwar neues Wissen und dynamische Entwicklung generieren, aber keine Gewähr für eine bestimmte Qualität der Marktergebnisse bieten.[21]

2. *Interaktionsbasierte Politik: Binnenmarkt als Daueraufgabe*

Während die Etablierung des Binnenmarkts im Rahmen der Einheitlichen Europäischen Akte noch als Ziel formuliert worden ist, das es auch im Hinblick auf das im Weißbuch der Kommission[22] entwickelte Programm bis zum Beginn des Jahres 1993 zu erreichen gilt,[23] wird die Schaffung des Binnenmarkts nach der Umsetzung dieses Programms als eine Daueraufgabe verstanden.[24] Damit einher geht eine Verschiebung der Perspektive von Erweiterung des Interaktionspotentials durch Abbau der Binnenschranken zur politischen Gestaltung, sowohl

[18] Hinweis Wettbewerbsdruck und soziale Standards; zu der möglichen Folge eines sog. *race to the bottom Mehde*, Wettbewerb zwischen Staaten, S. 76ff.

[19] Zum Zusammmenhang von wirtschaftlicher und sozialer Integration in der Entwicklung des Binnenmarkts *Priebe*, in: Schwarze, EU-Kommentar, Art. 174 AEUV Rn. 2ff.

[20] Dazu siehe oben, § 5 D.

[21] Strukturell ähnlich verliefen innerhalb der Wettbewerbstheorie Auseinandersetzungen um die Voraussetzungen, Ziele und Gestaltbarkeit von Wettbewerbsprozessen, zur sog. *Hoppmann-Kantzenbach*-Kontroverse (*Hoppmann*, JbNSt 179 (1966), 286ff.; *Kantzenbach*, JbNSt 181 (1967/1968), 193ff.) etwa *Eickhof*, Die Hoppmann-Kantzenbach-Kontroverse aus heutiger Sicht, S. 35ff., näher oben, § 5 A.II.4.b) und A.II.7.

[22] Kommission der Europäischen Gemeinschaften, Weißbuch Vollendung des Binnenmarktes, Juni 1985, KOM(1985) 310 endg.

[23] Art. 8a EGV in der Fassung der Einheitlichen Europäischen Akte sah als verbindliche Rechtspflicht das Ziel vor, den Binnenmarkt bis zum 31.12.1992 schrittweise zu verwirklichen, knüpfte an den Fristablauf aber keine automatischen Konsequenzen, näher, auch zur entsprechenden Erklärung der Regierungskonferenz *Voet van Vormizeele*, in: von der Groeben/Schwarze/Hatje, Europäisches Unionsrecht, Art. 26 AEUV, Rn. 3; *Hatje*, in: Schwarze, EU-Kommentar, Art. 26 AEUV, Rn. 19f., auch zur Verbindlichkeit der entsprechenden Verpflichtung der Mitgliedstaaten nach Streichung der Frist.

[24] *Müller-Graff*, ZHR 159 (1995), 34 (38ff.); *ders.*, in: von der Groeben/Schwarze/Hatje (Hrsg.), Europäisches Unionsrecht, Vor Art. 34–37, Rn. 6: Dauerpflicht der Herstellung und Erhaltung des Binnenmarktes; *Schwarze*, EuZW 2004, 135; eingehend die Beiträge in Hatje (Hrsg.), Das Binnenmarktrecht als Daueraufgabe, EuR-Beiheft 1/2002.

zur Förderung ökonomischer als auch sonstiger Ziele. Herstellung des Binnenmarkts beinhaltet in dieser Perspektive neben einer bestimmten Wirtschafts- und Industriepolitik auch umwelt- und sozialpolitische Elemente.[25]

a) Wirtschafts- und Industriepolitik: Marktgestaltung

Nach Abbau der wesentlichen Binnenmarktschranken versteht die Europäische Kommission die Schaffung des Binnenmarkts als eine Marktgestaltung, die Marktprozesse zur Erreichung wohlfahrtsökonomisch vorteilhafter Marktergebnisse gezielt lenken und gestalten soll.[26] Diese Gestaltung bezieht sich auf unterschiedliche Aspekte, von der Förderung grenzüberschreitender physischer Infrastrukturen über verschiedene Elemente eines digitalen Binnenmarktes, der querschnittartigen Förderung kleiner und mittlerer Unternehmen als Form der Förderung einer bestimmten Marktstruktur bis hin zur Bereitstellung von Instrumenten der Marktinformation.

aa) Förderung der Infrastruktur

Zu diesem Ansatz zählt zum einen die Förderung der technischen Infrastruktur, die für die Unternehmen auf dem Binnenmarkt erforderlich ist.[27] Die Kommission versucht, den Ausbau transeuropäischer Infrastruktur relativ eingehend

[25] Vgl. zuletzt Europäische Kommission, Mitteilung v. 28.10.2015, Den Binnenmarkt weiter ausbauen: mehr Chancen für die Menschen und die Unternehmen, COM(2015) 550 final.

[26] Vgl. etwa im Zuge der Wirtschaftskrise Europäische Kommission, Mitteilung v. 8.6.2012, Bessere Governance für den Binnenmarkt, COM(2012) 259 final, S. 3: „In der aktuellen Wirtschaftskrise müssen die knappen Ressourcen auf die wichtigsten Maßnahmen gelenkt und Schritte eingeleitet werden, um das Wachstumspotenzial des Binnenmarkts in Bereichen, in denen die größte Wirkung erreicht werden kann, auszuschöpfen. Die Kommission wird die Einhaltung der Bestimmungen der Verträge weiter genau überwachen und durchsetzen und hat daher beschlossen, die Schlüsselbereiche regelmäßig auf der Grundlage von Wirtschaftsindikatoren festzulegen und einer Prüfung zu unterziehen".

[27] Vgl. Erwägungsgründe (1) und (7) der Verordnung (EU) Nr. 1316/2013 v. 11.12.2012 zur Schaffung der Fazilität „Connecting Europe", zur Änderung der Verordnung (EU) Nr. 913/2010 und zur Aufhebung der Verordnungen (EG) Nr. 680/2007 und (EG) Nr. 67/2010, ABl.EU Nr. L 348 v. 20.12.2013, S. 129ff.; sowie die Bestandsaufnahme in Europäische Kommission, Mitteilung v. 3.3.2010, Europa 2020. Eine Strategie für intelligentes, nachhaltige und integratives Wachstum, KOM(2010) 2020 endg., S. 9: „Die Krise und die stark angespannte Haushaltslage haben zudem einigen Mitgliedstaaten die ausreichende Finanzierung der grundlegenden Verkehrs- und Energieinfrastruktur erschwert, die sie nicht nur für die Weiterentwicklung ihrer eigenen Wirtschaft, sondern auch für die volle Beteiligung am Binnenmarkt benötigen.", zu den Auswirkungen der Energieinfrastruktur auf die Energie- und Klimapolitik der Union vgl. Erwägungsgrund (7) der VO (EU) Nr. 347/2013 v. 17.4.2013 zu Leitlinien für die transeuropäische Energieinfrastruktur und zur Aufhebung der Entscheidung Nr. 1364/2006/EG und zur Änderung der Verordnungen (EG) Nr. 713/2009, (EG) Nr. 714/2009 und (EG) Nr. 715/2009, ABl. EU Nr. L 115 v. 25.4.2013, S. 39ff.

zu gestalten. Sie beziffert einen Investitionsbedarf[28] und identifiziert vorrangig auszubauende Korridore.[29] Zur Finanzierung der Investitionen sieht die Kommission mit Unterschieden in den einzelnen Sektoren eine Ko-Finanzierung aus öffentlichen und privaten Mitteln[30] sowie auf öffentlichen Mitteln basierende Kreditgarantieinstrumente[31] vor. Beim Ausbau transeuropäischer Energienetze genießen Vorgaben von gemeinsamem Interesse eine besondere verfahrensrechtliche Priorisierung.[32]

bb) Gestaltung eines digitalen Binnenmarktes

Hinsichtlich der telekommunikationsbezogenen Dienste verfolgt die Europäische Kommission eine Strategie für einen digitalen Binnenmarkt,[33] die neben der Verbesserung des Online-Zugangs zu Waren und Dienstleistungen[34] die regulatorischen Bedingungen für digitale Netze[35] betrifft und darüber hinaus nicht zuletzt

---

[28] Erwägungsgrund (3) der VO 1316/2013 zur Schaffung der Fazilität „Connecting Europe" (Fn. 27): 970.000 Mio. Euro bis 2020 in den Bereichen Verkehr, Telekommunikation und Energie, zu den einzelnen Sektoren vgl. Erwägungsgründe (15) und (22); Festsetzung einer bestimmten Finanzausstattung der Fazilität „Connecting Europe" in Abhängigkeit des haushaltsrechtlich vorgesehenen Preisniveaus, Art. 5 und Erwägungsgrund (4) der VO 1316/2013.

[29] Im Hinblick auf die Finanzierung sektorübergreifend VO 1316/2013 zur Schaffung der Fazilität „Connecting Europe", Anhang I; zur Festlegung vorrangiger Energieinfrastrukturkorridore und -gebiete Verordnung 347/2013 zu Leitlinien für die Transeuropäische Energieinfrastruktur, Anhang I; zur Methode der „strategischen Planung" und den konkreten Vorschlägen Europäische Kommission, Mitteilung v. 17.11.2000, Energieinfrastrukturprioritäten bis 2020 und danach – ein Konzept für ein integriertes europäisches Energienetz, KOM(2010), 677 endg., S. 10ff.; Erwägungsgrund (21) VO 1316/2013 zur Schaffung der Fazilität „Connecting Europe".

[30] Art. 6–8 und Erwägungsgrund (43) VO 1316/2013 zur Schaffung der Fazilität „Connecting Europe": kohärente Finanzierungsstrategie, die öffentliche und private Finanzmittel auf der ebene der Union und nationaler Ebene für Infrastrukturen zusammenführt.

[31] Art 14 und Erwägungsgründe (44ff.) VO 1316/2013 zur Schaffung der Fazilität „Connecting Europe".

[32] Vgl. zu den Vorhaben von gemeinsamen Interesse und ihrer Förderung durch europäische Koordinatoren durch Art. 3 und 6 VO 347/2013 zu Leitlinien für die Transeuropäische Energieinfrastruktur (Fn. 27) *Calliess/Lippert*, Transeuropäische Netze, § 2 Rn. 207ff.; *Guckelberger/Geber*, DVBl. 2015, 329ff.; *Guckelberger*, DVBl. 2014, 805ff.; *Erbgut/Schubert*, EurUP 2014, 70ff.; zur Verknüpfung der Netzentwicklungsplanung der Netzbetreiber *Strobel*, EnWZ 2014, 299ff.

[33] Europäische Kommission, Mitteilung v. 6.5.2015, Strategie für einen digitalen Binnenmarkt für Europa, COM(2015) 192 final.

[34] Verbesserungsmaßnahmen betreffen die Regeln für den elektronischen Handel, Preistransparenz und regulatorische Aufsicht bei den Paketzustelldiensten, die Verhinderung eines ungerechtfertigten sog. *Geo-Blockings*, eine weitere Harmonisierung des Urheberrechts im Hinblick auf Portabilität sowie grenzüberschreitender Nutzung sowie eine Vereinfachung des Mehrwertsteuerrechts, Europäische Kommission, Mitteilung v. 6.5.2015, Strategie für einen digitalen Binnenmarkt für Europa, COM(2015) 192 final, S. 4–10.

[35] Die geplante Novellierung der Telekommunikationsvorschriften betrifft neben der Frequenzverwaltung vor allem die Förderung eines Binnenmarkts ohne Unterschiede zwischen den Einzelmärkten der Mitgliedstaaten (*single market*; vgl. den Vorschlag für eine Verordnung

Telekommunikationsdienste als Elemente von Geschäftsmodellen und damit als Faktoren des Wachstumspotentials begreift, die es auch durch Investitionen zu fördern gilt.[36] Der Vorschlag einer im Grundsatz vollharmonisierenden Richtlinie über vertragsrechtliche Aspekte der Bereitstellung digitaler Inhalte soll Vertragspflichten bei der Bereitstellung digitaler Inhalte insbesondere im Hinblick auf ihre Integration in die digitale Umgebung der Verbraucher festlegen und Fragen der Gewährleistung, Haftung und Beweislast regeln.[37] Hinsichtlich des Fernabsatzes körperlicher Gegenstände sieht ein weiterer Richtlinienvorschlag ebenfalls eine weitgehende Vollharmonisierung des Gewährleistungsrechts vor.[38]

Dabei wird das gestaltende Moment in der Strategie der Kommission besonders deutlich in dem Umgang mit Hindernissen des digitalen Binnenmarktes, die nicht aus Maßnahmen oder regulatorischen Vorgaben der Mitgliedstaaten, sondern aus den Geschäftsmodellen der Unternehmen entstehen. Die Praxis der Anbieter urheberrechtlich geschützter Inhalte im Internet, etwa Videos, Musik oder der Live-Übertragung von Sportveranstaltungen oder linearer Rundfunkdienste, geht in den Mitgliedstaaten der Union derzeit überwiegend dahin, nationale Märkte zu segmentieren.[39] Die Rechteinhaber vergeben an die Diensteanbieter Lizenzen oftmals jeweils nur für den räumlichen Bereich eines Mitgliedstaats und Diensteanbieter bieten den Endnutzern den Zugriff auf Online-Inhaltedienste oftmals ebenfalls nur für einen entsprechenden räumlichen Bereich an,[40] obwohl technisch die binnenmarktweite Nutzung der Dienste ohne weiteres möglich wäre. Diese Segmentierung des Binnenmarkts in nationale Märkte geht auf unternehmerische Entscheidungen der Rechte- und Diensteanbieter zurück und hat zur Folge, dass Endkunden die von ihnen entgeltlich in Anspruch genommenen Dienste nur innerhalb des Mitgliedstaates nutzen können, in dem sie gebucht sind. Die Europäische Kommission nimmt diese Einschränkung wegen der örtlichen Mobilität der Endkunden sowie der zunehmenden Nachfrage nach

---

über Maßnahmen zum europäischen Binnenmarkt der elektronischen Kommunikation und zur Verwirklichung des vernetzten Kontinents und zur Änderung der Richtlinien 2002/20/EG, 2002/21/EG und 2002/22/EG und der Verordnung (EG) Nr. 1211/2009 und (EU) Nr. 531/2012, COM(2013) 627 final), die Regulierung audiovisueller Mediendienste und von online-Plattformen sowie sonstiger Intermediäre.

[36] Europäische Kommission, Mitteilung v. 6.5.2015, Strategie für einen digitalen Binnenmarkt für Europa, COM(2015) 192 final, S. 4, S. 15ff.

[37] Art. 4–15 des Vorschlags v. 9.12.2015 für eine Richtlinie über bestimmte vertragsrechtliche Aspekte der Bereitstellung digitaler Inhalte, COM(2015) 634 final; näher *Druschel/Lehmann*, CR 2016, 244 (245ff.).

[38] Art. 3–18 des Vorschlags v. 9.12.2015 für eine Richtlinie über bestimmte vertragsrechtliche Aspekte des Online-Warenhandels und anderer Formen des Fernabsatzes von Waren, COM(2015) 635 final, zusammenfassend, auch zum Anpassungsbedarf *Härting/Gössling*, CR 2016, 165 (166ff.).

[39] Bestandsaufnahme bei Europäische Kommission, Commission Staff Working Document v. 9.12.2015, Impact Assessment, SWD(2015) 270 final, S. 5ff.

[40] Europäische Kommission, Commission Staff Working Document v. 9.12.2015, Impact Assessment, SWD(2015) 270 final, S. 7.

Online-Inhaltediensten und dem daraus resultierenden Bedarf nach grenzüberschreitender Verfügbarkeit als Hindernis für den Binnenmarkt wahr.[41] Statt abzuwarten, ob die Nachfrage nach grenzüberschreitend verfügbaren Diensten zu einer entsprechenden Diversifizierung des Angebots führt, schlägt sie eine unmittelbare Korrektur der vertraglichen Regelungen vor, die Endkunden eine grenzüberschreitende Nutzung der Inhalte ermöglicht.[42] Danach sollen Anbieter von Online-Inhaltediensten gegenüber Abonnenten, die sich vorübergehend in einem anderen Mitgliedstaat aufhalten, verpflichtet sein, die Nutzung der Online-Inhaltedienste zu ermöglichen.[43] Diese grenzüberschreitende Bereitstellung der Online-Inhaltedienste soll in Ansehung der Regelungen zur Lizenzvergabe als ausschließlich im Wohnsitzmitgliedstaat erfolgt gelten.[44] Entgegenstehenden vertraglichen Regelungen, vor allem im Verhältnis zwischen Rechteinhabern und Diensteanbietern sowie Diensteanbietern und Abonnenten, soll die Durchsetzbarkeit genommen werden.[45] Der Verordnungsvorschlag sieht damit vor, die Rechtevergabe und die vertraglichen Regelungen zwischen Rechteinhabern, Diensteanbietern und Abonnenten zu korrigieren, um auf ein bestimmtes, dem derzeitigen Leitbild des digitalen Binnenmarktes entsprechendes Marktergebnis hinzuwirken.

Weitergehend hat die Europäische Union sich zum Ziel gesetzt, Märkte, die in irgendeiner Weise mit Telekommunikationsdienstleistungen in Zusammenhang stehen, im Sinne einer Digitalisierung zu gestalten, also „den Übergang zu einer intelligenten Industrie- und Dienstleistungswirtschaft"[46] zu begleiten. Dazu zählt insbesondere der „Aufbau einer Datenwirtschaft"[47] durch die Förderung von Big-Data-Anwendungen, sog. Cloud-Diensten[48] und Anwendungsformen des *internet of things*. Der Umgang etwa mit den sog. Cloud-Diensten veran-

---

[41] Europäische Kommission, Commission Staff Working Document v. 9.12.2015, Impact Assessment, SWD(2015) 270 final, S. 11 ff.

[42] Europäische Kommission, Vorschlag v. 9.12.2015 für eine Verordnung zur Gewährleistung der grenzüberschreitenden Portabilität von Online-Inhaltediensten im Binnenmarkt, COM(2015) 627 final.

[43] Art. 3 Abs. 1 des Vorschlags für eine Verordnung zur Gewährleistung der grenzüberschreitenden Portabilität von Online-Inhaltediensten im Binnenmarkt, COM(2015) 627 final; Einschränkungen können sich dabei hinsichtlich der Qualität des Dienstes ergeben, Art. 3 Abs. 2 und 3 des Vorschlags.

[44] Art. 4 des Vorschlags für eine Verordnung zur Gewährleistung der grenzüberschreitenden Portabilität von Online-Inhaltediensten im Binnenmarkt, COM(2015) 627 final.

[45] Art. 5 Abs. 1 des Vorschlags für eine Verordnung zur Gewährleistung der grenzüberschreitenden Portabilität von Online-Inhaltediensten im Binnenmarkt, COM(2015) 627 final.

[46] Europäische Kommission, Mitteilung v. 6.5.2015, Strategie für einen digitalen Binnenmarkt für Europa, COM(2015) 192 final, S. 15.

[47] Europäische Kommission, Mitteilung v. 6.5.2015, Strategie für einen digitalen Binnenmarkt für Europa, COM(2015) 192 final, S. 16.

[48] Dazu bereits Europäische Kommission, Mitteilung v. 27.9.2012, Freisetzung des Cloud-Computing-Potenzials in Europa, COM(2012) 529 final.

schaulicht den Zugriff der Europäischen Kommission auf die Ausgestaltung des Binnenmarkts. Aus der Annahme, dass die Nutzung von Cloud-Diensten ganz unterschiedlichen Marktteilnehmerinnen und Marktteilnehmern einen Mehrwert bietet und deshalb zu einer erheblichen Steigerung der Gesamtwohlfahrt im Binnenmarkt geeignet ist,[49] leitet sie den Bedarf ab, sowohl das Angebot als auch die Nutzung von Cloud-Diensten umfassend zu fördern. Diese umfassende Förderung beinhaltet zum einen Harmonisierung des Cloud-Dienste beeinflussenden rechtlichen Rahmens, vom Urheberrecht über die Vereinfachung grenzüberschreitender Online-Transaktionen zum Verbraucher- und Datenschutzrecht.[50] Dazu zählt eine Vereinfachung der rechtlichen Regelungen, die auch entgegen der strategischen Interessen einiger großer Anbieter eine interoperabilitätsgewährleistende Standardisierung umfasst.[51] Die Regulierung von Musterbedingungen der Nutzung von Cloud-Diensten soll die Nutzerfreundlichkeit bei Fragen wie der Rechtswahl, der Datensicherung und des Datenschutzes trotz der erheblichen Verhandlungsstärke großer Anbieter sicherstellen.[52] Zum anderen schlägt die Kommission eine Bündelung der Nachfragemacht der öffentlichen Hand in den Mitgliedstaaten vor, um durch „verbindliche Vorgaben in Bezug auf Leistungsmerkmale, Sicherheit, Interoperabilität, Datenübertragbarkeit und Einhaltung technischer Anforderungen"[53] allgemein und in bestimmten Sektoren strukturelle Effekte zu erzeugen.[54] Entsprechende Referenzimplementierungen hat die Kommission im Rahmen des Siebten Forschungsrahmenprogramms ausgeschrieben.[55]

---

[49] Die Europäische Kommission geht im Anschluss an eine Studie von einer kumulierten Erhöhung des BIP bis zum Jahr 2020 in Höhe von 957 Milliarden EUR und einer Schaffung von 3,8 Millionen zusätzlicher Arbeitsplätze aus, Europäische Kommission, Mitteilung v. 27.9.2012, Freisetzung des Cloud-Computing-Potenzials in Europa, COM(2012) 529 final, S. 3; davon entfallen auf „politikgesteuertes" Szenario im Vergleich zu einem „Szenario des Nichthandelns" 2,5 Millionen Arbeitsplätze, a.a.O., S. 7.

[50] Europäische Kommission, Mitteilung v. 27.9.2012, Freisetzung des Cloud-Computing-Potenzials in Europa, COM(2012) 529 final, S. 7–10.

[51] Europäische Kommission, Mitteilung v. 27.9.2012, Freisetzung des Cloud-Computing-Potenzials in Europa, COM(2012) 529 final, S. 11 f.

[52] Europäische Kommission, Mitteilung v. 27.9.2012, Freisetzung des Cloud-Computing-Potenzials in Europa, COM(2012) 529 final, S. 13 f.

[53] Europäische Kommission, Mitteilung v. 27.9.2012, Freisetzung des Cloud-Computing-Potenzials in Europa, COM(2012) 529 final, S. 15.

[54] Europäische Kommission, Mitteilung v. 27.9.2012, Freisetzung des Cloud-Computing-Potenzials in Europa, COM(2012) 529 final, S. 15: „Durch eine Bündelung der öffentlichen Nachfrage könnten Effizienzsteigerungen erzielt und gemeinsame sektorale Anforderungen aufgestellt werden (z.B. für elektronische Gesundheitsdienste, Sozialfürsorge, unterstütztes Leben und elektronische Behördendienste wie die Bereitstellung offener Daten), um Kosten einzusparen und Interoperabilität herzustellen".

[55] Zur Aufforderung zur Einreichung von Anträgen siehe Europäische Kommission, Mitteilung v. 27.9.2012, Freisetzung des Cloud-Computing-Potenzials in Europa, COM(2012) 529 final, S. 16, dort Fn. 33.

cc) Gestaltung der Marktstruktur: Förderung von KMU

Zur Gewährleistung des Binnenmarkts zählt aus der Perspektive der Europäischen Kommission zudem eine bestimmte Marktstrukturpolitik, die derzeit insbesondere auf die Förderung von kleinen und mittleren Unternehmen (sog. KMU) und von Start-up-Unternehmen zählt.[56] Zu diesem Zweck identifiziert die Europäische Kommission Umstände, die neu gegründete oder kleine und mittlere Unternehmen bei ihren binnenmarktweiten Aktivitäten beeinträchtigen[57] und schlägt Maßnahmen zur Abhilfe vor. So soll das Mehrwertsteuerrecht vor allem für kleine Online-Händler vereinfacht[58] und gleichzeitig gegen betrügerische Aktivitäten abgesichert werden.[59] Unklarheiten im Unternehmensrecht sollen durch die Einführung einer Gesellschaft mit beschränkter Haftung mit einem einzigen Gesellschafter (*Societas Unius Personae*) reduziert werden, die von den Mitgliedstaaten in ihrem jeweiligen Gesellschaftsrecht mit einer bestimmten Mindestharmonisierung umgesetzt werden soll.[60] Darüber hinaus berücksichtigt die Europäische Kommission bei der Weiterentwicklung von Rechtsvorschriften die Auswirkungen auf kleine und mittlere Unternehmen in besonderer Weise.[61]

---

[56] Europäische Kommission, Mitteilung v. 28.10.2015, Den Binnenmarkt weiter ausbauen: mehr Chancen für die Menschen und Unternehmen, COM(2015) 550 final, S. 5ff., sowie bereits Europäische Kommission, Mitteilung v. 25.6.2008, Vorfahrt für KMU in Europa. Der „Small Business Act" für Europa, KOM(2008) 394 endg., S. 2ff.: Zeit für einen Durchbruch in der KMU-Politik; Europäische Kommission, Mitteilung v. 28.10.2010, Eine integrierte Industriepolitik für das Zeitalter der Globalisierung. Vorrang für Wettbewerbsfähigkeit und Nachhaltigkeit, KOM(2010) 614 endg, S. 3: „Kleinere und mittlere Unternehmen (KMU) vereinigen rund 2/3 der Beschäftigung auf sich, und das Wachstumspotenzial der Industrie der EU liegt zu einem großen Teil in ihren umtriebigen und dynamischen KMU. Kernstück der neuen integrierten Industriepolitik der EU muss deshalb die Förderung der Gründung, Entwicklung und Internationalisierung von KMU sein."; vgl. auch zur besonderen Berücksichtigung von KMU in der Forschungsförderung Art. 22 und Erwägungsgründe (11) und (34ff.) der Verordnung (EU) Nr. 1291/2013 vom 11.12.2013 über das Rahmenprogramm für Forschung und Innovation Horizont 2020 (2014–2020) und Aufhebung des Beschlusses Nr. 1981/2006/EG, ABl.EU Nr. L 347 v. 20.12.2013, S. 104ff.

[57] Europäische Kommission, Mitteilung v. 28.10.2015, Den Binnenmarkt weiter ausbauen: mehr Chancen für die Menschen und Unternehmen, COM(2015) 550 final, S. 5.

[58] Europäische Kommission, Mitteilung v. 6.5.2015, Strategie für einen digitalen Binnenmarkt für Europa, COM(2015) 192 final, S. 9f.

[59] Europäische Kommission, Mitteilung v. 6.12.2011, Mitteilung zur Zukunft der Mehrwertsteuer. Wege zu einem einfacheren, robusteren und effizienteren Mehrwertsteuer-System, das auf den Binnenmarkt zugeschnitten ist, KOM(2011) 851 endg., S. 5ff., S. 7ff.

[60] Europäische Kommission, Vorschlag v. 9.4.2014 für eine Richtlinie über Gesellschaften mit beschränkter Haftung mit einem einzigen Gesellschafter, COM(2014) 212 final, Art. 6ff. der RL; vgl. zuvor bereits der zwischenzeitlich zurückgezogene Vorschlag für die Einführung eines Statuts der Europäischen Privatgesellschaft (Societas Privata Europaea, SPE), Europäische Kommission, Vorschlag v. 25.6.2008 für eine Verordnung über das Statut der Europäischen Privatgesellschaft, KOM(2008) 396 endgültig.

[61] Europäische Kommission, Staff Working Document v. 19.5.2015, Better Regulation Guidelines, SWD(2015) 111 final, S. 39.

Schwierigkeiten von kleinen und mittleren Unternehmen bei der Kapitalbeschaffung will die Europäische Kommission durch Unterstützungen des Europäischen Fonds für strategische Investitionen auch in Kooperation mit der Europäischen Investitionsbank reduzieren[62] und Vorschläge für die Einrichtung eines europäischen Wagniskapitaldachfonds entwickeln, über den hoheitliche und private Mittel zu erleichterten Rahmenbedingungen in Start-up-Unternehmen investiert werden können.[63]

Zudem geht die Europäische Kommission davon aus, dass die rechtlichen und gesellschaftlichen Folgen einer Insolvenz potenzielle Unternehmensgründer abschrecken könnten und tritt deshalb für eine Änderung des Insolvenzrechts der Mitgliedstaaten ein,[64] die die Folgen unternehmerischen Scheiterns durch erweiterte Möglichkeiten von Umstrukturierungen[65] und der Einführung einer sog. „zweiten Chance"[66] abmildert.

dd) Wissensbedarf: Marktinformationsinstrumente

Diese eingehende Gestaltung des Binnenmarkts setzt umfangreiches Wissen zur Entwicklung der einzelnen grenzüberschreitenden Märkte und ihrer Rah-

---

[62] Etwa Art. 8 VO (EU) Nr. 1287/2013 v. 11.12.2013, über ein Programm für die Wettbewerbsfähigkeit von Unternehmen und für kleine und mittlere Unternehmen (COSME) (2014–2020) und zur Aufhebung des Beschlusses Nr. 1639/2006/EG, ABl.EU Nr. L 347 v. 20.12.2013, S. 33 ff.; die Europäische Investitionsbank nennt die Finanzierung von KMU und Midcaps, also nicht einem Leitindex einer Börse angehörenden Unternehmen, als eines der vier übergeordneten Finanzierungsziele der EIB-Gruppe (neben der Finanzierung von Innovationen, Infrastruktur und Umwelt), Europäische Investitionsbank, Operativer Gesamtplan der EIB-Gruppe 2016–2018, 15.12.2015, S. 9; Übersicht über die bereitgestellten Mittel auf S. 35 ff.; vgl. auch Europäische Kommission, Mitteilung v. 28.10.2015, Den Binnenmarkt weiter ausbauen: mehr Chancen für die Menschen und Unternehmen, COM(2015) 550 final, S. 6 f.

[63] Europäische Kommission, Mitteilung v. 28.10.2015, Den Binnenmarkt weiter ausbauen: mehr Chancen für die Menschen und Unternehmen, COM(2015) 550 final, S. 7.

[64] Kürzlich Europäische Kommission, Vorschlag v. 22.11.2016 für eine Richtlinie on preventive restructuring frameworks, second chance and measures to increase the efficiency of restructuring, insolvency and discharge procedures and amending Directive 2012/30/EU, COM(2016) 723 final.

[65] Europäische Kommission, Empfehlung v. 12.3.2014 für einen neuen Ansatz im Umgang mit unternehmerischem Scheitern und Unternehmensinsolvenzen, C(2014) 1500 final, S. 6 ff.: präventiver Restrukturierungsrahmen; Bestellung eines Mediators; Aussetzung von Vollstreckungsmaßnahmen und Insolvenzverfahren; Vorgaben zu Restrukturierungsplänen; vgl. die Maßnahmen in Art. 4 ff. des Vorschlags für eine Richtlinie on preventive restructuring frameworks, second chance and measures to increase the efficiency of restructuring, insolvency and discharge procedures (Fn. 64).

[66] Europäische Kommission, Empfehlung v. 12.3.2014 für einen neuen Ansatz im Umgang mit unternehmerischem Scheitern und Unternehmensinsolvenzen, C(2014) 1500 final, S. 10 ff.: Entschuldungsfrist von drei Jahren; Europäische Kommission, Mitteilung v. 30.9.2015, Aktionsplan zur Schaffung einer Kapitalmarktunion, COM(2015) 468 final, S. 28; Europäische Kommission, Vorschlag für eine Richtlinie on preventive restructuring frameworks, second chance and measures to increase the efficiency of restructuring, insolvency and discharge procedures (Fn. 64), S. 4 ff.

menbedingungen voraus. Insbesondere im Hinblick auf etwaige Implementationsdefizite kündigt die Europäische Kommission zur Verbesserung ihrer Informationsgrundlage deshalb einen Vorschlag zur Einrichtung eines Marktinformationsinstruments für den Binnenmarkt an.[67] Dieses Marktinformationsinstrument soll ausgewählte Marktteilnehmerinnen und Marktteilnehmer unter bestimmten Umständen verpflichten, der Kommission „aktuelle, umfassende und verlässliche quantitative und qualitative Informationen" zu übermitteln[68] und als Entscheidungsgrundlage für weitere Verbesserungsvorschläge dienen. In ähnlicher, auf den Verbraucherschutz fokussierter Weise soll das sog. Verbraucherbarometer als eine Form der mehrphasigen Marktüberwachung zur Verbesserung der Entscheidungsfindung und der Fortentwicklung des Rechtsrahmens durch die Kommission beitragen.[69]

Bereichsspezifische Informationspflichten zur Bewältigung bestimmter Problemlagen sind überdies bereits im Energiegroßhandel[70] und im Wertpapierhandelsrecht[71] eingeführt worden. Diese besonderen, in ihrem jeweiligen Bereich detaillierten Informationspflichten dienen dazu, an einer zentralen Stelle ein zeitnahes, umfassendes Abbild über Marktprozesse zu erzeugen. So können Anhaltspunkte für spezifische Risiken, im Energiegroßhandel etwa strategisch missbräuchliche Maßnahmen bei der Energieproduktion,[72] im Wertpapierhandel insbesondere systemische Risiken, frühzeitig erkannt werden. Die Informationen werden im Bedarfsfall von der zentralen Stelle den jeweils zuständigen

[67] Europäische Kommission, Mitteilung v. 28.10.2015, Den Binnenmarkt weiter ausbauen: mehr Chancen für die Menschen und Unternehmen, COM(2015) 550 final, S. 20.

[68] Europäische Kommission, Mitteilung v. 28.10.2015, Den Binnenmarkt weiter ausbauen: mehr Chancen für die Menschen und Unternehmen, COM(2015) 550 final, S. 20.

[69] Europäische Kommission, Mitteilung v. 29.1.2008, Überwachung von verbraucherrelevanten Ergebnissen im Binnenmarkt: das Verbraucherbarometer, KOM(2008) 31 endg., S. 1, S. 4ff.

[70] Art. 7 und 8 Verordnung (EU) Nr. 1227/2011 v. 25.10.2011 über die Integrität und Transparenz des Energiegroßhandelsmarkts, ABl.EU Nr. L 326 v. 8.12.2011, S. 1ff., sowie die Konkretisierung der meldepflichtigen Transaktionen und zu übermittelnden Informationen in Art. 3ff. Durchführungsverordnung (EU) Nr. 1348/2014 v. 17.12.2014 über die Datenmeldung gemäß Artikel 8 Abs. 2 und 6 der Verordnung (EU) Nr. 1227/2011 über die Integrität und Transparenz des Energiegroßhandelsmarkts, ABl.EU Nr. L 363 v. 18.12.2014, S. 121ff.

[71] Umfassende Meldepflichten von Gegenparteien von Wertpapierfinanzierungsgeschäften an ein registriertes Transaktionsregister nach Art. 4 und 5 VO (EU) 2015/2365 v. 25.11.2015 über die Transparenz von Wertpapierfinanzierungsgeschäften und der Weiterverwendung sowie zur Änderung der Verordnung (EU) Nr. 648/2012, ABl.EU Nr. L 337 v. 23.12.2015, S. 1ff.; zuvor bereits Meldepflichten von Wertpapierfirmen über Einzelheiten zu Geschäften mit Finanzinstrumenten in Art. 26 Verordnung (EU) Nr. 600/2014 v. 15.5.2014 über Märkte für Finanzinstrumente und zur Änderung der Verordnung (EU) Nr. 648/2012, ABl.EU Nr. L 173 v. 12.6.2014, S. 84ff.; daneben Pflicht zur Übermittlung von Informationen über Derivatekontrakte an registrierte Transaktionsregister Art. 9 und 55ff. Verordnung (EU) Nr. 648/2012 v. 4.7.2012 über OTC-Derivate, zentrale Gegenparteien und Transaktionsregister, ABl.EU Nr. L 201 v. 27.7.2012, S. 1ff.

[72] *Broemel*, Wissensgenerierung im Regulierungsverfahren, S. 139 (154f.).

Behörden zur Verfügung gestellt.[73] Teilweise veröffentlicht die zentrale Stelle darüber hinaus aggregierte Informationen zur Orientierung für alle Marktteilnehmerinnen und Marktteilnehmer.[74]

b) Binnenmarktimplikationen sonstiger Politiken

Die zielgerichtete, eingehende Gestaltung des Binnenmarkts zieht weitreichende Überschneidungen der wirtschafts- und industriepolitischen Maßnahmen mit weiteren Politiken, insbesondere zum Umwelt- und Verbraucherschutz sowie der Forschungsförderung, nach sich, die von der Europäischen Kommission zur Erzielung von Synergieeffekten genutzt werden sollen.

aa) Umweltschutz

Das Umweltschutzziel verfolgt die Europäische Kommission bei der Gestaltung des Binnenmarkts, indem sie zum einen die Rahmenbedingungen für die Vermarktung umweltfreundlicher Produkte verbessert. Zum anderen berücksichtigt sie bei den Maßnahmen der Wirtschafts- und Industriepolitik das jeweilige Potential zum Umweltschutz oder der Förderung von Nachhaltigkeit, insbesondere bei der Reduktion des Ressourcenverbrauchs. Umweltschutzpolitik bedeutet in dem eingehenden Ansatz zur Gestaltung des Binnenmarkts, Umweltschutzaspekte als Nebenbedingung in die Auswahlentscheidungen der Marktteilnehmerinnen und Marktteilnehmer zu integrieren.

Zur Verbesserung der Marktfähigkeit „grüner" Produkte[75] schlägt die Kommission die Einführung gemeinsamer Definitionen für „grüne" Produkte und „grüne" Organisationen vor, die die umweltrelevanten Implikationen der Produkte und Organisation vollständig abbilden[76] und die Kosten der Unternehmen für die binnenmarktweite Ermittlung der produkt- oder organisationsbezogenen Ökobilanz reduzieren. Unterschiede in den Anforderungen der einzelnen Mitgliedstaaten an den Ausweis eines Produkts als „grün" erhöhen den Aufwand für

[73] Im Wertpapierrecht Art. 12 Abs. 2 VO (EU) 2015/2365 über die Transparenz von Wertpapierfinanzierungsgeschäften und der Weiterverwendung.

[74] Für Wertpapierfinanzierungsgeschäfte Art. 12 Abs. 1 VO (EU) 2015/2365 über die Transparenz von Wertpapierfinanzierungsgeschäften und der Weiterverwendung.

[75] Grüne Produkte versteht die Europäische Kommission als „Produkte, die im Vergleich zu anderen ähnlichen Produkten derselben Kategorie entlang ihres gesamten Lebenswegs, d. h. von der Rohstoffgewinnung über Herstellung, Vertrieb und Nutzung bis hin zum Ende der Lebensdauer (einschließlich Wiederverwendung, Recycling und Verwertung), Ressourcen effizienter nutzen und weniger Umweltschäden verursachen.", Europäische Kommission, Mitteilung v. 9.4.2013, Schaffung eines Binnenmarktes für grüne Produkte. Erleichterung einer besseren Information über die Umweltleistung von Produkten und Organisationen, COM(2013) 196 final, S. 3.

[76] Europäische Kommission, Mitteilung v. 9.4.2013, Schaffung eines Binnenmarktes für grüne Produkte. Erleichterung einer besseren Information über die Umweltleistung von Produkten und Organisationen, COM(2013) 196 final, S. 5: vollständige Ökobilanz.

die grenzüberschreitende Vermarktung „grüner" Produkte nicht unerheblich.[77] Umgekehrt können binnenmarktweite Definitionen das Vertrauen der Nachfragenden in die Aussagekraft der Labels und dadurch die Zahlungsbereitschaft erhöhen.[78] Neben diesem binnenmarkttypischen Ansatz der Harmonisierung in diesem Fall nicht zwingender Vorgaben an den Ausweis „grüner" Produkte zielt der Vorschlag der Europäischen Kommission darauf, die Relevanz umweltbezogener Aspekte für die Auswahlentscheidung der Nachfragenden zu erhöhen, indem sie eine bestimmte Qualität der Produktinformation sicherstellt. Dadurch überschneidet sich die umweltschutzbezogene Maßnahme mit dem Verbraucherschutzziel. Irreführende Umweltaussagen sollen in den unionsrechtlichen Verboten unlauterer Geschäftspraktiken stärker berücksichtigt werden.[79] Darüber regt die Kommission weitergehende, allgemeine Vorgaben an die Offenlegung der umweltbezogenen Eigenschaften von Produkten und Organisationen an und zwar hinsichtlich der Transparenz ihrer Herkunft sowie der Verfügbarkeit, Zuverlässigkeit, Vollständigkeit, Vergleichbarkeit und Klarheit von Informationen.[80] Der Sache nach beeinflussen diese Vorgaben den Interaktionszusammenhang zwischen Anbietenden und Nachfragenden, indem sie die Wahrscheinlichkeit erhöhen, dass Nachfragende umweltbezogene Aspekte in ihrer Entscheidung berücksichtigen.

Neben der Umweltorientierung von Marktprozessen liegt ein Ansatz der binnenmarktbezogenen Umweltpolitik der Kommission darin, Potential zur Verbesserung der Ressourceneffizienz[81] innerhalb der Maßnahmen der Wirtschafts- und Industriepolitik zu erschließen.[82] Die Finanzierung des Ausbaus grenzüberschreitender Infrastrukturen über die Fazilität „Connecting Europe"

---

[77] Europäische Kommission, Mitteilung v. 9.4.2013, Schaffung eines Binnenmarktes für grüne Produkte. Erleichterung einer besseren Information über die Umweltleistung von Produkten und Organisationen, COM(2013) 196 final, S. 6f., mit beispielhaften Szenarien für die Vermarktung im Vereinigten Königreich, in Frankreich, in Italien und zudem in der Schweiz.

[78] Europäische Kommission, Mitteilung v. 9.4.2013, Schaffung eines Binnenmarktes für grüne Produkte. Erleichterung einer besseren Information über die Umweltleistung von Produkten und Organisationen, COM(2013) 196 final, S. 7.

[79] Europäische Kommission, Mitteilung v. 9.4.2013, Schaffung eines Binnenmarktes für grüne Produkte. Erleichterung einer besseren Information über die Umweltleistung von Produkten und Organisationen, COM(2013) 196 final, S. 12.

[80] Europäische Kommission, Mitteilung v. 9.4.2013, Schaffung eines Binnenmarktes für grüne Produkte. Erleichterung einer besseren Information über die Umweltleistung von Produkten und Organisationen, COM(2013) 196 final, S. 12f.

[81] Zum Potential von Energieeffizienzmaßnahmen Europäische Kommission, Mitteilung v. 8.3.2011, Energieeffizienzplan 2011, KOM(2011) 109 endg., S. 6ff.: Einsparpotentiale vor allem in den Sektoren Gebäude, Verkehr und Industrie.

[82] Zur „Leitinitiative Ressourcenschonendes Europa" der Europäischen Kommission, die sowohl die Finanzierungs- und Marktinstrumente, als auch strukturelle Änderungen des Verkehrswesens und den Energie-Binnenmarkt umfasst, bereits Europäische Kommission, Mitteilung v. 3.3.2010, Europa 2020. Eine Strategie für ein intelligentes, nachhaltiges und integratives Wachstum, KOM(2010) 2020 endg., S. 18f.

soll mit Unterschieden in den einzelnen Sektoren einen erheblichen Beitrag zum klimabezogenen Ziel der Europäischen Union leisten.[83] Die Forschungsförderung über das Rahmenprogramm Horizont 2020 bildet ein Element der von der Kommission entwickelten Leitinitiative „Ressourcenschonendes Europa“[84] und sieht einen erheblichen Anteil des Gesamtbudgets für Maßnahmen mit Bezug zur nachhaltigen Entwicklung und für Klimaschutzausgaben vor.[85]

bb) Verbraucherschutz

Den ebenfalls als Querschnittsaufgabe der Union vorgesehenen Verbraucherschutz[86] begreift die Europäische Kommission als ein instrumentelles Ziel, das unmittelbar mit den Wachstumszielen des Binnenmarktes zusammenhängt.[87] Nicht nur, dass die Verbrauchernachfrage einen wesentlichen Teil der Gesamtnachfrage ausmacht.[88] Vor allem beeinflusst die Qualität der Auswahlentscheidungen von Verbraucherinnen und Verbrauchern das Marktverhalten der Anbieter bis hin zur Ausrichtung der Wertschöpfungsketten. Das Entscheidungsverhalten der Verbraucherinnen und Verbraucher prägt die Reaktionsverbundenheit des Interaktionszusammenhangs der Marktteilnehmerinnen und Marktteilnehmer insgesamt.[89] Die Europäische Kommission versteht das Verhältnis von Verbraucherschutz und Binnenmarkt dadurch als ein Verhältnis wechselseitiger

---

[83] Erwägungsgründe (8 und 11) der Verordnung Nr. 1316/2013 zur Schaffung der Fazilität „Connecting Europe“; zum Verkehrssektor bereits Europäische Kommission, Weißbuch v. 28.3.2011, Fahrplan zu einem einheitlichen europäischen Verkehrsraum – Hin zu einem wettbewerbsorientierten und ressourcenschonenden Verkehrssystem, KOM(2011) 144 endg., S. 5ff.

[84] Erwägungsgrund (3) VO 1291/2012 über das Rahmenprogramm für Forschung und Innovation Horizont 2020; zur Leitinitiative Europäische Kommission, Mitteilung v. 3.3.2010, Europa 2020. Eine Strategie für ein intelligentes, nachhaltiges und integratives Wachstum, KOM(2010) 2020 endg., S. 18.

[85] Erwägungsgrund (10) VO 1291/2012 über das Rahmenprogramm für Forschung und Innovation Horizont 2020.

[86] Vgl. Art. 12 AEUV; zur Charakterisierung der Querschnittsklausel vgl. nur *Tamm*, in: von der Groeben/Schwarze/Hatje, Europäisches Unionsrecht, Art. 12 AEUV Rn. 1f.

[87] Etwa Europäische Kommission, Mitteilung v. 22.5.2012, Eine Europäische Verbraucheragenda für mehr Vertrauen und mehr Wachstum, COM(2012) 225 final, S. 1: „Die Verbraucherausgaben machen 56% des Bruttoinlandsprodukts der Europäischen Union aus und sind von zentraler Bedeutung für das Erreichen des Europa-2020-Ziels eines intelligenten, integrativen und nachhaltigen Wachstums“.

[88] Siehe Fn. 87.

[89] Mit einem Akzent auf dem Mehrwert für Bürgerinnen und Bürger Europäische Kommission, Mitteilung v. 29.1.2008, Überwachung von verbraucherrelevanten Ergebnissen im Binnenmarkt: das Verbraucherbarometer, KOM(2008) 31 endg., S. 3: „Effiziente und flexible Verbrauchermärkte in der gesamten Wirtschaft sind zentrale Komponenten für die Wettbewerbsfähigkeit und das Wohlergehen der Bürger. Sie benötigen starke Verbraucher, die bewusste Kaufentscheidungen treffen und effiziente Marktteilnehmer schnell belohnen können.“; umgekehrt aus verbraucherschutzrechtlicher Perspektive zur Marktfreiheit als grundlegendem Ziel des Verbrauchervertragsrechts *Heiderhoff*, Grundstrukturen des nationalen und europäischen Verbrauchervertragsrechts, S. 222ff.

Förderung. Der Binnenmarkt birgt auf der einen Seite erhebliches Potential zur Verbesserung der Handlungsoptionen für Verbraucherinnen und Verbraucher.[90] Auf der anderen Seite entscheidet das Auswahlverhalten der Verbraucherinnen und Verbraucher über die Dynamik der Marktprozesse. Der von der Kommission angestrebte Verbraucherschutz verfolgt deshalb zu einem wesentlichen Teil das Ziel, die Qualität der Nachfrageentscheidungen sowie die Signalwirkung informierter Verbraucherentscheidungen zu erhöhen und die Intensität der Marktprozesse zu beeinflussen.[91] Verbraucherschutz stellt in dieser Perspektive ein zentrales Element funktionsfähiger Märkte dar.[92]

Zum einen gewährleisten verbraucherschützende Regelungen entsprechend der Binnenmarktperspektive die Produktsicherheit, indem sie allgemein Regelungen zu Maßnahmen der Risikoanalyse einschließlich des Vorsorgeprinzips unter Einbindung einer europäischen Behörde treffen und durch Harmonisierungen Wettbewerbsverzerrungen vermeiden.[93] In bestimmten Bereichen, etwa bei der Regulierung gentechnisch veränderter Organismen[94] oder der Ver-

---

[90] Europäische Kommission, Mitteilung v. 22.5.2012, Eine Europäische Verbraucheragenda für mehr Vertrauen und mehr Wachstum, COM(2012) 225 final, S. 1.

[91] Erwägungsgrund (1) Verordnung (EU) Nr. 254/2014 v. 26.2.2014 über ein mehrjähriges Verbraucherprogramm für die Jahre 2014–2020 und zur Aufhebung des Beschlusses Nr. 1926/2006/EG, ABl.EU Nr. L 84 v. 20.3.2014, S. 42 ff.; Europäische Kommission, Mitteilung v. 29.1.2008, Überwachung von verbraucherrelevanten Ergebnissen im Binnenmarkt: das Verbraucherbarometer, KOM(2008) 31 endg., S. 3; Europäische Kommission, Mitteilung v. 22.5.2012, Eine Europäische Verbraucheragenda für mehr Vertrauen und mehr Wachstum, COM(2012) 225 final, S. 1.

[92] Vgl. Art. 2 S. 1 Verordnung (EU) Nr. 254/2014 v. 26.2.2014 über ein mehrjähriges Verbraucherprogramm für die Jahre 2014–2020: „Gesamtziel des Programms ist es, im Rahmen einer Gesamtstrategie für intelligentes, nachhaltiges und inklusives Wachstum einen hohen Verbraucherschutz zu gewährleisten, die Handlungskompetenz des Verbrauchers zu stärken und den Verbraucher in den Mittelpunkt des Binnenmarkts zu stellen“.

[93] Für den Lebensmittelbereich Verordnung (EG) Nr. 178/2002 v. 28.1.2002 zur Festlegung der allgemeinen Grundsätze und Anforderungen des Lebensmittelrechts, zur Errichtung der Europäischen Behörde für Lebensmittelsicherheit und zur Festlegung von Verfahren zur Lebensmittelsicherheit, ABl.EG Nr. L 31 v. 1.2.2002, S. 1 ff., geändert durch Verordnung (EG) Nr. 1642/2003 v. 22.7.2003 zur Änderung der Verordnung (EG) Nr. 178/2002 zur Festlegung der allgemeinen Grundsätze und Anforderungen des Lebensmittelrechts, zur Errichtung der Europäischen Behörde für Lebensmittelsicherheit und zur Festlegung von Verfahren zur Lebensmittelsicherheit, ABl.EU Nr. L 245 v. 29.9.2003, S. 4 ff.; Verordnung (EG) Nr. 575/2006 v. 7.4.2006 zur Änderung der Verordnung (EG) Nr. 178/2002 des Europäischen Parlaments und des Rates hinsichtlich Anzahl und Bezeichnung der ständigen Wissenschaftlichen Gremien der Europäischen Behörde für Lebensmittelsicherheit, ABl. EU Nr. L 100 v. 8.4.2006, S. 3 ff.; Verordnung (EG) Nr. 202/2008 v. 4.3.2008 zur Änderung der Verordnung (EG) Nr. 178/2002 des Europäischen Parlaments und des Rates hinsichtlich Anzahl und Bezeichnung der Wissenschaftlichen Gremien der Europäischen Behörde für Lebensmittelsicherheit, ABl.EU Nr. L 60 v. 5.3.2008, S. 17 ff.

[94] Richtlinie 2001/18/EG v. 12.3.2001 über die absichtliche Freisetzung genetisch veränderter Organismen in die Umwelt und zur Aufhebung der Richtlinie 90/220/EWG des Rates, ABl. EG Nr. L 106 v. 17.4.2001, S. 1 ff.; Verordnung (EG) Nr. 1829/2003 v. 22.9.2003 über genetisch veränderte Lebensmittel und Futtermittel, ABl.EU v. 18.10.2003 Nr. L 268, S. 1 ff.; Verordnung

marktung neuartiger Lebensmittel[95] vertiefen bereichsspezifische Regelungen diesen Ansatz durch Zulassungspflichten und weitergehende Einschränkungen.

Zum anderen zielen verbraucherschützende Regelungen insbesondere auf die Entscheidungsgrundlage der Auswahlentscheidungen von Verbraucherinnen und Verbrauchern. Unterstützt durch Informationspflichten der Anbieter[96] sollen Verbraucherinnen und Verbraucher die wesentlichen Eigenschaften der angebotenen Waren und Dienstleistungen kennen und teilweise für die potentielle Relevanz einer bestimmten Eigenschaft erst aufmerksam gemacht werden.[97] Um die Entscheidungsrelevanz der bereitgestellten Informationen gegen eine Informationsüberflutung (*information overload*) abzusichern, strebt die Europäische Kommission ein stärkeres Vertrauen in Gütesiegel an und stellt die filternde und kanalisierende Funktion von Verbraucherorganisationen heraus.[98] Zur Grundlage für informierte Verbraucherentscheidungen zählen überdies auch Informationen zu den rechtlichen Optionen der Verbraucherinnen und Verbraucher, insbesondere zu den Gewährleistungsrechten bei Verbrauchsgüterkäufen[99] und den Widerrufsmöglichkeiten bei bestimmten Geschäften, ins-

---

(EG) Nr. 1830/2003 v. 22.9.2003, über die Rückverfolgbarkeit und Kennzeichnung von genetisch veränderten Organismen und über die Rückverfolgbarkeit von aus genetisch veränderten Organismen hergestellten Lebensmitteln und Futtermitteln sowie zur Änderung der Richtlinie 2001/18/EG, ABl.EU Nr. L 268 v. 18.10.2003, S. 24ff.; Richtlinie 2008/27/EG v. 11.3.2008 zur Änderung der Richtlinie 2001/18/EG über die absichtliche Freisetzung genetisch veränderter Organismen in die Umwelt im Hinblick auf die der Kommission übertragenen Durchführungsbefugnisse, ABl.EU Nr. L 81 v. 20.3.2008, S. 45ff.; Richtlinie (EU) 2015/412 v. 11.3.2015 zur Änderung der Richtlinie 2001/18/EG zu der den Mitgliedstaaten eingeräumten Möglichkeit, den Anbau von gentechnisch veränderten Organismen (GVO) in ihrem Hoheitsgebiet zu beschränken oder zu untersagen, ABl.EU Nr. 68 v. 13.3.2015, S. 1ff.

[95] Zur Zulassungspflicht für neuartige Lebensmittel, Verordnung (EU) 2015/2283 v. 25.11. 2015 über neuartige Lebensmittel, zur Änderung der VO(EU) Nr. 1169/2011 des Europäischen Parlaments und des Rates und zur Aufhebung der Verordnung (EG) Nr. 258/97 des Europäischen Parlaments und des Rates und der Verordnung (EG) Nr. 1852/2001 der Kommission, ABl.EU Nr. L 327 v. 11.12.2015, S. 1ff.

[96] *Heiderhoff*, Grundstrukturen des nationalen und europäischen Verbrauchervertragsrechts, S. 271ff.; zum weiteren Ausbau der Informationspflichten in der jüngeren Zeit vgl. nur die vorvertraglichen Informationspflichten in Pauschalreiseverträgen nach Art. 5 und 6 RL (EU) 2015/2302 über Pauschalreisen und verbundene Reiseleistungen, zur Änderung der Verordnung (EG) Nr. 2006/2004 und der Richtlinie 2011/83/EU des Europäischen Parlaments und des Rates sowie zur Aufhebung der Richtlinie 90/314/EWG des Rates, ABl.EU Nr. L 326 v. 11.12.2015, S. 1ff.; zur Umsetzung in Deutschland *Führich*, NJW 2016, 1204 (1207).

[97] *Heiderhoff*, Grundstrukturen des nationalen und europäischen Verbrauchervertragsrechts, S. 266ff.: Information als primäres Instrument zur Stärkung des Verbrauchers.

[98] Europäische Kommission, Mitteilung v. 22.5.2012, Eine Europäische Verbraucheragenda für mehr Vertrauen und mehr Wachstum, COM(2012) 225 final, S. 5f., S. 9f.; zur finanziellen Förderung von Maßnahmen zur Verbraucherinformation und Verbraucherbildung sowie Unterstützung der Verbraucherorganisation Art. 4 Nr. 4–7 VO 254/2014 über ein mehrjähriges Verbraucherprogramm für die Jahre 2014–2020.

[99] Art. 3 Richtlinie 1999/44/EG vom 25.5.1999 zu bestimmten Aspekten des Verbrauchsgüterkaufs und der Garantien für Verbrauchsgüter, ABl.EG Nr. L 171 v. 7.7.1999, S. 12ff.

besondere bei Fernabsatzgeschäften.[100] Schließlich richten sich lauterkeitsrechtliche Regelungen gegen unterschiedliche Formen der Irreführung oder sonstige unlautere Beeinflussungen von Verbraucherinnen und Verbrauchern.[101]

cc) Forschungsförderung

Auf den Ansatz, bei einer eingehenden Gestaltung des Binnenmarkts unterschiedliche Politiken zu verzahnen und Synergieeffekte herzustellen, greift die Europäische Union auch in der Forschungsförderung zurück. Das Rahmenprogramm für Forschung und Innovation Horizont 2020[102] setzt neben der Generierung exzellenter wissenschaftlicher Leistungen und der Förderung der Strategie 2020[103] einen Schwerpunkt auf die Förderung der führenden Rolle der Industrie[104] und greift dabei das wirtschaftspolitische Ziel der besonderen Förderung von kleinen und mittleren Unternehmen bei der Gestaltung des Binnenmarkts[105] auf.[106] Horizont 2020 verbindet schon im Ansatz die Förderung von Forschungs- und Innovationstätigkeiten mit der Förderung gesellschaftlichen Nutzens und der Ausschöpfung des wirtschaftlichen und industriellen Potentials[107] und ist entsprechend auf die Anregung privater Investitionen und Forschung und Innovation ausgerichtet.[108] Forschungsförderung geht aus dieser

---

[100] Art. 9ff. Richtlinie 2011/83/EU v. 25.11.2011 über die Rechte der Verbraucher, zur Änderung der Richtlinie 93/13/EWG des Rates und der Richtlinie 1999/44/EG des Europäischen Parlaments und des Rates sowie zur Aufhebung der Richtlinie 85/577/EWG des Rates und der Richtlinie 97/7/EG des Europäischen Parlaments und des Rates, ABl.EU Nr. L304 v. 22.11. 2011, S. 64ff.

[101] Art. 5–9 Richtlinie 2005/29/EG v. 11.5.2005 über unlautere Geschäftspraktiken im binnenmarktinternen Geschäftsverkehr zwischen Unternehmen und Verbrauchern und zur Änderung der Richtlinie 84/450/WEG des Rates, der Richtlinien 97/7/EG und 2002/65/EG des Europäischen Parlaments und des Rates sowie der Verordnung (EG) Nr. 2006/2004 des Europäischen Parlaments und des Rates (Richtlinie über unlautere Geschäftspraktiken), ABl. EU Nr. L 149 v. 11.6.2005, S. 22ff.

[102] Verordnung (EU) Nr. 1291/2013 v. 11.12.2013 über das Rahmenprogramm für Forschung und Innovation Horizont 2020 (2014–2020) und zur Aufhebung des Beschlusses Nr. 1982/2006/ EG, ABl.EU Nr. L 347 v. 20.12.2013, S. 104ff.

[103] Europäische Kommission, Mitteilung v. 3.3.2010, Europa 2020. Eine Strategie für intelligentes, nachhaltiges und integratives Wachstum, KOM(2010) 2020 endg.

[104] Erwägungsgrund (4) Verordnung (EU) Nr. 1291/2013 v. 11.12.2013 über das Rahmenprogramm für Forschung und Innovation Horizont 2020.

[105] Siehe oben, § 6 A.I.2.a)cc).

[106] Vgl. die Maßnahmen zur Absicherung der Teilnahmequote von KMU an Horizont 2020 in Höhe von 20 % aller Haushaltsmittel für das Einzelziel „Führende Rolle bei grundlegenden und industriellen Technologien" und für den Schwerpunkt „Gesellschaftliche Herausforderungen" in Erwägungsgrund (35) Verordnung (EU) Nr. 1291/2013 über das Rahmenprogramm für Forschung und Innovation Horizont 2020.

[107] Art. 1 Verordnung (EU) Nr. 1291/2013 über das Rahmenprogramm für Forschung und Innovation Horizont 2020.

[108] Erwägungsgründe (11 und 37) Verordnung (EU) Nr. 1291/2013 über das Rahmenprogramm für Forschung und Innovation Horizont 2020.

Perspektive zu einem gewissen Grad mit der Förderung der Wettbewerbsfähigkeit der Unternehmen auf dem Binnenmarkt, aber auch der Bedarfsdeckung in anderen Politikbereichen der Europäischen Union[109] einher. Dieser zielorientierte Mitteleinsatz ist auch angesichts der Nachwirkungen der Wirtschaftskrise[110] Ausdruck der allgemeinen Grundsätze für die Haushaltsplanung, insbesondere einer „Konzentration auf Instrumente mit nachgewiesenem Mehrwert für die Union" sowie „eine[r] stärkere[n] Ergebnisorientierung".[111] Die finanzielle Förderung von Forschung und Innovation verfolgt darüber hinaus Ziele des Klimaschutzes und der Ressourceneffizienz,[112] erzeugt Synergien zur Kohäsionspolitik der Europäischen Union[113] und wirkt schließlich auf die Gleichstellung von Frauen und Männern in Forschung und Innovation hin.[114]

3. Interaktionsbedingte Krisenanfälligkeit des Binnenmarkts

Durch das große Potential an Handlungsoptionen und den rechtlichen Rahmen, der die sich daraus ergebenden komplexen Interaktionszusammenhänge mit Blick auf bestimmte Entwicklungsszenarien abstützt, macht der Binnenmarkt die Europäische Union auf spezifische Weise krisenanfällig, wenn die Dynamik der Interaktionen zu nicht erwarteten Entwicklungen führt. Sowohl die Finanzkrise als auch die Flüchtlingskrise haben auf jeweils unterschiedliche Weise gezeigt, dass die vom Binnenmarkt bereitgehaltenen Anschlussmöglichkeiten durch aufeinander bezogene Interaktionen strukturelle Effekte hervorbringen können, auf die der rechtliche Rahmen des Binnenmarkts und insbesondere der Grundfreiheiten nicht eingestellt sind. Die Gewährleistung des Binnenmarkts als Daueraufgabe der Europäischen Union bedeutet deshalb auch, die mit der Dynamik von Interaktionen zwangsläufig verbundene Gefahr von Fehlentwicklungen oder Dysfunktion des rechtlichen Rahmens laufend zu beobachten und in die rechtliche Ausgestaltung des Binnenmarkts reflexive Elemente zu integrieren.

[109] Zur Förderung der Beforschung „innovativer Finanzierungsinstrumente, die darauf abzielen, dem Bedarf im Zusammenhang mit einer großen Bandbreite von Politikbereichen der Union gerecht zu werden, indem der größtmöglichen Verwendung des durch die geförderten Tätigkeiten generierten Wissens bis hin zur kommerziellen Nutzung dieses Wissens besondere Beachtung geschenkt wird", Erwägungsgrund (11) Verordnung (EU) Nr. 1291/2013 über das Rahmenprogramm für Forschung und Innovation Horizont 2020.

[110] Europäischen Kommission v. 19.10.2010, Überprüfung des EU-Haushalts, KOM(2010) 700 endg., S. 1 ff.

[111] Erwägungsgrund (4) des Rahmenprogramms Horizont 2020, Verordnung (EU) Nr. 1291/2013 im Anschluss an die Mitteilung der Europäischen Kommission v. 19.10.2010, Überprüfung des EU-Haushalts, KOM(2010) 700 endg.

[112] Zur entsprechenden Quotierung des Gesamtbudgets Erwägungsgrund (10) des Rahmenprogramms Horizont 2020, Verordnung (EU) Nr. 1291/2013, siehe bereits oben, Fn. 85.

[113] Erwägungsgrund (33) des Rahmenprogramms Horizont 2020, Verordnung (EU) Nr. 1291/2013.

[114] Erwägungsgrund (25) des Rahmenprogramms Horizont 2020, Verordnung (EU) Nr. 1291/2013.

a) Finanzkrise

aa) Interaktionsraum als Faktor systemischer Risiken

Die Entstehung der Finanzkrise ist kein Spezifikum des Europäischen Binnenmarkts.[115] Allerdings haben die Niederlassungs- und die Kapitalverkehrsfreiheit innerhalb der Europäischen Union dazu beigetragen, die Bedingungen für Kreditinstitute zur Beteiligung an den neuartigen, auf mehrfach strukturierte Produkte zurückgehenden Wertschöpfungsketten zu erleichtern.[116] Systemische Risiken gehen maßgeblich auf die Intensität der Marktprozesse zurück, die auf der einen Seite innovative, besonders leistungsfähige Finanzprodukte hervorbringt,[117] die auf der anderen Seite allerdings auch die korrelierten, von den Marktteilnehmerinnen und Marktteilnehmern als vermeintlich unabhängig und beherrschbar eingestuften Ausfallrisiken entstehen ließ.[118] Indem die Binnenmarktregeln den Optionenraum für Kreditinstitute vergrößern, erhöhen sie die Leistungsfähigkeit und steigern damit zugleich die Anfälligkeit für systemische Risiken. Zu dieser Erhöhung tragen neben unzureichenden bankinternen Steuerungs- und Kontrollmechanismen[119] insbesondere Verflechtungen von Kreditinstituten innerhalb des Binnenmarkts bei. Durch den Abbau von Handelshemmnissen senkt der Binnenmarkt die Transaktionskosten für grenzüberschreitende Geschäfte zwischen Banken, die dadurch bereits bei vergleichsweise geringen Renditen rentabel werden, unter anderem das Volumen der Interbankenmärkte,[120] die aber auch die wechselseitigen Abhängigkeit erhöhen. Die Verflechtungen begünstigen Dominoeffekte bei Liquiditätsengpässen von Kreditinstituten sowie sog. Ansteckungseffekte. Kreditinstitute unterstellen bei Liquiditätsengpässen eines Kreditinstituts, dass im Hinblick auf die engen Verflechtungen auch andere Kreditinstitute von ähnlichen Schwierigkeiten betroffen sind, zumal wenn die Kreditinstitute ähnliche Geschäftsmodelle verfolgen.[121] Die Folge ist ein Ver-

[115] Zu den Faktoren der Entstehung siehe oben, § 5 D.II.2.b).

[116] Hinzu kamen die harmonisierenden Effekte einer einheitlichen Geldpolitik der EZB, *Pilz*, Der Europäische Stabilitätsmechanismus, S. 23 ff: Katalysator der Krise.

[117] Teilweise lagen der Mehrwert der innovativen Merkmale allerdings ausschließlich in der Umgehung der Eigenkapitalanforderungen, *Hellwig*, Finanzmarktregulierung – Welche Regelungen empfehlen sich für den deutschen und europäischen Finanzsektor?, S. E 26 f.; siehe oben, § 5 D.II.2.b).

[118] Hinzu kommt, dass eine gesteigerte Wettbewerbsintensität die Bereitschaft der Kreditinstitute zur Eingehung von Risiken zusätzlich erhöht, *Hellwig*, ZWS Beiheft 7/1998, 123 (143 ff.).

[119] Zu den Defiziten der bankinternen Governance vor der Finanzkrise Wissenschaftlicher Beirat beim Bundesministerium für Wirtschaft und Technologie, Gutachten Reform von Bankenregulierung und Bankenaufsicht nach der Finanzkrise, 16.4.2010, S. 28 ff.; The High-Level Group on Financial Supervision in the EU, Report, 25.2.2009 (*de Larosière*-Bericht), S. 11.

[120] Zu deren Zusammenbruch *Hellwig*, Finanzmarktregulierung – Welche Regelungen empfehlen sich für den deutschen und europäischen Finanzsektor?, S. E 28 ff.

[121] Zu den Auswirkungen des Vertrauensverlusts *Hellwig*, Finanzmarktregulierung – Welche

trauensverlust, der zu Abwertungen bilanzierter Produkte, aus Vorsichtsgründen oder wegen Eigenkapitalvorgaben unter Umständen zu Verkäufen führt, die den Marktwert der Produkte weiter unter Druck setzen.[122] Zudem sinkt die Bereitschaft, auf dem Interbankenmarkt Liquidität zur Verfügung zu stellen.[123]

Der aus interaktionszentrierter Perspektive wesentliche Aspekt liegt darin, dass die Regelungen, die das Anschlusspotential für Interaktionen erhöhen und die Transaktionskosten gesenkt haben, zugleich systemische Risiken begünstigen. Die interaktionsbasierte Komplexität der Wertschöpfungsketten auf Finanzmärkten ist Ausdruck sowohl ihrer Leistungsfähigkeit als auch ihrer Risikogeneigtheit.

In der akuten Krisensituation können die Garantien des Binnenmarkts schließlich die Optionen zum hoheitlichen Krisenmanagement sowohl auf Ebene der Europäischen Union als auch der Mitgliedstaaten einschränken. Nationale Maßnahmen zur Stabilisierung insolvenzbedrohter systemrelevanter Kreditinstitute stoßen bei der Restrukturierung des Anteilseigentums an die sekundärrechtlichen Grenzen der Beschränkung von Eigentümerpositionen und -befugnissen, hinter denen die Kapitalverkehrsfreiheit steht.[124] Während diese sekundärrechtlichen Grenzen konzipiert sind, um Minderheitsaktionäre vor unangemessenem hoheitlichem Zugriff einzelner Mitgliedstaaten abzuschirmen,[125] schützen sie

Regelungen empfehlen sich für den deutschen und europäischen Finanzsektor?, S. E 30f., S. E 50; näher oben, § 5 D.II.2.b).

[122] The High-Level Group on Financial Supervision in the EU, Report, 25.2.2009 (*de Larosière*-Bericht), Tz. 33ff., S. 13.

[123] The High-Level Group on Financial Supervision in the EU, Report, 25.2.2009 (*de Larosière*-Bericht), Tz. 36, S. 13.

[124] Zum *Squeeze out* bei der Hypo Real Estate AG OLG München, Urt. v. 28.9.2011, 7 U 711/11, Rn. 60: etwaiger Eingriff in die Kapitalverkehrsfreiheit jedenfalls aus zwingenden Gründen des Allgemeinwohls gerechtfertigt; Antrag auf Durchführung des Nichtzulassungsbeschwerdeverfahrens abgelehnt durch BGH, Beschl. v. 11.12.2012, II ZA 7/11, Rn. 1; aus der Literatur *Lübke*, EWS 2010, 407ff.; *Bachmann*, ZIP 2009, 1249 (1250ff.); *Voland*, NZG 2012, 694 (697ff.).

[125] Vgl. zum Zeitpunkt des Erlasses des Finanzmarktstabilisierungsgesetzes Zweite Richtlinie des Rates vom 13.12.1976 zur Koordinierung der Schutzbestimmungen, die in den Mitgliedstaaten den Gesellschaften im Sinne des Artikels 58 Absatz 2 des Vertrages im Interesse der Gesellschafter sowie Dritter für die Gründung der Aktiengesellschaft sowie für die Erhaltung und Änderung ihres Kapitals vorgeschrieben sind, um diese Bestimmungen gleichwertig zu gestalten (77/91/EWG); nunmehr ist die Richtlinie 2012/30/EU v. 25.10.2012 zur Koordinierung der Schutzbestimmungen, die in den Mitgliedstaaten den Gesellschaften im Sinne des Artikels 54 Absatz 2 des Vertrags über die Arbeitsweise der Europäischen Union im Interesse der Gesellschafter sowie Dritter für die Gründung der Aktiengesellschaft sowie für die Erhaltung und Änderung ihres Kapitals vorgeschrieben sind, um diese Bestimmung gleichwertig zu gestalten, ABl.EU Nr. L 315 v. 14.11.2012, S. 74ff., infolge der Änderung durch die Richtlinie 2014/59/EU v. 15.5.2014 zur Festlegung eines Rahmens für die Sanierung und Abwicklung von Kreditinstituten und Wertpapierfirmen und zur Aufhebung der Richtlinie 82/891/EWG des Rates, der Richtlinien 2001/24/EG, 2002/47/EG, 2004/25/EG, 2005/56/EG, 2007/36/EG, 2011/35/EU, 2012/30/EU und 2013/36/EU sowie der Verordnung (EU) Nr. 1093/2010 und (EU) Nr. 648/2012 des Europäischen Parlaments und des Rates, ABl.EU Nr. L 173 v. 12.6.

in der unmittelbar bevorstehenden Insolvenz eines Kreditinstituts die Rechtsposition von Aktionären, deren Beteiligung zu Marktbedingungen wertlos wäre, die allerdings das öffentliche Interesse an der Rettung des Finanzinstituts ausnutzen, um für ihre Kooperation eine Vergütung zu erhalten. Sekundärrechtliche Vorgaben zum Aktionärsschutz im Binnenmarkt, die von den Mitgliedstaaten ausgehende Hemmnisse für grenzüberschreitende Investitionen adressieren, setzen einer finanzstabilisierenden Restrukturierung Grenzen, deren Notwendigkeit bei Erlass der Regelung noch nicht absehbar war.

bb) Untrennbarkeit von Wirtschafts- und Währungspolitik

Auf europäischer Ebene werfen Zahlungsschwierigkeiten einzelner zur Währungsunion zählender Mitgliedstaaten ähnliche, ebenfalls auf die integrierten Interaktionszusammenhänge zurückgehende Schwierigkeiten auf. Unterschiede in der Haushaltslage der einzelnen Mitgliedstaaten wirken sich auf die Wertentwicklung der betreffenden Staatsanleihen auf den Primär- und Sekundärmärkten aus und beeinflussen dadurch die jeweiligen Konditionen der Finanzierung. Diese Rückwirkung der Haushaltspolitik auf die zukünftige Haushaltslage macht eine disziplinierende Rahmenbedingung der Haushaltsautonomie der einzelnen Mitgliedstaaten auch innerhalb der Währungsunion aus, die unter anderem durch das sog. *bailout*-Verbot[126] abgesichert wird.[127] Wenn das Vertrauen der Anleger in die Bonität eines Staatsanleihen ausgebenden Mitglieds der Währungsunion allerdings zu schnell und stark sinkt, verschlechtern sich nicht nur die Refinanzierungsbedingungen dieses Mitgliedstaats, sondern die Streuung auf den Anleihemärkten erschwert, verstärkt durch Ansteckungseffekte in Bezug auf andere Mitgliedstaaten mit potentiell ähnlicher Haushaltslage,[128] eine einheitliche

---

2014, S. 190ff., für die Möglichkeit von Restrukturierungsmaßnahmen angepasst. Nach Art. 45 Abs. 4 RL 2012/30/EU sorgen die Mitgliedstaaten dafür, dass eine Reihe aktionärsschützender Vorschriften bei Rückgriff auf die Instrumente, Befugnisse und Mechanismen der Abwicklung keine Anwendung finden.

[126] Art. 125 Abs. 1 AEUV.

[127] *Potacs*, EuR 2013, 133 (135f.); *Ohler*, DVBl. 2011, 1061 (1064): Marktabhängigkeit staatlicher Verschuldung soll ‚haushaltsmäßiges perpetuum mobile' verhindern; aus der Rechtsprechung des Gerichtshofs EuGH, Urt. v. 27.11.2012, C-370/12, ECLI:EU:C:2012:756 – *Pringle*, Rn. 135: „Wie der Entstehungsgeschichte des Vertrags von Maastricht zu entnehmen ist, soll Art. 125 AEUV sicherstellen, dass die Mitgliedstaaten auf eine solide Haushaltspolitik achten (…). Das Verbot in Art. 125 AEUV gewährleistet, dass die Mitgliedstaaten bei ihrer Verschuldung der Marktlogik unterworfen bleiben, was ihnen einen Anreiz geben soll, Haushaltsdisziplin zu wahren. Die Einhaltung einer solchen Disziplin trägt auf Unionsebene zur Verwirklichung eines übergeordneten Ziels bei, und zwar dem der Aufrechterhaltung der finanziellen Stabilität der Unionswährung."; das schließt allerdings die Gewährung stabilisierender Finanzhilfen unter Mitgliedstaaten nicht schlechthin aus, EuGH, Urt. v. 27.11.2012, C-370/12, ECLI:EU:C:2012:756 – *Pringle*, Rn. 137ff.; *Nettesheim*, NJW 2013, 14 (15f.); kritisch *Potacs*, EuR 2013, 133 (136f.).

[128] Näher *Smeets*, Ansteckungseffekte während der europäischen Staatsschuldenkrise, S. 249ff.; zur Entwicklung der Risikoprämien für zehnjährige Staatsanleihen in der Zeit nach

Geldpolitik und die Gewährleistung der Preisstabilität. Geldpolitik, die über den als „monetären Transaktionsmechanismus" beschriebenen Zusammenhang mit dem Nachfrageverhalten auf ganz unterschiedlichen Märkten und schließlich mit dem Angebotsverhalten der Unternehmen[129] verbunden ist, lässt sich wegen der integrierten Interaktionszusammenhänge auf dem Binnenmarkt nicht mehr klar von der Wirtschaftspolitik trennen.[130] Indem der Binnenmarkt für Kreditinstitute wie auch für sonstige Unternehmen einen grenzüberschreitenden Optionenraum mit kontinuierlich sinkenden Transaktionskosten etabliert, begünstigt er eine Ausdifferenzierung und zugleich eine Verflechtung aus Mikroperspektive der Geschäftsmodelle und aus Makroperspektive der Wertschöpfungsketten. Indem geldpolitische Maßnahmen insbesondere zur Sicherung der Preisstabilität diese Geschäftsmodelle und Wertschöpfungsketten beeinflussen, ziehen sie sich querschnittsartig und mit einer Breitenwirkung durch die Märkte des Binnenmarkts, sodass ihnen wirtschaftspolitische Züge zukommen. Die aus dem Interaktionsraum hervorgegangenen Interaktionszusammenhänge lassen eine isolierte Geldpolitik nur noch eingeschränkt zu. Diesen Befund teilen die Rechtsprechung sowohl des Bundesverfassungsgerichts als auch des Europäischen Gerichtshofs.[131] Sie ziehen daraus allerdings abweichende Konsequenzen im Hinblick auf die Reichweite der Kompetenz zur Geldpolitik. Während das Bundesverfassungsgericht eine Kompetenz des Europäischen Systems der Zentralbanken (ESZB) für geldpolitische Maßnahmen mit wesentlichen Implikationen für die Wirtschaftspolitik mit der Begründung verneint, dass andernfalls die Abgrenzung zwischen Geld- und Währungspolitik aufgegeben sowie das Prinzip der begrenzten Einzelermächtigung[132] ausgehöhlt werden würde,[133] und angesichts der Überschneidungen eine wertende Gesamtbetrachtung zur Kompetenzab-

---

2005 auch *ders.*, Zum Stand der Staatsschuldenkrise in Europa, S. 4ff., *ders.*, Wirtschaftsdienst 2010, 548 (549f.), der allerdings eine konsequente Einhaltung und glaubhafte Kommunikation des *bailout*-Verbots als wirksames Mittel zur nachhaltigen Reduktion von Risikoprämien einordnet.

[129] *Feld/Fuest/Haucap/Schweitzer/Wieland/Wigger* beschreiben die geldpolitische Transmission als „die Übertragung geldpolitischer Impulse zunächst auf die Marktzinsen, darüber dann auf die Konsum-, Investitions- und Auslandsnachfrage nach Gütern und Dienstleistungen und schließlich auf das Preissetzungsverhalten der Unternehmen (…)", Das entgrenzte Mandat der EZB, S. 13.

[130] *Heun*, JZ 2014, 331 (333); *Ismer/Wiesner*, DÖV 2015, 81 (86ff.), die jedenfalls eine nach Art. 127 Abs. 1 S. 2 AEUV zulässige Maßnahme zur Unterstützung der allgemeinen Wirtschaftspolitik annehmen.

[131] BVerfG, Vorlagebeschl. v. 14.1.2014, 2 BvE 13/13, BVerfGE 134, 366 u.a. – *OMT-Beschluss*, Rn. 69ff.; BVerfG, Urt. v. 21.6.2016, 2 BvE 13/13, BVerfGE 142, 123 u.a. – *OMT-Programm*, Rn. 183; EuGH, Urt. v. 16.6.2015, C-62/14, ECLI:EU:C:2015:7 – *Gauweiler* u.a., Rn. 51ff.

[132] Art. 5 Abs. 1 und 2 EUV.

[133] BVerfG, Vorlagebeschl. v. 14.1.2014, 2 BvE 13/13, BVerfGE 134, 366 u.a. – *OMT-Beschluss*, Rn. 69ff.; aus der Literatur *R. Schmidt*, JZ 2015, 317 (320f.).

grenzung fordert,[134] begründen nach der Rechtsprechung des Europäischen Gerichtshofs die mit geldpolitischen Maßnahmen zwangsläufig verbundenen wirtschaftspolitischen Effekte keine Kompetenzüberschreitung.[135] Strukturell ähnlich wie in anderen Bereichen, etwa bei der Ausübung der Grundfreiheiten, bleibt die Ausübung einer unionsrechtlichen Rechtsposition im Hinblick auf ihre Effektivität auch dann von der zu Grunde liegenden Kompetenz der Union gedeckt, wenn sie aufgrund der zunehmend integrierten Interaktionszusammenhänge Effekte in Bereichen hervorruft, die in die Kompetenz der Mitgliedstaaten fallen.[136]

cc) Grenzen der ultra vires-Kontrolle

Diese Implikationen integrierter Interaktionszusammenhänge für die Optionen zur Gestaltung des Binnenmarkts stellen die Angemessenheit einer auf Trennung angelegten Dogmatik in Frage. Das Prinzip der begrenzten Einzelermächtigung lässt sich bei zunehmender Verflechtung der Interaktionszusammenhänge nicht sinnvoll als eine Begrenzung der Effekte begreifen. Vielmehr ist das hinter dem Prinzip der begrenzten Einzelermächtigung stehende Anliegen, den Mitgliedstaaten in den Bereichen, für die keine Kompetenzen an die Europäische Union übertragen worden sind, hinreichende Spielräume autonomer Gestaltung zu sichern, auf andere Weise zu gewährleisten.

Dieser Zusammenhang zwischen dem Prinzip der begrenzten Einzelermächtigung und den verflochtenen Interaktionsbeziehungen im Binnenmarkt gerät auf nationaler Ebene potentiell in Konflikt mit einer verfassungsgerichtlichen *ultra vires*-Kontrolle, wenn diese auf eine vertikale Trennung bestimmter, im Zustimmungsgesetz benannter Bereiche hinausläuft.[137] Eine solche vertikale Trennung

---

[134] BVerfBVerfG, Vorlagebeschl. v. 14.1.2014, 2 BvE 13/13, BVerfGE 134, 366 u.a. – *OMT-Beschluss*, Rn. 99; BVerfG, Urt. v. 21.6.2016, 2 BvE 13/13, BVerfGE 142, 123 u.a. – *OMT-Programm*, Rn. 183.

[135] EuGH, Urt. v. 16.6.2015, C-62/14, ECLI:EU:C:2015:7 – *Gauweiler* u.a., Rn. 51f.: „Der Umstand, dass ein Programm wie das in der Pressemitteilung angekündigte möglicherweise geeignet ist, auch zur Stabilität des Euro-Währungsgebiets beizutragen, die zur Wirtschaftspolitik gehört (...), kann diese Beurteilung nicht in Frage stellen. Eine währungspolitische Maßnahme kann nämlich nicht allein deshalb einer wirtschaftspolitischen Maßnahme gleichgestellt werden, weil sie mittelbare Auswirkungen auf die Stabilität des Euro-Währungsgebiets haben kann (...).“; EuGH, Urt. v. 11.12.2018, C-493/14, ECLI:EU:C:2018:1000 – *Weiss u.a.*, Rn. 62ff.

[136] EuGH, Urt. v. 11.12.2018, C-493/14, ECLI:EU:C:2018:1000 – *Weiss u.a.*, Rn. 67: „Daher würde der Ausschluss jeglicher Möglichkeit des ESZB, solche Maßnahmen zu ergreifen, wenn ihre Auswirkungen vorhersehbar sind und bewusst in Kauf genommen werden, dem ESZB in der Praxis verbieten, die Mittel anzuwenden, die ihm durch die Verträge zur Erreichung der Ziele der Geldpolitik zur Verfügung gestellt sind, und könnte insbesondere im Kontext einer Wirtschaftskrise, mit der ein Deflationsrisiko einhergeht, ein unüberwindbares Hindernis für die Erfüllung der ihm nach dem Primärrecht obliegenden Aufgaben darstellen.“; zu den Auswirkungen der Freizügigkeit als Teil der Unionsbürgerschaft auf das nationale Namensrecht etwa unten, § 6 A.II.3.a).

[137] Zum Maßstab der Kontrolle des „im Zustimmungsgesetz niedergelegten Integrations-

lässt sich in Lebensbereichen, die in irgendeiner Weise einen Binnenmarktbezug aufweisen, infolge der Verflechtungen der Interaktionszusammenhänge nicht mehr uneingeschränkt und mit zunehmender Verflechtung immer weniger realisieren. Die Einräumung methodischer Eigenheiten der Europäischen Union[138] sowie die Beschränkung der Kontrolle auf „offensichtliche" Kompetenzüberschreitungen[139] begründen gewisse Spielräume bei der Handhabung des Kontrollmaßstabs,[140] kompensieren die Schwächen des Kontrollmaßstabs aber nicht vollständig. Statt dem Europäischen Gerichtshof einen „Anspruch auf Fehlertoleranz" zuzubilligen,[141] wäre ein Kontrollmaßstab zu entwickeln, der den Interdependenzen der Handlungszusammenhänge Rechnung trägt.[142]

Diese Tendenz zu bereichsübergreifenden Einflüssen von Maßnahmen der Union ist nicht Ausdruck einer Strategie, die Souveränität der Mitgliedstaaten zu marginalisieren, sondern ist in der Etablierung des Binnenmarkts von vorneherein angelegt. Die Übertragung von Kompetenzen zur Schaffung eines gemeinsamen Binnenmarkts bedeutet nicht nur den Verzicht auf die Errichtung von Binnengrenzen und sonstiger Handelshemmnisse, sondern zugleich auch die Akzeptanz der sich auf dem Binnenmarkt herausbildenden, vielfältig verflochtenen Interaktionsbeziehungen und vor allem der Auswirkungen dieser Komplexität auf die rechtliche Steuerbarkeit. Ohne Verflechtungen der Kompetenzbereiche ist ein Interaktionsräume freisetzender Binnenmarkt nicht realisierbar. Ein nationaler *ultra vires*-Maßstab, der auf uneingeschränkte Gestaltungsspielräume des nationalen Gesetzgebers innerhalb der nationalen Kompetenzbereiche besteht, differenziert nicht hinreichend zwischen den übertragenen Kompetenzen und den Effekten integrierter Interaktionsbeziehungen für das Steuerungspotential des Rechts.

---

programms" BVerfG, Urt. v. 21.6.2016, 2 BvE 13/13, BVerfGE 142, 123 u. a. – *OMT-Programm*, Rn. 144 ff.; zur Entwicklung der Rechtsprechung *A. Schwerdtfeger*, EuR 2015, 290 (291 ff.).

138 BVerfG, Urt. v. 21.6.2016, 2 BvE 13/13, BVerfGE 142, 123 u. a. – *OMT-Programm*, Rn. 159 f.: Eigentümlichkeiten des Unionsrechts bedingen nicht unbeträchtliche Abweichungen hinsichtlich der Bedeutung und Gewichtung der unterschiedlichen Interpretationsmittel (Rn. 160), im Anschluss an *Wegener*, in: Calliess/Ruffert, EUV/AEUV, Art. 19 EUV Rn. 13.

139 BVerfG, Urt. v. 21.6.2016, 2 BvE 13/13, BVerfGE 142, 123 u. a. – *OMT-Programm*, Rn. 148 ff.: „Die Annahme eines Ultra-vires-Akts setzt – ohne Rücksicht auf den betroffenen Sachbereich – voraus, dass eine Maßnahme von Organen, Einrichtungen und sonstigen Stellen der Europäischen Union offensichtlich außerhalb der übertragenen Kompetenzen liegt (…). Das ist das Fall, wenn sich die Kompetenz – bei Anwendung allgemeiner methodischer Standards (…) – unter keinem rechtlichen Gesichtspunkt begründen lässt (…)".

140 Vgl. BVerfG, Urt. v. 21.6.2016, 2 BvE 13/13, BVerfGE 142, 123 u. a. – *OMT-Programm*, Rn. 175 ff.

141 BVerfG, Urt. v. 21.6.2016, 2 BvE 13/13, BVerfGE 142, 123 u. a. – *OMT-Programm*, Rn. 149; BVerfG, Beschl. v. 6.7.2010, 2 BvR 2661/06, BVerfGE 126, 286 – *Mangold/Honeywell*, Rn. 66.

142 Für eine Rücknahme des verfassungsgerichtlichen Kontrollmaßstabs im Ergebnis auch *A. Schwerdtfeger*, EuR 2015, 290 (302 ff.).

Diese Konsequenzen der im Binnenmarkt entstandenen verflochtenen Interaktionszusammenhänge für das rechtliche Steuerungspotential wirken sich zugleich auf die nationale Konzeption des Demokratieprinzips aus. Der subjektiv-rechtliche Schutz der wahlberechtigten Bürgerinnen und Bürger gegen wesentliche Schmälerungen der Rechte des Bundestags und gegen den damit verbundenen Verlust an Gestaltungsmacht des gewählten Verfassungsorgans[143] lässt sich schon wegen der ambivalenten Wirkung integrierter Handlungszusammenhänge sowohl für die Optionen hoheitlicher Gestaltung[144] als auch individueller Selbstbestimmung[145] nicht allgemein gegen diese eine vertikale Trennung überschreitenden Effekte der Integration anführen. Isolierte, also von den Entscheidungen der Parlamente anderer Mitgliedstaaten sowie der Europäischen Union unabhängige Steuerungsoptionen nationaler Parlamente lassen sich unter Bedingungen verflochtener Interaktionszusammenhänge gegenüber der Europäischen Union nur um den Preis einer Desintegration des Binnenmarkts einfordern. Entsprechend umfasst das grundrechtsgleiche Recht aus Art. 38 Abs. 1 S. 1 GG nicht die Konservierung der tatsächlichen Steuerungsmöglichkeiten. Die mit den Interaktionszusammenhängen und dem Binnenmarkt verbundenen Änderungen der Steuerbarkeit, etwa in Form der Wechselwirkungen zwischen Währungs- und Wirtschaftspolitik, strukturieren die Optionen parlamentarischer Gestaltung der Mitgliedstaaten und damit demokratischer Legitimation. Eine nationale verfassungsrechtliche Gewährleistung der Demokratie ist angesichts komplexer Interaktionszusammenhänge stärker auf kooperative, unvermeidliche Wechselwirkungen aufgreifende Gestaltung einzustellen.[146] Es spricht Manches dafür, dass eine solche Kompetenzkontrolle schon wegen der übergreifenden Perspektive besser von dem Europäischen Gerichtshof als von einem nationalen Verfassungsgericht zu leisten ist.[147] Ein Beharren auf isolierten,

---

143 Zu diesem in Art. 38 Abs. 1 S. 1 GG verankerten Anspruch auf demokratische Selbstbestimmung BVerfG, Urt. v. 21.6.2016, 2 BvE 13/13 u. a., BVerfGE 142, 123 – *OMT-Programm*, Rn. 125 f., m. w. N.

144 Siehe oben, § 6 A.I.2.

145 Siehe oben, § 1 D.I.1.a).

146 Vorschlag für eine Beschränkung der *ultra vires*-Kontrolle auf eine faktische Ergänzung der unionsrechtlichen Direktklagemöglichkeiten bei *Mayer*, NJW 2015, 1999 (2002); eine Verknüpfung von *ultra vires*-Kontrolle und Vorabentscheidungsverfahren grundsätzlich befürwortend *A. Schwerdtfeger*, EuR 2015, 290 (302 f.); für neue Ansätze einer „akteursbezogenen Hierarchisierung" *Ismer/Wiesner*, DÖV 2015, 81 (89, Fn. 59).

147 *Mayer*, NJW 2015, 1999 (2002): „Das Verfahren vor dem EuGH hat übrigens unter zwei Aspekten ein weiteres Mal bewiesen, dass der richtige Ort für die Kontrolle europäischer Kompetenzen der EuGH ist. Erst im Verfahren vor dem EuGH hat die EZB Hintergründe und Zusammenhänge für das OMT-Programm offengelegt (Rn. 105 f.), die eine vertiefte europarechtliche Bewertung erst möglich gemacht haben. Und durch die Beteiligung anderer Mitgliedstaaten und der europäischen Institutionen ist deutlich geworden, wie isoliert die kritischen deutschen Rechtsansichten in Sachen OMT sind."; im Ergebnis ähnlich *A. Schwerdtfeger*, EuR 2015, 290 (302).

gegeneinander scharf abgegrenzten Kompetenzbereichen mündet in eine unproduktive, unter den Bedingungen integrierter Integrationsräume kaum auflösbare Konfrontation.[148]

b) Flüchtlingskrise

Auch bei der Bewältigung der Flüchtlingskrise machen die vom Binnenmarkt ausgehenden Handlungsoptionen und Verflechtungen unionsweite Lösungsansätze bedeutsam und voraussetzungsvoll zugleich. Während die Kopplung der Zuständigkeit eines Mitgliedstaats für die abschließende Durchführung eines Asylverfahrens nach der sog. Dublin II-Verordnung[149] an die illegale Überschreitung einer Grenze dieses Mitgliedstaats den Mitgliedstaaten Anreize setzen sollte, im Hinblick auf fehlende Binnengrenzen ihre Außengrenzen effektiv zu überwachen,[150] führte der starke, in diesem Ausmaß unvorhergesehene Anstieg zu einer Überforderung der Mitgliedstaaten mit Außengrenzen zu den besonders frequentierten Flüchtlingsrouten.[151] Ganz abgesehen von den erheblichen, insbesondere mit einer Flucht über das Meer einhergehenden Gefahren für die Flüchtenden,[152] erschweren die mit dem Binnenmarkt ausgehenden Handlungsoptionen den Umgang mit dieser Überforderungssituation.[153]

---

[148] Zu den Interpretationen des OMT-Vorlagebeschlusses *Heun*, JZ 2014, 331 (333); *Mayer*, EuR 2014, 473 (482); *Schwarze*, DVBl. 2014, 537 (541); *A. Schwerdtfeger*, EuR 2015, 290 (299f.).

[149] Verordnung (EG) Nr. 343/2003 des Rates vom 18.2.2003 zur Festlegung der Kriterien und Verfahren zur Bestimmung des Mitgliedstaats, der für die Prüfung eines von einem Drittstaatsangehörigen in einem Mitgliedstaat gestellten Asylantrags zuständig ist, ABl.EU Nr. L 50 v. 25.2.2003, S. 1ff.

[150] Zum Hintergrund Europäische Kommission, Mitteilung v. 6.4.2016, Reformierung des Gemeinsamen Europäischen Asylsystems und Erleichterung legaler Wege nach Europa, COM(2016) 197 final, S. 4: zwischen Pflichterfüllung der Mitgliedstaaten und Bezug auf die Sicherung der Schengen-Außengrenzen und Zuständigkeitszuweisung in Asylfragen sollte ein Zusammenhang hergestellt werden.

[151] Vgl. die Darstellung der Migrationsströme über unterschiedliche Routen in Erwägungsgründe (7ff.) Beschluss (EU) 2015/1523 des Rates der Europäischen Union v. 14.9.2015 zur Einführung von vorläufigen Maßnahmen im Bereich des internationalen Schutzes zugunsten von Italien und Griechenland, ABl.EU Nr. L 239 v. 15.9.2015, S. 146ff., und Erwägungsgründe (8ff.) Beschluss (EU) 2015/1601 des Rates der Europäischen Union v. 22.9.2015 zur Einführung von vorläufigen Maßnahmen im Bereich des internationalen Schutzes zugunsten von Italien und Griechenland, ABl.EU Nr. L 248 v. 24.9.2015, S. 80ff.

[152] Zu den Sofortmaßnahmen zur Rettung auf See, aber auch zur Bekämpfung der Geschäftsmodelle von Schleusern Europäische Kommission, Mitteilung v. 13.5.2015, Die Europäische Migrationsagenda, COM(2015) 240 final, S. 4f., S. 10f., S. 13f.

[153] Vgl. die Bestandsaufnahme in Europäische Kommission, Mitteilung v. 4.3.2016, Zurück zu Schengen – ein Fahrplan, COM(2016) 120 final, S. 2: Schengen-System und Binnenraum ohne Grenzen durch die größte Flüchtlingskrise seit dem Zweiten Weltkrieg in Grundfesten erschüttert; schwerwiegende Mängel an Abschnitten der Außengrenzen; Politik des Durchwinkens.

Ein erheblicher Anteil der Geflüchteten ist aufgrund von Unterschieden zwischen den Mitgliedstaaten sowohl bei der Durchführung der Asylverfahren[154] als auch hinsichtlich der sonstigen wirtschaftlichen und sozialen Rahmenbedingungen daran interessiert, das Asylverfahren abweichend von den Zuständigkeitsregelungen der Dublin II-Verordnung in einem anderen Mitgliedstaat durchzuführen.[155] Geflüchtete treffen ihre Auswahlentscheidung wie andere Akteure im Binnenmarkt auch unter Berücksichtigung aller auf dem Binnenmarkt verfügbaren Optionen, wohingegen die Europäische Union stets betont, dass das Recht auf Asyl nicht die Wahl eines bestimmten Aufnahmestaats umfasst.[156] Die vom Binnenmarkt bereitgestellten und im Laufe der Zeit in soziale Praktiken eingegangenen Auswahlmöglichkeiten werden zum Faktor der Krisenanfälligkeit.[157]

Zum einen bleibt Mitgliedstaaten des Schengen-Raums, die die Einreise von Geflüchteten in dem Fall regulieren wollen, dass der nach der Dublin II-Verordnung für die Durchführung des Asylverfahrens zuständige Mitgliedstaat seiner Verpflichtung nicht nachkommt und insbesondere Bewerbende nach dem Eintritt in den Schengen-Raum nicht registriert, nur die (vorübergehende) Wiedereinführung von Binnengrenzkontrollen.[158] Auch wenn sich diese Binnengrenzkontrollen nur auf die Verhinderung der unkontrollierten Einreise

---

[154] Bestandsaufnahme bei Europäische Kommission, Mitteilung v. 6.4.2016, Reformierung des Gemeinsamen Europäischen Asylsystems und Erleichterung legaler Wege nach Europa, COM(2016) 197 final, S. 5: unterschiedliche Behandlung von Asylbewerbern in Bezug auf die Länge des Asylverfahrens oder die Aufnahmebedingungen, bei der Beurteilung, ob einer Person aus einem bestimmten Herkunftsland Flüchtlingsstatus oder subsidiärer Schutzstatus zuerkannt wird, und bei Modalitäten wie der Geltungsdauer von Aufenthaltstiteln, dem Zugang zu Sozialleistungen und bei der Familienzusammenführung.

[155] *Barwig/Schumacher*, Willkommenskultur – Anfragen an ein euphemistisches Projekt, S. 36 (47f.).

[156] Europäische Kommission, Mitteilung v. 10.2.2016 zum aktuellen Stand der Umsetzung der Prioritäten im Rahmen der Europäischen Migrationsagenda, COM(2016) 85 final, S. 14f.; zum Refoulement-Verbot *Hailbronner/Thym*, JZ 2016, 753 (754f.).

[157] Entsprechend prozoviert die Flüchtlingskrise Forderungen einer stärkeren Betonung staatlicher Souveränität, vgl. *Di Fabio*, Migrationskrise als föderales Verfassungsproblem sowie die Beiträge in Depenheuer/Grabenwarter (Hrsg.), Der Staat in der Flüchtlingskrise; differenzierend und mit einer Analyse der strukturellen Ursachen für die Krise innerhalb der Union *Hailbronner/Thym*, JZ 2016, 753 (755ff., 759ff.).

[158] Zusammenfassung der einseitigen Wiedereinführung von Binnengrenzkontrollen durch acht Länder des Schengen-Raums seit September 2015 mit Übersicht zum Ablauf der Fristen nach Art. 23–25 Schengener Grenzkodex, Verordnung (EG) Nr. 562/2006 v. 15.3.2006 über einen Gemeinschaftskodex für das Überschreiten der Grenzen durch Personen (Schengener Grenzkodex), ABl.EU Nr. L 105 v. 13.4.2006, S. 1ff., zuletzt geändert durch Verordnung (EU) Nr. 1051/2013 v. 22.10.2013 zur Änderung der Verordnung (EG) Nr. 562/2006 zwecks Festlegung einer gemeinsamen Regelung für die vorübergehende Wiedereinführung von Kontrollen an den Binnengrenzen unter außergewöhnlichen Umständen, ABl.EU Nr. L 295 v. 6.11.2013, S. 1ff., in Europäische Kommission, Mitteilung v. 4.3.2016, Zurück zu Schengen – ein Fahrplan, COM(2016) 120 final, S. 10f., sowie Europäische Kommission, Vorschlag für einen Durchführungsbeschluss des Rates vom 4.5.2016 mit der Empfehlung für zeitlich befristete

von Asylsuchenden beziehen, beeinträchtigen sie grenzüberschreitende Transaktionen auf dem Binnenmarkt faktisch nicht unerheblich.[159]

Zum anderen beschränkt der Schengen-Raum die Spielräume der Mitgliedstaaten für eine autonome Asylpolitik, auch wenn in der Vergangenheit gerade die grenzüberschreitenden Regelungszusammenhänge Optionen der Migrationssteuerung boten, die den Mitgliedstaaten isoliert nicht zugänglich waren.[160] In einem Raum der Freizügigkeit ist es nicht sachgerecht, die aus der rechtlich gebotenen Bearbeitung der Asylanträge entstehenden Lasten auf die Mitgliedstaaten entfallen zu lassen, die aus geographischen Gründen von den Migrationsströmen in besonderer Weise betroffen sind.[161] Die Zuständigkeitsverteilung nach der Dublin II-Verordnung nimmt den Zusammenhang zwischen der Errichtung eines Raumes ohne Binnengrenzen und der Notwendigkeit einer zuverlässigen Sicherung der Außengrenzen in den Blick, ohne den Ressourcen- und Kapazitätsaufwand bei erheblichen Migrationsströmen hinreichend in Rechnung zu stellen. Aus diesem Grund sehen die Beschlüsse des Rates zur Einführung von vorläufigen Maßnahmen im Bereich des internationalen Schutzes zugunsten von Italien und Griechenland[162] Umverteilungen der Flüchtlingsströme mit konkreten, auf die einzelnen Mitgliedstaaten bezogenen Zuweisungsquoten vor,[163] die allerdings in der Folgezeit nicht von allen Mitgliedstaaten umgesetzt worden sind.[164]

Die Europäische Kommission hat deshalb Vorschläge zur Überarbeitung des Rechtsrahmens des Europäischen Asylsystems und des Schengen-Raumes entwickelt, die das Asylsystem in seiner Leistungsfähigkeit sowie Belastbarkeit verbessern und mit den Interaktionsräumen des Binnenmarkts kompatibel

---

Kontrollen an den Binnengrenzen unter außergewöhnlichen Umständen, die das Funktionieren des Schengen-Raums insgesamt gefährden, COM(2016) 275 final, S. 3f.

[159] Aufstellung der direkten und Abschätzung der mittelfristigen indirekten Kosten bei Europäische Kommission, Mitteilung v. 4.3.2016, Zurück zu Schengen – ein Fahrplan, COM(2016) 120 final, S. 3ff.: unmittelbare direkte Kosten einer Vollständigen Wiederherstellung der Grenzkontrollen zur Überwachung des Personenverkehrs in Höhe von 5–18 Mrd. Euro jährlich.

[160] *Thym*, Migrationsverwaltungsrecht, S. 346ff.; *Hailbronner/Thym*, JZ 2016, 753 (756).

[161] Zu bestehenden Verteilungsasymmetrien *Bergmann*, Die Bedeutung der EU-Grundrechtecharta für den Flüchtlingsschutz, S. 427 (439ff.).

[162] Beschluss (EU) 2015/1523 des Rates der Europäischen Union v. 14.9.2015 zur Einführung von vorläufigen Maßnahmen im Bereich des internationalen Schutzes zugunsten von Italien und Griechenland, ABl.EU Nr. L 239 v. 15.9.2015, S. 146ff.; Beschluss (EU) 2015/1601 des Rates der Europäischen Union v. 22.9.2015 zur Einführung von vorläufigen Maßnahmen im Bereich des internationalen Schutzes zugunsten von Italien und Griechenland, ABl.EU Nr. L 248 v. 24.9.2015, S. 80ff.

[163] Insbesondere Art. 4 und Anhänge I und II Beschluss (EU) 2015/1523 des Rates sowie Art. 4 Beschluss (EU) 2015/1601 des Rates.

[164] Europäische Kommission, Mitteilung v. 18.5.2016, Third report on relocation and resettlement, COM(2016) 360 final, S. 3; Europäische Kommission, Mitteilung v. 12.4.2016, Second report on relocation and resettlement, COM(2016) 222 final, S. 2f.

machen sollen.[165] Dazu soll die Zuständigkeit zur Bearbeitung der Asylanträge klarer koordiniert und vor allem im Hinblick auf die damit verbundenen Belastungen ausgeglichener verteilt werden.[166] Zu diesem Zweck sieht der Vorschlag der Kommission zur Überarbeitung der Dublin III-Verordnung eine Hierarchie klarer Zuständigkeitskriterien vor, die einmalig zu einem festgelegten Zeitpunkt[167] anzuwenden sind,[168] und regelt zugleich Anforderungen an den Nachweis eines irregulären Grenzübertritts.[169] Sekundärbewegungen soll durch prozedurale und materielle Nachteile[170] wie insbesondere den Übergang in ein beschleunigtes Verfahren, die Durchführung des Verfahrens in Abwesenheit[171] und die Versagung bestimmter sozialer Leistungen außerhalb des zuständigen Mitgliedstaats[172] vorgebeugt werden. In diesem Zusammenhang ist eine erwei-

[165] Europäische Kommission, Vorschlag für eine Verordnung v. 4.5.2016, establishing the criteria and mechanisms for determining the Member State responsible for examining an application for international protection lodged in one of the Member States by a third-country national or stateless person (recast), COM(2016) 270 final; Europäische Kommission, Vorschlag für eine Verordnung v. 4.5.2016 on the European Agency for Asylum and repealing Regulation (EU) No 439/2010, COM(2016) 271 final; Europäische Kommission, Vorschlag für eine Verordnung v. 4.5.2016 on the establishment of „Eurodac“ for the comparison of fingerprints fort he effective application of [Regulation (EU) No 604/2013 establishing the criteria and mechanisms for determining the Member State responsible for examining an application for international protection lodged in one of the Member States by a third-country national or stateless person], for identifying an illegally staying third-country national or stateless person and on requests for the comparison with Eurodac data by Member States' law enforcement authorities and Europol for law enforcement purposes (recast), COM(2016) 272 final; Europäische Kommission, Vorschlag für einen Durchführungsbeschluss v. 4.5.2016 mit einer Empfehlung für zeitlich befristete Kontrollen an den Binnengrenzen unter außergewöhnlichen Umständen, die das Funktionieren des Schengen-Raumes insgesamt gefährden, COM(2016) 275 final; Europäische Kommission, Vorschlag für eine Verordnung v. 6.4.2016 amending Regulation (EU) 2016/399 as regards the use of the Entry/Exit System, COM(2016) 196 final; zum Ganzen Europäische Kommission, Mitteilung v. 6.4.2016 Reformierung des Gemeinsamen Europäischen Asylsystems und Erleichterung legaler Wege nach Europa, COM(2016) 197 final.

[166] Europäische Kommission, Vorschlag für eine Verordnung v. 4.5.2016, establishing the criteria and mechanisms for determining the Member State responsible for examining an application for international protection lodged in one of the Member States by a third-country national or stateless person (recast), COM(2016) 270 final, S. 3 f.

[167] Art. 9 Abs. 2, Abs. 1 Verordnungsentwurf v. 4.5.2016, criteria and mechanisms for determining the Member State responsible, COM(2016) 270 final.

[168] Art. 9–12 Verordnungsentwurf v. 4.5.2016, criteria and mechanisms for determining the Member State responsible, COM(2016) 270 final.

[169] Art. 15 Verordnungsentwurf v. 4.5.2016, criteria and mechanisms for determining the Member State responsible, COM(2016) 270 final; die Anforderungen an den Nachweise nehmen auf den Vorschlag zur Erweiterung der Datenbank EURODAC Bezug.

[170] Erwägungsgrund (22) Verordnungsentwurf v. 4.5.2016, criteria and mechanisms for determining the Member State responsible, COM(2016) 270 final.

[171] Art. 5 Abs. 1 und Abs. 2 Verordnungsentwurf v. 4.5.2016, criteria and mechanisms for determining the Member State responsible, COM(2016) 270 final.

[172] Art. 5 Abs. 3 Verordnungsentwurf v. 4.5.2016, criteria and mechanisms for determining the Member State responsible, COM(2016) 270 final, in Verbindung mit Art. 14–19 Richtlinie 2013/33/EU v. 26.6.2013 zur Festlegung von Normen für die Aufnahme von Personen, die

terte Nutzung des europäischen Datenbanksystems EURODAC vorgesehen,[173] nach der die Datenbank auch zur Kontrolle illegaler Immigration und von Sekundärbewegungen eingesetzt werden soll.[174] Dazu sollen identitätsbezogene Daten unabhängig von einem konkreten Asylverfahren auch im Fall eines illegalen Aufenthalts erhoben[175] und der Umfang der erhobenen Daten insbesondere um ein Gesichtsbild[176] sowie um eine EU-weit einheitliche Bewerbernummer[177] erweitert werden. Schließlich werden die Speicherfristen verlängert und wird die Löschung von Daten in bestimmten Situationen durch eine Sperrung ersetzt, damit Informationen über illegale Grenzübertritte und Bewegungen innerhalb des Binnenmarkts auch nach Ablauf vorübergehender Aufenthaltsgenehmigungen außerhalb eines Verfahrens für internationalen Schutz herangezogen werden können.[178]

Um auch bei erheblichen Schwankungen und der Konzentration der Zuständigkeit auf wenige Mitgliedstaaten eine angemessene Verteilung der Belastungen zu gewährleisten, schlägt die Kommission die Einführung eines korrektiven Allokationsmechanismus vor.[179] Zu diesem Zweck sollen die Anträge auf internationalen Schutz in einer zentralen Datenbank mit der einheitlichen Bewerbernummer,[180] dem registrierenden sowie dem zuständigen Mitgliedstaat

internationalen Schutz beantragen, ABl.EU Nr. L 180 v. 29.6.2013, S. 96ff.; betroffen von der Versagung sind die Grundschulerziehung und weiterführende Bildung Minderjähriger, der Zugang zu Beschäftigungsmärkten, der Zugang zu beruflicher Bildung, bestimmte materielle Leistungen im Rahmen der Aufnahme und medizinische Versorgung ausgenommen der medizinischen Notfallversorgung.

173 Europäische Kommission, Vorschlag für eine Verordnung v. 4.5.2016 on the establishment of „Eurodac" for the comparison of fingerprints for the effective application of [Regulation (EU) No 604/2013 establishing the criteria and mechanisms for determining the Member State responsible for examining an application for international protection lodged in one of the Member States by a third-country national or stateless person], for identifying an illegally staying third-country national or stateless person and on requests for the comparison with Eurodac data by Member States' law enforcement authorities and Europol for law enforcement purposes (recast), COM(2016) 272 final.

174 Art. 1 lit. b) Verordnungsvorschlag v. 4.5.2016 on the establishment of „Eurodac", COM(2016) 272 final.

175 Art. 14 Abs. 1 Verordnungsvorschlag v. 4.5.2016 on the establishment of „Eurodac", COM(2016) 272 final.

176 Art. 10 Abs. 1, 12, 13 Abs. 1, 14 Abs. 2, Art. 15 Abs. 1 Verordnungsvorschlag v. 4.5. 2016 on the establishment of „Eurodac", COM(2016) 272 final; die Europäische Kommission beabsichtigt die Einführung einer algorithmenbasierten Gesichtserkennung, Verordnungsvorschlag v. 4.5.2016 on the establishment of „Eurodac", COM(2016) 272 final, S. 13.

177 Art. 12 lit. j) Verordnungsvorschlag v. 4.5.2016 on the establishment of „Eurodac", COM(2016) 272 final.

178 Art. 17, 19 Abs. 4 und 5 Verordnungsvorschlag v. 4.5.2016 on the establishment of „Eurodac", COM(2016) 272 final; näher Verordnungsvorschlag v. 4.5.2016 on the establishment of „Eurodac", COM(2016) 272 final, S. 14f.

179 Verordnungsentwurf v. 4.5.2016, criteria and mechanisms for determining the Member State μ, COM(2016) 270 final, S. 17ff., sowie Art. 34ff. des Entwurfs.

180 Siehe Fn. 177.

gespeichert und in Echtzeit ausgewertet werden.[181] An dieses Monitoring-System knüpft der Vorschlag einen automatischen Ausgleichsmechanismus, der bei einer erheblichen Überschreitung eines Verteilungsschlüssels, der sich nach der Bevölkerungsgröße und dem Bruttoinlandsprodukt richtet,[182] die betreffenden Mitgliedstaaten von der Verteilung der Bewerbenden grundsätzlich ausnimmt.[183]

Schließlich schlägt die Kommission für den Zeitraum, in dem strukturelle Schwächen bei der Sicherung der Außengrenzen behoben werden,[184] eine Fortsetzung der nach Art. 29 Schengener Grenzkodex[185] befristeten Binnengrenzkontrollen[186] vor, damit die Binnengrenzkontrollen zur Vermeidung erheblicher Sekundärbewegungen zunächst aufrecht erhalten werden können, aber auf das erforderliche Maß beschränkt werden.[187]

II. Grundfreiheiten

Die Grundfreiheiten der Europäischen Union sind vor allem durch die Rechtsprechung des Gerichtshofs zu einem Garanten für Interaktionsräume geworden.[188] Die Dogmatik der Grundfreiheiten ist in vielfacher Hinsicht am Schutz grenzüberschreitender Interaktionspotentiale ausgerichtet. Mit der allgemeinen Freizügigkeit wird dieser Schutz bekanntlich von seinem ökonomischen Kontext getrennt und weist dadurch Elemente des grundfreiheitlichen wie auch des grundrechtlichen Schutzes auf.

1. Interaktionspotential als Ziel und Steuerungssubstrat

Bekanntlich hat die Rechtsprechung des Gerichtshofs die einzelnen Grundfreiheiten früh und konsequent nicht nur als Diskriminierungsverbote, sondern

---

[181] Art. 23 Verordnungsentwurf v. 4.5.2016, criteria and mechanisms for determining the Member State responsible, COM(2016) 270 final.

[182] Art. 35 Abs. 2 Verordnungsentwurf v. 4.5.2016, criteria and mechanisms for determining the Member State responsible, COM(2016) 270 final.

[183] Art. 36 Abs. 1 und 2 Verordnungsentwurf v. 4.5.2016, criteria and mechanisms for determining the Member State responsible, COM(2016) 270 final.

[184] Überblick in den Erwägungsgründen (3–9, 13–15) Vorschlag für einen Durchführungsbeschluss v. 4.5.2016 mit einer Empfehlung für zeitlich befristete Kontrollen an den Binnengrenzen unter außergewöhnlichen Umständen, die das Funktionieren des Schengen-Raumes insgesamt gefährden, COM(2016) 275 final.

[185] Verordnung (EU) Nr 2016/399 v. 9.3.2016 über einen Unionskodex für das Überschreiten der Grenzen durch Personen (Schengener Grenzkodex), ABl.EU Nr. L 77 v. 23.3.2016, S. 1 ff.

[186] Siehe oben, Fn. 158.

[187] Europäische Kommission, Vorschlag für einen Durchführungsbeschluss v. 4.5.2016 mit einer Empfehlung für zeitlich befristete Kontrollen an den Binnengrenzen unter außergewöhnlichen Umständen, die das Funktionieren des Schengen-Raumes insgesamt gefährden, COM(2016) 275 final.

[188] Überblick bei *Schubert*, Der Gemeinsame Markt als Rechtsbegriff, S. 146 ff.; *Nowak*, Binnenmarktziel und Wirtschaftsverfassung der Europäischen Union vor und nach dem Reformvertrag von Lissabon, EuR Beiheft 1/2009, S. 129 (150 ff.).

darüber hinausgehend auch mit Blick auf ihren „*effet utile*“[189] als Beschränkungsverbote interpretiert.[190] Beeinträchtigungen grenzüberschreitender Marktprozesse[191] durch die Mitgliedstaaten werden dadurch Rechtfertigungslasten unterworfen.[192]

a) Grundfreiheiten als Diskriminierungs- oder Beschränkungsverbot?

Diese auf den Ausbau des binnenmarktweiten Interaktionspotentials gerichtete Konzeption ist in der Literatur nicht unumstritten geblieben.[193] Alternativ zum Beschränkungsverbot lassen sich die Grundfreiheiten als Mehrebenennormen verstehen, die den grenzüberschreitenden Verkehr vor solchen Hemmnissen (föderalen Gefährdungslagen) schützen, die sich aus Bevorzugungen der eigenen Angehörigen gegenüber den Angehörigen anderer Gliedstaaten ergeben.[194] Diese Beschränkung der Grundfreiheiten auf Diskriminierungsverbote[195] lässt den Mitgliedstaaten trotz faktischer Anreize zu einer Vereinheitlichung[196] größere Gestaltungsspielräume bei der Entscheidung über die jeweilige Intensität der Marktregulierung. Anliegen des Ansatzes, Grundfreiheiten als Diskriminie-

---

[189] Etwa EuGH, Urt. v. 25.7.1991, C-76/90, ECLI:EU:C:1991:331 – *Säger/Dennemeyer*, Rn. 12.

[190] Zur Warenverkehrsfreiheit EuGH, Urt. v. 11.7.1974, Rs. 8/74, ECLI:EU:C:1974:82 – *Dassonville*, Rn. 5; EuGH, Urt. v. 20.2.1979, Rs.120/78, ECLI:EU:C:1979:42 – *Rewe Zentral (Cassis de Dijon)*, Rn. 8; zur Dienstleistungsfreiheit EuGH, Urt. v. 3.12.1974, C-33/74, ECLI:EU:C:1974:131 – *van Binsbergen*, Rn. 10/12; zur Arbeitnehmerfreizügigkeit EuGH, Urt. v. 15.12.1995, C-415/93, ECLI:EU:C:1995:463 – *Bosman*, Rn. 94; aus der Literatur *Kingreen*, Grundfreiheiten, S. 705 (712 ff.); *Streinz*, Europarecht, Rn. 829 f.

[191] Zur Entkopplung einzelner Grundfreiheiten vom Markt siehe unten, § 6 A.II.3.

[192] *Kingreen*, Grundfreiheiten, S. 705 (713 f.; 717): Ausbau der Grundfreiheiten zu Freiheitsrechten, die vor allen unverhältnismäßigen Beeinträchtigungen grenzüberschreitender Transaktionen schützen; „allgemeine Deregulierungsansprüche“.

[193] Insbesondere *Kingreen*, Die Struktur der Grundfreiheiten des Europäischen Gemeinschaftsrechts, S. 82 ff.; *ders.*, Grundfreiheiten, S. 705 (718 ff.).

[194] *Kingreen*, Grundfreiheiten, S. 705 (719), allerdings mit einer Definition, die auch diskriminierungsfreie Beschränkungen erfasst und sich dadurch dem Beschränkungsverbot annähert: „Die föderale Gliederung eines politischen Verbandes ist für die Gleichheit der Rechtsunterworfenen eine ‚offene Flanke‘. Föderalistisch bedingte Spannungen entstehen entweder dadurch, dass jeder Gliedstaat den Wettbewerb mit anderen Gliedstaaten durch Bevorzugung seiner Mitglieder zu beeinflussen sucht, oder durch schlichte Unterschiede zwischen den Rechtsordnungen, die Umstellungsaufwand verursachen. Man kann insoweit von *föderalen Gefährdungslagen* sprechen.“ (Herv. i. Orig.; Nachweise weggelassen).

[195] Zur textlichen Anknüpfung der Interpretation der Grundfreiheiten als Diskriminierungsverbot insbesondere in Art. 36 S. 2; 45 Abs. 2; 49 Abs. 2; 57 Abs. 3 AEUV *Streinz*, Europarecht, Rn. 823.

[196] *Kingreen*, Grundfreiheiten, S. 705 (719): „Der Anspruch auf innerföderale oder innerregionale Gleichbehandlung fordert zwar nicht zwingend, dass jede Teilrechtsordnung gleiche Regeln aufstellen muss. Dennoch wirkt er tendenziell rechtsvereinheitlichend, weil sich die Gleichbehandlung der eigenen mit den Einwohnern aus andere Gliedstaaten vielfach am besten durch vereinheitliche gliedstaatliche (Mindest-) Standards realisieren lässt“.

rungsverbote zu verstehen, ist es, der von der Rechtsprechung angetriebenen, negativen Integration und der damit verbundenen Deregulierung einen „Primat der Politik"[197] entgegenzusetzen, der insbesondere sozialpolitische Inhalte gegenüber der Wettbewerbspolitik stärker akzentuiert.[198] Dadurch mündet der Ansatz in eine Gegenüberstellung eines „spezifischen Schutzbedürfnisses grenzüberschreitender Transaktionen (transnationale Integration)", das mit Diskriminierungsverboten abgedeckt ist und einer „den nationalen und supranationalen Grundrechtsschutz ergänzende[n], allgemeine[n] Liberalisierung (supranationale Legitimation)", der das Verständnis von Grundfreiheiten als Beschränkungsverboten entspricht.[199] Historisch ist die Aufwertung der Grundfreiheiten zu Beschränkungsverboten in der Rechtsprechung des Gerichtshofs danach insbesondere mit dem politisch-institutionellen Kontext der 60er und 70er Jahre zu erklären, hätte aber in der Folgezeit den veränderten Rahmenbedingungen angepasst werden müssen.[200]

b) Interaktionspotential statt Liberalisierung

Diese Entwicklung von Grundfreiheiten zu Beschränkungsverboten mit einem Liberalisierungsgebot gleichzusetzen, das die Regulierungsintensität auf Kosten anderer, etwa sozial- oder kulturpolitischer Anliegen kontinuierlich zurücknimmt,[201] bildet die strukturellen Effekte von Interaktionszusammenhängen nur verkürzt ab.[202] Der eigentliche Größenvorteil des Binnenmarkts liegt im Inter-

---

[197] *Kingreen*, Grundfreiheiten, S. 705 (721).

[198] „Diese Dichotomie zwischen europäischer und mitgliedstaatlichen Rechtsordnung(en) sowie zwischen Sozial- und Wettbewerbspolitik ist in dieser Zuspitzung nicht gerechtfertigt. Denn negative Integration kann auch Vorstufe zur positiven Integration sein und damit dazu beitragen, transnationale politische Institutionen auszubilden, die den Primat der Politik in überstaatlichen Zusammenhängen sicherstellen. Gleichwohl haben dogmatisch ungezähmte Grundfreiheiten das Potential, die Mobilität einer europäischen bürgerlichen (Teil-)Gesellschaft den in den Mitgliedstaaten verwirklichten Allgemeininteressen überzuordnen. Eine supranationale Interpretation, die die Grundfreiheiten von ihrer spezifisch transnationalen Schutzfunktion ablöst, verallgemeinert sie zu umfassenden Deregulierungsansprüchen. Der normative Vorrang des primär ökonomisch ausgerichteten Gemeinschaftsrechts mutiert zu einer Vorordnung ökonomischer Individualinteressen vor den im Nationalstaat verantworteten kulturellen, sozialen und ökologischen Allgemeininteressen.", *Kingreen*, Grundfreiheiten, S. 705 (722).

[199] *Kingreen*, Grundfreiheiten, S. 705 (727).

[200] *Kingreen*, Grundfreiheiten, S. 705 (717): „Man kann also festhalten, dass die in den 1970er Jahren gelegten Fundamente der Struktur der Grundfreiheiten die grundlegenden verfassungsrechtlichen Reformen der Folgezeit praktisch unbeschadet überstanden haben. Die aus der Not der stockenden legislativen Rechtsangleichung geborenen weiten und konturenlosen Formeln, die in der Krise der Gemeinschaft die notwendige Flexibilität garantierten, haben erstaunlicherweise bis in die heutige Zeit überlebt".

[201] *Kingreen*, Grundfreiheiten, S. 705 (722), siehe oben, Fn. 198.

[202] Ähnlich *Immenga/Mestmäcker*, in: dies., EU-Wettbewerbsrecht, Einl. B, Rn. 20: vermeintlich wesensmäßiger Gegensatz des Wettbewerbs zu den Zielen der Sozialpolitik.

aktionspotential und den damit verbundenen wissensgenerierenden Effekten.[203] Die beträchtliche Steigerung der Anschlussmöglichkeiten für alle Teilnehmer vormals nationaler Märkte bringt Interaktionszusammenhänge hervor, in die marktexterne, politische Vorgaben als Nebenbedingungen integriert werden können.[204] Zwar stellen Liberalisierung und Deregulierung sehr einfache, wenig Wissen erfordernde Ansätze, aber keineswegs die einzigen und unter Umständen auch schon aus ökonomischer Sicht kaum erfolgversprechende[205] Wege zur Erhöhung des Interaktionspotentials dar. So zeigt die Entwicklung des Binnenmarkts vor allem in den letzten zwei Jahrzehnten, dass eine Gegenüberstellung von Wirtschaftspolitik auf der einen und Sozial-, Kultur-, Umwelt- oder allgemein Gesellschaftspolitik auf der anderen Seite den Hebel politischer Gestaltung, den eine Ausgestaltung der Interaktionszusammenhänge im Binnenmarkt bietet,[206] nur unzureichend berücksichtigt. Die Europäische Union verfolgt Politiken wie den Umwelt- oder Verbraucherschutz, die typischerweise als ungeschriebene Gründe zur Rechtfertigung von Beschränkungen der Grundfreiheiten herangezogen werden,[207] als ein Element der Marktkoordination.[208] Sie führt damit ein Niveau des Schutzes anderer Politiken als der Wirtschaftspolitik ein, das in einigen Bereichen über dasjenige Niveau einzelner Mitgliedstaaten hinausgeht. Geläufige Beispiele liefern etwa das Verbraucherschutzrecht[209] oder Diskriminierungsverbote.[210] Allein im deutschen Gewährleistungsrecht für Kaufverträge zieht sich der teils von der Rechtsprechung, teils vom Gesetzgeber zu leistende

---

[203] Zur wissensgenerierenden Wirkung von Interaktionen siehe oben, § 1 C.I.3.; § 4 C.I., § 5 A.I. und A.II.

[204] Zur Ausgestaltung von Märkten siehe oben, § 5 D.I, D.II.2.

[205] Zur Notwendigkeit der Ausgestaltung von Finanzmärkten zum Schutz vor systemischen Risiken, die aus den Marktprozessen hervorgehen, siehe oben § 5 D.II.2.b).

[206] Zur Verbindung zwischen dem weiten Anwendungsbereich der Grundfreiheiten und der Binnenmarktkompetenz *Mayer*, EuR 2003, 793 (809f.); kritisch *Ludwigs*, NVwZ 2015, 537: Fehlen praktisch wirksamer rechtsdogmatischer Halteseile.

[207] Zur Rechtfertigung der Beschränkungen von Grundfreiheiten aus Umwelt- oder Verbraucherschutzgründen näher unten, § 6 A.II.2.d).

[208] Siehe oben, § 6 A.I.2.b)aa) und § 6 A.I.2.b)bb).

[209] EuGH, Urt. v. 17.4.2008, Rs. C-404/06, ECLI:EU:C:2008:231 – *Quelle*; EuGH, Urt. v. 16.6.2011, C-65/09 und C-87/09, ECLI:EU:C:2011:396 – *Gebr. Weber*, Rn. 63ff.; EuGH, Urt. v. 4.6.2015, C-497/13, ECLI:EU:C:2015:357 – *Faber*, Rn. 66ff.

[210] Zur Unzulässigkeit der in § 14 Abs. 3 S. 4 TzBfG a.F. vorgesehenen sachgrundlosen Befristung für ältere Arbeitnehmerinnen und Arbeitnehmer EuGH, Urt. v. 22.11.2005, C-144/04, ECLI:EU:C:2005:709 – *Mangold*, Rn. 65; zur Unzulässigkeit, vor Vollendung des 25. Lebensjahres liegende Beschäftigungszeiten bei der Bestimmung der Kündigungsfrist nicht zu berücksichtigen, EuGH, Urt. v 19.1.2010, C-555/07, ECLI:EU:C:2010:21– *Kücükdeveci*, Rn. 19ff.; zu unzulässigen Altersdiskriminierungen im Verhältnis Privater EuGH, Urt. v. 19.4. 2016, C-441/14, ECLI:EU:C:2016:278 – *Dansk Industri*, Rn. 26f.: unzulässige Vorenthaltung einer Entlassungsabfindung für Arbeitnehmer, die Anspruch auf eine Altersrente haben, die von ihrem Arbeitnehmerinnen und Arbeitgeber aus einem Rentensystem gezahlt wird, dem sie vor Vollendung ihres 50. Lebensjahrs beigetreten sind.

Nachbesserungsbedarf[211] von den Grenzen einer Nacherfüllungspflicht bei unverhältnismäßigen Kosten[212] über die Kosten des Einbaus der im Zuge der Nacherfüllung neu gelieferten Sache[213] sowie des Ersatzes gezogener Nutzungen und des Wertersatzes im Fall der Nachlieferung[214] bis hin zur Beweislastverteilung beim Nachweis der Mangelhaftigkeit der Kaufsache.[215] Widerrufsmöglichkeiten nach Abschluss bestimmter Verträge, insbesondere bei Fernabsatz- und Haustürgeschäften, waren im deutschen Zivilrecht bei Erlass der entsprechenden sekundärrechtlichen Vorgaben ebenfalls nicht bekannt und setzen sich inzwischen sogar gegenüber allgemeinen materiell-rechtlichen Regelungen und Grundsätzen wie dem Kondiktionsausschluss in Fällen beiderseitiger Sittenwidrigkeit durch.[216] Hinsichtlich des Verbots unterschiedlicher Formen der Diskriminierung hat das europäische Sekundärrecht das Zivilrecht zu Anpassungsleistungen veranlasst,[217]

---

[211] Zusammenfassend und auf der Grundlage einer ökonomischen Analyse die Rechtsprechung des EuGH durchaus positiv bilanzierend *G. Wagner*, ZEuP 2016, 87ff.

[212] Wegen Unvereinbarkeit mit Art. 3 der Verbrauchsgüterkaufrichtlinie (Fn. 99) wendet die Rechtsprechung die in § 439 Abs. 3 S. 3 BGB vorgesehene Möglichkeit, die Nacherfüllung wegen absolut unverhältnismäßiger Kosten zu verweigern, im Wege der teleologischen Reduktion in Verbrauchsgüterkäufen nicht mehr an BGH, Urt. v. 21.12.2011, VIII ZR 70/08, BGHZ 192, 148, Rn. 33, im Anschluss an EuGH, Urt. v. 16.6.2011, C-65/09 und C-87/09, ECLI:EU:C:2011:396 – *Gebr. Weber*, Rn. 63ff.

[213] Nach der Rechtsprechung erfasst die Nacherfüllung in Form der Lieferung einer mangelfreien Sache neben neben dem Ausbau und Abtransport der mangelhaften Kaufsache bei richtlinienkonformer Auslegung auch den Einbau der als Ersatz gelieferten Sache, BGH, Urt. v. 21.12.2011, VIII ZR 70/08, BGHZ 192, 148, Rn. 25, im Anschluss an EuGH, Urt. v. 16.6. 2011, C-65/09 und C-87/09, ECLI:EU:C:2011:396 – *Gebr. Weber*, Rn. 43ff. Allerdings beschränkt die Rechtsprechung diese Auslegung des § 439 BGB auf die Fälle eines Verbrauchsgüterkaufs, BGH, Urt. v. 2.4.2014, VIII ZR 46/13, BGHZ 200, 337, Rn. 27; BGH, Urt. v. 17.10. 2012, VIII ZR 226/11, BGHZ 195, 135, Rn. 16f.; einen gesetzlichen Anpassungsbedarf sieht Kaiser, JZ 2013, 346 (347ff.).

[214] Zur teleologischen Reduktion des § 439 Abs. 4 BGB a.F. BGH Urt. v. 26.11.2008, VIII ZR 200/05, BGHZ 179, 27, Rn. 16ff., im Anschluss an EuGH, Urt. v. 17.4.2008, Rs. C-404/06, ECLI:EU:C:2008:231 – *Quelle*, Rn. 26ff.

[215] EuGH, Urt. v. 4.6.2015, C-497/13, ECLI:EU:C:2015:357 – *Faber*, Rn. 66ff., zu möglichen Konsequenzen für die Auslegung des § 476 BGB a.F. *Sagan/Scholl*, JZ 2016, 501ff.; *Oechlser*, BB 2015, 1923ff.

[216] Zur Rückabwicklung des wegen Sittenwidrigkeit nichtigen Kaufs eines Radarwarngeräts entgegen dem in § 817 S. 2 BGB vorgesehenen Kondiktionsausschluss im Hinblick darauf, dass es sich um einen Fernabsatzgeschäft handelt und der Zweck des Widerrufsrechts wegen der zu Grunde liegenden Fernabsatzrichtlinie darin liegt, ein „an keine materiellen Voraussetzungen gebundenes, einfach auszuübendes Recht zur einseitigen Loslösung vom Vertrag“ zu vermitteln, BGH, Urt. v. 25.11.2009, VIII ZR 318/08, BGHZ 183, 235, Rn. 17.

[217] Länderübergreifender Bericht zum Anpassungsbedarf in Europäische Kommission, Bericht v. 17.1.2014, Gemeinsamer Bericht über die Anwendung der Richtlinie 2000/43/EG des Rates vom 29. Juni 2000 zur Anwendung des Gleichbehandlungsgrundsatzes ohne Unterschied der Rasse oder der ethnischen Herkunft („Richtlinie zur Rassengleichheit“) und der Richtlinie 2000/78/EG des Rates vom 27. November 2000 zur Festlegung eines allgemeinen Rahmens für die Verwirklichung der Gleichbehandlung in Beschäftigung und Beruf („Gleichbehandlungsrichtlinie für den Bereich Beschäftigung“), COM(2014) 2 final, S. 3ff.; zur Einführung des AGG *Schwab*, DNotZ 2006, 649ff.; *Maier-Reimer*, NJW 2006, 2577.

die teilweise als Bruch mit dem Grundsatz der Privatautonomie kritisiert worden sind.[218] Zum Teil werden diese sekundärrechtlichen Vorgaben als binnenmarktfremde Form des Grundrechtsschutzes der Europäischen Union eingeordnet[219] und wegen der Interferenzen zum nationalen Grundrechtsschutz kritisiert.[220] Sie sind jedoch Ausdruck einer eingehenden Gestaltung des Binnenmarkts, die marktexterne Ziele als Nebenbedingungen in Marktprozesse integriert.

c) Interaktionszusammenhänge als Substrat politischer Steuerung

Die von den Grundfreiheiten ausgehende Integration liegt aus interaktionszentrierter Perspektive damit nicht allein in der Verhinderung mitgliedstaatsbezogener Diskriminierungen,[221] sondern vor allem im Interaktionspotential, das integrierte, verflochtene und wissensgenerierende Handlungszusammenhänge hervorbringt. Mit diesen Handlungs- und Interaktionszusammenhängen entwickelt der Binnenmarkt das Substrat für eine politische Steuerung durch die Ausgestaltung der Marktbedingungen. Die Funktion der als Beschränkungsverbote verstandenen Grundfreiheiten liegt demnach trotz der mit ihnen einhergehenden Rechtfertigungslasten nicht darin, Ansprüche auf Deregulierung zu vermitteln, sondern sie bieten Optionen transformationaler Gestaltung. Für eine gewisse Breitenwirkung und Nachhaltigkeit ist eine solche Gestaltung darauf angewiesen, über die Modifikation bestehender Handlungszusammenhänge Interaktionen strukturell beeinflussen zu können.

Die Entwicklung und Verbreitung umweltschonender Techniken oder die Förderung weltweit sichtbarer Forschung beispielsweise lassen sich durch eine modifizierende Ausgestaltung binnenmarktweit integrierter Interaktionszusammenhänge effektiver verfolgen als durch Strategien, die sich auf den Raum eines Mitgliedstaats beschränken. Nicht nur, dass den einzelnen Mitgliedstaaten der Einfluss auf die Verwirklichung staatenübergreifend angelegter Ziele fehlt. Vor allem geht mit der grenzüberschreitenden Integration ein zusätzlicher Gewinn an Kombinationsmöglichkeiten, dezentralen Perspektiven und Komplexität einher, der die Fähigkeit, strukturelle Effekte zu generieren, erhöht. Grenzüberschreitend integrierte Interaktionszusammenhänge schaffen dadurch eine „kritische Masse" an Steuerungssubstrat. Dieses Steuerungssubstrat wird zwar angesichts

---

[218] *Picker*, JZ 2002, 880 ff.; *ders.*, JZ 2003, 540 ff.; *Globig*, ZRP 2002, 529 ff.

[219] *Kingreen*, Grundfreiheiten und Grundrechte, S. 218 (219 f.): zweite Generation der Grundrechte; Anti-Diskriminierungsrichtlinien als „erste[r], breiter angelegter Versuch einer eigenen Menschenrechtspolitik der Union".

[220] *Kingreen*, Grundfreiheiten und Grundrechte, S. 218 (220): „Nunmehr schiebt sich aber eine zweite, supranationale menschenrechtliche Schicht über die Grundrechte der Mitgliedstaaten. Diese Rechte ergänzen die mitgliedstaatlichen Grundrechte nicht mehr um spezifisch binnenmarktrechtliche und integrationspolitische Aspekte, sondern legen ein eigenes, konkurrierendes menschenrechtliches Schutzprogramm auf".

[221] So *Kingreen*, Grundfreiheiten und Grundrechte, S. 218 ff., *ders.*, Grundfreiheiten, S. 705 (718 ff.), siehe oben, § 6 A.II.1.a).

der Komplexität seiner Verflechtungen auf eine unmittelbare Vorgabe bestimmter Zustände, etwa auf einen regulatorischen Durchgriff auf Marktergebnisse, wahrscheinlich mit einer Reihe nicht intendierter Effekte reagieren. Hingegen baut eine Kontextsteuerung, die Rahmenvorgaben im Hinblick auf marktexterne Ziele setzt und im Übrigen Raum für dezentrale Ansätze der Integration belässt, unmittelbar auf der koordinierenden Wirkung der bestehenden, reichweitenstarken Handlungszusammenhänge auf. Dieser Mehrwert des binnenmarktweit integrierten Steuerungssubstrats tritt besonders hervor bei Steuerungszusammenhängen, die auch den Rahmen der Europäischen Union überschreiten, etwa den Möglichkeiten zur Gestaltung der Globalisierung und Internationalisierung.[222] Das gegenüber den einzelnen Mitgliedstaaten überlegene Steuerungspotential der Europäischen Union geht hier nicht nur und vielleicht nicht einmal in erster Linie auf die Attraktivität des Binnenmarkts als Wirtschaftsraum zurück, auf dessen Zugang externe Anbieter nur schwer verzichten können. Vielmehr bezeichnen die Globalisierung und Internationalisierung ihrerseits bestimmte charakteristische Eigenschaften von Interaktionszusammenhängen, deren Anschlussmöglichkeiten und Anpassungsnotwendigkeiten Unternehmen und Staaten weltweit betreffen. Wie andere Interaktionszusammenhänge auch prägen sie die Interaktionen, also die Handlungen und Beobachtungen der Beteiligten, werden aber ihrerseits durch die Vielzahl laufend aufeinander bezogener Interaktionen permanent verändert.[223] Über die Gestaltung der Interaktionszusammenhänge auf dem Binnenmarkt hat die Europäische Union im Gegensatz zu isolierten Ansätzen der einzelnen Mitgliedstaaten die Möglichkeit, auf die Entstehung und Entwicklung globaler Interaktionszusammenhänge Einfluss zu nehmen.

d) Marginalisierung der Mitgliedstaaten?

Die Grundfreiheiten schränken die Spielräume der Mitgliedstaaten bei der Regulierung von Marktprozessen zu marktfernen Zwecken ein.[224] Diese einschränkende Wirkung geht allerdings nicht allein auf die Rechtfertigungsbedürftigkeit von Beschränkungen grenzüberschreitender Transaktionen zurück.[225] Auch wenn die Maßstäbe insbesondere bei der Ausgestaltung von Marktbedingungen differieren,[226] sind solche Beschränkungen auch nach nationalem Verfassungs-

[222] Als Legitimation der Union hervorgehoben bei *Kingreen*, Grundfreiheiten und Grundrechte, S. 218 (229).

[223] Siehe oben, § 1 C.1. und C.3.; § 5 A.II.7.

[224] Weitergehend zu den Auswirkungen der europäischen Integration auf den Einfluss des nationalen Gesetzgebers gegenüber der nationalen Verwaltung *Hatje*, Die gemeinschaftsrechtliche Steuerung der Wirtschaftsverwaltung, S. 357ff.

[225] In diese Richtung *Kingreen*, Grundfreiheiten, S. 705 (717): allgemeine Deregulierungsansprüche; zum weiten Verständnis des Merkmals der Beschränkungen siehe unten, § 6 A. II.2.b); zu den Anforderungen an die Rechtfertigung siehe unten, § 6 A.II.2.d).

[226] Zum Schutz von Marktaktivitäten durch die deutschen marktbezogenen Grundrechte siehe oben, § 5 D.

recht rechtfertigungsbedürftig. Die wesentlichen Gründe für die Reduktion nationaler Spielräume bei der Regulierung von Marktprozessen dürften nicht darin liegen, dass die Grundfreiheiten in der Sache ein niedrigeres Niveau der Regulierungsintensität vorgäben. Eine solche Vorgabe würde auch zahlreiche Richtlinien und Verordnungen der Union erfassen. Vielmehr wirkt sich die Förderung des grenzüberschreitenden Transaktionspotentials mittelbar ambivalent auf den Gestaltungsspielraum der Mitgliedstaaten aus.

aa) Faktische Anpassungsnotwendigkeiten der Mitgliedstaaten

Zum einen wirken sich abweichende Regulierungsansätze anderer Mitgliedstaaten in mehrfacher Hinsicht aus. Zunächst kann eine geringere Intensität der Regulierung eines bestimmten Lebensbereichs in anderen Mitgliedstaaten die Begründungs- und Rechtfertigungslast für einen Mitgliedstaat erhöhen, warum eine intensive Regulierung zur Erreichung der damit verfolgten Ziele erforderlich ist.[227] Eine solche Indizwirkung einer weniger strengen Regelung eines anderen Mitgliedstaats ist allerdings keinesfalls zwingend. Insbesondere in den nicht harmonisierten Bereichen fällt es nach der Rechtsprechung des Gerichtshofs grundsätzlich in die Autonomie der Mitgliedstaaten, unter Berücksichtigung der Grundfreiheiten das nationale Schutzniveau, etwa zur Gewährleistung der Sicherheit des Straßenverkehrs oder des Schutzes der Gesundheit und des Lebens von Menschen, selbst festzusetzen.[228]

Darüber hinaus veranlasst das in der Rechtsprechung des Gerichtshofs entwickelte und in einer Reihe von Sekundärrechtsakten übernommene Prinzip der gegenseitigen Anerkennung[229] die Mitgliedstaaten, die Regulierungsvorgaben

[227] In ähnlicher Weise wirkt sich das Prinzip gegenseitiger Anerkennung in der Verhältnismäßigkeitsprüfung aus, *Mayer*, EuR 2003, 793 (799f.): „Typischerweise läuft die Verhältnismäßigkeitsprüfung mit ihren Teilfragen nach Geeignetheit, Notwendigkeit und Angemessenheit einer Maßnahme mit Blick auf die ‚zwingendes Erfordernis' auf die Feststellung hinaus, dass die fragliche nationale Maßnahme wegen der in einem anderen Mitgliedstaat erfolgten Maßnahme (Kontrollen, technischen Regelungen etc.) ‚nicht notwendig' ist (…)".

[228] Zur Sicherheit im Straßenverkehr EuGH, Urt. v. 20.3.2014, C-61/12, ECLI:EU:C:2014:172 – *Kommission/Litauen*, Rn. 60; EuGH, Urt. v. 10.2.2009, C-110/05, ECLI:EU:C:2009:66 – *Kommission/Italien*, Rn. 61: „Da auf Gemeinschaftsebene Vorschriften zur vollständigen Harmonisierung fehlen, ist es Sache der Mitgliedstaaten, mit Rücksicht auf die Erfordernisse des freien Warenverkehrs innerhalb der Europäischen Gemeinschaft zu entscheiden, auf welchem Niveau sie die Sicherheit des Straßenverkehrs in ihrem Hoheitsgebiet gewährleisten wollen (…)"; zuvor bereits EuGH, Urt. v. 27.3.1984, Rs. 50/83, ECLI:EU:C:1984:128 – *Kommission/Italien*, Rn. 12; EuGH, Urt. v 13.7.1994, C-131/93, ECLI:EU:C:1994:290 – *Kommission/Deutschland*, Rn. 16; zum Schutz von Leben und Gesundheit EuGH, Urt. v. 23.12.2015, C-333/14, ECLI:EU:C:2015:845 – *Scotch Whisky Association* u.a., Rn. 35; EuGH, Urt. v. 1.3.2012, C-484/10, ECLI:EU:C:2012:113 – *Ascafor und Asidac*, Rn. 60; EuGH, Urt. v. 5.6.2007, C-170/04, ECLI:EU:C:2007:313 – *Rosengren*, Rn. 39; EuGH, Urt. v. 11.12.2003, C-322/01, ECLI:EU:C:2003:664 – *Deutscher Apothekerverband*, Rn. 103.

[229] EuGH, Urt. v. 20.2.1979, Rs.120/78, ECLI:EU:C:1979:42 – *Rewe Zentral (Cassis de Dijon)*, Rn. 8; aus der neueren Rechtsprechung EuGH, Urt. v. 16.1.2014, C-481/12, EC-

eines anderen Mitgliedstaats in einer bestimmten Frage im Grundsatz als gleichwertig zu akzeptieren[230] und kann dadurch eine Art Wettbewerb zwischen den unterschiedlichen Regulierungsansätzen induzieren.[231] Das in diesem Zusammenhang gelegentlich befürchtete *race to the bottom* des Regulierungsniveaus[232] geht nicht auf die Rechtfertigungsbedürftigkeit von Einschränkungen, sondern die Auswahlmöglichkeiten im Binnenmarkt und die damit verbundenen Anschlussnotwendigkeiten auch für den gestaltenden Gesetzgeber eines Mitgliedstaats zurück. Aber auch über das Prinzip gegenseitiger Anerkennung hinaus erzeugen die Ausweichmöglichkeiten im Binnenmarkt Anschlusszwänge für Regulierungsansätze der Mitgliedstaaten. Eine höhere Regulierungsintensität innerhalb eines Mitgliedstaates in einem bestimmten Bereich wird je nach der räumlichen Flexibilität des betreffenden Waren- oder Dienstleistungsverkehrs häufig, wenn auch nicht immer als Standortnachteil wahrgenommen.[233] Inländerdiskriminierung bezeichnet keine rechtliche, sondern eine faktische Grenze der Regulierbarkeit.[234]

bb) Querschnittartige Auswirkungen von Beschränkungsverboten

Zum anderen sind Beschränkungsverbote durch ihre Ausrichtung auf die Förderung eines bestimmten Verhaltens geeignet, querschnittartige Wirkungen zu

LI:EU:C:2014:11 – *Juvelta*, Rn. 17, m. w. N.; zur Entwicklung in der Rechtsprechung *Behrens*, EuR 1992, 145 (156ff.); *Kingreen*, Grundfreiheiten, S. 705 (713ff.); zum Interaktionsbezug *Dietz/T. Streinz*, EuR 2015, 50 (68): ohne gegenseitige Anerkennung führt transnationale Interaktion zu Mehrkosten gegenüber rein inländischem Marktverhalten; „Transnationales Marktverhalten wird erschwert, weil das Zusammenwirken zweier Rechtsordnungen dem einzelnen Wirtschaftsteilnehmer Mehrkosten auferlegt".

[230] *Behrens*, EuR 1992, 145 (156): Bestimmungsland nimmt seinen Regulierungsanspruch zurück.

[231] Zum den Auswirkungen der von der Rechtsprechung eingeforderten gegenseitigen Anerkennung im Gesellschaftsrecht als Ausdruck der Niederlassungsfreiheit EuGH, Urt. v. 9.3. 1999, C-212/97, ECLI:EU:C:1999:126 – *Centros*, Rn. 24ff.; EuGH, Urt. v. 5.11.2002, C-208/00, ECLI:EU:C:2002:632 – *Überseering*, Rn. 61ff.; EuGH, Urt. v. 30.9.2003, C-167/01, ECLI:EU:C:2003:512 – *Inspire Art*, Rn. 95ff.; siehe oben, Fn. 16.

[232] *Haratsch/Koenig/Pechstein*, Europarecht, Rn. 825; differenzierend *Mestmäcker/Schweitzer*, Europäisches Wettbewerbsrecht, § 2 Rn. 98: „Die Prognosen, die dem daraus entstehenden Wettbewerb der Regulierer gestellt werden, reichen von der Hoffnung auf effiziente Deregulierung im politischen Wettbewerb bis zum Marktversagen durch ruinöse Konkurrenz der Staaten, die sich durch Verzicht auf Regulierungen gegenseitig unterbieten (*race to the bottom*). Allgemeine Aussagen über einen solchen Systemwettbewerb sind beim gegenwärtigen Stand der Theorie und der Erfahrungen kaum möglich".

[233] Näher zum Systemwettbewerb *Mestmäcker/Schweitzer*, Europäisches Wettbewerbsrecht, § 2 Rn. 95ff.

[234] Aus der Literatur vgl. nur *Gundel*, DVBl. 2007, 269 (270ff.); *Riese/Noll*, NVwZ 2007, 516 (518ff.); *Streinz*, Europarecht, Rn. 847: Inländerdiskriminierung widerspricht zwar dem Binnenmarktgedanken, aber nicht dem Binnenmarktrecht; eine andere Frage ist die Zulässigkeit der Diskriminierung nach nationalem Verfassungsrecht, siehe *Riese/Noll*, NVwZ 2007. 516 (520f.); *Streinz*, a. a. O.

erzeugen, die sich über unterschiedliche Lebens- und Kompetenzbereiche erstrecken. Durch diese querschnittartigen Wirkungen werden nationale Regelungen oder Maßnahmen, deren beeinträchtigender Effekt für sich genommen kaum erkennbar ist, im Zusammenspiel mit den Regelungen, die für die Begünstigten in anderen Mitgliedstaaten gelten, zur Beeinträchtigung der Grundfreiheiten.

Beispiele aus der Rechtsprechung des Gerichtshofs betreffen etwa die Anforderungen an den Marktzutritt für Produkte oder Dienstleistungen.[235] Die Notwendigkeit, in den einzelnen Mitgliedstaaten jeweils unterschiedliche Nachweise für den Marktzutritt erbringen zu müssen, beeinträchtigt das grenzüberschreitende Interaktionspotential. Diese Überlegung steht unter anderem hinter der Abgrenzung zwischen einer bloßen Verkaufsmodalität und einer produktbezogenen Regelung (sog. *Keck*-Formel), die in der Rechtsprechung als Kriterium zur Bestimmung eines Eingriffs in die Warenverkehrsfreiheit[236] herangezogen worden,[237] in Grenzfällen aber kaum klar umsetzbar ist.[238] In gleicher Weise sind Unterschiede in den Anforderungen an die Produktwerbung als Beeinträchtigung gewertet worden.[239] In der Sache knüpft diese Rechtsprechung an die Transaktionskosten[240] und die damit einhergehenden Marktzutrittsschranken an, die durch Unterschiede mitgliedstaatlicher Regelungen hervorgerufen werden.[241] Diese transaktionskostenbezogene Perspektive plausibilisiert schließlich

[235] Zum sog. Gestaltzwang für die Verpackung von Margarine EuGH, Urt. v. 10.11.1982, C-261/81, ECLI:EU:C:1982:382 – *Rau/De Smedt*, Rn. 13.

[236] Zur Übertragung auf Personenverkehrsfreiheiten und die Dienstleistungsfreiheit *Streinz*, Europarecht, Rn. 840f.

[237] EuGH, Urt. v. 24.11.1993, C-267/91, ECLI:EU:C:1993:905 – *Keck und Mithouard*, Rn. 16, näher unten, Fn. 272.

[238] *Reich*, CMLRev 31 (1994), 459 (470); *Dietz/T. Streinz*, EuR 2015, 50 (51): Schein-Rechtssicherheit, dort zugleich zur Konkretisierung des Krit.eriums des Marktzugangs; *Purnhagen*, EuZW 2016, 234 (235); näher unten, § 6 A.II.2.b)bb).

[239] EuGH, Urt. v. 8.3.2001, C-405/98, ECLI:EU:C:2001:135 – *Gourmet International Products*, Rn. 21; EuGH, Urt. v. 15.7.2004, C-239/02, ECLI:EU:C:2004:445 – *Douwe Egberts*, Rn. 52: Zwang zur Aufgabe eines Werbesystems, das Marktteilnehmerinnen und Marktteilnehmer für besonders wirksam hält, als mögliches Einfuhrhindernis; ebenso bereits EuGH, Urt. v. 18.5.1993, C-126/91, ECLI:EU:C:1993:191 – *Yves Rocher*, Rn. 10 m.w.N.; aus der Literatur *Dietz/T. Streinz*, EuR 2015, 50 (65ff.); *Kingreen*, Der Abstieg der Grundfreiheiten und der Aufstieg der Unionsgrundrechte, S. 51 (54f.); *ders.*, Grundfreiheiten, S. 705 (716).

[240] Vgl. nur zu einem zivilrechtlichen Verbot der Forderung einer Anzahlung oder Mitteilung der Kreditkartennummer vor Ablauf der Rücktrittsfrist EuGH, Urt. v. 16.12.2008, C-205/07, ECLI:EU:C:2008:730 – *Gysbrechts und Santurel Inter*, Rn. 42: „Wie aus der Vorlageentscheidung hervorgeht, sind die Folgen eines solchen Verbots im Allgemeinen beim grenzüberschreitenden Direktverkauf an die Verbraucher, insbesondere über das Internet, schwerwiegender, weil u.a. die Verfolgung säumiger Zahler in einem anderen Mitgliedstaat mit Schwierigkeiten verbunden ist, vor allem, wenn es um verhältnismäßig geringe Beträge geht."; zur Transaktionskostenökonomik siehe oben, § 5 A.II.6.a).

[241] Aus der jüngeren Rechtsprechung vgl. nur EuGH, Urt. v. 28.1.2016, C-375/14, ECLI:EU:C:2016:60 – *Laezza*, Rn. 21: „Erstens ist daran zu erinnern, dass als Beschränkungen der Niederlassungs- und/oder der Dienstleistungsfreiheit alle Maßnahmen zu verstehen sind, die die Ausübung der durch die Art. 49 AEUV und 56 AEUV garantierten Freiheiten untersagen,

die mit diesem Ansatz verbundenen Abgrenzungsschwierigkeiten, weil nahezu alle Elemente der institutionellen Ausgestaltung von Märkten transaktionskostenrelevant sind,[242] die Grundfreiheiten aber auch aus der Sicht des Gerichtshofs die allgemeinen Regelungen, etwa des nationalen Zivilrechts oder Zivilprozessrechts, und ihre Auswirkungen auf die Marktprozesse nicht generell auf den Prüfstand stellen sollen.[243] Eine aktuelle Herausforderung der Dogmatik

behindern oder weniger attraktiv machen (...)"; EuGH, Urt. v. 22.1.2015, C-463/13, ECLI:EU:C:2015:25 – *Stanley International Betting und Stanleybet Malta*, Rn. 45; EuGH, Urt. v. 25.4.2013, C-212/11, ECLI:EU:C:2013:270 – *Jyske Bank Gibraltar*, Rn. 58; EuGH, Urt. v. 10.5.2012, C-357/10, ECLI:EU:C:2012:283 u.a. – *Duomo Gpa*, Rn. 35f., m.w.N.; zu den Faktoren, die die Ausübung einer Grundfreiheit weniger attraktiv machen, zählt insbesondere die Verursachung zusätzlicher Kosten, EuGH, Urt. v. 25.4.2013, C-212/11, ECLI:EU:C:2013:270 – *Jyske Bank Gibraltar*, Rn. 59: „Eine Regelung eines ersten Mitgliedstaats wie die im Ausgangsverfahren in Rede stehende, die einem Kreditinstitut, das im Hoheitsgebiet dieses ersten Mitgliedstaats im Rahmen des freien Dienstleistungsverkehrs vom Hoheitsgebiet eines anderen Mitgliedstaats aus tätig ist, eine Verpflichtung auferlegt, der zentralen Meldestelle des ersten Mitgliedstaats unmittelbar Informationen zu übermitteln, stellt eine Beschränkung des freien Dienstleistungsverkehrs dar, indem sie für die im Rahmen des freien Dienstleistungsverkehrs durchgeführten Tätigkeiten Schwierigkeiten und zusätzliche Kosten verursacht, zu den bereits in dem Mitgliedstaat, in dem sich das betreffende Institut befindet, durchgeführten Kontrollen hinzukommen kann und auf diese Weise dieses Institut davon abschreckt, diese Tätigkeiten auszuführen."; auf zusätzliche Kosten bereits abstellend EuGH, Urt. v. 10.11.1982, C-261/81, ECLI:EU:C:1982:382, – *Rau/De Smedt*, Rn. 13; zur abschreckenden Wirkung vgl. auch EuGH, Urt. v. 6.9.2012, C-150/11, ECLI:EU:C:2012:539 – *Kommission / Belgien*, Rn. 51: „Da diese nicht regelmäßige Untersuchung zu den technischen Untersuchungen hinzutritt, die kurz zuvor in anderen Mitgliedstaaten durchgeführt wurden, ohne deren Ergebnis anzuerkennen, kann sie bestimmte Betroffene davon abschrecken, solche aus anderen Mitgliedstaaten stammende Fahrzeuge zu kaufen (...)."; EuGH, Urt. v. 1.3.2012, C-484/10, ECLI:EU:C:2012:113 – *Ascafor und Asidac*, Rn. 57; *Streinz*, Europarecht, Rn. 831.

[242] Zur zivilrechtlichen Formvorschrift hinsichtlich der Sprache bestimmter rechtsrelevanter Dokumente und Papiere kürzlich EuGH, Urt. v. 21.6.2016, C-15/15, ECLI:EU:C:2016:464 – *New Valmar*, Rn. 46: „Wie sich aus den Rn. 40 bis 43 des vorliegenden Urteils ergibt, kann eine solche Regelung nämlich eine Auswirkung – mag diese auch noch so unbedeutend sein – auf die Vertragsbeziehungen haben, zumal es, wie in der mündlichen Verhandlung ausgeführt wurde, nicht selten vorkommt, dass diese Beziehungen sich nur durch das Erstellen einer Rechnung konkretisieren".

[243] So stellen nach der Rechtsprechung des Gerichtshofs weder vorvertragliche Aufklärungspflichten (EuGH, Urt. v. 13.10.1993, C-93/92, ECLI:EU:C:1993:838 – *CMC Motorradcenter*, Rn. 9ff.) noch die Pflicht zur Prozesskostensicherheit in zivilrechtlichen Rechtsstreiten mit einer Gegenpartei aus einem anderen Mitgliedstaat (EuGH, Urt. v. 7.4.2011, C-291/09, ECLI:EU:C:2011:217 – *Francesco Guarnieri & Cie*, Rn. 17) eine relevante Beeinträchtigung der Warenverkehrsfreiheit dar. In beiden Fällen bewertet die Rechtsprechung die Effekte jeweils als „zu ungewiss und zu mittelbar [ein], als dass eine solche nationale Maßnahme als geeignet angesehen werden könnte, den innergemeinschaftlichen Handel zu behindern", EuGH, Urt. v. 13.10.1993, C-93/92, ECLI:EU:C:1993:838 – *CMC Motorradcenter*, Rn. 12; EuGH, Urt. v. 7.4.2011, C-291/09, ECLI:EU:C:2011:217 – *Francesco Guarnieri & Cie*, Rn. 17; ebenso bereits zu Pfändungserleichterungen bei der Durchsetzung von Steuerschulden durch die öffentliche Hand EuGH, Urt. v. 7.3.1990, C-69/88, ECLI:EU:C:1990:97 – *Krantz*, Rn. 10f.; zu diesem Kausalitätserfordernis in der Rechtsprechung siehe unten, Fn. 290; anders dagegen für eine Formvorschrift, bestimmte vorgeschriebene Urkunden und Papiere in der Sprache des Sprachgebiets anzufassen, in dem das ausstellende Unternehmen seinen Sitz hat, EuGH, Urt. v. 21.6.

der Grundfreiheiten liegt deshalb darin, leistungsfähige Kriterien für eine den Marktzutritt hindernde Wirkung staatlicher Maßnahmen zu entwickeln.[244]

Darüber hinaus weisen auch andere und insbesondere auch von Marktprozessen unabhängige Grundfreiheiten wie die allgemeine Freizügigkeit[245] entsprechende Querschnittseffekte auf. Nationale Regelungen des Namensrechts können, wenn sie von dem Namensrecht anderer Mitgliedstaaten abweichen, die Inanspruchnahme der Freizügigkeit für Unionsbürgerinnen und Unionsbürger, die Bezugspunkte zu mehreren Regimen aufweisen, weniger attraktiv machen.[246] Ähnliche Wirkungen ergeben sich aus der Kombination der Unionsbürgerschaft als dem „grundlegenden Status“ der Unionsbürgerinnen und Unionsbürger mit dem durch die Verknüpfung in seinem Anwendungsbereich erheblich erweiterten allgemeinen Diskriminierungsverbot.[247]

Wegen dieser faktischen Erschwerung wirkt sich die Grundfreiheit in einem Kompetenzbereich der Mitgliedstaaten aus, der auf den ersten Blick nicht in dem Verdacht steht, mit den Regelungen des Binnenmarkts zu konfligieren.

2016, C-15/15, ECLI:EU:C:2016:464 – *New Valmar*, Rn. 40ff.; zur Kritik an dieser Formel der Rechtsprechung vgl. nur GA Kokott, Schlussantrag v. 14.12.2006 zu EuGH, C-142/05, ECLI:EU:C:2006:782 – *Mickelsson und Roos*, Rn. 46: Kriterien schwer zu konkretisieren; tragen nicht zur Rechtssicherheit bei.

[244] Dazu *Dietz/T. Streinz*, EuR 2015, 50 (51ff.), *Haratsch/Koenig/Pechstein*, Europarecht, Rn. 890; *Eilmansberger*, Binnenmarktziel und Beschränkungsverbot, S. 89 (98): „Etwas überspitzt formuliert, lässt sich der Anwendungsbereich der übrigen Grundfreiheiten durch die Rechtsprechung dahingehend definieren, dass von diesem jede nationale Regelung erfasst ist, die die grenzüberschreitende Ausübung der betreffenden wirtschaftlichen Aktivität auf spürbare Weise erschwert bzw. im Hinblick auf die Vornahme der betreffenden Handlungen einen relevanten Negativanreiz darstellt. Eine klare Zuordnung einer Maßnahme zum Verbotstatbestand ist damit in vielen Fällen jedoch kaum möglich. Denn, wie auch die aktuelle Rechtsprechung klarstellt, es kann ja nicht jede auch noch so geringfügige Behinderung der betreffenden grenzüberschreitenden Aktivität erfasst sein. Es wird erforderlich sein, dass in einem Kontinuum zwischen irrelevanter Beeinträchtigung der betreffenden wirtschaftlichen Tätigkeit und signifikanter Beschränkung der grenzüberschreitenden Durchführung der betreffenden Aktivität eine bestimmte Schwelle überschritten wird.“, näher unten, § 6 A.II.2.b)bb).

[245] Zu den Grundfreiheiten ohne Markt (*F. Wollenschläger*) siehe unten § 6 A.II.3.

[246] EuGH, Urt. v. 2.10.2003, C-148/02, ECLI:EU:C:2003:539 – *Garcia Avello*, Rn. 33ff.; EuGH, Urt. v. 14.10.2008, C-353/06, ECLI:EU:C:2008:559 – *Grunkin und Paul*, Rn. 22; sowie einschränkend EuGH, Urt. v. 12.5.2011, C-391/09, ECLI:EU:C:2011:291 – *Runevic-Vardyn und Wardyn*, Rn. 69f.; EuGH, Urt. v. 2.6.2016, C-438/14, ECLI:EU:C:2016:401 – *Bogendorff von Wolffersdorff*, Rn. 38; näher unten, Fn. 359.

[247] Aus der ständigen Rechtsprechung vgl. nur EuGH, Urt. v. 26.2.2015, C-359/13, ECLI:EU:C:2015:118 – *Martens*, Rn. 21: „Wie der Gerichtshof wiederholt entschieden hat, ist der Unionsbürgerstatus dazu bestimmt, der grundlegende Status der Staatsangehörigen der Mitgliedstaaten zu sein, der es denjenigen unter ihnen, die sich in der gleichen Situation befinden, erlaubt, im sachlichen Anwendungsbereich des AEU-Vertrags unabhängig von ihrer Staatsangehörigkeit und unbeschadet der insoweit ausdrücklich vorgesehenen Ausnahmen die gleiche rechtliche Behandlung zu genießen (...).“; EuGH, Urt. v. 11.7.2002, C-224/98, ECLI:EU:C:2002:432 – *D'Hoop*, Rn. 28; EuGH, Urt. v. 18.7.2013, C-523/11 und C-585/11, ECLI:EU:C:2013:524 – *Prinz und Seeberger*, Rn. 24; *Streinz*, Europarecht, Rn. 825.

Die Beeinträchtigung der Grundfreiheiten liegt in all diesen Fällen nicht im Inhalt der mitgliedstaatlichen Regelung, sondern in den Effekten der Unterschiede zwischen mitgliedstaatlichen Regelungen, mit der Folge, dass die Grundfreiheiten mittelbar auf eine Angleichung der Regelung hinwirken und den Raum der Mitgliedstaaten für autonome Gestaltung reduzieren.

cc) Gestaltungspotential der Mitgliedstaaten

Aus der Entwicklung des Binnenmarkts[248] wegen ihrer Tendenzen zur Liberalisierung auf einen Gegensatz zwischen einer wirtschaftsorientierten Politik der Europäischen Union und einer sozialorientierten, nicht-ökonomischen Zielen verpflichteten Politik der Mitgliedstaaten zu schließen,[249] trägt dem Einflusspotential der Mitgliedstaaten innerhalb der Europäischen Union nicht hinreichend Rechnung. Die Union schafft nicht nur über die Etablierung des Binnenmarkts ein Substrat für eine breitenwirksame, politische Steuerung durch die Anknüpfung an Interaktionszusammenhänge.[250] Sie vermittelt den Mitgliedstaaten über die institutionellen und prozeduralen Binnenregeln zugleich ein Einflusspotential auf die einzelnen Politiken der Union.[251] Die Liberalisierungstendenz in der Anfangsphase der Etablierung des Binnenmarkts[252] geht maßgeblich auf die Asymmetrie zwischen negativer und positiver Integration zurück,[253] die vor allem durch den damaligen Kontext sowie die Abstimmungsregelungen bewirkt wurde, die die Handlungsfähigkeit des Rats phasenweise stark einschränkten.[254] Die Änderung der Abstimmungsregeln und der Ausbau

[248] Siehe oben, § 6 A.I.

[249] In diese Richtung *Kingreen*, Grundfreiheiten, S. 705 (722): „Der normative Vorrang des primär ökonomisch ausgerichteten Gemeinschaftsrechts mutiert zu einer Vorordnung ökonomischer Individualinteressen vor den im Nationalstaat verantworteten kulturellen, sozialen und ökologischen Allgemeininteressen. Eine solche Eindimensionalität widerspricht der europäischen Idee des ‚spill over' in eklatanter Weise: Zu keiner Zeit wurde der Primat der ökonomischen Integration im Sinne einer solchen Vorordnung begriffen; im Gegenteil beruhte etwa der Verzicht auf die Vergemeinschaftung der Sozialpolitik schlicht auf der Uneinigkeit der Protagonisten Frankreich und Deutschland über deren Einfluss auf das Binnenmarktprojekt, nicht aber auf einer Geringschätzung der Sozialpolitik".

[250] Siehe oben, § 6 A.I.2. und § 6 A.II.1.c).

[251] *Kingreen*, Grundfreiheiten und Grundrechte, S. 218 (229): „War die Perspektive lange Zeit allein der Gemeinsame Markt, so ist die Union heute vor allem ein Projekt von vormals souveränen Nationalstaaten, die den Verlust ihrer Steuerungsmöglichkeiten im Zuge der Internationalisierung von Politik, Wirtschaft und Gesellschaft über die Mitwirkung in der Union zu kompensieren versuchen. Wenn es noch einer Legitimation der Union bedurfte, so sind es heute Internationalisierung und Globalisierung. Der Mehrwert der Union besteht daher in ihrer Rolle als internationaler Akteur, der globale ökonomische, ökologische und soziale Problemlösungskompetenzen nachweist".

[252] Siehe oben, § 6 A.I.1.

[253] Eingehend *Scharpf*, Negative und positive Integration, S. 49 (54 ff.); *ders.*, Politische Optionen im vollendeten Binnenmarkt, S. 219 ff.

[254] Zusammenfassender Überblick bei *Kingreen*, Grundfreiheiten, S. 705 (711 ff.); *ders.*, Der Abstieg der Grundfreiheiten und der Aufstieg der Unionsgrundrechte, S. 51 (53).

institutioneller und prozeduraler Regelungen bei der Konkretisierung sekundärrechtlicher Vorgaben wie insbesondere die Komitologie-Verfahren[255] und die Einbindung der nationalen Behörden und Behördenvertreter in Verbundstrukturen gewähren den Mitgliedstaaten einen nicht unerheblichen Einfluss auf die jeweilige Politik der Union. In Verbindung mit dem Gewinn an Steuerbarkeit, den binnenmarktweite Interaktionszusammenhänge bieten, kann dieser Einfluss auf die Binnenmarktpolitik die Abgabe nationaler Kompetenzen relativieren und unter Umständen darüber hinaus Einfluss auf Gestaltungsoptionen vermitteln, die einem mitgliedstaatlichen Interaktionsraum nicht zugänglich wären. Die Gefahr einer Marginalisierung droht den Mitgliedstaaten aus dieser Perspektive weniger durch einen Steuerungsanspruch der Europäischen Union als durch mögliche Asymmetrien in den Einflussmöglichkeiten der einzelnen Mitgliedstaaten innerhalb der einzelnen formellen und informellen Einflusskanäle.

2. *Ausrichtung der Dogmatik am Interaktionspotential*

Die Grundfreiheiten markieren ohne Zweifel einen zentralen Baustein des Interaktionsräume gewährenden Binnenmarkts.[256] Sie sind in ihrer dogmatischen Ausgestaltung durch die Rechtsprechung des Gerichtshofs in mehrfacher Hinsicht und konsequent an der Förderung des Potentials grenzüberschreitender Interaktionen ausgerichtet.[257] Diese Ausrichtung betrifft schon die grundlegende Frage ihrer direkten Anwendbarkeit (a)), aber auch ihre weite Fassung sowohl des Anwendungsbereichs als vor allem auch der Beeinträchtigung (b)) einschließlich des Schutzes der Verwendungsmöglichkeiten (c)), die vergleichsweise strengen Anforderungen an die Rechtfertigung (d)), Formen der Drittwirkung und Schutzpflichten (e) und f)) sowie schließlich die von den Grundfreiheiten ausgehenden Impulse für eine negative und positive Integration. In dieser Ausrichtung unterscheiden die Grundfreiheiten sich von der Konzeption nationaler und europäischer Grundrechte (g.).

a) Interaktionsbezug der direkten Anwendbarkeit

Schon die grundlegende Entscheidung des Gerichtshofs, dem Verbot von Zöllen und Abgaben gleicher Wirkung[258] und nachfolgend den Grundfreiheiten allgemein unmittelbare Wirkung und einen subjektiv-rechtlichen Charakter zuzusprechen,[259] geht maßgeblich auf die Relevanz des gemeinsamen Marktes und

---

[255] Zur Komitologie nach dem Lissabon-Vertrag *Ilgner*, Die Durchführung der Rechtsakte des europäischen Gesetzgebers durch die Europäische Kommission, S. 197 ff.; *Schlacke*, JÖR 61 (2013), 293 ff.; *Pilniok/Westermann*, VerwArch 2012, 379 ff.

[256] Aus der Literatur vgl. nur *Kingreen*, Grundfreiheiten, S. 705 (713 f.).

[257] *Schubert*, Der Gemeinsame Markt als Rechtsbegriff, S. 147.

[258] EuGH, Urt. v. 5.2.1963, Rs. 26/62, ECLI:EU:C:1963:1 – *Van Gend & Loos*, Slg. 1963, 7 ff.

[259] Besonders deutlicher Bezug zur Förderung von Interaktionszusammenhängen bei der zur Niederlassungsfreiheit EuGH, Urt. v. 21.6.1974, Rs. 2/74, ECLI:EU:C:1974:68 – *Reyners*,

seiner Handlungsoptionen für den Einzelnen zurück.[260] Dabei lässt sich diese Gewährung individueller subjektiver Rechte durchaus instrumentell als eine Strategie verstehen, die nicht nur dem Anwendungsvorrang des Unions- bzw. des Gemeinschaftsrechts gegenüber dem nationalen Recht der Mitgliedstaaten den Weg bereitet,[261] sondern Interaktionsbeziehungen zwischen den Akteuren des Binnenmarkts und dadurch die Binnenmarktpolitik der Gemeinschaft in einer stockenden Phase des Integrationsprozesses[262] rechtlich abstützt.[263] Hintergrund dieser Rechtsposition ist in dieser instrumentellen, auf die Etablierung des gemeinsamen Markts gerichteten Perspektive nicht die Entfaltung des einzelnen Rechtsträgers als der Mehrwert der Rechtsausübung,[264] also der grenzüberschrei-

Rn. 21/23 ff.: Aufgabe der Niederlassungsfreiheit und der konkretisierenden Richtlinien, „Erleichterungen für den praktischen Gebrauch dieser Freiheit zu schaffen und auf diese Weise die wirtschaftliche und soziale Durchdringung auf dem Gebiet der selbstständigen Erwerbstätigkeit innerhalb der Gemeinschaft zu fördern"; ähnlich zur Dienstleistungsfreiheit EuGH, Urt. v. 3.12.1974, Rs. 33/74, ECLI:EU:C:1974:131 – *van Binsbergen*, Rn. 20/23, 24/26; zur Warenverkehrsfreiheit EuGH, Urt. v. 29.11.1978, Rs. 83/78, ECLI:EU:C:1978:214 – *Pigs Marketing Scheme*, Rn. 66/67: unmittelbare Anwendbarkeit ergibt sich aus „dem Wesen der Art. 30 und 34" EWG-Vertrag; zur Arbeitnehmerfreizügigkeit EuGH, Urt. v. 4.4.1974, C-167/73, Rn. 35, ECLI:EU:C:1974:35; EuGH, Urt. v. 4.12.1974, Rs. 41/74, ECLI:EU:C:1974:133 – *van Duyn*, Rn. 5/7; zur Kapitalverkehrsfreiheit EuGH, Urt. v. 14.12.1995, ECLI:EU:C:1995:451, C-163/94 u. a. – *Sanz de Lera*, Rn. 43; zu den Vorbehalten sekundärrechtlicher Liberalisierungsmaßnahmen bei der Kapitalverkehrsfreiheit allerdings *Behrens*, EuR 1992, 145 (147); zur allgemeinen Freizügigkeit EuGH, Urt. v. 17.9.2002, C-413/99, ECLI:EU:C:2002:493– *Baumbast*, Rn. 86; aus der Literatur *Müller-Graff*, in: von der Groeben/Schwarze/Hatje (Hrsg.), Europäisches Unionsrecht, Vor Art. 34–37, Rn. 12.

[260] „Das Ziel des EWG-Vertrages ist die Schaffung eines gemeinsamen Marktes, dessen Funktionieren die der Gemeinschaft angehörigen Einzelnen unmittelbar betrifft; damit ist zugleich gesagt, dass dieser Vertrag mehr ist als ein Abkommen, das nur wechselseitige Verpflichtungen zwischen den vertragsschließenden Staaten begründet. (…)", EuGH, Urt. v. 5.2.1963, Rs. 26/62, ECLI:EU:C:1963:1 – *Van Gend & Loos*, Slg. 1963, 7 (24).

[261] *Chalmers/Barroso*, ICon 12 (2014), 105 (107 ff.); rückblickend *Vauchez*, ELJ 16 (2010), 1 (1 f.).

[262] Zum politisch-institutionellen Kontext *Kingreen*, Grundfreiheiten, S. 705 (711 ff.).

[263] *Chalmers/Barroso*, ICon 12 (2014), 105 (121): „It is the relationship which EU law is committed to uphold, recognize, and protect as it is a relationship which form spart of the external sphere of activity which constitutes the focus of EU government. It is now seen as a relationship of legal commitments, rights, and responsibilities."; die Kontextabhängigkeit betonend *Kingreen*, Grundfreiheiten, S. 705 (718): „Jede Theorie subjektiver Rechte thematisiert ihren allgemeinen Charakter, ihre normative Zielrichtung und ihre inhaltliche Reichweite also immer vor dem Hintergrund einer bestimmten Verfassung und auf der Grundlage einer bestimmten Verfassungstheorie oder Staatsauffassung. Aus dieser Kontextabhängigkeit erwächst die theoretisch und dogmatisch zentrale Frage, ob ein Konzept subjektiver Rechte lediglich auf eine bestimmte Verfassung und ihre historischen Bedingungen bezogen ist oder ob es eine verfassungsübergreifende Werkidee enthält, die geeignet ist, die verfassungsrechtliche Situation, in der es entstanden ist, zu überdauern".

[264] *Classen*, VerwArch 88 (1997), 645 (671): „Funktionär der Integration", der aber auch auf die Rechtsposition des Einzelnen im Haftungsrecht hinweist: „eigene Rechte mit materiellem Gehalt" (a. a. O., 673); daran anschließend *Kingreen*, Grundfreiheiten, S. 705 (714); zu den unterschiedlichen Modellen *Masing*, Die Mobilisierung des Bürgers für die Durchsetzung des Rechts, S. 175 ff.

tenden Interaktion, für die mit dem gemeinsamen Markt verfolgten Ziele.[265] Die Kombination aus subjektiven Rechten auf bestimmte Aspekte grenzüberschreitender Transaktionen und ihrer Gewährung an eine Vielzahl dezentraler Rechtsträger schafft die Rahmenbedingungen für die Herausbildung grenzüberschreitender, vielfältig ausdifferenzierter Interaktionszusammenhänge.

b) Übergreifende Kriterien der Beeinträchtigung

Die konsequente Ausrichtung der Grundfreiheiten auf die grenzüberschreitende Interaktion schlägt sich in der Rechtsprechung des Gerichtshofs neben der Bestimmung des sachlichen Anwendungsbereichs der Grundfreiheiten, der praktisch jeden Aspekt des transaktionsgeeigneten Wirtschaftslebens umfasst,[266] in der weiten, funktionalen Auslegung der Beschränkungen nieder. Beeinträchtigende Maßnahmen gleicher Wirkung zu quantitativen Beschränkungen werden danach sehr weit, in der Sache als jede Beeinträchtigung des Marktzugangs verstanden.

aa) Dassonville: umfassender Schutz des Interaktionspotentials

Mit der sog. *Dassonville*-Formel[267] hat die Rechtsprechung des Gerichtshofs für die Warenverkehrsfreiheit bekanntlich eine ständige Rechtsprechung[268] eingeleitet, die den Zweck verfolgt, alle Arten von Beeinträchtigungen der grenzüberschreitenden Handelsströme zu beseitigen.[269] Mit dieser Weite, die alle

[265] „VGL [Van Gend en Loos] sets up the European Union, therefore, as a *universitas* in which subjects come together to realize and contribute to common purposes tied tot he legal and administrative order of the Union. This idea of community shapes how subjects engage with each other and EU law. It is a profoundly disquieting one. Parties are only recognized for what they do that is seen as of value rather than for other elements of their identity. It can, thus, happen that some parties who do nothing of perceived value are not recognized at all. In addition, actors' relative capacities become central to whether they are accorded rights with rights likely to be granted to those who ‚can' rather than to those who ‚cannot'." (Herv. i. Orig.), *Chalmers/Barroso*, ICon 12 (2014), 105 (121 f.).

[266] Aus der Literatur *Streinz*, Europarecht, Rn. 820: jeder Teil des marktgängigen Wirtschaftslebens.

[267] Danach ist „jede Handelsregelung der Mitgliedstaaten, die geeignet ist, den innergemeinschaftlichen Handel unmittelbar oder mittelbar, tatsächlich oder potenziell zu behindern, (...) als Maßnahme mit gleicher Wirkung wie eine mengenmäßige Beschränkung anzusehen", EuGH, Urt. v. 11.7.1974, Rs. 8/74, ECLI:EU:C:1974:82 – *Dassonville*, Rn. 5; aus der jüngeren Zeit EuGH, Urt. v. 23.12.2015, C-333/14, ECLI:EU:C:2015:845 – *Scotch Whisky Association u. a.*, Rn. 31; EuGH, Urt. v. 12.11.2015, C-198/14, ECLI:EU:C:2015:751 – *Visnapuu*, Rn. 98; EuGH, Urt. v. 6.9.2012, C-150/11, ECLI:EU:C:2012:539 – *Kommission / Belgien*, Rn. 50 m. w. N.

[268] Vgl. nur die Nachweise bei *Müller-Graff*, in: von der Groeben/Schwarze/Hatje, Europäisches Unionsrecht, Art. 34 AEUV Rn. 40.

[269] „Nach ständiger Rechtsprechung seit dem Urteil (...) Dassonville (...) bedeutet dies nach dem Kontext dieser Bestimmungen, dass alle unmittelbaren oder mittelbaren, tatsächlichen oder potenziellen Beeinträchtigungen der Handelsströme innerhalb der Gemeinschaft beseitigt werden sollen", EuGH, Urt. v. 12.6.2003, C-112/00, ECLI:EU:C:2003:333 – *Schmidberger*, Rn. 56.

Arten nachteiliger Beeinflussungen grenzüberschreitender Transaktionen unabhängig von der Art, Zielsetzung, Wirkungstechnik oder Wirkungsintensität der Maßnahme abdeckt,[270] erfasst die Formel weite Teile der allgemeinen mitgliedstaatlichen Regelungen mit Marktbezug.[271]

bb) Kriterien zur Konturierung des Marktzugangs

Weil Märkte rechtlich konstituiert sind, sind die Elemente dieser institutionellen Ausgestaltung schnell geeignet, den innergemeinschaftlichen Handel zumindest potentiell zu behindern. Die korrigierende, formelle Gegenüberstellung einer transaktionsneutralen Verkaufsmodalität und einer transaktionsbehindernden produktbezogenen Regelung nach der sog. *Keck*-Formel[272] zielt in der Sache darauf, spezifische transaktionsrelevante Maßnahmen von allgemeinen Regelungen abgrenzen zu können.[273] Das formelle Kriterium des Produktbezugs trifft die Transaktionsrelevanz einer Maßnahme typischerweise, allerdings nicht ausnahmslos und auch nicht ohne Abgrenzungsschwierigkeiten. Zudem passt es auch nicht ohne weiteres auf die anderen Grundfreiheiten, obwohl das dahinterstehende Anliegen, den grenzüberschreitenden Marktzugang offenzuhalten,[274] nicht auf die Warenverkehrsfreiheit beschränkt ist.[275] Mit einiger Ähnlichkeit zu unterschiedlich akzentuierten Vorschlägen mehrerer Generalanwälte[276] und

---

[270] Zum Ganzen nur *Müller-Graff*, in: von der Groeben/Schwarze/Hatje, Europäisches Unionsrecht, Art. 34 AEUV Rn. 51–60, auch zur Umlenkung von Handelsströmen; zur Irrelevanz der Zielsetzung und der Wirkungsintensität zudem *Mayer*, EuR 2003, 793 (796).

[271] Die Kommission hatte zuvor versucht, das Merkmal der Maßnahmen gleicher Wirkung fallgruppenartig und dadurch im Ergebnis enger sekundärrechtlich zu fassen, vgl. Art. 2 und 3 Richtlinie 70/50/EWG der Kommission v. 22.12.1969, gestützt auf die Vorschriften des Artikels 33 Absatz 7 über die Beseitigung von Maßnahmen gleicher Wirkung wie mengenmäßige Einfuhrbeschränkungen, die nicht unter andere auf Grund des EWG-Vertrags erlassene Vorschriften fallen, ABl.EG Nr. L 13 v. 19.1.1970, S. 29 ff.; *Mayer*, EuR 2003, 793 (796).

[272] EuGH, Urt. v. 24.11.1993, C-267/91, ECLI:EU:C:1993:905 – *Keck und Mithouard*, Rn. 16: „Demgegenüber ist entgegen der bisherigen Rechtsprechung die Anwendung nationaler Bestimmungen, die bestimmte Verkaufsmodalitäten beschränken oder verbieten, auf Erzeugnisse aus anderen Mitgliedstaaten nicht geeignet, den Handel zwischen den Mitgliedstaaten im Sinne des Urteils Dassonville (...) unmittelbar oder mittelbar, tatsächlich oder potentiell zu behindern, sofern diese Bestimmungen für alle betroffenen Wirtschaftsteilnehmer gelten, die ihre Tätigkeit im Inland ausüben, und sofern sie den Absatz der inländischen Erzeugnisse und der Erzeugnisse aus anderen Mitgliedstaaten rechtlich wie tatsächlich in der gleichen Weise berühren.“; für eine Einordnung der Auswirkungen siehe nur *Steindorff*, ZHR 158 (1994), 149 (157 ff.); *Kingreen*, Grundfreiheiten, S. 705 (717).

[273] *Dietz/T. Streinz*, EuR 2015, 50 (50 und 57): Orientierung am Marktzugang als *ratio* des Keck-Urteils; zu den Spekulationen über den Hintergrund der Entscheidung *Kingreen*, Grundfreiheiten, S. 705 (717).

[274] *Haratsch/Koenig/Pechstein*, Europarecht, Rn. 885.

[275] *Dietz/T. Streinz*, EuR 2015, 50 (57); zwischen Dienstleistungsfreiheit und Personenverkehrsfreiheiten differenzierend *Kingreen*, Der Abstieg der Grundfreiheiten und der Aufstieg der Unionsgrundrechte, S. 51 (54).

[276] Eingehend zu den sich mit der Keck-Formel auf unterschiedliche Weise auseinandersetzenden Schlussanträgen der Generalanwälte *Brigola*, EuZW 2012, 248 (249 ff.); *Dietz/T. Streinz*,

kritischen Stimmen in der Literatur[277] tendiert die Rechtsprechung des Gerichtshofs der letzten Jahre dazu, auf die Behinderung des Marktzutritts abzustellen und eine solche Behinderung in drei Fallgruppen anzunehmen: zugangsrelevante Diskriminierungen, Verstöße gegen das Prinzip gegenseitiger Anerkennung und schließlich sonstige Behinderungen des Marktzutritts.[278] Während die ersten beiden Fallgruppen, die Diskriminierungen und Verstöße gegen das Herkunftslandprinzip, schon nach der bisherigen Rechtsprechung als Beeinträchtigungen der Grundfreiheiten anerkannt sind,[279] ist die verbleibende Fallgruppe sonstiger Behinderungen des Marktzutritts schwieriger zu konkretisieren.[280] Diese Gruppe sonstiger Behinderungen auf solche Maßnahmen zu beschränken, die den Marktzutritt vollständig oder nahezu vollständig vereiteln,[281] erhöht die Vorsehbarkeit der Rechtsanwendung, kann allerdings in einigen Situationen, etwa bei Werbe- oder Nutzungsbeschränkungen,[282] zu nicht unerheblichen Einschränkungen des Interaktionspotentials unterhalb der Schwelle einer vollständigen Marktzutrittsschranke führen. Auch eine Abgrenzung in zeitlicher Hinsicht, nach der Beschränkungen nach erfolgtem Marktzugang die Grundfreiheiten nicht mehr berühren,[283] trifft das Charakteristikum von Beschränkungen des Transaktionspotentials noch nicht. Die Abgrenzung in zeitlicher Hinsicht erklärt zwar zwanglos, dass belastende Regelungen der Vermarktung im Einzelhandel wie etwa die Vorgabe von Ladenschlusszeiten[284] oder Sonntagsverkaufs-

---

EuR 2015, 50 (51 ff.); *Kingreen*, Der Abstieg der Grundfreiheiten und der Aufstieg der Unionsgrundrechte S. 51 (56 ff.).

[277] Kritisch zur Unangemessenheit des formalen Kriteriums *Weatherill*, CMLRev 1996, 885 (894 f.); *Kingreen*, Der Abstieg der Grundfreiheiten und der Aufstieg der Unionsgrundrechte, S. 51 (54); *Haratsch/Koenig/Pechstein*, Europarecht, Rn. 885.

[278] EuGH, Urt. v. 26.4.2012, C-456/10, ECLI:EU:C:2012:241 – *ANETT*, Rn. 33 ff.; EuGH, Urt. v. 18.6.2019, C-591/17, ECLI:EU:C:2019:504 – *Infrastrukturabgabe*, Rn. 121 m. w. N.; aus der Literatur *Cremer/Bothe*, EuWZ 2015, 413 (415 ff.); *Dietz/T. Streinz*, EuR 2015, 50 (66 ff.).

[279] Vgl. oben, Fn. 272 und Fn. 229; *Dietz/T. Streinz*, EuR 2015, 50 (68 f.); *Kingreen*, Der Abstieg der Grundfreiheiten und der Aufstieg der Unionsgrundrechte, S. 51 (54).

[280] *Purnhagen*, EuZW 2016, 234 (235).

[281] In diesem Sinne *Dietz/T. Streinz*, EuR 2015, 50 (69).

[282] Dazu näher unten, § 6 A.II.2.c), sowie zu Werbebeschränkungen oben, Fn. 239.

[283] *Haratsch/Koenig/Pechstein*, Europarecht, Rn. 885: keine Beschränkung, „wenn die jeweils betroffenen eingeführten Produkte erst nach erfolgtem Marktzugang den im Einfuhrstaat geltenden Vermarktungsvorschriften unterworfen werden", vgl. aber auch Rn. 886: Warenverkehrsfreiheit soll nicht nur den Marktzugang auf der Großhandelsebene, sondern vielmehr den Zugang auf allen Marktstufen gewährleisten; ebenfalls auf den Zeitpunkt des Marktzugangs abstellend *Dietz/T. Streinz*, EuR 2015, 50 (59): „Regelungen, die lediglich das Marktverhalten nach erfolgtem Marktzutritt betreffen, sollen aber grundsätzlich nicht von den Grundfreiheiten erfasst sein, weil andernfalls eine allgemeine Deregulierung oder Nivellierung des wirtschaftsrechtlichen Ordnungsrahmens zu befürchten wäre."; in diese Richtung im Zusammenhang mit Verkaufsmodalitäten und Nutzungsbeschränkungen auch GA Kokott, Schlussantrag v. 14.12. 2006 zu EuGH, C-142/05, ECLI:EU:C:2006:782 – *Mickelsson und Roos*, Rn. 53.

[284] Aus der Rechtsprechung vgl. nur zuletzt EuGH, Urt. v. 8.5.2014, C-483/12, ECLI: EU:C:2014:304 – *Pelckmans Turnhout*, Rn. 24; zuvor EuGH, Urt. v. 2.6.1994, C-69/93 u. a.,

verbote[285] die Einfuhr der ja bereits importierten Waren nicht beschränken.[286] Damit sind allerdings etwaige Marktzutrittsschranken noch nicht hinreichend beschrieben. Knüpfen diese Schranken erst an Stufen der Wertschöpfungskette an, die wie die Modalitäten des Einzelhandels der Wareneinfuhr nachgelagert sind, wirken auch diese Beschränkungen auf die vorhergehenden Glieder der Wertschöpfungskette zurück, wenn das spätere Hemmnis absehbar und nicht zu umgehen ist. So ordnet die Rechtsprechung des Gerichtshofs belastende Verkaufsmodalitäten als Beschränkung der Warenverkehrsfreiheit ein, wenn sie Waren aus dem EU-Ausland rechtlich oder tatsächlich stärker belasten als inländische,[287] obwohl die Waren aus dem EU-Ausland zum Zeitpunkt ihres Verkaufs im Einzelhandels bereits importiert sind. Entscheidend ist also nicht die zeitliche Reihenfolge, sondern eine normative Unterscheidung zwischen rechtlichen Regelungen nachgelagerter Wertschöpfungsstufen, die „ganz allgemein das Absatzvolumen und damit das Volumen des Absatzes von Erzeugnissen aus anderen Mitgliedstaaten beschränken können",[288] und spezifischen Beschränkungen des grenzüberschreitenden Interaktionspotentials. Der Sache nach stellt diese Unterscheidung eine Form der objektiven Zurechnung von potentiellen oder aktuellen Beschränkungen dar. Die Rechtsprechung des Gerichtshofs behandelt diese normative Bewertung teilweise als eine Frage der Kausalität zwischen der in Rede stehenden Maßnahme und ihrer die Grundfreiheit potentiell einschränkenden Effekte.[289] Zivilprozessuale Vorgaben, wie etwa die Forderung einer Prozesskostensicherheit bei Zahlungsklagen aus Warenlieferungen mit grenzüberschreitendem Bezug, ordnet die Rechtsprechung als „zu ungewiss und zu mittelbar" für eine Beeinträchtigung des innergemeinschaftlichen Handelsverkehrs ein.[290] Eine solche Lösung über den Nachweis des Kausalitätszusammenhangs lässt sich allerdings in Grenzfällen mit dem materiellen

---

ECLI:EU:C:1994:226 – *Punto Casa*, Rn. 12 ff.; EuGH, Urteil v. 20.6.1996, C-418/93 u. a., ECLI:EU:C:1996:242 – *Semeraro Casa Uno*, Rn. 24, jeweils m. w. N. zur Rechtsprechung.

[285] Vor der Keck-Entscheidung EuGH, Urt. v. 23.11.1989, C-145/88, ECLI:EU:C:1989:593 – *B and Q PLC*, Rn. 12 ff.; EuGH, Urt. v. 16.12.1992, C-169/91, ECLI:EU:C:1992:519 – B & Q, Rn. 11 ff.: beschränkende Wirkung des Verkaufsverbots am Sonntag auf den Handel jedenfalls nicht unverhältnismäßig; aus jüngerer Zeit EuGH, Urt. v. 8.5.2014, C-483/12, ECLI:EU:C:2014:304 – *Pelckmans Turnhout*, Rn. 24: Warenverkehrsfreiheit findet keine Anwendung auf nationale Ladenschlussregelung, die für alle betroffenen Wirtschaftsteilnehmer gilt, die im Inland tätig sind, und den Absatz der inländischen Erzeugnisse und der Erzeugnisse aus anderen Mitgliedstaaten rechtlich wie tatsächlich in gleicher Weise berührt, m. w. N.

[286] *Haratsch/Koenig/Pechstein*, Europarecht, Rn. 885.

[287] Vgl. EuGH, Urt. v. 8.5.2014, C-483/12, ECLI:EU:C:2014:304 – *Pelckmans Turnhout*, Rn. 24; EuGH, Urt. v. 2.6.1994, C-69/93 u. a., ECLI:EU:C:1994:226 – *Punto Casa*, Rn. 12.

[288] EuGH, Urteil v. 20.6.1996, C-418/93 u. a., ECLI:EU:C:1996:242 – *Semeraro Casa Uno*, Rn. 24.

[289] EuGH, Urt. v. 7.4.2011, C-291/09, ECLI:EU:C:2011:217 – *Francesco Guarnieri & Cie*, Rn. 17 ff.

[290] EuGH, Urt. v. 7.4.2011, C-291/09, ECLI:EU:C:2011:217 – *Francesco Guarnieri & Cie*, Rn. 17; anders dagegen für das zivilrechtliche Verbot, von dem Verbraucher vor Ablauf der

Maßstab, der eine potentielle Beschränkung prinzipiell genügen lässt, nur schwer verbinden. Insgesamt geht die Tendenz der Rechtsprechung des Gerichtshofs in jüngeren Entscheidungen dahin, Erschwerungen des Marktzugangs auch unterhalb der Schwelle einer faktisch unüberwindlichen Marktzutrittsschranke als Beschränkung der Warenverkehrsfreiheit anzusehen.[291]

Unabhängig von der konkreten Ausgestaltung der Kriterien geht die Tendenz sowohl in Rechtsprechung als auch in der Literatur jedenfalls dahin, die Reichweite des Schutzbereichs der Grundfreiheiten materiell anhand der Relevanz der betreffenden Maßnahme für das grenzüberschreitende Interaktionspotential zu bestimmen.

c) Schutz der Verwendungsmöglichkeiten

Dieser von den Grundfreiheiten abgesicherte Schutz des Interaktionspotentials äußert sich insbesondere in dem Schutz der Möglichkeiten, eine Ware oder Dienstleistung zu verwenden. Im Gegensatz zur deutschen verfassungsrechtlichen Dogmatik, die die Wettbewerbsfreiheit als Ausdruck der Berufsfreiheit nur nach Maßgabe der einfach-gesetzlichen marktausgestaltenden Regelungen gewährt,[292] macht der mit den Grundfreiheiten verbundene Schutz des Inter-

---

fernabsatzrechtlichen Widerrufsfrist die Angabe von Kreditkartendaten zu verlangen, EuGH, Urt. v. 16.12.2008, C-205/07, ECLI:EU:C:2008:730 – *Gysbrechts und Santurel Inter*, Rn. 42.

[291] EuGH, Urt. v. 23.12.2015, C-333/14, ECLI:EU:C:2015:845 – *Scotch Whisky Association ua*, Rn. 32: „Wie der Generalanwalt (...) ausgeführt hat, ist die im Ausgangsverfahren streitige Regelung allein deshalb, weil sie verhindert, dass sich niedrigere Gestehungskosten eingeführter Erzeugnisse im Endverkaufspreis niederschlagen können, geeignet, alkoholhaltigen Getränken, die in anderen Mitgliedstaaten als dem Vereinigten Königreich Großbritannien und Nordirland rechtmäßig vertrieben werden, den Zugang zum britischen Markt zu erschweren, und stellt somit eine Maßnahme mit gleicher Wirkung wie eine mengenmäßige Beschränkung im Sinne von Art. 34 AUEV dar (...).“; ähnlich EuGH, Urt. v. 10.9.2014, C-423/13, ECLI:EU:C:2014:2186 – *Vilniaus energija*, Rn. 48: „In diesem Zusammenhang ist darauf hinzuweisen, dass eine nationale Regelung und Praxis wie die im Ausgangsverfahren in Rede stehenden, die die in anderen Mitgliedstaaten rechtmäßig hergestellten (telemetrischen) Datenfernübertragungsgeräte einer messtechnischen Überprüfung unterwerfen, den Zugang zum Markt des Einfuhrmitgliedstaats beschränken und daher als eine Maßnahme mit gleicher Wirkung wie eine mengenmäßige Einfuhrbeschränkung im Sinne von Art. 34 AEUV anzusehen sind (...)“; zuvor bereits EuGH, Urt. v. 4.6.2009, C-142/05, ECLI:EU:C:2009:336 – *Mickelsson und Roos*, Rn. 24: „Ebenfalls unter diesen Begriff [der Maßnahme gleicher Wirkung wie eine Einfuhrbeschränkung] fällt jede sonstige Maßnahme, die den Zugang zum Markt eines Mitgliedstaats für Erzeugnisse aus anderen Mitgliedstaaten behindert (...)“, ebenso EuGH, Urt. v. 20.3.2014, C-61/12, ECLI:EU:C:2014:172 – *Kommission/Litauen*, Rn. 57, sowie, jedoch auch unter Hinweis auf die Keck-Formel, EuGH, Urt. v. 10.2.2009, C-110/05, ECLI:EU:C:2009:66 – *Kommission/Italien*, Rn. 37, dann stellt die Entscheidung allerdings bei der Prüfung der konkreten Maßnahmen restriktiver auf eine „Versperrung des Marktzugangs“ für die betreffenden Anhängertypen ab, EuGH, a.a.O., Rn. 52 und 58; vgl. die Einschätzung der Rechtsprechung aus der Literatur, etwa bei *Purnhagen*, EuZW 2016, 234 (235): Marktzugangskriterium als Auffangtatbestand für alle Maßnahmen, die weder Diskriminierungen sind noch unter die gegenseitige Anerkennung fallen.

[292] Eingehend oben, § 5 E.

aktionspotentials auch Beschränkungen in der Verwendbarkeit einer Ware auf der Endkundenebene rechtfertigungsbedürftig. Nach der Rechtsprechung des Gerichtshofs entfällt diese Beschränkung auch nicht dadurch, dass der Absatz inländischer Waren rechtlich und tatsächlich in gleicher Weise von der Nutzungsbeschränkung betroffen ist.[293]Anknüpfungspunkt für diese Reichweite der Grundfreiheiten sind die mittelbaren Effekte, die von Einschränkungen der Verwendbarkeit auf Endkundenebene auf das Marktpotential der betroffenen Gegenstände ausgehen können.[294]

d) Anforderungen an die Rechtfertigung

In ähnlicher Weise sind die in der Rechtsprechung des Gerichtshofs für alle Grundfreiheiten mit Unterschieden in der Prüfungsintensität[295] übergreifend herangezogenen Kriterien der Rechtfertigung für Beschränkungen auf den Schutz des Potentials zu grenzüberschreitenden Transaktionen ausgerichtet.[296]

Zum einen begünstigt die Fokussierung der einzelnen Grundfreiheiten auf eine bestimmte Art grenzüberschreitender Transaktionen wie schon bei der

---

[293] Ablehnend vor allem im Hinblick auf die damit verbundenen Wettbewerbsvorteile von Erzeugnissen aus dem EU-Ausland gegenüber den inländischen *Haratsch/Koenig/Pechstein*, Europarecht, Rn. 888.

[294] EuGH, Urt. v. 10.2.2009, C-110/05, ECLI:EU:C:2009:66 – *Kommission/Italien*, Rn. 56 f.: „Hierzu ist festzustellen, dass ein Verbot der Verwendung eines Erzeugnisses im Hoheitsgebiet eines Mitgliedstaats erheblichen Einfluss auf das Verhalten der Verbraucher hat, das wich wiederum auf den Zugang des Erzeugnisses zum Markt des Mitgliedstaats auswirkt. Denn Verbraucher, die wissen, dass sie ihr Kradfahrzeug nicht mit einem eigens dafür konzipierten Anhänger verwenden dürfen, haben praktisch kein Interesse daran, einen solchen Anhänger zu kaufen (…).“; EuGH, Urt. v. 4.6.2009, C-142/05, ECLI:EU:C:2009:336 – *Mickelsson und Roos*, Rn. 27: „Verbraucher, die wissen, dass die von einer derartigen Regelung gestattete Nutzung sehr begrenzt ist, haben nämlich nur ein geringes Interesse daran, das fragliche Erzeugnis zu kaufen (…).“; zuvor bereits EuGH, Urt. v. 10.4.2008, C-265/06, ECLI:EU:C:2008:210 – *Kommission/Portugal*, Rn. 33: Verbot, Folien an der Windschutzscheibe und den Seitenscheiben von Personenkraftwagen zu befestigen; ebenso EuGH, Urt. v. 15.4. 2010, C-433/05, ECLI:EU:C:2010:184 – *Sandström*, Rn. 32 ff.; EuGH, Urt. v. 18.11.2010, C-142/09, ECLI:EU:C:2010:694 – *Lahousse und Lavichy*, Rn. 44: Verbot des Verkaufs und der Benutzung von Material, das die Steigerung der Leistung oder der Geschwindigkeit von Kleinkrafträdern ermöglicht.

[295] Zu Unterschieden in der von der Gebhardt-Formel vorgesehenen Verhältnismäßigkeitsprüfung zwischen der Dienstleistungsfreiheit und der Niederlassungsfreiheit *Tiedje*, in: von der Groeben/Schwarze/Hatje, Europäisches Unionsrecht, Art. 49 AEUV Rn. 121.

[296] EuGH, Urt. v. 30.11.1995, C-55/94, ECLI:EU:C:1995:411 – *Gebhardt*, Rn. 37: „Aus der Rechtsprechung des Gerichtshofes ergibt sich jedoch, dass nationale Maßnahmen, die die Ausübung der durch den Vertrag garantierten grundlegenden Freiheiten behindern oder weniger attraktiv machen können, vier Voraussetzungen erfüllen müssen: Sie müssen in nichtdiskriminierender Weise angewandt werden, sie müssen aus zwingenden Gründen des Allgemeininteresses gerechtfertigt sein, sie müssen geeignet sein, die Verwirklichung des mit ihnen verfolgten Zieles zu gewährleisten, und sie dürfen nicht über das hinausgehen, was zur Erreichung dieses Zieles erforderlich ist“.

Identifikation von Beschränkungen[297] gegenüber dem Schutz von Grundrechten mit weniger klar abgegrenzten Gewährleistungsgehalten eine konkrete, einzelfallbezogene Verhältnismäßigkeitsprüfung, die pauschale Begründungen der Mitgliedstaaten für Beschränkungen regelmäßig nicht ausreichen lässt.[298] Insbesondere in Fällen, in denen die beschränkende Maßnahme ein prinzipiell als zwingenden Grund des Allgemeininteresses anerkanntes Ziel verfolgt, spricht der Gerichtshof der Maßnahme nicht selten die Erforderlichkeit ab, wenn sie in ihrer Intensität oder ihrem Umfang über die Verfolgung des Ziels hinausgeht und weniger einschneidende Maßnahmen in Frage kommen.[299] Diese eingehende Erforderlichkeitsprüfung sichert die Entwicklungsoffenheit der Marktprozesse ab, indem sie alternativen Geschäftsmodellen, wie etwa schlankeren Vertriebswegen, die Möglichkeit gewährt, die betroffenen Allgemeininteressen in anderer Weise zu berücksichtigen.[300] Sie erhöht dadurch die Rationalität der Regulierung durch die Mitgliedstaaten, die gelegentlich in dem Verdacht stand, den Schutz zwingender Gründe des Allgemeininteresses zu überdehnen, um den Status quo der Leistungsbereitstellung auf nationalen Märkten abzusichern.

---

[297] Siehe oben, § 6 A.II.2.b).

[298] Vgl. etwa EuGH, Urt. v. 6.9.2012, C-150/11, ECLI:EU:C:2012:539 – *Kommission/Belgien*, Rn. 56: „In Bezug auf den Verbraucher- und den Umweltschutz trägt das Königreich Belgien vor, dass bestimmte Prüfungen der technischen Untersuchung es ermöglichten, die Gefahr der Täuschung über den Kilometerstand und die Auswirkungen des in Betrieb genommenen Fahrzeugs auf die Umwelt einzudämmen. Es macht jedoch weder genaue Angaben darüber, welche Prüfungen betroffen sind, noch darüber, inwieweit diese Prüfungen der Gewährleistung dieser Ziele dienen."; zu den Unterschieden in der Intensität der Grundrechtsprüfung auf Unionsebene *Ruffert*, Berufsfreiheit und unternehmerische Freiheit, § 19 Rn. 37 f.; *Schroeder*, Die grundrechtliche Prüfungsdichte des EuGH seit dem Vertrag von Lissabon, S. 83 (84 f.); *Kingreen*, Der Abstieg der Grundfreiheiten und der Aufstieg der Grundrechte, S. 51 (59) m. w. N.; *v. Danwitz*, EWS 2003, 393 (396); *Storr*, Der Staat 36 (1997), 547 (564 ff.): vernachlässigte Erforderlichkeitsprüfung; *Kischel*, EuR 2000, 380 (386 ff.), *Nettesheim*, EuZW 1995, 106 (107 f.); differenzierend dagegen *von Bogdandy*, JZ 2001, 157 (164).

[299] EuGH, Urt. v. 21.6.2016, C-15/15, ECLI:EU:C:2016:464 – *New Valmar*, Rn. 54; EuGH, Urt. v. 2.12.2010, C-108/09, ECLI:EU:C:2010:725 – *Ker-Optika*, Rn. 66 ff.; EuGH, Urt. v. 16.1. 2014, C-481/12, ECLI:EU:C:2014:11 – *Juvelta*, Rn. 33: „Neben einer zusätzlichen Kennzeichnung wie der im Ausgangsverfahren fraglichen könnten auch andere Maßnahmen ausreichen, um die Gewährleistung eines wirksamen Schutzes der Verbraucher zu ermöglichen, etwa das zwingende Vorhandensein von durch eine unabhängige Punzierungsstelle des Einfuhrmitgliedstaats genehmigten Entsprechungstabellen am Ort des Vertriebs von Edelmetallgegenständen aus anderen Mitgliedstaaten, in denen die Verbraucher über die Feingehaltspunzen der anderen Mitgliedstaaten und ihre Entsprechung im Einfuhrmitgliedstaat informiert werden, oder die Verpflichtung zur Anbringung eines Etiketts mit sämtlichen nach der Regelung dieses Mitgliedstaats erforderlichen Angaben".

[300] Zu Beschränkungen des Online-Vertriebs von Kontaktlinsen EuGH, Urt. v. 2.12.2010, C-108/09, ECLI:EU:C:2010:725 – *Ker-Optika*, Rn. 66 ff: Präventivuntersuchungen können außerhalb des Optikergeschäfts von Augenärzten durchgeführt werden, Untersuchungen liegen in der Verantwortung des Kontaktlinsenträgers; interaktive Beratungsmöglichkeiten über das Internet; Notwendigkeit einer Anpassung der Kontaktlinsen vor Ort betrifft nur Erstverkauf.

Zum anderen erhöhen die Anforderungen, die der Gerichtshof an den Nachweis sowohl einer Gefährdung der zwingenden Gründe des Allgemeininteresses als auch an die Geeignetheit und die Erforderlichkeit stellt, die Effektivität des Schutzes. Danach ist es ungeachtet der mitgliedstaatlichen Spielräume bei der Bestimmung des Schutzniveaus[301] Aufgabe der Mitgliedstaaten, die Gefahren sowie die Angemessenheit der Gegenmaßnahmen nachzuweisen.[302]

e) Drittwirkung

Die Ausrichtung der Grundfreiheiten an der Gewährleistung eines grenzüberschreitenden Interaktionspotentials wirkt sich zudem auf die Kriterien zur Verpflichtung Privater aus.

aa) Gestaltungsmacht als Grund der Drittwirkung

Kommt Privaten durch hoheitliche Regelungen der Union oder der Mitgliedstaaten die Gestaltungsmacht zu, kollektive Regelungen, etwa im Bereich des Sports oder des Arbeitsrechts, zu treffen, sind damit verbundene marktverschließende Effekte an den Grundfreiheiten zu messen.[303] Diese unmittelbare

---

[301] EuGH, Urt. v. 23.12.2015, C-333/14, ECLI:EU:C:2015:845 – *Scotch Whisky Association u.a.*, Rn. 35; EuGH, Urt. v. 20.3.2014, C-61/12, ECLI:EU:C:2014:172 – *Kommission/Litauen*, Rn. 60; EuGH, Urt. v. 1.3.2012, C-484/10, ECLI:EU:C:2012:113 – *Ascafor und Asidac*, Rn. 60; siehe oben, Fn. 228.

[302] EuGH, Urt. v. 26.4.2012, C-456/10, ECLI:EU:C:2012:241 – *ANETT*, Rn. 50: „Was zunächst das Vorbringen der spanischen und der italienischen Regierung betrifft, es sei notwendig, eine Steuer-, Zoll- und Hygienekontrolle der Tabakerzeugnisse sicherzustellen, ist darauf hinzuweisen, dass es Sache der nationalen Stellen ist, wenn sie eine Maßnahme erlassen, die von einem im Unionsrecht verankerten Grundsatz abweicht, in jedem Einzelfall nachzuweisen, dass diese Maßnahme geeignet ist, die Erreichung des mit ihr angestrebten Ziels zu gewährleisten, und nicht über das zu dessen Erreichung Erforderliche hinausgeht. Neben den Rechtfertigungsgründen, die ein Mitgliedstaat geltend machen kann, muss dieser daher eine Untersuchung zur Geeignetheit und Verhältnismäßigkeit der von ihm erlassenen Maßnahme vorlegen sowie genaue Angaben zur Stützung seines Vorbringens machen (...).“; EuGH, Urt. v. 4.6.2009, C-142/05, ECLI:EU:C:2009:336 – *Mickelsson und Roos*, Rn. 34; EuGH, Urt. v. 18.3.2004, C-8/02, ECLI:EU:C:2004:161 – *Leichtle*, Rn. 45; EuGH, Urt. v. 13.4.2010, C-73/08, ECLI:EU:C:2010:181 – *Bressol*, Rn. 71; zu den Anforderungen an den Nachweis ferner EuGH, Urt. v. 6.10.2011, C-443/10, ECLI:EU:C:2011:641 – *Bonnarde*, Rn. 36.

[303] EuGH, Urt. v. 12.12.1974, Rs. 36/74, ECLI:EU:C:1974:140 – *Walrave und Koch*, Rn. 16/19; EuGH, Urt. v. 14.7.1976, Rs. 13/76, ECLI:EU:C:1976:115 – *Donà*, Rn. 17/18; EuGH, Urt. v. 15.12.1995, C-415/93, ECLI:EU:C:1995:463 – *Bosman*, Rn. 83ff.; EuGH, Urt. v. 11.4.2000, C-51/96 u.a., ECLI:EU:C:2000:199 – *Deliège*, Rn. 47; EuGH, Urt. v. 13.4.2000, C-176/96, ECLI:EU:C:2000:201 – *Lehtonen und Castors Braine*, Rn. 35; EuGH, Urt. v. 19.2.2002, C-309/99, ECLI:EU:C:2002:98 – *Wouters*, Rn. 120; EuGH, Urt. v. 11.12.2007, C-438/05, ECLI:EU:C:2007:772 – *Viking*, Rn. 33: „Nach ständiger Rechtsprechung gelten die Art. 39 EG, 43 EG und 49 EG nicht nur für Akte der staatlichen Behörden, sondern erstrecken sich auch auf Regelwerke anderer Art, die die abhängige Erwerbstätigkeit, die selbständige Arbeit und die Erbringung von Dienstleistungen kollektiv regeln sollen (...).“; zur Entwicklung *Azoulai*, CMLRev 45 (2008), 1335 (1343ff.).

Anwendbarkeit der Grundfreiheiten gegenüber Privaten begründet die Rechtsprechung des Gerichtshofs von Anfang an mit der andernfalls nicht zu gewährleistenden Effektivität des Schutzes der Grundfreiheiten[304] und dehnt sie für die Warenverkehrsfreiheit auf Fallgestaltungen aus, in denen die Gestaltungsmacht Privater nicht auf der Befugnis für kollektive Regelungen beruht, sondern den privat gesetzten Standards, wegen einer ihr nach nationalem Recht zukommenden Vermutung der Rechtskonformität, eine faktische Verbindlichkeit zukommt.[305] Diese faktische Verbindlichkeit und damit die Anwendbarkeit der Warenverkehrsfreiheit hängen in diesen Fällen davon ab, inwiefern und zu welchen Kosten die betroffenen Hersteller oder Importeure auf alternative Wege zum Nachweis der Rechtskonformität zurückgreifen können.[306] Damit stellen infolge der Ausrichtung der Grundfreiheit auf den Schutz des

---

[304] Zum Diskriminierungsverbot EuGH, Urt. v. 12.12.1974, Rs. 36/74, ECLI:EU:C:1974:140 – *Walrave und Koch*, Rn. 16/19: „Den Artikeln 7, 48 und 59 ist gemeinsam, dass sie in ihrem jeweiligen Geltungsbereich jede auf der Staatsangehörigkeit beruhende unterschiedlichen Behandlung verbieten. Das Verbot der unterschiedlichen Behandlung gilt nicht nur für Akte der staatlichen Behörden, sondern erstreckt sich auch auf sonstige Maßnahmen, die eine kollektive Regelung im Arbeits- und Dienstleistungsbereich enthalten. Denn die Beseitigung der Hindernisse für den freien Personen- und Dienstleistungsverkehr – eines der in Artikel 3 Buchstabe c) des Vertrages aufgeführten wesentlichen Ziele der Gemeinschaft – wäre gefährdet, wenn die Beseitigung der staatlichen Schranken dadurch in ihren Wirkungen wieder aufgehoben würde, dass privatrechtliche Vereinigungen oder Einrichtungen kraft ihrer rechtlichen Autonomie derartige Hindernisse aufrichteten. Da im Übrigen die Arbeitsbedingungen je nach Mitgliedstaat einer Regelung durch Gesetz und Verordnungen oder durch Verträge und sonstige Rechtsgeschäfte, die von Privatpersonen geschlossen oder vorgenommen werden, unterliegen, bestünde bei einer Beschränkung auf staatliche Maßnahmen die Gefahr, dass das fragliche Verbot nicht einheitlich angewandt würde."; als Beschränkungsverbot für die Arbeitnehmerfreizügigkeit übernommen in EuGH, Urt. v. 15.12.1995, C-415/93, ECLI:EU:C:1995:463 – *Bosman*, Rn. 83–84; zusammenfassend EuGH, Urt. v. 19.2.2002, C-309/99, ECLI:EU:C:2002:98 – *Wouters*, Rn. 120: „Die Beseitigung der Hindernisse für die Freizügigkeit und den freien Dienstleistungsverkehr zwischen den Mitgliedstaaten wäre nämlich gefährdet, wenn die Abschaffung der Schranken staatlichen Ursprungs durch Hindernisse wirkungslos gemacht werden könnte, die sich daraus ergeben, dass nicht dem öffentlichen Recht unterliegende Vereinigungen und Einrichtungen von ihrer rechtlichen Autonomie Gebrauch machen".

[305] EuGH, Urt. v. 12.7.2012, C-171/11, ECLI:EU:C:2012:453 – *Fra.bo*, Rn. 26–32.

[306] EuGH, Urt. v. 12.7.2012, C-171/11, ECLI:EU:C:2012:453 – *Fra.bo*, Rn. 29f.: „Zwar haben der DVGW und die deutsche Regierung darauf hingewiesen, dass es neben der Zertifizierung durch den DVGW noch ein anderes Verfahren gebe, das darin bestehe, dass ein Sachverständiger mit der Prüfung beauftragt werde, ob ein Produkt den anerkannten Regeln der Technik (...) entspreche. Aus den Antworten auf die schriftlichen und mündlichen Fragen des Gerichtshofs geht jedoch hervor, dass dieses andere Verfahren zum einen wegen der administrativen Schwierigkeiten, die damit zusammenhängen, dass es keine spezifischen Verfahrensvorschriften für die Arbeit eines solchen Sachverständigen gibt, und zum anderen wegen der zusätzlichen Kosten, die durch die Einholung eines individuellen Gutachtens anfallen, wenig oder gar nicht praktikabel ist. Drittens erschwert nach Ansicht des vorlegenden Gerichts in der Praxis das Fehlen einer Zertifizierung durch den DVGW den Vertrieb der betreffenden Erzeugnisse auf dem deutschen Markt erheblich. Auch wenn nämlich mit der AVBWasserV nur allgemeine Verkaufsbedingungen im Verhältnis zwischen Wasserversorgungsunternehmen und ihren Kunden festgelegt werden, von denen die Parteien frei abweichen können, geht aus

Interaktionspotentials sowohl die Kriterien der Bindung Privater an die Grundfreiheiten als auch die Kriterien der Beschränkung der Grundfreiheit in diesen Fällen auf die Kosten ab, die den betroffenen Herstellern oder Importeuren zum Nachweis der Rechtskonformität entstehen.

bb) Drittwirkung bestimmter Diskriminierungsverbote

Modifiziert wird dieser Begründungszusammenhang allerdings bei der Bindung einzelner Privater an die Grundfreiheit, unabhängig von ihrer Gestaltungsmacht. Die Rechtsprechung des Gerichtshofs nimmt bei dem Diskriminierungsverbot der Freizügigkeit von Arbeitnehmerinnen und Arbeitnehmern eine Bindung auch von Privatpersonen an.[307] Für die Gleichbehandlung von Männern und Frauen hinsichtlich der Arbeitsentgelte hatte die Rechtsprechung des Gerichtshofs die unmittelbare Anwendbarkeit des besonderen Diskriminierungsverbots[308] bereits zuvor im Hinblick auf die doppelte Zielsetzung des Diskriminierungsverbots, Wettbewerbsverzerrungen zwischen Mitgliedstaaten mit unterschiedlichen Regelungen zu vermeiden und auf die tatsächliche Gleichstellung hinzuwirken, früh eine unmittelbare Anwendung gegenüber Privatpersonen angenommen.[309]

Über das Ziel, grenzüberschreitendes Interaktionspotential abzusichern, geht die von einer qualifizierten Gestaltungsmacht unabhängige, unmittelbare Bindung von Einzelpersonen hinaus.[310] Insbesondere bei den Beschränkungsverboten würde eine unmittelbare Drittwirkung gegenüber Einzelpersonen deren Auswahlverhalten und damit eine zentrale Komponente wissensgenerierender, dynamischer Interaktionszusammenhänge vorstrukturieren. Entsprechend führt die unmittelbare Drittwirkung zu Interferenzen mit den kartellrechtlichen Regelungen der Union,[311] die zur Gewährleistung offener Marktprozesse bestimmte marktverschließende Verhaltensweisen untersagen, im Übrigen aber keine positiven Vorgaben machen[312] und im Grundsatz auch den Mitgliedstaaten eine

---

den Akten hervor, dass in der Praxis fast alle deutschen Verbraucher nur solche Kupferfittings kaufen, die vom DVGW zertifiziert sind".

[307] EuGH, Urt. v. 6.6.2000, C-281/98, ECLI:EU:C:2000:296 – *Angonese*, Rn. 30–36; EuGH, Urt. v. 17.7.2008, C-94/07, ECLI:EU:C:2008:425 – *Raccanelli*, Rn. 45.

[308] Art. 157 AEUV (Art. 141 bzw. Art. 119 EG a. F.).

[309] Zu unmittelbaren Diskriminierungen EuGH, Urt. v. 8.4.1976, Rs. 43/75, ECLI:EU:C:1976:56 – *Defrenne II*, Rn. 8/11 ff.; zur Argumentation der Parteien und des Generalanwalts eingehend *Lengauer*, Drittwirkung von Grundfreiheiten, S. 85 ff.; zu den Verbindungen zwischen den Entscheidungen *Defrenne II* und *Angonese*, *dies.*, a. a. O., S. 95 f.; *Jaensch*, Die unmittelbare Drittwirkung der Grundfreiheiten, S. 64 ff.

[310] Zur Kritik vgl. nur *Streinz*, Europarecht, Rn. 875; *ders./Leible*, EuZW 2000, 459 (463 ff.) und *Michaelis*, NJW 2001, 1841 (1842): Rechtfertigungsgründe bei Einschränkungen durch Private nicht passend; Grundsatz der Privatautonomie nicht hinreichend berücksichtigt.

[311] Art. 101 ff. AEUV; zu Überschneidungen einer unmittelbaren Drittwirkung mit den kartellrechtlichen Vorgaben *Michaelis*, NJW 2001, 1841 (1842); zur Abgrenzung *Lengauer*, Drittwirkung der Grundfreiheiten, S. 105 f.

[312] Vgl. *Emmerich*, Kartellrecht, § 1 Rn. 5: Normative Festlegung, welche Verhaltensweisen

darüber hinausgehende kartellrechtliche Regulierung untersagen.[313] Hinter der unmittelbaren Anwendbarkeit bestimmter Diskriminierungsverbote steht nicht der Schutz von Interaktionspotential, sondern die Erwägung, dass bestimmte Auswahlentscheidungen normativ betrachtet von vorneherein als unzulässig bewertet werden. Die unmittelbare Anwendbarkeit der Grundfreiheiten dient hier nicht der Entwicklungsoffenheit von Marktprozessen, sondern der Sicherung einer bestimmten inhaltlichen Qualität der Interaktionszusammenhänge. Strukturell ist diese unmittelbare Vorgabe an die Auswahlentscheidungen der Marktteilnehmer nur bei Diskriminierungsverboten, nicht jedoch bei Beschränkungsverboten mit einem auf das Interaktionspotential ausgerichteten Verständnis des Binnenmarkts vereinbar, da Diskriminierungsverbote lediglich bestimmte Motive der dezentralen Auswahlentscheidung als unzulässig ausschließen, im Übrigen aber die Entwicklung der aufeinander bezogenen Auswahlentscheidungen in keine bestimmte Richtung beeinflussen.

f) Schutzpflichten aus Grundfreiheiten

In ähnlicher Weise leitete die Rechtsprechung des Gerichtshofs bekanntlich aus der Warenverkehrsfreiheit Schutzpflichten ab, indem sie die Bedeutung der Grundfreiheit als „grundlegendes Prinzip"[314] oder als „tragenden Grundsatz"[315] betont und bei Behinderungen des grenzüberschreitenden Warenverkehrs, die von Dritten verursacht werden, auch mit Blick auf den Grundsatz der loyalen Zusammenarbeit[316] auf eine Pflicht zur Beseitigung von Hemmnissen schließt.[317]

---

als wettbewerbsbeschränkend geltend sollen, weil von ihnen nach den Erfahrungen typischerweise der Wettbewerbsordnung besondere Gefahren drohen (Herv. weggelassen).

313 Vgl. Art. 3 VO (EG) Nr. 1/2003 v. 16.12.2002 zur Durchführung der in den Artikeln 81 und 82 des Vertrags niedergelegten Wettbewerbsregeln, ABl.EG Nr. L 1 v. 4.1.2003, S. 1 ff.

314 EuGH, Urt. v. 1.7.2014, C-573/12, ECLI:EU:C:2014:2037 – *Ålands Vindkraft*, Rn. 65: „Der freie Warenverkehr zwischen den Mitgliedstaaten ist ein grundlegendes Prinzip des Vertrags, das seinen Ausdruck in dem in Art. 34 AEUV niedergelegten Verbot findet (…)."; zuvor bereits EuGH, Urt. v. 23.9.2003, C-192/01, ECLI:EU:C:2003:492 – *Kommission/Dänemark*, Rn. 38.

315 EuGH, Urt. v. 9.12.1997, C-265/95, ECLI:EU:C:1997:595 – *Kommission/Frankreich*, Rn. 24: „Der freie Warenverkehr stellt einen der tragenden Grundsätze des EG-Vertrags dar; das ist bei der Beurteilung der Begründetheit der Klage der Kommission zu berücksichtigen."; ähnlich EuGH, Urt. v. 12.6.2003, C-112/00, ECLI:EU:C:2003:333 – *Schmidberger*, Rn. 52–54.

316 Art. 4 Abs. 3 UAbs. 2 und 3 EUV, zu Art. 5 EGV a. F. EuGH, Urt. v. 9.12.1997, C-265/95, ECLI:EU:C:1997:595 – *Kommission/Frankreich*, Rn. 31 und 39; EuGH, Urt. v. 12.6.2003, C-112/00, ECLI:EU:C:2003:333 – *Schmidberger*, Rn. 59.

317 EuGH, Urt. v. 1.7.2014, C-573/12, ECLI:EU:C:2014:2037 – *Ålands Vindkraft*, Rn. 74: „In einem solchen Kontext ist insbesondere darauf hinzuweisen, dass der innergemeinschaftliche Handelsverkehr, ebenso wie durch eine Handlung, dadurch beeinträchtigt werden kann, dass ein Mitgliedstaat es versäumt, ausreichende Maßnahmen zur Beseitigung von Hemmnissen für den freien Warenverkehr zu treffen, die namentlich durch Handlungen von Wirtschaftsteilnehmern geschaffen, aber durch eine besondere Regelung des Mitgliedstaats ermöglicht wurden (…)"; zuvor bereits EuGH. Urt. v. 9.12.1997, C-265/95, ECLI:EU:C:1997:595 – *Kommission/Frankreich,* Rn. 31 f.: „Der innergemeinschaftliche Handelsverkehr kann nämlich ebenso wie

g) Grundfreiheiten als Grundrechte? Konzeptionelle Unterschiede

In ihrer Ausgestaltung durch die Rechtsprechung des Gerichtshofs weisen die Grundfreiheiten Parallelen zu Grundrechten der Union wie auch der Mitgliedstaaten auf.[318] Schon die Verleihung subjektiver Rechte durch ihre unmittelbare Anwendbarkeit[319] akzentuiert die Verbindung der Grundfreiheiten mit den Rechtsträgern und stellt dadurch die individuellen Rechtsträger in den Vordergrund.[320] Individuelle Schadensersatzansprüche bei qualifizierten Verstößen gegen die Grundfreiheiten sind die Konsequenz dieser Subjektivierung.[321] Auch in der Struktur bestehen erhebliche Gemeinsamkeiten zwischen Grundfreiheiten und Grundrechten.[322] Neben der dogmatischen Einteilung in Schutzbereich, Beschränkung und den Anforderungen an die Rechtfertigung unterscheiden sich insbesondere die speziellen Diskriminierungsverbote in ihrer Struktur kaum von Gleichheitsrechten. In ihrer Effektivität gehen sie durch die unmittelbare Anwendbarkeit auch gegenüber privaten Dritten[323] zum Teil sogar über den Schutz der Grundrechte hinaus. Allgemein sind die im Ausgangspunkt bestehenden Unterschiede im Adressatenkreis der Grundfreiheiten und Grundrechte durch die Entwicklung der Rechtsprechung sowohl zu den

---

durch eine Handlung dadurch beeinträchtigt werden, daß ein Mitgliedstaat untätig bleibt oder es versäumt, ausreichende Maßnahmen zur Beseitigung von Hemmnissen für den freien Warenverkehr zu treffen, die insbesondere durch Handlungen von Privatpersonen in seinem Gebiet geschaffen wurden, die sich gegen Erzeugnisse aus anderen Mitgliedstaaten richten. Artikel 30 verbietet den Mitgliedstaaten somit nicht nur eigene Handlungen oder Verhaltensweisen, die zu einem Handelshemmnis führen könnten, sondern verpflichtet sie in Verbindung mit Artikel 5 EG-Vertrag auch dazu, alle erforderlichen und geeigneten Maßnahmen zu ergreifen, um in ihrem Gebiet die Beachtung dieser Grundfreiheit sicherzustellen."; EuGH, Urt. v. 12.6.2003, C-112/00, ECLI:EU:C:2003:333 – *Schmidberger*, Rn. 57f.

[318] Aus der Literatur nur *Pernice*, Grundrechtsgehalte im Gemeinschaftsrecht, S. 174f.: Freizügigkeit ‚als' Berufsfreiheit des Marktbürgers; Tätigkeit von Gemeinschaftsgesetzgeber und Gerichtshof als ‚Grundrechtsverwirklichung zur gesamten Hand'.

[319] Siehe oben, § 6 A.II.2.a).

[320] EuGH, Urt. v. 5.2.1963, Rs. 26/62, ECLI:EU:C:1963:1 – *Van Gend & Loos*, Slg. 1963, 7 (24), siehe oben, Fn. 260; zum Bezug auf das Individuum in der Entscheidung und für den Integrationsprozess *Wollenschläger*, Grundrechtsschutz und Unionsbürgerschaft, § 8 Rn. 1; aus Ausgangspunkt für die Entwicklung grundrechtlicher Schutzpositionen eingeordnet bei *Kühling*, Grundrechte, S. 657 (675); mit anderem Akzent die Abgrenzung von individuellen Rechten und Grundrechte betonend *von Bogdandy*, JZ 2001, 157 (168).

[321] Aus der ständigen Rechtsprechung vgl. nur EuGH, Urt. v. 11.6.2015, C-98/14, ECLI:EU:C:2015:386 – *Berlington Hungary*, Rn. 104; EuGH, Urt. v. 24.11.2011, C-379/10, ECLI:EU:C:2011:775 – *Kommission/Italien*, Rn. 40; EuGH, Urt. v. 24.3.2009, C-445/06, ECLI:EU:C:2009:178 – *Danske Slagterier*, Rn. 20; EuGH, Urt. v. 5.3.1996, C-46/93 und C-48/93, ECLI:EU:C:1996:79 – *Brasserie du pêcheur und Factortame*, Rn. 51.

[322] *Skouris*, DÖV 2006, 89 (93): „Zunächst einmal fällt auf, dass die Grundfreiheiten in vielerlei Hinsicht einen grundrechtsähnlichen Charakter aufweisen. Sie haben weit gehend dieselbe Struktur wie Grundrechte, werden verwendet und ausgelegt wie Grundrechte, gleichen sich in ihrer Wirkung".

[323] Siehe oben, § 6 A.II.2.e)bb).

Grundfreiheiten[324] als auch zu den Grundrechten[325] weitgehend relativiert worden. Vielmehr vermittelt die herausgehobene Stellung, die die Rechtsprechung des Gerichtshofs den Grundfreiheiten zur Begründung ihrer Ausgestaltung beimisst,[326] den Eindruck eines über den konkreten Schutz hinausgehenden, übergreifenden Gehalts der Grundfreiheiten und stellt sie dadurch in die Nähe von Grundrechten.[327]

Tatsächlich bestehen zwischen Grundfreiheiten und Grundrechten allerdings grundlegende konzeptionelle und strukturelle Unterschiede. Während hinter den Grundrechten ein auf die Persönlichkeit des Grundrechtsträgers bezogenes Schutzgut steht,[328] schützen Grundfreiheiten ein grenzüberschreitendes Inter-

---

[324] Zur Bindung auch der Union an die Grundfreiheiten am Beispiel der Warenverkehrsfreiheit differenzierend *Müller-Graff*, in: von der Groeben/Schwarze/Hatje, Europäisches Unionsrecht, Art. 34 AEUV Rn. 294 ff.: grundsätzliche Bindung im Hinblick auf die Verpflichtung zur Errichtung des Binnenmarkts als „grundlegendes operative Hauptziel", aber Entscheidungsspielraum bei mittelfristigen Maßnahmen, die Zwischenlösungen erfordern.

[325] Zur Anwendbarkeit der Unionsgrundrechte gegenüber den Mitgliedstaaten bei der Anwendung des Unionsrechts zusammenfassend EuGH, Urt. v. 10.7.2014, C-198/13, ECLI:EU:C:2014:2055 – *Julian Hernandez*, Rn 33 ff., insb. Rn. 37: „Um festzustellen, ob eine nationale Maßnahme die Durchführung des Rechts der Union im Sinne von Art. 51 Abs. 1 der Charta betrifft, ist nach ständiger Rechtsprechung des Gerichtshofs u. a. zu prüfen, ob mit der fraglichen nationalen Regelung die Durchführung einer Bestimmung des Unionsrechts bezweckt wird, welchen Charakter diese Regelung hat und ob mit ihr andere als die unter das Unionsrecht fallenden Ziele verfolgt werden, selbst wenn sie das Unionsrecht mittelbar beeinflussen kann, sowie ferner, ob es eine Regelung des Unionsrechts gibt, die für diesen Bereich spezifisch ist oder ihn beeinflussen kann (…)."; ähnlich EuGH, Urt. v. 17.9.2014, C-562/12, ECLI:EU:C:2014:2229 – *Liivimaa Lihaveis*, Rn. 62; EuGH, Urt. v. 5.2.2015, C-117/14, ECLI:EU:C:2015:60 – *Nisttahuz Poclava*, Rn. 29: Anwendbarkeit der Unionsgrundrechte „in allen unionsrechtlich geregelten Fallgestaltungen und nicht außerhalb derselben Anwendung"; EuGH, Urt. v. 26.2.2013, C-617/10, ECLI:EU:C:2013:105 – *Åkerberg Fransson*, Rn. 19; sowie daran anknüpfend EuGH, Urt. v. 17.12.2015, C-419/14, ECLI:EU:C:2015:832 – *WebMindLicenses*, Rn. 67; Überblick über die Entwicklung bei *Wollenschläger*, Grundrechtsschutz und Unionsbürgerschaft, § 8 Rn. 18, und *Thym*, DÖV 2014, 941 ff.

[326] Zur Einordnung von Grundfreiheiten als „grundlegendes Prinzip" oder „tragenden Grundsatz" zur Begründung von Schutzpflichten der Mitgliedstaaten EuGH, Urt. v. 1.7.2014, C-573/12, ECLI:EU:C:2014:2037 – *Ålands Vindkraft*, Rn. 65; EuGH, Urt. v. 23.9.2003, C-192/01, ECLI:EU:C:2003:492 – *Kommission/Dänemark*, Rn. 38; EuGH, Urt. v. 9.12.1997, C-265/95, ECLI:EU:C:1997:595 – *Kommission/Frankreich*, Rn. 24; EuGH, Urt. v. 12.6.2003, C-112/00, ECLI:EU:C:2003:333 – *Schmidberger*, Rn. 52–54; siehe oben, § 6 A.II.2.f); zur Begründung der unmittelbaren Anwendbarkeit des Diskriminierungsverbots über Art. 141 EG (Art. 157 AEUV) EuGH, Urt. v. 8.4.1976, Rs. 43/75, ECLI:EU:C:1976:56 – *Defrenne II*, Rn. 12: „Aus dieser doppelten, wirtschaftlichen und sozialen Zweckbestimmung folgt, dass der Grundsatz des gleichen Entgelts zu den Grundlagen der Gemeinschaft gehört."; *Lengauer*, Drittwirkung von Grundfreiheiten, S. 94.

[327] Etwa *Becker*, in: Schwarze, EU-Kommentar, Art. 34 Rn. 6: Warenverkehrsfreiheit als grundrechtsgleiches Recht wegen der Verleihung subjektiver Rechte und der hervorgehobenen Bedeutung der Norm.

[328] Zu den nationalen Grundrechten siehe oben, § 2 A.III.; § 3 A.; § 5 B; zu den Grundrechten der Europäischen Union siehe unten § 6 B.; zur Europäischen Menschenrechtskonvention siehe unten, § 7 A.I.

aktionspotential.[329] Bei den Grundrechten machen die wissensgenerierenden, strukturellen Effekte von Interaktionszusammenhängen durch die von ihnen ausgehenden Anschlussmöglichkeiten, aber auch Anschlussnotwendigkeiten zentrale Faktoren der Verwirklichung des zu Grunde liegenden Schutzguts aus.[330] Dabei sind die Interaktionszusammenhänge Voraussetzung und Folge der Grundrechtsausübung zugleich. Methodischer Ausgangspunkt dieser Grundrechtsdogmatik ist eine angemessene Beschreibung der Interaktionszusammenhänge in dem jeweiligen Normbereich, ihren Eigenschaften und Voraussetzungen sowie nicht zuletzt ihrer Relevanz für das jeweilige grundrechtliche Schutzgut.[331] Diese normativ angeleitete Analyse des Normbereichs plausibilisiert eine rechtliche Relevanz der Interaktionszusammenhänge, die sich dogmatisch auf die eine oder andere Weise im Ergebnis in einem Schutz der Interaktionsbeziehungen niederschlägt. Die Konzeption der Grundfreiheiten geht methodisch in gewisser Weise den umgekehrten Weg. Den Grundfreiheiten liegt trotz ihrer gelegentlichen systemprägenden Überhöhung[332] kein übergeordnetes und insbesondere kein auf die personale Entfaltung bezogenes Schutzgut zu Grunde. Ihre Subjektivierung ist Instrument und zugleich Konsequenz der Entscheidung für den Binnenmarkt. Statt die Effekte der Interaktionsbeziehungen auf ein zu Grunde liegendes Schutzgut zu verarbeiten, setzen die Grundfreiheiten unmittelbar bei dem Schutz der grenzüberschreitenden Interaktionsbeziehungen an. Diese Ausrichtung bewirkt ihre dogmatische Stringenz und ihre effektive Ausgestaltung durch die Rechtsprechung des Gerichtshofs.[333] Damit lassen sich Grundfreiheiten und Grundrechte als unterschiedliche Typen von Regelungsstrukturen charakterisieren, bei denen Interaktionszusammenhänge aus unterschiedlichen Gründen einen zentralen Baustein ihrer jeweiligen Regelungsstrategie ausmachen. Grundrechte sichern die Verwirklichungsbedingungen personenbezogener Schutzgüter durch und in dynamischen Umfeldern. Grundfreiheiten sichern das dynamische Umfeld als Substrat politischer Gestaltung.

[329] *Schubert*, Der Gemeinsame Markt als Rechtsbegriff, S. 147: Subjektivierung lediglich als Mittel für andere Zwecke, nämlich die effektive Durchsetzung der mitgliedstaatlichen Verpflichtung; *Schubert* sieht allerdings in dieser Subjektivierung auch eine Gemeinsamkeit von Grundfreiheiten und Grundrechte, a.a.O.: „Grundrechte und Grundfreiheiten mögen zwar unabhängig voneinander entwickelt worden sein, doch folgen sie dem selben Pfad, der Subjektivierung des Gemeinschaftsrechts und der damit verbundenen Stärkung der Rechtsstellung des Einzelnen".

[330] Allgemein oben, § 1 D.I.1.a); zur Berufsfreiheit § 5 B.I.3.

[331] Siehe oben, § 1 B.II.2., D.I. und D.II.

[332] Siehe oben, Fn. 326.

[333] Siehe oben, § 6 A.II.2.

3. Grundfreiheiten ohne Markt?

Überlagerungen von Grundfreiheiten und Grundrechten der Union ergeben sich zudem vor allem bei der Unionsbürgerschaft und den mit ihr verbundenen Rechten.

a) Allgemeine Freizügigkeit als marktunabhängige Grundfreiheit

Insbesondere die allgemeine Freizügigkeit ist im Hinblick auf ihre Entkopplung von einer Erwerbstätigkeit als „Grundfreiheit ohne Markt" charakterisiert worden,[334] die auf der einen Seite unabhängig von der Teilnahme an Marktprozessen gewährt wird, deren Dogmatik und Effektivität andererseits aber der Struktur der Grundfreiheiten entsprechen.

Für selbstständige und unselbstständige Erwerbstätige begründen die Dienstleistungs- und Niederlassungsfreiheit eine effektive Freizügigkeit,[335] die auch in Kombination mit dem Diskriminierungsverbot insbesondere im Aufenthalts- und Sozialversicherungsrecht der Mitgliedstaaten Anpassungsmaßnahmen der Mitgliedstaaten nach sich zogen.[336] Dieser Schutz ist allerdings bekanntlich akzessorisch zur grenzüberschreitenden professionellen Tätigkeit, auch wenn die Vorbereitungsphase und die der professionellen Tätigkeit nachfolgende Lebensphase, jeweils mit gewissen Einschränkungen, ebenfalls von dieser marktbezogenen Freizügigkeit umfasst sind.[337]

Durch ihre Anknüpfung allein an die Unionsbürgerschaft vermittelt die allgemeine Freizügigkeit hingegen das Recht, sich frei zu bewegen und den Aufenthaltsort zu bestimmen, unabhängig von Marktaktivitäten.[338] Sie erweitert dadurch den Kreis der Begünstigten[339] und relativiert zugleich, wenn auch nur zu einem gewissen Grad, die materiell-rechtlichen Voraussetzungen, denen der

---

[334] *F. Wollenschläger*, Grundfreiheit ohne Markt, S. 122 ff., S. 358 ff.

[335] Eingehend *F. Wollenschläger*, Grundfreiheit ohne Markt, S. 24 ff.; *Kreuschitz*, in: von der Groeben/Schwarze/Hatje, Europäisches Unionsrecht, Art. 45 AEUV Rn. 6 ff.

[336] Zur Reichweite des Einreise- und Aufenthaltsrechts sowie zur Gleichbehandlung hinsichtlich sozialer und steuerlicher Begünstigungen vgl. nur *Kreuschitz*, in: von der Groeben/Schwarze/Hatje, Europäisches Unionsrecht, Art. 45 AEUV Rn. 35 ff., Rn. 82 ff.

[337] Zum Recht auf Daueraufenthalt nach der Richtlinie 2004/38/EG v. 29.4.2004 über das Recht der Unionsbürgerinnen und Unionsbürger und ihrer Familienangehörigen, sich im Hoheitsgebiet der Mitgliedstaaten frei zu bewegen und aufzuhalten, zur Änderung der Verordnung (EWG) Nr. 1612/68 und zur Aufhebung der Richtlinien 64/221/EWG, 68/360/EWG, 72/194/EWG, 73/148/EWG, 75/34/EWG, 75/35/EWG, 90/364/EWG, 90/365/EWG und 93/96/EWG, ABl. EU v. 30.4.2004, Nr. L 158 S. 77 ff., für Arbeitnehmer und Selbständige, die das jeweilige gesetzliche Rentenalter erreicht haben; *Kreuschitz*, in: von der Groeben/Schwarze/Hatje, Europäisches Unionsrecht, Art. 45 AEUV Rn. 58 ff.; zum Arbeitnehmerstatus von Studierenden und dem Verhältnis zur Studienförderung *Kreuschitz*, a. a. O., Art. 45 AEUV Rn. 110 ff.

[338] *Hatje*, in: Schwarze, EU-Kommentar, Art. 21 AEUV, Rn. 1: von wirtschaftlichen Motiven unabhängig.

[339] Eingehend *F. Wollenschläger*, Grundfreiheit ohne Markt, S. 143 ff.

Aufenthalt Nichterwerbstätiger unterliegt.[340] Während die Rechtsprechung des Gerichtshofs zunächst in unterschiedlichen Konstellationen Einschränkungen bestimmter Sozialleistungsansprüche gegenüber Nichterwerbstätigen auf der Grundlage der allgemeinen Freizügigkeit in Kombination mit dem Diskriminierungsverbot beanstandet hat,[341] akzentuiert die jüngere Rechtsprechung die sekundärrechtlich vorgesehenen Möglichkeiten der Mitgliedstaaten, den Aufenthalt nicht erwerbstätiger Angehöriger anderer Mitgliedstaaten unter bestimmte Voraussetzungen zu stellen, sowie die Abhängigkeit des Gleichbehandlungsgebots von einem solchen rechtmäßigen Aufenthalt.[342] Trotz der damit verbundenen Differenzierungen bei der Gewährung sozialrechtlicher Leistungen sowie der Rechtmäßigkeit des Aufenthalts bleibt die allgemeine Freizügigkeit allerdings Unionsbürgerinnen und Unionsbürgern nicht aus ökonomischen Gründen, sondern um ihrer selbst Willen eingeräumt.[343] Diese Entkopplung der allgemeinen Freizügigkeit von grenzüberschreitenden ökonomischen Aktivitäten setzt die Rechtsprechung durch die Ableitung eines Kernbestands der Unionsbürger-

---

[340] *F. Wollenschläger*, Grundfreiheiten ohne Markt, S. 161 ff., S. 164 ff.; *ders.*, Grundrechtsschutz und Unionsbürgerschaft, Rn. 132 ff.

[341] EuGH, Urt. v. 12.5.1998, C-85/96, ECLI:EU:C:1998:217 – *Martínez Sala*, Rn. 63 f.: Knüpfung der Gewährung von Erziehungsgeld an die Vorlage einer von der inländischen Verwaltung ausgestellten förmlichen Aufenthaltserlaubnis als unzulässige Diskriminierung; EuGH, Urt. v. 20.9.2001, C-184/99, ECLI:EU:C:2001:458 – *Grzelczyk*, Rn. 46: Gewährung einer beitragsunabhängigen Sozialleistung an Angehörige anderer Mitgliedstaaten nur im Anwendungsbereich der VO Nr. 1612/68 als unzulässige Diskriminierung; EuGH, Urt. v. 7.9. 2004, C-456/02, ECLI:EU:C:2004:488 – *Trojani*, Rn. 44: Vorenthaltung von Sozialhilfe an mittellosen, aber sich rechtmäßig aufhaltenden Angehörigen eines anderen Mitgliedstaats als unzulässige Diskriminierung; EuGH, Urt. v. 15.3.2005, C-209/03, ECLI:EU:C:2005:169 – *Bidar*, Rn. 56 ff.: Voraussetzung einer dauernden Ansässigkeit für einen Anspruch auf Unterhaltsbeihilfe als unzulässige Diskriminierung, wenn Angehöriger eines anderen Mitgliedstaats diese Voraussetzung trotz rechtmäßigen Aufenthalts und tatsächlicher Verbindung zur Gesellschaft des Mitgliedstaats diese Voraussetzung nicht erfüllen kann; aus der Literatur vgl. nur *F. Wollenschläger*, Grundfreiheit ohne Markt, S. 171 ff.; kritisch zu dieser extensiven, über die Vorgaben der Richtlinien hinausgehenden Auslegung der Unionsbürgerschaft und der allgemeinen Freizügigkeit *Hailbronner*, NJW 2004, 2185 ff.: Unionsbürgerschaft, Inländergleichbehandlung und allgemeine Grundsätze des Gemeinschaftsrechts werden in sehr diffuser Weise einsetzt, um sekundäres Gemeinschaftsrecht ganz oder teilweise aus den Angeln zu heben.

[342] EuGH, Urt. v. 11.11.2014, C-333/13, ECLI:EU:C:2014:2358 – *Dano*, Rn. 60 ff.: Versagung „besonderer beitragsunabhängiger Geldleistungen" i. S. d. VO Nr. 883/2004 (dort: existenzsichernde Regelleistung, Sozialgeld, Kosten für Unterkunft und Heizung) trotz Diskriminierung gegenüber Angehörigen des betreffenden Mitgliedstaats zulässig, wenn Leistungsbewerber kein Aufenthaltsrecht nach RL 2004/38/EG zusteht; daran anknüpfend EuGH, Urt. v. 15.9.2015, C-67/14, ECLI:EU:C:2015:597 – *Alimanovic*, Rn. 49; EuGH, Urt. v. 2.6.2016, C-233/14, ECLI:EU:C:2016:396 – *Kommission/Niederlande*, Rn. 82; zur zulässigen Versagung von Sozialhilfeleistungen nach Art. 24 Abs. 2 RL 2004/38/EG EuGH, Urt. v. 25.2.2016, C-299/14, ECLI:EU:C:2016:114 – *Garcia-Nieto*, Rn. 43 ff.; zu den Folgen für das Aufenthaltsrecht der Mitgliedstaaten *Thym*, NJW 2015, 130 (132 ff.).

[343] *F. Wollenschläger*, Grundfreiheit ohne Markt, S. 131: Schutz der allgemeinen Freizügigkeit als Konsequenz der gemeinsamen Bürgerschaft und um ihrer selbst Willen, nicht mehr nur als Aspekt einer grenzüberschreitenden ökonomischen Betätigung, vgl. auch a. a. O., S. 195.

schaft weiter fort.[344] Dieser Kernbereichsschutz stellt zur Begründung ähnlich wie die Rechtsprechung zu den Grundfreiheiten[345] auf die praktische Wirksamkeit der Unionsbürgerschaft ab[346] und verzichtet zugleich auf das Erfordernis eines grenzüberschreitenden Bezugs.[347]

b) Allgemeine Freizügigkeit zwischen Grundfreiheit und Grundrecht

Die Unionsbürgerschaft und die allgemeine Freizügigkeit changieren in der dogmatischen Struktur und ihren Auswirkungen dadurch zwischen den Charakteristika von Grundfreiheiten und Grundrechten. Entsprechend uneinheitlich fällt ihre Einordnung in Rechtsprechung[348] und Literatur[349] aus. Manches

[344] Dieser Kernbestand schützt insbesondere vor einem mittelbaren Zwang, das Hoheitsgebiet der Union infolge der Ausweisung eines Sorgeberechtigten verlassen zu müssen, grundlegend EuGH, Urt. v. 8.3.2011, C-34/09, ECLI:EU:C:2011:124 – *Ruiz Zambrano*, Rn. 41ff.; EuGH, Urt. v. 15.11.2011, C-256/11, ECLI:EU:C:2011:734 – *Dereci*, Rn. 64–66; EuGH, Urt. v. 8.11.2012, C-40/11, ECLI:EU:C:2012:691 – *Iida*, Rn. 71; EuGH, Urt. v. 8.5.2013, C-87/12, ECLI:EU:C:2013:291 – *Ymeraga u.a.*, Rn. 36; EuGH, Urt. v. 10.10.2013, C-86/12, ECLI:EU:C:2013:645 – *Alokpa u.a.*, Rn. 32f.; EuGH, Urt. v. 30.6.2016, C-115/15, ECLI:EU:C:2016:487 – *NA*, Rn. 70ff.

[345] Siehe oben, § 6 A.II.2.b) und § 6 A.II.2.c).

[346] EuGH, Urt. v. 8.3.2011, C-34/09, ECLI:EU:C:2011:124 – *Ruiz Zambrano*, Rn. 45: Verweigerung des Aufenthaltsrechts für unterhaltspflichtige Eltern des minderjährigen Unionsbürgers würde den „tatsächlichen Genuss des Kernbestands der Rechte, die ihnen der Unionsbürgerstatus verleiht, verwehren".

[347] Die Rechtsprechung zusammenfassend EuGH, Urt. v. 30.6.2016, C-115/15, ECLI:EU:C:2016:487 – *NA*, Rn. 72: „Dem Kriterium der Verwehrung des Kernbestands der Rechte, die der Unionsbürgerstatus verleiht, kommt insofern ein ganz besonderer Charakter zu, als es Sachverhalte betrifft, in denen – obwohl das das Aufenthaltsrecht von Drittstaatsangehörigen betreffende abgeleitete Recht nicht anwendbar ist – einem Drittstaatsangehörigen, der Familienangehöriger eines Unionsbürgers ist, ein Aufenthaltsrecht ausnahmsweise nicht verweigert werden darf, da sonst die Unionsbürgerschaft der letztgenannten Person ihrer praktischen Wirksamkeit beraubt würde, wenn sie sich infolge einer solchen Weigerung de facto gezwungen sähe, das Gebiet der Union als Ganzes zu verlassen, und ihr dadurch der tatsächliche Genuss des Kernbestands der Rechte, die ihr dieser Status verleiht, verwehrt würde (…)".

[348] Zur divergierenden Terminologie der Rechtsprechung *Hatje*, in: Schwarze, EU-Kommentar, Art. 21 AEUV, Rn. 8; vgl. EuGH, Urt. v. 19.10.2004, C-200/02, ECLI:EU:C:2004:639 – *Zhu und Chen*, Rn. 33: Grundrecht auf Freizügigkeit und Aufenthalt (zu Art. 18 EG) einerseits und EuGH, Urt. v. 11.7.2002, C-224/98, ECLI:EU:C:2002:432 – *D'Hoop*, Rn. 29, m.w.N.: Grundfreiheit, andererseits; teilweise scheint die Rechtsprechung die allgemeine Freizügigkeit auch neben die Grundfreiheiten zu stellen, EuGH, Urt. v. 15.3.2005, C-209/03, ECLI:EU:C:2005:169 – *Bidar*, Rn. 33: „Zu diesen Situationen gehören auch diejenigen, die die Ausübung der durch den Vertrag garantierten Grundfreiheiten, und diejenigen, die die Ausübung der durch Artikel 18 EG verliehenen Freiheit, sich im Hoheitsgebiet der Mitgliedstaaten zu bewegen und aufzuhalten, betreffen (…)".

[349] Zum Ganzen *Hatje*, in: Schwarze, EU-Kommentar, Art. 21 AEUV, Rn. 8; *F. Wollenschläger*, Grundfreiheit ohne Markt, S. 370ff.; *Schneider/Wunderlich*, in: Schwarze, EU-Kommentar, Art. 45 AEUV Rn. 6: Garantien des freien Personenverkehrs zielen auf dauernde Integration des Unionsbürgers in anderem Mitgliedstaat ab; *Kreuschitz*, in: von der Groeben/Schwarze/Hatje (Hrsg.), Europäisches Unionsrecht, Vor Art. 45–48, Rn. 9ff.: humane Aspekten der Freizügigkeit.

spricht dafür, die allgemeine Freizügigkeit neben die kategorische Einordnung als Grundrechte oder Grundfreiheiten zu stellen.[350]

Auf der einen Seite weist die Struktur des Schutzes, insbesondere durch die dogmatische Ausformung in der Rechtsprechung, deutliche Parallelen zu den Grundfreiheiten auf. Ihre Effektivität und Reichweite verdankt die allgemeine Freizügigkeit der Rechtsprechung des Gerichtshofs, die entgegen mancher Prognosen[351] die Unionsbürgerschaft als den „grundlegenden Status der Staatsangehörigen der Mitgliedstaaten"[352] beschreibt. Durch die grundfreiheitstypische Dogmatik der Beschränkungsverbote[353] und die Kombination der Freizügigkeit mit dem Diskriminierungsverbot ordnete sie eine Reihe von mitgliedstaatlichen Regelungen als unzulässige Beschränkung ein und löste dadurch faktisch weitgehende Anpassungszwänge in Bereichen mitgliedstaatlicher Regelungskompetenz aus. Diese Einwirkungen betreffen nicht nur die Gewährleistung sozialrechtlicher Leistungen,[354] sondern auch eine für örtliche Mobilität hinreichend offene Ausgestaltung des Systems sozialer Sicherheit,[355] darüber hinaus den Zugang zu medizinischen oder paramedizinischen Studiengängen,[356] zivilrechtliche Beschränkungen der Übertragbarkeit von Grundstücken,[357] die Festlegung der Sprache von Gerichtsverfahren, wenn der Mitgliedstaat mit Blick auf regionale Minderheiten neben der Amtssprache eine weitere Sprache zulässt,[358] sowie

---

[350] *Gebauer*, Die Grundfreiheiten des EG-Vertrags als Gemeinschaftsgrundrechte, S. 227: Freizügigkeitsgrundrecht mit Modell- und Indikatorfunktion im Verhältnis zu den Grundfreiheiten; *Calliess*, EuR Beih 1/2007, 7 (26): politische Grundfreiheit; *Kubicki*, EuR 2006, 489 (498 f.): Recht *sui generis*; näher die Hinweise bei *Hatje*, in: Schwarze, EU-Kommentar, Art. 21 AEUV, Rn. 8; umgekehrt wird der Arbeitnehmerfreizügigkeit von Erwerbstätigen teilweise ein grundrechtlicher Gehalt zugesprochen, näher *von Bogdandy*, JZ 2001, 157 (165 f.).

[351] Vgl. die Hinweise bei *F. Wollenschläger*, Grundfreiheit ohne Markt, S. 311, und *ders.*, Grundrechtsschutz und Unionsbürgerschaft, § 8 Rn. 126.

[352] Zuletzt EuGH, Urt. v. 2.6.2016, C-233/14, ECLI:EU:C:2016:396 – *Kommission/Niederlande*, Rn. 75: „Wie der Gerichtshof wiederholt entschieden hat, soll der Unionsbürgerstatus der grundlegende Status der Staatsangehörigen der Mitgliedstaaten sein, der es denjenigen unter ihnen, die sich in der gleichen Situation befinden, erlaubt, im sachlichen Anwendungsbereich des AEU-Vertrags unabhängig von ihrer Staatsangehörigkeit und unbeschadet der insoweit ausdrücklich vorgesehenen Ausnahmen die gleiche rechtliche Behandlung zu genießen (...)" m. w. N.

[353] *Magiera*, in: Streinz, EUV/AEUV, Art. 21 Rn. 16; *Haag*, in: von der Groeben/Schwarze/Hatje, Europäisches Unionsrecht, Art. 21 AEUV Rn. 20.

[354] Dazu bereits oben, Fn. 341.

[355] EuGH, Urt. v. 23.11.2000, C-135/99, ECLI:EU:C:2000:647 – *Elsen*, Rn. 33 ff.: Anrechnung von in einem anderen Mitgliedstaat erbrachter Kindererziehungszeiten im Rahmen der Rentenversicherung.

[356] EuGH, Urt. v. 13.4.2010, C-73/08, ECLI:EU:C:2010:181 – *Bressol*, Rn. 62 ff.

[357] EuGH, Urt. v. 8.5.2013, C-197/11 und C-203/11, ECLI:EU:C:2013:288 – *Libert*, Rn. 33 ff.: Erfordernis einer „ausreichenden Bindung" des Erwerbers an das Grundstück.

[358] EuGH, Urt. v. 27.3.2014, C-322/13, ECLI:EU:C:2014:189 – *Grauel Rüffer*, Rn. 19 ff.: auf regionale Minderheiten zielendes Recht, in zivilrechtlichen Verfahren deutsche Sprache zu gebrauchen, darf nicht auf in dem betreffenden Gebiet wohnhafte Bürger beschränkt bleiben; für

nicht zuletzt das Namensrecht[359] und das Steuerrecht. Zwar betont die Rechtsprechung des Gerichtshofs die Kompetenz der Mitgliedstaaten bei der Ausgestaltung der nationalen Steuersysteme mit der Folge, dass bei direkten Steuern Unterschiede zwischen Gebietsansässigen und Gebietsfremden in der Regel mangels Vergleichbarkeit der Situation keine Diskriminierung darstellen[360] und auch die Unterschiede in den indirekten Steuern bei grenzüberschreitenden

---

das Strafverfahren zuvor bereits EuGH, Urt. v. 24.11.1998, C-273/96, ECLI:EU:C:1998:563 – *Bickel und Franz*, Rn. 20ff.

[359] EuGH, Urt. v. 2.10.2003, C-148/02, ECLI:EU:C:2003:539 – *Garcia Avello*, Rn. 33ff.: Recht von minderjährige Kinder mit doppelter Staatsangehörigkeit, in dem Mitgliedstaat den Namen zu führen, den sie nach dem Recht des anderen Mitgliedstaats führen könnten; EuGH, Urt. v. 14.10.2008, C-353/06, ECLI:EU:C:2008:559 – *Grunkin und Paul*, Rn. 22: Verpflichtung, in dem Mitgliedstaat, dessen Staatsangehörigkeit der Betroffene besitzt, einen anderen Namen als den zu führen, der bereits im Geburts- und Wohnsitzmitgliedstaat erteilt und eingetragen wurde, als Beschränkung; für die Zulässigkeit einer nationalen Regelung, nach der nach Vor- und Nachnamen einer Person in Personenstandsurkunden nur in eine den Schreibregeln der offiziellen Landessprache entsprechende Form umgeschrieben werden dürfen, und auf dieser Grundlage eine Umschreibung von Eintragungen aus der Zeit vor Inanspruchnahme der Freizügigkeit verweigert; EuGH, Urt. v. 12.5.2011, C-391/09, ECLI:EU:C:2011:291 – *Runevic-Vardyn und Wardyn*, Rn. 69f.; Weigerung, den gemeinsamen Nachnamen zu ändern, stellt danach nur bei „schwerwiegende Nachteile[n]' administrativer, beruflicher und privater Art" eine Beschränkung der Freizügigkeit dar, a.a.O., Rn. 76, ebenso zur Anerkennung von in einem anderen Mitgliedstaat erworbenen Namensbestandteilen EuGH, Urt. v. 2.6.2016, C-438/14, ECLI:EU:C:2016:401 – *Bogendorff von Wolffersdorff*, Rn. 38: „Aus der Rechtsprechung des Gerichtshofs ergibt sich jedoch, dass die Weigerung, Vor- und Nachnamen eines Angehörigen eines Mitgliedstaats zu ändern und die von ihm in einem anderen Mitgliedstaat erworbenen Vor- und Nachnamen anzuerkennen, nur dann eine Beschränkung der durch Art. 21 AEUV zuerkannten Freiheiten darstellt, wenn dem Betroffenen daraus ‚schwerwiegende Nachteile' administrativer, beruflicher und privater Art erwachsen können (...).", zuvor bereits zur Anerkennung eines in einem anderen Mitgliedstaat durch Erwachsenenadoption erworbenen Adelstitels, EuGH, Urt. v. 22.12.2010, C-208/09, ECLI:EU:C:2010:608 – *Sayn-Wittgenstein*, Rn. 67ff., Rn. 81ff.: zwar im konkreten Fall schwerwiegender Nachteil durch Ausweispapiere mit unterschiedlichen Namen, aber Rechtfertigung der Verweigerung einer Anerkennung im Hinblick auf verfassungsrechtliche Gründe des verweigernden Mitgliedstaats; dazu *Toggenburg*, ELR 2011, 74ff.

[360] EuGH, Urt. v. 19.11.2015, C-632/13, ECLI:EU:C:2015:765 – *Hirvonen*, Rn. 32f.: „Hierzu ergibt sich ebenfalls aus der Rechtsprechung des Gerichtshofs, dass sich Gebietsansässige und Gebietsfremde im Hinblick auf die direkten Steuern in einem Staat in der Regel nicht in einer vergleichbaren Situation befinden, denn das Einkommen, das ein Gebietsfremder im Hoheitsgebiet eines Staates erzielt, stellt meist nur einen Teil seiner Gesamteinkünfte dar, deren Schwerpunkt an seinem Wohnort liegt, und die persönliche Steuerkraft des Gebietsfremden, die sich aus der Berücksichtigung seiner Gesamteinkünfte sowie seiner persönlichen Verhältnisse und seines Familienstands ergibt, kann am leichtesten an dem Ort beurteilt werden, an dem der Mittelpunkt seiner persönlichen Interessen und seiner Vermögensinteressen liegt; dieser Ort ist in der Regel der Ort des gewöhnlichen Aufenthalts der betroffenen Person (...). Versagt ein Mitgliedstaat Gebietsfremden bestimmte Steuervergünstigungen, die er Gebietsansässigen gewährt, so ist dies in Anbetracht der objektiven Unterschiede zwischen der Situation der Gebietsansässigen und derjenigen der Gebietsfremden sowohl hinsichtlich der Einkunftsquelle als auch hinsichtlich der persönlichen Steuerkraft sowie der persönlichen Verhältnisse und des Familienstands im Allgemeinen nicht diskriminierend (...)".

Aktivitäten zu Vor- oder Nachteilen führen können, die im Grundsatz hinzunehmen sind.[361] Jedoch können sich in bestimmten Fällen, insbesondere bei der Versagung von Steuervorteilen für zurückkehrende Inländer[362] oder wenn der Gebietsfremde in seinem Wohnsitzstaat keine nennenswerten Einkünfte erzielt hat,[363] gleichwohl mittelbare Diskriminierungen ergeben, die dann Beschränkungen der Freizügigkeit darstellen. Schließlich fallen unter diesen Schutz auch Inländer, die nach Ausübung der erwerbsunabhängigen Freizügigkeit in ihren Mitgliedstaat zurückkehren und nach der Rückkehr wegen der vorherigen Ausübung der Freizügigkeit benachteiligt werden.[364]

Auf der anderen Seite spricht die Ausrichtung des Schutzes auf personale Entfaltung unabhängig von professionellen Aktivitäten und teilweise sogar von einem grenzüberschreitenden Bezug[365] für einen grundrechtlichen Charakter. Zu diesem Charakter passt allerdings die sekundärrechtliche Ausgestaltung der materiellen Voraussetzungen für die Rechtmäßigkeit des Aufenthalts und damit der Reichweite des Schutzes[366] nicht in jeder Hinsicht.

III. Wettbewerbsrecht

Das Wettbewerbsrecht der Union ist schon durch sein übergeordnetes Ziel, Märkte durch den Schutz vor unterschiedlichen Formen strategischer Blockaden offenzuhalten,[367] an der Gewährleistung des Interaktionspotentials des Binnenmarkts ausgerichtet. Diese Ausrichtung schlägt sich ähnlich wie bei den Grundfreiheiten als Leitlinie der Rechtsprechung des Gerichtshofs nieder (1.). Zugleich weist auch das Wettbewerbsrecht die Tendenz auf, den Binnenmarkt nicht nur als einen übergreifenden Interaktionsraum herzustellen, sondern politisch zu gestalten. Neben der Konkretisierung von Ausnahmeregelungen,

---

[361] EuGH, Urt. v. 12.7.2005, C-403/03, ECLI:EU:C:2005:446 – *Schempp*, Rn. 45: Primärrecht garantiert nicht die steuerliche Neutralität der Aktivitätsverlagerung; EuGH, Urt. v. 15.7.2004, C-365/02, ECLI:EU:C:2004:449 – *Lindfors*, Rn. 34; EuGH, Urt. v. 29.4.2004, C-387/01, ECLI:EU:C:2004:256 – *Weigel*, Rn. 55.

[362] Zur Verweigerung von Steuervorteilen für Inländer, die zuvor von der allgemeinen Freizügigkeit Gebraucht gemacht haben, EuGH, Urt. v. 26.5.2016, C-300/15, ECLI:EU:C:2016:361 – *Kohll und Kohll-Schlesser*, Rn. 44.

[363] EuGH, Urt. v. 19.11.2015, C-632/13, ECLI:EU:C:2015:765 – *Hirvonen*, Rn. 33; EuGH, Urt. v. 1.7.2004, C-169/03, ECLI:EU:C:2004:403 – *Wallentin*, Rn. 17.

[364] EuGH, Urt. v. 11.7.2002, C-224/98, ECLI:EU:C:2002:432 – *D'Hoop*, Rn. 30; EuGH, Urt. v. 18.7.2006, C-406/04, ECLI:EU:C:2006:491 – *De Cuyper*, Rn. 39; EuGH, Urt. v. 23.10.2007, C-11/06 und C-12/06, ECLI:EU:C:2007:626 – *Morgan und Bucher*, Rn. 25; EuGH, Urt. v. 18.7.2013, C-523/11 und C-585/11, ECLI:EU:C:2013:524 – *Prinz und Seeberger*, Rn. 27; EuGH, Urt. v. 14.10.2008, C-353/06, ECLI:EU:C:2008:559 – *Grunkin und Paul*, Rn. 21.

[365] Siehe oben, Fn. 344.

[366] Siehe oben, Fn. 342.

[367] *Emmerich*, Kartellrecht, § 1 Rn 6; konzeptionell *Mestmäcker/Schweitzer*, Europäisches Wettbewerbsrecht, § 1 Rn. 27: offene Märkte als konstituierendes Prinzip der Wettbewerbsordnung, sowie § 3 Rn. 9ff.

etwa zur Förderung der Aktivitäten von kleinen und mittleren Unternehmen, steht der von der Kommission verfolgte sog. *more economic approach* nicht nur für eine stärkere Gewichtung ökonomischer Elemente bei der Anwendung des Wettbewerbsrechts, sondern geht durch den Rückgriff auf bestimmte ökonomische Beschreibungsangebote mit einer wettbewerbspolitischen Gestaltung einher (2.). Auch hier gewinnen infolge dieser Gestaltung die Grundrechte an Bedeutung. Sie unterwerfen nicht nur die beschränkende Wirkung kartellrechtlicher Instrumente an sich, sondern auch ihre methodische Umsetzung einem rationalisierenden Rechtfertigungszwang (3.).

1. Interaktionsorientierung des Wettbewerbsrechts

Das Ziel des Wettbewerbsrechts, Märkte offenzuhalten,[368] drückt das Unionsrecht als „System unverfälschten Wettbewerbs" aus.[369] Es bezeichnet einen Interaktionszusammenhang einer bestimmten Qualität, dessen wissensgenerierende Wirkung frei von unsachgerechten Einflüssen ist.[370] Das Wettbewerbsrecht knüpft mit dem sog. Selbstständigkeitspostulat[371] an das System unverfälschten Wettbewerbs an.[372] Dieser „Grundgedanke der Wettbewerbsvorschriften", nach

[368] Aus der Literatur nur *Schröter*, in: ders./Jakob/Klotz/Mederer, Europäisches Wettbewerbsrecht, Vorbem. Art. 101–105 AEUV, Rn. 15 zum Kartellverbot.

[369] Protokoll zum Vertrag von Lissabon Nr. 27 über den Binnenmarkt und den Wettbewerb: „(…) unter Berücksichtigung der Tatsache, dass der Binnenmarkt, wie er in Artikel 3 des Vertrags über die Europäische Union beschrieben wird, ein System erfasst, das den Wettbewerb vor Verfälschungen schützt (…)"; zur Ergänzung des Binnenmarktbegriffs in Art. 3 Abs. 3 AEUV durch das Protokoll auch nach dessen Neufassung EuGH, Urt. v. 17.2.2011, C-52/09, ECLI:EU:C:2011:83 – *TeliaSonera*, Rn. 20; EuGH, Urt. vom 11.12.2012, C-610/10, ECLI:EU:C:2012:781 – *Kommission / Spanien*, Rn. 126; aus der Literatur *Behrens*, EuWZ 2008, 193; *Schröter/Voet van Vormizeele*, in: Schröter/Jakob/Klotz/Mederer, Europäisches Wettbewerbsrecht, Art. 101 AEUV, Rn. 73; *Nowak*, Wettbewerb und soziale Marktwirtschaft in den Regeln des Lissabonner Vertrags, EuR Beiheft 2/2011, S. 21 (23 ff.); *Schwarze*, EuZW 2004, 135 (136): Veränderung der Akzentsetzung ohne allzu weitreichende praktische Folgen; zum normativen Gehalt der Entscheidung für eine offene Marktwirtschaft mit freiem Wettbewerb in Art. 4 EGV a. F. *Hatje*, Das Binnenmarktziel in der europäischen Verfassung, EuR Beiheft 3/2004, S. 7 (9 f.).

[370] *Mestmäcker/Schweitzer*, Europäisches Wettbewerbsrecht, § 1 Rn. 26 ff.; *Schröter*, in: ders., Europäisches Wettbewerbsrecht, Art. 101 AEUV, Rn. 18: störungsfrei funktionierender Marktmechanismus.

[371] Aus der jüngeren Rechtsprechung vgl. nur EuGH, Urt. v. 21.1.2016, C-74/14, ECLI:EU:C:2016:42 – *Eturas*, Rn. 27; EuGH, Urt. v. 19.3.2015, C-286/13 P, ECLI:EU:C:2015:184 – *Dole*, Rn. 119; EuGH, Urt. v. 4.6.2009, C-8/08, ECLI:EU:C:2009:343 – *T-Mobile Netherlands*, Rn. 32, m. w. N.

[372] Aus der Literatur nur *Emmerich*, Kartellrecht, § 3 Rn. 3: „Die Koordinierung der daraus resultierenden unternehmerischen Entscheidungen soll nach dem Gesagten mithin weder die Aufgabe der Mitgliedstaaten sein noch durch die Unternehmen gemeinsam erfolgen, sondern primär dem Wettbewerb obliegen, gekennzeichnet in erster Linie durch das autonome Agieren der Unternehmen am Markt (sog. Selbstständigkeitspostulat). Das daraus entstehende komplexe Interaktionssystem der Unternehmen ist es, was der Vertrag seinerzeit mit der glücklichen Formulierung ‚System unverfälschten Wettbewerbs' ins Auge fasste. Nicht willkürliche staatliche

dem „jeder Unternehmer selbständig zu bestimmen hat, welche Politik er auf dem Gemeinsamen Markt betreiben will“,[373] schlägt sich sowohl im Anwendungsbereich des Wettbewerbsrechts als auch bei der Auslegung der einzelnen Tatbestandsmerkmale als Leitgesichtspunkt nieder.

a) Anwendungsbereich

Der Anwendungsbereich des Wettbewerbsrechts richtet sich funktional danach, wer Teilnehmer an dem zu schützenden Interaktionszusammenhang sein kann.[374] Den zugleich für den Anwendungsbereich des sekundären Wettbewerbsrechts maßgeblichen[375] Begriff des „Unternehmens“ bestimmt die Rechtsprechung des Gerichtshofs durch den Bezug zum Marktprozess.[376] Die Rechtsform ist ebenso wenig maßgeblich wie die rechtliche Bewertung von Konzernstrukturen als separate juristische Personen.[377] In gleicher Weise bemisst sich der Begriff der „wirtschaftlichen Tätigkeit“ nach dem Interaktionsbezug: Wirtschaftliche Tätigkeit ist nach der Rechtsprechung des Gerichtshofs „jede Tätigkeit, die darin besteht, Güter oder Dienstleistungen auf einem bestimmten Markt anzubieten“.[378]

---

oder private Eingriffe in die Marktprozesse sollen mit anderen Worten über die Entwicklung des europäischen Binnenmarktes entscheiden, sondern der autonome, herrschaftsfreie Koordinationsprozess des Wettbewerbs“.

[373] EuGH, Urt. v. 19.3.2015, C-286/13 P, ECLI:EU:C:2015:184 – *Dole*, Rn. 119; EuGH, Urt. v. 4.6.2009, C-8/08, ECLI:EU:C:2009:34 – *T-Mobile Netherlands*, Rn. 32, m. w. N.

[374] Vgl. die Einordnung bei *Schröter*, in: ders./Jakob/Klotz/Mederer, Europäisches Wettbewerbsrecht, Art. 101 AEUV, Rn. 16: ungewöhnliche Tragweite des Kartellverbots.

[375] *Schröter*, in: ders./Jakob/Klotz/Mederer, Europäisches Wettbewerbsrecht, Vorbem Art. 101–105 AEUV, Rn. 40.

[376] „Nach dieser Rechtsprechung bezeichnet der Begriff des Unternehmens jede eine wirtschaftliche Tätigkeit ausübende Einheit unabhängig von ihrer Rechtsform und der Art ihrer Finanzierung. Unter diesem Begriff ist eine wirtschaftliche Einheit zu verstehen, selbst wenn diese Einheit rechtlich aus mehreren natürlichen oder juristischen Personen gebildet wird. (...)“, EuGH, Urt. v. 19.3.2015, C-286/13 P, ECLI:EU:C:2015:184 – *Dole*, Rn. 140; EuGH, Urt. v. 17.9.2015, C-597/13 P, ECLI:EU:C:2015:613 – *Total*, Rn. 33; EuGH, Urt. v. 22.10.2015, C-185/14, ECLI:EU:C:2015:716 – *EasyPay und Finance Engineering*, Rn. 37, m. w. N.; zur früheren, institutionell an Produktions- und Großhandelsunternehmen anknüpfenden Rechtsprechung *Schröter*, in: ders./Jakob/Klotz/Mederer, Europäisches Wettbewerbsrecht, Vorbem. Art. 101–105 AEUV, Rn. 42.

[377] EuGH, Urt. v. 19.3.2015, C-286/13 P, ECLI:EU:C:2015:184 – *Dole*, Rn. 140. Ein bestimmender Einfluss eines Unternehmens über die anderen rechtlich selbständigen Unternehmen innerhalb der Konzernstruktur, insbesondere durch das Halten sämtlicher Anteile, führt kartellrechtlich zur Behandlung der Konzernstruktur als eine wirtschaftliche Einheit, EuGH, Urt. v. 24.10.1996, C-73/95, ECLI:EU:C:1996:405 – *Viho*, Rn. 6 ff.; EuGH, Urt. v. 25.10.1983, C-107/82, ECLI:EU:C:1983:293 – *AEG-Telefunken*, Rn. 49 f.; EuGH, Urt. v. 16.11.2000, C-286/98 P, ECLI:EU:C:2000:630 – *Stora*, Rn. 29, EuGH, Urt. v. 10.9.2009, C-97/08, ECLI:EU:C:2009:536 – *Akzo*, Rn. 60 ff.; Kommission, Leitlinien zur Anwendbarkeit von Artikel 101 des Vertrags über die Arbeitsweise der Europäischen Union auf Vereinbarungen über die horizontale Zusammenarbeit, ABl.EU Nr. C 11 v. 14.1.2011, S. 1 ff., Ziffer 11.

[378] Zuletzt EuGH, Urt. v. 22.10.2015, C-185/14, ECLI:EU:C:2015:716 – *EasyPay und Finance Engineering*, Rn. 37; EuGH, Urt. v. 12.7.2012, C-138/11, ECLI:EU:C:2012:449 – *Compass-*

Damit sind auch von der öffentlichen Hand gehaltene Unternehmen oder sogar Tätigkeiten der öffentlichen Hand selbst eingeschlossen,[379] sofern es sich nicht um die Ausübung hoheitlicher Befugnisse handelt.[380]

b) Kartellverbot

Das unionsrechtliche Kartellverbot knüpft sowohl bei der Bestimmung der unzulässigen Verhaltensweisen als auch bei der Konkretisierung der daraus resultierenden Wettbewerbsbeschränkung an kartellbedingte Störungen des Interaktionszusammenhangs an.

aa) Den Interaktionszusammenhang verfälschende Verhaltensweisen

Der Tatbestand des Kartellverbots[381] nimmt die Verfälschung des Wettbewerbs als Modalität unzulässiger Wettbewerbsbeschränkungen[382] auf. Der Umfang der vom Verbot erfassten Verhaltensweisen ist weitreichend.[383] Neben den Vereinbarungen zwischen Unternehmen und Beschlüssen von Unternehmensvereinigungen erfasst vor allem das Merkmal der „aufeinander abgestimmte[n] Verhaltensweisen“ jede weitere Form des bewussten und gewollten Zusammenwirkens.[384] Den Bezug zu Marktprozessen als Interaktionszusammenhang nimmt die Rechtsprechung des Gerichtshofs schon in der Definition dieses Merkmals auf, indem sie auf die Wirkung der Abstimmung in der Interaktion abstellt. Aufeinander abgestimmte Verhaltensweisen sind danach „eine Form der Koordinierung zwischen Unternehmen, die (...) bewusst eine praktische Zusammenarbeit an die Stelle des mit Risiken verbundenen Wettbewerbs treten

Datenbank, Rn. 35; EuGH, Urt. v. 24.10.2002, C-82/01 P, ECLI:EU:C:2002:617 – *Aéroports de Paris*, Rn. 79; EuGH, Urt. v. 18.6.1998, C-35/96, ECLI:EU:C:1998:303 – *Kommission/Italien*, Rn. 36; EuGH, Urt. v. 25.10.2001, C-475/99, ECLI:EU:C:2001:577 – *Ambulanz Glöckner*, Rn. 19, m.w.N.

[379] EuGH, Urt. v. 12.7.2012, C-138/11, ECLI:EU:C:2009:449 – *Compass-Datenbank*, Rn. 35; EuGH, Urt. v. 20.3.1985, Rs. 41/83, ECLI:EU:C:1985:120 – *Italien/Kommission*, Rn. 16ff.; *Mestmäcker/Schweitzer*, Europäisches Wettbewerbsrecht, § 8 Rn. 6; *Schröter*, in: ders./Jakob/Klotz/Mederer, Europäisches Wettbewerbsrecht, Vorbem. Art. 101–105 AEUV, Rn. 47.

[380] EuGH, Urt. v. 12.7.2012, C-138/11, ECLI:EU:C:2009:449 – *Compass-Datenbank*, Rn. 36; EuGH, Urt. v. 11.7.1985, Rs. 107/84, ECLI:EU:C:1985:332 – *Kommission/Deutschland*, Rn. 14f.; EuGH, Urt. v. 19.1.1994, C-364/92, ECLI:EU:C:1994:7 – *SAT Fluggesellschaft*, Rn. 30; EuGH, Urt. v. 1.7.2008, C-49/07, ECLI:EU:C:2008:376 – *MOTOE*, Rn. 24; aus der Literatur *Emmerich*, Kartellrecht, § 3 Rn. 35ff.

[381] Art. 101 Abs. 1 AEUV; näher *Schröter*, in: ders./Jakob/Klotz/Mederer, Europäisches Wettbewerbsrecht, Vorbem. Art. 101–105 AEUV, Rn. 84–88.

[382] Zur Herausbildung des Oberbegriffs *Emmerich*, Kartellrecht, § 4 Rn. 28ff.

[383] *Schröter*, in: ders./Jakob/Klotz/Mederer, Europäisches Wettbewerbsrecht, Art. 101 Rn. 1: jedes bewusste und gewollte Zusammenwirken von Unternehmen, das eine Störung des Binnenmarkts bezweckt oder bewirkt und zugleich geeignet ist, den Handel zwischen den Mitgliedstaaten zu beeinträchtigen.

[384] *Schröter*, in: ders./Jakob/Klotz/Mederer, Europäisches Wettbewerbsrecht, Art. 101 Rn. 53.

lässt".[385] Kriterium für die Annahme eines abgestimmten Verhaltens ist dabei das bereits erwähnte Selbständigkeitspostulat.[386] Eine „unmittelbare oder mittelbare Fühlungnahme" mit der Eignung, das Marktverhalten zu beeinflussen, etwa die Ankündigung eines bestimmten Marktverhaltens,[387] modifiziert den auf dezentralen Auswahlentscheidungen beruhenden Interaktionszusammenhang[388] und beeinträchtigt seine dynamische, wissensgenerierende Wirkung. Das gilt insbesondere für die Übermittlung von Informationen, die zumindest für die Informationsempfänger die Ungewissheit hinsichtlich des bevorstehenden Marktverhaltens reduziert.[389] Erfolgt die Abstimmung der Unternehmen öffentlich auf dem Markt, liegt die Schwierigkeit der kartellrechtlichen Bewertung in der Entwicklung von Kriterien, die eine marktkonforme Informationstätigkeit von einer unzulässigen Beeinflussung des Interaktionszusammenhangs abgrenzen.[390]

---

[385] EuGH, Urt. v. 4.6.2009, C-8/08, ECLI:EU:C:2009:343 – *T-Mobile Netherlands*, Rn. 26; EuGH, Urt. v. 8.7.1999, C-49/92 P, ECLI:EU:C:1999:356 – *Enichem Anic*, Rn. 115; EuGH, Urt. v. 31.3.1993, C-89/85 u. a., ECLI:EU:C:1993:120 – *Ahlström Osakeyhtiö u. a.*, Rn. 63; EuGH, Urt. v. 16.12.1975, Rs. 40/73 u. a., ECLI:EUC:1975:174 – *Suiker Unie u. a.*, Rn. 26; EuG, Urt. v. 16.6.2015, T-655/11, ECLI:EU:T:2015:383 – *FSL*, Rn. 414, m. w. N.; aus der Praxis der Kommission vgl. nur Beschl. v. 17.12.2002, COMP/C.37.671 – *Geschmacksverstärker*, Rn. 165; zur zweigliedrigen Struktur von Abstimmung und dem kausal daraus resultierenden Verhalten näher *Schröter*, in: ders./Jakob/Klotz/Mederer, Europäisches Wettbewerbsrecht, Art. 101 Rn. 55.

[386] Siehe oben, Fn. 371; zum Zusammenhang beim Informationsaustausch: „Was zweitens den Austausch von Informationen zwischen Wettbewerbern betrifft, sind die Kriterien der Koordinierung und der Zusammenarbeit, die Voraussetzungen für aufeinander abgestimmte Verhaltensweisen sind, im Sinne des Grundgedankens der Wettbewerbsvorschriften des EG-Vertrags zu verstehen, wonach jeder Unternehmer selbständig zu bestimmen hat, welche Politik er auf dem Gemeinsamen Markt betreiben will (…).", EuGH, Urt. v. 4.6.2009, C-8/08, ECLI:EU:C:2009:343 – *T-Mobile Netherlands*, Rn. 32; in diesem Sinn auch Kommission, Nr. 60 der Leitlinien horizontale Zusammenarbeit.

[387] „Dieses Erfordernis der Selbständigkeit steht streng jeder unmittelbaren oder mittelbaren Fühlungnahme zwischen solchen Wirtschaftsteilnehmern entgegen, die geeignet ist, entweder das Marktverhalten eines gegenwärtigen oder potenziellen Wettbewerbers zu beeinflussen oder einen solchen Wettbewerber über das Verhalten ins Bild zu setzen, zu dem man selbst auf dem betreffenden Markt entschlossen ist oder das man in Erwägung zieht, wenn diese Kontakte bezwecken oder bewirken, dass Wettbewerbsbedingungen entstehen, die nicht den normalen Bedingungen des betreffenden Marktes entsprechen (…).", EuGH, Urt. v. 21.1.2016, C-74/14 – *Eturas*, Rn. 27; EuGH, Urt. v. 4.6.2009, C-8/08, ECLI:EU:C:2009:343 – *T-Mobile Netherlands*, Rn. 32 f. m. w. N.

[388] Näher oben, § 5 A.I., A.II.7., D.II.1.f).

[389] Die Kommission bezeichnet diese Wirkung als eine Reduktion „strategischer Ungewissheit". Diese entsteht auf dem Markt, „weil diverse Kollusionsergebnisse möglich sind und weil Unternehmen vergangene und aktuelle Handlungen von Wettbewerbern und Marktneulingen nicht vollumfänglich beobachten können", Nr. 61 der Leitlinien horizontale Zusammenarbeit, dort Fn. 4; zur damit regelmäßig bezweckten Wettbewerbsbeschränkung Nr. 72 ff.; aus der Literatur *Schröter*, in: ders./Jakob/Klotz/Mederer, Europäisches Wettbewerbsrecht, Art. 101 Rn. 56; *Emmerich*, Kartellrecht, § 4 Rn. 17.

[390] Näher *Emmerich*, Kartellrecht, § 4 Rn. 22; zu „echt öffentlichen Bekanntmachungen" von Unternehmen als grundsätzlich einseitige Handlung und den Ausnahmen Kommission, Leitlinien Horizontalvereinbarungen, Nr. 63.

bb) Kriterien der Wettbewerbsverfälschung

Die Reichweite des Kartellverbots hängt von dem Verständnis des Merkmals der bezweckten oder bewirkten Wettbewerbsbeschränkung ab. Unterschiede in der kartellrechtlichen Literatur und Praxis bestehen hier vor allem hinsichtlich des Kreises der Marktteilnehmer, auf den bei der Bestimmung der Beschränkung abzustellen ist, und bei der Charakterisierung der Beschränkung.[391]

Hinsichtlich des Kreises der Marktteilnehmerinnen und Marktteilnehmer legt das von der Rechtsprechung des Gerichtshofs zu Grunde gelegte Selbständigkeitspostulat zunächst nahe, auf die am Kartell beteiligten Marktteilnehmerinnen und Marktteilnehmer abzustellen.[392] In der kartellbedingten, freiwilligen Beschränkung des Einsatzes bestimmter Wettbewerbsparameter, etwa des Spielraums bei der Preissetzung, liegt zugleich die Beschränkung des Wettbewerbs. Auf die Feststellung der Auswirkungen dieser kartellinternen Beschränkung auf Dritte kommt es dann für den Tatbestand des Kartellverbots nicht an. Denkbar ist hingegen auch, die Wettbewerbsbeschränkung zusätzlich oder alternativ an einer Beschränkung des Handlungsspielraums Dritter festzumachen. Die Forderung einer solchen Einschränkung der Wettbewerbsmöglichkeiten Dritter liegt insofern nahe, als neben dem Verbraucherschutz und dem institutionellen Schutz des Wettbewerbs zumindest auch diese Dritten und nicht die am Kartell beteiligten Marktteilnehmerinnen und Marktteilnehmer durch das Kartellverbot geschützt sind.[393] Die Auswirkungen auf Dritte zu einem konstitutiven Merkmal des Kartellverbots zu machen, ändert allerdings das Konzept und die Struktur des kartellrechtlichen Schutzes.[394] Während die formale Prüfung eines nicht mehr uneingeschränkt selbständigen Verhaltens eines der Kartellanten bereits die damit verbundene Verfälschung des Interaktionszusammenhangs ausreichen lässt,[395] erfordert der auf die Außenwirkung abstellende Ansatz einen Nachweis der Wirkung des Kartells. Dieser Wirkungsnachweis macht eine inhaltliche Bewertung erforderlich, die zum einen Marktstrukturen und Ergebnisse quantifiziert[396] und zum anderen die mit und ohne die Zusammenarbeit der

---

[391] Eingehend *Zimmer*, in: Immenga/Mestmäcker, Wettbewerbsrecht, § 1 GWB Rn. 127ff.

[392] Zum Ganzen *Mestmäcker/Schweitzer*, Europäisches Wettbewerbsrecht, § 11 Rn. 17ff., insb. Rn. 23ff.

[393] *Roth/Ackermann*, in: Frankfurter Kommentar, Art. 81 Rn. 305; zu den unterschiedlichen Verständnissen der Grundkonzeption und den Hintergründen *dies.*, a.a.O., Art. 81 Rn. 296–308.

[394] *Zimmer*, in: Immenga/Mestmäcker, Wettbewerbsrecht, § 1 GWB Rn. 127ff.; *Zimmer/Paul*, JZ 2008, 611 (615): praktisch überaus bedeutender Politikwechsel.

[395] Eine gewisse Außenwirkung ist durch das Spürbarkeitskriterium allerdings auch auf der Grundlage des formalen Ansatzes erforderlich. Auf der Grundlage des formalen Ansatzes kommt dieser Überprüfung der Außenwirkung allerdings nur die Funktion zu, die Gruppe der Fälle ohne spürbare Außenwirkung negativ auszugrenzen, *Zimmer*, in: Immenga/Mestmäcker, Wettbewerbsrecht, § 1 GWB Rn. 127f.

[396] Zum Bewirken einer Wettbewerbsbeschränkung EuGH, Urt. v. 26.11.2015, C-345/14,

Marktteilnehmerinnen und Marktteilnehmer bestehende Marktsituation gegenüberstellt.[397] Sie trägt dadurch eine Reihe wettbewerbspolitischer Wertungen sowie eine an den Auswirkungen der Marktprozesse orientierte Flexibilität in die Anwendung des Kartellverbots herein, die übergreifend Ausdruck des *more economic approach* der Kommission im Wettbewerbsrecht sind.[398] Ohne eine klare Festlegung kombinieren die Kommission und etwas zurückhaltender die Rechtsprechung des Gerichtshofs beide Ansätze, indem sie bei Kernbeschränkungen, sog. *hardcore*-Kartellen, das objektiv geprüfte Bezwecken einer Wettbewerbsbeschränkung genügen lassen, das regelmäßig schon in der partiellen Aufgabe des Selbständigkeitspostulats im Binnenverhältnis liegt.[399] Bei den weiteren potentiell wettbewerbsbeschränkenden Verhaltensweisen soll es hingegen jedenfalls nach der Kommission auf eine im Einzelfall anhand der Marktsituation sowie den Merkmalen der Kooperation zu prüfenden Bewirkung der Wettbewerbsbeschränkung ankommen.[400]

ECLI:EU:C:2015:784 – *Maxima Latvija*, Rn. 26: Berücksichtigung des wirtschaftlichen und rechtlichen Gesamtzusammenhangs.

[397] Aus der ständigen Rechtsprechung EuGH, Urt. v. 21.1.1999, C-215/96 und C-216/96, ECLI:EU:C:1999:12 – *Bagnasco*, Rn. 33; EuGH, Urt. v. 28.5.1998, C-7/95 P, ECLI:EU:C:1998:256 – *Deere*, Rn. 76; EuGH, Urt. v. 28.5.1998, C-8/95 P, ECLI:EU:C:1998:257 – *New Holland Ford* Rn. 90.

[398] Näher unten, § 6 A.III.2.b).

[399] Aus der Rechtsprechung EuGH, Urt. v. 13.12.2012, C-226/11, ECLI:EU:C:2012:795 – *Expedia*, Rn. 35 ff., m. w. N.: „Sodann ist zu beachten, dass nach ständiger Rechtsprechung bei der Anwendung von Art. 101 Abs. 1 AEUV die tatsächlichen Auswirkungen einer Vereinbarung nicht berücksichtigt zu werden brauchen, wenn sich ergibt, dass diese eine Verhinderung, Einschränkung oder Verfälschung des Wettbewerbs bezweckt (...). In diesem Zusammenhang hat der Gerichtshof unterstrichen, dass die Unterscheidung zwischen ‚bezweckten Verstößen' und ‚bewirkten Verstößen' darin begründet liegt, dass bestimmte Formen der Kollusion zwischen Unternehmen schon ihrer Natur nach als schädlich für das gute Funktionieren des normalen Wettbewerbs angesehen werden (...). Daher stellt eine Vereinbarung, die geeignet ist, den Handel zwischen Mitgliedstaaten zu beeinträchtigen, und einen wettbewerbswidrigen Zweck hat, ihrer Natur nach und unabhängig von ihren konkreten Auswirkungen eine spürbare Beschränkung des Wettbewerbs dar."; zu den Konsequenzen für das Spürbarkeitskriterium Europäische Kommission, Bekanntmachung über Vereinbarungen von geringer Bedeutung, die im Sinne des Art. 101 Absatz 1 des Vertrags über die Arbeitsweise der Europäischen Union den Wettbewerb nicht spürbar beschränken (De-minimis-Bekanntmachung), ABl.EU Nr. C 291 v. 30.8.2014, S. 1 ff., Rn. 2 und 13: keine Anwendung des sog. SAFE-Harbour-Bereichs insbesondere bei Preisfestsetzungen beim Verkauf von Produkten an Dritte, Produktions- und Absatzbeschränkungen und Zuweisung von Märkten oder Kundengruppen.

[400] EuGH, Urt. v. 26.11.2015, C-345/14, ECLI:EU:C:2015:784 – *Maxima Latvija*, Rn. 26 ff.: „Der Gerichtshof hat insoweit entschieden, dass bei der Beurteilung der Wirkungen einer Wettbewerbsvereinbarung der wirtschaftliche und rechtliche Gesamtzusammenhang zu berücksichtigen ist, in dem die Vereinbarung steht und zusammen mit anderen zu einer kumulativen Auswirkung auf den Wettbewerb führen kann. (...) Nur wenn nach einer vertieften Prüfung des wirtschaftlichen und rechtlichen Gesamtzusammenhangs, in dem die im Ausgangsverfahren in Rede stehenden Verträge stehen, sowie der Besonderheiten des relevanten Marktes festgestellt wird, dass der Zugang zu diesem Markt durch die Gesamtheit aller auf diesem Markt festgestellten gleichartigen Verträge erschwert wird, ist danach zu prüfen, inwieweit diese zu einer möglichen Abschottung dieses Marktes beitragen, wobei nur solche Vereinbarungen verboten

c) *Marktabgrenzung: Nachzeichnen der Transaktionsräume*

Der Abgrenzung des persönlich, zeitlich und vor allem sachlich relevanten Marktes kommt mit Unterschieden[401] in allen Tatbeständen des Wettbewerbsrechts eine zentrale Bedeutung zu, da dieses Merkmal die sich durch das Verhalten der Marktteilnehmerinnen und Marktteilnehmer entwickelnden Interaktionszusammenhänge[402] normativ nachzeichnet, um die Verhaltensspielräume der Marktteilnehmerinnen und Marktteilnehmer und ihre wechselseitige, interaktionsbedingte Begrenzung zur Grundlage der kartellrechtlichen Regulierung machen zu können.[403]

Dementsprechend knüpft das grundlegende sog. Bedarfsmarktkonzept[404] an dem Interaktionspotential der jeweiligen Transaktionspartner an. Danach machen diejenigen Waren oder Dienstleistungen einen sachlichen Markt aus, die aus Sicht der Marktgegenseite als austauschbar angesehen werden.[405] Während die Kommission die Austauschbarkeit an bestimmten, typischerweise relevanten

---

sind, die erheblich zu dieser Abschottung beitragen (...). Die Bedeutung des Beitrags jedes dieser im Ausgangsverfahren in Rede stehenden Verträge zu dieser kumulativen Abschottungswirkung hängt von der Stellung der Vertragspartner auf dem betreffenden Markt und der Laufzeit der Verträge ab (...)", m. w. N.; aus der Literatur eingehend *Mestmäcker/Schweitzer*, Europäisches Wettbewerbsrecht, § 11 Rn. 41 ff.

[401] Während für das Missbrauchsverbot und die Fusionskontrolle die Marktabgrenzung schon zur Prüfung einer marktbeherrschenden Stellung erforderlich ist, dient die Marktabgrenzung im Kartellverbot vor allem zum Nachweis einer wettbewerbsbeschränkenden Wirkung der Kooperation sowie ihrer Eignung, den Handel zwischen den Mitgliedstaaten zu beeinträchtigen, EuG, Urt. v. 19.3.2003, T-213/00, ECLI:EU:T:2003:76 – *CMA*, Rn. 206; EuG, Urt. v. 27.7.2005, T-49/02 u. a., ECLI:EU:T:2005:298 – *Luxemburgischer Biermarkt*, Rn. 144: „Zu der Rüge, der fragliche Markt sei nicht abgegrenzt worden, genügt der Hinweis darauf, dass die Kommission in einer Entscheidung nach Artikel 81 EG nur dann eine solche Abgrenzung vornehmen muss, wenn ohne eine solche Abgrenzung nicht bestimmt werden kann, ob die Vereinbarung, der Beschluss der Unternehmensvereinigung oder die abgestimmte Verhaltensweise, um die es geht, den Handel zwischen Mitgliedstaaten zu beeinträchtigen geeignet ist und eine Verhinderung, Einschränkung oder Verfälschung des Wettbewerbs innerhalb des Gemeinsamen Marktes bezweckt oder bewirkt (...)", jeweils m. w. N.; *Schröter/Voet van Vormizeele*, in: Schröter/Jakob/Klotz/Mederer, Europäisches Wettbewerbsrecht, Art. 101 Rn. 110.

[402] Zur Relevanz des tatsächlichen Marktgeschehens *Schröter/Voet van Vormizeele*, in: Schröter/Jakob/Klotz/Mederer, Europäisches Wettbewerbsrecht, Art. 101 Rn. 133; *Jung*, in: Grabitz/Hilf/Nettesheim, Das Recht der Europäischen Union, Art. 102 AEUV Rn. 33 f.

[403] Kommission, Bekanntmachung über die Definition des relevanten Marktes im Sinne des Wettbewerbsrechts der Gemeinschaft, Rn. 2: Festlegung des Rahmens, innerhalb dessen die Kommission das Wettbewerbsrecht anwendet; systematische Ermittlung der Wettbewerbskräfte, denen sich die beteiligten Unternehmen zu stellen haben.

[404] Näher *Mestmäcker/Schweitzer*, Europäisches Wettbewerbsrecht, § 11 Rn. 87 ff., § 17 Rn. 19 ff.; aus der Rechtsprechung EuGH, Urt. v. 26.11.1998, C-7/97, ECLI:EU:C:1998:569 – *Bronner*, Rn. 33; EuGH, Urt. v. 3.7.1991, C-62/86, ECLI:EU:C:1991:286 – *AKZO*, Rn. 51; EuGH, Urt. v. 11.12.1980, Rs. 31/80, ECLI:EU:C:1980:289 – *L'Oréal*, Rn. 25, jeweils m. w. N.

[405] Aus der ständigen Rechtsprechung des Gerichtshofs siehe nur EuGH, Urt. v. 13.2.1979, Rs. 85/76, ECLI:EU:C:1979:36 – *Hoffmann-La Roche Vitamine*, Rn. 28: hinreichender Grad an Austauschbarkeit zwischen allen zum gleichen Markt gehörenden Erzeugnissen im Hinblick auf die gleiche Verwendung erforderlich; EuGH, Urt. v. 9.11.1983, Rs. 322/81,

Merkmalen der Ware oder Dienstleistung festmacht,[406] stellt die Rechtsprechung in einer funktionalen Betrachtung auf die Äquivalenz ab,[407] ohne dass sich im Ergebnis Unterschiede ergeben.[408] Empirische Ansätze wie die Ermittlung der Kreuzpreiselastizitäten[409] oder der Auswirkungen kleiner, aber dauerhafter Preiserhöhungen[410] (sog. *small but significant non-transitory increase in price*-Test) zielen darauf, diesen nachfrageorientierten Ansatz quantifizierbar und damit im Einzelfall umsetzbar zu machen.

Durch diesen Ansatz, die tatsächliche Entwicklung der Interaktionszusammenhänge zu analysieren und sie zur Grundlage für eine normative Bewertung des Regulierungsbedarfs zu machen,[411] erweist sich das Bedarfsmarktkonzept als durchaus entwicklungsoffen. Dynamische Änderungen in den Marktstrukturen lassen die methodische Angemessenheit des Konzepts grundsätzlich unberührt. Allerdings können innovative Geschäftsmodelle, etwa bei der Gewinnung und Nutzung digitaler Daten in unterschiedlichen Kontexten, unterschiedliche Märkte einschließlich unentgeltlicher Angebote miteinander verbinden und dadurch kartellrechtliche Prämissen von der Marktdefinition über die Marktanalyse bis hin zur Bewertung bestimmter Verhaltensweisen auf diesen Märkten in Frage stellen.

ECLI:EU:C:1983:313 – *Michelin*, Rn. 37; aus der Literatur *Schröter/Voet van Vormizeele*, in: Schröter/Jakob/Klotz/Mederer, Europäisches Wettbewerbsrecht, Art. 101 Rn. 111.

[406] Europäische Kommission, Bekanntmachung über die Definition des relevanten Marktes im Sinne des Wettbewerbsrechts der Gemeinschaft, Rn. 7: „Der sachlich relevante Produktmarkt umfasst sämtliche Erzeugnisse und/oder Dienstleistungen, die von den Verbrauchern hinsichtlich ihrer Eigenschaften, Preise und ihres vorgesehenen Verwendungszwecks als austauschbar oder substituierbar angesehen werden“.

[407] EuGH, Urt. v. 26.11.1998, C-7/97, ECLI:EU:C:1998:569 – *Bronner*, Rn. 33: „Nach gefestigter Rechtsprechung umfasst der relevante Erzeugnis- oder Dienstleistungsmarkt im Rahmen der Anwendung von Artikel 86 EG-Vertrag alle Erzeugnisse oder Dienstleistungen, die sich aufgrund ihrer Merkmale zur Befriedigung eines gleichbleibenden Bedarfs besonders eignen und mit anderen Erzeugnissen oder Dienstleistungen nur in geringem Maße austauschbar sind (…).“; EuGH, Urt. 11.12.1980, Rs. 31/80, ECLI:EU:C:1980:289 – *L'Oréal*, Rn. 25; EuGH, Urt. v. 3.7.1991, C-62/86, ECLI:EU:C:1991:286 – *AKZO*, Rn. 51.

[408] *Schröter/Bartl*, in: Schröter/Jakob/Klotz/Mederer Europäisches Wettbewerbsrecht, Art. 102 Rn. 134.

[409] Kommission, Bekanntmachung über die Definition des relevanten Marktes im Sinne des Wettbewerbsrechts der Gemeinschaft, ABl.EG Nr. C 372 v. 9.12.97, S. 5 ff., Rn. 17, Rn. 39; *Fuchs/Möschel*, in: Immenga/Mestmäcker, EU-Wettbewerbsrecht, Art. 102 AEUV Rn. 50; *Schröter/Bartl*, in: Schröter/Jakob/Klotz/Mederer, Europäisches Wettbewerbsrecht, Art. 102 Rn. 138, jeweils auch zu den Schwächen des Ansatzes.

[410] Kommission, Bekanntmachung über die Definition des relevanten Marktes im Sinne des Wettbewerbsrechts der Gemeinschaft, ABl.EG Nr. C 372 v. 9.12.97, S. 5 ff., Rn. 15 f.

[411] Kommission, Bekanntmachung über die Definition des relevanten Marktes im Sinne des Wettbewerbsrechts der Gemeinschaft, Rn. 2: „Mit der Abgrenzung eines Marktes in sowohl seiner sachlichen als auch seiner räumlichen Dimension soll ermittelt werden, welche konkurrierenden Unternehmen tatsächlich in der Lage sind, dem Verhalten der beteiligten Unternehmen Schranken zu setzen und sie daran zu hindern, sich einem wirksamen Wettbewerbsdruck zu entziehen“.

d) Digitale Märkte

Die Ausrichtung des europäischen wie auch des nationalen Kartellrechts an Interaktionszusammenhängen tritt zudem besonders deutlich bei der Regulierung sog. digitaler Märkte hervor.[412]

aa) Eigenschaften digitaler Märkte

Zum einen stellen Betreiber von online-Plattformen verschiedener Art[413] zu unterschiedlichen Zwecken Kontakt zwischen Anbietern sowie Nachfragern her[414] und verbinden dadurch unterschiedliche Interaktionsbeziehungen zu marktübergreifenden Geschäftsmodellen. Teilweise vermitteln Plattformen Transaktionen[415] und nehmen dabei in unterschiedlicher Intensität und Zielrichtung auf die Konditionen dieser Transaktionen Einfluss,[416] teilweise schaffen sie Aufmerksamkeit, die kommerziell vermarktet werden kann.[417] Teilweise nehmen die Plattformbetreiber neben der Vermittlung auch an den Transaktionen teil.[418]

---

[412] Zu den ökonomischen Eigenschaften und den potentiellen Wettbewerbsproblemen digitaler Märkte Monopolkommission, Wettbewerbspolitik: Herausforderung digitale Märkte, Sondergutachten 68, S. 27ff.; *Schweitzer/Haucap/Kerber/Welker*, Modernisierung der Missbrauchsaufsicht für marktmächtige Unternehmen, S. 6ff.; zu den konzeptionellen Herausforderungen eingehend *Crémer/de Montjoye/Schweitzer*, Competition Policy for the digital era, S. 39ff., S. 54ff., S. 73ff., S. 110ff.; zur Prüfung von Marktmacht auf digitalen Plattformen eingehend BKartA, Arbeitspapier Marktmacht von Plattformen und Netzwerken, Juni 2016, B6–113/15, S. 7–96; zur wettbewerbsrechtlichen Relevanz von Daten Autorité de la concurrence/BKartA, Competition Law and Data, 10.5.2016, S. 25ff.

[413] Differenzierender Überblick bei BKartA, Arbeitspapier Marktmacht von Plattformen und Netzwerken, Juni 2016, B6–113/15, S. 19ff.

[414] Konzeptionelle Unterscheidung zwischen Matching-Plattformen mit und ohne Vermittlung einer Transaktion und Aufmerksamkeits-Plattformen bei BKartA, Arbeitspapier Marktmacht von Plattformen und Netzwerken, Juni 2016, B6–113/15, S. 22ff.

[415] Auch soweit keine rechtsgeschäftlichen Transaktionen vermittelt werden wie etwa bei online-Dating-Plattformen ergeben sich ähnliche Schwierigkeiten der Marktabgrenzung, vgl. zu einem Fusionskontroll-Verfahren BKartA, Beschl. v. 22.10.2015, B6–57/15.

[416] Etwa über sog. Bestpreisklauseln, OLG Düsseldorf, Beschl. v. 4.5.2016, VI-Kart 1/16 (V) – *Enge Bestpreisklausel*, Rn. 63ff.; vorhergehend BKartA, Beschl. v. 22.12.2015, B9–121/13 – *Booking*; OLG Düsseldorf, Beschl. v. 9.1.2015, VI KArt 1/14 (V), Rn. 63ff. – *HRS-Bestpreisklauseln*; BKartA, Beschl. v. 20.12.2013, B9–66/10 – *HRS*; aus der Literatur zustimmend *Walter*, ZWeR 2015, 157ff.; abweichende wohlfahrtsökonomische Einschätzung bei *Hamelmann/Haucap/Wey*, ZWeR 2015, 245ff.; differenzierend *Tamke*, WuW 2015, 594ff.; zu ähnlichen Verfahren französischer, italienischer und schwedischer Wettbewerbsbehörden *Schlimpert*, ZWeR 2015, 134ff.

[417] BKartA, Arbeitspapier Marktmacht von Plattformen und Netzwerken, Juni 2016, B6–113/15, S. 27f.

[418] Etwa die Plattform „Amazon Market Place“ mit Warenangeboten von Amazon sowie von Drittanbietern, BKartA, Arbeitspapier Marktmacht von Plattformen und Netzwerken, Juni 2016, B6–113/15, S. 26.

Zum anderen macht die algorithmenbasierte Verarbeitung von Daten einschließlich, aber nicht allein der Daten zum Nutzerverhalten, einen zunehmend bedeutsamen Teil der Geschäftsmodelle aus.[419] Algorithmen korrelieren Daten aus verschiedenen Quellen zu Clustern, die eine Prognose der Präferenzen oder des Verhaltens auch unbekannter Personen anhand der Zuordnung zu einzelnen der Cluster ermöglicht.[420] Neben der gezielten Behandlung der Personen, zu denen bereits aufbereitete Daten verfügbar sind, vermitteln die geclusterten Daten vor allem eine Grundlage für handlungsrelevantes Wissen auf anderen Märkten. Der Datenzugang und die Verarbeitungskompetenz werden zum Wettbewerbsfaktor und lassen unter Umständen schwer angreifbare marktbeherrschende Stellungen entstehen.

bb) Anpassungsbedarf des interaktionszentrierten Kartellrechts

Die kartellrechtlichen Instrumente, insbesondere das Missbrauchsverbot, sind durch ihren Zweck, Marktprozesse offenzuhalten, in ihrer dogmatischen Ausgestaltung unmittelbar an den Interaktionszusammenhängen ausgerichtet. Strukturelle Änderungen der Interaktionszusammenhänge, wie sie sich derzeit in digitalen Märkten abzeichnen, ziehen dadurch entsprechende Anpassungen der kartellrechtlichen Dogmatik nach sich.[421] Während Rechtsprechung, die Praxis der Kartellbehörden und die Literatur traditionell nur entgeltliche Leistungsbeziehungen unter den Marktbegriff und damit den Anwendungsbereich fassten,[422] stellen Geschäftsmodelle, in denen digitale Leistungen unentgeltlich angeboten werden, damit der Anbieter die personenbezogenen Daten der Nutzung des Angebots in anderen Zusammenhängen gewinnbringend verwerten kann, diese traditionelle Abgrenzung des Marktbegriffes in Frage.[423]

---

[419] Wettbewerbsrechtliche Bewertung des Geschäftsmodells von Facebook bei *Telle*, WRP 2016, 814 (817ff.); zu Nutzerdaten als Marktmachtfaktor Monopolkommission, Monopolkommission, Wettbewerbspolitik: Herausforderung digitale Märkte, Sondergutachten 68, S. 44ff.; Autorité de la Concurrence/BKartA, Competition Law and Data, 10.5.2016, S. 11ff., S. 25ff.; insbesondere zu online-Plattformen BKartA, Arbeitspapier Marktmacht von Plattformen und Netzwerken, Juni 2016, B6–113/15, S. 91ff.; näher bereits oben, § 2 B.IV.

[420] Näher oben, § 2 B.IV.1.

[421] Eingehend zum Reformbedarf und den Reformoptionen bei der europäischen wie nationalen Missbrauchsaufsicht *Schweitzer/Haucap/Kerber/Welker*, Modernisierung der Missbrauchsaufsicht für marktmächtige Unternehmen, S. 27ff.

[422] OLG Düsseldorf, Beschl. v. 9.1.2015, VI-Kart 1/14 (V) – *HRS-Bestpreisklausel*, Rn. 35.

[423] Aus diesem Grund steht nunmehr nach § 18 Abs. 2a GWB der Annahme eines Marktes nicht entgegensteht, dass eine Leistung unentgeltlich erbracht wird. Teilweise werden unentgeltlich angebotene Leistungen bereits in der derzeitigen Rechtsprechung mittelbar über indirekte Netzwerkeffekte bei der Prüfung entgeltlicher Märkte berücksichtigt, etwa OLG Düsseldorf, Beschl. v. 9.1.2015, VI-Kart 1/14 (V) – *HRS-Bestpreisklausel*, Rn. 35: „Das Such- und Buchungsverhalten der Hotelkunden ist nur insoweit von Bedeutung, als die funktionelle Austauschbarkeit der Vermittlungsdienstleistungen der Hotelportale aus Sicht der Hotelunternehmen durch den sog. Netzwerkeffekt beeinflusst ist. Jede unternehmerische Tätigkeit ist dann, wenn sie entgeltlich erfolgt, einem Markt zuzuordnen. Soweit eine Leistung – so wie

Die vorhersehbare Ökonomisierung der ebenfalls unentgeltlich aufwandten Aufmerksamkeit der Nachfragenden ließe sich kartellrechtlich noch mittelbar über die Berücksichtigung der Werbemärkte erfassen.[424] Datenbasierte Formen der Wertschöpfung stellen sich demgegenüber als erheblich vielschichtiger dar, schon weil die personenbezogenen Nutzerdaten nur einen Teil der eingehend aufbereiteten Datengrundlagen ausmachen und die Nutzungsmöglichkeiten dieser Daten ex ante regelmäßig kaum abschließend absehbar ist. Die strukturelle Änderung der Interaktionszusammenhänge gibt Veranlassung, die Entgeltlichkeit als Merkmal für die Kartellrechtsrelevanz der Interaktion aufzugeben und alternative Kriterien zur Abgrenzung des Anwendungsbereichs zu entwickeln. Auf den normativen Bestand der bislang etablierten Kriterien zu bestehen,[425] entspricht weder der auf die Interaktionszusammenhänge ausgerichteten Regelungsstruktur des Kartellrechts noch seinem Sinn und Zweck.

Aus demselben Grund lassen sich Ansätze zur Feststellung der Marktmacht eines Unternehmens, die auf die Reaktion der Marktgegenseite bei hypothetischen Preisänderungen abstellen (sog. *SSNIP*-Tests), bei unentgeltlichen Angeboten nicht sinnvoll anwenden.[426] Alternative Ansätze stellen beispielsweise auf die Profitabilität beiderseitiger Preiserhöhungen[427] oder die hypo-

hier – nach der einen Seite entgeltlich, nach der anderen Seite unentgeltlich erbracht wird, ist sie nur mit der entgeltlichen Seite Teil des Marktes. Gleichwohl kann die unentgeltliche Seite das Marktgeschehen für entsprechende, entgeltlich vertriebene Leistungen oder Produkte beeinflussen (Bechtold, GWB, 6. Aufl., § 19 Rn. 6). Das gilt bei innovationsgeprägten Märkten wie Tätigkeiten in Verbindung mit dem Internet. Gerade bei solchen Märkten steigt der Nutzen, den ein Verwender aus einem bestimmten Gut oder einer bestimmten Dienstleistung zieht, oftmals in Abhängigkeit davon, wie viele andere Nutzer dieses Gut oder diese Dienstleistung ebenfalls nachfragen (sog. Netzwerkeffekte). Dies kann die Beurteilung der funktionellen Austauschbarkeit mit einem Konkurrenzprodukt, welches möglicherweise vergleichbare Eigenschaften hat, aber einen deutlich kleineren Abnehmerkreis aufweist, beeinflussen."; ähnlich zur Berücksichtigung der unentgeltlichen Zuschauermärkte über die Werbemärkte im Rahmen von Fusionskontrollverfahren BKartA, Beschl. v. 19.1.2006, B6–103/05 – *Springer/ProSieben*, S. 23; Überblick über die Rechtsprechung bei *Podszun/Franz*, NZKart 2015, 121 (124ff.).

[424] BKartA, Beschl. v. 19.1.2006, B6–103/05 – *Springer/ProSieben*, S. 23; *Podszun/Franz*, NZKart 2015, 121 (123ff.): direkte Spiegelung.

[425] *Körber*, WuW 2015, 120 (125): „Die Konzept der ‚zweiseitigen Märkte' stellt die kartellrechtliche Marktabgrenzung vor weitere Herausforderungen. Die beschriebenen Besonderheiten könnten Zweifel daran wecken, dass Innovationsmärkte der digitalen Ökonomie bzw. mehrseitige Märkte sich überhaupt mit tradierten Methoden wie dem Bedarfsmarktkonzept erfassen lassen. Doch existieren bislang keine tragfähigen Alternativen. Letztlich spricht nichts dagegen, zunächst einmal weiterhin getrennt nach den Nachfragerseiten abzugrenzen und dabei die traditionellen Methoden, insbesondere das Bedarfsmarktkonzept, anzuwenden".

[426] *Dreher*, ZWeR 2009, 149 (158ff.); *Dewenter/Rösch/Terschüren*, NZKart 2014, 387 (389ff.); *Körber*, WuW 2015, 120 (125); Überblick über den Stan der internationalen Diskussion bei BKartA, Arbeitspapier Marktmacht von Plattformen und Netzwerken, Juni 2016, B6–113/15, S. 44ff.

[427] Zwischen Transaktionsmärkten und nicht-Transaktionsmärkten differenzierend und auch Anpassungen der Preisstruktur berücksichtigend *Filistrucchi/Geradin/van Damme/Affeldt*, Journ of Comp Law Econ 10 (2014), 293ff.

thetische Veränderung anderer transaktionsrelevanter Parameter wie der Qualität des Angebots ab.[428]

Allgemein zielen die ökonomischen Konzepte mehrseitiger Märkte, die ursprünglich unabhängig von digitalen Märkten entworfen worden sind, aber deren Entwicklung wegen ihrer Relevanz für digitale Plattformen erheblich an Bedeutung gewonnen hat, darauf, die Rationalität, die Voraussetzungen oder die Auswirkungen mehrseitiger Geschäftsmodelle zu erklären.[429] Aus kartellrechtlicher Sicht sind diese ökonomischen Beschreibungen der Interaktionszusammenhänge auf ihre Anschlussfähigkeit für die normativen Konzepte der einzelnen Instrumente des Kartellrechts und den sich daraus ergebenden Anpassungsbedarf zu überprüfen.[430] Konkret bieten diese ökonomischen Analysen mehrseitige Märkte, indem sie die Voraussetzungen und Wirkungen bestimmter Geschäftsmodelle von Plattformen plausibilisieren,[431] die Grundlage für eine rationale Bewertung bestimmter Praktiken, etwa der Preissetzung oder Konditionenbindung. Sie bilden die Anschlussmöglichkeiten und Anpassungsnotwendigkeiten, denen die an der Plattform Beteiligten unterliegen, in ihren Wechselwirkungen ab und machen dadurch Effekte der Interaktionszusammenhänge sichtbar, die allein bei der Betrachtung einer bestimmten in Rede stehenden Verhaltensweise nicht zu Tage treten.

cc) Erneut: Binnenmarkt als Steuerungssubstrat

In dieser Ausrichtung auf die marktbezogenen Interaktionszusammenhänge und ihrer dynamischen Entwicklung unterscheiden sich das Kartellrecht der Union und das weitgehend angeglichene[432] nationale Kartellrecht der Mitgliedstaaten nicht. Über die Anknüpfung an den Binnenmarkt kommt dem Kartellrecht der Union jedoch effektiveres Regelungspotential zu. Zunächst beugt der Anwendungsvorrang des Unionsrechts Versuchen der Mitgliedstaaten vor, zum Schutz überkommener Geschäftsmodelle Kooperationen der von der dynamischen Entwicklung betroffenen nationalen Marktteilnehmerinnen und Marktteilnehmer zuzulassen[433] oder innovative Geschäftsmodelle vorschnell

[428] Als Alternative thematisiert bei *Dewenter/Rösch/Terschüren*, NZKart 2014, 387 (389 ff.).

[429] *Evans*, Yale Journ. on Reg. 20 (2003), 325 ff.; *Rochet/Tirole*, Journ. Europ. Econ. Ass. 1 (2003), 990 ff.; *dies.*, RAND Journ of Econ 37 (2006), 645 ff.

[430] Eingehende konzeptionelle Einordnung der unterschiedlichen Aspekte und Ansätze bei BKartA, Arbeitspapier Marktmacht von Plattformen und Netzwerken, Juni 2016, B6–113/15, S. 7–96.

[431] Zu Bestpreisklauseln etwa *Crémer/de Montjoye/Schweitzer*, Competition Policy for the digital era, S. 56 ff.

[432] Rechtsvergleichender Überblick zum Kartellverbot bei *Schröter*, in: ders./Jakob/Klotz/Mederer, Europäisches Wettbewerbsrecht, Art. 101 AEUV Rn. 4–14.

[433] Zur Wahrnehmung des Kartellrechts als Hindernis für vielfaltsfördernde Kooperationen *Kluth/Schulz*, Konvergenz und regulatorische Folgen, S. 31 ff., S. 8: „Medienpolitisch möglicherweise wünschenswerte Kooperationen werden derzeit von einem schmalen kartellrechtlichen Korridor behindert."; zur Sicht des öffentlich-rechtlichen Rundfunks a. a. O., S. 21 f.; eben-

als missbräuchlich zu unterbinden. Eingriffe in die Marktprozesse zum Schutz nationaler Kulturgüter oder der Meinungsvielfalt bleiben als Gewährleistung der Dienstleistungen von allgemeinem wirtschaftlichem Interesse zulässig, sind allerdings an prozedurale und materielle Voraussetzungen gebunden, die einen Eingriff in den Interaktionszusammenhang auf das Erforderliche reduzieren und damit den Konflikt zwischen Binnenmarkt und nationalem Kulturgüterschutz auf eine transparente, rationale Basis bringen.[434]

Vor allem schafft der Binnenmarkt durch seine mitgliedstaatsübergreifenden Interaktionszusammenhänge das Potential, das Verhalten der weltweit auf digitalen Märkten tätigen, marktmächtigen Unternehmen tatsächlich zu beeinflussen.[435] Die kartellrechtliche Begleitung innovativer Geschäftsmodelle nimmt ab einer gewissen Dimension des Geschäftsmodells Züge eines Verhandlungsprozesses zwischen Kartellbehörde und den Unternehmen im Gegensatz zu einer bloßen Applikation kartellrechtlicher Regelungen an.[436] Die Rechtsprechung räumt der Kommission bei komplexen wirtschaftlichen Sachverhalten entsprechende Ermessensspielräume ein.[437] Innovative Geschäftsmodelle lassen sich

---

so zu Unternehmensvereinbarungen, die darauf gerichtete sind, ‚strukturell rechtsverletzende' Angeboten die Werbefinanzierung zu entziehen, a. a. O., S. 34; siehe bereits oben, § 3 B.III.3.a).

[434] Der in Art 106 AEUV zum Ausdruck kommende Ausgleich zwischen Marktwirtschaft und Gemeinwohlorientierung (näher *Koenig/Paul*, in: Streinz, EUV/AEUV, Art. 14 AEUV, Rn. 16; *Kühling*, in: Streinz, EUV/AEUV, Art. 106 AUEV Rn. 4) spiegelt einen Kompromiss unterschiedlicher Ausrichtungen der Mitgliedstaaten wider; *Klees*, in: Kölner Kommentar, Art. 106 AEUV Rn. 2ff.; vgl. zur Rundfunkfinanzierung Europäische Kommission, Mitteilung über die Anwendung der Vorschriften über staatliche Beihilfen auf den öffentlich-rechtlichen Rundfunk, ABl.EU Nr. C 257 v. 27.10.2009, S. 1ff., Nr. 36ff., zu den Transparenzanforderungen Nr. 60ff.; Europische Kommission, Mitteilung v. 24.4.2007, Staatliche Beihilfe E 3/2005, Die Finanzierung der öffentlich-rechtlichen Rundfunkanstalten in Deutschland, K(2007) 1761 endg., Rn. 219, Rn. 259ff.

[435] Über das Wettbewerbsrecht hinaus *Kingreen*, Grundfreiheiten und Grundrechte, S. 218 (229): Internationalisierung und Globalisierung als Legitimation der Union; Mehrwert der Union in ihrer Rolle als internationaler Akteur, der globale ökonomische, ökologische und soziale Problemlösungskompetenzen nachweist, näher oben, Fn. 251.

[436] *Podszun/Leber*, KSzW 2015, 316 (326): „Die Missbrauchsverfahren gegen Google belegen vor allem, dass die Wettbewerbshüter sich noch in einem Suchprozess befinden: Die Kommission hat eigene Auffassungen revidiert, nach Markttests eigene Vorschläge für Abhilfemaßnahmen zurückgezogen und den eigentlichen Vorwurf gegen Google noch nicht recht greifbar machen können. Die lange Verfahrensdauer in diesem dynamischen Sektor – die erste formale Beschwerde erreichte die Kommission 2009 – kann ohnehin nur ironisch verstanden werden. Die Vielzahl von Stellungnahmen, Verhandlungen, und Markttests zeigt außerdem, dass es in diesem Verfahren primär um Wettbewerbs*politik* und nicht um Wettbewerbs*recht* geht." (Herv. im Orig.); vgl. auch den Kommentar von *Budzinski*, WuW 2015, 219: Deal Or No Deal – Der ewige Fall Google: Primat von Verhandlungslösung als grundsätzliche Agenda des Kommissars Almunia; Überblick über die Google betreffenden Kartellverfahren bei *Körber*, WRP 2012, 761 (768ff.).

[437] Zur grundsätzlichen Bindung und den Ermessensspielräumen der Kommission bei komplexen wirtschaftlichen Sachverhalten *Schröter*, in: ders./Jakob/Klotz/Mederer, Europäisches Wettbewerbsrecht, Vorbem Art. 101–109 AEUV, B Rn. 33; aus der Rechtsprechung EuGH, Urt. v. 11.7.1985, 42/84, ECLI:EU:C:1985:327 – *Nutricia*, Rn. 34: Dauer einem im Kaufvertrag

regelmäßig nicht ohne weiteres einem der Verbotstatbestände zuordnen, sondern weisen eine Reihe zusammenhängender Aspekte auf, die teils wohlfahrtssteigernd, teils entwicklungsfördernd, teils potentiell wettbewerbshemmend wirken. Zudem können Geschäftsmodelle mit strukturellen Effekten bei kartellrechtlichen Konzepten Anpassungsbedarf auslösen.[438] Kartellrechtliche Verfahren einer bestimmten Dimension werden dadurch nicht selten auf der Grundlage einer Einigung abgeschlossen.[439]

In diesen Aushandlungsprozessen kommt der Größe des regulierten Wirtschaftsraumes, für den die verhandelnde Kartellbehörde zuständig ist, eine herausgehobene Bedeutung für das Ergebnis und die dadurch angestoßene Entwicklung des Kartellrechts zu. Faktoren dieses Verhandlungsprozesses bilden unter anderem die Positionierung anderer Kartellbehörden großer Wirtschaftsräume, das Wissen über die in Rede stehenden Praktiken des Unternehmens und deren strukturellen Effekte und das Potential sowie die Glaubwürdigkeit, dem regulierten Unternehmen durch im eigenen Hoheitsgebiet vollstreckbare Untersagungen den Zugang zu einem hinreichend attraktiven Markt zu verschließen. Es spricht manches dafür, dass die Europäische Kommission, auch im Verbund mit dem Netz der Europäischen Wettbewerbsbehörden,[440] besser in der Lage ist, kartellrechtliche Strategien gegen internationale Unternehmen mit erheblicher Marktstärke zu entwickeln und durchzusetzen als Behörden einzelner Mitgliedstaaten.

e) *Missbrauchsverbot*

Schließlich drückt das Verbot der missbräuchlichen Ausnutzung einer marktbeherrschenden Stellung den Interaktionsbezug des Kartellrechts in besonderer Weise aus. Der Kern des Missbrauchsverbots lässt sich als Schutz der am Interaktionszusammenhang Beteiligten vor dysfunktionalen, nur auf Marktmacht beruhenden Anpassungsnotwendigkeiten beschreiben. Während Anpassungsnotwendigkeiten und neue Anschlussmöglichkeiten zwei einander bedingende Konsequenzen der dezentralen Auswahlentscheidungen der Marktteilnehme-

---

enthaltenen Wettbewerbsverbots als komplexe wirtschaftliche Frage, die zu Ermessensspielraum der Kommission und eingeschränkten gerichtlichen Kontrollmaßstab führt.

[438] Etwa der Zusammenschluss von Facebook und WhatsApp, der wegen der weitgehenden Unentgeltlichkeit der Angebote von Facebook und WhatsApp auf der Grundlage der Umsatzschwellen aus Art. 1 Abs. 2 und 3 VO 139/2004 nicht in den Anwendungsbereich der unionsrechtlichen Fusionskontrolle gefallen wäre und über Art. 4 Abs. 5 VO 139/2004 an die Kommission verwiesen worden ist, Europäische Kommission, Beschl. v. 3.10.2014, C(2014) 7239 final, Tz. 9 ff.; näher *Podszun/Franz*, NZKart 2015, 121 ff.

[439] Ökonomischen Analyse der Auswirkungen bei *Budzinski/Kuchinke*, Deal or No Deal? Consensual Arrangements as an Instrument of European Competition Policy, S. 7 ff., S. 13 ff.; *dies.*, Deal or No Deal? Politik- versus Wettbewerbsorientierung in der Europäischen Wirtschaftsordnung, S. 119 (132 ff.).

[440] Eingehend *Oelke*, Das Europäische Wettbewerbsnetz, S. 82 ff.

rinnen und Marktteilnehmer und ihrer wechselseitigen Interaktionen bilden,[441] versagt der auf Beobachtung und Verhandlung beruhende Prozess verbundener Interaktionen, wenn einzelne Unternehmen auf Grund ihrer Marktstellung weder auf Verhandlungen, noch auf Anpassungen des eigenen Verhaltens an Beobachtungen Dritter angewiesen sind.

Diese Blockadesituation bildet den Bezugspunkt des Missbrauchsverbots.[442] Eine die Anwendbarkeit der einzelnen Missbrauchsverbote auslösende marktbeherrschende Stellung ist durch die Fähigkeit des betreffenden Unternehmens gekennzeichnet, sich im Wettbewerb ohne Rücksicht auf das Verhalten der Wettbewerber, Nachfrager oder Lieferanten verhalten,[443] also die Marktbedingungen unabhängig von Anpassungsnotwendigkeiten im Wesentlichen frei gestalten zu können.[444] Ist die Struktur des betroffenen Marktes bereits durch die herausgehobene Stellung des marktbeherrschenden Unternehmens geprägt, schützt die Missbrauchsaufsicht den verbleibenden Spielraum für Marktentwicklungen in besonderer Weise.[445]

---

[441] Siehe oben, § 5 A.I. und A.II.7.

[442] Zur Entwicklung der Entscheidungspraxis von Kommission und Gerichtshof bei der Anwendung des Marktbeherrschungsbegriffs *Schröter/Bartl*, in: Schröter/Jakob/Klotz/Mederer, Europäisches Wettbewerbsrecht, Art. 102 AEUV Rn. 69 ff.

[443] Unter den in der Praxis herangezogenen Indikatoren für die Bestimmung einer solchen marktbeherrschenden Stellung kommt vor allem dem Marktanteil des in Rede stehenden Unternehmens eine herausgehobene Bedeutung zu, näher zur auch tatbestandsabhängigen Anwendung der Indikatoren *Schröter/Bartl*, in: Schröter/Jakob/Klotz/Mederer, Europäisches Wettbewerbsrecht, Art. 102 AEUV Rn. 91–122.

[444] *Busche*, in: Kölner Kommentar, Art. 102 Rn. 2: erhöhter Marktverhaltensspielraum, der sich der Kontrolle des Marktes entzieht und deshalb der Kontrolle durch das Gesetz bedarf; *Schröter/Bartl*, in: Schröter/Jakob/Klotz/Mederer, Europäisches Wettbewerbsrecht, Art. 102 AEUV Rn. 73: „Die beherrschende Stellung umfasst in der Tat eine Stufenfolge von Marktsituationen, nämlich die vollständige Abwesenheit von Wettbewerb (Monopol), das Fehlen wesentlichen Wettbewerbs (Quasimonopol) sowie den Fortbestand eines nur dem äußeren Anschein nach wirksamen Wettbewerbs, dessen Entwicklung vom Marktbeherrscher gelenkt oder merklich beeinflusst wird oder dem gegenüber der Marktbeherrscher weitgehend unempfindlich ist, sodass er auf ihn keine Rücksicht zu nehmen braucht, ohne dass ihm daraus Nachteile entstünden. Erst aus derartigen Situationen erwächst dem begünstigten Unternehmen auch die Fähigkeit zur Verhinderung wirksamen Wettbewerbs".

[445] EuGH, Urt. v. 11.12.2008, C-52/07, ECLI:EU:C:2008:703 – *Kanal 5 und TV 4*, Rn. 25: „Der Begriff der missbräuchlichen Ausnutzung ist ein objektiver Begriff, der die Verhaltensweisen eines Unternehmens in beherrschender Stellung erfasst, die die Struktur eines Marktes beeinflussen können, auf dem der Wettbewerb gerade wegen der Präsenz des fraglichen Unternehmens bereits geschwächt ist, und die die Aufrechterhaltung des auf dem Markt noch bestehenden Wettbewerbs oder dessen Entwicklung durch den Rückgriff auf Mittel behindern, die sich von den Mitteln eines normalen Produkt- oder Dienstleistungswettbewerbs auf der Grundlage der Leistungen der Wirtschaftsteilnehmer unterscheiden (…)"; EuGH, Urt. v. 6.10. 2015, C-23/14, ECLI:EU:C:2015:651 – *Post Danmark*, Rn. 26; EuGH, Urt. v. 9.11.1983, Rs 322/81, ECLI:EU:C:1983:313 – *Nederlandsche Banden-Industrie-Michelin*, Rn. 70; EuGH, Urt. v. 15.3.2007, C-95/04 P, ECLI:EU:C:2007:166 – *British Airways*, Rn. 66; EuGH, Urt. v. 3.7.1991, C-62/86, ECLI:EU:C:1991:286 – *AKZO*, Rn. 69; EuGH, Urt. v. 13.2.1979, Rs. 85/76, ECLI:EU:C:1979:36 – *Hoffmann-La Roche*, Rn. 91.

Besteht danach eine marktbeherrschende Stellung, liegt die Schwierigkeit des Missbrauchsverbots darin, zulässige Formen der Marktteilnahme, die typischerweise auch negative Auswirkungen auf andere Marktteilnehmerinnen und Marktteilnehmer, insbesondere auf Wettbewerber haben können, von den unzulässigen, die Marktmacht missbrauchenden Verhaltensweisen zu unterscheiden.[446] Die Kommission und die Rechtsprechung des Gerichtshofs haben zu diesem Zweck fallgruppenartig Kriterien herausgearbeitet, die normativ zulässige von unzulässigen Verhaltensweisen unterscheiden,[447] etwa bei den Modalitäten der Durchsetzung standardessentieller Patenten, die eine marktbeherrschende Stellung begründen.[448]

2. *Wettbewerbspolitische Elemente der Kartellrechtsanwendung*

a) *Gestaltung von Marktprozessen über Ausnahmeregelungen*

Die Anwendung des Wettbewerbsrechts steht nicht isoliert neben den verschiedenen Politiken der Union. Wie bei der Ausgestaltung des Binnenmarkts, dessen Grundlagen die Grundfreiheiten und die Wettbewerbsregeln komplementär bilden,[449] nimmt die Europäische Kommission auch bei der Anwendung des Wettbewerbsrechts die außerhalb der Wettbewerbspolitik stehenden Ziele auf. Dieses Verständnis der Ziele und Grundsätze der Union als einer systematischen Einheit mit den Wettbewerbsregeln[450] erfordert bei divergierenden Zielen einen Ausgleich, der in den Ausnahmeregelungen zum Kartell- und Beihilfeverbot bereits angelegt ist.[451] Prinzip dieser harmonischen Auslegung konfligierender Ziele

---

[446] Aus der Rechtsprechung etwa EuGH, Urt. v. 11.12.2008, C-52/07, ECLI:EU:C:2008:703 – *Kanal 5 und TV 4*, Rn. 26: „Auch wenn ein Unternehmen in beherrschender Stellung nicht durch diese Stellung das Recht verliert, seine eigenen kommerziellen Interessen zu wahren, wenn diese angegriffen werden, und ihm in vertretbarem Maße die Möglichkeit eingeräumt werden muss, so vorzugehen, wie es dies zum Schutz dieser Interessen für angemessen hält, ist ein derartiges Verhalten jedoch nicht zulässig, wenn es gerade auf eine Verstärkung dieser beherrschenden Stellung und deren Missbrauch abzielt (…).“; EuGH, Urt. v . 16.9.2008, C-468/06 u.a., ECLI:EU:C:2008:504 – *Sot. Lélos kai Sia u.a.*, Rn. 50; EuGH, Urt. v. 14.2.1978, Rs. 27/76, ECLI:EU:C:1978:22 – *United Brands und United Brands Continentaal*, Rn. 189.

[447] Zu den Fallgruppen und Unterfallgruppen eingehend *Busch*, Kölner Kommentar, Art. 102 Rn. 84–205; *Eilmansberger/Bien*, in: Münchener Kommentar Wettbewerbsrecht, Art. 102 Rn. 295–628.

[448] Etwa zu den kartellrechtlichen Grenzen der Durchsetzung standardessentieller Patente bei einer darauf beruhenden marktbeherrschenden Stellung EuGH, Urt. v. 16.7.2015, C-170/13, ECLI:EU:C:2015:477 – *Huawei Technologies*, Rn. 71 ff.; *Körber*, Standardessentielle Patente, FRAND-Verpflichtungen und Kartellrecht, S. 35 ff.

[449] *Immenga/Mestmäcker*, in: dies., EU-Wettbewerbsrecht, Einl. B Rn. 19; zur Verknüpfung von Grundfreiheiten und unverfälschtem Wettbewerb und den Konsequenzen für die Auslegung der Grundfreiheiten EuGH, Urt. v. 19.3.1991, C-202/88, ECLI:EU:C:1991:120 – *Französische Republik/Kommission*, Rn. 41, m.w.N.

[450] *Schröter*, in: ders./Jakob/Klotz/Mederer, Europäisches Wettbewerbsrecht, Vorbem. Art. 101–109 AEUV, Rn. 18.

[451] Art. 101 Abs. 3, Art. 106 Abs. 2, Art. 107 Abs. 2 und 3 AEUV.

ist es, außerwettbewerbliche Allgemeininteressen zu gewährleisten und dabei die Eingriffe in den Wettbewerb auf das erforderliche Maß zu beschränken.[452]

Neben diesem Ausgleich von Zielkonflikten nutzt die Kommission bei der Anwendung der Ausnahmeregelungen, aber auch bei der Konkretisierung einzelner geschriebener und ungeschriebener Tatbestandsmerkmale Spielräume, um Märkte im Sinne außerwettbewerblicher Politiken zu gestalten, also einzelne Politiken in die Interaktionszusammenhänge zu integrieren. Die Anwendung des Wettbewerbsrechts geht dadurch, über den Vollzug primärrechtlicher Vorgaben hinaus, hin zu einem instrumentellen Verständnis der Wettbewerbsregeln als einem Faktor der Interaktion. Der Förderung der Rahmenbedingungen kleiner und mittlerer Unternehmen (KMU), die einen wesentlichen Aspekt der derzeitigen Binnenmarktpolitik ausmacht,[453] trägt die Kommission auch bei der Anwendung der Wettbewerbsregeln Rechnung. So sind Vereinbarungen zwischen kleinen und mittleren Unternehmen nach Einschätzung der Kommission in der Regel nicht geeignet, den Handel zwischen den Mitgliedstaaten zu beeinträchtigen.[454] Maßnahmen der Mitgliedstaaten, die die Schwierigkeiten von kleineren und mittleren Unternehmen beim Zugang zum Kapitalmarkt, insbesondere für Risikokapital, adressieren,[455] berücksichtigt das Beihilferecht durch eine besondere Betonung des Wachstumspotentials von Risikokapital nachfragenden KMU.[456] Eine Unterdeckung von KMU mit Risikokapital insbesondere in der sog. Seed- und Start-up-Phase ordnet die Kommission als eine

[452] Zum Grundsatz der harmonischen Auslegung der Vertragsziele bei der Anwendung des Wettbewerbsrechts *Schröter*, in: ders./Jakob/Klotz/Mederer, Europäisches Wettbewerbsrecht, Vorbem. Art. 101–109 AEUV, Rn. 20, zu Art. 106 Abs. 2 AUEV siehe oben, Fn. 434.

[453] Europäische Kommission, Mitteilung v. 28.10.2015, Den Binnenmarkt weiter ausbauen: mehr Chancen für die Menschen und Unternehmen, COM(2015) 550 final, S. 5ff.; Europäische Kommission, Mitteilung v. 25.6.2008, Vorfahrt für KMU in Europa. Der „Small Business Act“ für Europa, KOM(2008) 394 endg., S. 2ff.; Europäische Kommission, Mitteilung v. 28.10.2010, Eine integrierte Industriepolitik für das Zeitalter der Globalisierung. Vorrang für Wettbewerbsfähigkeit und Nachhaltigkeit, KOM(2010) 614 endg, S. 3; siehe oben, Fn. 56.

[454] Europäische Kommission, Leitlinien über den Begriff der Beeinträchtigung des zwischenstaatlichen Handels in den Artikeln 81 und 82 des Vertrags, ABl.EU Nr. C 101 v. 27.4.2004, S. 81ff., Rn. 50; Europäische Kommission, Bekanntmachung über Vereinbarungen von geringer Bedeutung, die im Sinne des Artikels 101 Absatz 1 des Vertrags über die Arbeitsweise der Europäischen Union den Wettbewerb nicht spürbar beschränken (De-minimis-Bekanntmachung), ABl.EU Nr. C 291 v. 30.8.2014, S. 1ff., Rn. 4 Fn. 5.

[455] Zum Bedarf Europäische Kommission, Mitteilung v. 2.2.2005, Zusammenarbeit für Wachstum und Arbeitsplätze. Ein Neubeginn für die Strategie von Lissabon, KOM(2005) 24, S. 17; Verordnung (EU) Nr. 1287/2013 v. 11.12.2013 über ein Programm für die Wettbewerbsfähigkeit von Unternehmen und für kleine und mittlere Unternehmen (COSME) (2014–2020) und zur Aufhebung des Beschlusses Nr. 1639/2006/EG, ABl.EU Nr. L 347 v. 20.12.2013, S. 33ff.; zuvor Beschluss Nr. 1639/2006/EG v. 24.10.2006 zur Einrichtung eines Rahmenprogramms für Wettbewerbsfähigkeit und Innovation (2007–2013), ABl.EU Nr. L 310 v. 9.11.2006, S. 15ff.

[456] Europäische Kommission, Leitlinien der Gemeinschaft für staatliche Beihilfen zur Förderung von Risikokapitalinvestitionen in kleine und mittlere Unternehmen, ABl.EU Nr. C 194 v. 18.8.2006, S. 2ff.

Form des Marktversagens („Kapitalmarktlücke"; „anhaltende Kapitalmarktinsuffizienz") ein[457] und führt diese Lücke vor allem auf Informationsdefizite privater Kapitalgeber zurück.[458] Maßnahmen zur finanziellen Förderung von KMU sieht die Kommission aus diesem Grund als Weg zur Gewährleistung der Funktionsfähigkeit der Märkte an[459] und ordnet deshalb bestimmte finanzielle Förderungen aus öffentlichen Mitteln, die an private, gewinnorientierte Investitionsentscheidungen anknüpfen und insbesondere auf die Anfangsphase eines Start-up-Unternehmens sowie der Höhe nach beschränkt sind, von vornherein als mit dem Binnenmarkt vereinbar ein.[460] Im Übrigen sieht die Kommission die Möglichkeit einer Rechtfertigung von risikokapitalrelevanten Beihilfen an KMU auf der Grundlage einer umfassenden Einzelfallprüfung, die neben einer qualifizierten Analyse des Marktversagens die Eignung und Erforderlichkeit der Maßnahme zu seiner Korrektur sowie eine Untersuchung der negativen Auswirkungen wie der Verdrängung anderer Kapitalgeber oder sonstiger Wettbewerbsverzerrungen umfasst.[461] Der Sache nach setzt die Kommission das Beihilferecht als ein Instrument ein, um Interaktionszusammenhänge auf dem Binnenmarkt auszugestalten und dabei diagnostizierte Defizite zu kompensieren.

In ähnlicher Weise profitieren Unternehmen bei der Anwendung des Kartellverbots von erweiterten Freistellungsregelungen für Unternehmenskooperationen im Bereich Forschung und Entwicklung sowie der Lizenzierung.[462]

---

[457] Europäische Kommission, Mitteilung v. 29.6.2006, Umsetzung des Lissabon-Programms der Gemeinschaft: Die Finanzierung des Wachstums von KMU – Der besondere Beitrag Europas, KOM(2006) 349 endg., S. 4 ff.; Europäische Kommission, Leitlinien der Gemeinschaft für staatliche Beihilfen zur Förderung von Risikokapitalinvestitionen in kleine und mittlere Unternehmen, ABl.EU Nr. C 194 v. 18.8.2006, S. 4.

[458] Europäische Kommission, Leitlinien der Gemeinschaft für staatliche Beihilfen zur Förderung von Risikokapitalinvestitionen in kleine und mittlere Unternehmen, ABl.EU Nr. C 194 v. 18.8.2006, S. 6.

[459] Europäische Kommission, Mitteilung v. 29.6.2006, Umsetzung des Lissabon-Programms der Gemeinschaft: Die Finanzierung des Wachstums von KMU – Der besondere Beitrag Europas, KOM(2006) 349 endg., S. 5: Korrektur von Marktversagen durch staatliche Beihilfen; daran anknüpfend Europäische Kommission, Leitlinien der Gemeinschaft für staatliche Beihilfen zur Förderung von Risikokapitalinvestitionen in kleine und mittlere Unternehmen, ABl.EU Nr. C 194 v. 18.8.2006, S. 4: „Staatliche Beihilfen müssten außerdem abgebaut und dorthin umgelenkt werden, wo sie das Versagen des Marktes ausgleichen, damit die Wirtschaft effizienter funktioniert und Forschung, Entwicklung und Innovation angeregt werden. (...) Wenn richtig ausgerichtet, können staatliche Beihilfen zur Förderung der Bereitstellung von Risikokapital wirksam eingesetzt werden, um das festgestellte Marktversagen in diesem Bereich zu beheben und private Kapital zu mobilisieren".

[460] Europäische Kommission, Leitlinien der Gemeinschaft für staatliche Beihilfen zur Förderung von Risikokapitalinvestitionen in kleine und mittlere Unternehmen, ABl.EU Nr. C 194 v. 18.8.2006, Nr. 4.3, S. 12 f.

[461] Europäische Kommission, Leitlinien der Gemeinschaft für staatliche Beihilfen zur Förderung von Risikokapitalinvestitionen in kleine und mittlere Unternehmen, ABl.EU Nr. C 194 v. 18.8.2006, Nr. 5.1–5.4, S. 14–20.

[462] Verordnung (EU) Nr. 1217/2010 der Kommission vom 14.12.2010 über die Anwendung von Artikel 101 Abs. 3 des Vertrags über die Arbeitsweise der Europäischen Union auf

Darüber hinaus setzt die Kommission Ziele der Strukturpolitik bei der Anwendung der Wettbewerbsregeln um. Nach dem allgemeinen Prinzip der Harmonisierung von Strukturpolitik und der beihilferechtlichen Perspektive unverfälschten Wettbewerbs sehen die Regelungen des Beihilferechts Ausnahmen zu Gunsten strukturpolitischer Ziele vor,[463] deren Anwendung allerdings nur insoweit in die Marktprozesse des Binnenmarkts eingreifen darf, wie es zur Erreichung der strukturpolitischen Ziele jeweils erforderlich ist.[464]

Bei Beihilfen in Form von Risikokapital für kleine und mittlere Unternehmen sieht sie eine erweiterte Zulässigkeit in sogenannten Fördergebieten vor[465] und geht umgekehrt bei der Prüfung von Regionalbeihilfen davon aus, dass regionale Nachteile bei KMU stärker ins Gewicht fallen als bei großen Unternehmen[466] und sieht aus diesem Grund unter bestimmten Voraussetzungen auch Betriebsbeihilfen an KMU als zulässig an.[467] Darüber hinaus berücksichtigt die Kommission allgemein bei der Zulässigkeitsprüfung sonstiger Beihilfen die strukturpolitischen Zielsetzungen und die Effekte staatlicher Beihilfen in strukturstarke Regionen.[468]

b) More economic approach als Ausdruck politischer Gestaltung

Die von der Kommission seit rund 15 Jahren[469] verstärkte Berücksichtigung ökonomischer Analysen bei der Anwendung des Wettbewerbsrechts (sog. *more*

---

bestimmte Vereinbarungen über Forschung und Entwicklung, ABl.EU Nr. L 335 v. 18.12.2010, S. 36ff.

[463] Art. 107 Abs. 3 lit. a) und c) AEUV.

[464] Eingehend Europäische Kommission, Leitlinien für Regionalbeihilfen 2014–2020, ABl. EU Nr. C 209 v. 23.7.2013, S. 1ff., Ziffern 3ff.; zu den damit verbundenen Vorgaben zählen unter anderem die Vermeidung eines Subventionswettlaufs (Ziffer 3), die grundsätzliche Begrenzung auf Investitionsbeihilfen im Gegensatz zu Betriebsbeihilfen (Ziffern 6, 34f.), der Ausschluss der Zulässigkeit von Regionalbeihilfen in der Stahl- und Kunstfaserindustrie (Ziffer 9), Vorgaben an den Eigenbeitrag der Finanzierung, die Durchführung einer Umweltverträglichkeitsprüfung sowie die Nachweise der Zielerreichung (Ziffern 38ff.) sowie die Kriterien zur Festlegung der privilegierten Fördergebiete (Ziffern 146ff.).

[465] Gebiete, die unter die Ausnahmeregelung des Art. 107 Abs. 3 lit. a) oder c) AEUV fallen, Nr. 2.2 lit. t) der Leitlinien der Gemeinschaft für staatliche Beihilfen zur Förderung von Risikokapitalinvestitionen in kleine und mittlere Unternehmen; zu ihrer besonderen Behandlung vgl. Nr. 4.3.4 und 5.2.1 der Leitlinien; allgemein zur Berücksichtigung „regionaler Komponenten" in den Beihilfe-Leitlinien der Kommission *Haag*, in: Schröter/Jakob/Klotz/Mederer, Europäisches Wettbewerbsrecht, Vorbem Art. 101–109 AEUV, Rn. 51.

[466] Europäische Kommission, Leitlinien für Regionalbeihilfen 2014–2020, ABl.EU Nr. C 209 v. 23.7.2013, S. 1ff., Ziffer 14, Ziffer 87.

[467] Europäische Kommission, Leitlinien für Regionalbeihilfen 2014–2020, ABl.EU Nr. C 209 v. 23.7.2013, S. 1ff., Ziffer 16f.; Ziffern 34ff., Ziffern 43ff., Ziffer 94ff.

[468] *Haag*, in: Schröter/Jakob/Klotz/Mederer, Europäisches Wettbewerbsrecht, Vorbem Art. 101–109 AEUV, Rn. 51.

[469] Zur Auslösung der Entwicklung durch einige Urteile des Gerichtshofs, in denen Mängel in der ökonomischen Analyse gerügt worden waren, *Stehmann*, in: Schröter/Jakob/Klotz/Mederer, Europäisches Wettbewerbsrecht, Vorbem Art. 101–109 AEUV, Rn. 149 und Fn. 334.

economic approach) akzentuiert ebenfalls politische Spielräume der Kommission bei der Ausgestaltung des Binnenmarkts. Indem dieser wirkungsorientierte („*effect-based*") Ansatz bei der Anwendung aller kartellrechtlichen Instrumenten mit Unterschieden in der Reichweite auf die Auswirkungen eines bestimmten Verhaltens auf die Marktprozesse abstellt,[470] setzt er ökonomische Maßstäbe als Bezugspunkt der Bewertung voraus. Der von der Kommission verfolgte industrieökonomische Ansatz zielt darauf, die gesamtvolkswirtschaftliche Effizienz oder den Wohlfahrtsstandard zu ermitteln und zu optimieren.[471]

Schon innerhalb dieses industrieökonomischen Ansatzes zieht die Entscheidung, ob allein der Wohlfahrtsmaßstab der Konsumentinnen und Konsumenten (sog. Verbraucherstandard) oder auch der produzierenden Unternehmen zu berücksichtigen ist, nicht unerhebliche Konsequenzen bei der Bewertung insbesondere von Verhaltensweisen nach sich, die die Effizienz erhöhen und dabei Verteilungseffekte zu Lasten der Verbraucherinnen und Verbraucher hervorbringen.[472] Stellenweise sprechen die primärrechtlichen Vorgaben für den sogenannten Verbraucherstandard,[473] ohne dass damit allerdings die Einzelheiten des ökonomischen Konzepts umfassend vorgegeben wären.

Umgekehrt ist aus industrieökonomischer Perspektive infolge der Wirkungsorientierung eine exakte Abgrenzung der sachlich relevanten Märkte unter Umständen entbehrlich, wenn preisbasierte Kriterien des Wettbewerbsdrucks die Auswirkungen der in Rede stehenden Fusion auf die Preise abschätzen können und dadurch eine Ermittlung der Marktkonzentration und folglich der sachlich relevanten Märkte entbehrlich machen.[474] Der Sache nach fällt dann in einer

[470] Überblick zur Anwendung der ökonomischen Methoden in der Fusionskontrolle, beim Kartellverbot und beim Missbrauchsverbot bei *Stehmann*, in: Schröter/Jakob/Klotz/Mederer, Europäisches Wettbewerbsrecht, Vorbem Art. 101–109 AEUV, Rn. 187–235.

[471] *Stehmann*, in: Schröter/Jakob/Klotz/Mederer, Europäisches Wettbewerbsrecht, Vorbem Art. 101–109 AEUV, Rn. 163; kritisch *Busche*, Kölner Kommentar, Art. 102 Rn. 7; siehe bereits oben, § 5 A.II.3.

[472] *Drexl*, Wettbewerbsverfassung, S. 905 (943): eine der schwierigsten und umstrittensten Fragen der Wettbewerbspolitik; *Stehmann*, in: Schröter/Jakob/Klotz/Mederer, Europäisches Wettbewerbsrecht, Vorbem Art. 101–109 AEUV, Rn. 151, Fn. 335: „Die Auswahl des Kriteriums ist nicht trivial. Während ein allgemeiner Wohlfahrtsstandard die Auswirkungen sowohl auf die Produzenten- als auch die Konsumentenrente untersucht, fällt Ersteres im Falle des Verbraucherstandards weg. Eine rigorose Anwendung dieses Kriteriums würde die Interventionsrate erheblich erhöhen. Industrieökonomische Theorie zufolge müsste eigentlich die Mehrheit der Fusionen unter diesem Kriterium untersagt werden – selbst wenn man Effizienzgewinne berücksichtigt" mit Hinweis auf *van den Bergh/Camesasca*, European Competition Law and Economics, S. 35, die den Einfluss der *workabilty*-Konzepte auf die deutsche Fusionskontrolle herausstellen.

[473] Etwa durch das Merkmal der angemessenen Beteiligung der Verbraucher an den durch eine Unternehmenskooperation entstehenden Gewinnen als Voraussetzung für die Anwendung des Art. 101 Abs. 2 AEUV.

[474] Zu diesem sog. *upward pricing pressure*-Ansatz (UPP) als Kriterium in der (us-amerikanischen) Fusionskontrolle grundlegend *Farrell/Shapiro*, B.E. Journ. Of Theo. Econ. 10 (2010) (1), Art. 9, 1 ff.: „The need for an informative yet simple and speedy indicator of the likely

ökonomischen Diskussion um die Angemessenheit eines bestimmten Modells[475] die Vorentscheidung über den Anwendungsbereich des Modells[476] sowie über die Kriterien der rechtlichen Prüfung, wobei die praktische Umsetzbarkeit des Prüfprogramms zum Qualitätskriterium des ökonomischen Ansatzes wird[477] und die preisbasierten Ansätze eine umfassende Prüfung auch anhand anderer Ansätze nicht ersetzen, sondern ergänzen.[478] So lassen sich preisbasierte Ansätze zur Bewertung von Fusionen als einfache und aussagekräftige Prüfregeln für bestimmte Fälle verstehen, die gegebenenfalls einer näheren Vertiefung bedürfen.[479]

Im Vergleich zu anderen wettbewerbstheoretischen Ansätzen, insbesondere den eher prozessorientierten Konzepten, zeichnen sich die industrieökonomischen Ansätze durch eine eingehende Modellierung der Marktprozesse einschließlich der Marktergebnisse aus.[480] Diese in dem ökonomischen Ansatz angelegte Prämisse einer weitreichenden Modellier- und Berechenbarkeit der Marktprozesse erhöht bei der Kartellrechtsanwendung den Bedarf an detailgenauen, für Entscheidungen im Einzelfall aussagekräftigen Modellen wie etwa

effects of a proposed merger has long been recognized. The established approach uses market concentratio: proposed mergers that substantially increase concentration in a ‚relevant antitrust market' are presumed tob e anti-competitive. However, as discussed below, that approach can be clumsy and inaccurate in industries with differentiated products where the theory of harm is related to unilateral (rather than coordinated) effects. The approach developed here is designed to apply to those cases: Following existing practice in such mergers, we focus primarily on assessing the change in pricing incentives due to the proposed merger."; zur Umsetzung in den Horizontal Merger Guidelines (2010) des U.S. Department of Justice & FTC *Willig*, Rev Ind Organ 39 (2011), 19f.; zum Anwendungspotential in der unionsrechtlichen Fusionskontrolle *Stehmann*, in: Schröter/Jakob/Klotz/Mederer, Europäisches Wettbewerbsrecht, Vorbem Art. 101–109 AEUV, Rn. 154; zurückhaltend *Filistrucchi/Geradin/van Damme/Affeldt*, Journ of Comp Law Econ 10 (2014), 293 (294): remains to be seen the extent to which, even in the United States, courts will adopt this new concept.

[475] Zu den Voraussetzungen der Anpassung des *upward pricing pressure*-Ansatzes auf den konkreten Einzelfall (‚model calibration') *Epstein/Rubinfeld*, B.E. Journ. Of Theo. Econ. 10 (2010) (1), Art. 21, 8f.: „We stress that the accuracy and reliability oft he UPP diagnostic depends crucially on the accurary of the diversion ratio. It is important not to understate the difficulty of getting this information"; relativierend *Farrell/Shapiro*, B.E. Journ. Of Theo. Econ. 10 (2010) (1), Art. 41, 5ff.; vgl. auch die Einordnung und Anpassungsvorschläge bei *Schmalensee*, GCP Antitrust Chronicle 12/2009 (1), 3f.

[476] Erstreckung des UPP-Ansatzes auf die Analyse zweiseitiger Märkte bei *Affeldt/Filistrucchi/Klein*, Econ. Journ. 123 (2013), F505ff.; zur Weiterentwicklung des Ansatzes auf fusionsbedingte Änderungen des Qualitätswettbewerbs *Willig*, Rev Ind Organ 39 (2011), 19 (27ff.); Versuch einer Weiterentwicklung in quantitative Abschätzungen der Preisentwicklung und der Wohlfahrtsgewinne bei *Jaffe/Weyl*, Am. Econ. Journ. 5 (2013), 188ff.

[477] *Farrell/Shapiro*, B.E. Journ. Of Theo. Econ. 10 (2010) (1), Art. 9, 1.

[478] Tendenziell *Schmalensee*, GCP Antitrust Chronicle 12/2009 (1), 2.

[479] *Farrell/Shapiro*, B.E. Journ. Of Theo. Econ. 10 (2010) (1), Art. 9, 2: „In the pure form of our test, a merger is flagged for further scrutiny if the net effect of the two forces creates upward pricing pressure".

[480] Näher zu den Modellen oben, § 5 A.II.3.; zu den von der Kommission herangezogenen theoretischen Modellen und empirischen Methoden *Stehmann*, in: Schröter/Jakob/Klotz/Mederer, Europäisches Wettbewerbsrecht, Vorbem Art. 101–109 AEUV, Rn. 163–186.

Modellen zur Simulation der Auswirkungen bestimmter Fusionen[481] sowie an Expertise in empirischen Methoden.[482] Kritiker des *more economic approach* weisen auf den mit einer solchen Einzelfallprüfung verbundenen Aufwand[483] sowie die hohe Rechtsunsicherheit für die betroffenen Unternehmen, insbesondere bei der Bewertung eines bestimmten Verhaltens im Rahmen des Missbrauchsverbots, hin.[484] Darüber hinaus stellen sie vor allem die grundsätzliche Prämisse der Berechenbarkeit der Marktprozesse in Frage, vor allem auf dynamischen Märkten mit einer Reihe von innovativen Geschäftsmodellen, deren Erfolg und strukturelle Effekte noch nicht absehbar sind.[485] Die Rechtsprechung des Gerichtshofs billigt der Kommission, soweit sie die Berücksichtigung industrieökonomischer Modelle bei der Anwendung des Wettbewerbsrechts akzeptiert,[486] weitreichende Spielräume zu.[487] Es ist nach dieser Rechtsprechung nicht Sache

---

[481] Zur Anwendung der Simulationsmodelle in der Fusionskontrolle *Stehmann*, in: Schröter/Jakob/Klotz/Mederer, Europäisches Wettbewerbsrecht, Vorbem Art. 101–109 AEUV, Rn. 175 ff.; zur US-amerikanischen Praxis *Farrell/Shapiro*, B.E. Journ. Of Theo. Econ. 10 (2010) (1), Art. 9, 28 f.; *Epstein/Rubinfeld*, B.E. Journ. Of Theo. Econ. 10 (2010) (1), Art. 21, S. 3 f.

[482] Zur Praxis, einschließlich der Schwierigkeiten bei der Verfügbarkeit relevanter Daten, *Stehmann*, in: Schröter/Jakob/Klotz/Mederer, Europäisches Wettbewerbsrecht, Vorbem Art. 101–109 AEUV, Rn. 178–186.

[483] Aus diesem Grund setzte der Übergang zum *more economic appraoch* auch innerhalb der Kommission strukturelle Änderungen, insbesondere die Einführung eines „Chefökonomen" mit derzeit rund 25 Mitarbeitern, voraus, *Stehmann*, in: Schröter/Jakob/Klotz/Mederer, Europäisches Wettbewerbsrecht, Vorbem Art. 101–109 AEUV, Rn. 160: „Die technischen (mathematischen) Anforderungen sowohl in der industrieökonomischen Theorie als auch im Bereich der empirischen Methoden sind relativ hoch und erfordern eine ständige Weiterbildung. Die dafür notwendige Zeit steht Ökonomen, die die tägliche Fallarbeit bewältigen müssen, nicht zur Verfügung, sodass entsprechende Kenntnisse relativ schnell verloren gehen. Es ist daher kein Zufall, dass umfangreiche ökonometrische Berechnungen in der europäischen Wettbewerbspolitik erst mit der Einführung des Büros des Chefökonomen Anwendung fanden. Während die Bewertung ökonometrischer Ergebnisse, die die Parteien vorlegen, zeitlich häufig auch für die zuständigen Sachbearbeiter machbar ist, gilt dies nicht für den Fall, in dem die Wettbewerbsbehörde selber Schätzungen durchführen will. Letztes ist aber notwendig, wenn man verhindern will, dass der Einsatz solcher Instrumente automatisch zu einem *underenforcement* führt." (Herv. i. Orig.).

[484] *Huttenlauch/Lübbig*, in: Loewenheim/Meessen/Riesenkampff, Kartellrecht, Art. 102 AEUV Rn. 15; *Stehmann*, in: Schröter/Jakob/Klotz/Mederer, Europäisches Wettbewerbsrecht, Vorbem Art. 101–109 AEUV, Rn. 158; zur sog. *as efficient competitor*-Analyse näher *Kellerbauer*, EuZW 2015, 261 ff.

[485] *Drexl*, Wettbwerbsverfassung, S. 905 (937 ff.).

[486] Etwa zur Anwendung des *equally efficient competitor*-Tests in der Kontrolle preisbezogener Behinderungsmissbräuche etwa EuGH, Urt. v. 3.7.1991, C-62/86, ECLI:EU:C:1991:286 – *AKZO*, Rn. 71 f.; EuGH, Urt. v. 14.11.1996, C-333/94 P, ECLI:EU:C:1996:436 – *Tetra Pak*, Rn. 41; zur zunehmenden Bedeutung des Tests in der Kommissionspraxis im Zuge des *more economic approach Eilmansberger/Bien*, in: Münchener Kommentar Wettbewerbsrecht, Art. 102 AEUV Rn. 493 ff.; zur Entwicklung der Rechtsprechung *dies.*, a. a. O., Art. 102 Rn. 570.

[487] Aus der Rechtsprechung EuG, Urt. v. 6.7.2010, T-342/07, ECLI:EU:T:2010:280 – *Ryanair*, Rn. 29 f.: „Im Übrigen hat der Gerichtshof entschieden, dass die Grundregeln der Verordnung und insbesondere ihr Art. 2 der Kommission vor allem bei wirtschaftlichen Beurteilungen ein gewisses Ermessen einräumen, so dass die vom Richter vorzunehmende Kontrolle der

des Unionsrichters, „seine eigene wirtschaftliche Beurteilung an die Stelle derjenigen der Kommission zu setzen, die dafür die institutionelle Zuständigkeit hat".[488] Der Maßstab gerichtlicher Kontrolle verschiebt sich dadurch neben der Beanstandung grundlegender Fehler zum einen auf die Einhaltung verfahrensrechtlicher Garantien der Beteiligten[489] und zum anderen auf die erschöpfende Berücksichtigung der im Einzelfall verfügbaren Daten.[490]

Ausübung eines solchen – für die Aufstellung der Regeln über Zusammenschlüsse wesentlichen – Ermessens unter Berücksichtigung des Beurteilungsspielraums erfolgen muss, der den Bestimmungen wirtschaftlicher Art, die Teil der Regelung von Zusammenschlüssen sind, zugrunde liegt (...). Auch wenn der Richter der Europäischen Union anerkennt, dass der Kommission in Wirtschaftsfragen ein Beurteilungsspielraum zusteht, bedeutet dies nicht, dass er eine Kontrolle der Auslegung von Wirtschaftsdaten durch die Kommission unterlassen muss. Der Unionsrichter muss nämlich nicht nur die sachliche Richtigkeit der angeführten Beweise, ihre Zuverlässigkeit und ihre Kohärenz prüfen, sondern auch kontrollieren, ob diese Beweise alle relevanten Daten darstellen, die bei der Beurteilung einer komplexen Situation heranzuziehen waren, und ob sie die aus ihnen gezogenen Schlüsse zu stützen vermögen (...).", m. w. N.; zusammenfassend *Stehmann*, in: Schröter/Jakob/Klotz/Mederer, Europäisches Wettbewerbsrecht, Vorbem Art. 101–109 AEUV, Rn. 184.

488 EuGH, Urt. v. 11.9.2014, C-67/13 P, ECLI:EU:C:2014:2204 – *CB*, Rn. 46; ähnlich zuvor bereits EuGH, Urt. v. 10.7.2008, C-413/06 P, ECLI:EU:C:2008:392 – *Bertelsmann und Sony Corporation of America/Impala*, Rn. 145; EuGH, Urt. 24.1.2013, C-73/11 P, ECLI:EU:C:2013:32 – *Frucona Košice*, Rn. 89: Gerichtshof und Gericht dürfen in der Rechtmäßigkeitskontrolle nach Art. 263 AEUV auf keinen Fall die vom Urheber der angefochtenen Handlung gegebene Begründung durch ihre eigene ersetzen; ebenso EuGH, Urt. v. 22.11.2007, C-525/04 P, ECLI:EU:C:2007:698 – *Lenzing*, Rn. 57.

489 EuG, Urt. v. 6.7.2010, T-342/07, ECLI:EU:C:2010:280 – *Ryanair*, Rn. 31: „Nach ständiger Rechtsprechung kommt zudem in den Fällen, in denen die Organe über einen Beurteilungsspielraum verfügen, der Beachtung der Garantien, die die Unionsrechtsordnung in Verwaltungsverfahren gewährt, eine umso größere Bedeutung zu. Zu diesen Garantien gehören insbesondere die Verpflichtung der Kommission, sorgfältig und unparteiisch alle relevanten Gesichtspunkte des Einzelfalls zu untersuchen, das Recht des Betroffenen, seinen Standpunkt zu Gehör zu bringen, und das Recht auf eine ausreichende Begründung der Entscheidung (...).", m. w. N.

490 EuGH, Urt. v. 11.9.2014, C-67/13 P, ECLI:EU:C:2014:2204 – *CB*, Rn. 46: „Zwar verfügt die Kommission insbesondere gemäß dieser Rolle über einen Beurteilungsspielraum im wirtschaftlichen Bereich, u. a. im Rahmen komplexer wirtschaftlicher Beurteilungen, doch bedeutet dies nicht, wie aus der vorherigen Randnummer des vorliegenden Urteils hervorgeht, dass der Unionsrichter eine Kontrolle der rechtlichen Einordnung von Wirtschaftsdaten durch die Kommission unterlassen muss. Obwohl es nämlich nicht seine Sache ist, seine eigene wirtschaftliche Beurteilung an die Stelle derjenigen der Kommission zu setzen, die dafür die institutionelle Zuständigkeit hat (...), geht aus einer nunmehr gefestigten Rechtsprechung hervor, dass der Unionsrichter nicht nur die sachliche Richtigkeit der angeführten Beweise, ihre Zuverlässigkeit und ihre Kohärenz prüfen muss, sondern auch zu kontrollieren hat, ob diese Beweise alle relevanten Daten darstellen, die bei der Beurteilung einer komplexen Situation heranzuziehen waren, und ob sie die aus ihnen gezogenen Schlüsse zu stützen vermögen (...)."; ebenso EuGH, Urt. v. 10.7.2008, C-413/06 P, ECLI:EU:C:2008:392 – *Bertelsmann und Sony Corporation of America/Impala*, Rn. 145; EuGH, Urt. v. 8.12.2011, C-386/10, ECLI:EU:C:2011:815 – *Chalkor*, Rn. 54; EuGH, Urt. v. 6.11.2012, C-199/11, ECLI:EU:C:2012:684 – *Otis u. a.*, Rn. 59; EuGH, Urt. v. 15.2.2005, C-12/03 P, ECLI:EU:C:2005:87 – *Tetra Laval*, Rn. 39; EuGH, Urt. v. 22.11.2007, C-525/04 P, ECLI:EU:C:2007:698 – *Lenzing*, Rn. 56f.

c) Dynamisierung der Kartellrechtsdurchsetzung

Schließlich greift die Kommission auch zur Durchsetzung des Kartellrechts auf die Einbindung in Interaktionszusammenhänge zurück. Sie verschiebt dadurch den Akzent des Wettbewerbsrechts von einem Sonderordnungsrecht, das lediglich von den zuständigen Behörden angewandt und umgesetzt wird, zu einem Element der rechtliche Ausgestaltung von Märkten, das die Marktteilnehmerinnen und Marktteilnehmer im Wettbewerb strategisch einsetzen. Kronzeugenregelungen[491] setzen den Kartellteilnehmern Anreize, laufende Kooperationen zu beenden oder über abgeschlossene, aber noch nicht aufgedeckte Kooperationen aufzuklären. Sie stellen dadurch das gegenseitige Vertrauen der an einer rechtswidrigen Kooperation beteiligten Unternehmen insbesondere im Hinblick auf etwaige unternehmensinterne personelle oder organisatorische Änderungen in Frage[492] und vermitteln den nationalen Kartellbehörden oder der Kommission oftmals für den Fortgang des Kartellverfahrens wesentliche Informationen.[493]

Gleichzeitig strebt die Europäische Union mit der Förderung der privaten Durchsetzung kartellrechtlicher Schadensersatzansprüche (*private enforcement*) eine darüber hinausgehende, marktähnliche Einbindung der Unternehmen an.[494] Unter Hinweis auf die Rechtsprechung zu den Grundfreiheiten[495] interpretiert der Gerichtshof die Wettbewerbsregeln ebenfalls nach den Grundsätzen, die zur effektiven Ausgestaltung des Binnenmarkts beigetragen haben.[496] Sie spricht also dem an die Marktteilnehmerinnen und Marktteilnehmer gerichteten Kartellverbot die unmittelbare Anwendbarkeit auch zu Gunsten der geschützten Unternehmen zu[497] und betont die Notwendigkeit effektiv durchsetzbarer Schadensersatzansprüche für die praktische Wirksamkeit des Kartellverbots[498] ein-

---

[491] Europäische Kommission, Mitteilung über den Erlass und die Ermäßigung von Geldbußen in Kartellsachen, ABl.EU Nr. C 298 v. 8.12.2006, S. 17ff.

[492] Diesem Abschreckungseffekt („*deterrence*") dürfte gegenüber dem Anreiz, bestehende Kartelle zu verlassen („*desistance*") praktisch die größere Bedeutung zukommen *Kerber/Schwalbe*, Die ökonomischen Grundlagen des Wettbewerbsrechts, Ein. Rn. 346.

[493] Jurisdiktionenübergreifende Bilanz bei *Kerber/Schwalbe*, Die ökonomischen Grundlagen des Wettbewerbsrechts, Einl. Rn. 348.

[494] Vgl. bereits Europäische Kommission, Weissbuch v. 2.4.2008 Schadensersatzklagen wegen Verletzungen des EG-Wettbewerbsrechts, KOM(2008) 165 endg., S. 2f.; aus der Rechtsprechung. EuGH, Urt. v. 20.9.2001, C-453/99, ECLI:EU:C:2001:465 – *Courage und Crehan*, Rn. 27; EuGH, Urt. v. 6.11.2012, C-199/11, ECLI:EU:C:2012:684 – *Otis*, Rn. 42.

[495] Vgl. EuGH, Urt. v. 20.9.2001, C-453/99, ECLI:EU:C:2001:465 – *Courage und Crehan*, Rn. 19.

[496] Siehe oben, § 6 A.II.2.

[497] EuGH, Urt. v. 20.9.2001, C-453/99, ECLI:EU:C:2001:465 – *Courage und Crehan*, Rn. 19ff.; EuGH, Urt. v. 13.7.2006, C-295/04 u.a., ECLI:EU:C:2006:461 – *Manfredi*, Rn. 39.

[498] EuGH, Urt. v. 20.9.2001, C-453/99, ECLI:EU:C:2001:465 – *Courage und Crehan*, Rn. 25f.; EuGH, Urt. v. 13.7.2006, C-295/04 u.a. ECLI:EU:C:2006:461 – *Manfredi*, Rn. 60; EuGH, Urt. v. 14.6.2011, C-360/09, ECLI:EU:C:2011:389 – *Pfleiderer*, Rn. 28f.; EuGH, Urt. v. 6.11.2012, C-199/11, ECLI:EU:C:2012:684 – *Otis*, Rn. 41.

schließlich der entsprechenden Ausgestaltung des nationalen Verfahrensrechts.[499] Daran anknüpfend identifiziert die Kommission strukturelle Schwierigkeiten der betroffenen Marktteilnehmerinnen und Marktteilnehmer bei der Durchsetzung ihrer Schadensersatzansprüche.[500] Zur Reduktion dieser strukturellen Schwierigkeiten harmonisiert die *private enforcement*-Richtlinie[501] zentrale Voraussetzungen der Durchsetzung privater Schadensersatzansprüche. Mit der Mitteilung zur Ermittlung des Schadensumfangs[502] und dem entsprechenden Praktischen Leitfaden[503] vermittelt die Kommission Übersichten über typische Schadensarten und bietet unverbindliche methodische Hilfestellungen zur Schadensberechnung angesichts der Komplexität der Marktprozesse.[504] Eine ähnliche Hilfestellung bereitet die Kommission derzeit zur Behandlung der Wälzung kartellbedingter Preisüberhöhung in der Wertschöpfungskette (*passing-on of overcharges*) vor.[505]

Weitergehend zielt die Empfehlung der Kommission zu gemeinsamen Grundsätzen für kollektive Unterlassungs- und Schadensersatzverfahren[506] darauf, den Zugang zur Justiz bei der Liquidation von Massenschäden zu vereinfachen und zugleich eine missbräuchliche Inanspruchnahme zu vermeiden.[507] Auch wenn die Förderung der privaten Kartellrechtsdurchsetzung den Anlass für die Empfeh-

---

[499] EuGH, Urt. v. 13.7.2006, C-295/04 u.a., ECLI:EU:C:2006:461 – *Manfredi*, Rn. 71f.; Europäische Kommission, Mitteilung zur Ermittlung des Schadensumfangs bei Schadensersatzklagen wegen Zuwiderhandlungen gegen Artikel 101 und 102 des Vertrags über die Arbeitsweise der Europäischen Union, 2013/C 167/07, ABl.EU Nr. C 167 v. 13.6.2013, S. 19ff., Tz. 7.

[500] Etwa die Klagebefugnis nur indirekt betroffener Abnehmer, die Liquidation von Streuschäden durch kollektiven Rechtsschutz, den Zugang zu Beweismitteln und die Beweislastregelungen, insbesondere beim Nachweis des Verschuldens, die Bindungswirkung behördlicher Entscheidungen, die Grundsätze zur Schadensberechnung einschließlich der Weitergabe des Schadens auf nachgelagerte Abnehmer und die Verjährungsfristen, Europäische Kommission, Weissbuch v. 2.4.2008 Schadensersatzklagen wegen Verletzungen des EG-Wettbewerbsrechts, KOM(2008) 165 endg., S. 4–10.

[501] Richtlinie 2014/104/EU vom 26.11.2014 über bestimmte Vorschriften für Schadensersatzklagen nach nationalem Recht wegen Zuwiderhandlungen gegen wettbewerbsrechtliche Bestimmungen der Mitgliedstaaten und der Europäischen Union, ABl.EU Nr. L 349 v. 5.12.2014, S. 1ff.

[502] Europäische Kommission, Mitteilung zur Ermittlung des Schadensumfangs bei Schadensersatzklagen (Fn. 499).

[503] Europäische Kommission, Commission Staff Working Document, Practical Guide, Quantifying Harm in Actions for Damages based on Breaches of Article 101 or 102 of the Treaty on the Functioning of the European Union, 11.6.2013, SWD(2013) 205.

[504] Zur Perspektive Tz. 9ff. der Mitteilung zur Ermittlung des Schadensumfangs bei Schadensersatzklagen (Fn. 499).

[505] Eine die Mitteilung vorbereitende Expertenstudie (COMP/2015/011 – Study on the passing-on of overcharges) war für Ende Mai 2016 angekündigt, vgl. http://ec.europa.eu/competition/antitrust/actionsdamages/index.html (letzter Abruf 28.6.2016).

[506] Europäische Kommission, Empfehlung 2013/396/EU v. 11.6.2013, Gemeinsame Grundsätze für kollektive Unterlassungs- und Schadensersatzverfahren in den Mitgliedstaaten bei Verletzung von durch Unionsrecht garantierten Rechten, ABl.EU Nr. L 201 v. 26.7.2013, S. 60ff.

[507] Europäische Kommission, Gemeinsame Grundsätze für kollektive Unterlassungs- und Schadensersatzverfahren (Fn. 506), Rn. 1.

lung bildete,[508] ist die Empfehlung nicht auf Verstöße gegen das Wettbewerbsrecht beschränkt, sondern soll allgemein einen Beitrag zur Rechtsdurchsetzung und zum Verbraucherschutz angesichts ausdifferenzierter Marktprozesse und damit zur Leistungsfähigkeit des Binnenmarkts leisten.[509]

Durch diese unterschiedlichen Instrumente der Rechtsdurchsetzung steht das Wettbewerbsrecht zwischen einem behördlich überwachten Sonderordnungsrecht und einer unmittelbaren zivilrechtlichen Ausgestaltung der Interaktionszusammenhänge unter Marktteilnehmerinnen und Marktteilnehmern. Regelungen der Kommission zur Erleichterung von Vergleichsverfahren zwischen der Kommission und den von einem Kartellverfahren betroffenen Unternehmen[510] strukturieren den Ablauf etwaiger Vergleichsgespräche,[511] stellen den Unternehmen Begrenzungen der Geldbußen in Aussicht und setzen dadurch Anreize, durch die Offenlegung von Informationen und den Verzicht auf Einsichtsrechte sowie andere Rechtsbehelfe das Verfahren zu beschleunigen und mit einem geringeren Ressourcenaufwand zu beenden.[512]

Dieses Nebeneinander von behördlicher Kartellrechtsdurchsetzung einschließlich hoheitlicher Ermittlungsbefugnisse,[513] den unterschiedlichen Anreizen zur Kooperation der betroffenen Unternehmen mit der Kommission oder je nach mitgliedstaatlichen Regelungen den nationalen Kartellbehörden und schließlich der unmittelbaren Durchsetzung zivilrechtlicher Unterlassungs- und Schadensersatzansprüche macht zum einen eine Abstimmung der sich ergänzen-

[508] Zur Genese der ursprünglich als Teil der Richtlinie vorgesehenen Empfehlung *Ahrens*, WRP 2015, 1040 (1041).

[509] Europäische Kommission, Mitteilung v. 11.6.2013, Auf dem Weg zu einem allgemeinen europäischen Rahmen für den kollektiven Rechtsschutz, COM(2013) 401 final, S. 2: Rechtssicherheit und verlässliche rechtliche Rahmenbedingungen als unverzichtbare Bedingungen der Wettbewerbsfähigkeit und eines offenen, reibungslos funktionierenden Binnenmarkts; vgl. auch Erwägungsgrund (2) der Gemeinsamen Grundsätze für kollektive Unterlassungs- und Schadensersatzverfahren (Fn. 506).

[510] Europäische Kommission, Mitteilung über die Durchführung von Vergleichsverfahren bei dem Erlass von Entscheidungen nach Artikel 7 und Artikel 23 der Verordnung (EG) Nr. 1/2003 des Rates in Kartellfällen, 2008/C 167/01, ABl.EU Nr. C 167 v. 2.7.2008, S. 1 ff.; Verordnung (EG) Nr. 883/2004 v. 7.4.2004 über die Durchführung von Verfahren auf der Grundlage der Artikel 81 und 82 EG-Vertrag durch die Kommission, ABl.EU Nr. L 123 v. 27.4.2004, S. 18 ff., zuletzt geändert durch Verordnung (EU) 2015/1348 v. 3.8.2015 zur Änderung der Verordnung (EG) Nr. 773/2004 über die Durchführung von Verfahren auf der Grundlage der Artikel 81 und 82 EG-Vertrag durch die Kommission, ABl.EU Nr. L 208 v. 5.8.2015, S. 3 ff.

[511] Art. 10 a VO (EG) Nr. 773/2004 (Fn. 510); Nr. 20 ff. Mitteilung über die Durchführung von Vergleichsverfahren (Fn. 510).

[512] Nr. 1, 20, 22 und 31 Mitteilung über die Durchführung von Vergleichsverfahren (Fn. 510); Art. 10 a Abs. 1 und 2, Art. 15 Abs. 1 a, Abs. 1 b VO (EG) Nr. 773/2004 (Fn. 510).

[513] Neben den Befugnissen zur Durchführung von Sektoruntersuchungen vor allem die Befugnis zu Auskunftsverlangen, zur Befragung und zur Durchführung von Nachprüfungen vor Ort, Art. 17–21 Verordnung (EG) Nr. 1/2003 v. 16.12.2002 zur Durchführung der in den Artikeln 81 und 82 des Vertrags niedergelegten Wettbewerbsregeln, ABl.EG Nr. L 1 v. 4.1. 2003, S. 1 ff.

den Regime insbesondere im Umgang mit Informationen und Ansprüchen auf Akteneinsicht erforderlich.[514]

Zudem steigt mit diesen Spielräumen der Kommission bei der Gestaltung der konkreten Verfahren und ihren potentiellen zivilrechtlichen Folgen die Bedeutung einer grundrechtlichen Absicherung der betroffenen Unternehmen,[515] sowohl hinsichtlich der Gestaltung des Verfahrens insgesamt[516] als auch der Grenzen einzelner Ermittlungsbefugnisse.[517] Dabei hängt nicht nur die Reichweite strafprozessualer Grundsätze wie des Grundsatzes „*Ne bis in idem*" oder der Unschuldsvermutung, sondern auch das Gewicht der verfahrensrechtlichen Garantien allgemein wesentlich von der Annahme eines strafrechtlichen Charakters des kartellrechtlichen Bußgeldverfahrens ab.[518]

B. Grundrechtlicher Schutz der Interaktionszusammenhänge

Die Bedeutung der bereits angesprochenen strukturellen Unterschiede zwischen Grundfreiheiten und Grundrechten der Union[519] wächst mit zunehmender Integration und Gestaltung des Binnenmarkts. Weil die Grundrechte nicht in gleicher Weise wie die Grundfreiheiten zur Gewährleistung des Binnenmarkts instrumentalisiert sind, sondern ihnen ein personaler, auf Persönlichkeitsentfaltung ausgerichteter Gehalt zu Grunde liegt, begrenzen Grundrechte der Union die sekundärrechtliche Ausgestaltung des Binnenmarkts auf andere Weise als die Grundfreiheiten. Dabei befindet sich ihre dogmatische Konzeption in

[514] EuGH, Urt. v. 14.6.2011, C-360/09, ECLI:EU:C:2011:389 – *Pfleiderer*, Rn. 26ff.; zur Entwicklung der Rechtsprechung *Thanos*, Die Reichweite der Grundrechte im EU-Kartellverfahrensrecht, S. 302ff.; vgl. nunmehr die Regelung zur Beschränkungen für die Verwendung von im Laufe des Kommissionsverfahrens erlangten Informationen in Art. 16a VO (EG) Nr. 773/2004 (Fn. 510), insbesondere die Beschränkung der Einsicht in Kronzeugenunternehmenserklärungen oder in Vergleichsausführungen auf die Ausübung von Verteidigungsrechten, Art. 16a Abs. 2 VO (EG) Nr. 773/2004.

[515] Eingehend sowohl zum Schutz der Grundrechte der Grundrechtecharta als auch der EMRK *Thanos*, Die Reichweite der Grundrechte im EU-Kartellverfahrensrecht.

[516] Zum Recht auf ein faires Verfahren, der Reichweite des Nemo-tenetur-Grundsatzes, dem Akteneinsichtsrecht und der Unschuldsvermutung *Thanos*, Die Reichweite der Grundrechte im EU-Kartellverfahrensrecht, S. 74ff., S. 110ff., S. 258ff., S. 344ff.; *Dannecker*, NZKart 2015, 25ff.; vgl. auch die Bezugnahme auf die Charta der Grundrechte in Erwägungsgrund (37) der Kartellverfahrensverordnung VO (EG) Nr. 1/2003 v. 16.12.2002 zur Durchführung der in den Artikeln 81 und 82 des Vertrags niedergelegten Wettbewerbsregeln, ABl.EG Nr. L 1 v. 4.1. 2003, S. 1ff.; *Skouris*, Methoden der Grundrechtsgewinnung in der Europäischen Union, § 157 Rn. 38.

[517] Zur Reichweite des Rechts auf Achtung der Privatsphäre und des sog. Anwaltsprivilegs *Thanos*, Die Reichweite der Grundrechte im EU-Kartellverfahrensrecht, S. 157ff., S. 210ff.

[518] Weitgehend insoweit *Thanos*, Die Reichweite der Grundrechte im EU-Kartellverfahrensrecht, S. 77ff. zu den verfahrensrechtlichen Garantien, S. 134ff. zur weiten Auslegung des Nemo-tenetur-Grundsatzes, sowie entsprechend zum Grundsatz *Ne bis in idem*, S. 335ff.

[519] Siehe oben, § 6 A.II.2.g.

einer Entwicklungsphase. Die unterschiedlichen Quellen der Unionsgrundrechte von den gemeinsamen Verfassungsüberlieferungen der Mitgliedstaaten über die Grundrechte der Europäischen Menschenrechtskonvention jeweils als Ausdruck der allgemeinen Grundsätze des Unionsrechts zu ihrer Kodifizierung in der Grundrechtecharta machen die dogmatische Konzeption vielschichtig und Prognosen zur Entwicklung der oftmals vagen Rechtsprechung schwierig. Gleichwohl spricht bei den marktbezogenen Grundrechten manches dafür, dass die Rechtsprechung die Konzeption der Schutzbereiche anhand einer Auslegung der geschriebenen Grundrechte der Grundrechtecharta entwickeln, bei der Bestimmung der Schranken allerdings auf die bisherige, zu den allgemeinen Grundsätzen des Unionsrechts ergangene Rechtsprechung zurückgreifen wird. Eine Orientierung am Grundrechtsschutz nach der Europäischen Menschenrechtskonvention ist beim Schutz von Marktaktivitäten insofern aufschlussreich, als bestimmte Elemente der Marktaktivitäten in einem deutlich abweichenden rechtlichen Kontext als Ausdruck von Interaktionszusammenhängen mit Relevanz zum personalen Gehalt geschützt sind. Diese Elemente sind im Grundsatz auch im Recht der Europäischen Union geschützt, wenn auch ihr Schutz oftmals in einem anderen Schutzbereich verortet ist. Transferierbar sind angesichts der Unterschiede des rechtlichen Kontexts vor allem die Relevanz bestimmter marktbezogener Interaktionszusammenhänge für die personale Entfaltung und der darauf aufbauende rechtliche Schutz bestimmter Elemente. Inhaltlich sind die einzelnen marktbezogenen Grundrechtsgewährleistungen der Union schließlich in unterschiedlicher Hinsicht tendenziell stärker auf den Schutz von Interaktionsbeziehungen angelegt als etwa die traditionelle deutsche Perspektive des marktbezogenen Grundrechtsschutzes.

I. Grundrechte als Widerlager der Binnenmarktgestaltung

Im Gegensatz zu den an der Verwirklichung des Binnenmarkts orientierten Grundfreiheiten sind die Grundrechte auf die personale Entfaltung der Grundrechtsträger ausgerichtet und dadurch geeignet, der unterschiedlichen Zielen dienenden Gestaltung des Binnenmarkts Grenzen zu setzen.

1. Binnenmarktorientierung der Grundfreiheiten

Durch ihre Ausrichtung auf die Entwicklung des Binnenmarkts bieten die Grundfreiheiten kaum Maßstäbe für die Ausgestaltung. In dieser Binnenmarktausrichtung kommt die Instrumentalisierung der subjektiven Rechte des Einzelnen[520] deutlich zum Ausdruck. Die subjektiv-rechtliche Position steht von vorneherein unter dem Vorbehalt der rechtlichen Regelungen, die den Binnenmarkt ausgestalten. Die Grundfreiheiten binden zwar auch die Organe

[520] Näher oben, § 6 A.II.2.a).

der Europäischen Union. Diesen steht aber insbesondere bei Maßnahmen zur auch schrittweisen Gestaltung oder anderweitigen Förderung des Binnenmarkts ein weiter Entscheidungsspielraum zu, dem punktuelle Einschränkungen des zwischenstaatlichen Handels grundsätzlich nicht entgegenstehen.[521] Im Verhältnis zu Sekundärrechtsakten, die den Binnenmarkt ausgestalten, treten die Grundfreiheiten als allgemeinere Regelungen zurück.[522]

Die zunehmende Gestaltung des Binnenmarkts sowohl durch Sekundärrechtsakte als auch durch die Art der Rechtsanwendung der Kommission[523] erhöhen den Bedarf an grundrechtlichen Maßstäben. Die Grundfreiheiten beschränken den Zugriff auf das Steuerungssubstrat, also die integrierten Interaktionszusammenhänge des Binnenmarkts, kaum. Die Rechtsprechung des Gerichtshofs hat die Grundrechte der Union aus den gemeinsamen Verfassungsüberlieferungen der Mitgliedstaaten ursprünglich als allgemeine Grundsätze entwickelt, um die Integration des Binnenmarkts und den Anwendungsvorrang des Unionsrechts gegenüber mitgliedstaatlichen Forderungen nach Grundrechtsschutz abzusichern.[524] Dieser Ursprung der Grundrechtsentwicklung fiel in eine Phase,

---

[521] Aus der Rechtsprechung EuGH, Urt. v. 20.4.1978, Rs. 80/77 und 81/77, ECLI:EU:C:1978:87 – *Les Commissionnaires Réunis und Ramel*, Rn. 27/33: offenkundig im Widerspruch; *von Bogdandy*, JZ 2001, 157 (166): Anwendung der Grundfreiheiten gegenüber der Union mit weit größere Zurückhaltung als gegenüber den Mitgliedstaaten; Beschränkung der Beanstandung auf offensichtliche Verstöße; *Müller-Graff*, in: von der Groeben/Schwarze/Hatje, Europäisches Unionsrecht, Art. 34 AEUV Rn. 294ff., näher oben, Fn. 324.

[522] *von Bogdandy*, JZ 2001, 157 (166): „Von höchster Bedeutung ist in diesem Zusammenhang der häufig übersehene Vorbehalt des EuGH, dass die Grundfreiheiten nur dann direkt anzuwenden sind, wenn keine sekundärrechtliche Regelung besteht. Inhaltlich bedeutet dies, dass die Mitgliedstaaten – durch den Rat – den umstrittenen Sachverhalt anders regeln können, als er vom Gerichtshof auf der Grundlage der Grundfreiheiten entschieden worden ist. (...) Aus diesem Grund – und das ist der entscheidende Unterschied zu Grundrechtsentscheidungen sowohl des EuGH und des EuGHMR als auch nationaler Gerichte – entzieht eine Entscheidung, die auf der Grundlage der Grundfreiheiten ergeht, einen Sachverhalt nicht dem Zugriff des normalen politischen Prozesses".

[523] Näher oben, § 6 A.I.2. und § 6 A.III.2.

[524] EuGH, Urt. v. 17.12.1970, Rs. 11/70, ECLI:EU:C:1970:114 – *Internationale Handelsgesellschaft*, Rn. 3: „Die einheitliche Geltung des Gemeinschaftsrechts würde beeinträchtigt, wenn bei der Entscheidung über die Gültigkeit von Handlungen der Gemeinschaftsorgane Normen oder Grundsätze des nationalen Rechts herangezogen würden. Die Gültigkeit solcher Handlungen kann nur nach dem Gemeinschaftsrecht beurteilt werden, denn dem vom Vertrag geschaffenen, somit aus einer autonomen Rechtsquelle fließenden Recht können wegen seiner Eigenständigkeit keine wie immer gearteten innerstaatlichen Rechtsvorschriften vorgehen, wenn ihm nicht sein Charakter als Gemeinschaftsrecht aberkannt und wenn nicht die Rechtsgrundlage der Gemeinschaft selbst in Frage gestellt werden soll. Daher kann es die Gültigkeit einer Gemeinschaftshandlung oder deren Geltung in einem Mitgliedstaat nicht berühren, wenn geltend gemacht wird, die Grundrechte in der ihnen von der Verfassung dieses Staates gegebenen Gestalt oder die Strukturprinzipien der nationalen Verfassungen seien verletzt."; daran anknüpfend EuGH, Urt. v. 13.12.1979, Rs. 44/79, ECLI:EU:C:1979:290 – *Hauer*, Rn. 14: Zerstörung der Einheit des Gemeinsamen Marktes als unausweichliche Folge der Überprüfung am Maßstab nationaler Grundrechte; aus der Literatur *Weiler*, Wash Law Rev. 61 (1986), 1103 (1108f.): „In the Court's own self-perception another profound metamorphosis had taken place. No longer

in der die Entwicklung des Binnenmarkts noch vor allem durch die Herstellung eines grenzüberschreitenden Interaktionsraumes gekennzeichnet war.[525] Die Grundfreiheiten bewirkten in der Rechtsprechung des Gerichtshofs eine negative Integration, während das Einstimmigkeitsprinzip im gemeinschaftsrechtlichen Rechtsetzungsprozess der Effektivität einer positiven Integration über gestaltendes Sekundärrecht Grenzen setzte. Die Änderung der Abstimmungsregeln zu Gunsten von Mehrheitsentscheidungen begünstigten nicht nur eine sekundärrechtliche Ausgestaltung des Binnenmarkts, die neben einer entsprechenden Politik der Kommission auch nicht-ökonomische Ziele verfolgte,[526] sondern wirkt sich durch den reduzierten Einfluss der einzelnen Mitgliedstaaten auf den Gesetzgebungsprozess mittelbar auch auf die Durchsetzbarkeit mitgliedstaatlicher Grundrechtsstandards aus.[527] In dem Maße, in dem in der Folgezeit die Gestaltung des entwickelten Steuerungssubstrats in den Vordergrund rückt,[528] entstehen erneut Handlungsspielräume der Europäischen Union einschließlich der Forderung nach grundrechtlichen Grenzen.[529]

2. *Binnenmarktunabhängiger, personaler Gehalt der Grundrechte*

Die Grundrechte der Union kennzeichnet demgegenüber eine binnenmarktunabhängige Ausrichtung an ihrem personalen Gehalt und der selbstbestimmten

---

did the Court see itself as an international tribunal determined to preserve the *autonomy* of the system it oversaw, but rather a constitutional court of a supranational order determined to preserve the *integrity*, *unity*, and *uniformity* of the system it had evolved. The ‚surface language' of the Court in *Stauder* and its progeny is the language of human rights. The ‚deep structure' is all about supremacy." (Herv. im Orig.); *Haltern*, Europarecht, Rn. 1049: Sorge um Einheit, Einheitlichkeit und Integrität der Geltung des Unionsrechts als Motiv; *Kingreen*, Der Abstieg der Grundfreiheiten und der Aufstieg der Unionsgrundrechte, S. 51 (59): „Die Gründungsverträge enthielten bekanntlich keine Grundrechte, und ihre allmähliche richterrechtliche Entwicklung seit Ende der 60er Jahre des vergangenen Jahrhunderts war auch kein verfassungsrechtlicher Selbstzweck, sondern hatte schlicht die Funktion, eine Erosion des unmittelbar geltenden und Vorrang beanspruchenden Gemeinschaftsrechts durch mitgliedstaatliche Grundrechte und Verfassungsgerichte zu unterbinden. Es ging um die Einheitlichkeit und Integrität des Gemeinschaftsrechts und noch nicht um die Entfaltung eines eigenen menschenrechtlichen Profils als Baustein einer europäischen Verfassung."; die Entwicklung zusammenfassend *Nicolaysen*, Die Europäische Integrationsverfassung, S. 89 ff.; *Kühling*, Grundrechte, S. 657 (662 f.).

[525] Siehe oben, § 6 A.I.1.

[526] Siehe oben, § 6 A.I.2.

[527] *Mayer*, EuZW 20000, 586 (687): „Man könnte fragen, ob der EuGH bei der Geltendmachung von Grundrechtsverletzungen das Zustandekommen einer belastenden Regelung im Mehrheitsverfahren bzw. ohne Einstimmigkeit nicht bei der Prüfdichtekonzeption und bei den Abwägungskriterien berücksichtigen sollte. (…) Die Bananenepisode illustriert (…), wie bei Mehrheitsentscheidungen des Rates der Mitgliedstaat als faktischer, ergänzender Hüter von Grundrechtspositionen im europäischen Gesetzgebungsverfahren ausfallen kann."; *Kühling*, Grundrechte, S. 657 (658, Fn. 4).

[528] Siehe oben, § 6 A.I.2 und § 6 A.III.2.a).

[529] Zum Zusammenhang zwischen materieller Legitimation und Grundrechtsschutz *Cremer*, Funktionen der Grundrechte, § 1 Rn. 38 ff.

Persönlichkeitsentfaltung, die insbesondere in der Grundrechtecharta durch die Bezüge auf den Menschen in der Präambel[530] und die Menschenwürde[531] zum Ausdruck kommt. Sie bilden dadurch einen Kontrollmaßstab gegenüber sekundärrechtlichen und anderen Maßnahmen, und zwar sowohl gegenüber solchen, die den Binnenmarkt ausgestalten, als auch gegenüber sonstigen. Öffentlichkeitswirksam deutlich geworden ist der Grundrechtsschutz in den letzten Jahren insbesondere als Grenze der Maßnahmen zur Terrorismusbekämpfung[532] sowie bei der Kontrolle strafprozessualer Maßnahmen.[533] In ähn-

---

[530] „[Die Union] stellt den Menschen in den Mittelpunkt ihres Handelns, indem sie die Unionsbürgerschaft und einen Raum der Freiheit, der Sicherheit und des Rechts begründet", dazu *von Bogdandy*, JZ 2001, 157 (169): mögliche Interpretation als Aufforderung zu einer weitreichenden Rekonstruktion der Rechtsordnung; weitergehend *Schroeder*, Die grundrechtliche Prüfungsdichte des EuGH seit dem Vertrag von Lissabon, S. 83 (93): Grundrechte als übergreifende normative Ordnung der Union, die jede Rechtsetzungstätigkeit der Union determinieren.

[531] Titel I und insbesondere Artikel 1 GRC sowie Absatz 2 ihrer Präambel; vgl. Erläuterungen zu Art. 1 GRC: Menschenwürde nicht als Grundrecht an sich, sondern als das eigentliche Fundament der Grundrechte; zu den unterschiedlichen Vorverständnissen und ihren Implikationen für die Auslegung *Rixen*, Würde des Menschen als Fundamentalnorm der Grundrechte, § 9 Rn. 1 f.; vgl. auch EuGH, Urt. v. 14.10.2004, C-36/02, ECLI:EU:C:2004:614 – *Omega*, Rn. 37: keine allen Mitgliedstaaten gemeinsame Auffassung darüber, wie Menschenwürde zu schützen ist; Stimmen in der Literatur stützen darauf effektivitätsbezogene Forderungen die Einführung einer Grundrechtsverfassungsbeschwerde zum EuGH (*Schroeder*, EuZW 2011, 462 (466)) oder den Ausbau der Schutzpflichten-Dogmatik, *Schmitz*, JZ 2001, 833 (840).

[532] Insbesondere bei den Anforderungen an den Nachweis der vorgeworfenen Aktivitäten, auch unter Berücksichtigung des Geheimnisschutzes, auf Grund des Rechts auf effektive gerichtliche Kontrolle als Ausprägung des Rechts auf einen wirksamen Rechtsbehelf bei Maßnahmen zur Verhinderung der Unterstützung von proliferationsrelevanten nuklearen Tätigkeiten Irans EuGH, Urt. v. 21.4.2016, C-200/13, ECLI:EU:C:2016:284 – *Bank Saderat Iran*, Rn. 98 ff.; EuGH, Urt. v. 18.2.2016, C-176/13, ECLI:EU:C:2016:96 – *Bank Mellat*, Rn. 109: „Was die zur Rechtfertigung der Aufnahme der Bank Mellat in die genannten Listen herangezogenen Umstände und den Beweis für die Begründetheit dieser Aufnahme betrifft, ist darauf hinzuweisen, dass die durch Art. 47 der Charta der Grundrechte der Europäischen Union gewährleistete Effektivität der gerichtlichen Kontrolle u. a. erfordert, dass sich der Unionsrichter vergewissert, dass die Entscheidung, die eine individuelle Betroffenheit der betreffenden Person oder Einrichtung begründet, auf einer hinreichend gesicherten Tatsachengrundlage beruht. Dies setzt eine Überprüfung der Tatsachen voraus, die in der dieser Entscheidung zugrunde liegenden Begründung angeführt werden, so dass sich die gerichtliche Kontrolle nicht auf die Beurteilung der abstrakten Wahrscheinlichkeit der angeführten Gründe beschränkt, sondern auf die Frage erstreckt, ob diese Gründe – oder zumindest einer von ihnen, der für sich genommen als ausreichend angesehen wird, um diese Entscheidung zu stützen – erwiesen sind (…)."; zum Recht auf effektiven gerichtlichen Rechtsschutz auch gegen Maßnahmen, die Resolutionen des Sicherheitsrats der Vereinten Nationen nach Kapitel VII der Charta der Vereinten Nationen umsetzen, EuGH, Urt. v. 3.9.2008, C-402/15, und C-415/15 P, ECLI:EU:C:2008:461 – *Kadi*, Rn. 283 ff.; Rn. 335 ff.; EuGH, Urt. v. 18.7.2013, C-584/10 P u. a., ECLI:EU:C:2013:518 – *Kadi II*, Rn. 97 ff., *Kotzur*, EuGRZ 2014, 589 (592): leitentscheidende Rolle des EuGH im europäischen Verfassungsgerichtsverbund.

[533] Zu den Anforderungen des Verbots unmenschlicher oder erniedrigender Strafe oder Behandlung nach Art. 4 GRC an die Umsetzung des Europäischen Haftbefehls EuGH, Urt. v. 5.4. 2016, C-404/15 und C-659/15 PPU, ECLI:EU:C:2016:198 – *Aranyosi und Căldăraru*, Rn. 84 ff.;

licher Weise ist die Ausgestaltung des Raums der Freiheit, der Sicherheit und des Rechts mit Spielräumen verbunden, die die legitimierende Funktion der Grundrechte erhöhen.

Diese Funktion als Widerlager der Binnenmarktgestaltung birgt für die Grundrechte ein nicht unerhebliches Potential an Bedeutungszuwachs,[534] der sich auch quantitativ niederschlägt.[535] Der zunehmenden Ausgestaltung der Rahmenbedingungen für Marktprozesse auch im Hinblick auf nicht-ökonomische Ziele[536] setzen die Grundrechte, wie vor wenigen Jahren in der Vorratsdaten-

---

zu den Anforderungen des Rechts auf Freiheit und Sicherheit nach Art. 6 GRC bei der Vollstreckung von Haftbefehlen EuGH, Urt. v. 16.7.2015, C-237/15 PPU, ECLI:EU:C:2015:474 – *Lanigan*, Rn. 54 ff.; zur Vorratsdatenspeicherung und den Anforderungen des Rechts auf Achtung des Privatlebens und des Schutzes personenbezogener Daten aus Art. 7 und 8 GRC EuGH, Urt. v. 8.4.2014, C-293/12 und C-594/12, ECLI:EU:C:2014:238 – *Digital Rights Ireland u.* a., Rn. 24 ff.

[534] *Kingreen*, Der Abstieg der Grundfreiheiten und der Aufstieg der Unionsgrundrechte, S. 51 (59 ff., insb. 60 f.): „Während also die Unionsgrundrechte auf den Legitimationsbedarf antworten, den die sich etablierende europäische Rechtsordnung ausgelöst hat, waren und sind die Grundfreiheiten gleichsam umgekehrt an der Ausbildung eben dieser Rechtsordnung beteiligt, indem sie den Prozess der Rechtsangleichung auch in Zeiten fehlenden politischen Konsenses vorangetrieben haben. Die Grundrechte sind Maßstab für alle Maßnahmen der positiven Integration die ihrerseits an die Stelle der negativen Integration durch die Grundfreiheiten tritt. Daraus folgt aber zwangsläufig, dass die Bedeutung der Grundrechte in dem Maße zunimmt, in dem diejenige der Grundfreiheiten abnimmt: Was die Grundfreiheiten kraft ihrer transnationalen Integrationsfunktion mitgeschaffen haben (nämlich das den Binnenmarkt konstituierende Sekundärrecht) müssen die Grundrechte nunmehr legitimieren. Je mehr Rechtsvereinheitlichung durch Sekundärrecht es also gibt, desto mehr spielen die Grundrechte und desto weniger die Grundfreiheiten eine Rolle."; bezogen auf die Ausgestaltung des Raums der Freiheit, der Sicherheit und des Rechts sieht *von Bogdandy* in der Ausübung dieser Kontrollfunktion einen Gradmesser für die gesellschaftliche Akzeptanz des EuGH, JZ 2001, 157 (167).

[535] Hinweise zur Statistik bei *Schroeder*, Die grundrechtliche Prüfungsdichte des EuGH seit dem Vertrag von Lissabon, S. 83 (87).

[536] *Schroeder*, Die grundrechtliche Prüfungsdichte des EuGH seit dem Vertrag von Lissabon, S. 83 (86 f.); etwa die Richtlinie 2006/24/EG v. 15.3.2006 über die Vorratsdatenspeicherung von Daten, die bei der Bereitstellung öffentlich zugänglicher elektronischer Kommunikationsdienste oder öffentlicher Kommunikationsnetze erzeugt oder verarbeitet werden, und zur Änderung der Richtlinie 2002/58/EG, ABl.EU Nr. L 105 v. 13.4.2006, S. 54 ff., ist als Maßnahme nach Art. 95 EGV a. F. [Art. 114 AEUV] zur Angleichung der Rechtsvorschriften der Mitgliedstaaten, welche die Errichtung und das Funktionieren des Binnenmarktes zum Gegenstand haben, eingeordnet. Unterschiede in den Vorgaben an die Vorratsdatenspeicherung zu Zwecken der Strafverfolgung werden als Hindernisse für den Binnenmarkt wahrgenommen, vgl. Erwägungsgrund (6): „Die rechtlichen und technischen Unterschiede zwischen den nationalen Vorschriften zur Vorratsdatenspeicherung zum Zwecke der Verhütung, Ermittlung, Feststellung und Verfolgung von Straftaten beeinträchtigen den Binnenmarkt für elektronische Kommunikation, da Diensteanbieter mit unterschiedlichen Anforderungen in Bezug auf die zu speichernden Arten von Verkehrs- und Standortdaten, die für die Vorratsdatenspeicherung geltenden Bedingungen und die Dauer der Vorratsdatenspeicherung konfrontiert sind."; in der Sache ebenso EuGH, Urt. v. 10.2.2009, C-301/06, ECLI:EU:C:2009:68 – *Irland / Europäisches Parlament und Rat der Europäischen Union*, Rn. 82 ff.: materiell-rechtliche Vorgaben treffen im Wesentlichen Diensteanbieter und betreffen dadurch das Funktionieren des Binnenmarkts;

speicherungs-Entscheidung,[537] bei der Überprüfung des Kurzberichterstattungsrechts nach der Fernsehrichtlinie[538] und beim Schutz vor der Veröffentlichung von Informationen über die Empfänger von Agrarbeihilfen[539] deutlich geworden ist, Grenzen.[540] Vor allem die Grundrechte auf Achtung des Privatlebens[541] und auf Schutz der personenbezogenen Daten,[542] aber auch das Diskriminierungsverbot[543] entwickeln sich zu Anforderungen, die querschnittsartig bei einer Reihe unterschiedlicher Maßnahmen die Spielräume der Kommission und der Mitgliedstaaten bei der Durchführung des Unionsrechts einschränken.[544]

II. Unionsgrundrechte in interaktionszentrierter Perspektive

Die interaktionsbezogene Perspektive ist für das Verständnis der Unionsgrundrechte in mehrfacher Hinsicht instruktiv. Sie schlüsselt Unterschiede zwischen

---

skeptisch *Kingreen*, Der Abstieg der Grundfreiheiten und der Aufstieg der Unionsgrundrechte, S. 51 (61): gewagt.

537 EuGH, Urt. v. 8.4.2014, C- 293/12 und C-594/12, ECLI:EU:C:2014:238 – *Digital Rights Ireland*, Rn. 27 ff.

538 EuGH, Urt. v. 22.1.2013, C-283/11, ECLI:EU:C:2013:28 – *Sky Österreich*, Rn. 47 ff.

539 EuGH, Urt. v. 9.11.2010, C-92/09 und C-93/09, ECLI:EU:C:2010:662 – *Schecke und Eifert*, Rn. 56 ff.

540 Vgl. die Einordnung der Rechtsprechungsentwicklung bei *Kühling*, NVwZ 2014, 681 (684): „So positioniert sich der *EuGH* nicht nur in vertikaler Perspektive gegenüber den mitgliedstaatlichen Grundrechtsinterpreten, sondern auch auf unionaler Ebene gegenüber Rat und Europäischem Parlament. Hier wird deutlich, dass der *Gerichtshof* nicht davor zurückschreckt, den Gesetzgeber auf der Basis grundrechtsgesteuerter Verhältnismäßigkeitserwägungen einer weitreichenden Kontrolle zu unterwerfen und letztlich auch detaillierte Vorgaben zu machen. Auch in dieser Hinsicht schlüpft der *EuGH* damit in die Rolle eines kraftvollen Grundrechtsgerichts.“; *Kingreen*, Der Abstieg der Grundfreiheiten und der Aufstieg der Unionsgrundrechte, S. 51 (61): geradezu vorbildliche Grundrechtsprüfung; zurückhaltender demgegenüber noch die Einschätzungen zu EuGH, Urt. v. 9.11.2010, C-92/09 und C-93/09, ECLI:EU:C:2010:662 – *Schecke und Eifert*, vgl. *Guckelberger*, EuZW 2011, 126 (130); *Dratwa/Werling*, ELR 2011, 23 ff., positiver *Schroeder*, Die grundrechtliche Prüfungsdichte des EuGH seit dem Vertrag von Lissabon, S. 83 (88 f.).

541 Art. 7 GRC.

542 Art. 8 GRC.

543 Art. 21 Abs. 1 GRC, aus der Rechtsprechung etwa EuGH, Urt. v. 5.7.2017, C-190/16, ECLI:EU:C:2017:513 – *Fries*, Rn. 29 ff.: Überprüfung der unionsrechtlichen Festlegung technischer Vorschriften u. a. mit einer Altersgrenze für Piloten im gewerblichen Luftverkehr; zur Überprüfung auch der Ausübung des Rechts auf Kollektivverhandlungen aus Art. 28 Abs. 1 GRC EuGH, Urt. 19.9.2018, C-312/17, ECLI:EU:C:2018:734 – *Bedi*, Rn. 69 f.

544 Zu den Anforderungen an die Übermittlung personenbezogener Daten in Drittländer unter Berücksichtigung des dort gewährleisteten Schutzniveaus („safe harbour“) EuGH, Urt. v. 6.10.2015, C-362/14, ECLI:EU:C:2015:650 – *Schrems*, Rn. 67 ff.; zur Vorratsdatenspeicherung EuGH, Urt. v. 8.4.2014, C-293/12 und C-594/12, ECLI:EU:C:2014:238 – *Digital Rights Ireland u. a.*, Rn. 24 ff.; zur Überwachung des Telekommunikationsverkehrs und der Beschlagnahme von E-Mails im Rahmen steuerrechtlicher Ermittlungsverfahren, EuGH, Urt. v. 17.12.2015, C-419/14, ECLI:EU:C:2015:832 – *WebMindLicenses*, Rn. 80 ff.; zu Auskunftsrechten über die gespeicherten personenbezogener Daten im Verfahren zur Bewilligung von Aufenthaltstiteln EuGH, Urt. v. 17.7.2014, C-141/12 und C-372/12, ECLI:EU:C:2014:2081 – *Y. S.*, Rn. 55 ff.

Grundrechten und Grundfreiheiten auf, deren Schutz jeweils auf verschiedene Weise auf Interaktionszusammenhängen beruht, und bietet dadurch einen produktiven Umgang mit Überschneidungen. Dadurch, dass ihr methodischer Zugriff die Relevanz spezifischer Interaktionszusammenhänge für ein grundrechtliches Schutzgut herausstellt,[545] fördert eine interaktionszentrierte Perspektive zum einen die Kohärenz unter den unterschiedlichen Quellen der Unionsgrundrechte und plausibilisiert zum anderen die Grenzen von Sicherungsmechanismen in der Grundrechtecharta, die einer dynamischen Weiterentwicklung der Grundrechte vorbeugen und den Status quo des Grundrechtsschutzes der Union konservieren sollen.

1. Überschneidungen von Grundrechten und Grundfreiheiten

Der Schutz der Unionsgrundrechte wie auch der Grundfreiheiten baut auf Interaktionszusammenhängen auf. Die Unterschiede der Grundrechte und der Grundfreiheiten im Zugriff auf die Interaktionszusammenhänge schlagen sich in der dogmatischen Konzeption nieder. Die Grundfreiheiten gewährleisten mit ihrem Schutz grenzüberschreitender Transaktionen den Binnenmarkt als Bündel vielschichtig verflochtener und im Wesentlichen, aber nicht ausschließlich ökonomischer Interaktionszusammenhänge.[546] Sekundärrechtsakte oder andere Maßnahmen, die den Binnenmarkt ausgestalten, relativieren in diesem individuelle Rechte instrumentalisierenden Ansatz[547] die Reichweite dieser subjektiven Rechte.[548] Grundrechte, bei denen sich die Bedeutung des Interaktionszusammenhangs aus seiner Relevanz für die personale Entfaltung der Grundrechtsträger ableitet, sind demgegenüber in ihrer normativen Reichweite, nicht jedoch in der Verwirklichung ihres Schutzgutes unabhängig von der Ausgestaltung des Binnenmarkts. Dementsprechend legt die Rechtsprechung des Gerichtshofs bei Maßnahmen der Union, die die Arbeitnehmerfreizügigkeit

[545] Siehe oben, § 1 D I. und D.II.

[546] Siehe oben, § 6 A.II.

[547] Siehe oben, § 6 A.II.2.a).

[548] Siehe oben, § 6 B.I.1.; mit zunehmender Tendenz werden die Grundrechte allerdings auch zur Konkretisierung oder Verstärkung subjektiver Rechte aus dem Sekundärrecht herangezogen, zur Urlaubsabgeltung bei Tod der Arbeitnehmerin oder des Arbeitnehmers etwa EuGH, Urt. v. 6.11.2018, C-569/17 u.a., ECLI:EU:C:2018:871 – *Bauer*, Rn. 51 ff.; zur Ungleichbehandlung wegen der Religion oder Weltanschauung EuGH, Urt. v. 17.4.2018, C-414/16, ECLI:EU:C:2018:257 – *Egenberger*, Rn. 49 ff.; EuGH, Urt. v. 11.9.2018, C-68/17, ECLI:EU:C:2018:696 – JQ, Rn. 69; umgekehrt zur Berücksichtigung der unternehmerischen Freiheit bei den Modalitäten eines Betriebsübergangs EuGH, Urt. v. 27.4.2017, C-680/15 u.a., ECLI:EU:C:2017:317 – *Asklepios Kliniken Langen-Seligenstadt*, Rn. 23; EuGH, Urt. v. 18.7.2013, C-426/11, ECLI:EU:C:2013:521 – *Alemo-Herron*, Rn. 33; auch die Ausübung von Grundrechten, etwa des Rechts auf Kollektivverhandlungen, wird am Maßstab anderer Grundrechte, etwa des Diskriminierungsverbots, überprüft werden, EuGH, Urt. 19.9.2018, C-312/17, ECLI:EU:C:2018:734 – *Bedi*, Rn. 69 f.

betreffen, wegen ihres grundrechtlichen Gehalts einen strengeren Kontrollmaßstab als bei den übrigen Grundfreiheiten an.[549]

Diese Unterschiede erhöhen die Bedeutung der Unionsgrundrechte bei der Kontrolle des marktgestaltenden Sekundärrechts[550] und wirken sich im Verhältnis zwischen Grundrechten und Grundfreiheiten bei Überschneidungen aus, die sich vor allem im Anwendungsbereich der marktbezogenen Grundrechte ergeben. Die Grundrechtecharta sieht in Art. 15 Abs. 2 GRC einen Gleichlauf der Berufsfreiheit mit der Arbeitnehmerfreizügigkeit, der Niederlassungsfreiheit und der Dienstleistungsfreiheit[551] vor, der nach der Auslegungsregel aus Art. 52 Abs. 2 GRC zur Parallelität in der Reichweite des Schutzes führt.[552] Die

---

549 EuGH, Urt. v. 15.1.1986, Rs. 41/84, ECLI:EU:C:1986:1 – *Pinna*, Rn. 21: „Diesem Ziel [der Freizügigkeit der Arbeitnehmerinnen und Arbeitnehmer] wird entgegengearbeitet, seine Erreichung erschwert, wenn das Gemeinschaftsrecht vermeidbare Unterschiede zwischen den jeweiligen Bestimmungen der sozialen Sicherheit schafft. Daraus folgt, dass das auf Grund des Artikels 51 EWG-Vertrag erlassene Sozialrecht der Gemeinschaft keine Unterschiede einführen darf, die zu denen hinzutreten, die sich bereits aus der mangelnden Harmonisierung der nationalen Rechtsvorschriften ergeben."; *O'Leary*, Free Movement of Persons and Services, S. 499 (505 f.): „However, it is well known that the case law on the free movement of persons and services is replete with decisions whose reasoning derives as much from a desire to protect and respect the social and human consequences or demands of migration as it does from the aforementioned economic objectives. The Court stressed from very early on that a restrictive interpretation of Article 45 TFEU (ex Article 39 EC), would reduce free movement to a mere instrument of economic integration and would be contrary to its broader objective of creating an area in which Community citizens enjoy freedom of movement'. Long before the establishment of Union citizenship and the transformation of free movement rights which that status instigated, or at the very least consolidated, numerous decisions of the Court reflected this shift from the conferral of rights by virtue of the exercice of an economic activity and in order to facilitate that exercise, to the conferral of rights on EU nationals *qua* individuals, falling, for reasons increasingly detached from economic integration, within the scope of application of the Treaties." (Herv. i. Orig.); *von Bogdandy*, JZ 2001, 157 (166); zum im Übrigen zurückhaltenden gerichtlichen Kontrollmaßstab siehe oben, Fn. 324 und 521.

550 Siehe oben, § 6 B.I.

551 Zur Beschränkung auf die aktive Dienstleistungsfreiheit *Wollenschläger*, in: von der Groeben/Schwarze/Hatje, Europäisches Unionsrecht, Art. 15 GRC, Rn. 2; weiter, auch die passive Dienstleistungsfreiheit einbeziehend *Sasse*, Die Berufsfreiheit und das Recht zu arbeiten, S. 395 f.

552 EuGH, Urt. v. 7.4.2016, C-284/15, ECLI:EU:C:2016:220 – *ONEm*, Rn. 33: „Zur Vereinbarkeit von Art. 67 Abs. 3 dieser Verordnung [Verordnung (EWG) Nr. 1408/71 vom 14.6.1971 zur Anwendung der Systeme der sozialen Sicherheit auf Arbeitnehmer und Selbständige sowie deren Familienangehörige, die innerhalb der Gemeinschaft zu- und abwandern, in der durch die Verordnung (EG) Nr. 118/97 v. 2.12.1996 geänderten Fassung, geändert durch die Verordnung (EG) Nr. 592/2008 v. 17.6.2008] mit Art. 15 Abs. 2 der Charta ist darauf hinzuweisen, dass Art. 52 Abs. 2 der Charta vorsieht, dass die Ausübung der durch diese anerkannten Rechte, die in den Verträgen geregelt sind, im Rahmen der darin festgelegten Bedingungen und Grenzen erfolgt. Dies trifft auf Art. 15 Abs. 2 der Charta zu, der (…) u. a. die durch Art. 45 AEUV verbürgte Arbeitnehmerfreizügigkeit wieder aufnimmt (…). Daraus folgt, dass Art. 67 Abs. 3 der Verordnung 1408/71, da er mit den Art. 45 AEUV und 48 AEUV im Einklang steht, auch mit Art. 15 Abs. 2 der Charta vereinbar ist."; aus der Literatur *Ladenburger*, in: Stern/Sachs, GRCh, Art. 52 Rn. 64: Transferklausel; *Wunderlich*, Das Grundrecht der Berufsfreiheit

Angemessenheit eines solchen Transfers setzt jedoch voraus, dass der sich überlagernde Schutz der Interaktionsbeziehungen vergleichbar konturiert ist. Die Abhängigkeit der Grundfreiheiten von der Ausgestaltung des Binnenmarkts, die auch nicht-ökonomischen Zielen dienen kann,[553] veranschaulicht die Unterschiede in der Ausrichtung.[554] Die gegenüber den anderen Grundfreiheiten erhöhte Kontrolldichte in der Rechtsprechung des EuGH bei der Überprüfung von Maßnahmen der Union[555] geht auf den grundrechtlichen Gehalt der Arbeitnehmerfreizügigkeit zurück und verdeutlicht dadurch die strukturellen Unterschiede. Eine den Gleichlauf herstellende Transferklausel führt in das Regime der Berufsfreiheit die Orientierung am Binnenmarkt und die damit verbundene Ausgestaltbarkeit ein, die allerdings die Grundfreiheiten von den Grundrechten strukturell unterscheidet. Diese Inkongruenz setzt sich bei der Frage fort, ob die Transferklausel darüber hinausgehend auch die Einschränkungsmöglichkeiten umfasst, die in Sekundärrechtsakten enthalten sind.[556] Bezögen sich die „in den Verträgen festgelegten Bedingungen und Grenzen", wie teilweise angenommen,[557] auch auf im Sekundärrecht vorgesehene Beschränkungsmöglichkeiten, würde der Grundrechtsschutz noch weitergehend zur Disposition der Binnenmarktausgestaltung gestellt.[558]

2. *Interferenzen der Grundrechtsquellen*

Ein nicht unerheblicher Teil der Unsicherheiten in der Anwendung der Unionsgrundrechte geht auf die Vielfalt der Quellen und unterschiedliche Akzente in

gemäß Artikel 15 der Grundrechtecharta, S. 304 (319): Grundfreiheiten als leges speciales, als besondere Ausprägungen der allgemeinen Berufsfreiheit nach Art. 15 GRC.

[553] Siehe oben, § 6 A.I.2. und § 6 B.I.1.

[554] Ähnlich im Ausgangspunkt, dann aber für ein Verhältnis der Spezialität *Wunderlich*, Das Grundrecht der Berufsfreiheit gemäß Artikel 15 der Grundrechtecharta, S. 304 (319): „Der wesentliche Anknüpfungspunkt für das Verhältnis der Grundfreiheiten zum Grundrecht der Berufsfreiheit nach Art. 15 GRC dürfte vielmehr – wie auch zuvor in Bezug auf das ungeschriebene Grundrecht der Berufsfreiheit – darin zu sehen sein, dass die Grundfreiheiten in ihrer Zielrichtung der Verwirklichung des gemeinsamen Binnenmarktes speziell die Freiheit der beruflichen bzw. wirtschaftlichen Betätigung im grenzüberschreitenden Verkehr gewährleisten. Dagegen formuliert Art. 15 Abs. 1 GRC ganz generell das Recht, einen Beruf frei zu wählen und auszuüben".

[555] Siehe oben, Fn. 549.

[556] Zu den unterschiedlichen Sichtweisen *Ladenburger*, in: Stern/Sachs, GRCh, Art. 52 Rn. 64; so in der Konsequenz *Wunderlich*, Das Grundrecht der Berufsfreiheit gemäß Artikel 15 der Grundrechtecharta, S. 304 (320): umfangreiches Sekundärrecht, das in Konkretisierung der Grundfreiheiten erlassen wurde, gewährleistet im Hinblick auf das Spezialitätsverhältnis auch den freien Berufszugang und die Berufsausübung oder trifft flankierende Regelungen hierzu.

[557] *Borowsky*, in: Meyer, GRC, Art. 52 Rn. 26: renvoi intégral auf das einschlägige Primär- und Sekundärrecht; *Lenaerts/de Smijter*, CMLRev 38 (2001), 273 (285, Fn. 68), weisen insoweit auf die sich aus der EMRK ergebenden Grenzen hin.

[558] *Ladenburger*, in: Stern/Sachs, GRCh, Art. 52 Rn. 64: Transferklausel des Art. 52 Abs. 2 GRC darf kein Einfallstor für eine Grundrechtsgeltung nach Maßgabe des Unionsgesetzgebers werden.

den darauf beruhenden Konzeptionen zurück.[559] Eine interaktionszentrierte Perspektive erleichtert einen strukturellen Vergleich von Grundrechtskonzeptionen verschiedener Quellen beim Schutz eines bestimmten Lebensbereichs und plausibilisiert zugleich Grenzen der normativen Vorgabe von Auslegungsgrundsätzen und Methoden.

a) Quellenvielfalt und Entwicklungsoffenheit

Anliegen der Grundrechtecharta ist es, einen Grundrechtsschutz sichtbarer zu machen,[560] dessen bereits bestehende Ableitung aus den gemeinsamen Verfassungsüberlieferungen der Mitgliedstaaten als Ausdruck der allgemeinen Grundsätze des Unionsrechts nur schwach konturiert war.[561] Der Rückgriff auf die gemeinsamen Verfassungsüberlieferungen erlaubt tendenziell, nahezu jede Individualposition verfassungsrechtlich zu schützen[562] und bringt dadurch Grundrechte mit weiten, in den Ausprägungen und Grenzen unklaren Schutzbereichen hervor.[563] Hinzu kommt eine gewisse Flexibilität in der Methodik, gemeinsame Verfassungsüberlieferungen der Mitgliedstaaten festzustellen,[564] die in den Entscheidungen regelmäßig kaum begründet wird.[565]

---

[559] Noch zum Entwurf des Vertrags über eine Verfassung für Europa *Kingreen*, EuGRZ 2004, 570 (571).

[560] Nr. 4 der Präambel der GRC; zu den Implikationen für eine gemeineuropäische Methodenlehre, die Grundrechtsdogmatik und das Selbstverständnis „europäischer Juristen" *Häberle/Kotzur*, Europäische Verfassungslehre, Rn. 313 ff.

[561] *Lenaerts/de Smijter*, CMLRev 38 (2001), 273 (275 ff.).

[562] Ableitung eines Grundrechts der allgemeinen Handlungsfreiheit in EuGH, Urt. v. 21.5. 1987, Rs. 133/85 u.a., ECLI:EU:C:1987:244 – *Rau Lebensmittelwerke*, Rn. 15 ff.: allgemeine Handlungsfreiheit vermittelt kein wohlerworbenes Recht auf Beibehaltung eines Vorteils aus Marktorganisation; EuGH, Urt. v. 21.9.1989, Rs. 46/87 und 227/88, ECLI:EU:C:1989:337 – *Hoechst*, Rn. 19: Schutz gegen Eingriffe der öffentlichen Gewalt in die Sphäre der privaten Betätigung jeder natürlichen oder juristischen Person; näher *Kingreen*, EuGRZ 2004, 570 (571).

[563] Der in der Rechtsprechung des Gerichtshofs aus den gemeinsamen Verfassungsüberlieferungen abgeleitete Schutz der unternehmerischen Freiheit umfasst etwa zahlreiche, sich überschneidende Facetten wie die Freiheit, eine Wirtschafts- und Geschäftstätigkeit auszuüben, die wirtschaftliche Betätigungsfreiheit, die Handels- und Gewerbefreiheit, die Vertragsfreiheit, die freie Wahl des Vertrags- und Geschäftspartners oder die Anerkennung des freien Wettbewerbs, wobei bei subjektiv-rechtliche Gehalt der Wettbewerbsfreiheit unklar ist; eingehend zu den Facetten *F. Schmidt*, Die unternehmerische Freiheit im Unionsrecht, S. 118 ff.

[564] *Mayer*, Der Einfluss mitgliedstaatlicher Grundrechtsgewährleistungen auf die Charta der Grundrechte, S. 95 (98 und 100): bewegliche und verpflichtende Elemente wirken nebeneinander; Blick auf die Mitgliedstaaten erfolgt mit dem Ziel der Inspiration.

[565] Zu dem Aufwand der Recherche und Aufbereitung im Prozess der Entscheidungsfindung hingegen *Mayer*, Der Einfluss mitgliedstaatlicher Grundrechtsgewährleistungen auf die Charta der Grundrechte, S. 95 (103): umfassende rechtsvergleichende Studien der Generaldirektion Wissenschaftliche Dienste und Dokumentation des Gerichtshofs auf Antrag der Richter; *Pescatore*, RIDC 32 (1980), 339 (346 f.), weist im Anschluss an *Mosler*, Rechtsvergleichung vor völkerrechtlichen Gerichten, S. 381 (409), als Hintergrund auf die Gefahr des Gerichts hin, sich bei Offenlegung der rechtsvergleichenden Überlegungen sich dem Vorwurf der Ungenauigkeit oder des Dilettantismus auszusetzen.

Während Konsens besteht, dass gemeinsame Verfassungsüberlieferungen weder eine einheitliche Rechtslage in allen Mitgliedstaaten erfordern[566] noch als kleinster gemeinsamer Nenner verstanden werden,[567] bildet die Feststellung solcher gemeinsamen Verfassungsüberlieferungen kein automatisch ableitbares Produkt der beobachtbaren Rechtslage einer Reihe von Mitgliedstaaten,[568] sondern eine aufwändige und regelmäßig auch anders begründbare Konstruktionsleistung.[569] Zu dieser vergleichenden Konstruktion tritt die Einpassung des Grundrechtsschutzes in den unionsrechtlichen Kontext.[570] Diese Konstruktionsleistung macht den aus den gemeinsamen Verfassungsüberlieferungen hervorgehenden Grundrechtsschutz zu einem zwar durch das Recht der Mitgliedstaaten beeinflussten, aber autonomen unionsrechtlichen Regime.[571]

---

566 *Mayer*, Der Einfluss mitgliedstaatlicher Grundrechtsgewährleistungen auf die Charta der Grundrechte, S. 95 (100).

567 Erläuterung zu Art. 52 Abs. 4 der Charta der Grundrechte, ABl.EU Nr. C 303 v. 14.12. 2007, S. 17ff.; *Ladenburger*, in: Stern/Sachs, GRCh, Art. 52 Rn. 84, m.w.N. zur Rechtsprechung; *Mayer*, Der Einfluss mitgliedstaatlicher Grundrechtsgewährleistungen auf die Charta der Grundrechte, S. 95 (100).

568 Eine solche Ableitbarkeit, etwa als Ergebnis einer „empirischen Vergleichsuntersuchung", wäre wohl auch kaum angemessen; anderer Akzent bei *Mayer*, Der Einfluss mitgliedstaatlicher Grundrechtsgewährleistungen auf die Charta der Grundrechte, S. 95 (101): wertender Rechtsvergleich bietet im Gegensatz zum strikt formal empirischen Vergleich für den EuGH enorme Bequemlichkeitsvorteile.

569 *Skouris*, Methoden der Grundrechtsgewinnung in der Europäischen Union, § 157 Rn. 33: „Sie [die Bezugnahme auf gemeinsame Verfassungstraditionen] lässt dem Europäischen Gerichtshof erheblichen Gestaltungsspielraum und erlaubt vor allem die Orientierung daran, was auf der Grundlage der in den Mitgliedstaaten vorfindlichen Ansätze als die am besten geeignete Lösung auf europäischer Ebene erscheint. Idealtypischerweise wird nach einer Formel gesucht, welche die verschiedenen mitgliedstaatlichen Traditionen und Regelungsansätze aufnimmt und aus ihnen oder auf ihrer Grundlage einen gemeinsamen, europäischen Regelungsansatz schafft."; *Mayer*, Der Einfluss mitgliedstaatlicher Grundrechtsgewährleistungen auf die Charta der Grundrechte, S. 95 (100): erhebliches Element an Abwägung, Einordnung und Interpretation der jeweiligen Verfassungstraditionen, mit Blick auf unionale Perspektiven und Entwicklungsmöglichkeiten; nationale Verfassungsordnungen als Steinbruch, in dem der EuGH das Rohmaterial für seine Grundrechtsprechung zur Weiterentwicklung des Unionsrechts findet.

570 *Mayer*, Der Einfluss mitgliedstaatlicher Grundrechtsgewährleistungen auf die Charta der Grundrechte, S. 95 (100); mit dieser Einpassung war nicht eine Reduktion der Prüfungsintensität insbesondere bei der Verhältnismäßigkeit verbunden, EuGH, Urt. v. 17.12.1970, Rs. 11/70, ECLI:EU:C:1970:114 – *Internationale Handelsgesellschaft*, Rn. 4: Notwendigkeit der Grundrechte, sich in die spezifische Struktur der Gemeinschaft und die Ziele der Union einzufügen; *Schroeder*, Die grundrechtliche Prüfungsdichte des EuGH seit dem Vertrag von Lissabon, S. 83 (92).

571 *Mayer*, Der Einfluss mitgliedstaatlicher Grundrechtsgewährleistungen auf die Charta der Grundrechte, S. 95 (101f.), mit den Konsequenzen für die zurückhaltende Annahme eines „ausbrechenden Rechtsakts" am Beispiel von EuGH, Urt. v. 22.11.2005, C-144/04, ECLI:EU:C:2005:709 – *Mangold* und der Kritik in *Gerken/Rieble/Roth/Stein/Streinz*, „Mangold" als ausbrechender Rechtsakt, S. 17ff.

Einmal etabliert, tendiert die Rechtsprechung des Gerichtshofs dazu, in Folgeentscheidungen die Existenz des Freiheitsrechts durch einen Hinweis auf die bisherige Entscheidungspraxis zu begründen, offenbar weil die Anknüpfung an die bisherige Rechtsprechung einfacher und im Ergebnis vorhersehbarer ist als eine erneute Rekonstruktion der gemeinsamen Verfassungsüberlieferungen. Die ursprünglich aus den gemeinsamen Verfassungsüberlieferungen abgeleiteten Grundrechte gewinnen im Laufe der Zeit den Charakter von Rechtsprechungsgewohnheitsrecht.

Die Orientierung an der Europäischen Menschenrechtskonvention vereinfacht die Konstruktion gemeinsamer Verfassungsüberlieferungen und veranlasst durch die dynamische Auslegung des Europäischen Gerichtshofs für Menschenrechte eine laufende Rückanbindung. Während die Rechtsprechung des Gerichtshofs auf den Begründungszusammenhang zu dieser Berücksichtigung der Europäischen Menschenrechtskonvention näher eingeht, bleibt die Selbstbeschreibung dieser Orientierung vage.[572] Ihre Intensität und Reichweite hängen in der Sache von dem jeweiligen Freiheitsrecht ab.

Für Freiheitsrechte der Grundrechtecharta, die in einem Korrespondenzverhältnis zu einem Recht der Menschenrechtskonvention stehen,[573] sieht eine Homogenitätsklausel der Grundrechtecharta[574] die Gewährleistung eines der jeweiligen EMRK-Norm in der Auslegung des Gerichtshofs für Menschenrechte entsprechenden Mindeststandards vor.[575] Diese Gewährleistung der „Bedeutung und Tragweite" der in der EMRK sowie den Zusatzprotokollen enthaltenen[576] Rechte wirft besondere Schwierigkeiten bei Verbürgungen auf, die bestimmte

---

[572] Aus der ständigen Rechtsprechung vgl. nur EuGH, Urt. v. 14.10.2004, C-36/02, ECLI:EU:C:2004:614 – *Omega*, Rn. 33: „In diesem Zusammenhang ist daran zu erinnern, dass die Grundrechte nach ständiger Rechtsprechung zu den allgemeinen Rechtsgrundsätzen gehören, deren Wahrung der Gerichtshof zu sichern hat; dabei lässt er sich von den gemeinsamen Verfassungstraditionen der Mitgliedstaaten sowie von den Hinweisen leiten, die die völkerrechtlichen Verträge über den Schutz der Menschenrechte geben, an deren Abschluss die Mitgliedstaaten beteiligt waren oder denen sie beigetreten sind. Hierbei kommt der Europäischen Konvention zum Schutze der Menschenrechte und Grundfreiheiten besondere Bedeutung zu (...)", m. w. N.

[573] Näher zu den unterschiedlichen Typen und Kriterien solcher Korrespondenzverhältnisse *Krämer*, in: Stern/Sachs, GRCh, Art. 52 Rn. 69.

[574] Art. 52 Abs. 3 GRC.

[575] Zu unterschiedlichen Lesarten der Klausel in der Literatur *Ziegenhorn*, Der Einfluss der EMRK im Recht der Grundrechtecharta, S. 29 ff.; zum überwiegenden Verständnis als Transferklausel *Grewe*, EuR 2012, 285 (290); *Toda Castán*, DÖV 2016, 12 (16 f.),; „normeffektorientierte" Auslegung der jeweiligen Gewährleistungen der GRC *Krämer*, in: Stern/Sachs, GRCh, Art. 52 Rn. 70 ff.

[576] Zur Anwendung des Art. 52 Abs. 3 GRC auf die in den Zusatzprotokollen enthaltenen Gewährleistungen EuGH, Urt. v. 4.10.2012, C-249/11, ECLI:EU:C:2012:608 – *Bykanov*, Rn. 47, zum Verbot der Freiheitsentziehung wegen Schulden nach Art. 1 des 4. Zusatzprotokolls; *Peers/Prechal*, in: Peers/Hervey/Kenner/Ward, Charter of Fundamental Rights, Art. 52 Rn. 106; *Krämer*, in: Stern/Sachs, GRCh, Art. 52 Rn. 66.

Aspekte eines Lebensbereichs in jeweils unterschiedlichen Schutzbereichen erfassen. Geschäftsbeziehungen und der erworbene Kundenstamm werden etwa in der Rechtsprechung des Gerichtshofs für Menschenrechte als Ausprägung des Eigentums geschützt,[577] während die Grundrechtecharta mit der unternehmerischen Freiheit eine gesonderte Gewährleistung enthält. Die Homogenitätsklausel wegen der Unterschiede in den grundrechtsdogmatischen Konzeptionen unangewendet zu lassen,[578] entspricht nicht dem Ziel der Klausel, den in der EMRK und ihren Zusatzprotokollen gewährten Schutzeffekt auch im Rahmen der Grundrechtecharta zu gewährleisten.[579] Hingegen beschreibt eine hypothetische Zuordnung zu der Norm der Grundrechtecharta, die der einschlägigen EMRK-Verbürgung korrespondiert,[580] die Gewährleistung eines äquivalenten Schutzeffekts zu schematisch. In dem konkreten Beispiel des Schutzes des Kundenstamms und der Geschäftsbeziehungen wäre eine automatische Zuordnung zur Eigentumsfreiheit nach Art. 17 der Grundrechtecharta im Rahmen der Homogenitätsklausel[581] nicht sachgerecht.[582] Bezugspunkt des Schutzes ist eine bestimmte Interaktionsbeziehung wegen ihrer Relevanz für die Persönlichkeitsentfaltung.[583] Die Rechtsprechung des Gerichtshofs für Menschenrechte schlägt marktbezogene Interaktionsbeziehungen wie den Kundenstamm und Geschäftsbeziehungen,[584] aber auch kommerzielle Äußerungen[585] dem Schutzbereich anderer Grundrechte, insbesondere des Eigentumsrechts, zu, auch wenn der EMRK eine entsprechende Gewährleistung der Berufsfreiheit fehlt. Diese Aus-

[577] EGMR Eigentumsschutz für Kundenstamm und Geschäftsbeziehungen zusammenfassend EGMR, Urt. v. 13.3.2012, Nr. 23780/08, ECLI:CE:ECHR:2012:0313JUD002378008 – *Malik*, Rn. 90; näher siehe unten, § 7 A.III.2.

[578] In diese Richtung zum Datenschutz nach Art. 8 GRC und Art. 8 EMRK *Kingreen*, in: Calliess/Ruffert, EUV/AEUV, Art. 8 GRC Rn. 4: keine Entsprechung mangels datenschutzspezifischer Regelungen in Art. 8 EMRK, aber gleichwohl wichtige Anhaltspunkte für Konkretisierung.

[579] *Krämer*, in: Stern/Sachs, GRCh, Art. 52 Rn. 79.

[580] *Krämer*, in: Stern/Sachs, GRCh, Art. 52 Rn. 79: „Vielmehr sind die schutzbereichsdefinierenden Termini der relevanten Charta-Normen so auszulegen, dass die Klasse der Handlungen oder personalen Integritätszustände des Grundrechtsträgers, in Bezug auf die eine hoheitliche Maßnahme einen – am Maßstab dieser Charta-Norm – rechtfertigungsbedürftigen Eingriff darstellt, mindestens denjenigen Umfang hat, den sie hätte, wenn die betreffende Handlung oder der betreffende personale Integritätszustand nicht der tatsächlich maßgeblichen Charta-Norm unterfallen würde sondern derjenigen, die der diese Handlung abdeckenden EMRK-Norm korrespondiert".

[581] Dafür *Krämer*, in: Stern/Sachs, GRCh, Art. 52 Rn. 79.

[582] Zur Identifikation funktionaler Äquivalente näher unten, § 7 B.II.1.

[583] Siehe oben, § 1 C. und D.I.1.

[584] EGMR, Urt. v. 13.3.2012, Nr. 23780/08, ECLI:CE:ECHR:2012:0313JUD002378008 – *Malik*, Rn. 90; aus der Literatur *Wunderlich*, Das Grundrecht der Berufsfreiheit im Europäischen Gemeinschaftsrecht, S. 63ff.; näher siehe unten, § 7 A.III.2.

[585] EGMR, Urt. v. 20.11.1989, Nr. 10572/83, ECLI:CE:ECHR:1989:1120JUD001057283 – *Markt intern und Klaus Beerman*, Rn. 26; näher siehe unten, § 7 A.II.

legung der angrenzenden Schutzbereiche mag darauf gerichtet sein, Schutzlücken zu schließen, entspricht dabei aber durchaus der methodischen Konzeption des Grundrechtsschutzes nach der Menschenrechtskonvention. Der personale Gehalt sowohl der Berufsfreiheit als auch des Eigentumsrechts, der Meinungsfreiheit und der Freiheit, Verträge zu schließen, richtet die einzelnen Freiheitsrechte auf die selbstbestimmte Persönlichkeitsentfaltung des Grundrechtsträgers in dem jeweiligen Lebensbereich aus.[586] Er bildet einen gemeinsamen Bezugspunkt der bereichsspezifischen Freiheitsrechte und bringt dadurch Überschneidungen hervor, die zur Konstruktion einer kohärenten Dogmatik Abgrenzungskriterien erforderlich machen können.[587] Fällt aus bestimmten Gründen ein Schutzbereich weg, wie etwa die Berufsfreiheit in der EMRK, decken die angrenzenden Freiheitsrechte die Überschneidungsbereiche ab, ohne dass sie deshalb überdehnt werden müssten. Die Schutzlücken schließende Anwendung der angrenzenden Freiheitsrechte durch den Gerichtshof für Menschenrechte stellt insofern keine Umgehung des Verzichts auf eine gesonderte Gewährleistung der Berufsfreiheit in der Menschenrechtskonvention dar. Vielmehr setzt der auch in der Menschenrechtskonvention übergreifend zu Grunde gelegte Schutz der selbstbestimmten personalen Entfaltung der Grundrechtsträger einem bewussten Verzicht des Grundrechtsschutzes in bestimmten Lebensbereichen Grenzen.

Für die in Art. 52 Abs. 3 GRC eingeforderte Gewährleistung eines in Bedeutung und Tragweise mindestens äquivalenten Schutzstandards folgt daraus, dass für die Ermittlung des in der EMRK gewährleisteten Schutzeffekts unter anderem die Interaktionsbeziehungen des Grundrechtsträgers und ihre Relevanz für die Verwirklichung des zu Grunde liegenden Schutzguts[588] entscheidend sind. Die Gewährleistung eines äquivalenten Schutzes von Verbürgungen der EMRK im System der Grundrechtecharta lässt sich deshalb mit der Übertragung von Schutzbereichen und Schrankenregelungen noch nicht hinreichend abbilden.[589] Erst die Analyse der Strukturen des jeweiligen Sachbereichs plausibilisiert die Implikationen des Schutzes einzelner Verhaltensweisen für das Schutzgut sowie die Relevanz bestimmter Modalitäten, etwa bei der Eingrenzung von Beeinträchtigung oder von prozeduralen Anforderungen an die Rechtfertigung von Eingriffen.[590]

---

[586] Zum Schutz wirtschaftlicher Aktivitäten unter dem Grundgesetzt siehe oben, § 5 D.

[587] Etwa bei der Abgrenzung zwischen der Berufsfreiheit und der Eigentumsfreiheit im deutschen Verfassungsrecht, vgl. nur *Scholz*, in: Maunz/Dürig, GG, Art. 12 Rn. 130ff.

[588] Näher oben, § 1 D.I.1.

[589] In diese Richtung *Krämer*, in: Stern/Sachs, GRCh, Art. 52 Rn. 79.

[590] Näher *Krämer*, in: Stern/Sachs, GRCh, Art. 52 Rn. 74f.

b) Konzeptionelle Entwicklung des Grundrechtsschutzes

Die Kodifikation der Grundrechte der Union in der Grundrechtecharta fördert die Konturierung einzelner Schutzgehalte[591] sowie einer Systematik der Rechtfertigung von Beeinträchtigungen.[592]

aa) Sichtbarkeit durch Normtexte

Die mit der Verabschiedung der Grundrechtecharta bezweckte Erhöhung der Sichtbarkeit der Grundrechte[593] ist nach verbreiteter, im Grundsatz durchaus plausibler Einschätzung geeignet, konzeptionelle Entwicklungen des Grundrechtsschutzes zu fördern.[594] Im Einzelnen dürfte die Entwicklung jedoch vielschichtig und je nach Freiheitsrecht unterschiedlich verlaufen.

Im Verhältnis der Grundrechtecharta zu den gemeinsamen Verfassungsüberlieferungen der Mitgliedstaaten und den Gewährleistungen der Grundrechtecharta als Quellen des Grundrechtsschutzes der Union zeichnet sich mit einigen Ausnahmen[595] eine gewisse Tendenz ab, Modalitäten der Schutzbereiche zu großen Teilen aus den textuellen Vorgaben der Grundrechtecharta zu entwickeln.[596] Bei der Konkretisierung der Anforderungen an die Rechtfertigung von Eingriffen in wirtschaftsbezogene Grundrechte knüpft die Rechtsprechung gleichwohl weiterhin durchgehend an die vor Inkrafttreten der Grundrechtecharta ergangene Rechtsprechung an, die eine Rechtfertigung von Eingriffen in unterschiedliche Ausprägungen der Berufsfreiheit sowie des Eigentumsrechts mit der gesellschaftlichen Funktion dieser Freiheitsrechte begründete.[597] Auch

---

[591] Zur Vagheit der aus den gemeinsamen Verfassungsüberlieferungen abgeleiteten Schutzbereiche siehe oben, § 6 B.II.2.a).

[592] Zur Ausbildung einer solchen Systematik der Rechtfertigung dürfte nicht zuletzt die einheitlich in Art. 52 Abs. 1 GRC vorgesehenen Anforderungen beitragen, näher *Cornils*, Schrankendogmatik, § 5 Rn. 8 ff.

[593] Siehe oben, Fn. 560.

[594] *Skouris*, Methoden der Grundrechtsgewinnung in der Europäischen Union, § 157 Rn. 44 f., auch zu den Wechselwirkungen der Grundrechtsquellen in der Union; *Kühling*, Grundrechte, S. 657 (665 ff.): Katalysatorwirkung der Charta für Fortentwicklung der unionalen Grundrechtsdogmatik.

[595] Etwa die Bestimmung der Schutzbereiche von Freiheitsrechten, die korrespondierend in der EMRK gewährleistet und dort in der Rechtsprechung des EGMR eingehend ausgearbeitet sind; zur Homogenitätsklausel siehe oben, Fn. 575 ff.

[596] Zum Ganzen *Kühling*, Grundrechte, S. 657 (664 ff.).

[597] EuGH, Urt. v. 14.10.2014, C-611/12 P, ECLI:EU:C:2014:2282 – *Giordano*, Rn. 49; EuGH, Urt. v. 9.9.2008, C-120/06 P und C-121/06 P, ECLI:EU:C:2008:476 – *FIAMM u. a.*, Rn. 183; EuGH, Urt. v. 30.6.2005, C-295/03 P, ECLI:EU:C:2005:413 – *Alessandrini u. a.*, Rn. 86; EuGH, Urt. v. 11.7.1989, Rs. 265/87, ECLI:EU:C:1989:303 – *Schräder HS Kraftfutter*, Rn. 15; EuGH, Urt. v. 5.10.1994, C-280/93, ECLI:EU:C:1994:367 – *Deutschland/Rat*, Rn. 78: „Dazu ist zu bemerken, daß sowohl das Eigentumsrecht als auch die freie Berufsausübung zu den allgemeinen Grundsätzen des Gemeinschaftsrechts gehören. Diese Grundsätze können jedoch keine uneingeschränkte Geltung beanspruchen, sondern müssen im Hinblick auf ihre gesellschaftliche Funktion gesehen werden. Folglich können die Ausübung des Eigentumsrechts

wenn sich im Ergebnis regelmäßig kein Unterschied zu den in Art. 52 Abs. 1 GRC vorgesehenen Anforderungen an die Rechtfertigung der Eingriffe ergibt, verzögert dieser Rückgriff auf die etablierte Rechtsprechung eine konzeptionelle Entwicklung der Schrankensystematik.[598]

Darüber hinaus bringt die Rückbindung der Schutzkonzepte an fixierten Normtext auch neue Anwendungsfragen hervor. Formulierungen im Normtext der Freiheitsrechte, die im Hinblick auf eine bestimmte Frage absichtsvoll oder zufällig gewählt sein können, werden in der Rechtsanwendung zum Anknüpfungspunkt für Auslegungsvarianten, zu denen bei dem Rückgriff auf die gemeinsamen Verfassungsüberlieferungen der Mitgliedstaaten, auch unter besonderer Berücksichtigung der Menschenrechtskonvention, noch kein Anlass bestand. Die Modalität zur Gewährleistung der unternehmerischen Freiheit, die nach der Formulierung der Grundrechtecharta „anerkannt" wird, lässt sich etwa als Absenkung des Schutzniveaus oder Erleichterung der Einschränkbarkeit,[599] aber auch als Variation in der Formulierung der Freiheitsrechte ohne Einfluss auf ihren Schutzgehalt verstehen.[600] Die Rechtsprechung des Gerichtshofs tendiert dazu, dieser Formulierung eine Nähe der unternehmerischen Freiheit zu den solidaritätsbezogenen Normen der Grundrechtecharta abzuleiten, die überwiegend keine subjektiv-rechtlichen Abwehrrechte enthalten, auch wenn die genaue Konsequenz für die Einschränkbarkeit von Eingriffen in die unternehmerische Freiheit undeutlich bleibt.[601]

bb) Grenzen der Konservierbarkeit durch Auslegungsregeln

Der Prozess der Ausarbeitung der Grundrechtecharta ist durch unterschiedliche Einschätzungen zu der Frage gekennzeichnet, inwieweit den Verbürgungen

---

und die freie Berufsausübung namentlich im Rahmen einer gemeinsamen Marktorganisation Beschränkungen unterworfen werden, sofern diese Beschränkungen tatsächlich dem Gemeinwohl dienenden Zielen der Gemeinschaft entsprechen und nicht einen im Hinblick auf den verfolgten Zweck unverhältnismässigen, nicht tragbaren Eingriff darstellen, der die so gewährleisteten Rechte in ihrem Wesensgehalt antastet (...)".

[598] *Blanke*, in: Stern/Sachs, GRCh, Art. 15 Rn. 49.

[599] *Grabenwarter*, DVBl. 2001, 1 (5): sehr weitgehende Beschränkungsmöglichkeit.

[600] In diese Richtung *F. Wollenschläger*, in: Stern/Sachs, GRCh, Art. 16 Rn. 6: Ableitung eines geringeren Schutzniveaus oder einer leichteren Einschränkbarkeit wäre Überbewertung des Wortlauts.

[601] EuGH, Urt. v. 22.1.2013, C-283/11, ECLI:EU:C:2013:28 – *Sky Österreich*, Rn. 45f.: „Nach der Rechtsprechung des Gerichtshofs gilt die unternehmerische Freiheit jedoch nicht schrankenlos, sondern ist im Zusammenhang mit ihrer gesellschaftlichen Funktion zu sehen (...). Auf der Grundlage dieser Rechtsprechung und angesichts des Wortlauts von Art. 16 der Charta, der sich von dem der anderen grundrechtlich geschützten Freiheiten, die in ihrem Titel II verankert sind, unterscheidet und dabei dem Wortlaut einiger Bestimmungen ihres Titels IV ähnelt, kann die unternehmerische Freiheit einer Vielzahl von Eingriffen der öffentlichen Gewalt unterworfen werden, die im allgemeinen Interesse die Ausübung der wirtschaftlichen Tätigkeit beschränken können."; daran anknüpfend EuGH, Urt. v. 17.10.2013, C-101/12, ECLI:EU:C:2013:661 – *Schaible*, Rn. 28.

der Grundrechtecharta über den bestehenden Stand des Grundrechtsschutzes eine dynamische Entwicklung, auch durch die Rechtsprechung des Gerichtshofs, zukommen soll.[602] Während einige Stimmen mit der Charta eine stärkere Betonung des Grundrechtsschutzes bezweckten, legten andere Vertreter Wert darauf, dass die Sichtbarmachung der Grundrechte mit keiner Ausweitung der Schutzintensität verbunden war, die sich potentiell auf die Autonomie der Mitgliedstaaten und die Kompetenzverteilung im Verhältnis zur Union auswirken könnte.[603] Sowohl die bei der Anwendung der Grundrechtecharta gebührend zu berücksichtigenden[604] Erläuterungen[605] als auch die Klausel zur Maßgeblichkeit der gemeinsamen Verfassungsüberlieferungen der Mitgliedstaaten bei der Auslegung der in der Charta anerkannten Grundrechte[606] und schließlich auch die Klarstellungen zu den durch die Charta nicht veränderten Kompetenzen der Union[607] lassen sich als Versuche verstehen, den vor Inkrafttreten der Grundrechtecharta bestehenden Status quo des Grundrechtsschutzes der Union zu konservieren.[608]

Dabei dürfte ihre Effektivität durchaus unterschiedlich ausfallen. Während der Verpflichtung auf die Auslegung bestimmter Gewährleistungen „im Einklang"[609] mit den Verfassungsüberlieferungen der Mitgliedstaaten[610] in der Rechtsprechung des Gerichtshofs kaum eine Rolle gespielt hat,[611] werden die Erläuterungen zur Grundrechtecharta in unterschiedlichen Zusammenhängen maßgeblich herangezogen.[612] Die geringe Bedeutung der Auslegungsregel zu den

---

[602] Zum Ganzen *Ladenburger*, in: Stern/Sachs, GRCh, Art. 52 Rn. 21ff.

[603] Insbesondere zur Position des britischen Regierungsvertreters *Lord Goldsmith Ladenburger*, in: Stern/Sachs, GRCh, Art. 52 Rn. 21.

[604] Art. 6 Abs. 1 Unt.Abs. 3 EUV, Art. 52 Abs. 7 GRC.

[605] Erläuterungen zur Charta der Grundrechte, ABl.EU Nr. C 303 v. 14.12.2007, S. 17ff.

[606] Art. 52 Abs. 4 GRC.

[607] Art. 6 Abs. 1 Unt. Abs. 2 EUV, Art. 51 Abs. 2 GRC.

[608] Zur Entstehung der Erläuterungen näher *Ladenburger*, in: Stern/Sachs, GRCh, Art. 52 Rn. 21: „Die Erläuterungen des Präsidiums haben einen einzigen, präzisen Entstehungsgrund: Sie sind das Zugeständnis des Präsidiums des Grundrechte-Konvents gegenüber dem britischen Regierungsvertreter *Lord Goldsmith* in Antwort auf dessen Ansatz einer ‚Charta in zwei Teilen'. Dieser Ansatz war die konsequente Umsetzung des britischen Credos, wonach die Charta keinerlei Änderungen an der bisherigen Rechtslage herbeiführen, sondern ausschließlich der Sichtbarmachung dieser gewissermaßen ‚fotographisch' abzubildenden Rechtslage dienen dürfe".

[609] Zum Hintergrund der Formulierung *Ladenburger*, in: Stern/Sachs, GRCh, Art. 52 Rn. 91.

[610] Art. 52 Abs. 4 GRC.

[611] *Ladenburger*, in: Stern/Sachs, GRCh, Art. 52 Rn. 94: praktisch keine Bedeutung.

[612] Zur Auslegung der unternehmerischen Freiheit EuGH, Urt. v. 22.1.2013, C-283/11, ECLI:EU:C:2013:28 – *Sky Österreich*, Rn. 42; zur Frage, wann die Mitgliedstaaten Unionsrecht durchführen EuGH, Urt. v. 26.2.2013, C-617/10, ECLI:EU:C:2013:105 – *Åkerberg Fransson*, Rn. 20; EuGH, Urt. v. 6.3.2014, C-206/13, ECLI:EU:C:2014:126 – *Siragusa*, Rn. 22; zur Bestimmung der in Art. 52 Abs. 2 GRC bezeichneten Rechte EuGH, Urt. v. 7.4.2016, C-284/15, ECLI:EU:C:2016:220 – *ONEm*, Rn. 33; zur Auslegung des Art. 52 Abs. 3 GRC EuGH, Urt. v. 30.6.2016, C-205/15, ECLI:EU:C:2016:499 – *Toma*, Rn. 40f.; EuGH, Urt. v. 22.12.2010,

Verfassungsüberlieferungen der Mitgliedstaaten dürfte abgesehen von einer gewissen Vagheit des Anwendungsbereichs und der Rechtsfolge[613] darauf zurückgehen, dass mit den gemeinsamen Verfassungsüberlieferungen kein greifbarer Bezugspunkt zur konzeptionellen Entwicklung zur Verfügung steht. Erhebliche Unterschiede in den verfassungsrechtlichen Überlieferungen zu bestimmten, insbesondere gesellschaftlich umstrittenen Fragen können ein Argument für eine konzeptionelle Zurückhaltung der Rechtsprechung darstellen.[614] Im Übrigen ist die Anknüpfung an Verfassungsüberlieferungen schon wegen der Abhängigkeit des Grundrechtsschutzes von der Entwicklung des Lebensbereichs[615] und der Konturlosigkeit des aus den gemeinsamen Verfassungsüberlieferungen abgeleiteten Grundrechtsstands kaum geeignet, den Status quo vor Weiterentwicklungen zu konversieren.

Demgegenüber bieten die Erläuterungen zur Grundrechtecharta einen konkreten Text, der zur Auslegung der einzelnen Bestimmungen der Charta herangezogen werden kann. Diese Eigenschaft als Kontext zur Norminterpretation macht die Erläuterungen für die konzeptionelle Arbeit des Gerichtshofs attraktiv und damit im Ergebnis wirkmächtiger, als es der Grad normativer Verbindlichkeit und das aus unterschiedlichen Gründen reduzierte argumentative Gewicht der Erläuterungen[616] vermuten lässt.[617] Allerdings dürfte auch diese Anbindung der konzeptionellen Entwicklung an einen Kontext keine Konservierung eines Status quo bewirken, sondern die Entwicklung lediglich in eine bestimmte Richtung beeinflussen.

C-279/09, ECLI:EU:C:2010:811 – *DEB*, Rn. 32; EuGH, Urt. v. 5.6.2014, C-398/12, ECLI:EU:C:2014:1057 – *M*, Rn. 37; zur Unterscheidung zwischen Rechten und Grundsätzen EuGH, Urt. v. 22.5.2014, C-356/12, ECLI:EU:C:2014:350 – *Glatzel*, Rn. 74ff.; zusammenfassend *Ladenburger*, in: Stern/Sachs, GRCh, Art. 52 Rn. 134f.

[613] *Ladenburger*, in: Stern/Sachs, GRCh, Art. 52 Rn. 85, Rn. 91f.

[614] In diesem Sinne *Ladenburger*, in: Stern/Sachs, GRCh, Art. 52 Rn. 95: „Am ehesten vorstellbar ist es, dass der EuGH dann auf Abs. 4 verweisen wird, wenn er zu besonders heiklen Fragen, zu denen in den Mitgliedstaaten ganz unterschiedliche Verfassungstraditionen oder Vorstellungen von Ethik oder Moral bestehen, Stellung beziehen muss".

[615] Siehe oben, § 1 D.2.b).

[616] Zu beidem *Ladenburger*, in: Stern/Sachs, GRCh, Art. 52 Rn. 133.

[617] Vgl. die Einschätzung bei *Ladenburger*, in: Stern/Sachs, GRCh, Art. 52 Rn. 85, Rn. 135: „Nach allem ist festzuhalten, dass es dem EuGH und den Gerichten der Mitgliedstaaten zwar theoretisch offensteht, von einer Aussage der Erläuterungen abzuweichen, wenn die Auslegung der Charta nach den übrigen klassischen Auslegungsmethoden in eine andere Richtung führt. Dies müsste allerdings im Einzelfall sorgfältig und unter expliziter Auseinandersetzung mit den Erläuterungen begründet werden. In der Praxis dürfte dem EuGH jegliche Abweichung von präzisen Aussagen in den Erläuterungen sehr schwerfallen."; ähnlich *Lenaerts*, EuConst 8 (2012) 375 (402): Abweichung wäre ‚*judicial activism*' durch EuGH; differenzierend *v. Danwitz/Paraschas*, Ford. Int. L. Journ 2012, 1396 (1422f.): „In essence, the explicit reference to the explanations and thereby to the genesis of the Charter should be understood as a general reminder to interpret the provisions of the Charter only on the basis of a sound methodology".

III. Grundrechtlicher Schutz von Marktaktivitäten im Unionsrecht

Die marktbezogenen Grundrechte der Union sind durch einen personalen, auf Persönlichkeitsentfaltung ausgerichteten Gehalt charakterisiert. Dieser personale Gehalt kommt in der Rechtsprechung, die auf die gemeinsamen Verfassungsüberlieferungen der Mitgliedstaaten abstellt, nur und vor allem über die Berücksichtigung der Europäischen Menschenrechtskonvention punktuell zum Ausdruck. Indem die Grundrechtecharta den personalen Bezug stärker und systematischer betont, stößt sie eine Entwicklung der Grundrechtskonzeption an, die durch die vielfachen Bezüge auf die vorhergehende Rechtsprechung des Gerichtshofs, auch in den Erläuterungen des Präsidiums, tendenziell verdeckt wird. Durch den personalen Bezug gewinnen die den einzelnen Freiheitsrechten zu Grunde liegenden Schutzgüter an Kontur und die jeweiligen Schutzkonzepte an Tiefe.

Als marktbezogene Grundrechte der Union decken die Berufsfreiheit, die unternehmerische Freiheit und verschiedene soziale Rechte aus dem Titel „Solidarität" der Grundrechtecharta unterschiedliche Facetten von Marktaktivitäten ab und weisen in ihrem personalen Gehalt ein gemeinsames Fundament auf. Als spezifische Interaktionszusammenhänge bringen Marktaktivitäten neue Anschlussmöglichkeiten hervor, die eine selbstbestimmte Persönlichkeitsentfaltung der Einzelnen auf unterschiedliche Weise begünstigen[618] und insoweit grundrechtlich geschützt sind. Sie verursachen aber zugleich auch mit ihrer dynamischen, wissensgenerierenden Wirkung zwangsläufig verbundene Anpassungsnotwendigkeiten, die die Rahmenbedingungen der Grundrechtsverwirklichung auch negativ beeinflussen können.[619] Ein auf die Persönlichkeitsentfaltung bezogener Grundrechtsschutz setzt in unterschiedlichen Dimensionen an dem Schutz einer gewissen Qualität dieser Rahmenbedingungen an. Indem eine interaktionszentrierte Perspektive die ambivalenten Auswirkungen der wissensgenerierenden Handlungszusammenhänge auf die Realisierung der grundrechtlichen Schutzgüter aufgreift, ist sie für verschiedene Jurisdiktionen mit im Schutzbereich unterschiedlich zugeschnittenen Freiheitsrechten anschlussfähig und fördert die Rationalität des Schutzkonzepts. Sie bringt zum einen die unterschiedlichen, jeweils auf Marktaktivitäten bezogenen Freiheitsrechte und Grundsätze über ihre jeweilige Ausrichtung an der personalen Entfaltung in ein produktives Verhältnis. Zum anderen verarbeitet sie schon in ihrer Grundperspektive die Auswirkungen der Marktprozesse auf die verschiedenen Facetten des personalen Schutzguts einschließlich der Optionen rechtlicher Ausgestaltung. Sie trägt dadurch dazu bei, politische Richtungsentscheidungen für eine eher liberale oder soziale Ausgestaltung von den instrumentell beschriebenen Voraussetzungen und Wirkungsweisen der Handlungszusammenhänge

[618] Siehe oben, § 5 B.I.1.
[619] Siehe oben, § 5 B.I.3.

analytisch zu trennen. Die interaktionszentrierte Perspektive arbeitet dadurch in der Grundrechtsanwendung enthaltene Wertungsentscheidungen heraus und akzentuiert den rechtswissenschaftlichen Charakter der Einordnung sozialer Verbürgungen als Rechte oder Grundsätze sowie die Konkretisierung ihrer Reichweite. Zugleich bietet die interaktionszentrierte Perspektive eine Grundlage für die schutzgutbezogene Konkretisierung der Schutzbereiche sowie Kriterien der Rechtfertigung.

1. Personaler Gehalt des Schutzes von Marktaktivitäten

Ähnlich wie bei den Grundrechten des Grundgesetzes[620] liegt den marktbezogenen Grundrechten ein personaler Gehalt zu Grunde, der eine grundrechtsübergreifende Ausrichtung der marktbezogenen Grundrechte auf die Persönlichkeitsentfaltung der Grundrechtsträger durch die Teilnahme an Marktprozessen bewirkt und je nach Freiheitsrecht jeweils unterschiedliche Aspekte der Interaktionszusammenhänge akzentuiert. Dieser personale Gehalt und die mit ihm verbundene Konzeption des den Freiheitsrechten zu Grunde liegenden Schutzguts ist allerdings in der Rechtsprechung des Gerichtshofs aus der Zeit vor der Grundrechtecharta kaum entwickelt. Insbesondere die Rechtsprechung, die die Berufsfreiheit als Ausdruck der gemeinsamen Verfassungsüberlieferungen der Mitgliedstaaten etabliert hat, weist kaum Berührungspunkte mit dem personalen Gehalt auf, der Art. 15 GRC zugeschriebenen ist. Insofern besteht bei der Berufsfreiheit der Grundrechtecharta trotz der ihr zu Grunde liegenden Tradition der vorhergehenden Rechtsprechung Raum für konzeptionelle Entwicklungen, die zugleich mittelbar mit der Konzeption der marktbezogenen sozialen Rechte sowie der unternehmerischen Freiheit zusammenhängen.

a) Konzeptionelle Entwicklung der Berufsfreiheit

Der Berufsfreiheit nach der Grundrechtecharta kommt ein prägendes Moment der Persönlichkeitsentfaltung zu.[621] Schon der Wortlaut, der das Freiheitsrecht als „Recht, zu arbeiten" formuliert und die freie Wahl und Annahme des ausgeübten Berufs betont, spielt auf die selbstbestimmte Entscheidung des Grundrechtsträgers und die Bedeutung der Arbeit für dessen Persönlichkeitsentfaltung an.[622] Die Ausübung der Berufsfreiheit schafft aus dieser Perspektive nicht nur die wirtschaftlichen Rahmenbedingungen der Selbstbestimmung, sondern trägt zugleich durch die Tätigkeit selbst zur Persönlichkeitsentfaltung bei, und zwar

---

620 Siehe oben, § 5 B.I., B.II., B.III. und B.IV.

621 Ähnlich zur Berufsfreiheit nach Art. 12 Abs. 1 GG siehe oben, § 5 B.I.1.

622 *Ashiagbor*, in: Peers/Hervey/Kenner/Ward, Charter of Fundamental Rights, Art. 15 Rn. 6: „The freedom to choose, which is at the heart of Article 15, encapsulates a right to self-determination when it comes to one's economic activities".

sowohl durch die Tätigkeit selbst,[623] als auch durch die sozialen Kontakte, die sich aus der beruflichen Tätigkeit ergeben.[624]

Die Notwendigkeit, die tatsächlichen Bedingungen der Persönlichkeitsentfaltung durch Arbeit positiv zu schützen und zu fördern, war in Bezug auf unterschiedliche Verbürgungen der Grundrechtecharta Gegenstand der Diskussion im Grundrechtekonvent.[625] Systematisch entspricht der personale Gehalt der Berufsfreiheit dem besonderen Bezug der Grundrechtecharta auf die in den Erläuterungen als das „eigentliche Fundament der Grundrechte"[626] bezeichnete Menschenwürde.[627] Auch im Verbot der Diskriminierung hinsichtlich der Arbeitsbedingungen in Art. 15 Abs. 3 GRC klingt der personale Gehalt des Grundrechts an.[628]

Dieser personale Gehalt ist allerdings in den Entscheidungen des Gerichtshofs, in denen nach den Erläuterungen des Präsidiums die Berufsfreiheit aus Art. 15 Abs. 1 GRC anerkannt ist,[629] nicht enthalten. Die Fälle betreffen die selbständige unternehmerische Tätigkeit einer Winzerin und eines Winzers sowie einer mit Kohlen- und Baustoffgroßhandel befassten Kommanditgesellschaft, die durch Beschränkungen in der Produktion, im Handel oder der Etikettierung der Waren behindert worden ist. Unter der Charta der Grundrechte würden diese Beeinträchtigungen der selbständigen Tätigkeit in den Schutzbereich der unternehmerischen Freiheit nach Art. 16 GRC fallen. Auch wenn der

---

[623] Im Hinblick auf die Anknüpfung an Art. 1 Abs. 2 der Europäischen Sozialcharta *Ashiagbor*, in: Peers/Hervey/Kenner/Ward, Charter of Fundamental Rights, Art. 15 Rn. 25f.: right to work as an inseparable part of human dignity, allowing individuals to attain self-realisation, on the basis that meaningful work is a prerequisite of self-respect.

[624] EGMR, Urt. v. 28.5.2009, 26713/05, ECLI:EC:ECHR:2009:0528JUD002671305 – *Bigaeva/Griechenland*, Rn. 23; näher unten, Fn. 632.

[625] Entsprechend weisen Kommentierungen regelmäßig darauf hin, dass die Berufsfreiheit keinen Anspruch auf einen Arbeitsplatz vermittelt, vgl. nur *Bernsdorff*, in: Meyer, GRC, Art. 15 Rn. 15; *Blanke*, in: Stern/Sachs, GRCh, Art. 15 Rn. 24; die positive Dimension akzentuiert *Ashiagbor*, in: Peers/Hervey/Kenner/Ward, Charter of Fundamental Rights, Art. 15 Rn. 9: „If one considers Article 15 as enshrining a right to be economically active in the labour market, then it presupposes a right to access employment without being arbitrarily excluded, and a right not to be deprived of work without some form of due process".

[626] Erläuterungen zu Art. 1 GRC, näher oben, Fn. 531.

[627] *Ashiagbor*, in: Peers/Hervey/Kenner/Ward, Charter of Fundamental Rights, Art. 15 Rn. 6: „Accordingly, Article 15 most clearly resonates with Article 1 of the Charter, on human dignity, in keeping with the argument that self-realisation through work is an integral part of self-respect. The right to work links to the concept of dignity in another sense: that the content of the work must be dignified or decent".

[628] Zu dem personalen Gehalt der Berufsfreiheit und ihrem Zusammenhang zu den Arbeitsbedingungen *Ashiagbor*, in: Peers/Hervey/Kenner/Ward, Charter of Fundamental Rights, Art. 15 Rn. 6 und 9; siehe Fn. 627.

[629] EuGH, Urt. v. 14.5.1974, Rs. 4/73, ECLI:EU:C:1974:51 – *Nold*, Rn. 12ff.; EuGH, Urt. v. 13.12.1979, Rs. 44/79, ECLI:EU:C:1979:290 – *Hauer*, Rn. 32; EuGH, Urt. v. 8.10.1986, Rs. 234/85, ECLI:EU:C:1986:377 – *Keller*, Rn. 8.

unternehmerischen Freiheit ebenfalls ein personaler Bezug zukommt,[630] war er für die Entscheidungen nur von untergeordneter Bedeutung.[631]

Allerdings wäre es durchaus denkbar gewesen, dass die aus den gemeinsamen Verfassungsüberlieferungen abgeleiteten allgemeinen Grundsätze eine Konzeption der Berufsfreiheit hervorbringen, die die Rahmenbedingungen der Persönlichkeitsentfaltung akzentuiert. Insbesondere die Rechtsprechung des Gerichtshofs für Menschenrechte betont den Zusammenhang zwischen beruflicher Tätigkeit und individueller Lebensführung[632] und ordnet aus diesem Grund in unterschiedlichen Fallgestaltungen Beschränkungen des Berufszugangs als Eingriff in das Recht auf Privatleben aus Art. 8 EMRK ein.[633] Jedoch hat sich

---

[630] *Blanke*, in: Stern/Sachs, GrCh, Art. 16 Rn. 6: Individualfreiheit mit Zügen einer koporativen Freiheit; Differenzierung nach dem personalen Gehalt bei der Schutzintensität bei *Jarass*, GRCh, Art. 16 Rn. 18, näher unten, Fn. 665.

[631] In der Entscheidung *Nold*, Urt. v. 14.5.1974, Rs. 4/73, ECLI:EU:C:1974:51, Rn. 14, stellt der EuGH insoweit lediglich fest, „dass die Verfassungsordnung aller Mitgliedstaaten das Eigentum schützt und in ähnlicher Weise die Freiheit der Arbeit, des Handels und anderer Berufstätigkeiten gewährleistet". In der Entscheidung *Keller*, EuGH, Urt. v. 8.10.1986, Rs. 234/85, ECLI:EU:C:1986:377, Rn. 8, und *Hauer*, EuGH, Urt. v. 13.12.1979, Rs. 44/79, ECLI:EU:C:1979:290, Rn. 32, wird zum Schutzbereich lediglich unter Hinweis auf die Entscheidung *Nold* ausgeführt, dass die Verfassungsordnung verschiedener Mitgliedstaaten die freie Berufsausübung gewährleiste bzw. das Recht auf freie Berufsausübung zu den allgemeinen Rechtsgrundsätzen zähle, die der EuGH zu wahren habe.

[632] EGMR, Urt. v. 28.5.2009, 26713/05, ECLI:EC:ECHR:2009:0528JUD002671305 – *Bigaeva/Griechenland*, Rn. 23: „(...) Des restrictions apportées à la vie professionnelle peuvent tomber sous le coup de l'article 8, lorsqu'elles se répercutent dans la façon dont l'individu forge son identité sociale par le développement des relations avec ses semblables. Il convient sur ce point de noter que c'est dans le cadre de leur travail que la majorité des gens ont beaucoup, voire le maximum d'occasions de resserrer leurs liens avec le monde extérieur (...). En outre, la vie professionnelle chevauche très souvent la vie privée au sens strict du terme, de telle sorte qu'il n'est pas toujours aisé de distinguer en quelle qualité l'individu agit à un moment donné. Bref, la vie professionnelle fait partie de cette zone d'interaction entre l'individu et autrui qui, même dans un contexte public, peut relever de la ‚vie privée' (...)"; ebenso *Wollenschläger*, in: von der Groeben/Schwarze/Hatje, Europäisches Unionsrecht, Art. 15 GRC Rn. 5.

[633] EGMR, Urt. v. 28.5.2009, 26713/05, ECLI:EC:ECHR:2009:0528JUD002671305 – *Bigaeva/Griechenland*, Rn. 22f.: „La Cour rappelle que la ‚vie privée' est une notion large qui ne se prête pas à une définition exhaustive (...). En effet, l'article 8 de la Convention protège le droit à l'épanouissement personnel (...), que ce soit sous la forme du développement personnel (...) ou sous l'aspect de l'autonomie personnelle, qui reflète un principe important sous-jacent dans l'interprétation des garanties de l'article 8 (...). (...) L'article 8 garantit ainsi la ‚vie privée' au sens large de l'expression, qui comprend le droit de mener une ‚vie privée sociale', à savoir la possibilité pour l'individu de développer son identité sociale. Sous cet aspect, ledit droit consacre la possibilité d'aller vers les autres afin de nouer et de développer des relations avec ses semblables (...). Au vu de ce qui précède, la Cour réaffirme qu'il n'y a aucune raison de principe de considérer que la ‚vie privée' exclut les activités professionnelles. (...)"; zu Berufszugangsbeschränkungen gegenüber ehemaligen KGB-Offizieren EGMR, Urt. v. 27.7.2004, 55480/00 und 59330/00, ECLI:CE:ECHR:2004:0727JUD005548000 – *Sidabras und Džiautas*, Rn. 47: „(...) the Court considers that a far-reaching ban on taking up private sector employment does affect ‚private life'. It attaches particular weight in this respect to the text of Article 1 § 2 of the European Social Charter and the interpretation given by the European Committee of Social Rights (...) and to the texts adopted by the ILO [International Labour

für die Rechtsprechung des Gerichtshofs der Europäischen Union eine daran anknüpfende Ausgestaltung der Berufsfreiheit als allgemeinem Grundsatz des Unionsrechts auch deshalb nicht ergeben, weil Beeinträchtigungen beruflicher Tätigkeit, die in den Anwendungsbereich der Berufsfreiheit fielen, vor allem von Marktordnungen ausgingen und dadurch typischerweise keinen unmittelbaren Bezug zur individuellen Lebensführung einzelner Berufsträger aufwiesen.

Mit zunehmender Vielfalt der Fallgestaltungen, in denen die Grundrechte der Union der Ausgestaltung etwa des Binnenmarkts oder des Raums der Freiheit, der Sicherheit und des Rechts einschließlich der Terrorismusbekämpfung Grenzen setzen, gewinnt die konzeptionelle Entwicklung des Schutzguts an Relevanz für einen kohärenten Schutz der Berufsfreiheit.

b) Soziale Rechte als komplementäre Ergänzung

Die mit der Arbeit zusammenhängenden, sozialen Rechte der Grundrechtecharta adressieren Aspekte des Zusammenhangs zwischen Berufsausübung und Persönlichkeitsentfaltung, die im deutschen Verfassungsrecht zu weiten Teilen in den Schutzbereich der Berufsfreiheit fallen und die Leistungsdimension wie auch die Ausgestaltung der Berufsfreiheit betreffen.[634] Grundrechtsdogmatisch handelt es sich um zwei unterschiedliche Zugänge zur Verwirklichung derselben Schutzgüter angesichts bestimmter Rahmenbedingungen. Es geht jeweils darum, eine bestimmte Qualität der Rahmenbedingungen für die Ausübung der Berufsfreiheit zu gewährleisten, um vor Beeinträchtigungen der auf Arbeit beruhenden personalen Entfaltung zu schützen, die sich aus markttypischen Anpassungsanreizen und dezentral formulierten Auswahlkriterien ergeben können. Diese Anpassungsanreize und Teilnahmevoraussetzungen sind Kehrseite der vielfältigen Anschlussmöglichkeiten dynamischer Marktprozesse, also Folge der Interaktionszusammenhänge, die auf der einen Seite personale Entfaltung erst ermöglichen, aber auch gefährden können und auf der anderen Seite selbst Ausdruck der Ausübung der Berufsfreiheit sind.[635]

Als Schutz vor diesen Anpassungsanreizen und Auswahlkriterien sieht die Grundrechtecharta Formen der Partizipation an Fragen der betrieblichen Organisation durch rechtzeitige Unterrichtung und Anhörung in bestimmten Fällen[636]

Organisation] (…)"; sowie daran anknüpfend EGMR, Urt. v. 7.4.2005, 70665/01 und 74345/01, ECLI:CE:ECHR:2005:0407JUD007066501 – *Rainys und Gasparavičius*, Rn. 34; aus der Literatur *Grabenwarter/Pabel*, EMRK, § 25 Rn. 38 f.; *Wollenschläger*, in: von der Groeben/Schwarze/Hatje, Europäisches Unionsrecht, Art. 15 GRC Rn. 5.

[634] Siehe oben, § 5 D.II.2.

[635] Zu den Anpassungsanreizen, Teilnahmevoraussetzungen und Anschlussmöglichkeiten näher oben, § 5 A.I. und B.I.3.

[636] Art. 27 GRC.

sowie das Recht auf Kollektivverhandlungen und Kollektivmaßnahmen[637] vor. Das Recht auf Zugang zu einem unentgeltlichen Arbeitsvermittlungsdienst[638] sowie der Schutz vor ungerechtfertigter Entlassung[639] zielen auf den Bestand eines Arbeitsverhältnisses als der Basis der personalen Entfaltung durch Arbeit. Schließlich streben die Gewährleistungen eine bestimmte Qualität der Arbeitsbedingungen, insbesondere für Jugendliche,[640] und das Verbot der Kinderarbeit an.[641]

Diese ausdrückliche Normierung bestimmter, situationsspezifischer Schutzbedarfe bildet einen anderen Ansatz des Grundrechtsschutzes als die abstraktere Gewährleistung einer Berufsfreiheit, über deren personalen Gehalt leistungsrechtliche und auf Ausgestaltung angelegte Schutzdimensionen entfaltet werden.[642]

Dabei ist im Ausgangspunkt naheliegend, dass Schutzbereiche von Gewährleistungen aus verschiedenen Jurisdiktionen oder Normtexten voneinander abweichen und bestimmte Sachverhalte oder Schutzbedarfe über jeweils unterschiedliche Freiheitsrechte adressieren. Vor allem der personale, nicht zuletzt durch einen Bezug zur Menschenwürde zum Ausdruck kommende Gehalt der jeweiligen Freiheitsrechte verbindet die unterschiedlichen Schutzkonzeptionen. Die Rückbindung an den personalen Gehalt bewirkt dadurch eine gewisse Flexibilität wie auch eine Abstraktion des effektiven Schutzes von dem Normtext der einzelnen Freiheitsrechte in den potentiellen Überschneidungsbereichen der einzelnen Schutzbereiche.[643] Marktaktivitäten etwa, die in der Europäischen Menschenrechtskonvention nicht einer Berufsfreiheit zugeordnet werden können, werden als Ausprägung des Eigentumsrechts, der Meinungsfreiheit oder der Achtung des Privatlebens geschützt.[644] Strukturelle Parallele dieser dogmatisch bei verschiedenen Freiheitsrechten verorteten Konzeptionen bildet der marktbezogene Interaktionszusammenhang, innerhalb dessen sich die Persönlichkeit durch selbstbestimmte Teilnahme entfaltet und der sich jeweils dem Normbereich unterschiedlicher Freiheitsrechte zuordnen lässt. Welcher dieser

---

[637] Art. 28 GRC; die Rechtsprechung überprüft auch die Ausübung dieses Rechts u. a. am Maßstab des Diskriminierungsverbots, EuGH, Urt. 19.9.2018, C-312/17, ECLI:EU:C:2018:734 – *Bedi*, Rn. 69 f.

[638] Art. 29 GRC.

[639] Art. 30 GRC.

[640] Zum Recht auf gesunde, sichere und würdige Arbeitsbedingungen sowie Begrenzungen der Arbeitszeit einschließlich eines Jahresurlaubs Art. 31 GRC; zu angemessenen Arbeitsbedingungen für Jugendliche Art. 32 Unt. Abs. 2 GRC.

[641] Art. 32 Unt. Abs. 1 GRC.

[642] Kurzer vergleichender Überblick zur unterschiedlichen Lagen in den einzelnen Mitgliedstaaten etwa beim Schutz vor ungerechtfertigten Entlassungen bei *Lembke*, in: von der Groeben/Schwarze/Hatje (Hrsg.), Europäisches Unionsrecht, Art. 30 GRC Rn. 7; zum Schutz durch die Berufsfreiheit nach Art. 12 GG § 5 B.I.3. und D.II.2.a).

[643] Näher unten, § 7 A.

[644] Näher unten, § 7 A.I.

Normbereiche innerhalb der einzelnen Jurisdiktion jeweils entsprechend entwickelt wird, stellt insoweit für die Effektivität und Reichweite des Schutzes keine entscheidende Frage dar. Die einzelnen Ausprägungen der unterschiedlichen Schutzbereiche bilden dann funktionale Äquivalente.

Demgegenüber bewirken Gewährleistungen, die wie die sozialen Rechte der Grundrechtecharta einzelne Ausschnitte des Arbeitslebens aufgreifen, eine abweichende dogmatische Konzeption. Sie greifen zwar ebenfalls Aspekte der marktbezogenen Interaktionszusammenhänge auf, die geeignet sind, die Verwirklichung des Schutzguts personaler Entfaltung zu beeinträchtigen. Gerade indem sie sich jedoch gegen diese Beeinträchtigungen als solche richten, lassen sie den Zusammenhang zwischen den interaktionsbedingten Anschlussmöglichkeiten sowie Anpassungsanreizen und Teilnahmevoraussetzungen sowie ihrer Relevanz für das personale Schutzgut tendenziell in den Hintergrund treten. Diese Rechte als Schutz vor Anpassungsanreizen oder Auswahlentscheidungen der anderen Marktteilnehmerinnen und Marktteilnehmer zu verstehen, ohne die Konsequenzen für die damit zusammenhängenden Anschlussmöglichkeiten zu berücksichtigen, trägt den Ursachen und Wirkungen der interaktionsbedingten Marktdynamik nicht hinreichend Rechnung. Auf einer analytischen, die grundrechtliche Konzeption vorbereitenden Ebene lassen sich Marktprozesse für grundrechtsdogmatische Zwecke als Interaktionszusammenhänge beschreiben, die aus der Freiheitsausübung entstehen und durch ihre Wechselwirkung die Entfaltungsoptionen der Grundrechtsträger prägen.[645] Dieser methodische Zugriff verarbeitet die Strukturen des jeweiligen Lebensbereichs, also die tatsächlichen Rahmenbedingungen der Grundrechtsverwirklichung, und erhöht durch die Offenlegung und argumentative Einbindung der lebensbereichsbezogenen, außerjuridischen Prämissen die Rationalität der rechtsdogmatischen Konzeption. Ein vergleichbarer Zugriff wäre prinzipiell auch bei der Konkretisierung der bereichsspezifischen sozialen Rechte möglich. Er ist jedoch in den sozialen Rechten nicht gleichermaßen angelegt, weil er für deren Konzeption dem Anschein nach nicht erforderlich ist. Der soziale Schutz in dem jeweiligen Bereich lässt sich ohne Anbindung an die ambivalente Wirkung von Interaktionszusammenhängen auf das jeweilige Schutzgut einfordern. Die damit verbundene Abstraktion des grundrechtlichen Schutzes von den Strukturen des Normbereichs und ihrer Relevanz für das Schutzgut wirkt sich auf die Schärfentiefe, die Wahrnehmung und schließlich mittelbar auf die Reichweite des Schutzes aus. Weil der Fokus der Aufmerksamkeit nicht auf dem zwangsläufigen und interaktionsbedingten Spannungsverhältnis von Anpassungsnotwendigkeiten und Anschlussmöglichkeiten sowie auf den jeweils begründeten Ausgestaltungen, sondern bloß auf der Intensität des Schutzes vor den Anpassungsnotwendigkeiten liegt, wird die

[645] Siehe oben, § 5 A.I., sowie allgemein § 1 D.I.

rechtliche Konzeption vor allem als politische Frage wahrgenommen.[646] Die vielfach betonte Einheit der Grundrechte,[647] die den leistungsrechtlichen Schutz sozialer Rechte und den vor allem abwehrrechtlichen Schutz der traditionellen Freiheitsrechte umfasst, stellt in dieser Perspektive eher eine politische Forderung nach sozialem Schutz durch die „Grundrechte zweiter Generation"[648] dar, ohne den der Grundrechtsschutz unvollständig bliebe.

Eine umfassende, interaktionsbezogene Entfaltung der allgemeiner gefassten Schutzbereiche wird hingegen durch die Einführung bereichsspezifischer Gewährleistungen weniger wahrscheinlich. In ihrem Anwendungsbereich gehen die bereichsspezifischen Gewährleistungen den allgemeineren Schutzbereichen vor und auch in darüber hinausgehenden Bereichen kann die Existenz einzelner besonderer Gewährleistung die Vermutung einer abschließenden Regelung nahelegen.[649] Indem bereichsspezifische Gewährleistungen arbeitsbezogener sozialer Rechte in ihrem Anwendungsbereich eine anspruchsvollere Konzeption der Berufsfreiheit entbehrlich machen, können sie sich mittelbar als Erschwerung einer entsprechenden übergreifenden Entwicklung der Berufsfreiheit erweisen. Das gilt insbesondere, wenn den besonderen Gewährleistungen nur der Charakter von Grundsätzen zukommt,[650] deren Rechtswirkungen nach der Auslegungsregel aus Art. 52 Abs. 5 S. 2 GRC gegenüber den Rechten weniger unmittelbar und weitreichend sind, im Einzelnen aber unklar bleiben.[651]

---

[646] Zu dem erheblichen politischen Konfliktpotential bei der Diskussion um die Einführung und Reichweite der sozialen Rechte in der Grundrechtecharta *Rudolf*, in: Meyer, GRC, Vor Titel IV, Rn. 1 ff.

[647] *Brillat*, The Supervisory Machinery of the European Social Charter: Recent Developments and their Impact, S. 31: „The indivisibility and interdependence of human rights are now – at least in official declarations – generally accepted".

[648] *De Búrca*, The Future of Social Rights Protection in Europe, S. 3.

[649] Vgl. nur *F. Wollenschläger*, in: von der Groeben/Schwarze/Hatje, Europäisches Unionsrecht, Art. 15 GRC Rn. 26: „Zurückhaltung ist gegenüber einer leistungsrechtlichen Entfaltung der Berufsfreiheit angezeigt. Abgesehen von prinzipiellen Einwänden gegen die Anerkennung sozialer Grundrechte fand ein Recht auf Arbeit nämlich keine Aufnahme in die GRC, und erfuhren das Arbeitsleben betreffende Leistungsrechte eine umfassende Regelung im Solidaritätstitel (Titel IV) der GRC. (…) Diese Einzelgewährleistungen unterstreichen, dass sich die Berufsfreiheit nicht in einem Abwehrrecht erschöpft, sondern auch eine Leistungs-, Teilhabe-, Schutzpflichten- und Gleichheitsdimension kennt. Eine entsprechende Weiterentwicklung – über diese Einzelaspekte hinaus, freilich nicht in Widerspruch zu ihnen – ist möglich".

[650] Zur Diskussion etwa beim Recht auf Unterrichtung und Anhörung nach Art. 27 GRC, zum Recht auf Kollektivverhandlungen nach Art. 28 GRC, zum Zugang zu einem Arbeitsvermittlungsdienst nach Art. 29 GRC, zum Schutz bei ungerechtfertigter Entlassung nach Art. 30 GRC sowie den Vorgaben an gerechte und angemessene Arbeitsbedingungen nach Art. 31 GRC, dabei jeweils für die Annahme eines subjektiven Grundrechts *Lembke*, in: von der Groeben/Schwarze/Hatje, Europäisches Unionsrecht, Art. 27 GRC Rn. 4, Art. 28 Rn. 5, Art. 29 Rn. 4, Art. 30 Rn. 8, Art. 31 Rn. 8.

[651] Näher *Ladenburger*, in: Stern/Sachs, GRCh, Art. 52 Rn. 101 ff., 103: keine subjektive Schutzwirkung, sondern Einfluss im Rahmen objektiver Rechtskontrolle mit geringerer gerichtlicher Kontrolldichte.

Diese Zurückhaltung in der Fortentwicklung einer Grundrechtskonzeption der Union läge im Ergebnis im Interesse derjenigen Mitgliedstaaten, deren Vertreter sich zur Vermeidung von Ingerenzen in nationale Kompetenzen, vor allem im Bereich sozialer Rechte, gegen die Einführung ausdrücklicher Gewährleistung ausgesprochen haben.[652] Der durchgehende ausdrückliche Vorbehalt der einzelstaatlichen Rechtsvorschriften und Gepflogenheiten[653] reduziert das Potential zum Ausbau des Schutzes ungeachtet der kompetenziellen Grenzen[654] erheblich.[655]

c) Unternehmerische Freiheit als Facette der Berufsfreiheit

Deutlich wird das Spannungsverhältnis zwischen der übergreifenden Entfaltung des personalen Gehalts der Berufsfreiheit und den nur unter Vorbehalt gewährten sozialen Rechten zudem bei der Ausgestaltung der unternehmerischen Freiheit.

aa) Für soziale Rechte typischer Vorbehalt?

Die unternehmerische Freiheit stellt angesichts ihrer systematischen Einordnung und der ihr die zu Grunde liegende Rechtsprechung des Gerichtshofs, in der die Berufsfreiheit sowie der Schutz unterschiedlicher Facetten unternehmerischer Tätigkeiten etabliert werden,[656] als eine besondere Ausprägung der Berufsfreiheit ein Freiheitsrecht dar.[657] Ihr auf das Unionsrecht und die einzelstaatlichen Rechtsvorschriften und Gepflogenheiten bezogener Vorbehalt entspricht allerdings eher der Struktur sozialer Rechte, die auf leistungsrechtlichen Schutz und Ausgestaltung angelegt sind.[658] Dieser Vorbehalt hat sich in den Diskussionen des Konvents pfadabhängig aus dem ursprünglichen Ziel der Wahrung mitgliedstaatlicher Kompetenzen beim Recht, eine Ehe einzugehen und eine Familie zu gründen,[659] und beim Recht auf Kollektivverhandlungen und Kollektivmaßnahmen[660] zu einem politischen Kompromiss in Form eines Gleichgewichts

[652] Näher *Rudolf*, in: Meyer, GRC, Vor Titel IV, Rn. 4 ff.

[653] So beim Recht auf Unterrichtung und Anhörung der Arbeitnehmerinnen und Arbeitnehmer im Unternehmen, Art. 27 GRC, dem Recht auf Kollektivverhandlungen und Kollektivmaßnahmen, Art. 28 GRC sowie dem Schutz vor ungerechtfertigter Entlassung, Art. 30 GRC.

[654] Art. 51 Abs. 2 GRC, Art. 6 Abs. 1 Unt. Abs. 2 EUV, siehe oben, § 6 B.II.2.a).

[655] *Lembke*, in: von der Groeben/Schwarze/Hatje, Europäisches Unionsrecht, Art. 27 GRC Rn. 12, auch zur Rechtsprechung des EuGH.

[656] *F. Schmidt*, Die unternehmerische Freiheit im Unionsrecht, S. 118 ff.

[657] *Schwarze*, EuZW 2001, 517 (518 f.); *F. Schmidt*, Die unternehmerische Freiheit im Unionsrecht, S. 168.

[658] *Ladenburger*, in: Stern/Sachs, GRCh, Art. 52 Rn. 18; im Anschluss daran *Blanke*, in: Stern/Sachs, GRCh, Art. 16 Rn. 17.

[659] Art. 9 GRC.

[660] Art. 28 GRC.

von Unternehmerrechten und Rechten der Arbeitnehmerinnen und Arbeitnehmer[661] entwickelt.[662] Er relativiert nicht nur den abwehrrechtlichen Schutz der Unternehmerfreiheit,[663] sondern auch das Entwicklungspotential des personalen Gehalts der Berufsfreiheit und unternehmerischen Freiheit. Sowohl der insbesondere abwehrrechtliche Schutz selbständiger Erwerbstätigkeit als auch der Schutz der Bedingungen unselbständiger Tätigkeit stehen danach unter dem Vorbehalt einzelstaatlicher Rechtsvorschriften und Gepflogenheiten mit der Folge, dass als Anknüpfungspunkt für ein autonomes, den personalen Gehalt entfaltendes Schutzkonzept der unionsrechtlichen Berufsfreiheit nur der abwehrrechtliche Schutz unselbständiger Arbeitstätigkeit verbleibt.

bb) Unklarheit der Grundrechtskonzeption

Dieser Konflikt zwischen der Formulierung des Normtexts und einem mit der Berufsfreiheit vergleichbaren freiheitsrechtlichen Verständnis wird unterschiedlich aufgelöst, ohne dass sich in der Rechtsprechung bislang eine kohärente Konzeption etablieren konnte. Bei der Bestimmung des Schutzbereichs gehen Teile der Literatur davon aus, dass der Vorbehalt des Unionsrechts und der einzelstaatlichen Rechtsvorschriften und Gepflogenheiten die Reichweite in keiner

[661] *Blanke*, in: Stern/Sachs, GRCh, Art. 16 Rn. 17: Einfügung des Vorbehalts „zur Wahrung der Balance zwischen den Grundrechten der Mitgliedstaaten und der Union, aber auch im Sinne einer strukturellen tatbestandlichen Parallele zu den sozialen Gewährleistungen der Charta"; näher die Beiträge aus den Protokollen der Konventssitzungen am 11./12.9.2000 und am 25./26.9.2000 in *Bernsdorff/Borowsky*, Die Charta der Grundrechte der Europäischen Union, S. 363 f., 366, 386; zusammenfassend *Barriga*, Die Entstehung der Charta der Grundrechte der Europäischen Union, 100 f.: Balancegedanke.

[662] Nachgezeichnet von *Ladenburger*, in: Stern/Sachs, GRCh, Art. 52 Rn. 18: „Die Entstehung der verschiedenen Verweise auf einzelstaatliche Rechtsvorschriften und Gepflogenheiten im Grundrechte-Konvent erklärt sich wie folgt. Ausgangspunkt waren die Diskussionen um Art. 9 (Eheschließung und Gründung einer Familie) und Art. 28 (Kollektivverhandlungen und insb. Streik- und Aussperrungsrecht). Angesichts der fehlenden Gemeinschaftskompetenz für das materielle Familienrecht sowie das Streik- und Aussperrungsrecht wurde die Möglichkeit bestritten, einen unionsweit einheitlichen Schutzbereich für diese Rechte zu definieren, also überhaupt Regelungen zu diesen Rechten in die Charta aufzunehmen. Hierauf antwortete das Präsidium mit der Aufnahme des Verweises auf die einzelstaatlichen Gesetze in Art. 9 – die Formulierung konnte aus Art. 12 EMRK übernommen werden – sowie auf die einzelstaatlichen Rechtsvorschriften und Gepflogenheiten in Art. 28 – hier wurde die Formulierung aus Art. 21 und 22 ESC entlehnt. In den weiteren Verhandlungen über das Sozialkapitel sah sich das Präsidium aufgrund politischen Drucks vom rechten Spektrum des Konvents dann gezwungen, denselben Verweis zunächst in Art. 27 und dann noch in eine Reihe weiterer, wenn auch nicht aller Vorschriften dieses Kapitels aufzunehmen, obwohl die ursprüngliche Logik – fehlende Gesetzgebungskompetenz – dies nicht rechtfertigte und auch keine andere, objektive Grundkonzeption zur Verfügung stand. Am Schluss der Verhandlungen setzte dann das linke Spektrum des Konvents als ‚Ausgleich' durch, dass auch die unternehmerische Freiheit in Art. 16 durch einen solchen Verweis zu schwächen sei, was gerade angesichts der Gemeinschaftskompetenzen und von Art. 15, in dem ein solcher Verweis fehlt, systemwidrig ist".

[663] EuGH, Urt. v. 22.1.2013, C-283/11, ECLI:EU:C:2013:28 – *Sky Österreich*, Rn. 46, siehe oben, Fn. 601.

Weise einschränkt.[664] Teilweise differenziert die Literatur zwischen Bereichen, die den personalen Gehalt betreffen, und sonstigen Bereichen.[665] Ähnlich umstritten sind die Anforderungen an die Rechtfertigung von Einschränkungen der unternehmerischen Freiheit[666] sowie die Implikationen der Formulierung, nach der die unternehmerische Freiheit „anerkannt" wird.[667]

Diese Schwierigkeit, einen konzeptionellen Bezug zwischen dem personalen Schutzgut der Persönlichkeitsentfaltung, der Relevanz marktbezogener Interaktionszusammenhänge für dessen Verwirklichung und dem grundrechtlichen Schutz der unternehmerischen Freiheit herzustellen, schlägt sich auch in der rechtlichen Verarbeitung unterschiedlicher Schutzdimensionen nieder. Hinter der Ablehnung jeglicher über die abwehrrechtliche Dimension hinausgehender Gehalte[668] mag eine berechtigte Zurückhaltung gegenüber grundrechtlichen Ansprüchen auf Maßnahmen der Wirtschaftsförderung stehen. Gleichwohl folgt schon aus der Relevanz der Ausgestaltung von Marktprozessen für die Eigenschaften der Interaktionszusammenhänge und die Anschlussoptionen der Grundrechtsberechtigten,[669] dass sich allein mit dem abwehrrechtlichen Gehalt der personale Gehalt des Freiheitsrechts nur eingeschränkt verwirklichen lässt.

2. *Schutzgutbezogene, interaktionszentrierte Konkretisierung des Schutzes*

Die Konkretisierung einzelner Modalitäten des Schutzbereichs, soweit sie sich in Rechtsprechung und Lehre bereits abzeichnet, entspricht im Wesentlichen durchaus einer interaktionszentrierten Perspektive, auch wenn eine stärkere Akzentuierung des Zusammenhangs zwischen den jeweils geschützten Marktaktivitäten und dem personalen Gehalt des Freiheitsrechts zu einer kohärenteren Konzeption beitragen würde.

---

[664] *Blanke*, in: Stern/Sachs, GRCh, Art. 16 Rn. 16; *Wollenschläger*, in: von der Groeben/Schwarze/Hatje, Europäisches Unionsrecht, Art. 16 GRC Rn. 1; tendenziell ebenso *Schwarze*, Der Schutz der unternehmerischen Freiheit nach Art. 16 der Charta der Grundrechte der Europäischen Union, S. 945 (957 ff.).

[665] *Jarass*, GrCh, Art. 16 Rn. 18.

[666] Für einen uneingeschränkten Kontrollmaßstab *Blanke*, in: Stern/Sachs, GRCh, Art. 16 Rn. 6; *Bernsdorff*, in: Meyer, GRC, Art. 16 Rn. 15: „doppelte Schranke"; *Grabenwarter*, Wirtschaftliche Grundrechte, § 13 Rn. 43: untergeordnete Bedeutung der besonderen Schranken; *Schwarze*, Der Schutz der unternehmerischen Freiheit nach Art. 16 der Charta der Grundrechte der Europäischen Union, S. 945 (950 f.); *Wunderlich*, Das Grundrecht der Berufsfreiheit gemäß Artikel 15 der Grundrechtecharta, S. 304 (326 f.); *F. Wollenschläger*, in: von der Groeben/Schwarze/Hatje, Europäisches Unionsrecht, Art. 16 GRC Rn. 1.

[667] Für eine uneingeschränkte, den anderen Freiheitsrechten vergleichbare Schutzintensität *F. Wollenschläger*, in: von der Groeben/Schwarze/Hatje, Europäisches Unionsrecht, Art. 16 GRC Rn. 1; weitergehend jedoch die Rechtsprechung EuGH, Urt. v. 22.1.2013, C-283/11, ECLI:EU:C:2013:28 – *Sky Österreich*, Rn. 46, siehe oben, Fn. 601, sowie daran anknüpfend EuGH, Urt. v. 17.10.2013, C-101/12, ECLI:EU:C:2013:661 – *Schaible*, Rn. 28.

[668] *Bernsdorff*, in: Meyer, GRC, Art. 16 Rn. 9.

[669] Zur Sicherung der Stabilität von Marktprozessen sowie der Rahmenbedingungen der Persönlichkeitsentfaltung durch die Ausgestaltung der Berufsfreiheit siehe oben, § 5 D.II.2.

a) Personaler Gehalt beim Schutz juristischer Personen

Begünstigte der unternehmerischen Freiheit sind in ständiger Rechtsprechung neben natürlichen Personen auch juristische Personen des Privatrechts.[670] Begründet wird diese einhellig geteilte Auslegung, die auch angesichts des Fragen der Unternehmensorganisation umfassenden sachlichen Schutzbereichs[671] naheliegt, vor allem mit dem Hinweis auf die in den Erläuterungen[672] aufgeführte Rechtsprechung.[673] In der Sache zu Grunde liegt allerdings, stellt man auf den personalen Gehalt des Schutzguts ab, die Notwendigkeit, bei der Ausübung der unternehmerischen Freiheit je nach Marktsituation auf geeignete Gesellschaftsformen zurückgreifen zu können. Ein entsprechendes Verhalten der anderen Marktteilnehmerinnen und Marktteilnehmer, und damit in der Sache die Ausübung der unternehmerischen Freiheit, schafft einen kompetitiven Kontext, in dem die Grundrechtsausübung ohne entsprechende Anpassungsspielräume nicht unerheblich erschwert wäre.[674]

Deutlicher wird die konzeptionelle Unterbilanz an der Diskussion um den Schutz juristischer Personen des öffentlichen Rechts. Einen solchen Schutz in systematischer Parallele zum Unternehmensbegriff im Wettbewerbsrecht,[675] zum Schutzbereich der Grundfreiheiten oder in Abgrenzung zu dem im nationalen Kontext entwickelten Konfusionsargument[676] anzunehmen, greift zwar konzeptionell Strukturen des Unionsrechts auf. Aus schutzgutsbezogener

---

[670] Vgl. nur *Jarass*, GrCh, Art. 16 Rn. 11, sowie *Bernsdorff*, in: Meyer, GRC, Art. 16 Rn. 10a: Schutz jeglicher selbstständiger wirtschaftlicher Betätigung unabhängig von der Rechtsform durch Art. 16 GRC; ein Schutz juristischer Personen des Privatrechts durch die Berufsfreiheit nach Art. 15 Abs. 1 GRC ist zwar nicht per se ausgeschlossen, dürfte aber regelmäßig im Hinblick auf den sachlichen Schutzbereich, der nach allgemeinem Verständnis in Abgrenzung zu Art. 16 GRC eine unselbständige Tätigkeit voraussetzt, nicht in Betracht kommen, vgl. *Bernsdorff*, in: Meyer, GRC, Art. 15 Rn. 13; *Jarass*, GrCh, Art. 15 Rn. 4: Art. 15 Abs. 1 trotz der Erstreckung auf Selbständige im Ergebnis praktisch nur Bedeutung für Arbeitnehmerinnen und Arbeitnehmer; für eine Beschränkung des Schutzes aus Art. 15 GRC auf natürliche Personen *Ruffert*, in: Calliess/ders., EUV/AEUV, Art. 15 GRC Rn. 8.

[671] *Ruffert*, in: Calliess/ders., EUV/AEUV, Art. 16 Rn. 1: wirtschaftliche Betätigungsfreiheit in allen ihren Ausprägungen.

[672] Die Erläuterungen nennen EuGH, EuGH, Urt. v. 14.5.1974, Rs. 4/73, ECLI:EU:C:1974:51 – *Nold*, Rn. 14; EuGH, Urt. v. 27.9.1979, Rs. 230/78, ECLI:EU:C:1979:216 – *SpA Eridania*, Rn. 20 und 31; EuGH, Urt. v. 16.1.1979, Rs. 151/78, ECLI:EU:C:1979:4 – *Sukkerfabriken Nykøbing*, Rn. 19; EuGH, Urt. v. 5.10.1999, C-240/97, ECLI:EU:C:1999:479 – *Spanien gegen Kommission*, Rn. 99.

[673] *Wunderlich*, Das Grundrecht der Berufsfreiheit gemäß Artikel 15 der Grundrechtecharta, S. 304 (316f.); vgl. *Jarass*, GrCh, Art. 16 Rn. 1: EuGH-Rechtsprechung für die Auslegung höchst bedeutsam; eingehend und darüber hinaus zur Frage, inwieweit über die EuGH-Rechtsprechung hinausgehend eine Teilrechtsfähigkeit entbehrlich ist, *Sasse*, EuR 2012, 628 (630ff.).

[674] Näher oben, § 5 C.I.

[675] In diese Richtung *Bernsdorff*, in: Meyer, GRC, Art. 16 Rn. 10a; zum Unternehmensbegriff im Wettbewerbsrecht näher oben, § 6 A.III.1.a).

[676] In diese Richtung *Ruffert*, in: Calliess/ders., EUV/AEUV, Art. 16 Rn. 3, insbesondere zu rechtsfähigen Einheiten der Gemeinschaft.

Perspektive lautet die Frage jedoch, ob der Schutz juristischer Personen des öffentlichen Rechts auch im Hinblick auf markttypische Interaktionszusammenhänge zur Persönlichkeitsentfaltung natürlicher Personen zumindest mittelbar etwas beiträgt. Während die Gestaltung des Binnenmarktes, die hinter dem Wettbewerbsrecht und den Grundfreiheiten steht, grenzüberschreitende Interaktionszusammenhänge unabhängig von dem personalen Bezug schützt, stellen Interaktionszusammenhänge in der Konzeption der Grundrechte nicht automatisch einen Zusammenhang zum jeweiligen Schutzgut der Freiheitsrechte her.[677] Der Schutz hoheitlich beherrschter juristischer Personen wäre deshalb besonders zu begründen.

Auch der Hinweis auf eine Konfusion von Grundrechtsberechtigung und Grundrechtsverpflichtung, die im nationalen Recht einer Grundrechtsberechtigung öffentlich-rechtlicher juristischer Personen sowie hoheitlich beherrschter juristischer Personen des Privatrechts entgegensteht, spricht zwar bei den Grundrechten der Union nicht mit gleicher Intensität gegen eine Grundrechtsberechtigung öffentlich-rechtlicher juristischer Personen.[678] Abgesehen davon, dass die Mitgliedstaaten allerdings bei der Durchführung des Unionsrechts ebenfalls grundrechtsgebunden sind, stellt diese Vermeidung eines Ausschlussgrundes ebenfalls noch keinen Bezug des Schutzes öffentlich-rechtlicher juristischer Personen zum personalen Gehalt des Schutzguts her.

b) Entwicklung der sachlichen Schutzbereiche

Sowohl die sachlichen Schutzbereiche der marktbezogenen Grundrechte der Grundrechtecharta als auch die Kriterien eines Eingriffs legen durch ihre Weite einen umfassenden Schutz des Interaktionspotentials von Marktaktivitäten nahe. Aus interaktionszentrierter Perspektive sichert die bisherige Rechtsprechung die Voraussetzungen für Interaktionszusammenhänge durch eine extensive Auslegung der Schutzbereiche weitgehend ab, bleibt aber tendenziell dem Schutz eines isolierten Marktverhaltens verhaftet. Der Beitrag der Interaktion für die Gewährleistung des Schutzguts wird dadurch ebenso abgedunkelt wie die Notwendigkeit ausgestaltender Regelungen, die eine bestimmte Stabilität und Qualität des Interaktionszusammenhangs[679] absichern.

aa) Extensive Auslegung marktbezogener Schutzbereiche

Die extensive Auslegung der Schutzbereiche von Freiheitsrechten der Union mit Marktbezug zeigt sich insbesondere in der Rechtsprechung des Gerichtshofs

---

[677] Näher bereits oben, § 6 A.II.2.g) und § 6 B.I.2.

[678] Zum Konfusionsargument bei Einheiten der Europäischen Union hingegen *Ruffert*, in: Calliess/ders., EUV/AEUV, Art. 16 Rn. 3.

[679] Näher oben, § 5 D.II.2.

zur Berufsfreiheit,[680] der Eigentumsfreiheit[681] und der Freiheit der Meinungsäußerung und Informationsfreiheit.[682]

Die Berufsfreiheit und die unternehmerische Freiheit schützen unternehmerische Aktivitäten in einer Vielzahl sich teilweise überschneidender Facetten und Modalitäten,[683] von der Wahl des Arbeitsplatzes und der freien Ausübung der unselbständigen Arbeit[684] über die unterschiedlichen Phasen selbständiger unternehmerischer Tätigkeit[685] bis hin zu Ausprägungen der Vertragsfreiheit wie der freien Wahl von Geschäftspartnerinnen und Geschäftspartnern,[686] des Vertragsinhalts[687] einschließlich des vertraglichen Entgelts[688] oder der Möglichkeit zu nachträglichen Vertragsänderungen.[689] Auch wenn im Fall der Wettbewerbsfreiheit die subjektiv-rechtliche Qualität dieser Ausprägung der Berufsfreiheit

---

680 Eingehend *Wunderlich*, Das Grundrecht der Berufsfreiheit im Europäischen Gemeinschaftsrecht, S. 99ff.; als Element der Auslegung des Art. 15 GRC *Sasse*, Die Berufsfreiheit und das Recht zu arbeiten, S. 95ff.; zur unternehmerischen Freiheit *F. Schmidt*, Die unternehmerische Freiheit im Unionsrecht, S. 118ff.; *Schwier*, Der Schutz der „Unternehmerischen Freiheit" nach Art. 16 der Charta der Grundrechte der Europäischen Union, S. 91 ff.

681 EuGH, Urt. v. 22.1.2013, C-283/11, ECLI:EU:C:2013:28 – *Sky Österreich*, Rn. 34; unter anderem zur Eigentumsfreiheit EuGH, Urt. v. 30.4.2014, C-390/12, ECLI:EU:C:2014:281 – *Pfleger*, Rn. 60f.

682 Vgl. nur aus der jüngeren Rechtsprechung EuGH, Urt. v. 17.12.2015, C-157/14, ECLI:EU:C:2015:823 – *Neptune Distribution*, Rn. 64.

683 Näher zur prätorischen Entwicklung der Wettbewerbsfreiheit in der Rechtsprechung des EuGH *Müller*, Wettbewerb und Unionsverfassung, S. 275ff.

684 EuGH, Urt. v. 13.12.1979, Rs. 44/79, ECLI:EU:C:1979:290 – *Hauer*, Rn. 32: freie Berufsausübung; EuGH, Urt. v. 18.9.1986, Rs. 116/82, ECLI:EU:C:1986:322 – *Kommission/Deutschland*, Rn. 27: freie Berufswahl; *Wollenschläger*, in: von der Groeben/Schwarze/Hatje, Europäisches Unionsrecht, Art. 15 GRC Rn. 20; *Blanke*, in: Stern/Sachs, GRCh, Art. 15 Rn. 28; *Jarass*, GRCh, Art. 15 Rn. 8.

685 EuGH, Urt. v. 18.9.1986, Rs. 116/82, ECLI:EU:C:1986:322 – *Kommission/Deutschland*, Rn. 27; EuGH, Urt. v. 24.11.2011, C-70/10, ECLI:EU:C:2011:771 – *Scarlet/SABAM*, Rn. 46ff.; EuGH, Urt. v. 17.10.2013, C-101/12, ECLI:EU:C:2013:661 – *Schaible*, Rn. 25: Freiheit, eine Wirtschafts- oder Geschäftstätigkeit auszuüben, die Vertragsfreiheit und den freien Wettbewerb; EuGH, Urt. v. 27.3.2014, C-314/12, ECLI:EU:C:2014:192– *UPC Telekabel Wien*, Rn. 48ff.: „Recht auf unternehmerische Freiheit umfasst (...) u.a. das Recht jedes Unternehmens, in den Grenzen seiner Verantwortlichkeit für seine eigenen Handlungen frei über seine wirtschaftlichen, technischen und finanziellen Ressourcen verfügen zu können".

686 EuGH, Urt. v. 10.7.1991, Rs. C-90/90 und 91/90, ECLI:EU:C:1991:303 – *Neu*, Rn. 13; EuGH, Urt. v. 16.12.1993, C-307/91, ECLI:EU:C:1993:940 – *Luxlait*, Rn. 14; EuGH, Urt. v. 22.1.2013, C-283/11, ECLI:EU:C:2013:28 – *Sky Österreich*, Rn. 42f.; EuGH, Urt. v. 18.7.2013, C-426/11, ECLI:EU:C:2013:521 – *Alemo-Herron*, Rn. 32f.

687 EuGH, Urt. v. 16.1.1979, Rs. 151/78, ECLI:EU:C:1979:4 – *Sukkerfabriken*, Rn. 19f.; EuGH, Urt. v. 22.1.2013, C-283/11, ECLI:EU:C:2013:28 – *Sky Österreich*, Rn. 43f.; EuGH, Urt. v. 18.7.2013, C-426/11, ECLI:EU:C:2013:521 – *Alemo-Herron*, Rn. 32f. zu dynamischen Bezugnahmeklauseln nach Betriebsübergangen; *Jacobs/Frieling*, EuZW 2013, 737 (739) sehen insoweit auch die negative Vereinigungsfreiheit berührt.

688 EuGH, Urt. v. 22.3.2007, C-437/04, ECLI:EU:C:2007:178 – *Kommission/Belgien*, Rn. 51; EuGH, Urt. v. 19.4.2012, C-213/10, ECLI:EU:C:2012:215 – *F-Tex*, Rn. 45.

689 EuGH, Urt. v. 5.10.1999, C-240/97, ECLI:EU:C:1999:479 – *Spanien/Kommission*, Rn. 99.

offen geblieben ist,[690] ist im Ergebnis die Gesamtheit selbständiger wie unselbständiger Marktaktivitäten abgedeckt. Einschränkende Kriterien wie insbesondere die Erlaubtheit werden in der Literatur weitgehend abgelehnt[691] und haben in der Rechtsprechung des Gerichtshofs kaum eine Rolle gespielt.

Als Eigentum sind nach der Rechtsprechung vermögenswerte Rechte mit einer gewissen Verfestigung und Zuordnung zu ihrem Inhaber geschützt.[692] Ähnlich wie beim Eigentumsschutz im deutschen Recht steht dabei die negative Abgrenzung zu bloßen kaufmännischen Interessen und Expektanzen, „deren Ungewissheit zum Wesen der wirtschaftlichen Tätigkeit gehört“,[693] aus interaktionszentrierter Perspektive einem Schutz von Chancen – allerdings als Chancen – nicht entgegen.[694]

Schließlich deckt das Recht auf Meinungsäußerung und Informationsfreiheit aus Art. 11 GRC in Anknüpfung an das Recht auf Meinungsäußerung nach Art. 10 EMRK und der Rechtsprechung des Gerichtshofs für Menschenrechte[695] auch kommerzielle Kommunikation ab.[696] In der Sache ist dieser Gleichlauf allerdings nicht zwingend. Da die extensive Auslegung der Meinungsfreiheit

---

[690] Näher *Schwier*, Der Schutz der „Unternehmerischen Freiheit“ nach Art. 16 der Charta der Grundrechte der Europäischen Union, S. 117 ff.; *F. Schmidt*, Die unternehmerische Freiheit im Unionsrecht, S. 194 ff.; die Rechtsprechung legt einen weiten Schutzbereich zu Grunde, der neben der Ausübung einer Wirtschafts- oder Geschäftstätigkeit sowie der Vertragsfreiheit auch den freien Wettbewerb umfasst, EuGH, Urt. v. 26.10.2017, C-534/16, ECLI:EU:C:2017:820 – *BB construct*, Rn. 35; EuGH, Urt. v. 22.1.2013, C-283/11, ECLI:EU:C:2013:28 – *Sky Österreich*, Rn. 42.

[691] *Wollenschläger*, in: von der Groeben/Schwarze/Hatje, Europäisches Unionsrecht, Art. 15 GRC Rn. 23; *Bernsdorff*, in: Meyer, GRC, Art. 15 Rn. 14; *Ruffert*, in: Calliess/ders., EUV/AEUV, Art. 15 GRC, Rn. 5; einschränkend *Blanke*, in: Stern/Sachs, GRCh, Art. 15 Rn. 29: schlechthin gemeinschaftsschädliche Verhaltensweisen, die evident dem Menschenbild der Grundrechtecharta entgegenstehen, ausgeklammert.

[692] EuGH, Urt. v. 22.1.2013, C-283/11, ECLI:EU:C:2013:28 – *Sky Österreich*, Rn. 34: „Der durch [Art. 17 Abs. 1 GRC] gewährte Schutz bezieht sich nicht auf bloß kaufmännische Interessen oder Aussichten, deren Ungewissheit zum Wesen der wirtschaftlichen Tätigkeit gehört (…), sondern auf vermögenswerte Rechte, aus denen sich im Hinblick auf die Rechtsordnung eine gesicherte Rechtsposition ergibt, die eine selbstständige Ausübung dieser Rechte durch und zugunsten ihres Inhabers ermöglicht“.

[693] EuGH, Urt. v. 22.1.2013, C-283/11, ECLI:EU:C:2013:28 – *Sky Österreich*, Rn. 34; ebenso EuGH, Urt. v. 9.9.2008, C-120/06 P und C-121/06 P, ECLI:EU:C:2008:476 – *FIAMM*, Rn. 185 m. w. N.

[694] Zum Schutz von Chancen nach Art. 14 GG siehe oben, § 5 D.I.2.h.

[695] Vgl. EGMR, Urt. v. 24.2.1994, Nr. 15450/89, ECLI:CE:ECHR:1994:0224JUD001545089 – *Casado Coca*, Rn. 35 f.; näher unten, Fn. 750.

[696] EuGH, Urt. v. 17.12.2015, C-157/14, ECLI:EU:C:2015:823 – *Neptune Distribution*, Rn. 64: „Diese Freiheit wird auch gemäß Art. 10 EMRK geschützt, der, wie sich aus der Rechtsprechung des Europäischen Gerichtshofs für Menschenrechte ergibt, insbesondere auf die Verbreitung von Informationen geschäftlicher Art durch einen Unternehmer, u. a. in Form von Werbebotschaften, anwendbar ist (…).“; diesen Vorbildcharakter von Art. 10 EMRK für die Rechtsprechung des Gerichtshofs bereits prognostiziert bei *Hatje*, Wirtschaftswerbung und Meinungsfreiheit, S. 62.

durch den Gerichtshof für Menschenrechte auch durch das Fehlen einer gesonderten Gewährleistung der Berufsfreiheit beeinflusst ist, wäre es im Rahmen der Grundrechtecharta auch denkbar, kommerzielle Kommunikation unter die die unternehmerische Freiheit zu fassen. Der Transformationsklausel aus Art. 52 Abs. 3 S. 1 GRC tragen solche funktionalen Äquivalente hinreichend Rechnung.[697]

bb) Extensive Auslegung der Eingriffskriterien

Dabei reichen die Kriterien eines Eingriffs im Ausgangspunkt ebenfalls sehr weit. Nach der Formel der Rechtsprechung stellt im Grundsatz jede Beeinträchtigung des Schutzbereichs einen Eingriff dar.[698]

Darüber hinaus zieht die in der Rechtsprechung des Gerichtshofs angenommene Parallelität im Schutz der Grundfreiheiten und der Grundrechte[699] ein entsprechend weites Verständnis der Eingriffskriterien nach sich. Wenn nicht gerechtfertigte Eingriffe in die Dienstleistungsfreiheit zugleich auch Verletzungen der Berufsfreiheit, der unternehmerischen Freiheit und der Eigentumsfreiheit darstellen,[700] liegt ein rechtfertigungsbedürftiger Eingriff in den Schutzbereich der marktbezogenen Grundrechte bereits bei jeder rechtfertigungsbedürftigen Beschränkung der betroffenen Grundfreiheit vor.

Die marktbezogenen Grundrechte werden dadurch mittelbar mit der sich abzeichnenden Dogmatik zu übergreifenden Kriterien der Beschränkung von Grundfreiheiten[701] verbunden, obwohl die Überschneidungen von Grundfreiheiten und den marktbezogenen Grundrechten nicht bei allen Grundfreiheiten gleichermaßen ausgeprägt sind.[702] Gleichwohl ist aus interaktionszentrierter

---

[697] Näher oben, § 6 B.II.2.a).

[698] Zur unternehmerischen Freiheit aus der jüngeren Zeit EuGH, Urt. v. 17.12.2015, C-157/14, ECLI:EU:C:2015:823 – *Neptune Distribution*, Rn. 67: Verbot irreführender Angaben über Natriumgehalt von Mineralwasser; aus der Literatur zur Berufsfreiheit *Blanke*, in: Stern/Sachs, GRCh, Art. 15 Rn. 32: jedes Handeln, das sich wahrnehmbar nachteilig auf eine Berufswahl oder Berufsausübung auswirkt.

[699] EuGH, Urt. v. 30.4.2014, C-390/12, ECLI:EU:C:2014:281 – *Pfleger*, Rn. 60f.

[700] EuGH, Urt. v. 30.4.2014, C-390/12, ECLI:EU:C:2014:281 – *Pfleger*, Rn. 60f.: „Wie die Generalanwältin in den Nrn. 63 bis 70 ihrer Schlussanträge ausgeführt hat, ist unter Umständen wie denen der Ausgangsverfahren eine nicht gerechtfertigte oder im Hinblick auf den in Art. 56 AEUV verankerten freien Dienstleistungsverkehr unverhältnismäßige Einschränkung auch nicht nach Art. 52 Abs. 1 der Charta in Bezug auf deren Art. 15 bis 17 zulässig. Folglich erfasst im vorliegenden Fall eine Prüfung der Einschränkung, die die in den Ausgangsverfahren in Rede stehende Regelung in Bezug auf Art. 56 AEUV darstellt, auch mögliche Einschränkungen der Ausübung der in den Art. 15 bis 17 der Charta vorgesehenen Rechte und Freiheiten, so dass es keiner getrennten Prüfung in dieser Hinsicht bedarf".

[701] Näher oben, § 6 A.II.2.b)bb) und § 6 A.II.2.c).

[702] Beschränkungen, die an die erwerbstätige Person anknüpfen wie Beschränkungen der Dienstleistungsfreiheit, der Niederlassungsfreiheit und der Freizügigkeit für Erwerbstätige, weisen einen stärkeren Bezug zur Berufsfreiheit auf als die Warenverkehrs- und Kapitalverkehrsfreiheit, vgl. Art. 15 Abs. 2 GRC.

Perspektive eine solche parallele Konzeption durchaus schlüssig. Der Schutz von Grundfreiheiten und von Grundrechten der Union setzt jeweils, wenn auch mit unterschiedlichen Zielsetzungen und Hintergründen,[703] bei Interaktionszusammenhängen an. Ihre Unterschiede in den Zielsetzungen und Hintergründen bei diesem Schutz der Interaktionszusammenhänge beeinflussen nicht die Kriterien für eine Beeinträchtigung der Interaktionszusammenhänge, die dann jeweils bestimmte Rechtfertigungslasten auslösen. Eine interaktionszentrierte Perspektive legt somit eine gewisse Konvergenz in der Dogmatik von Grundfreiheiten und Grundrechten der Union nahe, die zwar Unterschiede insbesondere im Hinblick auf den Binnenmarkt ausgestaltende Maßnahmen nicht nivelliert, aber übergreifende Kriterien zur Ermittlung von Beeinträchtigungen marktbezogener Interaktionszusammenhänge entwickelt. In der Sache dürfte hinter diesen Kriterien eine Reduktion des Interaktionspotentials stehen,[704] die das Regelungsziel sowohl der Grundfreiheiten als auch der marktbezogenen Grundrechte beeinträchtigen kann. Das sich in der Rechtsprechung des Gerichtshofs abzeichnende Kriterium eines beeinträchtigten Marktzugangs[705] läuft in der Sache auf eine solche Maßgeblichkeit des Interaktionspotentials hinaus.

c) Ausgestaltungen von Marktprozessen

Die Relevanz von Interaktionszusammenhängen für den Schutzbereich der Grundrechte wie auch der Grundfreiheiten wirft allerdings die Frage nach der Bewertung rechtlicher Regelungen zur Ausgestaltung von Marktprozessen auf.

aa) Allgemeine institutionelle Ausgestaltung von Märkten

Auch hier verlaufen dogmatische Kriterien der Grundrechte und der Grundfreiheiten aus interaktionszentrierter Perspektive im Ansatz parallel. Allgemeine zivilrechtliche Regelungen etwa des Vertrags-, Gesellschafts- oder Vollstreckungsrechts bilden überhaupt erst die Grundlage für Marktprozesse. Auch wenn diese zwingenden Vorgaben sich im Einzelfall nachteilig auf unternehmerische Aktivitäten auswirken können, senken sie die Transaktionskosten erheblich und fördern die Entwicklung marktbezogener Interaktionszusammenhänge. Weder die Grundfreiheiten noch die Grundrechte bewerten diese allgemeine institutionelle Ausgestaltung von Märkten wegen der potentiell damit verbundenen Nachteile als rechtfertigungsbedürftige Eingriffe oder Beeinträchtigungen.[706]

---

[703] Siehe oben, § 6 A.II.2.g) und § 6 B.I.

[704] Näher oben, § 5 D.II.1.b).

[705] Siehe oben, § 6 A.II.2.b)bb).

[706] Zu Beeinträchtigungen der Grundfreiheiten durch Regelungen des allgemeinen Zivilrechts siehe oben, Fn. 240 ff.; zu den nationalen Grundrechten siehe oben, § 5 D.II.1. und D.II.2., sowie zum Kriterium der berufsregelnden Tendenz § 5 E.I.

bb) Ausgestaltungen zur Marktstabilisierung

Unterschiede ergeben sich allerdings bei marktgestaltenden Regelungen, die zur Sicherung der Stabilität von Märkten spezifischere und unter Umständen auch erhebliche Nachteile für die Aktivitäten einzelner Marktteilnehmerinnen und Marktteilnehmer verursachen können. Aus interaktionszentrierter Perspektive fehlt diesen ausgestaltenden Regelungen, soweit sie die Stabilität marktbezogener Interaktionszusammenhänge absichern,[707] von vorneherein der Charakter von Grundrechtseingriffen, auch wenn sie für einzelne Marktteilnehmerinnen und Marktteilnehmer unter Umständen mit Nachteilen oder Einschränkungen in den marktbezogenen Aktivitäten, beispielsweise mit erhöhten Eigenkapitalanforderungen oder Pflichten zur Einrichtung einer unternehmensinternen Compliance-Organisation, verbunden sind.[708] Bei den Grundfreiheiten werden entsprechende marktstabilisierende Vorgaben einzelner Mitgliedstaaten regelmäßig schon deshalb als rechtfertigungsbedürftige Beeinträchtigungen eingeordnet, weil sie Unterschiede in der Intensität der Regulierung vergleichbarer Marktaktivitäten zwischen den Mitgliedstaaten und damit Verzerrungen des Binnenmarkts hervorrufen können. Solche stabilisierenden Vorgaben sind dadurch nicht ausgeschlossen, unterliegen aber einer eingehenden, die Kohärerenz[709] der Regelung einschließenden Verhältnismäßigkeitskontrolle.[710] Wegen dieser Binnenmarktrelevanz dürften diese marktstabilisierenden Regelungen zwischenzeitlich in der Mehrzahl der Fälle sekundärrechtlich harmonisiert sein[711] und insoweit einer Überprüfung am Maßstab der Grundfreiheiten vorgehen.

Hinter dieser höheren Sensibilität der Grundfreiheiten gegenüber marktstablisierenden Regelungen stehen nicht zuletzt Unterschiede zwischen Grundfreiheiten und Grundrechten in den Anforderungen an die Rechtfertigung von Ausgestaltungen. Während die Systematik der Grundfreiheiten von vorneherein nur auf eine Rechtfertigungsbedürftigkeit von Beeinträchtigungen ausgerichtet ist, sind bei den Grundrechten Anforderungen an die Rechtfertigung auch von Ausgestaltungen denkbar. Die zumindest im deutschen nationalen Recht

---

[707] Insbesondere zur Finanzmarktregulierung siehe oben, § 5 D.II.2.b).

[708] Siehe oben, § 5 D.II.2.

[709] Zur Kohärenz als Anforderung der Rechtfertigung von Eingriffen in die Dienstleistungsfreiheit durch nationales Glücksspielrecht EuGH, Urt. v. 30.6.2016, C-464/15, ECLI:EU.C:2016:500 – *Admiral Casinos & Entertainment*, Rn. 33; EuGH, Urt. v. 30.4.2014, C-390/12, ECLI:EU:C:2014:281 – *Pfleger*, Rn. 56.

[710] Zu den Anforderungen an die Prüfung der Verhältnismäßigkeit einschließlich der Berücksichtigung der Geschäftspolitik der autorisierten Unternehmen und des Stands der betrügerischen und kriminellen Aktivitäten EuGH, Urt. v. 15.9.2011, C-347/09, ECLI:EU:C:2011:582 – *Dickinger und Ömer*, Rn. 65 f.; EuGH, Urt. v. 30.6.2016, C-464/15, ECLI:EU:C:2016:500 – *Admiral Casinos & Entertainment*, Rn. 35; siehe oben, § 6 A.II.2.d).

[711] Vgl. nur die Beiträge zum Vergaberecht (*Wollenschläger*), Wettbewerbsrecht (*Weiß*), Subventionsrecht (*Bungenberg*), Energierecht (*Gundel*) und Telekommunikationsrecht (*Kühling*) in Terhechte (Hrsg.), Verwaltungsrecht der Europäischen Union.

getroffene Unterscheidung zwischen Eingriff und Ausgestaltung zielt gerade darauf, bei den Anforderungen an die Rechtfertigung nach den unterschiedlichen Zielsetzungen und Wirkungen der Regelungen zu differenzieren.[712] In der Dogmatik der Grundrechte der Union wären in ähnlichen Ansätzen Kategorien der Ausgestaltung oder funktionale Äquivalente zu entwickeln, welche dem Ziel der Regelung, Interaktionszusammenhänge gegen aus den Interaktionen hervorgehende Gefährdungen zu stabilisieren, Rechnung tragen.

cc) Ausgestaltung zur Verwirklichung des personalen Gehalts

Unterschiede zwischen Grundfreiheiten und Grundrechten der Union ergeben sich schließlich bei marktausgestaltenden Regelungen, die die tatsächlichen Bedingungen der personalen Entfaltung gewährleisten sollen und dadurch Nachteile für unternehmerische Aktivitäten nach sich ziehen. Aus dem Blickwinkel der Grundfreiheiten fällt die personale Entfaltung trotz ihres subjektiv-rechtlichen Charakters[713] von vorneherein nicht in den Schutzbereich, sondern bildet auf Rechtfertigungsebene regelmäßig einen geschriebenen oder ungeschriebenen Grund für verhältnismäßige Beschränkungen. In grundrechtlicher Hinsicht können marktausgestaltende Regelungen, die angesichts des interaktionsbedingten Wettbewerbsdrucks die tatsächlichen Voraussetzungen der individuellen Selbstbestimmung und personalen Entfaltung gewährleisten, Ausgestaltungen bestimmter Freiheitsrechte, insbesondere der Berufsfreiheit, darstellen.[714] Durch Diversifizierung des Schutzes personaler Entfaltung durch Marktaktivitäten in eine Vielzahl von Gewährleistungen unterschiedlicher Breite und Tiefe[715] werden diese Ausgestaltungen der marktbezogenen Interaktionszusammenhänge regelmäßig als Kollision der unterschiedlichen Gewährleistungen, etwa der unternehmerischen Freiheit mit dem Recht auf Kollektivmaßnahmen oder auf gerechte und angemessene Arbeitsbedingungen, abgebildet und über Abwägungen gelöst. Die allgemeine Grundrechtsdogmatik suggeriert dabei eine mehr oder weniger zufällige Kollision grundrechtlicher Gewährleistungen, die nach den allgemeinen Grundsätzen in einen möglichst schonenden Ausgleich zu bringen ist.[716] Die interaktionszentrierte Perspektive macht demgegenüber den Zusammenhang zwischen den ambivalenten Effekten der wissensgenerierenden, entwicklungsoffenen Dynamik sichtbar, der durch die Grundrechtsausübung in Interaktionszusammenhängen entsteht. Diese Entwicklungsoffenheit macht für alle betroffenen speziellen Gewährleistungen oder Facetten der allgemeinen Berufsfreiheit ein zentrales Element des Ausgleichs aus.

---

[712] Näher oben, zur Rundfunkfreiheit § 3 B.I.2.; zur organisationsrechtlichen Ausgestaltung der Wissenschaftsfreiheit § 4 B.II.; zu den marktbezogenen Grundrechten § 5 D.

[713] Zu dem instrumentellen Ansatz der Grundfreiheiten siehe oben, § 6 A.II.2.a).

[714] Zur Berufsfreiheit nach dem Grundgesetz siehe oben, § 5 D.II.2.

[715] Siehe oben, § 6 B.III.1.b) und § 6 B.III.1.c).

[716] Vgl. nur *Jarass*, GRCh, Art. 16 Rn. 18 ff.

d) Profilierung der Rechtfertigungsprüfung

Schließlich stellt die Intensivierung der Verhältnismäßigkeitsprüfung in der jüngeren Rechtsprechung des Gerichtshofs[717] eine Konsequenz der konturierten Schutzkonzepte dar. Die Erforderlichkeitsprüfung gewinnt durch eine genauere Beschreibung des Schutzguts und der außerrechtlichen Bedinungungen seiner Verwirklichung an Schärfe.[718] Bei der Prüfung der Angemessenheit einer Grundrechtseinschränkung im engeren Sinn erlaubt diese schutzgutbezogene, die Strukturen des jeweiligen Sachbereichs berücksichtigende Perspektive, die Intensität der Beeinträchtigung für die jeweils betroffenen Schutzgüter einschließlich alternativer Szenarien auszuloten. Dieser methodische Zugriff, der außerrechtliche Beschreibungen des Schutzgutes und der Voraussetzungen seiner Verwirklichung heranzieht, setzt nicht zwangsläufig eine besondere Relevanz bestimmter Interaktionszusammenhänge voraus. Wo solche Interaktionszusammenhänge allerdings bestehen, geht von ihrer charakteristischen wissensgenerierenden Dynamik eine Entwicklungsoffenheit aus, der in der Konkordanz konfligierender Positionen eine besondere Bedeutung zukommt.

---

[717] *Wunderlich*, Das Grundrecht der Berufsfreiheit gemäß Artikel 15 der Grundrechtecharta, S. 304 (328); allgemein *Schroeder*, Die grundrechtliche Prüfungsdichte des EuGH seit dem Vertrag von Lissabon, S. 83 (86 ff.), siehe bereits oben, Fn. 536; zu Art. 16 GRC *Ruffert*, in: Calliess/ders., EUV/AEUV, Art. 16 GRC Rn. 5: zentrale Schranken-Schranke.

[718] EuGH, Urt. v. 22.1.2013, C-283/11, ECLI:EU:C:2013:28 – *Sky Österreich*, Rn. 47 ff.; EuGH, Urt. v. 24.11.2011, C-70/10, ECLI:EU:C:2011:771 – *Scarlet/SABAM*, Rn. 44; EuGH, Urt. v. 17.10.2013, C-101/12, ECLI:EU:C:2013:661 – *Schaible*, Rn. 27 ff.; EuGH, Urt. v. 27.3. 2014, C-314/12, ECLI:EU:C:2014:192 – *UPC Telekabel Wien*, Rn. 56.

§ 7 Interaktionszentrierter Grundrechtsschutz der EMRK

Der Grundrechtsschutz nach der Europäischen Konvention zum Schutz der Menschenrechte und Grundfreiheiten weist in der Konkretisierung durch den Europäischen Gerichtshof für Menschenrechte eine Reihe von Elementen eines interaktionszentrierten Grundrechtsschutzes auf. Beispielhaft veranschaulichen lassen sich diese Elemente in dem Schutz von Marktaktivitäten. Obwohl die Menschenrechtskonvention keine expliziten Gewährleistungen einer Berufsfreiheit oder unternehmerischen Freiheit enthält, decken andere Freiheitsrechte über ihren personalen Gehalt bestimmte Marktaktivitäten zum Schutz der Persönlichkeitsentfaltung ab.[1] Hinter dieser Flexibilität in der Zuordnung einzelner Aktivitäten zu unterschiedlichen Schutzbereichen steht die Relevanz der marktbezogenen Interaktionszusammenhänge für das Schutzgut der selbstbestimmten Persönlichkeitsentfaltung. Weil die von den einzelnen Freiheitsrechten spezifisch adressierten Ausschnitte personaler Entfaltung in dynamischen Interaktionszusammenhängen gewährleistet werden, fällt die Teilnahme daran auch dann in den Schutzbereich des betreffenden Freiheitsrechts, wenn der spezifische Interaktionszusammenhang einen Marktbezug aufweist. So lässt sich der Schutz der zahlreichen Interaktionszusammenhänge, die Normbereiche unterschiedlicher Freiheitsrechte berühren, regelmäßig gar nicht aufspalten, sondern nur nach wertenden Kriterien einzelnen Schutzbereichen zuordnen. Diese Notwendigkeit der Zuordnung entfällt, wenn für die Berufsfreiheit kein gesonderter Schutzbereich vorgesehen ist (A.). Diese Verarbeitung von Interaktionszusammenhängen im Grundrechtsschutz schlägt sich in der Methodik der Rechtsprechung des Gerichtshofs für Menschenrechte nieder. Sowohl die systematische Berücksichtigung der Strukturen des jeweiligen Normbereichs als auch die dynamische Entwicklung der Schutzkonzepte im Sinne eines *living instrument* entsprechen

---

[1] Daneben kann das Recht auf ein faires Verfahren aus Art. 6 EMRK berufliche Aktivitäten insofern mittelbar schützen, als beeinträchtigende Maßnahmen die verfahrensrechtlichen Anforderungen nicht erfüllen, vgl. nur EGMR, Urt. v. 28.5.2002, Nr. 35605/97 – *Kingsley*, Rn. 32: Anforderungen an die Überprüfung einer etwaigen Befangenheit eines Spruchkörpers des sog. *Gaming Boards*; EGMR, Urt. v. 24.5.2005, Nr. 61302/00, ECLI:CE:ECHR:2005:0524JUD6130200 – *Buzescu*, Rn. 63 ff.: Anforderungen an die Begründung gerichtlicher Entscheidungen im Rechtsstreit um eine Anwaltszulassung. Diese verfahrensrechtlichen Anforderungen betreffen allerdings nicht den personalen Gehalt der jeweils streitgegenständlichen Aktivitäten.

einer interaktionszentrierten Herangehensweise. Indem die interaktionszentrierte Perspektive die dogmatische Konzeption der Freiheitsrechte von den Voraussetzungen der Schutzgüter und deren Zusammenhängen her entwickelt, erleichtert sie die Beschreibung funktionaler Äquivalente im Grundrechtsschutz unterschiedlicher Jurisdiktionen und die Verzahnung des Grundrechtsschutzes unterschiedlicher Ebenen (B.).

A. Personale Entfaltung durch Marktaktivitäten

Die Erstreckung des Schutzes einiger Freiheitsrechte der Europäischen Menschenrechtskonvention auf Marktaktivitäten betrifft insbesondere das Recht auf Achtung des Privatlebens, die Meinungsfreiheit sowie die Eigentumsfreiheit. Sie ist in der Literatur eingehend beschrieben[2] und wird gelegentlich bewertet als eine Strategie des EGMR, die Lücke der bewusst in der EMRK nicht enthaltenen Berufsfreiheit zu füllen.[3] Auch wenn eine solche Strategie für ein Gericht naheliegen mag, steht hinter dieser Rechtsprechung des EGMR mehr als eine weite Auslegung bestimmter Schutzbereiche, die ein nicht vorhandenes Freiheitsrecht ersetzen soll. Das extensive Verständnis dieser Schutzbereiche ist vielmehr bereits in der Herangehensweise des Gerichts angelegt, das auch in anderen Zusammenhängen auf die Interaktionsbeziehungen des jeweiligen Normbereichs und ihre Relevanz für das grundrechtliche Schutzgut abstellt. Die Erstreckung auf marktbezogene Interaktionszusammenhänge bildet eine der Konsequenzen dieses Ansatzes, der Marktaktivitäten zunächst nur mittelbar und dann zunehmend unmittelbar wegen ihrer Relevanz für die Persönlichkeitsentfaltung erfasst.

I. Personale Entfaltung durch berufliche Interaktion

1. Schutz der beruflichen Privatsphäre

Die Zugehörigkeit der beruflichen Tätigkeit zu der von dem Recht auf Privatleben nach Art. 8 EMRK gewährleisteten personalen Entfaltung[4] ist in der

---

[2] Vgl. nur *Grabenwarter/Pabel*, EMRK, § 25 Rn. 37ff.: Konventionsgrundrecht der Berufsfreiheit.

[3] Insbesondere zur Auslegung des Art. 1 des Ersten Zusatzprotokolls *Wunderlich*, Das Grundrecht der Berufsfreiheit im Europäischen Gemeinschaftsrecht, S. 66.

[4] Zusammenfassend EGMR, Urt. v. 19.10.2010, Nr. 20999/04, ECLI:CE:ECHR:2010:1019JUD002099904 – *Özpinar*, Rn. 45: droit à l'épanouissement personnel, que ce soit sous la forme du développement personnel ou sous l'aspect de l'autonomie personelle, qui reflète un principe important sous-jacent dans l'interprétation des garanties de l'article 8; EGMR, Urt. v. 17.2.2005, Nr. 42758/98 und 45558/99 – *K. A. und A. D.*, Rn. 83; EGMR, Urt. v. 11.7.2002, Nr. 28957/95, ECLI:CE:ECHR:2002:0711JUD002895795 – *Goodwin*, Rn. 90; EGMR, Urt. v. 29.4.2002, Nr. 2346/02, ECLI:CE:ECHR:2002:0429JUD000234602 – *Pretty*, Rn. 61; EGMR, Urt. v. 18.1.2018, Nr. 48151/11 and 77769/13, ECLI:CE:ECHR:2018:0118JUD004815111 – *National Fede-*

Rechtsprechung des Gerichtshofs für Menschenrechte zunächst mittelbar im Zusammenhang mit strafprozessualen Maßnahmen wie der Durchsuchung von Räumlichkeiten oder der Telefonüberwachung[5] herausgearbeitet worden. Solche Maßnahmen fallen in den Schutzbereich des Rechts auf Privatleben, soweit die berufliche Nutzung der Räume oder die beruflichen Telefonate Teil des Privatlebens im Sinne des Freiheitsrechts sind. Entsprechend ordnet die Rechtsprechung auch Geschäftsräume von Unternehmen als „Wohnung“[6] sowie erzeugte elektronische Daten aus dem unternehmerischen Verkehr als „Korrespondenz“[7] im Sinne des Art. 8 Abs. 1 EMRK ein.[8]

Bei dieser extensiven Auslegung des Begriffs „Privatleben“ legt die Rechtsprechung des EGMR als Ausgangspunkt explizit die Relevanz von Interaktionen zu anderen Grundrechtsträgern für die Persönlichkeitsentfaltung zu Grunde[9] und leitet daraus eine entsprechende Schutzbedürftigkeit des Privat-

ration of Sportspersons' Associations and Unions (FNASS) u. a., Rn. 153; EGMR, Urt. v. 5.9.2017, Nr. 61496/08, ECLI:CE:ECHR:2017:0905JUD006149608 – *Bărbulescu*, Rn. 70.

[5] EGMR, Urt. v. 24.4.1990, Nr. 11105/84, ECLI:CE:ECHR:1990:0424JUD001110584 – *Huvig*, Rn. 24 ff. und EGMR, Urt. v. 30.3.1989, Nr. 10461/83, ECLI:CE:ECHR:1989:0330 JUD001046183 – *Chappell*, Rn. 52 ff.: Telefonüberwachung; EGMR, Urt. v. 16.12.1992, Nr. 13710/88, ECLI:CE:ECHR:1992:1216JUD001371088 – *Niemietz*: Durchsuchung der Räume einer Anwaltskanzlei; EGMR, Urt. v. 16.10.2007, Nr. 74336/01, ECLI:CE:ECHR:2007:1016JUD007433601 – *Wieser und Bicos Beteiligungen GmbH*, Rn. 43; EGMR, Urt. v. 20.9.2018, Nr. 25038/13, ECLI:CE:ECHR:2018:0828DEC002503813 – *Tuheiava* Rn. 24 f.: Kontrollbesuch durch Anwaltskammerpräsidenten.

[6] EGMR, Urt. v. 16.4.2002, Nr. 37971/97, ECLI:CE:ECHR:2002:0416JUD003797197 – *Société Colas Est u. a.*, Rn. 40 ff.; EGMR, Urt. v. 16.10.2007, Nr. 74336/01, ECLI:CE:ECHR:2007:1016JUD007433601 – *Wieser und Bicos Beteiligungen GmbH*, Rn. 43; zusammenfassend EGMR, Urt. v. 18.1.2018, Nr. 48151/11 and 77769/13, ECLI:CE:ECHR:2018:0118JUD004815111 – *National Federation of Sportspersons' Associations and Unions (FNASS)* u. a., Rn. 154.

[7] EGMR, Urt. v. 16.10.2007, Nr. 74336/01, ECLI:CE:ECHR:2007:1016JUD007433601 – *Wieser und Bicos Beteiligungen GmbH*, Rn. 45.

[8] Zusammenfassend EGMR, Urt. v. 7.11.2017, Nr. 21200/05, ECLI:CE:ECHR:2017:1107 JUD002120005 – *Akhlyustin*, Rn. 37.

[9] „However, it would be too restrictive to limit the notion [of ‚private life'] to an ‚inner circle' in which the individual may live his own personal life as he chooses and to exclude therefrom entirely the outside world not encompassed within that circle. Respect for private life must also comprise to a certain degree the right to establish and develop relationships with other human beings.“, EGMR, Urt. v. 16.12.1992, Nr. 13710/88, ECLI:CE:ECHR:1992:1216JUD001371088 – *Niemietz*, Rn. 29; EGMR, Urt. v. 19.10.2010, Nr. 20999/04, ECLI:CE:ECHR:2010:1019JUD002099904 – *Özpinar*, Rn. 45: „L'article 8 garantit ainsi la ‚vie privée' au sens large de l'expression, qui comprend le droit de mener une ‚vie privée sociale', à savoir la possibilité pour l'individu de développer son identité sociale. Sous cet aspect, ledit droit consacre la possibilité d'aller vers les autres afin de nouer et de développer des relations avec ses semblables (…).“; EGMR, Urt. v. 23.3.2006, Nr. 77955/01, ECLI:CE:ECHR:2006:0323JUD007795501 – *Campagnano*, Rn. 53; EGMR, Urt. v. 28.5.2009, Nr. 26713/05, ECLI:CE:ECHR:2009:0528JUD002671305 – *Bigaeva*, Rn. 22; EGMR, Urt. v. 16.10.2008, Nr. 39627/05 und 39631/05, ECLI:CE:ECHR:2008:1016JUD003962705 – *Taliadorou und Stylianou*, Rn. 53.

lebens ab.[10] In der Konsequenz treffen den Hoheitsträger auch Pflichten zum Schutz der Privatsphäre bei der Ausgestaltung des Arbeitsrechts einschließlich des arbeitsbezogenen Datenschutzrechts.[11]

Aus interaktionszentrierter Perspektive, die der personalen Entfaltung durch die Teilnahme an Interaktionszusammenhängen bei der individuellen Lebensführung nachgeht, sind berufliche Tätigkeit und Privatleben ungeachtet ihrer Unterschiede in der Gewährleistung von Rückzugsmöglichkeiten insoweit vergleichbar. Sie lassen sich nach der Rechtsprechung des Gerichtshofs für Menschenrechte nicht einmal trennen.[12]

2. *Abgeleiteter Schutz der beruflichen Stellung*

Neben diesem Schutz der beruflichen Privatsphäre leitet die Rechtsprechung des Menschengerichtshofs aus unterschiedlichen Freiheitsrechten mittelbar einen Schutz der beruflichen Stellung ab. Beeinträchtigungen der vom Recht auf Privatleben geschützten Privatsphäre, der Meinungsfreiheit oder der Gewissensfreiheit, die auch die berufliche Stellung betreffen, sind danach rechtfertigungsbedürftig.

a) Schutz der Privatsphäre und der Ehre

Führen Eingriffe in die Privatsphäre wie die Ermittlung von Einzelheiten zur privaten Lebensführung einschließlich intimer Beziehungen oder Beeinträchtigungen der Ehre wie Unterstellungen von moralischem Fehlverhalten zu beruflichen Nachteilen wie einer Suspendierung vom Dienst, stellen nach der

---

[10] „There appears, furthermore, to be no reason of principle why this understanding of the notion of ‚private life' should be taken to exclude activities of a professional or business nature since it is, after all, in the course of their working lives that the majority of people have a significant, if not the greatest, opportunity of developing relationships with the outside world.", EGMR, Urt. v. 16.12.1992, Nr. 13710/88, ECLI:CE:ECHR:1992:1216JUD001371088 – *Niemietz*, Rn. 29; EGMR, Urt. v. 16.10.2008, Nr. 39627/05 und 39631/05, ECLI:CE:ECHR:2008:1016JUD003962705 – *Talidorou und Stylianou*, Rn. 53; EGMR, Urt. v. 19.10.2010, Nr. 20999/04, ECLI:CE:ECHR:2010:1019JUD002099904 – *Özpinar*, Rn. 46: „Des restrictions apportées à la vie profesionnelle peuvent tomber sous le coup de l'article 8, lorsqu'elles se répercutent dans la façon dont l'individu forge son identité sociale par le développement des relations avec ses semblables".

[11] EGMR, Urt. v. 9.1.2018, Nr. 1874/13, 8567/13, ECLI:CE:ECHR:2018:0109JUD000187413 – *López Ribalda u. a.*, Rn. 60ff.; EGMR, Urt. v. 5.9.2017, Nr. 61496/08, ECLI:CE:ECHR:2017:0905JUD006149608 – *Bărbulescu*, Rn. 108.

[12] „This view is supported by the fact that, as was rightly pointed out by the Commission, it is not always possible to distinguish clearly which of an individual's activities form part of his professional or business life and which do not. Thus, especially in the case of a person exercising a liberal profession, his work in that context may form part and parcel of his life to such a degree that it becomes impossible to know in what capacity he is acting at a given moment of time.", EGMR, Urt. v. 16.12.1992, Nr. 13710/88, ECLI:CE:ECHR:1992:1216JUD001371088 – *Niemietz*, Rn. 29.

Rechtsprechung des Gerichtshofs für Menschenrechte sowohl die Eingriffe in die Privatsphäre und die persönliche Ehre als auch ihre rechtlichen Konsequenzen für den beruflichen Status der betroffenen Person jeweils für sich Eingriffe in das Recht auf Privatleben dar.[13] Gleiches gilt für die Überwachung elektronischer Kommunikation durch den Arbeitgeber,[14] für Videoüberwachungen[15] sowie für die Überwachung der Kontobewegungen eines beruflich geführten Kontos.[16]

b) Ökonomische Implikationen der Meinungsäußerungsfreiheit

In gleicher Weise ordnet die Rechtsprechung des Menschengerichtshofs berufliche Nachteile wie etwa eine Dienstsuspendierung, die an eine Ausübung der Meinungsäußerungsfreiheit anknüpfen, als rechtfertigungsbedürftigen Eingriff in das Recht auf freie Meinungsäußerung aus Art. 10 EMRK ein.[17] Mit dieser Einordnung schützt die Rechtsprechung nicht den Zugang zu Tätigkeiten im Öffentlichen Dienst schlechthin,[18] sondern vor den mittelbaren Folgen bestimmter Meinungsäußerungen.[19]

c) Gewissens- und Religionsfreiheit

Ebenso strahlt der Schutz der Gewissens- und Religionsfreiheit aus Art. 9 Abs. 1 EMRK auf die dann ebenfalls mittelbar geschützte berufliche Tätigkeit aus. Abgesehen von der Notwendigkeit, einen Ausgleich zwischen der unternehmerischen

---

[13] EGMR, Urt. v. 19.10.2010, Nr. 20999/04, ECLI:CE:ECHR:2010:1019JUD002099904 – *Özpinar*, Rn. 48; zur Einordnung berufsbeendender Maßnahmen, die auf Eingriffe in das Privatleben zurückgehen; als Beeinträchtigung des Rechts auf Privatleben näher EGMR, Urt. v. 16.10.2008, Nr. 39627/05 und 39631/05, ECLI:CE:ECHR:2008:1016JUD003962705 – *Talidorou und Stylianou*, Rn. 54; EGMR, Urt. v. 27.9.1999, Nr. 33985/96 und 33986/96, ECLI:CE:ECHR:1999:0927JUD003398596 – *Smith und Grady*, Rn. 71.

[14] EGMR, Urt. v. 5.9.2017, Nr. 61496/08, ECLI:CE:ECHR:2017:0905JUD006149608 – *Bărbulescu*, Rn. 71 f.; zu einem von der öffentlichen Hand beherrschten Arbeitgeber (SNCF) EGMR, Urt. v. 22.2.2018, Nr. 588/13, ECLI:CE:ECHR:2018:0222JUD000058813 – *Libert*, Rn. 37 ff.

[15] EGMR, Urt. v. 28.11.2017, Nr. 70838/13, ECLI:CE:ECHR:2017:1128JUD007083813 – *Antović and Mirković*, Rn. 55; EGMR, Urt. v. 7.11.2017, Nr. 21200/05, ECLI:CE:ECHR:2017:1107JUD002120005 – *Akhlyustin*, Rn. 37 ff., unter Hinweis auf das Kriterium der „reasonable expectation of privacy"; EGMR, Urt. v. 18.10.2016, Nr. 61838/10, ECLI:CE:ECHR:2016:1018JUD006183810 – *Vukota-Bojić*, Rn. 60.

[16] EuGH, Urt. v. 27.4.2017, Nr. 73607/13, ECLI:CE:ECHR:2017:0427JUD007360713 – *Sommer*, Rn. 48.

[17] EGMR, Urt. v. 26.9.1995, Nr. 17851/91, ECLI:CE:ECHR:1995:0902JUD001785191 – *Vogt*, Rn. 43 ff.

[18] Vgl. dazu EGMR, Urt. v. 28.8.1986, Nr. 9228/80, ECLI:CE:ECHR:1986:0828JUD000922880 – *Glasenapp*, Rn. 49; EGMR, Urt. v. 28.8.1986, Nr. 9704/82, ECLI:CE:ECHR:1986:0828JUD000970482 – *Kosiek*, Rn. 35.

[19] Zur Abgrenzung EGMR, Urt. v. 26.9.1995, Nr. 17851/91, ECLI:CE:ECHR:1995:0902JUD001785191 – *Vogt*, Rn. 44.

Gestaltung der Arbeitsabläufe und religiösen Vorgaben einzelner Arbeitnehmerinnen und Arbeitnehmer herzustellen, etwa hinsichtlich der Dienstkleidung,[20] kann die Gewissens- und Religionsfreiheit auch mittelbar den Bestand von und den Zugang zu Arbeitsverhältnissen schützen. Nach der Rechtsprechung des Gerichtshofs für Menschenrechte darf eine strafrechtliche Verurteilung, die auf eine religiös motivierte Weigerung, Uniform zu tragen, zurückgeht, nicht ohne weitere rechtfertigende Gründe als Ausschlussgrund für eine Tätigkeit im Öffentlichen Dienst herangezogen werden.[21] Über das allgemeine Verbot von Diskriminierungen aus Art. 14 EMRK greift diese Rechtfertigungsbedürftigkeit unabhängig davon, ob die strafrechtliche Verurteilung oder der darauf beruhende Ausschluss vom Öffentlichen Dienst bereits als Eingriff in die Gewissens- oder Religionsfreiheit zu werten sind.[22] Schon die Tatsache, dass der Verurteilung eine Ausübung der Religionsfreiheit zu Grunde lag, führt dazu, dass daran mittelbar anknüpfende Ungleichbehandlungen rechtfertigungsbedürftig sind.[23] Weitergehend kann das Diskrimierungsgebot sogar gebieten, Ausnahmen von einer allgemeinen Vorgabe zu machen, wenn der Verstoß gegen die Vorgabe durch religiöse Überzeugungen geboten ist, also auf die Ausübung der Religionsfreiheit zurückgeht. Die Ausübung der Religionsfreiheit durch einige Betroffene macht die Situation nach der Rechtsprechung des Menschengerichtshofs gegenüber den anderen Betroffenen unvergleichbar mit der Folge, dass eine Gleichbehandlung durch die allgemeine Vorgabe rechtfertigungsbedürftig ist.[24]

3. Berufszugang als Teil des Privatlebens

Dieser Schutz vor hoheitlichem Eindringen in die berufliche Tätigkeit ist in der Rechtsprechung der Folgezeit ausgebaut worden zu einem Schutz gegen bestimmte systematische Berufszugangsschranken. Zwar enthält die Europäische Menschenrechtskonvention weder ein Recht auf einen bestimmten Arbeitsplatz noch ein allgemeines Abwehrrecht gegen hoheitliche Behinderungen bei der

---

[20] EGMR, Urt. v. 15.1.2013, Nr. 48420/10 u. a., ECLI:CE:ECHR:2013:0115JUD004842010 – *Eweida u. a.*, Rn. 83 ff.

[21] EGMR, Urt. v. 6.4.2000, Nr. 34369/97, ECLI:CE:ECHR:2000:0406JUD003436997 – *Thlimmenos*, Rn. 42 ff.

[22] EGMR, Urt. v. 6.4.2000, Nr. 34369/97, ECLI:CE:ECHR:2000:0406JUD003436997 – *Thlimmenos*, Rn. 43.

[23] EGMR, Urt. v. 6.4.2000, Nr. 34369/97, ECLI:CE:ECHR:2000:0406JUD003436997 – *Thlimmenos*, Rn. 44 ff.; EGMR, Urt. v. 15.1.2013, Nr. 48420/10 u. a., ECLI:CE:ECHR:2013:0115JUD004842010 – *Eweida u. a.*, Rn. 86.

[24] EGMR, Urt. v. 15.1.2013, Nr. 48420/10 u. a., ECLI:CE:ECHR:2013:0115JUD004842010 – *Eweida u. a.*, Rn. 87: „Generally, in order for an issue to arise under Article 14 there must be a difference in the treatment of persons in analogous, or relevantly similar, situations (…). However, this is not the only facet of the prohibition of discrimination in Article 14. The right not to be discriminated against in the enjoyment of the rights guaranteed under the Convention is also violated when States, without an objective and reasonable justification, fail to treat differently persons whose situations are significantly different (…).“, m. w. N.

Wahl eines bestimmten Berufs einschließlich des öffentlichen Dienstes.[25] Wegen der Relevanz beruflicher Interaktionen für das Schutzgut des Rechts auf Privatleben beeinträchtigt jedoch der generelle Ausschluss eines Grundrechtsträgers von bestimmten beruflichen Tätigkeiten, etwa von einer Tätigkeit im öffentlichen Dienst oder von Tätigkeiten im privaten Sektor mit einer bestimmten strategischen Bedeutung für die Zivilgesellschaft, nach der Rechtsprechung des Gerichtshofs für Menschenrechte das Recht auf Privatleben.[26] In der Sache entwickelt die Rechtsprechung dadurch in Kombination mit dem Diskriminierungsverbot[27] einen Schutz des freien Zugangs zu Berufen zumindest gegen bestimmte Formen der hoheitlichen Beeinträchtigungen, obwohl entsprechende wirtschaftliche und soziale Rechte in der Menschenrechtskonvention nicht vorgesehen sind. Die berufliche Tätigkeit wird wegen ihres interaktionsbedingten Bezugs

---

[25] EGMR, Urt. v. 6.4.2000, Nr. 34369/97, ECLI:CE:ECHR:2000:0406JUD003436997 – *Thlimmenos*, Rn. 41: „He [the applicant] was thus treated differently from the other persons who had applied for that post on the ground of his status as a convicted person. The Court considers that such difference of treatment does not generally come within the scope of Article 14 in so far as it relates to access to a particular profession, the right to freedom of profession not being guaranteed by the Convention."; zum öffentlichen Dienst EGMR, Urt. v. 28.8.1986, Nr. 9228/80, ECLI:CE:ECHR:1986:0828JUD000922880 – *Glasenapp*, Rn. 49; EGMR, Urt. v. 28.8.1986, Nr. 9704/82, ECLI:CE:ECHR:1986:0828JUD000970482 – *Kosiek*, Rn. 35; zusammenfassend EGMR, Urt. v. 26.9.1995, Nr. 17851/91, ECLI:CE:ECHR:1995:0902JUD001785191 – *Vogt*, Rn. 43: „The Court reiterates that the right of recruitment to the civil service was deliberately omitted from the Convention. Consequently, the refusal to appoint a person as a civil servant cannot as such provide the basis for a complaint under the Convention".

[26] EGMR, Urt. v. 27.7.2004, 55480/00 und 59330/00, ECLI:CE:ECHR:2004:0727JUD005548000 – *Sidabras und Džiautas*, Rn. 47: „(…) the Court considers that a far-reaching ban on taking up private sector employment does affect ‚private life'. It attaches particular weight in this respect to the text of Article 1 § 2 of the European Social Charter and the interpretation given by the European Committee of Social Rights (…) and to the texts adopted by the ILO [International Labour Organisation] (…)"; EGMR, Urt. v. 7.4.2005, 70665/01 und 74345/01, ECLI:CE:ECHR:2005:0407JUD007066501 – *Rainys und Gasparavičius*, Rn. 34; neben den sozialen Kontakten auch auf die wirtschaftliche Lebensgrundlage abstellend EGMR, Urt. v. 16.10. 2008, Nr. 39627/05 und 39631/05, ECLI:CE:ECHR:2008:1016JUD003962705 – *Talidorou und Stylianou*, Rn. 54: „The Court has previously held that an interference affecting an individual's ability to engage in professional activities and creating serious difficulties for him in terms of earning his living might have, in certain circumstances, repercussions on the enjoyment of his private life (…)."; zum Aussschluss von der Rechtsanwaltsausbildung EGMR, Urt. v. 27.6.2017, Nr. 50446/09, ECLI:CE:ECHR:2017:0627JUD005044609 – *Jankauskas*, Rn. 69.

[27] EGMR, Urt. v. 27.7.2004, 55480/00 und 59330/00, ECLI:CE:ECHR:2004:0727JUD005548000 – *Sidabras und Džiautas*, Rn. 42 ff.; EGMR, Urt. v. 7.4.2005, 70665/01 und 74345/01, ECLI:CE:ECHR:2005:0407JUD007066501 – *Rainys und Gasparavičius*, Rn. 31 ff.; zum Anwendungsbereich des Diskriminierungsverbots EGMR, Urt. v. 6.4.2000, Nr. 34369/97, ECLI: CE:ECHR:2000:0406JUD003436997 – *Thlimmenos*, Rn. 40: „The Court recalls that Article 14 of the Convention has no independent existence, since it has effect solely in relation to the rights and freedoms safeguarded by the other substantive provisions of the Convention and its Protocols. However, the application of Article 14 does not presuppose a breach of one or more of such provisions and to this extent it is autonomous. For Article 14 to become applicable it suffices that the facts of a case fall within the ambit of another substantive provision of the Convention or its Protocols (…)." m. w. N.

zur Persönlichkeitsentfaltung dem Schutzbereich des Rechts auf Privatleben zugeordnet mit der Folge, dass das allgemeine Diskriminierungsverbot Anwendung findet.[28]

Zusätzlich hält die Rechtsprechung sogar für eine effektive Gewährleistung des Rechts auf Privatleben auch im Zusammenhang mit beruflichen Tätigkeiten hoheitliche Maßnahmen zum Schutz vor Beeinträchtigungen durch Dritte, insbesondere einen hinreichenden Rechtsschutz, für geboten, entwickelt also eine Schutzdimension des Freiheitsrechts.[29]

Dieser in vielen nationalen Rechtsordnungen der Berufsfreiheit zugeordnete Schutz ergibt sich demnach konsequent aus dem Ansatz, Interaktionsbeziehungen der Grundrechtsträger wegen ihrer Relevanz für die hinter den einzelnen Freiheitsrechten stehenden Facetten der Persönlichkeitsentfaltung zu schützen. Diese vielschichtigen Interaktionsbeziehungen lassen sich oftmals nicht isoliert in einen Bereich der Berufsfreiheit und einen Bereich des Privatlebens, der Meinungsfreiheit oder der Gewissensfreiheit trennen.[30] Diese Einheitlichkeit von Interaktionszusammenhängen und die mit ihr verbundenen Grenzen einer auf Trennung nach Sachbereichen angelegten Dogmatik beschränkt sich allerdings nicht auf den Grundrechtsschutz, sondern betrifft beispielsweise auch kompetenzielle Abgrenzungen.[31]

---

[28] EGMR, Urt. v. 27.7.2004, 55480/00 und 59330/00, ECLI:CE:ECHR:2004:0727JUD005548000 – *Sidabras und Džiautas*, Rn. 42 ff.; EGMR, Urt. v. 7.4.2005, 70665/01 und 74345/01, ECLI:CE:ECHR:2005:0407JUD007066501 – *Rainys und Gasparavičius*, Rn. 31 ff.; ähnlich zur Ausübung der Religionsfreiheit siehe oben, § 7 A.I.2.c).

[29] EGMR, Urt. v. 16.10.2008, Nr. 39627/05 und 39631/05, ECLI:CE:ECHR:2008:1016JUD003962705 – *Talidorou und Stylianou*, Rn. 55: „The Court further reiterates that Article 8 of the Convention requires not only that the State should refrain from action that would unjustifiably interfere with an individual's right to privacy but also that it should set up a system for its effective protection and implementation in cases of unlawful interference falling within its scope. This could require the adoption of measures designed to secure respect for private life, including both the provision of a regulatory framework of adjudicatory and enforcement machinery protecting individuals' rights and the implementation, where appropriate, of specific measures (...)".

[30] EGMR, Urt. v. 27.7.2004, 55480/00 und 59330/00, ECLI:CE:ECHR:2004:0727JUD005548000 – *Sidabras und Džiautas*, Rn. 47: It [the Court] reiterates that there is no watertight division separating the sphere of social and economic rights from the field covered by the Convention (...)."; EGMR, Urt. v. 9.10.1979, Nr. 6289/73, ECLI:CE:ECHR:1981:0206JUD000628973 – *Airey*, Rn. 26: „Whilst the Convention sets forth what are essentially civil and political rights, many of them have implications of a social or economic nature. The Court therefore considers, like the Commission, that the mere fact that an interpretation of the Convention may extend into the sphere of social and economic rights should not be a decisive factor against such an interpretation; there is no water-tight division separating that sphere from the field covered by the Convention".

[31] Zur Unterscheidung zwischen Wirtschafts- und Währungspolitik siehe oben, § 6 A.I.3.a) bb).

II. Kommerzielle Elemente in Kommunikationszusammenhängen

1. Interaktionszentriertes Verständnis der Freiheit zur Meinungsäußerung

Die Freiheit der Meinungsäußerung nach Art. 10 Abs. 1 S. 1 und 2 EMRK umfasst nach der Rechtsprechung des Gerichtshofs für Menschenrechte prinzipiell jede Art von Informationen und Ideen, unabhängig von ihrer konkreten Ausdrucksform.[32] Der Schutzbereich der Freiheit zur Meinungsäußerung deckt damit insbesondere kommerzielle Kommunikation ab, sowohl die Berichterstattung über ein bestimmtes Unternehmen durch redaktionelle Beiträge in Presseprodukten für den gewerblichen Verkehr,[33] durch Reportagen in Tageszeitungen,[34] öffentliche Werbeanzeigen, die die Kontaktdaten des Werbenden enthalten,[35] Werbung unter Verwendung religiöser Symbole[36] oder Rundfunkwerbung.[37]

Zur Begründung der Schutzbedürftigkeit kommerzieller Kommunikation im Rahmen der Rechtfertigung von Eingriffen stellt die Rechtsprechung auf die Relevanz der Information für den Nachfragenden ab.[38] Hinter diesem Bedarf, Informationsbeziehungen zu schützen, steht die Relevanz von Interaktionszusammenhängen für die Grundrechtsträger. Die Kommunikation wird geschützt, weil die kommunizierte Information für den Adressaten in einem beliebigen Handlungszusammenhang einen Mehrwert bieten kann. Der Sache nach zielt der Schutz auf die individuelle Meinungsbildung über bestimmte Sachverhalte, die wiederum geeignet ist, sich auf Entscheidungen der einzelnen Personen in den jeweiligen Handlungszusammenhängen auszuwirken. Die Rechtsprechung des Gerichtshofs für Menschenrechte betont diesen Mehrwert

---

[32] EGMR, Urt. v. 20.11.1989, Nr. 10572/83, ECLI:CE:ECHR:1989:1120JUD001057283 – *Markt intern und Klaus Beerman*, Rn. 26; EGMR, Urt. v. 24.2.1994, Nr. 15450/89, ECLI:CE:ECHR:1994:0224JUD001545089 – *Casado Coca*, Rn. 35; EGMR, Urt. v. 24.5.1988, Nr. 10737/84, ECLI:CE:ECHR:1988:0524JUD001073784 – *Müller u. a.*, Rn. 27: not only certain types of information or ideas or forms of expression; EGMR, Urt. v. 22.4.2013, Nr. 48876/08, ECLI:CE:ECHR:2013:0422JUD004887608 – *Animal Defenders International*, Rn. 100: not only the substance of the ideas and information expressed but also the form in which they are conveyed, m. w. N.

[33] EGMR, Urt. v. 20.11.1989, Nr. 10572/83, ECLI:CE:ECHR:1989:1120JUD001057283 – *Markt intern und Klaus Beerman*, Rn. 26.

[34] EGMR, Urt. v. 17.10.2002, Nr. 37928/97, ECLI:CE:ECHR:2002:1017JUD003792897 – *Stambuk*, Rn. 23.

[35] EGMR, Urt. v. 24.2.1994, Nr. 15450/89, ECLI:CE:ECHR:1994:0224JUD001545089 – *Casado Coca*, Rn. 36.

[36] EGMR, Urt. v. 30.1.2018, Nr. 69317/14, ECLI:CE:ECHR:2018:0130JUD006931714 – *Sekmadienis Ltd*, Rn. 62.

[37] EGMR, Urt. v. 28.3.1990, Nr. 10890/84, ECLI:CE:ECHR:1990:0328JUD001089084 – *Groppera Radio*, Rn. 54 f.

[38] EGMR, Urt. v. 24.2.1994, Nr. 15450/89, ECLI:CE:ECHR:1994:0224JUD001545089 – *Casado Coca*, Rn. 51: „For the citizen, advertising is a means of discovering the characteristics of services and goods offered to him.“; EGMR, Urt. v. 17.10.2002, Nr. 37928/97, ECLI:CE:ECHR:2002:1017JUD003792897 – *Stambuk*, Rn. 39.

der Information auch dann, wenn der Adressat die Information nicht aktiv nachgefragt, sondern die äußernde Stelle sie wie im Fall der Werbung mit einer bestimmten Absicht kommuniziert hat.

2. *Auswahl der Inhalte in Kommunikationsprozessen*

Diese Abhängigkeit des grundrechtlichen Schutzes von der Relevanz der Information für Entscheidungen des Rezipienten lässt schließlich inhaltliche Kriterien an die übermittelte Information tendenziell in den Hintergrund treten. Während die Rechtsprechung des Gerichtshofs für Menschenrechte zunächst noch den Schutz kommerzieller Kommunikation mit ihrem Informationsgehalt begründet[39] und die Schutzfähigkeit reiner Werbung offen gelassen hatte,[40] begründete sie später den Schutz reiner Werbung unter Hinweis auf die in der Werbung enthaltenen Kontaktdaten, deren Anteil an der gesamten Werbeanzeige und Nützlichkeit für die Rezipienten[41] und stellt in der jüngeren Rechtsprechung die Schutzfähigkeit von Werbung knapp und ohne Prüfung der kommunizierten Inhalte fest.[42] Diese Entwicklung ist bereits durch die Anknüpfung an die Kommunikationsbeziehung zwischen Äußernden und Rezipienten vorgezeichnet. Die Bedeutung eines Kommunikats und ihre Relevanz für den Rezipienten hängen jeweils von der Wahrnehmung und Deutung des Rezipienten ab.[43] Wegen der damit einhergehenden konstruktiven Leistung der

[39] EGMR, Urt. v. 25.3.1989, Nr. 8734/79, ECLI:CE:ECHR:1985:0325JUD000873479 – *Barthold*, Rn. 42: „The restrictions imposed in the present case relate to the inclusion, in any statement of Dr. Barthold's views as to the need for a night veterinary service in Hamburg, of certain factual data and assertions regarding, in particular, his person and the running of his clinic (...). All these various components overlap to make up a whole, the gist of which is the expression of ‚opinions' and the imparting of ‚information' on a topic of general interest. It is not possible to dissociate from this whole those elements which go more to manner of presentation than to substance and which, so the German courts held, have a publicity-like effect."; EGMR, Urt. v. 20.11.1989, Nr. 10572/83, ECLI:CE:ECHR:1989:1120JUD001057283 – *Markt intern und Klaus Beerman*, Rn. 26: „The Court recalls that the writer of the article in question reported the dissatisfaction of a consumer who had been unable to obtain the promised reimbursement for a product purchased from a mail-order firm, the Club; it asked for information from ist readers as to the commercial practices of the firm. (...) it conveyed information of a commercial nature".

[40] EGMR, Urt. v. 25.3.1985, Nr. 8734/79, ECLI:CE:ECHR:1985:0325JUD000873479 – *Barthold*, Rn. 42.

[41] EGMR, Urt. v. 24.2.1994, Nr. 15450/89, ECLI:CE:ECHR:1994:0224JUD001545089 – *Casado Coca*, Rn. 36: „In the instant case the impugned notices merely gave the applicant's name, profession, address and telephone number. They were clearly published with the aim of advertising, but they provided persons requiring legal assistance with information that was of definite use and likely to facilitate their access to justice".

[42] EGRM, Urt. v. 17.10.2002, Nr. 37928/97, ECLI:CE:ECHR:2002:1017JUD003792897 – *Stambuk*, Rn. 23: „The participants in the proceedings agreed that the applicant's disciplinary punishment amounted to an interference with the exercise of his right to freedom of expression. The Court sees no reason to conclude otherwise".

[43] Näher oben, § 3 A.I.

Interpretation von Informationen[44] ist die Leistungsfähigkeit inhaltlicher Kriterien für die Reichweite des Schutzes von vorneherein beschränkt.[45] Auch reine sog. Imagewerbung, die keinerlei explizite Informationen zu Produkten, Dienstleistungen oder dem Anbieter enthält, sondern lediglich mehr oder weniger greifbare Assoziationen wecken soll, fällt dadurch unter den von Art. 10 Abs. 1 EMRK gewährleisteten Schutz des Kommunikationsprozesses.[46]

III. Interaktionsbezogener Schutz des Eigentums

Auch der Schutz des Eigentums nach Art. 1 des 1. Zusatzprotokolls zur Menschenrechtskonvention ist in der Rechtsprechung des Menschengerichtshofs an Interaktionsbeziehungen ausgerichtet. Auf der Grundlage einer Einzelfallprüfung des autonom ausgelegten Eigentumsbegriffs bewertet die Rechtsprechung die einzelnen Elemente des Interaktionszusammenhangs in der jeweiligen Situation auf ihre Verdichtung und die damit verbundene Möglichkeit der kommerziellen Verwertung („*exploitation*") (1.). Die Beeinträchtigung eines etablierten Kundenstamms („*clientèle*") bildet dabei ein erhebliches Indiz für einen rechtfertigungsbedürftigen Eingriff in das Eigentum (2.). Der Sache nach geht dieser Eigentumsschutz vergleichbar mit einem Schutz des eingerichteten und ausgeübten Gewerbebetriebs und reicht, indem er teilweise auch negative Änderungen des Kontexts umfasst, tendenziell sogar noch weiter. Gleichwohl lässt sich auch diese Auslegung des Eigentums nicht auf eine Strategie der Lückenfüllung reduzieren. Vielmehr führt die Rechtsprechung auch den eigentumsrechtlichen Schutz unterschiedlicher Lizenzen, die gesondert eigentumsrechtlich geschützt sein können, in der Sache auf ihre Funktion für den Interaktionszusammenhang zurück (3.).

1. Autonome Prüfung der einzelnen Elemente

Den Ausgangspunkt der Rechtsprechung des Menschengerichtshofs für den Schutz des Eigentums bildet ein autonomer, von dem nationalen Recht weitgehend unabhängiger Eigentumsbegriff,[47] der eine umfassende Prüfung aller

---

[44] Näher oben, § 1 C.I.1.

[45] Nicht anders bei der Bestimmung der Reichweite von Forschung, siehe oben, § 4 B.I.3.

[46] *Simma/Weiler/Zöckler*, Kompetenzen und Grundrechte, S. 98: auch reine Imagewerbung stellt Kommunikation zwischen Produktanbieter und Konsument her; ‚Offenheit' des Begriffs der ‚Information'; implizit im Zusammenhang mit den Anforderungen aus Art. 10 Abs. 2 EMRK auch *Kühling*, Die Kommunikationsfreiheit als europäisches Gemeinschaftsgrundrecht, S. 171 f. Die frühe Rechtsprechung des EGMR begründete den Schutz aus Art. 10 EMRK demgegenüber bereits mit der Übermittlung konkreter leistungsbezogener, wirtschaftlicher Informationen und ließ den Schutz bloßer Imagewerbung auf dieser Grundlage offen; zusammenfassend *Hatje*, Wirtschaftswerbung und Meinungsfreiheit, S. 55 ff.

[47] EGMR, Urt. v. 11.1.2007, Nr. 73049/01, ECLI:CE:ECHR:2007:0111JUD007304901 – *Anheuser-Busch*, Rn. 63; EGMR, Urt. v. 7.6.2012, Nr. 38433/09, ECLI:CE:ECHR:2012:0607JUD003843309 – *Centro Europa 7*, Rn. 171, m.w.N.: concept of ‚possessions' has an

Umstände des Einzelfalls erfordert.[48] Dabei fallen die bloße Erwartung eines zukünftigen Einkommens („*future income*")[49] oder noch nicht bestehender Ansprüche der sozialen Sicherung[50] genauso wenig unter diesen Eigentumsbegriff wie ein zwischenzeitlich erloschenes Eigentum oder ein bedingtes Eigentum, dessen Bedingungen nicht mehr eintreten können.[51]

Der Sache nach fordert dieser Eigentumsbegriff eine hinreichend verfestigte Position („*substantive interest*"[52]), die von den Berechtigten genutzt oder verwertet werden kann,[53] wobei diese Verdichtung und die Nutzungsmöglichkeit auf rechtlichen oder auf tatsächlichen Gründen oder auf einer Kombination aus beiden beruhen können. Dieser Eigentumsbegriff ist insofern nicht allein normativ geprägt, als auch tatsächliche Umstände wie der Kundenstamm („*clientèle*")[54] oder ein reputationsbasierter Unternehmenswert („*goodwill*") den Schutz begründen können, auch wenn die rechtliche Durchsetzbarkeit einer Position nach dem jeweiligen nationalen Recht ein wesentliches Kriterium für die hinreichende Verfestigung der Position, auch bei den sog. berechtigten Erwartungen

---

autonomous meaning which is not limited to the ownership of material goods and is independent from the formal classification in domestic law.

[48] EGMR, Urt. v. 11.1.2007, Nr. 73049/01, ECLI:CE:ECHR:2007:0111JUD007304901 – *Anheuser-Busch*, Rn. 63: „The issue that needs to be examined in each case is whether the circumstances of the case, considered as a whole, conferred on the applicant title to a substantive interest protected by Article 1 of Protocol No. 1 (…)".

[49] EGMR, Urt. v. 10.7.2002, Nr. 39794/98, ECLI:CE:ECHR:2002:0710DEC003979498 – *Gratzinger und Gratzingerova*, Rn. 69; EGMR, Urt. v. 11.1.2007, Nr. 73049/01, ECLI:CE:ECHR:2007:0111JUD007304901 – *Anheuser-Busch*, Rn. 64; EGMR, Urt. v. 7.6.2012, Nr. 38433/09, ECLI:CE:ECHR:2012:0607JUD003843309 – *Centro Europa 7*, Rn. 172; EGMR, Urt. v. 24.5.2005, Nr. 61302/00, ECLI:CE:ECHR:2005:0524JUD6130200 – *Buzescu*, Rn. 81; EGMR, Urt. v. 25.1.2000, Nr. 37683/95, ECLI:CE:ECHR:2000:0125DEC0003768397 – *Ian Edgar*, S. 7: „The Court notes that the Commission has in the past held that goodwill may be an element in the valuation of a professional practice, but that future income itself is only a ‚possession' once it has been earned, or an enforceable claim to it exists (…)."; ebenso EGMR, Urt. v. 26.9.2000, Nr. 37660/97 – *Denimark Limited u. a.*, S. 8.

[50] EGMR, Urt. v. 12.1.2017, Nr. 74734/14, ECLI:CE:ECHR:2017:0112JUD007473414 – *Saumier*, Rn. 53.

[51] EGMR, Urt. v. 11.1.2007, Nr. 73049/01, ECLI:CE:ECHR:2007:0111JUD007304901 – *Anheuser-Busch*, Rn. 64.

[52] EGMR, Urt. v. 11.1.2007, Nr. 73049/01, ECLI:CE:ECHR:2007:0111JUD007304901 – *Anheuser-Busch*, Rn. 63.

[53] Vgl. zum Schutz der Position nach Anmeldung einer Marke zur Eintragung ins Markenregister EGMR, Urt. v. 11.1.2007, Nr. 73049/01, ECLI:CE:ECHR:2007:0111JUD007304901 – *Anheuser-Busch*, Rn. 76: „With this in mind, the Court takes due note oft he bundle of financial rights and interests that arise upon an application for the registration of a trade mark. It agrees with the Chamber that such applications may give rise to a variety of legal transactions, such as a sale or licence agreement for consideration, and possess – or are capable of possessing – a substantial financial value".

[54] Zuletzt zusammenfassend EGMR, Urt. v. 5.6.2019, Nr. 12096/14 und 39335/16, ECLI:CE:ECHR:2019:0604JUD001209614 – *Rola*, Rn. 71; EGMR, Urt. v. 16.10.2018, Nr. 21623/13, ECLI:CE:ECHR:2018:1016JUD002162313 – *Könyv-Tár Kft u. a.*, Rn. 43.

(„*legitimate expectations*") bildet.[55] Zusammengefasst kommt es darauf an, inwieweit der Betroffene einen bestimmten Gegenstand in seinen Interaktionsbeziehungen zu anderen für seine Zwecke einsetzen kann, also über die Verwendung entscheiden und dadurch in Interaktion mit Dritten Nutzen ziehen kann. Im Kern schützt dieses Eigentumsrecht dadurch Positionen wegen ihres individuellen Mehrwerts in Interaktionsbeziehungen.

2. *Kundenstamm als eigentumsrechtlich geschützte Position*

Das Paradigma einer solchen über Interaktionsbeziehungen verwertbaren Position stellt der Kundenstamm dar. Ohne nähere Erläuterungen sieht die Rechtsprechung des Menschengerichtshofs ihn in vieler Hinsicht als mit einem privaten Recht vergleichbar an.[56] Dabei weist die Rechtsprechung zunächst auf die dem Aufbau eines Kundenstamms zu Grunde liegende Arbeit des Begünstigten hin, auch wenn dieser Kundenstamm nicht allein der Verdienst des Begünstigten zu sein braucht, sondern auch durch günstige Umstände gefördert worden sein kann.[57] Der Kundenstamm braucht nicht einmal an dem Standort aufgebaut worden zu sein, auf den sich die beeinträchtigende Maßnahme bezieht. Es genügt vielmehr, dass der Kundenstamm an dem betroffenen Standort von dem Begünstigten verwertet werden kann.[58]

---

[55] Zu den Voraussetzungen eines Schutzes von *legitimate expectations* EGMR, Urt. v. 28.9. 2004, Nr. 44912/98, ECLI:CE:ECHR:2004:0928JUD004491298 – *Kopecký*, Rn. 52; EGMR, Urt. v. 11.1.2007, Nr. 73049/01, ECLI:CE:ECHR:2007:0111JUD007304901 – *Anheuser-Busch*, Rn. 65: „sufficient basis for the interest in national law, for example where there is settled case-law of the domestic courts conforming its existence (…)."; EGMR, Urt. v. 7.6.2012, Nr. 38433/09, ECLI:CE:ECHR:2012:0607JUD003843309 – *Centro Europa 7*, Rn. 178.

[56] EGMR, Urt. v. 26.6.1986, Nr. 8543/79 u. a., ECLI:CE:ECHR:1986:0626JUD000854379 – *van Marle u. a.*, Rn. 41: „The Court agrees with the Commission that the right relied upon by the applicants may be likened to the right of property embodied in Article 1 (P1–1): by dint of their own work, the applicants had built up a clientèle; this had in many respects the nature of a private right and constituted an asset and, hence, a possession within the meaning of the first sentence of Article 1 (P1–1)."; ebenso EGMR, Urt. v. 13.3.2012, Nr. 23780/08, ECLI:CE:ECHR:2012:0313JUD002378008 – *Malik*, Rn. 89.

[57] EGMR, Urt. v. 6.2.2003, Nr. 71630/01 – *Wendenburg u. a.*, S. 23. Selbst die Förderung des Kundenstamms durch weitere Unternehmen oder freiberufliche Betriebsstätten wie einer Anwaltskanzlei steht dem Schutz des Kundenstamms gegen die Versagung einer auf einen bestimmten Standort bezogenen Anwaltszulassung nicht entgegen, EGMR, Urt. v. 24.5.2005, Nr. 61302/00, ECLI:CE:ECHR:2005:0524JUD6130200 – *Buzescu*, Rn. 82.

[58] EGMR, Urt. v. 24.5.2005, Nr. 61302/00, ECLI:CE:ECHR:2005:0524JUD6130200 – *Buzescu*, Rn. 82: „The Court does not find it relevant in this context that the applicant did not have an established law office, and considers it inappropriate to distinguish how he built up his clintèle, as it appears that his status as a member of the New York Bar, his activity within his company Petru Buzescu SRL, and his position as a lawyer registered with a Romanian Bar were all contributory factors. The Court finds that the applicant's existing clientèle was connected to his legal practice and that he was able to ‚exploit' it as a lawyer."; allgemein

Aus dem gleichen Grund bezeichnet die Rechtsprechung des Menschengerichtshofs etwa Rechtsanwaltskanzleien oder Arztpraxen als „Gesamtheiten von einem gewissen Wert“ und erstreckt den eigentumsrechtlichen Schutz auf die gesamte Einheit einschließlich ihres reputationsbasierten Unternehmenswerts („*goodwill*“).[59]

Dieser Aspekt der Verwertbarkeit in Interaktionsbeziehungen schlägt sich schließlich auch in der Reichweite vom Schutz des Kundenstamms nieder. Hoheitliche Maßnahmen, die die Ausübung der beruflichen Tätigkeit und dadurch die kommerzielle Nutzung des Kundenstamms beeinträchtigen, stellen dadurch einen rechtfertigungsbedürftigen Eingriff in das Eigentum dar.[60]

3. Lizenzen

Schließlich kommt rechtlichen Lizenzen in dieser Bewertung der Einzelfallumstände eine hervorgehobene Bedeutung zu. Die Rechtsprechung des Menschengerichtshofs ordnet den Entzug oder die Vorenthaltung von unterschiedlichen Arten von Lizenzen, etwa zum Ausschank alkoholischer Getränke in einer Gaststätte,[61] zum Abbau von Kies,[62] zum Betrieb eines Zolllagers,[63] eines

---

zusammenfassend EGMR, Urt. v. 5.6.2019, Nr. 12096/14 und 39335/16, ECLI:CE:ECHR:2019:0604JUD001209614 – *Rola*, Rn. 71.

[59] EGMR, Urt. v. 24.5.2005, Nr. 61302/00, ECLI:CE:ECHR:2005:0524JUD6130200 – *Buzescu*, Rn. 81: „The applicability of Article 1 of Protocol No. 1 however extends to law practices and their goodwill, as these are entities of a certain worth that have in many respects the nature of private rights, and thus constitute assets, being possessions within the meaning of the first sentence of this provision (…)“; anknüpfend an EGMR, Urt. v. 9.11.1999, Nr. 37595/97 – *Döring*, S. 6; EGMR, Urt. v. 6.2.2003, Nr. 71630/01 – *Wendenburg u. a.*, S. 23: „In this context, it does not matter whether the applicants acquired the possessions by taking advantage of a favourable position, or solely through their own activities.“; ebenso EGMR, Urt. v. 25.5.1999, Nr. 37592/97 – *Olbertz*, S. 8; ähnlich der Schutz wohlerworbener Interessen („*vested interests*“) an einer Arztpraxis, EGMR, Urt. v. 8.3.1988, Nr. 11540/85 – *Karni*, S. 13: „The Commission considers that the vested interests in the applicant's medical practice may be regarded as ‚possessions‘ within the meaning of Article 1 of Protocol No. 1 (P1–1)“.

[60] Zusammenfassend EGMR, Urt. v. 13.3.2012, Nr. 23780/08, ECLI:CE:ECHR:2012:0313JUD002378008 – *Malik*, Rn. 90: „In previous cases involving professional practices, the Court has taken the view that a restriction on applicant's right to practice the profession concerned, such as a refusal to register an applicant on a professional list, significantly affected the conditions of their professional activities and reduced the scope of those activities. Where, as a consequence of the restrictions, the applicant's income and the value of his clintele and, more generally, his business, fell, the Court has held that there was interference with the right to peaceful enjoyment of possessions (…).“, EGMR, Urt. v. 26.6.1986, Nr. 8543/79 u. a., ECLI:CE:ECHR:1986:0626JUD000854379 – *van Marle u. a.*, Rn. 42.

[61] EGMR, Urt. v. 7.7.1989, Nr. 10873, ECLI:CE:ECHR:1989:0707JUD001087384 – *Tre Traktörer*, Rn. 53.

[62] EGMR, Urt. v. 18.2.1991, Nr. 12033/86, ECLI:CE:ECHR:1991:0218JUD001203386 – *Fredin*, Rn. 47.

[63] EGMR, Urt. v. 28.7.2005, Nr. 51728/99, ECLI:CE:ECHR:2005:0728JUD005172899 – *Rosenzweig und Bonded Warehouses*, Rn. 49.

Freiluftkinos[64] oder eines Taxis[65] sowie zur Sendung von Rundfunk auf einer bestimmten Frequenz[66] sowie den Entzug der Zulassung als Insolvenzverwalterinnen oder Insolvenzverwalter[67] als Eingriff in das Eigentumsrecht ein. Dabei stellt die Rechtsprechung nicht immer klar, inwieweit die Lizenz oder der Geschäftsbetrieb den Gegenstand der Eigentumsgewährleistung bildet. Teilweise wertet die Rechtsprechung, insbesondere aus jüngerer Zeit, bereits den Entzug der Lizenz als solchen ohne nähere Begründung als rechtfertigungsbedürftigen Eigentumseingriff.[68] In diesem Zusammenhang betont die Rechtsprechung allerdings den engen Bezug der Lizenz zum betroffenen Geschäftsbetrieb und dem Unternehmenswert einschließlich des sog. *goodwills*.[69] Geschützt wird die Lizenz als wesentliche Voraussetzung für den Geschäftsbetrieb und der kommerziellen Verwertung des etablierten Kundenstamms.[70] Das gilt nach der

---

[64] EGMR, Urt. v. 25.3.1999, Nr. 31107/96, ECLI:CE:ECHR:1999:0325JUD003110796 – *Iatridis*, Rn. 54.

[65] EGMR, Urt. v. 21.7.2015, Nr. 45504/09, ECLI:CE:ECHR:2015:0721JUD004550409 – *Donprut*, Rn. 22.

[66] EGMR, Urt. v. 7.6.2012, Nr. 38433/09, ECLI:CE:ECHR:2012:0607JUD003843309 – *Centro Europa 7*, Rn. 174 ff.

[67] EGMR, Urt. v. 5.6.2019, Nr. 12096/14 und 39335/16, ECLI:CE:ECHR:2019:0604JUD001209614 – *Rola*, Rn. 71.

[68] EGMR, Urt. v. 21.7.2015, Nr. 45504/09, ECLI:CE:ECHR:2015:0721JUD004550409 – *Donprut*, Rn. 22: „It is undisputed between the parties that the applicant company's licence to run a taxi cab business constituted a possession for the purposes of Article 1 of Protocol No. 1 to the Convention and that its withdrawal constituted an interference with its right to peaceful enjoyment of possessions."; EGMR, Urt. v. 13.1.2015, Nr. 65681/13 – *Vékony*, Rn. 29: „For the Court, it is hardly conceivable not to regard this licence, once guaranteeing an important share of the applicant's turnover (…), as a ‚possession' for the purposes of Article 1 fo Protocol No. 1 (…)."; EGMR, Urt. v. 7.6.2012, Nr. 38433/09, ECLI:CE:ECHR:2012:0607JUD003843309 – *Centro Europa 7*, Rn. 177: „It [the Court] further notes that, as it has previously held, the withdrawal of a licence to carry on business activities amounts to interference with the right to peaceful enjoyment of possessions as enshrined in Article 1 of Protocol No. 1 (…)."; EGMR, Urt. v. 10.7.2007, Nr. 15084/03, ECLI:CE:ECHR:2007:0710JUD001508403 – *Bimer*, Rn. 49; EGMR, Urt. v. 7.7.1989, Nr. 10873, ECLI:CE:ECHR:1989:0707JUD001087384 – *Tre Traktörer*, Rn. 53; EGMR, Urt. v. 24.11.1989, Nr. 49429/99 – *Capital Bank*, Rn. 130; EGMR, Urt. v. 28.7.2005, Nr. 51728/99, ECLI:CE:ECHR:2005:0728JUD005172899 – *Rosenzweig und Bonded Warehouses*, Rn. 49.

[69] EGMR, Urt. v. 13.3.2012, Nr. 23780/08, ECLI:CE:ECHR:2012:0313JUD002378008 – *Malik*, Rn. 91: „In cases concerning the grants of licences or permits to carry out a business, the Court has indicated that the revocation or withdrawal of a permit or licence interfered with the applicant's right to the peaceful enjoyment of their possessions, including the economic interests connected with the underlying business (…). In this regard, the Court observed in particular in Tre Traktörer AB that the maintenance of the licence was one of the principal conditions for the carrying on the applicant company's business, and that its withdrawal had adverse effects on the goodwill and value of the restaurant (…)."; EGMR, Urt. v. 13.1.2015, Nr. 65681/13, ECLI:CE:ECHR:2015:0113JUD006568113 – *Vékony*, Rn. 29: „(…) this licence, once guaranteeing an important share of the applicant's turnover (…), (…)".

[70] EGMR, Urt. v. 13.3.2012, Nr. 23780/08, ECLI:CE:ECHR:2012:0313JUD002378008 – *Malik*, Rn. 91; EGMR, Urt. v. 7.7.1989, Nr. 10873, ECLI:CE:ECHR:1989:0707JUD001087384 – *Tre Traktörer*, Rn. 53: „Like the Commission, however, the Court takes the view that the

Rechtsprechung des Menschengerichtshofs selbst dann, wenn der Geschäftsbetrieb nicht zwingend auf eine bestimmte Lizenz angewiesen ist, sondern auch auf alternative Formen des Vertriebs oder auf Lizenzen für alternative Standorte ausweichen könnte.[71] Die Beendigung einer bestimmten Unternehmensaktivität infolge des Entzugs einer Lizenz, also nach der deutschen Grundrechtsdogmatik eine Berufsausübungsregelung, macht zusammen mit den einhergehenden Umsatzeinbußen bereits die rechtfertigungsbedürftige Eigentumsbeeinträchtigung aus.[72] Entsprechend liegt auch dann eine Eigentumsbeeinträchtigung vor, wenn die Lizenz nicht entzogen, aber ihre Verwertung durch hoheitliche Maßnahmen praktisch vereitelt wird.[73]

Der Sache nach geht es der Rechtsprechung, auch nach ihrer Selbstbeschreibung,[74] um den Schutz des etablierten Geschäftsmodells, um die Ausübung des

---

economic interests connected with the running of Le Cardinal were ‚possessions' for the purposes of Article 1 of the Protocol (P1–1). Indeed, the Court has already found that the maintenance of the licence was one of the principal conditions for the carrying on of the applicant company's business, and that its withdrawal had adverse effects on the goodwill and value of the restaurant (...). Such withdrawal thus constitutes, in the circumstances of the case, an interference with TTA's right to the ‚peaceful enjoyment of [its] possessions'."; EGMR, Urt. v. 13.1.2015, Nr. 65681/13, ECLI:CE:ECHR:2015:0113JUD006568113 – *Vékony*, Rn. 29: „Given the obvious economic interests connecting tobacco retail that the statutory removal of the applicant's long-standing tobacco licence amounted to an interference with his rights under Article 1 of Protocol No. 1 (...)."; EGMR, Urt. v. 7.6.2012, Nr. 38433/09, ECLI:CE:ECHR:2012:0607JUD003843309 – *Centro Europa 7*, Rn. 178: „The Court thus considers that the interests associated with exploiting the licence constituted property interests attracting the protection of Article 1 of the Protocol No. 1 (...)."; EGMR, Urt. v. 28.7.2005, Nr. 51728/99, ECLI:CE:ECHR:2005:0728JUD005172899 – *Rosenzweig und Bonded Warehouses*, Rn. 50: „The Court oberservies that the withdrawal of the June 1995 licence and the ensuing proceedings in which the validity of that permit was re-examined several times made it impossible for the applicants to continue their business operation."; EGMR, Urt. v. 25.3.1999, Nr. 31107/96, ECLI:CE:ECHR:1999:0325JUD003110796 – *Iatridis*, Rn. 54.

[71] EGMR, Urt. v. 10.7.2007, Nr. 15084/03, ECLI:CE:ECHR:2007:0710JUD001508403 – *Bimer*, Rn. 51: „While it is true that the Order did not prevent the applicant company from carrying on other activities authorised under its articles of association, as for instance the conducting of an ordinary retail business, and while the company could in principle have applied for a new licence to open a duty-free shop at an airport location, it is beyond dispute that the Order had the immediate and intended effect of preventing the applicant from continuing to operate its duty-free business at the Leuseni Customs Office and of terminating the applicant's business licence to carry on business at that location. In these circumstances, the Court finds that there was a clear interference with the applicant's right to the peaceful enjoyment of its possessions for the purposes of Article 1 of Protocol No. 1".

[72] EGMR, Urt. v. 10.7.2007, Nr. 15084/03, ECLI:CE:ECHR:2007:0710JUD001508403 – *Bimer*, Rn. 51, vgl. Fn. 71.

[73] EGMR, Urt. v. 7.6.2012, Nr. 38433/09, ECLI:CE:ECHR:2012:0607JUD003843309 – *Centro Europa 7*, Rn. 177: „Although the licence was not in fact withdrawn in the instant case, the Court considers that, without the allocation of broadcasting frequencies, it was deprived of its substance".

[74] Vgl. die Analyse in EGMR, Urt. v. 13.3.2012, Nr. 23780/08, ECLI:CE:ECHR:2012:0313JUD002378008 – *Malik*, Rn. 92: „While the Court has appeared to accept on some occasions that the licence itself constituted a ‚possession' for the purposes of Article 1 of the

Geschäfts. Entsprechend bewertet die Rechtsprechung den Entzug einer Lizenz nicht als Enteignung, sondern als Regelung der Benutzung des Eigentums.[75]

B. Methodische Implikationen

Indem die interaktionszentrierte Perspektive den Grundrechtsschutz auf die Strukturen des jeweiligen Sachbereichs einstellt, nimmt sie Entwicklungen des Lebensbereichs auf. Eine interaktionszentrierte Perspektive geht dadurch mit einer gewissen Dynamik einher, die in der Rechtsprechung des Menschengerichtshofs auch als *living instrument* beschrieben ist (I.). Zugleich verbessert eine interaktionszentrierte Perspektive die Grundlage für einen funktionalen Vergleich der Schutzkonzepte sowie die Abstimmung ihres Verhältnisses (II.).

I. Relevanz der Strukturen des Sachbereichs

1. Dynamik

Die Verarbeitung des jeweiligen Lebensbereichs in der Rechtsprechung des Menschengerichtshofs dynamisiert die Schutzkonzepte. Wegen des Einflusses der EMRK auf den Grundrechtsschutz der Europäischen Union steht diese Dynamik Bestrebungen innerhalb der Union entgegen, die Schutzkonzepte auf einen bestimmten Status quo festzulegen.

Die dynamische Auslegung der Menschenrechtskonvention, die in der Rechtsprechung des Menschengerichtshofs in der Bezeichnung *living instrument* zum Ausdruck kommt,[76] beruht maßgeblich auf der Berücksichtigung extrajuridischer Wirklichkeitsbeschreibungen bei der Grundrechtskonzeption. Die insoweit

Protocol No. 1 to the Convention, it is significant that on these occasions the question was not in dispute between the parties so the Court was not required to engage in an extensive analysis oft he nature of the possession in the case. In any event, it went on to explain that, according to its case-law, the termination of a valid licence to run a business amounted to an interference with the right to the peaceful enjoyment of possessions (...). It is clear that in both cases, the licences were connected to the carrying out of an underlying business".

[75] Art. 1 Abs. 2 1. ZP; EGMR, Urt. v. 10.7.2007, Nr. 15084/03, ECLI:CE:ECHR:2007:0710JUD001508403 – *Bimer*, Rn. 51; EGMR, Urt. v. 18.2.1991, Nr. 12033/86, ECLI:CE:ECHR:1991:0218JUD001203386 – *Fredin*, Rn. 47; EGMR, Urt. v. 13.1.2015, Nr. 65681/13, ECLI:CE:ECHR:2015:0113JUD006568113 – *Vékony*, Rn. 30; EGMR; Urt. v. 28.7.2005, Nr. 51728/99, ECLI:CE:ECHR:2005:0728JUD005172899 – *Rosenzweig und Bonded Warehouses*, Rn. 49.

[76] EGMR, Urt. v. 25.4.1978, Nr. 5856/72, ECLI:CE:ECHR:1978:0425JUD000585672 – *Tyrer*, Rn. 31; EGMR, Urt. v. 13.6.1979, Nr. 6833/74, ECLI:CE:ECHR:1979:0613JUD000683374 – *Marckx*, Rn. 41; EGMR, Urt. v. 9.10.1979, Rn. 6289/73, ECLI:CE:ECHR:1979:1009JUD000628973 – *Airey*; EGMR, Urt. v. 17.10.1986, Nr. 9532/81, ECLI:CE:ECHR:1986:1017JUD000953281 – *Rees*; EGMR, Urt. v. 27.9.1990, Nr. 10842/84, ECLI:CE:ECHR:1990:0927JUD001084384 – *Cossey*, Rn. 35; aus der jüngeren Zeit EGMR, Urt. v. 7.7.2011, Nr. 23459/03, ECLI:CE:ECHR:2011:0707JUD002345903 – *Bayatyan*, Rn. 102: Convention is a living instrument which must be interpreted in the light of present-day conditions and of the ideas prevailing in democratic States today.

maßgeblichen *„present day conditions"* bezieht die Rechtsprechung insbesondere auf normative Elemente wie den jeweiligen Grundrechtstandard der einzelnen Mitgliedstaaten oder internationalen Übereinkommen.[77] Zu Grunde liegen allerdings die Strukturen des jeweiligen Lebensbereichs,[78] die die Bedingungen für die Verwirklichung der betreffenden Schutzgüter und ihrer Gefährdungen ausmachen.[79] Die von den Freiheitsrechten verfolgten Schutzzwecke sind auf die Entwicklung der tatsächlichen Bedingungen laufend einzustellen. Auf Grund dieses zweckorientierten Moments wird das Verständnis der Menschenrechtskonvention als *living instrument* teilweise als besondere Form der teleologischen Auslegung eingeordnet.[80] Auch wenn das Verständnis von Grundrechten als *living instrument* durchaus einen finalen Bezug aufweist, beschreibt der Begriff „Auslegung" den Vorgang methodisch nicht treffend, weil er impliziert, dass die Elemente der auszulegenden Grundrechtskonzeption vollständig in dem Normtext enthalten sind.

2. *Implikationen für den Grundrechtsschutz der Union*

Dieses dynamische, die Entwicklungen des Normbereichs aufnehmende Verständnis wirkt sich mittelbar auf den Grundrechtsschutz der Union aus. Regelungen, die den Grundrechtsschutz der Union zu einem bestimmten Zeitpunkt auf den Status quo festlegen sollen,[81] erweisen sich als nur eingeschränkt wirksam, weil schon von dem zum Status quo zählenden Verweis auf den Schutz nach der Menschenrechtskonvention eine dynamisierende Wirkung ausgeht. Soweit der Grundrechtsschutz nach der Grundrechtecharta auf das Schutzniveau der

---

[77] EGMR, Urt. v. 7.7.2011, Nr. 23459/03, ECLI:CE:ECHR:2011:0707JUD002345903 – *Bayatyan*, Rn. 102: „Since it is first and foremost a system for the protection of human rights, the Court must have regard to the changing conditions in Contracting States and respond, for example, to any emerging consensus as to the standards to be achieved (…). Furthermore, in defining the meaning of terms and notions in the text of the Convention, the Court can and must take into account elements of international law other than the Convention and the interpretation of such elements by the competent organs. The consensus emerging from specialised international instruments may constitute a relevant consideration for the Court when it interprets the provisions of the Convention in specific cases (…)".

[78] *Grabenwarter/Pabel*, EMRK, § 5 Rn. 16: außerrechtliche Elemente; EGMR, Urt. v. 27.9. 1990, Nr. 10842/84, ECLI:CE:ECHR:1990:0927JUD001084384 – *Cossey*, Rn. 35: interpretation of the Convention reflects societal changes.

[79] EGMR, Urt. v. 9.10.1979, Nr. 6289/73, ECLI:CE:ECHR:1981:0206JUD000628973 – *Airey*, Rn. 26: „The Court is aware that the further realisation of social and economic rights is largely dependent on the situation – notably financial – reigning in the State in question. On the other hand, the Convention must be interpreted in the light of present-day conditions (abovementioned Marckx judgment, p. 19, para. 41) and it is designed to safeguard the individual in a real and practical way as regards those areas with which it deals (…)."; damit einher geht die Untrennbarkeit zwischen ökonomischen und berufsbezogenen sowie sonstigen persönlichkeitsrelevanten Bezügen der Interaktionszusammenhänge, siehe oben, Fn. 30.

[80] *Grabenwarter/Pabel*, EMRK, § 5 Rn. 14 ff.

[81] Siehe oben, § 6 B.II.2.b)bb).

Europäischen Menschenrechtskonvention verpflichtet ist,[82] nimmt der Schutz durch die Freiheitsrechte der Grundrechtecharta automatisch an der Dynamik der Menschenrechtskonvention teil.[83]

Vor allem betrifft diese mittelbare Ausstrahlungswirkung allerdings methodische Implikationen. Angesichts der Verknüpfung mit der Menschenrechtskonvention setzt ein kohärenter Schutz der Grundrechte auf der Ebene der Union ein Mindestmaß an Kompatibilität im methodischen Zugriff voraus. Rechtstheoretische Konzepte, die den normativen Selbststand und die Unabhängigkeit der rechtlichen Auslegung von außerrechtlichen Wirklichkeitsbeschreibungen betonen,[84] sind mit der Konzeption der Menschenrechtskonvention schwer in ein kohärentes Verhältnis zu bringen.

II. Grundrechtskonzeptionen im Mehrebenensystem

Indem die interaktionszentrierte Perspektive die Strukturen des jeweiligen Lebensbereichs zur Förderung des jeweiligen Schutzguts in Beziehung setzt, bietet sie eine produktive Grundlage für die Abstimmung von Schutzkonzeptionen unterschiedlicher Ebenen und Jurisdiktionen. Sie erleichtert die Identifikation funktionaler Äquivalente der unterschiedlichen Systeme und allgemein die Vergleichbarkeit der verschiedenen Konzeptionen.

1. Funktionale Äquivalente freiheitsrechtlicher Gewährleistungen

Die Relevanz der Strukturen eines Sachbereichs für die grundrechtlichen Schutzgüter und die Zuordnung bestimmter Aspekte der personalen Entfaltung zu den Schutzbereichen unterschiedlicher Freiheitsrechte betrifft zugleich den Grundrechtsschutz in der Europäischen Union. Eine Homogenität in den grundrechtlichen Gewährleistungen, wie sie Art. 52 Abs. 3 S. 1 GRC vorsieht,[85] setzt eine entsprechende Berücksichtigung überlappender Konzeptionen einzelner Freiheitsrechte voraus. Allein eine generelle Zuordnung bestimmter Freiheitsrechte der Grundrechtecharta und der Europäischen Menschenrechtskonvention, wie sie in den Erläuterungen der Grundrechtecharta vorgesehen ist,[86] stellt insofern lediglich eine Annäherung an die Herstellung homogener Schutzkonzepte dar.

---

[82] Zu Art. 52 Abs. 3 S. 1 GRC näher oben, § 6 B.II.2.b)bb).

[83] *Skouris*, Methoden der Grundrechtsgewinnung in der Europäischen Union, § 157 Rn. 36.

[84] Siehe oben, § 1 B.II.2. und C.I.2.

[85] Näher *Toda Castán*, DÖV 2016, 12 (16 f.) und oben, § 6 B.II.2.a).

[86] Nach den Erläuterungen zu Art. 52 Abs. 3 der Charta der Grundrechte entsprechen sich insbesondere jeweils Art. 7 GRC und Art. 8 EMRK, Art. 10 Abs. 1 GRC und Art. 9 EMRK, Art. 11 GRC und Art. 10 EMRK sowie Art. 17 GRC und Art. 1 des Zusatzprotokolls Nr. 1 zur EMRK; bei Art. 10 EMRK unbeschadet der Einschränkungen, mit denen das Unionsrecht das Recht der Mitgliedstaaten auf Einführung der in Artikel 10 Absatz 1 dritter Satz EMRK genannten Genehmigungsverfahren eingrenzen kann.

Bei dem Schutz des Eigentumsrechts entspricht die Gewährleistung der unternehmerischen Freiheit der Grundrechtecharta in weiten Teilen dem Schutz des Kundenstammes sowie der Lizenz einschließlich ihrer Verwertbarkeit nach Art. 1 des ersten Zusatzprotokolls.[87] Trotz des Hinweises in der Erläuterung zur Charta der Grundrechte, nach dem die beiden Verbürgungen des Eigentumsrechts sich in ihrer Bedeutung und Tragweite entsprechen, erfordert die Homogenitätsklausel aus Art. 52 Abs. 3 S. 1 GRC nicht die Übernahme dieses weiten Schutzkonzepts der Eigentumsfreiheit, wenn die Grundrechtecharta für einen systematisch kohärenten Schutz besser geeignete Freiheitsrechte enthält.[88] Der eigentumsrechtliche Schutz des Kundenstamms, des Gewerbebetriebes und von Lizenzen einschließlich ihrer Verwertung nach der Menschenrechtskonvention und die unternehmerische Freiheit nach der Grundrechtecharta bilden insoweit funktionale Äquivalente.[89] Allerdings ist dem Schutz des Eigentums einschließlich der Rechtsprechung des Menschengerichtshofs dann bei der Auslegung der unternehmerischen Freiheit nach Art. 16 GRC Rechnung zu tragen. Eine Relativierung des Schutzes vergleichbar mit den Verbürgungen aus dem Titel Solidarität[90] wäre damit nicht vereinbar.

In ähnlicher Weise ist die Gewährleistung eines homogenen Schutzes der Freiheit zur Meinungsäußerung und des Rechts auf Privatleben nach der Menschenrechtskonvention innerhalb der Grundrechtecharta in Teilbereichen ebenfalls durch die Berufsfreiheit denkbar. Soweit der Schutz nach der Menschenrechtskonvention allerdings darauf zurückgeht, dass die Rechtsprechung des Menschengerichtshofs die Schutzbereiche durch den Interaktionsbezug und den personalen Gehalt des Schutzguts allgemein weit versteht,[91] liegt ein entsprechend umfassendes Verständnis der jeweiligen Freiheitsrechte der Grundrechtecharta nahe. Das gilt etwa für Behinderungen bei der Ausübung der Religions- und Gewissensfreiheit,[92] der Meinungsäußerungsfreiheit[93] mit Bezug zum Arbeitsleben oder für Eingriffe in die berufliche Privatsphäre.[94] Die Erläuterungen der Grundrechtecharta ordnen diese Freiheitsrechte der Menschenrechtskonvention jeweils den entsprechenden Verbürgungen der Grundrechtecharta zu,[95] ohne

---

[87] Siehe oben, § 7 A.III.2. und § 7 A.III.3.

[88] *Jarass*, EuGRCh, Art. 52 Rn. 62.

[89] Anders tendenziell *Müller*, Wettbewerb und Unionsverfassung, S. 317: Einschränkungen der Vertragsfreiheit entgegen der bisherigen EuGH-Rechtsprechung nicht mehr auf dem Boden der Berufsfreiheit, sondern auf der Grundlage des Art. 17 GRC zu lösen.

[90] Näher oben, § 6 B.III.1.c)aa).

[91] Siehe oben, § 7 A.I.2. und § 7 A.II.1.

[92] Siehe oben, § 7 A.I.2.c).

[93] Siehe oben, § 7 A.I.2.b) und § 7 A.II.

[94] Anders tendenziell *Jarass*, EuGRCh, Art. 52 Rn. 62, der allein auf die Lückenhaftigkeit der Menschenrechtskonvention beim Schutz der Berufsfreiheit und die weggefallene Notwendigkeit einer entsprechenden Kompensation in der Grundrechtecharta abstellt; siehe oben, § 7 A.I.1.

[95] Siehe oben, Fn. 86.

dass die punktuellen Bezüge zu beruflichen Tätigkeiten eine stärkere Verbindung dieser Freiheitsrechte zur Berufsfreiheit herstellen würden als zu anderen ebenfalls punktuell betroffenen Freiheitsrechten.

Hingegen stellen die jüngeren Fortentwicklungen in der Rechtsprechung des Menschengerichtshofs zum Recht auf Privatleben[96] die Relevanz beruflicher Tätigkeit für die personale Entfaltung konzeptionell in einer Allgemeinheit heraus, die einem zentralen Element einer Konzeption der Berufsfreiheit entsprechen könnte. Betroffen ist hier der individuelle Zugang zu bestimmten Berufsgruppen und seine Implikationen für eine selbstbestimmte Persönlichkeitsentwicklung einschließlich ihrer wirtschaftlichen Grundlagen. Diese jüngere Rechtsprechung zum Recht auf Privatleben veranschaulicht, wie fließend die Zuordnung zu einzelnen Schutzbereichen und wie pfadabhängig die Entwicklung in der jeweiligen Rechtsprechung sind. Es spricht deshalb manches für eine gewisse Flexibilität bei der Auslegung der Homogenitätsklausel, bei der ein entsprechendes Schutzniveau vor allem durch eine Begründung der jeweiligen Zuordnung einschließlich der Relevanz der Interaktionsbeziehungen für das jeweilige Schutzgut gewährleistet wird.

2. *Autonome und funktionale Grundrechtskonzeptionen?*

Eine interaktionszentrierte Perspektive relativiert zudem Unterschiede zwischen verschiedenen Grundrechtskonzeptionen der Mitgliedstaaten sowie der Menschenrechtskonvention, die in der Literatur im Hinblick auf das jeweilige Ziel der einzelnen Verbürgungen herausgearbeitet werden.[97] Danach stehen autonomen Grundrechtskonzeptionen, die den Grundrechtsschutz auf die personale Autonomie und Menschenwürde zurückführen, funktionale Konzepte gegenüber, die auf die Förderung eines grundrechtsexternen Ziels angelegt sind.[98] Mit dieser analytischen Trennung verschiedener Schutzrichtungen, die in der Praxis auch kombiniert verfolgt werden können,[99] gehen Unterschiede in der Reichweite subjektiver Rechte und der eher subjektiv-rechtlichen oder objektiv-rechtlichen Konzeption der Freiheitsrechte sowie in den Anforderungen an die Rechtfertigung von Grundrechtseingriffen, insbesondere bei der Güterabwägung, aus.[100]

Aus der Perspektive einer interaktionszentrierten Grundrechtstheorie steht allerdings die pauschale Gegenüberstellung einer Orientierung der Grundrechte

---

[96] Siehe oben, § 7 A.I.3.

[97] *von Ungern-Sternberg*, Autonome und funktionale Grundrechtskonzeptionen, S. 69ff.

[98] *von Ungern-Sternberg*, Autonome und funktionale Grundrechtskonzeptionen, S. 69 (70f.).

[99] Zur Rechtsprechung des Gerichtshofs für Menschenrechte *von Ungern-Sternberg*, Autonome und funktionale Grundrechtskonzeptionen, S. 69 (81ff.).

[100] *von Ungern-Sternberg*, Autonome und funktionale Grundrechtskonzeptionen, S. 69 (71ff., 88ff.).

an personaler Autonomie auf der einen Seite und externen Zielen auf der anderen Seite in Frage. Vielmehr ist weitergehend zu fragen, inwieweit die als extern eingeordneten Ziele Interaktionszusammenhänge bezeichnen, die durch die dezentrale Grundrechtsausübung entstehen und deren Teilnahme eine personale Entfaltung erst ermöglicht.[101]

a) Wahrheitsermittlung im freien Diskurs als Ziel

Das auf Kommunikationszusammenhängen einer bestimmten Qualität, dem „freien Diskurs", beruhende Ziel der „Ermittlung von Wahrheit"[102] steht für Bedingungen selbstbestimmter Entscheidungen und der darauf aufbauenden Persönlichkeitsentfaltung, die für Grundrechtsträger für sich, also bei „autonomer" Betrachtung, nicht erreichbar wären. Das vermeintlich externe Ziel der Kommunikationsgrundrechte stellt den Modus der personalen Entfaltung dar.

In der Sache indizieren die Vorbehalte einer solchen wahrheitsbezogenen Betrachtung sowohl hinsichtlich des Wahrheitsbegriffs als auch zum Verhältnis zwischen einem freien Diskurs und der Wahrheitsermittlung allerdings, dass dieses Ziel der Wahrheitssuche nicht auf alle Freiheitsrechte mit Kommunikationsbezug wie der Meinungsfreiheit, der Versammlungsfreiheit oder der Wissenschaftsfreiheit gleichermaßen passt.[103] Die Beschreibung des Kommunikationszusammenhangs als einen „freien Diskurs", der für sein Ziel der Wahrheitsermittlung eine zumindest notwendige Bedingung darstellt,[104] erfasst die Schutzgüter der kommunikationsbezogenen Grundrechte und die Voraussetzungen ihrer Verwirklichung durch Kommunikation nur unzureichend. Bei der freien individuellen und öffentlichen Meinungsbildung durch individuelle Äußerungen oder bei der Ausübung der Versammlungsfreiheit kommt einer Einschätzung der Inhalte als wahr eine andere Bedeutung zu, als bei der Wissenschaftsfreiheit. Schon die jeweiligen Kriterien für die Bewertung als wahr differieren von einem auf Beweisbarkeit nach prozessrechtlichen Grundsätzen angelegten Wahrheitsbegriff, der Tatsachen von Werturteilen unterscheiden und die Abwägung mit konfligierenden Rechtsgütern vorbereiten soll, zu einem Wahrheitsverständnis, das als Teil der methodischen Kriterien des jeweiligen disziplinären Kommunikationszusammenhangs Entwicklungsoffenheit mit inhaltlicher Absicherung nach dem jeweiligen Stand der Forschung verbindet.[105]

---

[101] Siehe oben, § 1 D.I.1.

[102] *von Ungern-Sternberg*, Autonome und funktionale Grundrechtskonzeptionen, S. 69 (77 ff.).

[103] Tendenziell anders *von Ungern-Sternberg*, Autonome und funktionale Grundrechtskonzeptionen, S. 69 (78): Wahrheitsargument kann heute für die Begründung von Grundrechten wie der Meinungs-, der Versammlungs- oder der Wissenschaftsfreiheit herhalten.

[104] *von Ungern-Sternberg*, Autonome und funktionale Grundrechtskonzeptionen, S. 69 (78).

[105] Siehe oben, § 4 A.II. und B.I.2.

b) Markt als Ort effizienter Ressourcenallokation

In gleicher Weise bilden Wettbewerbsprozesse, die als vermeintlich funktionales Ziel insbesondere des Eigentumsrechts und der Vertragsfreiheit eine „effiziente Ressourcenallokation am Markt" gewährleisten sollen,[106] Handlungszusammenhänge, die dem Eigentum und der Vertragsfreiheit erst das Potential zur personalen Entfaltung der Grundrechtsträger vermitteln.[107] Die Teilnahme an Interaktionen auf Märkten bildet kein externes Ziel eines funktional verstandenen, marktbezogenen Freiheitsrechts, sondern einen Modus der Grundrechtsausübung, der einem isolierten Verhalten nicht zugängliche Bedingungen der Selbstbestimmung schafft.

Auch die Zielbeschreibung einer „effizienten Ressourcenallokation" gibt durch ihre Beschränkung auf den Ressourceneinsatz zu einem bestimmten Zeitpunkt die wissensgenerierende Wirkung und die darauf beruhenden strukturellen Effekte der Interaktionszusammenhänge kaum wieder.[108]

c) Demokratiebezug

Schließlich lässt sich auch die Förderung demokratischer Prozesse nicht nur als von der Menschenwürde und der personalen Entfaltung unabhängige, funktionale Begründung bestimmter Freiheitsrechte,[109] sondern als institutionelle Rahmenbedingung personaler Entfaltung verstehen. So betont die verfassungsgerichtliche Rechtsprechung in Zusammenhang mit den Grenzen der europäischen Integration den menschenrechtlichen Kern des Demokratieprinzips und sieht diesen Kern in der Würde des Menschen verankert.[110]

---

[106] *von Ungern-Sternberg*, Autonome und funktionale Grundrechtskonzeptionen, S. 69 (80 f.).

[107] Siehe oben, § 5 B.II. und B.III. sowie D. I.

[108] Näher oben, § 5 A.I. und A.II.7.

[109] In diese Richtung *von Ungern-Sternberg*, Autonome und funktionale Grundrechtskonzeptionen, S. 69 (79 f.), mit Hinweis auf die Meinungs-, Informations-, Presse-, Versammlungs- und Vereinigungsfreiheit.

[110] BVerfG, Urt. v. 21.6.2016, 2 BvE 13/13 u.a., BVerfGE 142, 123 – *OMT-Programm*, Rn. 124: „Das Grundgesetz geht vom Eigenwert und der Würde des zur Freiheit befähigten Menschen aus und verbürgt im Recht der Bürger, in Freiheit und Gleichheit durch Wahlen und Abstimmungen die sie betreffende öffentliche Gewalt personell und sachlich zu bestimmen, einen menschenrechtlichen Kern des Demokratieprinzips. Diese ist in der Würde des Menschen verankert (...). Der Mensch ist danach eine zu eigenverantwortlicher Lebensgestaltung begabte ‚Persönlichkeit'. Er wird als fähig angesehen und es wird ihm demgemäß abgefordert, seine Interessen und Ideen mit denen der anderen auszugleichen. Um seiner Würde willen muss ihm eine möglichst weitgehende Entfaltung seiner Persönlichkeit gesichert werden".

Zusammenfassung

Erster Teil

Anliegen der interaktionszentrierten Grundrechtstheorie ist es, die Relevanz von Interaktionszusammenhängen für die Ausübung von Freiheitsrechten zu entfalten und in der Grundrechtsdogmatik zu verarbeiten. Die Relevanz ergibt sich aus den Bedingungen, unter denen Wissen individuell und kollektiv entsteht. In einer bestimmten Situation prägen die jeweiligen Interaktionszusammenhänge die individuelle Perspektive und das Wissen einer Person einschließlich des Wissens über sich selbst. Zugleich stabilisieren sie die Handlungsoptionen und bilden über Kommunikation und Beobachtung Ordnung des kollektiven Wissens heraus. Die Grundrechtsdogmatik für die wissensbasierte Relevanz von Interaktionszusammenhängen zu öffnen, bedeutet außerrechtliche Beschreibungen des jeweiligen Sachbereichs zu dem Schutzgut des Freiheitsrechts in Beziehung zu setzen, also Annahmen über das Schutzgut sowie den Voraussetzungen und Gefährdungen der Verwirklichung zu treffen. Die interaktionszentrierte Grundrechtstheorie bietet mit der funktional auf Schutzgüter bezogenen typisierten Analyse von Interaktionszusammenhängen einen Zugang zur dogmatischen Anknüpfung an außerrechtliche Beschreibungen an, der typische Muster bereichsübergreifend systematisiert, Prämissen sowie Wertungen offenlegt und die Rationalität der Ausgestaltung erhöht.

Interaktionszusammenhänge in liberaler Perspektive. Die klassisch liberale Perspektive setzt die dynamischen Effekte von Interaktionen voraus. Ihr Akzent auf einem abwehrrechtlichen Schutz negativer Freiheit korrespondiert historisch mit einer bestimmten kontextabhängigen Wahrnehmung der Bedrohung von Freiheitsrechten. Zwar lagen früh Anhaltspunkte dafür vor, dass eine Trennung zwischen staatlicher und gesellschaftlicher Sphäre sowie die Beschränkung auf einen abwehrrechtlichen Schutz formeller Freiheit und Gleichheit die Rahmenbedingungen der Grundrechtsausübung unangemessen vereinfachen. Gleichwohl erwies sich die liberale Perspektive durch ihre Reichweite und Geschlossenheit sowie durch die geringen Anforderungen an weitere Annahmen über die Rahmenbedingungen der Grundrechtsausübung als besonders leistungsfähig. Das negative Freiheitsverständnis und der abwehrrechtliche Schutz machen Beschreibungen der näheren Modalitäten oder Voraussetzungen zur Verwirklichung grundrechtlicher Schutzgüter entbehrlich. Vielmehr läuft aus dieser Perspektive jede Beschreibung des Schutzguts Gefahr, Freiheitspositionen einzuschränken. Daran anknüpfend stellt das rechtsstaatliche Verteilungsprinzip der prinzipiellen Unbegrenztheit individueller Freiheit die Rechtfertigungsbedürftigkeit staatlicher Eingriffe gegenüber. Wesentliche Teile der nachfolgenden grundrechtsdogmatischen Entwicklung setzen auf dieser Perspektive auf. Die Klarheit des abwehrrechtlichen Schutzes gegenüber der positiven Dimension der Grundrechte einerseits und den verfassungsrechtlichen Maßstäben der Ausgestaltung andererseits geht darauf zurück, dass sich hoheitliche Beschränkungen einer isoliert betrachteten Verhaltensfreiheit mit relativ wenigen weiteren Annahmen bewerten lassen. Der Anspruch, die Beschränkungen einer isoliert betrachteten Verhaltensfreiheit zu bewerten und mit anderen Einschränkungen Dritter kommensurabel zu machen, bildet die Grundlage für die prominente, übergreifende Rolle des Verhältnismäßigkeitsprinzips in der Grundrechtsdogmatik.

Instabilität und ambivalente Wirkung von Interaktionszusammenhängen. Allerdings trifft diese Prämisse, Interaktionszusammenhänge ausschließlich spontan entstehen zu lassen und damit in der Grundrechtsdogmatik ausblenden zu können, nicht uneingeschränkt zu. Allein die Absicherung individueller Verhaltensspielräume gewährleistet nicht durchgehend angemessene Rahmenbedingungen der Grundrechtsverwirklichung. Zunächst sind die aus der Freiheitsausübung hervorgehenden Interaktionszusammenhänge nicht aus sich heraus stabil, sondern je nach Kontext anfällig für strategische Blockaden einzelner Teilnehmenden oder für aus den Wechselwirkungen entstehende systemische Risiken, etwa auf Finanzmärkten. Vor allem verursachen die dezentralen Auswahlentscheidungen der Beteiligten Anforderungen an die erfolgreiche Teilnahme an Interaktionszusammenhängen, die Anpassungen notwendig machen und die Bedingungen individueller Grundrechtsausübung beeinträchtigen können. Über solche Auswahlentscheidungen und Anpassungsnotwendigkeiten können Interaktionszusammenhänge den Beitrag des grundrechtlich geschützten Verhaltens für die personale Entfaltung entwerten oder einzelne grundrechtlich geschützte Personen von der Teilnahme ausschließen.

Interaktionen in der Gegenüberstellung objektiv-rechtlicher und subjektiv-rechtlicher Grundrechtsgehalte. Die Rechtsprechung betonte mit Blick auf diese Schwächen liberaler Ansätze bekanntlich einen objektiven Wertgehalt der Grundrechte und leitete daraus unterschiedliche über den abwehrrechtlichen Schutz hinausgehende Wirkungen ab. Die dadurch entstandene Gegenüberstellung von abwehrrechtlichem und ergänzendem objektiv-rechtlichen Schutz ließ die wissensgenerierende Funktion von Interaktionen in den Hintergrund treten. Wo der abwehrrechtliche Schutz ausreicht, weil das Verhalten der grundrechtlich geschützten Personen von selbst produktive Interaktionszusammenhänge hervorbringt, erscheinen Interaktionen als bloßer, vom Schutzbereich nicht erfasster Reflex einer isoliert betrachteten Verhaltensfreiheit. Wo umgekehrt hoheitliches Handeln zur Gewährleistung der Grundrechtsverwirklichung erforderlich ist, scheint die Verantwortung der öffentlichen Hand für bestimmte Rahmenbedingungen oder sogar für Zustände an die Stelle der Effekte dynamischer Interaktion zu treten. Dass eine hoheitliche Gestaltung der Handlungsoptionen die wissensgenerierenden, freiheitssichernden Effekte von Interaktionszusammenhängen berührt, wird als Argument einer politischen Auseinandersetzung wahrgenommen, aber in der Grundrechtsdogmatik kaum aufgegriffen. Stattdessen reagieren Teile der Literatur dort, wo die verfassungsgerichtliche Rechtsprechung Vorgaben an Interaktionszusammenhänge aus der objektiv-rechtlichen Dimension der Grundrechte entwickelt, etwa in der grundrechtsdogmatischen Konzeption der Wissenschaftsfreiheit, nicht selten mit Forderungen nach einer „Resubjektivierung", typischerweise um klare Maßstäbe zu erhalten.

Außerrechtliche Problembeschreibungen als Teil der Grundrechtsdogmatik. Wenn Freiheitsrechte sich nicht allein durch den abwehrrechtlichen Schutz einer isoliert betrachteten Verhaltensfreiheit gewährleisten lassen, verliert das grundrechtsdogmatische Konzept an Klarheit. Die Klarheit des klassisch abwehrrechtlichen Schutzes beruht darauf, dass außerrechtliche Beschreibungen und Annahmen über die Voraussetzungen und Zusammenhänge der Verwirklichung des jeweiligen Freiheitsrechts nicht erforderlich sind. Das traditionelle Konzept einer isoliert betrachteten Verhaltensfreiheit überlässt die einzelnen Modalitäten der Grundrechtsausübung den jeweils geschützten Personen und entwickelt lediglich bestimmte Kriterien zur Bewertung hoheitlicher Beeinträchtigungen, insbesondere das Verhältnismäßigkeitsprinzip. Das rechtsstaatliche Verteilungsprinzip und die daraus abgeleiteten Rechtfertigungslasten sind Ausdruck dieses auf Klarheit angelegten Grundrechtsverständnisses, das Freiheitsräume von jeder Art externer Vorgaben schützen will. Bringt dieser Schutz individueller Verhaltensfreiheiten jedoch keinen stabilen Interaktionszusammenhang oder für die Grundrechtsverwirklichung angemessene Bedingungen hervor, ergibt sich aus dem Verhalten der grundrechtlich geschützten Personen kein hinreichender Aufschluss über die Grundrechtsadäquanz des rechtlichen Rahmens. Stattdessen werden außerrechtliche Beschreibungen über die Zusammenhänge und Voraussetzungen der Grundrechtsausübung erforderlich. Die normativ begründete Anknüpfung an außerrechtliche Problembeschreibungen macht deshalb eine zentrale Herausforderung der Grundrechtsdogmatik aus. Die verfassungsgerichtliche Rechtsprechung greift in unterschiedlichen Kontexten auf außerrechtliche Analysen von Interaktionszusammenhängen zurück, um den Grundrechtsschutz über den Schutz einer isoliert betrachteten Verhaltensfreiheit hinaus auszugestalten, etwa bei Kriterien der Wissenschaftsadäquanz von Strukturen im Hochschulsektor, der Breitenwirkung, Aktualität und Suggestivkraft des linearen Rundfunks sowie den ökonomisch begründeten Tendenzen zur Vielfaltsverengung im Rundfunkrecht, der Unmöglichkeit eines per se belanglosen Datums beim Schutz des Rechts auf informationelle

Selbstbestimmung, der objektiv berufsregelnden Tendenz in zwei- oder dreipoligen Rechtsverhältnissen in der Berufsfreiheit oder allgemein der Kriterien mittelbarer Grundrechtseingriffe. Die Anknüpfung an bestimmte außerrechtliche Problembeschreibungen stellt wesentliche Weichen für die Reichweite und die Modalitäten des grundrechtlichen Schutzes. Entsprechend hohe Bedeutung kommt der Begründung für den Rückgriff auf eine bestimmte Problembeschreibung zu.

Interaktionszentrierte Perspektive als Analyserahmen. Indem eine interaktionszentrierte Perspektive die wissensgenerierende Wirkung sowie die Voraussetzungen von Interaktionszusammenhängen und ihre Relevanz für grundrechtliche Schutzgüter akzentuiert, stellt sie für die Grundrechtsdogmatik einen grundrechtsübergreifend anschlussfähigen Analyserahmen bereit.

Wissensgenerierende Wirkung von Interaktionszusammenhängen. Die Beschreibung der wissensgenerierenden Wirkung von Interaktionszusammenhängen geht auf ein konstruktivistisches Verständnis von Wissen zurück. Individuelles Wissen bildet danach das Kondensat individueller Beobachtungen und Interpretationen, die ihrerseits jeweils von dem individuellen Horizont und damit dem Vorwissen abhängen. Interaktionen relativieren diese Perspektiv- und Horizontabhängigkeit individuellen Wissens, indem sie darüber hinausgehende Beobachtungen und Interpretationen weitergeben, also zur individuellen Beobachtung und Interpretation stellen. Interaktionen zwischen einer Vielzahl von grundrechtlich geschützten Personen, die sich laufend wiederholen und jeweils Bezug auf vorangegangene Interaktionen nehmen, bilden dadurch einen Kontext für den Erwerb individuellen Wissens, der auf der Grundlage einer isolierten Verhaltensfreiheit der einzelnen Personen nicht abzubilden wäre. Zugleich charakterisieren Interaktionszusammenhänge die Wissensordnung des jeweiligen Sachbereichs.

Relevanz von Interaktion für personale Entfaltung. Diese wissensgenerierenden Effekte machen Interaktionszusammenhänge für die jeweils unterschiedlichen Facetten personaler Entfaltung der Freiheitsrechte relevant. Das Wissen bringt neue Handlungsmöglichkeiten hervor und geht in den Horizont der individuellen Interpretation von Situationen und Handlungen ein. Es bildet dadurch die Grundlage für selbstbestimmte Entscheidungen. Insbesondere prägt es die ebenfalls über Interaktionen vermittelte Selbstwahrnehmung, die individueller Persönlichkeitsentfaltung zu Grunde liegt.

Ambivalenz der Interaktion für personale Entfaltung. Die dezentralen, in Interaktionszusammenhängen eingebundenen Auswahlentscheidungen lassen eine wissensgenerierende Dynamik entstehen, die sowohl neue Handlungsmöglichkeiten aufzeigt, als auch Anpassungsanreize zur Sicherung der weiteren Anschlussfähigkeit setzt. In Interaktionszusammenhängen stellen die dezentralen Auswahlentscheidungen der einzelnen Teilnehmenden Voraussetzungen einer erfolgreichen Teilnahme auf. Sowohl die Handlungsmöglichkeiten als auch die

Anpassungsnotwendigkeiten resultieren aus den Interaktionen der Trägerinnen und Träger von Grundrechten. Durch diese ambivalente Wirkung prägen Interaktionszusammenhänge die Rahmenbedingungen der Ausübung von Freiheitsrechten.

Grundrechtsdogmatische Konsequenzen der interaktionszentrierten Perspektive. Wegen der Bedeutung von Interaktionen für die Facette selbstbestimmter Persönlichkeitsentfaltung der einzelnen Freiheitsrechte bildet die einfach-gesetzliche Ausgestaltung der Interaktionsbeziehungen eine grundrechtsübergreifend relevante Kategorie der Grundrechtsdogmatik. Weitere dogmatische Konsequenzen der interaktionszentrierten Perspektive betreffen die Bewertung mittelbarer Grundrechtseingriffe, den grundrechtlichen Schutz juristischer Personen und seine Rückbindung an den personalen Gehalt der Freiheitsrechte sowie die Prämissen von Bestands- und Entwicklungsgarantien.

Ausgestaltung als grundrechtsübergreifende Kategorie. Wegen dieses Zusammenhangs zwischen Interaktion und den Rahmenbedingungen der Grundrechtsverwirklichung macht die einfach-gesetzliche Ausgestaltung der einzelnen Sachbereiche einen Teil des grundrechtsdogmatischen Schutzkonzepts aus. Aus interaktionszentrierter Perspektive ist die einfach-gesetzliche Ausgestaltung der Interaktionsbeziehungen für die Verwirklichung der grundrechtlichen Schutzgüter relevant und dadurch Teil des grundrechtlichen Schutzes. Die ambivalente Relevanz der Interaktionsbeziehungen für das jeweilige grundrechtliche Schutzgut führt zugleich auf den verfassungsrechtlichen Maßstab der Ausgestaltung. Entsprechend der Rechtfertigung von Eingriffen orientieren sich die Anforderungen an die Rechtfertigung einer Ausgestaltung an den Konsequenzen für das Interaktionspotential der Betroffenen. Diese Ausrichtung auf die wissensgenerierende Dynamik von Interaktionszusammenhängen unterscheiden die Funktion der Ausgestaltung aus interaktionszentrierter Perspektive von einem institutionellen Grundrechtsverständnis, das eine Bindung von Freiheit und Pflicht sowie die Ausgestaltungsbedürftigkeit der Grundrechte theoretisch aus dem Begriff des Rechts ableitet.

Mittelbare Grundrechtseingriffe. Auf der Grundlage einer isoliert gedachten Verhaltensfreiheit fällt es schwer, kohärente und klare Kriterien für die Schwelle zu mittelbaren Grundrechtseingriffen zu entwickeln, weil das Verhalten Dritter, das die in Rede stehende Beeinträchtigung unmittelbar verursacht, von vorneherein ausgeblendet wird. Die in der Rechtsprechung fallgruppenartig mit unterschiedlicher Gewichtung herangezogenen Kriterien der Intensität oder Intention zielen angesichts der offensichtlichen Relevanz des Verhaltens Dritter für das grundrechtliche Schutzgut darauf, die Schwächen des Konzepts einer isoliert gedachten Verhaltensfreiheit zu kompensieren. Die beiden Kriterien bilden jedoch den Kontext des jeweiligen Interaktionszusammenhangs nur unzureichend ab. Die Intensität einer Beeinträchtigung lässt für sich keine verallgemeinerbaren Schlüsse auf die Auswirkungen für das grundrechtliche

Schutzgut zu, schon weil Anpassungsanreize im Interaktionszusammenhang eine konstitutive Voraussetzung der wissensgenerierenden Dynamik sind. Das Ausscheiden Einzelner aus dem Markt kann als besonders intensive Form der Beeinträchtigung beispielsweise auf die besondere Leistungsfähigkeit Anderer, auf generelle Verschiebungen in der Nachfrage, auf externe Wettbewerbsverzerrungen oder auf sonstige Gründe einschließlich ihrer Kombination zurückgehen. Sind mittelbar nachteilige Folgen hoheitlicher Maßnahmen für die Ausübung bestimmter Freiheitsrechte absehbar, schließt das Kriterium der Intention im Wesentlichen Maßnahmen aus, die allein oder in erster Linie auf die Verursachung des Nachteils zielen. Maßnahmen, die absehbare, aber unbeabsichtigte Nachteile nach sich ziehen, sind in ihrer Bewertung weniger eindeutig. Sämtliche absehbare Nachteile als mittelbare Eingriffe zu werten, wäre aus interaktionszentrierter Perspektive sachgerecht, entspräche aber nicht dem einschränkenden Zweck der Wertungskriterien mittelbarer Eingriffe. Aus der Perspektive des Schutzguts wäre schließlich auch vor nicht intendierten Nebenfolgen zu schützen. Aus interaktionszentrierter Perspektive erstreckt die grundrechtliche Freiheit sich demgegenüber auf die für das jeweilige Freiheitsrecht relevante Interaktion. Hoheitliche Maßnahmen, die diese Interaktionsbeziehung behindern, auch wenn sie nur die Modalitäten betreffen oder sich nur gegen die jeweiligen Interaktionspartnerin oder den jeweiligen Interaktionspartner richten, sind deshalb als Eingriff oder als Ausgestaltung rechtfertigungsbedürftig. Der dogmatischen Figur des mittelbaren Eingriffs bedarf es aus dieser Perspektive nicht.

Grundrechtlicher Schutz der Aktivitäten juristischer Personen. Die Aktivitäten juristischer Personen, insbesondere bei der Teilnahme an Märkten, folgen aus der dynamischen Entwicklung von Interaktionszusammenhängen und sind daher Produkt und Teil der Freiheitsausübung. Über die Anpassungsanreize in Interaktionszusammenhängen spezialisieren sich die Grundrechtsaktivitäten, beispielsweise auf Märkten, aber auch in der Forschung oder in den Sachbereichen anderer Freiheitsrechte, mit der Konsequenz, dass eine Grundrechtsausübung in diesem Bereich regelmäßig ohne Rückgriff auf die ausdifferenzierten Organisationsformen nicht mehr sinnvoll möglich ist. Die damit einhergehende Entfernung der Aktivität von Persönlichkeitsentfaltung einzelner Individuen ist Ausdruck der allgemeinen Ambivalenz von Interaktionszusammenhängen für die personale Entfaltung und steht dem grundrechtlichen Schutz der juristischen Person nicht entgegen.

Prämissen von Bestands- und Entwicklungsgarantien. Bestands- und Entwicklungsgarantien, beispielsweise in der Rundfunkfreiheit, sollen den grundrechtlichen Schutz auch bei Veränderungen des Sachbereichs gewährleisten. Sie gehen wie jedes grundrechtsdogmatische Konzept auf bestimmte Annahmen über die Strukturen des Sachbereichs und die Voraussetzungen für die Verwirklichung des Schutzguts einschließlich potentieller Gefährdungen zurück.

Als Prämissen des jeweiligen grundrechtsdogmatischen Konzepts liegen diese Annahmen auch der daraus abgeleiteten Bestands- und Entwicklungsgarantie zu Grunde, mit der Folge, dass Änderungen der Sachbereichsstrukturen die Prämissen betreffen und die Notwendigkeit der Bestands- und Entwicklungsgarantie relativieren können.

Zweiter Teil

Interaktionszusammenhänge sind für jedes Freiheitsrecht und seine jeweilige Facette personaler Entfaltung relevant. Beispielhaft werden mit dem Recht auf informationelle Selbstbestimmung, der Rundfunkfreiheit und der Wissenschaftsfreiheit Freiheitsrechte herausgegriffen, in denen die Verarbeitung von Interaktionen in Rechtsprechung und Literatur im Grundsatz anerkannt ist, aber im Einzelnen besondere Schwierigkeiten bereitet und die als bereichsspezifische Sonderdogmatik eingeordnet werden. Marktprozesse hingegen bilden eine Form von Interaktionszusammenhängen, in die mehrere Freiheitsrechte zumindest teilweise eingebunden sind, vor allem die Berufsfreiheit, das Eigentum, die Privatautonomie und die Koalitionsfreiheit. Teilnahme an Marktprozessen lässt sich bei diesen Freiheitsrechten als Modus der Grundrechtsausübung verstehen.

Abbildung von Interaktion als Herausforderung für die Dogmatik des Rechts auf informationelle Selbstbestimmung. Brüche in der Dogmatik des Rechts auf informationelle Selbstbestimmung, wie es sich in der verfassungsgerichtlichen Rechtsprechung entwickelt hat, gehen auf die Schwierigkeiten zurück, Interaktionszusammenhänge angemessen zu verarbeiten. Eigentumsähnliche Konzeptionen an personenbezogenen Daten, die Reduktion potentieller Verwendungszusammenhänge auf *worst case*-Szenarien und der grundsätzliche Anspruch einer gesetzlichen *ex ante*-Steuerung jeder Form der Datenverarbeitung, etwa über den Grundsatz der Zweckbindung, laufen auf Vereinfachungen der Interaktionszusammenhänge heraus, die nicht nur in Randbereichen dogmatische Unstimmigkeiten nach sich ziehen. Bei von dem Grundkonzept abweichenden Formen der Datenverarbeitung, wie insbesondere den algorithmenbasierten Korrelationen von Daten, beschränkt sich dieser Ansatz darauf, die Verwendung personenbezogener Daten in bestimmten *Big Data*-Anwendungen zu untersagen, ohne den spezifischen Gefährdungen algorithmenbasierten Wissens für die personale Entfaltung Betroffener dadurch hinreichend Rechnung zu tragen. Schließlich hat sich das Recht auf informationelle Selbstbestimmung infolge der Vereinfachung zu einer Art Auffanggrundrecht für informationsvermittelte Beeinträchtigungen bei jeder Form der Grundrechtsausübung entwickelt. Bei diesen informationsvermittelten Beeinträchtigungen handelt es sich um Einflüsse auf die jeweiligen Interaktionszusammenhänge, die aus interaktionszentrierter

Perspektive der Sache nach dem Schutzbereich des jeweils einschlägigen Freiheitsrechts zuzuordnen wären. Eine interaktionszentrierte Perspektive trägt demgegenüber dazu bei, die Rahmenbedingungen der personalen Entfaltung mit Blick auf personenbezogene Informationen und Daten angemessen zu beschreiben und insbesondere bei *Big Data*-Anwendungen die datenschutzrechtlichen Instrumente auf die Ursachen von Risiken und auf Ansätze zum angemessenen Umgang zu beziehen.

Rundfunkfreiheit. Die dogmatische Ausgestaltung der Kommunikationsfreiheiten aus Art. 5 Abs. 1 GG beruht auf der Relevanz von Kommunikation für das den einzelnen Freiheitsrechten zu Grunde liegende Schutzgut der freien individuellen und öffentlichen Meinungsbildung. Besonders ausgeprägt bildet die positive Rundfunkordnung eine objektiv-rechtliche Ausgestaltung der Kommunikationsprozesse, die auf bestimmte ökonomische Besonderheiten des Kommunikationszusammenhangs reagiert. Kritik an diesem rechtsdogmatischen Konzept setzt vor allem an den außerrechtlichen Beschreibungen des Kommunikationszusammenhangs an. Eine interaktionszentrierte Perspektive akzentuiert die Verarbeitung außerrechtlicher Beschreibungen in der rechtsdogmatischen Konzeption und sensibilisiert dadurch zugleich für die Relevanz struktureller Änderungen des Sachbereichs. Schließlich zieht die hoheitliche Ausgestaltung Interferenzen zwischen der Rundfunk- und der Marktordnung nach sich. Durch die Analyse der Voraussetzungen und Effekte des Interaktionszusammenhangs für das Schutzgut der Rundfunkfreiheit entwickelt die interaktionszentrierte Perspektive das Verhältnis von Rundfunk- und Marktordnung produktiv. Ihr Analyseraster bietet eine Grundlage, um etwa die Effekte der kartellrechtlichen Regulierung oder urheberrechtlicher Leistungsschutzrechte einzuschätzen, die Ursachen und Wirkungen der ökonomischen und technischen Konvergenz medialer Geschäftsmodelle einzuordnen und nicht zuletzt den Anpassungsbedarf abzuschätzen, den die Digitalisierung und algorithmenbasierte Angebote auslösen.

Wissensgenerierende Interaktion und kompetitive Elemente in der Wissenschaftsfreiheit. In der Wissenschaftsfreiheit ist die Funktion von Interaktionszusammenhängen für die Forschung eingehend ausgearbeitet, auch wenn die verfassungsgerichtliche Rechtsprechung auf chiffrenartige Begriffe wie die „Eigengesetzlichkeit der Wissenschaft“ oder die „Wissenschaftsadäquanz von Strukturen“ zurückgreift, um die Interaktionszusammenhänge flexibel, aber nicht konturenscharf zu beschreiben. Eine interaktionszentrierte Perspektive zieht die Relevanz der Interaktionszusammenhänge für den Forschungsprozess und die Ausübung der Forschungsfreiheit einschließlich ihrer Voraussetzungen und Effekte systematisierend als Maßstab der Ausgestaltung heran. Indem die interaktionszentrierte Perspektive dabei die notwendigen Annahmen und Wertungen der außerrechtlichen Beschreibung von Forschungsprozessen offenlegt, erhöht sie die Rationalität und schärft die Konturen des grundrechtsdogmatischen Konzepts. Das gilt insbesondere für die Voraussetzungen und Grenzen eines Rückgriffs auf markt- oder wettbewerbsanaloge Elemente bei der Ausgestaltung der Bedingungen von Forschung.

Marktteilnahme als Modus der Grundrechtsausübung. Die Teilnahme an Märkten ist grundrechtlich nicht einem bestimmten Freiheitsrecht zugeordnet, etwa im Sinne einer Wettbewerbsfreiheit als eigenständiges, unbenanntes Grundrecht oder als Ausprägung der Berufsfreiheit. Die Marktteilnahme bildet vielmehr einen Modus der Ausübung von Freiheitsrechten. Sie steht für eine bestimmte Art von Interaktionszusammenhängen, die eine ambivalente, spezifische Relevanz für die Schutzgüter aller Freiheitsrechte entfaltet, die am Markt, also im Zusammenhang mit Marktprozessen, ausgeübt werden können. Diese Relevanz spiegelt sich in der Entwicklung der Wettbewerbstheorie wider, bei der die Einbindung von Interaktionszusammenhängen und ihrer wissensgenerierenden Effekte im Zentrum der Auseinandersetzung stand.

Personaler Gehalt marktbezogener Freiheitsrechte. Marktbezogene Freiheitsrechte wie die Berufsfreiheit, das Eigentumsrecht, die Privatautonomie als Ausfluss der allgemeinen Handlungsfreiheit und die Koalitionsfreiheit schützen im Kern eine jeweils spezifische Facette der Persönlichkeitsentfaltung. Sie sind insoweit auf jeweils unterschiedliche Weise auf die Persönlichkeitsentfaltung durch die Teilnahme an Marktprozessen ausgerichtet.

Ambivalenz von Marktprozessen für wirtschaftliche Selbstbestimmung. Die selbstbestimmte wirtschaftliche Lebensführung ist Ausdruck des personalen Gehalts der Berufsfreiheit. Die ambivalente Dynamik von Marktprozessen bringt auf der einen Seite vielfältige Möglichkeiten selbstbestimmter wirtschaftlicher Entfaltung hervor, schränkt sie aber durch den Wettbewerbsdruck und die damit verbundenen Anforderungen an die Wettbewerbsfähigkeit auch ein. Die Berufsfreiheit umfasst deshalb auch Formen der Ausgestaltung von Marktprozessen zum Schutz der Marktteilnehmenden vor deren exkludierender Wirkung. Die Koalitionsfreiheit zielt durch den Schutz der Organisationsmöglichkeiten auf die Absicherung angemessener Rahmenbedingungen der individuellen Marktteilnahme.

Ausgestaltung von Eigentum und Privatautonomie zur Persönlichkeitsentfaltung in Interaktionen. Das Eigentumsrecht und die Privatautonomie gewährleisten jeweils bestimmte Facetten personaler Entfaltung, indem sie eine rechtliche Grundlage für Interaktionsbeziehungen grundrechtlich geschützter Personen bereitstellen. Das Eigentumsrecht und die Privatautonomie sind aus interaktionszentrierter Perspektive nur vordergründig ausgestaltungsbedürftige Freiheitsrechte, weil sie rechtlich konstituiert sind. Das hinter der rechtlichen Konstitution liegende Ziel besteht vielmehr darin, einen Rahmen für Interaktionsbeziehungen bereitzustellen. Eigentum und die Privatautonomie schützen die personale Entfaltung, indem sie der Person Interaktionsbeziehungen einer bestimmten Qualität ermöglichen und dadurch Handlungsmöglichkeiten schaffen. Diese Perspektive auf die Förderung personaler Entfaltung über Interaktionsbeziehungen löst den verfassungsrechtlichen Maßstab des Eigentums von dem zirkulären Verweis auf die einfach-gesetzliche Ausgestaltung. Sie trägt zugleich dazu bei, die Maßstäbe für eigentumsrechtliche Positionen wie dem Anteilseigentum zu konturieren, die nicht dem prägenden Ordnungsmodell des Sacheigentums entsprechen. Schließlich plausibilisiert die interaktionszentrierte Perspektive die Grenzen eines eigentumsrechtlichen Schutzes von Marktpositionen wie dem Recht am eingerichteten und ausgeübten Gewerbebetrieb.

Ausgestaltung der Berufsfreiheit. Bei der grundrechtsdogmatischen Konzeption der Berufsfreiheit sieht die interaktionszentrierte Perspektive eine Kategorie der Ausgestaltung für solche rechtliche Regelungen vor, die die Stabilität von Märkten oder ein bestimmtes Maß individueller Entfaltungschancen absichern sollen. Dass solche Regelungen auch dann Ausgestaltungen der Berufsfreiheit darstellen, wenn sie mit nicht unerheblichen Nachteilen für die Betroffenen verbunden sind, zeigen insbesondere die in den letzten Jahren entwickelten Instrumente der Finanzmarktstabilisierung. Sie gewährleisten die Stabilität der Märkte angesichts systemischer Risiken, die aus den interaktionsbasierten Interdependenzen hervorgegangen und für einzelne Marktakteure nur schwer einzuschätzen sind.

Mittelbare Eingriffe in die Berufsfreiheit. Darüber hinaus stellt die interaktionszentrierte Grundrechtstheorie die Begründung und Prüfung mittelbarer Eingriffe in die Berufsfreiheit auf eine neue Grundlage. Wegen der Relevanz der Interaktionsbeziehung für die individuelle Ausübung der Berufsfreiheit stellen auch hoheitliche Maßnahmen, die sich gegen potentielle Interaktionspartnerinnen richten oder die Interaktionsbeziehung auf sonstige Weise beeinträchtigen, Eingriffe in die Berufsfreiheit dar. Das berufsbezogene Interaktionspotential und die darin liegenden Chancen sind – als Chancen – geschützt. Demgegenüber trägt die verfassungsgerichtliche Rechtsprechung mit der Figur des mittelbaren Grundrechtseingriffs der Relevanz von Interaktion zwar grundsätzlich Rechnung, kann aber auf der Grundlage einer isoliert betrachteten Verhaltensfreiheit keine stringenten Kriterien der Eingriffsschwelle entwickeln.

Wettbewerbsfreiheit in der Konzeption der Rechtsprechung. Der Rückgriff auf die einfach-gesetzliche Ausgestaltung der Marktregulierung zur Konkretisierung der Wettbewerbsfreiheit insbesondere als Maßstab für die hoheitliche Informationstätigkeit blendet den Zusammenhang zwischen Interaktion und personaler Entfaltung aus. Dieser Ansatz der Rechtsprechung macht die Wettbewerbsfreiheit infolge der Vielschichtigkeit von Interaktionen zwar zu einem ausgestaltungsbedürftigen Grundrecht, greift aber zur Konkretisierung auf vorhandene einfach-gesetzliche Regelungen zurück, ohne die Ausgestaltung auf das Interaktionspotential und seiner Relevanz für das Schutzgut personaler Entfaltung zu beziehen. Damit bleibt der verfassungsrechtliche Maßstab dieser Wettbewerbsfreiheit ebenso schwach und konturenarm wie ein Maßstab des Eigentumsrechts, der aus der einfach-gesetzlichen Eigentumsordnung abgeleitet werden soll. Stattdessen leitet die interaktionszentrierte Perspektive die Anforderungen an die Rechtfertigung sowohl von Eingriffen als auch von Ausgestaltungen aus dem Interaktionspotential der grundrechtlich geschützten Personen und den Effekten der hoheitlichen Maßnahmen ab.

Personaler Gehalt des Schutzes juristischer Personen. Eine interaktionszentrierte Perspektive stellt darüber hinaus die Rückbindung unternehmerischer Aktivitäten von juristischen Personen an den personalen Gehalt der Freiheitsrechte her. Trotz ihrer Relevanz für das Schutzgut der personalen Entfaltung kann die wissensgenerierende Dynamik von Interaktionszusammenhängen Unternehmensformen, etwa konzernierte Kapitalgesellschaften, hervorbringen, deren Tätigkeiten von der Lebensführung einzelner grundrechtlich geschützter Personen erheblich weiter entfernt ist als eine angestellte oder freiberufliche Tätigkeit. Diese ausdifferenzierende Entwicklung der Marktstruktur geht allerdings auf die Wechselwirkungen der dezentralen Entscheidungen der Trägerinnen und Träger von Grundrechten zurück. Wenn Kapitalgesellschaften für bestimmte Arten von unternehmerischen Aktivitäten im Hinblick auf den Zugang zu Kapitalmärkten, Haftungsfragen oder die unternehmensinterne Ausgestaltung Vorteile bieten, zeigen sie für die grundrechtlich geschützten Personen neue Handlungsoptionen und für die Wettbewerberinnen und Wettbewerber unter Umständen Anpassungsnotwendigkeiten auf. Umgekehrt spricht die interaktionszentrierte Perspektive dem Schutz der Reputation von juristischen Personen, der zivilrechtlich in Anlehnung an das allgemeine Persönlichkeitsrecht als Unternehmenspersönlichkeitsrecht entwickelt worden ist, eine entsprechende mittelbare Anbindung an das Persönlichkeitsrecht ab und ordnet den Schutz mit entsprechenden Konsequenzen für die Reichweite dem Schutzbereich der Berufsfreiheit zu.

Dritter Teil

Im Europarecht nimmt der Schutz von Interaktionsbeziehungen in unterschiedlicher Hinsicht schon immer eine zentrale Rolle ein.

Schutz von Interaktionen auf dem Binnenmarkt. Das Unionsrecht etablierte den Binnenmarkt durch Regeln zum Schutz grenzüberschreitender Interaktionen. Die Rechtsprechung des Europäischen Gerichtshofs zu den Grundfreiheiten ist an den einzelnen dogmatischen Figuren, von der Ausgestaltung als Beschränkungsverbote, ihrer unmittelbaren Anwendbarkeit, den Kriterien für Maßnahmen mit beschränkungsgleicher Wirkung, den Anforderungen an die Rechtfertigung von Eingriffen, die Drittwirkung und die Ableitung von Schutzpflichten, konsequent am Schutz des grenzüberschreitenden Interaktionspotentials ausgerichtet. In gleicher Weise richten sich die kartellrechtlichen Vorgaben am Schutz des Interaktionspotentials gegen strategische Beschränkungen durch Marktteilnehmende.

Binnenmarkt als Gestaltungssubstrat. Seit seiner weitgehenden Errichtung, auch durch harmonisierendes Sekundärrecht, ist der Binnenmarkt zunehmend Gegenstand sekundärrechtlicher Gestaltung, die sowohl bestimmten industrie- und wirtschaftspolitischen wie auch nicht-ökonomischen Zielen dient. Wegen der Eigenschaften dieses Interaktionszusammenhangs, der Marktteilnehmerinnen und Marktteilnehmer binnenmarktweit und vielschichtig verknüpft, ist der Binnenmarkt zum Substrat politischer Gestaltung geworden. Neben der sekundärrechtlichen Ausgestaltung setzt die Europäische Kommission die Gestaltung durch die konkretisierenden Modalitäten der Anwendung, insbesondere des Kartell- und Vergaberechts, fort.

Verhältnis zu den Kompetenzen der Mitgliedstaaten. Das hat zum einen Folgen für die Reichweite von Kompetenzen, die sich infolge der Verknüpfungen in bestimmten Bereichen, etwa der Wirtschafts- und Währungspolitik, nicht mehr sinnvoll strikt vertikal trennen lassen. Auf entsprechende konzeptionelle Schwierigkeiten stößt in diesem Fall eine an vertikalen Trennungen ausgerichtete nationale *ultra vires*-Kontrolle. Zum anderen verschiebt der grenzüberschreitende Interaktionszusammenhang die Gestaltungsoptionen der Mitgliedstaaten. An die Stelle einer alleinverantwortlichen Steuerung begrenzter Reichweite treten Optionen der Mitwirkung an der Gestaltung des Binnenmarkts. Eine interaktionszentrierte Perspektive schärft insoweit das Subsidiaritätsprinzip, als sie die Bedingungen hoheitlicher Gestaltung nicht in erster Linie räumlich im Sinne einer geographischen Regel- und Durchsetzbarkeit begreift, sondern die Effekte von Interaktionen auf die Implementation hoheitlicher Regelungsstrategien berücksichtigt.

Grundrechtsschutz der Union. Diese politische Gestaltung des Binnenmarkts wertet die Rolle der Grundrechte der Union auf. Sie schützen das grenzüberschreitende Interaktionspotential nicht im Hinblick auf den Binnenmarkt, sondern wegen seiner Relevanz für die personale Entfaltung. Im Gegensatz zu den Grundfreiheiten stehen sie deshalb nicht unter demselben Vorbehalt einer sekundärrechtlichen Ausgestaltung des Binnenmarkts.

Konzeptionelle Fortentwicklung der Grundrechte. Die grundrechtsdogmatische Konzeption der Grundrechte der Europäischen Union ist insbesondere durch die Ableitung aus den gemeinsamen Verfassungsüberlieferungen in den Mitgliedstaaten und die konzeptionelle Zurückhaltung vor allem in der frühen Rechtsprechung des Europäischen Gerichtshofs weniger klar konturiert. Die Rückbindung an den Text der Grundrechtecharta und die zunehmend eingehende Prüfung der Anforderungen an die Rechtfertigung von Grundrechtseingriffen in der Rechtsprechung deuten eine Tendenz zur konzeptionellen Fortentwicklung an, auch wenn die Rechtsprechung etwa zu den marktbezogenen Grundrechten noch auf die vor Inkrafttreten der Charta entwickelten, ungeschriebenen und weniger differenzierten Maßstäbe der Rechtfertigung zurückgreift. Einzelne Regelungen im Text der Grundrechtecharta, die sich gegen eine Ausdehnung des Grundrechtsschutzes der Union richten, entfalten gegenüber Fortentwicklungen der Grundrechtsdogmatik durch den Gerichtshof auch im Hinblick auf die mittelbaren Auswirkungen der Europäischen Menschenrechtskonvention nur eingeschränkt Wirkung.

Grundrechte der Union mit Marktbezug. Obwohl die Berufsfreiheit und einzelne Facetten ihres Schutzes in der Rechtsprechung weit überwiegend an Fällen selbstständiger Tätigkeit vor allem juristischer Personen entwickelt worden sind, weist die Berufsfreiheit auch mit Blick auf den übergeordneten Menschenwürdebezug der Grundrechtecharta einen dem deutschen Verfassungsrecht vergleichbaren personalen Gehalt auf. Die weiteren marktbezogenen Verbürgungen, auf der einen Seite zum Schutz der Bedingungen unselbständiger Arbeit im Titel Solidarität und auf der anderen Seite der unternehmerischen Freiheit, stellen aus interaktionszentrierter Perspektive Ausprägungen der Berufsfreiheit dar. Ebenso wie die Berufsfreiheit sind sie auf bestimmte Facetten personaler Entfaltung in professioneller Tätigkeit ausgerichtet. Aus interaktionszentrierter Perspektive ist eine bestimmte Qualität der Rahmenbedingungen zur Ausübung der Berufsfreiheit auch durch die Berufsfreiheit gewährleistet. Aus den einzelnen Verbürgungen aus dem Titel Solidarität lässt sich deshalb nicht der Schluss ziehen, dass der Schutz der einzelnen, in ihrer Reichweite teilweise umstrittenen Verbürgungen abschließend wäre. Sie setzen eher Akzente in der grundrechtsdogmatischen Konzeption der Berufsfreiheit. Aus interaktionszentrierter Perspektive ist deshalb auch der einschränkende Hinweis in der unternehmerischen Freiheit auf das Unionsrecht und die einzelstaatlichen Rechtsvorschriften und Gepflogenheiten, der im Hinblick auf einen Gleichlauf im Schutz selbständiger und unselbständiger Tätigkeit aufgenommen worden ist, zu relativieren.

Interaktion im Schutz der EMRK. In dem Grundrechtsschutz der Europäischen Konvention für Menschenrechte kommt Interaktionen der grundrechtlich geschützten Personen und ihrer Relevanz für grundrechtliche Schutzgüter in der Interpretation des Europäischen Gerichtshofs für Menschenrechte seit Langem eine herausgehobene Bedeutung zu. Diese Sensibilität für die Rahmenbedingungen der Grundrechtsausübung in dem jeweiligen Sachbereich äußert sich in dem methodischen Verständnis des Europäischen Gerichtshofs für Menschenrechte von der Menschenrechtskonvention als einem *living instrument*.

Schutz von Marktaktivitäten wegen ihrer Interaktionen. Marktbezogene Aktivitäten werden dadurch auch ohne eine explizite Verbürgung der Berufsfreiheit zu großen Teilen von thematisch angrenzenden Schutzrechten abgedeckt, ohne dass darin eine ergebnisorientierte Überdehnung der Freiheitsrechte läge. Der Schutz der personalen Entfaltung durch das Recht auf Achtung der Privatsphäre, durch die Meinungsfreiheit oder durch das Eigentumsrecht deckt vielmehr wegen der interaktionsbezogenen Methodik auch solche Interaktionen bei der Ausübung der jeweiligen Freiheitsrechte ab, die einen Bezug zu beruflicher Tätigkeit oder allgemein der Teilnahme an Märkten aufweisen.

Interaktionszentrierte Grundrechtstheorie als ebenenübergreifende Analyseperspektive. Durch ihren analytischen Rahmen für den Zusammenhang zwischen Interaktionsbeziehungen und grundrechtlichen Schutzgütern personaler Entfaltung bietet die interaktionszentrierte Perspektive eine Grundlage, funktionale Äquivalente der grundrechtsdogmatischen Konzeptionen im Schutz der Europäischen Menschenrechtskonvention, der Europäischen Union und der Verfassungen der Mitgliedstaaten zu beschreiben und das Verhältnis der unterschiedlichen Ebenen darauf einzustellen.

Thesen

Erster Teil: Interaktionszentrierte Grundrechtstheorie

– Interaktionszusammenhänge bilden durch ihre wissensgenerierende, neue Handlungsoptionen hervorbringende Wirkung ein zentrales, grundrechtsübergreifendes Element des Grundrechtsschutzes.

– Die wissensgenerierenden Effekte von Interaktionzusammenhängen lassen sich aus konstruktivistischer Perspektive als eine systematische, kontinuierliche Anreicherung individueller Beobachtungsmöglichkeiten und Interpretationskontexte verstehen. Interaktionszusammenhänge relativieren durch Grenzen der individuellen, jeweils perspektiv- und horizontabhängigen Generierung von Wissen.

– Für die Verwirklichung grundrechtlicher Schutzgüter gehen von Interaktionszusammenhängen ambivalente Effekte aus. Die interaktionsbasierte Dynamik bringt auf der einen Seite neue Handlungsmöglichkeiten hervor und prägt den Rahmen individueller Sinnzuschreibungen und damit selbstbestimmter Persönlichkeitsentfaltung. Selbst die Bildung individueller Persönlichkeit beruht auf Wissen über die eigene Person, das maßgeblich über Interaktionszusammenhänge erworben wird. Auf der anderen Seite können die dezentralen Auswahlentscheidungen in Interaktionszusammenhängen einzelne grundrechtlich geschützte Personen von der Teilnahme an der interaktionsbasierten Dynamik ausschließen oder die Rahmenbedingungen der Grundrechtsausübung unangemessen abwerten. Schließlich kann die interaktionsbasierte Dynamik unter Umständen, etwa bei systemischen Risiken im Finanzmarktsektor, die Stabilität des Interaktionszusammenhangs in Frage stellen.

– Das liberale Grundrechtsverständnis geht implizit davon aus, dass sich durch den abwehrrechtlichen Schutz einer isoliert betrachteten Verhaltensfreiheit produktive Interaktionszusammenhänge spontan einstellen. Dadurch benötigt dieses Grundrechtsverständnis kaum Annahmen über die Voraussetzungen der Freiheitsverwirklichung, sondern kann nach dem sog. rechtsstaatlichen Verteilungsprinzip von einer Vermutung zu Gunsten der selbstorganisierten Freiheit ausgehen.

– Die Ergänzungen des abwehrrechtlichen Schutzes, die in der verfassungsgerichtlichen Rechtsprechung auf der Grundlage des Verständnisses von Grundrechten als objektiver Wertordnung entwickelt worden sind, münden in eine

Gegenüberstellung von abwehrrechtlichem und positivem Schutz, der die Relevanz von Interaktionszusammenhängen für die grundrechtlichen Schutzgüter in den Hintergrund treten lässt. Das interaktionsbasierte Entwicklungspotential wird im abwehrrechtlichen Schutz verortet, setzt dort allerdings voraus, dass sich produktive Interaktionszusammenhänge spontan einstellen. Die Kategorien des darüber hinausgehenden, positiven Grundrechtsschutzes akzentuieren hingegen die hoheitliche Verantwortung für die Realisierungschancen grundrechtlicher Freiheiten und blenden die Relevanz von Interaktionen für die Verwirklichung grundrechtlicher Schutzgüter tendenziell aus.

– Die über den abwehrrechtlichen Schutz hinausgehenden Grundrechtswirkungen setzen Annahmen über die Rahmenbedingungen der Verwirklichung grundrechtlicher Schutzgüter und damit außerrechtliche Beschreibungen des jeweiligen Sachbereichs voraus. Diese normative Integration außerrechtlicher Beschreibungen in das grundrechtliche Schutzkonzept geht zu Lasten der Klarheit und Eindeutigkeit der Grundrechtsdogmatik. Wenn sich grundrechtsadäquate Handlungszusammenhänge jedoch nicht spontan einstellen, ist sie alternativlos.

– Die interaktionszentrierte Grundrechtstheorie bietet für die Grundrechtsdogmatik eine vertypte Beschreibung der Voraussetzungen von Interaktionszusammenhängen sowie ihrer ambivalenten Effekte für grundrechtliche Schutzgüter. Sie erhöht dadurch die Rationalität der grundrechtsdogmatischen Verarbeitung außerrechtlicher Problembeschreibung und systematisiert die Grundrechtsrelevanz von Interaktionen übergreifend.

– Grundrechtsdogmatisch folgt aus dieser Relevanz der Interaktionszusammenhänge eine grundrechtsübergreifende Ausweitung der Kategorie der Ausgestaltung. Die konkrete Gestaltung der für die Grundrechtsverwirklichung relevanten Interaktionszusammenhänge hängt von ihrer einfach-gesetzlichen Ausgestaltung ab. Diese Ausgestaltung macht aus interaktionszentrierter Perspektive einen Teil des grundrechtsdogmatischen Schutzkonzepts aus. Zugleich bietet der Zusammenhang zwischen Interaktion und Schutzgut, insbesondere das Kriterium der Entwicklungsoffenheit, einen verfassungsrechtlichen Maßstab der Ausgestaltung.

– Darüber hinaus umfasst die grundrechtliche Freiheit neben der Freiheit zu einem bestimmten, isoliert betrachteten Verhalten auch die Teilnahme an den für das jeweilige Freiheitsrecht relevanten Interaktionszusammenhängen. Hoheitliche Maßnahmen jenseits der beschriebenen Ausgestaltungen, die in diesen Interaktionszusammenhang eingreifen, stellen Eingriffe in das jeweilige Freiheitsrecht dar, auch wenn sie sich nicht unmittelbar gegen die betroffene Person richten. Eines Schutzes vor sog. mittelbaren Grundrechtseingriffen bedarf es aus dieser Perspektive nicht.

– Weil Grundrechtsdogmatik jeweils auf einer bestimmten Beschreibung der Strukturen des Freiheitsrechts beruht, bewirkt eine Beibehaltung der Grundrechtsdogmatik bei strukturellen Änderungen des Sachbereichs in der Sache eine Änderung des grundrechtsdogmatischen Konzepts. Diese Abhängigkeit des Konzepts von den grundrechtsdogmatisch verarbeiteten Strukturen des Sachbereichs relativiert die Reichweite grundrechtlicher Bestands- und Entwicklungsgarantien, wenn deren sachbereichsbezogene Prämissen von den strukturellen Änderungen betroffen sind.

– Die Dynamik von Interaktionszusammenhängen bewirkt eine Ausdifferenzierung der Sachbereiche, die sich auch auf die organisatorischen Rahmenbedingungen der Grundrechtsausübung auswirkt. Sie erfordert insbesondere für bestimmte Formen der Grundrechtsausübung eine Organisation in juristischen Personen. Die damit verbundene Entfernung der Aktivitäten juristischer Personen von dem personalen Substrat der Grundrechte bildet die Kehrseite der interaktionsbasierten Erweiterung individueller Handlungsoptionen.

Zweiter Teil: Nationale Grundrechte

– Unstimmigkeiten in der Dogmatik des Rechts auf informationelle Selbstbestimmung gehen auf die Schwierigkeit zurück, die freiheitsrelevanten Interaktionszusammenhänge angemessen abzubilden. Das gilt etwa für die Formulierung eines eigentumsanalogen Rechts an personenbezogenen Daten sowie die unterschiedlichen Strategien der Vereinfachung in der Modellierung der Verwendungszusammenhänge. Die sich abzeichnende Zunahme der algorithmenbasierten Auswertung großer Datenmengen (*Big Data*) lässt diese konzeptionellen Schwächen noch stärker hervortreten. Folge des nur unspezifisch beschriebenen Zusammenhangs zwischen den jeweiligen Interaktionszusammenhängen einschließlich der personenbezogenen Daten und dem Schutzgut des Rechts auf informationelle Selbstbestimmung ist schließlich, dass das Recht auf informationelle Selbstbestimmung einen Schutz für jede Form informationsvermittelter Beeinträchtigungen gewährt. Aus interaktionszentrierter Perspektive bestimmt sich dieser Schutz hingegen nach den Kriterien der jeweils einschlägigen besonderen Freiheitsrechte.

– Eine interaktionszentrierte Perspektive auf die Rundfunkfreiheit stellt die sachbereichsbezogenen Prämissen der positiven Rundfunkordnung heraus und ordnet vor diesem Hintergrund strukturelle Änderungen des Sachbereichs, wie sie insbesondere von der Digitalisierung ausgehen, differenziert ein. Sie wendet sich gegen ein unreflektiertes Festhalten an der überkommenen Dogmatik und zeigt zugleich Wege auf, die Vielfaltssicherung im Rundfunk mit der laufenden Entwicklung ökonomischer Rahmenbedingungen in Einklang zu bringen.

– Für die Wissenschaftsfreiheit ist die zentrale grundrechtsdogmatische Rolle von Kommunikations- und Handlungszusammenhang bereits eingehend beschrieben. Gleichwohl greift die verfassungsgerichtliche Rechtsprechung diese Zusammenhänge nur mit chiffreartigen Beschreibungen wie der „Eigengesetzlichkeit der Wissenschaft" oder der „Wissenschaftsadäquanz" bestimmter Strukturen auf und provoziert dadurch Forderungen nach einer Schärfung der Konturen durch eine Re-Subjektivierung. Eine interaktionszentrierte Grundrechtstheorie entwickelt hingegen die Kriterien der Ausgestaltung aus einer grundrechtsübergreifenden Perspektive und stellt dabei insbesondere Möglichkeiten und Grenzen für markt- oder wettbewerbsanaloge Elemente in der Forschung heraus.

– Der grundrechtliche Schutz der Marktteilnahme ist nicht einem bestimmten Freiheitsrecht, etwa der Wettbewerbsfreiheit als Ausfluss der Berufsfreiheit oder einem unbestimmten Grundrecht, zugeordnet. Vielmehr stellen Marktprozesse – wie die Entwicklung der Wettbewerbstheorie illustriert – einen bestimmten Typus von Interaktionszusammenhängen dar. Aus interaktionszentrierter Perspektive bilden Marktprozesse dadurch einen Modus der Grundrechtsausübung, der für jedes Freiheitsrecht mit Marktbezug in Frage kommt. Marktbezogene Grundrechte wie die Berufsfreiheit, das Eigentumsrecht, die Privatautonomie oder die Koalitionsfreiheit sind auf Persönlichkeitsentfaltung durch die Teilnahme an Marktprozessen ausgerichtet.

– Dabei wirken sich Marktprozesse – wie andere Interaktionszusammenhänge auch – ambivalent auf die Rahmenbedingungen der Grundrechtsausübung aus. Zur Berufsfreiheit zählt deshalb auch die Ausgestaltung von Marktprozessen zum Schutz vor exkludierenden Effekten des Wettbewerbsdrucks oder vor systemischen Risiken. Mit ihrem Schutz der Möglichkeiten zur Organisation ist die Koalitionsfreiheit darauf ausgerichtet, angemessene Rahmenbedingungen der individuellen Marktteilnahme trotz struktureller Machtasymmetrien zu gewährleisten.

– Eigentum und Privatautonomie schützen die personale Entfaltung, indem sie einen rechtlichen Rahmen für Interaktionsbeziehungen einer bestimmten Qualität bereitstellen. Auch stellt die interaktionszentrierte Perspektive einen Maßstab der rechtlichen Ausgestaltung, insbesondere beim Anteilseigentum, bereit, der auf das personale Schutzgut rückbezogen ist, statt von dem Bestand der vorhandenen einfach-gesetzlichen Ausgestaltung abzuhängen. Zugleich zeigt sie Grenzen des eigentumsrechtlichen Schutzes von Marktpositionen durch das Recht am eingerichteten und ausgeübten Gewerbebetrieb auf.

– Einen Eingriff in die Berufsfreiheit stellt aus interaktionszentrierter Perspektive, sofern es sich nicht um die beschriebenen Ausgestaltungen handelt, jede hoheitliche Maßnahme dar, die das Interaktionspotential beeinträchtigt, auch wenn sie sich unmittelbar gegen den Interaktionspartner oder die Interaktionspartnerin richtet. Die in dem Interaktionspotential liegenden Chancen sind – als Chancen – geschützt. Mit der Annahme mittelbarer Grundrechtseingriffe trägt die verfassungsgerichtliche Rechtsprechung dieser Grundrechtsrelevanz im Ergebnis ebenfalls Rechnung, kann allerdings auf der Grundlage einer isoliert betrachteten Verhaltensfreiheit keine kohärent umsetzbaren Kriterien eines Eingriffs formulieren.

– Die Konzeption einer Wettbewerbsfreiheit nach Maßgabe der einfach-gesetzlichen Bestimmungen in der verfassungsgerichtlichen Rechtsprechung bewirkt ebenfalls eine einfach-gesetzliche Ausgestaltung der Marktprozesse, die jedoch nicht konsequent an den Schutzgütern der betroffenen Freiheitsrechte, sondern aus einer wertenden Betrachtung der wirtschaftsrechtlichen Bestimmungen abgeleitet ist.

– Der berufsrechtliche Schutz von Aktivitäten juristischer Personen, insbesondere in Konzernstrukturen, gründet sich trotz der Entfernung von der Persönlichkeitsentfaltung natürlicher Personen auf die ausdifferenzierenden Effekte der Freiheitsausübung in Interaktionszusammenhängen. Das zivilrechtlich entwickelte Unternehmenspersönlichkeitsrecht ist verfassungsrechtlich der Berufsfreiheit zuzuordnen.

Dritter Teil: Binnenmarkt und europäischer Grundrechtsschutz

– Das Unionsrecht etablierte den Binnenmarkt durch Regeln zum Schutz grenzüberschreitender, ökonomischer Interaktionszusammenhänge, von der Dogmatik der Grundfreiheit in der Rechtsprechung des Europäischen Gerichtshofs bis zum Wettbewerbsrecht.

– Mit zunehmender Errichtung eines auch sekundärrechtlich harmonisierten Binnenmarkts wird der Binnenmarkt zunehmend zum Gestaltungssubstrat, mittels dessen die Europäische Union über sekundärrechtliche Gestaltung bestimmte industriepolitische oder nicht-ökonomische Ziele verfolgt. Diese politische Gestaltung setzt die Europäische Kommission bei der Anwendung des Primärrechts, insbesondere der Wettbewerbsregeln, fort.

– Diese Gestaltung über Interaktionszusammenhänge erschwert durch ihre lateralen Effekte unter Umständen die Abgrenzung der Kompetenzen von Union und Mitgliedstaaten, etwa beim Verhältnis von Wirtschafts- und Währungspolitik. Indem die interaktionszentrierte Perspektive Strategien hoheitlicher Steuerung durch Ausgestaltung der Interaktionszusammenhänge abbildet, sensibilisiert sie für die Leistungsgrenzen einer nationalen *ultra vires*-Kontrolle sowie für Optionen der Mitwirkung der Mitgliedstaaten an der Gestaltung des Binnenmarkts.

– Die Gestaltung des Binnenmarkts wertet die Bedeutung der Grundrechte der Union auf. Weil sie das Interaktionspotential auf die personale Entfaltung der grundrechtlich geschützten Personen und nicht auf den Binnenmarkt beziehen, stehen sie nicht wie die Grundfreiheiten unter dem Vorbehalt einer sekundärrechtlichen Ausgestaltung des Binnenmarkts.

– Die Rückbindung des Grundrechtsschutzes der Union an den Text der Grundrechtecharta trägt zur konzeptionellen Fortentwicklung der Grundrechtsdogmatik bei, auch wenn die Rechtsprechung des Gerichtshofs in bestimmten Bereichen auf zuvor entwickelte ungeschriebene und weniger differenzierte Maßstäbe zurückgreift. Zudem werden einzelne, auf eine Erhaltung des Status quo gerichtete Regelungen der Grundrechte sich gegenüber dogmatischen Fortentwicklungen voraussichtlich nur als eingeschränkt wirksam erweisen.

– Die marktbezogenen Grundrechte der Union weisen einen personalen Gehalt auf. Die marktbezogenen Verbürgungen zum Schutz unselbständiger Arbeit aus dem Titel Solidarität sowie die unternehmerische Freiheit bilden aus interaktionszentrierter Perspektive jeweils Ausprägungen der Berufsfreiheit. Ebenso wie die Berufsfreiheit schützen sie bestimmte Facetten personaler Entfaltung durch professionelle Tätigkeit und sollen eine bestimmte Qualität der Rahmenbedingungen gewährleisten. Den besonderen Gewährleistungen kommt deshalb kein abschließender, weitere Entwicklungen der Berufsfreiheit ausschließender Charakter zu. In gleicher Weise sind der in der unternehmerischen Freiheit enthaltene Vorbehalt des Unionsrechts und die einzelstaatlichen Rechtsvorschriften und Gepflogenheiten zu relativieren.

– Der Grundrechtsschutz nach der Europäischen Menschenrechtskonvention ist insbesondere durch die Rechtsprechung des Europäischen Gerichtshofs für Menschenrechte in besonderem Maß an der Relevanz von Interaktionen ausgerichtet. Das methodische Verständnis der Konvention als einem *living instrument* steht für eine besondere Sensibilität des Grundrechtsschutzes für die Strukturen des jeweiligen Sachbereichs. Entsprechend sieht die Rechtsprechung des Europäischen Gerichtshofs für Menschenrechte auch ohne ausdrückliche Gewährleistung einer Berufsfreiheit einen Schutz von Marktaktivitäten wegen ihrer Interaktion und deren Relevanz für andere Freiheitsrechte vor. Insbesondere fasst die Rechtsprechung den Zugang zu einem Beruf wegen der Relevanz der damit verbundenen Kommunikationsbeziehungen für den Schutz der personalen Entfaltung unter das Recht auf Achtung der Privatsphäre. Entsprechend interaktionsbezogen und weit fallen die Konzeptionen der Meinungsfreiheit und des Eigentumsrechts aus.

– Als analytischer Rahmen für den Zusammenhang zwischen Interaktionsbeziehung und Grundrechtsschutz beschreibt die interaktionszentrierte Perspektive funktionale Äquivalente im Schutz der Europäischen Menschenrechtskonvention sowie im Grundrechtsschutz der Union sowie der Mitgliedstaaten.

Literaturverzeichnis

Achatz, Anton: Grundrechtliche Freiheit im Wettbewerb. Eine grundrechtsdogmatische Studie zur Verarbeitung von staatlichen Einflüssen auf das Umfeld wirtschaftlicher Betätigung, Berlin 2011.

Adolff, Johannes/Eschwey, Claudius: Lastenverteilung bei der Finanzmarktstabilisierung, Zeitschrift für das gesamte Handelsrecht und Wirtschaftsrecht 177 (2013), 902–977.

Affeldt, Pauline/Filistrucchi, Lapo/Klein, Tobias: Upward Pricing Pressure in Two-Sided Markets, The Economic Journal 123 (2013), F505–F523.

Ahrens, Hans-Jürgen: Leistungsschutzrecht für Presseverleger, in: Alexander/Bornkamm/Buchner/Fritzsche/Lettl (Hrsg.), Festschrift für Helmut Köhler zum 70. Geburtstag, München 2014, S. 13–22.

–: Kollektivschadensersatz wegen Wettbewerbsbeschränkungen oder unlauteren Wettbewerbs? – Über Mythen und Problemignoranz, Wettbewerb in Recht und Praxis 2015, 1040–1046.

Albers, Marion: Faktische Grundrechtsbeeinträchtigung als Schutzbereichsproblem, Deutsches Verwaltungsblatt 1996, 233–242.

–: Zur Neukonzeption des grundrechtlichen „Daten"schutzes, in: Haratsch/Kugelmann/Repkewitz (Hrsg.), Herausforderungen an das Recht der Informationsgesellschaft, Stuttgart 1996, S. 113–139.

–: Information als neue Dimension im Recht, Rechtstheorie 33 (2002), 61–89.

–: Informationelle Selbstbestimmung, Baden-Baden 2005.

–: Die Komplexität verfassungsrechtlicher Vorgaben für das Wissen der Verwaltung. Zugleich ein Beitrag zur Systembildung im Informationsrecht, in: Spiecker genannt Döhmann/Collin (Hrsg.), Generierung und Transfer staatlichen Wissens im System des Verwaltungsrechts, Tübingen 2008, S. 50–69.

–: Grundrechtsschutz der Privatheit, Deutsches Verwaltungsblatt 2010, 1061–1069.

–: Umgang mit personenbezogenen Informationen und Daten, in: Wolfgang Hoffmann-Riem/Eberhard Schmidt-Aßmann/Andreas Voßkuhle (Hrsg.), Grundlagen des Verwaltungsrechts, Band II, 2. Auflage München 2012, § 22, S. 107–234.

Alchian, Armen/Demsetz, Harold: Production, Information Costs, and Economic Organization, American Economic Review 62 (1972), 777–795.

Alleweldt, Ralf: Bundesverfassungsgericht und Fachgerichtsbarkeit, Tübingen 2006.

Apolte, Thomas: Die Theorie der Clubgüter, Wirtschaftswissenschaftliches Studium 1995, 610–616.

Assion, Simon: Must-offer-Pflichten für Programmveranstalter?, Zeitschrift für Urheber- und Medienrecht 2015, 631–640.

Auer, Marietta: Der privatrechtliche Diskurs der Moderne, Tübingen 2014.

Augsberg, Ino: Rechtslektionen. Zur Textualität des juristischen Verfahrens, Rechtstheorie 40 (2009), 71–97.

–: Wissenschaftsverfassungsrecht, in: Vesting/Korioth (Hrsg.), Der Eigenwert des Verfassungsrechts, Tübingen 2011, S. 187–206.
–: Von einem neuerdings erhobenen empiristischen Ton in der Rechtswissenschaft, Der Staat 51 (2012), 117–125.
–: Autonomie als soziale Konstruktion. Zur Wiedergewinnung des Individuellen in der gesellschaftlich orientierten Grundrechtstheorie und Grundrechtsdogmatik, in: Vesting, Thomas; Korioth, Stefan; ders. (Hrsg.): Grundrechte als Phänomene kollektiver Ordnung. Zur Wiedergewinnung des Gesellschaftlichen in der Grundrechtstheorie und Grundrechtsdogmatik, Tübingen 2013, S. 39–56.
–: Informationsverwaltungsrecht. Zur kognitiven Dimension der rechtlichen Steuerung von Verwaltungsentscheidungen, Tübingen 2014.
–/*Augsberg, Steffen*: Prognostische Elemente in der Rechtsprechung des Bundesverfassungsgerichts, Verwaltungsarchiv 2007, 290–316.
–/*Gostomzyk, Tobias*/*Viellechner, Lars*: Denken in Netzwerken. Zur Rechts- und Gesellschaftstheorie Karl-Heinz Ladeurs, Tübingen 2009.
Averitt, Neil W./*Lande, Robert H.*: Using the „Consumer Choice" Approach to Antitrust Law, Antitrust Law Journal 74 (2007), 175–264.
Azoulai, Loïc: The Court of Justice and the Social Market Economy: The Emergence of an Ideal and the Conditions for its Realization, Common Market Law Review 45 (2008), 1335–1356.
Bachmann, Gregor: Der beschleunigte Anteilserwerb nach dem Finanzmarktstabilisierungsergänzungsgesetz vor dem Hintergrund des Verfassungs- und Europarechts, Zeitschrift für Wirtschaftsrecht und Insolvenzpraxis 2009, 1249–1256.
Bäcker, Matthias: Wettbewerbsfreiheit als normgeprägtes Grundrecht. Eine dogmatische Neubestimmung am Beispiel des Abwehrrechts des Konkurrenten gegen eine Subvention, Baden-Baden 2007.
–: Die Vertraulichkeit der Internetkommunikation, in: Hartmut Rensen und Stefan Brink (Hrsg.), Linien der Rechtsprechung des Bundesverfassungsgerichts – erörtert von den wissenschaftlichen Mitarbeitern, Berlin 2009, S. 99–136.
–: Grundrechtlicher Informationsschutz gegen Private, Der Staat 51 (2012), 91–116.
Badura, Peter: Grundfreiheiten der Arbeit. Zur Frage einer Kodifikation „sozialer Grundrechte", in: Blumenwitz/Randelzhofer (Hrsg.), Festschrift für Friedrich Berber zum 75. Geburtstag, München 1973, S. 11–45.
–: Wirtschaftsverfassung und Wirtschaftsverwaltung. Ein exemplarischer Leitfaden, 4. Auflage Tübingen 2011.
–/*Rittner, Fritz*/*Rüthers, Bernd*: Mitbestimmungsgesetz 1976 und Grundgesetz. Gemeinschaftsgutachten, München 1977.
Baecker, Dirk: Information und Risiko in der Marktwirtschaft, Frankfurt a.M. 1988.
Baier, Jan: Zulassungspflicht für Web-TV? Maßgebliche Kriterien im Lichte des Rundfunkbegriffs, Computer und Recht 2008, 769–776.
Bain, Joe Staten: Barriers to New Competition. Their Character and Consequences in Manufacturing Industries, Cambridge (Mass.) 1956.
–: Industrial Organization, 2. Auflage New York 1968.
Baker, Jonathan/*Shapiro, Carl*: Reinvigorating Horizontal Merger Enforcement, in: Pitofsky (Hrsg.), How the Chicago School Overshot the Mark. The Effect of Conservative Economic Analysis on U.S. Antitrust, Oxford 2008, S. 235–288.

Barczak, Tristan: Der Übergang von der Grundschule in die Sekundarstufe als Grundrechtsproblem. Eine rechtliche Untersuchung unter Berücksichtigung sozialer Herkunftseffekte, Baden-Baden 2011.
Barriga, Stefan: Die Entstehung der Charta der Grundrechte der Europäischen Union. Eine Analyse der Arbeiten im Konvent und kompetenzrechtlicher Fragen, Baden-Baden 2003.
Bartling, Hartwig: Leitbilder der Wettbewerbspolitik, München 1980.
Barwig, Klaus/Schumacher, Christoph: Willkommenskultur – Anfragen an ein euphemistisches Projekt, in: Devetzi/Janda (Hrsg.), Freiheit – Gerechtigkeit – Sozial(es) Recht. Festschrift für Eberhard Eichenhofer, Baden-Baden 2015, S. 36–50.
Basedow, Jürgen: Von der deutschen zur europäischen Wirtschaftsverfassung, Tübingen 1992.
–: Konsumentenwohlfahrt und Effizienz – Neue Leitbilder der Wettbewerbspolitik?, Wirtschaft und Wettbewerb 2007, 712–715.
Baumol, William: Contestable Markets: An Uprising in the Theory of Infrastructure, The American Economic Review 72 (1982), 1–15.
–*/Panzar, John/Willig, Robert*: Contestable Markets and the Theory of Industry Structure, New York 1982.
Beck, Clara: Sportübertragungen im Rundfunk als Grundversorgung, Marburg 2013.
Beck, Klaus: Das Mediensystem Deutschlands. Strukturen, Märkte, Regulierung, Wiesbaden 2012.
Beck, Ralf/Klar, Michael: Asset Deal versus Share Deal – Eine Gesamtbetrachtung unter expliziter Berücksichtigung des Risikoaspekts, Der Betrieb 2007, 2819–2826.
Becker, Ulrich/Kersten, Jens: Phänomenologie des Verfassungswandels. Eine verfassungstheoretische und rechtsdogmatische Perspektiverweiterung anlässlich der demografischen Entwicklung, Archiv des öffentlichen Rechts 141 (2016), 1–39.
Beck'scher Online-Kommentar Grundgesetz, hrsg. von Epping, Volker/Hillgruber, Christian, 41. Edition, München (zit.: *Bearbeiter/-in*, in: Beck'scher Online-Kommentar GG).
Behrens, Peter: Die Konvergenz der wirtschaftlichen Freiheiten im europäischen Gemeinschaftsrecht, Europarecht 1992, 145–181.
–: Das Internationale Gesellschaftsrecht nach dem Centros-Urteil des EuGH, Praxis des Internationalen Privat- und Verfahrensrechts 1999, 323–331.
–: Der Wettbewerb im Vertrag von Lissabon, Europäische Zeitschrift für Wirtschaftsrecht 2008, 193.
–: The „Consumer Choice“ Paradigm in German Ordoliberalism and its Impact upon EU Competition Law, Europa-Kolleg Hamburg Discussion Paper No 1/14, Hamburg 2014.
Benda, Ernst: Privatsphäre und „Persönlichkeitsprofil“. Ein Beitrag zur Datenschutzdiskussion, in: Gerhard Leibholz/Hans Joachim Faller/Paul Mikat/Hans Reis (Hrsg.), Menschenwürde und freiheitliche Rechtsordnung. Festschrift für Willi Geiger zum 65. Geburtstag, Tübingen 1974, S. 23–44.
Benz, Arthur: Politischer Wettbewerb, in: Benz/Lütz/Schimank/Simonis (Hrsg.), Handbuch Governance. Theoretische Grundlagen und empirische Anwendungsfelder, Wiesbaden 2007, 1.3, S. 54–67.
Berg, Wilfried: Berufsfreiheit und verbotene Berufe, Gewerbearchiv 1977, 249–254.
Berger, Peter L./Luckmann, Thomas: Die gesellschaftliche Konstruktion der Wirklichkeit. Eine Theorie der Wissenssoziologie, 25. Auflage Frankfurt a. M. 2013.
Bergmann, Jan: Die Bedeutung der EU-Grundrechtecharta für den Flüchtlingsschutz, in: Calliess (Hrsg.), Herausforderungen an Staat und Verfassung. Völkerrecht – Euro-

parecht – Menschenrechte. Liber Amicorum für Torsten Stein zum 70. Geburtstag, Baden-Baden 2015, S. 427–445.

Bernsdorff, Norbert/Borowsky, Martin: Die Charta der Grundrechte der Europäischen Union. Handreichungen und Sitzungsprotokolle, Baden-Baden 2002.

Berry, Christopher (Hrsg.): The Oxford Handbook of Adam Smith, Oxford 2013.

Bester, Helmut: Theorie der Industrieökonomik, 6. Auflage Berlin 2012.

Bethge, Herbert: Der Grundrechtsstatus privater Rundfunkveranstalter, Neue Zeitschrift für Verwaltungsrecht 1997, 1–6.

Bier, Christoph/Spiecker gen. Döhmann, Indra: Intelligente Videoüberwachungstechnik: Schreckensszenario oder Gewinn für den Datenschutz, Computer und Recht 2012, 610–618.

Binder, Reinhart/Vesting, Thomas (Hrsg.): Beck'scher Kommentar zum Rundfunkrecht, 5. Auflage München 2018 (zit.: *Bearbeiter/-in*, in: Binder/Vesting, Beck'scher Kommentar zum Rundfunkrecht).

Böckenförde, Ernst-Wolfgang: Grundrechtstheorie und Grundrechtsinterpretation, Neue Juristische Wochenschrift 1974, 1529–1538.

–: Schutzbereich, Eingriff, Verfassungsimmanenten Schranken. Zur Kritik gegenwärtiger Grundrechtsdogmatik, Der Staat 42 (2003), 165–192.

Boddenberg, Bastian: Negative Produktinformation. Die Rechtmäßigkeit von staatlichen, staatlich finanzierten und privaten negativen Produktinformationen, Berlin 2015.

Boehme-Neßler, Volker: Zwei Welten? Big Data und Datenschutz, Archiv für Urheber- und Medienrecht 2015, 19–66.

von Bogdandy, Armin: Grundrechtsgemeinschaft als Integrationsziel? Grundrechte und das Wesen der Europäischen Union, Juristenzeitung 2001, 157–171.

Bogumil, Jörg/Burgi, Martin/Heinze, Rolf/Gerber, Sascha/Gräf, Ilse-Fore/Jochheim, Linda/Schickentanz, Maren: Zwischen Selbstverwaltungs- und Managementmodell. Umsetzungsstand und Bewertung der neuen Steuerungsinstrumente in deutschen Universitäten, in: Grande/Jansen/Jarren/Rip/Schimank/Weingart (Hrsg.), Neue Governance der Wissenschaft. Reorganisation – externe Anforderungen – Medialisierungen, Bielefeld 2013, S. 49–71.

Böhm, Franz: Die Idee des Ordo im Denken Walter Euckens, ORDO. Jahrbuch für die Ordnung von Wirtschaft und Gesellschaft 3 (1950), 15–94.

–: Privatrechtsgesellschaft und Marktwirtschaft, ORDO. Jahrbuch für die Ordnung von Wirtschaft und Gesellschaft 17 (1966), 75–151.

–: Wettbewerbsfreiheit und Kartellfreiheit, in: ders., Freiheit und Ordnung in der Marktwirtschaft, hrsg. v. E.-J. Mestmäcker, Baden-Baden 1980, S. 233–262 (Erstveröffentlichung: ORDO. Jahrbuch für die Ordnung von Wirtschaft und Gesellschaft 10 (1958), 167–203)

–: Wirtschaftsordnung und Staatsverfassung, in: ders., Freiheit und Ordnung in der Marktwirtschaft, hrsg. v. E.-J. Mestmäcker, Baden-Baden 1980, S. 53–103 (Erstveröffentlichung: Recht und Staat, Heft 153/154, 1950)

–/*Eucken, Walter/Grossmann-Doerth, Hans*: Unsere Aufgabe, in: Böhm (Hrsg.), Die Ordnung der Wirtschaft als geschichtliche Aufgabe und rechtsschöpferische Leistung, Stuttgart 1937, S. 7–21.

Boos, Carina: Divergenter Rechtsrahmen für Inhalte im konvergenten Fernsehgerät. Vorschläge zum gesetzlichen Umgang mit dem Hybrid-TV, MultiMedia und Recht 2012, 364–369.

Bork, Robert: The Antitrust Paradox. A Policy at War with Itself, New York 1978.

Bosmann, Wieland: Rundfunkregulierung 2.0 – Vielfaltsgewährleistung in Zeiten des Internets, Kommunikation und Recht 2014, 784–790.
Böttcher, Roland: Entwicklungen beim Erbbaurecht und Wohnungseigentum 2014, Zeitschrift für die Notarpraxis 2015, 42–54.
Bourdieu, Pierre: The specificity of the scientific field and the social conditions of the progress of reason, Social Science Information 14 (1975) (6), 19–47.
–: Vom Gebrauch der Wissenschaft. Für eine klinische Soziologie des wissenschaftlichen Feldes, Konstanz 1998.
Breyer, Friedrich: Mikroökonomik, 6. Auflage Berlin 2015.
Brigola, Alexander: Die Metamorphose der Keck-Formel in der Rechtsprechung des EuGH. Ein Eckpfeiler im System des freien Warenverkehrs in neuem Körper, Europäische Zeitschrift für Wirtschaftsrecht 2012, 248–253.
Brillat, Régis: The Supervisory Machinery of the European Social Charter: Recent Developments and their Impact, in: de Búrca/de Witte (Hrsg.), Social Rights in Europe, Oxford 2005, S. 31–43.
Brisch, Klaus/Pieper, Fritz: Das Kriterium der „Bestimmbarkeit" bei Big-Data-Analyseverfahren. Anonymisierung, Vernunft und rechtliche Absicherung bei Datenübermittlungen, Computer und Recht 2015, 724–729.
Britz, Gabriele: Freie Entfaltung durch Selbstdarstellung. Eine Rekonstruktion des allgemeinen Persönlichkeitsrechts aus Art. 2 I GG, Tübingen 2007.
–: Einzelfallgerechtigkeit versus Generalisierung. Verfassungsrechtliche Grenzen statistischer Diskriminierung, Tübingen 2008.
–: Vertraulichkeit und Integrität informationstechnischer Systeme – Einige Fragen zu einem „neuen Grundrecht", Die Öffentliche Verwaltung 2008, 411–414.
–: Informationelle Selbstbestimmung zwischen rechtswissenschaftlicher Grundsatzkritik und Beharren des Bundesverfassungsgerichts, in: Hoffmann-Riem, Offene Rechtswissenschaft. Ausgewählte Schriften von Wolfgang Hoffmann-Riem mit begleitenden Analysen, Tübingen 2010, S. 561–598.
–: Der allgemeine Gleichheitssatz in der Rechtsprechung des BVerfG. Anforderungen an die Rechtfertigung von Ungleichbehandlungen durch Gesetz, Neue Juristische Wochenschrift 2014, 346–351.
Brocker, Manfred: Arbeit und Eigentum. Der Paradigmenwechsel in der neuzeitlichen Eigentumstheorie, Darmstadt 1992.
Broemel, Roland: Strategisches Verhalten in der Regulierung. Zur Herausbildung eines Marktgewährleistungsrechts in den Netzwirtschaften, Tübingen 2010.
–: Hybrid-TV als Regulierungsproblem? Medien-, urheber- und wettbewerbsrechtliche Rahmenbedingungen hybriden Fernsehens, Zeitschrift für Urheber- und Medienrecht 2012, 866–877.
–: Compliance durch Wissen. Anforderungen an die Wissensorganisation im Recht, Rechtswissenschaften 2013, 62–90.
–: Vielfaltsgewährleistung auf virtuellen Plattformen. Anpassung des kartellrechtlichen Konzepts an die medienrechtliche Regulierung, Multimedia und Recht 2013, 83–88.
–: Plattformregulierung im Schnittfeld zwischen Rundfunk- und Kartellrecht. Ein Kommentar zum Beitrag von Hubertus Gersdorf, in: Eifert/Gostomzyk (Hrsg.), Medienföderalismus. Föderale Spannungslagen und Lösungsansätze in der Medienregulierung, Baden-Baden 2018, S. 151–163.
–: Wissensgenerierung im Regulierungsverfahren, in: Münkler (Hrsg.), Dimensionen des Wissens im Recht, Tübingen 2019, S. 139–173.

–: Rezeptionsentscheidungen in der Rundfunkordnung, in: Hermstrüwer/Lüdemann (Hrsg.), Meinungsbildung im digitalen Zeitalter, Tübingen i. E.

–/*Trute, Hans-Heinrich*: Alles nur Datenschutz? Zur rechtlichen Regulierung algorithmenbasierter Wissensgenerierung, Berliner Debatte Initial 27 (2016), 4, 50–65.

Browning, Edgar/Zupan, Mark: Microeconomics, 12. Auflage Hoboken 2015.

Broyer, Sylvain: German Contemporary Analyses of Economic Order: Standard Ordnungstheorie, Ordoliberalism and Ordnungsökonomik in Perspective, in: Labrousse/Weisz (Hrsg.), Institutional Economics in France and Germany. German Ordoliberalism versus the French Regulation School, Berlin 2001, S. 93–128.

Buchanan, James/Tullock, Gordon: The Calculus of Consent, Ann Arbor 1962.

Buck-Heeb, Petra: Wissen und juristische Person. Wissenszurechnung und Herausbildung zivilrechtlicher Organisationspflichten, Tübingen 2001.

Budzinski, Oliver: Deal or No Deal? Der ewige Fall Google, Wirtschaft und Wettbewerb 2015, 219.

–/*Kuchinke, Björn*: Deal or No Deal? Politik- versus Wettbewerbsorientierung in der Europäischen Wirtschaftsordnung, in: Theurl (Hrsg.), Gute Regeln oder Wirtschaftslenkung? Europas neue Herausforderungen, Berlin 2011, S. 119–144.

–/*Kuchinke, Björn*: Deal or No Deal? Consensual Arrangements as an Instrument of European Competition Policy, Ilmenau Economic Discussion Papers Vol. 17, No. 76, Ilmenau 2012.

Bull, Hans Peter: Neue Konzepte, neue Instrumente? Zur Datenschutz-Diskussion des Bremer Juristentags, ZRP 1998, 310–314.

–: Zweifelsfragen um die informationelle Selbstbestimmung – Datenschutz als Datenaskese?, Neue Juristische Wochenschrift 2006, 1617–1624.

–: Informationelle Selbstbestimmung – Vision oder Illusion?, 2. Auflage Tübingen 2011.

Bullinger, Martin: Elektronische Medien als Marktplatz der Meinungen – Der Abschied vom Modell harmonisierender Meinungspflege durch gewaltenteilende Presse- und Rundfunkunternehmen, Archiv des öffentlichen Rechts 108 (1983), 161–215.

–: Von presseferner zu pressenaher Rundfunkfreiheit, Juristenzeitung 2006, 1137–1142.

–: Private Rundfunkfreiheit auf dem Weg zur Pressefreiheit. Über den Einfluss von Digitalisierung und Internet, Zeitschrift für Urheber- und Medienrecht 2007, 337–344.

Bumke, Christian: Kapitalmarktregulierung. Eine Untersuchung über Konzeption und Dogmatik des Regulierungsverwaltungsrechts, Die Verwaltung 41 (2008), 227–257.

–: Ausgestaltung von Grundrechten. Grundlagen und Grundzüge einer Dogmatik der Grundrechtsgestaltung unter besonderer Berücksichtigung der Vertragsfreiheit, Tübingen 2009.

–: Universitäten im Wettbewerb, in: Gemeinwohl durch Wettbewerb?, Veröffentlichung der Vereinigung der Deutschen Staatsrechtslehrer 69 (2010), Berlin 2010, S. 407–461.

–: Der Grundsatz der Verhältnismäßigkeit. Beispiel für eine rechtsimmanente Innovation im Recht, in: Hoffmann-Riem (Hrsg.), Innovation im Recht, Baden-Baden 2016, S. 117–145.

Bundesministerium für Verkehr, Bau und Stadtentwicklung/Bundesamt für Bauwesen und Raumordnung (Hrsg.): Städtebauliche, ökologische und soziale Bedeutung des Kleingartenwesens, Schriftenreihe Forschungen, Heft 133, Berlin/Bonn 2008.

Bungenberg, Marc: Europäisches Subventionsverwaltungsrecht, in: Terhechte (Hrsg.), Verwaltungsrecht der Europäischen Union, Baden-Baden 2011.

Bunz, Mercedes: Die stille Revolution. Wie Algorithmen Wissen, Arbeit, Öffentlichkeit und Politik verändern, ohne dabei viel Lärm zu machen, Berlin 2012.

Burgi, Martin/Lange, Knut Werner: Der Emissionshandel als Herausforderung für die gesamte Rechtsordnung, Zeitschrift für das gesamte Handels- und Wirtschaftsrecht 170 (2006), 539–566.
Burkiczak, Christian: Grundrechtsbindung der Tarifvertragsparteien oder Relevanz grundrechtlicher Schutzpflichten – Erfurter Einerlei?, Recht der Arbeit 2007, 17–22.
Busse, Dietrich: Juristische Semantik. Grundfragen der juristischen Interpretationstheorie in sprachwissenschaftlicher Sicht, Berlin 1993.
–: Ist die Anwendung von Rechtstexten ein Fall von Kommunikation? Rechtslinguistische Überlegungen zur Institutionalität der Arbeit mit Texten, in: Lerch (Hrsg.), Die Sprache des Rechts, Band 3, Recht vermitteln, Berlin 2005, S. 23–54.
Calliess, Christian: Die grundrechtliche Schutzpflicht im mehrpoligen Verfassungsrechtsverhältnis, Juristenzeitung 2006, 321–330.
–: Der Unionsbürger: Status, Dogmatik und Dynamik, in: Hatje/Brinker (Hrsg.), Unionsbürgerschaft und soziale Rechte, Europarecht Beiheft 1/2007, 7–42.
–*/Ruffert, Matthias* (Hrsg.): EUV/AEUV. Das Verfassungsrecht der Europäischen Union mit Europäischer Grundrechtecharta, 5. Auflage München 2016 (zit.: *Bearbeiter/-in*, in: Calliess/Ruffert, EUV/AEUV).
–*/Lippert, André*: Transeuropäische Netze, in: Wegener (Hrsg.), Europäische Querschnittpolitiken, Enzyklopädie Europarecht, Band 8, Baden-Baden 2014, § 2.
Cameron, Deborah: Theoretical Issues for the Study of Gender and Spoken Interaction, in: Pichler/Eppler (Hrsg.), Gender and Spoken Interaction, Basingstoke, Hampshire 2009, S. 1–17.
Canaris, Claus-Wilhelm: Verfassungs- und europarechtliche Aspekte der Vertragsfreiheit in der Privatrechtsgesellschaft, in: Badura/Scholz (Hrsg.), Wege und Verfahren des Verfassungslebens. Festschrift für Peter Lerche zum 65. Geburtstag, München 1993, S. 873–891.
Carlton, Dennis/Perloff, Jeffrey: Modern Industrial Organization, 4. Auflage Boston 2005.
Carr, David: Giving Viewers What They Want, The New York Times, 25.2.2013, B1, im Internet abrufbar unter http://www.nytimes.com/2013/02/25/business/media/for-house-of-cards-using-big-data-to-guarantee-its-popularity.html (zuletzt abgerufen am 15.8.2019).
Caspar, Johannes: Datenschutz im Verlagswesen: Zwischen Kommunikationsfreiheit und informationeller Selbstbestimmung, Neue Zeitschrift für Verwaltungsrecht 2010, 1451–1457.
Castendyk, Oliver/Böttcher, Kathrin: Ein neuer Rundfunkbegriff für Deutschland? Die Richtlinie für audiovisuelle Mediendienste und der deutsche Rundfunkbegriff, MultiMedia und Recht 2008, 13–18.
Cezanne, Wolfgang: Allgemeine Volkswirtschaftslehre, 6. Auflage München 2005.
Chalmers, Damian/Barroso, Luis: What Van Gend en Loos stands for, International Journal of Constitutional Law 12 (2014), 105–134.
Chamberlin, Edward Hastings: The Theory of Monopolistic Competition. A Re-Orientiation of the Theory of Value, 6. Auflage Cambridge Mass. 1948.
Christensen, Ralph/Lerch, Kent D.: Performanz. Die Kunst, Recht geschehen zu lassen, in: Lerch (Hrsg.), Die Sprache des Rechts, Band 3, Recht vermitteln, Berlin 2005, S. 55–132.
Clapham, Ronald: Das wettbewerbspolitische Konzept der Wettbewerbsfreiheit, in: Cox/Jens/Markert (Hrsg.), Handbuch des Wettbewerbs. Wettbewerbstheorie, Wettbewerbspolitik, Wettbewerbsrecht, München 1981, S. 129–148.

Clark, John Maurice: Toward a Concept of Workable Competition, The American Economic Review 30 (1940), (2), 241–256.
–: Competition: Static Models and Dynamic Aspects, American Economic Review 45 (1955), 450–462,
–: Competition as a Dynamic Process, Washington 1961.
Classen, Claus Dieter: Wissenschaftsfreiheit außerhalb der Hochschule. Zur Bedeutung von Artikel 5 Absatz 3 Grundgesetz für außeruniversitäre Forschung und Forschungsförderung, Tübingen 1994.
–: Der einzelne als Instrument zur Durchsetzung des Gemeinschaftsrechts. Zum Problem der subjektiv-öffentlichen Rechte des Gemeinschaftsrechts, Verwaltungsarchiv 88 (1997), 645–678.
Coase, Ronald Harry: The Nature of the Firm, Economica, New Series, Vol. 4, No. 16 (Nov. 1937), 386–405.
von Coelln, Christian: Universitäten im Wettbewerb, Deutsches Verwaltungsblatt 2009, 1090–1098.
Cornils, Matthias: Die Ausgestaltung der Grundrechte. Untersuchungen zur Grundrechtsbindung des Ausgestaltungsgesetzgebers, Tübingen 2005.
–: Gefühlsschutz, negative Informationsfreiheit oder staatliche Toleranzpflege: Blasphemieverbote in rechtlicher Begründungsnot, Archiv für Presserecht 2013, 199–211.
–: Schrankendogmatik, in: Grabenwarter (Hrsg.), Europäischer Grundrechteschutz, Enzyklopädie Europarecht, Band 2, Baden-Baden 2014, § 5.
Cremer, Hans-Joachim: Funktionen der Grundrechte, in: Grabenwarter (Hrsg.), Europäischer Grundrechteschutz, Enzyklopädie Europarecht, Band 2, Baden-Baden 2014, § 1.
Crémer, Jacques/de Montjoye, Yves-Alexandre/Schweiter, Heike: Competition Policy for the digital era, Luxemburg 2019.
Cremer, Wolfram: Gewinnstreben als öffentliche Unternehmen legitimierender Zweck – Die Antwort des Grundgesetzes, Die Öffentliche Verwaltung 2003, 921–932.
–/*Bothe, Alexander*: Die Dreistufenprüfung als neuer Baustein der warenverkehrsrechtlichen Dogmatik, Europäische Zeitschrift für Wirtschaftsrecht 2015, 413–418.
Cronemeyer, Patricia: Das Unternehmenspersönlichkeitsrecht in der gerichtlichen Praxis. Von Rechtsmeinungen, Prognoseentscheidungen und identifizierender Berichterstattung, Archiv für Presserecht 2014, 111–116.
Crouch, Colin: Das befremdliche Überleben des Neoliberalismus, Berlin 2011.
Dannecker, Gerhard: Der Grundrechtsschutz im Kartellordnungswidrigkeitenrecht im Lichte der neueren Rechtsprechung des EuGH, Neue Zeitschrift für Kartellrecht 2015, 25–30.
von Danwitz, Thomas: Der Grundsatz der Verhältnismäßigkeit im Gemeinschaftsrecht, Europäisches Wirtschafts- und Steuerrecht 2003, 393–402.
–/*Paraschas, Katherina*: A Fresh Start for the Charter: Fundamental Questions on the Application of the European Charter of Fundamental Rights, Fordham International Law Journal 35 (2012), 1396–1425.
de Búrca, Gráinne: The Future of Social Rights Protection in Europe, in: dies./de Witte (Hrsg.), Social Rights in Europe, Oxford 2005, S. 3–14.
Demsetz, Harold: Barriers To Entry, The American Economic Review 72 (1982), 47–57.
–: The Organization of Economic Activity, Vol 2: Efficiency, Competition and Policy, Oxford 1989.
Dengler, Vanessa: Die MaRisk-Anforderungen und ihre Auswirkungen auf die Vorstandshaftung, Wertpapier-Mitteilungen 2014, 2032–2040.

Depenheuer, Otto: Staatliche Finanzierung und Planung im Krankenhauswesen. Eine verfassungsrechtliche Studie über die Grenzen sozialstaatlicher Ingerenz gegenüber freigemeinnützigen Krankenhäusern, Berlin 1986.

–: Der Wortlaut als Grenze. Thesen zu einem Topos der Verfassungsinterpretation, Heidelberg 1988.

–: Entwicklungslinien des verfassungsrechtlichen Eigentumsschutzes in Deutschland 1949–2001, in: von Danwitz/Depenheuer/Engel (Hrsg.), Bericht zur Lage des Eigentums, Berlin 2002, S. 109–213.

–/*Grabenwarter, Christoph* (Hrsg.): Der Staat in der Flüchtlingskrise. Zwischen gutem Willen und geltendem Recht, Paderborn 2016.

Devine, Kristine Laudadio: Preserving Competition in Multi-Sided Innovative Markets: How Do You Solve a Problem Like Google?, North Carolina Journal of Law and Technology 10 (2008), 59–117.

Dewenter, Ralf/Rösch, Jürgen/Terschüren, Anna: Abgrenzung zweiseitiger Märkte am Beispiel von Internetsuchmaschinen, Neue Zeitschrift für Kartellrecht 2014, 387–394.

Di Fabio, Udo: Migrationskrise als föderales Verfassungsproblem, Gutachten im Auftrag des Freistaates Bayern, 2016, im Internet abrufbar unter http://www.bayern.de/wp-content/uploads/2016/01/Gutachten_Bay_DiFabio_formatiert.pdf (zuletzt abgerufen am 15.9.2019).

Dickert, Thomas: Naturwissenschaften und Forschungsfreiheit, Berlin 1991.

Die Medienanstalten, Von der Fernsehzentrierung zur Medienfokussierung – Anforderungen an eine zeitgemäße Sicherung medialer Meinungsvielfalt, Bericht der Kommission zur Ermittlung der Konzentration im Medienbereich (KEK) über die Entwicklung der Konzentration und über Maßnahmen zur Sicherung der Meinungsvielfalt im privaten Rundfunk, Leipzig 2014.

Diederichsen, Lars/Renner, Ingo: Vergaberecht, in: Schmidt/Wollenschläger (Hrsg.), Kompendium Öffentliches Wirtschaftsrecht, 4. Auflage Berlin 2016, § 7, S. 273–333.

Dietz, Sara/Streinz, Thomas: Das Marktzugangskriterium in der Dogmatik der Grundfreiheiten, Europarecht 2015, 50–72.

Dolderer, Michael: Objektive Grundrechtsgehalte, Berlin 2000.

Donges, Patrick/Jarren, Otfried: Redaktionelle Strukturen und publizistische Qualität. Ergebnisse einer Fallstudie zum Entstehungsprozeß landespolitischer Berichterstattung im Rundfunk, Media Perspektiven 1997, 198–205.

Dörr, Dieter/Holznagel, Bernd/Picot, Arnold: Legitimation und Auftrag des öffentlich-rechtlichen Fernsehens in Zeiten der Cloud, 2016, https://www.zdf.de/assets/161007-gutachten-doerr-holznagel-picot-100~original (letzter Abruf 15.8.2019).

–: Legitimation und Auftrag des öffentlich-rechtlichen Fernsehens in Zeiten der Cloud, Zeitschrift für Urheber- und Medienrecht 2016, 920–947.

Dratwa, Friederike/Werling, Jana: Die erste Grundrechtsprüfung anhand der Charta der Grundrechte der Europäischen Union – oder: Aller Anfang ist schwer, European Law Reporter 2011, 23–30.

Dreher, Meinrad: Die Kontrolle des Wettbewerbs in Innovationsmärkten. Marktabgrenzung und Marktbeherrschung in innovationsgeprägten Märkten, Zeitschrift für Wettbewerbsrecht 2009, 149–175.

Dreier, Horst: Hans Kelsens Wissenschaftsprogramm, in: Schulze-Fielitz (Hrsg.), Staatsrechtslehre als Wissenschaft, Die Verwaltung Beiheft 7/2007, S. 81–114.

– (Hrsg.): Grundgesetz. Kommentar, Bd. 1, 3. Auflage Tübingen 2013 (zit.: *Bearbeiter/-in*, in: Dreier, GG).

Dreier, Thomas/Leistner, Matthias: Urheberrecht im Internet: die Forschungsherausforderungen, Gewerblicher Rechtsschutz und Urheberrecht 2013, 881–897.
Drexl, Josef: Wettbewerbsverfassung, in: von Bogdandy/Bast (Hrsg.), Europäisches Verfassungsrecht, 2. Auflage Berlin 2009, S. 905–958.
Droege, Michael: Staatsleistungen an Religionsgemeinschaften im säkularen Kultur- und Sozialstaat, Berlin 2004.
–: Gemeinnützigkeitsrecht im Wettbewerb – Determinanten der Gemeinwohlförderung im offenen Steuerstaat, Non Profit Law Yearbook 2010/2011, 9–29.
–: Finanzmittelzuweisung als Steuerungsinstrument zwischen Wissenschaftsfreiheit und demokratischer Wissenschaftsverantwortung, Wissenschaftsrecht 48 (2015), 105–126.
Drohmann, Dieter: Compliance in der chemischen Industrie, in: Hauschka (Hrsg.), Corporate Compliance, 2. Auflage München 2010, § 36, S. 998–1011.
Drukarczyk, Jochen/Schüler, Andreas: Unternehmensbewertung, 6. Auflage München 2009.
Druschel, Johannes/Lehmann, Michael: „Ein digitaler Binnenmarkt für alle Güter“, Computer und Recht 2016, 244–251.
Dürr, Ernst-Wolfram Friedrich: Wesen und Ziele des Ordoliberalismus, Winterthur 1954.
Eickhof, Norbert: Die Hoppmann-Kantzenbach-Kontroverse aus heutiger Sicht, in: Vanberg (Hrsg.), Evolution und freiheitlicher Wettbewerb, Tübingen 2009, S. 35–59.
Eifert, Martin: Informationelle Selbstbestimmung im Internet. Das BVerfG und die Online-Durchsuchung, Neue Zeitschrift für Verwaltungsrecht 2008, 521–523.
Eilmansberger, Thomas: Binnenmarktziel und Beschränkungsverbot: Warum und wie der Verbotsgehalt der gemeinschaftsrechtlichen Grundfreiheiten geschärft werden soll, in: Fischer/Karollus/Stadlmeier (Hrsg.), Die Welt im Spannungsfeld zwischen Regionalisierung und Globalisierung. Festschrift für Heribert Franz Köck, Wien 2009, S. 89–109.
Elser, Thomas: Asset deal versus share deal – Steuerlicher Vorteilhaftigkeitsvergleich und Preiswirkungen, Deutsches Steuerrecht 2002, 1827–1832.
Emmett, Ross B.: Frank Knight and the Chicago School in American Economics, London 2009.
Engel, Christoph: Planungssicherheit für Unternehmen durch Verwaltungsakt, Tübingen 1992.
–: Die soziale Funktion des Eigentums, in: von Danwitz/Depenheuer/Engel (Hrsg.), Bericht zur Lage des Eigentums, Berlin 2002, S. 9–107.
–: Rechtliche Entscheidung unter Unsicherheit, in: Engel/Halfmann/Schulte (Hrsg.), Wissen – Nichtwissen – Unsicheres Wissen, Baden-Baden 2002, S. 305–350.
–: Wettbewerb als sozial erwünschtes Dilemma, in: Engel/Möschel (Hrsg.), Recht und spontane Ordnung. Festschrift für Ernst-Joachim Mestmäcker zum achtzigsten Geburtstag, Baden-Baden 2006, S. 155–198.
Epstein, Roy/Rubinfeld, Daniel: Understanding UPP, The B.E. Journal of Theoretical Economics 10 (2010), Issue 1, Article 21, 1–10.
Erbgut, Wilfried/Schubert, Mathias: Leitlinien für die transeuropäische Energieinfrastruktur. Kompetenzfragen und Auswirkungen auf das nationale Recht des Netzausbaus, Zeitschrift für Europäisches Umwelt- und Planungsrecht 2014, 70–84.
Erkens, Andre: Der öffentlich-rechtliche Rundfunk und exklusive Sportberichterstattung. Geben ist öffentlich-rechtlicher denn Nehmen – Darf und/oder muss der öffentlich-rechtliche Rundfunk exklusive Sportberichterstattung anbieten?, Hamburg 2009.
Erlei, Mathias/Leschke, Martin/Sauerland, Dirk: Neue Institutionenökonomik, 2. Auflage Stuttgart 2007.

Ernst, Stefan: Journalismus im Internet – Zeugnisverweigerungsrecht beim Bewertungsportal, Computer und Recht 2013, 318–324.
Eschenbach, Jürgen: Der verfassungsrechtliche Schutz des Eigentums, Berlin 1996.
Esser, Josef: Vorverständnis und Methodenwahl in der Rechtsfindung. Rationalitätsgrundlagen richterlicher Entscheidungspraxis, Frankfurt a. M. 1972.
Eucken, Walter: Das ordnungspolitische Problem, ORDO. Jahrbuch für die Ordnung von Wirtschaft und Gesellschaft 1 (1948), 56–90.
–: Die Wettbewerbsordnung und ihre Verwirklichung, ORDO. Jahrbuch für die Ordnung von Wirtschaft und Gesellschaft 2 (1950), 1–99.
–: Die Grundlagen der Nationalökonomie, 8. Auflage Berlin 1965.
–: Grundsätze der Wirtschaftspolitik, 6. Auflage Tübingen 1990.
–: Die Politik der Wettbewerbsordnung – Die konstituierenden Prinzipien, in: E. Eucken/Hensel (Hrsg.), Walter Eucken. Die Grundsätze der Wirtschaftspolitik, 7. Auflage Tübingen 2004, S. 254–308, zitiert nach Goldschmidt/Wohlgemuth (Hrsg.), Grundtexte zur Freiburger Tradition der Ordnungsökonomik, Tübingen 2008, S. 197–222.
Evans, David: The Antitrust Economics of Multi-Sided Platform Markets, Yale Journal on Regulation 20 (2003), 325–381.
Evers, Marc: Die institutionelle Ausgestaltung von Wirtschaftsordnungen. Eine dogmengeschichtliche Untersuchung im Lichte des Ordoliberalismus und der Neuen Institutionenökonomik, Berlin 2003.
Farrell, Joseph/Shapiro, Carl: Antitrust Evaluation of Horizontal Mergers: An Economic Alternative to Market Definition, The B. E. Journal of Theoretical Economics 10 (2010), Issue 1, Article 9, 1–39.
–: Upward Pricing Pressure: Reply to Epstein and Rubinfeld, The B. E. Journal of Theoretical Economics 10 (2010), Issue 1, Article 41, 1–7.
Faßbender, Kurt: Wettbewerbsrelevantes Staatshandeln und Berufsfreiheit: Quo vadis, Bundesverfassungsgericht?, Neue Juristische Wochenschrift 2004, 816–818.
Fehling, Michael: Neue Herausforderungen an die Selbstverwaltung in Hochschule und Wissenschaft, Die Verwaltung 35 (2002), 399–424.
–: Hochschule, in: ders./Ruffert (Hrsg.), Regulierungsrecht, Tübingen 2010, § 17, S. 951–1002.
Feld, Lars/Fuest, Clemens/Haucap, Justus/Schweitzer, Heike/Wieland, Volker/Wigger, Bethold: Das entgrenzte Mandat der EZB. Das OMT-Urteil des EuGH und seine Folgen, Berlin 2016.
Feuerverger, Andrey/He, Yu/Khatri, Shashi: Statistical Significance of the Netflix Challenge, Statistical Science 27 (2012), 202–231.
Filistrucchi, Lapo/Geradin, Damien/van Damme, Eric/Affeldt, Pauline: Market Definition in Two-Sided Markets: Theory and Practice, Journal of Competition Law & Economics 10 (2014), 293–339.
Fink, Udo/Keber, Tobias: Übertragungspflichten ohne Einspeiseentgelt? Die Verbreitung öffentlich-rechtlicher Fernseh- und Hörfunkprogramme durch Kabelnetze, MultiMedia und Recht 2013, Beilage Nr. 2, 1–44.
Fischer, Reinfrid: Die Betriebserlaubnis, organisatorische Pflichten, Geldwäscheprävention und Geschäftsleiter, in: Schimansky/Bunte/Lwowski (Hrsg.), Bankrechts-Handbuch, 4. Auflage München 2011, § 128.
Fleischer, Holger: Unternehmensbewertung bei aktienrechtlichen Abfindungsansprüchen: Bestandsaufnahme und Reformperspektiven im Lichte der Rechtsvergleichung, Die Aktiengesellschaft 2014, 97–114.

Florstedt, Tim/Redenius-Hövermann, Julia/Segna, Ulrich/Vogel, Hans-Gert (Hrsg.), Corporate Governance und Anlegerschutz. Ausgewählte Beiträge von Theodor Baums, Tübingen 2013.

Foag, Marcus: „More of the same": Die Kopiermentalität im deutschen Fernsehen. Ein Modell zur Bewertung von Innovation und Imitation im deutschen Unterhaltungsfernsehen, in: Lantzsch/Altmeppen/Will (Hrsg.), Handbuch Unterhaltungsproduktion. Beschaffung und Produktion von Fernsehunterhaltung, Wiesbaden 2010, S. 135–151.

Fox, Eleanor M.: The Efficiency Paradox, in: Pitofsky (Hrsg.), How the Chicago School Overshot the Mark. The Effect of Conservative Economic Analysis on U.S. Antitrust, Oxford 2008, S. 77–88.

Fraenkel-Haeberle, Cristina: Die Universität im Mehrebenensystem. Modernisierungsansätze in Deutschland, Italien und Österreich, Tübingen 2014.

Frankfurter Kommentar zum Kartellrecht, hrsg. von Jaeger/Kokott/Pohlmann/Schroeder/Kulka, 68. Lieferung Köln 2009 (zit.: *Bearbeiter/-in*, in: Frankfurter Kommentar).

Frey, Bruno: Evaluitis – eine neue Krankheit, in: Matthies/Simon (Hrsg.), Wissenschaft unter Beobachtung. Effekte und Defekte von Evaluationen, Wiesbaden 2008, S. 125–140.

Friedman, Milton: Price theory, New Brunswick Nachdruck 2007.

Fröhler, Ludwig/Mörtel, Georg: Die „Berufsbildlehre" des Bundesverfassungsgerichts, Gewerbearchiv 1978, 249–259.

Führich, Ernst: Die neue Pauschalreiserichtlinie. Inhalt und erste Überlegungen zur Umsetzung, Neue Juristische Wochenschrift 2016, 1204–1209.

Gärditz, Klaus Ferdinand: Evaluationsbasierte Forschungsfinanzierung im Wissenschaftsrecht, Wissenschaftsrecht 42 (2009), 353–392.

–: Hochschulorganisation und verwaltungsrechtliche Systembildung, Tübingen 2009.

Gärtner, Olaf/Handke, Björn: Unternehmenswertermittlung im Spruchverfahren – Schrittweiser Abschied vom Meistbegünstigungsprinzip des BGH (DAT/Altana)?, Neue Zeitschrift für Gesellschaftsrecht 2012, 247–249.

Gebauer, Jochen: Die Grundfreiheiten des EG-Vertrags als Gemeinschaftsgrundrechte, Berlin 2004.

Gebauer, Stefan/Niermann, Stephan: Compliance-Organisation in der Banken- und Wertpapierdienstleistungsbranche, in: Hauschka (Hrsg.), Corporate Compliance, 2. Auflage München 2010, § 36, S. 941–964.

Gehler, Michael (Hrsg.): Vom gemeinsamen Markt zur europäischen Unionsbildung. 50 Jahre Römische Verträge, Wien 2009.

Geis, Max-Emanuel: Das Selbstbestimmungsrecht der Universitäten, Wissenschaftsrecht 37 (2004), 2–25.

–: Universitäten im Wettbewerb, in: Gemeinwohl durch Wettbewerb?, Veröffentlichung der Vereinigung der Deutschen Staatsrechtslehrer 69, Berlin 2010, S. 364–406.

Gellermann, Martin: Grundrechte in einfachgesetzlichem Gewande. Untersuchung zur normativen Auslegung der Freiheitsrechte, Tübingen 2000.

Geradin, Damien/Kuschewsky, Monika: Competition Law and Personal Data: Preliminary Thoughts on a Complex Issue (12.2.2013), http://dx.doi.org/10.2139/ssrn.2216088 (zuletzt abgerufen am 2.9.2019).

Gerken, Lüder/Rieble, Volker/Roth, Günter/Stein, Torsten/Streinz, Rudolf: „Mangold" als ausbrechender Rechtsakt, München 2009.

Glaser, Andreas: Verfassungs- und unionsrechtliche Grenzen steuerlicher Lenkung, Steuer und Wirtschaft 2012, 168–181.

Gläser, Jochen: Wissenschaftliche Produktionsgemeinschaften. Die soziale Ordnung der Forschung, Frankfurt a. M. 2006.

–/*Lange, Stefan*/*Laudel, Grit*/*Schimank, Uwe*: Evaluationsbasierte Forschungsfinanzierung und ihre Folgen, in: Mayntz/Neidhardt/Weingart/Wengenroth (Hrsg.), Wissensproduktion und Wissenstransfer. Wissen im Spannungsfeld von Wissenschaft, Politik und Öffentlichkeit, Bielefeld 2008, S. 145–170.

–/*Lange, Stefan*/*Laudel, Grit*: Auswirkungen der evaluationsbasierten Forschungsfinanzierung an Universitäten auf die Inhalte der Forschung. Australien und Deutschland im Vergleich, Wissenschaftsrecht 42 (2009), 329–352.

–/*von Stuckrad, Thimo*: Reaktionen auf Evaluationen. Die Anwendung neuer Steuerungsinstrumente und ihre Grenzen, in: Grande/Jansen/Jarren/Rip/Schimank/Weingart (Hrsg.), Neue Governance der Wissenschaft. Reorganisation – externe Anforderungen – Medialisierungen, Bielefeld 2013, S. 72–93.

Globig, Klaus: „Ende der Privatautonomie" oder grundrechtlich fundierte Rechtsetzung?, Zeitschrift für Rechtspolitik 2002, 529–530.

Glöckner, Stefan: Eigentumsrechtlicher Schutz von Unternehmen. Eine rechtsvergleichende Studie zum deutschen Recht, zum Recht der EMRK und zum Europarecht, Hamburg 2005.

Gluba, Alexander: Predictive Policing – eine Bestandsaufnahme. Historie, theoretische Grundlagen, Anwendungsgebiete und Wirkung, Kriminalistik 2014, 347–352.

Goldschmid, Harvey J.: Comment on Herbert Hovenkamp and the Dominant Firm: The Chicago School Has Made Us Too Cautious About False Positives and the Use of Section 2 of the Sherman Act, in: Pitofsky (Hrsg.), How the Chicago School Overshot the Mark. The Effect of Conservative Economic Analysis on U.S. Antitrust, Oxford 2008, S. 123–138.

Görner, Angela: Nachhaltigkeit der materiellen Anforderungen an regulatorisches Eigenkapital von Kreditinstituten nach der CRR, in: Bauer/Schuster (Hrsg.), Nachhaltigkeit im Bankensektor. Konzepte – Rechtsfragen – Kulturwandel, Köln 2016, Kapitel 5, S. 89–103.

Gostomzyk, Tobias: Äußerungsrechtliche Grenzen des Unternehmenspersönlichkeitsrechts – Die Gen-Milch-Entscheidung des BGH, Neue Juristische Wochenschrift 2008, 2082–2085.

Götz, Volkmar: Polizeiliche Bildaufnahmen von öffentlichen Versammlungen. Zu den Neuregelungen in §§ 12 a, 19 a VersammlG, Neue Zeitschrift für Verwaltungsrecht 1990, 112–116.

Gounalakis, Georgios: Konvergenz der Medien – Sollte das Recht der Medien harmonisiert werden?, Gutachten C für den 64. Deutschen Juristentag, in: Ständige Deputation des Deutschen Juristentags (Hrsg.), Verhandlungen des Vierundsechzigsten Deutschen Juristentages, München 2002, S. C 3–151.

Grabenwarter, Christoph: Die Charta der Grundrechte der Europäischen Union, Deutsches Verwaltungsblatt 2001, 1–13.

–: Wirtschaftliche Grundrechte, in: ders. (Hrsg.), Europäischer Grundrechteschutz, Enzyklopädie Europarecht, Band 2, Baden-Baden 2014, § 13.

–/*Pabel, Katharina*: Europäische Menschenrechtskonvention, 6. Auflage München 2016 (zit.: Grabenwarter/Pabel, EMRK).

Grabitz, Eberhard/*Hilf, Meinhard*/*Nettesheim, Martin* (Hrsg.), Das Recht der Europäischen Union, 58. Ergänzungslieferung München 2016 (zit: *Bearbeiter/-in,* in: Grabitz/Hilf/Nettesheim, Das Recht der Europäischen Union).

Graf, Gerhard: Grundlagen der Finanzwissenschaft, 2. Auflage Heidelberg 2005.

Grether, Ewald Theophilus: Industrial Organization: Past History and Future Problems, The American Economic Review 60 (1970), (2), 83–89.

Greve, Holger/Schärdel, Florian: Der digitale Pranger – Bewertungsportale im Internet, Multimedia und Recht 2008, 644–650.

Grewe, Constance: Beitritt der EU zur EMRK und ZP 14: Wirksame Durchsetzung einer gesamteuropäischen Grundrechteverfassung?, Europarecht 2012, 285–308

Grimm, Dieter: Grundrechte und soziale Wirklichkeit. Zum Problem eines interdisziplinären Grundrechtsverständnisses, in: Hassemer/Hoffmann-Riem/Limbach (Hrsg.), Grundrechte und soziale Wirklichkeit, Baden-Baden 1982, S. 39–76.

–: Bürgerlichkeit im Recht, in: ders., Recht und Staat der bürgerlichen Gesellschaft, Frankfurt a.M. 1987, S. 11–52.

–: Deutsche Verfassungsgeschichte. 1776–1866. Vom Beginn des modernen Verfassungsstaats bis zur Auflösung des Deutschen Bundes, Frankfurt a.M. 1988.

– (Hrsg.): Wachsende Staatsaufgaben – sinkende Steuerungsfähigkeit des Rechts, Baden-Baden 1990.

–: Die Grundrechte im Entstehungszusammenhang der bürgerlichen Gesellschaft, in: ders., Die Zukunft der Verfassung, Frankfurt a.M. 1991, S. 67–100.

–: Rückkehr zum liberalen Grundrechtsverständnis?, in: ders., Die Zukunft der Verfassung, Frankfurt a.M. 1991, S. 221–240.

–: Ursprung und Wandel der Verfassung, in: ders., Die Zukunft der Verfassung II. Auswirkungen von Europäisierung und Globalisierung, Berlin 2012, S. 11–64.

Groeben, Hans von der/Schwarze, Jürgen/Hatje, Armin (Hrsg.), Europäisches Unionsrecht. Vertrag über die Europäische Union, Vertrag über die Arbeitsweise der Europäischen Union, Charta der Grundrechte der Europäischen Union, 7. Auflage Baden-Baden 2015 (Zitiert als: *Bearbeiter/-in,* in: von der Groeben/Schwarze/Hatje, Europäisches Unionsrecht).

Groß, Thomas: Wissenschaftsadäquates Wissenschaftsrecht, Wissenschaftsrecht 35 (2002), 313–332.

–/Arnold, Nathalie: Regelungsstrukturen der außeruniversitären Forschung. Organisation und Finanzierung der Forschungseinrichtungen in Deutschland, Baden-Baden 2007.

Großkommentar Aktiengesetz, hrsg. v. Hopt, Klaus J./Wiedemann, Herbert, 4. Auflage Berlin 2008 (zit.: *Bearbeiter/-in,* in: Großkomm AktG).

Grözinger, Gerd/Fromm, Nadin: Auch Breiten- statt nur Spitzenförderung. Warum EPSCoR ein Vorbild für die DFG sein könnte, in: Grande/Jansen/Jarren/Rip/Schimank/Weingart (Hrsg.), Neue Governance der Wissenschaft. Reorganisation – externe Anforderungen – Medialisierungen, Bielefeld 2013, S. 113–135.

Grzeszick, Bernd: The „Serving" Freedom to Broadcast – Subjective versus Objective Dimensions of a Fundamental Right, in: Pünder/Waldhoff (Hrsg.), Debates in German Public Law, Oxford 2014, 75–95.

Guckelberger, Annette: Veröffentlichung der Leistungsempfänger von EU-Subventionen und unionsgrundrechtlicher Datenschutz, Europäische Zeitschrift für Wirtschaftsrecht 2011, 126–130.

–: Schnellerer Energienetzausbau durch Unionsrecht?, Deutsches Verwaltungsblatt 2014, 805–813.

–/Geber, Frederic: Die Rechtsfigur der „Europäischen Koordinatoren" für die Durchführung von Energieinfrastruktur-Vorhaben von gemeinsamem Interesse, Deutsches Verwaltungsblatt 2015, 329–337.

Gundel, Jörg: Die Inländerdiskriminierung zwischen Verfassungs- und Europarecht: Neue Ansätze in der Rechtsprechung, Deutsches Verwaltungsblatt 2007, 269–278.

–: Europäisches Energieverwaltungsrecht, in: Terhechte (Hrsg.), Verwaltungsrecht der Europäischen Union, Baden-Baden 2011, § 23, S. 837–880.

–: Verfassungs- und europarechtliche Fragen der aktiven Behördeninformation im Lebensmittelsektor – eine Zwischenbilanz insbesondere zu § 40 Abs. 1 a LFGB, Zeitschrift für das gesamte Lebensmittelrecht 2013, 662–681.

Günther, Marcus: Systemrelevanz von Finanzinstituten, Wertpapier-Mitteilungen 2010, 825–831.

Haberer, Johanna: Digitale Theologie. Gott und die Medienrevolution der Gegenwart, München 2015.

Häberle, Peter: Zeit und Verfassung. Prolegomena zu einem „zeit-gerechten" Verfassungsverständnis, Zeitschrift für Politik 21 (1974), 111–137.

–: Die Wesensgehaltsgarantie des Art. 19 Abs. 2 GG. Zugleich ein Beitrag zum institutionellen Verständnis der Grundrechte und zur Lehre vom Gesetzesvorbehalt, 3. Auflage Heidelberg 1983.

–: Vielfalt der Property Rights und der verfassungsmäßige Eigentumsbegriff, Archiv des öffentlichen Rechts 109 (1984), 36–76.

–: Arbeit als Verfassungsproblem, Juristenzeitung 1984, 345–355.

–: Die Freiheit der Wissenschaften im Verfassungsstaat, Archiv des öffentlichen Rechts 110 (1985), 329–363.

–*/Kotzur, Markus*: Europäische Verfassungslehre, 8. Auflage Baden-Baden 2016.

Habermas, Jürgen: Theorie des kommunikativen Handelns, Frankfurt a. M. 1981.

Hablitzel, Hans: Wirtschaftsverfassung und Grundgesetz, Bayerische Verwaltungsblätter 1981, 64–65 und 100–110.

Hailbronner, Kay: Die Unionsbürgerschaft und das Ende rationaler Jurisprudenz durch den EuGH, Neue Juristische Wochenschrift 2004, 2185–2189.

–*/Thym, Daniel*: Grenzenloses Asylrecht? Die Flüchtlingskrise als Problem europäischer Rechtsintegration, Juristenzeitung 2016, 753–763.

Hain, Karl-Eberhard: Die zweite Gebührenentscheidung des Bundesverfassungsgerichts – Kontinuität in den Zeiten der Konvergenz, Juristenzeitung 2008, 128–135.

–: Das medienrechtliche Must-Carry-Regime und das Kartellrecht – ein schwieriges Verhältnis. Zugleich Kommentar zu BGH, Urteile vom 16.6.2015 – KZR 83/13, K&R 2015, 582 ff. und KZR 3/14, Kommunikation und Recht 2015, 563–565.

–*/Steffen, Christine/Wierny, Thomas*: Must-Carry! Must-Offer! Must-Pay? Deutsche Must-Carry-Regelungen zu Gunsten öffentlich-rechtlicher Angebote und die Frage der Einspeiseentgelte, MultiMedia und Recht 2013, 769–773.

–*/Steffen, Christine/Wierny, Thomas*: Das deutsche Must-Carry-Regime auf dem Prüfstand. Vereinbarkeit entgeltlos zu erfüllender Must-Carry-Pflichten mit Unionsrecht und deutschem Verfassungsrecht, MultiMedia und Recht 2014, 24–28.

Haltern, Ulrich: Europarecht. Dogmatik im Kontext, 2. Auflage Tübingen 2007.

Hamacher, Andreas: Der Rundfunkbegriff im Wandel des deutschen und europäischen Rechts, Berlin 2015.

Hamelmann, Lisa/Haucap, Justus/Wey, Christian: Die wettbewerbsrechtliche Zulässigkeit von Meistbegünstigungsklauseln auf Buchungsplattformen am Beispiel von HRS, Zeitschrift für Wettbewerbsrecht 2015, 245–264.

Hanau, Hans: Der Bestandsschutz der Mitgliedschaft anlässlich der Einführung des „Squeeze Out" im Aktienrecht, Neue Zeitschrift für Gesellschaftsrecht 2002, 1040–1047.

Handbuch des Staatsrechts der Bundesrepublik Deutschland, hrsg. v. *Isensee, Josef/Kirchhof, Paul*, Bd. IV, VII, VIII, IX, 3. Auflage Heidelberg 2006–2011, (zit.: *Bearbeiter/-in*, HStR [Band]).

Handel, Kai/Jaeger, Michael/Schmidlin, Janina: Evaluation der formelgebundenen Mittelvergabe für die niedersächsischen Fachhochschulen, Beiträge zur Hochschulforschung 27 (2005), 72–88.

Hannig, Uwe: Die Berufsfreiheit (Art. 12 I Grundgesetz) der Arbeitnehmer, München 1970.

Haratsch, Andreas/Koenig, Christian/Pechstein, Matthias: Europarecht, 10. Auflage Tübingen 2016.

Härting, Niko/Gössling, Patrick: Online-Kauf in der EU – Harmonisierung des Kaufgewährleistungsrechts. Was würde sich durch den Vorschlag der EU-Kommission v. 9.12.2015 wie verändern?, Computer und Recht 2016, 165–170.

Hase, Friedhelm: Grundrechtliche Freiheit und soziale Sicherheit, in: Vesting/Korioth/Augsberg (Hrsg.), Grundrechte als Phänomene kollektiver Ordnung, Tübingen 2014, S. 183–198.

Hatje, Armin: Wirtschaftswerbung und Meinungsfreiheit, Baden-Baden 1993.

–: Die gemeinschaftsrechtliche Steuerung der Wirtschaftsverwaltung. Grundlagen, Erscheinungsformen, verfassungsrechtliche Grenzen am Beispiel der Bundesrepublik Deutschland, Baden-Baden 1998.

– (Hrsg.): Das Binnenmarktrecht als Daueraufgabe, Europarecht Beiheft 1/2002.

–: Das Binnenmarktziel in der europäischen Verfassung – zur Einführung, in: Hatje/Terhechte (Hrsg.), Das Binnenmarktziel in der europäischen Verfassung, Europarecht Beiheft 3/2004, S. 7–12.

Haucap, Justus/Heimeshoff, Ulrich: Google, Facebook, Amazon, eBay: Is the Internet driving competition or market monopolization, International Economics and Economic Policy 11 (2014), 49–61.

Haug, Ulrich: Basel III: Neukonzeption des Eigenkapital und Liquiditätsregimes, in: Schimansky/Bunte/Lwowski (Hrsg.), Bankrechts-Handbuch, 4. Auflage München 2011, § 133 a.

Hauschildt, Jürgen/Salomo, Sören: Innovationsmanagement, 5. Auflage München 2011.

Hauser, Markus: Das IT-Grundrecht. Schnittfelder und Auswirkungen, Berlin 2015.

von Hayek, Friedrich August: Die Theorie komplexer Phänomene, Tübingen 1972.

–: Die Anmaßung von Wissen, in: Kerber (Hrsg.), Die Anmaßung von Wissen. Neue Freiburger Studien, Tübingen 1996, S. 3–15.

–: Der Sinn des Wettbewerbs, in: ders., Individualismus und wirtschaftliche Ordnung, Erlenbach-Zürich 1952, S. 122–134, zitiert nach Streit (Hrsg.), Rechtsordnung und Handelnsordnung. Aufsätze von Friedrich August von Hayek zur Ordnungsökonomik, Tübingen 2003, S. 107–120.

–: Evolution und spontane Ordnung, Vortrag von Professor Dr. Friedrich August von Hayek, Nobelpreisträger für Wirtschaftswissenschaften, gehalten am 5. Juli 1983 auf Einladung der Bank Hoffmann AG im Zunfthaus Meisen Zürich, 1983, zitiert nach Streit (Hrsg.), Rechtsordnung und Handelnsordnung. Aufsätze von Friedrich August von Hayek zur Ordnungsökonomik, Tübingen 2003, 92–106.

–: Der Wettbewerb als Entdeckungsverfahren, Kiel 1968; zitiert nach Streit (Hrsg.), Rechtsordnung und Handelnsordnung. Aufsätze zur Ordnungsökonomik, Tübingen 2003, S. 132–149.

Hecker, Jan: Marktoptimierende Wirtschaftsaufsicht. Öffentlich-rechtliche Probleme staatlicher Wirtschaftsintervention zur Steigerung der Funktionsfähigkeit des Marktes, Tübingen 2007.

Hege, Hans: Das Grundrecht der Berufsfreiheit im Sozialstaat, Berlin 1977.

Heiderhoff, Bettina: Grundstrukturen des nationalen und europäischen Verbrauchervertragsrechts. Insbesondere zur Reichweite europäischer Auslegung, München 2004.

Heidrich, Thomas: Das evolutorisch-systemtheoretische Paradigma in der Wettbewerbstheorie. Alternatives Denken zum More Economic Approach, Baden-Baden 2009.

Heinemann, Andreas: Google als kartellrechtliches Problem?, Zentrum für Europäisches Wirtschaftsrecht, Vorträge und Berichte Nr. 213, Bonn 19.01.2015, im Internet abrufbar unter https://www.zew.uni-bonn.de/publikationen/schriftenreihe-des-zentrums-fuer-europaeisches-wirtschaftsrecht/Heft_213_Heinemann.pdf (zuletzt abgerufen am 2.9. 2019).

Hell, Elmar/Hahn, Jens: Das Compliance-Kontroll-Konzept von Wertpapierdienstleistungsunternehmen nach den MaComp – Handlungsempfehlungen aus Sicht der Wirtschaftsprüfung, Zeitschrift für das gesamte Genossenschaftswesen 64 (2014), 131–146.

Heller, Michael: The Tragedy of the Anticommons: Property in the Transition from Marx to Markets, Harvard Law Review 111 (1998), 621–688.

Hellmann, Vanessa: Der sogenannte Gewährleistungsgehalt – Eine Analyse der Rechtsprechung des Bundesverfassungsgerichts, in: Emmenegger/Wiedmann (Hrsg.), Linien der Rechtsprechung des Bundesverfassungsgerichts – erörtert von den wissenschaftlichen Mitarbeitern, Band 2, Berlin 2011, S. 151–176.

Hellwig, Martin: Systemische Risiken im Finanzsektor, Zeitschrift für Wirtschafts- und Sozialwissenschaften 1998, Beiheft 7, 123–151.

–: Wirtschaftspolitik als Rechtsanwendung: Zum Verhältnis von Jurisprudenz und Ökonomie in der Wettbewerbspolitik, Preprints of the Max Planck Institute for Research on Collective Goods, Bonn 2007/19.

–: Finanzmarktregulierung – Welche Regelungen empfehlen sich für den deutschen und europäischen Finanzsektor?, in: Deutscher Juristentag (Hrsg.), Verhandlungen des 68. Deutschen Juristentags, München 2010, Bd. I, Gutachten, S. E9–E58.

Hendler, Reinhard: Die Universität im Zeichen von Ökonomisierung und Internationalisierung, Veröffentlichung der Vereinigung der Deutschen Staatsrechtslehrer 65, Berlin 2006, S. 238–273.

Henn, Rudolf: Gleichgewichte bei vollständiger Konkurrenz, Zeitschrift für Nationalökonomie 22 (1963), 368–376.

Henning, Annelene: Der verfassungsrechtliche Eigentumsbegriff. Eine logisch-analytische Rekonstruktion des bundesverfassungsgerichtlichen Modells, Baden-Baden 2014.

Hensel, Isabell/Teubner, Gunther: Matrix Reloaded. Kritik der staatszentrierten Drittwirkung der Grundrechte am Beispiel des Publication Bias, Kritische Justiz 2014, 152–170.

Hentzschel, Lukas: Das Verhältnis des Selbstbestimmungsrechts der Religionen und die Freiheit der Wissenschaft, Die Öffentliche Verwaltung 2019, 305–312.

Herzmann, Karsten: Konsultationen. Eine Untersuchung von Prozessen kooperativer Maßstabskonkretisierung in der Energieregulierung, Tübingen 2010.

Herzog, Lisa: Inventing the Market. Smith, Hegel, and Political Theory, Oxford 2013.

Hesse, Konrad: Grundzüge des Verfassungsrechts der Bundesrepublik Deutschland, 20. Auflage Heidelberg 1999.

Heun, Werner: Eine verfassungswidrige Verfassungsgerichtsentscheidung – der Vorlagebeschluss des BVerfG vom 14.1.2014, Juristenzeitung 2014, 331–337.

Hoeren, Thomas: Was ist das Grundrecht auf Integrität und Vertraulichkeit informationstechnischer Systeme?, Multimedia und Recht 2008, 365–366.

Hoffacker, Werner: Zur Rolle von Vertrauen und Recht, Markt und Kontrakt, Wissenschaftsrecht 36 (2003), 92–104.

Hoffmann-Riem, Wolfgang: Die grundrechtliche Freiheit der arbeitsteiligen Berufsausübung, in: Stödter/Thieme (Hrsg.), Hamburg, Deutschland, Europa. Beiträge zum deutschen und europäischen Verfassungs-, Verwaltungs- und Wirtschaftsrecht. Festschrift für Hans Peter Ipsen zum siebzigsten Geburtstag, Tübingen 1977, S. 385–407.

–: Öffentliches Recht und Privatrecht als wechselseitige Auffangordnungen – Systematisierung und Entwicklungsperspektiven, in: ders./Schmidt-Aßmann (Hrsg.), Öffentliches Recht und Privatrecht als wechselseitige Auffangordnungen, Baden-Baden 1996, S. 261–336.

–: Datenschutz als Schutz eines diffusen Interesses in der Risikogesellschaft, in: Krämer/Micklitz/Tonner (Hrsg.), Recht und diffuse Interessen in der Europäischen Rechtsordnung. Liber amicorum Norbert Reich, Baden-Baden 1997, S. 777–788.

–: Informationelle Selbstbestimmung in der Informationsgesellschaft – Auf dem Wege zu einem neuen Konzept des Datenschutzes, AöR 123 (1998), 513–540.

–: Informationelle Selbstbestimmung als Grundrecht kommunikativer Entfaltung, in: Bäumler (Hrsg.), „Der neue Datenschutz“ – Datenschutz in der Informationsgesellschaft von morgen, Neuwied 1998, S. 11–24.

–: Enge oder weite Gewährleistungsgehalte der Grundrechte?, in: Bäuerle/Hanebeck/Hausotter/Mayer/Mohr/Mors/Preedy/Wallrabenstein (Hrsg.), Haben wir wirklich Recht? Zum Verhältnis von Recht und Wirklichkeit. Beiträge zum Kolloquium anlässlich des 60. Geburtstags von Brun-Otto Bryde, Baden-Baden 2004, S. 53–76.

–: Grundrechtsanwendung unter Rationalitätsanspruch, Der Staat 43 (2004), 203–233.

–: Der grundrechtliche Schutz der Vertraulichkeit und Integrität eigengenutzter informationstechnischer Systeme, JZ 2008, 1009–1022.

Höfling, Wolfram: Offene Grundrechtsinterpretation. Grundrechtsauslegung zwischen amtlichem Interpretationsmonopol und privater Konkretisierungskompetenz, Berlin 1987.

–: Beruf – Berufsbild – Berufsfeld. Heilpraktikerrecht und Psychotherapie aus berufsgrundrechtlicher Perspektive, Die Öffentliche Verwaltung 1989, 110–113.

–: Kopernikanische Wende rückwärts? Zur neueren Grundrechtsjudikatur des Bundesverfassungsgerichts, in: Muckel (Hrsg.), Kirche und Religion im sozialen Rechtsstaat. Festschrift für Wolfgang Rüfner zum 70. Geburtstag, Berlin 2003, S. 329–340.

Hoppmann, Erich: Das Konzept der optimalen Wettbewerbsintensität, Jahrbücher für Nationalökonomie und Statistik 179 (1966), 286–323.

–: „Neue Wettbewerbspolitik“: Vom Wettbewerb zur staatlichen Mikro-Steuerung. Bemerkungen zu einem „neuen Leitbild der Wettbewerbspolitik“, Jahrbücher für Nationalökonomie und Statistik 184 (1970), S. 397–416.

Hoppmann, Erich: Meinungswettbewerb als Entdeckungsverfahren. Positive Rundfunkordnung im Kommunikationsprozeß freier Meinungsbildung, in: Mestmäcker (Hrsg.), Offene Rundfunkordnung. Prinzipien für den Wettbewerb im grenzüberschreitenden Rundfunk, Gütersloh 1988, S. 163–198.

–: Zum Problem einer wirtschaftspolitisch praktikablen Definition des Wettbewerbs, in: Schneider (Hrsg.), Grundlagen der Wettbewerbspolitik, Berlin 1968, S. 9–49.

–: Konzertierte Aktion und der „Rahmen der marktwirtschaftlichen Ordnung“, in: ders. (Hrsg.), Konzertierte Aktion. Kritische Beiträge zu einem Experiment, Frankfurt a. M. 1971, S. 265–313.

–: Wirtschaftsordnung und Wettbewerb, Baden-Baden 1988.

–: Unwissenheit, Wirtschaftsordnung und Staatsgewalt. Friedrich A. von Hayek-Vorlesung 1993, Freiburg i.Br. 1993.

Höppner, Thomas/Grabenschröer, Jan Felix: Marktabgrenzung bei mehrseitigen Märkten am Beispiel der Internetsuche, Neue Zeitschrift für Kartellrecht 2015, 162–168.

Hornscheidt, Lann: Feministische W_orte. Ein Lern-, Denk- und Handlungsbuch zu Sprache und Diskriminierung, Gender Studies und feministischer Linguistik, Frankfurt a. M. 2012.

Hornung, Gerrit: Grundrechtsinnovationen, Tübingen 2015.

–/Goeble, Thilo: „Data Ownership“ im vernetzten Automobil. Die rechtliche Analyse des wirtschaftlichen Werts von Automobildaten und ihr Beitrag zum besseren Verständnis der Informationsordnung, Computer und Recht 2015, 265–273.

–: Verfügungsrechte an fahrzeugbezogenen Daten. Das vernetzte Automobil zwischen innovativer Wertschöpfung und Persönlichkeitsschutz, Datenschutz und Datensicherheit 2015, 359–366.

Hösch, Ulrich: Eigentum und Freiheit. Ein Beitrag zur inhaltlichen Bestimmung der Gewährleistung des Eigentums durch Art. 14 Abs. 1 Satz 1 GG, Tübingen 2000.

Hovenkamp, Herbert: The Harvard and Chicago Schools and the Dominant Firm, in: Pitofsky (Hrsg.), How the Chicago School Overshot the Mark. The Effect of Conservative Economic Analysis on U.S. Antitrust, Oxford 2008, S. 109–122.

Hromadka, Wolfgang: Gesetzliche Tariföffnungsklauseln – Unzulässige Einschränkung der Koalitionsfreiheit oder Funktionsbedingung der Berufsfreiheit?, Neue Juristische Wochenschrift 2003, 1273–1277.

Huber, Ernst Rudolf: Der Streit um das Wirtschaftsverfassungsrecht, Die Öffentliche Verwaltung 1956, 97–102, 135–143, 172–175 und 200–207.

Huber, Peter Michael: Die Informationstätigkeit der öffentlichen Hand – ein grundrechtliches Sonderregime aus Karlsruhe?, Juristenzeitung 2003, 290–297.

–: Medienkonzentrationskontrolle als Herausforderung an das Verwaltungsrecht. Der Fall Springer, Die Verwaltung 40 (2007), 1–27.

Hufeld, Ulrich: Staatlicher Schutz der Universitas litterarum, Die Öffentliche Verwaltung 2002, 309–318.

Hufen, Friedhelm: Die Freiheit der Kunst in staatlichen Institutionen. Dargestellt am Beispiel der Kunst- und Musikhochschulen, Baden-Baden 1982.

Ilgner, Theresa: Die Durchführung der Rechtsakte des europäischen Gesetzgebers durch die Europäische Kommission. Art. 290 und Art. 291 und deren Auswirkungen auf die Komitologie, Berlin 2014.

Immenga, Ulrich/Mestmäcker, Ernst-Joachim (Hrsg.): Wettbewerbsrecht, Band 1 – EU-Wettbewerbsrecht, München 5. Auflage 2012 (Zitiert als: *Bearbeiter/-in*, in: Immenga/Mestmäcker, EU-Wettbewerbsrecht).

Immenga, Ulrich/Mestmäcker, Ernst-Joachim (Hrsg.): Wettbewerbsrecht, Band 2 – Wettbewerbsrecht, München 5. Auflage 2014 (Zitiert als: *Bearbeiter/-in*, in: Immenga/Mestmäcker, Wettbewerbsrecht).

Isensee, Josef: Wer definiert die Freiheitsrechte? Selbstverständnis der Grundrechtsträger und Grundrechtsauslegung des Staates, Heidelberg 1980.

–: Die karitative Betätigung der Kirchen und der Verfassungsstaat, in: Listl/Pirson (Hrsg.), Handbuch des Staatskirchenrechts der Bundesrepublik Deutschland, Bd. 2, 2. Auflage Berlin 1995, § 59, S. 665–756.

Ismer, Roland/Wiesner, Dominika: Die OMT-Vorlage des Bundesverfassungsgerichts – Eine dogmatische Kritik auf Grundlage juristisch-ökonomischer Analyse, Die Öffentliche Verwaltung 2015, 81–89.

Jacobs, Matthias/Frieling, Tino: Keine dynamische Weitergeltung von kleinen dynamischen Bezugnahmeklauseln nach Betriebsübergängen, Europäische Zeitschrift für Wirtschaftsrecht 2013, 737–740.

Jaensch, Michael: Die unmittelbare Drittwirkung der Grundfreiheiten. Untersuchung der Verpflichtung von Privatpersonen durch Art. 30, 48, 52, 73 b EGV, Baden-Baden 1997.

Jaffe, Sonia/Weyl, Glen: The First-Order Approach to Merger Analysis, American Economic Journal: Microeconomics 5 (2013) (4), 188–218.

Jäger, Ludwig: Textsinn und Verfahrenssinn. Überlegungen zum Problem der Transkriptivität des Rechts, in: Vogel (Hrsg.), Zugänge zur Rechtssemantik. Interdisziplinäre Ansätze im Zeitalter der Mediatisierung, Berlin 2015, S. 21–40.

Jarass, Hans D.: Funktionen und Dimensionen der Grundrechte, in: Merten/Papier (Hrsg.), Handbuch der Grundrechte in Deutschland und Europa, Bd. 2, Heidelberg 2006, § 38.

–: Charta der Grundrechte der Europäischen Union unter Einbeziehung der vom EuGH entwickelten Grundrechte, der Grundrechtsregelungen der Verträge und der EMRK, 3. Auflage München 2016.

Jestaedt, Matthias: Verfassungsgerichtspositivismus. Die Ohnmacht des Verfassungsgesetzgebers im verfassungsgerichtlichen Jurisdiktionsstaat, in: Depenheuer/Heintzen/ders./Axer (Hrsg.), Nomos und Ethos. Hommage an Josef Isensee zum 65. Geburtstag von seinen Schülern, Berlin 2002, S. 183–228.

–: Phänomen Bundesverfassungsgericht. Was das Gericht zu dem macht, was es ist, in: ders./Lepsius/Möllers/Schönberger (Hrsg.), Das entgrenzte Gericht. Eine kritische Bilanz nach sechzig Jahren Bundesverfassungsgericht, Berlin 2011, S. 77–157.

–: Wissenschaftliches Recht – Rechtsdogmatik als gemeinsames Kommunikationsformat von Rechtswissenschaft und Rechtspraxis, in: Kirchhof/Magen/Schneider (Hrsg.), Was weiß Dogmatik?, Tübingen 2012, S. 117–137.

–: Wissenschaft im Recht. Rechtsdogmatik im Wissenschaftsvergleich, Juristenzeitung 2014, 1–12.

Joskow, Paul L.: Asset Specificity and the Structure of Vertical Relationships: Empirical Evidence, Journal of Law, Economics, and Organization 4 (1988), 95–117.

–: The Role of Transaction Cost Economics in Antitrust and Public Utility Regulatory Policies, Journal of Law, Economics, and Organization 7 (1991) (special issue), 53–83.

Judt, Tony: Die Geschichte Europas seit dem Zweiten Weltkrieg, Lizenzausgabe der Bundeszentrale für Politische Bildung, Bonn 2006.

Jung, Peter/Bischof, Elias: Europäisches Finanzmarktrecht. Die Regulierung von Märkten, Unternehmen und Dienstleistungen durch die Europäische Union, Baden-Baden 2015.

Kahl, Wolfgang: Grundrechtsschutz durch Verfahren in Deutschland und in der EU, Verwaltungsarchiv 2004, 1–37.

–: Vom weiten Schutzbereich zum engen Gewährleistungsgehalt. Kritik einer neuen Richtung der deutschen Grundrechtsdogmatik, Der Staat 43 (2004), 167–202.

–: Neuere Entwicklungslinien der Grundrechtsdogmatik. Von Modifikationen und Erosionen des grundrechtlichen Freiheitsparadigmas, Archiv des öffentlichen Rechts 131 (2006), 579–620.

Kahl, Wolfgang: Grundrechte, in: Depenheuer/Grabenwarter (Hrsg.), Verfassungstheorie, Tübingen 2010, § 24, S. 807–836.

Kaiser, Dagmar: Gesetzgeber gefordert: Aus- und Einbaupflichten des Verkäufers, Juristenzeitung 2013, 346–350.

Kantzenbach, Erhard: Die Funktionsfähigkeit des Wettbewerbs, 2. Auflage Göttingen 1967.

–: Das Konzept der optimalen Wettbewerbsintensität. Eine Erwiderung auf den gleichnamigen Besprechungsaufsatz von Erich Hoppmann, Jahrbücher für Nationalökonomie und Statistik 181 (1967/1968), 193–241.

–/*Kallfass, Herrmann*: Das Konzept des funktionsfähigen Wettbewerbs – workable competition, in: Cox/Jens/Markert (Hrsg.), Handbuch des Wettbewerbs. Wettbewerbstheorie, Wettbewerbspolitik, Wettbewerbsrecht, München 1981, S. 103–127.

Kaufer, Erich: Nochmals: Von der Preistheorie zur Wettbewerbstheorie, *ORDO*. Jahrbuch für die Ordnung von Wirtschaft und Gesellschaft 18 (1967), 95–114.

Kaufhold, Ann-Katrin: Makroaufsicht über das Finanzsystem – Nationale und europäische Gremien im Strukturvergleich, Wertpapier-Mitteilungen. Zeitschrift für Wertpapier und Bankrecht 2013, 1877–1883.

–: Systemaufsicht. Der Europäische Ausschuss für Systemrisiken im Finanzsystem als Ausprägung einer neuen Aufsichtsform, Die Verwaltung 46 (2013), 21–57.

–: Systemaufsicht. Anforderungen an die Ausgestaltung einer Aufsicht zur Abwehr systemischer Risiken entwickelt am Beispiel der Finanzaufsicht, Tübingen 2016.

Kauper, Thomas: Influence of Conservative Economic Analysis on the Development of the Law of Antitrust, in: Pitofsky (Hrsg.), How the Chicago School Overshot the Mark. The Effect of Conservative Economic Analysis on U.S. Antitrust, Oxford 2008, S. 40–50.

Kellenberger, Claus: Der verfassungsrechtliche Schutz des eingerichteten und ausgeübten Gewerbebetriebs, Frankfurt a. M. 1999.

Keller, Reiner: Kommunikative Konstruktion und diskursive Konstruktion, in: ders./Knoblauch/Reichertz (Hrsg.), Kommunikativer Konstruktivismus. Theoretische und empirische Arbeiten zu einem neuen wissenssoziologischen Ansatz, Wiesbaden 2013, S. 69–94.

Kellerbauer, Manuel: Die Bedeutung des „as efficient competitor" bei der Feststellung von Verstößen gegen Art. 102 AEUV, Europäische Zeitschrift für Wirtschaftsrecht 2015, 261–265.

Kempen, Bernhard: Die Universität im Zeichen der Ökonomisierung und Internationalisierung, Deutsches Verwaltungsblatt 2005, 1082–1090.

Kerber, Wolfgang: Dynamischer Wettbewerb und Evolution: Anmerkungen zu Hoppmanns Beiträgen zur Wettbewerbs- und Markttheorie, in: Vanberg (Hrsg.), Evolution und freiheitlicher Wettbewerb, Tübingen 2009, S. 169–191.

Kersten, Jens: Teilverfasste Wirtschaft, in: Vesting/Korioth (Hrsg.), Der Eigenwert des Verfassungsrechts. Was bleibt von der Verfassung nach der Globalisierung?, Tübingen 2011, S. 135–147.

Kersting, Christian/Dworschak, Sebastian: Leistungsschutzrecht für Presseverlage: Müsste Google wirklich zahlen? – eine kartellrechtliche Analyse, Neue Zeitschrift für Kartellrecht 2013, 46–53.

Kilian, Wolfgang: Informationelle Selbstbestimmung und Marktprozesse. Zur Notwendigkeit der Modernisierung des Modernisierungsgutachtens zum Datenschutzrecht, Computer und Recht 2002, 921–929.
Kingreen, Thorsten: Die Struktur der Grundfreiheiten des Europäischen Gemeinschaftsrechts, Berlin 1999.
–: Berufsbildfixierung und Übergangsrecht – Die Neuordnung der psychotherapeutischen Versorgung im Lichte der Grundrechte, Vierteljahresschrift für Sozialrecht 2000, 1–35.
–: Theorie und Dogmatik der Grundrechte im europäischen Verfassungsrecht, Europäische Grundrechte-Zeitschrift 2004, 570–576.
–: Grundfreiheiten, in: von Bogdandy/Bast (Hrsg.), Europäisches Verfassungsrecht. Theoretische und dogmatische Grundzüge, 2. Auflage Berlin 2009, S. 705–748.
–: Grundfreiheiten und Grundrechte, in: Franzius/Mayer/Neyer (Hrsg.), Strukturfragen der Europäischen Union, Baden-Baden 2010, S. 218–230.
–: Der Abstieg der Grundfreiheiten und der Aufstieg der Unionsgrundrechte, in: Kment (Hrsg.), Das Zusammenwirken von deutschem und europäischem Öffentlichen Recht. Festschrift für Hans D. Jarass zum 70. Geburtstag, München 2015, S. 51–62.
Kirchhof, Paul: Eigentum als Ordnungsidee – Wert und Preis des Eigentums, in: Depenheuer (Hrsg.), Eigentum. Ordnungsidee, Zustand, Entwicklungen, Berlin 2005, S. 19–42.
Kirchhof, Gregor/Korte, Stefan/Magen, Stefan (Hrsg.), Öffentliches Wettbewerbsrecht. Neuvermessung eines Rechtsgebiets, Heidelberg 2014.
Kirchner, Christian: Fusionskontrolle und Konsumentenwohlfahrt. Eine rechtswissenschaftliche und ökonomische Auseinandersetzung, Zeitschrift für das gesamte Wirtschafts- und Handelsrecht 173 (2009), 775–801.
Kirkwood, John B./Lande, Robert H.: The Chicago School's Foundation Is Flawed: Antitrust Protects Consumers, Not Efficiency, in: Pitofsky (Hrsg.), How the Chicago School Overshot the Mark. The Effect of Conservative Economic Analysis on U.S. Antitrust, Oxford 2008, S. 89–106.
Kischel, Uwe: Die Kontrolle der Verhältnismäßigkeit durch den Europäischen Gerichtshof, Europarecht 2000, 380–402.
Klar, Manuel: Datenschutzrecht und die Visualisierung des öffentlichen Raums, Berlin 2012.
Klatt, Matthias: Die Wortlautgrenze, in: Lerch (Hrsg.): Recht verhandeln. Argumentieren, Begründen und Entscheiden im Diskurs des Rechts, Berlin 2005, S. 343–368.
–*/Meister, Moritz*: Verhältnismäßigkeit als universelles Verfassungsprinzip, Der Staat 52 (2013), 27–57.
Kleine-Cosack, Michael: Wettbewerbsrecht und Verfassungsrecht contra antiquierte Berufsbilder. Paradigmenwechsel beim Verbot der irreführenden Werbung, Neue Juristische Wochenschrift 2013, 272–275.
Klement, Jan Hendrik: Wettbewerbsfreiheit. Bausteine einer europäischen Grundrechtstheorie, Tübingen 2015.
Kling, Michael/Thomas, Stefan: Kartellrecht, 2. Auflage München 2016.
Klippel, Diethelm: Der zivilrechtliche Schutz von Verbänden, Juristenzeitung 1988, 625–635.
Kluth, Winfried/Schulz, Wolfgang: Konvergenz und regulatorische Folgen. Gutachten im Auftrag der Rundfunkkommission der Länder, Hamburg 2014.
Knauff, Matthias: Die wirtschaftliche Betätigung der öffentlichen Hand, in: Schmidt/Wollenschläger (Hrsg.), Kompendium Öffentliches Wirtschaftsrecht, 4. Auflage Berlin 2016, § 6, S. 233–272.

Knieps, Günter: Wettbewerbsökonomie. Regulierungstheorie, Industrieökonomie, Wettbewerbspolitik, 3. Auflage Berlin 2008.

Knight, Frank H.: Risk, Uncertainty and Profit, New York 1921 [Reprint 1964].

Knoblauch, Hubert: Grundbegriffe und Aufgaben des kommunikativen Konstruktivismus, in: Keller/ders./Reichertz (Hrsg.), Kommunikativer Konstruktivismus. Theoretische und empirische Arbeiten zu einem neuen wissenssoziologischen Ansatz, Wiesbaden 2013, S. 25–47.

Koenig, Christian/Meyer, Matti: Die Aufnahme von Presseerzeugnissen auf Google-Oberflächen aufgrund von erzwungenen „Gratislizenzen" – ein Marktmachtmissbrauch?, Kommunikation und Recht 2014, 765–771.

Kogler, Michael: Hybrid-TV – Modernes „Fernsehen" im unmodernen EU-Rechtsrahmen? (Hypo-)Thesen zu den rechtlichen Rahmenbedingungen für Inhalte am Fernsehbildschirm, Kommunikation & Recht 2011, 621–626.

Kohonen, Teuvo: The Self-Organizing Map, Proceedings of the Institute of Electrical and Electronics Engineers (IEEE) 78 (1990), 1464–1480.

–/Oja, Erkki/Simula, Olli/Visa, Ari/Kangas, Jari: Engineering Applications of the Self-Organizing Map, Proceedings of the Institute of Electrical and Electronics Engineers (IEEE) 84 (1996), 1358–1384.

Kölner Kommentar zum Kartellrecht, hrsg. v. Busche, Jan/Röhling, Andreas, Band 3, Art. 101–106 AEUV. Gruppenfreistellungsverordnungen, Köln 2016 (zit. *Bearbeiter/-in*, in: Kölner Kommentar).

Kommission zur Ermittlung der Konzentration im Medienbereich (KEK), Vierter Medienkonzentrationsbericht: Auf dem Weg zu einer medienübergreifenden Vielfaltssicherung, Leipzig 2010.

Körber, Torsten: Google im Fokus des Kartellrechts, Wettbewerb in Recht und Praxis 2012, 761–772.

–: Standardessentielle Patente, FRAND-Verpflichtungen und Kartellrecht. Eine Analyse unter besonderer Berücksichtigung der deutschen ‚Orange-Book-Standard'-Rechtsprechung, Baden-Baden 2013.

–: Analoges Kartellrecht für digitale Märkte? Wirtschaft und Wettbewerb 2015, 120–133.

Koreng, Ansgar: Das „Unternehmenspersönlichkeitsrecht" als Element des gewerblichen Reputationsschutzes, Gewerblicher Rechtsschutz und Urheberrecht 2010, 1065–1070.

Kornblum, Thorsten: Rechtsschutz gegen geheimdienstliche Aktivitäten, Berlin 2011.

Korte, Stefan: Die dienende Funktion der Rundfunkfreiheit in Zeiten medialer Konvergenz, Archiv des öffentlichen Rechts 139 (2014), 384–419.

Kotzur, Markus: Wider den bloßen Verdacht – zur grundrechtssichernden Verantwortung des EuGH im Spannungsfeld von Freiheit und Sicherheit, Europäische Grundrechtezeitschrift 2014, 589–596.

Kracht, Stefan: Das neue Steuerungsmodell im Hochschulbereich. Zielvereinbarungen im Spannungsverhältnis zwischen Konsens und hierarchischem Verwaltungsaufbau, Baden-Baden 2006.

Krausnick, Daniel: Staat und Hochschule im Gewährleistungsstaat, Tübingen 2012.

Kreile, Johannes/Thalhofer, Thomas: Suchmaschinen und Pluralitätsanforderungen. Ist ohne gesetzliche Regelung der Suchmaschinen der Pluralismus und die Meinungsvielfalt in Gefahr?, Zeitschrift für Urheber- und Medienrecht 2014, 629–638.

Krempkow, René/Landrock, Uta: Wie effektiv ist die Leistungsorientierte Mittelvergabe in der Hochschulmedizin? Zwischenbilanz ein Jahrzehnt nach ihrer Einführung, in:

Grande/Jansen/Jarren/Rip/Schimank/Weingart (Hrsg.), Neue Governance der Wissenschaft. Reorganisation – externe Anforderungen – Medialisierungen, Bielefeld, S. 95–111.

Krönke, Christoph: Ausgestaltung der Koalitionsfreiheit durch das Tarifeinheitsgesetz, Die Öffentliche Verwaltung 2015, 788–794.

Krüger, Herbert: Staatsverfassung und Wirtschaftsverfassung, Deutsches Verwaltungsblatt 1951, 361–368.

Kubicki, Philipp: Die subjektivrechtliche Komponente der Unionsbürgerschaft, Europarecht 2006, 489–511.

Kühling, Jürgen: Die Kommunikationsfreiheit als europäisches Gemeinschaftsgrundrecht, Berlin 1999.

–: Grundrechte, in: von Bogdandy/Bast (Hrsg.), Europäisches Verfassungsrecht. Theoretische und dogmatische Grundzüge, 2. Auflage Berlin 2009, S. 657–704.

–: Datenschutz gegenüber öffentlichen Stellen im digitalen Zeitalter, Die Verwaltung 44 (2011), 525–561.

–: Europäisches Telekommunikationsverwaltungsrecht, in: Terhechte (Hrsg.), Verwaltungsrecht der Europäischen Union, Baden-Baden 2011, § 24, S. 881–930.

Kuhlmann, Simone: Regulierungspflicht von Adblockern?, Archiv für Presserecht 2016, 318–322.

Küpper, Hans-Ulrich: Evaluation von Forschung und Lehre, in: Geis (Hrsg.), Hochschulrecht im Freistaat Bayern. Handbuch für Wissenschaft und Praxis, Heidelberg 2009, S. 201–215; Rn. 256–298.

Kutscha, Martin: Mehr Schutz von Computerdaten durch ein neues Grundrecht?, Neue Juristische Wochenschrift 2008, 1042–1044.

Ladeur, Karl-Heinz: „Abwägung" – ein neues Rechtsparadigma? Von der Einheit der Rechtsordnung zur Pluralität der Rechtsdiskurse, Archiv für Rechts- und Sozialphilosophie 69 (1983), 463–483.

–: Postmoderne Rechtstheorie. Selbstreferenz – Selbstorganisation – Prozeduralisierung, 2. Auflage Berlin 1995.

–: Der „Eigenwert" des Rechts – die Selbstorganisationsfähigkeit der Gesellschaft und die relationale Rationalität des Rechts, in: Meier-Schatz (Hrsg.), Die Zukunft des Rechts. Forschungsgespräch der Rechtswissenschaftlichen Abteilung anlässlich des 100-Jahr-Jubiläums der Universität St. Gallen im Juni 1998, Basel 1999, S. 31–56

–: Datenschutz – vom Abwehrrecht zur planerischen Optimierung von Wissensnetzwerken. Zur „objektiv-rechtlichen" Dimension des Datenschutzes, Datenschutz und Datensicherheit 2000, 12–19.

–: Negative Freiheitsrechte und gesellschaftliche Selbstorganisation. Die Erzeugung von Sozialkapital durch Institutionen, Tübingen 2000.

–: Drittschutz des Entgeltregulierungsverfahrens nach §§ 23 ff. TKG?, Computer und Recht 2000, 433–441.

–: Rechtliche Möglichkeiten der Qualitätssicherung im Journalismus, Publizistik 2000, 442–461.

–: Die „objektiv-rechtliche Dimension der Rundfunkfreiheit" unter den Bedingungen von Multimedia – Zu einer Theorie der Ausübung von Grundrechten in Kommunikationsnetzwerken, in: Faber/Götz (Hrsg.), Demokratie in Staat und Wirtschaft. Festschrift für Ekkehart Stein zum 70. Geburtstag am 24.9.2002, Tübingen 2002, S. 67–90.

–: Kritik der Abwägung in der Grundrechtsdogmatik. Plädoyer für eine Erneuerung der liberalen Grundrechtstheorie, Tübingen 2004.

–: Der rechtliche Schutz der Fernsehwerbung gegen technische Blockierung durch die Fernsehfee. Zur Einwirkung der Rundfunkfreiheit auf das Lauterkeitsrecht, Gewerblicher Rechtsschutz und Urheberrecht 2005, 559–564.
–: Die Wissenschaftsfreiheit der „entfesselten Hochschule“, Die Öffentliche Verwaltung 2005, 753–764.
–: Der Staat gegen die Gesellschaft. Zur Verteidigung der Rationalität der „Privatrechtsgesellschaft“, Tübingen 2006.
–: Die objektiv-rechtliche Dimension der wirtschaftlichen Grundrechte, Die Öffentliche Verwaltung 2007, 1–10.
–: Risiko Sozialstaat. Expansion des Sozialstaats ohne verfassungsrechtliche Schranken, Der Staat 46 (2007), 61–88.
–: Risiko Sozialstaat – Probleme der Gesetzgebung unter Komplexitätsbedingungen, in: Stiftung Gesellschaft für Rechtspolitik, Trier/Institut für Rechtspolitik, Universität Trier (Hrsg.), Bitburger Gespräche Jahrbuch 2007/II, München 2008, S. 21–37.
–: Das subjektive Recht und der Wunsch nach Gerechtigkeit als sein Parasit, Zeitschrift für Rechtssoziologie 29 (2008), 109–124.
–: Das Recht auf informationelle Selbstbestimmung: Eine juristische Fehlkonstruktion?, Die öffentliche Verwaltung 2009, 45–55.
–: Anmerkung zu LG Berlin, Urteil vom 19. Januar 2010 – 27 O 1147/09, Zeitschrift für Urheber- und Medienrecht 2010, 540–541.
–: Staat und Gesellschaft. Von der liberalen zur postmodernen Gesellschaft, in: Depenheuer/Grabenwarter (Hrsg.), Verfassungstheorie, Tübingen 2010, § 10, S. 599–633.
–: Die Kommunikationsinfrastruktur der Verwaltung, in: Wolfgang Hoffmann-Riem/Eberhard Schmidt-Aßmann/Andreas Voßkuhle (Hrsg.), Grundlagen des Verwaltungsrechts, Bd. II, 2. Auflage München 2012.
–: Medienfreiheitsgrundrechte, in: Paschke/Berlit/Meyer (Hrsg.), Hamburger Kommentar Gesamtes Medienrecht, 2. Auflage Baden-Baden 2012, 4. Abschnitt.
–: Entgeltpflicht für die Kabeleinspeisung von Programmen der öffentlich-rechtlichen Rundfunkanstalten?, Zeitschrift für Urheber- und Medienrecht 2012, 939–946.
–: Ein „Leistungsschutzrecht“ für Presseverlage und die Rechtsverfassung der Internetkommunikation, Archiv für Presserecht 2012, 420–427.
–: Die transsubjektive Dimension der Grundrechte, in: Vesting/Korioth/Augsberg (Hrsg.), Grundrechte als Phänomene kollektiver Ordnung, Tübingen 2014, S. 17–38.
–: Die Gesellschaft der Netzwerke und ihre Wissensordnung. Big Data, Datenschutz und die ‚relationale Persönlichkeit‘, in: Süssenguth (Hrsg.), Die Gesellschaft der Daten. Über die digitale Transformation der sozialen Ordnung, Bielefeld 2015, S. 225–251.
–: Protest als kollektive künstlerische Performance – Herausforderung der Grundrechtsdogmatik durch „Aktionskunst“, Der Staat 54 (2015), 97–112.
–: Recht – Wissen – Kultur. Die fragmentierte Ordnung, Berlin 2016.
–: Regulierung des Gesundheitswesens unter den Bedingungen der „datenbasierten Medizin“, Medizinrecht 2016, 650–654.
–: Wissenserzeugung im Sozialrecht und der Aufstieg von „Big Data“, in: Buchner/Ladeur (Hrsg.), Wissensgenerierung und -verarbeitung im Gesundheits- und Sozialrecht, Tübingen 2016, S. 89–105.
–: Abgrenzung der Kompetenzen von Bund und Ländern im Bereich der Telekommunikation, des Internet und der Medien – Abspannung der Entscheidungsprobleme durch Prozeduralisierung?, in: Eifert/Gostomzyk (Hrsg.), Medienföderalismus. Föderale

Spannungslagen und Lösungsansätze in der Medienregulierung, Baden-Baden 2018, S. 61–85.

Ladeur, Karl-Heinz/Augsberg, Ino: Auslegungsparadoxien. Zu Theorie und Praxis juristischer Interpretation, Rechtstheorie 36 (2005), 144–184.

–: Der Mythos vom neutralen Staat, Juristenzeitung 2007, 12–18.

Ladeur, Karl-Heinz/Gostomzyk, Tobias: Rundfunkfreiheit und Rechtsdogmatik – Zum Doppelcharakter des Art. 5 I 2 GG in der Rechtsprechung des BVerfG, Juristische Schulung 2002, 1145–1153.

–: Der Gesetzesvorbehalt im Gewährleistungsstaat, Die Verwaltung 36 (2003), 141–169.

–: Medienkollisionsrecht: Der Rundfunk im Netzwerk der Netzwerke. Kollision und Symbiose von Telemedien und Rundfunk am Beispiel des Werberechts, Computer und Recht 2014, 28–35.

Laffont, Jean-Jacques/Rey, Patrick/Tirole, Jean: Network Competition, RAND Journal of Economics 29 (1998), 1–56.

Laffont, Jean-Jacques/*Tirole, Jean*: Privatization and Incentives, Journal of Law, Economics, and Organization 7 (1991), 84–105.

–: Competition in Telecommunications, Cambridge, Mass. 2001.

Landmann, Valentin: Verbrechen als Markt. Zur Ökonomie der Halbwelt und der Unterwelt, 3. Auflage Zürich 2006.

Lange, Markus: Entstehung und Zweck der Markttransparenzstelle für den Großhandel mit Strom und Gas aus kartellrechtlicher Sicht, Zeitschrift für das gesamte Recht der Energiewirtschaft 2013, 104–108.

Lange, Stefan/Gläser, Jochen: Governance der Wissenschaft, in: Schützeichel (Hrsg.), Handbuch Wissenssoziologie und Wissensforschung, Konstanz 2007, S. 773–782.

Latour, Bruno/Woolgar, Steve: Laboratory Life. The Construction of Scientific Facts, 2. Auflage Princeton 1986.

Lecheler, Helmut: Art. 12 GG – Freiheit des Berufs und Grundrecht der Arbeit, Veröffentlichung der Vereinigung der Deutschen Staatsrechtslehrer 43, Berlin 1985, S. 48–75.

Lehmann, Matthias/Manger-Nestler, Cornelia: Einheitlicher Europäischer Aufsichtsmechanismus: Bankenaufsicht durch die EZB, Zeitschrift für Bankenrecht und Bankenwirtschaft 2014, 2–21.

Leibfried, Stephan: Grenzen deutscher Sozialstaatlichkeit. Vom gemeinsamen Arbeitsmarkt zu erzwungener europäischer Sozialreform, in: Olk/Riedmüller (Hrsg.), Grenzen des Sozialversicherungsstaates, Leviation Sonderheft 14/1994, S. 313–323.

Leipold, Klaus: Compliance in der pharmazeutischen Industrie, in: Hauschka (Hrsg.), Corporate Compliance, 2. Auflage München 2010, § 36, S. 975–997.

Leisner, Walter: Eigentum – Grundlage der Freiheit, Deutschland-Report 20, 1994, zitiert nach Isensee (Hrsg.), Eigentum. Schriften zu Eigentumsgrundrecht und Wirtschaftsverfassung 1970–1996, Berlin 1996, S. 7–51.

Lenaerts, Koen: Exploring the Limits of the EU Charter of Fundamental Rights, European Constitutional Law Review 8 (2012) 375–403.

–/*de Smijter, Eddy*: A ‚Bill of Rights' for the European Union, Common Market Law Review 38 (2001), 273–300.

Lengauer, Alina-Maria: Drittwirkung von Grundfreiheiten. Ein Beitrag zu dem Konzept des Normadressaten im Gemeinschaftsrecht, Wien 2011.

–: Das Europäische Regime über den Handel mit Treibhausgasemissionszertifikaten. Eine rechtliche und rechtspolitische Betrachtung, Zeitschrift für Rechtsvergleichung, Internationales Privatrecht und Europarecht 2010, 4–8.

Lent, Wolfgang: Elektronische Presse zwischen E-Zines, Blogs und Wikis. Was sind Telemedien mit journalistisch-redaktionell gestalteten Angeboten?, Zeitschrift für Urheber- und Medienrecht 2013, 914–920.

Lepsius, Oliver: Besitz und Sachherrschaft im öffentlichen Recht, Tübingen 2002.

–: Das Computer-Grundrecht: Herleitung, Funktion, Überzeugungskraft, in: Roggan (Hrsg.), Online-Durchsuchungen. Rechtliche und tatsächliche Konsequenzen des BVerfG-Urteils vom 27. Februar 2008, Berlin 2008, S. 21–56.

–: Zur Bindungswirkung von Bundesverfassungsgerichtsentscheidungen, in: Scholz/Lorenz/Pestalozza/Kloepfer/Jarass/Degenhart/Lepsius (Hrsg.), Realitätsprägung durch Verfassungsrecht. Kolloquium aus Anlass des 80. Geburtstags von Peter Lerche, Berlin 2008, S. 103–117.

–: Über Märkte, Wettbewerb und Gemeinwohl – Plädoyer für einen Paradigmenwechsel, in: Adolf-Arndt-Kreis (Hrsg.), Staat in der Krise – Krise des Staates? Die Wiederentdeckung des Staates, Berlin 2010, S. 25–48.

–: Der Eigenwert der Verfassung im Wirtschaftsrecht, in: Vesting/Korioth (Hrsg.), Der Eigenwert des Verfassungsrechts. Was bleibt von der Verfassung nach der Globalisierung?, Tübingen 2011, S. 149–186.

–: Die maßstabsetzende Gewalt, in: Jestaedt/Lepsius/Möllers/Schönberger (Hrsg.), Das entgrenzte Gericht. Eine kritische Bilanz nach sechzig Jahren Bundesverfassungsgericht, Berlin 2011, S. 159–279.

Lerche, Peter: Rezension Peter Häberle: Die Wesensgehaltsgarantie des Art. 19 Abs. 2 GG, Die Öffentliche Verwaltung 1965, 212–214.

–: Koalitionsfreiheit und Richterrecht, Neue Juristische Wochenschrift 1987, 2465–2472.

–: Stil und Methode der verfassungsgerichtlichen Entscheidungspraxis, in: Badura/Dreier (Hrsg.), Festschrift 50 Jahre Bundesverfassungsgericht, 1. Bd., Tübingen 2001, S. 333–362.

von Lewinski, Kai: Die Matrix des Datenschutzes. Besichtigung und Ordnung eines Begriffsfeldes, Tübingen 2014.

Lindner, Josef Franz: Zur grundrechtsdogmatischen Struktur der Wettbewerbsfreiheit, Die Öffentliche Verwaltung 2003, 185–192.

Loewenheim, Ulrich/Meessen, Karl M./Riesenkampff, Alexander/Kersting, Christian/Meyer-Lindemann, Hans-Jürgen (Hrsg.): Kartellrecht, 3. Auflage München 2016 (zit.: *Bearbeiter/-in*, in: Loewenheim/Meessen/Riesenkampff, Kartellrecht).

Lübbe-Wolff, Gertrude: Die Grundrechte als Eingriffsabwehrrechte. Struktur und Reichweite der Eingriffsdogmatik im Bereich staatlicher Leistungen, Baden-Baden 1998.

Lübke, Julia: Kapitalverkehrsfreiheit in der Finanzkrise – Zur Renaissance staatlicher Sonderrechte an Unternehmen, Europäisches Wirtschafts- und Steuerrecht 2010, 407–416.

Luczak, Jan-Marco: Die Europäische Wirtschaftsverfassung als Legitimationselement europäischer Integration. Ein Beitrag zur wirtschaftsverfassungsrechtlichen Analyse des EG-Vertrags unter Einbeziehung der Änderungen des Unionsrechts durch den Vertrag von Lissabon, Berlin 2009.

Lüdemann, Volker/Konar, Selma: Die Überwachung von Stromgroßhandelsmarkt und Emissionshandelsmarkt, Zeitschrift für Neues Energierecht 2015, 81–87.

Lüdemann, Volker/Lüdemann, Jörn: Transparenz und Wettbewerb – Was kann die neue Markttransparenzstelle für den Großhandel mit Strom und Gas leisten?, Wirtschaft und Wettbewerb 2012, 917–927.

Ludwigs, Markus: Der Ultra-vires-Vorbehalt des BVerfG – Judikative Kompetenzanmaßung oder legitimes Korrektiv?, Neue Zeitschrift für Verwaltungsrecht 2015, 537–543.

Luhmann, Niklas: Grundrechte als Institution. Ein Beitrag zur politischen Soziologie, Berlin 1965.

–: Soziale Systeme. Grundriß einer allgemeinen Theorie, Frankfurt a. M. 1984.

–: Die Wissenschaft der Gesellschaft, Frankfurt a. M. 1990.

–: Die Wirtschaft der Gesellschaft, 2. Auflage Frankfurt a. M. 1996.

–: Die Selbststeuerung der Wissenschaft, in: Luhmann (Hrsg.), Soziologische Aufklärung, Band 1, Aufsätze zur Theorie sozialer Systeme, 7. Auflage Wiesbaden 2005, S. 291–316.

–: Die Gesellschaft der Gesellschaft, Teilbd. 1, Nachdruck, Frankfurt a. M. 2006.

Luttermann, Karin: Linguistisch-pragmatische Zugänge zur Rechtssemantik: Was gesagt, was gemeint und was verstanden wird, in: Vogel (Hrsg.), Zugänge zur Rechtssemantik. Interdisziplinäre Ansätze im Zeitalter der Mediatisierung, Berlin 2015, S. 275–292.

Magen, Stefan: Körperschaftsstatus und Religionsfreiheit. Zur Bedeutung des Art. 137 Abs. 5 WRV im Kontext des Grundgesetzes, Tübingen 2004.

–: Ein Wettbewerbskonzept für das Öffentliche Wettbewerbsrecht, in: Kirchhof/Korte/Magen (Hrsg.), Öffentliches Wettbewerbsrecht. Neuvermessung eines Rechtsgebiets, Heidelberg 2014, § 2, S. 17–62.

Mager, Ute: Die Universität im Zeichen von Ökonomisierung und Internationalisierung, Veröffentlichung der Vereinigung der Deutschen Staatsrechtslehrer 65, Berlin 2006, S. 274–315.

Maier-Reimer, Georg: Das Allgemeine Gleichbehandlungsgesetz im Zivilrechtsverkehr, Neue Juristische Wochenschrift 2006, 2577–2583.

Mangoldt, Hermann von/Klein, Friedrich/Starck, Christian (Hrsg.): Kommentar zum Grundgesetz, Band 1, 7. Auflage München 2018 (zit.: *Bearbeiter/-in*, in: von Mangoldt/Klein/Starck, GG).

Mankiw, Gregory N./Taylor, Mark P.: Macroeconomics, 2. Auflage New York 2014.

Mankiw, Gregory N./Taylor, Mark P./Ashwin, Andrew: Volkswirtschaftslehre für Schule, Studium und Beruf, Stuttgart 2015.

Mantzavinos, Chrysostomos: Wettbewerbstheorie. Eine kritische Auseinandersetzung, Berlin 1994.

–: Das institutionenökonomisch-evolutionäre Wettbewerbsleitbild, Jahrbücher für Nationalökonomie und Statistik 225/2 (2005), 205–224

Marsch, Nikolaus: Das europäische Datenschutzgrundrecht. Grundlagen, Dimensionen, Verflechtungen, Tübingen 2018.

Martin, Stephen: Industrial Organization in Context, Oxford 2010.

Martinek, Michael: Macht und Recht der Mediaagenturen – Der Streit um die TV-Freispots als Treugut oder Handelsware, juris – Die Monatszeitschrift 2015, 6–14.

Martini, Mario/Kühl, Benjamin: Der informierende Staat als Katalysator der Meinungsbildung im digitalen Zeitalter, Die Öffentliche Verwaltung 2013, 573–584.

Martins, Renata: Grundrechtsdogmatik im Gewährleistungsstaat: Rationalisierung der Grundrechtsanwendung?, Die Öffentliche Verwaltung 2007, 456–464.

Masing, Johannes: Die Mobilisierung des Bürgers für die Durchsetzung des Rechts. Europäische Impulse für eine Revision der Lehre vom subjektiv-öffentlichen Recht, Berlin 1997.

Mason, Edward S.: Price and Production Policies of Large-Scale Enterprise, The American Economic Review 29 (1939), 61–74.

Maunz, Theodor/Dürig, Günter (Begr.): Grundgesetz Kommentar, 75. EL München 2015 (zit.: *Bearbeiter/-in,* in: Maunz/Dürig, GG).

Mayer, Franz C.: Grundrechtsschutz gegen europäische Rechtsakte durch das BVerfG: Zur Verfassungsmäßigkeit in der Bananenmarktordnung, Europäische Zeitschrift für Wirtschaftsrecht 2000, 685–689.

–: Die Warenverkehrsfreiheit im Europarecht – eine Rekonstruktion, Europarecht 2003, 793–824.

–: Rebels without a cause? Zur OMT-Vorlage des Bundesverfassungsgerichts, Europarecht 2014, 473–513.

–: Zurück zur Rechtsgemeinschaft: Das OMT-Urteil des EuGH, Neue Juristische Wochenschrift 2015, 1999–2003.

–: Der Einfluss mitgliedstaatlicher Grundrechtsgewährleistungen auf die Charta der Grundrechte – Wie konsistent sind die gemeinsamen Verfassungsüberlieferungen der Mitgliedstaaten?, in: König/Uwer (Hrsg.), Grenzen europäischer Normgebung, Hamburg 2015, S. 95–122.

McConnell-Ginet, Sally: Gender, Sexuality, and Meaning. Linguistic Practice and Politics, Oxford 2011.

Mehde, Veith: Wettbewerb zwischen Staaten. Die rechtliche Bewältigung zwischenstaatlicher Konkurrenzsituationen im Mehrebenensystem, Baden-Baden 2005.

Merton, Robert King: The Matthew Effect in Science, in: Merton (Hrsg.), The Sociology of Science. Theoretical and Empirical Investigations, Chicago 1973, S. 439–459.

–: Wissenschaft und demokratische Sozialstruktur, in: Weingart (Hrsg.), Wissenschaftssoziologie I. Wissenschaftliche Entwicklung als sozialer Prozeß, Frankfurt a.M. 1973, S. 45–59.

Mestmäcker, Ernst-Joachim: Über die normative Kraft privatrechtlicher Verträge, Juristenzeitung 1964, 441–446.

–: Der verwaltete Wettbewerb. Eine vergleichende Untersuchung über den Schutz von Freiheit und Lauterkeit im Wettbewerbsrecht, Tübingen 1984.

–: Auf dem Wege zu einer Ordnungspolitik für Europa, in: Mestmäcker/Möller/Schwarz (Hrsg.), Eine Ordnungspolitik für Europa: Festschrift für Hans von der Groeben zu seinem 80. Geburtstag, Baden-Baden 1987, S. 9–50.

–: Die Interdependenz von Recht und Ökonomie in der Wettbewerbspolitik, in: Monopolkommission (Hrsg.), Zukunftsperspektiven der Wettbewerbspolitik, Baden-Baden 2005, S. 19–35.

–: A Legal Theory Without Law, Tübingen 2007.

–: Rechtliche und ökonomische Grundlagen marktwirtschaftlicher Ordnungen, in: Vanberg (Hrsg.), Evolution und freiheitlicher Wettbewerb, Tübingen 2009, S. 1–18.

–*/Schweitzer, Heike*: Europäisches Wettbewerbsrecht, 3. Auflage München 2014.

Meyer, Jürgen (Hrsg.): Charta der Grundrechte der Europäischen Union, 4. Auflage Baden-Baden 2014 (zit.: *Bearbeiter/-in*, in: Meyer, GRC).

Michael, Lothar: Die verfassungswandelnde Gewalt, Rechtswissenschaft 2014, 426–480.

Michaelis, Lars Oliver: Unmittelbare Drittwirkung der Grundfreiheiten – Zum Fall Angonese, Neue Juristische Wochenschrift 2001, 1841–1842.

Miechielsen, Angela: Hochschulorganisation und Wissenschaftsfreiheit. Die aktuelle Entwicklung des Hochschulrechts im Lichte des Art. 5 Abs. 3 S. 1 GG, Göttingen 2013.

Mills, Sara/Mullany, Louise: Language, Gender and Feminism. Theory, Methodology and Practice, London 2011.

Mohr, Jochen: Sicherung der Vertragsfreiheit durch Wettbewerbs- und Regulierungsrecht. Domestizierung wirtschaftlicher Macht durch Inhaltskontrolle der Folgeverträge, Tübingen 2015.
Möllers, Christoph: Wandel der Grundrechtsjudikatur. Eine Analyse der Rechtsprechung des Ersten Senats des BVerfG, Neue Juristische Wochenschrift 2005, 1973–1979.
–/*Zwiffelhoffer, Lara*: Zulässigkeit einer rundfunkrechtlichen Opt-in-Regulierung. Verfassungsrechtliche Möglichkeiten und Grenzen optionaler Regime im deutschen Rundfunkrecht, Multimedia und Recht 2015, 161–166.
Monti, Giorgio: EC Competition Law, Cambridge 2008.
Morlok, Martin: Selbstverständnis als Rechtskriterium, Tübingen 1993.
Möschel, Wernhard: Zur wettbewerbstheoretischen Begründbarkeit von Ausnahmebereichen, ORDO. Jahrbuch für die Ordnung von Wirtschaft und Gesellschaft 32 (1981), 85–102.
–: Schutzziele eines Wettbewerbsrechts, in: Löwisch/Schmidt-Leithoff/Schmiedel (Hrsg.), Beiträge zum Handels- und Wirtschaftsrecht. Festschrift für Fritz Rittner zum 70. Geburtstag, München 1991, 405–421.
Möslein, Florian: Finanzinnovation als Rechtsproblem. Einordnung, Bewertung und Regulierung, Zeitschrift für Bankrecht und Bankwirtschaft 2013, 1–16.
Mosler, Hermann: Rechtsvergleichung vor völkerrechtlichen Gerichten, in: Marcic/Mosler/Suy/Zemanek (Hrsg.), Internationale Festschrift für Alfred Verdross zum 80. Geburtstag, München 1971, S. 381–412.
Möstl, Markus: Vertrag von Lissabon. Einführung und Kommentierung. Konsolidierte Fassung der Verträge und deutsche Begleitgesetzgebung, München 2010.
–: Verbraucherinformation und Anprangerung als gezielte Lenkungsmittel – Anmerkungen zu § 40 Abs. 1 a LFGB sowie zur Revision der EU-Kontrollverordnung, Gewerbearchiv 2015, 1–6.
Motta, Massimo: Competition Policy. Theory and Practice, 12. Auflage Cambridge 2009.
Mülbert, Peter O./Leuschner, Lars: Die verfassungsrechtlichen Vorgaben der Art. 14 GG und Art. 2 Abs. 1 GG für die Gesellschafterstellung – wo bleibt die Privatautonomie? Zu den objektiv-rechtlichen Gestaltungsvorgaben der Art. 2 Abs. 1, 14 GG nach den Entscheidungen des BVerfG zur Kapitallebensversicherung, Zeitschrift für das gesamte Wirtschafts- und Handelsrecht 170 (2006), 615–672.
–/*Wilhelm, Alexander*: Risikomanagement und Compliance im Finanzmarktrecht – Entwicklung der aufsichtsrechtlichen Anforderungen, Zeitschrift für das gesamte Handels- und Wirtschaftsrecht 178 (2014), 502–546.
Müller-Graff, Peter-Christian: Unternehmensinvestitionen und Investitionssteuerung im Marktrecht. Zu Maßstäben und Schranken für die überbetriebliche Steuerung von Produktionsinvestitionen aus dem Recht des wettbewerbsverfaßten Marktes, Tübingen 1984.
–: Binnenmarktauftrag und Subsidiaritätsprinzip?, Zeitschrift für das gesamte Handels- und Wirtschaftsrecht 159 (1995), 34–77.
Müller, Friedrich: Normstruktur und Normativität. Zum Verhältnis von Recht und Wirklichkeit in der juristischen Hermeneutik, entwickelt an Fragen der Verfassungsinterpretation, Berlin 1966.
–: Normbereiche von Einzelgrundrechten in der Rechtsprechung des Bundesverfassungsgerichts, Berlin 1968.
–: Freiheit der Kunst als Problem der Grundrechtsdogmatik, Berlin 1969.
–: Strukturierende Rechtslehre, 2. Auflage 1994.

–/*Christensen, Ralph*: Juristische Methodik, Band I, Grundlegung für die Arbeitsmethoden der Rechtspraxis, 11. Auflage Berlin 2013.

Müller, Thomas: Wettbewerb und Unionsverfassung. Begründung und Begrenzung des Wettbewerbsprinzips in der europäischen Verfassung, Tübingen 2014.

Münch, Ingo von/Kunig, Philip (Hrsg.): Grundgesetz Kommentar, Band 1, 6. Auflage München 2012 (zit.: *Bearbeiter/-in*, in: von Münch/Künig, GG).

Münchener Kommentar Europäisches und Deutsches Wettbewerbsrecht, hrsg. von Bornkamm, Joachim/Montag, Frank/Säcker, Franz Jürgen, Band 1 Europäisches Wettbewerbsrecht, 2. Auflage München 2015 (zit.: *Bearbeiter/-in*, in: Münchener Kommentar Wettbewerbsrecht).

Murswiek, Dietrich: Das Bundesverfassungsgericht und die Dogmatik mittelbarer Grundrechtseingriffe, Neue Zeitschrift für Verwaltungsrecht 2003, 1–8.

–: Grundrechtsdogmatik am Wendepunkt?, Der Staat 45 (2006), 474–500.

–: Zu den Grenzen der Abänderbarkeit von Grundrechten, in: Merten/Papier (Hrsg.), Handbuch der Grundrechte in Deutschland und Europa Bd. II, Heidelberg 2006, § 28, S. 157–219.

Neidhardt, Friedhelm/Mayntz, Renate/Weingart, Peter/Wengenroth, Ulrich: Wissensproduktion und Wissenstransfer. Zur Einleitung, in: Mayntz/Neidhardt/Weingart/Wengenroth (Hrsg.), Wissensproduktion und Wissenstransfer. Wissen im Spannungsfeld von Wissenschaft, Politik und Öffentlichkeit, Bielefeld 2008, S. 19–37.

Nettesheim, Martin: Grundrechtliche Prüfdichte durch den EuGH, Europäische Zeitschrift für Wirtschaftsrecht 1995, 106–108.

–: Grund und Grenzen der Wissenschaftsfreiheit, Deutsches Verwaltungsblatt 2005, 1072–1082.

–: Grundrechtsschutz der Privatheit, Veröffentlichung der Vereinigung der Deutschen Staatsrechtslehrer 70, Berlin 2011, S. 7–49.

–: Europarechtskonformität des Europäischen Stabilitätsmechanismus, Neue Juristische Wochenschrift 2013, 14–16.

Neubert, Carl-Wendlin: Grundrechtliche Schutzpflicht des Staates gegen grundrechtsbeeinträchtigende Maßnahmen fremder Staaten am Beispiel der Überwachung durch ausländische Geheimdienste, Archiv des öffentlichen Rechts 140 (2015), 267–304.

Neumann, Volker: Carl Schmitts Beitrag zur Grundrechtsdogmatik, in: Nolte/Poscher/Wolter (Hrsg.), Die Verfassung als Aufgabe von Wissenschaft, Praxis und Öffentlichkeit. Freundesgabe für Bernhard Schlink zum 70. Geburtstag, Heidelberg 2014, S. 67–81.

–: Carl Schmitt als Jurist, Tübingen 2015.

Neunhoeffer, Friederike: Das Presseprivileg im Datenschutzrecht. Eine rechtsvergleichende Betrachtung des deutschen und englischen Rechts, Tübingen 2005.

Nicolaysen, Gert: Europarecht I. Die Europäische Integrationsverfassung, 2. Auflage Baden-Baden 2002.

Nicoll, Norbert: Neoliberalismus. Ungleichheit als Programm, Münster 2013.

Nipperdey, Hans Carl: Soziale Marktwirtschaft und Grundgesetz, 3. Auflage Köln 1965.

Noppeney, Claus: Zwischen Chicago-Schule und Ordoliberalismus. Wirtschaftsethische Spuren in der Ökonomie Frank Knights, Bern 1998.

Nowak, Carsten: Binnenmarktziel und Wirtschaftsverfassung der Europäischen Union vor und nach dem Reformvertrag von Lissabon, in: Hatje/Schwarze (Hrsg.), Der Reformvertrag von Lissabon, Europarecht Beiheft 1/2009, S. 128–192.

–: Wettbewerb und soziale Marktwirtschaft in den Regeln des Lissabonner Vertrags, in: Müller-Graff/Schwarze (Hrsg.), Neues Europäisches Wirtschafts- und Wettbewerbsrecht?, Europarecht Beiheft 2/2011, S. 21–46.
O'Leary, Siofra: Free Movement of Persons and Services, in: Craig/de Búrca (Hrsg.), The Evolution of EU Law, 2. Auflage Oxford 2011, S. 499–545.
O'Neil, Cathy/Schutt, Rachel: Doing Data Science. Straight talk from the frontline, Sebastopol 2013.
Oechsler, Jürgen: Verdeckte Sachmängel beim Verbrauchsgüterkauf – die Beweislastfrage nach der Faber-Entscheidung des EuGH, Betriebs-Berater 2015, 1923–1926.
Oelke, Christina: Das Europäische Wettbewerbsnetz. Die Zusammenarbeit von Kommission und nationalen Regulierungsbehörden nach der Reform des Europäischen Kartellverfahrensrechts, Baden-Baden 2006.
Oeter, Stefan: „Drittwirkung" der Grundrechte und die Autonomie des Privatrechts. Ein Beitrag zu den funktionell-rechtlichen Dimensionen der Drittwirkungsdebatte, Archiv des öffentlichen Rechts 119 (1994), 529–563.
–: Integration und Subsidiarität im deutschen Bundesstaat. Untersuchungen zu Bundesstaatstheorie unter dem Grundgesetz, Tübingen 1998.
Oexle, Anno: Compliance in der Kreislauf- und Abfallwirtschaft, in: Hauschka (Hrsg.), Corporate Compliance, 2. Auflage München 2010, § 36, S. 1012–1035.
Ohler, Christoph: Finanzkrisen als Herausforderung der internationalen, europäischen und nationalen Rechtsetzung, Das Deutsche Verwaltungsblatt 2011, 1061–1068.
–: Schutz vor systemischen Risiken, in: Kirchhof/Korte/Magen (Hrsg.), Öffentliches Wettbewerbsrecht. Neuvermessung eines Rechtsgebiets, Heidelberg 2014, § 7, S. 209–238.
Ohly, Ansgar: Ein Leistungsschutzrecht für Presseverleger, Wettbewerb in Recht und Praxis 2012, 41–48.
Olk, Thomas/Riedmüller, Barbara: Grenzen des Sozialversicherungsstaates oder grenzenloser Sozialversicherungsstaat? Eine Einführung, in: Riedmüller/Olk (Hrsg.), Grenzen des Sozialversicherungsstaates, Leviatan Sonderheft 14/1994, S. 9–33.
Oppermann, Thomas/Classen, Dieter/Nettesheim, Martin: Europarecht. Ein Studienbuch, 7. Auflage München 2016.
Ory, Stephan: Rundfunk und Presse im Internet, Archiv für Presserecht 2010, 20–25.
Ossenbühl, Fritz: Die beruflichen und wirtschaftlichen Grundrechte im deutschen Grundgesetz. Themen einer deutsch-amerikanischen Konferenz, in: Kirchhof/Kommers (Hrsg.), Deutschland und sein Grundgesetz, Baden-Baden 1993, S. 283–316.
–: Grundsätze der Grundrechtsinterpretation, in: Merten/Papier (Hrsg.), Handbuch der Grundrechte, Bd. I, Heidelberg 2004, § 15.
–: Verbraucherschutz durch Information, Neue Zeitschrift für Verwaltungsrecht 2011, 1357–1363.
Paal, Boris P.: Vielfaltssicherung im Suchmaschinensektor, Zeitschrift für Rechtspolitik 2015, 34–38.
–: Internet-Suchmaschinen im Kartellrecht, Gewerblicher Rechtsschutz und Urheberrecht Internationaler Teil 2015, 997–1005.
Palandt (Begr.), Bürgerliches Gesetzbuch mit Nebengesetzen, 75. Auflage München 2016 (zit.: *Bearbeiter/-in,* in: Palandt BGB).
Papathanassiou, Chryssa/Zagouras, Georgios: Mehr Sicherheit für den Finanzsektor: der Europäische Ausschuss für Systemrisiken und die Rolle der EZB, Wertpapier-Mitteilungen. Zeitschrift für Wirtschafts- und Bankrecht 2010, 1584–1588.

Papier, Hans-Jürgen: Die Beeinträchtigungen der Eigentums- und Berufsfreiheit durch Steuern vom Einkommen und Vermögen, Der Staat 11 (1972), 483–514.
–: Unternehmen und Unternehmer in der verfassungsrechtlichen Ordnung der Wirtschaft, Veröffentlichungen der Vereinigung der Deutschen Staatsrechtslehrer 35, Berlin 1977, S. 55–108.
–: Art 12 GG – Freiheit des Berufs und Grundrecht der Arbeit, Deutsches Verwaltungsblatt 1984, 801–814.
–: Verfassungsrechtliche Probleme der Eigentumsregelung im Einigungsvertrag, Neue Juristische Wochenschrift 1991, 193–197.
–: Wirtschaftsverfassung in der Wirtschaftsordnung der Gegenwart, in: Osterloh/Schmidt/Weber (Hrsg.), Staat, Wirtschaft, Finanzverfassung. Festschrift für Peter Selmer zum 70. Geburtstag, Berlin 2004, 459–478.
Peers, Steve/Hervey, Tamara/Kenner, Jeff/Ward, Angela (Hrsg.): The EU Charter of Fundamental Rights. A Commentary, Oxford 2014 (zit.: *Bearbeiter/-in,* in: Peers/Hervey/Kenner/Ward, Charter of Fundamental Rights).
Peifer, Karl-Nikolaus: Leistungsschutzrecht für Presseverleger – „Zombie im Paragrafen-Dschungel“ oder Retter in der Not?, Gewerblicher Rechtsschutz und Urheberrecht. Praxis im Immaterialgüter- und Wettbewerbsrecht 2013, 149–152.
Peifer, Karl-Nikolaus/Kamp, Johannes: Datenschutz und Persönlichkeitsrecht – Anwendung der Grundsätze über Produktkritik auf das Bewertungsportal „spickmich.de“?, Zeitschrift für Urheber- und Medienrecht 2009, 185–190.
Pernice, Ingolf: Grundrechtsgehalte im Europäischen Gemeinschaftsrecht. Ein Beitrag zum gemeinschaftsimmanenten Grundrechtsschutz durch den Europäischen Gerichtshof, Baden-Baden 1979.
Perry, Walter/McInnis, Brian/Price, Carter/Smith, Susan/Hollywood, John: Predictive Policing. The Role of Crime Forecasting in Law Enforcement Operations, Rand Cooperation, Santa Monica u. a. 2013, im Internet abrufbar unter http://www.rand.org/content/dam/rand/pubs/research_reports/RR200/RR233/RAND_RR233.pdf (zuletzt abgerufen am 2.9.2019).
Persson, Torsten/Tabellini, Guido: Political Economics. Explaining Economic Policy, Cambridge, Mass. 2002.
dies.: The Economic Effects of Constitutions, Cambride, Mass. 2005.
Pescatore, Pierre: Le recours, dans la jurisprudence de la Cour de justice des Communautés européennes, à des normes déduites de la comparaison des droits des Etats membres, Revue internationale de droit comparé 32 (1980), 337–359.
–: Die Geschichte der europäischen Einigung zwischen Realität und Utopie, Baden-Baden 2007.
Petersen, Niels: Gesetzgeberische Inkonsistenz als Beweiszeichen. Eine rechtsvergleichende Analyse der Funktion von Konsistenzargumenten in der Rechtsprechung, Archiv des öffentlichen Rechts 138 (2013), 108–134.
Picker, Eduard: Antidiskriminierungsgesetz – Der Anfang vom Ende der Privatautonomie?, Juristenzeitung 2002, 880–882.
–: Antidiskriminierung als Zivilrechtsprogramm?, Juristenzeitung 2003, 540–545.
Pietzcker, Jost: Drittwirkung – Schutzpflicht – Eingriff, in: Maurer/Häberle/Schmitt Glaeser/Vitzthum (Hrsg.), Das akzeptierte Grundgesetz. Festschrift für Günter Dürig zum 70. Geburtstag, München 1990, S. 345–363.

Pilniok, Arne: Governance im europäischen Forschungsförderverbund. Eine rechtswissenschaftliche Analyse der Forschungspolitik und Forschungsförderung im Mehrebenensystem, Tübingen 2011.

–/*Westermann, Eike*: Strukturwandel im Verfassungsverbund? Eine Analyse des neuen Rechtsrahmens der unionalen Komitologieausschüsse, Verwaltungsarchiv 2012, 379–398-

Pilz, Stefan: Der Europäische Stabilitätsmechanismus. Eine neue Stufe der europäischen Integration, Tübingen 2016.

Pindyck, Robert/Rubinfeld, Daniel: Mikroökonomie, 8. Auflage München 2013.

Pitofsky, Robert (Hrsg.): How the Chicago School Overshot the Mark. The Effect of Conservative Economic Analysis on U. S. Antitrust, Oxford 2008.

Pitschas, Rainer: Geben moderne Technologien und die europäische Integration Anlaß, Notwendigkeit und Grenzen des Schutzes personenbezogener Informationen neu zu bestimmen?, Ständige Deputation des Deutschen Juristentags (Hrsg.), Verhandlungen des Zweiundsechzigsten Deutschen Juristentages, Bd. 2,1, München 1998, S. M 9–M 74.

Placzek, Thomas: Allgemeines Persönlichkeitsrecht und privatrechtlicher Informations- und Datenschutz. Eine schutzgutbezogene Untersuchung des Rechts auf informationelle Selbstbestimmung, Hamburg 2006.

Plog, Philipp: Zur Zulässigkeit eines Bewertungsportals für Lehrer (spickmich.de), Anmerkung zu LG Köln, Urt. v. 11.07.2007, 28 O 263/07, Computer und Recht 2007, 668–670.

Podlech, Adalbert: Verfassungsrechtliche Probleme öffentlicher Informationssysteme, Datenverarbeitung im Recht 1 (1972/1973), 149–169.

Podszun, Rupprecht: Google und das Leistungsschutzrecht für Presseverleger, Juli 2014, http://dx.doi.org/10.2139/ssrn.2504153.

–: Kartellrechtswidriges Verhalten der öffentlich-rechtlichen Fernsehkonzerne im Bereich technischer Dienstleistungen für Filme, Gutachten zu einer kartellrechtlichen Frage im Auftrag der Allianz Unabhängiger Filmdienstleister e.V., 21.9.2015.

–/*Franz, Benjamin*: Was ist ein Markt? Unentgeltliche Leistungsbeziehungen im Kartellrecht, Neue Zeitschrift für Kartellrecht 2015, 121–127.

–/*Leber, Marius*: Internetkartellrecht, Kölner Zeitschrift zum Wirtschaftsrecht 2015, 316–328.

–/*Leber, Marius*: Kommerzielle Tätigkeiten öffentlich-rechtlicher Rundfunkanstalten und der Grundsatz der Marktkonformität, Kommunikation & Recht 2015, 777–783.

Polanyi, Michael: Implizites Wissen, Frankfurt a. M. 1985.

Polenz, Sven: Umgang mit der Identifikationsnummer nach § 139 b AO, Recht der Datenverarbeitung 2010, 115–120.

Poscher, Ralf: Grundrechte als Abwehrrechte. Reflexive Regelung rechtlich geordneter Freiheit, Tübingen 2003.

Posner, Richard: Antitrust Law. An Economic Perspective, Chicago 1976.

–: The Chicago School of Antitrust Analysis, Universtiy of Pennsylvania Law Review 127 (1979), 925–948.

Potacs, Michael: Die Europäische Wirtschafts- und Währungsunion und das Solidaritätsprinzip, Europarecht 2013, 133–145.

Preusche, Reinhard: Compliance-Organisation in der Versicherungswirtschaft, in: Hauschka (Hrsg.), Corporate Compliance, 2. Auflage München 2010, § 37, S. 965–974.

Prinz, Wolfgang: Selbst im Spiegel. Subjektivität zwischen Natur und Kultur, in: Güntürkün/Hacker (Hrsg.), Geist – Gehirn – Genom – Gesellschaft. Wie wurde ich zu der

Person, die ich bin?; Vorträge anlässlich der Jahresversammlung der Deutschen Akademie der Naturforscher Leopoldina vom 20. bis 22. September 2013 in Halle (Saale), Stuttgart 2014, S. 109–122.
Prinz, Wolfgang: Selbst im Spiegel. Die soziale Konstruktion von Subjektivität, Berlin 2016.
Purnhagen, Kai: Warenverkehrsfreiheit: Mindestpreis für alkoholische Getränke. Anmerkung zu EuGH, Urt. v. 23.12.2015 – C-333/14 (Scotch Whisky Association ua/Lord Advocate ua), Europäische Zeitschrift für Wirtschaftsrecht 2016, 234–235.
Rehbinder, Manfred/Peukert, Alexander: Urheberrecht, 17. Auflage München 2015.
Rehm, Hannes: Reformen der nationalen und internationalen Finanzarchitektur, Kredit und Kapital 44 (2011), 317–338.
Reich, Norbert: The „November Revolution" of the European Court of Justice: Keck, Meng, and Audi revisited, Common Market Law Review 31 (1994), 459–492.
Reichertz, Jo: Grundzüge des Kommunikativen Konstruktivismus, in: Keller/Knoblauch/Reichertz (Hrsg.), Kommunikativer Konstruktivismus. Theoretische und empirische Arbeiten zu einem neuen wissenssoziologischen Ansatz, Wiesbaden 2013, S. 49–68.
Reimer, Philipp: „… und machet zu Jüngern alle Völker"? Von „universellen Verfassungsprinzipien" und der Weltmission der Prinzipientheorie der Grundrechte, Der Staat 52 (2013), 27–57.
Renner, Moritz: „Banking Without Banks"? Rechtliche Rahmenbedingungen des Peer-to-Peer Lending, Zeitschrift für Bankrecht und Bankwirtschaft 2014, 261–273.
Rensmann, Thilo: Wertordnung und Verfassung. Das Grundgesetz im Kontext grenzüberschreitender Konstitutionalisierung, Tübingen 2007.
Reul, Adolf: Grundrechte und Vertragsfreiheit im Gesellschaftsrecht, Deutsche Notar-Zeitschrift 2007, 184–210.
Rheinberger, Hans-Jörg: Wie werden aus Spuren Daten, und wie verhalten sich Daten zu Fakten?, in: Gugerli/Hagner/Hampe/Orland/Sarasin/Tanner (Hrsg.), Nach Feierabend, Zürcher Jahrbuch für Wissensgeschichte 3, Berlin 2007, 117–125.
Richter, Rudolf/Furubotn, Eirik Grundtvig: Neue Institutionenökonomik, 4. Auflage Tübingen 2010.
Ricke, Thorsten: Die rundfunkrechtliche Plattformregulierung auf dem Prüfstand. Wird den neuen Entwicklungen richtig Rechnung getragen?, Multimedia und Recht 2011, 642–648.
Ridder, Helmut: Freiheit der Kunst nach dem Grundgesetz, Berlin 1963.
–: Die soziale Ordnung des Grundgesetzes. Leitfaden zu den Grundrechten einer demokratischen Verfassung, Opladen 1975.
Riese, Christoph/Noll, Paul: Europarechtliche und verfassungsrechtliche Aspekte der Inländerdiskriminierung, Neue Zeitschrift für Verwaltungsrecht 2007, 516–521.
Ring, Gerhard: Berufsbild und Werbemöglichkeiten der Apotheker nach der zweiten Apothekenentscheidung des Bundesverfassungsgerichts, Neue Juristische Wochenschrift 1997, 768–772.
Rixen, Stephan: Sozialrecht als öffentliches Wirtschaftsrecht. Am Beispiel des Leistungserbringungsrechts der gesetzlichen Krankenversicherung, Tübingen 2005.
–: Würde des Menschen als Fundament der Grundrechte, in: Heselhaus/Nowak (Hrsg.), Handbuch der Europäischen Grundrechte, München 2006, § 9.
Rochet, Jean-Charles/Tirole, Jean: Platform Competition in Two-Sided Markets, Journal of the European Economic Association 1 (2003), 990–1029.
dies.: Two-Sided markets: a progress report, RAND Journal of Economics 37 (2006), 645–667.

Roggan, Fredrik: Die Videoüberwachung von öffentlichen Plätzen. Oder – Immer mehr gefährliche Plätze für Freiheitsrechte, Neue Zeitschrift für Verwaltungsrecht 2001, 134–141.
–: Polizeiliche Bildaufnahmen von friedlichen Versammlungen unter freiem Himmel. Über die Grenzen einer Legalisierung des Einsatzes technischer Mittel, Neue Zeitschrift für Verwaltungsrecht 2010, 1402–1405.
–/*Bergemann, Nils*: Die „neue Sicherheitsarchitektur" der Bundesrepublik Deutschland – Anti-Terror-Datei, gemeinsame Projektdateien und Terrorismusbekämpfungsergänzungsgesetz, Neue Juristische Wochenschrift 2007, 876–881.
Romer, Paul: Mathiness in the Theory of Econmic Growth, American Economic Review 105 (2015), 89–93.
Rosa, Hartmut: Beschleunigung. Die Veränderung der Zeitstrukturen in der Moderne, Frankfurt a. M. 2005.
Rossen, Helge: Freie Meinungsbildung durch den Rundfunk, Baden-Baden 1988.
Rössler, Beate: Der Wert des Privaten, Frankfurt a. M. 2001.
Roßnagel, Alexander: Die „Überwachungs-Gesamtrechnung" – Das BVerfG und die Vorratsdatenspeicherung, Neue Juristische Wochenschrift 2010, 1238–1242.
–: Grundrechtsausgleich beim vernetzten Automobil. Herausforderungen, Leistungsfähigkeit und Gestaltungsbedarf des Rechts, Datenschutz und Datensicherheit 2015, 353–358.
Roth, Gerhard: Das Gehirn und seine Wirklichkeit. Kognitive Neurobiologie und ihre philosophischen Konsequenzen, 4. Auflage Frankfurt a. M. 1996.
Rozek, Jochen: Die Unterscheidung von Eigentumsbindung und Enteignung. Eine Bestandsaufnahme zur dogmatischen Struktur des Art. 14 GG nach 15 Jahren „Naßauskiesung", Tübingen 1998.
Ruck, Silke: Zur Unterscheidung von Ausgestaltungs- und Schrankengesetzen im Bereich der Rundfunkfreiheit, Archiv des öffentlichen Rechts 117 (1992), 543–566.
Rudolph, Bernd: Funktionen, Risiken und Regulierung von Schattenbanken, Schmalenbachs Zeitschrift für betriebswirtschaftliche Forschung 64 (2012), 846–867.
Ruffert, Matthias: Grund und Grenzen der Wissenschaftsfreiheit, Veröffentlichung der Vereinigung der Deutschen Staatsrechtslehrer 65, Berlin 2006, S. 146–215.
–: Zur Leistungsfähigkeit der Wirtschaftsverfassung, Archiv des öffentlichen Rechts 134 (2009), 197–239.
–: Sektorales Wirtschaftsrecht als Teil des europäischen Wirtschaftsrechts, in: Ruffert (Hrsg.), Europäisches Sektorales Wirtschaftsrecht, Enzyklopädie Europarecht, Band. 5, Baden-Baden 2013, § 1.
–: Berufsfreiheit und unternehmerische Freiheit, in: Ehlers (Hrsg.), Europäische Grundrechte und Grundfreiheiten, 4. Auflage Berlin 2014, § 19, S. 688–706.
–/*Steinecke, Sebastian*: The Global Administrative Law of Science, Heidelberg 2011.
Rusteberg, Benjamin: Der grundrechtliche Gewährleistungsgehalt. Eine veränderte Perspektive auf die Dogmatik durch eine präzisere Schutzbereichsbestimmung, Tübingen 2009.
Rutherford, Malcom: J. M. Clark and Institutional Economics: Remarks on the Receipt of the Veblen-Commons Award, Journal of Economic Issues 2013, 295–308.
Sachs, Michael (Hrsg.): Grundgesetz Kommentar, 6. Auflage München 2011 (zit.: *Bearbeiter/-in,* in: Sachs, GG).
–: Informationsinterventionismus und Verfassungsrecht, in: Osterloh/Schmidt/Weber (Hrsg.), Staat, Wirtschaft, Finanzverfassung. Festschrift für Peter Selmer zum 70. Geburtstag, Berlin 2004, S. 209–226.

Sagan, Adam/Scholl, Bernd: § 476 BGB: Rückwirkungs- oder Grundmangelvermutung? Neue Fragen nach der Entscheidung des EuGH v. 4.6.2015 (Faber), Juristenzeitung 2016, 501–510.
Saladin, Peter: Unternehmen in der verfassungsrechtlichen Ordnung, Veröffentlichung der Vereinigung der Deutschen Staatsrechtslehrer 35, Berlin 1977, S. 7–54.
Sasse, Thorsten: Die Berufsfreiheit und das Recht zu arbeiten. Eine Analyse des Artikels 15 der Charta der Grundrechte der Europäischen Union, Frankfurt 2011.
–: Die Grundrechtsberechtigung juristischer Personen durch die unternehmerische Freiheit gemäß Art. 16 der Europäischen Grundrechtecharta, Europarecht 2012, 628–653.
Satterthwaite, Mark/Shneyerov, Artyom: Dynamic Matching, Two-Sided Incomplete Information, and Participation Costs: Existence and Convergence to Perfect Competition, Econometrica 75 (2007), 155–200.
Sawhney, Mohanbir/Prandelli, Emanuela: Communities of Creation: Managing Distributed Innovation in Turbulent Markets, California Management Review 42 (2000), No. 4, 24–54.
Schaefer, Jan Philipp: Neues vom Strukturwandel der Öffentlichkeit. Gewährleistungsverwaltung nach dem Fraport-Urteil des Bundesverfassungsgerichts, Der Staat 51 (2012), 251–277.
Schäfer, Hans-Bernd/Ott, Claus: Lehrbuch der ökonomischen Analyse des Zivilrechts, 5. Auflage Berlin 2012.
Scharpf, Fritz: Politische Optionen im vollendeten Binnenmarkt, in: Jachtenfuch/Kohler-Koch (Hrsg.), Europäische Integration, 2. Auflage Opladen 2003, S. 219–253.
–: Negative und positive Integration, in: Höpner/Schäfer (Hrsg.), Die Politische Ökonomie der europäischen Integration, Frankfurt a. M. 2008, S. 49–87 [überarbeitete Auszüge aus Scharpf, Regieren in Europa. Effektiv und demokratisch?, 1999].
Scheffler, Wolfram: Veräußerung von Kapitalgesellschaften aus steuerlicher Sicht – share deal oder asset deal?, Steuer und Wirtschaft 2001, 293–307.
Scherer, Frederic M./Ross, David: Industrial Market Structure and Economic Performance, 3. Auflage Boston 1990.
Scherzberg, Arno: Risiko als Rechtsproblem – Ein neues Paradigma für das technische Sicherheitsrecht, Verwaltungsarchiv 84 (1993), 484–513.
–: Wissen, Nichtwissen und Ungewissheit im Recht, in: Engel/Halfmann/Schulte (Hrsg.), Wissen – Nichtwissen – Unsicheres Wissen, Baden-Baden 2002, S. 113–144.
–: Risikosteuerung durch Verwaltungsrecht – Ermöglichung oder Begrenzung von Innovationen, in: Veröffentlichung der Vereinigung der Deutschen Staatsrechtslehrer 63, Berlin 2004, S. 214–263.
–: Zum Umgang mit implizitem Wissen. Eine disziplinübergreifende Perspektive, in: Schuppert/Voßkuhle (Hrsg.), Governance von und durch Wissen, Baden-Baden 2008, S. 240–257.
Scheuner, Ulrich: Die staatliche Intervention im Bereich der Wirtschaft. Rechtsformen und Rechtsschutz, Veröffentlichungen der Vereinigung Deutscher Staatsrechtslehrer 11, Berlin 1954, S. 1–74.
Schirmer, Ulrike: Kapitalmarktorientierte Konzernbewertung, Wiesbaden 2015.
Schlacke, Sabine: Komitologie nach dem Vertrag von Lissabon. Die (neue) Bedeutung des Ausschusswesens für delegierte und Durchführungs-Rechtsetzung, Jahrbuch des Öffentlichen Rechts der Gegenwart 61 (2013), 293–327.

Schlimpert, Denis: „Verstärkte Kooperation" für mehr Wettbewerb – Französische, italienische und schwedische Wettbewerbshüter nehmen Verpflichtungszusagen von Booking an, Zeitschrift für Wettbewerbsrecht 2015, 134–156.

Schlink, Bernhard: Freiheit durch Eingriffsabwehr – Rekonstruktion einer klassischen Grundrechtsfunktion, Europäische Grundrechte-Zeitschrift 1984, 457–468.

Schmalensee, Richard: Should New Merger Guidelines Give UPP Market Definition?, GCP: the Antitrust Chronicle December 2009 (Release 1), im Internet abrufbar unter https://www.competitionpolicyinternational.com/assets/Free/SchmalenseeDEC-091.pdf.

Schmid, Tobias: Rechtliche Herausforderungen des Hybridfernsehens aus der Sicht des privaten Rundfunks, Zeitschrift für Urheber- und Medienrecht 2011, 457–462.

Schmidt, Frederik: Die unternehmerische Freiheit im Unionsrecht, Berlin 2010.

Schmidt, Reiner: Die entfesselte EZB, Juristenzeitung 2015, 317–327.

Schmidt-Aßmann, Eberhard: Die Wissenschaftsfreiheit nach Art. 5 Abs. 3 GG als Organisationsgrundrecht, in: Becker/Bull/Seewald (Hrsg.), Festschrift für Werner Thieme zum 70. Geburtstag, Köln 1993, S. 697–711.

–: Der Schutz des Aktieneigentums durch Art. 14 GG, in: Brenner/Huber/Möstl (Hrsg.), Der Staat des Grundgesetzes – Kontinuität und Wandel. Festschrift für Peter Badura zum siebzigsten Geburtstag, Tübingen 2004, S. 1009–1029.

–: Das allgemeine Verwaltungsrecht als Ordnungsidee. Grundlagen und Aufgaben der verwaltungsrechtlichen Systembildung, 2. Auflage Berlin 2004.

–: Verwaltungsrechtliche Dogmatik. Eine Zwischenbilanz zu Entwicklung, Reform und künftigen Aufgaben, Tübingen 2013.

Schmidt-Rimpler, Walter: Grundfragen einer Erneuerung des Vertragsrechts, Archiv für die civilistische Praxis 147 (1941), 130–197.

Schmidtchen, Dieter: Effizienz als Leitbild der Wettbewerbspolitik: Für einen „more economic approach", in: Oberender (Hrsg.), Effizienz und Wettbewerb, Berlin 2005, S. 9–41.

–: Der „more economic approach" in der Wettbewerbspolitik, Wirtschaft und Wettbewerb 2006, 6–17.

–: Der „more economic approach" in der europäischen Wettbewerbspolitik – ein Konzept mit Zukunft, in: Eger/Bigus/Ott/von Wangenheim (Hrsg.), Internationalisierung des Rechts und seine ökonomische Analyse. Festschrift für Hans-Bernd Schäfer zum 65. Geburtstag, Wiesbaden 2008, S. 473–488.

–: Wettbewerbsfreiheit oder Effizienz? Zur Zweisamkeit von Recht und Ökonomie im Bereich der Wettbewerbspolitik, ORDO. Jahrbuch für die Ordnung von Wirtschaft und Gesellschaft 59 (2008) 143–184.

Schmidtmann, Karin: Die verfassungsrechtliche Einordnung konvergenter Massenmedien. Eine Analyse der Auswirkungen des Medienwandels auf Presse und Rundfunk aus verfassungsrechtlicher Sicht, Hamburg 2013.

Schmitt Glaeser, Walter: Die Rundfunkfreiheit in der Rechtsprechung des Bundesverfassungsgerichts, Archiv des öffentlichen Rechts 112 (1987), 215–263.

Schmitt, Carl: Verfassungslehre, 6. unveränderte Auflage der 1928 erschienen 1. Auflage, Berlin 1983.

Schmitz, Thomas: Die EU-Grundrechtecharta aus grundrechtsdogmatischer und grundrechtstheoretischer Sicht, Juristenzeitung 2001, 833–843.

Schneider, Hans-Peter: Art. 12 GG – Freiheit des Berufs und Grundrecht der Arbeit, Veröffentlichung der Vereinigung der Deutschen Staatsrechtslehrer 43, Berlin 1985, S. 7–47.

Schoch, Friedrich: Öffentlich-rechtliche Rahmenbedingungen einer Informationsordnung, in: Veröffentlichung der Vereinigung der Deutschen Staatsrechtslehrer 57, Berlin 1998, S. 158–215.
–: Amtliche Publikumsinformation zwischen staatlichem Schutzauftrag und Staatshaftung. Das Verbraucherinformationsrecht als Modell der amtlichen Publikumsinformation, Neue Juristische Wochenschrift 2012, 2844–2850.
Scholz, Rupert: Die Koalitionsfreiheit als Verfassungsproblem, München 1971.
–: Rezension von Peter Häberle: Die Wesensgehaltgarantie des Art. 19 Abs. 2 GG. Zugleich ein Beitrag zum institutionellen Verständnis der Grundrechte und zur Lehre vom Gesetzesvorbehalt, Archiv des öffentlichen Rechts 110 (1985), 127–134.
Schön, Wolfgang: Der Aktionär im Verfassungsrecht, in: Habersack/Hüffer/Hommelhoff/Schmidt (Hrsg.), Festschrift für Peter Ulmer zum 70. Geburtstag am 2. Januar 2003, Berlin 2003, S. 1359–1392.
Schönberger, Sophie: Wandel des Verhältnisses von Staat und Gesellschaft – Folgen für Grundrechtstheorie und Grundrechtsdogmatik, in: Veröffentlichung der Vereinigung des Deutschen Staatsrechtslehrer 68, Berlin 2020, S. 291–313.
Schröder, Meinhard: Persönlichkeitsrechtsschutz bei Bewertungsportalen im Internet, Verwaltungsarchiv 2010, 205–230.
–: Verfassungsrechtlicher Eigentumsschutz von Genehmigungen, in: Durner/Peine/Shirvani (Hrsg.), Freiheit und Sicherheit in Deutschland und Europa, Festschrift für Hans-Jürgen Papier zum 70. Geburtstag, Berlin 2013, S. 605–623.
Schroeder, Werner: Neues zur Grundrechtskontrolle in der Europäischen Union, Europäische Zeitschrift für Wirtschaftsrecht 2011, 462–467.
–: Die grundrechtliche Prüfungsdichte des EuGH seit dem Vertrag von Lissabon – entwickelt sich die bisherige Vertretbarkeitskontrolle zu einer strengen Verhältnismäßigkeitsprüfung?, in: König/Uwer (Hrsg.), Grenzen europäischer Normgebung, Hamburg 2015, S. 83–94.
Schröter, Helmuth/Jakob, Thinam/Klotz, Robert/Mederer, Wolfgang (Hrsg.): Europäisches Wettbewerbsrecht, 2. Auflage Baden-Baden 2014 (zit.: *Bearbeiter/-in,* in: Schröter/Jakob/Klotz/Mederer, Europäisches Wettbewerbsrecht).
Schubert, Thure: Der Gemeinsame Markt als Rechtsbegriff – Die allgemeine Wirtschaftsfreiheit des EG-Vertrags, München 1999.
Schulz, Wolfgang: Gewährleistung kommunikativer Chancengleichheit als Freiheitsverwirklichung, Baden-Baden 1998.
–: Kommunikationsverfassung, Kommunikationsgrundrechte, Staatsfreiheit – Staatsfreiheit als Gestaltungsprinzip, Archiv für Presserecht 2013, 464–470.
–/Korte, Benjamin: Medienprivilegien in der Informationsgesellschaft, Kritische Vierteljahresschrift 2001, 113–145.
Schulze-Fielitz, Helmuth: Theorie und Praxis parlamentarischer Gesetzgebung – besonders des 9. Deutschen Bundestags (1980–1983), Berlin 1988.
–: Leicht spekulative Notizen zur Reputationshierarchie in der deutschen Staatsrechtslehre, in: Horn (Hrsg.), Private Festgabe für Walter Schmitt Glaeser zum 60. Geburtstag, 1993, S. 367–386, zitiert nach Schulze-Fielitz, Staatsrechtslehre als Mikrokosmos. Bausteine zu einer Soziologie und Theorie der Wissenschaft des Öffentlichen Rechts, Tübingen 2013, S. 187–203.
Schuschke, Winfried: Lebensschutz contra Eigentumsgarantie – Zu den Grenzen des § 765 a ZPO in der Räumungsvollstreckung, Neue Juristische Wochenschrift 2006, 874–877.

Schütz, Raimund: Herausforderung Konvergenz – Wie kann Vielfalt im Flaschenhals „Plattform" gesichert werden?, MultiMedia und Recht 2016, 145–146.
Schützenmeister, Falk: Disziplinarität und Interdisziplinarität in der atmosphärischen Chemie, in: Mayntz/Neidhardt/Weingart/Wengenroth (Hrsg.), Wissensproduktion und Wissenstransfer. Wissen im Spannungsfeld von Wissenschaft, Politik und Öffentlichkeit, Bielefeld 2008, S. 97–124.
Schwab, Dieter: Schranken der Vertragsfreiheit durch die Antidiskriminierungsrichtlinien und ihre Umsetzung in Deutschland, Deutsche Notar-Zeitschrift 2006, 649–678.
Schwalbe, Ulrich: Per-se Regeln und der „More Economic Approach", in: Vanberg (Hrsg.), Evolution und freiheitlicher Wettbewerb, Tübingen 2009, S. 61–77.
Schwarze, Jürgen: Der Grundrechtsschutz für Unternehmen in der Europäischen Grundrechtecharta, Europäische Zeitschrift für Wirtschaftsrecht 2001, 517–524.
–: Das wirtschaftsverfassungsrechtliche Konzept des Verfassungsentwurfs des Europäischen Konvents – zugleich eine Untersuchung der Grundprobleme des europäischen Wirtschaftsrechts, Europäische Zeitschrift für Wirtschaftsrecht 2004, 135–140.
–: Der Schutz der unternehmerischen Freiheit nach Art. 16 der Charta der Grundrechte der Europäischen Union, in: Sachs/Siekmann (Hrsg.), Der grundrechtsgeprägte Verfassungsstaat. Festschrift für Klaus Stern zum 80. Geburtstag, Berlin 2012, S. 945–961.
–: Die Wahrung des Rechts durch den Gerichtshof der Europäischen Union, Deutsches Verwaltungsblatt 2014, 537–543.
– (Hrsg.): EU-Kommentar, 3. Auflage Baden-Baden 2012 (zit.: *Bearbeiter/-in*, in: Schwarze, EU-Kommentar).
Schweitzer, Heike/Haucap, Justus/Kerber, Wolfgang/Welker, Robert: Modernisierung der Missbrauchsaufsicht für marktmächtige Unternehmen. Projekt im Auftrag des Bundesministeriums für Wirtschaft und Energie, 29.8.2018.
Schwerdtfeger, Angela: Europäisches Unionsrecht in der Rechtsprechung des Bundesverfassungsgerichts – Grundrechts-, ultra-vires- und Identitätskontrolle im gewaltenteiligen Mehrebenensystem, Europarecht 2015, 290–309.
Schwier, Henning: Der Schutz der „Unternehmerischen Freiheit" nach Artikel 16 der Charta der Grundrechte der Europäischen Union. Eine Darstellung der tatsächlichen Reichweite und Intensität der grundrechtlichen Gewährleistung aus rechtsvergleichender Perspektive, Frankfurt a. M. 2008.
Scotchmer, Suzanne: Innovation and Incentives, Cambridge, Mass. 2006.
Sedlak, Benedikt: Bankenaufsicht über Geschäftsorganisation, Baden-Baden 2014.
Seibt, Christoph/Cziupka, Johannes: Rechtspflichten und Best Practices für Vorstands- und Aufsichtsratshandeln bei der Kapitalmarktrecht-Compliance, Die Aktiengesellschaft 2015, 93–109.
Sieweke, Jost/Muck, Johannes/Süß, Stefan/Haucap, Justus: Forschungsevaluation an Fakultäten – Ergebnisse einer explorativen Studie rechts- und wirtschaftswissenschaftlicher Fakultäten, Schmalenbachs Zeitschrift für betriebswirtschaftliche Forschung 2014, 274–305.
Sieweke, Simon: Managementstrukturen und outputorientierte Finanzierung im Hochschulbereich. Zum Instrumentarium des neuen Steuerungsmodells im Hinblick auf die Wissenschaftsfreiheit und Hochschulautonomie, Baden-Baden 2010.
Simitis, Spiros: Die informationelle Selbstbestimmung – Grundbedingung einer verfassungskonformen Informationsordnung, Neue Juristische Wochenschrift 1984, 398–405.
Simma, Bruno/Weiler, Joseph H. H./Zöckler, Markus C.: Kompetenzen und Grundrechte. Beschränkungen der Tabakwerbung aus Sicht des Europarechts, Berlin 1999.

Singer, Reinhard: Vertragsfreiheit, Grundrechte und der Schutz des Menschen vor sich selbst, Juristenzeitung 1995, 1133–1141.

Skouris, Vassilios: Das Verhältnis von Grundfreiheiten und Grundrechten im europäischen Gemeinschaftsrecht, Die Öffentliche Verwaltung 2006, 89–97.

–: Methoden der Grundrechtsgewinnung in der Europäischen Union, in: Merten/Papier (Hrsg.), Handbuch der Grundrechte in Deutschland und Europa, Band VI/1, Europäische Grundrechte 1, Heidelberg 2010, § 157.

Smeddinck, Ulrich: Die deregulierte Hochschule, Die Öffentliche Verwaltung 2007, 269–279.

Smeets, Heinz-Dieter: Ansteckungseffekte während der europäischen Staatsschuldenkrise, in: Pies (Hrsg.), Das weite Feld der Ökonomik: Von der Wirtschaftsforschung und Wirtschaftspolitik bis zur Politischen Ökonomik und Wirtschaftsethik, Stuttgart 2013, S. 249–262.

–: Muss der Euro gerettet werden?, Wirtschaftsdienst 2010, 548–554.

–: Zum Stand der Staatsschuldenkrise in Europa, in: Haucap (Hrsg.), Ordnungspolitische Perspektiven Nr. 30, Düsseldorf 2012.

Smend, Rudolf: Das Recht der freien Meinungsäußerung, Veröffentlichung der Vereinigung der Deutschen Staatsrechtslehrer 4, Berlin 1928, S. 44–74.

Spieß, Constanze: Linguistische Genderforschung und Diskurslinguistik. Theorie – Methode – Praxis, in: Günther/Hüpper/dies. (Hrsg.), Genderlinguistik. Sprachliche Konstruktionen von Geschlechtsidentität, Berlin 2012, S. 53–85.

Spindler, Gerald: Unternehmensorganisationspflichten. Zivilrechtliche und öffentlich-rechtliche Regelungskonzepte, Köln 2001.

–: Persönlichkeitsschutz im Internet – Anforderungen und Grenzen einer Regulierung, Gutachten F zum 69. Deutschen Juristentag, München 2012.

–: Datenschutz- und Persönlichkeitsrechte im Internet – der Rahmen für Forschungsaufgaben und Reformbedarf, Gewerblicher Rechtsschutz und Urheberrecht 2013, 996–1003.

Sprenger, Regine: Optionen zur Regulierung des publizistischen Wettbewerbs. Eine konzeptionelle Untersuchung des Kartellrechts und des medienspezifischen Konzentrationsrechts in Bezug auf die Verhinderung vorherrschender Meinungsmacht, Frankfurt a. M. 2013.

Staehle, Wolfgang/Conrad, Peter/Sydow, Jörg: Management. Eine verhaltenswissenschaftliche Perspektive, 8. Auflage München 1999.

Staudinger, Julius von (Begr.), Kommentar zum Bürgerlichen Gesetzbuch. Mit Einführungsgesetz und Nebengesetzen, §§ 488 – 490; §§ 607–609 (Darlehensrecht), Berlin Neubearbeitung 2005 (zit.: *Bearbeiter/-in*, in: Staudinger).

Staute, Jörg: Das Ende der Unternehmenskultur. Firmenalltag im Turbokapitalismus, Frankfurt a. M. 1997.

Steindorff, Ernst: Unvollkommener Binnenmarkt, Zeitschrift für das gesamte Handelsrecht und Wirtschaftsrecht 158 (1994), 149–169.

Steinhauer, Fabian: Das Grundrecht der Kunstfreiheit, in: Vesting/Korioth/Augsberg (Hrsg.), Grundrechte als Phänomene kollektiver Ordnung. Zur Wiedergewinnung des Gesellschaftlichen in der Grundrechtstheorie und Grundrechtsdogmatik, Tübingen 2014, S. 247–279.

Stern, Klaus: Die Schutzpflichtenfunktion der Grundrechte: Eine juristische Entdeckung, Die Öffentliche Verwaltung 2010, 241–249.

–/*Sachs, Michael* (Hrsg.), Europäische Grundrechte-Charta. Kommentar, München 2016 (zit.: *Bearbeiter/-in*, in: Stern/Sachs, GRCh).
Sterzel, Dieter/Pereis, Joachim: Freiheit der Wissenschaft und Hochschulmodernisierung. Das Niedersächsische Hochschulgesetz und das Selbstverwaltungsrecht der Universitäten, Baden-Baden 2003.
Stichweh, Rudolf: Ausdifferenzierung der Wissenschaft – Eine Analyse am deutschen Beispiel, Bielefeld 1977.
–: Die Autopoiesis der Wissenschaft, in: Baecker/Markowitz/Stichweh/Tyrell/Willke (Hrsg.), Theorie als Passion. Niklas Luhmann zum 60. Geburtstag, Frankfurt a.M. 1987, S. 447–481.
–: Wissenschaft, Universität, Professionen. Soziologische Analysen, Frankfurt a.M. 1994.
–: Zur Entstehung des modernen Systems wissenschaftlicher Disziplinen. Physik in Deutschland 1740–1890, Frankfurt a.M. 1984.
Stolleis, Michael: Verfassungsideale der Bürgerlichen Revolution, in: Högsta domsmakten i Sverige under 200 ar, Lund 1990, S. 79–91, zitiert nach Stolleis, Konstitution und Intervention. Studien zur Geschichte des öffentlichen Rechts im 19. Jahrhundert, Frankfurt a.M. 2001, S. 17–32.
–: Geschichte des öffentlichen Rechts in Deutschland, Band II, Staatsrechtslehre und Verwaltungswissenschaft 1800–1914, München 1992.
Storr, Stefan: Zur Bonität des Grundrechtsschutzes in der Europäischen Union, Der Staat 36 (1997), 546–573.
Streinz, Rudolf: Europarecht, 10. Auflage Heidelberg 2016.
– (Hrsg.): EUV/AEUV. Vertrag über die Europäische Union und Vertrag über die Arbeitsweise der Europäischen Union, 2. Auflage München 2012 (zit.: *Bearbeiter/-in,* in: Streinz, EUV/AEUV).
–/*Leible, Stefan*: Die unmittelbare Drittwirkung der Grundfreiheiten. Überlegungen aus Anlass von EuGH, EuZW 2000, 468 – Angonese, Europäische Zeitschrift für Wirtschaftsrecht 2000, 459–467.
Streit, Manfred E.: Wissen, Wettbewerb und Wirtschaftsordnung – Zum Gedenken an Friedrich August von Hayek, ORDO. Jahrbuch für die Ordnung von Wirtschaft und Gesellschaft 43 (1992), 1–30.
–: Menschliches Wissen – Dimensionen eines komplexen Phänomens, ORDO. Jahrbuch für die Ordnung von Wirtschaft und Gesellschaft 54 (2003), 113–122.
–: Das Wissensproblem der Ökonomik aus Hayekscher Sicht, ORDO. Jahrbuch für die Ordnung von Wirtschaft und Gesellschaft 58 (2007/2008), 147–153.
–: Das Wettbewerbskonzept der Ordnungstheorie, in: Görgens/Tuchtfeldt (Hrsg.), Die Zukunft der wirtschaftlichen Entwicklung – Perspektiven und Probleme, Bern 1992, S. 83–108, zitiert nach dem Wiederabdruck in Streit (Hrsg.), Wissen, Wettbewerb und Wirtschaftsordnung, Baden-Baden 2008, S. 111–123.
–: Wohlfahrtsökonomik, Wirtschaftsordnung und Wettbewerb [Übersetzung von Welfare Economics, Economic Order and Competition, in: Giersch (Hrsg.), Money, Trade and Competition – Essays in Memory of Egon Sohmen, Berlin 1992, S. 255–278], in: Streit (Hrsg.), Wissen, Wettbewerb und Wirtschaftsordnung, Baden-Baden 2008, 157–179.
Strobel, Tobias: Europäische Bedarfsermittlung nach der TEN-E-VO – Zugleich zur Unionsliste der VGI 2013, Zeitschrift für das gesamte Recht der Energiewirtschaft 2014, 299–304.

Suhr, Dieter: Entfaltung der Menschen durch die Menschen. Zur Grundrechtsdogmatik der Persönlichkeitsentfaltung, der Ausübungsgemeinschaften und des Eigentums, Berlin 1976.

Taeger, Jürgen: Rechtlicher Regelungsrahmen des Scorings in Deutschland, Kommunikation und Recht 2014, Heft 10, Beihefter 4, 4–17.

Tamke, Maren: Kartellrechtliche Beurteilung der Bestpreisklauseln von Internetplattformen, Wirtschaft und Wettbewerb 2015, 594–604.

Telle, Sebastian: Konditionenmissbrauch durch Ausplünderung von Plattform-Nutzerdaten. Kartellrechtliche Bewertung des Vorwurfs exzessiver Datenerhebung durch Online-Plattformen aus Anlass der Ermittlungen des Bundeskartellamts gegenüber Facebook, Wettbewerb in Recht und Praxis 2016, 814–820.

Terhechte, Jörg Philipp: Prinzipienordnung der Europäischen Union, in: Hatje/Müller-Graff (Hrsg.), Europäisches Organisations- und Verfassungsrecht, Enzyklopädie Europarecht, Bd. 1, Baden-Baden 2014, § 7, S. 329–365.

Teubner, Gunther: Globale Bukowina. Zur Emergenz eines transnationalen Rechtspluralismus, Rechtshistorisches Journal 15 (1996), 255–290.

–: Globale Zivilverfassungen: Alternativen zur staatszentrierten Verfassungstheorie, Zeitschrift für ausländisches öffentliches Recht und Völkerrecht 63 (2003), 1–28.

–: Die anonyme Matrix – Zu Menschenrechtsverletzungen durch „private" transnationale Akteure, Der Staat 45 (2006), 181–187.

–: Das Projekt der Verfassungssoziologie: Irritationen des nationalstaatlichen Konstitutionalismus, Zeitschrift für Rechtssoziologie 32 (2011), 189–204.

–: Verfassungsfragmente. Gesellschaftlicher Konstitutionalismus in der Globalisierung, Berlin 2012.

–: Transnationales Recht: Legitimation durch horizontale Grundrechtswirkung. Zugleich Besprechung von Lars Viellechner: Transnationalisierung des Rechts, Juristenzeitung 2015, 506–510.

Thanos, Ioannis: Die Reichweite der Grundrechte im EU-Kartellverfahrensrecht, Berlin 2015.

Thiele, Alexander: Finanzaufsicht. Der Staat und die Finanzmärkte, Tübingen 2014.

Thym, Daniel: Migrationsverwaltungsrecht, Tübingen 2010.

–: Blaupausenfallen bei der Abgrenzung von Grundgesetz und Grundrechtecharta, Die Öffentliche Verwaltung 2014, 941–951.

–: Die Rückkehr des „Marktbürgers" – Zum Ausschluss nichterwerbsfähiger EU-Bürger von Hartz IV-Leistungen, Neue Juristische Wochenschrift 2015, 130–134.

Tirole, Jean: Procurement and Renegotiation, Journal of Political Economy 94 (1986), 235–259.

–: Industrieökonomik, 2. deutschsprachige Auflage München 1999.

Toda Castán, Daniel: Die Öffnung des EU-Rechts für die Europäische Menschenrechtskonvention, Die Öffentliche Verwaltung 2016, 12–22.

Toggenburg, Gabriel: Die „falsche" Fürstin: Zum grenzüberschreitenden Verkehr von Adelstiteln vor dem Hintergrund der Unionsbürgerschaft, European Law Reporter 2011, 74–81.

Tolksdorf, Michael: Stand und Entwicklungstendenzen der Wettbewerbstheorie, Wirtschaft und Wettbewerb 1980, 785–803.

Tou, Julius/Gonzalez, Rafael: Pattern Recognition Principles, Reading 1974.

Tremblay, Victor/Tremblay, Carol Horton: New Perspectives on Industrial Organization. With Contributions from Behavioral Economics and Game Theory, New York 2012.

Trute, Hans-Heinrich: Die Forschung zwischen grundrechtlicher Freiheit und staatlicher Institutionalisierung, Tübingen 1994.
–: Verzahnungen von öffentlichem und privatem Recht – anhand ausgewählter Beispiele, in: Hoffmann-Riem/Schmidt-Aßmann (Hrsg.), Öffentliches Recht und Privatrecht als wechselseitige Auffangordnungen, Baden-Baden 1996, S. 167–223
–: Der Schutz personenbezogener Informationen in der Informationsgesellschaft, Juristenzeitung 1998, 822–831.
–: Öffentlich-rechtliche Rahmenbedingungen einer Informationsordnung, in: Veröffentlichung der Vereinigung der Deutschen Staatsrechtslehrer 57, Berlin 1998, S. 216–273.
–: Verfassungsrechtliche Grundlagen, in: Alexander Roßnagel (Hrsg.), Handbuch Datenschutzrecht. Die neuen Grundlagen für Wirtschaft und Verwaltung, München 2003.
–: Staatsrechtslehre als Sozialwissenschaft, in: Schulze-Fielitz (Hrsg.), Staatsrechtslehre als Wissenschaft, Die Verwaltung Beiheft 7/2007, S. 115–133.
–: Grenzen des präventionsorientierten Polizeirechts in der Rechtsprechung des Bundesverfassungsgerichts, Die Verwaltung 42 (2009), 85–104,
–: Wissen – Einleitende Bemerkungen, in: Röhl (Hrsg.), Wissen – zur kognitiven Dimension des Rechts, Die Verwaltung Beiheft 9, 2010, 11–38.
–: Wissensgesellschaft – Demokratie – Legitimation, in: Kraul/Stoll (Hrsg.), Wissenschaftliche Politikberatung, Göttingen 2011, S. 43–67.
–: Big Data and Algorithm: Preliminary Notes from Germany, Journal of Law & Economic Regulation 8 (2015), 62–87.
–: Governance des Wissens, in: Weingart/Wagner (Hrsg.), Wissenschaftliche Politikberatung im Praxistest, Weilerswist 2015, S. 115–135.
–: Internet of Things – Remarks from the German Perspective, Journal of Law & Economic Regulation, Vol. 9 No. 1 (2016), 118–139.
–/*Broemel, Roland*: Die Regulierung des Zugangs in den Netzwirtschaften, Zeitschrift für das gesamte Handels- und Wirtschaftsrecht 170 (2006), 706–736.
–/*Broemel, Roland*: Der Verbreitungsauftrag der öffentlich-rechtlichen Rundfunkanstalten. Einspeisung und Vergütung von Programmen mit Must-Carry-Status in Kabelnetzen, MultiMedia und Recht 2012, Beilage Nr. 11, 1–30.
–/*Denkhaus, Wolfgang/Kühlers, Doris*: Governance in der Verwaltungsrechtswissenschaft, Die Verwaltung 37 (2004), 451–473.
von Ungern-Sternberg, Antje: Autonome und funktionale Grundrechtskonzeptionen – Unter besonderer Berücksichtigung der Rechtsprechung des Europäischen Gerichtshofs für Menschenrechte, in: Matz-Lück/Hong (Hrsg.), Grundrechte und Grundfreiheiten im Mehrebenensystem – Konkurrenzen und Interferenzen, Heidelberg 2012, S. 69–108.
Van den Bergh, Roger/Camesasca, Peter: European Competition Law and Economics: A Comparative Perspective, Antwerpen 2001.
Vanberg, Viktor: Die normativen Grundlagen von Ordnungspolitik, ORDO. Jahrbuch für die Ordnung von Wirtschaft und Gesellschaft 48 (1997), 707–726.
–: Friedrich A. von Hayek und die Freiburger Schule, Jahrbuch für die Ordnung von Wirtschaft und Gesellschaft 54 (2003), S. 3–20.
–: Die Verfassung der Freiheit, in: Berthold/Gundel (Hrsg.), Theorie der sozialen Ordnungspolitik, Berlin 2003, S. 35–51; zitiert nach dem Abdruck in Goldschmidt/Wohlgemuth (Hrsg.), Viktor J. Vanberg – Wettbewerb und Regelordnung, Tübingen 2008, S. 101–116.
–: Das Paradoxon der Marktwirtschaft: Die Verfassung des Marktes und das Problem der „sozialen Sicherheit“, in: Leipold/Wentzel (Hrsg.), Ordnungsökonomik als aktuelle

Herausforderung, Schriften zu Ordnungsfragen der Wirtschaft, Bd. 78, Stuttgart 2005, S. 52–67; hier zitiert nach dem Abdruck in Goldschmidt/Wohlgemuth (Hrsg.), Viktor J. Vanberg – Wettbewerb und Regelordnung, Tübingen 2008, S. 155–172.
Vauchez, Antoine: The transnational politics of judicialization. Van Gend en Loos and the making of EU polity, European Law Journal 16 (2010), 1–28.
Vesting, Thomas: Prozedurales Rundfunkrecht. Grundlagen – Elemente – Perspektiven, Baden-Baden 1997.
–: Konnexionistisches („netzwerkgerechtes") Eigentum. Zur Notwendigkeit einer Neubestimmung des Rechts auf Eigentum für die „Economy of Participation", in: Bauer/Czybulka/Kahl/Voßkuhle (Hrsg.), Wirtschaft im offenen Verfassungsstaat. Festschrift für Reiner Schmidt zum 70. Geburtstag, München 2006, S. 427–443.
–: Die Medien des Rechts: Sprache, Weilerswist 2011.
–: Die Bedeutung von Information und Kommunikation für die verwaltungsrechtliche Systembildung, in: Wolfgang Hoffmann-Riem/Eberhard Schmidt-Aßmann/Andreas Voßkuhle (Hrsg.), Grundlagen des Verwaltungsrechts, Band II, 2. Auflage München 2012, § 20, S. 1–34.
–: Die Tagesschau-App und die Notwendigkeit der Schaffung eines „Intermedienkollisionsrechts", Karlsruher Dialog zum Informationsrecht Band 4, Karlsruhe 2013.
–: Rechtstheorie, 2. Auflage München 2015.
–: Der Sozialstaat als Subjektivierungspraxis: Bürger – Organisationsmensch – Homo digitalis, in: Buchner/Ladeur (Hrsg.), Wissensgenerierung und -verarbeitung im Gesundheits- und Sozialrecht. Friedhelm Hase zum 65. Geburtstag, Tübingen 2016, S. 107–124.
–/Korioth, Stefan/Augsberg, Ino (Hrsg.): Grundrechte als Phänomene kollektiver Ordnung. Zur Wiedergewinnung des Gesellschaftlichen in der Grundrechtstheorie und Grundrechtsdogmatik, Tübingen 2013.
Vielleichner, Lars: Verfassung als Chiffre. Zur Konvergenz von konstitutionalistischen und pluralistischen Perspektiven auf die Globalisierung des Rechts, Zeitschrift für ausländisches öffentliches Recht und Völkerrecht 75 (2015), 233–258.
Villarroel, J. Andrei/Taylor, John E./Tucci, Christopher L.: Innovation and learning performance implications of free revealing and knowledge brokering in competing communities: insights from the Netflix Prize challenge, Computational and Mathematical Organization Theory 2013, 42–77.
Vismann, Cornelia: Medien der Rechtsprechung, Frankfurt a. M. 2011.
Vogel, Andreas: Online-Geschäftsfelder der Pressewirtschaft, Media Perspektiven 2008, 236–246.
Vogel, Friedemann: Zwischen Willkür, Konvention und Automaten. Die interdisziplinäre Suche nach Bedeutungen in Recht und Gesetz, in: Vogel (Hrsg.), Zugänge zur Rechtssemantik. Interdisziplinäre Ansätze im Zeitalter der Mediatisierung, Berlin 2015, S. 3–17.
Voigt, Daniel: Kostendeckende Tätigkeiten von Nonprofit-Organisationen unter dem Schutz des Art. 12 Abs. 1 S. 1 GG?, Gewerbearchiv 2005, 56–60.
Voigt, Stefan: Konstitutionelle Ökonomik und Theorie der Wirtschaftspolitik – zugleich eine Skizze zur Weiterentwicklung einer ökonomischen Theorie der Verfassung, in: Pies/Leschke (Hrsg.), James Buchanans konstitutionelle Ökonomik, Tübingen 1996, S. 157–183.
Voland, Thomas: Ende gut, alles gut? Die Verfassungs- und Europarechtskonformität der Regelungen zur Finanzmarktstabilisierung, Neue Zeitschrift für Gesellschaftsrecht 2012, 694–698.

Volkmann, Uwe: Grundzüge einer Verfassungslehre der Bundesrepublik Deutschland, Tübingen 2013.
–: Rechts-Produktion oder: Wie die Theorie der Verfassung ihren Inhalt bestimmt, Der Staat 54 (2015), 35–62.
Voßkuhle, Andreas: Gibt es und wozu nutzt eine Lehre vom Verfassungswandel?, Der Staat 43 (2004), 450–459.
–: Religionsfreiheit und Religionskritik – Zur Verrechtlichung religiöser Konflikte, Europäische Grundrechte-Zeitschrift 2010, 537–543.
Wagener, Hans-Jürgen/Eger, Thomas: Europäische Integration. Wirtschaft und Recht, Geschichte und Politik, 3. Auflage München 2014.
Wagner, Gerhard: Der Verbrauchsgüterkauf in den Händen des EuGH: Überzogener Verbraucherschutz oder ökonomische Rationalität?, Zeitschrift für Europäisches Privatrecht 2016, 87–120.
Wagner, Michael: Europäische Perspektive des Hybridfernsehens, Zeitschrift für Urheber- und Medienrecht 2011, 462–465.
Waldman, Don E./Jensen, Elizabeth, J.: Industrial Organization, 4. Auflage Boston 2013.
Walter, Christian: Hüter oder Wandler der Verfassung? Zur Rolle des Bundesverfassungsgerichts im Prozeß des Verfassungswandels, Archiv des öffentlichen Rechts 125 (2000), 517–550.
Walter, Mareike: Die „besten Preise" im Fokus – Renaissance von Meistbegünstigungsklauseln im Internet im Lichte des deutschen und europäischen Kartellrechts, Zeitschrift für Wettbewerbsrecht 2015, 157–182.
Wandtke, Artur-Axel: Zum Leistungsschutzrecht der Presseverleger und dem Beteiligungsanspruch der Urheber, Zeitschrift für Urheber- und Medienrecht 2014, 847–853.
Waschull, Dirk: Das Unternehmen im engeren Sinne als verfassungsrechtliches Eigentum. Zum Begriff des Eigentums in Art. 14 GG, Baden-Baden 1999.
Weatherill, Stephen: After *Keck*: Some Thoughts on How to Clarify the Clarification, Common Market Law Review 33 (1996), 885–906.
Weber, Peter: Hybridfernsehen aus der Sicht des öffentlich-rechtlichen Rundfunks, Zeitschrift für Urheber- und Medienrecht 2011, 452–457.
Weber, Werner: Das Eigentum und seine Garantie in der Krise, in: Pawlowski/Wieacker (Hrsg.), Festschrift für Karl Michaelis zum 70. Geburtstag am 21. Dezember 1970, Göttingen 1972, S. 316–336.
Wehling, Peter: Im Schatten des Wissens? Perspektiven der Soziologie des Nichtwissens, Konstanz 2006.
Weichert, Thilo: Big Data, Gesundheit und der Datenschutz, Datenschutz und Datensicherheit 2014, 831–838.
Weiler, Joseph: Eurocracy and Distrust: Some Questions Concerning the Role of the European Court of Justice in the Protection of Fundamental Human Rights within the Legal Order of the European Communities, Washington Law Journal 61 (1986), 1103–1142.
Weimann, Joachim: Wirtschaftspolitik. Allokation und kollektive Entscheidungen, 4. Auflage Berlin 2006.
Weingart, Peter: Die Stunde der Wahrheit? Zum Verhältnis der Wissenschaft zu Politik, Wirtschaft und Medien in der Wissensgesellschaft, Weilerswist 2001.
–: Eine neue Rolle des Wissens, in: Weingart/Carrier/Krohn (Hrsg.), Nachrichten aus der Wissensgesellschaft. Analysen zur Veränderung der Wissenschaft, Weilerswist 2007, S. 35–40.

–: Reputation in der Wissenschaft – Funktion und Bedeutungsverlust, in: Hilgendorf/Schulze-Fielitz (Hrsg.), Selbstreflexion in der Wissenschaft, Tübingen 2015, S. 151–172.

–/*Schwechheimer, Holger*: Institutionelle Verschiebungen der Wissensproduktion – Zum Wandel der Struktur wissenschaftlicher Disziplinen, in: Weingart/Carrier/Krohn (Hrsg.), Nachrichten aus der Wissensgesellschaft. Analysen zur Veränderung der Wissenschaft, Weilerswist 2007, S. 41–54.

Weiß, Wolfgang: Europäisches Wettbewerbsverwaltungsrecht, in: Terhechte (Hrsg.), Verwaltungsrecht der Europäischen Union, München 2011, § 20, S. 751–786.

Wendt, Rudolf: Eigentum und Gesetzgebung, Hamburg 1985.

Wenzel, Rolf: Wirtschafts- und Sozialordnung, in: Becker/Stammen/Waldmann (Hrsg.), Vorgeschichte der Bundesrepublik. Zwischen Kapitulation und Grundgesetz, München 1979, S. 293–340.

Werden, Gregory: Consumer Welfare and Competition Policy, in: Drexl/Kerber/Podszun (Hrsg.), Competition Policy and the Economic Approach. Foundations and Limitations, Cheltenham 2011, S. 11–43.

Wernsmann, Rainer: Konstitutionalisierung des Steuerrechts und Gegenbewegungen, Deutsches Verwaltungsblatt 2015, 1085–1090.

West, Edwin: Adam Smith and Modern Economics. From Market Behaviour to Public Choice (reprint), Aldershot 1992.

White, Graham: Competition, Welfare and Macroeconomis: A Classical/Sraffian Perspective, Review of Political Economy 25 (2013), 225–253.

Wiechmann, Peter: Video-on-Demand als verlängertes Senderecht oder eigenständige Verwertungsart?, Zeitschrift für Urheber- und Medienrecht 2014, 764–772.

Wiederin, Ewald: Denken vom Recht her. Über den *modus austriacus* in der Staatsrechtslehre, in: Schulze-Fielitz (Hrsg.), Staatsrechtslehre als Wissenschaft, Die Verwaltung Beiheft 7/2007, S. 293–317.

Wieland, Joachim: Gemeinnützige Vereine und die verfassungsrechtlich geschützte Berufsfreiheit, Juristenzeitung 1995, 96–97.

Wilkat, Anja: Bewertungsportale im Internet, Baden-Baden 2013.

Williamson, Oliver E.: The Vertical Integration of Production: Market Failure Considerations, American Economic Review 61 (1971), No. 2, 112–123.

–: Markets and Hierarchies: Analysis and Antitrust Implications, New York 1975.

–: The Modern Corporation: Origins, Evolution, Attributes, Journal of Economic Literature 19 (1981), 1537–1568.

–: The Economic Institutions of Capitalism, New York 1985.

–: The Evolving Science of Organization, in: Journal of Institutional and Theoretical Economics 149/1 (1993), 36–63.

–: The Mechanisms of Governance, New York 1996.

Willig, Robert: Unilateral Competitive Effects of Mergers: Upward Pricing Pressure, Product Quality, and Other Extensions, Review of Industrial Organization 39 (2011), 19–38.

Willke, Helmut: Stand und Kritik der neueren Grundrechtstheorie. Schritte zu einer normativen Systemtheorie, Berlin 1975.

–: Systemisches Wissensmanagement, 2. Auflage Stuttgart 2001.

Witt, Jörn: Internet-Aktivitäten öffentlich-rechtlicher Rundfunkanstalten, Berlin 2007.

Woeckener, Bernd: Mikroökonomik. Eine Einführung, 3. Auflage Berlin 2014.

–: Strategischer Wettbewerb. Eine Einführung in die Industrieökonomik, 3. Auflage Berlin 2014.

Wolfers, Benedikt/Voland, Thomas: Europäische Zentralbank und Bankenaufsicht – Rechtsgrundlagen und demokratische Kontrolle des Single Supervisory Mechanism, Zeitschrift für Bank- und Kapitalmarktrecht 2014, 177–185.

Wolff, Oliver/Schroeren, Dorit/Martin, Christina: Durchführung einer Risikoanalyse gemäß den MaComp und Zusammenspiel mit den Anforderungen an die Compliance-Funktion durch die 4. MaRisk-Novelle, Corporate Compliance Zeitschrift 2014, 86–90.

Woll, Artur: Freiheit durch Ordnung: Die gesellschaftspolitische Leitidee im Denken von Walter Eucken und Friedrich A. von Hayek, ORDO. Jahrbuch für die Ordnung von Wirtschaft und Gesellschaft 40 (1989), 87–97.

Wollenschläger, Ferdinand: Grundfreiheit ohne Markt. Die Herausbildung der Unionsbürgerschaft im unionsrechtlichen Freizügigkeitsregime, Tübingen 2007.

–: Europäisches Vergabeverwaltungsrecht, in: Terhechte (Hrsg.), Verwaltungsrecht der Europäischen Union, 2011, § 19, S. 711–750.

–: Effektiver Rechtsschutz bei informationellen Maßnahmen der öffentlichen Hand am Beispiel der novellierten Informationsbefugnis im Lebensmittelrecht (§ 40 LFGB), Die Öffentliche Verwaltung 2013, 7–17.

–: Grundrechtsschutz und Unionsbürgerschaft, in: Hatje/Müller-Graff (Hrsg.), Europäisches Organisations- und Verfassungsrecht, Enzyklopädie Europarecht Band 1, Baden-Baden 2014, § 8.

Wrase, Michael: Zwischen Norm und sozialer Wirklichkeit. Zur Methode und Dogmatik der Konkretisierung materialer Grundrechtsgehalte, Berlin 2016.

–: Methoden der Grundrechtsinterpretation, in: Grimm (Hrsg.), Vorbereiter – Nachbereiter. Zum Verhältnis von Verfassungsrechtswissenschaft und Verfassungsrechtsprechung, i. E.

Wunderlich, Nina: Das Grundrecht der Berufsfreiheit im Europäischen Gemeinschaftsrecht. Der Schutz der Wirtschaftsteilnehmer gegenüber Eingriffen der Gemeinschaft in ihre berufliche Freiheit, Baden-Baden 2000.

–: Das Grundrecht der Berufsfreiheit gemäß Artikel 15 der Grundrechtecharta, in: Becker/Hatje/Potacs/dies. (Hrsg.), Verfassung und Verwaltung in Europa. Festschrift für Jürgen Schwarze zum 70. Geburtstag, Baden-Baden 2014, S. 304–333.

Zehnpfennig, Barbara: Die Austreibung des Geistes aus der Universität, Wissenschaftsrecht 2013, 37–53.

Ziegenhorn, Gero: Der Einfluss der EMRK im Recht der Grundrechtecharta. Genuin chartarechtlicher Grundrechtsschutz gemäß Art. 52 Abs. 3 GRCh, Berlin 2009.

Zimmer, Daniel: Wie es Euch gefällt? Offene Fragen nach dem Überseering-Urteil des EuGH, Betriebsberater 2003, 1–7.

–/*Paul, Thomas*: Entwicklungstendenzen der europäischen und der deutschen Kartellrechtspraxis – Teil 1, Juristenzeitung 2008, 611–622.

Zohlnhöfer, Werner: Ordoliberalismus und Soziale Marktwirtschaft aus evolutorischer Sicht, in: Külp/Vanberg (Hrsg.), Freiheit und wettbewerbliche Ordnung. Gedenkband zur Erinnerung an Walter Eucken, Freiburg i.Br. 2000, S. 75–98.

Zöllner, Wolfgang: Regelungsspielräume im Schuldvertragsrecht. Bemerkungen zur Grundrechtsanwendung im Privatrecht und zu den sogenannten Ungleichgewichtslagen, Archiv für die zivilistische Praxis 196 (1996), 1–36.

Zwingmann, Katja: Ökonomische Analyse der EU-Emissionshandelsrichtlinie. Bedeutung und Funktionsweisen der Primärallokation von Zertifikaten, Wiesbaden 2007.

Sachverzeichnis

Jus Publicum

Beiträge zum Öffentlichen Recht

Die Schriftenreihe *Jus Publicum. Beiträge zum öffentlichen Recht* (JusPubl) soll den öffentlichrechtlichen Habilitationsschriften, aber auch Monographien der Ordinarien, eine ansprechende Heimstatt geben. Die Reihe deckt die „klassischen" Felder des öffentlichen Rechts ab, insbesondere also das Verfassungsrecht (einschließlich Grundrechtstheorie, Methodenlehre und Allgemeiner Staatslehre) und das Verwaltungsrecht. Das schließt fächerübergreifende, aber auch fachgebietsübergreifende Themenstellungen nicht aus, solange der Schwerpunkt der Arbeit im Öffentlichen Recht zu finden ist. Kaum eine Arbeit beschränkt sich auf das deutsche Recht, denn die Fragestellungen sind oft vom Europarecht beeinflusst und auch der rechtsvergleichende Blick in fremde Rechtsordnungen gewinnt zunehmend an Bedeutung; dies gilt auch für das Völkerrecht. Die anspruchsvolle und auch äußerlich ansprechende Reihe bietet mehr als nur einen zufälligen Ausschnitt gegenwärtiger Forschung im öffentlichen Recht: Sie spiegelt auch den Standard dessen wider, was (öffentlichrechtliche) Rechtswissenschaft gegenwärtig in Deutschland bedeutet und ist deshalb schon in kurzer Zeit im In- und Ausland zu einem Begriff geworden.

ISSN: 0941-0503
Zitiervorschlag: JusPubl

Alle lieferbaren Bände finden Sie unter *www.mohrsiebeck.com/juspubl*

Mohr Siebeck
www.mohrsiebeck.com